Guida Botanica...

Eugenio Baroni

GUIDA BOTANICA

OSSIA

CHIAVI ANALITICHE

PER DETERMINARE LE PIANTE SPONTANEE

CHE VIVONO PRINCIPALMENTE

NELL' **ITALIA MEDIA**

COMPILATA DAL

Dott. EUGENIO BARONI

Prof. pareggiato di Botanica nel R. Istituto di Studi super. di Firenze

Con 360 figure intercalate nel testo
ed un
elenco dei termini tecnici usati

ROCCA S. CASCIANO
LICINIO CAPPELLI
Edit. Lib. di S. M. la Regina Madre
1907.

Rocca S. Casciano, 1907. — Stabilimento Tipografico Cappelli.

Opere che hanno servito alla compilazione di questa Guida

1. Flora analitica d'Italia dei dottori Fiori e Paoletti, continuata dai dottori Fiori e Béguinot. Padova 1896-1904.
2. Compendio della Flora italiana di Cesati, Passerini e Gibelli. Milano 1866-98.
3. Compendio della Flora italiana di G. Arcangeli. Torino. Loescher, 1894.
4. L' Erborista toscano di T. Caruel. Firenze, 1876.
5. L' Erborista italiano di T. Caruel. Pisa, 1883.
6. Chiave analitica per la determinazione delle Fanerogame ital. di T. Caruel in Storia illustrata del regno vegetale di Pokorny-Caruel. Torino, Loescher, 1897.
7. Nouvelle Flore française di Gillet et Magne. Paris, Garnier Frères, 1879.
8. Flore de France di A. Acloque. Paris, J. B. Baillière et fils, 1894.
9. Flore descriptive et illustrée de la France etc par l'abbé H. Coste. Paris, Librairie P. Klincksieck, 1900-1906.
10. Excursionsflora für Oesterreich von Dr. Karl Fritsch. Wien, Druck und Verlag von Carl Gerold 's Sohn, 1897.
11. Excursionsflora von Europa. Anleitung zum Bestimmen der Gattungen der europäischen Blütenpflanzen von Franz Thonner. Berlin, Verlag von R. Friedländer und Sohn, 1901.

Spiegazione delle abbreviature e dei segni convenzionali

— Reg. somm. = regione sommersa (Naiadacee, Lemnacee, Idrocaridacee ecc.).

— Reg. med. = regione mediterranea (Pinete [*Pinus Pinea, P. Pinaster, P. halepensis*], Alberi ed arbusti sempre verdi [Olivo, Mirto ecc.]).

— Reg. pad. = regione padana (Pianure coltivate, senza piante caratteristiche).

— Reg. mont. = regione montana (Boschi di Conifere, di Faggio, di Castagno Rovere e Cerro).

— Reg. alp. = regione alpina (Piante erbacee nane nella zona super., arbusti bassi nella infer.).

— It. centr. = Italia centrale.

— E = Emilia; T = Toscana; M = Marche; L = Lazio; U = Umbria.

— m. = metro; dm. = decimetro; cm. = centimetro; mm. = millimetro.

— p. p. = pro parte o partim (cfr. *Elenco dei termini tecnici*).

— $\pm$ = più o meno.

— ① = Pianta annua.

— ② = Pianta bienne.

— ♃ = Pianta perenne erbacea.

— ♄ = Pianta legnosa.

Modo di usare le chiavi analitiche

Per dare un'idea ai principianti del modo che deve seguirsi nella determinazione di una pianta spontanea qualunque citiamo qui un esempio.

Supponiamo di aver raccolto l'*Iris germanica*. Dobbiamo anzitutto trovare la famiglia cui essa appartiene, dopo il genere e infine la specie.

Cominciando ad esaminare la Chiave delle famiglie posta a pag. XI si trova:

La nostra pianta ha fiori con stami e pistilli per cui dal n.° 1 si passa al n.° 2. I fiori del nostro esemplare sono bisessuali e in numero da 1 a 10 perciò dal n.° 2 si passa al n.° 3 e da questo al n.° 4. Quivi, riscontrando che i fiori della nostra pianta hanno 3 stami, fermandoci alla prima linea del n.° 4 si vede che essa rimanda al n.° 5. I nostri fiori hanno ovario infero percui dal n.° 5 si passa al n.° 26; sono regolari, quindi dal n.° 26 si passa al n.° 27 e da questo pel carattere offerto dalle foglie si rimanda al n.° 28, ove troviamo appunto, 3 essendo gli stami, la famiglia delle *Iridacee*.

A pag. 430 trovansi le Iridacee. Con la chiave dei generi posta alla pag. susseguente 431 troviamo il genere.

Nei fiori che esaminiamo i lobi stilari sono slargatissimi, quindi dal n.° 1 passiamo subito al n.° 4 e quivi essendo i tepali esterni del nostro esemplare barbati, troviamo subito il gen. *Iris*.

A pag. 432 si ha la chiave delle specie del gen. *Iris*.

La nostra pianta non è bulbosa, ma ha rizoma strisciante, percui dal n.° 1 si passa al n. 2. Le lacinie esterne del perigonio essendo, come abbiamo detto, barbate, si passa così dal n.° 2 al n.° 3. Quivi, riscontrando che nel nostro esemplare lo scapo è più alto delle foglie, si passa dal n.° 3 al n.° 4, ove troviamo appunto, pel carattere dei fiori intensam. violacei, il suo nome scientifico, cioè *Iris germanica L,*

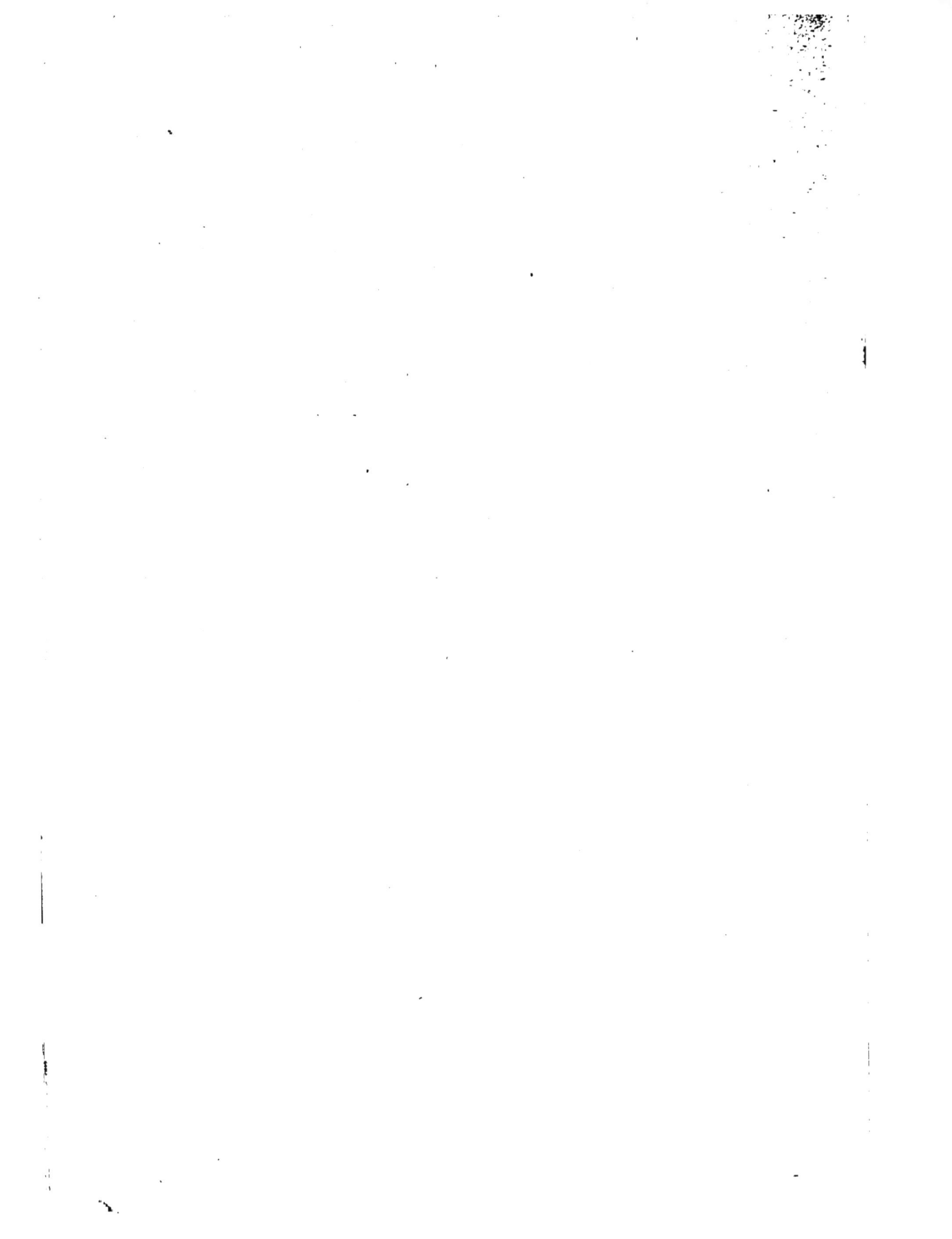

Chiave analitica delle famiglie

ALLA VENERATA MEMORIA

DE' MIEI GENITORI.

PREFAZIONE

Labor omnia vincit.

L'idea di questo Manuale sorse in me allorquando nel Museo di Storia naturale di Firenze dovevo per cagione d'ufficio addestrare gli studenti nella determinazione delle piante. Fin d'allora mi fu facile rilevare che la nostra letteratura botanica mancava di un lavoro, sul genere di quello pubblicato in Francia dai signori Gillet e Magne, che potesse mettere in grado chi si occupa di Botanica di trovare sollecitamente il nome delle piante che si vanno raccogliendo in campagna.

A parte le flore generali, sono stati a vero dire pubblicati anche da noi lavori di tal natura, come quelli del Caruel per la Toscana, del Passerini pel Parmigiano e del Cocconi pel Bolognese; ma questi si riferiscono a regioni troppo limitate e sono del resto quasi tutti esauriti, come pure è esaurito il Prontuario del Pochettino, il quale in confronto degli altri abbraccia una regione assai più estesa.

Convinto di soddisfare a un bisogno e nello stesso tempo a un desiderio spesso manifestato dagli studiosi, in questi ultimi anni, incoraggiato dall'egregio cav. Licinio Cappelli, mi posi volenteroso al lavoro con lo scopo di redigere una Flora dell'Italia media, sotto forma di chiavi dicotomiche, che potesse sostituire nelle nostre scuole i manuali consimili esteri, ai quali spesso si è costretti di ricorrere; ed oggi, giunto al termine del lavoro, sono lieto di presentare con questa Guida botanica il frutto delle mie fatiche. Il lettore giudicherà se sono riuscito nell'intento.

Nella esposizione delle diagnosi specifiche mi sono attenuto al metodo dicotomico pur sapendo come esso non sia scevro di inconvenienti, ma la sua facilità e la sua speditezza me lo hanno fatto preferire. D'altra parte non ho mancato, per quanto mi è stato possibile, di evitare i principali inconvenienti cui esso dà luogo, cercando soprattutto nelle chiavi dicotomiche di opporre non già due o pochi caratteri solamente, come spesso è stato fatto nei sopra citati lavori italiani, ma bensì due serie di caratteri desunti dalle

*

specie in esame, per modo che anche chi ha tra mano esemplari più o meno incompleti, possa ugualmente arrivare con sufficiente certezza a conoscerne il nome.

Le migliori opere sono state messe a profitto per la compilazione di queste chiavi, cercando di adattare e semplificare opportunamente le chiavi esistenti, e in special modo mi son valso di quelle della Flora analitica d'Italia *di Fiori e Paoletti, continuata da Fiori e Béguinot, che meglio corrispondevano al mio scopo.*

Ho creduto poi necessario di arricchire il testo di buon numero di figure, e per questo mi sono rivolto al dott. Adr. Fiori, il quale volentieri mi ha ceduto 360 disegni di quelli che hanno servito alla sua Iconographia Florae italicae, *per mezzo dei quali ho fatto riprodurre in zinco le vignette intercalate, per rendere così più facile il riconoscimento dei principali generi delle piante.*

Ho premesso una chiave generale delle famiglie, la quale fondamentalmente è la stessa di quella pubblicata dal Caruel, soltanto è stata qua e là modificata e notevolmente accresciuta. Sarebbe stato mio intendimento di aggiungervi per confronto anche una chiave basata su sistema linneano, che conducesse direttamente alla conoscenza del genere, ma per redigerla avrei portato un ritardo piuttosto sensibile a questa pubblicazione e per ciò ho dovuto per ora rinunziarvi.

Alla fine del Manuale trovasi un elenco dei principali termini tecnici usati, con le loro spiegazioni, e due indici, uno delle famiglie e dei generi trattati, l'altro delle piante figurate.

Non mi dissimulo che non poche saranno le imperfezioni di questo lavoro, pur tuttavia sono persuaso di aver posto ogni cura perchè esso riuscisse di pratica utilità a chi si inizia negli studi botanici: in ogni modo mi auguro che il lettore non vorrà negarmi il suo benevolo compatimento, ripetendo all'occorrenza — tamen est laudanda voluntas.

EUG. BARONI.

Calcinaia (Pisa), 25 luglio 1906.

78 { Stilo notevolm. slargato in alto, con stimma laterale . . . **79**
    { Stilo non slargato **80**

79 { Polline granelloso . . . . 71 **Apocinacee**
    { Polline agglutinato in masse . . . . . 72 **Asclepiadacee**

80 { Piante erbacee . . . . . . 73 **Genzianacee** p. p.
    { Piante legnose . . . . 64 **Ericacee** p. p.

81 { Ovario diviso in tanti lobi quante sono le logge **82**
    { Ovario con le logge non distinguibili esteriorm. . . . **83**

82 { Stilo laterale (ginobasico) . . . . . 75 **Borraginacee**
    { Stilo terminale. . . . . . . 76 **Eliotropiacee**

83 { Ovuli 1-2 nelle logge dell'ovario **84**
    { Ovuli parecchi . . . . . . 64 **Ericacee** p. p.

84 { Piante arboree od arborescenti. . . . 34 **Ilicinee** p. p.
    { Piante erbacee o suffruticose . . . 74 **Convolvulacee** p. p.

85 { Piante arboree od arborescenti **86**
    { Piante erbacee o suffruticose **90**

86 { Foglie opposte. Semi con arillo colorato . . 31 **Celastracee** p. p.
    { Foglie sparse **87**

87 { Foglie con stipole **88**
    { Foglie senza stipole **89**

88 { Inflorescenze ascellari. . . . . 32 **Ramnacee** p. p.
    { Inflorescenze opposte alle foglie . . . 38 **Ampelidacee**

89 { Foglie minutissime . . . . 17 **Tamaricacee** p. p.
    { Foglie grandi . . . . . . 33 **Anacardiacee**

90 { Calice manifestam. gamosepalo. **91**
    { Calice dialisepalo o quasi **93**

91 { Foglie sparse . . . . 85 **Plumbaginacee** p. p.
    { Foglie opposte **92**

92 { Stilo 1 . . . . . 13 **Frankeniacee** p. p.
    { Stili 2 . . . . . 14 **Cariofillacee** p. p.

93 { Pistilli disgiunti **94**
    { Pistilli non disgiunti **96**

94 { Foglie con stipole . . . . . 40 **Rosacee** p. p.
    { Foglie senza stipole **95**

95 { Pistilli moltissimi disposti ad elica . . 1 **Ranunculacee** p. p.
    { Pistilli 5 in verticillo. . . . 46 **Crassulacee** p. p.

96 { Fiori regolari **97**
    { Fiori irregolari **100**

97 { Ovuli inseriti sulla parete dell'ovario . . 11 **Droseracee**
    { Ovuli inseriti sopra una colonnetta centrale o nell'angolo interno delle
      logge. **98**

98 { Stami con filamenti slargati in basso e ± congiunti . . . **99**
    { Stami con filamenti non slargati in basso . 14 **Cariofillacee** p. p.

99 { Foglie con stipole . . . . 23 **Geraniacee** p. p.
    { Foglie senza stipole . . . . . 19 **Linacee** p. p.

**

PIANTE FANEROGAME

I. DICOTILEDONI : Embrione con due cotiledoni, raram. nulli. Fusto erbaceo o legnoso, composto di una midolla centrale, di raggi midollari, di strati concentrici, formati di fibre e di vasi e di una scorza esterna. Foglie quasi sempre con nervature reticolate (angolinervie). Fiori più spesso con calice e corolla di 4-5 pezzi liberi o saldati, più raram. senza calice, nè corolla.

1. TALAMIFLORE : Due invogli fiorali (calice e corolla), raram. uno solo per aborto. Petali distinti, indipendenti dal calice, inseriti, allo stesso modo degli stami sopra il ricettacolo (talamo), e non sopra il calice.

Fam. 1ª. RANUNCULACEE.

Piante erbacee annue o perenni, raram. frutescenti. Fg. alterne, di rado opposte (*Clematis*). Fi. ermafroditi, reg. od irreg. Sep. 3-6 o più, spesso petaloidi ; pet. in numero eguale ai sep. o più, talora piccolissimi o nulli, talora trasformati in nettari o solo con fossetta nettarifera alla base. Stami numerosi, liberi. Carp. ± numerosi, raram. 1, per lo più liberi. Frutto formato di molti acheni o di follicoli polispermi e deiscenti, o monospermi e indeiscenti, rarissimamente polposo (*Actaea*); semi con albume corneo ed embrione diritto, piccolo.

CHIAVE DEI GENERI.

1	Foglie opposte; fusto ordinariam. legnoso, rampicante. Calice petaloideo	2
	Foglie alterne o tutte basali; fusto erbaceo	3
2	Petali nulli	1 CLEMATIS.
	Petali numerosi	2 ATRAGENE.
3	Fiori irregolari, con un sepalo petaloideo ad elmo o con sprone, od anche regolari coi sep. o i pet. lungam. spronati	4
	Fiori regolari, senza elmo nè ·sprone	6
4	Fiori senza sproni e col sep. petaloideo super. fatto ad elmo	17 ACONITUM.
	Fiori con sproni	5

5 { Fiori regolari coi pet. prolungati in 5 sproni . · . . . 15 Aquilegia.
Fiori piccoli, regolari coi sep. prolungati in 5 sproni. Ricettacolo allungato.
                6 Myosurus.
Fiori irregolari col sep. petaloideo super. prolungato in sprone 16 Delphinium.

6 { Frutto unico in forma di bacca ovoide, nera a maturità . . 18 Actaea.
Frutto formato da carpelli secchi, giammai bacciforme 7

7 { Petali uguali o più lunghi dei sepali 8
Petali nulli o molto più corti dei sepali 11

8 { Carpelli 2-7, deiscenti verso l'interno, con 1 o più semi. Fiori grandi, rossi coi
sep. persistenti . . . . 19 Paeonia.
Carpelli numerosi, con 1 seme, indeiscenti 9

9 { Sep. petaloidi, caduchi; pet. senza scaglia alla base, nè fossetta nettarifera
                5 Adonis.
Sep. non petaloidi; pet. generalm. con scaglia o fossetta nettarifera alla
base 10

10 { Carpelli con becco 4-5 volte più lungo di essi . . 7 Ceratocephalus.
Carpelli con becco giammai più lungo di essi . . . 8 Ranunculus.

11 { Foglie orbicolari-cuoriformi, intere . . . . . . 9 Caltha.
Foglie variamente divise o lobate 12

12 { Petali nulli: carpelli con 1 seme, indeiscenti 13
Petali tubulosi od a linguetta; carpelli con diversi semi, deiscenti . 14

13 { Fiori in pannocchia o in grappolo, senza involucro . . 3 Thalictrum.
Fiori generalmente solitari, muniti di un involucro . . 4 Anemone.

14 { Fiori in pannocchia, poco numerosi · 15
Fiori solitari 16

15 { Fiori bianchi, coi sepali caduchi; carpelli appiattiti . . 13 Isopyrum.
Fiori verdastri o colorati, coi sepali persistenti; carpelli rigonfi alla maturità.
              12 Helleborus.

16 { Fiori azzurri coi sep. caduchi; carpelli saldati inferiormente 14 Nigella.
Fiori gialli coi sep. caduchi; carpelli liberi fino alla base . . . 17

17 { Fiore coi sep. patenti, sessile, in mezzo ad un involucro fogliaceo.
              11 Eranthis.
Fiore globuloso, peduncolato, senza involucro · . . 10 Trollius.

1. Clèmatis (da κλῆμα = sarmento, alludendo al fusto rampicante di alcune specie). Sep. 4-5 petaloidi; pet. nulli; carpelli ordinariam. a stilo piumoso. Foglie opposte.

1 { Fiori *violacei o rosei*. Stilo *glabro*. Carpelli con coda *corta glabra*. 5. (E. T. M.).
— *Mag. Giug.* — Dal mare alla reg. submont. — *Viticella* **1 C. Viticella** L.
Fiori *bianchi*. Stilo *peloso*. Carpelli con coda *lunga piumosa* . . . 2

2 { Fusti erbacei, *non rampicanti*. Sep. con margine pubescente. 2♃. (E. T. U. L.).
— *Giug. Lugl.* — Reg. bosch. dei monti. -- *Vitalbino* . **2 C. recta** L.
Fusti sarmentosi, *rampicanti* 3

3 { Sep. *glabri* al di dentro. Stami con antere *più lunghe* dei filamenti. Ricettacolo *glabro*. Foglie *bipennate*. 5. (E. T. M. L.). — *Giug. Lugl.* — Macchie reg. med. — *Fiammola* (Fig. 1) . . . . **3 C. Flammula** L.
Sep. *pelosi* sulle due facce. Stami con antere *molto più corte* dei filamenti. Ricettacolo *peloso*. Foglie *pennate*. 5. *Giug. Lugl.* — Macchie reg. med. — *Vitalba*. . . . . **4 C. Vitalba** L.

2. Atragène (dal greco άτραγένη = vitalba?). Sep. 4-5 regolari, pet. numerosi, più corti dei sep.; carpelli terminati da uno stilo piumoso. Foglie opposte.

Fiori grandi, violetti, solitari, ascellari, coi sep. lanceolati e i pet. spatolati. Foglie biternate, con foglioline ovali, acute, inciso-dentate. Fusto prostrato o scandente, glabro. 5. (E.). — *Lugl.* — Dalla reg. submont. alla subalp.
              5 A. alpina L.

3. Thalictrum (da θαλλειν = verdeggiare). Sep. 4-5 petaloidi, caduchi; pet. 0; carpelli ± solcati o alati, terminati da uno stilo corto, persistente, non piumoso.

1 {
Carpelli *grossi*, trigoni, *stipitati*, lisci, con gli angoli alati. Fiori violacei o rosei o bianchi. Filamenti degli stami più larghi dell'antera in alto. Antere mutiche. ♃. *Mag. Lugl.* — Reg. mont. e submont. (Fig. 2). **6 Th. aquilegifolium** L.
Carp. *assai piccoli*, ovoidi o subglobosi, *sessili*, muniti di coste longitudinali . 2
}

2 {
Fiori *pendenti*, in pannocchia *molto lassa*, bianco-violacei. Antere gialle, apicolate. ♃. *Giug. Lugl.* — Reg. submont. e mont. **7 Th. minus** L.
Fiori *eretti*, in pannocchia quasi corimbosa, *densa*; antere *mutiche* . . 3
}

3 {
Piccioli ternatam. sopradecomposti: foglioline oblungo-cuneiformi o lineari, intere o trifide; orecchiette più larghe delle guaine; rami infer. dei piccioli *senza stipole*. Fiori *giallo-verdicci*. ♃. (E.) — *Mag. Lugl.* — Prati umidi dal piano ai monti . . . . **8 Th. angustifolium** Jacq.
Piccioli pennati: foglioline obovato-cuneate, intere o trifide; guaine ad orecchiette ovato-acuminate; rami inferiori del picciolo *con piccole stipole*. Fiori *giallo-carichi*. ♃. (E. T. U. L.). — *Apr. Giug.* — Prati e lungo i corsi d'acqua. — *Pigamo*. . . . . **9 Th. flavum** L.
Pannocchia a pochi fiori, spesso espansa; foglie più numerose e più larghe. (Presso Sinigaglia). Var. *pauperculum*.
}

4. Anèmone (da ανεμος = vento, alludendo ai luoghi esposti ai venti, ove queste piante crescono). Sep. 5-10 petaloidi, caduchi; pet. 0; carpelli numerosi, non striati, nè alati, sopra un ricettacolo rigonfio, con stilo persistente, nudo o piumoso. Peduncoli radicali provvisti di un involucro di brattee. Foglie tutte basali.

1 {
Involucro di 3 brattee intere. *ravvicinatissimo al fiore* e simulante un calice. Foglie *trilobe*, qualche volta rossastre. ♃. *Feb. Mar. fino a Mag.* — Fino alla reg. mont. — *Erba Trinità*, . . . **10 A. Hepatica** L.
Involucro *distante dal fiore*. Foglie *divise* 2
}

2 {
Carpelli terminati da un'appendice *corta non piumosa*. Fiore unico o più 3
Carpelli terminati da un'appendice *lunga piumosa*. Fiore unico . . 8
}

3 {
Brattee dell'involucro *picciolate*, simili alle foglie · 4
Brattee dell'involucro *sessili* 6
}

4 {
Fiori *cerulei*; sep. 10-12 bislungo-lineari. Rizoma *corto, tuberoso*. ♃. (T. M. U. L.). — *Mar. Apr.* — Colli e monti . . . **11 A. apennina** L.
Fiori *gialli* da 1-5; sep. 5-8 ovali. Brattee appena picciolate. Riz. *allungato, cilindrico*. ♃. *Mar. Apr.* — Reg. mont. **12 A. ranunculoides** L.
Fiori *bianchi o rosei*; sep. per lo più 6 bislunghi 5
}

5 {
Brattee dell'involucro a *3-5 foglioline* inciso-dentate. ♃. *Mar. Giug.* — Selve dei colli e monti . . . . **13 A. nemorosa** L.
Brattee dell'involucro a *3 foglioline* regolarm. seghettate. ♃. (E. T. M. U.). — *Mar. Giug.* — Selve dei colli e monti . . . **14 A. trifolia** L.
}

6 {
Fiori bianchi od anche rosei esternam., *3-6 in ombrella*. Carpelli glabri. ♃. (E. T. M. L.). — *Giug. Lug.* — Reg. alp. . . **15 A. narcissiflora** L.
Fiori rossi, rosei o violetti, *solitari* 7
}

7 {
Brattee dell'involucro *divise in molte lacinie*. Foglie ternato-sette con lobi lineari. ♃. *Mar. Apr.* — Nei coltivati. — *Anemolo*. **16 A. coronaria** L.
Fiori rosso-coccinei. Var. *phoenicea* Ard.
Brattee dell'involucro *intere o poco divise*. Foglie palmate con 3-5 lobi cuneiformi. ♃. *Febb. Apr.* — Poggi reg. med. — *Fiore stella*. **17 A. hortensis** L.
Fiori rossi con 8-10 sep. obovati. Var. *fulgens* Gr. Godr.
Fiori rossi coi sep. numerosi, lanceolati, acutissimi. Var. *pavonina* DC.
}

8 {
Brattee dell' involucro *picciolate* e *simili* alle foglie basali. Fiori *bianchi*, bianco-rosei o gialli, *eretti*; stami tutti *fertili*. Foglie triangolari, tripennate, con foglioline inciso-seghettate, dapprima pelose, poi glabrescenti. 2ƒ. *Giug. Lug.* — Pascoli alpini   **18 A. alpina** L.
     Foglie con foglioline numerosissime, piccole, ovate, glabre di sopra, pennatifido-incise. Var. *millefoliata* Bert.
Brattee dell'involucro *sessili* ed *assai diverse* dalle foglie basali. Fiori *violacei, quasi eretti*; stami esterni *sterili*. Foglie tripennate con foglioline lineari, pelose. 2ƒ. (E. T.) — *Marz. Lugl.* — Parti elevate dei monti. — *Pulsatilla*.
                        19 A. Pulsatilla L.
}

1. *Clematis Flammula* L.   2. *Thalictrum aquilegifolium* L.   3. *Myosurus minimus* L.
($^1/_4$ della grand. nat.).   ($^1/_4$).   ($^1/_4$).

     5. **Adònis** (da un nome mitologico). Sep. 5; pet. 3-20, con unghia piana, senza fossetta nettarifera; carpelli reticolati, in spiga bislunga o in capolino. Fiori solitari, terminali. Foglie molto divise, basali o cauline.

1 {
Piante *perenni*. Carpelli glabri, terminati da un becco uncinato, formanti *un capolino*. Foglie basali bene sviluppate, coi piccioli ricurvo-contorti. Pet. gialli o bianchi. 2ƒ. (M. U. L.). — *Lug. Ag.* — Reg.-alp.   **20 A. distortus** Ten.
Piante *annue*. Carpelli terminati da un becco diritto o quasi e formanti *una spiga* **2**
}

2 {
Sepali generalm. *pelosi*, applicati contro i petali che sono piani e rosso-vivi. Margine super. dei carpelli con un dente. Carpelli con base d'inserzione più stretta del loro maggior diametro. ①. (Italia centr.) — *Lug.* — Dal mare alla reg. submont.   .   .   .   .   **21 A. flammeus** Jacq.
Sepali generalm. *glabri* **3**
}

3 {
Carpelli *senza denti* nei margini, con base d'inserzione più stretta del loro maggior diametro. Sep. patenti; pet. concavi, porporino-scuri o rossastri. ①. *Mag. Sett.* — Nei seminati dal mare alla reg. submont. -- *Fiore d'Adone*.
                  22 A. autumnalis L.
Carpelli *con 1 o più denti* sull'uno o l'altro o su ambedue i margini. Pet. rossi. **4**
}

4 {
Margine super. dei carpelli con *1* dente ottuso presso il becco, l'infer. senza denti. Carp. con base d'inserzione *più stretta* del loro maggior diametro. ①. (Italia centr.). — Dal mare alla reg. submont. **23 A. microcarpus** DC.
     Fiori in spiga addensata, scabra. Carpelli forniti verso il mezzo di una cresta circolare dentata. Var. *intermedius* (Webb).
Margine super. dei carpelli con *2* denti, l'inf. con 1. Carp. con base d'inserzione *larga* come il loro maggior diametro. ①. (E. M. L.). — Nei seminati c. s.   .   .   .   .   **24 A. aestivalis** L.
     Fiori giallo-straminei. (E.) — Var. *pallidus* Koch
}

6. **Myosúrus** (da μυς = topo e ϲύρα = coda, per la forma
del frutto). Sep. 5 spronati ; pet. 5 con unghia tubulosa, filiforme,
più lunga del lembo ; stami 5 o più ; carpelli embriciati, in spiga molto allungata.

> Fiori piccoli d'un giallo-verdastro. Sep. lanceolati, patenti con sprone appog-
> giato al peduncolo; pet. più corti dei sepali. Foglie tutte basali, lineari, ot-
> tuse, intere. Pianta glabra, piccola. ①. (T.). — *Mag.* — Luoghi umidi del
> piano e dei monti. (Fig. 3). . . . . . **25 M. minimus** L.

7. **Ceratocèphalus** (da ϰϵρας = corno e ϰϵφαλη = testa,
per la forma dei carpelli). Sep. 5 ; pet. 5 con fossetta nettarifera alla
base ; stami generalm. 5 ; carpelli in spiga ovale-allungata con due
gobbe vuote alla base, piegati a corno e sormontati da un lungo becco.

> Fiori piccoli, gialli. Foglie tutte basali, digitate, con lacinie lineari. Fusto
> 1-floro, lungo 3-10 cm., cotonoso. ①. (E. T. U. L.). — *Marz. Apr.* — Cam-
> pi fino alla reg. submont. (Fig. 4). . . . **26 C. falcatus** Pers.

8. **Ranúnculus** (da *rana*, perchè piante anfibie). Sep. e pet.
ordinariam. 5, con fossetta nettarifera alla base ; carpelli numerosi,
lisci o tubercolosi, sormontati da una punta o da un becco e disposti
in capolini globosi o bislunghi.

1 {
Sep. ordinariam. *3* ; pet. *8-12* gialli, con fossetta nettarifera provvista d'una
scaglia ; carpelli pubescenti, non rugosi, *senza becco* ; stimma sessile ; radici
tuberoso-carnose. Foglie cuoriformi con lobi basilari divergenti e piccioli
strettam. alati. Fusto prostrato, semplice o ramoso, qualche volta bulbifero
all'ascella delle foglie. ♃. *Gen. Mag.* — Campi, boschi dal mare alla reg.
mont. — *Favagello* . . . . . . **27 R. Ficaria** L.
> Foglie coi lobi basilari ricoprentisi alla base e piccioli largam. alati.
> Carpelli irto-ispidi. Fiori grandi 4-5 cm. Var. *calthaefolius* (Rchb.).
Sep. 5 ; pet. ordinariam. 5, di rado più ; carpelli generalm. *prolungati in un
becco* 2
}

2 {
Fossetta nettarifera senza scaglia ; carpelli rugosetti *al centro*, numerosi, con
becco cortissimo e carena sostituita da un solco ; peduncoli *diritti* : pet.
5 gialli. Fiori piccoli coi pet. subeguali ai sepali, che sono riflessi. Foglie
basali palmato-trifide, inciso-crenate, le super. trifide a lacinie lineari. Pianta affatto glabra o pelosa in alto, nitida, con fusto per lo più grosso, fistoloso, scanalato, eretto, ramoso in alto, 1-8 dm. ①. *Mag. Giug.* - Paludi e
fossi dal mare alla reg. mont. . . . . **28 R. sceleratus** L.
Fossetta nettarifera senza scaglia ; carpelli *trasversalm. rugosi* ; peduncoli
inarcati alla maturità ; pet. *5-9*, *bianchi*, con unghia gialla. Piante acquatiche 3
Carpelli *non rugosi* (talvolta però tubercolati o spinosi); peduncoli fruttiferi
diritti 4
}

3 {
Foglie per lo più dimorfe, le natanti reniformi, divise in 3-5 lobi, crenulati
o interi ; le sommerse divise in lacinie capillari, molli. Peduncoli *uguali o
più lunghi* delle foglie. Fiori *grandi*, coi pet. 1-2 volte più lunghi del calice.
Stimma sessile *rotondato*. ♃. *Apr. Mar.* — Acque stagnanti.
> **29 R. aquatilis** L.
> Foglie natanti quasi peltate, le sommerse a lacinie divaricate. (T.
> M.). — Var. *peltatus* Koch
> Foglie tutte sommerse a lacinie più corte, divaricate. (E. T.). — Var.
> *submersus* Gr. Godr.
Foglie tutte divise in lacinie capillari. Peduncoli *poco più lunghi* delle foglie.
Fiori *piccoli* coi pet. 1 $1/_2$-2 volte più lunghi del calice. Stimma *quasi ovale*.
♃. *Mar. Sett.* — Acque stagnanti e ruscelli. **30 R. trichophyllus** Chaix
}

3 | Foglie eteromorfe, le super. galleggianti, orbicolari, divise in segmenti raggianti. Peduncoli grossi, corti, spesso più corti delle foglie. (T.). — Var. *radians* (Rev.)
Foglie tutte sessili, a lacinie rigide, divaricate e disposte sopra un medesimo piano orbicolare. Peduncoli *molto più lunghi* delle foglie. Fiori *grandi* coi pet. lunghi il triplo del calice. Stimma lungo, *lineare*. ⚥. (E.). — *Estate* — Stagni, fossi ecc. . . . . **31 R. divaricatus** Schrk.

4 | Scapi o peduncoli *radicali nudi, 1-flori*. Carpelli ovato-rigonfi, carenati, compressi, glabri, a becco corto, ricurvo all'apice. Foglie tutte basali, obovate od ellittiche, grossolanam. dentate, ± bollose Sep. 5 vellutati ; pet. 5-12 gialli. Fibre radicali fusiformi, affastellate. ⚥. (T. a Pianosa). — *Ottob.* — Luoghi incolti reg. med. . . . . . **32 R. bullatus** L.
Peduncoli *opposti alle foglie* o *situati tra le dicotomie* 5
Peduncoli *situati nell'ascella* delle foglie 17

5 | Foglie intere o leggerm. seghettate, *ovali o lanceolate*. Fiori gialli . . 6
Foglie *palmato-partite*. Fossetta nettarifera provvista d'una scaglia . . 8

6 | Piante *annue o raram. perenni*. Pet. *uguali o poco più lunghi* del calice. Foglie infer. lungam. picciolate, ovali, cuoriformi, le super. bislunghe o lanceolate. Fiori lungam. peduncolati, coi sep. glabri o pelosi. Carpelli compressi, finam. *granuloso-scabri*. Fusto fistoloso, eretto, 1-3 dm. ①. ⚥. (E. T. M. L.). — *Mag. Giug.* — Fossi e luoghi paludosi dal mare alla reg. submont. **33 R. ophioglossifolius** Vill.
Piante *perenni*. Pet. sempre *assai più lunghi* del calice 7

7 | Foglie tutte, eccettuate le sommerse, *lanceolate e sessili* o quasi. Fiori grandi, 3 cm. di diam. o più. Sep. *pelosi* sul dorso. Carpelli compressi, *minutam. punteggiati*, a becco breve e largo, *persistente*. Fusto eretto, fistoloso, 8-10 dm. ⚥. (E. T. M.). — *Giug. Lugl.* — Fossi e luoghi paludosi dal mare alla reg. submont. . . . . **34 R. Lingua** L.
Foglie infer. generalm. *ovate od oblunghe*, lungam. *picciolate*. Fiori piccoli, 1 ½ cm. di diam. Sep. *generalm. pelosi* sul dorso. Carpelli rigonfio-carenati, *lisci*, a becco breve e sottile, *caduco*. Fusto eretto, fistoloso, 2-5 dm. ⚥. (E. T. M. L.). — *Giug. Ott.* — Luoghi paludosi dal mare alla reg. mont. **35 R. Flammula** L.

8 | Carpelli *persistenti* o molto tardam. caduchi, piani, compressi, spinosi sulle due faccie e spesso anche nei margini, raram. inermi, attenuati in un becco *largo, subensiforme*. Fiori gialli. 9
Carpelli *caduchi*, ± compressi, lenticolari, coi margini carenati od ottusi, raram. rigonfi e pubescenti; becco *lesiniforme* 10

9 | Fusto prostrato od ascendente, *fistoloso*, 1-3 dm. Foglie rotondate, cuoriformi o largam. troncate alla base, 3-5-lobe o 3-5-fide, a segmenti o lobi crenati. Peduncoli *solcati*; pet. *poco più lunghi* del calice; scaglia del nettario *più stretta dell'unghia*. Ricettacolo *un po' ispido o quasi glabro*. Carpelli tubercoloso-spinosi sulle faccie soltanto, becco *largo, ricurvo* all'apice. ①. *Apr. Mag.* — Luoghi umidi della reg. med. o più raram. submont. **36 R. muricatus** L.
Fusto eretto, *pieno*, 2-4 dm. Foglie, eccettuate le primordiali, ternate ed a segmenti picciolettati o le infer. tripartite, tutte a segmenti profondam. divisi in lacinie lanceolate o, nelle super., lineari, intere o dentate. Peduncoli *non solcati*: pet. *un terzo circa* più lunghi del calice; scaglia del nettario *larga quanto l'unghia*. Ricettacolo *ispido*. Carpelli tubercoloso-spinosi anche nel margine o affatto inermi, becco *lesiniforme*, quasi *diritto*. ①. raram. ②. *Apr. Giug.* — Campi dal mare alla reg. submont. **37 R. arvensis** L.

10 | Piante *perenni*, con radice fibrosa. Carpelli lisci, *senza* gobbe, rugosità, tubercoli o spine 11
Piante *annue*. Carpelli *con gobbe*, rugosità, tubercoli o spine . . . 16

11 | Peduncoli *non solcati* 12
Peduncoli *solcati* 14

12 | Sep. *riflessi*. Carp. compressi con becco triangolare, cortissimo, diritto. Ricettacolo glabro. Foglie mollem. vellutate, le basali a contorno ovato-pentagonale, 3-partite, a lobi cuneiformi, inciso-dentati : le cauline infer. più allungate e più divise, le super. lanceolato-lineari. Pianta villosissima per peli riflessi o patenti. Fusto fistoloso, eretto, 5-9 dm. ⚥. *Apr. Giug.* — Dal mare alla reg. submont. . . . . . . **38 R. velutinus** Ten.
Sep. *patenti* 13

Carpelli rigonfi, vellutati, con becco fortem. ricurvo, *uguale al terzo del carpel
lo.* Ricettacolo *glabro.* Foglie basali picciolate, arrotondato-reniformi, crenulate, indivise o 3-5-fide, le cauline sessili, con 3-7 lacinie lineari-divergenti.
Fusto eretto od ascendente, fistoloso, 1-3 dm. ♃. (E. T.). — *Mar. Mag.* —
Luoghi ombrosi dal mare alla reg. mont. . . . **39 R. auricomus** L.

Carp. compressi con becco ricurvo, generalm. *più corto della metà del carpello.*
Ricettacolo *peloso.* Foglie basali pentagonali, palmato-partite, con segmenti
obovato-trifidi, separati da seni rotondi, le cauline sessili, divise in 3-7 lacinie lineari-bislunghe, divergenti, spesso dentate. Fusto ascendente o eretto,
per lo più pieno, 5-25 cm. ♃. *Mag. Ag.* — Dalla reg. mont. all'alp.
40 R. montanus Willd.

Foglie basali più lungam. picciolate, le cauline a divis. largam. lineari; fusto più corto, 6-20 cm. Var. *gracilis* (Schleich.).

Foglie basali con segmenti separati da seni acuti, le cauline a lacinie
non divergenti. (E. T. M.). Var. *Villarsii* (DC.).

Foglie cauline con 3-5 lacinie lineari-lanceolate, picciolettate, non od
appena abbraccianti. Carp. con becco convoluto e *lungo circa la metà del carpello.* (T.). Var. *aduncus* (Gr. Godr.)

Foglie cauline semiabbraccianti. Carp. con becco uncinato o raram.
convoluto. (T.). Var. *pollinensis* N. Terr.

Carp. compressi con becco leggerm. ricurvo, *uguale circa al quarto del carpello.* Ricettacolo *glabro.* Foglie ± pelose, spesso macchiate di porpora-scuro, le basali a contorno pentagonale, palmato-partite, a segmenti quasi
romboidali, inciso-dentati, le cauline 3-partite a lacinie lineari. Pianta a pubescenza *per lo più scarsa.* Fusto eretto, fistoloso, 1-8 dm. ♃. — (E. T. M.
L.). — *Mag. Giug.* — Dal mare alla reg. alp. . . **41 R. acer** L.

Carp. compressi con becco convoluto-uncinato, *uguale circa alla metà del carpello.* Ricettacolo *glabro.* Foglie c. s., le cauline a lacinie lanceolate. Pianta
a pubescenza *generalm. abbondante.* Fusto fistoloso, 3-6 dm., irsuto in basso
per peli patenti o riflessi. ♃. *Apr. Ag.* — Boschi reg. mont. e submont.
42 R. lanuginosus L.

13 {

Sepali *riflessi.* Carp. con becco corto, largo, arcuato. Ricettacolo vellutato.
Foglie infer. ovali, ternate o biternate, con segmenti trifidi, inciso-dentati,
il medio *con lungo piccioletto.* Fusto eretto, 2-6 dm., bulboso alla base, con
fibre radicali sottili. ♃. *Apr. Giug.* — Dal mare alla reg. mont.
43 R. bulbosus L.

Fibre radicali grosse. (T. E. M. L.). Var. *Aleae* (Willd.).

Carp. con becco brevissimo diritto o uncinato. Lobo medio delle foglie infer. *non picciolettato.* (E. T.). Var. *neapolitanus* (Ten.).

Sepali *patenti* 15

14 {

Carp. con becco *lungo,* adunco ed avvolto. Ricettacolo *setoloso.* Foglie pentagonali con 3-5 lobi, trifidi e dentati. Fusto *eretto,* 2-6 dm. ♃. — (E. T. U.).
— *Mag. Giug.* — Luoghi selvatici dalla reg. submont. alla reg. subalp.
44 R. nemorosus DC.

Carp. con becco *corto,* un poco ricurvo. Ricettacolo *peloso.* Foglie ovato-penta-
gonali, ternate o biternate, con segmenti larghi, trifidi o tripartiti, il medio
con piccioletto più lungo, le super. con lobi lineari oblunghi. Fusto *sdraiato-
ascendente,* stolonifero, 2-5 dm. ♃. *Apr. Giug.* — Dal mare alla reg. mont.
45 R. repens L.

15 {

Petali obovati, *uguali* al calice o *più brevi.* Ricettacolo *glabro.* Carp. a facce
con tubercoli sormontati da una breve setola uncinata. Peduncoli fruttiferi
gracili, lisci, diritti, non ispessiti od appena all'apice. Foglie basali e cauline infer. rotondo-cuoriformi, trifide, lobato-crenate, le super. trilobe o intere.
Pianta leggerm. vellutata, 1-4 dm. ☉. (E. T. M.). — *Mar. Mag.* — Dal mare
alla reg. submont. . . . . **46 R. parviflorus** L.

Pedunc. fruttiferi molto grossi, claviformi in alto. Pet. strettam. oblunghi. (T. a Capalbio). Var. *chius* (DC.).

Pet. generalm. *assai più lunghi* del calice. Ricettacolo *peloso.* Carp. a facce
con tubercoli arrotondati, oppure lisce. Foglie primordiali ovali e troncate alla base. Fusto non od appena ingrossato alla base, generalm. eretto,
1-5 dm. ☉. *Febbr. Sett.* — Dal mare alla reg. submont. o mont.
47 R. sardous Crantz

Fiori piccoli a pet. *poco più lunghi* del calice. Pianta ordinariam. più
umile ed a foglie più suddivise. (T. a Capraia). — Var. *trilobus*
(Desf.).

16 {

17 { Carp. *compressi, carenati* o quasi alati, ravvicinati in spighe dense, ellittiche o cilindriche. Fibre radicali carnose 18
Carp. *rigonfi, non carenati.* 22

18 { Piante *bianco-lanuginose* o più raram. soltanto *villose*. Foglie a segmenti o divisioni intere, dentate o lobate 19
Piante *villoso-irsute* o quasi *glabre*, mai *lanuginose*. Foglie, eccettuato le primordiali, a segmenti profondam. divisi o sopradivisi in lacinie strette 20

19 {
Foglie a divisioni *obovato-cuneate, dentate* o *lobate*; le primordiali ovali-subrotonde od orbicolari. Carp. in spiga lunga, glabri o con pochi peli, punteggiati, con becco ricurvo in fuori, *quasi uguale alla lunghezza* del carpello, uncinato all'apice. Fusto eretto, 2-3 dm. ⚥. *Giug.* — Dalla reg. med. alla mont. . . . . **48 R. monspeliacus** L.
    Foglie primordiali subovali-arrotondate, dentate o lobate, le successive 2-3 partite. Pianta ± bianco-lanuginosa. (T. L.). Var. *angustilobus* DC.
Foglie a divisioni lungam. *lanceolate* o *lineari, interissime*; le primordiali lineari-lanceolate, intere o 2-3 partite. Carp. in spiga quasi cilindrica, glabri, alveolato-punteggiati, con becco ensiforme, diritto *non oltrepassante i due terzi* del carpello, ad apice ricurvo. Fusto eretto, 2-4 dm. ⚥. (App. centr.). — *Mag. Giug.* — Reg. submont. e mont. . . . **49 R. Illyricus** L.

20 {
Fusto *coperto alla base* dai resti fibrosi delle foglie morte. Foglie *pubescenti* per peli rigidi ed appressati, quasi tutte ovali a denti acuti o subtrilobe. Sep. villosi all'esterno, patenti o talora alla fine riflessi; pet. 1-2 volte più lunghi del calice. Carp. lisci in spiga corta, minutissimam. punteggiati, con becco diritto o appena curvo nell'apice, più corto del carpello. Radice affastellata, granulosa. Fusto 1-3 dm. ⚥. (T. U. L.). — *Apr. Giug.* — Luoghi erbosi reg. med. o più raram. subm. . . **50 R. flabellatus** Desf.
Fusto *senza o con pochissimi* resti fibrosi di foglie morte alla base. Foglie *glabre* o poco pelose 21

21 {
Sep. *riflessi*. Foglie basali ternate, con segmenti pennatifidi; le primordiali *persistenti*, reniformi trilobe, crenate. Pet. *poco più* lunghi del calice. Carp. in spiga *ovoidea, lanceolati*, compressi, strettam. marginati, con becco *diritto*, breve. Sep. *pelosi* sul dorso. Radice affastellata, granulosa. Fusto generalm. 1-floro. ⚥. (E.). — *Apr. Mag.* — Luoghi erbosi reg. med. e subm.
                           51 R. Agerii Bert.
Sep. *patenti* od applicati alla corolla. Foglie basali ternato-bipennatosette; le primordiali *fugaci*, lobato 3-partite od uguali alle altre. Pet. ½-3 volte più lunghi del calice. Carp. in spiga *oblunga, suborbicolari*, compressi, marginati, minutam. granulosi, glabri, con becco *breve, circinnato-revoluto*. Sep. generalm. glabri sul dorso, con radicette fusiformi. Fusto 6-30 cm., semplice o no. ⚥. (T. M. U. L.). — *Apr. Mag.* — Luoghi erbosi reg. med. o più raram. subm. . . **52 R. millefoliatus** Vahl
    Carp. con becco *lunghetto*, debolm. ricurvo, uncinato od anche diritto. Fusto 15-50 cm., spesso assai ramificato. Sep. *pelosi* sul dorso. (T. L.). Var. *garganicus* (Ten.).

22 {
Foglie *tutte indivise*, affatto intere nel margine, le basali cespugliose e ricoperte alla base dai resti fibrosi delle foglie morte, lanceolato-lineari, acuminate; le cauline poche, quasi bratteiformi. Pet. gialli poco più lunghi del calice, unghia con fossetta nettarifera *provvista d'una scaglia*. Carp. reticolato-rugosi. con becco brevissimo. Fusto 1-4-floro, semplice o poco ramoso, 2-5 dm., glabro o peloso inferiorm., striato. Pianta subbulbosa. ⚥. (T. U. L.). — *Apr. Giug.* — Boschi reg. subm. alla alp. **53 R. gramineus** L.
Foglie *rotondo-cuoriformi* o *reniformi-quadrate*, crenate e smarginate all'apice, oppure grossam. incise. Fiori *gialli*, con fossetta nettarifera *nuda* . . 23
Foglie ± *profondam. divise*. Peduncoli fruttiferi diritti. Fiori *bianchi* . 24

23 {
Foglia caulina infer. e le basali, *se esistono*, a crenature uguali o poco profonde su tutto il margine od 1-3 apicali, poco più grandi delle altre. Carp. subglobosi. glabri, con becco ricurvo. Fusto *eretto*, ½-3 dm., pieno, 1-5-floro. Pianta glabra a radici affastellate, ± *tuberoso-fusiformi*, partenti da un rizoma generalm. *cortissimo*. ⚥. (App. centr.) — *Apr. Ag.* — Boschi e pascoli reg. mont. e alp. . . . . **54 R. Thora** L.
Foglia caulina infer. e le basali *sempre presenti*, intiere o leggerm. crenate ai lati e profondam. inciso-lobate in alto. Carp. c. s. piccoli. Fusto *spesso tortuoso*, ½-1 dm., 1-3-floro e con 2-3 foglie cauline. Pianta c. s. a radici

23 | *grosse, ma non od appena tuberose*, partenti da un rizoma $\pm$ *lungo*. ♃ — *Mag. Lugl.* — Reg. alp. . . . . **53 R. hybridus** Biria
Fusto 1-floro e con 1-2 foglie canline. Carp. del doppio più grossi. (App. centr.) — Var. *brevifolius* (Ten.).

24 | Petali con fossetta nettarifera *senza scaglia*. Ricettacolo *glabro*. Pet. 5 a molti, smarginato-bilobi. Foglie basali cespugliose, picciolate, 3-5 fide, a lobi obovati, inciso-crenulati all'apice; le cauline 1-3 sessili, semplici e talora squamiformi, tutte con 2 orecchiette basilari rotondate ed amplessicauli. Carp. maturi minutam. granulosi. ♃ (App. piceno e umbro). — *Giug. Lug.* — Roccie reg. alp. . . . . **56 R. alpester** L.
Pet. con fossetta nettarifera *provvista d'una scaglia* intera o bifida. Ricettacolo *peloso* 25

25 | Fusto ½-2 dm., *con 1-6 fiori*. Foglie palmatosette, a 3 foglioline divise in lacinie lineari o lanceolate, acute. Peduncoli fruttiferi inclinato-ricurvi. Sep. per lo più *glabri*. Carp. *pelosi o glabri*, rugosi, con becco ricurvo. Pianta ora quasi lanosa ed ora glabra, a fusto tortuoso, sdraiato od ascendente. ♃ (App. piceno). — *Lug. Ag.* — Roccie reg. alp. . **57 R. Seguieri** Vill.
Fusto 1-3 dm., generalm. *con molti fiori* in cime corimbose. Foglie palmato-partite, a 3-7 divisioni ovato-oblunghe o lanceolate. Peduncoli generalm. pubescenti, Sep. *pelosi* sul dorso, caducissimi. Carp. *glabri*, venati, con becco ricurvo all'apice. Pianta glabra o pelosa in alto e sui nervi delle foglie, con fusti eretti, fistolosi, leggerm. striati, a rami per lo più patenti. ♃ (App. sino al Piceno). — *Mag. Lug.* — Pascoli e luoghi umidi reg. mont., e subalp. **58 R. aconitifolius** L.

4. *Ceratocephalus falcatus Pers.* (¹/₅). 5. *Caltha palustris* L. (¹/₄). 6. *Trollius europaeus* L. (¹/₄).

9. **Caltha** (dal greco καλαθος = canestro, per la disposizione dei fiori). Sep. 5 petaloidi, caduchi; pet. 0; carpelli 5-10 in verticillo, liberi. Semi 2-seriati.

Fiori grandi, gialli, solitarii, terminali. Foglie basali rotondo-reniformi, crenulate, lungam. picciolate, le cauline lucenti, piccole, quasi sessili. ♃ *Mar. Apr. o Giug.* — Luoghi umidi della reg. alp. e mont. e anche in piano. — *Farferugine* . . . . **59 C. palustris** L.

10. **Tróllius** (dal tedesco *trol* = palla, pei fiori globulosi). Sep. 5-20 petaloidi, caduchi; pet. 8-10, lineari, piani, con fossetta

nettarifera nuda. Carpelli numerosi, sessili, liberi, verticillati in più serie. Semi 2-seriati.

> Fiori grandi, gialli, solitarii, globulosi. Foglie verdi-scure, palmatosette, con segmenti quasi romboidali, trifidi o profondam. tripartiti, inciso-dentati. 2ƒ. *Mag. Ag.* — Reg. alp. e mont. — *Paparia.* (Fig. 6). **60 T. europaeus** L.

11. Eránthis (da ην = primavera e ἄνθος = fiore, pei fiori che sono molto precoci). Fiori muniti di involucro caliciforme. Sep. 6-8 petaloidi, caduchi : pet. tubulosi, bilabiati, nettariformi. Carpelli stipitati, in un solo verticillo. Semi 1-seriati.

> Fiore giallo. Foglie che appaiono dopo i fiori, tutte basali, lungam. picciolate, rotonde, divise fino alla base in 3 segmenti moltifidi. Radice tuberosa. 2ƒ. *Feb. Mar.* — Campi dal mare alla reg. submont. — *Piè di gallo.* (Fig. 7) . . . . **61 E. hyemalis** Salisb.

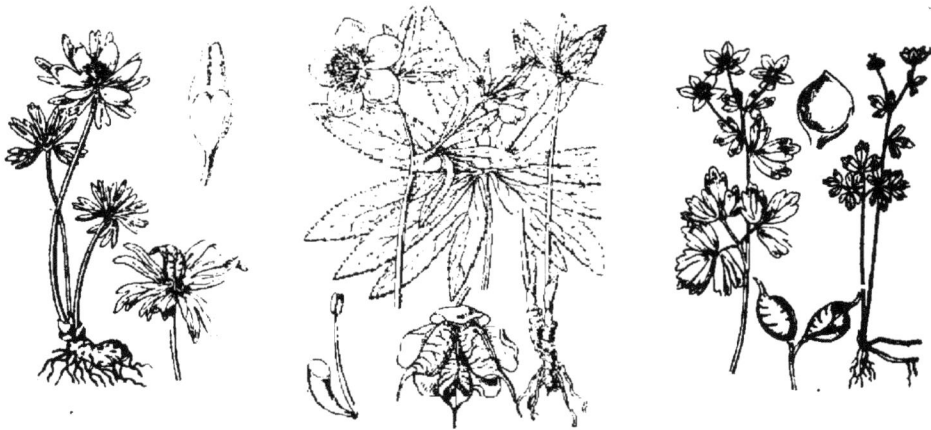

7. *Eranthis hyemalis Salisb.*   8. *Helleborus viridis* L.   9. *Isopyrum thalictroides* L.
(¼).   (¼).   (⅕).

12. Helléborus (da ἐλεῖν = uccidere e βορα = nutrimento, per le proprietà venefiche di queste piante). Sep. 5, persistenti; pet. 5-20, piccoli, tubulosi, nettariformi, bilabiati o con apertura obliquam. troncata. Carpelli 3-10 sessili, in un solo verticillo, saldati alla base. Semi 2-seriati.

> 1 { Sepali *eretti.* Carpelli con becco *più corto* della loro metà. Molti fiori verdastri in basso e rossi in alto. Foglie tutte cauline, pedate, con 7-11 segmenti lanceolato-lineari, seghettati. Fusto eretto, foglioso, 2-6 dm., rami con brattee ovali, intere. 2ƒ. *Gen. Apr.* — Dal mare alla reg. mont. — *Cavolo di lupo, Elabro puzzolente.* . . . . **62 H. foetidus** L.
> Sepali *patenti.* Carpelli con becco *più lungo* della loro metà . . . 2

> 2 { Pochi fiori *bianchi o rosei,* con 2-3 brattee *intere, diverse* dalle foglie. Foglie tutte basali, picciolate, pedate, con 7-8 segmenti dentati. Pianta glabra, bruna. 2ƒ. (T! M!). — *Gen. Apr.* -- Reg. subm. alla mont. — *Erba nocca, Piè di diavolo.* . . . . **63 H. niger** L.
> Pochi fiori *verdastri,* con brattee *divise, somiglianti* alle foglie. Foglie basali picciolate, con 7-11 segmenti lanceolato-acuminati, dentati, le cauline sessili,

2 | palmato-partite. Pianta glabra o pubescente, 3-5 dm. ♃. *Gen. Apr.* — *Erba nocca, Cavolo di lupo.* (Fig. 8) . . . . . . **64 H. vìridis** L.
Fiori grandi, odorosi; sep. divisi. (T.). Var. *odorus* (Kit.)
Foglie a segmenti moltifidi, stretti. (Ital. centr.). Var. *Bocconei* (Ten.).

13. **Isopyrum** (da ἰσος = simile e πυρ = fuoco, pianta di sapore acre e con frutto simile a una fiamma). Sep. 5 petaloidi, caduchi; pet. 5. piccolissimi, nettariformi, aperti, ristretti alla base in cornetto o bilobi. Carpelli 1-3 sessili, liberi. Semi 2-seriati.

Fiori bianchi, poco numerosi, 2-6 terminali, assai piccoli. Foglie picciolate, 1-2 volte ternate con segmenti ovali o cuneiformi, trilobi. Fusto 15-30 cm., glabro. Radice strisciante. ♃. (E. T. L.). — *Mag.* — Boschi dei monti. — (Fig. 9). . . . . **65 I. thalictroides** L.

14. **Nigélla** (diminutivo di *nigra* nera, pei semi neri). Sep. 5 petaloidi, caduchi; pet. 5 nettariformi, tubulosi alla base, bilabiati, con labbro inferiore bifido. Carpelli 5-10 sessili, verticillati, saldati alla base, deiscenti solo in alto e con stili allungati. Semi 2-seriati.

1 | Carp. saldati insieme *fino alla metà* e liberi superiorm., provvisti di 3 nervi rilevati. Fiori senza involucro. Antere apicolate. Semi granulosi. ☉. (E. M. L.). — *Mag.* — Dal mare alla reg. submont. (Fig. 10). **66 N. arvensis** L.
Carp. saldati insieme *fino all'apice*. 2

2 | Fiori *con un involucro* simile alle foglie, a segmenti pennatifidi. Antere *mutiche.* Carp. *grandi*, lisci. Semi rugosi trasversalm. ☉. *Giug. Lug.* — Dal mare alla reg. mont. — *Fanciullaccia* . . . **67 N. damascena** L.
Fiori *senza involucro*. Antere *ottusette*. Carp. *piuttosto piccoli*, leggerm. verrucosi. Semi rugoso-tubercolati ☉. (T. in Casentino!) **68 N. sativa** L.

15. **Aquilégia** (da *aquilegium* = recipiente, alludendo alla forma dei petali). Sep. 5 petaloidi; pet. 5 uguali, imbutiformi, prolungati inferiorm. in sprone nettarifero. Carpelli 5 in verticillo, saldati alla base, sessili. Semi 2-seriati.

1 | Sprone dei petali *uncinato*, subeguale ai sepali. Stami un po' *più lunghi* dei petali. Foglie basali, biternate, con segmenti inciso-crenati, le cauline sessili, a lobi spesso interi. Fusto eretto, pubescente, 3-9 dm. ♃. *Lug. Ag.* — Dal mare alla reg. submont. — *Amor nascosto, Aquilegia*. **69 A. vulgaris** L.
Sprone dei petali *diritto o incurvato*, più corto dei sepali. Stami *subeguali o più corti* dei petali 2

2 | Petali *troncati* in cima; sprone *incurvato*. Foglie piccole, biternate, con segmenti 2-3-partiti, profondam. incisi in lobi lineari. Fusto 3-7 dm., glabro o peloso. ♃. (E. T.). — *Lug. Ag.* — Reg. alp. e mont. (Fig. 11).
70 A. alpina L.
Petali *arrotondati* in cima; sprone *generalm. quasi diritto*. Foglie piccole, ternate o biternate, con segmenti ± profondam. crenati o interi. Fusto 1-3 dm., gracilissimo. ♃. (T. M. U. L.). — *Giug. Lug.* — Reg. alp. e subalp.
71 A. pyrenaica DC.
Stami *subeguali* alla lamina dei pet.; sprone *ricurvo ad uncino*. (Alpi Apuane). Var. *Bertolonii* (Schott).

16. **Delphínium** (da δελφις = delfino, per la forma del sep. super). Sep. 5 petaloidi, il superiore spronato; pet. 4, talora ridotti

ad uno solo per saldatura o aborto, i due super. prolungati in sprone tubuloso, racchiuso nello sprone del calice; carpelli 1-5, liberi in verticillo, sessili. Semi 2-seriati.

1 { Carpello *unico*. Petali *riuniti fra loro* 2
   { Carpelli *3-5*. Petali *liberi* 4

2 { Follicolo unico, *glabro*. Racemi corti, divergenti in pannocchia lassa. Brattee tutte semplici. Foglie biternate con segmenti lineari. Semi neri. ①. *Giug. Lug.* — Dal mare alla reg. submont. — *Fior cappuccio.* (Fig. 12).   **72 D. Consolida** L.
   { Follicoli *pubescenti* 3

3 { Racemi *allungati, folti*. Brattee dei fiori infer. 3-moltipartite, lunghe. Foglie tripennate, con lacinie lineari. Semi *nerastri*. ①. (E. T. L.). — *Giug. Lug.* — Reg. med. e submont. . . . . **73 D. Aiacis** L.
   { Racemi *corti, pauciflori*. Brattee tutte semplici, intere, raram. l'infer. ± 3-5-partita. Foglie strette corte, moltifide, con lacinie lineari. Semi *grigi*. ①. (Nel Faentino). — *Giug. Lug.* — Reg. camp. . **74 D. pubescens** DC.

4 { Petali *i 2 infer. barbati*, sprone acuto. Foglie palmato-partite a segmenti moltifidi, con lacinie lineari: piccioli con larga guaina alla base. Racemo allungato in forma di spiga. Follicoli tomentosi. Pianta mollem. pelosa con fusto di 4-10 dm. ♃. (E. T.). — *Giug.* — Reg. submont e mont.   **75 D. fissum** W. et. K.
   { Petali infer. *glabri* 5

5 { Foglie infer. e cauline tripartito-moltifide, le super. intere. Sprone *più lungo del fiore*. Follicoli *oblungo-cilindrici*, pubescenti, divergenti all'apice. Pianta ± pubescente. ①. (T. M. L.). *Mag. Giug.* — Campi e luoghi aridi.   **76 D. halteratum** S. et. Sm.
   { Foglie palmate a lobi ellittici, interi o no. Sprone *brevissimo*. ottuso, bifido. Follicoli *ventricosi*, pubescenti. Pianta untuosa di odore sgradevole. ①. (T. L.). — *Apr. Mag.* — Reg. maritima. — *Stafisagria* **77. D. Staphisagria** L.

10. *Nigella arvensis* L.   11. *Aquilegia alpina* L.   12. *Delphinium Consolida* L.
    (¹/₄).   (¹/₄).   (¹/₄)

17. Aconitum (da ἀκόνη = roccia, per la stazione di alcune specie). Fiori in grappolo o pannocchia. Sep. 5 petaloidi, il super. in forma di elmo e ricoprente i petali, i 2 laterali orbicolari, i 2 infer. oblunghi. Pet. 5, i 2 super. prolungati in sprone, gli infer. piccolissimi o nulli. Carpelli 3-5 in verticillo, liberi, sessili. Semi 2-seriati.

1 {
Fiori *giallo-pallidi*, in grappoli assai brevi : elmo allungato, conico ; pet. sup. con sprone filiforme a spira. Foglie profondam. palmato-partite, a 5-7, divisioni, cuneiformi, inciso-lobate. Carpelli 3, glabri o glabrescenti : semi rugosi su tutte le faccie. 2↓ — *Giug. Lug.* — Reg. mont. all'alp. (Fig. 13).
                                                                78 A. Lycoctonum L.
Fiori *turchini*, rarissim. *bianchi* 2
}

2 {
Fiori in *racemo* denso, per lo più semplice ; elmo emisferico ; pet. super. con sprone appena ricurvo. Foglie 5-partite fino al picciolo, a lobi stretti, lineari o lanceolati. Rami e pedicelli *eretti*. Carpelli *appressati all'asse*. Semi generalm. rugosi in una sola faccia. 2↓ — (Monte Subasio). Reg. mont. e subalp.
                                                                79 A. Napellus L.
Fiori in *pannocchia espansa*: elmo quasi emisferico a becco allungato, deiscente : pet. sup. con sprone lungo, ricurvo. Foglie 2-3 partite fino al picciolo, a lobi larghi, romboidali, dilatati a ventaglio. Rami e pedicelli *patenti-divaricati*. Carp. glabri, *divergenti*. Semi rugoso-ondulati. 2↓ (E. T.). — *Estate*. — Boschi della reg. mont. — (*A. cernuum* Wulf.)
                                                                80 A. paniculatum Lam.
}

13. *Aconitum Lycoctonum* L.   14. *Actaea spicata* L.   15. *Epimedium alpinum* L.
         (¹/₄).   (¹/₄).   (¹/₄).

18. Actaéa (da ἄκταις = sambuco, cui somiglia pel frutto). Fiori regolari; sep. 4 petaloidi, caduchi; pet. 4 senza nettario; stami indefiniti con antere introrse. Frutto bacciforme, uniloculare, indeiscente, polispermo. Semi 2-seriati.

Fiori piccoli, bianchi, in racemo terminale. Foglie bi-tripennate, glabre, a segmenti ovali, inciso-dentati. Bacca ovoide, nera alla maturità, lucida. Fusto eretto, semplice, 3-5 dm, o più. 2↓ — *Mag. Lug.* — Dalla reg. submont. alla subalp. (Fig. 14) . . . . **81 A. spicata L.**

19. Paeónia (da *Peone* medico dell'antichità). Fiore roseo, grande, terminale. Sep. 5 persistenti, disuguali; pet. 5 o più, grandi. Carpelli 2-5, uniloculari, mono-polispermi, deiscenti.

Antere *più lunghe* dei filamenti. Foglie infer. biternate, le super. ternate, con
segmenti ± larghi, glabri, il medio cuneato alla base. Carp. orizzontalm.
patenti. ♃. (E. T. L.). — *Apr. Mag.* — Reg. submont. e mont.
82 P. corallina Retz.
Antere *più corte* dei filamenti. Foglie ternato- o pennato-composte, glaucescenti, glabre di sotto, con lobo mediano tripartito o trifido. Carp. tomentosi, ± divergenti. ♃. *Mag. Giug.* — Colli e monti reg. submont. e subalp.
83 P. officinalis Retz.
Foglie verdi-scure di sopra, glauche e pubescenti di sotto. Var. *peregrina* (Mill.).
Foglie triternate, ossia a segmenti divisi in 2-3 foglioline, di cui almeno la mediana 2-3-fida. (App. centr.). Var. *paradoxa* (Anders.)

Fam. 2.ª **BERBERIDACEE.**

Erbe o frutici. Foglie alterne, semplici o composte, per lo più senza stipole. Fiori ermafroditi, regolari. Sep. 4-6 petaloidi, caduchi. Pet.
in numero uguale o doppio a quello dei sepali, ipogini, muniti di una
scaglia o di due ghiandolette basilari. Stami liberi 4 o 6, con antere
deiscenti per valve. Carpello unico con una casella. Frutto bacca o
cassula, con 1-3 semi; embrione diritto; albume carnoso, oleaginoso.

CHIAVE DEI GENERI.

Arbusto spinoso a foglie semplici. Sep. 6, pet. 6 con ghiandolette basilari.
Frutto bacca . . . . BERBERIS
Erba a foglie biternate. Sep. 4, pet. 4 in forma di cornetti nettariferi. Frutto
cassula . . . . EPIMEDIUM

1. Bérberis (da βερβερι = conchiglia, per la forma dei petali).
Sep. 6; pet. ordinariam 6 o 8, muniti di due ghiandolette basilari.
Bacca 1-3 sperma. Fiori gialli in grappolo.

Bacca oblunga, rossa. Foglie rigide, ovali, cigliato-dentate, in fascetti nel-
l'ascella di una foglia trasformata in spina, 3-5-partita. Arboscello alto 1-2 m.
♄. *Mag. Giug.* — Reg. mont. — *Crespino.* **84 B. vulgaris** L.

2. Epimédium. Sep. 8 in due verticelli, gli interni petaloidi:
pet. 4 in forma di cornetti nettariferi. Cassula bivalve a forma di
siliqua, con diversi semi forniti di un arillo carnoso. Fiori in racemo
terminale, piccoli, a sep. rossi e pet. gialli.

Foglie a segmenti ovali, per lo più obliquam. cuoriformi alla base, con margine setoloso-cigliato. ♃. (E. T.). — *Apr. Mag.* — Reg.submont. e mont.
(Fig. 15) . . . . **85 E. alpinum** L.

Fam. 3.ª **NINFEACEE.**

Piante acquatiche a rizoma grosso. Foglie tutte basali, per lo
più galleggianti, rotonde, lungam. picciolate, senza stipole. Steli 1-

fiori, nudi. Fiori ermafroditi, regolari. Sep. 3-5; pet. numerosi, disposti in più verticilli. Stami liberi, indefiniti, trasformantisi gradatam. in petali. Carpelli 3 o più in un verticillo, liberi o connessi e formanti un ovario pluriloculare, stimma sessile, peltato. Frutto carnoso, indeiscente, bacciforme, contenente una polpa gelatinosa, in cui stanno immersi più semi nudi o provvisti di arillo; embrione diritto piccolissimo; albume carnoso o farinoso, raram. nullo.

CHIAVE DEI GENERI.

Fiori bianchi. Sep. 4, lanceolati. Stami epigini . . . 1 NYMPHAEA
Fiori gialli. Sep. 5-6 suborbicolari. Stami ipogini . . . . 2 NUPHAR

1. Nymphaéa (da νυμφη = ninfa, perchè piante acquatiche). Sep. 4; pet. numerosi, non nettariferi; stami epigini. Frutto con cicatrici prodotte dalla caduta degli stami e dei petali; semi con arillo.

Fiori grandi, bianchi, odorosi. Stimma a 16 raggi incurvati. Frutto subgloboso. Foglie subrotonde divise alla base in due lobi acuti, ♃. Apr. Nov. — Laghi, paludi, ecc. dal mare alla reg. submont. — *Carfano, Ninfea.*
86 N. alba L.

2. Nuphar (dal nome arabico *naufar*). Sep. 5; pet. numerosi, molto più corti dei sepali, con fossetta nettarifera sulla faccia interna; stami ipogini. Frutto senza cicatrici; semi senza arillo.

Fiori gialli. Stimma intero o un poco ondulato sui margini. Frutto conico. Foglie cordato-ellittiche coi lobi rotondati. ♃. Mag. Giug. — Laghi ecc. dal mare alla reg. submont. — *Nannufero.* (Fig. 16). **87 N. luteum** S. et Sm.

FAM. 4.ª PAPAVERACEE.

Piante erbacee annue, bienni, o perenni con latticcio bianco o croceo. Foglie alterne o le super. quasi opposte, senza stipole, per lo più pennatifide, a lacinie frastagliate, raram. indivise. Fiori ermafroditi, regolari. Sep. 2 caduchi. Pet. 4. Stami ordinariam. numerosi, liberi. Ovario uniloculare formato, da 2 o più carpelli saldati fra loro: stimmi sessili, disposti in un disco. Frutto secco, polispermo, cassulare o siliqueforme. Semi numerosi, piccoli; albume carnoso-oleoso: embrione piccolo.

CHIAVE DEI GENERI.

1 { Stami 4. Succo acqueo. Frutto siliqueforme formato di molti articoli sovrapposti . . . . 4 HYPECOUM
{ Stami numerosi. Succo lattiginoso . . . . . . · 2

2 { Stilo nullo con 4 a molti lobi stimmatici, raggianti. Cassula globosa o bislunga, deiscente per pori apicali, situati sotto gli stimmi. Latticcio bianco. 1 PAPAVER
, { Stilo cilindrico breve, con stimma capitato, 2-lobo. Cassula lineare siliqueforme 3

3 { Fiori grandi, solitari, gialli o rossi. Cassula con 2 logge separate da un tramezzo: semi senza cresta carnosa. Latticcio incoloro . . 2 GLAUCIUM
Fiori piccoli in ombrella semplice, gialli. Cassula con 1 loggia, senza tramezzo;
semi con cresta carnosa. Latticcio giallo-aranciato . . 3 CHELIDONIUM

1. **Papáver** (dal celtico *papa* = pappa). Stimmi 4-20 sessili, formanti un disco, leggerm. convesso e a margine frastagliato. Frutto subgloboso o oblungo, glabro o irto di peli, aprentesi per dei pori situati al di sotto del disco stimmatifero e munito internam. di setti incompleti, parietali. Fiori solitari e pendenti prima della fioritura.

1 { Frutti *glabri* 2
Frutti *coperti di peli* setolosi, radi 4

2 { Frutti *allungati, claviformi*. Pet. rossi. Filamenti degli stami filiformi. Foglie
cauline non amplessicauli. ①. (E. T. M.). — *Apr. Mag.* — Reg. mar. alla
mont. . . . . **88 P. dubium** L.
Frutti *ovali o subglobosi* 3

3 { Petali *di color rosso vivo*. Filamenti degli stami *filiformi*. Foglie cauline *non
amplessicauli*. Fusto *peloso*. ①. *Mar. Apr.* — Dal mare alla reg. submont. —
Rosolaccio . . . . **89 P. Rhoeas** L.
     Cassula obovata, lungam. attenuata alla base. Foglie a lacinie laterali
     patenti. (T.). Var. *strigosum* Boem.
     Cassula oblunga, trottoliforme. Foglie bipennato-partite, a lacinie
     ovali oblunghe, arrotondate, ottuse. (Presso Bologna e Firenze).
     Var. *obtusifolium* (Desf.).
Petali *rosei, violetti o bianchi*. Filamenti degli stami bianchi, *claviformi*. Foglie cauline *amplessicauli*. Fusto ordinariam. *glabro*. ①. *Apr. Mag.* — Inselvatichito o colt. nei campi. — *Papavero.*   **90 P. somniferum** L.
     Foglie inciso-dentate, a denti stretti, terminati da una setola, pelose
     nel resto. Peduncoli e sep. per lo più setolosi. Cassula deiscente,
     della grossezza di una noce. (T. L.). Var. *setigerum* (DC.).

4 { Frutti *ovali o subglobosi*, con setole *patenti, arcuate*. Pet. di color *rosso-vinoso*.
Filamenti degli stami *ispessiti superiorm.* ①. (T. M. U. L.). — *Mag. Lug.*
— Dal mare alla reg. submont. . . . . **91 P. hybridum** L.
Frutti *obovati*, con *setole appressate*. Pet. *bianchi o giallo-crocei*. Filamenti degli
stami *lesiniformi*. Steli 1-flori, nudi. ♃. (E. T.). — *Ag.* — Reg. alpina.
     92 P. alpinum L.
Frutti *allungati, claviformi*, con setole *arcuato-erette*. Pet. di color *rosso chia-
ro*, con macchia nera alla base. Filamenti degli stami *ispessiti superiorm.*
①. (E. T. M. U.). — *Lug.* — Dal mare alla reg. mont.
     93 P. Argemone L.

2. **Glaúcium** (da γλαυχος = glauco, pel colore verde-glauco di queste piante). Stimmi 2 conniventi, terminati lateralm. da un cornetto. Frutto allungato, siliqueforme, 2-loculare per un falso tramezzo spugnoso, formato da due valve che si aprono dalla sommità alla base. Semi 1-seriati, senza strofiolo. Fiori solitari. Foglie glauche. Latticcio incoloro.

Fiori grandi, gialli. Siliqua glabra, per lo più coperta di tubercoli. Foglie grosse,
pennatifide e picciolate, a lacinie ovato-oblunghe, dentate le super. amplessicauli. ①. (T. M. L.). — *Estate.* — Reg. marit. — *Papavero cornuto.* (Fig. 17).
     94 G. flavum Crantz.

3. **Chelidónium** (da χελιδων = rondine, per l'epoca di fioritura). Stimmi 2 obliqui. Frutto siliqueforme, 1-loculare senza tramez-

zo, formato da 2 valve che si aprono dalla base alla sommità. Semi 2-seriati, provvisti d'uno strofiolo in forma di cresta. Fiori in ombrella pauciflora. Foglie glauche nella parte inferiore. Latticcio giallo-croceo.

Fiori piccoli, gialli; pet. interi. Siliqua glabra, un poco torulosa. Foglie molli, pennatosette, con 5-11 segmenti ovali, inciso-crenati, il super. più grande e trilobo. ♃. *Apr. Sett.* — Dal mare alla reg. mont. — *Celidonia, Erba da porri* . . . . **95 C. majus** L.
Pet. crenulati o inciso-dentati. Var. *laciniatum* (Mill.).

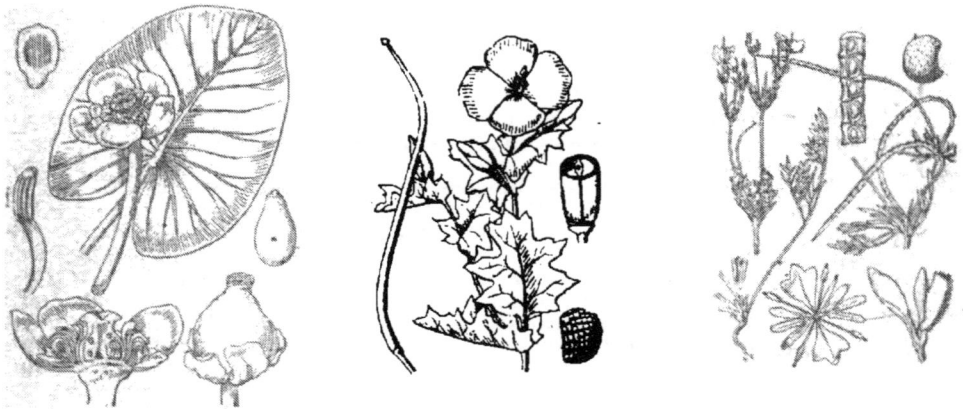

16. *Nuphr pluteum* Sm.   17. *Glaucium flavum* Crantz   18. *Hypecoum procumbens* L.
($^1/_4$).   ($^1/_4$).   ($^1/_4$).

4. **Hypécoum** (da ὑπηχέω = parlo, per il rumore che fanno i semi nel frutto). Pet. 4, trilobi. Stami 4. Stilo bifido, stimmi acuti. Frutto siliqua, che si divide in articoli monospermi. Succo acqueo.

1 ⎰ Pianta *sdraiata*. Pet. larghi 3-9 mm., *gialli*, gli esterni più grandi, trilobi, gli interni più piccoli, trifidi. Frutto *evidentem.* articolato. ①. (T.) — *Mag. Giug.* — Reg. mar. e camp. — *Cornacchina.* (Fig. 18). **96 H. procumbens** L.
⎱ Pianta *eretta*. Pet. larghi 10-12 mm., *aranciati*, gli esterni slargati, quadrato-trilobi. Frutto *oscuram.* articolato. ①. Campi presso Livorno. — *Mag. Giug.* **97 H. grandiflòrum** Benth.

Fam. 5.ᵃ FUMARIACEE.

Piante a succo acquoso, sovente amaro. Foglie alterne, molto divise, senza stipole. Infiorescenza a spiga o a grappolo. Fiori irregolari. Sep. 2 liberi, caduchi. Pet. 4, liberi o saldati alla base, il super. grande, spronato, i laterali più piccoli, alati all'apice. Stami 6 diadelfi, saldati pei filamenti in due fasci, ciascuno dei quali porta 3 antere. Ovario libero. Frutto secco, uniloculare, siliqueforme. Semi con o senza strofiolo; embrione diritto; albume carnoso.

CHIAVE DEI GENERI.

Frutto oblungo, siliqueforme. con 2 o più semi. Racemi pauciflori. 1 CORYDALIS
Frutto corto, globoso, subdrupaceo, con 1 seme. Racemi moltiflori. 2 FUMARIA

1. **Corydalis** (diminutivo di χορυς = elmo). Pet. superiore lungam. spronato con appendice nettarifero. Siliqua bivalve, polisperma, deiscente, con valve uninervate. Semi lenticolari, provvisti di uno strofiolo.

1 { Radice *fibrosa*. Fiori *bianco-giallastri*. Brattee cuspidate, dentellate. Semi quasi opachi, granuloso-scabri. 2⊥. (T. L.). — *Giug. Lug.* — Reg. mont.
98 C. ochroleuca Koch
Radice *tuberosa*. Fiori *porporini o rosa o bianchi* 2

2 { Tubero *cavo*. Fusto sprovvisto di scaglia al di sotto delle foglie. Sprone grosso, arrotondato e curvato alla sommità. Brattee intere. 2⊥. *Mar. Mag.* — Prati e boschi reg. mont. . . . . . **99 C. cava** Schw. et Krt.
Tubero *pieno* 3

3 { Fusto provvisto di *1 scaglia* al di sotto delle foglie. Sprone *diritto* e attenuato alla sommità. Brattee generalm. *intere*. Pedicelli *3-4 volte più corti* del frutto. 2⊥. (E. T.). — *Mar. Mag.* — Reg. mont. e alpestre.
100 C. fabacea Pers.
Brattee inciso-digitate. (T. sotto la Falterona). Var. *digitata* Gr. Godr.
Fusto provvisto di *1-3 scaglie* al di sotto delle foglie. Sprone leggerm. *ricurvo* e attenuato alla sommità. Brattee generalm. *digitato-partite*. Pedicelli lunghi *quasi quanto* il frutto. 2⊥. (E.). — *Apr. Mag.* — Reg. mont. (Fig. 19).
101 C. solida Sm.

2. **Fumária** (dal latino *fumus* = fumo). Pet. super. spronato alla base, l'infer. ordinariam. libero. Stilo caduco, stimma fatto a cuore. Frutto subdrupaceo, indeiscente, monospermo. Semi senza strofiolo.

1 { Foglie coi segmenti *larghi*, obovato-cuneiformi 2
Foglie coi segmenti *stretti*, lineari o filiformi 5

2 { Pedicelli fruttiferi *incurvati in giù*. Sep. ovali, lunghi circa 1/2 della corolla, persistenti. Frutto globoso, ottuso, liscio, non apicolato. ①. (T. M. L.). — *Apr. Giug.* — Macchie e siepi fino alla reg. submont. (Fig. 20).
102 F. capreolata L.
Frutti rugosi, con 2 fossette apicali. Sep. più brevi e più stretti del tipo. (T.). Var. *flabellata* (Gasp.)
Pedicelli fruttiferi *eretti* 3

3 { Frutti *piccoli*, da 2-2 1/2 mm. di diam., leggerm. rugosi, *ottusi*. Fiori *piccoli*, lunghi 9-11 mm , rosei o intensam. violacei. Brattee lunghe 1/2-1/3 dei pedicelli fruttiferi. Pianta umile, ± robusta, eretta o ascendente. ①. (E. T.) *Apr. Giug.* — Reg. camp. nei rottami, muri ecc. **103 F. Gussonei** Boiss.
Frutti *più grandi* circa 3 mm. di diametro, rugoso-tubercolati nel secco, *apicolati*. Fiori *grandi*, lunghi 12-15 mm. 4

4 { Brattee *generalm. subeguali o un po' più brevi* dei pedicelli fruttiferi. Sep. ovato-lanceolate, acuti, lunghi 1/4 della corolla e un poco più stretti di essa, con pochi denti. Fiori *porporini o rosei*. Frutti acuminati. ①. (Presso Firenze e Ancona). — *Gen. Giug.* — Nei coltivati **104 F. agraria** Lag.
Brattee *1-3 volte più brevi* dei pedicelli. Sep. lanceolati, acuti, lunghi 1/5 · 1/6 della corolla e un poco più stretti di essa, dentati. Fiori *a corolla bianca o leggerm. violacea*, eccetto l'apice che è atropurpureo. Frutti distintam. apicolati. ①. (Giglio, Capraia, Pianosa, Giannutri). — *Febb. Mag.*
105 F. bicolor Somm.

Sep. *più stretti della corolla* e 3-5 volte più brevi di essa. Frutti più larghi che lunghi, *troncato-smarginati* nell'apice. Brattee *più brevi* dei pedicelli fruttiferi, che sono *eretto-patenti*. Segmenti delle foglie *piani*. ①. *Apr. Sett.* — Dal mare alla reg. submont. — *Fumosterno*   .   **106 F. officinalis** L.

5 ⎰ Sep. *larghi come la corolla* e circa 3 volte più brevi di essa. Frutti ovoideo-subrotondi, acutetti, lisci, *non smarginati* nell'apice. Brattee *più brevi* dei pedicelli fruttiferi, che sono *eretti*. Segmenti delle foglie *subcanalicolati*. ①. *Mag. Giug.* — (T. al Monte Argentaro)   .   . **107 F. Reuteri** Boiss.

Brattee *subeguali* ai pedicelli fruttiferi, che sono eretto-patenti. Segmenti delle foglie *canalicolati*   6

6 ⎰ Sep. *più larghi della corolla* e *2 volte* più brevi di essa. Frutti globosi, ottusi, rugolosi, non smarginati nell'apice. ①. (T. M.). — *Apr.* — Dal mare alla reg. submont.   .   .   .   .   .   . **108 F. densiflora** DC.

Sep. *piccolissimi, molte volte* più brevi della corolla. Frutti globosi, un poco attenuati nell'apice in punta ottusa, rugolosi, non smarginati nell'apice. ①. (T. M. L.). — *Apr. Mag.* — Dal mare alla reg. submont.

109 F. parviflora Lam.

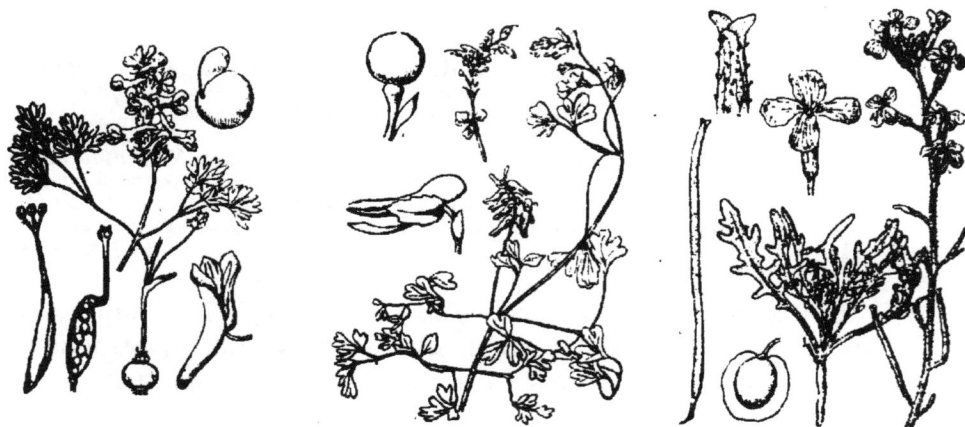

19. *Corydalis solida* Sm. ($^1/_4$).   20. *Fumaria capreolata* L. ($^1/_4$)).   21. *Matthiola sinuata* R. Br. ($^1/_4$).

FAM. 6.ª CROCIFERE.

Erbe o raram. frutici o suffrutici, con foglie alterne, senza stipole. Fiori ermafroditi il più spesso regolari. Sep. 4, liberi, 2 laterali spesso più larghi, gozzuti alla base. Pet. 4, ipogini, liberi, disposti in croce. Stami 6, di cui 2 esterni più corti (*tetradinami*), opposti ai sepali laterali. Ovario a 2 logge o ad 1: stilo corto o nullo: stimma semplice o bilobo. Frutto molto più lungo che largo (*siliqua*), oppure lungo tanto quanto largo (*siliquetta*), di solito deiscente, bivalve, raram. indeiscente o diviso in articoli, con 2 logge separate da un setto longitudinale. Semi piccoli, albume nullo, embrione curvato, con radichetta appoggiata sulla commissura dei cotiledoni (*accombente*), o sopra uno di essi (*incombente*).

CHIAVE DEI GENERI.

1 {
Frutto allungato, lineare o lanceolato, almeno 4 volte più lungo che largo (*siliqua*) 2
Frutto corto, lungo meno di 4 volte la propria larghezza (*siliquetta*) o anche allungato, formato di 2 o più articoli sovrapposti a coroncina . . . 17
}

2 {
Stimma manifestam. bilobo. Semi uniseriati 3
Stimma intero o smarginato-bilobo 6
}

3 {
Fiori gialli o bruno-ferruginei . . . . . 2 CHEIRANTHUS
Fiori bianchi, rossi o violacei 4
}

4 {
Lobi stimmatici ingrossati sul dorso dopo la fioritura . . 1 MATTHIOLA
Lobi stimmatici non ingrossati 5
}

5 {
Stimma a lobi ottusi. Siliqua ristretta in basso e in alto . 23 HESPERIS
Stimma a lobi acuti. Siliqua ingrossata in basso, ristretta in alto 22 MALCOLMIA
}

6 {
Semi uniseriati 7
Semi biseriati 15
}

7 {
Semi compressi 8
Semi globosi 14
}

8 {
Fiori gialli 9
Fiori bianchi, bianco-giallastri, rossi o violetti 11
}

9 {
Embrione col fusticino posto lungo la commessura dei cotiledoni 4 BARBAREA
Embrione col fusticino giacente sul dorso di un cotiledone . . 10
}

10 {
Siliqua cilindrica . . . . 24 (p. p.) SISYMBRIUM
Siliqua tetragona . . . . 25 ERYSIMUM
}

11 {
Siliqua cilindrica . . . . 24 (p. p.) SISYMBRIUM
Siliqua compressa 12
}

12 {
Valve della siliqua con una nervatura dorsale . . . 5 ARABIS
Valve della siliqua senza nervature sporgenti, arricciate in fuori . 13
}

13 {
Semi col funicolo filiforme . . . . . 6 CARDAMINE
Semi col funicolo dilatato, alato . . . . . . 7 DENTARIA
}

14 {
Valve della siliqua con una nervatura longitudinale. Semi di sapore dolce
34 BRASSICA
Valve della siliqua con tre nervature. Semi di sapore piccante. 35 SINAPIS
}

15 {
Valve della siliqua con 1-nervatura 16
Valve della siliqua con 1-3 nervature . . . . . 38 ERUCA
}

16 {
Siliqua compressa . . . . 37 DIPLOTAXIS
Siliqua lineare-cilindrica . . . . . . 36 MORICANDIA
}

17 {
Siliquetta rotonda, ovale, ellittica o triangolare 18
Siliquetta reniforme o biloba, in forma di frutto corto, didimo . . 33
Frutto achenio 34
Frutto lomento 39
}

18 {
Valve piane o convesse, tramezzo largo, parallelo alle valve . 19
Valve piegate e carenate, tramezzo stretto, perpendicolare alle valve . 27
}

19 {
Siliquetta compressa, con valve piane o poco convesse . . . 20
Siliquetta rigonfia, con valve molto convesse 24
}

20 {
Siliquetta rotonda o ovale 21
Siliquetta bislunga 23
}

21 {
Siliquetta grande, lunga 2 o più centimetri 22
Siliquetta piccolina, lunga meno di 1 centimetro . . . 12 ALYSSUM
}

22 {
Fiori rosei o violetti . . . . 8 LUNARIA
Fiori gialli . . . . 9 FARSETIA
}

23 {
Filamenti degli stami minori con un dente alla base . 10 BERTEROA
Filamenti degli stami senza dente alla base . . . . 14 DRABA
}

24 {
Siliquetta globosa 25
Siliquetta piriforme, glabra, nervata; caselle con più semi; stilo cortissimo.
26 CAMAELINA
Siliquetta cilindrica, senza nervi; caselle con molti semi . 3 NASTURTIUM
}

1. **Matthiola** (dedicato a Mattioli, botanico e medico del secolo XVI). Pet. rossi, violetti o bianchi. Stimma fesso in 2 lobi ottusi, crescenti in gobbe od in cornetti. Siliqua cilindrica o compressa, valve ± convesse, con un nervo dorsale: semi 1-seriati, compressi, alati. Piante ± biancastre, tomentose, con foglie spesse e semi odorosi.

1 { Siliqua *compressa*, con setto *sottile*, trasparente. Lobi dello stimma ingrossati nel dorso, ma non cornigeri 2
{ Siliqua *non compressa*, con setto *ispessito* 3

2 { Foglie tutte *intere*, pelose, *glandolose*. Silique *non glandolose*. Fiori violetti coi sep. *quasi uguali* al pedicello. Semi *orbicolari*, ± alati. Fusto *legnoso* e *nudo alla base*. 2♃ (E. T. M. U.). — *Mar. Mag.* — **110 M. incana** R. Br.
{ Foglie infer. in rosetta, *sinuato-pennatifide*, pelose ma *non glandolose*. Silique *glandolose*. Fiori porporini coi sep. *2-3 volte più lunghi* del pedicello. Semi *ovoidi*, strettam. alati. Fusto *erbaceo, foglioso*. ② (T. L.). — *Mag. Lug.* — Arene marit. (Fig. 21) **111 M. sinuata** R. Br.
Fusti alcuni fertili altri sterili: foglie infer. dei fusti fertili sinuate o anche intere. (T. al Giglio). Var. *numidica* Coss.

3 { Lobi dello stimma *prolungati* in cornetti. Pet. *obovati, rossi*, raram. bianchi. Foglie *larghe*, crenulate o pennatifide. Semi maturi *non alati*. Fusto erbaceo. ①. (T. L.). — *Apr. Giug.* — Arene marit. **112 M. tricuspidata** R. Br.
Lobi dello stimma *non prolungati* in cornetti. Pet. *oblunghi, ferrugineo-lividi*. Foglie *strette*, intere o sinuate. Semi *alati*. Fusto *legnoso*. ♃. (L.). — *Giug. Lug.* — Rocce della reg. marit. . . . . **113 M. tristis** R. Br.

2. Cheiránthus (da χειρ = mano, e άνθος = fiore, pel suo buon odore). Pet. gialli: stimma bilobo, a lobi divergenti. Siliqua subtetragona, con valve carenate, uninervie : semi 1-seriati.

> Fiori grandi, gialli, odorosi. Foglie intere, lanceolate, glabre o appena coperte di piccolissimi peli sdraiati. Fusto frutescente, 1-6 dm. ♃. *Apr. Mag.* — Muri e rupi dal mare alla reg. submont. — *Violacciocco* . **114 C. Chèiri** L.

3. Nastúrtium (da *nasus* = naso e *torquere* = torcere, pel sapore piccante). Pet. gialli o bianchi : stimma intero. Siliqua cilindrica o un poco compressa : valve convesse senza nervi : semi 2-seriati.

1 { Fiori *bianchi*. Foglie disparipennate con foglioline laterali ovate, la terminale più grande e quasi rotonda. Fusti glabri, carnosi, prostrati e radicanti in basso. Silique lineari, divaricate o un po' riflesse. ♃. (E. T. M. L.). — *Mar. Aut.* — Fossi e ruscelli dal mare alla reg. subalp. — *Crescione*. **115 N. officinale** R. Br.
Fiori *gialli* 2

2 { Silique *lunghe quasi quanto* i pedicelli 3
Silique ovali, *fino a 3 volte più corte* dei pedicelli 4

3 { Silique *lineari o cilindriche*. Pet. *2 volte più lunghi* dei sepali. Foglie pennatosette o pennatifide, *normalm. non auricolate*. a lobi lanceolati, interi o dentati. ♃. (E. T. M. L). — *Mag. Giug.* — Dal mare alla reg. mont. **116 N. silvestre** R. Br.
Silique *bislunghe*. Pet. *quasi uguali* ai sep. Foglie pennatofesse. *auricolate*, a lobi ovali o bislunghi, irregolarm. seghettati. ②. (E. T.). — *Mag. Giug.* — Luoghi umidi reg. mont. ed alp. . . . **117 N. palustre** DC.

4 { Piante di luoghi *asciutti*. Foglie basali picciolate, dentate o lirate, le cauline abbraccianti, con 2 orecchiette, pennatifide, a segmenti interi. Pedicelli *2-3 volte* più lunghi delle siliquette. Fusto eretto, gracile. ①. (E. T.). — *Apr. Mag.* — Pascoli del piano e monti. (Fig. 22). **118 N. pyrenaicum** R. Br.
Piante di luoghi *umidi*. Foglie immerse, pennatifide a lacinie quasi capillari, le emerse lanceolate, talora auricolate. Pedicelli *3-4 volte* più lunghi delle siliquette. Fusto stolonifero e radicante. ♃. (E. T. L.). — *Mag. Giug.* — Fossi e luoghi umidi . . . . . . **119 N. amphibium** R. Br.
> Fusto non radicante, mai galleggiante. Foglie tutte intere. dentate o incise. Siliquette globose, 2 mm. (E. presso Parma). Var. *austriacum* (Crantz).
> Foglie super. pennatosette, le altre pennatofesse, a lacinie ovali. Siliquette o silique oblunghe, 4-6 mm. (E. T. L.). Var. *anceps* (DC.) (= *N. amphibium* ✕ *silvestre* Asch.)

4. Barbaréa (dedicato a Santa Barbara). Pet. gialli : stimma intero o leggerm. smarginato. Siliqua cilindrica o tetragona, con valve carenate, uninervie e a vene anastomosate : semi 1-seriati, non alati.

1 { Racemi *fogliosi*. Foglie infer. lirate, con lobo terminale cuoriforme, le super. pennatofesse a lobo terminale bislungo-cuneato. Silique erette, appressate, quasi sessili. ♃. (E. T. M. L.). — *Apr. Lug.* — Dal mare alla reg. mont. **120 B. bracteosa** Guss.
Racemi *nudi* 2

2 {
Foglie super. *poco divise*, obovate, dentate, con denti disuguali, ottusi. Silique *corte*, lineari, le più giovani eretto-patenti. ②. *Apr. Mag.* — Prati umidi dal mare alla reg. mont. (Fig. 23) . . . **121 B. vulgaris** R. Br.

Foglie super. *pennatopartite*, a segmenti lineari, interi, il terminale lineare, bislungo. Siliqne *molto lunghe*. ②. (E. T. M.). — *Mar. Apr.* -- Luoghi erbosi dal mare alla reg. submont. . . . . **122 B. praecox** R. Br.
}

22. *Nasturtium pyrenaicum* R. Br. (¹/₄).   23. *Barbarea vulgaris* R. Br. (¹/₄).   24. *Arabis verna* R. Br. (¹/₄).

5. **Arabis** (da *Arabia*, patria di varie specie). Pet. bianchi o rosei o violacei: stimma intero. Siliqua lineare o compresso-tetragona, con valve ad una sola nervatura dorsale: semi 1-2-seriati, compressi, spesso alati.

1 {
Foglie cauline *con orecchiette* 2
Foglie cauline *senza orecchiette* 5
}

2 {
Semi *alati* 3
Semi *non alati* 4
}

3 {
Fusti eretti od ascendenti, cespugliosi, con rametti prostrati. Foglie scabre per peli ramosi. Fiori bianchi di 7-9 mm., calice *più corto* del pedicello, con sep. laterali gibbosi alla base. Siliqne ascendenti-patenti con semi *strettam. alati* ♃. (E. M. U.) — *Mag. Lug.* — Reg. alp. — *Palosella d'alpe.* **123 A. alpina** L.
Fiori 10-15 mm. Foglie biancastro-tomentose. (T.) Var. *grandiflora* Royle (= *A. albida* Stev.).

Fusti éretti, irsuti per corti peli, glabri in alto. Foglie dentate con peli ramosi. Fiori bianco-rosei: calice *quasi uguale o poco più lungo* del pedicello. Siliqne erette con semi *strettam. alati*, non punteggiati. ②. (E. T. M. U.). — *Mag. Giug.* — Dal mare alla reg. mont. — *Baccellina.* **124 A. hirsuta** Scop.
Foglie con orecchiette *volte in fuori*, sagittate; semi un po' punteggiati. Var. *sagittata* L.
Foglie con orecchiette *appressate* al fusto; semi reticolato-punteggiati. (E.). Var. *Gerardi* (Bess.).

Fusti eretti, semplici o poco ramosi in alto. Foglie sinuato-dentate, le basali obovate, le cauline oblunghe; orecchiette rotondate ed abbraccianti. Fiori bianchi o bianco-giallicci: calice *più lungo* del pedicello. Siliqne lunghe, spesso *pendenti* da un lato con semi *largam. alati*. ②. (E. T. M. U.). — *Mag. Giug.* — Dal mare alla reg. mont. . . . . **125 A. Turrita** L.
}

4 {
Fusto eretto, semplice. Foglie basali con solco longitudinale di sopra e grosso nervo bianchiccio di sotto, le cauline simili per il solco e il nervo, con 2 orecchiette ottuse. Fiori bianco-giallastri, *poco più corti* del pedicello. Siliqne lunghe, erette: semi *2-seriati*. ②. (E. T.). — *Mag. Giug.* — Reg. submont. alla subalp. . . . . **126 A. glabra** Bernh.
}

4 {
Fusto ascendente o eretto. Foglie glabre, intere, le infer. bislungo-lanceolate, assottigliate in un picciolo, le cauline lanceolate, cordate, con orecchiette abbraccianti. Fiori bianchi *più corti* dei pedicelli. Silique erette, discoste dal fusto, lunghe 4-7 cm. : semi *1-seriati*. ♃. (App. centr.). — *Giug. Lug.* — Reg. mont. all'alp. . . . . **127 A. brassicaeformis** Wallr.

Fusto eretto, semplice o ramoso, 1-3 dm. Foglie basali bislunghe, le cauline ovate, ottuse, dentate, con orecchiette abbraccianti, *ottuse*. Fiori bianchi : calice *poco più corto* del pedicello : racemo con asse flessuoso. Silique lineari, *eretto-patenti:* semi *1-seriati*. ①. (T. M. U.). — *Apr. Mag.* — Reg. subm. e mont. . . . . **128 A. auriculata** L.

Fusto eretto, generalm. semplice, 2-6 dm. Foglie molli, le basali oblunghe, le cauline ellittiche, acute, dentate, con orecchiette abbraccianti, *acute*. Fiori bianchi : calice *assai più corto* del pedicello. Silique *eretto-patenti :* semi *1-seriati* ①. (L!). — *Giug. Lug.* — Luoghi rupestri alpini **129 A. saxatilis** All.

5 {
Semi *alati* 6
Semi *non alati* o con ala strettissima 7

6 {
Pianta pelosa : fusto eretto od ascendente, 1-3 dm. Foglie infer. bislunghe, obovate, ottusam. *dentate*, le cauline erette, sessili, rotondate alla base. Fiori bianchi o rosei, col calice quasi uguale al pedicello. Sepali *uguali* alla base. Silique lineari, lunghe 4-6 cm., appressate all'asse : semi ± alati, specialm. all'apice. ♃. *Apr. Mag.* — Muri dal mare alla reg. mont. **130 A. muralis** Bent.

Pianta pubescente : fusto eretto, 3-8 cm. Foglie infer. obovato spatolate, *poco dentate*, le cauline 2-3 sessili, ovali, allungate. Fiori bianchi in racemo corto : pedicelli più lunghi o quasi uguali al fiore. Sep. *con una gibbosità* alla base. Silique lineari, lunghe 2-3 cm., erette : semi con larga ala. ♃. (T. nelle Alpi Ap. sulla Tambura). — *Giug. Lug.* . . **131 A. pumila** Jacq.

7 {
Pianta peloso-ispida : fusto eretto semplice o ramoso. Foglie infer. carnosette, dentate, le cauline cuoriformi-ovate, sessili, abbraccianti. Fiori violetti in racemo lasso, flessuoso : calice *più lungo* del pedicello. Silique *eretto-patenti* con valve reticolato-venose. ①. (T. L.). — *Apr. Mar.* — Luoghi rupestri od erbosi dal mare alla reg. mont. (Fig. 24) . **132 A. verna** R. Br.

Pianta glaucescente ± irsuta : fusto eretto un po' flessuoso in alto. Foglie infer. bislunghe, spatolate, quasi intere o con piccoli denti, le cauline sessili, rotondate alla base, cigliate. Fiori bianchi : calice *quasi uguale o poco più corto* del pedicello. Silique *erette*. ②. (E. T.). — *Giug. Lug.* — Pascoli reg. mont. e alp. . . . . **133 A. ciliata** R. Br.

Pianta pubescente o pelosetta : fusti prostrati alla base, rialzati nel resto. Foglie infer. lirato-pennatifide con lacinia terminale ovale, oppure indivise, le cauline infer. ovate o lanceolate. Fiori bianchi o rosei : calice *assai più corto* del pedicello. Silique *patenti*. ♃. *Mag. Lug.* — (E. nell'App. Parmense) . . . . **134 A. Hallèri** L.

Pianta biancastra per peluria : fusti gracili, flessuosi. Foglie intere o appena dentate, ovate, ristrette in picciolo, le cauline piccole, sessili. Fiori bianchi : calice *quasi eguale* al pedicello. Silique *erette* sopra un pedicello patente. ♃. (App. centr.). — *Giug. Ag.* — Reg. alp. **135 A. serpyllifolia** Vill. Foglie cauline quasi abbraccianti. (M. U.). — Var. *nivalis* (Guss.).

6. **Cardámine** (da χαρδαμον = Crescione; per la somiglianza che esiste fra queste piante). Pet. bianchi o rosei o violacei : stimma intero o subintero. Siliqua lineare compressa, a valve piane, senza nervi dorsali ed arricciantisi con elasticità : semi 1-seriati, raram. alati, muniti di funicoli filiformi.

1 {
Fiori *grandi*, o anche piccoli, con lamina ± *larga, patente* . . . 2
Fiori *piccoli* con lamina *stretta, eretta* 7

2 {
Silique *lanceolato-lineari*, compresse, erette, strettam. alate, glabre o ispide, con stilo biangoloso, ottuso ; funicoli dilatati, compresso-conici. Foglie pennatosette con 4-5 segmenti, ovali-arrotondati, inciso-lobati, con denti ottusi, il terminale cuneiforme nella base. Pet. bianchi. ①. (T. M. U.). — *Mar. Apr.* — Dal mare alla reg. mont. . . . . **136 C. graeca** L.
Silique *lineari* 3

3 {
Foglie *arrotondate*, cuoriformi alla base, sinuate nel margine. Funicoli filiformi. Pet. bianchi. ♃. (E. T.). — *Giug. Lug.* — Lungo i corsi d'acqua dalla reg. subm. all' alp. . . . . **137 C. asarifolia** L.
Foglie *trisette o pennatosette* 4
Foglie *tutte o la più parte pennatosette*. Grappolo fruttifero con rachide diritta 5
}

4 {
Fusto *quasi sprovvisto* di foglie. Foglie *grandi*, tutte trisette, a segmenti arrotondati, crenulati. Funicoli *dilatati, conici*. Pet. bianchi: grappolo fruttifero con rachide *diritta*. ♃. (E. T.). — *Apr. Mag.* — Boschi reg. mont. **138 C. trifolia** L.
Fusto *provvisto* di foglie. Foglie *piccole*, le cauline trisette o con 5 segmenti. Funicoli *filiformi*. Pet. bianchi, gialli nell'unghia: grappolo fruttifero con rachide *flessuosa*. ♃. (E. T. U.). — *Giug. Lug.* — Rupi dalla reg. subm. all' alp. . . . . **139 C. Plumierii** Vill.
}

5 {
Picciolo *auricolato-sagittato* alla base: foglie cauline grandi, coi lobi smerlati, incisi. Funicoli *conici*. Pet. rosei. ♃. (E. T. M. L.). — *Giug. Lug.* — Boschi dalla reg. subm. alla subalp. . . . . . **140 C. Chelidonia** L.
Picciolo *non auricolato-sagittato*. Funicoli *filiformi*. Pet. lunghi il triplo del calice 6
}

6 {
Antere *gialle* come il polline. Foglie cauline con segmenti uguali, lineari o lanceolati. Fiori *lilla-chiari*, quasi rosei. Fusto con poche foglie. ♃. (E. T. U. L.). — *Mag. Giug.* — Prati umidi dal mare alla reg. submont. — *Billeri*. **141 C. pratensis** L.
    Fusto con foglie numerose. Fiori bianchi o rosei. (E.). Var. *Matthioli* Moretti
Antere *violette*, con polline giallo. Foglie tutte con segmenti oblunghi o ovali-oblunghi, angoloso-sinuati: foglie cauline medie con segmento terminale largo 6-12 mm., subtrilobo. Fiori *bianchi* o raram. violetti. ♃. *Mar. Lug.* — Lungo i corsi d'acqua dalla reg. mont. all'alp. . . . **142 C. amara** L.
    Foglie cauline medie con segmento terminale largo 16-40 mm., talora tripartito. (E. M. L.). Var. *calabrica* Paol. in Fiori.
}

7 {
Picciolo delle foglie cauline *auricolato*. Funicoli filiformi . . . 8
Picciolo delle foglie cauline *non auricolato* 9
}

8 {
Radice fibrosa. Pedicelli fiorali *patenti* come le silique. Pet. *piccolissimi e spesso abortiti*. ② (E. T. M. L.). — *Apr. Giug.* — Luoghi ombrosi dal mare alla reg. mont. — *Billeri*. . . . . **143 C. impatiens** L.
Radice producente dei fasci di foglie e dei fusti fioriferi. Pedicelli fiorali *eretti* come le silique. Pet. *più grandi, sempre presenti*. Fusti erbacei fino dalla base o quivi legnosi per breve tratto. Foglie basali primordiali indivise, le altre trisette o pennatosette. ♃. (E. T.). — *Giug. Lug.* — Pascoli e rupi reg. subm. all'alp. . . . . **144 C. resedifolia** L.
    Fusti legnosi alla base per un lungo tratto. Foglie tutte indivise ± dentate. (T. Alpi Ap.). Var. *hamulosa* (Bert.).
}

9 {
Pianta glabra o ± pelosa. Foglie pennatosette, le basali a segmenti *subrotondi*, le cauline con segmenti *ovali*. Radice a *fittone*. ①. *Genn. Giug.* — Dal mare alla reg. mont. (Fig. 25) . . . . . **145 C. hirsuta** L.
Pianta verde. Foglie pennatosette, le basali a segmenti *ovato-oblunghi* od *oblunghi*, le cauline con segmenti *lineari o oblunghi*. Radice *fibrosa*. ①. (E. T. L.). — *Apr. Giug.* — Luoghi umidi e paludosi dal mare alla reg. subm. **146 C. parviflòra** L.
}

7. Dentária (da *dens* = dente, pel rizoma squamoso e quasi dentato). Stimma quàsi intero. Siliqua lineare-lanceolata, compressa, a valve piane, senza nervi dorsali ed arricciantisi con elasticità dalla base all'apice: semi 1-seriati, non alati, con funicoli dilatati, alati; cotiledoni un po' concavi.

1 {
Foglie cauline *tutte palmatosette*. Caule con tre foglie verticillate, divise ciascuna in tre segmenti. Fiori giallo-biancastri. Stami *lunghi quanto i petali*. ♃. (E. M. U. L.). — *Apr. Lug.* — Boschi reg. submont. e mont. **147 D. enneaphylla** L.
Foglie cauline *almeno lè infer. pennatosette*. Stami *molto più brevi* dei petali 2
}

> Foglie *parecchie*, sparse, *con tuberetti* ascellari, le super. semplici, le infer. pen-
> natosette con 5-7 lobi. Fiori rosei. ♃. (E. T. M. U.). — *Apr. Giug.* — Bo-
> schi dal mare alla reg. mont. — *Dentaria minore.* (Fig. 26).
> **148 D. bulbifera** L.
> 2
> Foglie cauline *poche, senza tuberetti* ascellari, pennatosette 3
>
> 3
> Con *3-9* lobi fogliari. Fiori *violacei o bianchi.* ♃. Boschi reg. submont.
> **149 D. pinnata** Lam.
> Con *7-11* lobi fogliari. Fiori *giallo-chiari.* ♃. Boschi reg. mont.
> **150 D. polyphylla** Waldst.

25. *Cardamine hirsuta* L.   26. *Dentaria bulbifera* L.   27. *Lunaria rediviva* L.
    (¼).   (¼).   (¼).

8. **Lunária** (da *luna*, alludendo alla forma del frutto). Sep. la-

terali gibbosi alla base; pet. rosei o violetti, eguali, interi, lungam.
unguicolati. Stami non appendicolati. Silique grandi, ovali o ellittiche, lungam. stipitate, deiscenti pei margini, con valve piane senza
nervature: semi 2-seriati, alati; funicoli laterali saldati al tramezzo;
cotiledoni piani.

> Fiori *inodori*: stami con filamenti *attenuati* all'apice. Silique *arrotondate* alle
> due estremità. Foglie super. *sessili*. ②. (E. T. M. L.). — *Apr. Mag.* — Dal
> mare alla reg. mont. . . . . . . **151 L. biennis** Moench
> 1
> Fiori *odorosi*: stami con filamenti *non attenuati* all'apice. Silique *aguzzate* alle
> due estremità. Foglie tutte *picciolate.* ♃. (E. T. M. L.). — *Mag. Giug.* —
> Boschi umidi reg. submont. (Fig. 27) . . . . **152 L. rediviva** L.

9. **Farsètia** (dedicato a F. Farseti, botanico veneto). Sep. la-

terali gibbosi alla base; pet. gialli, eguali, interi. Stami corti, muniti d'un dente. Silique ellittiche, compresse, non stipitate, deiscenti,
a valve piane con debole nervatura alla base ed orlo sporgente; semi
2-seriati, alati; funicoli liberi; cotiledoni piani.

> Pianta verde-biancastra, coperta di peli semplici e ramosi. Fiori piccoli in race-
> mo corto e denso, che si allunga nel frutto; pedicelli cortissimi. Siliquette ellit-
> tico-bislunghe, semi largam. alati. ♃. (E. T. U. L.). — *Apr. Mag.* — Luo-
> ghi sassosi della reg. med. e submont. (Fig. 28). **153 F. clypeata** R. Br.

10. Bertéroa (dedicato a C. G. Bertero, botanico piemontese). Sep. senza gobbe; pet. bifidi; stami brevi, con dente alla base. Siliquetta ellittica, compressa, con valve compresse; semi molti in ciascuna loggia, 2-seriati, alati o no; cotiledoni piani.

1 { Racemi fruttiferi *densi*. Siliquette compresso-*rigonfie*, *pelose* : semi *non alati*. ②. (T. L.). — *Mag. Sett.* — Strade e pascoli reg. submont.
            154 B. incana DC.
Racemi fruttiferi *allungati*. Siliquette compresso-*piane*, *glabre* : semi *alati*. ②. (L.). — *Giug. Ott.* — Strade campestri   . . **155 B. mutabilis** DC.

11. Vesicária (da *vesica*, per la forma del frutto). Sep. laterali gibbosi alla base; pet. uguali, interi, lungam. unguicolati; stami non appendicolati. Siliquetta deiscente, non stipitata, globulosa a forma di vescica, valve emisferiche, con una nervatura dorsale; semi 2-seriati, pendenti, alati.

Fiori gialli, pet. a lembo ellittico. Foglie infer. picciolate, ottuse, cigliato-scabre nei margini, le super. lanceolate, sessili, glabre. Siliquetta globoso-ovoidea. ♃. (E. T. M.). — *Apr. Giug.* — Luoghi sassosi reg. submont. (Fig. 29).
            156 V. utriculata DC.

Pet. a lembo quasi tondo. Siliquetta elissoidea. (E. T. M. U.). — Var. *graeca* Reut.

28. *Farsetia clypeata* R. Br. ($^1/_4$).   29. *Vesicaria utriculata* DC. ($^1/_4$).   30. *Alyssum montanum* L. ($^1/_5$).

12. Alyssum (da α negativa e λυσσα = rabbia, perchè si credeva che queste piante preservassero dalla rabbia). Sep. senza gobbe alla base; pet. uguali, interi o smarginati; stami con filamenti il più sovente alati o dentati. Siliquetta deiscente, lenticolare, rotonda o romboidale, con valve piane o leggerm. convesse, sprovviste di nervi; semi 1-5 in ciascuna loggia, ovali, pendenti, spesso alati.

1 { Pianta *perenne, suffrutescente* 2
   Pianta *annua, erbacea*. Foglie sulle due superfici irte o pelose . . 4

2 {
Fiori *bianchi* o sfumati di rossiccio, in racemo dapprima corto e che si allunga poi nel frutto. Filamenti degli stami senza denti. Siliquette ovali, pelose; semi 1 in ciascuna loggia, con ala stretta da un lato. ♃. (T. M. L.). — *Gen. Dic.* — Rupi e poggi marit.   . 157 A. **maritimum** Lam.
Fiori *gialli* 3
}

3 {
Pet. *interi*. Foglie densam. stellato-pelose *di sotto*. Siliquette arrotondate od ovali, glabre o stellato-pelose, in corimbo denso. Semi con ala *larga*. ♃. (E. T. U.). — *Apr. Giug.* — Rocce reg. submont. 158 A. **argenteum** Vitm.
Pet. *smarginati*. Foglie stellato-pelose *sulle due faccie*. Siliquette appena smarginate nell'apice, rotonde od ovate, pelose, in racemo piuttosto lasso. Semi con ala *stretta*. ♃. *Mag. Giug.* — Reg. mont. e subm. (Fig. 30).
                                                      159 A. **montanum** L.
}

4 {
Sepali *persistenti*; pet. gialli, poi bianchi. Filamenti degli *stami senza denti*. Siliquette *smarginate* all'apice. ☉. *Mag. Ag.* — Dal mare alla reg. alp.
                                                      160 A. **calycinum** L.
Sep. *caduchi*; pet. giallo-pallidi. Filamenti degli *stami più brevi, alato-dentati*. Siliquette *intere*. ☉. *Mag. Giug.* — Dal mare alla reg. mont.
                                                      161 A. **campestre** L.
}

13. Clypéola (da *clypeus* = scudo, per la forma del frutto). Sep. patenti, senza gobbe; pet. uguali, interi. Stami con filamenti alati e dentati. Siliquetta indeiscente, rotonda, alata, monosperma; seme pendente, compresso; funicolo laterale.

Fiori gialli, alla fine biancastri. Foglie piccole, spatolate, intere, biancastre. Racemo fruttifero corto o poco allungato e denso. Siliquette glabre o pelose ☉. (E. T. L.). — *Apr. Mag.* — Arene marit. e macerie. (Fig. 31).
                                                      162 C. **Jonthlaspi** L.

14. Draba (da δραβη = acre, pel sapore). Sep. senza gobbe; pet. uguali interi, smarginati o bifidi. Stami senz'ale od appendici. Siliquetta deiscente, ellittica o bislunga, compressa nel senso del tramezzo, valve convesse senz'orlo o quasi piane, con nervatura dorsale; semi 2-seriati, ovali, pendenti, non alati.

1 {
Foglie *coriacee, carenate*, tutte basali in rosetta, lineari, pettinato-cigliate. Fiori *gialli* con pet. smarginati e stilo lungo almeno quanto la larghezza della siliquetta, che è ovale-lanceolata, reticolato-venosa, *glabra*, come lo scapo e i pedicelli, oppure *con qualche pelo* lungo. ♃. *Mag. Ag.* — Reg. subalp. e alp.   .   .   .   . 163 D. **aizoides** L.
          Siliquette *con parecchi peli* minuti. Scapo e pedicelli con *peli patenti*, Foglie oblunghe. (Alpi Apuane). Var. *Bertolonii* (Nym.).
Foglie *membranacee, piane*. Fiori *bianchi* con stilo quasi nullo   .   . 2
}

2 {
Fusto *foglioso*, con foglie basali in rosetta, obovate, le cauline numerose cuoriformi-ovate. Pet. *subinteri*. Siliquette oblunghe. ☉. *Apr. Mag.* — Dal mare alla reg. submont. (Fig. 32)   .   .   .   .   .164 D. **muralis** L.
Fusto *afillo*; foglie tutte basali in rosetta, lanceolate, intere o con due denti per lato. Pet. *bifidi*. Siliquette ovali o oblunghe. ☉. *Gen. Mag.* — Dal mare alla reg. mont.   .   .   .   . 165 D. **verna** L.
          Siliquette ellittiche, ottusissime. (M. L.). Var. *praecox* (Stev.).
          Siliquette oblunghe, lunghe circa il triplo della larghezza. (E.). Var. *americana* (Pers.).
}

15. Cochleária (dal latino *cochlea*, alludendo alla forma delle foglie). Sep. patenti, senza gobbe; pet. obovati, interi, ad unghia breve. Stami senz'ale od appendici, i lunghi coi filamenti diritti o ripiegati verso lo stilo. Siliquetta deiscente, subglobosa od ovata, a valve convesse con una nervatura dorsale ; semi non alati o appena alati in alto, tubercolati o lisci.

1 {
Foglie basali *a rosetta:* le cauline lanceolate, sessili, ottuse. Stami lunghi coi filamenti *ripiegati verso lo stilo.* Racemo fruttifero lungo e lasso. Semi *lisci, appena alati* in alto. ⚥. (E. T. L.). — *Mag. Lug.* — Rupi della reg. mont. e alp. (Fig. 33) . . . . **166 C. saxatilis** L.
Foglie basali *non disposte a rosetta.* Stami lunghi coi filamenti *diritti.* Semi *tubercolati non alati* **2**
}

2 {
Foglie basali lungam. picciolate, *ovato-oblunghe,* crenate ; le cauline infer. pennatofesse, raram. indivise, le super. lanceolate sessili, *non orecchiute.* Racemo fruttifero *lungo e lasso,* coi pedicelli *4-5 volte più lunghi* delle siliquette. ⚥. (E. T. L.; spesso coltivata). *Barbaforte.* **167 C. Armoracia** L.
Foglie basali bruscam. e lungam. picciolate, *ovali o cordato-ovali,* intere o crenate; le cauline cordato-ovali, ± dentate, le super. *abbraccianti-orecchiute.* Racemo fruttifero *corto e denso* coi pedicelli *uguali* alle siliquette o *poco più lunghi.* ①. (E. L.; spesso coltivata) . . **168 C. officinalis** L.
}

31. *Clypeola Jonthlaspi* L. (¹/₄).
32. *Draba muralis* L. (¹/₄).
33. *Cochlearia saxatilis* L. (¹/₄).

16. Thlàspi (da θλαξιν = comprimere, per la forma appiattita del frutto). Sep. senza gobbe ; pet. uguali ; stami senz' ale od appendici. Siliquetta deiscente, obovata o rotonda, compressa perpendicolarm. al tramezzo, valve carenate, spesso alate ; semi ovoidi, pendenti; funicoli laterali ; cotiledoni accombenti.

1 {
Semi *con strie* o con fossette minute, *neri.* Piante con *forte odore d'aglio* se tritate fra le dita **2**
Semi *lisci, fulvi.* Piante *senza odore agliaceo* **3**
}

2 {
Siliquetta lunga circa 1 ¹/₂ cm., *largam. alata all' intorno,* con un seno profondo e stretto in alto. Semi con rughe concentricam. arcuate. Foglie oblunghe intere o dentate, le cauline amplessicauli, sagittate. ①. *Mag. Sett.* — Dal mare alla reg. mont. — *Erba storna* . . . . **169 Th. arvense** L.
Siliquetta lunga 5-8 mm., *non o strettam. alata in alto,* quivi con un seno piccolissimo. Semi con minute fossettine. Foglie basali lirate, sinuato-dentate, le cauline con orecchiette acute. ①. *Mar. Apr.* — Dal mare alla reg. submont. — *Aglina* (Fig. 34) . . . . **170 Th. alliaceum** L.
}

3 {
Siliquetta *non o appena alata in alto.* Stilo lungo 1-6 mm. Pet. violetti o rosei, rarissimam. bianchi. Racemo fruttifero abbreviato o corimbo denso. Foglie carnosette, le infer. opposte, rotonde, le super. alterne, ovali con 2
}

3 | orecchiette. ♃. (M. U.). — *Lug. Ag.* — Rupi della reg. mont.
                   171 Th. rotundifolium Gaud.

Siliquetta *alata nei margini* 4

4 | Stilo lungo *al più* $^2/_3$ *di mm.* Siliquetta con ali marginate da una nervatura distinta. Foglie basali picciolate, ovali, le cauline sessili con 2 orecchiette ottuse. — ①. *Feb. Apr.* — Dal mare alla reg. mont. — *Erbamontanella.*
                   172 Th. perfoliatum L.

Stilo lungo *2 o più mm.* 5

5 | Antere *sempre gialle o biancastre.* Siliquetta quasi tanto lunga quanto larga, arrotondata o poco cuneata alla base, logge *1-2-sperme.* Foglie intere od appena dentate. ②. ♃. *Apr. Ag.* — Luoghi erbosi o rupi calcaree della reg. submont. o raram. mont. . . . . **173 Th. montanum** L.

Siliquetta decisam. più lunga che larga, ad ali strette ma distinte in basso, largam. smarginata in alto; logge *3-4-sperme.* Foglie subdentate. (E. L.). Var. *praecox* (Wulf.).

Siliquetta decisam. più lunga che larga, ad ali subnulle in basso, appena smarginata in alto; logge *2-sperme.* Foglie intere o raram. dentate. (T. Alpi di Mommio). Var. *alpinum* (Crantz).

Antere *alla fine rossastre o violaceo-nerastre.* Siliquette cuneato-obovate, con un seno ± profondo in alto; logge *2-8-sperme.* Foglie basali obovate od obovato-ovali, intere o parcam. dentate, picciolate, le cauline bislungo-ovali con orecchiette molto ottuse. ♃. (E. T. U.). — *Giug. Lug.* — Pascoli e rocce reg. submont. e mont. ♂ . . . . **174 Th. alpestre** L.

34. *Thlaspi alliaceum* L.
($^1/_4$).

35. *Teesdalea nudicaulis*
Var. *Ibèris* (DC). ($^1/_4$).

36. *Iberis Pruiti* Tin.
($^1/_4$).

17. Teesdálea (dedicato a R. Teesdale, botanico inglese). Sep. patenti, senza gobbe; pet. un po' diseguali; stami con squame petaloidi alla base. Siliquetta deiscente, smarginata in alto a 2 logge 2-sperme. Semi ovoidi, pendenti.

Pianta glabra o leggerm. pubescente, con scapo eretto, accompagnato da fusti sterili, tutti lunghi 3-15 cm. Foglie a contorno oblungo. Racemo fruttifero lasso, ± lungo. Pet. bianchi. Siliquetta subrotonda, strettam. alata. ①.
                 175 T. nudicaulis (L.) R. Br.
Pet. *uguali.* Lacinie delle foglie basali *lanceolate o lineari.* (T. L.). — *Feb. Mag.* — Var. *regularis* (Sm.).
Pet. *diseguali.* Lacinie delle foglie basali *subrotonde.* (L?) — *Mag.* — Var. *Ibèris* (DC). (Fig. 35).

18. Ibèris (da *Iberia* = Spagna, ove crescono molte specie di questo genere). Sep. senza gobbe ; pet. diseguali ; stami senz' ale od appendici. Siliquetta ovale o rotondeggiante, smarginata o biloba in alto, a logge 1-sperme. Valve carenate, spesso alate : semi ovoidi, pendenti ; cotiledoni piani.

1 { Piante *legnose* alla base almeno, *perenni o fruticose* 2
  { Piante *affatto erbacee*, annue o raram. bienni 5

2 { Fusti e rami *tutti legnosi* e fragili dalla base fino all'infiorescenza . . 3
  { Fusti e rami *di cui i fertili almeno erbacei* e flessibili nella parte super. . 4

3 { Siliquetta *affatto sprovvista di ali*, decisam. più larga che lunga, ± smarginata in alto. Foglie carnose intere, bislungo-spatolate. Fiori odorosi, bianchi o porporini. Siliquette in racemo breve o in corimbo, *lunghe 8-10 mm*. ♄. (E. L.). — *Ott. ad Apr.* — Luoghi rupestri. **176 I. semperflorens** L.
  { Siliquetta *con 2 ali* slargate in alto, un po' più lunga che larga, ± profondam. smarginata in alto. Foglie carnosette, lineari-lanceolate, intere. Fiori bianchi o rosei. Siliquette in racemo denso a mo' di corimbo, *lunghe 5 mm*. ♄. (M. U.). — *Mag. Ag.* — Luoghi rupestri reg. submont. e mont.
        177 I. saxatilis L.

4 { Pedicelli fioriferi e fruttiferi *colla faccia super.* sparsa di corti peli, affatto glabri nel resto. Siliquette in *racemo* lasso, breve od allungato. Foglie *lineari*, piane, affatto intere. Fiori bianchi o porporini. ♃. (E. T. L.). — *Apr. Mag.* — Luoghi rupestri reg. submont. e mont. **178 I. sempervirens** L.
  { Pedicelli fioriferi e fruttiferi *dovunque* coperti di peli. Siliquette in *corimbo* corto e denso. Foglie *obovate*, quasi intere. Fiori bianchi o rosei. ♃. (L.). — *Mag. Giug.* — Luoghi calcarei sassosi dalla reg. submont. alla subalp. (Fig. 36). . . . . **179 I. Pruiti** Tin.

5 { Siliquette in *corimbo* ombrelliforme, su pedicelli sempre ascendenti, *ad ali diritte*. Foglie basali oblunghe, ± dentate, le altre lanceolato-lineari. Fiori odorosi, porporini, talora bianchi. Pianta glabra, eretta, 2-7 dm. ⊙. (T. L.). — *Mag. Ag.* — Luoghi sassosi dal mare alla reg. mont.
        180 I. umbellata L.
  { Siliquette in *racemo*, *ad ali erette*. Foglie spatolato-lanceolate, con 2-4 denti ottusi verso l'apice. Fiori bianchi o porporini. Fusto prostrato o talora eretto, con peli minuti e radi, 1-3 dm. ⊙. (T.). — *Apr. Mag.* — Campi. reg. med. **181 I. amara** L.
  { Siliquette in *corimbo*, *ad ali divaricate*. Foglie pennatifide o pennatosette, divise in 2-5 lobi lineari, ottusi. Fiori odorosi, bianchi o porporini. Fusto eretto od ascendente, ± scabro-pubescente, 1-2 dm. ⊙. (T. L.). — *Apr. Giug.* — Campi reg. med. . . . . **182 I. pinnata** L.

19. Biscutélla (da *bis* = due volte, *scutella* = scodella, per la forma del frutto). Sepali subeguali alla base ; pet. uguali, brevem. unguicolati : stami senza appendici. Siliquetta compressa con due valve rotonde, alate, monosperme : seme orizzontale ; cotiledoni piani.

1 { Calice *con due sepali spronati*. Pet. *patenti*, con unghia *lunga circa quanto* i sepali. Stami più lunghi con filam. *gibbosi* alla base 2
  { Calice *senza sepali spronati*. Pet. eretti, con unghia *assai più breve* dei sepali. Stami tutti con filamenti *mai gibbosi* 3

2 { Siliquetta *smarginata* in cima, con valve a membrana *mai scorrente* lungo la base dello stilo. Fiori gialli con due glandole ipogine *profondam. bifide*. ⊙. (T. m. Pisano). — *Mag.* (Fig. 37). . . . **183 B. auriculata** L.
  { Siliquetta *non smarginata* in cima, *scorrente* lungo la base dello stilo. Fiori gialli con due glandole ipogine *intere*. ⊙. (T. U. L.).) — *Mag. Giug.* — Luoghi rocciosi e campi dal mare alla reg. submont.
        184 B. cichorifolia Lois.

Pianta *annua*. Pet. *affatto interi* alla base. Siliquette con un seno alla base e all'apice, *cigliato-glandolose* al margine, glabre nel disco; semi *lisci*. Foglie basali dentate, le cauline intere o quasi, poche *o talora nulle*. ⏀. (T. colline Volterrane). — *Feb. Mag.* . . . . . . **185 B. didyma** L.
    Foglie basali pennatofesse o pennato-partite e lirate. Siliquette con disco ± peloso-glandoloso. (L. a Terracina). Var. *lyrata* (L.).

3   Pianta *perenne*. Pet. con *2 denti* piccoli e subrotondi presso la base, al di sopra dell'unghia. Siliquette c. s., *mai cigliate* ai margini: semi finam. *alveolati*. Foglie basali subintere, seghettate o sinuato-dentate, le cauline *quasi sempre presenti*. 4. *Mag. Ag.* — Luoghi sassosi rupestri reg. mont. e alp. . . . . **186 B. levigata** L.
    Foglie basali ± pennatofesse o pennatosette. Siliquette glabre. Var. *coronopifolia* (L.).

20. Ochthódium (da ὀχτωδης = verrucoso). Sep. subeguali alla base; pet. brevem. unguicolati; stami liberi senza appendici; stilo nullo. Siliquetta non articolata, subglobosa, con angoli rugosi, 2-loculare. Semi solitari.

Foglie cauline pennato-partite, picciolate. Fiori con petali gialli, più grandi del calice. ⏀. *Mag.* — (Pianta avventizia; campi di grano a Rio di Vorno presso Lucca). (Fig. 38). . . . . **187 O. aegyptiacum** DC.

37. *Biscutella auriculata* L.   38. *Ochthodium aegyptia-*   39. *Hesperis matronalis* L.
(¹/₄).   *cum* DC. (¹/₄).   (¹/₄).

21. Cákile (nome arabo della pianta). Sep. senza gobbe alla base; pet. uguali, interi; stilo nullo, stimma intero. Siliquetta indeiscente, con due articoli monospermi, il super. più grande tetragono: semi oblunghi, eretto nell'articolo super., pendente nell'inferiore.

Fiori rosei o bianchi. Foglie carnose bislunghe, crenate o pennatofesse, a segmenti diseguali, interi o dentati. Fusto flessuoso, ramoso dalla base, 1-3 dm. ⏀. *Mag. Ott.* — Arene e ghiaie marittime. **188 C. maritima** Scop.
    Foglie ovato-bislunghe, dentate o crenate. Var. *latifolia* (Poir.) (Col tipo ma più rara.).

22. **Malcólmia** (dedicato a Malcolme, coltivatore inglese). Sep. eretti, uguali alla base o i laterali gibbosi; pet. uguali; stimma diviso in due lobi acuminato-acuti, conniventi. Silique lineari, cilindriche, discoste dall'asse, valve ± convesse, con una nervatura dorsale: semi 1-seriati, non alati, pendenti. Piante con peli tutti od in parte divisi, raram. glabre.

1 { Pianta *perenne* suffruticosa, con tomento biancastro, 1-3 dm. Fiori grandi, porporini, smarginati, con stilo caducissimo, più stretto del frutto. Foglie sessili, le infer. oblunghe e ± sinuato-dentate, le super. lineari e più corte, subintere. ⚤. (L.). -- *Mag. Giug.* — Arene marittime. **189 M. litorea** R. Br.
Piante *annue* 2

2 { Sep. laterali *non od appena gibbosi*. Siliqua con peli *patenti*, con stilo e stimma lunghi insieme ½ - ¾ mm.; stimma bifido. Fiori piccoli, violetti, coi pet. orbicolari. Semi brunicci, non troncati alle due estremità. Fusto ramosissimo, coi rami più lunghi del fusto primario. ①. (E. T. M. L.). — *Mar. Mag.* — Arene marittime . . . . . **190 M. parviflora** DC.
Sep. laterali *distintam. gibbosi*. Siliqua con peli *appressati*, con stilo e stimma lunghi insieme *1 ½ - 6 mm.* 3

3 { Pet. *smarginati*, obcordati. Siliqua subcilindrica, con stilo e stimma lunghi insieme *4-6 mm.* Foglie infer. obovate, le super. bislunghe, un po' dentate. Fiori rosei o violetto-porporini. Sep. lunghi *5-10 mm.* ①. (L.). — *Mar. Mag.* — Arene e muri reg. marittima . . . **191 M. maritima** R. Br.
Pet. *affatto interi*, obovati. Siliqua ± compressa con stilo e stimma lunghi insieme *1 ½ - 2 ½ mm.* Foglie bislunghe, intere o leggerm. lobate. Fiori porporino-violetti. Sep. lunghi *3-5 mm.* ①. (U.). — *Lug.* — Rocce reg. alp. **192 M. Orsiniana** Ten.

23. **Hèsperis** (da ἐσπερος = sera, a causa del profumo che la pianta esala la sera). Sep. eretti, i laterali gibbosi; pet. uguali, lungam. unguicolati; stimma diviso in due lamelle ovali, ottuse, conniventi. Siliqua lineare, cilindrica, attenuata alla base e in cima, valve convesse con una nervatura dorsale: semi 1-seriati, spesso alati in cima, pendenti. Piante con peli semplici o in parte divisi, rarissimam. glabre.

1 - Fiori grandi lilla o bianchi. Fusto eretto, ramoso in alto, 4-6 dm. o più 2

2 { Inflor. a *grappolo*. Pedicelli *la metà più corti* del calice. Foglie *molli*, le infer. bislungo-lanceolate, pennatifide in basso. Silique biangolose, torulose, pubescenti-glandolose. Fusto 2 ½ - 6 dm. ⚤. (T. M. U. L.). — *Mag. Lug.* — Rupi dal mare alla reg. subalp. . . . . . **193 H. laciniata** All.
Pianta irsuta e fittam. peloso-glandolosa e glutinosa. Var. *hirsuta*.
Inflor. a *grappolo corimbiforme*. Pedicelli *lunghi come* il calice o più lunghi. Foglie *ruvide*, tutte dentate, le infer. lanceolate, quasi intere. Silique cilindriche, torulose, glabre o solo nei primordi glandolose. Pianta di 3-10 dm. ②. (E. T. M. L.). — *Mag. Lug.* — Boschi e luoghi rocciosi reg. submont. e mont. (Fig. 39). . . . . **194 H. matronalis** L.

24. **Sisymbrium** (da σισυμβριον = nome di una specie di crescione). Sep. uguali nella base; pet. uguali, interi; stami senza appendici; stimma discoide, intero o smarginato. Siliqua lineare, cilindrica, a valve convesse con 1-3 nervature, setto formato da due membrane: semi oblunghi, 1-seriati, non alati, pendenti.

1 {
Fiori *gialli* 2
Fiori *bianchi*. Silique patenti 8

2 {
Foglie *2-3-pennato-partite*, a segmenti strettissimi. Fiori coi sep. 2-3 volte più corti del pedicello. Silique ± patenti, lunghe 1 $1/_2$-2 cm. Racemo fruttifero allungato. Sep. eretto-patenti. Pianta cinereo-pubescente. 2-10 dm. ①. (T. M. L.). — *Apr. Mag.* — Dal mare alla reg. alp. . **195 S. Sophia** L.
Foglie *pennato-partite* 3

3 {
Siliqua *allargata in basso* ed attenuato-lesiniforme in alto. Pet. giallo-pallidi. Silique strettam. appressate all'asse dell'infiorescenza, lunghe 12-25 mm. Racemo fruttifero lasso. Sep. ± patenti. Pianta glabra o pelosa, 2-6 dm. ①. *Mar. Ag.* — Dal mare alla reg. submont. o mont. *Erisimo medicinale*. **196 S. officinale** Scop.
Siliqua *lineare o lanceolata* 4

4 {
Racemo *foglioso*. Pet. giallo-pallidi. Silique ± erette, diritte o incurvate, lunghe 1-1 $1/_2$ cm. Sep. eretti. Pianta glabra o leggerm. pelosa, fetida, 1-5 dm. — ①. *Apr. Giug.* — Dal mare alla reg. submont. **197 S. polyceratium** L.
Racemo *nudo* 5

5 {
Fiori terminali *sollecitam. superati* dalle silique immediatam. sottostanti. Silique eretto-patenti, lunghe 2 $1/_2$-5 cm. Sep. ± eretti. Pianta glabra o un po' pubescente, 1-8 dm. ①. *Feb. Giug.* — Dal mare alla reg. submont. **198 S. Irio** L.
Fiori terminali *mai superati* dalle silique 6

6 {
Silique infer. lunghe *2-3 cm.*, tutte od in gran parte erette od eretto-patenti talora *alcune* inegualm. dirette per la contorsione del pedicello; valve *3-nervi*. Fusto glabro od irto di peli, tutti decisam. patenti. Sep. patenti, lunghi come i pedicelli. Pianta di 3-6 dm. ②. (E). — *Mag. Lug.* — Reg. submont. e mont. . . . . **199 S. austriacum** Jacq.
  Silique *tutte od in gran parte* inegualm. dirette per la contorsione del pedicello; valve *1-nervi*. (M). Var. *acutangulum* DC.
Silique infer. lunghe *5-10 cm.* 7

7 {
Sepali *eretti*, lunghi *3-4 mm*. Foglie *lirato-pennatopartite*, a rachide *largam.* alata, a lacinie *ovali o lanceolate* (solo le foglie super. sublineari). Silique eretto-patenti. Pedicelli fruttiferi un po' ingrossati. Pianta ± densam. pubescente, 1-6 dm. ①. (E. T. U. L.). — *Apr. Giug.* — Reg. med. e submont. **200 S. Columnae** Jacq.
Sep. *patentissimi*, lunghi *4-5 mm*. Foglie *lirato-pennatosette*, a rachide *strettissimam.* alata, le medie e le super. a lacinie *lineari-filiformi*. Silique *patenti*. Pedicelli fruttiferi *poco o molto* ingrossati. Pianta pelosa in basso, 9-12 dm. ①. (U. al Castelluccio di Norcia). — *Mag. Giug.* — Reg. medit. e submont. . . . **201 S. altissimum** L.

8 {
Foglie *pennatopartite*, a lacinie lineari-lanceolate. Pedicelli fruttiferi patenti ad angolo retto od anche un po' rivolti all'ingiù, poco più corti dei fiori. Racemo fruttifero lungo 6-11 cm. Fusti glabri o pubescenti, 1-3 dm. ♃. (T. Alpi Ap. e App. tosco-emil.). — *Mag. Lug.* — Rupi dalla reg. submont. all'alp. (Fig. 40) . . . . . . **202 S. Zanonii** Gay
Foglie *intere o dentate* 9

9 {
Pianta *perenne*. Foglie grandi, acutam. dentate, di odore alliaceo se tritate, le infer. reniformi, le super. cordato-ovate. Silique ± erette, lunghe 3-6 cm., coi pedicelli brevi, ingrossati. Semi grossi, oblunghi, neri, longitudinalm. striati. Pianta glabra o pelosa, 4-12 dm. ♃. *Apr. Mag.* — Boschi e siepi dal mare alla reg. mont. . . . . . **203 S. Alliaria** Scop.
Piante *annue* 10

10 {
Silique lunghe *1-2 cm.*, patenti o ascendenti-arcuate, coi pedicelli *gracili*. Semi minutissimi, ovali, fulvi, lisci e *non alati*. Foglie oblunghe o lanceolate, subdentate, le basali in rosetta. ①. *Feb. Mag.* — Dal mare alla reg. mont. **204 S. Thalianum** Gay
Silique lunghe 2 $1/_2$-5 cm., patenti, coi pedicelli brevi *ingrossati*; valve con molte nervature. Semi piccoli, *leggerm. alati*. Foglie infer. lirate, lungam. picciolate, le super. lobate. ①. (E?). — *Apr. Mag.* — Reg. submont. e mont. **205 S. bursifolium** L.

25. **Erysimum** (da ἐρυειν = salvare, οἰμη = canto, alludendo a delle proprietà medicinali). Sep. uguali o un poco gibbosi alla base; pet. uguali, interi; stami liberi, senza appendici; stimma intero o smarginato. Siliqua lineare, tetragona, a valve convesse con una nervatura, setto tenue. Semi 1-seriati, oblunghi, pendenti.

1 ⎰ Foglie cauline *auricolato-amplessicauli.* Fiori bianchicci o giallo-pallidi, coi sep. eretti. Pianta affatto glabra e glauca. ①. *Lug. Sett.* — Dal mare alla reg. submont. . . . . **206 E. orientale** Crantz
  ⎱ Foglie cauline *mai amplessicauli* 2

2 ⎰ Stimma *smarginato o bilobo* 3
  ⎱ Stimma *intero.* Fiori piccoli, gialli 4

3 ⎰ Unghie dei pet. *assai* più lunghe dei sep. Silique non torulose; stilo *lungo*; fiori *mediocri*, gialli. Foglie lineari lanceolate, intere o un po' sinuato-dentate. Fusti angolosi, eretti, 1-5 dm. ♃. *Apr. Mag.* — Luoghi sassosi reg. med. alla mont. . . . . **207 E. australe** Gay
  ⎱ Unghie dei pet. *poco* più lunghe dei sep. Silique eretto-patenti, quadrangolari: stilo *breve*; fiori *grandi*, gialli. Foglie lineari-lanceolate, lungam. ristrette in picciolo, intere o con pochi peli semplici. Fusti angolosi, eretti, striati, 1-3 dm. ♃. Luoghi aridi reg. submont. e mont.
  208 E. lanceolatum R. Br.

4 ⎰ Pedicelli lunghi *2-3 volte* il calice. Silique *subpatenti*, 2-volte i pedicelli, tetragone quasi glabre. Foglie bislungo-lanceolate. intere o dentate, con peli forcuti. Fusti angolosi, eretti, striati, 2-6 dm. ①. (E. T. U.). — *Giug. Lug.* — Reg. med. e submont. (Fig. 41) . . . **209 E. cheirantholdes** L.
  ⎱ Pedicelli *uguali* al calice o più brevi. Silique allungate, *patenti*, tetragone, biancastre, con angoli meno pelosi. Foglie lineari-lanceolate, intere o poco dentate, le super. lineari acute. Fusto eretto, angoloso-solcato, 2-4 dm. ♃. *Mag. Giug.* — Reg. med. e subm. raram. mont. **210 E. canescens** Roth

40. *Sisymbrium Zanonii* 41. *Erysimum cheiranthoides* L. 42. *Chamaelina sativa* Ball. (¹/₄). (¹/₄). Crantz (¹/₄).

26. **Chamaelina** (da χαμαι = nano, λινου = lino, pianta che soffoca, atterra il lino). Sep. subeguali nella base; pet. uguali, interi, brevem. unguicolati: stami liberi senza appendici. Siliquetta obovata, deiscente, valve convesse con una nervatura dorsale, prolungate sullo stilo: semi 2-seriati, non alati, pendenti.

Foglie oblungo-lanceolate, dentate o sinuato-dentate, quasi astate alla base, con orecchiette acute, divergenti. Fiori gialli: racemo fruttifero assai allungato. Siliquette obovate, gonfie nelle faccie, arrotondate in cima, valve dure, con setto gradatam. ristretto in basso. Semi striato-punteggiati. ⊙. *Apr. Giug.* — Nei seminati (specialm. di lino) dal mare alla reg. submont. (Fig. 42) . . . . **211 Ch. sativa** Fr.

27. **Capsèlla** (diminutivo di *capsula* = cassula). Sep. senza gobbe; pet. uguali; stami senza appendici. Siliquetta ellittica o triangolare, deiscente, con valve carenate, non alate, polisperma.

1 { Foglie cauline *con* orecchiette. Pianta annua, semplice o ramosa, 1-5 dm. Pet. *la metà più lunghi* dei sepali, talora tutti o in parte trasformati in stami. Siliquetta triangolare, compressa, con diversi semi in ciascuna loggia. Foglie basali in rosetta, variabili, le cauline sagittate, amplessicauli. ⊙. *Mar. Dic.* — Dal mare alla reg. alp. — *Borsacchina.* **212 C. Bursa-pastoris** Moench Pet. *lunghi circa come* i sepali. (E. T.). — Var. *rubella* (Reut.. Foglie cauline *senza* orecchiette **2**

2 { Pianta *perenne.* Pet. *il doppio più lunghi* del calice. Siliquetta ovale, patente, 2-sperma. Foglie tutte addensate, glabre, picciolate, tripartite o pennato-partite. Fusti cespugliosi, 3-10 cm., glabri o con peli 2-3-fidi. 2ƒ. *Giug. Lug.* — Luoghi ghiaiosi umidi dalla reg. submont. all'alp.
213 C. alpina Ces. Pass. Gib.
Pianta *annua.* Pet. *sorpassanti appena* il calice **3**

3 { Siliquetta ovale, eretto-patente, a logge *2-sperme.* Foglie tutte pennatosette, con 11-19 segmenti ovali, interi, le infer. picciolate, le cauline sessili. Fusto eretto o prostrato *5-10* cm. ⊙. *Mar. Giug.* — Dal mare alla reg. mont. — (Fig. 43) . . . . **214 C. petraea** Fr.
Siliquetta ovale, ottusa o troncata in cima, a logge *6-12-sperme.* Foglie basali indivise o pennatofesse con 3-9 lobi, picciolate, le cauline sessili, egualm. divise o indivise, tutte a contorno ovale o lanceolato. Fusto eretto o più spesso sdraiato. *1-3 dm.* ⊙. (T. L.). — *Feb. Ag.* — Dal mare alla reg. submont. . . . . **215 C. procumbens** Fr.

28. **Bivonaéa** (dedicato ad Ant. Bivona, botanico siciliano). Sep. subeguali nella base; pet. brevem. unguicolati; stami senza appendici; stimma subintero. Siliquetta ovale, compressa, con valve non alate, polisperma; funicoli attaccati al setto.

. Foglie basali ovate, tondeggianti all'apice, picciolate, le cauline quasi tonde, sessili, orecchiute. Fiori ascellari bianchi, con 2 pet. raggianti più grandi. Siliquetta eretta, smarginata in cima, strettissim. alata, a logge 3-4-sperme. Pianta carnosetta e glabra, 3-12 cm. ⊙. (T. sul m. Calvi). — *Apr. Mag.* — (Fig. 44) . . . . **216 B. Saviana** Car.

29. **Lepídium** (da λεπις = squama, alludendo alla forma del frutto). Sep. un po' patenti, senza gobbe alla base; pet. uguali, interi; stami senza appendici. Siliquetta ovale o rotonda, con valve carenate, alate: semi due in ciascuna loggia; funicolo libero.

1 { Frutto *indeiscente,* cuoriforme, *non carenato nè alato* ai margini, a valve rigonfie. Foglie basali oblunghe, le cauline quasi ovali, sessili, amplessicauli, con 2 orecchiette. Sep. patenti. Antere gialle. Pianta glauca, fusto eretto di 3-6 dm. 2ƒ. *Apr. Mag.* — Campi della reg. med. — *Cocola.*
217 L. Draba L.
Frutto *deiscente, carenato od alato* lungo i margini **2**

2 { Piante *perenni* 3
{ Piante *annue* 5

3 {
Fusti *densam. pubescenti*, prostrati all'ingiro. Siliquetta *alata* in alto, con ali piuttosto acute, sempre densam. irsuta, oblunga. Foglie basali obovate, intere o sinuate, le cauline oblunghe, amplessicauli con 2 orecchiette, dentellate. Fusti lunghi 1-2 dm. ♃. (E.). — *Mag. Giug.* — Reg. med. e submont. . . . . **218 L. hirtum.** DC.
Fusti *glabri* od *appena pelosi*, eretti od ascendenti. Siliquetta *non alata* 4

4 {
Fiori in racemo *riccam. composto* ed ampio. Foglie cauline super. ovato-lanceolate, sessili, subintere, glabre; le infer. e le basali lungam. picciolate, ovato-oblunghe, seghettate. Siliquetta *rotonda o rotondo-ovata, non od appena smarginata* in alto. Fusto alto 2-10 dm. ♃. *Giug. Lug.* — Reg. med. nei coltivati — *Mostardina* . . . . . **219 L. latifolium** L.
Fiori in racemo *semplice* o con qualche ramo alla base. Foglie cauline super. lineari, sessili, interissime, le cauline infer. e basali oblunghe, inciso-dentate o lirato-pennatopartite. Siliquetta *ovata*, acuta e *intera* in alto. Fusto alto 3-6 dm. ♃. *Mag. Ott.* — Dal mare alla reg. mont. — *Erba da sciatica.* **220 L. Ibèris** L.

5 {
Siliquetta ovale, *non od appena alata* in alto. Foglie basali e cauline infer. pennatofesse, le super. sessili, lineari, intere o con qualche lacinia. Stami 2. Pet. abortiti o raram. presenti, bianchi. Semi non alati. ①. *Mag. Ag.* — Rottami e per le strade del piano e dei monti. (Fig. 45). **221 L. ruderale** L.
Siliquetta *largam. alata* in alto 6

6 {
Foglie tutte *pennatofesse, mai amplessicauli*, a lacinie ovali o lineari, incise od intere, le infer. picciolate, le altre sessili, attenuate. Siliquetta *glabra o liscia, sub rotonda.* Cotiledoni *3-partiti.* Pianta eretta, fetida, glabra. ①. (E. L.; spesso coltivata per condimento). — *Mar. Lug.* — Dal mare alla reg. submont. . . . . **222 L. sativum** L.
Foglie cauline med. e super. *dentate, sagittato-amplessicauli*, lanceolate, le infer. picciolate, indivise o più spesso lirato-pennatofesse, a lacinie laterali piccole e subrotonde, la terminale ovale. Siliquetta *scabra, subovata.* Cotiledoni *interi.* Pianta eretta od ascendente, brevem. pubescente, 1 ½-4 dm. ①. *Apr. Giug.* — Dal mare alla reg. mont. — *Erba storna.* **223 L. campestre** R. Br.

43. *Capsella petraea* Fr. (¼).   44. *Bivonaea Saviana* Car. (¼).   45 *Lepidium ruderale* L. (¼).

30. **Aethionéma** (da αἴθος = fuoco, ἰός = freccia, νῆμα = filamento; alludendo alla forma particolare degli stami). Sep. gibbosi; pet. uguali: stami lunghi alati. Siliquetta orbicolare, deiscente, com-

pressa perpendicolarm. al setto, con valve largam. alate; semi ovoidi, pendenti.

> Fiori violetti con sepali 3-nervati. Foglie intere, coriacee, le infer. obovate, le super. lanceolate. Racemo fruttifero lasso e ± allungato. Siliquetta 2-loculare, a logge 1-5-sperme. Semi aculeati, alcuni piccoli rossicci, altri scuri più grossi. ♃. *Feb. Lug.* — Dalla reg. med. alla submont. e mont. (Fig. 46).
> **224 A. saxatile** Gay

31. **Isatis** (da ἰσαξειν = rendere unito. Era adoperata come cosmetico). Sep. patenti non gibbosi; pet. uguali, interi; stami senza appendici. Siliquetta indeiscente, alata, con ala fogliacea o spugnosa. Semi 1-2 per ogni loggia, oblunghi, pendenti.

> 1 ⎰ Pet. gialli, lunghi *2 ½-3 mm.* Siliquetta colla massima larghezza *verso l'apice.* Fusto robusto, *4-12 dm.* Fg. intere o subcrenate, le infer picciolate, oblungo-lanceolate, le cauline sessili con 2 orecchiette *acute, allungate.* ②. *Apr. Lug.* — Boschi incolti dal mare alla reg. mont. — *Guado o Glasto.*
> **225 I. tinctoria** L.
> ⎱ Pet. giallo-chiari, lunghi *5 mm.* Siliquetta colla massima larghezza *nel mezzo.* Fusto robusto, *1-3 dm.* Fg. intere, le infer. picciolate, obovate, le cauline sessili, ovato-oblunghe, con 2 orecchiette *ottuse, brevi.* ♃. (M. U.). — *Lug. Ag.* — Luoghi rupestri della reg. alp. (Fig. 47). **. 226 I. alpina** Vill.

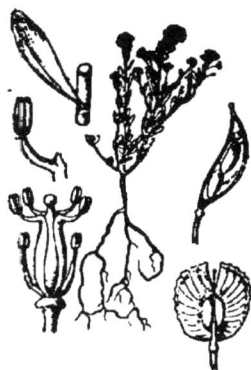

46. *Aethionema saxatile* Gay ($^1/_4$). 47. *Isatis alpina* Vill. ($^1/_4$). 48. *Neslea paniculata* Desv. ($^1/_4$).

32. **Néslea** (dedicato a J. A. N. de Nesle). Sep. eretti, non gibbosi; pet. uguali, interi; stami senza appendici. Siliquetta indeiscente, globulosa, non alata, ad una loggia monosperma, con valve convesse 1-nervate, prolungate sullo stilo: seme 1, orizzontale.

> Fiori piccoli, gialli, in racemo. Foglie intere o dentate, le radicali bislunghe, ristrette in picciolo, le cauline sessili, lanceolato-acute, con orecchiette alla base. Fusto eretto, flessuoso, gracile, 3-6 dm. ①. *Apr. Lug.* — Campi dal mare alla reg. mont. (Fig. 48) . . . **227 N. paniculata** Desv.

33. **Myagrum** (da μυια = mosca e ἀγρος = trappola). Sep. non gibbosi; pet. uguali, interi; stami senza appendici. Siliquetta lirato-

biloba, indeiscente, a 3 caselle, le 2 super. collaterali, sterili, l'infer. con 1 solo seme pendente.

> Fiori gialli; racemo fruttifero allungatissimo, spiciforme, con pedicelli grossi, più corti delle siliquette. Foglie basali bislunghe, picciolate, sinuate o lirato-pennatofesse, le cauline sessili, sagittato-amplessicauli. Pianta glauca e glabra, 3-6 dm. ①. *Apr. Mag.* — Campi reg. med. (Fig. 49).
> **228 M. perfoliatum** L.

34. **Brássica** (da *Bresic* nome celtico del cavolo). Sep. uguali o gibbosi (*B. monensis*); pet. uguali, interi; stami sprovvisti di appendici; stimma discoide. Siliqua lineare, quasi cilindrica, con valve convesse 1-3-nervate: semi 1-seriati, globosi, pendenti.

1 {
Silique *strettam. appressate* contro la rachide 2
Silique *scostate* dalla rachide 4

2 {
Pianta *perenne*, suffruticosa e mollem. pelosa, 2-7 dm. Fg. *super. sessili*, poche, oblunghe, inegualm. dentate, le infer. lirato-pennatosette, a segmenti subinteri, dentati o seghettati. Siliqua irsuta, a valve con 1 nervatura poco prominente ed altre ancora minori anastomosanti, con rostro sterile o talora seminifero, compresso, conico, lungo 4-8 mm. Pet. gialli. ♃. (T.). — *Gen. Dic.* — Luoghi erbosi o sassosi reg. medit. . **229 B. pubescens** L.
Pianta *annue* o *bienni*. Fg. tutte ± *picciolate* 3

3 {
Siliqua *cilindrica*, *ristretta* sotto il rostro, pelosa o glabra, sessile, a valve con nervature prominenti od evanescenti, con rostro *seminifero*, ovale, un po' compresso, lungo *3-4 mm*. Fg. infer. lirato-pennatofesse, a segmenti subrotondi, dentati, le super. piccole, lineari, subintere. Pet. gialli. Pianta ± ispida, 3-8 dm. ②. (T. L.). — *Apr. Giug.* — Luoghi aridi erbosi o sassosi reg. medit. . . **230 B. adpressa** Boiss.
Siliqua *compresso-tetragona*, *non ristretta* sotto il rostro, glabra, sessile, a valve con 1 nervatura prominente ed altre minori anastomosanti, con rostro *sterile*, lesiniforme, lungo *3 mm.* circa. Fg. infer. lirato-pennatofesse, a segmenti oblunghi, dentellati, le super. lanceolate, dentate o intere. Pet. gialli. Pianta ± irto-scabra, 5-12 dm. ①. (E. T. L.). — *Apr. Giug.* — Campi e fossati reg. medit. (Fig. 50). . . . . **231 B. nigra** Koch

4 {
Siliqua con valve percorse da *3 nervature* egualm. prominenti . . 5
Siliqua con valve percorse da *1 nervatura* mediana e da altre laterali minori ed anastomosanti 6

5 {
Sep. lunghi *3-4 mm.*, *patenti*, *non gibbosi* alla base. Pianta *annua* ± ispida, 3-6 dm. Fg. ora indivise, oblunghe, dentate, ora lirato-pennatopartite, con lobo terminale molto grande. Pet. gialli, bianchicci nel secco. Silique glabre o con peli rivolti all'ingiù, rostro lesiniforme, appena compresso, lungo *6-10* mm. ①. *Apr. Lug.* — Dal mare alla reg. mont. — *Senapa dei campi.*
232 B. Sinapistrum Boiss.
Sep. lunghi *6-8 mm.*, *eretti*, *gibbosi*, alla base. Pianta *bienne* o *perenne* ± ispida, 1 ½-12 dm. Fg. pennatosette o pennatopartite, con segmenti ovali, dentati, il terminale indiviso o trifido, le cauline simili a quelle infer., ma più piccole, lineari ed intere. Pet. gialli, spesso bianchicci nel secco. Silique glabre, rostro lanceolato o lesiniforme, compresso nei margini, lungo *8-12* mm. ②. ♃. (E. T.). — *Mag. Lug.* — Luoghi erbosi o rupestri dalla reg. submont. all'alp. . . . . . . **233 B. monensis** Huds.

6 {
Siliqua ristretta alla base in un pedicello sterile, lungo, *2 o più mm.*, compressa, con strozzature, rostro sterile o raram. 1-spermo, lungo 2-4 mm. Fg. basali pennatosette, con segmento terminale rotondo e più grande dei laterali, che sono ovali e dentati o subinteri. Pianta erbacea o suffruticosa alla base, glauca, con pochi peli, 2-6 dm. Pet. giallo-pallidi, sbiancati nel secco. ♃. *Gen. Dic.* — Campi, macerie, ecc. reg. medit.
234 B. fruticulosa Cyr.
Siliqua ristretta alla base in un pedicello lungo *meno di 2 mm.*, ovvero sessile 7

7 { Fg. basali *indivise, divise o partite* 8
   { Fg. basali *lirato-pennatosette* 12

8 { Siliqua a rostro lungo *2-3 mm.*, cilindrica o tetragona, sottile. Fg. infer. obovato-bislunghe, lirate, sinuato-pennatifide, a lobi discosti, il terminale dentato. Pet. gialli. Pianta ± irsuta, per lo più suffruticosa, 1 ¹/₂-3 dm. ♃. (M. nel m. dei Fiori ecc.). — *Giug. Ag.* — Luoghi sassosi reg. mont.
                                  235 B. Gravinae Ten.
   { Siliqua a rostro lungo *4-12 mm.* 9

9 { Fg. cauline *cordato-amplessicauli*, sessili. . . . . . . , 10
   { Fg. cauline *non cordate*, ora sessili ed un po' amplessicauli, ora attenuato-picciolate 11

10 { Fg. basali, nel margine almeno, *tubercoloso-setolose, verdi.* Fiori aperti *superanti* quelli chiusi sovrastanti. Fusto semplice o ramoso, 1 ¹/₂-3 dm. Fg. lirate, con lobi ovali, crenato-dentati, le super. oblunghe, indivise e quasi intere. Pet. gialli. ① ②. Nei seminati della reg. medit.
                                  236 B.campestris L.
        Radice *gracile, fusiforme. Colza.* f. *oleifera* DC.
        Rd. *conico-ingrossata*, mangereccia. *Rapa.* f. *Rapa* (L.).
   { Fg. tutte *affatto glabre, glauche*. Fiori aperti *non superanti* quelli chiusi sovrastanti. Nel resto c. s. ①. ②. Nei coltivati della reg. medit.
                                  237 B. Napus L.
        Radice *gracile, fusiforme. Ravizzone.* f. *oleifera* DC.
        Rd. *ingrossata*, mangereccia. *Navone.* f. *Napobrassica* Prantl

11 { Siliqua a rostro *non compresso* ai margini, seminifero e più raram. sterile, lungo 4-12 mm. Fusto eretto, alla fine in basso spogliato dalle foglie, *5-10 dm.* Fg. lirato-pennatofesse, con lobo terminale grandissimo, i laterali ovali, subcrenati, raram. indivise, dentate od intere. Pianta glabra o con pochi peli. ②. ♃. *Mag. Giug.* — Colt. in molte f. (Cavolo cappuccio, Cavolo rapa, Cavolfiore o Broccoli ecc.). — *Cavolo* . **238 B. oleracea** L.
        Fg. cauline medie ristrette alla base. Silique patentissime non o poco gibbose, a rostro lesiniforme, sterile. Semi per lo più alveolati. Var. *Robertiana* Gay
               f. *apenninica* Cav. Rostro breve e spesso seminifero. (E. App. Bolognese).
        Fg. cauline un po' abbraccianti alla base. Silique cilindriche, lunghe 25-50 mm., con valve a nervat. mediana poco prominente. Pianta bianco-tomentosa. (T. L.). Var. *incana* Ten.
   { Siliqua a rostro *compresso* nei margini, sterile o 1-2-spermo, lanceolato, lungo 6-12 mm. Semi numerosi allineati lungo 1 sola serie. Fg. cauline tutte molto più piccole delle basali. Pianta ispida 2-5 dm. ①. ②. (L.). — *Feb. Ap.* — Arene marit. . . . . **239 B. Tournefortii** Gouan

12 { Inflor. *fogliosa alla base*. Pianta ispida, specialm. in basso, 2-5 dm. Fg. carnosette, verdi, sublirato pennatosette, con lobi oblunghi. Pet. *giallo-pallidissimi*. Siliqua subcilindrica con strozzature, rostro sterile, lungo 3-5 mm. Semi *globoso-compressi*. ①. (L. ad Ostia). — *Lugl.*
                                240 B. ochroleuca Soy.-Will.
   { Inflor. *affatto nuda*. Pianta tutta ispida, 3-7 dm. Fg. c. s. Pet. *d'un giallo intenso*. Siliqua c. s., rostro sterile o più spesso monospermo, compresso-conico, lungo 3-4 mm. Semi *globulosi*. ①. (E. L.). — *Apr. Ag.* — Dal mare alla reg. alp. . . . . **241 B. Erucastrum** L.

---

35. Sinàpis (da σιναπι = senapa). Sep. subeguali; pet. uguali, interi; stami sprovvisti di appendici; stimma discoide, stilo lungo, persistente, formante un prolungamento sulla siliqua. Siliqua oblunga o lineare, con valve convesse a 3 nervature: semi 1-seriati, globulosi, non alati, pendenti.

1 { Siliqua *4-8-sperma.* Fusti *diffusi, gracili.* Fg. ± glabre, lirato-pennatopartite, a lobi interi o dentati, le super. oblunghe o lineari. Pet. gialli. Silique patenti, in racemo lasso, glabre o con setole minute, rostro lungo circa ¹/₃ della siliqua. Semi bruno-scuri. ①. (T. al Giglio). — *Feb. Mag.*
                                242 S. procumbens Poir.
   { Siliqua *2-3-sperma.* Fusti *eretti, robusti* 2

2 { Rostro lungo *circa* ½ *della siliqua*; questa è *densam. coperta di setole*, patenti od erette. Fg. lirato-pennatosette, coi lobi ovali dentato-incisi, il terminale manifestam. più grande dei laterali, e *3-lobo o 3-partito*. Pianta ± setolosa, 2-5 dm. Pet. gialli, non venati. ①. (E. T. M.). — *Mar. Giug.* — Dal mare alla reg. submont. — *Senapa bianca* (Fig. 51). **243 S. alba** L.
Rostro lungo ⅔ *della siliqua*, od anche più lungo di essa; questa è *glabra o con scarse setole* erette. Fg. pennatosette, coi lobi oblunghi, inciso-dentati, il terminale grande circa come i laterali, e *non 3-lobo, nè 3-partito*. Pianta c. s. Pet. c. s. ①. (M.). — *Feb. Apr.* — Rottami e coltivati della reg. medit. . . . . **244 S. dissecta** Lag.

49. *Myagrum perfoliatum* L.　　50. *Brassica nigra* Koch　　51. *Sinapis alba* L.
(¼).　　　　　　　　(¼).　　　　　　　(¼).

36. **Moricàndia** (dedicato al botanico Moricandi). Sep. laterali gibbosi alla base; pet. uguali, interi; stami sprovvisti di appendici; stimma con 2 lobi conniventi. Siliqua lineare, tetragona, con valve 1-nervate; semi irregolarm. 2-seriati, ovoidi, pendenti.

Fiori grandi, roseo-violetti, venati. Fg. carnosette, le infer. obovate, ristrette in picciolo, le super. sessili, auricolate, amplessicauli. Siliqua patente, compressa. Pianta glauca e glabra, suffruticosa, 3-4 dm. ② ♃. (T. al Gombo di Pisa). — *Mar. Sett.* — Reg. medit. (Fig. 52) . **245 M. arvensis** DC.

37. **Diplotàxis** (da διπλους = doppio e ταξις = serie, pei semi in due serie). Sep. uguali; pet. uguali, interi; stami sprovvisti di appendici; stimma capitato-bilobo, subintero. Siliqua lineare (spesso pedicellata), con valve 1-nervate: semi ± 2-seriati.

1 { Fiori *bianchi o rosei*, venati di violetto. Siliqua *gradatam. attenuata* all'apice in un rostro sterile o spesso 1-2-spermo. Fusto *foglioso* ± glabro o ispido, 2-5 dm. Fg. lirato-pennatifide, le cauline sessili, oblunghe, inciso-dentate. Pet. lunghi 2-3 volte i sepali. Silique ascendenti ①. (T. M. U. L.). — *Gen. Dic.* — Dal mare alla reg. submont. . . . **246 D. erucoides** DC.
Fiori *gialli*. Siliqua *bruscam. ristretta* in uno stilo. Fusti *nudi* o con qualche foglia in basso 2

2 { Pet. a lembo *oblungo*. Pedicelli infer. *lunghi come i sepali*. Pianta glabra, glauco-verde, 1-3 dm. Fg. quasi tutte basali, pennatofesse o pennatopartite, lirate o no. Sep. eretti; pet. uguaglianti o appena sorpassanti i sepali. Silique ± erette. ①, (T. U. L.). — *Feb. Nov.* — Campi reg. medit. **247 D. viminea** DC.
Petali a lembo *obovato o subrotondo*. Pedic. infer. *più lunghi* dei sepali　3

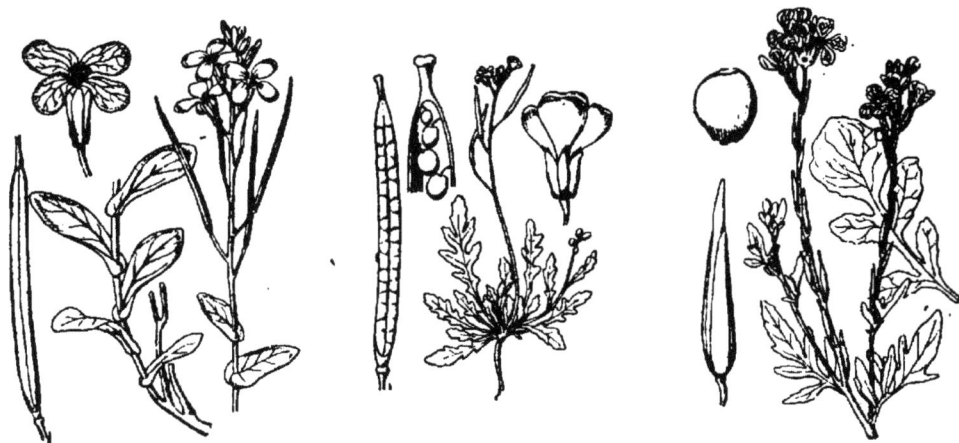

52. *Moricandia arvensis* DC.   53. *Diplotaxis muralis* DC.   54. *Eruca sativa* Lam.
(¹/₄).   (¹/₄).   (¹/₄).

38. **Erùca** (dal latino *urere* = bruciare pel sapore dei semi). Sep. eretti non gibbosi alla base; pet. uguali interi; stami sprovvisti di appendici; stimma con due lobi conniventi. Siliqua oblunga, turgida, subtetragona, glabra, con valve robustam. 1-nervate; semi 2-seriati, subglobosi, pendenti.

Fiori bianco-giallastri o violacei, venosi. Fg. succose, lirato-pennatofesse, a lobi dentati o inciso-dentati. Siliqua con rostro triangolare-oblungo, eguagliante la metà delle valve. Fusto eretto, 2-6, dm., irto alla base. ①. (E. T. U.; coltiv. e qua e là subspontanea). — *Feb. Giug.* — Campi e luoghi incolti dal mare alla reg. submont. — *Ruchetta.* (Fig. 54). **250 E. sativa** Lam.

39. **Succòwia** (dedicato a G. Ad. Suckow di Jena). Sep. eretti, uguali, caduchi; pet. uguali, brevem. unguicolati; stami sprovvisti di appendici; stimma intero. Siliquetta subglobosa, con 2-logge 1-sperme.

Fiori piccoli, gialli. Fg. glabre, pennatosette, le infer. a lacinie bislunghe, con 1 o pochi denti, le super. molto più piccole ed a lacinie lineari, intere. Racemo fruttifero molto allungato. Fusto ispidetto in basso, glabro nel resto, 3-4 dm. Siliquetta con setole rigide. ①. (T. nel m. Argentaro). — *Feb. Mag.* Reg. marit. — *Tribolina,* (Fig. 55) . . . . . **251 S. balearica** Med.

40. **Calepìna** (da *Chalep,* Aleppo, pianta proveniente da Aleppo). Sep. eretto-patenti, uguali; pet. un poco disuguali; stami sprovvisti

di appendici; stimma subintero sessile. Siliquetta indeiscente, tondo-ovata, 1-loculare, 1-sperma, con 4 nervature in croce.

> Fiori piccoli, bianchi o leggerm. rosei. Fg. infer. lirate o pennatifide, picciolate, le super. oblunghe, intere o dentate, sessili e sagittate alla base, orecchiute, amplessicauli. Siliquetta reticolato-rugosa. Pianta glabra, 2-8 dm. ①. *Feb. Mag.* — Luoghi incolti e campi reg. medit. (Fig. 56). **252 C. Corvini** Desv.

55. *Succowia balearica* Med. 56. *Calepina Corvini* 57. *Raphanus Raphanistrum* L.
($^1/_4$). Desv. ($^1/_4$). ($^1/_4$).

41. Rapistrum (dal latino *rapa* = rapa e *astrum* = immagine, perchè simile alla rapa). Sep. eretto-patenti, i laterali gibbosi alla base; pet. interi ad unghia lunga; stami senza appendici; stilo allungato; stimma intero o smarginato, persistente. Siliquetta indeiscente, formata di 2 articoli sovrapposti, rostro lesiniforme o rudimentale.

> Fg. infer. ora lirato-pennatopartite, ora indivise ed oblunghe, le super. dentate o sinuate, lanceolate. Siliquetta peloso-scabra, ad articolo super. globoso, solcato-verrucoso, l'infer. ovoideo. Fiori giallo-pallidi. Pianta pelosa, 2-6 dm. ①. *Mag. Lug.* — Dal mare alla reg. mont. **253 R. rugosum** Berg.
> Fg. infer. sinuato-dentate, oblunghe. Siliquetta glabra od irta, ad articolo infer. oblungo o cilindrico. (T. L.). Var. *orientale* (DC.).

42. Ràphanus (da *raphis* = rapa). Sep. eretti, i laterali gibbosi alla base; pet. con unghia lunga; stami senza appendici; stimma intero o smarginato. Siliqua breve e continua, indeiscente, ovvero allungata con 2 o più articoli sovrapposti e con strozzature $\pm$ marcate; semi 1 in ogni loggia.

> Siliqua *ossea*, tutta continua e *ovoidea o globosa*, ma più spesso con 2 o più articoli, di cui l'infer. sempre fertile come gli altri; articoli $\pm$ *solcato-striati, staccantisi* l'uno dall'altro alla maturanza. Stilo lungo *3-4 volte* l'articolo super. della siliqua. Fiori bianchi, giallastri o violacei. Radice *gracile*. Pianta irta, 2-6 dm. ① ② ♃. *Apr. Lug.* — Campi e luoghi incolti dal mare alla reg. submont. — *Ravastrello* (Fig. 57). **254 R. Raphanistrum** L.

1)   Siliqua ad articoli lisci, leggerm. solcati nel secco; stilo lungo *2 volte* l'art. superiore della siliqua. Var. *Landra* (Moretti).
    Siliqua *spugnosa, oblunga*, appena leggerm. ristretta tra i 2 articoli, *non solcati, nè staccantisi* alla maturanza. Fiori violetti o bianchi. *Radice carnosa.* Pianta ± irta, 6-10 dm. ①. ②. *Mag. Giug.* — Coltivata negli orti e talora inselvatichita. — *Radice, Ramolaccio* . . . . **255 R. sativus** L.

43. Bùnias (da βουνος = colle). Sep. eretti, non gibbosi; pet. uguali, patenti; stami senza appendici. Siliquetta indeiscente, non articolata, subtetragona, con 4 angoli crestato-spinosi, con 4 logge 1-sperme, sovrapposte due a due.

    Fusto eretto, ramoso, peloso-glanduloso, 3-6 dm. Fg. infer. picciolate, roncinate o sinuato-dentate, le super. sessili, lanceolato-lineari, dentate. Fiori gialli. ①. *Feb. Lug.* — Campi dal mare alla reg. mont. — *Cascellore.* (Fig. 58).
                        256 B. Erucago L.

44. Corònopus (da κορωνη = cornacchia e πους = piede, per la forma delle foglie). Sep. ± caduchi, gli infer. un po' gibbosi; pet. qualchevolta nulli; stami coi filamenti un po' slargati in basso. Siliquetta indeiscente, biloba o reniforme, a logge 1-sperme, con valve separantisi dal setto ed avvolgenti il seme.

1 {
    Sep. *caduchi.* Pet. *nulli o più brevi* dei sepali. Siliquette *bilobe*, smarginate *alla base e all'apice, più corte* dei pedicelli, reticolato-*rugose*. Stilo *brevissimo o nullo*. Racemo fruttifero *allungato*. Fusti *pubescenti*. ①. (T. M. L.). — *Mar. Lug.* — Luoghi incolti della reg. medit. . **257 C. didymus** Sm.
    Sep. ± *persistenti.* Pet. *più lunghi* dei sepali. Siliquette *reniformi*, smarginate soltanto *alla base, uguali o più lunghe* dei pedicelli, reticolato-*crestate*. Stilo *breve e piramidale.* Racemo fruttifero *corto.* Fusti *glabri.* ①. *Mar. Lug.* — Lungo le vie, argini ecc. reg. medit. (Fig. 59). **258 C. procumbens** Gilib.
}

FAM. 7.ª CAPPARIDACEF.

1. Càpparis (da *Kabar*, nome arabo della pianta). Fiori ermafroditi; sep. 4; pet. 4; stami numerosi; ovario lungam. stipitato (ginoforo), stimma sessile o quasi. Frutto bacciforme, 1-loculare. Pianta glabrescente, suffruticosa. Fg. ovali o quasi tonde, picciolate; stipole trasformate in aculei, talora caduche. Fiori grandi, ascellari, d'un bianco-porporino.

    Foglie con stipole *spinose, persistenti.* ♃. *Apr. Est.* — Vecchi muri e rupi dal mare alla reg. submont. — *Cappero* . . . **259 C. spinosa**
    Stipole *erbacee, caduche.* — Più comune del tipo. Var. *rupestris.* (S. et S.)

FAM. 8.ª RESEDACEE.

Erbe annue o perenni, raram. frutici. Fg. alterne, intere o pennatosette; stipole nulle o minute e glanduliformi. Fiori in racemi o spighe, irregolari, ordinariam. ermafroditi. Calice persistente, 4-7-partito, spesso irregolare; pet. 4-7 ipogini, interi o lobati, eguali od i posteriori maggiori; stami per lo più numerosi, inseriti sopra un disco carnoso, liberi o connati; ovario aperto alla sommità, libero, di 3-6 carpelli; ovuli molti, campilotropi, sopra 2-6 placente parietali. Frutto per lo più cassula coriacea, aperta nell'apice; semi numerosi, reniformi, senza albume, con embrione curvato o ripiegato.

CHIAVE DEI GENERI.

1 { Carpelli distinti gli uni dagli altri. Frutto formato di 4-6 follicoli stellato-patenti e monospermi. Fiori bianchi . . . . . . ASTROCARPUS
Carpelli saldati tra di loro e formanti un solo ovario 1-loculare. Frutto cassula, aperta all'apice, polisperma. Fiori bianchi e giallastri. . RESEDA

1. **Astrocárpus** (da ἀστηρ = stella e χαρπος = frutto, per la forma del frutto).

> Pianta glabra. Fg. intere, lanceolato-lineari. le infer. in rosetta. Racemo spiciforme, dapprima compatto, poi allungato e lasso; sep. 5, alla fine riflessi; pet. 5, i super. divisi in 5-7 lacinie, gli infer. in 3; stami 12-15. ♃. (Fig. 60)
> **260 A. sesamoides** Duby
> Fg. infer. generalm. scomparse all'epoca della fioritura. Fusti alti 2-4 dm. circa. (E. nel m. Penna). — *Mag. Giug.* — Dal mare alla reg. alp. Var. *purpurascens* Duby (Raf.).

58. *Bunias Erucago* L. ($^1/_4$).   59. *Coronopus procumbens* Gilib. ($^1/_4$).   60. *Astrocarpus sesamoides* Duby ($^1/_4$).

2. **Reséda** (da *resedare* = calmare). Cassula con 3-6 angoli, 1-loculare, aperta all'apice alla maturità, polisperma.

1 { Cassula *4-dentata*. Perianzio *generalm. 5-mero*. Fiori bianchi. Fg. pennato-partite, a segmenti lanceolati, *piani od ondulati*. Pianta ± verde-glauca. ♃. (It. media). *Apr. Aut.* — Muri, sabbie marit. della reg. medit. **261 R. alba** L.
Segmenti fogliari *quasi solcati. ondulato-crespi*. Pianta *verde-pallida*. — (T. all'Elba). Var. *Hookeri* (Guss).
Cassula *3-dentata* (2-dentata in var. di R. luteola). Perianzio *4-6-mero*. Fiori biancastri o giallastri 2

2 {
Pet. bianco-giallognoli o bianco-verdicci. Cassula *pendente* alla maturità. Semi *rugosi*. Fg. medie e super. intere, 3-fide o 3-lobe. Lobi calicini *spatolati*, bislunghi ed *accrescenti nel frutto*. Pet. 6. Pianta glabra, fusti ascendenti od eretti, 1-2 dm. ① ②. *Apr. Lug.* — Dal mare alla reg. submont. (Fig. 61).
262 R. Phyteuma L.
Lobi calicini *lineari o appena spatolati*, *non accrescenti* nel frutto. Fiori odorosi. (Comunem. coltiv. o qua e là inselv.) Var. *odorata* (L.).
}

Pet. giallo-pallidi o giallo-verdastri. Cassule erette alla maturità. Semi *lisci* 3

3 {
Fg. ondulate, *le super. 1-2 pennatifide*. Cassula *con 3 denti corti o quasi troncata in alto*, lunga 8-12 mm. circa. Pet. 6, i 3 super. più lunghi del calice. ① ②. *Apr. Aut.* — Muri, campi dal mare alla reg. submont.
263 R. lutea L.
Fg. *tutte semplici*, oblungo-lanceolate, intere con piccolo dente a ciascun lato della base. Cassula *depresso-obovata*, generalm. *con 3 denti acuminati*, lunga 4-5 mm. Pet. 4, il super. più lungo del calice. Pianta glabra, fusto striato o solcato, cavo, 2-10 dm. ① ②. *Apr. Giug.* — Muri, macerie ecc. dal mare alla reg. mont. . . . . **264 R. luteola**
Cassula *con 2 denti*. Pianta gracile e bassa. Fg. ondulato-crespe. (T. a Capraia). Var. *dimerocarpa* Muell.
}

FAM. 9.ª CISTACEE.

Frutici o raram. erbe. Fg. opposte od alterne, con stipole piccole o nulle. Fiori solitari o in racemi, regolari. Calice di 3-5 sep., persistenti; pet. 5; stami numerosi, raram. pochi, ipogini, i più esterni talvolta sterili; ovario 1-loculare, formato da 3-5 carpelli; stilo semplice; ovuli 2 o più, ortotropi. Cassula polisperma, ordinariam. 1-loculare o incompletam. pluriloculare: semi piccoli a guscio crostaceo, spesso mucillagginoso; albume farinoso o solido; embrione spesso curvo.

CHIAVE DEI GENERI

1 {
Cassula con 5 valve; stimma oscuram. 5-lobo. Frutici con fiori rosei o bianchi; sep. 5 o raram. 3, uniformi o gli interni più piccoli . . 1. Cistus
Cassula con 3 o raram. con 2 valve; stimma oscuram. 3-lobo. Erbe o suffrutici, con fiori gialli o raram. rosei o bianchi; sep. 5 di cui 2 esterni assai più piccoli . . . . 2. Helianthemum
}

1. **Cistus** (da χιστη = cassula, pel frutto). Sep. 3-5; pet. 5, fugacissimi, rosei, porporini o bianchi; stami numerosi, tutti fertili. Cassula con 5, raram. con 10 logge, loculicida, raram. setticida; semi poliedrici, rugoso-scabri o lisci. Fiori sempre eretti dopo la fecondazione.

1 {
Pet. *rosei*, con unghia gialla. Stilo *lungo* 2
Pet. *bianchi*, con unghia gialla. Stilo *brevissimo* 3
}

2 {
Foglie *picciolate*, le super. spesso sessili, coi piccioli ± dilatati, increspate ai margini, rugose di sopra, reticolate di sotto. Frutice bianco-tomentoso per peli stellati, misti a lunghi peli semplici. ♄. *Apr. Giug.* — Dal mare alla reg. submont. . . . . **265 C. incanus** L.
Foglie tutte *sessili*, semiabbraccianti, tomentose, piane, coi margini appena rovesciati. Frutice bianco-tomentoso per corti peli stellati. ♄. (T. a Sarzana nel m. Caprione e a Vallombrosa). — *Mag. Giug.* — Reg. medit.
266 C. albidus L.
}

	Calice con *3 sepali*. Foglie grandi, ovali-lanceolate, con picciolo dilatato alla base, 3-nervi, cotonose di sotto. Fiori grandi in corimbo. Fusto alto 1 m. e più, a rami pelosi, eretti. ♄. (T. alla Madonna del Sasso presso Firenze). — *Mag. Giug.*. . . . . **267 C. laurifolius** L.

3 { Calice con *5 sepali* **4**

4 {
Foglie ± *picciolate*, ovali o oblunghe, *1-nervi*, peloso-tomentose, *non rovesciate* nei margini, le adulte dei rami a lembo lungo *1-3 cm.*, rotondate o cuneate alla base. Fiori *solitari* o quasi di 4-5 cm., pendenti prima dello sbocciamento; sep. esterni lunghi *8-13 mm.* al momento dello sbocciamento. Cassula globoso-pentagona, pubescente, loculicida. Frutice alto 2-8 dm. ♄. *Apr. Giug.* — Dal mare alla reg. submont. — *Brentine.* (Fig. 62). **268 C. salvifolius** L.
  Foglie adulte dei rami a lembo lungo *3-4 cm.*, troncate o subcordate alla base. Sep. esterni lunghi *13-18 mm.* al momento dello sbocciamento. (T. al m. Argentaro). Var. *grandifolius* Wk.
Foglie *sessili, lineari o lanceolate, 3-nervi*, pelose, ± *rovesciate* nei margini. Fiori in *grappoli* unilaterali, di *2 cm. circa*, sempre eretti. Cassula ovato-globosa, setticida con pochi peli all'apice. Frutice alto 5-12 dm. ♄. *Apr. Mag.* — Reg. medit. . . . . . **269 C. monspeliensis** L.

61. *Reseda Phyteuma* L.   62. *Cistus salvifolius* L.   63. *Helianthemum Chamae-*
    (¹/₄).   (¹/₄).   *cistus* Mill. (¹/₄).

2. Heliánthemum (da ἥλιος = sole e ἄνθος = fiore, fibre del sole). Sep. 5, di cui i due esterni assai piccoli o nulli; pet. 5, fugaci, gialli, raram. rosei o bianchi; stami 5 o molti, talora gli esterni sterili. Cassula con 3 o raram. con 2 valve: semi subrotondo-angolosi, lisci, granulosi o reticolato-alveolati. Fiori per lo più pendenti dopo la fecondazione.

1 { Stilo *brevissimo o quasi nullo*. Ovoli ortotropi. **2**
    { Stilo ± *lungo* **4**

2 {
Frutice argentino-tomentoso per peli squamoso-stellati. Embrione *spirale*. Pet. gialli, macchiati di nero-violetto alla base. Semi tubercolati. Rami eretti. ♄. (T. L.). — *Giug.* — Reg. medit.   **270 H. halimifolium** Willd.
Erbe ± pelose, ma non argentino-tomentose. Embrione *triangolare* od *a ferro di cavallo* **3**

3 {
Pianta *annua* ± pelosa, non glandolosa, 2-4 dm. Foglie *super. stipolate*. Racemi *senza brattee*. Sep. *pelosi*. Pet. *con macchia* violacea, o talora senza. ☉. *Mag. Giug.* — Reg. medit. e submont. . . **271 H. guttatum** Mill.
    Pianta a corti peli glandolosi, irta o quasi glabra. Pedicelli glabri o glandolosi. (E. presso Pavia). — Var. *Vivianii* (Poll.).

3 | Pianta *perenne* coi fusti pelosi in basso, glabri in alto, 2-3 dm. Foglie tutte *senza stipole*. Racemi *provvisti di brattee*. Sep. *glabri*. Pet. *senza macchia* violacea. 2⨍. (T.). — *Apr. Mag.* — Reg. medit. **272 H. Tuberaria** Mill.

4 { Stami *5 a molti*, tutti fertili. Ovoli *ortotropi* 5
    Stami *molti*, gli esterni piliformi, costituiti da cellule disposte a coroncina. Ovoli *anatropi* 8

5 { Piante *annue*. Stilo *diritto*. Pet. *più brevi* o *subeguali* al calice, senza macchia. Pedicelli quasi orizzontali, curvati nell'apice. Cassula un poco più corta del calice, pubescente solo lungo le suture. ①. (T. U. L.) — *Apr. Mag.* — Reg. medit. o raram. submont. **273 H. salicifolium** Pers.
    Piante *perenni* o suffruticose. Stilo *contorto* od *inginocchiato*. Pet. generalm. *più lunghi* del calice, raram. subeguali ad esso 9

6 { Foglie *tutte senza stipole*. Stami *più lunghi* dello stilo che è *contorto* alla base. Racemi sempre semplici. Foglie ovali, oblunghe o quasi lineari, bianco-tomentose per brevi peli stellati, misti ad altri semplici più lunghi. Cassula glabra o pelosetta. Pianta bianco-tomentosa, alta 8-16 cm. 2⨍. *Apr. Mag.* — Dalla reg. submont. all'alp. **274 H. canum** Dun.
      Pianta verde-grigiastra. Foglie verdi o verdastre, pelose per peli tutti semplici o fascicolati. Var. *italicum* (Pers.).
    Foglie *tutte stipolate*. Stami *più brevi* dello stilo che è semplicem. *ginocchiato* alla base. Sep. interni con 3-5 nervi ben distinti. Racemo unico, semplice, terminale 7

7 { Stipole tutte strettam. *lineari*. Sep. interni lunghi 6-10 mm. Pet. *bianchi* con unghia giallognola. Foglie lineari od ovali-bislunghe, piane o quasi, larghe 2-6 mm. Cassula grande, lunga 5-8 mm. 2⨍. *Mag. Lug.* — Reg. submont. e mont. . . . . **275 H. apenninum** Mill.
      Foglie lineari-oblunghe o lineari, fortem. rovesciate nei margini, larghe 1-3 mm. Var. *pulverulentum* DC.
    Stipole delle foglie super. *lanceolato-subfogliacee*, raram. tutte lineari. Pet. *gialli*, raram. rosei o bianchi. 2⨍. (Fig. 63). **276 H. Chamaecistus** Mill.
      Fiori gialli, mediocri. Pianta pelosa anche superiorm. Foglie verdi su ambedue le pagine, piane. Calice peloso, almeno sui nervi. — *Apr. Sett.* — α *vulgare* (Gaertn.)
      Fiori rosei o bianchi. Pianta pubescente per peli semplici o fascicolati. Foglie c. s., oblungo-lanceolate, spesso arricciate nei margini. Calice villoso sui nervi. (Faentino a M. Mauro). Var. β *Berterianum* (Bert.).
      Fiori gialli. Pianta glabra o quasi e lucida superiorm. Foglie c. s. Calice glabro o con pochi peli semplici. (Viterbese). Var. γ *acuminatum* (Pers.).
      Fiori gialli od anche ranciati. Pianta cenerino- o bianco-tomentosa a foglie più spesse e più piccole che nel tipo. Foglie densam. pelose superiorm. per peli stellati, bianco-tomentose di sotto. quasi sempre arricciate nei margini. Calice ± peloso-tomentoso. (Alpi Apuane). Var. δ *glaucum* (Pers.)

8 { Foglie *senza stipole*. Semi *lisci*. Fusti sdraiati. Foglie alterne, lineari, scanalate di sopra, lunghe fino a 4 cm. Fiori con peduncoli *subeguali* alle foglie. Cassula lunga 6-7 mm. 2⨍. *Mag. Lug.* — Colli aridi dal mare alla reg. submont. o anche mont. . . . . **277 H. Fumana** Mill.
      Fusti eretti. Fg. lunghe al più 9-13 mm. Fiori con peduncoli *2-3 volte* più lunghi delle foglie. Cassula lunga *4-6 mm*. Var. *ericoides* (Dun.).
    Foglie *stipolate*: stipole ora lunghe come le foglie, ora più brevi. Semi *reticolato-alveolati* 9

9 { Foglie *lanceolate, piane o quasi*. Fiori solitari terminali o pochi in racemo foglioso. Fg. superiori lanceolate, stipole *molte volte* più brevi delle foglie. Fiori *quasi aranciati*, del diametro di 18-22 mm. Pianta con peluria breve, talora glandolosa. 2⨍. *Apr. Mag.* — Colli aridi reg. medit. **278 H. arabicum** Pers.
      Stipole soltanto *3-4 volte* più brevi delle foglie. Fiori *giallo-pallidi* del diam. di 13-15 mm. Pianta quasi irsuta. Var. *Savii* (Bert.).
    Foglie *lineari* ± *arricciate nel margine*. Fiori in corti racemi bratteati   10

10 {
Foglie *tutte alterne;* stipole *mucronulate.* Peduncoli *glabrescenti.* Stilo *quasi* il doppio più lungo dell'ovario. Pianta glaucescente, peloso-glandolosa in alto, 2-3 dm. ♃. *Apr. Giug.* — Reg. medit. lungo la costa occid.
279 H. levipes Pers.

Foglie *super. alterne, le altre opposte;* stip. terminate da una *setola.* Peduncoli *pubescenti-glandolosi.* Stilo *più* del doppio più lungo dell'ovario. Pianta ± peloso-glandolosa, 1-2 dm. ♃. *Apr. Giug.* — Reg. medit. e submont.
280 H. thymifolium Pers.
}

FAM. 10.ᵃ VIOLACEE.

1. Viola. Fiori irregolari; sep. 5 disuguali, persistenti, prolungati alla base in appendici; pet. 5 diseguali, l'infer. speronato; stami con filamenti corti e slargati, i 2 infer. con appendice nettarifera nascosta dentro lo sperone, antere libere o connesse con connettivo prolungato in forma di squama; ovario sessile, 1-loculare; stilo semplice; ovuli molti sopra tre placente parietali, anatropi. Cassula trivalve, loculicida, con molti semi ovoidi globulosi, ad albume carnoso ed embrione assile, diritto; cotiledoni piani. — Piante erbacee raram. sublegnose alla base. Foglie tutte basali o alterne, semplici, picciolate, stipolate.

1 {
I *due* petali super. diretti in alto, i laterali patenti e l'infer. volto in basso. Stimma uncinato-acuto o slargato in disco obliquo 2
I *quattro* pet. super. diretti in alto, il quinto volto in basso. Stimma scavato ad orciolo o raram. (*V. biflora*) slargato in disco obliquo . . . 11
}

2 {
Stimma *slargato in disco* alla sommità. Peduncoli *eretti* alla maturità. Foglie reniformi od ovali-cordate, leggerm. crenulate, glabre o da giovani un po' pelose; stipole libere. Fiori piccoli, pallidi, venati di violetto. Cassula glabra. ♃. (E. T.). *Mag. Lug.* — Dalla reg. mont. all'alp. in luoghi umidi e paludosi . . . . **281 V. palustris** L.
Stimma *uncinato-acuto.* Peduncoli *patenti* · 3
}

3 {
Piante *acauli* e quindi fiori nascenti dal rizoma. Sep. ottusi . . . 4
Piante *caulescenti* e quindi fiori portati da un fusto ± sviluppato. Sep. acuti 8
}

4 {
Rizoma *non emettente nè stoloni, nè fusti laterali sdraiati.* Foglie ovali profondam. cordate, con seno profondo e poco aperto; stipole lanceolate con ciglia glabre e più corte della largh. delle stipole. Fiori inodori o quasi, violacei, spesso biancastri in basso o più raram. del tutto bianchi. Ovario e cassula generalm. pubescenti o villosi. ♃. *Feb. Apr.* — Dal mare alla reg. mont. . . . . **282 V. hirta** L.

Stipole *strette* con ciglia *pubescenti* ed eguali alla largh. delle stip. Fiori odorosi. — Col tipo. — Var. *collina* (Bess.).
Stip. *larghe* ed un po' cigliate in alto o assai più strette e manifestam. cigliate nei ²/₃ super., con ciglia *glabre.* Fiori odorosi. Foglie oblunghe, leggerm. cordate, con seno meno profondo ed assai aperto. (E.). — Var. *ambigua* (W. et K.).
Stip. *lanceolato-acute,* brevem. cigliate all'apice, con ciglia *glabre.* Foglie largam. ovali, cordate, con seno assai aperto. Ovario e cassula glabri. — (E. a Fornovo). — Var. *sciaphila* (Koch).
Rizoma *emettente degli stoloni radicanti o dei fusti laterali sdraiati* . . 5
}

5 {
Piante con fusti laterali *radicanti* oppure con stoloni sotterranei. Foglie estive generalm. ottuse e con lobi basali paralleli o convergenti: stipole largam. lanceolate, con ciglia glabre, le mediane assai più corte di metà della largh. della stipola. Fusti laterali portanti fiori solo nel secondo anno di vita. Fiori grandi, violetti, oppure subcarnei, o violaceo-pallidi. Cassula pubescente o più raram. glabra. ♃. *Gen. o Feb. ad Apr.* — Boschi e siepi.
Viola mammola . . . . **283 V. odorata** L.
}

5 {
Stip. lanceolate, con ciglia mediane uguali alla largh. della stipola. Foglie estive ovali-acute, con lobi basali divergenti. Fiori quasi inodori, violetti o lilacini con strie bianche o anche bianchi con sperone violetto. Cassula pubescente. (Faentino). — Var. *multicaulis* (Jord.).

Stip. lanceolato-acuminate od anche ovato-subtriangolari, con ciglia generalm. pubescenti, uguaglianti circa la metà della largh. della stipola: fusti later. generalm. portanti fiori fino dal primo anno di vita. Foglie lucenti quasi glabre o più raram. pubescenti, ovali-reniformi. Fiori violetti, bianchi in basso, odorosi o no; peduncoli glabri. — (Ital. centr.). — Var. *Beraudi* (Bor.).

Stip. lineari-lanceolate, con ciglia uguaglianti o sorpassanti la largh. della stipola. Foglie infer. più reniformi e più arrotondate nell'apice della var. preced.; nel resto c. s. (T?) — Var. *suavis* (M. B.)

Piante con fusti laterali, generalm. *non radicanti* 6

6 {
Fiori *assai odorosi*, bianchi, o bianchi con margine e strie violette, o roseo-vivi, o infine interam. violacei. Foglie estive ovali-oblunghe, con ciglia mediane uguali alla largh. della stipola. Cassula pelosa. — 2f. (Ital. centr.). — *Mar. Apr.* . . **284 V. alba** Bess.

Fiori *inodori o quasi* 7

7 {
Foglie ovali, ottusette, a lobi basilari paralleli o quasi; stip. larghe, lanceolate, brevem. cigliate. Fiori violetti col fondo biancastro. Cassula pubescente o raram. glabra. 2f. (T. ai Bagni di Lucca). — *Apr.* — (≡ V. hirto ✕ odorata Auct.). . . . . . **285 V. permixta** Jord.

Foglie largam. ovali-triangolari o suborbicolari, un po' acute, coi lobi basilari ± divergenti; stipole strettam. lineari-lanceolate, con ciglia pubescenti uguaglianti o superanti la largh. della stipola. Fiori azzurro-violacei. Foglie e cassule per lo più glabre o quasi. 2f. (T. L.). — *Gen. Apr.*
286 V. Dehnhardtii Ten.

8 {
Piante con rizoma continuato dai fusti fioriferi e *senza rosetta* di foglie basali. Fusti erbacei, glabri o raram. pubescenti. Stipole lanceolato-lineari, dentate o frangiate. Fiori inodori. Cassula ovale-oblunga, glabra o raram. pubescente, a nervature sporgenti. 2f. *Feb. Lug.* — Dalla reg. submont. all'alp. (Fig. 64) . . . . **287 V. canina** L.

  Stipole delle foglie cauline medie *non fogliacee*, 2-3 *volte più corte* del picciolo, che *non è alato*. Pet. tutt'al più *1 volta* più lunghi che larghi. Cassula *troncata*. — α. *typica*.

  Stip. delle foglie cauline medie *non fogliacee*, uguaglianti circa la metà del picciolo che *è alato*, almeno superiorm. Pet. stretti, circa *3 volte* più lunghi che larghi. Cassula *acuminata*. — (Ferrarese). — Var. *lactea* (Sm.).

  Stip. delle foglie cauline medie *fogliacee*. Pianta bassa, 1-3 dm. Pet. circa *1 volta* più lunghi che larghi. Cassula *ottusa* od un po' acuta. — (Ferrarese e valli di Rolo nel Reggiano). — Var. *pumila* (Chaix.).

Piante con rizoma terminato *da una rosetta* di foglie, dalla cui ascella nascono i fusti fioriferi 9

9 {
Foglie *piccole*, tutte ottuse o quasi, cuoriformi; stipole larghe, ovali-lanceolate radam. seghettate. Cassula quasi tomentosa. Fiori violaceo-pallidi. Pianta *pubescente*, con peluria cortissima. 2f. (App. modenese).. — *Apr. Lug.* — Reg. alp. . . . . **288 V. arenaria** DC.

Foglie *grandi*, le super. brevem. acuminate; stipole assai piccole. Piante *glabre* 10

10 {
Stipole strette, lanceolato-lineari, *frangiate*. Foglie tutte picciolate, ovali-cuoriformi. Fiori *inodori*, violetto-pallidi, con sperone concolore. Fusto *sprovvisto* d'una linea di peli sopra uno degli angoli. 2f. *Mar. Apr.* — Dal mare alla reg. alp. . . . . **289 V. silvatica** Fr.

  Fiori più grandi con sperone bianchiccio. (T.). — Var. *Riviniana* (Rchb.).

Stipole ovali-lanceolate, intere e cigliate, *non frangiate*. Foglie reniformi o cuoriformi, le due super. subsessili, le altre ± lungam. picciolate. Fiori *odorosi*, violaceo-pallidi. Fusto *provvisto* di una linea di peli sopra uno degli angoli. 2f. (E.). — *Apr. Mag.* — Reg. subm. e mont.
290 V. mirabilis L.

11 { Stimma *slargato in disco obliquo*. Fusti gracili ordinariam. *2-flori*. Fiori piccoli, inodori, gialli, con delle strie brune; sperone ottusissimo, sorpassante di poco le appendici dei sep. Foglie reniformi-orbicolari, cordate e crenulate, brevem. cigliate nel margine, le infer. lungam. picciolate; stipole piccole, ovali, intere. Cassula ovale, ottusa, glabra. ♃ (T.). — *Giug. Ag.* — Dalla reg. mont. all'alp. . . . . **291 V. biflora** L.

Stimma *quasi globuloso, scavato ad orciuolo*. Fusti ordinariam. *pluriflori* 12

12 { Foglie tutte o la maggior parte *intere*, pressochè uguali, suborbicolari o ellittiche; stipole intere o poco divise, raram. a più di 3 lobi. Fusti ordinariam. 1-flori. Fiori azzurro-violetti; sperone conico, quasi uguale ai sepali. Cassula ovale-globosa, superante un poco il calice. Pianta minutam. pubescente. — ♃ (App. centr.). -- *Lug. Ag.* — Reg. alp. . . **292 V. cenisia** L.

Foglie tutte o la maggior parte *dentate* 13

13 { Pianta *annua, bienne o perenne*. Foglie ovali, oblunghe o lanceolate, crenulate, stipole lirato-pennatifide, con lobi laterali lineari ed il terminale più grande. Fiori tinti di giallo, bianco o violetto; sperone *sorpassante poco o punto le appenaici dei sep*. Pianta glabra o pelosa, estremam. polimorfa. ① ② ♃. — *Apr. Ott.* — Dal mare alla reg. mont. **293 V. tricolor** L.

Corolla *uguale* al calice o un poco più lunga, coi pet. bianco-giallicci, spesso sfumati di violaceo nel margine. Var. *arvensis* (Murr.).

Corolla *2-3 volte più lunga* del calice, vellutata di colori svariatissimi. — Comunem. coltiv. — *Viola del pensiero, Panzea*. — Var. *hortensis* DC.

Pianta *perenne*. Foglie ovali o oblungo-lanceolate, quasi tutte riunite in folta rosetta, superiorm. crenate; stipole pennatifide, con 2-4 lobi stretti, interi. Fiori odorosi o no, violetti o gialli; sperone acuto, *più lungo dei sepali* e quasi uguale ai petali. ♃ *Giug. Ag.* . . . **294 V. calcarata** L.

Stipole spesso *trifide*. Sperone lungo quanto o poco più del pet. infer., il quale è più largo degli altri. — Reg. alp. o subalp. -- *α typica*.

Stipole *pennatifide*, raram. trifide. Sperone grossetto, poco più lungo delle appendici dei sep. — (Casentino, Ital. centr.). — Var. *Eugeniae* (Parl.).

Stipole *divise in 3-6 lacinie*. Sperone subeguale al pet. infer. o più lungo. — (App. tosco-emil., Elba, Ital. centr.). — Var. *gracilis* (S. et S.).

64. *Viola canina* L. (¼).   65. *Aldrovanda vesiculosa* L. (¼).   66. *Drosera rotundifolia* L. (¼)

FAM. 11.ª DROSERACEE.

Erbe perenni, raram. suffrutici, con peli glandolosi o glabre. Foglie alterne, spesso in rosetta, stipolate. Fiori bianchi, solitari o in racemo, regolari. Calice persistente con 5 sep. saldati alla base; pet. 5; stami 5 o numerosi; 3-5 stili o 5 stimmi sessili; ovario libero o aderente; ovuli molti, anatropi. Frutto cassulare con 1-5 logge, loculicida, con molti semi piccoli, con albume carnoso ed embrione diritto,

CHIAVE DEI GENERI.

1 { Piante acquatiche, galleggianti   .   .   .   .   . 1 ALDROVANDA
  { Piante di luoghi umidi, ma terrestri.   2

2 { Fiori in racemo terminale .   .   .   . 2 DROSERA
  { Fiori solitari terminali   .   .   .   .   .   . 3 PARNASSIA

1. **Aldrovánda** (dedicato ad Aldrovandi, naturalista italiano).

Foglie verticillate, diafane, con picciolo cuneiforme e lamina biloba, a lobi concavi che, toccati, si avvicinano formando una specie di vescica. Fiori bianchi con peduncolo più lungo delle foglie. Cassula loculicida, deiscente per 5 valve. Fusto di 10-25 cm. ⚥. (E. T. L.). — *Lug. Ag.* - Nelle acque di laghi e paduli (Fig. 65).   .   .   .   .   . **295 A. vesiculosa** L.

2. **Drósera** (da δροσος = rugiada, alludendo alle goccioline che secernono i peli glandolosi delle foglie). Fiori in racemo spiciforme; sep. 5-4; pet. 5-4, marcescenti, sprovvisti di squame nettarifere; stami 5-4; stili 3, raram. 5-2, bifidi. Cassula deiscente per 3 valve, raram. per 5 o 2, loculicida; semi piccolissimi. Foglie contornate di peli rossi, glandolosi.

1 { Foglie *rotonde, bruscam.* attenuate in picciolo. Scapo eretto, 1-2 dm. nascente *dal centro* della rosetta, *2-4 volte* più lungo delle foglie. Stimmi *rigonfi* obovato-capitati, *biancastri.* Semi fusiformi, *striati longitudinalm.* ⚥. (E. T). — *Apr. Lug.* — Luoghi muscosi dei paduli nel piano e monti. (Fig. 66).   **296 D. rotundifolia** L.
  { Foglie *obovato-bislunghe, insensibilm.* attenuate in picciolo. Scapo 15-12 cm., ascendente, nascente *lateralm.* dalla rosetta, *poco* più lungo delle foglie. Stimmi *piani,* smarginati, *rossastri.* Semi ovali-bislunghi, *fortem. tubercolosi.* ⚥. (E. T.). — *Lug.* — Paduli   .   .   . **297 D. intermedia** Hayn.

3. **Parnássia** (da Parnasso; pianta che cresce in luoghi di montagna).

Fiore grande, bianco; pet. ciascuno con squama nettarifera. Foglie radicali picciolate, cuoriformi, ed una caulina, abbracciante. Cassula loculicida, deiscente per 5 valve. Pianta glabra, eretta, 10-30 cm. ⚥. (App. centr.). — *Lug. Ag.* — Luoghi umidi dalla reg. mont. all'alp. **298 P. palustris** L.

FAM. 12.ᵃ **POLIGALACEE.**

Polygala (da πολυς = molto e γαλα = latte. Che dà molto latte alle bestie). Piante erbacee o legnose alla base, erette o prostrate. Foglie alterne, semplici, senza stipole. Fiori irregolari; sep. 5, di cui

3 esterni più piccoli, 2 interni (ali), molto grandi, avvolgenti la corolla; pet. 3-5 liberi o saldati per mezzo dei filamenti in un tubo fenduto, l'infer. grande a lembo trilobo; stami 8, monadelfi, aderenti al tubo della corolla; ovario libero a 2 caselle, con un ovulo anatropo in ciascuna. Frutto cassulare con 2 logge monosperme; semi pendenti, provvisti di un arillo lobato; embrione diritto e albume carnoso o nullo.

1 { Fusti *legnosi alla base*. Fiori gialli, *ascellari*, poco numerosi. Foglie coriacee ovali o oblunghe, *persistenti*. Cassula obovata, largam. alata. 2♃. (E. T.). — *Apr. Giug.* — Dalla reg. submont. all'alp . **299 P. Chamaebuxus** L.
Fusti *interam. erbacei*. Fiori *in racemo terminale*. Foglie *caduche* . . **2**

2 { Piante *annue* a radice sottile **3**
Piante *vivaci o perennanti*. Racemo generalm. più corto della metà del fusto **4**

3 { Racemo *uguale almeno* alla metà del fusto. Fiori *biancastri*, ali con 3 nervature ramificate, a vene *non intrecciate* fra loro. Foglie lanceolato-lineari, acuminate. ①. (E. T. L.). — *Mag. Giug.* — Parti calde della costa occident. **300 P. monspeliaca** L.
Racemo *assai più corto* della metà del fusto. Fiori *violacei*, ali con 3 nervature ramificate, a vene *leggerm. intrecciate* fra loro. Foglie infer. obovate, le super. oblunghe o lineari-lanceolate. ①. (T. nelle Alpi Apuane). — *Mag.* **301 P. Carueliana** Burn.

4 { Cassula *il doppio* più lunga del suo gambo. Bratteole il doppio più lunghe del pedicello. Fiori rosei, raram. cerulei; ali grandi moltinervate, più brevi della corolla. Ovario lungam. stipitato. 2♃. (E. T. M. L.). — *Mag. Giug.* — Luoghi erbosi dei monti. . . . . **302 P. maior** Jacq.
Cassula *molte volte* più lunga del suo gambo **5**

5 { Bratteole *più lunghe* del pedicello. Fiori mediocri, rosei, raram. cerulei; ali con 3 nervature un poco intrecciate fra loro in alto, quasi uguali alla corolla. Fusti 1-2 dm., sovente fogliati fino al racemo. 2♃. (E. Pineta di Ravenna). — *Mag. Giug.* . . . . **303 P. comosa** Schk.
Bratteole *presso a poco uguali* al pedicello **6**
Bratteole *circa la metà più corte* del pedicello **7**

6 { Fiori *rosei od azzurri*, con ali *rotondo-ovate*, lunghe 7-10 mm., a *3-5 nervature* intrecciate fra loro *più brevi* della corolla. Bratteola mediana più lunga del pedicello, le due laterali più brevi di questo. Fusti eretti od ascendenti, 2-3 dm. 2♃. — *Da Mar. a Lug.* — Colli e monti. **304 P. nicaeensis** Risso
Fiori *gialli*, con ali *ovato-oblunghe, acuminate*, lunghe 8-10 mm. o meno a *2-3* nervature intrecciate fra loro, *più lunghe* della corolla. Ovario lungo il doppio dello stipite. Fusti prostrati od ascendenti, 2-4 dm. 2♃. (E. T. U. L.). — *Apr. Lug.* — Dalla reg. medit. alla mont. . . **305 P. flavescens** DC.
Ali *obovate*, lunghe 6 mm., quasi uguali alla corolla. Ovario uguale allo stipite. (M. a Pesaro). Var. *pisaurensis* (Cald.).

7 { Fusto *senza rosette* di foglie, che sono sparse, le infer. più piccole, ovali, le mediane lanceolate, le supreme lanceolato-lineari. Fiori azzurri, bianchi o rosei in racemi radi, con ali a nervature *decisam.* intrecciate fra loro; brattea *media uguale* o un poco più *lunga* del pedicello. Cassula più corta e *quasi larga quanto* le ali. Fusti di 10-30 cm. 2♃. *Mag. Lug.* — Dal mare alla reg. alp. **306 P. vulgaris** L.
Fusti *provvisti di rosette* di foglie, di cui le infer. sono larghe obovate, le super. lanceolate, più piccole. Fiori azzurri, in racemi rigidi, con ali a nervature *per lo più poco o punto* intrecciate fra loro; brattee *tutte più corte* del pedicello. Cassula piccola, *più lunga e più larga* delle ali. Pianta di sapore amaro, 5-20 cm. 2♃. *Mag. Lug.* — Reg. mont. ed alp. (Fig. 67). **307 P. amara** L.

Fam. 13.ª **FRANKENIACEE.**

Frankénia (dedicato a Frankenius, medico svedese, morto nel 1661). Fiori regolari; calice persistente, tubuloso, con 5 denti; pet. 5, ipogini; stami 6 con filam. slargati; ovario libero, 1-loculare, con 1 stilo diviso in 3 stimmi. Cassula polisperma, 3-valve; semi bislunghi, embrione diritto, albume farinoso. Fusti ramosi, prostrati. Fiori piccoli, solitari, ascellari.

1 {
Pianta *annua*. Foglie *obovato-troncate*, piane od appena rovesciate nei margini. Fusto ramoso, *pubescente*. Fiori roseo-pallidi. Calice *glabro*. ① (T. L.). — *Apr. Giug.* — Littorale lungo il Tirreno. (Fig. 68).
                            308 F. pulverulenta L.
Pianta *perenne*. Fg. *lineari*, carnosette, rovesciate nei margini. Fusto **molto** ramoso, *glabro* o quasi. Fiori rosei o bianchi. Calice *glabro o peloso*. 2⁄ (T. L.). — *Apr. Giug.* — Arene e rupi marit.   . .   **309 F. levis** L.
}

67. *Polygala amara* L.
(¼)

68. *Frankenia pulverulenta* L.
(¼)

69. *Velezia rigida*.
¼

Fam. 14.ª **CARIOFILLACEE.**

Erbe annue o perenni, raram. suffruticulose. Foglie opposte, semplici, intere con stipole nulle o piccole, scariose *(Spergula, Spergularia)*. Fiori regolari con calice persistente, monosepalo o dialisepalo con 4-5 divisioni; pet. 4-5, ipogini; stami 10 o 5-6; stili 2-5 liberi o connessi in basso; ovario libero, 1-loculare con 5 sepimenti alla base; ovuli 2 o più, campilotropi. Frutto cassulare, 1-loculare, deiscente in 4-6 valve, o bacciforme *(Cucubalus)*. Semi ± numerosi, spesso reniformi.

CHIAVE DEI GENERI.

1 {
Calice monosepalo, con divisioni saldate almeno nella metà infer. Pet. ad unghia ordinariam. assai lunga **2**
Calice dialisepalo, con divisioni libere o appena saldate alla base. Pet. ad unghia assai corta, raram. nulli **10**
}

2 {
Stili 2 3
Stili 3. Calice con 10 nervi o più 7
Stili 5 9

3 {
Pet. gradatam. ristretti verso la base, semipatenti. . . 4 GYPSOPHILA
Pet. ristretti ad un tratto in unghia eretta 4

4 {
Stami 5 . . . . 1 VELEZIA
Stami 10 5

5 {
Calice *non munito* di brattee alla base . . . . . 6 SAPONARIA
Calice *munito* di brattee alla base .(calicetto). 6

6 {
Calice cilindrico, plurinervato, uniformem. coriaceo-erbaceo. . 2 DIANTHUS
Calice a 5 angoli, bianco-scarioso nelle commissure del tubo tra un dente e
l'altro . . . . 3 TUNICA

7 {
Foglie *pungenti*. Cassula con 1-2 semi . . . . . . 5 DRYPIS
Foglie *non pungenti*. Cassula con molti semi. 8

8 {
Frutto *secco, cassulare, deiscente* in alto. Sep. saldati *oltre* la metà 7 SILENE
Frutto *carnoso, bacciforme, indeiscente*. Sep. saldati *al più sino* a metà.
10 CUCUBALUS

9 {
Corolla con appendici alla fauce . . . . 9 LYCHNIS
Corolla senza appendici alla fauce . . . . . . 8 AGROSTEMMA

10 {
Foglie stipolate, spesso fascicolate o verticillate 11
Foglie non stipolate, semplicem. opposte. 12

11 {
Stili 3. Cassula 3-valve . . . . . . 19 SPERGULARIA
Stili 5. Cassula 5-valve . . . . . . 20 SPERGULA

12 {
Stili 4-5. 13
Stili 2-3. . . . . , 15

13 {
Stili alternanti coi sepali . . . . . . 18 MALACHIUM
Stili contrapposti ai sepali 14

14 {
Petali interi. Cassula 4-5-valve, opposte ai sepali . . . 11 SAGINA
Pet. smarginati o bifidi. Cassula 8-10-valve . . . 17 CERASTIUM

15 {
Petali dentellati. Cassula 6-valve . . . . . 15 HOLOSTEUM
Pet. 2-lobati. Cassula 6-valve . . . . . . 16 STELLARIA
Pet. interi o appena smarginati 16

16 {
Cassula 3-valve . . . . 12 ALSINE
Cassula 4-6-valve. 17

17 {
Semi appendicolati . . . . 14 MOEHRINGIA
Semi non appendicolati . . . . 13 ARENARIA

1. **Velézia** (dedicato a Francesco Velez, botanico spagnolo). Fiori senza calicetto alla base; calice tubuloso, stretto, con 5-15 nervi e lembo a 5 denti; pet. 5 barbati alla fauce, stami 10 o talora 5-6; stili 2. Cassula 1-loculare, 4-dentata; semi scudiformi, lisci, apicolati, con l'ombelico presso un'estremità.

Fiori piccoli, rosei. Fg. radicali a rosetta, lineari-spatolate, le cauline lineari-acute. Fusti solitari o cespugliosi, eretti, rigidi, rigonfi ai nodi, 1-3 dm. ①. (T. L.). — *Mag. Giug.* — Reg. med. e submont. (Fig. 69).
310 V. rigida L.

2. **Diánthus** (dal greco Διος = Giove e ανθος = fiore). Fiori con un calicetto alla base; calice tubuloso con molti nervi e lembo a 5 denti; pet. 5 senza appendici alla fauce; stili 2. Cassula 1-loculare, polisperma, 4-dentata o 4-valvata; semi discoidei, piani od ombelicati nel centro di una faccia.

1 { Fiori riuniti *in capolini o fascetti terminali*. Petali dentati   2
Fiori *solitari o pochi all'estremità del fusto o dei rami*. Pet. interi, dentati o
frangiati   5

2 { Calice *pelosetto*. Pianta *annua o bienne*, con fusti eretti, 1-6 dm. Fg. lanceolato-lineari, con guaina tanto lunga quanto larga. Cassula cilindrica, con
semi ovali, minutam. tubercolati. ①. ②. *Mag. Ag.* — Dal mare alla reg.
submont. o mont. .   .   .   .   **311 D. Armeria** L.
Calice *glabro*. Piante *perenni*   3

3 { Foglie *largam. lanceolate*, con breve picciolo. Pet. con lembo *glabro* superiorm.
ed alla fauce. Fiori avvolti da brattee lanceolato-lineari, reflesso-patenti,
più lunghe dei fiori. Cassula oblunga con semi ovali, granulosi nel margine.
♃. (T. L.). — *Mag. Ag.* — Boschi reg. submont. e mont.
                                    312 D. barbatus L.
Foglie *lineari, senza picciolo*. Pet. con lembo ± *peloso* superiorm. ed alla
fauce, ɪaram. glabro.   4

4 { Guaine fogliari *3-4 volte o meno più lunghe che larghe*. Fiori con *brattee di-
latato-scariose* alla base. Squame calicine bruno-coriacee, brevem. aristate,
lunghe quasi quanto il tubo del calice. Foglie erbacee, intere o appena
scabrosette nei margini. Fiori in fascetti da 2 a 10, rosso-rosei. Pianta 1-4
dm. ♃. *Giug. Ott.* — Boschi e luoghi aridi dal mare alla reg. mont. —
Garofano selvatico .   .   .   .   .   **313 D. Carthusianorum** L.
     Guaine *2 volte* più lunghe che larghe. Brattee e squame calicine pal-
     lide, lungam aristate, uguali al tubo o più brevi. Pianta glauce-
     scente. Var. *Balbisii* (Ser.).
Guaine *tanto lunghe quanto larghe*. Fiori con brattee *non dilatate* alla base,
simili alle foglie. Squame calicine con resta erbacea, patente, più lunghe
della metà o uguali al calice. Foglie membranose con 1 nervo ben manifesto, scabre nel margine. Fiori in fascetti lassi o anche solitari, o geminati,
rosei con un cerchio di macchie porporine o bianche alla fauce. Pianta erbacea, glabra, 1-4 dm. ♃. (E. T.). — *Giug. Ott.* — Boschi e luoghi erbosi
dalla reg. submont. alla mont. .   .   .   .   **314 D. Seguierii** Vill.

5 { Lembo dei petali *laciniato fino alla metà* e con la parte indivisa cuneato-ar-
rotondata. Fiori ± odorosi, coi petali pelosi alla fauce, roseo-porporini o
bianchi. Squame calicine lunghe quasi la metà del calice, che è lungo 20-30
mm. Pianta verde, glabra, 1-4 dm. o più. ♃. *Giug. Ott.* — Boschi della reg.
submont. .   .   .   .   · **315 D. monspessulànus** L.
Lembo dei pet. *dentato oppure quasi intero*   6

6 { Fusto *ruvido* specialm. in alto per peli corti e rigidetti. Calice *puberulo-sca-
bro*. Fiori solitari, rosei, macchiati di porpora e di bianco alla fauce: lembo dei pet. acutam. dentato, ± peloso di sopra. Squame calicine 2-4, quasi
uguali alla metà del tubo. Pianta di un verde gaio, 1-3 dm. ♃. *Mag. Ag.*
— Prati dalla reg. mont. all'alp. .   .   .   .   **316 D. deltoides** L.
Fusto e calice *affatto glabri e lisci*   7

7 { Squame calicine *per lo più 6*, assottigliato-acuminate, *appena più brevi della
metà* del calice. Lembo dei pet. oblungo, *intero o quasi*, roseo con qualche
sfumatura bianchiccia, glabro di sopra. Fiori solitari o in racemo, *appena* odorosi. Foglie lineari, acute. Fusto eretto, cespuglioso, 5-6 dm. ♃. (M. U.). —
Giug. Ott. — Luoghi rupestri ed aridi dalla reg. medit. alla mont.
                                    317 D. ciliatus Guss.
Squame calicine 4, bruscam. mucronate, *4-5 volte più brevi* del calice. Lembo
dei pet. cuneato-rotondo, *dentato*, di color violetto-roseo. Fiori solitari, *molto
odorosi*. Foglie largam. lineari, quasi ottuse, scanalate, liscie nei margini.
Pianta lassam. cespugliosa, 4-8 dm. ♃. *Magg. Ott.* — Muri, rupi dal mare
alla reg. submont. — *Garofano* .   .   .   **318 D. Caryophyllus** L.

3. Túnica. Fiori solitari o anche agglomerati, spesso con un calicetto alla base; calice pentagonale conico o tubuloso con 5-15 nervi; pet. 5 senza appendici alla fauce; stili 2. Cassula oblunga; semi
scudiformi con l'ombelico centrale.

1 {
Calice *campanulato* con calicetto *più breve* del calice, formato da squame *con nervo* mediano sporgente in forma di carena. Pet. con lembo *gradatam. attenuato* in unghia *breve*. Cassula ovoide. Fg. lineari, con margine bianco, scabrosetto, subconnate alla base. Pianta glabra o quasi, 1-4 dm. ♃. *Mag. Sett.* — Luoghi aridi dal mare alla reg. submont. (Fig. 70).
319 T. saxifraga Scop.

Calice *tubuloso* con calicetto *subeguale* al calice, formato da squame scariose, *senza nervo* carenale. Pet. con lembo *bruscam. contratto* in unghia *lunga e stretta*. **2**
}

2 {
Caule *glabro*. Foglie lineari, dentellato-cigliate nel margine, con guaina *brevissima*. Brattee *generalm. punteggiate*. Calice *glabro*; pet. *interi o smarginati*. Semi quasi piani, *rugosetti* sul dorso. ①. *Mag. Sett.* — Campi e luoghi incolti dal mare alla reg. submont.. . . . **320 T. prolifera** Scop.

Cauli *pubescenti*, almeno negli internodi mediani. Fg. super. lisce nel margine, con guaina *allungata*. Brattee per lo più *non punteggiate*. Calice *quasi sempre peloso*; pet. *bifidi*. Semi ± a guisa di barchetta, *tubercolati* sul dorso. ①. *Mar. Giug.* — Luoghi boschivi e colli arenosi.
321 T. velutina F. et M.
}

70. *Tunica saxifraga* Scop. (¹/₄).　　71. *Gypsophila muralis* L. (¹/₄).　　72. *Drypis spinosa* L. (¹/₄).

4. Gypsóphila (da γυψος = gesso e φιλος = amico; alludendo alla stazione di alcune specie). Fiori senza calicetto; calice 5-dentato, campanulato o conico-tubuloso, pentagonale, con 5 nervi e 5 angoli; pet. interi o smarginati, senza appendici alla fauce; stili 2. Cassula globosa od ovoidea, subsessile, 1-loculare, polisperma, 4-valve; semi reniformi, rugosi o tubercolati.

1 {
Pianta *annua*, caule *eretto*, ramoso, divaricato; foglie lineari strettissime. Brattee *erbacee*. Fiori *piccolissimi*, rosei, in grappolo dicotomo irregolare, con lunghi pedicelli capillari; calice *obconico*. Cassula oblunga, *superante* il calice. Semi piccolissimi, punteggiati. ①. (E. T.). — *Lug. Ag.* — Campi e muri fino alla reg. submont. (Fig. 71). . . . **322 G. muralis** L.

Pianta *perenne*, caule *prostrato*, inferiorm. radicante, con rami ascendenti; foglie lanceolato-lineari, carnosette. Brattee *scariose* nel margine. Fiori *piccoli*, bianco-rosei, in grappolo tricotomo, corimbiforme; calice *campanulato*. Cassula ovoidea, *subeguale* al calice; semi con tubercoli in serie concentriche. ♃. (T. M.). — *Lug. Ag.* — Reg. mont. ed anche submont.
323 G. repens L.
}

5. **Drypis.** Fiori senza calicetto, riuniti in una cima dicotoma a guisa di corimbo; calice con 5 denti triangolari-lanceolati e spinosi, con 10 o più nervi; pet. 5 con lembo bifido, e due lacinie saccate alla fauce; stami 5; stili generalm. 3. Cassula obovato-ovale, 1-loculare, 1-2-sperma; semi reniformi bislunghi, embrione a spira.

> Pianta glabra, cespugliosa: fusti ascendenti, quadrangolari, articolati, fragili. Foglie lineari, spinose, carenate. Fiori bianchi o rosei. 2/. (App. centr. e presso Terracina). — *Giug. Lug.* — Arene marittime dalla reg. submont. all'alp. (Fig. 72). . . . . **324 D. spinosa** L.

6. **Saponária** (dal lat. *sapo* = sapone; alludendo al succo saponoso della radice). Fiori senza calicetto; calice ovoideo o tubuloso, con 5 denti e 15-25 nervi poco manifesti o raram. espansi in ala; pet. 5, con lembo intero o bifido, con appendici o senza alla fauce; stili 2. Cassula ovoidea od oblunga, 4-valve; semi subrotondi, papilloso-rugosi, embrione periferico, albume centrale.

> 1 { Pianta *annua*. Calice *ovato-piramidale*, pentagono *con* cinque angoli alati. Pet. *senza squamette* alla fauce. Foglie oblungo-lanceolate, amplessicauli. Fiori piuttosto lungam. pedicellati. Cassula ovoidea, lunga circa la metà del calice. Pianta glauca, glabra; fusto eretto 4-6 dm. ①. *Apr. Mag.* — Tra le messi dal mare alla reg. submont. . . . . **325 S. Vaccaria** L.
>   { Piante *perenni*. Calice *cilindrico*, *senza* angoli alati. Pet. *con 2 squamette* alla fauce **2**
>
> 2 { Pianta *affatto glabra* o debolm. pubescente in alto. Foglie *3-5*-nervi. Fusti fioriti *eretti*, *4-6 dm*. Calice a denti *acuminati*. Cassula oblunga, *rinchiusa nel calice*. 2/. *Giug. Ag.* — Luoghi incolti dalla reg. submont. alla mont. **326 S. officinalis** L.
>   { Pianta *assai peloso-glandolosa*, almeno in alto. Foglie *1-* od oscuram. *3-*nervi. Fusti *prostrato-cespugliosi*, *1-3 dm*. Calice a denti *ottusi*. Cassula ovoideo-bislunga, *subeguale al calice*. 2/. *Mag. Ag.* — Luoghi ghiaiosi dalla reg. submont. alla subalp. . . . . . . **327 S. ocymoides** L.

7. **Siléne** (a causa del calice della specie principale rigonfio, panciuto come il dio Sileno). Calice con 5 denti e 10-30 nervi, rigonfio o tubuloso; pet. 5 a lembo piano, appendicolati o no; stili 3. Cassula 3-loculare alla base, raram. 1-loculare, polisperma, a 6 o raram. 3 valve. Semi reniformi, sagrinati.

> 1 { Calice fruttifero *rigonfio*, *vescicoloso*, ± discosto dalla cassula . . . **2**
>   { Calice fruttifero *non vescicoloso*, disteso o lacerato dalla cassula. . . **4**
>
> 2 { Calice *pubescente*, ombelicato alla base, *con 30 nervi* uguali, diviso in 5 lacinie acutissime. Pet. rosei, assai grandi, *interi o smarginati*. Cassula ovato-conica, *bruscam. ristretta in rostro subeguale* al calice. Pianta *viscoso-glandolosa*. ①. *Apr. Lug.* — Reg. med. . . . **328 S. conoidea** L.
>   Pet. più piccoli. Cassula c. s. ma *non rostrata* ed *assai più breve* del calice. Pianta semplicem. pelosa o talora glandolosa in alto. (Ital. centr.). Var. *conica* (L.).
>   { Calice *affatto glabro*, ombelicato alla base *con 20 nervi* e con 5 denti larghi, triangolari. Pet. *bipartiti*, bianchi o raram. rosei, coll'unghia dilatata superiorm. in due orecchiette. Cassula ovoidea, brevem. stipitata. Pianta glauca, *glabra*. 2/. *Mag. Ag.* — Dal mare alla reg. subalp.
>   **329 S. vulgaris** (Moench) Garcke
>   Fusti legnosi alla base, 1-pauciflori, eretti o prostrati. (App. centr.). Var. *alpina* (Thom.).
>   { Calice *con 10 nervi* **3**

3 {

Calice *lanuginoso*. Pet. *bianchi*. *4-fidi*, coi lobi mediani più grandi: scaglie *brevi*, acute. Foglie lanose nel margine. Semi *spinulosi* e convessi sul dorso, concavi e quasi lisci ai lati. Fusti eretti, legnosi alla base, 15-30 cm., pubescenti o lanosi. 2f. (Alpi Apuane). — *Lug. Ag.* — Reg. mont ed alp.
330 S. auriculata S. et S.

Calice *glabro*. Pet. *rosei*, *bipartiti*; scaglie *brevissime*. Foglie con radi e corti dentini a guisa di ciglia nel margine. Semi *tubercolati*, piani ai lati e sul dorso. Fusti eretti per lo più ramosi, 2-4 dm., glaberrimi e glaucescenti, come il resto della pianta. ①. (U. presso Assisi). — *Mar. Mag.* — Reg. med.
331 S. Behen L.

4 {
Petali *sprovvisti* di scaglie alla fauce 5
Pet. *provvisti* di scaglie alla fauce 7

5 {
Lembo dei pet. *intero*. Fiori dioici, piccoli, in racemi contratti a mo' di verticillastri. Foglie infer. lanceolato-spatolate, lungam. picciolate, in rosetta densa. Pianta pubescente in basso, viscosa in alto. Fusti 2 6 dm., glabri in alto. 2f ②. *Mag. Ag.* — Dal mare alla reg. mont. **332 S. Otites** Sm.
Lembo dei pet. *bifido*, pet. nudi o con 2 gibbosità alla fauce . . . 6

6 {

Petali bianchi di sopra, con venature rossigne o verdognole di sotto; fauce dei pet. *nuda o con 2 gibbosità*; unghia dei pet. cigliata, spesso dilatata in due orecchiette. Fiori in *pannocchia lassa*; brattee uguali o più brevi dei pedicelli. Gambo della cassula *uguale o più breve* di essa. Fusti 2-6 dm. 2f. *Apr. Lugl.* — Boschi e prati dal mare alla reg. mont.
333 S. italica (L.). Pers.

Pianta *bienne*, pubescente-scabra. Pannocchia piramidata grande; unghia dei pet. glabra, *con due orecchiette*. Gambo della cassula più lungo di essa. (Piceno). Var. *floccosa* Rohrb.

Pianta *perenne*, brevem. tomentosa. Pannocchia povera; unghia dei pet. glabra, *senza orecchiette*. Gambo della cassula uguale ad essa. (Capraia, Gorgona, Elba). Var. *Salzmanni* (Bad.).

Pianta *perenne*, generalm. più piccola del tipo. Petali totalm. roseo-carnicini. (Nel Bolognese). Var. *sicula* (Ucria).

Pet. bianchi; fauce dei pet. *con due gibbosità*. Fiori in *racemi brevi*, continui, interrotti alla base, contratti a mo' di verticillastri. Foglie infer. oblungo-spatolate, picciolate, le cauline lineari; brattee densam. cigliate nel margine. Gambo della cassula *2-3 volte più breve* di essa. Fusti pubescenti, 2-6 dm. 2f. (App. centr.). — *Giug. Lugl.* — Reg. mont. ed alp.
334 S. Roemeri Friv.

7 {
Cassula *più corta* del suo gambo . . . . . 8 e 9 p. p. (S. saxifraga).
Cassula *uguale* al suo gambo 9
Cassula *più lunga* del suo gambo 13

8 {

Calice *vellutato*, rigonfio all'apice. Pet. *bipartiti* con unghia *più lunga* del calice. Fiori in racemo semplice o bifido con un fiore nella biforcazione o talora solitari terminali. Foglie cigliate alla base, le infer. spatolato-picciolate, le super. lanceolato-lineari. Brattee *erbacee*, lineari. Gambo della cassula subeguale o più lungo di essa. Pianta *pubescente-sericea, raram. glabra*; fusti eretti o no, 1-3 dm. ①. (E. T. L.). — *Feb. Ag.* — Arene marit.
335 S. sericea All.

Calice *glabro*, tubuloso-clavato. Pet. *smarginati* con unghia *uguale* al calice. Fiori in fascetti densi corimbiformi. Foglie glaucescenti, le infer. spatolate, le super. lanceolate, acute, subcordato-amplessicauli. Brattee lineari, *scariose* nel margine. Pianta *affatto glabra*, fusti eretti, 1-4 dm., semplici o ramosi in alto. ①. *Mag. Ag.* — Regione submont. e med. **336 S. Armeria** L.

9 {

Calice *glabro*, raram. pelosetto sui nervi. Pet. bianco-verdognoli o rossicci, bipartiti o bifidi; scaglie bipartite; unghia dei pet. cigliata alla base, poco sporgente dal calice, che è conico-clavato e lungo 10-12 mm. Fusti 1-3-fiori, pubescenti in basso e vischiosi in alto, cespugliosi, 1-3 dm. Cassula subeguale o più breve del suo gambo. 2f. (Appennini). — *Mag. Ag.* — Reg. alp. raram. mont.
337 S. saxifraga L.

Unghia dei pet. glabra, poco sporgente dal calice, che è tubuloso-clavato e lungo 15-25 mm. (App. centr.). Var. *multicaulis* Guss.

Calice *vellutato, pubescente o ispido* 10

10 {
Piante *bienni o perenni*. Calice fruttifero *non contratto* all'apice. . . 11
Piante *annue*. Calice fruttifero *contratto* all'apice. Fiori rosei . . . 12

11 { Unghia dei pet. con 2 *orecchiette*. Pet. *roseo-violetti* di sopra, *verdognoli* di sotto. Foglie oblungo-lanceolate o spatolate, le super. lineari. Pianta *pubescente-glandolosa* e *viscosa*, 1-2 dm., di colore *verde-sudicio*. 2ƒ. (Alp. Ap. ed App. centr.). — *Giug. Ag.* — Reg. alp. . . . **338 S. vallesia** L.

Unghia dei pet. *senza orecchiette*. Pet. *bianchi* di sopra e *verde-porporini* di s.tto. Foglie carnosette, lineari-oblunghe o lineari. Pianta *irsuto-viscosa*, 1-3 dm., di colore *verde-chiaro*. ②. (T. L. Piceno). — *Mag. Sett.* — Sabbie marit.
339 S. nicaeensis All.

12 { Fiori *in racemo semplice*, quasi unilaterale, Pet. rosei, bifidi; scaglie smarginate. Foglie 3-nervi, le infer. lanceolate, le super. lineari-acute. Pianta con pubescenza appressata in alto, irsuta in basso, verde-bianchiccia, 3-8 dm. ①. (Ital. centr.). — *Lug.* — Reg. med. e submont.
340 S. trinervia Seb. et Maur.

Fiori *in racemo dicotomo* con un fiore nella biforcazione. Pet. rosei, profondam. bilobi; scaglie crenulato-bifide. Foglie infer. spatolate, le super. lanceolate. Pianta irsuta, verde-chiara, 5-6 dm. ①. (L.). — *Feb. Lug.* — Campi e luoghi erbosi dell' It. media . . . . **341 S. vespertina** Retz.

Fiori *in cime dicotomo-corimbose* regolari. Pet. rosei, smarginati o bilobi; scaglie lunghe, acute. Foglie infer. oblungo-spatolate, le super. lanceolate o lineari, cigliate alla base. Pianta minutam. pubescente, 2-6 dm. ①. (L.). — *Mag. Lug.* — Reg. med. e submont. . . **342 S. echinata** Ottħ

13 { Pet. a lembo *diviso in quattro piccoli lobi*, bianchi o talora rosei: scaglie bifide. Foglie lineari o lineari-spatolate, talora cigliate alla base. Fiori in cima divaricata. Pianta affatto glabra, a fusti fioriti gracilissimi, 1-2 dm. 2ƒ. (E. T. L. Piceno). — *Lug. Sett.* — Reg. mont. ed alp. **343 S. quadrifida** L.
      Pianta con fusti e calici glanduloso-pubescenti. Foglie più larghe che nel tipo. (L.). Var. *monacorum* (Vis.).

Pet. a lembo *bifido o bilobo* **14**
Pet. a lembo *intero o leggerm. smarginato-bilobo* **21**

14 { Calice *glabro*; piante ± vischiose in alto. **15**
Calice *pubescente* **16**

15 { Fiori piccoli, rosei, *brevem. peduncolati*. Pet. con unghia *provvista di 2 orecchiette*; scaglie ovate. Brattee uguali o sorpassanti il fiore. Cassula ovato-oblunga, leggerm. acuminata. Semi a facce *piane*. Foglie infer. lanceolato-spatolate, le super. lineari-lanceolate, cigliate. Fusti eretti, ramosi, 2-4 dm., viscosi in alto. Pianta affatto glabra. ①. (T. e Piceno). — *Apr. Giug.* — Messi reg. med. . . . . **344 S. muscipula** L.

Fiori piccoli, rosei, *lungam. peduncolati*. Pet. con unghia *senza orecchiette*; scaglie lineari-acute. Cassula ovato-globosa. Semi a facce *quasi piane*. Foglie obovate, ottuse, picciolate, cigliate; le super. lineari-lanceolate, acute. Fusti eretti, 3-6 dm., viscosi in alto. Pianta inferiorm. pubescente, glabra nel resto. ①. (E. T. M. L.). — *Apr. Giug.* — Seminati dal mare alla reg. submont.
345 S. cretica L.

Fiori assai piccoli, rosso-porporini, solitari, *sessili o no*. Pet. con unghia *senza orecchiette*; scaglie piccole. Cassula oblunga, circa la metà più lunga del calice. Semi a facce *concave*. Foglie lineari, acute, dilatate alla base, cigliate. Fusti raccorciati, formanti dei larghi cuscinetti. Pianta nana, glabra. 2ƒ. (E. T. M. L.). — Pascoli reg. alp. . . . . . **346 S. acaulis** L.

16 { Fiori *in racemo lasso, scorpioide*, alla fine ± lungam., pedicellati e pendenti nel frutto. Pet. grandi, rosei; scaglie ottuse, bifide. Foglie infer. oblungo-spatolate, picciolate, ottuse, mucronate, le super. oblunghe o lanceolate, cigliate. Cassula ovoidea. Semi convessi sul dorso e piani ai lati. Fusti prostrato-ascendenti. Pianta ± pubescente. ①. (U. L.). — *Marz. Mag.* — Campi reg. med. . . . . **347 S. pendula** L.

Fiori quasi sempre *in racemo unilaterale* **17**
Fiori *in cima o in racemo piramidale*. Denti del calice lanceolati . . **20**

17 { Petali con unghia *provvista di 2 orecchiette*; scaglie ovate. Foglie infer. lanceolate o lineari, le altre lineari, cigliate alla base. Fiori *bianchi o rosei*, brevem. pedicellati. Cassula ovata. Semi piani sul dorso, scavati e striati ai lati. Fusti eretti od ascendenti, 2-6 dm. Pianta pubescente, scabra. 2ƒ. (App. Marchig.). — *Giug. Ag.* — Prati e pascoli reg. mont. e alp.
348 S. ciliata Pourr.

Pet. con unghia *senza orecchiette*. Fiori *bianchi o lividi* **18**

18 — Calice *cilindrico*, a denti lanceolati, scariosi nel margine, a nervi intrecciati fra loro. Filamenti degli stami glabri. Fiori *in racemo spiciforme*. Foglie infer. spatolate, le sup. lanceolate. Pianta minutam. pubescente o raram. irsuta in basso, glandolosa in alto. ①. (T. M. L.). — *Marz. Lug.* — Luoghi erbosi e arenosi per lo più marit. . . . . . . **349 S. nocturna** L.

Calice a nervi non intrecciati fra loro. Filamenti pelosi in basso. Pianta quasi sempre irsuta in basso. (T. al Giglio). Var. *reflexa* (Ait.). Petali nulli o minutissimi. Pianta non glandolosa, nana. (T. a Capraia). Var. *Capraria* (Somm.).

Calice *attenuato alla base*. Fiori *in racemi lassi* 19

19 — Calice fruttifero *clavato, ombelicato alla base*, sorpassante appena il gambo della cassula. Foglie cauline ovato-lanceolate. Fiori in pannocchia ampiam. ramoso-corimbosa, formata di cime dicotome, lasse. Pet. bianchi con unghia glabra, poco sporgente dal calice. Cassula ovata, assai più lunga del calice. ♃. (M. L.). — *Apr. Sett.* — Boschi reg. submont.
. . . . **350 S. catholica** (L.) Ait.

Calice fruttifero *troncato od ombelicato*, quasi uguale alla cassula. Foglie super. lanceolato-lineari. Fiori in pannocchia lassa,- per lo più unilaterale. Pet. totalm. bianchi, oppure rossicci di sotto, con unghia glabra poco sporgente dal calice. Cassula ovato-conica. ♃. (E. T. M. U.). — *Mag. Lug.* — Dalla reg. submont. all'alp. . . . . . **331 S. nutans** L.

Calice fruttifero *oblungo-ventricoso*, gradatam. assottigliato in basso nel peduncolo. Foglie super. ovate od ovato-lanceolate. Fiori in pannocchia diffusa, a fiori radi. Pet. bianco-verdicci, con unghia glabra, lungam. sporgente dal calice. Cassula ovato-oblunga. ♃. (E. T. M. L.). — *Mag. Giug.* — Luoghi boschivi reg. submont. e mont. . . . **352 S. viridiflora** L.

20 — Pianta *annua*, 5-20 cm., densam. glandoloso-pubescente. Foglie tutte ottuse, carnosette, le infer. oblungo-spatolate, le super. lineari. Brattee *oblunghe, ottuse*. Fiori *piccolissimi, rosei*. Calice fruttifero *non contratto* all'apice. ①. (T.). — *Apr. Mag.* — Luoghi marit. . . . . **353 S. sedoides** Poir.

Pianta *perenne*, 2-5 dm., quasi glabra, viscosissima in alto. Foglie ottusette, subcoriacee, cigliate, le infer. lanceolato-spatolate, le super. lineari. Brattee *sublineari*, cigliate. Fiori *grandi, bianchi*. Calice fruttifero *contratto* all'apice. ♃. *Giug. Ag.* — Poggi sassosi dalla reg. submont. . . . . **354 S. paradoxa** L.

21 — Fiori *quasi sessili*, bianchi o rosei, in racemo spiciforme, unilaterale, foglioso. Pianta *pelosa*, fusti semplici o poco ramosi, *1-5 dm.* Foglie infer. obovato-ottuse. ①. *Apr. Lug.* — Dal mare alla reg. submont. **355 S. gallica** L.

Fusti assai ramosi. Pianta meno pelosa. Pet. bianchi o bianchicci. Var. *anglica* (L.).

Fiori *lungam. pedicellati*, piccoli, bianchi o rosei, in cima dicotoma, lassa. Pianta *glabra*, glaucescente, a fusti spesso cespugliosi. 5-20 cm., con foglie piccole, lanceolate od ovato-lanceolate, le infer. picciolate. ♃. (E. T.). — *Giug. Ag.* — Dalla reg. mont. alla alp. . . . **356 S. rupestris** L.

8. **Agrostémma** (da ἀγρος = campo e στεμμα = corona).

Calice coriaceo, diviso in 5 denti fogliacei; pet. senza appendici alla fauce; stili 5, alterni coi denti del calice. Cassula sessile, 1-loculare, 5-dentata; semi grandi, reniformi, tubercolati, con embrione anulare.

Fiori porporini, grandi, solitari, terminali. Fg. lineari-lanceolate, acute. Fusto peloso, eretto, alto 3-10 dm., biforcato o ramoso. ①. *Apr. Lug.* — Nei campi dal mare alla reg. mont. — *Gittaione.* (Fig. 73). **357 A. Githago** L.

9. **Lychnis** (da λυχνος = lampada, per la forma del frutto).

Calice tubuloso-campanulato o subclavato, con 10 nervi e 5 denti; pet. 5 con due appendici alla fauce; stili 5, raram. 6-8, contrapposti ai denti del calice. Cassula deiscente per 5 o 10 denti, 1-loculare; semi lisci o verrucosi, reniformi, con embrione semicircolare.

1 { Piante *manifestam.* bianco-tomentose. Cassula deiscente per 5 denti. Fiori porporini **2**
Piante *mai* bianco-tomentose . . . . . . , . . **3**

2 { Fiori *lungam.* peduncolati, in cima *lassa* dicotoma, talora con un fiore in mezzo alla dicotomia. Calice a denti *contorti*. Pet. *obovato-arrotondati, interi o smarginati, il doppio* più lunghi del calice. Cassula *sessile*. ♃. *Mag. Ag.* — Dal mare alla reg. submont. . . . . **358 L. Coronaria** Desr.
Fiori *subsessili*, in cima contratta, *densa*, dicotoma, con fiore solitario nella dicotomia. Calice a denti *diritti*. Pet. *obovato-cuneati, bilobi, meno del doppio* più lunghi del calice. Cassula *pedicellata*. ♃. (Piceno). — *Giug. Ag.* — Pascoli e luoghi sassosi reg. mont. e subalp. . **359 L. Flos-Jovis** Desr.

3 { Piante *annue*. Cassula deiscente per 10 denti. Fiori rosei **4**
Piante *perenni o raram. bienni.* **5**

4 { Fiori *grandi*; calice lungo *2 cm. circa*, nel frutto oblungo-clavato, *ristretto* all'apice. Cassula *subeguale* al gambo. ①. (M. L.). — *Apr. Lug.* — Reg. medit. e submont. . . . . . **360 L. Coeli-rosa** Desr.
Fiori *piccoli*; calice lungo al più *1 cm.*, nel frutto oblungo, rigonfio, *non ristretto* all'apice. Cassula *3-5 volte più lunga* del gambo. ①. (T. nelle isole, M. L.). — *Apr. Giug.* — Campi e luoghi umidi reg. medit.
361 L. laeta Ait.

5 { Fiori *ermafroditi*. Cassula deiscente *per 5 denti*. Piante *glabre o quasi* **6**
Fiori *dioici*. Cassula deiscente *per 10 denti*, Piante ± *pelose* . . . **8**

6 { Petali *divisi fino a metà in 4 lacinie* lineari, rosei o raram. bianchi. Cassula sessile. Fusti eretti di 4-6 dm., scabri, pelosi in basso, vischiosi e rossastri in alto. ♃. *Apr. Lug.* — Dal mare alla reg. mont. — *Fior-cuculo*.
362 L. Flos-cuculi L.
Pet. *subinteri o bifidi*. **7**

7 { Petali *obovato-tondi*, appena *smarginati*, la *metà circa* più lunghi del calice, unghia *con* orecchiette. Cime *in pannocchia allungata*. Fusti *vischiosi* in alto, 3-6 dm. ♃. (L?). — *Mag. Lug.* — Pascoli reg. submont. e mont.
363 L. Viscaria L.
Pet. *cuneiformi, bifidi, quasi il doppio* più lunghi del calice, unghia *senza* orecchiette. Cima *contratta, a guisa di capolino*. Fusti *non vischiosi*, 5-10 dm. ♃. (App. tosco-emil. nelle Alpi di Mommio). — *Lug. Ag.* — Pascoli alp. . . . . **364 L. alpina** L.

8 { Fiori *rosei*, raram. bianchi, *inodori* ed aperti *di giorno*. Cassula *ovoideo-globosa*, a denti *ricurvi*; semi *acutam.* verrucosi. Pianta pelosa *non glandolosa*. ♃. *Mag. Ag.* — Dalla reg. submont. all'alp. **365 L. silvestris** Hoppe
Fiori *bianchi*, raram. rosei, *un po' odorosi* ed aperti *di sera*. Cassula *oblungo-conica*, a denti per lo più *eretti*; semi *ottusam.* verrucosi. Pianta pelosa, *glandolosa* in alto. ♃ ②. *Apr. Nov.* — Dal mare alla reg. mont.
366 L. alba Mill.

10. **Cucúbalus.** Calice rigonfio-campanulato, 5-dentato, con 10 nervi; pet. 5 patenti, con una squama brevissima alla fauce; stili 3. Frutto bacca polisperma; semi reniformi, finam. granulosi, con embrione periferico, semicircolare.

Fiori bianco-verdicci, solitari, terminali e laterali, formanti quasi un racemo dicotomo. Foglie ovali brevem. picciolate. Fusti prostrati, diffusi, pubescenti, 5-10 dm. Bacca globulosa, lucida, prima verdiccia, alla fine nera. ♃. *Giug. Sett.* — Lungo le siepi e luoghi umidi dal mare alla reg. submont.
367 C. baccifer L.

11. **Sagina.** Calice 4-5 partito; pet. 4-5, interi, talora piccolissimi o nulli; stami 4-5, talora 10; stili 4-5. Cassula a 4-5 valve opposte ai sepali; semi reniformi, rugosi. — Stipole nulle. Fiori bianchi.

1 { Sepali e stili *4*. Stami *4-5*. Pet. piccolissimi o nulli 2
{ Sep. e stili *5*. Stami *10*, raram. 5 4

2 { Pedicelli *curvati* a uncino nel momento e dopo la fioritura. Sep. mutici; pet.
lunghi metà del calice ed anche nulli. Foglie strette. mucronato-aristate,
sovente provviste all'ascella di rami sterili, fogliati. Fusti cespugliosi, spesso
radicanti. Pianta glabra. ② ♃ *Apr. Ag.* — Lungo le vie e nei luoghi umidi
dal mare alla reg. alp. (Fig. 74). . . . . **368 S. procumbens** L.
{ Ped. *mai curvati* a uncino. 3

3 { Sepali *esterni mucronulati*; pet. *piccolissimi* o nulli. Foglie-lineari, *aristate*, spesso *cigliate alla base*. Fusti ramosi o risorgenti, non radicanti. Pianta glabra o
cigliato-pubescente. ①. *Mag. Ott.* ⌐ Vie e muri dal mare alla reg. mont.
369 S. apetala L.
{ Sep. *tutti mutici*; pet. *subeguali al calice* o raram. nulli. Foglie lanceolato-lineari, *mutiche* od *appena mucronulate, glabre*. Fusti prostrato-risorgenti.
Pianta glabra. ①. *Mar. Giug.* — Reg. medit. **370 S. maritima** Don

4 { Pianta *pubescente-glandolosa* o più raram. glabra. Foglie lungam. aristate. Cassula eguale o poco più lunga del calice. ♃ *Giug. Lug.* — Boschi e pascoli
dei monti dalla base sino alla reg. mont. . . **371 S. subulata** Presl
{ Piante *glabre* 5

5 { Petali *più brevi* del calice. Foglie lineari, *appena mucronate*. Cassula *lunga il
doppio* del calice. ♃ (T.). — *Mag. Ag.* — Dalla reg. submont. all'alp.
372 S. Linnaei Presl
{ Pet. *circa il doppio più lunghi* del calice. Foglie filiformi, *mucronate*. Cassula
poco più lunga del calice. ♃ *Lug. Ag.* — Reg. mont. e subalp.
373 S. glabra Koch

73. *Agrostemma Githago* L.   74. *Sagina procumbens* L.   75. *Alsine verna* L.
($^1/_4$).   ($^1/_4$).   ($^1/_4$).

12. **Alsine.** Calice con 5, raram. 4 sepali; pet. 5, raram. 4 o nulli,
interi o appena smarginati. Stami 10-8, raram. 5-3; stili 3. Cassula
deiscente fino alla base in tante valve quanti sono gli stili. Semi
numerosi, reniformi, granulosi, raram. lisci. — Stipole nulle.

1 { Foglie *lanceolato-lineari*, rigide, con *5-7 nervi*. Fiori pochi in corimbo; sep.
lanceolato-acuminati, 5-7-nervi; pet. obovati, più lunghi del calice. Pianta
minutam. pubescente, fusti cespugliosi. ♃ *Lug. Ag.* — App. centr.
374 A. graminifolia Gm.
{ Foglie *lineari*, lesiniformi, con *1-5 nervi*. 2

2 { Foglie *1-nervate* 3
{ Foglie *3-nervate* 4

3 { Pedicelli *ingrossati* in cima. Sep. fortem. nervati *fino alla metà* o poco oltre. Ovario *liscio*. Cassula *più lunga* del calice: semi con una cresta dentellata, 1 ½ mm. di diametro. Pianta sempre pubescente-vischiosa in alto. ♃ *Ag.* — Qua e là nell'App. centr. . . . . **375 A. liniflora** Heg.
Pedicelli *non ingrossati* in cima. Sep. fortem. nervati *fino quasi all'apice*. Ovario *rugoso*. Cassula *uguale* al calice. ♃ *Giug. Sett.* — Dalla reg. submont. all' alp. . . . . **376 A. laricifolia** Cr.

4 { Piante *perenni*, coi sep. 3-7-nervati. Pet. *uguali o poco più lunghi* del calice . 5
Piante *annue* od anche *perenni* ed in tal caso coi sep. *1-nervati*. Pet. *più brevi* del calice 6

5 { Fusti *non legnosi* alla base. Foglie *lineari-acute*, piane, *diritte*. Sep. con *3 nervi*; brattee *4-5 volte più corte* dei pedicelli. ♃ *Mag. Ag.* — Reg. alp. e mont., più raram. submont. e med. (Fig. 75). . . . . **377 A. verna** L.
Fusti *per lo più legnoso-induriti* alla base. Foglie *lineari-ottuse*, la maggior parte *ricurve*. Sep. con *5-7 nervi*; brattee *uguali alla metà o ai due terzi* dei pedicelli. ♃ *Ag. Sett.* — Reg. alp. . . . **378 A. recurva** Whl.

6 { Sepali *1-nervati*, bianco-cartilaginei, con una nervatura verde dorsale, traversata da una linea bianca. Pet. *subeguali* al calice. Fusti cespugliosi, numerosi, ascendenti. ① ♃ (App. pavese a Varzi). — *Giug. Ag.*
379 A. mucronata L.
Fusti solitari o poco numerosi eretti. Pet. lunghi ¹/₃-¹/₂ del calice. —
(App. emil.) Var. *fasciculata* (Whl.).
Sep. *3-nervati*, erbacei, con stretto margine bianco-scarioso. Pet. obovati, lunghi ¹/₃-¹/₂ del calice od anche nulli. Fusti per lo più numerosi, ramoso-dicotomi, gracili, eretti od ascendenti. ① *Apr. Ag.* — Muri e campi dal mare alla reg. mont. . . . . **380 A. tenuifolia** Cr.

13. **Arenária** (da *arena* = sabbia, alludendo ai luoghi ove queste piante crescono). Calice con 5 sepali; pet. normalm. 5, interi o smarginati; stili 3, raram. 4-5. Cassula ovoide, deiscente per 6 valve uguali o per 3 valve bidentate. Semi c. s. — Stipole nulle. Fiori bianchi.

1 { Sepali *1-nervati* o nel fresco senza nervi 2
Sep. *3-5-nervati* 4

2 { Foglie subrotonde, carnosette, *debolm. 1-nervi*. Fiori *geminati* all'apice dei rami; peduncoli e pet. *quasi uguali* al calice; stili 4-5. Pianta *glabra*, con fusti ramosi, prostrati, 2-15 cm. ♃ (App. tosco-emil.). — *Lug. Sett.* — Reg. alp.
381 Ar. biflora L.
Foglie ovate *affatto snervate*. Fiori *solitari* all'apice di peduncoli delicati, lunghi *6-10 volte* il calice; pet. lunghi *il doppio* del calice. Pianta *pelosetta*, a fusti ramosissimi, 5-10 cm. ♃ (T. a Montecristo). — *Apr. Lug.* — Reg. med. alla mont. . . . . **382 Ar. balearica** L.
Foglie lanceolate o ovate, acute, *1-nervate*. Pet. lunghi il doppio del calice 3

3 { Foglie *lineari, lesiniformi*. ingrossate nel margine. Fiori in cime 1-2-flore o anche 2-6-flore con pedicelli *3-6 volte più lunghi* del calice. Sep. ovali-lanceolati, aristati. Cassula *più lunga* del calice. Fusti sdraiato-ascendenti, 5-15 cm., ramosi, pubescenti. ♃ (App. centr.). — *Mag. Ag.* — Pascoli e rupi reg. alp. . . . . **383 Ar. grandiflora** L.
Foglie *ovate*, rotondate alla base, sessili o quasi. Fiori 1-3 all'apice dei fusti, con peduncoli *2-4 volte più lunghi* del calice. Sepali oblungo-lanceolati, strettam. scariosi al margine. Cassula conico-oblunga, *uguale* al calice. Fusti cespugliosi, diffusi, 2-15 cm. ♃ (App. centr.). — *Giug. Ag.* — Reg. mont. all'alp. . . . . **384 Ar. saxifraga** Fenzl

4 { Petali *un terzo più lunghi* del calice. Foglie obovate o lanceolate, acute, con 1 nervo principale e 2-4 secondarie, ristrette in breve picciolo, cigliate nel margine verso la base. Fiori in cime 1-5-flore, con pedicelli più lunghi de calice. Fusti cespugliosi, prostrati, 2-10 cm. minutam. pelosi. ♃ (E. T.). — *Lug. Ag.* — Reg. alp. e subalp. . . . . **385 Ar. ciliata** L.
Pet. *la metà più brevi* del calice. Foglie ovate od ovali, acute, subsessili,

4 oscuram. 5-nervate. Fiori in cime dicotome, fogliose, lasse, con pedicelli il doppio più lunghi del calice. Fusti eretti od ascendenti, ramosissimi, 1-2 dm., pubescenti o peloso-glandolosi. ① ②. *Giug. Lug.* — Luoghi asciutti dal mare alla reg. alp. . . . . **386 Ar. serpyllifolia** L.

14. **Moehringia** (da Moerhing, naturalista tedesco). Sep. 4-5; pet. 4-5; stami 8-10 o raram. 5; stili 2-3 o 4. Cassula ovoide, deiscente fino alla base in 4-6 valve; semi muniti di strofiolo all'ombelico. — Stipole nulle. Fiori bianchi.

1 Foglie *ovato-lanceolate*, picciolate, cigliate, *3-5-nervi*. Fiori più spesso *pentameri*; sep. *3-nervi*; pet. *più brevi* del calice; stami 10. Pianta annua, 10-30 cm.: fusto ramosissimo. ①. (E. T. M. L.). — *Apr. Lug.* — Reg. submont. e mont. (Fig. 76). . . . . . . **387 M. trinervia** Clairv.
  Foglie non cigliate. Sep. 1-nervi. Pet. nulli. Stami 5. Var. *pentandra* (Gay)
Foglie *lineari-spatolate*, carnosette, piane, *1-nervi*. Fiori generalm. *tetrameri* con peduncoli lunghi sino a 4-5 cm.; sep. lanceolati, acuti, *3-nervi*, verdi nel dorso, bianchi nel margine; pet. *più lunghi* del calice. Pianta glabra, glauca. ♃. (M. al Furlo). — *Mag. Giug.* — Reg. submont. e mont. **388 M. papulosa** Bert.
Foglie *strettam. lineari*, piane, *1-nervi*. Fiori *tetrameri od anche pentameri*, lungam. peduncolati, in cime dicotome o raram. solitari; sep. lanceolato-acuminati, *1-nervi*, bianco-scariosi nel margine: pet. *più lunghi* del calice o subeguali. Pianta verde-gaia, 5-30 cm. ♃. (E. T. M. L.). — *Mag. Ag.* — Rupi, muri e luoghi umidi reg. submont. all'alp. **389 M. muscosa** L.

15. **Holósteum** (da ὅλος = affatto e ὄστεον = osso, nome dato per antitesi, essendo piante punto consistenti). Sep. 5; pet. 5, interi o dentellati; stami 3-5; stili 3. Cassula cilindrica, deiscente per 6 valve revolute; semi compressi sul dorso (peltati), tubercolosi, senza strofiolo. — Stipole nulle. Fiori bianco-carnicini in ombrella.

Foglie oblunghe, le infer. picciolate, glabre o più raram. peloso-glandolose nel margine, le super. sessili. Inflor. con involucretto di piccole brattee; pedicelli ineguali, i fruttiferi reflessi, poi nuovam. eretti; pet. più lunghi dei sepali. Erba glauca, con fusti eretti, 1-3 dm., peloso-glandolosi e viscosi in alto. ①. (E. T. U. L.). — *Mar. Ap.* — Coltivati fino a tutta la reg. submont. **390 H. umbellatum** L.

16. **Stellária** (dal latino *stella* = stella, alludendo ai 5 petali bifidi). Sep. 5; pet. 5 bifidi o bipartiti, qualche volta nulli; stami 10, raram. meno; stili 3. Cassula globoso-ovoidea ± profondam. divisa in 6 valve, rarissimam. in 4; semi punteggiati, senza strofiolo. — Stipole nulle. Fiori bianchi.

1 Foglie ± *cuoriformi*, le infer. *picciolate*. Fusti *cilindrici* 2
Foglie *lineari* od anche ovate, *sessili* o subsessili. Fusti *quadrangolari* . 3

2 Corolla grande *il doppio* del calice. Cassula cilindrica, lunga *circa il doppio* del calice. Fusti interam. pubescenti, 1-6 dm. ♃. (E. T. M. L.). — *Mag. Ag.* — Reg. submont. alla alp. **391 S. nemorum** L.
Corolla piccola *subeguale* al calice. Stami generalm. 3-5. Cassula ovoide un *poco più lunga* del calice. Fusti provvisti di una linea di peli, alternanti da un nodo all'altro. ① ♃. *Primav.-Aut. od anche tutto l'anno.* — Dal mare alla reg. alp. . . . . **392 S. media** Cyr.
  Stami *10*. Pianta perennante. Var. *neglecta* (Weihe).
  Stami *10*. Fusti totalm. pubescenti. Var. *Cupaniana* (Nym.).
  Stami *2-5*. Pet. nulli. Var. *apetala* Ucria

3 {
Corolla *il doppio* del calice. Foglie lanceolate, acuminate, ciglinto-scabre nel margine e sulla nervatura mediana. Brattee *erbacee*. Cassula globosa, *uguale* al calice. Fusti prostrati alla base, poi eretti, 3-6 dm. ⅔. *Apr. Giug.* — Reg. submont. e mont.   **393 S. holòstea** L.

Corolla *uguale o poco più lunga* del calice. Foglie lineari-lanceolate, acute, cigliate nel margine. Brattee *scariose, cigliate*. Cassula oblunga *più lunga* del calice. Fusti diffusi, 2-5 dm. ⅔. *Mag. Lug.* — Reg. mont. e subalp.   **394 S. graminea** L.

Corolla *più piccola* del calice o nulla. Foglie bislungo-lanceolate, cigliate alla base, le infer. brevem. picciolate. Brattee *scariose, non cigliate*. Cassula ovoidea, *uguale* al calice. ⊙ ⅔. (It. bor. e media). — *Giug. Lug.* — Reg. submont. all'alp.   **395 S. uligmosa** Murr.
}

17. **Cerástium** (dal greco χερας = corno; alludendo alla forma della cassula). Sep. 5, raram. 4; pet. 5, raram. 4, bifidi, raram. interi o smarginati; stami 10, talora 4-5; stili 5 o 3, contrapposti ai sepali. Cassula cilindrica, spesso ricurva, deiscente in un numero di denti doppio degli stili. Semi reniformi, senza strofiolo. — Stipole nulle. Fiori bianchi.

1 {
Fusti *glabri*. Pet. *interi od appena smarginati*. Cassula *più breve o subeguale* al calice   **2**

Fusti *peloso-glandolosi*, pubescenti o tomentosi almeno in alto. Pet. *smarginato-bilobi* o *bifidi*. Cassula *più lunga* del calice   **3**
}

2 {
Fusti *1-3 dm*. Brattee *largam*. scariose. Fiori *5-9*, pentameri; pet. *1-2 volte più lunghi* del calice. Foglie lanceolato-lineari. ⊙. (E. T. U. L.) — *Apr. Lug.* — Dal mare alla reg. mont.   **396 C. manticum** L.

Fusti *5-10 cm*. Brattee *appena* scariose. Fiori *1-3*, tetrameri; pet. *più brevi* del calice. Foglie lineari-lanceolate. ⊙. (T. U. L.). — *Mar. Mag.* — Colli e monti   **397 C. quaternellum** Fenzl
}

3 {
Stili *3 o 4*. Cassula deiscente *per 6 denti*. Fiori solitari o in cime povere; pet. più lunghi del calice. Foglie carnosette, ellittiche o lineari-lanceolate, glabre. Fusti prostrati e radicanti in basso, glabri o pubescenti-glandolosi in alto, 3-10 cm. ⅔. (L. sul M. Viglio). — *Ag.* — Luoghi umidi reg. alp.   **398 C. trigynum** Vill.

Stili *5*. Cassula deiscente *per 10 denti*   **4**
}

4 {
Piante *annue*, cioè senza fusti sotterranei e senza fusti laterali radicanti. Pet. uguali al calice o più brevi; più lunghi   **5**

Piante *bienni o perennanti*, cioè a fusti laterali prostrati e radicanti, ma senza fusti sotterranei. Pet. uguali al calice od il doppio più lunghi   **9**

Piante *perenni*, cioè con fusti sotterranei sviluppati. Pet. lunghi circa 2 volte il calice od anche più   **10**
}

5 {
Sep. *pelosi* sino all'apice. Stami ed unghia dei pet. *spesso cigliati*   **6**

Sep. *glabri* all'apice. Stami ed unghia dei pet. *sempre glabri*   **7**
}

6 {
Stami coi filamenti *cigliati alla base*. Pedicelli fruttiferi *2-3 volte più lunghi* delle brattee e dei sepali. Pianta irsuta, con fusti eretti od ascendenti, 5-25 cm., con peli appressati o patenti, ma non glandolosi. Cime *lassiflore*. ⊙. *Apr. Mag.* — Dal mare alla reg. submont.   **399 C. brachypetalum** Desp.
Fusti densam. villosi, glandoloso-vischiosi, generalm. in alto. Peduncoli più brevi che nel tipo. (Faenza, Ital. centr.). — Var. *tauricum* (Spr.).

Stami coi filam. *glabri*. Pedicelli fruttiferi *più corti o uguali* alle brattee e ai sepali. Pianta glandoloso-irta, con fusti eretti od ascendenti, 5-30 cm. Cime *densiflore*. ⊙. *Mar. Mag.* — Dal mare alla reg. mont.   **400 C. glomeratum** Thuill.
}

7 {
Pet. *1-2 volte più lunghi* del calice. Pedicelli fruttiferi 2-4 volte più lunghi del calice. Brattee strettam. scariose nel margine. Foglie bislunghe, le infer. quasi spatolate. Pianta pubescente-glandolosa, con fusti eretti od ascendenti, ramosi, 1-3 dm. ⊙. *Gen. Mag.* — Dal mare alla reg. submont. (Fig. 77).   **401 C. campanulatum** Viv.

Pet. *lunghi quanto* il calice o *più brevi*, raram. un *poco più lunghi*   **8**
}

8 { Brattee *tutte largam. scariose* nel margine e verso l'apice e quivi glabre. Pedicelli fruttiferi riflessi e diritti, lunghi *2-4 volte* il calice. Pianta peloso-glandolosa, con fusti eretti od ascendenti, 3-15 cm. ①. (E. T. L.). — *Apr. Giug.* — Dal mare alla reg. mont. . **402 C. semidecandrum** L.

Brattee *infer. erbacee*, le super. strettam. scariose nel margine ed all'apice. Pedicelli fruttiferi arcuato-patenti, lunghi *1-2 volte* il calice. Pianta peloso-glandolosa, con fusto semplice, eretto, 4-20 cm. ①. (E. T. M. L.). — *Apr. Mag.* — Prati aridi. . . . . . **403 C. glutinosum** Fries

9 { Pet. *uguali o poco più lunghi* del calice. Sep. oblungo-lanceolati, *ottusetti.* Pedicelli fruttiferi *2-3 volte più lunghi* del calice. Foglie bislunghe od ovate, le infer. picciolate. Pianta ± pelosa, talora glandolosa in alto, con fusti ascendenti, 1-6 dm. ② ⚇. *Apr. Ag·* Dal mare alla reg. alp. **404 C. triviale** Lk.

Pet. *1-2 volte più lunghi* del calice. Sep. lanceolati, *acuti.* Pedicelli fruttiferi gracili, *più lunghi* del calice. Foglie infer. ovate, acute bruscam. ristrette in picciolo, le super. lanceolate, acuminate. Pianta pubescente-glandolosa in alto, con fusti ascendenti, i laterali radicanti alla base, 3-5 dm. ②. (T. L.). — *Giug. Lug.* — Boschi reg. submont. e mont. **405 C. silvaticum** W. K.

10 { Foglie *ovali o bislungo-lanceolate*, quasi sempre senza fascetto di foglioline alla loro ascella. Pet. *diritti* nella fioritura, circa il doppio più lunghi del calice. Brattee erbacee, appena scariose nell'apice. Denti della cassula *diritti.* Pianta peloso-glandolosa, con fusti cespugliosi, ascendenti 3-20 cm. ⚇. *Lug. Ag.* — Reg. subalp. e alp. **406 C. alpinum** L.
  Brattee completam. *erbacee.* Denti della cassula ricurvi. (App. Pistoiese al Lago Scaffaiolo). Var. *latifolium* (L.).
  Foglie *lineari, lineari-lanceolate* o più raram. ovate, spessissimo con un fascetto di foglioline sopra un breve ramo ascellare. Pet. *riflessi* nella fioritura **11**

11 { Pianta bianco-tomentosa, *non glandolosa.* Pet. patenti: pedicelli eretti nel fiore, patenti o diretti alquanto in giù nel frutto. Cassula a denti *diritti.* Foglie lanceolato-oblunghe, ovate od anche lineari. Fusti cespugliosi, ascendenti, 3-5 dm. ⚇. (It. centr.). — *Giug. Lug.* — Dalla reg. mont. all'alp. — *Erba lattaria* . . . . . . **407 C. tomentosum** L.

Piante ± pelose, però mai decisam. lanose nè bianco-tomentose, *spessissimo glandolose in alto.* Pet. patenti e in alto un po' curvati: pedicelli fruttiferi eretti, ricurvi un po' nell'apice, più lunghi del calice. Cassula curvata in alto, a denti ottusi, *ricurvi.* Foglie molli, diritte. Fusti ascendenti o eretti, 1-4 dm. ⚇. *Ap. Ag.* — Dalla reg. submont. all'alp. **408 C. arvense** L.
  Fusti l ½-2 dm., pauciflori. Pedicelli più brevi del calice. Foglie consistenti, ovate od ovali, patentissime, riflesse. (Alpi Apuane). Var. *apuanum* (Parl.).

18. **Maláchium** (da μαλαχος = molle; alludendo alla poca consistenza della pianta). Sep. 5; pet. 5, bipartiti; stili 5, raram. 3, alterni coi sepali. Cassula ovato-pentagona, deiscente per 5 valve bidentate in alto. Semi quasi tondi, tubercolosi, senza strofiolo.

Fusti prostrati. Foglie infer. cuoriformi, picciolate, le super. ovate, sessili. Fiori bianchi; pet. più lunghi del calice. Pianta pubescente con fusti fragili, un po' angolosi, 3-30 dm. ⚇. (E. T. U. L.). — *Mar. Ott.* — Lungo i fossi dal mare alla reg. alp. — *Budellina d'acqua.* **409 M. aquaticum** Fr.

19. **Spergulária** (diminutivo di Spergula). Sep. 5; pet. 5, interi; stami normalm. 10 o 5, raram. 2-3; stili 3. Cassula deiscente fino alla base in 3 valve, alterne coi sepali. Semi ovali-triangolari, alati o no. — Foglie con stipole scariose.

1 { Fiori *bianchi* in cime lasse, piccolissimi, coi sep. lanceolato-acuti, tutti scariosi, eccetto una stretta nervatura mediana verde; pet. ottusi, la metà più corti dei sep. Cassula ovoide, più corta del calice. Semi non alati. Foglie carnosette filiformi, senza fascetto di altre foglioline ascellari. Fusto gracile, dicotomo glabro, 3-12 cm, ①. (T. nel monte Scalari).
                                            410 Sp. segetalis Pers.
Fiori *rossi* o *violetti* 2

2 { Semi *scabri, tutti sprovvisti di ala.* Foglie carnosette, lineari, quasi piane. Stipole ovate, acute, scariose, bianche. Fiori *piccoli, 3-mm.,* in cime corte, fogliose; stami generalm. 5-10; pedicelli una volta più lunghi dei fiori. Cassula *poco più lunga* del calice. Pianta glabra o glanduloso-vischiosa per peli neri, glandolosi e bianchi superiorm. in alto, con fusti prostrati od ascendenti, 5-30 cm. ① ②. (E. T. L.). — *Mar. Ott.* — Dal mare alla reg. alp. (Fig. 79).
                                          411 Sp. rubra Pers.
        Fiori più piccoli. Cime subafille; pedicelli infer. 2-4 volte più lunghi dei fiori e della cassula. Stami 2-3. (T. alla Capraia). Var. *diandra* (Boiss.).
Semi *lisci, sprovvisti di ala o solo pochi alati.* Foglie carnosette, semicilindriche, piane. Stipole ovato-acute, scariose, quasi lacere all'apice, bianche, trasparenti. Fiori *più grossetti, 4-6-mm.,* in cime lasse ed allungate. Cassula *assai più lunga* del calice. Pianta alta, glabra in basso, pubescente-glandolosa in alto per peli corti, bianchi, glandolosi. ① ②. (T. L.). — *Apr. Giug.* — Luoghi salsi . . . . **412 Sp. salina** Presl

76. *Moehringia trinervia*   77. *Cerastium campanulatum*   78. *Scleranthus annuus*
      Claiw. (¼).   Viv. (¼).   L. (¼).

20. **Spérgula** (dal lat. *spargere* = spargere, alludendo alla dispersione dei semi numerosi). Sep. 5; pet. 5 interi; stami 5-10, perigini; stili 5, alterni coi sepali. Cassula a 5 valve opposte ai sepali. Semi alati. — Foglie in apparenza verticillate, munite di stipole scariose.

1 { Foglie *provviste* di un solco nella faccia inferiore. Pet. *ottusi,* subeguali ai sepali. Stipole larghe. Semi subglobosi, sagrinati, *con un'ala strettissima* bianca od anche nera. Pianta glabra o peloso-glandolosa in alto, verde, con fusti dicotomi, sdraiati o eretti, 1-4 dm. ①. *Feb. Lug.* — Dal mare alla reg. mont.
                                         413 Sp. arvensis L.
Foglie *sprovviste* di solco. Pet. lanceolati, *acuti,* un poco più lunghi dei sepali. Stipole piccolissime. Semi compressi, lisci o quasi, *con larga ala* bianca, argentina. Pianta glabra, glaucescente, 7-20 cm. ①. *Mar. Giug.* — Dal mare alla reg. mont. . . . . **414 Sp. pentandra** L.

Fam. 15.ᵃ **PARONICHIACEE.**

Piante erbacee, per lo più piccole. Foglie semplici, opposte o raram. alterne o verticillate, intere, con stipole, raram. senza *(Scleranthus)*. Fiori piccoli, regolari, ermafroditi, col calice a 5 divisioni, raram. 4; pet. 5-4 piccoli, o nulli; stami 3-5 o 10 ipogini o perigini; stili 2 liberi o saldati, raram. 2-3 stimmi sessili; ovario libero, 1-loculare, con un ovulo eretto o pendente. Frutto monospermo, achenio, cassula od otricello membranaceo, chiuso dal calice persistente, indeiscente o aprentesi alla base in 3-5 valve, che restano saldate in alto; semi globosi, reniformi o lenticolari.

CHIAVE DEI GENERI.

1 $\left\{\begin{array}{l}\text{Foglie alterne. Pet. uguali al calice o un poco più lunghi. Stimmi 3 subsessili}\\\text{2 Corrigiola}\\\text{Foglie opposte o verticillate. Pet. più corti del calice o nulli . . . . 2.}\end{array}\right.$

2 $\left\{\begin{array}{l}\text{Stimmi 3. Cassula deiscente in 3 valve, con molti semi. 6. Polycarpon}\\\text{Stimmi 2. Cassula indeiscente o aprentesi per 5 valve alla base, con 1 seme 3}\end{array}\right.$

3 $\left\{\begin{array}{l}\text{Foglie senza stipole, tutte lineari. Calice urceolato, indurito nel frutto.}\\\text{1 Scleranthus}\\\text{Foglie stipolate, ovali o lanceolate. Calice non indurito nel frutto . . 4}\end{array}\right.$

4 $\left\{\begin{array}{l}\text{Calice a divisioni ingrossato-spugnose. Fiori bianchi . . 4 Illecebrum}\\\text{Calice a divisioni non ingrossato-spugnose . . . . 5}\end{array}\right.$

5 $\left\{\begin{array}{l}\text{Calice a divisioni piane o piano-subconcave. Fiori verdastri. 3 Herniaria}\\\text{Calice a divisioni terminate in cappuccio. Fiori biancastri o verdastri.}\\\text{5 Paronychia}\end{array}\right.$

1. Sclerànthus (dal greco σκληρος = duro e άνθος = fiore, alludendo al calice secco coriaceo). Calice a 5 divisioni; pet. nulli; stami 5-10 o meno, inseriti sul tubo del calice; stili 2 filiformi. Otricello indeiscente, caduco insieme al calice; seme lenticolare. — Foglie opposte senza stipole.

1 $\left\{\begin{array}{l}\text{Lobi calicini }attenuato-acuti,\text{ con }stretto\text{ margine scarioso-membranoso o nullo,}\\\text{discosti dopo la fioritura. Fiori in fascetti terminali o ascellari, formanti}\\\text{un grappolo allungato. Fusti numerosi, prostrato-ascendenti, pubescenti da}\\\text{un lato, 5-15 cm. ①. }Giug.\ Lug.\text{ — Dal mare alla reg. mont. (Fig. 78).}\\\qquad\qquad\qquad\qquad\qquad\qquad\qquad\qquad\qquad\text{415 S. annuus L.}\\\quad\text{Fusti quasi semplici. Fiori più piccoli. Var. }verticillatus\text{ (Tausch).}\\\text{Lobi calicini }ottusi,\text{ con }largo\text{ margine scarioso, conniventi dopo la fioritura.}\\\text{Fiori terminali od occupanti le biforcazioni dei rami, giammai ascellari.}\\\text{Fusti prostrato-risorgenti, dicotomi, 5-10 cm., pubescenti. 2ƒ. }Giug.\ Ott.\text{ —}\\\text{Pascoli reg. submont. e mont. . . . . 416 S. perennis L.}\end{array}\right.$

2. Corrigiola (diminutivo di *corrigia* = correggia, per le foglie sottili). Calice a 5 divisioni, bianco-scariose nel margine; pet. 5, uguali al calice; stami 5 perigini, alterni con 5 staminodi squamiformi;

stimmi 3, quasi sessili. Cassula indeiscente, osseo-crostacea, chiusa nel calice e caduca insieme con esso. — Foglie alterne, stipolate.

1
> Rami floriferi *fogliosi.* Foglie *sottili, strettam. lanceolate o bislunghe.* Pianta glaucescente, che emette dal colletto numerosi fusti prostrati e filiformi, 1-4 dm. ⚥. *Lug. Sett.* — Luoghi sabbiosi e colli marittimi.
> **417 C. litoralis** L.
>
> Rami floriferi *nudi.* Foglie *carnosette, obovato-spatolate.* Pianta c. s. a radice più grossa e fusti più robusti, 1-6 dm. Fiori e frutti più grandi che nella specie precedente. ♃. *Lug. Ag.* — Arene marittime.
> **418 C. telephiifolia** Pourr.

3. **Herniária** (da *hernia* = ernia, perchè usate prima contro le ernie). Calice a 5 divisioni piano-subconcave; pet. 5 filiformi o quasi nulli; stami 5, perigini, alterni con 5 staminodi; stimmi 2 quasi sessili. Otricello indeiscente. — Foglie opposte, stipolate.

1
> Fiori *con pedicello breve* ma nettam. distinto, riuniti in glomeruli terminali di 1-3. Calice lungo *più di 1 mm.,* ovale-subrotondo nel frutto, colle lacinie irto-pubescenti per corti peli, e senza setola all'apice. Pianta poco legnosa, giallognolo-tomentosa, 2-10 cm. ♃. *Lug. Ag.* — Reg. alp.
> **419 H. alpina** Vill.
> Pianta più legnosa del tipo, bianco-tomentosa, 1-3 dm. Fiori in glomeruli laterali di 3-8, con calice a peli lunghetti. (L.). Var. *incana* (Lam.).
>
> Fiori *sessili.* Calice lungo *1 mm. o meno,* oblungo-ovale nel frutto . . 2

2
> Calice *affatto glabro* o minutam. pubescente, colle lacinie *ottuse, sprovviste* di setola lunga. Foglie glabre, oblunghe o lanceolate, senza ciglia nel margine. Pianta *glabra o pubescente,* d'un verde chiaro, a radice gracile o un poco grossetta. ♃. *Giug. Sett.* — Luoghi arenosi dal mare alla reg. alp.
> **420 H. glabra** L.
>
> Calice ± *peloso-irto,* colle lacinie *acute, terminate* da una lunga setola. Foglie lanceolate, ispido-cigliate. Pianta *ispido-pubescente,* grigiastra, a radice gracile. ♃. *Giug. Sett.* — Dal mare alla reg. submont. **421 H. hirsuta** L.

4. **Illécebrum** (da *illecebra* = allettamento; alludendo all'eleganza della pianta). Calice a 5 divisioni ingrossato-spugnose, bianche, concave a cappuccio, aristate; pet. nulli; stami 5, alternanti con 5 staminodi; stimmi 2 sessili. Otricello bislungo, deiscente in 5-10 valve, isolate alla base e connesse all'apice; seme oblungo, bruno e lucente. — Foglie opposte, stipolate.

Fusti glabri, prostrati, filiformi, 5-20 cm. floriferi fino dalla base o quasi. Foglie ottuse, obovate, attenuate alla base. Fiori piccoli, sessili, in fascetti ascellari, sovente appressati in spiga e muniti ciascuno alla base di 2 bratteole scariose; sep. glabri, bianco-lattei. ⚥. (T., Italia centr.). — *Mag. Giug.* — Reg. submont. e med. . . . . . **422 I. verticillatum** L.

5. **Paronychia** (da πχρα = contro e όνυξ = unghia; alludendo a delle pretese proprietà medicinali). Calice a 5 divisioni erbacee o scariose, non spugnose, piano-concave o terminate in cappuccio, mucronate; pet. filiformi o nulli; stami 5, raram. meno o più, perigini, alternanti con altrettanti staminodi; stili 2. Otricello deiscente irregolarm. alla base; seme unico, globoso. — Foglie opposte, stipolate.

1 Brattee *piccole*, più corte dei fiori. Sep. *concavi*, *scariosi*, terminati in cappuccio, con una setola lunghetta all'apice. Foglie ovali, glabre, scabro-dentellate nel margine, mucronate. ①. (T. L.). — *Apr. Mag.* — Aridi marit.
423 P. echinata Lam.

Brattee *grandi*, scarioso-argentate, ricoprenti interam. i fiori. Sep. lineari-ottusi, *nè concavi*, *nè aristati*, *nè scariosi* al margine. Foglie lineari-oblunghe o lanceolate, ottuse, cigliate. ♃. *Mag. Lug.* — Reg. submont. e med.
424 P. capitata Lam.

Foglie quasi tonde od obovate. Fusti prostrati-diffusi. (M. L.). Var. *serpyllifolia* (DC.).

6. Polycárpon (da πολυς = molto e καρπος = frutto). Calice a 5 divisioni, uguali, intere, appena scariose, fatte a cappuccio nell'apice; pet. 5, più corti del calice; stami 3-5, ipogini; stilo corto a 3 divisioni. Cassula deiscente in 3 valve, avvolte a spira; semi ovoideo-reniformi. — Foglie opposte o verticillate, stipolate.

Foglie oblunghe, spatolate: le cauline e medie a 4, le altre opposte. Stipole e brattee argentino-scariose. Fiori verdastri in cime terminali, coi sep. mucronati e i pet. smarginati. Pianta glabra, verde-glauca, coi fusti ripetutam. bi-tricotomi dalla base, 2-15 cm. ①. *Mar. Ag.* — Dal mare alla reg. mont.
425 P. tetraphyllum L.

FAM. 16.ª PORTULACACEE.

Piante erbacee ± carnose. Foglie opposte od alterne, intere, con stipole scariose o nulle. Fiori regolari o un poco irregolari; sep. 2-3; pet. 4-6, liberi o saldati alla base; stami 3 o più, liberi o aderenti ai petali; stilo semplice o diviso, 3-6-fido; ovario libero o brevem. aderente al calice, 1-loculare, con 2 o più ovuli. Frutto cassula, deiscente trasversalm. o in 3 valve, con più semi; albume farinoso.

CHIAVE DEI GENERI.

Fiori gialli, sessili; sep. caduchi; stami 6-12. Cassula (pisside) deiscente traversalm. Piante grasse, succose . . . . . . 1 PORTULACA

Fiori bianchi, peduncolati; sep. persistenti; stami 3. Cassula deiscente in 3 valve. Pianta piccola, poco succosa . . . . . . 2 MONTIA

1. Portuláca (da *portula* = piccola porta; alludendo forse al modo di aprirsi del frutto).

Pianta carnosa 1-3 dm., coi fusti prostrati, spesso rossastri. Foglie carnose, obovato-bislunghe, opposte o le super. alterne. ①. *Mag. Set.* — Dal mare alla reg. submont. — *Porcellana* . . . **426 P. oleracea** L.

Coltivasi per ornamento la *P. grandiflora*, originaria del Brasile.

2. Móntia (dedicato a Giuseppe Monti, botanico bolognese, morto nel 1760).

Pianta di 3-10 cm., coi fusti eretti od ascendenti. Foglie verdi-giallastre, le infer. oblungo-spatolate, le super. lineari-bislunghe. ① ♃. — Luoghi umidi e ruscelletti dal mare alla reg. subalp. . . **427 M. fontana** L.

Fam. 17.ª **TAMARICACEE.**

Alberi o frutici. Foglie piccolissime, spesso squamiformi, senza stipole. Fiori regolari; calice persistente a 5-4 divisioni; pet. 5, raram. 4, liberi o saldati alla base: stami 5-10 o più, liberi o saldati in basso, inseriti sul ricettacolo o sopra un disco ipogino; stili 3 o stimma sessile; ovario libero, 1-loculare, pluriovulato. Frutto cassula, con 3-5 valve; semi spesso chiomati od alati, con albume carnoso, farinoso o nullo, embrione diritto, cotiledoni piano-convessi.

CHIAVE DEI GENERI.

Stili 3. Stami 5, liberi o appena saldati alla base. Semi eretti con chioma sessile.
1 Tamarix
Stilo nullo. Stami 10, saldati in un tubo inferiorm. Semi ascendenti con chioma stipitata . . . . 2 Myricaria

1. **Támarix** (forse dal nome del fiume *Tamaris* nei Pirenei).

1 {
Fiori *piccoli*, larghi meno di 2 mm. in spighe *sottili, piuttosto rade.* Brattee *ovali, aguzzate.* Stami *assai* più lunghi della corolla, con antere *apicolate.* Foglie *opache* ai margini. Arboscello di *2-4 m.* 5. (Coltiv. e talora naturaliz. nel Parmigiano e Bolognese). — *Mag. Giug.* — Luoghi paludosi marit. — *Tamarice* . . . . **428 T. gallica** L.
Fiori *grandi*, larghi 2 mm. o più, in spighe *grosse, fitte.* Brattee *bislunghe, ottusette.* Stami *appena* più lunghi della corolla, con antere *mutiche.* Foglie *pellucide* al margine. Alberetto alto sino a *5-6 m.* 5. (Colla preced. T. e It. centr.). — *Apr. Mag.* — Reg. med. — *Tamarice maggiore.*
429 T. africana Poir.
}

2. **Myricária** (dal greco μυριχη = tamarix degli antichi).

Arbusto di 1-3 m., a rami eretti e con chioma verde-glauca. Foglie dei rametti giovani fitte, quasi embriciate, quelle dei fusti e rami primari distanti, lanceolato-lineari. Sep. e pet. acuti. Cassula piramidale. 5. (It. med.). — *Mag. Lug.* — Dalla reg. submont. all'alp. **430 M. germanica** Desv.

Fam. 18.ª **ELATINACEE.**

Elatíne. Erbe di luoghi umidi e inondati. Foglie opposte o verticillate, con stipole. Fiori ermafroditi regolari. Sep. 2-4, persistenti, un poco saldati alla base; pet. 3-4; stami in numero uguale o doppio dei pet., ipogini; ovario libero con 3-4 logge; stili 3-4 liberi, corti. Cassula subglobosa, membranacea, con 3-4 logge polisperme; semi diritti o curvati, senza albume.

Foglie verticillate, sessili, ovali-lanceolate, con stipole piccole membranacee: le sommerse lineari. Fiori tetrameri, bianchi, ascellari, verticillati. Semi debolm. arcuati. Pianta glabra, robusta, con fusti grossi, cilindrici, fistolosi, 5-20 cm. ① 2⃝. (E. T.). — *Mag. Ag.* — Fossi e luoghi paludosi dal mare alla reg. submont. . . . . **431 E. Alsinastrum** L.

FAM. 19.ᵃ **LINACEE.**

Piante glabre o pubescenti. Foglie semplici, sessili o brevem. picciolate, senza stipole. Fiori regolari in cima o corimbo. Sep. 5-4, persistenti; pet. 5-4, caduchi; stami 5-4, spesso alternanti con altrettanti staminodi; stili 5-4, liberi; ovario libero con 3-4 logge. Frutto cassulare, subgloboso, deiscente, con 3-4 logge, divise per un falso tramezzo in due loggette monosperme; semi ovali, compressi, lisci, con embrióne oleaginoso, senza albume.

CHIAVE DEI GENERI.

Fiori tetrameri. Pianta piccola di 3-8 cm. . . . . . . 1 RADIOLA
Fiori pentameri. Piante di oltre 1 dm. . . . . 2 LINUM

79. *Spergularia rubra* Pers.   80. *Elatine alsinastrum* L.   81. *Radiola linoides* Roth
     (¹/₄).   (¹/₄).   (¹/₄).

1. **Radíola** (dal latino *radius* = raggio; alludendo alla disposizione delle valve dopo la deiscenza). Sep. 4 saldati alla base, bi-trifidi; pet. 4; stami 4; stili 4. Cassula con 4 logge, suddivise ciascuna in due loggette.

> Fiori piccoli, solitari nelle biforcazioni o in fascetti terminali ai rami. Sep. a divisioni acutissime; pet. bianchi, subeguali ai sepali. Foglie ovali, opposte, patentissime, sessili, 1-nervate. Pianta delicata, glabra, con fusti filiformi, ramosi dalla base, con i rami dicotomi. ☉. (T. L.). — *Mar. Apr.* — Dal mare alla reg. submont. . . . . . **432 R. linòides** Roth

2. **Linum** (da λινον = filamento, per la buccia di queste piante filamentosa e tessile). Sep. 5, liberi, interi; pet. 5; stami 5 fertili;

stili 5 raram. 3. Cassula subglobosa od ovoideo-conica con 5 o 3 logge suddivise in 2 loggette.

1 { Fiori *gialli* **2**
  { Fiori *bleu*, *rosa* o *bianchi* **7**

2 { Foglie *con 2 glandole alla base*. Pet. con unghie *saldate* **3**
  { Foglie *senza glandole alla base*. Pet. con unghie *libere* **5**

3 { Pianta *annua* a radice gracile. Foglie sparse, sessili, le infer. lanceolato-spatolate, le super. lanceolate o lanceolato-lineari, 3-5-nervate, con margine cartilagineo, seghettato-scabre. Pet. giallo-pallidi, *1 volta* più lunghi dei sep. e questi circa 3 volte più lunghi della cassula. ☉. (T. a Scandicci e Radda; L.). — *Lug. Ag.* — Reg. med. e submont.
  433 L. modiflòrum L.
  { Piante *perenni* con rizoma ± legnoso. Foglie con margine cartilagineo liscio o appena seghettato o scabrosetto. Petali giallo-dorati, *quasi 3 volte* più lunghi dei sepali **4**

4 { Foglie *1-nervate*, e con altri due nervetti laterali meno distinti e incompleti. Cassula *la metà più corta* dei sep. persistenti. Fusto angoloso, 15-30 cm. 2⊦. (E. T.) — *Giug.* — Reg. med. o raram. submont.
  434 L. campanulatum L.
  { Foglie distintam. *3-nervate*. Cassula *subeguale* ai sepali. Fusto acutam. angoloso in alto, 15-30 cm. 2⊦. (App. emil. e centr.). — *Lug.* — Reg. subalp. e alp. . . . . **435 L. capitatum** Kit.

5 { Pianta *perenne*, a radice *ingrossata*. Foglie sessili, *3-nervate*, le infer. opposte le super. alterne. Sep. cigliato-glandolosi nel margine, 3-4 volte più corti della corolla, subeguali alla cassula. Fiori giallo-zolfo. Pianta glabra, verde-glaucescente, con fusto ramoso, 3-8 dm. 2⊦. (M. T. L.). — *Lug. Sett.* — Luoghi umidi per lo più presso il mare . . **436 L. maritimum** L.
  { Piante *annue* a radice *delicata*. Foglie sessili, *1-nervate*, tutte alterne, lineari-lanceolate. Cassula più corta dei sepali. Sep. cigliato-glandolosi verso la base **6**

6 { Foglie molto scabre nel margine, *tubercolate* sulle facce. Fiori in una cima *compatta*; pet. circa 1/3 più lunghi o quasi uguali ai sep. Pedicelli più corti del calice. Pianta glabra, glauca, con fusto eretto od ascendente, ramoso, 15-30 cm., *pubescente* sulla faccia interna. ☉. *Giug. Lug.* — Dal mare alla reg. submont. . . . . **437 L. strictum** L.
  Pedicelli filiformi uguali o più lunghi del calice. (T.). Var *corymbulosum* Reich.
  { Foglie scabre nel margine, *non tubercolate*. Fiori in una cima *lassa*: pet. 1 volta più lunghi dei sep. Pedicelli *subeguali* al calice. Pianta glabra, d'un verde gaio con fusto eretto o ascendente, ramoso, 2-6 dm., *assolutam. glabro*. ☉. *Giug. Lug.* — Dal mare alla reg. submont. . **438 L. gallicum** L.

7 { Foglie *tutte opposte*, le infer. bislungo-obovate, le super. lineari-bislunghe, 1-nervate, nel margine scabrosette-cigliate alla base. Fiori bianchi, piccoli, coi petali *circa 1 volta* più lunghi dei sepali. Stimmi capitati, gialli. Pianta glabra, con fusti dapprima prostrati, poi eretti, 8-30 cm., ramoso-dicotomi in alto. ☉. *Mag. Lug.* — Boschi e luoghi umidi dalla reg. med. all'alp.
  439 L. catharticum L.
  { Foglie *tutte alterne*, lanceolate o lineari. Fiori grandi coi pet. *almeno 2 volte* più lunghi del calice **8**

8 { Fiori *rosei*, carnicini o biancastri. Sep. tutti *cigliato-glandolosi* . . **9**
  { Fiori *bleu*; sep. tutti o gli esterni soltanto *non cigliato-glandolosi* . . **10**

9 { Foglie *pelose*, lanceolate, *3-5-nervate*, le super. cigliato-glandolose. Fiori rosei, venati di violetto: sep. *1 volta più lunghi* della cassula. Stimmi *clavati*. Pianta *pelosa* per peli patenti, con fusti ascendenti o eretti, cilindrici, 3-7 dm. 2⊦. *Giug. Lug.* — Boschi dal mare alla reg. submont.
  440 L. viscosum L.
  { Foglie *glabre*, lineari-setacee, *1-nervate*, cigliato-scabre nei margini. Fiori lilla chiari o roseo-bianchicci, con venature più intense: sep. *subeguali* alla cassula. Stimmi *capitati*. Pianta *glabra* con fusti ascendenti, quasi cilindrici, 2-5 dm. 2⊦. *Giug. Lug.* — Umidi dal mare alla reg. submont.
  441 L. tenuifolium L.

10 {
Fiori *assai grandi*, lunghi 3-4 cm., bleu; sep. *più lunghi* della cassula; pet. con unghia *lunghissima*: stimmi allungati, filiformi. Pianta glabra, glauca, con fusti eretti, cilindrici, 2-4 dm. ♃. (M.). — *Giug. Lug.* — Erbosi dal mare alla reg. submont. . . . . . . **442 L. narbonense** L.
Fiori *meno grandi*; sep. *non superanti* la cassula; pet. con unghia *corta* 11
}

11 {
Sep. *assai più corti* della cassula, i tre interni ovali-ottusi, non cigliati. Piante glabre ± legnoso 12
Sep. *subeguali* alla cassula, tutti ovali-acuminati 13
}

12 {
Pet. *interi*, con unghia *tanto lunga* quanto larga. Peduncoli *curvato-pendenti* dopo la fioritura. Fiori bleu-chiari, con unghia gialla, pubescente di sopra e a volte con poche ciglia nel margine. Pianta con fusti eretti o ascendenti, semplici o bifidi in alto, 2-5 dm. ♃. (U.). — *Giug.* — Luoghi calcarei dell'App. centr. . . . . . . **443 L. austriacum** L.
Pet. *smerlati o smarginati* all'apice, con unghia *non tanto lunga* quanto larga. Peduncoli *eretti* dopo la fioritura. Fiori turchini-celestognoli, con unghia giallo-chiara e puberula. Pianta con fusti ± prostrati, 15-30 cm. ♃. (E. T. M.). — *Lug. Ag.* — Prati dalla reg. mont. all'alp.
444 L. alpinum L.
}

13 {
Pianta *annua*, con *un fusto solo*, ramoso, 4-6 dm. Fiori bleu-intensi; sep. interni cigliati; antere *saettiformi*. Cassula coi tramezzi *glaberrimi*. ①. *Apr. Mag.* — Colt. dal mare alla reg. submont. **445 L. usitatissimum** L.
Pianta *perenne*, con *diversi* polloni, ascendenti o eretti, ramosi in alto, 3-8 dm. Fiori bleu-chiari; sep. interni dentato-cigliati; antere *suborbicolari*. Cassula coi tramezzi *provvisti di lunghi peli* bianchi sul margine interno. ♃. *Mar. Mag.* — Luoghi erbosi e arenosi dal mare alla reg. submont.
446 L. angustifolium Huds.
}

FAM. 20.ª MALVACEE.

Erbe o frutici, con foglie alterne, palminervie, stipolate. Fiori con involucro esterno o calicetto; calice a 5 divisioni; pet. 5 a prefiorazione contorta, alternanti coi lobi del calice, spesso saldati per le unghie, simulando una corolla monopetala; stami molti, coi filamenti ± saldati in un tubo in basso, ricoprenti l'ovario; stili liberi od uniti, in numero uguale a quello dei carpelli. Cassula ovvero molti cocchi deiscenti o no, monospermi o polispermi; semi spesso lanati, con albume scarso o nullo, ed embrione diritto od incurvo.

CHIAVE DEI GENERI.

1 {
Fiori senza calicetto . . . . **5 Abutilon**
Fiori con un calicetto 2
}

2 {
Carpelli polispermi o raram. monospermi 3
Carpelli monospermi 4
}

3 {
Calicetto di 2-3 brattee libere fra loro . . . . **7 Gossypium**
Calicetto di 6-12 brattee libere fra loro . . . . **6 Hibiscus**
}

4 {
Calicetto di 5-12 brattee saldate fra loro in basso . . **2 Althaea**
Calicetto di 3 brattee 5
}

5 {
Carpelli disposti in capolino globoso ossia non sopra un medesimo piano.
1 Malope
Carpelli disposti in verticillo sopra un medesimo piano . . 6
}

6 {
Calicetto inserito alla base del calice, formato di 3 brattee libere fra loro.
4 Malva
Calicetto inserito sul peduncolo, formato di 3 (rarissimam. 2) brattee saldate fra loro in basso . . . . **3 Lavatera**
}

1. **Màlope** (dal greco μαλος, coperto di peli bianchi). Calicetto di 3 brattee libere, cordiformi, inserite sul peduncolo; calice 5-fido; corolla a 5 pet.; stami numerosi; ovari numerosi, 1-ovulati; stimmi capitati. Carpelli numerosi, monospermi, disposti in capolino.

> Fiori grandi, rosei, venati di rosso, solitari, ascellari. Foglie ovali-ottuse, subcordate, irregolarm. dentate o lobate. Pianta d'un verde chiaro, ispida, per peli rigidetti, con fusti un po' angolosi, eretti od ascendenti, 1-4 dm. ①. (T. M. U. L.). — *Mag. Giug.* — Reg. med. e submont.
> **447 M. malacoides** L.

2. **Althaéa** (dal greco ἀλθαια = altea). Calicetto di 5-12 brattee saldate fra loro in basso e inserite sul peduncolo. Calice, corolla, stami, ovari c. s. Carpelli c. s., disposti in cerchio.

2 { Pet. *uguali al calice o poco più lunghi*, rosei o roseo-azzurrognoli. Peduncoli 1-flori, sorpassanti le foglie. Calicetto a 7-9 divisioni lineari-lanceolate. Foglie infer. cordato-rotonde, le super. palmato-partite; stipole persistenti, ovali, acuminate. Pianta irsuta, per peli patenti, con fusti ramosi, 3-8 dm. ①. *Mag. Lug.* — Margini campi e strade dal mare alla reg. submont.
                               448 A. hirsuta L.

Pet. *almeno il doppio* del calice. Piante perenni 2

2 { Carpelli *con margine* membranaceo. Pet. tanto larghi che lunghi, obcordati, roseo-carichi o porporini, lunghi 3 volte il calice. Calicetto a 5-8 divisioni, più breve del calice. Peduncolo molto più corto della foglia. Pianta irsuta o subtomentosa, con fusto eretto, semplice 1-2 m. 2l. (Ital. centr.). — Colt. e talora inselvatichita nei boschi. — *Malvarosa.*   **449 A. rosea** Cav.

Carpelli *senza margine* membranaceo 3

3 { Foglie ovali, palminervie, inegualm. dentate, talora a 3-5 lobi poco profondi. Peduncoli molto *più corti* della foglia. Pet. lunghi 2-3 *volte* il calice, bianco-rosei o porporini. Carpelli *tomentosi*. Pianta mollem. tomentosa, biancastra o cenerina, 3-16 dm. 2l. *Mag. Sett.* — Umidi e paludosi dal mare alla reg. submont. — *Altea. Malvaccioni.* (Fig. 82). . **450 A. officinalis** L.
        Peduncoli subeguali alla foglia. Foglie a 3-5 lobi, lanceolati. (Presso Firenze). Var. *taurinensis* (DC.)

Foglie infer. palmatopartite, le altre palmatisette e trisette, a segmenti lanceolati, seghettati. Peduncoli molto *più lunghi* della foglia. Pet. lunghi *il doppio* del calice, rosei. Carpelli *glabri*. Pianta irsuta o subtomentosa, 6-20 dm. 2l. *Ag. Sett.* — Margini delle strade dal mare alla reg. submont. — *Malvacanapina.* . . . . **451 A. cannabina** L.

3. **Lavatèra** (dedicato a Lavater, medico e naturalista di Zurigo del 17° secolo). Calicetto di 3 brattee (rarissimam. 2), saldate fra loro in basso e inserite sul peduncolo. Calice, corolla, stami, ovari, carpelli c. s.

1 { Fiori *solitari* o anche geminati, ascellari. 2
   Fiori *in ombrelle o fascetti* ascellari, raram. solitari 5

2 { Piante *fruticose* 3
   Piante *erbacee* 4

3 { Fiori *violetto-rosei*, a peduncoli *brevissimi*: calicetto e calice a tomento breve, appressato; pet. 2-4 *volte* più lunghi dei sep. Carpelli *vellutati, lisci*, a margini ottusi, giallastri alla maturità; asse centrale *emisferico*. Foglie infer. cuoriformi, 5-lobe, le super. 3-lobe, astate. Stipole lunghe, erette, vellutate, le infer. ovate, le super. lanceolate. Fusto tomentoso, eretto, ramoso, 6-12 dm. 5. (T. L.). — *Mar. Giug.* — Luoghi incolti e umidi reg. med.
                               452 L. Olbia L.

3 ⎰ Fusto più alto; calicetto e calice con peli lunghi e patenti. Var. *hispida* (Desf.).

Fiori *rosa-chiari*, a peduncoli *più lunghi del picciolo*; pet. *poco più del doppio* più lunghi dei sep. Carp. *glabri, rugosi* a dorso piano e margini acuti, ondulati, neri e un po' lucenti alla maturità; asse centrale *conico*. Foglie bianco-tomentose, palminervie, suborbicolari, quasi 5-lobe. Stipole lineari-setacee, caduche. Fusto eretto, ramoso, 6-13 dm. ♃. (T. alla Gorgona). — *Mag. Lug.* — Rupi mar. . . . . . **453 L. maritima** L.

4 ⎰ Pianta *perenne*. Peduncoli infer. *un po' più brevi* della foglia. Pet. *bilobi 2-4 volte* più lunghi dei sep. Carpelli trasversalm. rugosi, glabri, un po' pubescenti nel dorso, *quasi neri* alla maturità. Foglie super. *3-lobe*, crenate. Fusto eretto, semplice o ramoso, 6-13 dm. ♃. (Ital. centr.). — *Giug. Sett.* — Dal mare alla reg. submont. . . . . . **454 L. thuringiaca** L.

Pianta *annua*. Pedunc. infer. *più lunghi* della foglia. Pet. *troncato-smarginati, più del doppio* più lunghi dei sep. Carp. trasversalm. rugosi, glabri, *giallastri* alla maturità. Foglie super. *astato-trifide*. Fusto eretto, ramoso, 2-6 dm. ⊙. (T. U. L.). — *Magg. Sett.* — Lungo le strade reg. med. **455 L. punctata** All.

5 ⎰ Calicetto *più lungo* del calice, *molto* accrescente nel frutto. Lobi calicini *triangolari*, acuti, cigliati nei margini. Carpelli *rugosi*, a margini acuti. Fiori violetti. *Frutice*, tomentoso, 1-3 m. ♃. (T. L.). — *Apr. Lug.* — Nei coltivati della reg. med. . . . . . . **456 L. arborea** L.

Calicetto *più breve* del calice, *poco* accrescente nel frutto. Lobi calicini *larghi*, contratti in punta, cigliati nei margini. Carp. *lisci o rugosetti*, a margini *ottusi*. Fiori rossi o violetti. *Erba* subtomentoso-irsuta, 2-15 dm. ⊙. (T. Ital. centr.). — *Mar. Giug.* — — Incolti reg. med. . **457 L. cretica** L.

4. Malva (da μαλαχος = molle, perchè piante emollienti). Calicetto di 3 brattee libere fra loro; inserito alla base del calice. Il resto come in *Lavatera*.

1 ⎰ Fiori ascellari, *solitari*, spesso avvicinati tra loro all'apice dei rami in forma di false ombrelle. Calice *avvolgente* completam. i carpelli, che sono *neri* o *rossiccio-scuri* alla maturità. Foglie profondam. divise . . . 2

Fiori ascellari e terminali *tutti riuniti in fascetti*. Calice ± accrescente, ma *non avvolgente* completam. i carpelli, che sono *giallastri* alla maturità 4

2 ⎰ Pianta *annua*. Calice diviso in lacinie lanceolato-lineari. Calicetto a bratteole lineari-setacee, la metà circa più corte del calice. Pet. poco più lunghi o quasi eguali al calice, roseo-venati, raram. bianchi. Foglie super. profondam. 3-5-lobate fin presso la base. Pianta inodora, irsuta, 10-50 cm. ⊙. (T. L.). — *Apr. Mag.* — Incolti o colt. reg. med. . . **458 M. cretica** Cav.

Piante *perenni* 3

3 ⎰ Brattee del calicetto *ovali o lanceolate*. Carpelli *trasversalm.* rugosi, glabri o quasi. Foglie infer. suborbicolari, leggerm. 5-lobe, le super. palmatopartite, a 3-5-segmenti. Pianta *inodora*, pubescente, con fusto eretto, ramoso, 3-10 dm. ♃. *Giug. Sett.* — Boschi e incolti dal mare alla reg. subalp. **459 M. Alcèa** L.

Brattee del calicetto strettam. *lineari*, assottigliate agli estremi. Carpelli *lisci*, ± irsuti. Foglie infer. suborbicolari, le super. a segmenti 1-2-pennato-partiti, con lacinie lineari. Pianta *con odore di muschio*, ± irsuta, con fusto eretto, ramoso, 3-6 dm. ♃. *Mag. Ag.* — Incolti e pascoli reg. mont.-submont. . . . . **460 M. moschata** L.

Foglie quasi tutte reniformi, non od appena 5-lobe, crenate. (M.). Var. *Orsiniana* (Ten.).

4 ⎰ Pet. *subeguali o poco più lunghi* dei sepali, rosei o bianco-violetti. Calice fruttifero accrescente, coi lobi patenti. Carpelli reticolato-rugosi, dentati nel margine. Foglie tutte suborbicolari, appena lobate, crenate. Pianta debolm. pelosa, con fusto 20-50 cm. ⊙. (Ital. centr.). — *Mar. Lug.* — Incolti e lungo le strade reg. med. . . . . . **461 M. microcarpa** L.

Pet. *assai più lunghi* dei sepali 5

5 { Peduncoli fruttiferi *riflessi*. Pet. lunghi il doppio dei sepali, lilacini, o bianca-
stri, con strie violette. Carpelli *quasi lisci*, a margini acuti e interissimi.
Foglie c. s. Pianta pelosa, con fusto ramoso, 3-5 dm. ①. (Ital. centr.). —
Mag. Sett. — Dal mare alla reg. mont. . . . . **462 M. rotundifolia** L.
Peduncoli fruttiferi *eretto-patenti*. Carpelli *reticolato-rugosi* 6

6 { Petali *3-4 volte* più lunghi dei sepali, roseo-violetti con strie più intense. Calicetto a bratteole bislunghe o lanceolate, *più brevi* del calice. Pianta ± pelosa, con fusto eretto-prostrato, ramoso, 3-10 dm. ① ②. *Mar. Ott.* — Dal
mare alla reg. submont. . . . . **463 M. silvestris** L.
Pet. circa *2 volte* più lunghi dei sepali, azzurrognoli o bianchi. Calicetto a
bratteole larghe, ovali-lanceolate, *subeguali* al calice. Pianta ± irsuta con
fusto semplice o ramoso, 1-5 dm. ①. *Mar. Lug.* — Reg. med.
                                                464 M. nicaeensis All.

5. **Abùtilon** (nome dato da Avicenna, celebre medico arabo, morto nel 1037). Calicetto nullo.

Fiori gialli; pet. più lunghi dei sepali. Carpelli vellutati con 2 punte all'apice,
nere alla maturità. Foglie cuoriformi, crenate. Pianta mollem. tomentosa,
con fusto eretto, 3-20 dm. ①. (T. L.). — *Lug. Sett.* — Reg. med. — *Cencio
molle* . . . . **465 A. Avicennae** Gaertn.

6. **Hibiscus.** Calicetto con 6-12 brattee, libere tra loro, inserite sul peduncolo. Carpelli mono-polispermi; semi glabri o cigliati.

1 { Fiori larghi *circa 1 dm. o più*, coi pet. rosso-sanguigni alla base e i sep. vel-
lutato-bianchicci. Cassula subglobosa, glabra, a 5 logge polisperme. Foglie
ovato-acuminate, crenate, le super. talora leggerm. 3-lobate, nella pag. infer.
bianco-tomentose. Fusto eretto, pubescente. 10-15 dm. ②. (T.). — *Lug. Ag.*
— Reg. med. . . . . **466 H. roseus** Thore
Fiori larghi *meno di* ½ *dm.* 2

2 { Calice pelosetto, *non accrescente* nel frutto; pet. *d'un roseo omogeneo*. Cassula
colle logge *monosperme*. Foglie *poco divise*, ovato-triangolari, cordate alla
base. Pianta peloso-scabra, a fusto eretto, semplice o ramoso, fistoloso, 6-8
dm. ②. (T. a Viareggio e Pietrasanta). — *Lug. Sett.* — Luoghi paludosi reg.
med. . . . . **467 H. pentacarpos** L.
Calice irto sulle costole, *accrescente* nel frutto a guisa di palloncino; pet.
giallo-pallidi, colla base porporino-nerastra. Cassula a logge *polisperme*. Foglie *profondam. divise*, le infer. subrotonde, crenate, le altre palmate, 3-5-
partite con lacinie inciso-dentate. Pianta ispidetta, a fusto prostrato od e-
retto, 1-3 dm. ①. (E. T. ecc.). — *Giug. Sett.* — Coltivati od incolti umidi
dal mare alla reg. submont. . . . . **468 H. Trionum** L.

7. **Gossypium.** Calicetto a 3 brattee grandi, inciso-dentate, raram. quasi intere, libere tra loro, ovario 5-loculare, a logge plurio-vulate. Cassula 5-loculare, a logge polisperme; semi tutti lungam. e densam. lanosi:

Di questo genere citiamo il *G. herbaceum* L., coltivato nell'It. merid. e in
Sicilia. E' un'erba a pet. giallo-zolfini con una macchia porporina alla base.
Foglie divise, le super. 3-lobe, a lobi ristretti alla base. Semi piccoli, con
cotone ruvido e increspato. E' coltivata la var. *hirsutum* (L.), che ha semi
grandi e cotone morbido.

FAM. 21.ª **TIGLIACEE.**

Tilia (da πτίλιον = ala, pel peduncolo alato). Fiori regolari: sep. 5, caduchi, colorati; pet. 5, liberi; stami ipogini numerosi, coi filamenti liberi o di solito saldati in fascetti ; ovario libero a 5 logge 2-ovulate ; 1 stilo, 5 stimmi ± distinti. Frutto indeiscente, legnoso, con 5 angoli, 1-loculare per aborto ; semi albuminosi ad embrione diritto. — Alberi con foglie alterne, semplici, con 2 stipole caduche. Fiori in cime di 2 a 9 all'apice di peduncoli ascellari, saldati in basso con una brattea lunga e larga.

1 {
Gemme *vellutate*. Foglie mollem. pubescenti di sotto, subrotondo-cordate, seghettate nei margini. Frutto tondo-ovato, tomentoso, legnoso, con 5 costole sporgenti. Pet. giallicci. Albero di 15-25 m. ♃. *Giug. Ag.* — Spesso coltivato. — Boschi reg. submont. e mont.   .   **469 T. platyphylla** Scop.
Gemme *glabre*. Foglie glabre e glauche o d'un verde-pallido di sotto, pelose soltanto alle biforcazioni delle nervature   2
}

2 {
Foglie *glauche di sotto*, verde-carico di sopra. Frutto quasi *tondo o tondo-ovato, fragile, senza costole* o appena costato. Pet. *giallicci*. ♃. *Giug.* — Spesso coltiv. — Boschi reg. submont. e mont.   .   .   **470 T. cordata** Mill.
Foglie *d'un verde-pallido di sotto*, verdi-scure di sopra, il doppio più grandi che nella spécie precedente. Frutto *elissoideo, resistente*, quasi legnoso, *con costole sporgenti*. Pet. *bianco-giallicci*. ♃. *Giug. Lug.* — Coltiv. nei parchi e viali. — Boschi reg. submont.   .   .   .   .   **471 T. vulgaris** Hayne
}

Devono inoltre rammentarsi, perchè largam. coltivate, *Tilia americana* L. con diverse varietà, *T. alba* Ait. e *T. tomentosa* Moench.

82. *Althaea officinalis* L.   83. *Hypericum perforatum* L.   84. *Erodium malacoides* W·
   (¹/₄).   (¹/₄).   (¹/₄).

Fam. 22.ᵃ IPERICACEE.

Hypéricum (da ὑπο = sotto ed ἐριχη = erica o scopa). Sep. 4-5 quasi uguali, liberi o un poco connessi alla base; pet. 5, raram. 4, ipogini, gialli, con o senza glandole; stami numerosi, coi filamenti riuniti alla base in 3-5 fascetti; stili 3-5 liberi. Frutto cassulare deiscente in 3-5 valve, raram. bacca indeiscente; semi piccoli. — Erbe o suffrutici a foglie semplici od intere, opposte o raram. verticillate; stipole nulle.

1 { Stami *liberi*. Brattee e sepali interi e senza glandole. Pet. un po' piú brevi dei sepali. Cassula 1-loculare. Pianta glabra, verde con fusto eretto, 1-4 dm., gracile, quadrangolare. ①. (Inselvatichito in T. ad Altopascio, Camaiore, Impruneta). — *Giug. Sett.* . . . . . . **472 H. mutilum** L.
Stami *riuniti in 3 fascetti* **2**
Stami *riuniti in 5 fascetti* **10**

2 { Cassula *1-loculare*. Sep. cigliato-glandolosi. Pet. circa 3 volte piú lunghi dei sep. Foglie opposte, sessili, rotonde o rotondo-ovali. Erba peloso-tomentosa a fusti sdraiati, cilindrici, 15-30 cm. 2ƒ. (T. nella Selva Pisana). — *Lugl.* — Reg. med. . . . . **473 H. Helòdes** Huds.
Cassula *3-loculare* **3**

3 { Sep. coi marg. quasi sempre *nudi, interi*. Piante glabre **4**
Sep. coi margini *cigliato- o dentato-glandolosi*, oppure frangiati. Piante glabre o pelose **6**

4 { Fusti quadrangolari, ossia percorsi da *4 linee o alette* ± sporgenti. Foglie opposte, sessili, ovali. Fiori coi pet. giallo-dorati, punteggiati di nero. Cassula ovale 1-2 volte piú lunga del calice. 2ƒ. (App. moden. e m. Argentaro). — *Mag. Ag.* — Pascoli reg. mont. raram. subm.
474 H. quadrangulum L.
Fusti *cilindrici* o percorsi da *2 linee* ± sporgenti **5**

5 { Sepali lanceolato-acutissimi. Cassula *con 2 linee* longitudinali sporgenti per ogni valva, con glandole rossastre, irregolarm. disposte. Foglie opposte, sessili o quasi, con tanti punti trasparenti, e di sotto ai margini punteggiate di nero, come i petali. Fusti rigidi, diritti o ascendenti, 2-8 dm., con due linee sporgenti. 2ƒ. *Apr. Ag.* — Campi e muri ecc. (Fig. 83). **475 H. perforatum** L.
Sep. bislunghi, ottusi, mucronulati. Cassula *con numerose linee* longitudinali sporgenti per ogni valva. Foglie opposte, sessili, con punti trasparenti piuttosto radi e ai margini punteggiate di nero. Pet. lunghi al più il doppio del calice. Antere affatto gialle. Fusti gracili, filiformi, sdraiati, 5-20 cm. 2ƒ. *Giug. Sett.* — Luoghi umidi dalla reg. submont. alla subalp.
476 H. humifusum L.
Sep. spesso cigliato-glandolosi al margine; pet. lunghi 2-3 volte il calice; antere con un punto rosso. Foglie senza punti trasparenti. Fusti cilindrici, più robusti del tipo, spesso ascendenti, 2-4 dm. (T. L.). — Var. *australe* (Ten.).

6 { Foglie *oblungo-ellittiche*, ovali o lanceolate, *piane o strettam. rivoltate* ai margini, sempre opposte **7**
Foglie *lineari* od oblungo-lineari, *largam. rivoltate* ai margini, opposte o verticillate **9**

7 { Pianta *pelosa*, verde-pallida, 3-6 dm. o più. Foglie con punti trasparenti, ma senza punti neri. Pet. lunghi 2-3 volte il calice, con punti neri al margine. Cassula ovale, della metà più lunga del calice. 2ƒ. (T. M. U.). — *Lug. Ag.* — Boschi dalla reg. submont. alla mont. . . . **477 H. hirsutum** L.
Piante *affatto glabre* **8**

8 { Foglie tutte *senza punti trasparenti*. Sep. *frangiati*. Cassule con vescichette rosso-scure, irregolarm. disposte. 2ƒ. (It. centr.). — *Giug. Ag.* — Pascoli dalla reg. mont. all'alp. . . . . **478 H. Richeri** Vill.
Foglie tutte o almeno le super. *con punti trasparenti*. Sep. *dentati*. Cassula con vescichette scure, disposte in linee. 2ƒ. (It. centr.). — *Mag. Lug.* — Boschi reg. med. . . . . . . **479 H. perfoliatum** L.

9 { Foglie *tutte verticillate* a 3-4. Pet. *senza glandole nere* all'apice. Fiori in pannocchia breve, corimbiforme. Cassula *1 volta soltanto* più lunga del calice. 2ƒ. (T.). — *Giug. Ag.* — Rupi dalla reg. subm. all'alp. **480 H. Coris** L.
Foglie *opposte*, le super. fascicolate ai nodi. Pet. *con glandole nere* all'apice. Fiori in pannocchia lunga, piramidale. Cassula *3 volte* più lunga del calice. 2ƒ. (M. U.). — *Lug. Ag.* — Luoghi aridi reg. mont.
481 H. hyssopifolium Vill.

10 { Cassula 5-valve e *5-loculare, deiscente*. Fiori molto grandi, terminali, solitari. Suffrutice con rizoma strisciante e rami prostrato-ascendenti, tetragoni. Foglie opposte, persistenti, coriacee, subsessili, con minuti punti trasparenti. 5. (Coltiv. e inselvat. nei monti; E. T. L.). -- *Giug. Lug.*
482 H. calycinum L.
Cassula bacciforme, *1-loculare, indeiscente o quasi* **11**

11 {
Sepali *ovali, ottusi*; pet. *poco più lunghi* del calice; stili *patenti, molto più corti dei petali*. Fusti coi rami forniti di *2 linee* sporgenti. *Bacca subglobosa, indeiscente*. Pianta *inodora.* ♃. *Giug. Lug.* — Dal mare alla reg. mont. — *Ciciliana* . . . . **483 H. Androsaemum** L.

Sep. *lanceolati, acuti*; pet. *3-4 volte* più lunghi del calice; stili *eretti, più lunghi* dei petali. Fusti coi rami forniti di *4 linee* sporgenti. *Cassula ovato-oblunga, deiscente* all'apice. Pianta di *odore spiacevole*. ♃. (L.). — *Mag. Giug.* — Luoghi ombrosi reg. med. — *Ruta caprina*. **484 H. hircinum** L.
}

FAM. 23.ᵃ — GERANIACEE.

Piante erbacee ± pelose. Foglie semplici, divise o no, oppure composte, stipolate. Fiori regolari o quasi. Sep. 5; pet. 5, stami 10, riuniti alla base in un gruppo (*monadelfi*); stili 5, saldati al prolungamento dell'asse, con 5 stimmi distinti, filiformi; ovario libero, con 1 o 2 ovuli in ogni casella, anatropi. Frutto formato di 5 carpelli, monospermi per aborto, terminati da un lungo becco o codetta, saldati all'asse per tutta la loro lunghezza, e distaccantisi da questo con elasticità, quando sono maturi; semi con albume nullo ed embrione piegato.

CHIAVE DEI GENERI.

Stami 10 ordinariam. tutti fertili. Carpelli deiscenti, con codetta glabra sulla faccia interna, avvolta a cerchio o ad arco di cerchio alla maturità. Foglie tanto lunghe quanto larghe . . . . 1 Geranium

Stami 5 fertili e 5 sterili (staminodi). Carpelli indeiscenti, con codetta pelosa per lo più sulla faccia interna ed avvolgentesi a spira in basso. Foglie più lunghe che larghe . . . . 2 Erodium

1. Geránium (da γερανος = gru, pel frutto simile al becco d'una gru). Stami 10 quasi sempre tutti fertili. Carpelli arrotondati nell'apice con becco o codetta glabra sulla faccia interna, avvolta a cerchio o ad arco di cerchio alla maturità.

1 {
Petali ad unghia *lunga quanto il lembo o poco più lunga*, lineare. Codetta *glabra*. Filamenti *glabri* 2

Pet. ad unghia *breve o cuneiforme, molto più corta* del lembo. Sep. sempre divergenti, eretto-patenti od anche riflessi. Codetta *pelosa*. Filamenti quasi sempre ± *pelosi in basso* 4
}

2 {
Pianta *perenne* a rizoma squamoso. Sepali *eretto-patenti*, ravvicinati nel fiore, discosti nel frutto; petali grandi, di color violetto-chiaro, ad unghia *pubescente verso l'alto*, glabri nel resto. Foglie palmatopartite, a 5-7 lacinie inciso-dentate. Stipole *ovali*. ♃. (E. U. L.). — *Giug. Ag.* — Boschi e rupi reg. mont. ed alp., raram. submont. . . . . **485 G. macrorrhizum** L.

Piante *annue o bienni*. Sep. *eretti*, ravvicinati; pet. *affatto glabri*. Stipole *lanceolate* 3
}

3 {
Foglie *orbicolari-reniformi, palmatofesse*, a 3-7 lobi poco profondi, largam. crenato-incisi. Sepali *glabri o quasi, trasversalm. rugosi*, con resta o mucrone distinto, ma brevissimo. Pianta quasi ovunque *glabra*, lucida. ①. *Apr. Ag.* — Luoghi ombrosi umidi reg. submont. o raram. mont. e med.
486 G. lucidum L.

Foglie *triangolari-pentagonali, palmatosette*, a 3-5 segmenti, tripartiti o pennatifidi. Sep. *peloso-glandolosi, lisci*, con resta distinta. Pet. lunghi *il doppio*
}

3 | dei sepali. Pianta d'un verde-chiaro e in parte o quasi tutta rossiccia, *pe-loso-glandolosa* o raram. subglabra, un poco fetida. ① ②. *Mar. Sett.* — Luoghi ombrosi od umidi dal mare alla reg. mont.
487 G. Robertianum L
Pet. lunghi *meno del doppio* dei sepali. Col tipo. Var. *purpureum* (Vill,).

4 | Piante *annue o bienni.* Pet. *uguali ai sepali* o poco più lunghi 5
Piante *perenni.* Pet. lunghi *il doppio dei sepali* o più lunghi 10

5 | Pedicelli fruttiferi *eretto-patenti*, subeguali al calice; unghia dei petali cigliata. Carpelli lisci. Foglie palmatopartite, a 5-7 segmenti inciso-pennatofessi. Pianta peloso-glandolosa, 1-8 dm. ②. (T. M. U. L.). — *Mag. Giug.* — Boschi reg. med. e submont. . . . . **488 G. lanuginosum** Lam.
Pedicelli fruttiferi *riflessi* 6

6 | Foglie *palmatosette*. Fiori *porporini*; pet. smarginati. Semi alveolati . . 7
Foglie *palmatifide*. Fiori d'un *rosso-chiaro*

7 | Peduncoli *più brevi* della foglia o raram. subeguali. Pedicelli *quasi uguali* al fiore. Carpelli lisci, *peloso-glandolosi.* Pianta ispidetta, peloso-glandolosa, 1-4 dm. ① ②. *Mar. Lug.* — Luoghi coltiv. e incolti dal mare alla reg. submont. . . . . **489 G. dissectum** L.
Peduncoli *molto più lunghi* delle foglie. Pedicelli *assai più lunghi* del fiore. Carpelli lisci, *glabri o quasi.* Pianta con peli corti ed appressati, 1-6 dm. ① ②. *Mar. Lug.* — Luoghi erbosi, boschi dal mare alla reg. submont. raram. mont. . . . . . . **490 G. columbinum** L.

8 | Peduncoli *più brevi* delle foglie, tutte lungam. picciolate. Pet. *interi.* Semi *reticolato-alveolati.* Carpelli lisci, pelosi. Pianta peloso-glandolosa, 2-5 dm. ① ②. *Apr. Giug.* — Luoghi aridi dal mare alla reg. submont.
491 G. rotundifolium L.
Peduncoli *più lunghi* delle foglie superiori, subsessili. Pet. *smarginati.* Semi *lisci* 9

9 | Carpelli *lisci*, pelosi. Stami per lo più 5 fertili, coi filamenti *cigliati alla base.* Pianta pubescente, superiorm. peloso-glandolosa, 1-3 dm. ① ②. (T. M. U.). — *Mag- Lug.* — Dal mare alla reg. submont. **492 G. pusillum** L.
Carp. *trasversalm. rugosi*, glabri. Stami *10* fertili, coi filam. *glabri.* Pianta mollem. pubescente, superiorm. peloso-glandolosa, 2-4 dm. ① ② rarissimam. ♃. *Mar. Ott.* — Dal mare alla reg. submont., raram. mont.
493 G. molle L.

10 | Pedicelli fruttiferi *eretti* 11
Pedicelli fruttiferi *riflessi* 14

11 | Foglie *palmatosette* 12
Foglie *palmatifide* 13

12 | Sepali con mucrone lungo *meno di 1 mm.* Carpelli lisci, *pelosi*, con codetta lunga *12-16 mm.* Petali lilacino-pallidi o rosei. Pianta pubescente, con rizoma tuberiforme, alta 2-4 dm. ♃. (E. T. M. L.). — *Feb. Giug.* — Luoghi colt. reg. med. . . . . **494 G. tuberosum** L.
Sep. con resta lunga *2-3 mm.* Carpelli lisci, *peloso-glandolosi*, con codetta lunga *16-20 mm.* Pet. lilacini o bianchi, venati di violetto. Antere *ellittico-oblunghe.* Pianta pelosa, con *peli glandolosi* superiorm., con rizoma grossetto, obliquo, alta 3-7 dm. Foglie con incisioni *non divaricate.* ♃. *Giug. Ag.* — Boschi e pascoli reg. mont. e alp. o raram. submont.
495 G. silvaticum L.
Antere *ovali.* Pianta *fornita di peli glandolosi.* Foglie con lacinie *divaricate.* (E. al Cimone di Caldaia). Var. *rivulare* (Vill.).

13 | Petali *lilacini o rosa-chiari*, venati. Pedicelli *subeguali* al calice. Foglie a lobi *crenulato-dentati.* Carpelli con codetta lunga *15-18 mm.* Pianta pubescente, con peli generalm. *radi*, 2-5 dm. ♃. *Mag. Ag.* — Boschi reg. submont. e mont. . . . . **496 G. nodosum** L.
Pet. *bianchi*, venati di violetto. Pedicelli *sempre più lunghi* del calice. Foglie a lobi *profondam. inciso-dentati.* Carp. con codetta lunga *13-15 mm.* Pianta pelosa, con peli generalm. *abbondanti*, 2-6 dm. ♃. (M. U.). — *Apr. Lug.* — Boschi reg. submont. e mont. . . . . . **497 G. striatum** L.

14 | Foglie *palmatosette* 15
Foglie *palmatifide* 17

15 { Petali *interi*, turchini. Carpelli leggerm. rugosi, peloso-glandolosi. Pianta pubescente, con peli appressati in basso e patenti in alto, 3-10 dm. ♃. (E. T.). — *Giug. Ag.* — Reg. subalp. . . . . . **498 G. pratense** L.
Pet. ± *smarginati* 16

16 { Peduncoli *1-flori*, raram. 2-flori *ascellari*. Fiori *porporini*, venati. Foglie tutte opposte, di color verde ± *scuro*; stipole *ovali*. Carpelli lisci o substriati in alto, *pelosetti*, con codetta lunga *18-25 mm*. Fusto *bene sviluppato*, ± peloso-glandoloso, *1-5 dm*. ♃. *Mag. Sett.* — Luoghi boschivi reg. submont. e mont. o raram. med. . . . . **499 G. sanguineum** L.
Peduncoli *2-flori*, nascenti dal rizoma. Fiori *roseo-violetti*. Foglie *grigio-argentee*, a segmenti trifidi e ± divaricati, le cauline opposte; stipole *lanceolato-acuminate*. Carpelli *setosi*, non rugosi, con codetta lunga *15-18 mm*. Pianta tomentosa, *subacaule*, con rizoma grosso, legnoso, alta *5-15 cm*. ♃. (E. T. U.). — *Lug. Ag.* — Reg. alp. (Fig. 85) . **500 G. argenteum** L.

17 { Petali *smarginato-bilobi*, bianchi o porporini,. Carpelli finam. pubescenti, *non rugosi*. Lobi fogliari con la massima larghezza *presso l'apice*. Pianta pubescente-pelosa, glandolosa superiorm. ♃. *Mag. Ag.* ♃ Reg. mont. o raram. alp. . . . . **501 G. pyrenaicum** L.
Pet. *crenato-dentati*, *violetti*. Carp. pelosi, *rugosi in alto*. Lobi fogliari con la massima larghezza *presso la loro metà*. Pianta pelosa, glandolosa superiorm. ♃. — (M. U. L.). — *Giug. Ag.* — Boschi reg. mont. e alp. **502 G. reflexum** L.

2. **Eródium** (da ἐρωδιός = airone, pel becco del frutto). Stami 5 fertili e 5 sterili. Carpelli lateralm. depressi nell'apice, con becco o codetta ordinariam. pelosa sulla faccia interna ed avvolgentesi a spira alla base.

1 { Foglie semplicem. crenato-lobate, cuoriformi 2
Foglie profondam. divise 5

2 { Brattee *ottuse*. Carpelli coperti di peli bianchi, patenti, col becco lungo 20-30 mm., con due fossette apicali quasi tonde, con una piega concentrica. Fiori lilacini, 3-8 su peduncoli uguali o più lunghi della foglia. Pianta pubescente, superiorm. glandolosa, 1-8 dm. ①. *Feb. Nov.* — Erbosi ed aridi reg. med. e submont. (Fig. 84) . . . . . . **503 E. malacoides** W.
Brattee *acute* 3

3 { Filamenti degli stami sterili *pelosi alla base*. Carpelli pelosi, coi peli corti, diretti in su, col becco lungo 30-42 mm., con una fossetta per lato all'apice, senza piega al disotto. Fiori roseo-violetti, 2-8 su peduncoli quasi uguali o più lunghi della foglia. Pianta pubescente, glandolosa o no, 1-7 dm. ① o raram. ② o ♃. (Roma sul Colosseo). — *Mar. Giug.* — Erbosi o arenosi reg. med. . . . . **504 E. chium** W.
Filamenti degli stami *glabri* 4

4 { Carpelli con peli rossicci, col becco lungo *9-14 mm.*, con 2 fossette tonde *limitate* in basso da una piega. Fiori bianchi o rosei, 1-3 su peduncoli lunghi come le foglie o poco più, coi pet. talora mancanti. Pianta pubescente, glandolosa superiorm., alta *1-3 dm*. ①. (T. L.). — *Mag. Ag.* — Erbosi reg. med. e submont. . . . . **505 E. maritimum** Sm.
Carp. con peli diretti in su, col becco lungo *18-22 mm*., con 2 fossette tonde *non limitate* in basso da una piega. Fiori rosei o bianchi. 2-6 su peduncoli infer. più corti delle foglie, i super. più lunghi. Pianta peloso-ispida, glandolosa superiorm., alta *1-7 dm*. ①. (T. in Maremma). — *Apr. Mag.* — Erbosi reg. med. . . . . **506 E. alnifolium** Guss.

5 { Foglie *pennatifide* o *pennatopartite*. Pet. interi. Filamenti degli stami glabri 6
Foglie *1-pennatosette* 7
Foglie *2-3-pennatosette* 11

6 { Carpelli col becco lungo *8-10 cm*., con due o tre fossette apicali, *limitate* ciascuna da una piega. Peduncoli *1-4-flori*. Bratteole *piccole*, ovali-acute. Foglie ovate, le basali inciso-pennatifide, le cauline 2-pennatifide, a lacinie inciso-dentate. Pianta ispida, superiorm. glandolosa, 1-5 dm. ①. (T. L.). — *Mar.*

6 {
Mag. — Reg. med. e submont. . . . **507 E. Botrys** Bert.
Carp. col becco lungo *4-6 cm.*. con fossetta apicale, *non limitata* da una piega.
Peduncoli *3-6-fiori.* Brattee *grandi, ovali-ottuse.* Foglie ovali. pennatifide
o quasi pennatopartite. a lacinie numerose. seghettate. Pianta ± ispida o
quasi glabra, 2-4 dm. ①. (T. M. L.). — *Apr. Mag.* — Luoghi arenosi marit.
508 E. laciniatum W,

7 {
Carpelli con becco lungo *6-8 cm.* con 2 fossette non limitate da una piega. Sep.
con resta lunga *2-5 mm.* Filamenti degli stami sterili cigliati in alto, i
fertili con poche ciglia in basso. Pianta annua, pubescente-glandolosa,
2-6 dm. ①. *Mar. Sett.* — Luoghi sabbiosi o erbosi dal mare alla reg. submont.
509 E. Ciconium W.
Carp. con becco lungo *2-5 cm.* Sep. con resta o mucrone lungo *meno di 1 mm.*
o raram. lungo *1-1 ½ mm.* in pianta perenne con rizoma legnoso e squamoso 8

8 {
Pianta *perenne con rizoma legnoso* e squamoso. Pet. interi o subsmarginati,
lunghi *2-3 volte* i sepali, porporino-violetti. Filamenti degli stami tutti ci-
gliati. Peduncoli 2-10-fiori, lunghi 2-3 volte le foglie. ♃. (M.). — *Lug. Ag.* —
Reg. subalp. e alp. . . . . **510 E. alpinum** L'Hér.
Pianta *annua o bienne,* raram. perenne, ma *senza rizoma legnoso* , . 9

9 {
Filamenti degli stami fertili dilatati e *bidentati alla base.* Bratteole *non acu-
minate.* Pianta pelosa *con forte odore di muschio.* ① o ②. *Genn. Sett.* —
Luoghi erbosi reg. med. . . . . **511 E. moschatum** L'Hér.
Filamenti degli stami *senza denti.* Bratteole *acuminate.* Piante *senza odore
speciale* 10

10 {
Petali *subeguali,* grandi, *ovali-arrotondati, 2-3 volte più lunghi* del calice.
Pianta *perenne* con rizoma da cui nascono le foglie e i peduncoli fiorali. ♃.
(T. L.). — *Mar. Apr.* — Luoghi erbosi reg. med.
512 E. romanum L' Hér.
Pet. *disuguali,* obovato-ovali, lunghi *quasi quanto il calice o poco più.* Pianta
annua o bienne coi peduncoli fiorali dapprima basali, poi ascellari. ① o ②.
Mar. Nov. — Dal mare alla reg. submont. o raram. mont.
513 E. cicutarium L'Hér.

11 {
Carpelli col becco lungo *4 ½-5 cm.* Peduncoli con *4-6 fiori.* Pet. *quasi la
metà più lunghi* dei sepali. Foglie 2-pennatosette, a segmenti profondam.
pennatopartiti (e quindi foglie subtripennatosette), lineari o lineari-bislunghi. Fusto eretto o prostrato, *2-4 dm.* ①. (T. all'Elba). — *Mar. Giug.* —
Arene marit. . . . . **514 E. Jacquinianum** F. et M.
Carp. col becco lungo *2-2 ½ cm.* Peduncoli con *2 fiori.* Pet. *appena più lunghi* dei sepali. Foglie 2-pennatosette, a segmenti corti, ovati o ovato-bislunghi. Fusto eretto o prostrato, *6-15 cm.* ①. — (T. all'Elba e Cerboli). —
Mag. Giug. — Arene marit.. . . . . **515 E. Marcuccii** Parl.

FAM. 24.ª **BALSAMINACEE.**

Impátiens (da *impatiens* = impaziente; alludendo al frutto che
si apre appena si tocca). Fiori irregolari; calice petaloide, a 5 sep.
diseguali, di cui 2 laterali piccolissimi, il posteriore prolungato in
sprone, i 2 anteriori saldati in un solo; pet. 5 diseguali, il super.
grande, concavo, gli altri saldati 2 a 2; stami 5; ovario sessile, 5-lo-
culare; stimma sessile 5-partito. Frutto cassula a 5 logge polisperme,
deiscente con elasticità in 5 valve; placenta centrale; embrione diritto; albume nullo.

Fiori gialli, con macchioline rosso-violette verso la gola, 3-4 su peduncoli
ascellari, delicati, patentissimi. i laterali apetali. Foglie molli, ovali, picciolate. Fusto eretto, pieno, succulento, ingrossato ai nodi, 2-8 dm. ①. *Lug.
Sett.* — Boschi reg. mont. (Fig. 86) . . **516 I. Noli-tàngere** L.

Fam. 25.ª **OSSALIDACEE.**

Oxalis (da ὀξύς = acido e ἄλς = sale; per l'acidità delle foglie). Fiori regolari, solitarî o disposti in ombrella; calice persistente a 5 divisioni; pet. 5, eguali, liberi o un po' saldati alla base, con preflorazione contorta; stami 10, saldati, i 5 più brevi opposti ai petali; ovario libero, 5-loculare; stili 5; stimmi bilobi. Frutto cassula a 5 logge, ordinariam. polisperme; semi circondati da un arillo carnoso che li lancia alla maturità; embrione diritto o un po' curvo; albume carnoso o cartilaginoso. — Erbe con foglie 3-fogliate.

1 {
Scapi *1-fiori*, tutti nascenti *dal rizoma*, come le foglie; petali *bianchi*, *rossi*, *porporini* o *violacei*, con vene porporine; sep. sprovvisti di callosità all'apice. Rizoma con squame carnose ed embriciate. ♃. *Apr. Mag.* — Luoghi ombrosi ed umidi reg. mont. e subalp., raram. submont. (Fig. 87).
          517 O. Acetosella L.

Fusti *con più fiori*, raram. con 1 solo; peduncoli e foglie nascenti *dal fusto*; pet. *gialli* **2**
}

2 {
Pedicelli fruttiferi *eretti o patenti*. Stipole *nulle*. Fusti *eretti*, non radicanti. Pianta *annua*, *glabra* o quasi, con *stoloni* sotterranei, fragili e carnosi. ☉. (It. centr. non dappertutto). — *Giug. Ott.* — Luoghi erbosi ed umidi dal mare alla reg. submont. . . . . . . **518 O. stricta** L.

Pedicelli fruttiferi *riflessi*. Stipole *piccole*. talora mancanti. Fusti *prostrati*. radicanti o no. Pianta *annua o perenne*, *pubescente*, *senza stoloni*. ☉ ♃. *Feb. Ott.* — Dal mare alla reg. submont.   **519 O. corniculata** L.
}

85. *Geranium argenteum* L.   86. *Impatiens Noli tangere* L.   87. *Oxalis Acetosella* L.
(¹/₄).   (¹/₄).   (¹/₄).

Fam. 26.ª **ZIGOFILLACEE.**

Tribulus (da τρίβολος = tridentato, alludendo alle valve spinose del frutto). Fiori regolari; calice caduco, 5-sepalo; corolla caduca, 5-petala; stami più spesso 10, raram. 5, con una glandola alla base; ovario a 5 logge; stili brevissimi, saldati in uno solo, stimma 5-fido. Frutto depresso, pentagonale, aprentesi in 5 cocchi indeiscenti, tubercoloso-spinosi, 2-3-spermi; semi ovali, isolati da setti trasversi; albume nullo. — Foglie paripennate.

> Fiori piccoli, gialli, ascellari, solitari, su peduncoli più brevi delle foglie. Foglie opposte o raram. sparse, a 4-8 paia di foglioline quasi sessili; stipole piccolissime. Cocchi patenti a stella, ossei, muniti ciascuno di 2-4 spine. Pianta pubescente a fusti cespugliosi, prostrati, ramosi, 2-5 dm. o più. ①. *Mag. Ott.* — Campi e arene specialm. marit. (Fig. 88).
>
> **520 T. terrester L.**

FAM. 27.ᵃ **RUTACEE.**

Fiori ermafroditi, regolari o irregolari; calice a 4-5 sep. ± saldati alla base; pet. 4-5 alterni coi sepali, inseriti alla base di un disco carnoso; stami 8-10, inseriti sul disco; stilo 1 con stimma semplice; ovario con 4-5 logge, più spesso 2-ovulate. Frutto cassula lobata, deiscente nel margine interno; semi con albume nullo o carnoso; embrione diritto o curvo. — Piante legnose alla base con foglie alterne, ± divise, cosparse di punti glandolosi, trasparenti.

1 {
> Fiori regolari, gialli, in corimbi, ordinariam. a 4 divisioni; calice persistente; pet. concavi. Foglie 2-3-pennatosette. Cassula a 4-5 lobi poco profondi.
>
> 1 RUTA
>
> Fiori irregolari, bianchi o porporini, in grappoli allungati, a 5 divisioni; calice caduco; pet. piani. Foglie imparipennate. Cassula a 5 lobi profondi.
>
> 2 DICTAMNUS
}

1. Ruta (da ρεω = colo; alludendo alle proprietà emmenagoghe della pianta). Calice persistente a 4 sep.; pet. 4-5 uguali, concavi; stami 8-10; ovario sessile a 4-5 logge. Cassula a 4-5 lobi. — Fiori gialli. Foglie pennatosette, decomposte od intere; stipole nulle. Piante glabre o puberule, con odore forte e spiacevole.

1 {
> Petali *interi o dentellati, non frangiati.* Lobi del frutto *ottusi.* Brattee e sepali lanceolato-acuti. Pedicelli non glandolosi, poco più lunghi o quasi uguali alle cassule. Foglie quasi triangolari nel loro contorno, 2-3-pennatosette, con lacinie obovato-bislunghe. Fusto eretto, ramoso, 3-11 dm. ♃ *Mag. Ag.* — Luoghi sassosi e muri dal mare alla reg. submont.; spesso coltiv. — *Ruta.* (Fig. 89) . . . . **521 R. graveolens L.**
>
> Pet. *frangiati.* Lobi del frutto *acuti* **2**
}

2 {
> Brattee *grandi, ovali, più larghe* dei rami. Pet. con frangie *larghe la metà del lembo.* Segmenti delle foglie *obovato-oblunghi od oblunghi.* Pianta *verde, glabra, non glandolosa* in alto. ♃ *Apr. Giug.* — Dal mare alla reg. submont. . . . . **522 R. bracteosa DC.**
>
> Brattee *piccole, lanceolate, più strette* dei rami. Pet. con frangie *uguali in larghezza al lembo.* Segmenti delle foglie *oblungo-lineari o lanceolato-lineari.* Pianta *glauca, puberula, glandolosa* in alto. ♃ *Apr. Lug.* — Dal mare alla reg. submont. . . . . · **523 R. chalepensis L.**
}

2. Dictámnus (da δικταμνος, derivato di Δικτος = montagna di Creta). Fiori irregolari, calice caduco, 5-partito, a divisioni diseguali; pet. 5 diseguali, piani, interi, molto più lunghi del calice, i 4 super. ascendenti, l'infer. riflesso; stami 10 inclinati; ovario stipitato, a 5 lobi profondi, con logge 2-4-ovulate. Frutto a 5 follicoli affatto liberi, patenti a stella, rostrati, 2-3-spermi.

Fiori grandi, bianco-rosei, in racemo terminale semplice, o raram. con 1-2 rami. Foglie alterne, imparipennate, a foglioline pellucido-punteggiate, superiorm. glabre o pelose, di sotto pubescenti. Pianta peloso-glandolosa, 3-10 dm., con odore grave se stropicciata. Follicoli bruno-porporini. ⚥. (E. T. M.). — *Mag. Giug.* — Luoghi selvatici reg. submont. — *Dittamo.*
524 D. albus L.

Appartengono a questa famiglia gli Agrumi, abbondantemente coltivati in Italia, cioè il Limone (*Citrus Limonum* Risso), l'Arancio dolce (*C. Aurantium* Risso), l'Arancio forte (*C. Aurantium* var. *Bigaradia*), il Cedro (*C. medica* Risso), il Bergamotto (*C. Aurantium* var. *Bergamia*) ed il Mandarino (*C. Aurantium* var. *nobilis*).

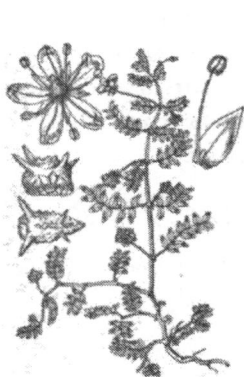

88. *Tribulus terrester* L. ($^1/_4$).   89. *Ruta graveolens* L. ($^1/_4$).   90. *Cneorum tricoccum* L. ($^1/_4$).

FAM. 28.ª SIMARUBACEE.

Cneórum (da χνεωρος, nome usato da Teofrasto). Fiori ermafroditi, regolari; calice persistente, 3-4-fido; pet. 3-4 caduchi, molto più lunghi del calice; stami 3-4; ovario 3-4-lobo; stilo 1; stimma 1, a 3-4 lobi. Frutto drupaceo, secco, 3-cocco, contenente 2 semi, separati da un falso tramezzo trasversale.

Fiori giallo-verdognoli, talora rossicci all'apice, in cime 2-5-flore, ascellari, con peduncoli eretti. Foglie semplici, alterne, sessili, bislunghe. Frutice glabro, ramosissimo, 8-15 dm. ♄. (T. L.) — *Mar. Giug.* — Luoghi aridi presso il mare (Fig. 90) . . . . **525 C. tricoccum** L.

A questa famiglia appartiene pure l'*Ailanthus glandulosa* Desf., grande albero originario della China e delle isole Molucche, ed ora da alcuni anni quasi inselvatichito in varie parti d'Italia e coltivato per ornamento nei viali e per rimboschire luoghi sterili e pietrosi. Dalle foglie esala un odore spiacevole per un olio volatile che vi si contiene.

Fam. 29.ᵃ **CORIARIACEE.**

Coriária (da *corium* = cuoio, perchè impiegate nel tannaggio delle pelli). Fiori regolari, ermafroditi o poligami; calice a 5 divisioni; pet. 5, alterni colle divisioni del calice; stami 10; ovari 5 liberi, 1-ovulati, terminati da altrettanti stili liberi. Frutto formato da 5 cocchi, monospermi, indeiscenti, alla fine secchi, inclusi dagli involgi fiorali divenuti carnosi, che gli danno apparenza di frutto bacciforme; embrione diritto; albume nullo.

> Frutice glabro, a rami tetragoni, flessibili, alto 6·14 dm.; foglie opposte coriacee, intere, picciolate, ovali, con 3 nervi longitudinali. Fiori piccoli, verdastri, in grappoli terminali, numerosi. Cocchi lucenti, neri. 5. (E. nell'App· parmense). — *Mar. Apr.* — Reg. med. e submont. **326 C. myrtifolia** L.

Fam. 30.ᵃ **EMPETRACEE.**

Empetrum (da ἐν = in e πέτρος = roccia, per la sua stazione). Fiori regolari, dioici o poligami, bratteati; sep. 3; pet. 3 marcescenti, alterni coi sepali; stami 3 alterni coi petali, ipogini; ovario globoso, a 3-9 caselle, 1-ovulate, circondato da staminodi; stilo corto con stimma a diversi lobi raggianti. Frutto drupa, globoso-depressa, dapprima verde, poi rossa e alla fine nera, con 6-9 noccioli, monospermi; semi ossei, trigoni; embrione diritto; albume carnoso; cotiledoni corti, semicilindrici.

> Frutice prostrato od ascendente, ramoso, alto 1·4 dm. Fiori piccoli, porporini, ascellari, sessili. Foglie piccole, sparse o quasi in verticilli di 3, lineari-oblunghe, ottuse, 1-nervate, quasi sessili, coriacee, persistenti, senza stipole. 5. (App. centr.). — *Apr. Lugl.* — Roccie reg. mont. **527 E. nigrum** L.

2. CALICIFLORE. Due involgi fiorali (calice e corolla), raram. uno solo per aborto. Corolla monopetala o polipetala, inserita, con gli stami, sul calice; ovario libero o aderente al tubo calicino (infero).

Fam. 31,ᵃ **CELASTRACEE.**

Evónymus (da εὐ = buono e ὄνομα = nome). Fiori ermafroditi, regolari; calice piano, persistente, con 4-5 divisioni; pet. 4-5, alterni coi sepali, inseriti, con gli stami, sopra un disco carnoso; stami 4-5; ovario libero, immerso inferiorm. nel disco perigino, 4-5-loculare, raram. 3-loculare; stilo 1 con stimma lobato. Frutto cassulare, coriaceo, con 4-5 valve, dapprima verdi, poi rosee, contenenti 1 o raram. 2 semi; semi avvolti quasi totalm. da un arillode rosso-aranciato; embrione diritto; albume ispessito; cotiledoni fogliacei.

1
{
Rami *quadrangolari*. Petali *bislunghi*. Stami ordinariam. *4*, *quasi uguali* al calice, con antere *2-loculari*, deiscenti *per lungo*. Cassula *senz'ale*, più spesso divisa in *4 lobi* (raram. 5), ottusi. *grossi*, *non alati*. Fiori *2-4* in cime ascellari, *verdastri*. ♄. *Apr. Mag.* — Boschi e siepi reg. submont., raram. med.
528 E. europæus L.

Rami *cilindrici*. Pet. *orbicolari*. Stami ordinariam. *5*, *più corti* del calice, con antere *1-loculari*, deiscenti *trasversalm*. o *nell'apice*. Cassula *alata* più spesso divisa in *5 lobi* (raram. 4), ottusi, *sottili*, *alati*. Fiori *5-10* in cime ascellari, *rossastri*. ♄. *Mag. Giug.* — Boschi e siepi reg. mont. e submont.
529 E. latifolius Mill.
}

FAM. 32.ª RAMNACEE.

Frutici, arboscelli od alberi. Foglie indivise, alterne od opposte; stipole erbacee o spinose. Fiori regolari, ermafroditi, dioici o poligami; calice gamosepalo a 4-5 lobi, caduchi; pet. 4-5 piccolissimi, qualche volta nulli, inseriti, con gli stami, sopra un disco aderente al tubo calicino; stami 4-5 opposti ai petali; stilo 1 con 1-4 stimmi; ovario libero o aderente al calice. Frutto secco o carnoso (bacca, drupa), con 3 valve monosperme; embrione diritto; albume carnoso; cotiledoni piani.

CHIAVE DEI GENERI.

1
{
Ovario assolutam. libero. Calice tuboloso-campanulato. Stipole erbacee, caduche. Frutto drupa. . . . . 3 RHAMNUS
Ovario aderente al calice. Calice ruotato. Stip. spinose, persistenti . . 2
}

2
{
Stili 3. Frutto secco, dilatato alla sommità in un disco grande, orbicolare, membranoso . . . . 1 PALIURUS
Stili 2. Frutto drupaceo, carnoso, oblungo, non dilatato in disco membranoso.
2 ZIZYPHUS
}

1. Paliúrus. Fiori ermafroditi; calice 5-fido, ruotato; pet. 5; stami 5; ovario aderente al calice; stili 3. Frutto secco, coriaceo, dilatato in alto in un disco orbicolare, membranoso; semi compressi, subovati. — Stipole spinose.

Fiori, piccoli giallicci, in cime ascellari; pet. spatolati. Frutto dapprima verde, poi rossiccio, fornito di un'ala larga, orizzontale, smerlata. Foglie alterne, distribuite su due lati, ovali, crenulate, con 3 nervature sporgenti; stipole in forma di due aculei rossiccio-scuri, uno diritto, l'altro curvato in giù ad arco. Frutice od arboscello, 1-2 ½ m. ♄. *Mag. Giug.* — Luoghi selvatici e siepi reg. med., spesso coltivato per le siepi. — *Marruca*.
530 P. australis Gaertn.

2. Zízyphus. Fiori ermafroditi; calice 5-fido, ruotato; pet. 5; stami 5; ovario immerso nel disco cui in parte aderisce; stili 2. Frutto drupaceo, carnoso, con 1-2 logge monosperme. — Stipole spinose.

Frutice o albero di 2-7 m., ramoso, coi rami flessuosi. Foglie alterne, bislungo-ovate, glandoloso-seghettate, brevem. picciólate, a 3 nervature; stipole spinose, una diritta, l'altra curvata ad arco. Fiori piccoli, bianchicci, in cime povere, subeguali al picciolo. Drupa bislunga, rossiccia e lucente. ♄. (T. M. L.). — *Lug.* — Dal mare alla reg. submont., spesso inselvatichito. — *Zizzolo o Giuggiolo* . . . . **531 Z. sativa** Gaertn.

3. **Rhamnus.** Fiori dioici o poligami, raram. ermafroditi; calice tubuloso-campanulato, 4-5-fido; pet. 4-5, piccoli, talora nulli; stami 4-5 opposti ai petali; ovario libero a 2-4 logge 1-ovulate; stilo unico ed indiviso, oppure 2-4-fido. Drupa a 2-4 noccioli monospermi. — Stipole erbacee.

1 { Rami *spinosi*. Fiori dioici, quasi sempre a 4 divisioni calicine . . . 2
{ Rami *non spinosi* . . . . , **4**

2 { Rami vecchi terminati da *1 sola spina*. Foglie *assai grandi*, con picciolo lungo *circa la metà* del lembo e 2-3 volte più lungo delle stipole. Frutice alto *1-4 m.* ♄. — (It. centr., non comune). — *Apr. Giug.* -- Boschi e siepi reg. submont. o più raram. med. . . . **532 Rh. cathartica** L.
{ Rami *con diverse spine*. Foglie *assai piccole*, con picciolo lungo *circa il terzo* del lembo. Frutici alti *da 50 cm. a 1 m.* 3

3 { Foglie con picciolo lungo *circa il terzo* del lembo; stipole *più corte* del picciolo. Rami d'un *bruno-rossastro*. Semi con un solco dorsale *stretto*. ♄. (M. presso Camerino, L.). — *Mag. Giug.* — Reg. med. e submont.
           533 Rh. infectoria L.
{ Foglie con picciolo lungo *soltanto il quinto* del lembo; stipole *lunghe quasi quanto o poco più* del picciolo. Rami giovani d'un *bianco-grigiastro*. Semi con un solco dorsale *molto largo*. ♄. (M. U.). — *Apr. Giug.* — Colli e monti reg. submont. e mont. . . . . . **534 Rh. saxatilis** Jacq.

4 { Fiori *ermafroditi*, a 5 divisioni calicine. Stilo *indiviso*. Foglie caduche, membranacee; stipole lineari, più brevi del picciolo. ♄. (It. centr., piuttosto raro). — *Apr. Giug.* — Luoghi boschivi e talora paludosi dal mare alla reg. mont. . . . . **535 Rh. Frangula** L.
{ Fiori *dioici*. Stilo *diviso* 5

5 { Foglie *persistenti, coriacee*, spesso seghettate, con 2 nervature longitudinali, oltre la mediana, presso la base, che vanno curve fin verso la metà del lembo. Fiori piccoli, di odore piuttosto spiacevole, ordinariam. *a 4-5 divisioni* calicine; pet. nulli o uno solo gialliccio. Frutice o arbusto eretto, 1-5 m. ♄. *Gen. Apr.* — Macchie reg. med.; coltiv. nei giardini. — *Linterno.*
           536 Rh. Alaternus L.
{ Foglie *caduche, membranacee*. Fiori ordinariam. *a 4 divisioni* calicine . 6

6 { Foglie con *5-7, raram. 8-9* nervature per lato, *ovali o ellittiche*, minutam. crenulate o intere. Calice a lobi *lanceolato-acuminati*, più lunghi del tubo; pet. più brevi del calice, talora nulli. Frutice alto 5-20 cm., a fusto prostrato. ♄. (T. M. U. L.). — *Mag. Lug.* — Rupi reg. mont.
           537 Rh. pumila Turr.
{ Foglie con *7-20* nervature per lato, generalm. verdi in ambedue le pagine, lucide di sopra, a picciolo lungo 5-11 mm. e nervature diritte od arcuate, lembo *ovale o ovale-tondo*. Calice a *lobi triangolari*, uguali al tubo o più lunghi; pet. più brevi del calice, verdicci. Arbusto a fusto generalm. eretto. ♄. (T. M. U.). — *Mag. Giug.* — Boschi e rupi reg. mont.; poco comune. (Fig. 92) . . . . · **538 Rh. alpina** L.
   Foglie glauche di sopra e cenerine di sotto, opache, a picciolo lungo 7-25 mm. e nervature bene arcuate, lembo di forma e grandezza variabile, dalla *lanceolata alla subrotonda*. Arbusto diviso dalla base in rami tortuosi, diffusi. (T. nelle Alpi Ap. e App. lucchese). — Var. *glaucophylla* (Sommier).

FAM. 33.ª **ANACARDIACEE.**

Frutici, arbusti od alberi resiniferi. Foglie semplici o composte; stipole nulle. Fiori ermafroditi, dioici o poligami; calice gamosepalo, 5-3-fido; pet. 5-3, qualche volta nulli, alterni coi sepali; stami 5-3, coi filamenti liberi; ovario libero; stili 5-3 liberi o saldati. Frutto drupaceo; semi con embrione diritto o curvo; albume nullo; cotiledoni piani.

CHIAVE DEI GENERI.

1 { Fiori brunastri, apetali. Foglie pennate a foglioline intere e glabre.
    1. PISTACIA
    Fiori verdastri o giallastri, a 5 petali. Foglie semplici e glabre, o pennate a foglioline dentate e pubescenti . . . . 2 RHUS

91. *Staphylea pinnata* L. (¼).   92. *Rhamnus alpina* L. (¼).   93. *Pistacia Terebinthus* L. (¼).

1. **Pistácia.** Fiori dioici, apetali: i maschili con calice 5-partito o 5-fido, stami 5 a filamenti brevissimi, inseriti in fondo al calice e saldati fra loro in basso, disco ipogino anulare; i femminei con calice 3-4-partito, raram. 5-partito, disco nullo; ovario unico, sessile; stili 3 saldati alla base. Drupa monosperma, poco o punto carnosa.

1 { Foglie per lo più *paripennate, persistenti*, picciolo *alato superiorm.* Arboscello di *1-3 m.* o poco più. ♃. *Mar. Giug.* — Luoghi sterili e macchie reg. med. — *Lentisco* . . . . . . **539 P. Lentiscus** L.
    Foglie *imparipennate, caduche*, picciolo *non alato*. Arboscello o albero di *1-5 m.* ♃. *Apr. Lug.* — Luoghi rupestri reg. med. e submont. — *Terebinto.* (Fig. 93) . . . . **540 P. Terebinthus** L.

Il Pistacchio è dato dalla *Pistacia vera* L., estesamente coltivata in Sicilia.

2. **Rhus** (da ρους = nome greco della pianta). Fiori poligami, mono-dioici o ermafroditi: calice piccolo, 5-fido; pet. 5 uguali, inseriti con gli stami al di sotto d'un disco ipogino; stami 5, raram. 10, a filamenti allungati, liberi; ovario libero, sessile, uniloculare; stili 3 liberi o un poco saldati. Drupa piccola, secca, compressa, monosperma.

1 — Foglie *semplici*, *glabre* sulle due pagine, ovali-arrotondate, ottuse, *intere*. Fiori ermafroditi o in parte unisessuali maschili per aborto; pet. verde-giallognoli. Drupe piccole, obovali, glabre, rosso-brune e lucenti. Arboscello alto 1-5 m. ♄. (It. centr.). — *Mag. Lug.* — Aridi reg. submont. o raram. med. — *Scotano* . . . . **541 Rh. Cótinus** L.
— Foglie *imparipennate*, ± *pelose* almeno inferiorm. sui nervi, *dentate* . . 2

2 — Foglioline *glabre di sopra* e pelose di sotto lungo i nervi. Fiori *poligami*, subsessili, in pannocchie piramidali, lunghe *la metà* delle foglie; pet. *verdi*. Drupe globose, con peli porporini. Arboscello alto sino a 10 m. ♄. (M. nel monte Comero inselv.). — Coltiv. per ornamento. **542 Rh. hirta** Sudw.
— Foglioline *sparsam. pelose* sulle due faccie. Fiori *ermafroditi*, brevissimam. pedicellati, in pannocchie bislunghe, lunghe *quasi quanto* le foglie; pet. *bianco-giallastri*. Drupe subglobose, irsute, bruno-porporine. Arboscello alto 1-4 m. ♄. *Mag. Ag.* — Boschi reg. med. raram. submont.
        543 Rh. Coriaria L.

FAM. 34.ª ILICINEE.

Ilex (dal celtico *ac* = punta, alludendo alle foglie spinose). Fiori ermafroditi, regolari; calice persistente, con 4-5 divisioni; corolla ruotata, ipogina, con 4 pet. liberi o saldati in basso; stami 4; ovario sessile, subgloboso; stili 4 saldati in uno, stimmi 4, sessili. Drupa con 3-5 noccioli.

Arbusto ramoso, con foglie persistenti, coriacee, lucenti, spinose od inermi, senza stipole. Fiori bianchicci, in corimbi ascellari o talvolta solitari. Frutto rosso. ♄. *Mag. Giug., frut. Ott.* — Boschi reg. submont. e mont. — *Agrifoglio* . . . . **544 I. Aquifolium** L.

FAM. 35.ª IPPOCASTANEE.

Aésculus. Fiori ermafroditi, irregolari; calice 5-fido; pet. 5; stami 7, diseguali, incurvati. Ovario unico, a 3 logge 2-ovulate; 1 stilo; 1 stimma acuto. Frutto cassulare, coriaceo, spinoso, a 3-valve con 1-3 semi grossi, simili a quelli del Castagno, subglobulosi, lucenti, bruno-ferruginei, ad ilo largo cenerognolo.

Albero elevato, a larga chioma. Foglie grandi, opposte, picciolate, digitate a 7 foglioline obovate, dentate. Fiori odorosi, bianchi, macchiati di rosso e giallo, in pannocchie terminali, piramidali. ♄. *Mag.* — Coltiv. nei viali, parchi e giardini; origin. dell'India or. — *Castagno d'India.*
        545 Ae. Hippocastanum L.

FAM. 36.ª STAFILEACEE.

Staphyléa (da σταφυλη = racemo; alludendo alla disposizione dei fiori). Fiori ermafroditi, regolari; calice 5-partito, caduco; pet. 5

bianchi; stami 5; ovari 2-3 in gran parte saldati fra loro interna-
mente; stili 2-3 liberi o ± saldati. Frutto cassula membranacea, a
2-3 logge; semi duri, subglobosi.

> Foglie opposte, imparipennate, con 5-7 foglioline bislunghe, acuminate, minu-
> tam. dentate. Fiori bianchi in racemi ascellari e terminali, pendenti. Arbo-
> scello di 2-5 m. o più. ♄. (E. T. M. L.). — *Mag. Giug.* — Boschi e rupi
> reg. submont. e mont. (Fig. 91) . . . . . . **546 S. pinnata** L.

FAM. 37.ᵃ ACERACEE.

Acer (da *acer* = vigoroso, duro). Fiori regolari, poligami o dioici; calice a 5 divisioni; corolla a 5 petali; stami 8, raram. 5-12; stili 2, inferiorm. ± saldati fra loro. Ovario libero, a 2-3 carpelli 2-ovu-
lati. Frutto secco indeiscente, formato da 2 samare lungam. alate, monosperme, che si separano alla maturità. — Alberi a succo acquoso,
qualchevolta zuccherino, con foglie opposte, con fiori pedicellati verdastri in grappolo.

1 { Foglie *imparipennate*, a 3-5 foglioline ovate, dentato-lobate o talvolta intere,
pubescenti da giovani, quasi glabre da adulte, talora nelle piante coltiv.
fortem. screziate di bianco. Fiori piccoli, *dioici*; stami *4-6*. Frutti glabri,
leggerm. incurvati, con ali finam. venate. Albero alto 20-23 m. ♃. *Apr.* —
Origin. dell'Amer. bor. e coltiv. nei viali e giardini.
547 A. Negundo L.
Foglie *semplici*. Fiori *poligami*; stami *7-8* 2

2 { Fiori *in racemi allungati*, pendenti. Foglie a 5 lobi acuti, biancastre di sotto
± pelose, specialm. da giovani. Filamenti degli stami *pelosi in basso*. Fiori
verde-giallicci, coi pedicelli circa 3 volte più lunghi del fiore. Albero alto
10-30 m., con la scorza cenerino-rossiccia e liscia. ♄. (It. centr.). — *Apr.*
Giug. — Boschi reg. submont. e mont. **548 A. Pseudo-Platanus** L.
Fiori *in racemi corimbiformi*. Filamenti degli stami *glabri* . . . 3

3 { Racemo *peduncolato*, eretto. Frutti compressi, piani, con ali non ristrette alla
base. Foglie patenti, glabre, con 5 lobi palmati, acuti, verde-lucenti di sotto.
Fiori giallo-verdicci, sviluppantisi contemporaneam. alle foglie, coi pedicelli
3-4 volte più lunghi del fiore. Albero alto 18-30 m., con la scorza cenerino-
scura, liscia ovvero longitudinalm. screpolata nei vecchi alberi. ♄. (E. T.
M. U.). — *Apr. Mag.* — Reg. mont. . . . . **549 A. platanoides** L.
Racemo *sessile* 4

4 { Racemo *peloso* verso la base. Frutti molto convessi su ambedue le facce, con
ali *ristrette* alla base. Foglie alla fine glabre, molto piccole, verdi-lucenti di
sopra, di un verde-pallido e opache di sotto, con *3 lobi* palmati. Fiori giallo-
verdicci, sviluppantisi *prima delle foglie*. Arbusto o albero a corteccia cenerina. ♄. *Apr. Mag.* — Reg. submont. e med.
550 A. monspessulanum L.
Racemo *glabro*, coi fiori sviluppantisi *contemporaneam. alle foglie*. Frutti con ali
non ristrette alla base. Foglie con *5 lobi* ottusi o quasi acuti . . . 5

5 { Racemo *pendente*. Frutti ovoidei *molto convessi*, con ali *eretto-patenti*. Foglie
± pelose, *glauco-bianchicce di sotto*. Fiori *assai grandi*, giallo-verdicci. Albero alto 6-12 m., a corteccia cenerognolo-scura e liscia. ♄. *Apr. Mag.* —
Boschi reg. submont. raram. mont. . . . . **551 A. Opalus** Mill.
Racemo *eretto*. Frutti rotondi, *poco-convessi*, con ali *patenti orizzontalm.* Foglie
verdi sulle due facce. Fiori piccoli, giallo-verdicci. Albero od arbusto alto
3-12 m. ♄. *Apr. Mag.* — Boschi reg. subm. — *Acero.*
552 A. campestre L.

Fam. 38.ᵃ **AMPELIDACEE.**

Vitis. Fiori ermafroditi o poligami, regolari; calice piccolo a 5 denti; pet. 5 connessi superiorm. a cuffia, caduchi; stami 5, liberi, opposti ai petali, ovario a 2 logge 2-ovulate. Frutto bacca 1-2-loculare, con 1-4 semi ossei o talora senza. — Piante legnose rampicanti.

Fiori piccoli, verdicci odorosi, in grappoli opposti alle foglie, qualchevolta abortiti e ridotti a un viticcio. Foglie alterne, cuoriformi-rotonde, palmate, con 3-5 lobi inegualm. dentati. 5 . . . **553 V. vinifera** L.
  Fiori *sempre dioici*. Bacche piccole, globose, rosso-brune. — Dal mare alla reg. subm. — *Vite selvatica.* Var. *silvestris* DC.
  Fiori *generalm. ermafroditi*. Bacche di grandezza e colore variabile. Coltiv. in moltissime varietà. — *Vite coltiv.* Var. *sativa* DC.

Molte varietà di *Vitis* sono inoltre largam. coltivate: rammentiamo fra le altre *V. riparia* Michx. (Vite americana), *V. rotundifolia* Michx., *V. rupestris* Scheele, *V. Labrusca* L. (Uva fragola o Isabella) e *V. aestivalis* (Vite americana).
  La Vite del Canadà o *Parthenocissus quinquefolia* (L.) Planch. è spesso coltivata per rivestire i muri dei giardini e talora trovasi spontanea.

Fam. 39.ᵃ **FASEOLACEE.**

Piante erbacee, fruticose od arboree. Foglie composte, raram. semplici, ordinariam. alterne e provviste di stipole. Fiori di colore e infiorescenza variabile, per lo più irregolari. Calice gamosepalo, sovente bilabiato; corolla papilionacea con 5 pet., talora nulli, disuguali, il superiore (*vessillo*) più grande, 2 laterali (*ali*), talora aderenti ai due inferiori e più interni (*carena*), che sono liberi o connessi nel margine inferiore. Stami 10, inseriti con la corolla alla base del calice, ora tutti saldati pei filamenti (*monadelfi*), ora 9 saldati in un tubo fesso e il 10° libero (*diadelfi*), raram. tutti liberi. Ovario libero, con 2 o più ovuli aderenti all'angolo interno in 1 o 2 serie, campilotropi od anatropi. Frutto secco, deiscente od indeiscente (legume, lomento, achenio), talora con setti nell'interno; semi a guscio coriaceo; cotiledoni fogliacei o carnosi; albume nullo; embrione incurvo, raram. diritto.

CHIAVE DEI GENERI.

1	Foglie semplici o 1-fogliolate	2
	Foglie 3-fogliolate	9
	Foglie digitate. Legume	2 LUPINUS
	Foglie imparipennate	26
	Foglie paripennate o viticciose. Legume	43
2	Piante fruticose. Stami monadelfi. Legume	3
	Piante erbacee	6
3	Fiori rossi . . . . 9 ONONIS p. p.	
	Fiori gialli	4

4	Calice tuboloso 5-dentato	15 ANTHYLLIS p. p.
	Calice diviso superiorm. e perciò 1-labiato	. 6 SPARTIUM
	Calice 2-labiato	. 5
5	Calice colorato, diviso fino alla base	7 ULEX
	Calice erbaceo, diviso fino a metà	. 5 GENISTA p. p.
6	Stami monadelfi. Legume	. 7
	Stami diadelfi	. 8
7	Calice tuboloso 5-dentato	15 ANTHYLLIS p. p.
	Calice campanulato 5-fido	. 9 ONONIS p. p.
8	Fiori gialli. Lomento	26 SCORPIURUS
	Fiori porporini. Legume	35 LATHYRUS p. p.
9	Piante erbacee volubili. Carena contorta a spira in cima. Legume.	
		37 PHASEOLUS
	Piante erbacee non volubili. Carena non contorta . . .	. 10
	Piante fruticose	. 19
10	Stami monadelfi. Legume	. 11
	Stami diadelfi	. 12
11	Calice tuboloso 5-dentato	15 ANTHYLLIS p. p.
	Calice campanulato 5-fido	. 9 ONONIS p. p.
12	Corolla persistente, aderente all'androceo. Achenio. . .	13 TRIFOLIUM
	Corolla caduca, libera	. 13
13	Stipole saldate fra loro. Lomento	28 CORONILLA p. p.
	Stipole non saldate fra loro	. 14
14	Filamenti più lunghi dilatati all'apice	. 15
	Filamenti più lunghi non dilatati all'apice . . .	. 17
15	Pianta glandoloso-resinosa. Achenio	22 PSORALEA
	Pianta non glandoloso-resinosa. Legume	. 16
16	Carena ottusa	17 DORYCNIUM p. p.
	Carena ristretta in becco	. 18 LOTUS
17	Fiori in grappoli allungati. Legume diritto . . .	11 MELILOTUS
	Fiori in grappoli brevi. Legume ± arcuato o contorto a spira . .	. 18
18	Legume breve, generalm. contorto a spira, più raram. reniforme o semilunare.	
		10 MEDICAGO
	Legume allungato, appena arcuato, giammai contorto a spira.	12 TRIGONELLA
19	Stami tutti liberi	. 1 ANAGYRIS
	Stami diadelfi. Fiori bianchi	17 DORYCNIUM p. p.
	Stami monadelfi	. 20
20	Calice quasi regolare	. 21
	Calice 2-labiato	. 23
21	Calice campanulato 5-fido. Fiori rossi	9 ONONIS p. p.
	Calice tuboloso 5-dentato	. 22
22	Calice rotto circolarm. nel mezzo alla fioritura . .	8 CALYCOTOME
	Calice persistente	15 ANTHYLLIS p. p.
23	Labbro super. del calice troncato o 2-dentato . .	4 CYTISUS p. p.
	Labbro super. del calice 2-partito	. 24
24	Vessillo diretto in avanti	5 GENISTA p. p.
	Vessillo ripiegato in su	. 25
25	Fiori solitari o in fascetti	4 CYTISUS ARGENTEUS
	Fiori in grappoli	3 ADENOCARPUS
26	Piante arboree o fruticose	. 27
	Piante erbacee	. 30
27	Fiori bianchi in grappoli. Legume	24 ROBINIA
	Fiori gialli in ombrella	. 28
28	Calice tuboloso	15 ANTHYLLIS p. p.
	Calice campanulato	. 29
29	Carena troncata all'apice. Legume	. 25 COLUTEA
	Carena assottigliata in becco. Lomento . . .	28 CORONILLA p. p.

1. **Anagyris** (dal greco ἀνα = in alto e γυρος = curvo; alludendo ai margini ondulati del legume).

Fiori giallo-verdastri, macchiati di nero, in grappoli multiflori, laterali, fogliosi alla base. Stami liberi. Legumi pendenti, glabri, ondulati ai margini; semi violacei. Arbusto di 1-3 m., d'odore fetido, con foglie trifogliolate e con stipole saldate in una sola opposta alla foglia e bifida. 5. (It. media). — *Dic. Mar.* — Macchie reg. med. . . . **554 A. foetida** L.

2. **Lupinus.** Fiori in racemi terminali. Calice persistente, profondam. diviso in due labbra discoste; vessillo ovale, carenato nel dorso, ali oblunghe, spesso connate nell'apice, carena arcuato-rostrata; stami monadelfi con antere in parte versatili, in parte basifisse; ovario sessile, stilo lesiniforme, stimma un poco inclinato in avanti. Legume sessile, coriaceo, ± compresso e con setti di tessuto cellulare fra i semi, che sono senza strofiolo. — Erbe a foglie digitate, con 5-9 foglioline e stipole con la base saldata al picciolo.

1 { Fiori *alterni o geminati, non verticillati*. Foglioline *glabre* di sopra . . 2
{ Fiori tutti o soltanto i superiori *verticillati*. Foglioline *pelose* sulle due facce 3

2 { Foglioline *obovato-oblunghe*. Fiori *bianchi* o in parte leggerm. azzurrognoli. Calice generalm. *senza* bratteole, a labbro super. *intero o debolm. bidentato*. Semi lisci, *bianchi non marmorizzati*. ①. *Mar. Giug.* — Comunem. coltiv. e qua e là inselvatichito. — *Lupino* . . . . **555 L. albus** L.
Calice con bratteole. Corolla azzurra all'apice. Colt. col tipo. Var. *Termis* (Forsk.).
Foglioline *lineari-oblunghe*, generalm. piane. Fiori *azzurri*. Calice *con* bratteole, a labbro super. *profondam. bipartito*. Semi lisci, grossi, *grigio-biancastri, marmorizzati*, con chiazze fulve e strie brunastre. ①. *Apr. Lug.* — Campi e luoghi erbosi reg. med. . . . **556 L. angustifolius** L.
Foglioline per la maggior parte scanalate. Semi più piccoli, bruno-rossastri o giallo-grigiastri. (T. all'Elba). Var. *linifolius* (Roth).

3 { Fiori *azzurri, inodori*. Calice a labbro infer. *trifido, lungo il doppio del super.* Semi lisci, brunastri, marmorizzati, con chiazze rossastre e strie nere ai margini. Pianta densam. irsuta per lunghi peli *patenti*. ①. (It. media). — *Apr. Giug.* — Campi e luoghi silvestri reg. med. **557 L. hirsutus** L.
Fiori *gialli*, colla carena violaceo-scura all'apice, *odorosi*. Calice a labbro infer. *tridentato, più breve del super.* Semi lisci, nerastri, marmorizzati con macchie bianche. Pianta brevem. villosa per peli *appressati*. ①. (L.). — *Apr. Giug.* — Campi e luoghi arenosi reg. media e submont. **558 L. luteus** L.

3. **Adenocárpus** (da ἀδην = glandola e χαρπος = frutto; alludendo al legume glandoloso.

Fiori gialli in racemi terminali, allungati. Calice pubescente e glandoloso, bilabiato, a labbro super. 2-partito, l'infer. 3-dentato. Vessillo suborbicolare ripiegato in su, carena curvato-ascendente; stami monadelfi; stilo arcuato, stimma capitato. Legume tubercoloso-glandoloso, sessile, lineare-oblungo, compresso; semi senza strofiolo. Foglie trifogliolate a foglioline obovate o bislunghe, spesso piegate per lungo. Arbusto di 2-8 dm., inerme, a rami subangolosi, pubescenti od irsuti almeno da giovani. ♄. (Piceno, L.) — *Mag. Lug.* — Reg. submont. e mont. . . . **559 A. parvifolius** DC.

4. **Cytisus** (da χυτισος, nome dato dai Greci al Citiso). Fiori in racemi o fascetti, raram. solitari o geminati. Calice persistente con due labbra divaricate, il super. troncato o bidentato, l'infer. con tre denti; corolla con vessillo generalm. eretto, carena curvata, sporgente, ali libere; stami monadelfi; stilo curvato in alto e stimma obliquo. Legume lineare, compresso, longitudinalm. sporgente. Semi con o senza strofiolo. — Foglie per lo più trifogliolate, con o senza stipole.

1 { Fiori in lunghi racemi *pendenti*, laterali. Legume *brevem. stipitato*, con suture ingrossate o la super. *alata*. Calice brevem. campanulato a labbro super. 2-dentato. Semi senza strofiolo 2
{ Fiori in racemi *eretti* od in fascetti terminali od ascellari, oppure solitari. Legumi *sessili*, con suture *nè ingrossate, nè alate* 3

2 { Foglioline d'un *verde-glauco* e con *peli sericei applicati di sotto*. Vessillo *con macchiette porporine nel mezzo*. Legumi *dapprima vellutati, poi glabri*, con suture, massime la super. *ingrossate*. ♄. *Apr. Mag.* — Boschi dal mare alla reg. mont. — *Avorniello, Maggiociondolo.* (Fig. 95) **560 C. Laburnum** L.
Foglioline *verdi su ambedue le facce*, col margine e nervo mediano muniti di *peli lunghi* e *patenti*. Vessillo *senza* macchiette porporine. Legumi sempre glabri, con sutura *super. alata*. ♄. (It. media). — *Mag. Lug.* — Boschi reg. mont. o più raram. submont. . . . **561 C. alpinus** Mill.

3 { Stipole *nulle*. Calice a labbro super. *bidentato od intero* all'apice. Semi con strofiolo. Piante che *generalm. anneriscono* col disseccamento 4
Stipole *presenti*. Calice a labbro super. *bifido o bipartito*, a tubo brevem. campanulato. Piante che *non anneriscono* col disseccamento 9

4 { Calice *breve, campanulato o conico*, a tubo *lungo 2-4 mm.* 5
Calice *tuboloso-allungato*, a tubo *ben più lungo di 4 mm.* 8

5 { Fiori in racemi *terminali nudi* 6
Fiori *in fascetti o solitari ascellari*, formanti talora dei racemi fogliosi . 7

6 { Foglie *tutte picciolate* a foglioline obovali o lineari lanceolate. Racemi *allungati, densi, moltiflori*. Legumi *pelosi*, lunghi 1 ½·2 cm. e larghi *3-5 mm*. Arbusto *minutam. pubescente, che annerisce* col disseccamento. ♃. (E. nel Bolognese). — *Giu. Lug.* — Boschi reg. submont. e mont.
            562 C. nigricans L.
Foglie dei rami fioriferi *sessili* a foglioline romboideo-orbicolari. Racemi *brevi, lassi*, con *5-12 fiori*. Legumi *glabri*, lunghi 2 ½-3 cm. e larghi *5-10 mm*. Arbusto *affatto glabro, che non annerisce* col disseccamento. ♃. *Mag. Giug.* — Boschi reg. submont., più raram. mont. **563 C. sessilifolius** L.

7 { Stilo *avvoltolato su sè stesso*. Legume *villoso-barbato sulle suture* e glabro ai lati. Foglie *super. intere*, le infer. trifogliolate. Fiori grandi, gialli. Semi *giallobruni*, nitidi. Frutice ramosissimo, 6-20 dm., a rami angolosi, affilati. ♃. *Mag. Lug.* — Boschi e macchie reg. submont. (Fig. 93).
            564 C. scoparius Lk.
Stilo *semplicem. incurvato all'apice*. Legume *totalm. irsuto*. Foglie *tutte trifogliolate*. Fiori gialli. Semi *gialli o rossicci*, nitidi. Arbusto eretto, 1-2 m. ♃. (It. media). — *Feb. Giug.* — Boschi e macchie reg. med., raram. submont.
            565 C. triflorus L'Hér.

8 { Pianta *inerme, poco ramosa*, a peluria *spesso patente ed irsuta*. Fiori laterali, per lo più fascicolati e formanti dei racemi allungati. Foglie *pelose su ambedue le facce*. Legumi falciformi a lunghi peli patenti come le altre parti della pianta. ♃. *Apr. Giug.* — Boschi e pascoli reg. subm. e mont.
            566 C. hirsutus L.
        Fiori terminali in capolini all'apice dei rami. (E. T.). — Var. *supinus* (L.).
Pianta con rami *spesso terminati in spina, ramosissima* ed a peluria corta, *appressata e sericea*. Fiori laterali, subsolitari. Foglie a foglioline *argentino-sericee almeno di sotto*. Legumi totalm. vellutato-sericei. ♃. (M. a Pioraco). — *Apr. Mag.* — Aridi reg. submont. e med.
            567 C. spinescens Sieb.

9 { *Arbusto pubescente, verde*, eretto, *1-3 m*. Calice lungo ⅓ circa della corolla. Legume *continuo*. Semi bruni, opachi, *con strofiolo* ♃. (E. M.). — *Apr. Giug.* — Boschetti reg. med. o più raram. submont. **568 C. monspessulanus** L.
Suffrutice sericeo-argentino, prostrato-ascendente, *1-3 dm*. Calice lungo ⅔ circa della corolla. Legume *con tenui setti* tra i semi. Semi rossicci, lucidi, *senza strofiolo*. ♃. (T. M. ecc.). — *Apr. Giug.* — Aridi reg. submont. o più raram. med. (Fig. 94) . . . . **569 C. argenteus** L.

5. **Genísta** (dal celtico *gen*, piccolo cespuglio: alludendo al portamento di queste piante). Fiori fascicolati o racemosi od anche solitari o geminati, ascellari o terminali. Calice erbaceo, bilabiato, col labbro super. bifido o bipartito, l'infer. 3-dentato; corolla gialla, assai più grande del calice, vessillo bislungo, diritto, ali libere, carena oblunga, per lo più diritta e ottusa; stami monadelfi; stilo arcuato-filiforme, con stimma obliquo. Legume variabile a semi ordinariam. senza strofiolo. — Foglie semplici o 3-fogliolate.

1 { Piante con rami *giunchiformi* 2
Piante con rami *non g   chiformi* 3

Foglie *3-fogliolate, opposte* come i rami. Fiori tutti *in piccoli capolini termi-nali*, accompagnati da bratteole ovate. Legume *sericeo* con apice *incurvo*. Arbusto eretto, ramosissimo, 1-6 dm. a rami *inermi* ♄. (App. pavese fino all'App. piceno). — *Giug. Ag.* — Rupi reg. mont. e alp.
570 **G. radiata** Scop.

2 Foglie per la maggior parte *semplici, alterne*. Fiori spesso *in fascetti termi-nali o laterali*, muniti di 2 bratteole. Legume *pubescente* con apice *diritto od obliquo*. Arbusto eretto, sparsam. ramoso, 5-8 dm., con rami *spinescenti*. ♄. *Mag. Giug.* — Aridi reg. med. . 571 **G. aspalathoides** Lam.
Arbusto di 1-3 dm., formante un cespuglio assai denso e compatto. (T.). Var. *Lobelii* (DC.).

3 Piante *spinose nei rami adulti*, rami giovani inermi; spine semplici o più spesso pennate, patenti. Calice peloso, a labbra quasi uguali; corolla pube-scente con vessillo assai più breve della carena. Legume breve, ovale-rom-boidale, peloso, con 2-4 semi ovoidi, bruni. Fusto ramosissimo, 3-6 dm. ♄. (It. media). — *Apr. Giug.* — Boschetti e luoghi selvatici dalla reg. submont. alla mont. — *Scardicci* . . . . . 572 **G. germanica** L.
Piante *inermi* 4

4 Rami *largam. alati*. Calice peloso, a labbra uguali, più lunghe del tubo; ves-sillo glabro, uguale alla carena. Legume lineare-oblungo, compresso, peloso, apicolato, con 3-6 semi verde-scuri, lucenti. Suffrutice di 10-30 cm., ± pe-loso, con rami eretti od ascendenti. ♄. (T. U. Piceno). — *Mag. Lug.* — Boschi e pascoli reg. submont. e mont. . . 573 **G. sagittalis** L.
Rami *non alati* 5

5 Vessillo e carena *glabri* 6
Vessillo e carena *peloso-sericei* 8

6 Calice a labbra *brevem. dentate*. Semi *con strofiolo*. Fiori 1-3, solitari o in fa-scetti, con peduncoli lunghi 2-3 volte il calice. Legume c. s. lungo 20-32 e largo 6 mm. circa. Suffrutice di 1-3 dm. con rami sdraiati, angoloso-sol-cati. ♄. (T. in Maremma). — *Apr. Mag.* — Luoghi erbosi specialm. cal-carei reg. submont. . . . . . 574 **G. pedunculata** L'Hér.
Calice a labbra *profondam. divise*. Semi *senza strofiolo* 7

7 Pianta *affatto glabra*, con rami *triangolari*. Foglie con *margine* cartilagineo-translucido. Legume lungo 15-20 e largo 4 mm. circa. Frutice od arbusto eretto od ascendente, 1-20 dm. ♄. (It. media). — *Apr. Giug.* — Boschi e pascoli reg. med. e submont . . . 575 **G. triangularis** L.
Pianta *spesso pelosa in alto*, a rami *moltiangolari o striati*. Foglie *senza mar-gine* cartilagineo. Legume lungo 20-25 e largo 3-4 mm. Arbusto o frutice di 1-18 dm., eretto od ascendente. ♄. *Giug. Aut.* — Boschi, siepi ecc. dal mare alla reg. mont. . . . . 576 **G. tinctoria** L.

8 Fiori in *brevi racemi o fascetti terminali*: pedicelli *generalm. provvisti di 1 o 2 bratteole* verso la metà. Calice sericeo-irsuto, con labbro super. a divi-sioni *lanceolato-acuminate*. Legume compresso-rigonfio, lungo *10-15*, largo *4-5 mm., densam. peloso*, con *1-4 semi*. Suffrutice argentino-sericeo, 1-2 dm. cespuglioso, a fusti striati, sdraiati. ♄. (App. modenese a Fiumalbo). — *Giug. Lug.* — Pascoli e rupi reg. submont e mont.
577 **G. sericea** Wulf.
Fiori in *fascetti o solitari ascellari*, disposti su lungo tratto dei rami e for-manti dei lunghi racemi fogliosi; pedicelli *senza bratteole*. Calice sericeo vel-lutato, con labbro super. a divisioni *triangolari-acute*. Legume compresso, lungo *20-25* e largo *4 mm. circa, vellutato*, con *3-8 semi*. Frutice a fusti solcati, con nodi sporgenti, di 2-5 o raram. 7-9 dm. ♄. (E. T.). — *Apr. Lugl.* — Boschetti e luoghi aridi dalla reg. med. alla mont.
578 **G. pilosa** L.

6. **Spártium** (dal greco σπαρτον = corda, per la scorza fila-mentosa che serve a fare corde).

Arboscello non spinoso di 1 a 3 m., eretto, a rami verdi, giunchiformi, pube-scenti da giovani, facilm. compressibili. Foglie semplici. Fiori gialli, odo-rosi, a calice scarioso, glabro, fesso fino alla base in un solo labbro tagliato obliquam. e terminato da 5 piccoli denti; stami monadelfi. Legume di 6-8 cm. per 5-7 mm., a semi ovoidei, castagni. 5. *Mag. Lug.* — Luoghi sterili reg. med. e subm., talora coltiv. . . . . **579 S. junceum** L.

7. **Ulex** (da υλη = boscaglia, per la stazione di queste piante).

Arboscello a spine robuste pubescente, eretto, di 1 a 2 m. Foglie lanceolato-lineari. Bratteole calicine brevem. ovali, più larghe del pedicello. Fiori solitari o in fascetti di 2-3, ascellari; calice peloso, colorato. diviso fino alla base; corolla giallo-dorata, ad ali più lunghe della carena. Legume subeguale al calice, a 4-6 semi, olivastri. 5. (E. T. M. L.). — *Feb. Giug.* — Luoghi sterili reg. med. e subm. — *Ginestrone* . . **580 U. europaeus** L.

8. **Calycótome** (da καλυξ = calice e τομη = taglio, per il calice che si scinde circolarm. verso il mezzo). Calice tubuloso, conico, con 5 denti corti, scindentesi circolarm. verso il mezzo del tubo nello sbocciamento; corolla assai più grande del calice, vessillo ovato, carena curvata; stami monadelfi; stilo filiforme-arcuato, con stimma a capocchia. Legume oblungo-lineare, con sutura superiore ingrossata od alata, con 3-10 semi. — Frutici spinosi, con foglie trifogliolate. Fiori gialli.

1 {
Legume *glabro* ad orlo super. con due *ali diritte* ed orlo infer. *non alato*. Fiori solitari od in fascetti di *2-3*; pedicelli *2-3 volte più lunghi* del calice, con una brattea all'apice *trifida o tripartita*. Pianta che *annerisce* col disseccamento. 5. (T., It. centr.). — *Gen. Mag.* — Reg. med.
                                                        581 C. spinosa Lk.

Legume *villoso-lanoso* ad orlo super. con due *ali ondulate* ed orlo infer. *strettam. alato*. Fiori in fascetti multiflori di *6-15*; pedicelli *1 volta più lunghi* del calice, con una brattea tonda *pressochè intera*. Pianta che *non annerisce o quasi* col disseccamento. 5. (T., It. centr.). — *Mar. Giug.* — Reg. med.
                                                        582 C. villosa Lk.
}

92. *Ononis viscosa* L. 93. *Cytisus scoparius* Lk. 94. *Cytisus argenteus* L.
   ($^1/_4$).   ($^1/_4$).   ($^1/_4$).

9. **Onónis** (da ονος = asino e όνημι = diletto; pianta che piace agli asini). Fiori ascellari, solitari, geminati o racemosi. Calice campanulato, a 5 divisioni profonde; corolla a petali liberi, vessillo **ovale**

od orbicolare, carena con rostro lesiniforme o raram. ottusa; stami monadelfi; ovario generalm. con pochi ovuli; stilo arcuato o ginocchiato. Legume rigonfio con pochi semi senza strofiolo. — Piante erbacee o legnose alla base con foglie trifogliolate, raram. semplici; stipole saldate al picciolo.

1 ⎰ Fiori a peduncoli ±. *lunghi articolati* e spesso aristati. Legumi *pendenti*   2
  ⎱ Fiori a peduncoli *brevi o subnulli, non articolati.* Legumi *eretti* .   .   . 7

2 ⎰ Piante *perenni* erbacee, a fiori rosei. Peduncoli 1-fiori. Calice a denti lanceolati appena più lunghi del tubo: corolla porporina, lunga quasi il doppio del calice. Legume pendente, pubescente-glandoloso, 10-12 per 6 mm. ♃. (App. piceno). — *Mag. Ag.* — Dalla reg. mont all'alp.
  583 O. cenisia L.
  ⎱ Piante *annue* o più di rado perenni ed in tal caso a fiori gialli   .   . 3

3 ⎧ Fiori *a vessillo roseo o porporino,* rarissimam. del tutto *bianchi*: peduncoli *non o brevissimam. aristati*: corolla più breve od uguale al calice. Foglie fiorali tutte o soltanto le super. 1-fogliolate, le altre 3-fogliolate. ①. *Apr. Giug.* — Arene e colli marit.   .   .   .   . **584 O. reclinata** L.
  ⎪   Corolla subeguale al calice. Legume sporgente dal calice. (E. T. It. centr.). Var. *Linnaei* Webb et Berth.
  ⎨   Corolla più breve del calice. Legume non od appena sporgente dal calice. Var. *mollis* (Savi).
  ⎩ Fiori *gialli* o raram. *bianco-giallastri,* talora striati di roseo nel vessillo; peduncoli *spesso aristati*   4

4 ⎰ Stipole *più brevi* del picciolo. Legumi *strozzati o no* tra un seme e l'altro 5
  ⎱ Stipole *uguali od un poco più lunghe* del picciolo. Legumi *mai strozzati* 6

5 ⎰ Pianta *perenne,* pubescente-glutinosa, fetida, 2-5 dm. Fiori *grandi* in grappoli fogliosi *terminali,* a corolla *lunga il doppio* del calice. Legumi 15-20 per 3-4 mm. ♃. *Giug. Est.* — Dal mare alla reg. submont.
  585 O. Natrix L.
  ⎱ Pianta *annua,* pubescente-glandolosa, 5-25 cm. Fiori *piccoli* in grappoli fogliosi *ascellari,* a corolla *uguale* al calice. Legumi 18-22 per 2 mm. ①. (T.). — *Apr. Mag.* — Campi e rupi reg. med.   **586 O. ornithopodioides** L.

6 ⎧ Corolla generalm. un *poco più lunga* del calice, *totalm. gialla* o talora striata di porpora nel vessillo. Legumi sessili generalm. *lunghi il doppio* del calice. Peduncoli *sempre 1-fiori.* Pianta villosa, resinoso-fetida. ①. (Bolognese e It. media). — *Apr. Giug.* — Erbosi reg. marit. raram. submont. (Fig. 92)
  ⎪   **587 O. viscosa** L.
  ⎨   Corolla più corta od uguale al calice. Col tipo. Var. *breviflora* (DC.).
  ⎪ Corolla *lunga quasi il doppio* del calice, *giallo-pallidissima,* spesso striata o soffusa di roseo. Legumi brevem. stipitati- *lunghi 3-4 volte* il calice. Peduncoli *1-2-fiori* Pianta brevem. glandoloso-pubescente. ①. (L. a Fiumicino). — *Febb. Apr.* — Reg. med.   .   .   .   .   . **588 O. biflora** Desf.

7 ⎰ Piante *perenni* a fiori rosei od eccezionalm. bianchi o violetti   .   . 8
  ⎱ Piante *annue* o raram. perenni ma a fiori gialli   11

8 ⎰ Piante *spinose.* Fusti per lo più diritti   9
  ⎱ Piante *per lo più inermi.* Fusti *ascendenti o prostrati*   .   .   . 10

9 ⎰ Fiori *grandi* 13-20 *mm.* Legume ovale, con *2-4 semi* tubercolosi. Fusti *diritti, assai robusti,* coi peli *lungo una linea.* ♃. *Giug. Sett.* — Dal mare alla reg. submont.   .   .   .   .   .   . **589 O. spinosa** L.
  ⎱ Fiori *più piccoli* 7-9 *mm.* Legume breve, lenticolare, con *1 solo seme.* Fusti flessuosi, assai gracili con peli *all'intorno.* ♃. *Giug. Sett.* — Reg. med.
  590 O. antiquorum L.

10 ⎧ Fusto *ascendente,* peloso, inerme. Fiori *in racemo terminale* peduncolato. Foglie ternate, oblunghe, seghettate, le super. acute. ♃. (E. T.). — *Lug.* — Reg. subm.   .   .   .   .   . **591 O. Masquillierii** Bert.
  ⎨ Fusto *prostrato,* spesso radicante alla base, spinoso nell'apice o inerme. Fiori *solitari, ascellari,* radi. Foglie infer. ternate a foglioline quasi tonde od ellittiche, glandolose. ♃. (T. e It. media).   **592 O. procurrens** Wallr.

11 { Petali *rosei, porporini o bianchi* 12
{ Pet. *gialli* 14

12 { Foglie *tutte 1-fogliolate*, generalm. oblunghe, acute od ottuse, spesso assai grandi. Fiori assai brevem. pedicellati in racemi lassi. Corolla ± pelosa esternam., uguale o più lunga, raram. un poco più breve del calice, che è campanulato. Fusti ascendenti od eretti, peloso-irsuti, 2-5 dm. ①. (M. ad Ancona). — *Mag. Giug.* — Campi e prati reg. med. . . . **593 O. alba** Poir.
{   Foglioline orbicolari od obovato-cuneate, assai piccole. (M.). — Var. *oligophylla* (Ten.).
{ Foglie *cauline 3-fogliolate*, più o meno lungam. picciolate . . . 13

13 { Foglie florali con stipole molto larghe, *scarioso-bianchicce, glabre*, avvolgenti il calice, *che è tuboloso-campanulato*, col tubo bianchiccio e glabro. Foglie brevem. picciolate a fogliolene ellittiche. ①. (T. a Giannutri). — *Apr. Mag.* — Reg. med. . . . . **594 O. mitissima** L.
{ Foglie florali con stipole uguali a quelle cauline, *verdi e pelose*, come pure il tubo calicino. Calice *campanulato*, a denti 3-5-nervi alla base, 2-3 volte più lunghi del tubo. Foglie a picciolo per lo più lunghetto ed a fogliolene ellittico-oblunghe o quasi lineari. ①. (L.). — *Apr. Giug.* — Arene marit. **595 O. serrata** Forsk.
{   Fogliolene più grandi, oblungo-cuneate. Denti calicini 5-7-nervi alla base, fino ad 1 volta più lunghi del tubo. (Terracina). Var. *difusa* (Ten.).

14 { Racemi *radi*. Foglie cauline, meno talora le infer., *1-fogliolate*, le florali super. generalm. *ridotte* alle stipole. Corolla lunga il doppio del calice. Legumi ¹/₃ più lunghi del calice, pubescenti, a parecchi semi. ①. (T. L., Piceno). — *Apr. Lug.* — Luoghi sabbiosi marit. reg. med. **596 O. variegata** L.
{ Racemi *densi*, raram. 2 o pochi fiori all'apice dei rami. Foglie cauline tutte o per la maggior parte *3-fogliolate*, le florali *non ridotte* alle stipole, però le super. generalm. 1-fogliolate 15

15 { Pianta *peloso-glandulosa*. Fogliolina *terminale picciolettata*. Stipole ovali-lanceolate, *assai più brevi* del picciolo. Legumi *uguali* al calice, *pubescenti*, a 3-5 semi. ♃. *Giug. Sett.* — Luoghi calcarei reg. med. e subm. **597 O. Columnae** All.
{ Pianta *glabra*. Fogliolene *tutte sessili*. Stipole lineari, *più lunghe* del picciolo. Legumi *più brevi* del calice, *glabri*, a 3-6 semi. ♃. *Apr. Ott.* — Luoghi erbosi aridi reg. med. e subm. . . . **598 O. minutissima** L.

10. **Medicágo.** Fiori in racemi spesso brevi, ascellari. Calice campanulato, a 5 denti subeguali; corolla caduca, vessillo obovato od oblungo, ali libere al davanti, carena ottusa; stami diadelfi a filamenti non dilatati all'apice. Legume sporgente, indeiscente, generalm. contorto a spira, più raram. reniforme o semilunare, sovente spinoso; semi ordinariam. numerosi non strofiolati. — Foglie pennato-3-fogliolate, con stipole saldate al picciolo.

1 { Legumi *reniformi-biconvessi*, piccolissimi, 2-3 mm. di diametro, glabri, pubescenti od anche glandolosi con venature poco salienti, *generalm. ad un solo seme*. Fiori gialli in racemo compatto, con peduncoli più lunghi della foglia. Ali e carena lunghi come i denti calicini. ① ② ♃. *Apr. Lug.* — Luoghi erbosi e coltiv. dal mare alla reg. mont. **599 M. lupulina** L.
{   Ali e carena lunghi il doppio dei denti calicini. Legumi con peli glandolosi ed articolati od anche glabri o sparsi di peli semplici. Pianta perenne. (It. media). Var. *Cupaniana* (Guss.).
{   Racemi lassi, unilaterali. Legumi con venature ben marcate, assai pelosi. Pianta annua. (T. al m. Argentaro). Var. *secundiflora* (Dur.).
{ Legumi *falcati* o più spesso formanti *1 o più giri di spira con un foro* nel centro, quasi sempre *a 2 o più semi*. Piante erbacee, *perenni o legnose*. Fiori gialli, violacei od azzurri. 2
{ Legumi con *2 a più giri di spira e senza foro* nel centro, a parecchi semi. Piante *annue*. Fiori gialli 5

2 { *Arbusto* di 1-2 o raram. 4 m. di altezza, eretto, sericeo-bianchiccio. Fiori grandi con peduncolo uguale alla foglia o più lungo. Legumi fogliacei, inermi, curvati ad elica, con ½ a 1 ½ giri, trasversalm. reticolato-nervosi, a 2-3 semi, quasi reniformi. 5. (T. a Livorno, M. ad Ancona). — *Feb. Ag.* — Colt. e nat. nella reg. med. . . . . **600 M. arborea** L.

Piante *erbacee-perenni* 3

3 { Pianta *bianco-tomentosa*. Legumi adulti *tubercolati o spinosi*, raram. inermi, con 2-3 giri di spira, destrorsi, reticolato-venosi, a margine ottuso, 6-7 mm. diam., spine brevi e rade. 2f. *Apr. Lug.* — Arene marit.

                                                   601 M. marina L.

Piante *mai* bianco-tomentose. Legumi *sempre inermi* 4

4 {

Pedicelli dei fiori *curvato-riflessi* dopo la fioritura e nel frutto. Racemi a 5-20 o raram. 1-3 fiori, con peduncoli lunghi 5-10 mm. Corolla *gialla*. Legumi discoidi con 2-4 giri di spira, 3-4 mm. diam. 2f. (T. M. U. Piceno). — *Mag. Giug.* — Luoghi erbosi dal mare alla reg. mont.

                                          602 M. prostrata Jacq.

Pedicelli dei fiori *eretti* dopo la fioritura e nel frutto. Racemi generalm. moltiflori, con peduncoli uguali o più lunghi della foglia. Corolla *violacea, azzurra o raram. bianca*. Legumi con 1 ½-3 ½ giri di spira, pubescenti, mai glandolosi. Pianta eretta. 2f. *Mag. Sett.* — Largam. colt. e qua e là subspont. dal mare alla reg. submont. — *Erba medica.* **603 M. sativa** L.

    Legumi con ½-2 ½ giri di spira, glabri, pubescenti od anche glandolosi. Fiori prima gialli e poi verdastri e violetti. Pianta assai variabile. Var. *varia* (Mart.).

    Legumi con 1-2 ½ giri di spira con molti peli glandolosi. Fiori gialli. (M.). — Var. *glutinosa* (M. B.).

    Legumi diritti, falcati od avvolti fino a ⁸/₄ di giro di spira, pubescenti e talora glandolosi. Fiori gialli. Var. *falcata* (L.).

5 { Legumi *sprovvisti* di spine o di tubercoli (*eccetto M. Blancheana*) . 6
   Legumi *provvisti* di spine o di tubercoli 9

6 { Legumi *piccoli*. 5-10 mm. diam., discoidi, con *2-3 giri di spira compatti*; peduncoli a *2-6 fiori* 7
   Legumi *grandi*, 10-18 mm. diam., con 3-6 giri di spira *lassi*; peduncoli più corti della foglia o anche più lunghi, a *1-3 fiori* 8

7 {

Legumi *lenticolari*, a facce *convesse*, a vene obliquam. incurvate e reticolate, giungenti sino alla sutura dorsale. Peduncoli *più lunghi* delle foglie. Stipole *laciniate*. ①. (T. all'Elba). — *Apr. Giug.* — Campi e luoghi erbosi reg. med. (Fig. 97). . . . . **604 M. Soleirolii** Duby

Legumi *discoidei* a facce *piane*, manifestam. rugose al margine, coi giri radialm. venoso-reticolati. Peduncoli *più brevi* della foglia. Stipole *dentate*. ①. (T. all'Elba e al Giglio). — *Apr. Mag.* — Campi e arene marit.

                                          605 M. rugosa Desr.

8 {

Legumi *lenticolari-subglobosi* a spire con vene *reticolate*, membranacee, convesse, rugose al margine, 10-12 mm. Peduncoli generalm. *più lunghi* delle foglie. Stipole *semisaettiformi, dentate*. Pianta con pubescenza appressata. ①. *Mag. Giug.* . . . . . . **606 M. Blancheana** Boiss.

    Legumi subglobosi, con circa 6 giri, inermi. (T. presso Firenze a Settignano). — Var. *Bonarotiana* Arc.

Legumi *lenticolari o discoidi* a spire appressate (2-5), con vene *raggianti*, intrecciate e poco salienti, a margine fogliaceo, 10-18 mm. diam. Stipole *profondam. laciniate*. ①. *Apr. Giug.* — Dal mare alla reg. subm.

                                        607 M. orbicularis All.

    Legumi a giri di spira alquanto allontanati tra loro. (T.). — Var. *marginata* (W.).

    Legumi a 6-9 giri di spira, circa tanto lunghi che larghi. (L. a Tivoli.) — Var. *cuneata* (J. Woods).

Legumi *emisferici*, concavi superiorm., a spire concavo-concentriche, reticolato-venose, a margine acuto, 10-15 mm. diam. Stipole *ovate, dentate*. ①. (T., It. centr.) — *Apr. Mag.* — Campi e luoghi erbosi reg. med.

                                          608 M. scutellata Mill.

9 { Legumi a spire *lasse*, con spine *solcate o canalicolate* alla base . . 10
   Legumi a spire *densam. compatte*, con spine *non solcate* alla base . . 17

10 {
Legumi globosi o subglobosi, ± arrotondati alle due estremità . . . 11
Legumi discoidi o cilindrici, piani o concavi alle due estremità . . . 14

11 {
Legumi *grandi*, con *6-10* giri di spira, raram. meno. Peduncoli generalm. *1-3-fiori*, subeguali alle foglie o più brevi. Stipole *incise* . . . 12
Legumi *mezzani* o piccoli, con *3-6* giri di spira. Stipole *dentate* o *intere*. 13

12 {
Legumi *glabri*, a facce venoso-reticolate e margine dorsale piano o *depresso*, con spine dense e *lunghe*, arcuate e divergenti. ①. *Apr. Mag.* — Reg. med. presso al mare . . . . **609 M. intertexta** Mill.
      Legumi con 7-9 giri di spira a margine assai largo. (T. M. L.). — Var. *Echinus* (DC.).
      Legumi con 3-6 giri di spira a margine più sottile. (L.). — Var. *Decandollei* (Tin.).
      Legumi con 3-5 giri di spira, a margine strettissimo. (T. a. S. Casciano dei Bagni; L.). — Var. *muricoleptis* (Tin.).
Legumi *villoso-irsuti*, a facce reticolato-venose e margine grosso, piano, con spine piuttosto *brevi*, *diritte*, divergenti. ①. (E. a Bologna, T.). — *Apr. Giug.* — Presso al mare . . . . **610 M. ciliaris** Krock

13 {
Legumi *grandetti* (5-6 mm. diam.), *glabri*, con spine arcuato-riflesse ed intercrociate. *non uncinate*. Peduncoli con 2-5 fiori, *più brevi* della foglia. Pianta verde quasi glabra, a foglioline spesso *macchiate* di nero. ①. (T. ecc.). — *Apr. Giug.* — Luoghi erbosi dal mare alla reg. submont. . . . . **611 M. arabica** All.
Legumi *piccoli* (3-5 mm. diam.), *glabri* o *pubescenti*, con spine erette. *uncinate*. Peduncoli con 1-8 fiori, *uguaglianti* spesso la foglia. Pianta ± pubescente o grigio-tomentosa, a foglioline *non macchiate*. ①. (T. ecc.). — *Apr. Giug.* — Luoghi erbosi aridi dal mare alla reg. submont. . . . . **612 M. minima** Grufb.

14 {
Stipole *intere* o *dentate* alla base 15
Stip. *laciniate* 16

15 {
Legumi *cilindrico-conici*, glabri o pelosetti a spire *lasse* con spine *perpendicolari* alle facce e margine dorsale *piano*. Peduncoli con 1-2. raram. 3 fiori, *più brevi*, della foglia. ①. (T. a Livorno). — *Apr. Mag.* — Erbosi reg. med. . . . . **613 M. Tenoreana** Ser.
Legumi *depresso-discoidei*, glabri o con radi peli, a spire *appressate* con spine situate *nel piano* delle facce e margine dorsale *ottuso*. Peduncoli con 1-2, raram. 3-4 fiori, *più lunghi* della foglia. ①. (L. a Fiumicino). — *Apr. Mag.* — Campi e luoghi erbosi reg. med. . . . **614 M. disciformis** DC.

16 {
Peduncoli con *1-2 fiori*, assai *più brevi* della foglia. Legumi di *3-5 mm.* diam. e con 2-3 giri, a spire con margine *largo*, *piano*, a facce piane e spine lunghette, *uncinate*. ①. (T. L.). — *Mar. Apr.* — Aridi reg. med. . . . . **615 M. praecox** DC.
Peduncoli con *3-8 fiori*, raram. 1-2, spesso *subeguali* alla foglia. Legumi di *4-10 mm.* diam., a spire con margine *stretto*, ottuso e spine generalm. assai più lunghe della grossezza di una spira, *uncinate o no*. ①. *Mar. Giug.* — Dal mare alla reg. submont. . . . . . . **616 M. hispida** Gaertn.
      Legumi di 4-6 mm. diam. e con 1 ½-3 ½ giri di spira. — Var. *denticulata* (W.).
      Legumi di 7-10 mm. diam. e con 1 ½-4 giri di spira. (It. centr.). — Var. *lappacea* (Desr.).
      Legumi di 7-10 mm. diam. e con 4-6 giri di spira (E. nel Faentino, T. L.). — Var. *nigra* (W.).
      Legumi di 4-6 mm. diam. e con 1 ½-4 giri di spira, a spine lunghe quanto la grossezza di una spira. (E. nel Faentino, T., M. a Urbino, L.). — Var. *apiculata* (W.).

17 {
Legumi *cilindrici* o *discoidi, piani* alle due estremità, glabri . . . 18
Legumi *globulosi, ovali* o *subcilindrici, convessi* alle due estremità o almeno all'apice 19

18 {
Legumi *assai grandi* (5-7 mm. diam.), quasi cilindrici a facce *lisce* e margine *ottuso*, inermi o con brevi spine, patenti, *non divergenti*. Peduncoli con *1-3 fiori*. Stipole *dentate* alla base. ①. (It. media). — *Apr. Mag.* — Reg. med. . . . . **617 M. obscura** Retz.
      Legumi discoidi con 1 ½ giri e 3-8 semi. (L.). — Var. *Helix* (W.).

18 {
Legumi *piccoli* (4-5 mm. diam.), cilindrici o subdiscoidei, a facce *reticolate* e margine *ispessito*, con spine nulle o brevi e divaricato-riflesse. Peduncoli con *2-4 fiori*. Stipole *laciniato-pettinate*. ⊙. *Apr. Giug.* — Arene maritime.
618 M. litoralis Rohde
    Legumi spinosi, più lunghi che larghi (L.). — Var. *cylindracea* (DC.).
    Legumi inermi, più lunghi che larghi. (L.). — Var. *pusilla* (Viv.).
}

19 {
Legumi *sempre glabri*. Semi *fortem.* arcuati. Peduncoli *eguaglianti* il tubo del calice 20
Legumi *pubescenti o vellutati*, arrotondati ai due estremi. Semi *poco o punto* arcuati. Peduncoli *più corti* del tubo del calice 21
}

20 {
Legumi *troncati alla base e convessi all'apice*, ovoideo-subcilindrici, a tubercoli o spine corte e coniche. Peduncoli *uguali* alla foglia, con 1-8 fiori. Stipole *dentate*. ⊙. (E. T. It. centr.). — *Apr. Giug.* — Campi e luoghi erbosi reg. med. . . . . **619 M. tuberculata** W.
    Spire con aculei lunghi la metà del diam. dei giri. (T. a Capraia). — Var. *aculeata* Moris
Legumi *convessi alle due estremità*, globulosi, a spine coniche, a volte brevissime. Peduncoli *più brevi* della foglia, con 1-4 fiori, Stipole *laciniate*. ⊙. (T., It. centr.). — *Mar. Giug.* — Luoghi erbosi e sabbie marit.
620 M. sphaerocarpos (Bert.).
}

21 {
Peduncoli con *1-2 fiori, senza resta*. Legumi globosi, a spine nulle, brevi o lesiniformi. Semi *arcuati*. Stipole *dentate*. ⊙. — Reg. med.
621 M. turbinata W.
    Spine lunghe circa metà del diam. della spira e spesso uncinate. (T.). — Var. *aculeata* Moris
Peduncoli con *1-5 fiori*, terminanti *con una breve resta*. Legumi ovati od ovoideo-subcilindrici, a spine discoste, patenti, uncinate. Semi *non arcuati*. Stipole *laciniate*. ⊙. (T.). — *Mag. Lug.* — Dal mare alla reg. submont.
622. M. rigidula Desr.
}

95. *Cytisus Laburnum* L. 96. *Anthyllis Vulneraria.* 97. *Medicago Soleirolii* Duby
(¹/₄).   (¹/₄).   (¹/₄).

11. Melilótus (da μέλι = miele e λωτός = Lotus; i fiori somigliano a quelli dei Lotus, e hanno odore di miele). Fiori gialli o bianchi in lunghi racemi spiciformi. Ovario con pochi ovuli. Legume globuloso od ovale, diritto, rugoso o venoso-reticolato, quasi indeiscente, coriaceo o membranoso, con 1 o più raram. 2-4 semi. — Piante spesso odorose, almeno nel secco. Il resto come in *Medicago*.

1 { Fiori *bianchi, inodori*: racemo più lungo della foglia. Legumi pendenti, glabri, ovoidi, ottusi all'apice, apicolati, reticolato-rugosi, brunastri a maturità. Foglioline dentate, bislunghe nelle foglie super., quasi orbicolari in quelle infer. Fusto 3-10 dm. ②. (T.). — *Lug. Sett.* — Prati e lungo i fiumi e canali. — *Vetturina bianca.* . . . . . **623 M. albus** Desr.
Fiori *gialli* o *biancastri* e *odorosi* 2

2 { Racemi *più brevi* della foglia. Legumi ovato-oblunghi, attenuati all'apice, pendenti, glabri. Foglioline obovato-cuneate, acutam. seghettate in alto. Tubo del calice rotto dal frutto, con 10 nervature. Fusti prostrati od eretti. 1-6 dm. ①. (L.). — *Mar. Mag.* — Campi ed erbosi reg. med., specialm. presso al mare . . . . . **624 M. messanensis** Desf.
Racemi *più lunghi* della foglia, raram. subeguali 3

3 { Ali *più brevi* della carena. Vessillo più lungo delle ali. Legume obovato, rotondato all'apice, lungo 3-4 mm., a costole avvicinate e regolarm. concentriche. Foglioline obovate o bislungo-cuneate, dentate in alto. Fusto eretto, ramoso, 1-6 dm. ①, (T. M. ecc.). — *Apr. Giug.* — Campi ed erbosi reg. med. **625 M. sulcatus** Desf.
     Racemi assai densi ed allungati. Fiori lunghi fino a 5-6 mm. (T.). — Var. *compactus* (Salzm.).
     Racemi molto allungati e lassi. Fiori lunghi 7-9 mm. Legumi a costole più distanti e meno regolarm. concentriche. (T. all' Elba). — Var. *infestus* (Guss.).
Ali *più lunghe* della carena. Vessillo più lungo delle ali. Legume glabro, ovale, arrotondito di sopra, mucronulato, a costole trasversalm. reticolate. Foglioline obovate nelle foglie infer. ed oblunghe nelle super. Fusto eretto o ascendente, 3-10 dm. ①. *Mag. Lug.* — Dal mare alla reg. subm. — *Vetturina gialla.* (Fig. 98) . . . . . **626 M. officinalis** Lam.
Ali *uguali* alla carena 4

4 { Vessillo *uguale* alle ali 5
Vessillo *più lungo* delle ali. Legumi glabri 7

5 { Legume glabro, ovale, acuto, gibboso nel margine super., con costole trasversali arcuate, non reticolate. Tubo del calice a 5 nervature e non rotto dal frutto. Foglioline obovato-cuneate, dentate in alto; stipole intere. Fusti eretti, cavi, 2-6 dm. ①. (T. al m. Argentaro e a Capraia). — *Apr. Mag.* — Campi ed erbosi sassosi reg. med. . . . **627 M. elegans** Salzm.
Legume *pubescente*, sopratutto da giovane, a facce reticolate . . . 6

6 { Legume *pendente, brunastro* alla maturità, obovato, a margine super. *assottigliato in carena acuta.* Foglioline obovate od oblunghe nelle foglie infer. e lanceolate o quasi lineari nelle super., acutam. seghettate. Fusti di 10-15 dm. ② ♃. (T. It. centr.). — *Lug. Aut.* — Lungo i fiumi e luoghi umidi dal mare alla reg. subm. . . . . . **628 M. altissimus** Thuill.
Legume *eretto o patente, biancastro* e glabro alla maturità, *globuloso*, a margine super. *non carenato.* Foglioline obovato-rotondate nelle foglie infer. e bislunghe nelle super., denticolate in alto. Fusti eretti, gracili. 1-3 dm. ①. (T. L.). — *Apr. Giug.* — Ruderi, sabbie etc. reg. med. e subm., talora coltiv. **629 M. neapolitanus** Ten.

7 { Fiori lunghi *2-3 mm.*; tubo del calice a 5 nervature e *non rotto* dal frutto. Legume *globoso*, arrotondito di sopra, a facce reticolate. Foglioline ovali od oblungo-cuneiformi nelle foglie infer. e lanceolato- o lineari-oblunghe in quelle super. Stipole generalm. intere. Fusti di 1-4 dm. ①. (T. M. L.). — *Apr. Lug.* — Campi e luoghi erbosi reg. med. . . . **630 M. indicus** All.
     Racemi fruttiferi subeguali alla foglia. Fusti alti sino a 8 dm. (T. al m. Argentaro). — Var. *densiflorus* Somm.
Fiori lunghi *più di 7 mm.*; tubo del calice a *10* nervature e *rotto* dal frutto. Legume *obovato*, scanalato di sopra, a facce grossam. reticolato-rugose. Foglioline tutte ovato-cuneate, denticolate; stipole infer. laciniato-dentate. Fusti eretti, robusti, 2-5 dm. ①. (T. L.). — *Mar. Mag.* — Erbosi e coltivati reg. med. . . . . **631 M. italicus** Lam.

12. **Trigonèlla** (da τρεις = tre e γωνια = angoli, per la forma triangolare della corolla). Fiori in racemi corti, più raram. soli-

tari o geminati. Calice tubuloso-campanulato; ovario con molti ovuli. Legume sporgente, allungato, lineare od oblungo, diritto od incurvo, deiscente sulla sutura ventrale o raram. bivalve. Il resto come in *Medicago.*

1 {
Fiori *gialli in ombrellette sessili* o con peduncoli lunghi tutt'al più 2-4 mm. Legumi *patenti* a stella, lunghi 6-14 mm., lineari, *con nervature oblique.* Calice a denti *lesiniformi quasi più lunghi del tubo.* Pianta pelosetta con fusti prostrati od ascendenti, 5-40 cm. ①. (E. T. It. centr.). — *Mar. Giug.* — Luoghi aridi reg. med. e submont. . . . . **632 T. monspeliaca** L.

Fiori *gialli in racemi raccorciati,* con peduncoli brevem. aristati, più lunghi della foglia. Legumi *pendenti,* lunghi 10-15 mm. e larghi 2-3 mm., largam. lineari, arcuati, *trasversalm. venosi.* Calice a denti *lanceolati, i super. più lunghi e subeguali al tubo.* Pianta pelosetta in alto o glabra, odorosa nel secco, con fusti eretti od ascendenti, 10-40 cm. ①. (T., It. centr.). — *Apr. Mag.* — Spiagge reg. med. . . . . . **633 T. corniculata** L.

Fiori *azzurri in racemi capituliformi,* con peduncoli più lunghi della foglia. Legumi *eretti,* ovali, poco più lunghi del calice, *longitudinalm. striati.* Calice a denti *lanceolati, subeguali al tubo.* Pianta glabra o leggerm. pelosa, intensam. odorosa, con fusto eretto, 2-9 dm. ①. (Presso Parma). — *Giug. Lug.* . . . . **634 T. caerulea** (L.) Ser.

Fiori *biancastri* o *giallognoli, solitari* o *geminati,* ascellari, sessili. Legumi *eretti,* lineari, allungati 2
}

2 {
Legumi *glabri,* lunghi 8-15 cm. Semi *10-20, leggerm. tubercolati* o quasi lisci, subquadrati, gialli. Fiori assai *grandi.* Fusti *eretti,* 3-8 dm. Pianta leggerm. pubescente, odorosa nel secco. ①. *Mag.* — Originaria dell'Asia occ., colt. e qua e là subspont. — *Fieno greco.* . **635 T. Foenum-graecum** L.

Legumi *pelosi,* lunghi 3-5 cm. Semi 5-7, *manifestam. tubercolati,* ovati o troncati. Fiori assai *piccoli.* Fusti *prostrati,* 5-15 cm. Pianta più pelosa della precedente. ①. (T., It. centr.). — *Apr. Giug.* — Luoghi erbosi reg. med. e submont. . . . . **636 T. gladiata** Stev.
}

13. **Trifòlium** (da *tria* = tre e *folia* = foglie; per le foglie che sono sempre trifogliolate). Fiori in capolini, spighe od ombrelle, raram. solitari. Calice tubuloso o campanulato a 5 denti spesso disuguali; corolla persistente coi pet. saldati inferiorm. o soltanto il vessillo libero, ali libere al davanti, più lunghe della carena; stami diadelfi a filamenti leggerm. rigonfi in alto; stilo filiforme, stimma capitato. Legume ovoide o oblungo, diritto, ordinariam. indeiscente (achenio), incluso nel calice o poco sporgente, spesso ricoperto dalla corolla marcescente; semi 1-2, raram. 3-10, senza strofiolo. — Foglie 3-fogliolate, a foglioline intere o denticolate; stipole saldate al picciolo per la base. Piante erbacee, poco elevate.

1 {
Fiori *gialli.* Tubo del calice con *5 nervi, nudo* alla fauce. Legume ± nettamente stipitato, monospermo 2

Fiori *rossi, rosei, bianchi* o *giallastri.* Tubo del calice con *10-20 o più nervi, spesso peloso o calloso* alla fauce 6
}

2 {
Foglie *superiori quasi opposte.* Capolini ascellari *pochi,* generalm. 1-3 soltanto, tutti densi e moltiflori. Vessillo a *scodella* 3

Foglie *tutte alterne.* Capolini ascellari *numerosi.* Vessillo a *cucchiaio* od anche a scodella o navicella, ma in piante a capolini lassi con pochi fiori . 4
}

3 {
Fiori d'un *bruno-chiaro* dopo la fioritura, lunghi col pedicello *9 mm. circa,* in capolini *subglobosi;* stilo uguale *alla metà* del legume. Pianta *perenne,* a fusti cespugliosi, *sdraiato-ascendenti,* 5-25 cm., semplici o quasi. ♃. (App. tosco-emil., umbro e piceno). — *Lug. Ag.* — Pascoli reg. alp. **637 T. badium** Schreb.
}

Fiori d'un *bruno-nerastro* dopo la fioritura, lunghi col pedicello 7 *mm. al massimo*, in capolini *oblunghi*; stilo uguale *ad un quarto* del legume. Pianta *annua*, a fusti *eretti od ascendenti*, 1-3 dm. ①. (App. centr.). — *Lug.* — Boschi reg. mont. e subalp. . . . . . **638 T. spadiceum** L.

Vessillo *a navicella*, con unghia *subnulla*, carenato sul dorso, generalm. *liscio*. Calice coi 3 denti infer. *lunghi il doppio* dei super. Pedicelli *subeguali* al tubo calicino. Fogliolina mediana sempre sessile. Legume deiscente per valve. ①. (E. T. It. centr.). — *Mag. Giug.* — Luoghi erbosi reg. med. e submont. **639 T. filiforme** L.

   Pedicelli assai più brevi del tubo calicino. Fogliolina mediana generalm. picciolettata. Legume generalm. indeiscente, lacerantesi ai lati. (E. T. M. L.). — Var. *dubium* (Sibth.).

4 Vessillo *a scodella*, con unghia *nulla*, *non carenato*, solcato. Calice coi 3 denti infer. *poco più lunghi* dei 2 super. Pedicelli *più lunghi* del tubo calicino, riflessi nel frutto. Legume subsessile. ♃. (L.). — *Mag. Giug.* — Boschi dalla reg. submont. alla mont. . . . **640 T. Sebastiani** Savi

   Vessillo *a cucchiaio*, con unghia distinta, non carenato, solcato. Calice coi 3 denti infer. generalm. assai più brevi dei 2 super. Pedicelli più brevi od uguali al tubo calicino **5**

5 Foglioline generalm. *oblungo-lanceolate*, ottuse, la mediana *picciolettata o raram. subsessile*. Stipole ovali-acute, *dilatate* alla base. Stilo *subeguale* al legume. Pianta glabra o poco pelosa. ①. (T. ecc.). — *Mag. Ag.* — Prati dal mare alla reg. submont. . . . . . **641 T. patens** Schreb.

   Foglioline generalm. *obovato-cuneate*, la mediana *distintam. picciolettata*. Stipole semiovali, *dilatate* alla base. Stilo *molto più breve* del legume. Pianta pelosetta. ①. *Apr. Lug.* — Dal mare alla reg. mont. **642 T. campestre** Schreb.

   Foglioline generalm. *oblungo-lanceolate*, la mediana *sessile*. Stipole oblungo-lanceolate, *non dilatate* alla base. Stilo *subeguale* al legume. Pianta pubescente. ①. ②. *Giug. Lug.* — Boschi e prati dalla reg. submont. alla subalp. **643 T. aureum** Pollich

6 Calice dopo la fioritura *rigonfio-vescicoso*; fiori provvisti di bratteole . **7**
    Calice dopo la fioritura *immutato* od almeno mai rigonfio vescicoso . . **11**

7 Capolini *ascellari*, subglobulosi; calice *a 10 nervi, bilabiato*; corolla *non scariosa*, persistente. Legume con 1-2 semi **8**
    Capolini *terminali*, ovali; calice *a 20 o più nervi, non bilabiato*; corolla *scariosa*, persistente. Legume con 2-3 semi **10**

8 Pianta perenne con fusti cespugliosi, *radicanti*, 5-40 cm. Piccioli e peduncoli *villosi*. Fiori subsessili, lunghi circa 6 mm. Bratteole assai sviluppate, lanceolate, riunite in un involucro pluripartito o dentato. ♃. (T., *Est.*). — *Apr. Est.* — Dal mare alla reg. submont. . . **644 T. fragiferum** L.

    Piante annue, *giammai radicanti*. Piccioli e peduncoli *glabri*. Bratteole piccolissime, troncate **9**

9 Capolini fruttiferi tomentosi coi calici a denti super. un po' più brevi degli inferiori. Peduncoli *uguali o più brevi* della foglia o nulli. Fusti generalm. prostrati in cerchio, 5-15 cm. Foglie *tutte picciolate*. ①. (T., It. centr.). — *Apr. Giug.* — Luoghi erbosi reg. med. **645 T. tomentosum** L.

    Capolini fruttiferi villosi coi calici a denti subeguali. Peduncoli generalm. *uguali o più lunghi* della foglia. Fusti generalm. deboli e cascanti, 5-60 cm. Foglie *super. sessili o quasi*. Fiori spesso odorosi, quasi sessili. ①. *Apr. Lug.* — Dal mare alla reg. submont. . . **646 T. resupinatum** L.

    Fiori inodori, manifestam. pedicellati. Var. *Clusii* (Gr. et Godr.).

10 Calice fruttifero *spaccato* alla base dei denti superiori. Denti del calice *3-4 volte più brevi* del tubo. Corolla *poco sporgente* oltre i denti del calice. Fogliolina *tutte obovato-cuneate*. Bratteole aristate, *più brevi*, del tubo del calice. ①. (T. in Maremma ed all'Elba). — *Apr. Mag.* — Luoghi erbosi reg. med. **647 T. spumosum** L.

    Calice fruttifero *non spaccato* alla base dei due denti superiori. Denti del calice *lunghi fino ad 1 volta* il tubo. Corolla *lunga circa il doppio* del calice, compresi i denti. Fogliolina *delle foglie medie e super. lanceolate*. Bratteole acuminate, *uguali* al tubo del calice. ①. (T. L.). — *Mag. Lug.* — Luoghi erbosi reg. med. . . . . . **648 T. vesiculosum** Savi

11	Fiori *1-4* su peduncoli *ascellari*, raram. sino a 7, ma in pianta coi capolini fruttiferi nascosti sotto terra . . . . 12 Fiori ± *numerosi* in capolini *ascellari* o *terminali*; piante coi capolini frut- tiferi *giammai nascosti* sotto terra 13
12	Fiori *senza bratteole* alla base dei pedicelli, *alcuni fertili, altri sterili.* Corolla *lunga il doppio* del calice o più. Capolini fruttiferi *generalm. nascosti* sotto terra. Foglie cuoriformi a rovescio od anche obovate, oscuram. denticolate in alto. Pianta prostrata 1-3 dm. ⨀. *Mar. Giug.* — Luoghi erbosi reg. med. **649 T. subterraneum** L. Fiori *con bratteole* alla base dei pedicelli, *tutti fertili.* Corolla ¹/₃ *circa più* *lunga* del calice. Frutti *mai nascosti* sotto terra. Foglie cuoriformi a rove- scio, denticolate superiorm. Pianta a fusti prostrati in cerchio, 5-15 cm. ⨀. (L. presso Roma). — *Giug.* — Luoghi erbosi reg. submont. e med. **650 T. ornithopodioides** Sm.
13	Fiori *sessili o pedicellati, provvisti* di bratteole alla base. Calice *affatto glabro* o raram. pelosetto . . . . 14 Fiori *sessili o subsessili, sprovvisti* di bratteole o con bratteole rudimentali alla base. Calice sempre, specialm. da giovane, ± *peloso* almeno all'apice del tubo o nei denti 22
14	Fiori *assai grandi* in capolini *ombrelliformi*, formati da due verticilli di fiori, cinti ciascuno da un collaretto di brattee scariose saldate inferiorm. tra loro. Fusti *coperti alla base da un involglio* fibrilloso-reticolato, formato dai residui delle vecchie stipole. Legume sporgente con 2 o raram. 3 semi. ⅘. (T. L.). — *Giug. Ag.* — Pascoli reg. alp. e subalp. **651 T. alpinum** L. Fiori *più piccoli* in capolini *giammai come sopra.* Fusti *senza involglio* fibril- loso-reticolato alla base 15
15	Capolini *peduncolati, con un involucro* dentellato, formato dalle brattee esterne saldate. Corolla ¹/₃ *più lunga* del calice. Fiori *sessili.* Legume sporgente con 2 semi. Pianta glabra con fusti eretti od ascendenti, 5-20 cm. ⨀. (E. T. M. L.). — *Apr. Giug.* — Luoghi erbosi reg. med. e subm. **652 T. levigatum** Poir. Capolini *sessili, senza involucro* c. s. Corolla *più breve od appena più lunga* del calice. Fiori *sessili o pedicellati* . . . . 16 Capolini *lungam. peduncolati, senza involucro* c. s. Corolla *molto più lunga* del calice. Fiori *pedicellati* 17
16	Fiori *bianchi o carnicini, poco numerosi,* in capolini *avvicinati* e quasi con- fluenti alla base dei fusti. Calice a denti lanceolato-acuminati, *subeguali* al tubo. Corolla *assai più breve* dei denti calicini. Pianta di 2-8 cm. ⨀. (T. M. L.). — *Apr. Mag.* — Luoghi aridi ed erbosi reg. med. **653 T. suffocatum** L. Fiori *rosei, numerosi,* in capolini *distanti* e disposti verso l'apice dei fusti. Calice a denti ovato-aristati, *più brevi* del tubo. Corolla *un po' più lunga* dei denti calicini. Pianta di 10-40 cm. ⨀. (E. T. ecc.). — *Apr. Giug.* — Luoghi erbosi reg. med. e submont. . **654 T. glomeratum** L.
17	Pianta *pelosa*, perenne. Fiori bianchi o raram. rosei con pedicelli brevi, ri- flessi nel frutto. Calice a denti lineari-acuminati, subeguali al tubo o più lunghi. Foglie alterne a foglioline glabre superiorm., denticolato-spinose. Radice grossa, fusti arcuato-eretti, 1-3 dm. ⅘. *Apr. Ag.* — Dalla reg. sub- mont. all'alp. . . . . **655 T. montanum** L. Piante *glabre*, annue o perenni. 18
18	Piante *annue.* Peduncoli subeguali o più lunghi della foglia. Corolla assai grande *1-2 volte più lunga* del calice. Legume sporgente . . . 19 Piante *perenni.* Peduncoli uguali o più lunghi della foglia. Corolla *più lunga* del calice. Legume sessile o stipitato 20
19	Fusti *pieni* o quasi. Calice a denti *triangolari-lesiniformi, subeguali* al tubo; fauce tagliata obliquam. in corrispondenza del labbro *infer.* Legume *stroz- zato* tra un seme e l'altro. ⨀. (T. ecc.). — *Mar. Lug.* — Prati dal mare alla reg. submont. . . . . . . **656 T. nigrescens** Viv. Fusti *fistolosi.* Calice a denti *lineari-setacei, tutti assai più lunghi* del tubo; fauce tagliata obliquam. in corrispondenza del labbro *super.* Legume *non* *strozzato.* ⨀. (T.). — *Apr. Mag.* — Luoghi umidi reg. med. **657 T. Michellanum** Savi

20 {
Calice a denti generalm. *più lunghi* del tubo; fauce tagliata obliquam. in corrispondenza del labbro *super.* Fusti lunghi e ramificati, mai striscianti nè stoloniferi, fistolosi, 2-5 dm. Legume *stipitato.* ♃. (E.). — *Magg. Lug.* — Reg. submont. e mont. . . . . **658 T. hybridum** L.

Calice a denti generalm. *più brevi* od i *super. subeguali* al tubo; fauce tagliata obliquam. in corrispondenza del labbro *infer.* Fusti brevi e cespugliosi oppure striscianti e stoloniferi. Legumi *sessili* 21
}

21 {
Fusti striscianti, stoloniferi e *radicanti, spesso allungati,* 1-3 dm. o più brevi. Foglioline larghe, *debolm. nervate, spesso macchiate* di bianco. Pedicelli florali *più lunghi* del tubo, nel frutto *alquanto allungati e ricurvi in basso.* ♃. *Apr. Autun.* — Prati dal mare alla reg. alp.   **659 T. repens** L.
    Fusti non stoloniferi nè radicanti (Arpino alle Faete). — Var. *pallescens* (Schreb).

Fusti prostrati-ascendenti, *non radicanti,* brevi, 2-10 cm. Foglioline piccole, *fortem. nervate, non macchiate.* Pedicelli florali *più brevi* del tubo calicino, nel frutto *non allungati e mai ricurvi* in basso, eccetto gli infimi. ♃. (T. nelle Alpi Ap. e App. centr.). — *Giug. Ag.* — Pascoli e luoghi ghiaiosi reg. alp. e subalp. . . . . **660 T. Thalii** Vill.
}

22 {
Piante *annue.* Capolini *terminali od ascellari.* 23
Piante *perenni o raram. bienni.* Capolini *sempre tutti terminali* . . . 40
}

23 {
Calice fruttifero a fauce *chiusa* da un callo lasciante appena una fenditura lineare nel mezzo. Corolla *prontam. caduca* dopo la fecondazione . . 24
Calice fruttifero a fauce *aperta o chiusa da peli.* Corolla *persistente* anche dopo la fecondazione *o più raram. alla fine caduca* 27
}

24 {
Foglie tutte *alterne* a foglioline lineari-lanceolate. Capolini *conico-allungati o cilindrici.* Calice villoso o setoloso 25
Foglie sottostanti ai capolini *opposte.* Capolini *globosi od ovato conici.* Calice ± peloso 26
}

25 {
Fiori d'un *rosso-vivo* in capolini *conico-allungati, i superiori* aprentisi *molto dopo degli inferiori.* Corolla *sorpassante* lungam. il calice; calice a denti *molto* disuguali. Pianta a peli *patenti.* ①. (Presso Firenze a Scandicci alto, raccolto da Micheli e non più ritrovato). — *Giu.* **661 T. purpureum** Lois.
Fiori *rosei* in capolini *cilindrici,* aprentisi *quasi tutti insieme.* Corolla *quasi uguale* al calice; calice a denti *poco disuguali.* Pianta a peli *appressati.* ①. (T. ecc.). — *Apr. Lug.* — Luoghi aridi e argillosi dal mare alla reg. submont. . . . . **662 T. angustifolium** L.
}

26 {
Corolla *più breve od uguale* ai denti del calice, i quali sono *pressochè uguali* fra loro, lanceolato-acuminati, 3-nervi. Fiori bianco-rosei. Fusti ascendenti, ramosi dalla base, glabri in basso e pelosetti in alto, 2-4 dm. ①. (T. a S. Casciano dei Bagni presso Cetona, raccolto da Micheli e ritrovato dal dott. Levier, dietro le indicazioni dell'Arcangeli). — *Giug.*   **663 T. obscurum** Savi
Corolla *più lunga* dei denti del calice, dei quali *l'infer. spesso è più lungo* degli altri 32
}

27 {
Stipole tutte colla parte libera *ottusa od arrotondata,* con breve punta dentellata. Corolla *alla fine caduca.* Capolini terminali, peduncolati . . 28
Stipole colla parte libera *terminata in coda acuminata o lesiniforme* (eccettuate talora quelle circondanti i capolini). Corolla *persistente* . . 29
}

28 {
Calice a denti con base *larga, triangolari-lesiniformi, reticolato-venosi, uguali,* una volta *più lunghi* del tubo, *brevem.* saldati tra loro in basso, *stellato-patenti* nel frutto; fauce *chiusa* nel frutto da peli cotonosi, *senza callosità.* Corolla *uguale o poco più lunga* del calice, bianca, rosea o giallastra. Capolini globosi od ovali. Foglioline *cuoriformi a rovescio,* dentellate all'apice, piccole. ①. (E. T. ecc.). — *Apr. Mag.* — Luoghi erbosi reg. med. e submont. . . . . **664 T. stellatum** L.
Calice a denti con base *stretta, lanceolato-lesiniformi, non reticolato-venosi, quasi uguali,* lunghi sino al doppio del tubo, *liberi, patenti* nel frutto; fauce *aperta,* pelosa e *callosa nel frutto.* Corolla *più lunga* del calice, rosea, o *rosso-sanguigna.* Foglioline *largam. obovato-coniche,* dentellate all'apice. ①. *Apr. Giug.* — Dal mare alla reg. submont. **665 T. incarnatum** L.
    Corolla bianco-giallastra. — Var. *stramineum* (Presl).
    Corolla bianco-rosea. — Var. *Mollinerii* Balb.
}

29 { Capolini tutti terminali, sessili, *involucrati da due foglie opposte* di cui la super. ridotta alla sola stipola. Tubo del calice a 20 nervi 30
Capolini *mai involucrati come sopra* 31

30 {
Corolla *biancastra, subeguale o più corta* dei denti calicini; vessillo *generalm. ottuso*. Stipole colla parte libera terminata *in una breve coda*. Fusti di *5-10 cm*. ①. (T., It. centr.). — *Mar. Mag.* — Luoghi erbosi ed arenosi reg. med.
666 T. Cherleri L.
Corolla *rosea, più lunga* dei denti calicini; vessillo *acuto od acuminato*. Stipole colla parte libera terminata *in una lunga coda* lanceolato-lesiniforme. Fusti di *10-40 cm*. ①. (Pavese, T. L.). — *Mag. Giug.* — Dal mare alla reg. submont. . . . . **667 T. hirtum** All.

31 { Corolla *più lunga* dei denti calicini; capolini peduncolati 32
Corolla *più breve o subeguale* ai denti calicini o raram. più lunga, ma in pianta a capolini sessili 35

32 {
Calice fruttifero a tubo *campanulato*, cioè *allargato* in alto, *spesso glabro o dentato* a maturità 33
Calice frutt. a tubo *urceolato*, cioè *ristretto* in alto, ± *irsuto* anche a maturità 34

33 {
Calice a denti *1-nervi* o raram. 3-nervi. Corolla *da metà fino ad 1 volta più lunga* del calice che ha il tubo ± *peloso* massime in alto od alla fine denudato; ali larghe e lunghe come la carena. Foglioline delle foglie medie lanceolate od obovate, lunghe 2 cm. al più. Capolini ad asse *glabro* ①. (E. T. It. centr.). — *Giug. Ag.* — Luoghi argillosi reg. med. e submont.
668 T. echinatum M. B.
Foglioline delle foglie medie lanceolate, lunghe 3 cm. circa. Capolini ad asse peloso. (L. a Roma). — *T. echinatum* ✕ *latinum* Sebast.
Calice a denti *3-nervi* alla base. Corolla *superante di poco* i denti del calice, che ha il tubo *glabro*; ali più brevi e più strette della carena. Capolini ad asse *peloso*. ①. (E. T. It. centr.). — *Apr. Mag.* — Erbosi umidi reg. med.
669 T. maritimum Huds.

34 {
Fiori *bianco-rosei* in capolini *ovali*, con peduncoli *uguali o più brevi* delle foglie superiori o talora subsessili, con asse *glabro o quasi*. Calice fruttifero a dente infer. *riflesso, lineare-lanceolato, 1 volta più lungo* degli altri e del tubo. Corolla *uguagliante* il calice. Pianta robusta, 5-6 dm. ①. (Pavese, T., It. centr.). — *Apr. Giug.* — Erbosi umidi e campi. **670 T. squarrosum** L.
Fiori *bianchi* in capolini *subglobosi*, con peduncoli *ben più lunghi* delle foglie superiori (lunghi 5-8 cm.), con asse *peloso*. Calice fruttifero a dente infer. *non riflesso, lineare-lesiniforme*, quasi uguale agli altri e 1-2 volte più lungo del tubo. Corolla *sorpassante di poco* il calice. ①. (T. nel Senese, L. al lago di Bolsena). — *Apr. Giug.* — Erbosi reg. submont. e med.
671 T. leucanthum M. B.

35 {
Calice *densam. e mollem. villoso-piumoso* (rarissimam. denudato, a fauce *nuda e non strozzata* nel frutto: denti calicini 1-2 volte più lunghi del tubo. Corolla rosea, uguale o più breve dei denti calicini. Foglioline lineari-bislunghe, dentellate in alto. Pianta gracile, con fusti eretti ramosi, 5-40 cm. ①. *Apr. Sett.* — Dal mare alla reg. mont. **672 T. arvense** L.
Calice *mai densam. e mollem. villoso-piumoso come sopra*, a fauce *pelosa e strozzata* nel frutto da una piega epidermica o da una callosità . . 36

36 {
Calice a *20 nervi*. Capolini terminali al fusto ed ai rami, alla fine ± peduncolati. Corolla bianco-rosea, più breve o subeguale ai denti calicini. Pianta quasi glabra, con fusti diffusi od ascendenti, 5-45 cm. ①. (T. ecc.). — *Mag. Giug.* — Campi ed erbosi dal mare alla reg. submont.
673 T. lappaceum L.
Calice a *10 nervi* 37

37 {
Capolini tutti od in gran parte *peduncolati*. Calice fruttifero a fauce *con un cercine* calloso, *cigliato*, con denti più lunghi del tubo. Foglioline tutte obovate od obcordate, oscuram. dentellate in alto. Pianta verde-scura, a peluria patente, con fusti eretti od ascendenti, 1-6 dm. ①. (T. M. nel Pesarese e It. centr.). — *Mag. Giug.* — Erbosi e boschi reg. med. e submont.
674 T. ligusticum Balb.
Capolini tutti *sessili* o solo eccezionalm. qualcuno peduncolato. Calice frutt. *senza cercine* calloso alla fauce o con cercine *glabro*. Stilo *ginocchiato o contorto* 38

38 {
Calice a denti *eretti o conniventi* specialm. nel frutto, a tubo e fauce internam. *pelosi*. Ali esternam. ed ovario all'apice *pelosi*. Corolla lunga circa come i denti del calice, con ali e carena bianca e vessillo roseo-porporino, poco più lungo della carena. Fusti eretti od ascendenti, 7-20 cm. ①. (T. L.). — *Apr. Lug.* — Campi ed erbosi reg. med.   **675 T. Bocconei** Savi
Calice a denti *divaricati o patenti* specialm. nel frutto, a tubo e fauce internam. *glabri*. Ali esternam. ed ovario *glabri* 39
}

39 {
Calice fruttifero *tubuloso-obconico*, a fauce ristretta da un *anello calloso*; denti *uguali* al tubo *o più lunghi*. Vessillo *coll'unghia saldata al tubo degli stami*. Corolla *bianca o rossigna*. Foglioline a nervi laterali *generalm.* curvati in fuori. Fusti prostrati od ascendenti, 5-40 cm. ①. (T. ecc.). — *Mar. Giug.* — Aridi e muri dal mare alla reg. submont.   **676 T. scabrum** L.
Calice frutt. *globuloso-urceolato*, a fauce ristretta da una *semplice piega epidermica*; denti *più brevi od uguali* al tubo. Vessillo affatto *libero*. Corolla *rosea*. Foglioline a nervi laterali *non curvati* in fuori. Fusti eretti od ascendenti, 10-50 cm. ①. (T. ecc.). — *Apr. Giug.* — Campi ed erbosi dal mare alla reg. submont. .   .   .   .   **677 T. striatum** L.
}

40 {
Corolla *prontam.* caduca dopo la fecondazione, giallo-pallida o più raram. rosea. Capolini con peduncolo 7-8 volte più breve dell'internodo sottostante o nullo. Dente infer. del calice lungo circa il doppio degli altri, riflesso nel frutto. Pianta pubescente per peluria appressata, 1-6 dm. ♃. *Mag. Lug.* — Prati e luoghi boschivi dal mare alla reg. mont.
     678 T. ochroleucum Huds.
Corolla *persistente* anche dopo la fecondazione, porporina od anche rosea o bianco-giallognola ma in piante non corrispondenti agli altri caratteri suddetti 41
}

41 {
Calice a *10 nervi*. Foglioline *intere od oscuram. denticolate*. Corolla porporina, rosea o bianco-giallognola   42
Calice a *20 o più nervi*. Foglioline *minutam. denticolate*. Corolla porporina o raram. rosea 44
}

42 {
Fusti *densam. irsuti* specialm. in alto per peli patenti o riflessi. Fiori. infer. dei capolini *con bratteole caduche alla base*. Ovario *cigliato-setolifero* sul margine anteriore. Corolla giallo-pallida. Foglioline ovato-lanceolate. Fusti cespugliosi 1-2 dm. ♃. *Lug. Ag.* — Pascoli reg. mont. e alp. nelle Alpi.   **679 T. noricum** Wulf.
     Corolla roseo-rossa superiorm. a pet. più stretti. Foglioline ovato-ellittiche e più acute. (App. umbro e romano). — Var. *praetutianum* (Guss.).
Fusti *mai irsuti come sopra*. Fiori *senza bratteole*. Ovario *glabro*   . 43
}

43 {
Stipole *bianco-membranacee*, colla parte libera largam. triangolare, bruscam. ristretta in una coda setaceo-aristata. Calice col tubo quasi sempre ± *peloso*, a denti, eccetto l'infer., uguali o più brevi del tubo, od anche più lunghi. Fiori in capolino *involucrato*, a corolla porporina o rosea, eccezionalm. bianca. Foglioline *generalm. intere* con peli applicati. ♃ ②. *Mag. Set.* — Prati dal mare alla reg. subalp.   .   .   **680 T. pratense** L.
     Corolla bianca o giallastra, talora roseo-pallida all'apice. Denti calicini 5-nervi alla base, lunghi 1 ½ volte il tubo. Foglioline dentellate con peli patenti. (E. T. It. centr.). — Var. *pallidum* (W. et K.).
     Corolla roseo-porporina. Denti calicini 3-nervi alla base, lunghi 2 volte il tubo. (Dintorni di Pavia e di Pisa). — Var. *diffusum* (Ehrh.).
Stipole *erbacee*, colla parte libera strettam. lanceolato-acuminata. Calice col tubo *glabro*, a denti 4 subeguali al tubo, l'infer. più lungo. Fiori in capolino *non involucrato*, a corolla roseo-porporina. Foglioline *dentellate* glabre o quasi. ♃. *Mag. Giug.* — Boschi reg. submont.   **681 T. medium** L.
}

44 {
Fiori rosso-porporini, in capolini *oblungo-cilindrici*, spiciformi, *peduncolati*. Calice a tubo *glabro*, a denti lungam. cigliati. Stipole grandi, colla parte libera *sinuato-dentata*. Pianta *glabra*, 3-6 dm. ♃. (T. ecc.). — *Mag. Lug.* — Boschi e pascoli reg. submont.   .   .   .   **682 T. rubens** L.
Fiori porporini, raram. rosei in capolini *globosi*, *sessili o quasi*, involucrati. Calice a tubo irsutissimo, a denti cigliati. Stipole strette, colla parte libera *intera*. Pianta villosa, 1-3 dm. ♃. (Parmigiano, It. centr.). — *Mag. Lug.* — Pascoli dalla reg. submont. all'alp.   .   .   **683 T. alpestre** L.
}

14. **Hymenocárpus** (da ὑμην = membrana e καρπος = frut-to; alludendo al frutto contornato da un margine alato-membranoso).

> Pianta mollem. irsuta, con fusti diffusi od ascendenti, 1-5 dm. Foglie infer. semplici, le altre imparipennate, sessili con 2-4 paia di foglioline obovate o oblungo-ovali, intere, la terminale più grande; stipole nulle. Fiori gialli, 2-4 in ombrella; calice a denti lineari; corolla appena più lunga del calice; stami diadelfi. Legume reniforme, orbicolare, piano, quasi fogliaceo, col margine esterno largam. alato e spesso dentato-spinuloso, spinetti per lo più bifidi. ①. *Apr. Mag.* — Luoghi erbosi aridi reg. med.
> **684 H. circinatus** Savi

98. *Melilotus officinalis* Lam. (¹/₄).   99. *Dorychnium herbaceum* Vill. (¹/₄).   100. *Lotus corniculatus* L. (¹/₄).

15. **Anthyllis** (da ἀνθος = fiore e da ἰουλος = pelo; alludendo alla pubescenza del calice). Fiori ascellari o terminali, solitari o fascicolati od in capolini. Calice tubuloso, 5-dentato, talora vescicoso nel frutto; corolla a pet. con unghia lunga; ali libere; carena rostrata; stami monadelfi, raram. (*A. tetraphylla*) diadelfi; ovario stipitato con pochi ovuli. Legume diritto o falcato, rinchiuso nel calice, ordinariam. glabro, con 1-2 semi reniformi. — Stipole nulle.

> 1 { *Arbusto a fiori fascicolati* (2-5) o raram. solitari nei nodi super. dei rami; calice non vescicoso; corolla gialla a carena ottusa, appena ricurva. Foglie lineari-oblunghe, spesso conduplicate. Pianta ± pelosa, a rami tortuosi, glabrescenti: i vecchi rami terminati da una debole spina o quasi inermi. 5. (T. alla Gorgona?) — Colli aridi reg. med. **685 A. Hermanniæ** L.
> *Erbe od arbusti, però mai a fiori fascicolati come nel caso precedente* . 2
>
> 2 { Fusti interam. *erbacei*. Foglioline *poco numerose*, ± *disuguali*. Calice *vescicoso* dopo la fioritura 3
> Fusti *legnosi* almeno alla base. Foglioline *numerose*, tutte *uguali*. Calice *giammai vescicoso* dopo la fioritura . . . . : 4
>
> 3 { Fiori *gialli* o più raram. bianchi od anche gialli e la carena rossa all'apice, in capolini *terminali densi*, spesso geminati. Calice *bilabiato*, a bocca tagliata *obliquam.*, a 5 denti *molto disuguali*; carena *ottusa*. Legumi *glabri*, a semi *lisci*. ① ② ♃. *Mag. Lug.* — Erbosi dal mare alla reg. mont. — *Vulneraria* . . . . **686 A. Vulneraria** L.

3 | Fiori *giallastri*, con la carena rossa all'apice, in capolini *ascellari lassi*. Calice regolare, a bocca tagliata *perpendicolarm.* al tubo, a 5 denti *uguali*; carena ricurva, *apicolata*. Legumi *villosi*, a semi *tubercolati*. ①. (T. It. centr.). — *Apr. Mag.* — Luoghi erbosi e coltiv. della reg. med.

687 A. tetraphylla L.

4 | Arbusto *eretto*, 3-10 dm., *sericeo-argentino*. Fiori *giallo-citrini*, in capolini *terminali e ascellari*. Calice a denti *non piumosi*, *assai più brevi* del tubo. Corolla a vessillo col lembo *uguale* all'unghia. ♃. (T.). — *Apr. Giug.* — Rupi marit. reg. med. . . . . **688 A. Barba-Jovis** L.

Pianta a fusti cespugliosi, *ascendenti*, 1-3 dm., legnosi alla base, con *villosità patente*. Fiori *rosei o porporini*, in capolini *terminali*. Calice a denti *piumosi*, *uguali al tubo*. Corolla a vessillo col lembo *lungo il doppio dell' unghia*. ♃. (T. nelle Alpi Ap., App. centr.). — *Mag. Lug.* — Luoghi rocciosi dalla reg. submont. all'alp. . . . . . . **689 A. montana** L.

16. Dorycnópsis (da δορυχνιον e ὄψις = aspetto; alludendo alla somiglianza col gen. Dorycnium).

Pianta a fusti gracili, sdraiati, glabrescente, 3-6 dm. Foglie imparipennate, sessili o quasi, a 4-6 paia di foglioline obovate, lanceolate, glabre di sopra e pubescenti di sotto: stipole lesiniformi. Fiori rosei, assai piccoli, in capolini terminali ed ascellari, lungam. peduncolati ; calice minutam. peloso, a denti uguali, più brevi del tubo; stami diadelfi. Legumi inclusi nel calice, piccoli, glabri, indeiscenti, con 1 seme. ♃. (T. a Capraia). — *Giug. Lug.* — Erbosi reg. med. . . . . **690 D. Gerardi** Boiss.

17 Dorycnium (da Δορυχνιον di Dioscoride). Fiori in capolini. Calice subcampanulato, a denti quasi uguali. Corolla ad ali saldate sul davanti e carena ottusa; stami diadelfi; ovario sessile con pochi ovuli. Legume globuloso, oblungo o lineare, deiscente in 2 valve non od appena contorte alla maturità (eccett. *D. rectum*), a 2-8 semi, globosi o compressi.

1 | Ali *saldate* in avanti. Foglie *sessili*. Legume ovoide, *con 1 solo* seme . 2
 | Ali *libere*. Foglie *picciolate*, talora assai brevem. Legumi *con più semi* . 3

2 | Pedicelli *assai più brevi* del tubo calicino o talora subnulli. Fiori lunghi 5-6 *mm.*, con vessillo *apicolato* e carena *macchiata* di nero-bluastro all'apice, *non interam.* ricoperta dalle ali. Fusti *legnosi* alla base. ♄ . (E. T.). — *Giug.* — Luoghi sterili reg. submont. . . . . **691 D. suffruticosum** Vill.

Pedicelli *uguali o poco più brevi* del tubo calicino. Fiori lunghi 3-4 *mm.*, con vessillo *ottuso non apicolato* e carena bluastra *non macchiata* di nero all'apice, *ricoperta* dalle ali. Fusti *quasi erbacei* alla base. ♃. *Giug.* — Luoghi erbosi e boschivi dal mare alla reg. submont. — *Trifoglino, Moscino.* (Fig. 99) . . . . **692 D. herbaceum** Vill.

3 | Foglie a picciolo lungo 5-10 *mm.*, *uguale* alle stipole. Fiori *piccoli* 20-40 in capolini *compatti*. Legumi *lineari*, 2-4 volte *più lunghi* del calice. Pianta *generalm. poco pelosa*, a fusti erbacei, angolosi, lunghi 6-12 *dm.* ♃. *Mag. Est.* — Lungo i fossi e luoghi umidi reg. med. **693 D. rectum** Ser.

Foglie a picciolo lungo 1-3 *mm.*, *molto più breve* delle stipole. Fiori *grandi* 5-10 in capolini *lassi*. Legumi *oblungo-rigonfi*, appena *più lunghi* del calice. Pianta *irsuto-biancastra*, a fusti *legnosi in basso*, cilindrici, lunghi 2-6 *dm.* ♃. ♄ . *Mag. Lug.* — Boschi e luoghi aridi dal mare alla reg. submont. — *Erbavelia. Stringi-amore* . . . . . **694 D. hirsutum** Ser.

18. Lotus (forse da λω = desidero ; perchè gradite al gusto). Fiori in ombrella o più raram. 1-6 sopra lunghi peduncoli. Calice

conico-campanulato a 5 denti quasi uguali o talora bilabiato ; corolla
caduca a carena rostrata ; stami diadelfi ; ovario sessile, con molti
ovuli. Legume bislungo, cilindrico, deiscente in 2 valve ordinariam.·
contorte a maturità, con molti semi separati da tramezzi cellulosi. —
Foglie con 3 foglioline all'apice del picciolo e 2 alla base, simulanti
le stipole.

1 { Legume *quadrangolare, con 3-4 nervi od ali* membranose longitudinali. Stilo
ingrossato in alto. 2
Legume *cilindrico o compresso, senz'ali.* Stilo *attenuato* . . . 4

2 { Calice a denti *più brevi* del tubo. Corolla giallo-zolfina, lunga il doppio del
calice. Peduncoli 3-4 volte più lunghi della foglia. Legume glabro, con ali
assai strette. Pianta *perenne* a fusti prostrati, 1-4 dm. ♃. *Apr. Lug.* —
Luoghi erbosi, umidi dal mare alla reg. submont. — *Scandalida.*
695 L. siliquosus L.
Calice a denti *più lunghi* del tubo. Piante *annue.* 3

3 { Corolla *piccola,* rossa, colla carena giallastra, *quasi uguale* al calice. Foglioline
stipolari semicuoriformi, acute. Legumi con ali *strettissime.* Pianta con villosità patente. ①. (L. a Roma nella Macchia de' Mattei). — *Mag. Giug.*
696 L. Requienii Mauri
Corolla *grande,* porporino-scura, *fino ad una volta più lunga* del calice. Foglioline stipolari ovato-cuoriformi, brevem. apicolate. Legumi con ali increspate, *larghe.* Pianta irsuta. ①. (T. M. L.). — *Feb. Mag.* — Campi e luoghi
erbosi reg. med. . . . . . **697 L. Tetragonolobus** L.

4 { Piante *annue,* a radice *gracile* 5
Piante *perenni,* a radice ± *ispessita* 10

5 { Legumi *arcuati o falciformi.* Foglioline superiori *obovato-romboidali* . .6
Legumi *non arcuati.* Foglioline super. *oblungo-lanceolate* . . . 8

6 { Fiori *biancastri,* piccoli, 1, rarissimam. 2 su peduncoli *più brevi* della foglia.
Legumi gracili, falciformi, lunghi 3-6 cm., *strettam. lineari,* acuminati.
Pianta glauca, sparsa di lunghe ciglia od anche affatto glabra, con fusti
gracili, per lo più cespugliosi, 5-20 cm. ①. (T. in Maremma, L. a Roma). —
Apr. Mag. — Luoghi erbosi reg. med. **698 L. colmbrensis** W.
Fiori *gialli.* Peduncoli *sorpassanti* la foglia. Legumi ± *larghi* . . . 7

7 { Calice *campanulato,* a denti *uguali.* Peduncoli con 1, raram. 2-3 *fiori.* Legume *rigonfio,* carnoso e alla fine coriaceo, *profondam. scanalato di sopra,* incompletam. biloculare, lungo 2-3 cm. Pianta pubescente-villosa, a fusti
diffusi o ascendenti, 1-4 dm. ①. (T. nel Pisano e in Maremma, L.). — *Feb.
Mag.* — Luoghi erbosi e rocciosi reg. med. **699 L. edulis** L.
Calice *bilabiato,* a denti *diseguali.* Peduncoli con 3-5 *fiori.* Legumi *compressi,*
raccolti in fascio, *non scanalati,* lunghi 3-5 cm. Pianta pubescente, a fusti
diffusi, 1-3 dm. ①. *Apr. Giug.* — Campi e luoghi erbosi reg. med.
700 L. ornithopodioides L.

8 { Peduncoli con *3-6 fiori* in ombrella, piccoli, gialli, verdi nel secco; denti del
calice lineari-filiformi, *uguaglianti* la corolla. Legume *subeguale* al calice,
lungo 5-6 mm., a valve *non contorte* a spira alla maturità, Pianta villosissima, a fusti di 5-20 cm. ①. (T. a Capraia ed Elba, L.). — *Apr. Mag.* —
Luoghi arenosi reg. med. . . . **701 L. parviflorus** Desf.
Peduncoli con *1-4 fiori:* denti del calice *più brevi* della corolla. Legume *assai
più lungo* del calice, lungo 12-30 mm., a valve *contorte* a spira alla maturità 9

9 { Legume *breve.* 8-15 mm., grossetto, 1-2 *volte* più lungo del calice. Peduncoli
con *1-4 fiori,* che *divengono verdi* nel secco. Pianta assai irsuta. ①. (T. It.
centr.). — *Apr. Lug.* — Luoghi erbosi aridi reg. med.
702 L. hispidus Desf.
Legume *allungato,* 14-28 mm., *gracile, 4-6 volte* più lungo del calice. Peduncoli con *1-2 fiori,* che *restano gialli* nel secco. Pianta pelosa. ①. (T. It.
centr.). — *Apr. Mag.* — Luoghi sabbiosi od erbosi aridi reg. med
703 L. angustissimus L.

10 {
Calice *bilabiato*, a denti *diseguali*. Piante ± sericee per peli *brevi, appressati,* biancastre 11
Calice *campanulato*, a denti *subeguali*. Piante glabre od anche cigliate o irsute per peli *lunghi e patenti* 12

11 {
Foglioline stipolari *più lunghe* del picciolo. Peduncoli *3-4 volte* più lunghi della foglia. Legumi *assai larghi*, diritti, lunghi *15-30 mm.*, *cilindrici, non torulosi*. Pianta totalm. sericeo-argentina. ♃. (L.). — *Apr. Giug.* — Arene mar. reg. med. . . . . **704 L. creticus** L.
Foglioline stipolari *eguaglianti o appena più lunghe* del picciolo. Peduncoli *2 volte* più lunghi della foglia. Legumi *stretti*, diritti o curvati, lunghi *25-55 mm.*, *compressi, torulosi*. Pianta verde o verde-grigiastra. ♃. (T. in Maremma, L.). — *Mar. Mag.* — Rupi presso al mare. **705 L. cytisoides** L.

12 {
Calice a denti *patenti o riflessi* prima della fioritura. Ombrelle di *6-15 fiori*. Fusti *cilindrici*, fistolosi, eretti od ascendenti, 3-9 dm. ♃. (T. L. ecc.). — *Giug. Lug.* — Luoghi umidi. . . . . **706 L. uliginosus** Schk.
Calice a denti *convergenti* prima della fioritura. Ombrella di *1-6 fiori*. Fusti *angolosi*, pieni o strettam. fistolosi 13

13 {
Ali *largam. obovate*. Denti calicini lesiniformi, *uguali* al tubo. Foglioline *tutte obovato-cuneiformi od obovato-oblunghe*. Fusti diffuso-ascendenti. ♃. *Apr. Aut.* — Prati e luoghi erbosi dal mare alla reg. alp. — *Ginestrina, Trifoglio giallo*. (Fig. 100) . . . . . . **707 L. corniculatus** L.
Ali *strettam. oblunghe*. Denti calicini lesiniformi, *più brevi* del tubo. Foglioline *oblungo-lineari o lineari*. Fusti sottili prostrati. ♃. *Mag. Giug.* — Luoghi umidi e sabbiosi . . . . **708 L. tenuis** Kit.
    Ali oblunghe. Foglioline super. lanceolate. Fusti sdraiati in cerchio. — Var. *decumbens* (Poir.).

101. *Psoralea bituminosa* L.   **102.** *Astragalus Muelleri*   **103.** *Biserrula Pelecinus* L.
     (¹/₄).   St. et Hoch. (¹/₄).   (¹/₄).

19. **Bisérrula** (da *bis* = due volte e *serrula* = piccola sega; alludendo ai denti del legume).

Fiori in grappoli ascellari: calice irsuto, a 5 denti: corolla azzurrognola o biancastra a carena ottusa. Legume compresso, appiattito, indeiscente, diviso longitudinalm. da un setto strettissimo, a valve sinuato-dentate al margine. Foglioline numerose, 8-15, piccole, cuneato oblunghe, smarginato-bidentate; stipole libere. Pianta con peli appressati, a fusti cespugliosi, diffusi, 1-3 dm. ⊙. (T. It. centr.). — *Mar. Mag.* — Arene e luoghi erbosi reg. med. (Fig. 103). . . . . **709 B. Pelecinus** L.

20. **Astrágalus** (da ἀστράγαλος = vertebra, dado; alludendo forse alla forma del legume di talune specie). Fiori in grappoli o più

raram. in capolini ascellari od in fascetti. Calice tubuloso o campanulato, a 5 divisioni, talora rigonfio nel frutto; carena ottusa, mutica od anche apicolata; stami diadelfi. Legume polimorfo, bivalve, con 1-2 caselle divise da introflessione délla sutura super. e talora anche della infer., più raram. affatto uniloculare; semi ± numerosi. — Foglie imparipennate, raram. paripennate ed in questo caso con la rachide prolungata in spina; stipole libere o saldate.

1 { Foglie *paripennate* (per la caduta precoce della fogliolina impari) a picciolo *spinescente* 2
{ Foglie *imparipennate* a picciolo *non spinescente* 4

2 { Peli attaccati per *un punto mediano* quindi con due branche parallele alla superficie d'inserzione. Denti del calice lunghi ½-⅕ del tubo. Corolla bianca. Foglioline rotondate; stipole pubescenti all'esterno, bifide, a lacinie largam. triangolari. Legumi ovato-cilindrici, sporgenti. Pianta bianco-sericea. ♃. *Apr. Mag.* — Rupi e arene mar. **710 A. massiliensis** Lam.
   Foglioline acute; stipole glabre o pelose solo in alto, bipartite, a lacinie lanceolate. (U. e Piceno). Var. *sirinicus* (Ten.).
{ Peli attaccati per *un estremo*, quindi semplici. Denti del calice uguali almeno al tubo 3

3 { Fiori 4-7 in *fascetti* ascellari *sessili*. Calice lanoso, a denti lesiniformi, *lunghi* ⅓ *del tubo*. Corolla roseo-carnicina, a vessillo provvisto di una orecchietta per lato. Legumi ovati, piumosi, *con 1 seme*. Fusti cespugliosi, 1-2 dm. ♄. (T. all'Elba nel m. Capanne, U. nel m. Vettore). — *Mag. Lug.* **711 A. siculus** Biv.
{ Fiori 4-8 in *racemi* ascellari, *assai brevem. peduncolati*. Calice bianco-villoso, a denti lesiniformi-aristati, *uguali al tubo*. Corolla roseo-bianchiccia, a vessillo uniformem. attenuato sino alla base. Legumi ovato-oblunghi, tomentosi, con tramezzo incompleto e *ad 8 semi* circa. Fusti ascendenti, 2-4 dm. ♄. (Alpi Ap., App. tosco-emil. e centr.). — *Mag. Ag.* — Dalla reg. mont. all'alp. . . . . **712 A. sempervirens** Lam.

4 { Piante annue 5
{ Piante perenni 7

5 { Peduncolo comune *brevissimo o quasi nullo*. Fiori *azzurrastri*, a corolla *subeguale* al calice. Legumi lisci, irsuti per peli appressati, bislunghi, scanalati sul dorso, acuminato-rostrati in alto, lunghi 10-15 mm., con 14-16 semi. Pianta irsuto-biancastra. ①. (T. a Firenze, L., Piceno). — *Apr. Mag.* — Aridi reg. med. . . . . **713 A. sesameus** L.
{ Peduncolo comune *allungato*. Fiori *gialli* o *bianco-giallicci*, a corolla *lunga il triplo* del calice 6

6 { Legumi *oblungo-trigoni, diritti*, scarsam. e brevem. pelosi, *largam. solcati* sul dorso, *mucronato-uncinati* in alto, lunghi 2-3 cm., con *6-12* semi. Foglie con *9-15 paia* di foglioline; stipole libere, *non saldate*. Pianta leggerm. irsuta. ①. (T. al Giglio, L.). — *Mar. Mag.* — Campi e arene mar. reg. med. **714 A. baeticus** L.
{ Legumi *lineari-cilindrici, pendenti-ascendenti*, minutam. pelosi od alla fine glabri, *appena solcati* sul dorso, terminanti in *punta diritta*, lunghi 2-3 fino a 6 cm., con *20-25* semi. Foglie con *4-12 paia* di foglioline; stipole *saldate alla base*. Pianta pubescente per peli appressati. ①. (It. media). — *Mar. Mag.* — Luoghi erbosi reg. med. e submont. **715 A. hamosus** L.

7 { Carena *apicolata* 8
{ Carena *non apicolata* 10

8 { Pianta *acaule*. Peduncoli *radicali*, scapiformi. Racemi di 4-10 fiori giallastri, talora con carena bluastra. Calice con tubo *fesso* alla maturità, a denti 3 volte più brevi del tubo. Legumi *sessili*, ovali od oblunghi, coperti di peli bianchi e neri. Pianta mollem. villosa, cespugliosa, 1-2 dm. ♃. (App. centr.) — *Lug. Ag.* — Pascoli e roccie reg. alp. **716 A. campester** L.
{ Piante ± *caulescenti*. Peduncoli *ascellari*. Calice con tubo *intero* alla maturità. Legumi ± *stipitati* 9

9 {
Racemi brevi, *subglobosi*, con *6-12* fiori *violetti od azzurri*. Brattee *lanceolate, brevi*. Legumi con stipite *uguale o più lungo* del tubo calicino. Stipole lanceolate, *saldate al picciolo* e spesso anche tra loro alla base. Pianta ± irsuta. ♃. (App. centr.). — *Lug. Ag.* — Pascoli e rupi reg. alp.
717 A. montanus L.

Racemi *ovati od oblunghi*, con *molti* fiori *gialli*. Brattee *lanceolato-lesiniformi, lunghe*. Legumi con stipite *più breve* del tubo calicino. Stipole acuminate, *libere dal picciolo*. Pianta mollem. villosa. ♃. (App. piceno). — *Giug. Lug.* — Roccie dalla reg. mont. all'alp. . . . . **718 A. pilosus** L.
}

10 {
Piante a peli attaccati per un estremo, quindi semplici 11
Piante a peli attaccati per un punto mediano, quindi con due branche parallele alla superficie d'inserzione. Legumi biloculari 15
}

11 {
Fiori *sessili o quasi* in racemi *densi*. Legumi *biloculari, sempre villosi od irsuti* per peli bianchi e in parte neri. Calice tubuloso, fesso alla maturità. Corolla porporina, con ali intere. Ovario con stipite brevissimo. Foglie infer. a fogliolie smarginato-bidentate; stipole saldate. Fusti prostrati od ascendenti, 1-2 dm. ♃. (E. T.). — *Mag. Giug.* — Dalla reg. submont. alla subalp.
719 A. purpureus Lam.

Fiori *pedicellati*, in racemi *radi*. Legumi *biloculari od uniloculari, brevem. pelosi o raram. villosi* 12
}

12 {
Peduncoli radicali *assai più brevi* della foglia. Fusti *brevissimi*. Legumi *sessili o brevem. stipitati* dentro al calice, grossetti, ± bruscam. acuminati, cilindrici, 15-18 per 3 mm., riflessi, con solco superficiale. Corolla piccola, bianco-giallognola colla carena porporina all'apice. Foglie a 6-11 paia di fogliolie obovato-smarginate. Pianta pubescente, grigiastra, cespugliosa, alta 5-15 cm. ♃. (T. nelle Alpi Ap., App. lucchese e centr. — *Mag. Lug.* — Reg. alp. o più raram. mont. e subm. . . . . . **720 A. depressus** L.

Peduncoli *più brevi, subeguali o molto più lunghi* della foglia. Fusti aerei ± *sviluppati*. Legumi *distintam. stipitati* dentro al calice 13
}

13 {
Fogliolie larghe *in generale 15-25 mm*. Peduncoli ascellari; *lunghi ½ circa* della foglia. Legumi *biloculari, eretti*, incurvo-conniventi o raram. falcato-ricurvi, lanceolato-trigoni, scanalati sul dorso, acuminati, lunghi 3-4 cm. Corolla giallo-verdognola, raram. azzurra. Pianta quasi glabra a fusti prostrati, 6-10 dm. ♃. (T. all'Elba). — *Mag. Ag.* — Dal mare alla reg. mont.
721 A. glycyphyllos L.

Fogliolie larghe *12 mm. al più*. Peduncoli ascellari *uguali o più lunghi* della foglia. Legumi *uniloculari, pendenti o patenti* 14
}

14 {
Fiori *biancastri* con la carena *violetta nell'apice*, in racemi per lo più ovali-allungati. Calice a fauce *molto obliqua* e tubo nel secco largo e lungo 3-4 mm. Carena *molto più breve* del vessillo. Ali *profondam. bilobe o bifide*. Foglie con *3-8 paia* di fogliolie. Legume *alla fine glabro*. ♃. (App. umbro e piceno). — *Lug. Ag.* — Pascoli e roccie reg. alp. **722 A. australis** L.

Fiori con *ali bianche*, con la carena e generalm. anche il vessillo *violacei all'apice*. Calice a fauce *tagliata trasversalm.* e tubo nel secco largo e lungo 2 mm. circa. Carena *quasi uguale* al vessillo. Ali *intere*. Foglie con *5-12 paia* di fogliolie. Legume *sempre irsuto* per peli neri. ♃. (Nel Modenese a Missano?) — *Lug. Ag.* — Pascoli reg. alp. **723 A. alpinus** L.
}

15 {
Calice *rigonfio* dopo la fioritura, *fesso* nel frutto. Pianta *bianco-argentina*. Fiori grandi, violetti nel vessillo, giallastri nel resto o totalm. giallognoli. Legume quasi interam. incluso nel calice, sessile, bianco-lanoso. Foglie con 5-8 paia di fogliolie oblungo-ellittiche. ♃. (U.). — *Mag. Giug.* — Roccie reg. mont. e subalp. **724 A. vesicarius** L.

Calice *immutato* ed *intero* nel frutto. Piante *mai bianco-argentine* (eccetto *A. Muelleri*) 16
}

16 {
Piante *pressochè acauli* con peduncoli *quasi radicali*, scapiformi. Fiori *porpurei* in lunghi racemi con brevi pedicelli, *generalm. provvisti sotto al calice di 2 piccole bratteole*. Foglie con 10-12 paia di fogliolie: stipole libere, lanceolato-acuminate. Legumi cilindrici, larghi 2-5 mm. ♃. *Mar. Lug.* — Aridi e pietrosi dalla reg. med. e submont. alla subalp.
725 A. monspessulanus L.

Legumi cilindrico-compressi, larghi 5-6 mm. (Faentino). — Var. *illiryicus* (Bernh.).

Piante *a fusto ± sviluppato* con peduncoli *ascellari* e *terminali*. Fiori *violacei*, sessili o quasi, *senza bratteole* 17
}

17
Pianta *bianco-argentina*, a fusti cespugliosi, ascendenti, 2-3 dm. Foglie con 5-7 paia di foglioline; stipole *libere*. Fiori in racemi *piuttosto lassi*, con corolla *lunga il doppio* del calice. ♃. (T. nel m. Pisano, Maremma e m. Amiata). — *Mag.* — Luoghi pietrosi reg. med. (Fig. 102).
726 A. Muelleri St. et Hoch.

Pianta *soltanto cenerina*, a fusti sdraiato-ascendenti o eretti (1-4 dm.), flessuosi. Foglie con 7-16 paia di foglioline; stipole *saldate fra loro*. Fiori in racemi *densi*, con corolla *2-3 volte più lunga* del calice. ♃. (E.). — *Giug. Lug.* — Prati e luoghi ghiaiosi dalla reg. subm. alla subalp.
727 A. Onobrychis L.

21. **Glycyrrhiza** (da γλυκυς = dolce e ρίζα = radice; alludendo alla radice zuccherina).

Fiori piccoli in racemi lassi, allungati; calice tubuloso, bilabiato, a denti lineari-lanceolati; corolla azzurrognola con carena a pezzi quasi liberi, acuta; stami diadelfi. Legumi glabri, inermi, lineari (15-30 per 5-7 mm.), compressi, ingrossati nelle suture, a 4-7 paia di foglioline; stipole nulle. Pianta glandoloso-resinosa, a fusti eretti, 6-10 dm., cilindrico-angolosi. ♃. (E. T. U. Piceno; colt. in vari luoghi). — *Giug. Lug.* — Luoghi arenosi per lo più mar. della reg. med. — *Liquirizia, Regolizia.*
728 G. glabra L.

22. **Psoràlea** (da ψωρα = scabbia, rogna; alludendo alla superficie tubercolosa del calice).

Fiori in capolini subglobosi, cinti da brattee con 3 denti acuminati; calice campanulato, densam. irsuto, a denti lanceolato-lesiniformi; corolla azzurro-violacea o biancastra, con carena a pezzi quasi liberi, ottusa; stami diadelfi. Legumi ovali-compressi, irsuti, con lungo becco, uniloculari, ad 1 solo seme. Pianta minutam. glandolosa, con odore resinoso, a fusti eretti, striati, 3-12 dm. Foglie 3-fogliolate, a fogliolina intere o quasi. ♃. *Mag. Lug.* — Luoghi sterili reg. med. o più raram. submont. (Fig. 101).
729 P. bituminosa L.

23. **Galèga** (da γαλα = latte; vuolsi che queste piante aumentino la secrezione del latte).

Fiori in racemi oblunghi, ascellari; calice tubuloso-campanulato, glabro a denti lesiniformi appena più lunghi del tubo; corolla azzurro-pallida o raram. bianca, con carena ottusa, leggerm. rostrata; stami monadelfi. Legumi cilindrici, strozzati tra un seme e l'altro, glabri, uniloculari, a 2-6 semi. Pianta glabra, a fusti eretti, striati, 6-10 dm. Foglie imparipennate a 5-9 paia di fogliolina interissime. ♃. *Mag. Est.* — Erbosi umidi e lungo i fiumi dal mare alla reg. subm. . . . . . . **730 G. officinalis** L.

24. **Robìnia** (dedicato da Linneo al giardiniere Robin, che l'introdusse in Francia nel 1601).

Fiori in racemi pendenti, oblunghi, ascellari; calice campanulato, quasi bilabiato, pubescente, a denti tutti brevi, largam. triangolari; corolla grande, bianca, col vessillo giallognolo e la carena incurvata, ottusa; stami diadelfi. Legumi oblungo-compressi, glabri, uniloculari, a 4-7 semi. Albero che arriva a 25 m., munito di grossi aculei e a rami lassi. Foglie imparipennate, glabre, con 4-9 paia di fogliolina, interissime; stipole spesso ridotte ad aculei. **5.** *Mag.* — Originaria dell'America bor.; largam. colt. e nat. dal mare alla reg. subm. — *Acacia, Robinia* . . . . **731 R. Pseudo-Acacia** L.
Pianta inerme o quasi a rami densissimi. — Var. *umbraculifera* DC.

25. **Colùtea** (da χολυταω = faccio rumore; il legume scoppia con esplosione, come una vescica).

> Fiori 2-6 pendenti in piccoli racemi ascellari: calice brevem. e largam. campanulato, coperto di peli nerastri, a denti diseguali, triangolari; corolla grande, gialla, col vessillo bicalloso alla base internam., e la carena incurvata, ottusa; stami diadelfi; stilo barbato. Legume vescicoso, pendente, con pareti translucide venate, glabro o pelosetto, stipitato, a molti semi reniformi. Arbusto alto sino a 5-6 m. Foglie imparipennate, con 3-5 paia di foglioline, pubescenti di sotto, ottuse o smarginate, *mucronulate, intere*; stipole piccole, lanceolate. 5. *Mag. Est.* — Boschi reg. submont., raram. med. — *Vescicaria, Sena-falsa.* . . . . **732 C. arborescens** L.

26. **Scorpiùrus** (da σχορπιος = scorpione e ουρα = coda; alludendo alla forma del legume). Fiori gialli, solitari o ad ombrella su peduncoli ascellari. Calice brevem. campanulato, quasi bilabiato a 5 denti, i 2 super. in parte saldati; carena rostrata; stami diadelfi. Legume cilindrico, incurvato a spirale, vermiforme, munito di 8-12 coste longitudinali, quelle esterne aculeate o tubercolate; semi solitari negli articoli. — Foglie semplici.

> 1
> Fiori *solitari* sopra un peduncolo *più breve della foglia*. Calice a denti *uguali* al tubo. Legumi *regolarm.* avvolti a spira, coperti sulle coste esterne *di tubercoli stipitati*; semi *non ristretti* alle estremità. ①. (T. nel m. Pisano, M. al m. Conero presso Ancona). — *Apr. Mag.* — Luoghi erbosi reg. med. **733 S. vermiculatus** L.
>
> Fiori *2-4* sopra un peduncolo *più lungo* della foglia. Calice a denti *più lunghi* del tubo. Legumi *irregolarm.* avvolti a spira, coperti sulle coste esterne *di aculei diritti, uncinati o bifidi*; semi *ristretti* alle estremità. ①. *Mag. Giug.* — Luoghi erbosi reg. med. o più raram. subm. — *Erba-bruca, Erba-lombrica.* (Fig. 104) . . . . **734 S. subvillosus** L.

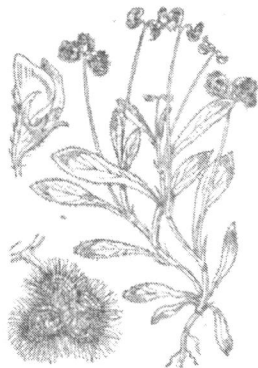

104. *Scorpiurus subvillosus* L. (¹/₄).   105. *Coronilla Emerus* L. (¹/₄).   106. *Ornithopus perpusillus* L. (¹/₄).

27. **Ornìthopus** (da ορνις = uccello e πους = piede; alludendo alla forma e alla disposizione dei legumi). Fiori 1-8 in ombrella su peduncoli ascellari. Calice tubuloso, a 5 denti quasi uguali, i 2 super. un poco saldati alla base; carena ottusa; stami diadelfi. Legume lineare, compresso, ± arcuato, reticolato-venoso nelle facce,

mucronato-uncinato all'apice, ad articoli, brevi, troncati, che si separano facilmente alla maturità; semi solitari per ogni articolo. — Foglie imparipennate.

1 { Foglie *tutte picciolate.* Fiori 2-5, gialli, venati di rosso, *non contornati da una* brattea. Calice a denti 6-10 volte più brevi del tubo. Legumi cilindrico-compressi, *glabri*, non strozzati nelle articolazioni. ①. *Apr. Giug.* — Luoghi erbosi reg. med. . . . . **735 O. exstipulatus** Thore
Foglie *super. sessili.* Fiori *contornati* da una foglia bratteale. Legumi manifestam. compressi, *pubescenti* **2**

2 { Fiori *gialli*; calice a denti *1-2 volte* più brevi del tubo. Legumi *appena* strozzati nelle articolazioni, terminati da una punta *generalm. più lunga* dei singoli articoli e *incurvata ad arco.* Foglie *senza* stipole. ①. (T., It. centr.). — *Apr. Giug.* — Luoghi erbosi reg. med. o più raram. submont.
736 O. compressus L.
Fiori *bianchi* con vene rosee; calice a denti *2-3 volte* più brevi del tubo. Legumi *manifestam.* strozzati nelle articolazioni, terminati da una punta *più breve* dei singoli articoli, *non incurvata.* Foglie *con* stipole. ①. (T.). — *Mag. Lug.* — Luoghi erbosi incolti reg. med. e submont. (Fig. 106).
737 O. perpusillus L.

28. **Coronilla.** Fiori in ombrella su peduncoli ascellari. Calice breve, campanulato, a 5 denti, i 2 super. saldati fino quasi all'apice; carena arcuato-rostrata; stami diadelfi. Legume lineare, diritto o arcuato, cilindrico o angoloso, glabro, diviso in articoli brevi, leggerm. strozzati (lomento) e separantisi alla maturità; semi solitari negli articoli. — Foglie imparipennate, raram. ternate o semplici.

1 { Unghia dei petali *circa 3 volte più lunga* del calice. Corolla gialla. Peduncoli lunghi circa come le foglie, 2-3-flori. Foglie imparipennate a 2-4 paia di foglioline obovate, talora smarginate; stipole libere. Arbusto sempreverde, eretto, 1-3 m., quasi glabro a rami angolosi. 5. *Gen. Giug.* — Siepi e boschi dal mare alla reg. mont. (Fig. 105) . . . **738 C. Emerus** L.
Peduncoli lunghi 2-3 volte le foglie, 5-8-flori. Unghia dei pet. circa il doppio del calice. (T. a Firenze, M. ad Ancona e L.). — Var. *emeroides* (Boiss. et Spr.).
Unghia dei pet. *subeguale o appena più lunga* del calice 2

2 { Foglie *almeno le infer. semplici o trifogliolate;* le medie e super. tutte trifogliolate, a foglioline laterali quasi tonde, la mediana grande, ovata, brevem. picciolettata; stipole piccole, connesse, opposte alle foglie. Fiori 2-4, gialli. Legumi arcuato-patenti, tetragoni, brevem. rostrati, lunghi 3-5 cm. Pianta glabra, glauca, a fusti eretti od ascendenti, 1-4 dm. ①. *Apr. Giug.* — Campi dal mare alla reg. subm. . . . **739 C. scorpioides** Koch
Foglie medie e super. in parte imparipennate, con 2-3 paia di foglioline ovate od obovato-cuneate. Fiori 1-2. (Faentino, L. al monte Circeo). — Var. *repanda* (Guss.).
Foglie *tutte imparipennate.* Erbe perenni od annue od orbusti . . . 3

3 { Fiori *gialli* 4
Fiori *rosei o bianco-violacei.* Stipole libere 8

4 { Piante *legnose alla base soltanto.* Stipole *saldate tra loro* in una sola opposta alla foglia 5
Arbusti ± elevati a fusti talora giunchiformi. Stipole *libere* . . . 6

5 { Foglioline del paio infer. *contigue* al fusto; stipole *piccole, 1 mm.*, bidentate. Legumi ad angoli *non alati.* Pedicelli *appena più lunghi* del calice, a labbro superiore *intero* e troncato. ♃. *Mag. Ag.* — Luoghi aridi reg. med. e subm. . . . . **740 C. minima** L.
Foglioline del paio infer. ± *distanti* dal fusto; stipole *grandi, 6-8 mm.*, bifide. Legumi ad angoli *strettam. alati.* Pedicelli uguaglianti il calice, a labbro superiore *bidentato.* ♃. (T. nelle Alpi Ap., L. nell'App. romano). — *Mag. Ag.* — Reg. mont. ed alp. . . . . . . **741 C. vaginalis** Lam.

6 { Rami *diritti, giunchiformi, quasi nudi.* Foglioline lineari-oblunghe, carnosette, mucronulate. Legumi pendenti, un poco arcuati, con 2-7 articoli quadrangolari. Pianta glabra, glauca. ♃. (T. nel m. Argentaro). — *Apr. Giug.* — Luoghi sassosi, aridi reg. med. . . . . . . **742 C. juncea** L.
Rami *flessuosi, non giunchiformi, densam. fogliosi* 7

7 { Foglie a *2-3* paia di foglioline *troncato-smarginate,* raram. obcordate; stipole *piccole, lanceolate, acuminate.* Legumi con 1-3 articoli. Pianta verde-glauca. ♃. (T. nelle Alpi Ap., L.). — *Feb. Mag.* — Luoghi sassosi dei monti; a volte coltivasi . . . . **743 C. glauca** L.
Foglie a *4-6* paia di foglioline *smarginato-obcordate;* stipole *grandi, quasi orbicolari.* Legumi con *4-7* articoli. Pianta intensam. glauca. ♃. (T. L.). — *Gen. Mag.* — Rupi calcaree reg. med., talora coltivasi. — *Vecciarini.* **744 C. valentina** L.

8 { Pianta *annua,* glabra o talora sparsa di setole. Peduncoli *con 3-6* o raram. sino a 10 fiori. Foglie *lungam.* picciolate, *a 5-8 paia* di foglioline. Fiori *piccoli.* Legumi eretti. gracili, quadrangolari, terminanti in rostro incurvato, lunghi 6-7 cm. ☉. (M. L.). — *Mag. Giug.* — Luoghi erbosi reg. med. **745 C. cretica** L.
Pianta *perenne,* glabra. Peduncoli *con 10-20* fiori. Foglie *infer. brevem.* picciolate, le altre sessili, tutte *a 7-12 paia* di foglioline. Fiori *grandetti.* Legumi eretti, quadrangolari, terminanti in lungo rostro, lunghi *3-5 cm.* ♃. *Mag. Lug.* — Luoghi erbosi dal mare alla reg. subm. **746 C. varia** L.

29. **Hippocrèpis** (da ἵππος = cavallo e κρηπίς = scarpa; alludendo agli articoli del frutto smarginati in forma di ferro di cavallo). Fiori in ombrella su peduncoli ascellari, raram. solitari o geminati. Legumi piano-convessi, ad articoli scavati dal lato super. a ferro di cavallo; semi arcuati, solitari in ciascun articolo. — Foglie imparipennate. Il resto come in *Coronilla.*

1 { Piante *annue.* Fiori *1-5* su peduncoli *brevissimi o più lunghi, ma non sorpassanti* le foglie. Legume con smarginature *circolari o quasi, chiuse o strettamente aperte* dal lato esterno 2
Piante *perenni.* Fiori *6-12* su peduncoli *molto più lunghi* della foglia. Legume con smarginature *semicircolari, largam. aperte* dal lato esterno . 3

2 { Fiori *solitari o raram. geminati, quasi sessili.* Labbro super. del calice a denti *divaricati.* Legumi *diritti o leggerm. arcuati,* a 4-6 articoli, *papilloso-scabri* sull'arco, *o più raram. lisci.* Pianta glabra o quasi, a fusti sdraiati. ☉. *Apr. Giug.* — Luoghi erbosi reg. med. o più raram. subm. (Fig. 107). **747 H. unisiliquosa** L.
Fiori *2-5* sopra un peduncolo *quasi uguale alla foglia o raram. più lungo.* Labbro super. del calice a denti *eretti.* Legumi per lo più *fortem. arcuati,* a 3-7 articoli coi seni rivolti dal lato convesso, *glabri o papilloso-glandolosi* sull'arco dei seni. Pianta con scarsa peluria od anche glabra. ☉. (L.). — *Mar. Giug.* — Luoghi erbosi e spiaggie reg. med. o più raram. subm. **748 H. multisiliquosa** L.
 Seni dei legumi rivolti dal lato concavo, scabro-irti sull'arco dei seni. — Var. *ciliata* (W).

3 { Peduncoli *2-3 volte* più lunghi della foglia. Legumi di *2-3 cm.,* coperti di glandole *rossastre,* con smarginature semicircolari nel lato super. ed *assai flessuose* nell'inferiore. Pianta quasi glabra, a foglioline obovate o bislunghe. ♃. *Mag. Lug.* — Luoghi erbosi secchi dal mare alla reg. alp. — *Sferra-cavallo* . . . . **749 H. comosa** L.
Peduncoli *3-5 volte* più lunghi della foglia. Legumi di *3-4 cm.,* coperti di glandole *biancastre,* con smarginature poco profonde nel lato super. e *quasi diritte* nell'inferiore. Pianta ± glauco-pelosa, a foglioline più strette, bislungo-lineari. ♃. (L.). — *Mag. Giug.* — Luoghi aridi. **750 H. glauca** Ten.

30. **Bonavèria** (dedicato a I. B. Bonaveri).

Pianta quasi glabra, col portamento di una *Coronilla*, a fusti prostrato-ascendenti, 2-5 dm. Foglie imparipennate con 5-7 paia di foglioline bislungo-cuneate, troncate o smarginate; stipole piccole, lanceolate, libere. Fiori gialli, assai grandi, 3-9 in ombrelle su peduncoli ascellari o terminali, assai più lunghi della foglia; calice breve, campanulato, a 5 denti ovato-acuminati, i due super. in parte saldati. Legumi eretto-patenti, allungati, lineari, piano-compressi, con rostro uncinato, ingrossati e verdi ai margini, biancastri e papillosi sulle facce, ad articoli poco marcati, non separantisi alla maturità, indeiscenti. ①. *Mag. Giug.* — Luoghi erbosi e colt. reg. med. più raram. subm. . . . . **751 B. Securidaca** Desv.

31. **Hedysarum** (da ήϑ𝜈ς = dolce e άρωμα = aroma; alludendo alle proprietà della pianta, usata come foraggio). Fiori in racemi ascellari. Calice brevem. campanulato a denti uguali o diseguali; carena obliquam. troncata, più lunga delle ali; stami diadelfi. Legume piano-compresso, strozzato nelle articolazioni (lomento), ad articoli subrotondi, inermi o spinosi, separantisi alla maturità, con 1 seme reniforme per ciascuno. — Foglie imparipennate.

1 { Legumi *lisci, inermi*. Stipole *saldate in una sola* opposta alla foglia. Fiori numerosi, violaceo-porporini, raram. biancastri. Foglie a 5-9 paia di foglioline, generalm. smarginate e brevem. mucronulate. Pianta quasi glabra a fusti di 1-5 dm., flessuosi. ♃. (App. emil. al m. Cimone). — *Lug. Ag.* — Pascoli e rocce reg. alp. . . . . . . **752 H. obscurum** L.
Legumi *tubercolosi o spinosi*. Stipole *libere* 2

2 { Racemi *brevissimi, capituliformi*. Foglioline *piccole*, larghe *1-5 mm*. Fiori roseo-porporini, raram. biancastri. Legumi *pubescenti*, con spine *lunghe*, erette. Fusti *prostrati*, 1-5 dm. ①. (T., It. centr.). — *Apr. Mag.* — Reg. med. . . **753 H. capitatum** Desf.
Racemi *allungati, spiciformi*. Foglioline ± *grandi*, larghe *5-35 mm*. Fiori rosso-porporini, raram. bianchi. Legumi *glabri*, con spine *brevissime*. Fusti *ascendenti, 1-8 dm.*, pubescenti. ♃. *Mag. Giug.* — Luoghi argillosi reg. med.; frequentem. colt. — *Sulla* . . . **754 H. coronarium** L.

32. **Onòbrychis** (da όνος = asino e βρυχειν = divorare; foraggio preferito dagli asini). Fiori in racemi ascellari o terminali. Calice tubuloso a denti subeguali; carena obliquam. troncata all'apice, più lunga delle ali; stami diadelfi; ovario con 1-2 ovuli. Legume compresso, semirotondo, inarticolato, irto di creste o di aculei, con 1 solo seme reniforme. — Foglie imparipennate.

1 { Pianta *annua*. Racemi con *2-7 fiori* rosei, piccoli, coi peduncoli uguali o poco più lunghi della foglia. Calice a denti lunghi 2-3 volte il tubo, subeguale alla corolla. Legumi mediocri, pubescenti, fortem. spinosi. Fusti eretti o diffusi, 1-4 dm. ①. *Mag. Giug.* — Luoghi erbosi aridi reg. med., più raram. subm. — *Lappoli* . . . . . **755 O. Caput-galli** Lam.
Piante *perenni*. Racemi *moltiflori* 2

2 { Calice a denti lunghi *il doppio* del tubo. Corolla *rosea con venature rosse*. Legumi pubescenti, carenati ed un po' dentati nel dorso, alveolati nelle facce. Fusti eretti od ascendenti, 1-6 dm. Pianta *quasi glabra o pubescente*. ♃. *Mag. Ag.* — Coltiv. e inselvat. — *Lupinella*. (Fig. 108). . . **756 O. viciaefolia** Scop.
Calice a denti lunghi *4 volte* il tubo. Corolla *bianca o rosea*. Legumi irsuti, con aculei assai lunghi nel dorso e lati rugosi, brevem. aculeati. Fusto eretto, 2-5 dm. Pianta *bianco-sericea*. ♃. (M., Piceno). — *Giug. Lug.* . . **757 O. alba** Desv.

33. **Cicer** (dall' ebraico *kikar* = rotondo, per la forma del seme).

Pianta glandoloso-pelosa, vischiosa; fusti eretti, 2-5 dm. Foglie imparipennate, a 3-7 paia di foglioline ovali, acutam. seghettate; stipole inciso-dentate. Fiori solitari su peduncoli ascellari, assai più brevi della foglia; calice a denti quasi uguali, a tubo largam. campanulato; corolla azzurro-porporina o bianchiccia, poco più lunga del calice; ali libere; stami diadelfi; stilo filiforme, con stimma a bottoncino, glabro. Legumi pelosi, pendenti, ovali, vescicoso-rigonfi, brevem. rostrati, con 1-2 semi globosi, gialli o neri. ⊕. *Giug. Lug.* — Comunem. coltiv. dal mare alla reg. subm.

758 C. arietinum L.

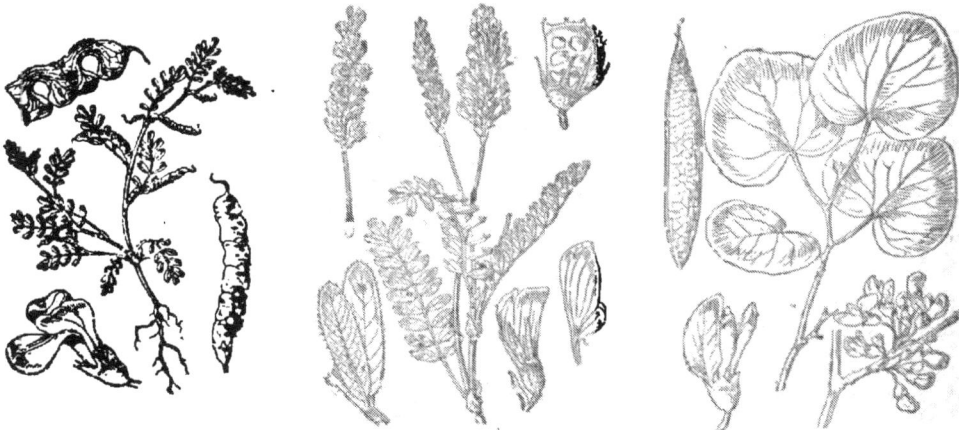

107. *Hippocrepis unisiliquosa* L. (¹/₄).   108. *Onobrychis viciaefolia* Scop. (¹/₄).   109. *Cercis Siliquastrum* L. (¹/₄).

34. **Pisum** (da πισος = pisello). Ali aderenti alla carena. Stilo scavato a doccia lungo la faccia infer., carenato e villoso in alto lungo la super. Il resto come in *Lathyrus*.

1 {
Stipole *più brevi* dei peduncoli. Fiori *rosei*, con ali porporino-nerastre, 1-3, lunghi *20-30 mm*. Foglie *con 2-3 raram.* 1 paio di foglioline. Legumi *5-7 cm.* per *11-12 mm.*; semi *discosti tra loro*, globulosi, minutam. granulosi bruni o screziati. ⊕. (E. avvent., Faentino, T. M. sul m. Conero, L.). — Boschetti dal mare alla reg. subm. . . . **759 P. elatius** M. B.
Stipole *subeguali* ai peduncoli. Fiori *azzurrastri*, con ali macchiate di porpora, *1 solo* lungo *15-20 mm*. Foglie *con 1-3 paia* di foglioline. Legumi *4-6 cm.* per *8-10 mm..* semi *contigui*, angoloso-cuboidei, lisci, screziati. ⊕. (T. al Giglio, It. media). — Coltiv. per foraggio e qua e là inselvat.
760 P. arvense L.
}

35. **Lathyrus.** Fiori in racemi o più raram. solitari, sopra peduncoli ascellari. Calice campanulato a denti per lo più diseguali e fauce generalm. obliqua e quasi bilabiata; vessillo orbicolare, più lungo degli altri petali; ali libere o leggerm. aderenti alla carena; stami diadelfi, a tubo troncato trasversalm.; stilo ± slargato all'apice, barbato-papilloso sul dorso. Legume lineare, ± compresso; semi molti, globosi od angolosi.

1 {
Piante *a picciolo delle foglie, almeno s· periori, terminato da un viticcio* od anche piante non viticciose ma in tal caso a fiori solitari. 2
Piante *non viticciose*, a fiori racemosi. Stilo non contorto. Foglie tutte composte 18
}

2 {
Foglie ridotte *ad un viticcio* e stipole grandi, opposte, funzionanti da foglie. Stilo non contorto. Corolla *gialla*, lunga il doppio del calice. Legumi *lineari-falcati*, reticolato-venosi, con 4-5 semi ovato-compressi, lisci, *rosso-bruni* a maturità. Pianta glabra, verde-glauca, a fusti gracili *sdraiati o rampicanti*, 2-5 dm., angolosi. ①. *Mag.* — Tra le messi dal mare alla reg. mont. — *Fior-galletto.* . . . . **761 L. Aphaca** L.
Foglie ridotte *al picciolo fogliaceo*, senza viticci. Stilo non contorto. Corolla *porporina*, lunga il doppio del calice. Legumi *strettam. lineari, diritti*, venati per lungo, pubescenti od anche glabri, con semi *bruni*, minutam. verrucosi. Pianta glabra, a fusti *eretti*, 2-6 dm., angolosi, generalm. semplici. ①. *Mag. Lug.* — Erbosi e coltiv. dal mare alla reg. mont. **762 L. Nissolia** L.
}

Foglie, almeno le super., *portanti 1 o più paia di foglioline* . . . 3

3 {
Foglie, almeno le infer., *ridotte al picciolo fogliaceo*. Vessillo *con 2 gobbe callose* alla base. Stilo non contorto 4
Foglie *tutte*, eccetto talvolta alcune delle infer., *con 1 o più paia di foglioline*. Vessillo *senza gobbe callose* alla base 5
}

4 {
Fiori *giallo-pallidi*, solitari, su peduncoli *assai più brevi* della foglia. Legumi lineari-oblunghi, *con 2 ali membranose* sul dorso. Foglie superiori con 1-2 paia di foglioline ovali. ①. *Apr. Giug.* — Reg. med. **763 L. Ochrus** DC.
Fiori *porporini o violacei*, 1-5 su peduncoli *subeguali* alle foglie *o più lunghi*. Legumi scanalati nel dorso, *non alati*. Foglie medie e super. con 2-4 paia di foglioline oblunghe o lineari. ①. (T., It. centr.). — *Apr. Lug.* — Reg. med. o raram. subm. . . . . **764 L. Clymenum** L.
}

5 {
Piante *annue*. Stilo scanalato di sotto 6
Piante *perenni* 14
}

6 {
Stilo *contorto*. Fusti *alati*, talora assai strettam. Peduncoli ad 1 solo od anche 1-4 fiori, lunghi generalm. più di 13 mm. 7
Stilo *non contorto*. Fusti angoloso-bitaglienti, ma *non alati*. Peduncoli sempre ad 1 solo fiore, lungo al più 13 mm. 11
}

7 {
Peduncoli *più brevi* della foglia o subeguali ad essa. Legumi glabri . . 8
Peduncoli *assai più lunghi* della foglia. Legumi tubercoloso-irsuti . . 10
}

8 {
Denti del calice *subeguali* al tubo. Fiori *gialli*. Semi *grossam. tubercolosi*, angolosi. Legumi scanalati nel dorso. Pianta glabra, a fusti rampicanti, 5-15 dm. ①. *Apr. Giug.* — Campi e luoghi incolti dal mare alla reg. subm. **765 L. annuus** L.
Denti del calice *1-2 volte più lunghi* del tubo. Fiori *giammai gialli*. Semi *lisci* 9
}

9 {
Fiori *porporini*, lunghi *10-13 mm.* Legumi *oblunghi*, larghi *8-10 mm.*, scanalati lungo la sutura dorsale, *non alati*. Stipole *uguali* al picciolo. ①. *Mar. Giug.* — Coltiv. dal mare alla reg. subm. — *Cicerchia.* **766 L. Cicera** L.
Fiori *rosei, azzurrognoli o bianchi*, lunghi *circa 15 mm.* Legumi *ovali-romboidali*, larghi *10-15 mm.*, con 2 ali membranose *assai larghe* lungo la sutura dorsale. Stipole *più corte* del picciolo. ①. *Mag.* — Coltiv. e talora inselvatichito . . . . **767 L. sativus** L.
}

10 {
Foglioline *ovali-oblunghe*. Fiori *generalm. odorosi*, lunghi *2-2 ½ cm.* Semi *lisci*. Corolla lunga *il triplo* del calice, azzurra con *vessillo porporino*. Legumi oblungo-lineari, *spesso falcati*. Pianta villosa, a fusti *sdraiati o rampicanti*, 6-12 dm. ①. (Inselv. presso Volterra e presso Ascoli; coltiv. per ornam.). — *Apr. Mag.* — Luoghi selvatici umidi reg. med. e subm. **768 L. odoratus** L.
Foglioline *oblungo- o lineari-lanceolate*. Fiori *inodori*, lunghi *1-1 ½ cm.* Semi *granuloso-scabri*. Corolla lunga *il doppio circa* del calice, azzurro-violetta. Legumi largam. lineari. *diritti*. Pianta glabra o sparsam. pelosa, verdeglauca, a fusti sdraiati o rampicanti, 3-10 dm. ①. *Apr. Lug.* — Campi e prati dal mare alla reg. subm. . . . . **769 L. hirsutus** L.
}

11 { Peduncoli filiformi, *più lunghi* del picciolo 12
   { Peduncoli *un poco più brevi* del picciolo. Fusti gracili eretti . . . 13

12 { Legumi *oblunghi 9-10 per 25-30 mm.*, *stipitati*, *pubescenti ai margini*, reticolato-venosi, con *2-3 semi*. Peduncoli *più brevi* della foglia, provvisti nell'articolazione di una piccola brattea o nudi. Foglioline lineari o lanceolato-lineari, mucronate. Corolla *rosso-mattone*. Pianta glabra, a fusti *sdraiati o rampicanti, gracilissimi*, 2-6 dm. ①. (T., It. centr.). — *Mar. Giug.* — Luoghi aridi reg. med. e subm. . . . **770 L. setifolius** L.
   { Legumi *lineari*, 3-4 per 30-40 mm., attenuati alla base, ma *non stipitati, glabri*, senza vene marcate, con *9-15 semi*. Peduncoli *uguali o più lunghi* della foglia, $\pm$ lungam. aristati nell'articolazione. Foglioline lineari attenuate all'estremità. Corolla *azzurro-violacea*. Pianta glabra, a fusti *eretti*, *gracili*, 2-3 dm. ①. (Pavese, T. M.). — *Apr. Giug.* — Campi e luoghi incolti dal mare alla reg. subm. . . . . **771 L. angulatus** L.

13 { Peduncoli articolati *verso la metà* e quivi *lungam. aristati*. Fiori *rossi*. Foglioline lanceolato-ensiformi, mucronate; piccioli delle foglie super. *generalm. viticciosi*. Legumi *longitudinalm. reticolato-venosi*. ①. *Apr. Giug.* — Campi e luoghi pietrosi reg. med. e subm. . . . **772 L. sphaericus** Retz.
   { Peduncoli articolati *alla base* e quivi *provvisti di 2 bratteole fugacissime, non aristati*. Fiori *azzurri o bianchi*. Foglioline lineari o lineari-lanceolate; piccioli delle foglie super. *lungam. viticciosi*. Legumi *debolm. reticolato-venosi*. ①. *Mag. Giug.* — Reg. med. . . . . . **773 L. inconspicuus** L.
       Piccioli delle foglie super. terminanti in breve punta (T. a Radda e presso Firenze. — Var. *erectus* (Lag.).

14 { Stilo *contorto*, tubuloso inferiorm. Fiori *mai gialli* e foglie con 1 paio solo di foglioline o raram. le superiori con due 15
   { Stilo *non contorto*, scanalato di sotto. Fiori *gialli* oppure foglie tutte con 2-4 paia di foglioline 17

15 { Fusti e piccioli *non alati*, angolosi. Foglie generalm. 2-3 *volte* più lunghe che larghe. Semi *leggerm. tubercolosi*. Rizoma con grossi tubercoli. Fiori mediocri, lunghi 15-20 mm., rossi. Legumi lineari-oblunghi. turgidi, spesso falcati. Pianta glabra, verde-glauca, a fusti prostrati o rampicanti, 5-12 dm. ♃. (T.). — *Mag. Ag.* — Campi e prati umidi dalla reg. subm. alla mont. **774 L. tuberosus** L.
   { Fusti e piccioli *largam. alati*. Foglie generalm. 3- *molte volte* più lunghe che larghe. Semi $\pm$ *tubercolosi* 16

16 { Semi *leggerm. tubercolosi* con ilo eguagliante la ½ della circonferenza del seme. Legume compresso, lungo *5-6 cm.*, con 3 coste dorsali *poco sporgenti e dentellate*. Fiori *mediocri*, lunghi *13-17 mm.*, generalm. *roseo-pallidi*. ♃. *Mag. Ag.* — Luoghi selvatici dal mare alla reg. mont. — *Veccione*. **775 L. silvester** L.
   { Semi *fortem. tubercolosi* con ilo occupante ¹/₃-¹/₄ della circonferenza del seme. Legume compresso, lungo *6-9, cm.* con 3 coste dorsali *di cui la mediana più sporgente e tagliente*. Fiori *grandi*, lunghi *20-30 mm.*, generalm. *d'un rosso-carmino vivo*. ♃. *Apr. Sett.* — Col precedente. **776 L. latifolius** L.

17 { Fiori *gialli*. Foglie con *1 solo paio* di foglioline. Peduncoli *assai più lunghi* della foglia. Legumi neri, glabri o pelosi. ♃. *Mag. Lug.* — Prati e boschi dal mare alla reg. alp. . . . . **777 L. pratensis** L.
   { Fiori *azzurro-porporini*. Foglie con *2-3 paia* di foglioline. Peduncoli *più lunghi o poco più brevi* della foglia. Legumi ferruginei, glabri ♃. (Pavese, Pisano e Lucchese). — *Mag. Giug.* — Luoghi paludosi e lungo i fiumi. **778 L. paluster** L.

18 { Foglie con picciolo *alato*. Fiori gialli, col vessillo per lo più soffuso di *rosso*. Calice a denti inferiori uguali o più lunghi del tubo. Pianta assai robusta con foglie larghette od anche strettissime. ♃. (E. T.). — *Apr. Lug.* — Prati reg. subm. . . . . **779 L. varius** Koch
   { Foglie con picciolo *non alato* o soltanto (*L. macrorrhizus*) strettam. alato 19

19 { Fiori *gialli*. Foglie con *4-6 paia* di foglioline oblunghe o lanceolate, biancastre di sotto e opache. Pianta a fusti e piccioli $\pm$ pelosi, che non annerisce col disseccamento. ♃. (App. tosco-emiliano). — *Mag. Lug.* — Erbosi dalla reg. mont. all'alp. . . . . . **780 L. luteus** Peterm.
   { Fiori *porporini, rosei o violaceo-porporini* 20

20 {
Foglie *con 4-6 paia* di foglioline ovali o ellittiche, ottuse, glauche e talora pelose sulla nervatura mediana di sotto. Pianta che *annerisce* col disseccamento, a fusti eretti, angolosi, 3-10 dm. e rizoma breve, grosso. ♃. *Mag. Giug.* — Boschi reg. subm. o più raram. med.   **781 L. niger** Bernh.
Foglie con *2-3 o le infer. con 1 paio* di foglioline. Piante che *non anneriscono* col disseccamento 21
}

21 {
Rizoma *strisciante*, provvisto qua e là di tubercoli rotondi. Fusti e piccioli *strettam. alati*. Foglioline *ottuse* od acute, mucronulate, ellittico-oblunghe o lanceolate, larghe 6-26 mm. Pianta glabra, glauca, a fusti diffusi od eretti, 15-30 cm. ♃. *Apr. Lug.* — Boschi dalla reg. subm. alla subalp.
            782 L. macrorrhizus Wimm.
    Foglioline lineari o strettam. lanceolate, larghe 2-5 mm. — Var. *tenuifolius* (Roth).
Rizoma *breve*, nodoso-tuberoso. Fusti e piccioli *angolosi ma non alati*. Foglioline *acuminate*, almeno nelle foglie superiori 22
}

22 {
Racemi *lassi*, a *2-9 fiori, piuttosto grandi*, lunghi *17-20 mm.* a pet. *non striati*. Pianta che comincia a fiorire quando le foglie *sono ancora tenere e in via di sviluppo*. Foglioline ovali o lanceolate, *lungam.* acuminate. Legumi lineari con piccole glandole sparse, ferruginei a maturità. ♃. *Mar. Giug.* — Boschi reg. subm. e mont. . . . . . **783 L. vernus** Bernh.
Racemi *densi*, a *10-30 fiori, piccoli*, lunghi *11-13 mm.* a pet. *striati*. Pianta che comincia a fiorire quando le foglie *sono in gran parte sviluppate*. Foglioline largam. ovali, *brevem.* acuminate. Legumi lineari, densam. e minutam. glandolosi. ♃. *Mag. Lug.* — Boschi reg. subm. e mont.
            784 L. variegatus Gr. et Godr.
}

36. Vicia. Fiori racemosi, fascicolati o solitari. Calice a denti subeguali od anche bilabiato coi due denti super. più brevi; vessillo smarginato od oblungo; ali aderenti alla carena; stami diadelfi col tubo staminale tagliato obliquam. al suo asse; stilo filiforme o leggerm. compresso in alto, con un ciuffo od un collaretto di peli sotto lo stimma fatto a capocchia, o raram. glabro od anche barbato sulla faccia dorsale. Legume con pochi o molti semi, per lo più brevem. stipitato. Il resto come in *Lathyrus.*

1 {
Fiori, *solitari, geminati o brevem. racemosi*, a peduncolo singolo o comune *nullo od uguagliante al più* la lunghezza di un fiore. Stipole *provviste di nettario* in forma di fossetta o di macchia porporina. Stilo con un ciuffo di peli sul dorso al disotto dello stimma 2
Fiori *racemosi od anche solitari*, a peduncolo comune o singolo *sempre superante* la lunghezza di un fiore, almeno negli infer.. Stipole *generalm. senza nettario* 12
}

2 {
Fusti *grossi, eretti*. Foglie con *2-4 o la inferiore con 1 paio* di foglioline *grandi* (larghe 1-3 cm.', con o senza viticcio 3
Fusti *deboli, rampicanti*. Foglie generalm. con *più di 3 paia* di foglioline *più piccole*, sempre provviste di viticcio, eccett. talora le infer. . . . 4
}

3 {
Fiori *bianchi con le ali macchiate di nero*. Foglie a picciolo terminato *in una breve punta setacea*. Legumi molto grandi, lunghi *10-20 cm.*, cilindrici, grossi, pelosi, dapprima carnosi, coriacei e neri a maturità; semi ovali-depressi, *per lo più giallognoli*, con ilo *terminale*. ①. *Apr. Giug.* — Largam. colt. dal mare alla reg. submont. — *Fava* . . **785 V. Faba** L.
Fiori *violaceo-porporini*. Foglie a picciolo terminato nelle foglie super. *in un viticcio* e a 4 o raram. 5 foglioline, intere o con pochi denti all'apice. Legumi *lineari-compressi*, lunghi *5-7 cm.*, neri, glabri sulle facce, con tubercoli sulle suture; semi globosi, subvellutati, neri, con ilo *laterale*. ①. *Apr. Mag.* — Boschi ed erbosi reg. med. e subm. **786 V. narbonensis** L.
    Foglie super. con 6 o raram. 7-8 foglioline, dentate nei ²/₃ super. o talora anche dalla base. (T. ecc.). — Var. *serratifolia* (Jacq.).
}

4 { Pianta *perenne*. Fiori brevem. racemosi, roseo-azzurri o raram. biancastri o giallastri, a vessillo glabro. Legumi glabri e neri a maturità, 2-3 cm. per 7 mm.; semi globosi, con ilo occupante ²/₃ della circonferenza. 2f. *Mag. Lug.* — Boschi e siepi dalla reg. subm. alla subalp. **787 V. sepium** L.

Piante *annue*. Fiori solitari, geminati od anche brevem. racemosi, ma in tal caso non corrispondenti agli altri caratteri suddetti 5

5 { Vessillo *villoso* all'esterno 6
Vessillo *glabro* all'esterno 7

6 { Fiori *2-4 in racemi brevissimi*. Foglie con 4-8 paia di foglioline oblunghe, ottuse o smarginate. Corolla *giallastra*, 1 ¹/₂-2 *volte* più lunga del calice. ①. (Piceno). — *Apr. Giug.* — Campi dal mare alla reg. subm.
788 V. pannonica Jacq.
Corolla porporina con vessillo venato (T. U., Piceno). — Var. *striata* (M. B.).
Fiori *solitari*. Foglie infer. con 2-3 e le altre con 6-8 paia di foglioline obovate od oblungo-obovate, smarginate, mucronulate. Fiori lunghi 20-23 mm., a corolla *2-4 volte* più lunga del calice, *giallo-verdognola*, a vessillo con vene porporine e spesso rossiccio nel dorso. ①. (E. T. L.). — *Mar. Mag.* — Luoghi erbosi reg. med. e subm. . . . . **789 V. hybrida** L.
Fiori lunghi 25-30 mm., di un giallo più vivo. (L.). — Var. *spuria* (Raf.).

7 { Fiori *gialli almeno nel vessillo*, raram. azzurri in pianta a legumi irsuti per peli tubercolosi alla base 8
Fiori *rossi, violacei o* talora *bianchi*. Legumi glabri o pelosi, ma per peli non tubercolosi alla base 10

8 { Fiori *2-3 in racemi brevi*: corolla *verde-giallastra* colle ali nero-vellutate in alto. Foglie infer. con 2-3 e le altre con 5-10 paia di foglioline cuneato-obovate e oblunghe. Legumi coi margini tubercoloso-pelosi; semi ovato-compressi, ad ilo occupante ¹/₅ della circonferenza. ①. (E. nel Bolognese, T. a Fiesole presso Firenze e nel Volterrano, L.). — *Mar. Giug.* — Boschi e siepi reg. med. e subm. . . . . . **790 V. melanops** S. et S.
Fiori *solitari o raram. appaiati*; corolla *mai colorata c. s.* 9

9 { Legumi *lungam. irsuti, per peli tubercolosi alla base*. Corolla gialla. Foglie sup. con *6-7 paia* di foglioline oblungo-lineari o lineari, le infer. obovate. Semi globosi, porporino-nerastri, subvellutati, con ilo occupante ¹/₅ *circa della circonferenza*. Pianta *poco pelosa*. ①. (T., It. centr.). — *Apr. Mag.* — Campi ed erbosi dal mare alla reg. subm. . . . **791 V. lutea** L.
Corolla giallo-pallida o più raram. rossigna o azzurro-porporina. Foglie con 8-12 paia di foglioline. Pianta ± pelosa. (Col tipo). — Var. *hirta* (Balb.).
Legumi *glabri o minutam. pubescenti-glandolosi* massime da giovani. Corolla completam. gialla, col vessillo a vene e la carena ad apice azzurri. Foglie infer. con 2-3 e le altre con 4-7 paia di foglioline bislunghe o lineari-rotonde, mucronulate. Semi globoso-lenticolari, ferrugineo scuri o variegati, con ilo occupante ²/₃ della circonferenza o meno. Pianta *minutam. pelosa*. ①. (E. T., It. centr). — *Apr. Lug.* — Luoghi boschivi reg. subm.
792 V. grandiflora Scop.

10 { Calice *coi 4 denti super. curvati in alto*. Legumi *con densi peli applicati*, raram. glabri, *stipitati*. Foglie con 2-6 paia di foglioline, le super. terminate in viticcio ramoso. Semi globoso-angolosi, lisci, marezzati di nero e cenerino, con ilo occupante ¹/₁₂ della circonferenza. ①. (E. T., It. centr.). — *Apr. Mag.* — Luoghi erbosi e campi reg. med. e subm.
793 V. peregrina L.
Calice a denti *tutti diritti*. Legumi *glabri o minutam. pubescenti*, *sessili* 11

11 { Foglie *tutte con viticcio semplice o le infer. con una breve resta*. Semi *granuloso-scabri*. Fiori *solitari*, lunghi *6-8 mm.*, a corolla *violacea*. Legumi lineari-compressi, *glabri*, neri, 20-25 per 3-4 mm.; semi piccoli, cuboidei. Foglie con 2-4 paia di foglioline, obcordate nelle infer. e obovate, lanceolate o sublineari nelle altre. ①. (E. T., It. centr.). — *Mar. Mag.* — Luoghi erbosi reg. med. e subm . . . . . . **794 V. lathyroides** L.
Foglie *super. con viticcio ramoso*. Semi *lisci*, Fiori *solitari od appaiati*, lunghi *20-25 mm.*, a corolla *violacea*, raram. rosea o bianca. Legumi lineari-compressi, *pubescenti o glabri*, 40-60 per 6-9 mm.; semi ora variegati, ora rosei

o bianchi, ora giallo-ocracei. Foglie infer. con 2-4 e le altre con 5-7 paia di foglioline, obcordate od obovate nelle prime, variabili nelle seconde. tutte mucronulate. ①. *Mar. Giug.* — Colt. e spontanea nei campi dal mare alla reg. subm. **795 V. sativa** L.

> Fiori lunghi sino 30 mm. Legumi 50-65 per 9-10 mm. Pianta più robusta. (Col tipo). — Var. *macrocarpa* (Moris).

11 {

> Fiori lunghi 20-23 mm. Legumi 50-65 per 4-5 mm. Foglioline smarginato-bilobe. (Faenza). — Var. *linearis* Lge.
> Fiori del doppio più piccoli della var. precedente. Legumi circa 50 per 4-5 mm. Foglioline più strette, ottuse, troncate e smarginate. (L.). — Var. *Cosentini* (Guss.).
> Foglioline inciso-dentate. Corolla subeguale al calice. (L.). — Var. *pimpinelloides* (Mauri).
> Fiori lunghi 15-20 mm., raram. bianchi. Calice non macchiato. Foglioline infer. obcordato-cuneate, le super. lineari-cuneate. (Faentino, T. a Firenze e all'Elba). — Var. *cordata* (Wulf.).
> Fiori come nella var. preced. Legumi 4 per 30 mm. (Romagna). — Var. *heterophylla* (Presl).
> Fiori lunghi 13-17 mm. Legumi 4-5 per 30-35 mm. Foglie medie a foglioline lineari, troncate od ottuse. (T. ecc.). — Var. *angustifolia* (L.).
> Fiori mediocri, violetto-porporini, od anche bianco-lilacini. Legumi 5-7 per 35-45 mm. (Col tipo). — Var. *segetalis* (Thuill.).

12 { Fiori lunghi *più di 9 mm.* Piante *annue o perenni, generalm. robuste* . 13
Fiori lunghi *meno di 9 mm.* Piante *annue, gracili* 26

13 { Fiori *solitari o raram. appaiati*, azzurro-bianchicci. Stipole *disuguali*, una sessile ed intera, l'altra picciolettata e palmato-laciniata, almeno nelle foglie super. Stilo *filiforme*, peloso in alto. Legumi oblungo-lineari, 2-3 cm. per 7-8 mm., a 2-4 semi lenticolari, con ilo occupante ⅓ circa della circonferenza. ①. (T. M. L.). — *Apr. Mag.* — Luoghi coltiv. **796 V. multifida** Wallr.
Fiori *racemosi* raram. ridotti ad 1-2 fiori. Stipole *uguali*. Stilo *compresso* 14

14 { Stilo *provvisto all'apice sotto lo stimma e sul lato ventrale di un ciuffo di peli bianchi*, ben manifesti ed assai più lunghi dei peli ricoprenti il lato opposto. Stipole *dentate*. Foglie *viticciose* 15
Stilo *in alto egualm. e debolm. peloso tutt' attorno*. Stipole *intere o dentate*. Foglie *talora senza viticcio* 18

15 { Foglie con *1-3 paia* di foglioline. Pianta *annua*, a peduncoli *1-3-flori* e legumi *peloso-irsuti* almeno nelle suture. Corolla porporina. Legumi oblungo-lineari, compressi, 30-45 per 8-10 mm.; semi globosi, ad ilo ovato-oblungo. ①. (E. T., It. centr.). — *Apr. Mag.* — Campi e boschi dal mare alla reg. subm. **797 V. bithynica** L.
Foglie con *4 a più paia* di foglioline. Piante *perenni*, a racemi *4-14-flori* e legumi *glabri* 16

16 { Foglioline *lineari*, larghe *3 mm. al più*. Calice *peloso-barbato* nei denti e generalm. anche sui nervi del tubo. Corolla intensam. violaceo-porporina. Foglie con 4-10 paia di foglioline, ottuse con un mucrone. ♃. (App. lucchese e centr.). — *Mag. Lug.* — Campi e pascoli dalla reg. subm. all'alp. **798 V. onobrychioides** L.
Foglioline *bislunghe od ovali*, larghe *più di 3 mm.* Calici *glabri* od appena cigliati nei denti 17

17 { Foglioline oblunghe, larghe *1 cm. al più*, troncate o smarginate, mucronulate. Calice a denti *molto ineguali*, i super. triangolari e gli infer. lanceolato-acuminati, quasi uguali al tubo. Legumi lineari-compressi, *40-50 per 6 mm.*, *a 15-18 semi*, globosi e con ilo *occupante ¼ della circonferenza*. Pianta *glabra*. ♃. (T. in Maremma, a Montecristo e a Gorgona). — *Mag. Giug.* — Siepi e macchie reg. med. **799 V. altissima** Desf.
Foglioline ovali od ovali-oblunghe, larghe *sino a 2 cm.*, ottuse con un mucrone. Calice a denti *meno ineguali*, tutti triangolari, brevissimi. Legumi oblungo-lineari, compressi, *30-50 per 10-12 mm.*, a 6-8 semi, subglobosi e con ilo *occupante ½ della circonferenza*. Pianta pelosetta. ♃. (App. tosc. e centr.). — *Mag. Lug.* — Boschi e luoghi selvatici reg. subm. e mont. **800 V. dumetorum** L.

18 { Piante *perenni* (Cfr. anche V. atropurpurea) 19
   { Piante *annue o raram. bienni*. Foglie viticciose 25

19 { Stipole *dentate*, eccett. le super. Foglie viticciose, a 5-10 paia di foglioline
    larghe 5 mm. al più. Fiori variegati di bianco e violetto. Legumi oblunghi,
    attenuati in basso, 30 per 6-7 mm., a 3-5 semi con ilo occupante $^1/_8$ della
    circonferenza. Pianta quasi glabra. ♃. (App. tosco-emil. e centr., Selva Pi-
    sana.) — *Lug. Ag.* — Boschi e prati reg. mont. e subm.
                                          801 V. silvatica L.
   { Stipole *tutte intere*, semiastate o le super. spesso semplici 20

20 { Foglie *infer.* a 2-3, le *super.* a 4-5 paia di foglioline. Racemi *a 2-8 fiori*.
    Legumi *pelosi sulle suture e glabri nel resto*, oblungo-romboidei, 15-17 per
    5-6 mm., a 3-4 semi, con ilo occupante $^1/_8$ della circonferenza. ♃. (U. a
    monte Regina?) — *Apr. Giug.* — Pascoli reg. mont. e subalp.
                                            802 V. glauca Presl
   { Foglie *a molte paia* di foglioline. Racemi *generalm. moltiflori*· Legumi *affatto
    glabri o pelosi anche sulle facce* 21

21 { Foglie *tutte senza viticcio*, a picciolo terminato da una breve resta. Stipole
    infer. semiovato-lanceolate con 1-2 denti alla base, le altre semplici più
    strette, tutte acuminate. Corolla giallastra. Legumi oblunghi, glabri atte-
    nuati alle estremità, 35-40 per 6-7 mm., a 3-6 semi, con ilo occupante $^1/_8$
    circa della circonferenza. ♃. (E. presso Bologna, T. in Maremma fra Capal-
    bio e Lago Acquato). — *Giug.* — Boschi reg. subm.
                                        803 V. sparsiflora Ten.
   { Foglie *almeno le super. provviste di viticcio* 22

22 { Racemi *uguali o più brevi* della foglia. Stilo schiacciato *dall'avanti in dietro*.
    Legumi romboidali, manifestam. sporgenti dal calice, 15-20 per 6-8 mm., a
    semi con ilo occupante $^1/_8$ della circonferenza. Corolla lunga 12-13 mm., a
    vessillo violaceo-porporino ed ali e carena biancastre coll'apice roseo. ♃.
    Giug. Lug. — Boschi reg. subm. (Fig. 111) . **804 V. cassubica** L.
   { Racemi *più lunghi o raram. uguali* alla foglia. Stilo schiacciato *ai lati*   23

23 { Calice *non gozzuto* alla base. Vessillo con unghia (cioè porzione più pallida
    situata al disotto del restringimento) *uguale o più breve* del lembo   24
   { Calice *evidentem. gozzuto* alla base dal lato super. Vessillo con unghia *lunga
    il doppio o quasi* del lembo . . . . Cfr. V. villosa.

24 { Pianta *glabra*. Fiori *giallastri*, col calice a denti super. *subnulli* e gli infer.
    assai brevi, triangolari. Foglie *a 6-14 paia* di foglioline oblungo-lanceolate
    o lineari, ottuse od acute, mucronulate. Legumi di *25-30 per 5-7 mm.*, a
    circa 6 semi. ♃. (T. nel monte Amiata e in Maremma). — *Mag. Giug.* —
    Boschi e siepi reg. med. e subm. . . . . **805 V. ochroleuca** Ten.
   { Pianta ± *pelosa*. Fiori *azzurri o leggerm. violacei*, raram. bianchi o giallastri,
    col calice a denti super. *brevissimi* e gli infer. *subeguali al tubo o più lun-
    ghi*. Foglie *a 6-15 paia* di foglioline oblunghe, lanceolate o lineari. Legumi
    oblungo-lineari, *20-25 per 6-7 mm.*, a 2-6 semi con ilo occupante $^1/_8$-$^1/_5$
    della circonferenza e stipite più breve del calice. ♃. (Parmig., T.). — *Mag.
    Ag.* — Boschi e prati fino alla reg. mont. . . . **806 V. Cracca** L.
        Pianta robusta con villosità patente. Fiori lunghi 9-11 mm. Legumi
        a stipite generalm. più lungo del calice. (T.). — Var. *incana* (Vill.).
        Pianta assai robusta. Fiori lunghi 12-13 mm. Legumi a stipite c. s. —
        (E. T. It. centr.). — Var. *tenuifolia* (Roth).

25 { Pianta ± *densam. villosa*, a villosità rossiccia nel secco. Legumi egualm.
    villosi, a 2-4 semi, con ilo occupante $^1/_8$ della circonferenza. Corolla *porpo-
    rino-scura o roseo-porporina all'apice, biancastra alla base*, a vessillo più
    lungo delle ali. Foglie infer. con 3-4 e le super. sino ad 8 paia di foglioline
    mucronate. ① ② ♃? (T. L.). — *Marz. Giug.* — Luoghi erbosi e colt. reg.
    med. . . . . **807 V. atropurpurea** Desf.
   { Pianta *mai villosa c. s.* Legumi *glabri o raram. pelosi* sulla sutura super., a
    2-8 semi con ilo occupante $^1/_7$-$^1/_{10}$ della circonferenza. Corolla *azzurra,
    violacea o raram. bianca*. Foglie con 4-10 paia di foglioline mucronulate,
    oblungo-lanceolate. ① ②. (T. nell'App. lucchese). — *Mag. Giug.* — Campi
    e sabbie dal mare alla reg. subm. . . . . . **808 V. villosa** Roth
        Fiori lunghi 12-15 mm. Foglioline oblunghe, lanceolate od anche li-
        neari. (T. ecc.). — Var. *dasycarpa* (Ten.).
        Fiori lunghi 14-15 mm. Foglioline lineari, acute ad ambedue le estre-
        mità. (T. a Viareggio). Var. *litoralis* (Salzm.).

25 { Fiori lunghi 17-18 mm. Foglioline ovali-oblunghe o lanceolate, generalm. ottuse. (T., It. centr.). — Var. *Pseudo-cracca* (Bert.).

— 26 { Stilo *filiforme, glabro o peloso in alto*. Semi *globosi o faccettati*. Corolla *generalm. più lunga del calice* 27
Stilo *compresso, barbato sul lato dorsale*. Semi *lenticolari*. Corolla *subeguale al calice* 30

27 { Fusti *eretti*. Foglie tutte terminate *da una breve resta*, a 8-10 paia di foglioline oblungo-lanceolate, ottuse o smarginate, mucronulate. Legumi *strozzati* tra un seme e l'altro. Corolla bianco-azzurrognola, con strie violacee, lunga il doppio del calice. ①. *Mag. Lug.* — Comunem. colt. e talora subspont. dal mare alla reg. subm. . . . . . . **809 V. Ervilia** W.
Fusti *sdraiati o rampicanti*. Foglie super. terminate *da un viticcio semplice o ramoso*. Legumi *non strozzati* tra un seme e l'altro . . . 28

28 { Legumi *generalm. a 4 semi*, glabri o raram pubescenti, 2 ½-3 per 8-16 mm., con ilo lineare-oblungo, occupante ⅛ della circonferenza. Foglie infer. con 1-2 e le super. con 3-6 paia di foglioline lineari, ottuse con un mucrone; stipole lineari, intere, semplici o semiastate. Pianta glabra o poco pelosa. ①. (E. T.). — *Mar. Giug.* — Luoghi boschivi e campi dal mare alla reg. subm. . . . . **810 V. tetrasperma** Moench.
Denti del calice lanceolato-acuti, più brevi del tubo. (Col tipo). — Var. *gracilis* (Lois.).
Denti del calice lanceolato-acuminati, più lunghi del tubo. (Col tipo e nel L.). — Var. *pubescens* (Lk.).
Legumi *con 1-2 semi soltanto* 29

29 { Stilo *glabro* sotto lo stimma. Legumi 3-4 per 7-10 mm., neri a maturità pubescenti o glabri; semi globulosi, con ilo occupante ⅛ *della circonferenza*. Corolla bianca od azzurro-pallida, poco più lunga del calice. Foglie infer. con 2-3 e le super. con 4-8 paia di foglioline, ovate nelle prime, lanceolate o lineari nelle seconde, tutte troncate con un mucrone. ①. *Apr. Giug.* — Luoghi erbosi selvatici e campi dal mare alla reg. subm.
811 V. hirsuta Koch
Stilo *barbato* sotto lo stimma. Legumi 6-7 per 12-20 mm., rosso-fulvi a maturità, *pelosi lungo la sutura super. e nel resto glabri*; semi compresso-globosi, con ilo occupante ¹/₁₀ della circonferenza. Corolla azzurrognola ½-⅔ più lunga del calice. Foglie infer. con 5-6 e le super. con 7-10 paia di foglioline, oblunghe o lineari, ottuse od acute. ①. (E. T.). — *Mar. Mag.* — Luoghi incolti e siepi reg. med. . . . . . . **812 V. disperma** DC.

30 { Foglie *infer. a 2-3 e le super. a 4-7 paia* di foglioline acute od ottuse, non od appena mucronulate. Stipole semplici, intere o quasi. Peduncoli terminati *in una resta ± lunga*, subeguali alla foglia o *più brevi*. Denti calicini 5-6 volte più lunghi del tubo. Corolla *biancastra con strie violacee*. Semi *grandi per lo più giallastri* e carenati nel margine od anche più piccoli, bruni, screziati ed arrotondati nel margine. ①. *Giug. Lug.* — Colt. dal mare alla reg. subm. — *Lente o Lenticchia.* **813 V. Lens** Coss. et Germ.
Foglie a 3-4 paia di foglioline. Stipole semiastate, ± dentate. Denti calicini cigliato-piumosi. (T. a monte Calvi). — Var. *Marschalii* (Arc.). (Fig. 110).
Foglie infer. *con 1-2 e le super. con 2-3 paia* di foglioline, generalm. smarginato-incavate e mucronulate all'apice. Stipole c. s. Peduncoli *mutici o mucronulati* all'apice, *generalm. più lunghi* della foglia. Corolla *azzurro-pallida*. Semi *piccoli, bruni*. ①. (T. in Maremma e al Giglio, M. L.). — *Apr. Mag.* — Luoghi aridi reg. med. e subm. **814 V. Lenticula** (Schreb.) Arc.

37. **Phaseolus.** Fiori in racemi ascellari. Calice campanulato, quasi bilabiato, a denti brevi, i super. ± aderenti fra loro; vessillo quasi sessile; ali aderenti alla carena, che è avvolta a spira con gli stami e lo stilo; stami diadelfi; stilo dilatato all'apice in una cresta stimmatifera irregolare quasi semilunare. Legume lineare, diritto od arcuato, compresso o subcilindrico, a parecchi semi. — Foglie pennato-trifogliolate.

Racemi *a pochi fiori, più brevi* della foglia. Legumi *lisci, diritti o leggerm. incurvati*, pendenti, rostrati, di forma variabile. Corolla *bianca o lilacina*. ①. *Est.* — Comunem. colt. dal mare alla reg. subm. — *Fagiolo comune.*
                                          815 Ph. vulgaris L.

1

Racemi *a molti fiori, più lunghi* della foglia. Legumi *scabri, falcati*, pendenti, grossi e larghi, compressi. Corolla *rossa, talora colle ali e carena bianca od anche totalm. bianca.* ①. *Est.* — Coltiv. per ornamento e anche pei legumi. — *Fagiolo americano* . . . . **816 Ph. coccineus** Lam.

110 *Vicia Lens C. et Germ.*   111. *Vicia cassubica* L.   112. *Lathyrus Aphaca* L.
Var. *Marschalii* (Arc.) (¹/₄).   (¹/₄).   (¹/₄).

Appartengono inoltre a questa famiglia *Albizzia Julibrissim, Cercis Siliquastrum* (Albero di Giuda) (Fig. 109), *Amorpha fruticosa, Sophora japonica* e *Kraunhia floribunda* (Glicine), largam. coltivate lungo i viali e nei boschetti artificiali, la *Ceratonia siliqua* (Fig. 113) è coltivata per il suo frutto (Caruba) e per il legname, l'*Arachis hypogaea* (Arachide) e la *Vigna unguicolata* (Fagiolino, Fagiolo dall'occhio) pei frutti.
    In questa stessa famiglia si comprendono moltissime piante utilizzate dall'uomo come alimentari, come foraggere e come medicinali.

FAM. 40.ᵃ ROSACEE.

    Piante erbacee, fruticose od alboree. Foglie alterne, raram. opposte, semplici o composte, con due stipole libere o spesso saldate al picciolo. Fiori regolari, solitari o variam. riuniti in infiorescenza. Calice libero o col tubo saldato all'ovario, a 5, raram. 4 lobi. Corolla a 5 petali, raram. 4 o 6-8 caduchi, a volte nulli. Stami molti, raram. 1-5, liberi, inseriti coi petali sul calice o sull'ovario in una o più serie. Stili 1 o più; ovario supero o infero, con 1-2, raram. più ovuli, pendenti, anatropi. Frutto variabile secco o carnoso, semplice o multiplo, drupa, pomo, achenio, raram. bacca e cassula; semi con guscio coriaceo o membranoso, albume nullo o scarso ed embrione a cotiledoni piano-convessi e radichetta breve.

CHIAVE DEI GENERI.

1 { Pistillo 1 o pochi in un verticillo 2
{ Pistilli moltissimi elicati 12

2 { Gineceo manifestam. supero 3
{ Gemmulario apparentem. infero . . . . . : . . . . : . 7

3 { Calice caduco. Corolla presente. Albero o frutice . . . . 1 PRUNUS
{ Calice persistente 4

4 { Corolla presente 5
{ Corolla mancante. 6

5 { Pistilli diversi, 3-9. Follicoli . . . . 2 SPIRAEA
{ Pistilli 2. Acheni. Erba . . . . 8 AGRIMONIA

6 { Calice 2-seriato. Stami 1-4. Foglie palmate o palmato-lobate. 9 ALCHEMILLA
{ Calice 1-seriato. Stami 4-30. Foglie imparipennate . . 10 POTERIUM

7 { Frutto con invogli ossei attorno ai semi 8
{ Frutto con invoglio cartilagineo o membranoso attorno ai semi . . 10

8 { Semi in parte sporgenti fuori della carne del frutto . . 14 COTONEASTER
{ Semi affatto rinchiusi nella carne del frutto 9

9 { Foglie lobate . . . . 12 CRATAEGUS
{ Foglie dentate . . . . 13 MESPILUS

10 { Semi molti per casella . . . . 16 PIRUS CYDONIA
{ Semi 1-2 per casella 11

11 { Petali rotondi . . . . 16 PIRUS
{ Pet. lanceolato-lineari . . . . 15 AMELANCHIER

12 { Talamo orciuolato . . . . 11 ROSA
{ Talamo ± spianato 13

13 { Calice senza calicetto esternamente 14
{ Calice con calicetto. Acheni 15

14 { Erba. Acheni con lunga coda . . . . 3 DRYAS
{ Frutice aculeato. Drupe . . . . 7 RUBUS

15 { Frutti con coda . . . . 4 GEUM
{ Frutti senza coda 16

16 { Talamo fruttifero carnoso . . . . 6 FRAGARIA
{ Talamo fruttifero secco . . . . 5 POTENTILLA

---

1. Prùnus. Fiori fascicolati. Calice caduco, campanulato a 5 denti; pet. 5; stami 20 o più. Ovario 1-loculare, terminante in 1 stilo semplice, con stimma a capocchia. Drupa a mesocarpo carnoso-succoso o raram. fibroso-asciutto e ad endocarpo osseo. Semi 1-2 con guscio membranoso.

1 { Nocciolò *profondam. solcato o bucherellato*. Fiori *sessili o quasi*, solitari o geminati 2
{ Nocciolo *con un solco nel margine super.*, nel resto *liscio o raram. rugoso*. Fiori *peduncolati o raram. subsessili* 3

2 { Foglie a picciolo *uguale alla larghezza* della foglia o più lungo. Fiori *bianchi o leggerm. rosei*. Drupa a mesocarpo *fibroso-asciutto, staccantesi* spontaneam. a maturità. Nocciolo duro. Seme ora dolce, ora amaro. 5. *Gen. Mar.* — Coltiv. nella reg. med. e anche subm. — *Mandorlo*.
817 P. Amygdalus Stok.
Nocciolo fragile. Seme dolce. *Coltiv.* — Var. *fragilis* Arc.
{ Foglie a picciolo *uguale ad ¹/₂-¹/₃ della larghezza* della foglia. Fiori ± *intensam. rosei o rossi*. Drupa a mesocarpo *carnoso-succoso*, non *staccantesi* spontaneam. a maturità, tomentoso-lanosa all'esterno. 5. *Mar. Apr.* — Coltiv. dal mare alla reg. subm. — *Pesco* . **818 P. Persica** (L.) Stok.
Drupa glabra all'esterno. — *Pesco-noce.* — Var. *levis* Arc.

3 { Fiori *solitari* od in *fascetti di 2-5.* Drupa *coperta di pruina glauca*, oppure *tomentosa* **4**
Fiori *generalm. più di 5* in ombrelle o racemi, talora corimbosi. Drupa *senza pruina e senza peli alla superficie.* **7**

4 { Drupa a superficie *vellutato-tomentosa o raram.* glabra. Foglie affatto glabre, lucide, coriacee, cuoriformi alla base. Fiori bianchi o leggerm. rosei, nascenti prima delle foglie. Albero di 3-7 m., a rami inermi. ♄. *Mar. Apr.* — Coltiv. in molte var. dal mare alla reg. subm. — *Albicocco.* **819 P. Armeniaca** L.
Drupa a superficie *pruinosa* **5**

5 { Fiori per lo più *geminati*; peduncoli e calice (anche internam.) *pelosi.* Foglie adulte obovali o oblunghe, crenulato-dentate. Drupe oblunghe od ovate, astringenti e porporino-violacee nelle piante selvatiche, in quelle coltivate dolci e di colore variabili dal porpora-violaceo al rosso od al giallo. Rami giovani glabri. ♄. *Mar. Apr.* — Coltiv. in molte var. dal mare alla reg. subm. — *Susino* . . . . **820 P. domestica** L.
  Drupa verde a carne ± dolce. Foglie quasi glabre di sotto. Rami giovani pubescenti. Colt. — *Regina Claudia.* — Var. *Claudiana* (Poir.).
  Drupa azzurro-porporina e molto astringente nelle piante selvat., dolce in quelle coltivate. Foglie ± pubescenti di sotto. Rami c. s. — *Prugnolo da siepe, Pruno.* — Var. *insititia* (L.).
Fiori per lo più *solitari*, bianchi; peduncoli e calici (anche internam.) *glabri* o raram. i peduncoli leggerm. pubescenti **6**

6 { Rami giovani *pubescenti.* Drupe mature *azzurro-nerastre, erette*, a nocciolo *ottusetto all'apice.* Arbusti di 1-2 m. con rami bianco-cenerini, divaricati, ± spinosi. ♄. *Mar. Apr.* — Siepi e boschi dal mare alla reg. mont. — *Prugnolo, Pruno selvatico* . . . . . . **821 P. spinosa** L.
Rami giovani glabri. Drupe mature *rosse o giallastre, pendenti,* a nocciolo terminato *da una punta acuta.* Arboscello a rami lunghi e divaricati, inermi o poco spinosi. ♄. *Mar. Apr.* — Coltiv. dal mare alla reg. subm. — *Ciliegio-susino* . . . . **822 P. myrobolana** (L.) Lois.

7 { Fiori in *fascetti ombrelliformi*, nascenti *colle foglie o poco prima* di esse **8**
Fiori in *racemi talora corimbosi*, nascenti *dopo le foglie*, oppure alberi sempre-verdi **9**

8 { Albero *elevato (sino a 15 m.)*, a rami *raddrizzati.* Foglie sottili, un po' rugose, ± *pubescenti* di sotto, a picciolo provvisto *all'apice di 1 o 2 glandole* rossastre. Drupa a sapore *dolce*, rotondo-ovate. ♄. *Apr. Lug.* — Dalla reg. subm. alla mont. — *Ciliegio* . . . . . . **823 P. avium** L.
  Drupe cuoriformi a polpa piuttosto dura e asciutta. Colt. — Var. *duracina* L.
  Drupe ovato-cuoriformi a polpa piuttosto molle. Foglie glabre di sotto. Colt. — Var. *Juliana* L.
Albero *poco elevato (4-5 m. al più)*, a rami *divaricati o pendenti.* Foglie un po' dure, liscie, *glabre*, lucenti, più piccole che nella specie prec., con piccioli *senza glandole* o situate presso la base della lamina. Drupa a sapore *acido.* ♄. *Apr.* . . . . **824 P. Cerasus** L.
  Drupe eretto-patenti o subpendule. Foglie ovato- od obovato-bislunghe. Colt. — *Amarena, Marena.* — Var. *Caproniana* L.
  Drupe più lungam. peduncolate, pendenti, rosso-coccinee. Foglie ovate, crenate. Colt. — *Amarasca, Marasca.* — Var. *Marasca* (Rchb.).

9 { Foglie *membranacee, caduche* nell'inverno, con denti fini e ravvicinati ai margini. Drupa *subglobosa* **10**
Foglie *coriacee*, lucide, *persistenti* nell'inverno, con denti radi o quasi nulli. Drupa *ovoideo-acuta* **11**

10 { Fiori in racemi *brevi*, corimbosi, *eretti.* Lacinie calicine *nude* al margine. Foglie *subrotondo-ovate*, a denti *ricurvi*, glandolosi. Nocciolo *quasi liscio.* Arbusto od albero alto sino a 6 m., ramosissimo, a rami spesso spinosi. ♄. (T. al m. Pisano, App. centr.). — *Mar. Apr.* — Boschi e luoghi rocciosi reg. subm. e mont. — *Ciliegio canino* . . . . . **825 P. Mahaleb** L.
Fiori in racemi *allungati*, cilindracei, *pendenti.* Lacinie calicine *cigliato-glandolose* al margine. Foglie *oblungo-ovate*, a denti *patenti*, spesso glandolosi. Nocciolo *rugoso.* Arbusto di 1-4 m., a rami patenti. ♄. (Presso Pavia). — *Apr. Mag.* — Boschi e siepi reg. subm. e mont. -- *Pado.* **826 P. Padus** L.

11 {
Fiori in racemi *più brevi* delle foglie. Foglie *odorose*, provviste verso la base del lembo e presso la nervatura mediana di *2-4 glandole*. Fiori bianchi, odorosi. ♄. *Mar. Apr.* — Colt. per ornamento e pei frutti nella reg. med. e subm. — *Laurocerano* . . . . . . **827 P. Laurocerasus** L.

Fiori in racemi sensibilm. *più lunghi* delle foglie. Foglie *inodore, senza glandole alla base del lembo*. Fiori bianchi. ♄. *Mag.* — Coltivato per ornamento. **828 P. lusitanica** L.
}

2. Spiraea. Fiori a corimbo o pannocchia. Calice persistente, a 5 lacinie, senza calicetto; pet. 5, raram. 6-8; stami numerosi; ovario supero, a 3-5 carpelli, liberi o raram. saldati in basso. Frutto follicolo, 1 o più, terminato dallo stilo persistente. Semi 1 a molti, piccoli, a guscio membranoso.

1 {
Foglie *senza stipole*; infiorescenza a *pannocchia*; carpelli liberi, *3-5, deiscenti* 2
Foglie *con stipole*; infiorescenza a *corimbo*; carpelli *6-10, indeiscenti* . 3
}

2 {
Carpelli *eretti*. Fiori *ermafroditi*, ± lungam. *pedicellati*. Foglie *piccole*, obovali, crenulato-dentate all'apice o intere. ♄. (It. centr. presso Spoleto ecc.). — *Mag. Giug.* . . . . **829 S. hypericifolia** L.

Carpelli *riflessi*. Fiori *poligamo-dioici, subsessili*. Foglie *grandi*, a contorno triangolare, 2-3-pennate. ♄. (It. media). — *Mag. Ag.* — Boschi reg. mont. e subm. . . . . **830 S. Aruncus** L.
}

3 {
Carpelli *irsuti, eretti*. Foglie a 15-20 paia di segmenti *oblunghi, pennatifido-incisi*, larghi *meno di 1 cm*. Pianta di 2-6 dm., a radici con *tuberi ovoidi*. ♃. (It. centr.). — *Mag. Giug.* — Prati e luoghi selvatici dal mare alla reg. mont. — *Erba peperina, Filipendola* (Fig. 114). **831 S. Filipendula** L.

Carpelli *glabri*, contorti a *spira*. Foglie a 5-9 paia di segmenti *ovati o lanceolati, doppiam. ed acutam. seghettati*, larghi *generalm. più di 1 cm*. Pianta di 3-10 dm., a radici fibrose, *non tuberose*. ♄. *Giug. Ag.* — Luoghi umidi dalla reg. subm. alla subalp. — *Olmaria* . . . **832 S. Ulmaria** L.
}

3. Dryas (da δρυς = querce, per la forma delle foglie).

Pianta fruticosa, a fusti ramosissimi, prostrati, 1-2 dm. Foglie quasi in rosetta, oblungo-ottuse, profondam. crenate, verdi-lucide di sopra e bianco-argentine di sotto. Fiori bianchi, grandi, solitari su dei lunghi peduncoli terminali; calice persistente, pubescente, a 7-9 lobi lineari, senza calicetto. pet. 7-9, ovali, fino ad 1 volta più lunghi dei sepali. Frutto secco (achenio), formato di numerosi carpelli vellutati, monospermi, indeiscenti, sormontati da una lunga resta piumosa. ♄. (Alpi Ap., App. tosco-emiliano e centr.). — *Mag. Giug.* — Rupi reg. alp. (Fig. 115) . . **833 D. octopetala** L.

4. Gèum (da γενειν = aver buon sapore, per l'aroma della radice). Fiori solitari o in cime terminali. Calice e calicetto a 5 divisioni; pet. 5 o talora più; stami numerosi; stili terminali, accresceuti dopo la fioritura, spesso articolati verso il mezzo; ovario libero e supero. Frutto secco (achenio), formato di numerosi carpelli pelosi, monospermi, indeiscenti, terminati da una lunga resta piumosa, riuniti sopra un talamo peloso, conico.

1 {
Fusto con *1 fiore*, giallo 2
Fusto con *più fiori*. Stilo articolato 3
}

2 {
Stilo *articolato*, con articolo infer. piumoso-glandoloso alla base e articolo super. assai più breve e barbato. Petali *ellittici*, appena più lunghi del calice. Foglie basali lirato-pennatosette, con 3-7 segmenti, ottusam. dentati, il terminale grandissimo e cordato-ovato, le cauline 3-partite od indivise, acutam. dentate. 2|. (L. alla Cammarata ed a Campo secco). — *Est.* — Boschi reg. mont.   .   .   .   .   .   . **834 G. molle** Vis. et Panc.
Stilo *non articolato*, piumoso. Pet. *largam. obcordati*, più lunghi del calice. Foglie spesse, le basali a rosetta, lirato-pennatosette, a segmenti subrotondi inegualm. crenati, il terminale per lo più cordato e lobato, le cauline piccole, sessili, ternate o 3-fide. 2|. (Alpi Ap., App. tosco-emiliano). — *Giug. Ag.* — Pascoli reg. alp. e mont. (Fig. 116)   . **835 G. montanum** L.
}

3 {
Fiori *giallo-rossastri, pendenti*. Calice a lacinie *erette* dopo la fioritura. Stilo *piumoso in alto*. Capolino fruttifero *con stipite lungo quasi come il calice*. 2|. (App. tosco-emiliano). — *Giug. Ag.* — Prati umidi e rigagnoli reg. mont. ed alp.   .   .   .   . **836 G. rivale** L.
Fiori *gialli, eretti*. Calice a lacinie *riflesse* dopo la fioritura. Stilo *glabro*. Capolino fruttifero *sessile o brevem. stipitato*. 2|. *Mag. Giug.* — Luoghi ombrosi e freschi dal mare alla reg. mont.   .   .   . **837 G. urbanum** L.
}

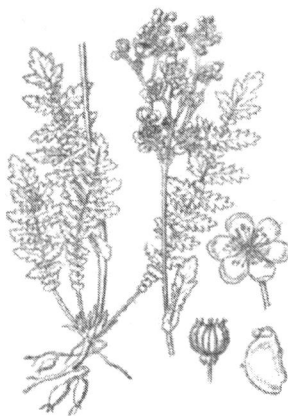

113. *Ceratonia siliqua* L. ($^1/_4$).   114. *Spiraea Filipendula* L. ($^1/_4$).   115. *Dryas octopetala* L. ($^1/_4$).

5. Potentilla (da *potens* = potente, per le proprietà toniche e astringenti di queste piante). Fiori ermafroditi, solitari o in cime terminali, pentameri, raram. tetrameri. Calice e calicetto a 5 divisioni; pet. 5 o talora più, obcordati, interi o smarginati; stami 16-20; stili staccantisi lateralm., caduchi; ovario libero e supero. Frutto secco (achenio), formato da numerosi carpelli subreniformi, piccoli, indeiscenti scabri o rugosi, glabri o pelosi, riuniti in un capolino sopra un ricettacolo ± peloso, secco e non accrescente alla maturità.

1 {
Fiori *bianchi o rosei*   2
Fiori *gialli*   7
}

2 {
Foglie *imparipennate*. Acheni *glabri*. Fiori grandetti, bianchi anche nel secco. Foglioline largam. ovate, doppiam ed inegualm. dentate o talora subincise. Fusti eretti, quasi nudi, alti 2-4 dm. o più raram. nani. 2|. (App. emil., Alpi Ap.). — *Mag. Lug.* — Dalla reg. subm. all'alp.
   .   .   .   .   **838 P. rupestris** L.
Foglie *trifogliolate o digitate*. Acheni *pelosi almeno ad una delle estremità*   3
}

3 {
Foglie basali *a 5, raram. 3 foglioline, verdi su ambedue le facce*; le cauline assai grandi. Fusti *sorpassanti lungam.* le foglie basali. Fiori *numerosi* in corimbo denso a petali bianchi uguali o più lunghi del calice e stami coi filamenti *irsuti*. Pianta verde-gaia, villosa, talora glanduloso-viscida. 2⅃. (Alpi Ap., App. tosc. e centr.). — *Apr. Ag.* — Rocce dalla reg. subm. all'alp.
839 P. caulescens L.

Foglie basali *a 5 foglioline glabre e verdi, lucide di sopra e sericeo-argentine di sotto*; la caulina, se esiste, e le florali infer. piccole, e ternate. Fusti scapiformi *uguali o più brevi* delle foglie basali. Fiori *pochi*, corimbosi o solitari, a pet. bianchi poco più lunghi del calice e stami coi filamenti *glabri*. Pianta con rizoma breve. 2⅃. (Pavese e Colli Parmigiani). — *Mar. Mag.* — Luoghi erbosi e boschivi dalla reg. subm. alla mont. **840 P. alba** L.

Foglie basali *a 3 foglioline* 4
}

4 {
Foglioline *pelose e verdi di sopra, sericeo-grigiastre di sotto*. Petali *uguali o più brevi* del calice 5

Fogliolino *bianco-sericee su ambedue le facce*. Pet. *più lunghi, sino al doppio, del calice* 6
}

5 {
Pianta *per lo più stolonifera*. Foglie basali a fogliolino generalm. con *8-12 denti*; la caulina e florale infer. assai piccole e *3-fogliolate*. Tubo calicino giallastro internam. Petali bianchi, *superanti un poco* il calice. 2⅃. *Feb. Mag.* — Luoghi selvatici dalla reg. med. o subm. alla mont. — *Fragola secca.*
841 P. Fragariastrum Ehrh.

Pianta *senza stoloni*. Foglie basali a fogliolino con *12-20 denti*; la caulina e fiorale infer. c. s. e generalm. *1-fogliolate*. Tubo calicino *rosso-scuro* internam. Pet. *roseo-pallidi, più brevi* del calice. 2⅃. Colla preced.
842 P. micrantha Ram.
}

6 {
Fiori *subsolitari*, rosei o bianchi. Petali *larghi, subrotondi*, interi o smarginati, brevem. unguicolati. Acheni *densam. lanati*. Lacinie calicine *più lunghe* del calicetto, alla fine riflesse. Antere *rossicce*. 2⅃. (App. tosco-emil.). — *Lug. Ag.* — Luoghi rocciosi reg. alp. . . . . . **843 P. nitida** L.

Fiori *pochi in corimbi contratti*, bianchi. Pet. *stretti, spatolati*, interi o quasi, lungam. unguicolati. Acheni *barbati all'apice*, nel resto nudi e rugolosi. Lacinie calicine *uguali o più brevi* del calicetto, *erette*. Antere *scolorate*. 2⅃. (App. centr.). — *Lug. Ag.* — Rupi e luoghi sassosi reg. alp.
844 P. apennina Ten.
}

7 {
Foglie *imparipennate* 8
Foglie *trifogliolate o digitate* 9
}

8 {
Foglie brevem. picciolate a *12-25 fogliolino, bianco-sericee di sotto, acutam. seghettate*; stipole *cauline multifide*. Fiori *solitari, grandetti*, a petali *più lunghi* del calice. Pianta con fusti *stoloniformi, radicanti*. 2⅃. (Parmigiano, App. modenese e L.). — *Mag. Ag.* — Prati dalla reg. subm. alla mont.
845 P. anserina L.

Foglie lungam. picciolate a *5-9 fogliolino, verdi sulle due facce, ottusam. inciso-dentate*; stipole *intere*. Fiori ascellari, *subracemosi, piccoli*, a pet. *uguali o più brevi* del calice. Pianta con fusti *ramosi dalla base, prostrati, non stoloniformi né radicanti*. ①. (Parma, L. ai monti Soriano ed Arsiccio). — *Giug. Aut.* — Luoghi umidi reg. subm. . . . **846 P. supina** L.
}

9 {
Fiori *tetrameri* (con calice e calicetto a 4 lacinie, petali 4), raram. misti con alcuni pentameri. Foglie *a 3 fogliolino ovate o quasi lanceolate e con 4-8, raram. 10-12 denti divergenti ed acuti*; le basali lungam. picciolate, fugaci; le cauline sessili, a stipole fogliacee, laciniate. 2⅃. *Mag. Giug.* — Boschi e pascoli umidi dalla reg. subm. o raram. med. all'alp. — *Tormentilla* . . . . **847 P. Tormentilla**

Fiori *pentameri* (con calice e calicetto a 5 lacinie, pet. 5), rarissimam. tetrameri (cfr. anche in parte n. 11) 10
}

10 {
Fusti ± *lungam. striscianti e radicanti*, oppure stoloniformi. Fiori *solitari, ascellari* 11

Fusti *mai c. s.* Fiori *formanti una infiorescenza* o raram. solitari o pochi *terminali* 12
}

11 {
Fusti *radicanti in tutta la loro lunghezza*. Foglie picciolate. a 5 (raram. 3-7) fogliolino, dentate *fin presso la base*, a dente terminale *più piccolo*. Fiori pentameri, a corolla di 15-30 mm. Pianta gracile, pubescente. 2⅃. *Giug. Ag.* — Luoghi erbosi e campi dal mare alla reg. subm. — *Cinquefoglio.*
848 P. reptans L.
}

11 { Pianta spesso più robusta, a pubescenza più densa ed a fusti stoloniformi non radicanti. Fiori super. talora tetrameri (E. T. U.). —
Var. *italica* (Lehm.).
Fusti *alla fine un poco radicanti all'apice*. Foglie picciolate a 3-5 foglioline,
dentate ·*verso l' apice soltanto*, a dente terminale *appena più piccolo*. Fiori
tetrameri o pentameri, a corolla di 14-18 mm. Pianta gracile, pubescente.
♃. (T.). — *Mag. Giug.* — Luoghi umidi. **849 P. procumbens** Sibth.

12 { Foglie *tutte a 3 foglioline*, verdi di sopra e niveo-tomentose di sotto; stipole
ovato-acute, intere. Petali giallo-dorati, obcordati, più lunghi del calice.
Acheni con pieghe arcuate. Pianta a rizoma grosso, legnoso. ♃. (App. tosco-
emil). — *Lug. Ag.* — Pascoli rocciosi reg. alp. **850 P. nivea** L.
Foglie, *almeno le infer.*, con *5-7 foglioline* 13

13 { Fusti fioriferi *laterali*, generalm. *gracili e bassi*, 1-3 dm., con *poche* foglie 14
Fusto o fusti fioriferi *centrali*, generalm. *robusti ed elevati* 3-6 dm., con foglie ± *numerose* 17

14 { Foglie *cenerino-tomentose su ambedue le facce*, a numerosi e brevi peli stellati,
misti con altri semplici più lunghi. Stipole *infer. lanceolato-acuminate*. Petali giallo-dorati, obovato-rotondati, *per lo più smarginati*, *più lunghi* del
calice. ♃. (Piceno al monte dei Fiori). — *Apr. Giug.* — Aridi dalla reg.
subm. all'alp. **851 P. subacaulis** L.
Foglie *verdi di sopra e grigio- o bianco-tomentose di sotto*, a peli semplici ;
foglioline quasi sempre revolute nel margine. Stipole *spesso dentate*. Petali
gialli, *poco smarginati*, *subeguali* al calice. ♃. *Mag. Ag.* — Luoghi asciutti
dal mare alla reg. alp. . . . . **852 P. argentea** L.
Foglie *verdi su ambedue le facce*, a peli semplici, raram. misti con pochi
peli stellati 15

15 { Pianta con peluria *appressata*. Foglie a foglioline *argentino-sericee* al margine
e sui nervi di sotto, le basali *distiche*. Lacinie calicine *pure argentino-sericee* al margine. Petali giallo-dorati, largam. obcordati, lunghi il doppio
del calice. ♃. (Alp. Ap., App. tosco-emil. e centr.). — *Giug. Ag.* — Pascoli
dalla reg. mont. all'alp. . . . . **853 P. aurea** L.
Pianta con peluria *in generale ± patente*. Foglie e lacinie calicine *senza peli
argentino-sericei* c. s.; foglie basali *in spirale* 16

16 { Stipole delle foglie basali *lineari o lesiniformi*. Foglie a foglioline *obovate*,
dentate in alto, a dente terminale *più piccolo* degli altri. Fusti e piccioli a
peli ordinariam. eretto-patenti. Acheni *lisci*. ♃. *Mar. Lug.* — Pascoli asciutti
dal mare alla reg. mont. . . . . **854 P. verna** L.
Stipole delle foglie basali *ovali-lanceolate*. Foglie a foglioline *largam. obovate*,
profondam. dentate, a dente terminale *quasi uguale* agli altri. Fusti e piccioli mollem. pubescenti o a peli patenti. Acheni *quasi lisci*. ♃. (App. tosco-
emil. e centr.). — *Lug. Ag.* — Pascoli dalla reg. mont. all'alp.
855 P. salisburgensis Haenk.

17 { Foglie *verdi* di sotto. Fiori in corimbo *lasso*, a petali *uguali o più lunghi*, *sino
al doppio*, del calice. Acheni *con pieghe arcuate*, *subreticolate*. Peduncoli,
calici e foglie senza corti peli glandolosi. Pianta di 5-40 cm., raram. più, a
fusti quasi sempre rossastri ed a foglie basali per lo più presenti all'epoca
della fioritura. ♃. *Mag. Lug.* — Dal mare alla reg. mont.
856 P. hirta L.
Peduncoli, calici e talora le foglie provviste di peli glandolosi, raram.
mancanti, misti ad altri più lunghi semplici. Pianta di 50-80 cm.,
raram. meno, a fusti quasi sempre verdi ed a foglie basali per lo
più distrutte all'epoca della fioritura. (E. T.). — Var. *recta* (L.).
Foglie *bianco-sericee* di sotto. Fiori in corimbo *denso*, a pet. *lunghi 2-3 volte*
il calice. Acheni *quasi lisci*. ♃. (It. media). — *Giug. Lug.* — Luoghi asciutti
dalla reg. subm. alla mont. (Fig. 118) . . . **857 P. De-Tommasii** Ten.

6. **Fragaria** (dal latino *fragrans* = odoroso, alludendo al profumo del frutto). Fiori ermafroditi o dioici per aborto, corimbosi o
solitari, pentameri. Stami e carpelli numerosi; ricettacolo conico, glabro, carnoso, accrescente. Acheni immersi nella polpa del ricettacolo.
Il resto come in *Potentilla*.

1 {
Fiori *gialli*; calicetto a lacinie fogliacee, *obovate, 3-dentato-lobate all'apice.* Frutti *non eduli, insipidi.* Calice fruttifero appressato. ♃. (Inselvatichita presso Modena e Firenze). — *Mag. Lug.* — Lungo le strade e i fiumi reg. subm. . . . . **854 Fr. indica** Andr.
Fiori *bianchi;* calicetto a lacinie *lanceolato-acuminate, intere o quasi.* Frutti *eduli, aromatici* 2
}

2 {
Calice fruttifero a lacinie *appressate* sul frutto. Foglioline laterali sessili, la mediana picciolettata. Fiori assai grandi, 15-20 mm.; peduncoli a peli appli- cati o un poco patenti. ♃. *Apr. Mag.* — Nei luoghi bassi. **859 Fr. collina** Ehrh.
Calice fruttifero a lacinie *patenti o riflesse* 3
}

3 {
Peduncoli a peli *appressati.* Fiori *mezzani, 12-15 mm., ermafroditi.* Foglio- line laterali *generalm. quasi sessili.* Frutto *slargato, fornito di acheni su tutta la superficie.* ♃. *Mag. Ag.* — Boschi e luoghi erbosi dal mare alla reg. alp. — *Fragola.* . . . . **860 Fr. vesca** L.
Peduncoli a peli *patenti.* Fiori *grandi, 20-25 mm., spesso dioici.* Foglioline laterali *per lo più brevem. picciolettate.* Frutto *ristretto, privo di acheni alla base.* Pianta più robusta della preced. ♃. *Giug. Sett.* — Coltiv. con la pre- cedente . . . . **861 Fr. elatior** Ehrh.
}

116. *Geum montanum* L. ($^1/_4$).

117. *Rubus ulmifolius* Schott. ($^1/_4$).

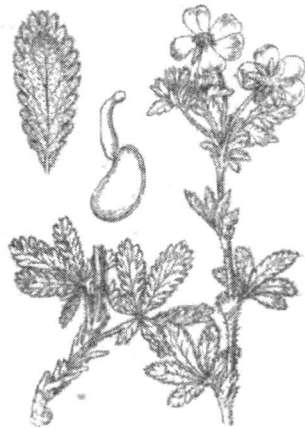

118. *Potentilla De Tommasii* Ten. ($^1/_4$).

7. Rùbus (da *ruber* = rosso, alludendo al colore del frutto). Fiori ermafroditi a racemo o pannocchia. Calice persistente a 5 divisioni, sprovvisto di calicetto; pet. 5; stami numerosi; carpelli per lo più molti, con stilo subterminale, persistente nel frutto, a 2 ovoli, di cui 1 spesso abortisce; ricettacolo conico o raram. emisferico, spugnoso e secco nel frutto. Drupeole con nocciolo osseo, riunite insieme (mora).

1 {
Foglie pennate, *a 3-7 foglioline dentate,* la terminale più grande e rotondata alla base, tutte bianco-tomentose di sotto. Drupeole *pubescenti, rosse* (raram. gialle), *staccantisi tutte insieme* dal ricettacolo a maturità. Fiori piccoli, bianchi, solitari od in piccoli racemi ascellari e terminali. Frutice di 4-12 dm., a fusto florifero eretto, arcuato, con piccoli aculei setacei, diritti. ♄. *Giug. Ag.* — Boschi reg. mont. e subalp.; spesso coltivato. — *Lampone.* **862 R. Idaeus** L.
Foglie *palmate, a 3-5* (raram. 7) *foglioline.* Drupeole *glabre* o raram. prov- viste di un ciuffo di peli, *nere o raram. bruno-rossastre od azzurro-nerastre,* a maturità, *aderenti* al ricettacolo 2
}

2 { Fusti *angolosi*, ad aculei *robusti*, per lo più adunchi 3
{ Fusti *per lo più cilindrici o quasi* ad aculei spesso *gracili*, adunchi o diritti 7

.3 { Calice fruttifero *eretto*. Pet. bianchi, oblunghi. Foglie bianco-tomentose di sotto a 3-5 foglioline inegualm. dentate, la terminale obovato-acuminata. Aculei disuguali spesso glandoliferi. Pannocchia lunga e stretta, pelosissima, ispido-glandolosa. Frutto lucente di molti carpelli. ♃. (T. presso Sarzana, Carrara e Anchiano in val di Serchio). — *Giug. Lug.*
                                          863 R. incanescens Bert.
{ Calice frutt. *riflesso*. Frutto lucente 4

.4 { Petali *stretti*, obovato-*bislunghi, bianchi*. Foglie *cinereo-tomentose di sopra* o *glabrescenti e bianco-tomentose di sotto*, a 3-5 foglioline seghettate, la terminale obovato-romboidale; piccioli scanalati superiorm. Peli dei fusti o dell'inflorescenza in parte glandolosi. Carpelli molti. Pianta cascante. ♃. *Giug. Ag.* — Siepi e boschi reg. subm. e mont., raram. med.
                                          864 R. tomentosus Bork.
{ Pet. *larghi*, *suborbicolari*, *roseo-pallidi*. Foglie *grigie e lanoso-rilucenti di sotto*, a 5 foglioline ondulate nei margini, inegualm. dentate, la terminale orbicolare o brevem. obovale. Fusti pelosi, aculei un po' ineguali, glandole rade. Pianta cascante. ♃. (T. nell'App. Lucchese e a Vallombrosa).
                                          865 R. vestitus W. et. N.
{ Pet. *larghi*, *obovati*. Foglie *verdi di sopra e bianche di sotto* . . . 5

.5 { Carpelli *pochi*. Petali *bianchi*. Pianta *eretta* a fusti ora con facce piane, ora con facce solcate, con aculei rigidi, diritti o curvi. Foglie a foglioline spesso strette inegualm. ed acutam. dentate. ♃. (E. nel Faentino?, T. a Vallombrossa?). — *Giug.* — Siepi e macchie dal mare alla reg. subm.
                                          866 R. thyrsoideus Wimm.
{ Carp. *molti*. Pet. *rosei*. Piante *cascanti* 6

.6 { Fusti *pruinosi*. Foglie a foglioline generalm. *ellittiche od obovate* e bruscam. acuminate, doppiam. seghettate. Pannocchia allungata, farinoso-tomentosa per densi peli stellati od anche vellutata per peli patenti, *brevi*. ♃. *Mag. Ag.* — Siepi e macchie dal mare alla reg. subm. (Fig. 117).
                                          867 R. ulmifolius Schott
{ Fusti *non pruinosi*. Foglie a foglioline grandi, *subrotonde od ellittiche*. Pannocchia allungata, villosa per peli stellati e per peli patenti, *lunghi*. ♃. (E. presso Bologna, T. a Montignoso). — *Mag. Ag.*   **868 R. praecox** Bert.

.7 { Calice fruttifero *riflesso*. Frutto lucente, con pochi carpelli. Petali obovati, bianchi o raram. verdi-biancastri. Fusto cilindrico od angoloso, generalm. pruinoso e con aculei piuttosto forti. Foglie a foglioline, almeno quelle giovani, grigio-tomentose di sotto. ♃. *Giug. Lug.* — Siepi, boschi e luoghi campestri umidi . . . . . .   **869 R. corylifolius** Sm.
{ Calice fruttifero *eretto* 8

.8 { Frutto *lucente*, con *molti* carpelli. Petali *bislunghi*. Aculei *generalm. molto ineguali*, .per lo più *diritti od inclinati*; glandole stipitate *sempre molto abbondanti*. Foglie generalm. ternate a foglioline laterali per lo più *distintam. picciolettate*. ♃. *Giug. Lug.* . . . . .   **870 R. glandulosus** Bell.
        Stami, nei fiori appena sfioriti, distintam. più brevi degli stili che sono rossi o più raram. verdognoli. Carpelli per lo più pelosi. (App. tosco-emil. a Boscolungo e a Vallombrosa). — Var. *Guentheri* W.
        Stami, nei fiori appena sfioriti, alti come o più degli stili, che sono bianchi o verdognoli.
            1. Fusti glabri o con peli disseminati. Carp. glabri. — Var. *Bellardi* (W. et N.).
            2. Fusti con peli densi. Carp. giovani pubescenti o raram. glabri. (T. a Vallombrosa). — Var. *hirtus* (W. et N.).
{ Frutto *appannato*, con *pochi* carpelli. Pet. *ovali*. Aculei *eguali*, generalm. *adunchi*; glandole stipitate *rare o nulle*. Foglie ternate a foglioline laterali *sessili o quasi*. ♃. *Giug. Lug.* — Siepi, boschi e luoghi campestri umidi.
                                          871 R. caesius L.

8. **Agrimònia** (da ἀγρος = campo e μονη = abitazione, perchè piante che abitano luoghi selvatici e deserti). Fiori ermafroditi, gialli,

in racemo o corimbo. Calice a tubo concavo od obconico con 10 solchi o strie all'esterno e generalm. irto all'apice di setole rade e uncinate, strozzato alla fauce, a lembo diviso in 5 lacinie; calicetto sostituito da 2 brattee, talora saldate tra loro ed a margine frastagliato; corolla a 5 pet. obovati; stami 5-15; carpelli 2, raram. 3, con stilo
terminale; ricettacolo concavo. Acheni 2-1, chiusi nel tubo calicino.

1 {
Fiori in *corimbo terminale povero*. Calicetto *monofillo*, a margine frastagliato,
racchiudente l'intero calice, il quale è *inerme*. Calice fruttifero *eretto, non
accrescente,* a tubo vellutato, striato. ♃. (App. pavese, parmigiano, tosc. e
centr.). — *Mag. Lug.* — Luoghi ombrosi reg. subm. e mont.
                872 A. agrimonioides L.
Fiori in *racemo terminale spiciforme*. Calicetto *difillo*, cingente solo la base
del tubo calicino, il quale è *rivestito in alto e tutt' all'intorno di setole uncinate*. Calice fruttifero *riflesso*, a tubo e setole *accrescenti* . . . 2
}

2 {
Calice fruttifero *obconico, fortem.* solcato in tutta la sua lunghezza, a setole
tutte patenti-ascendenti. Foglioline cenerino-tomentose e con *poche* glandole
di sotto. ♃. *Apr. Ott.* — Luoghi selvatici dal mare alla reg. mont. — *Agrimonia, Eupatoria,*   **873 A. Eupatoria** L.
Calice frutt. *campanulato-emisferico, debolm.* solcato soprattutto in basso, a setole del cerchio esterno *riflesse*. Foglioline verde-pubescenti e con *molte* glandole a odore balsamico di sotto. ♃. (It. centr.). — Con la precedente.
                874 A. odorata Mill.
}

9. **Alchemilla** (dall'arabo *alkemelich* = alchimia, perchè piante
celebrate dagli alchimisti). Fiori ermafroditi, in cime corimbiformi
o fascetti. Calice tubuloso urceolato od obconico, a tubo subcontratto,
a lembo diviso in 4 o più raram. 5 lacinie, rinforzato da altrettanti
lobi del calicetto; corolla nulla; stami 2 o 4; carpelli 1-4 con stilo
laterale. Acheni 1-4, chiusi nel tubo calicino.

1 {
Pianta *annua*. Fiori in *fascetti ascellari*. Stami *fertili 1-2*. Foglie brevem. picciolate, palmato-partite, a segmenti 3-4-fidi. ☉. *Apr. Lug.* Campi dal mare
alla reg. mont. — *Erba ventaglina* . . . **875 A. arvensis** Scop.
Piante *perenni*. Fiori in *corimbi terminali*. Stami 4, raram. 5. . . . 2
}

2 {
Foglie *leggerm.* lobate, a 5-9 lobi semicircolari, dentati *su tutto il contorno*. Fiori
piccoli, verde-giallognoli. ♃. *Lug. Ag.* — Pascoli e boschi dalla reg. mont.
all' alp. — *Erba-stella, Ventaglina.* (Fig. 119) . **876 A. vulgaris** L.
Foglie *profondam. divise*, palmato-partite in 5-7 lacinie lanceolato-cuneiformi,
minutam. dentate solo all'apice. Fiori *mediocri*. ♃. *Lug. Ag.* — Pascoli e
luoghi rocciosi reg. alp. o più raram. mont. . . **877 A. alpina** L.
}

10. **Potèrium** (da ποτηριον = bicchiere, alludendo alla forma
del fiore). Fiori ermafroditi o poligamo-monoici in spighe o capolini,
con 2 squame alla base. Calice tubuloso-urceolato, a tubo contratto
alla fauce e a lembo 4-fido; calicetto e petali nulli; stami 4 a 30;
carpelli 1 o 2, raram. 3, con stilo apicale, terminato da uno stimma
a capocchia papillata od a pennello. Acheni 1-3, chiusi nel tubo calicino.

1 {
Frutice spinoso. Fiori tutti *unisessuali*. Calice fruttifero a tubo *liscio* all'esterno, polposo, in forma di bacca globosa, aranciata. Stami 20-30. Fusti ramosissimi, eretti od ascendenti, 3-6 dm. ♄. (L. a Tivoli). — *Mar. Mag.* — Colli
aridi reg. med. — *Spinaporci.* . . . . **878 P. spinosum** L.
Erba. Fiori tutti od in parte *ermafroditi*. Calice frutt. a tubo *costato-alato,
rugoso o tubercolato* all'esterno, suberoso-indurito e scolorato . . . 2
}

2 { Stimma a *pennello*. Stami *15-30*. Infiorescenza con fiori *super. femm.*, i mediani per lo più ermafroditi o maschili, raram. tutti unisessuali. Capolini terminali, globosi od ovoidei. ♃. *Mar, Ag.* — Luoghi erbosi dal mare alla reg. mont. — *Salvastrella* . . . . **879 P. Sanguisorba** L.

Stimma a *capocchia papillata*. Stami *4*, subeguali alle lacinie calicine. Infiorescenza a fiori *tutti ermafroditi*. *Spiga* ovale-oblunga o subglobosa, rosso-nerastra. ♃. (Qua e là nell'App. tosc. e centr.). — *Mag. Lug.* — Prati umidi dalla reg. mont. all'alp. — *Meloncello.* **880 P. officinale** B. et H.

11. **Ròsa.** Fiori ermafroditi, solitari o in corimbi terminali. Calice a tubo urceolato a 5, raram. 4 sepali, tutti interi o gli esterni pennatifidi; calicetto nullo; corolla grande a 5 pet. obcordati, a unghia brevissima; stami indefiniti; carpelli numerosi sormontati ognuno da uno stilo; stili liberi o saldati all'apice. Frutto formato dal ricettacolo divenuto carnoso, rosso, giallo o nero a maturità, coronato dagli avanzi del calice e degli stami e contenente numerosi acheni ossei, coperti di peli radi. — Arbusti aculeati. Foglie pennatosette a stipole aderenti al picciolo o quasi libere.

1 { Stili *sporgenti* al disopra del disco, formanti una colonna allungata. Fusto *sarmentoso*. Fiori bianchi 2

Stili *non sporgenti* al disopra del disco, nè formanti una colonna. Fusto *eretto* 3

2 {

Foglioline *coriacee, lucenti, generalm. glabre*, ad apice *spesso ripiegato* sopra un lato. Brattee *alla fine riflesse*. Infiorescenza generalm. *pluriflora*. Colonna stilare *per lo più pelosa*. Foglie medie dei rametti fioriferi ordinariam. *5-fogliolate*. ♄. *Mag. Giug.* — Siepi e macchie reg. med. e subm.
881 R. sempervirens L.
Aculei piccoli, poco curvi. Foglioline grandi, 3-2 cm., ovali o rotonde, con punta breve; denti brevi. (T. fra Pontassieve e Pelago). — Var. *scandens* (Mill.).
Aculei robusti; tutte le altre parti come nel tipo, ma ridotte a metà. (T.). — Var. *microphylla* Koch

Foglioline *non coriacee, opache, spesso* ± *pubescenti*, ad apice *diritto*. Brattee *sempre erette*. Infiorescenza spesso *1-flora*. Colonna stilare *glabra*. Foglie medie dei rametti fioriferi generalm. *7-fogliolate*. ♄. *Giug. Lug.* — Siepi e boschi fino alla reg. mont. . . . . **882 R. arvensis** Huds.
Pianta pubescente. Foglioline con nervi argentino-sericei. (T. a M. Senario). — Var. *transalpina* Christ
Fiori in corimbo, quasi ad ombrella. (T. fra Pracchia e S. Marcello). — Var. *umbellata* Godet

3 {

Petali *gialli*, almeno di sotto. Orificio del ricettacolo *sorpassato* da un denso cercine di peli. Antere astate alla base. Ricettacolo frutt. inerme, globoso, color arancio. Foglie medie dei rami fioriferi a 5-9 foglioline doppiam. seghettate, pelosette e minutam. glandolose di sotto; stipole super. appena dilatate, ad orecchiette divergenti. Arbusto eretto, ad aculei diritti, non mescolati a glandole. ♄. (Presso Spoleto e Viterbo, inselvat.). — *Mag.*
883 R. lutea Mill.

Pet. *rosei o bianchi*. Orificio del ricettacolo *non sorpassato* da un denso cercine di peli 4

4 { Sepali *tutti interi* 5

Sep. *esterni provvisti di appendici laterali* 6

5 {

Infiorescenza ordinariam. 1-flora, *provvista di 1 o più brattee*. Stipole piane ad orecchiette *diritte*. Fiori *rosei*. Ricettacolo frutt. *rosso*, generalm. *ovoideo*, assai allungato. Foglie medie dei rametti fioriferi a 7-9 foglioline. Aculei sparsi, gracili e diritti od anche nulli. ♄. *Giug. Ag.* — Rupi e boschi dalla reg. mont. o raram. subm. all'alp. . . . **884 R. alpina** L.
Arbusto inerme. Pedicelli, ricettacolo e sepali lisci. (T. a Boscolungo). — Var. *levis* Ser.

5 { Arbusto inerme. Pedicelli e spesso il ricettacolo ed i sepali glandolosi (T. a Boscolungo). — Var. *pyrenaica* Auct. non Gouan
Arbusto ad aculei ± numerosi. Pedicelli glandolosi. (T. a Boscolungo). — Var. *aculeata* Ser.
Infiorescenza sempre 1-flora, *senza brattee*. Stipole ad orecchiette *assai patenti o divergenti*. Fiori *bianchi*. Ricettacolo frutt. *alla fine nerastro*, generalm. *sferico*. Foglie medie dei rametti fioriferi a 9 foglioline. Aculei sparsi, gracili e setacei, raram. mancanti. ♃. *Giug. Lug.* — Luoghi sassosi dalla reg. subm. alla subalp. . . . . . **885 R. pimpinellifolia** L.

6 { Foglie medie dei rametti fioriferi *5-fogliolate*. Infiorescenza spesso *1-flora* e *senza brattee*. Corolla *generalm. grande*, d'un roseo-vivo o roseo-porporina. Ricettacolo e pedicelli ispido-glandolosi. Arbusto generalm. nano, ad aculei ± uncinati, misti a setole glandolose. ♃. *Mag. Giug.* — Boschetti e luoghi selvatici dal mare alla reg. subm. . . . . . **886 R. gallica** L.
Foglie medie dei rametti fioriferi *7-fogliolate*. Infiorescenza *1-pluriflora* e *provvista di brattee*. Corolla *di grandezza media*, raram. grande . . . 7

7 { Sepali *stretti*, terminati da una lunga punta affilata, *generalm. tutti interi*, raddrizzantisi dopo la fioritura e persistenti sino alla maturità del ricettacolo. Stili tomentosi. Ricettacolo fruttifero piccolo, globoso. Aculei assai gracili, adunchi. ♃. (App. pavese e tosc.). — *Giug. Lug.* — Reg. subm. e mont. . . . . . **887 R. rubrifolia** Vill.
Sep. ± *larghi, gli esterni provvisti di appendici laterali ben appariscenti* 8

8 { Foglioline *abbondantem. glandolose di sotto*, a glandole brunastre, assai *odorose anche senza essere fregate* 9
Foglioline *non glandolose di sotto* od a glandole *odorose soltanto dopo essere fregate* 13

9 { Stili *glabri o quasi*. Sepali *riflessi o patenti* dopo la fioritura, *prontamente caduchi* 10
Stili *fortem. irsuti o tomentosi*. Sep. *raddrizzantisi* dopo la fioritura, *persistenti* sino a maturità dei ricettacoli 12

10 { Pedicelli *ispido-glandolosi*. Sepali *glandolosi* sul dorso. Corolla d'un roseo assai pallido. Ricettacolo frutt. rosso-scarlatto, acidetto. Foglioline ovali od ovali-ellittiche, generalm. arrotondate alla base. Arbusto per lo più elevato ad aculei generalm. uguali, adunchi. ♃. *Apr. Lug.* — Dal mare alla reg. mont. **888 R. micrantha** Sm.
Pedicelli *lisci*. Sep. *lisci* sul dorso 11

11 { Foglioline *ovali-arrotondate, non ristrette* alla base, con glandole *scarse* tra le nervature secondarie e poco odorose. Pedicelli *brevi*. Corolla *roseo-viva*. Ricettacolo frutt. *piccolo-arrotondato*. Arbusto *nano*. ♃. (E. nel Modenese, T. nel Lucchese e M. Pisano). — *Giug. Lug.* — Luoghi sassosi dalla reg. subm. alla mont. . . . . . . **889 R. Seraphini** Viv.
Foglioline *ovali-ellittiche, ristrette* alla base, con glandole *numerose* nella faccia infer. Pedicelli *lunghi*. Corolla *bianca o biancastra*. Ricettacolo frutt. *assai grosso, ovoideo*, per lo più allungato. Arbusto *elevato*. ♃. *Mag. Giug.* — Dal mare alla reg. mont. . . . . . . **890 R. agrestis** Savi

12 { Sepali *patenti o raddrizzati* dopo la fioritura, *alla fine caduchi*, gli esterni stretti ed interi. Ricettacolo fruttifero *ovale od ovale-bislungo*. Stili *fortem. irsuti*. Foglioline *raram. glandolose* nella faccia superiore. Arbusto *assai elevato*. ♃. *Apr. Lug.* — Dal mare alla reg. mont. **891 R. rubiginosa** L.
Sep. *raddrizzati* dopo la fioritura, *mai caduchi*. Ricettacolo frutt. *ovoideo-globuloso*. Stili *tomentosi*. Foglioline *sempre glandolose* nella faccia superiore. Arbusto *nano*. ♃. (Alpi Ap. e App. tosco-emil.). — *Giug. Lug.* — Aridi e sassosi reg. mont. . . . . . . **892 R. glutinosa** S. et S.

13 { Aculei *uncinati*, rarissimam. diritti. Sepali riflessi o raddrizzati dopo la fioritura, alla fine caduchi. Foglioline glabre o pubescenti . . . 14
Aculei *diritti od arcuati*, raram. uncinati. Foglioline tomentoso-sericee 18

14 { Sepali *riflessi o patenti* dopo la fioritura, *prontam. caduchi*. Stili *pelosi o più raram. glabri* 15
Sep. *raddrizzati* dopo la fioritura, *persistenti* sino a maturità completa del ricettacolo. Stili *tomentosi* 17

15 {
Fogliioline *assai grandi*, ovali od ovali-ellittiche, glabre o pubescenti, a nervature secondarie senza glandole o raram. con glandole inodore, a denti semplici, doppi o composto-glandolosi. Fiori rosei o biancastri. Stili pelosi, raram. glabri. Ricettacolo e pedicelli generalm. lisci, raram. ispido-glandolosi. ♃. *Mag. Lug.* — Siepi e macchie dal mare alla reg. mont. — *Rosa canina, Rosa selvatica* . . . . **893 R. canina** L.

Fogliioline glabre a denti semplici. Pedicelli lisci. (T.). — Var. *Lutetiana* (Lem.).

Fogliioline glabre a denti doppi. Piccioli e nervo mediano della faccia infer. spesso glandolosi. (Faentino, T. presso Firenze). — Var. *dumalis* (Bechst.).

Fogliioline pubescenti a denti semplici. Pedicelli lisci. — Var. *dumetorum* (Thuill.).

Fogliioline *generalm. piccole*, quasi sempre ovali-arrotondate . . . 16
}

16 {
Fogliioline *pubescenti* sulle due facce, a denti composto-glandolosi e nervature secondarie con o senza glandole. Sepali esterni fortem. appendicolati, con appendici infer. profondam. incise. Pedicelli *generalm. assai brevi e per lo più lisci*, raram. ispido-glandolosi. Fiori *biancastri*. Stili *pelosi o glabri*. ♃. *Mag. Giug.* — Dal mare alla reg. mont. . . **894 R. tomentella** Lém.

Fogliioline *generalm. glabre*, raram. un po' pubescenti di sotto a denti composto-glandolosi. Sep. ad appendici strette, generalm. intere. Pedicelli *assai lunghi, ispido-glandolosi*. Fiori *rosei*. Stili *glabri o quasi*. Ricettacolo liscio. ♃. (It. media). — *Mag. Giug.* . . . . . **895 R. Pouzini** Tratt.
}

17 {
Aculei *adunchi, assai grossi*. Fogliioline *ovali od ovali-ellittiche*, generalm. glabre. Pedicelli *generalm. brevi*. Ricettacolo frutt. *generalm. arrotondato*. Infiorescenza *generalm. pluriflora*. Fiori *per lo più di un rosa-vivo*. ♃. (E. nel Modenese, T. nel M. Amiata). — *Lug.* — Reg. mont. ed alp.
. . . . **896 R. glauca** Vill.

Fogliioline pubescenti a denti semplici. Pedicelli lisci. (T. a Boscolungo). — Var. *coriifolia* (Fr.).

Aculei *diritti o quasi, gracili*. Fogliioline *ovali-arrotondate* sempre glabre. Pedicelli *assai allungati*. Ricettacolo frutt. *ovoideo*, strozzato nel collo alla sommità. Infiorescenza *spesso 1-flora*. Fiori *rosei*. ♃. (App.). — *Giug. Lug.* — Reg. mont. . . . . **897 R. montana** Chaix
}

18 {
Sepali *alla fine caduchi*, gli esterni *con numerose* appendici laterali. Aculei *arcuati*. Fogliioline a denti per lo più composto-glandolosi; stipole super. ad orecchiette *triangolari*. Infiorescenza *generalm. pluriflora*. Fiori *roseopallidi*. Fusto elevato, *arcuato* alla sommità. ♃. (App. tosco-emil. e romano sopra Velletri). — *Giug. Lug.* — Boschi e siepi reg. subm. e mont.
. . . . **898 R. tomentosa** Sm.

Sep. *raddrizzati sul ricettacolo e giammai caduchi*, gli esterni con appendici laterali piccole e *poco numerose*. Aculei *diritti o decisam. uncinati*, compressi alla base. Fogliioline di grandezza media, a denti composto-glandolosi; stipole super. ad orecchiette *falciformi*. Infiorescenza *1-pluriflora*. Fiori piuttosto grandi, *roseo-vivi*. Ricettacolo liscio o coperto di setole glandolose, delicate. Fusto assai elevato, *diritto* alla sommità. ♃. *Giug. Ag.* — Reg. subm. e mont. . . . . **899 R. villosa** L.

Fogliioline generalm. grandi. Ricettacolo per lo più coperto di setole glandolose, rigide. — Var. *pomifera* (Herrm.).
}

12. **Crataegus** (da κρατος = forza; alludendo alla durata del legno). Fiori ermafroditi, corimbosi, accompagnati da brattee caduche. Calice a tubo urceolato o campanulato e lembo 5-fido; corolla a 5 petali, patenti, suborbicolari; stami 10-20; ovario 1-5-loculare con 2 ovuli per loggia; stili in numero uguale alle logge. Pomo carnoso, subgloboso od ovoide, ombelicato alla sommità e coronato dai lobi calicini, con 1-3 noccioli ossei, per lo più monospermi.

Frutti *grossi*, a polpa *dolce, mangereccia*, di colore rosso-corallo o anche giallastro nelle piante coltiv. Foglie coriacee, leggerm. pubescenti, obovato-cuneiformi, 3-fide, a lacinie intere o con 1-3 denti o la mediana anche 3-loba.
Fiori *bianchi*, piuttosto grandi. Arboscello o albero alto sino a 10-12 m. con
spine rade e rami giovani e peduncoli *tomentoso-lanosi.* ♃. *Apr. Mag.* —
Coltiv. dal mare alla reg. subm. e qua e là inselv. — *Lazzarolo.*
                                                      900 C. Azarolus L.

1 { Frutti *piccoli o mediocri*, a polpa *insipida, appena mangiabile*, di colore rosso-
corallo. Foglie coriacee, obovate o subromboidee, ± cuneate, 3-lobe, 3-fide
o pennatifide, a lobi o lacinie inciso-dentate o intere. Fiori *bianchi o rosei*,
più piccoli che nella specie preced. Arbusto od arboscello spinoso, a rami
giovani e peduncoli *glabri o tomentosi.* ♃. *Apr. Mag.* — Macchie e siepi
dal mare alla reg. mont. — *Bianco-spino.*   **901 C. Oxyacantha** L.
      Corimbi a molti fiori. Stili e noccioli ordinariam. 1. — Var. *mono-*
         gyna (Jacq.). (Fig. 120).
      Corimbi poveri. Peduncoli e calici villosi. Foglie 3-lobe, cuneate (M).
         — Var. *triloba* (Pers.).
      Fiori piuttosto grandi. Foglie verdi-grigiastre, pubescenti-tomentose,
         tutte pennatifide. (L?). — Var. *laciniata* (Ucria).

13. **Méspilus** (da μεσος = mezzo e πιλος = sfera; alludendo
alla forma del frutto).

Frutto pubescente, ferrugineo, edule, obconico o globoso-depresso, ombelicato
alla sommità, coronato dai lobi calicini eretti, limitanti un'ampia area ricet-
tacolare depressa. Fiori bianchi, grandi, solitari, subsessili, terminali. Foglie oblunghe, intere, brevem. picciolate. Arbusto od alberetto spinoso allo
stato selvatico, a rametti giovani villosi. ♃. *Mag. Giug.* — Boschi e siepi
dalla reg. subm. alla mont.; frequentem. coltiv. — *Nespolo comune.*
                                                      902 M. germanica L.

14. **Cotoneáster.** Fiori in corimbi o solitari. Calice e corolla
come in *Crataegus*; stami 20; ovario a 2-5 carpelli, liberi, 2-ovulati;
stili 2-5 glabri. Pomo carnoso, insipido, globuloso, rosso o alla fine
nero, sormontato dai denti del calice, persistenti e curvati in dentro,
con 2-5 noccioli ossei, con 1-2 semi.

1 { Arbusto *spinoso*. Foglie *glabre o quasi, crenate, lucenti* di sopra, *persistenti*;
stipole fugacissime, lineari. Fiori bianchi, in corimbi composti, moltiflori:
stili 5. Ricettacolo lanuginoso. Frutti piccoli, globulosi, rosso-scarlatti. ♃.
Mag. — Siepi e macchie dal mare alla reg. subm. o raram. mont. — *Agaz-*
zino . . . . **903 C. Piracantha** Spach
Arboscelli *inermi*. Foglie *bianco-tomentose di sotto, interissime*, verdi ma *non*
lucenti di sopra, *caduche*. Fiori bianco-rosei o rossigni, in corimbi poveri o
solitari ; *stili 2-3* 2

2 { Foglie *piccole*, ovali. Fiori solitari od in fascetti di *2-3*. Calice e peduncoli
glabri o quasi. Frutto *glabro, pendente*, d'un *rosso-violaceo* a maturità. ♃.
(App. tosco-emil. e centr.). — *Apr. Giug.* — Boschi e fessure delle rupi dalla reg. mont. all'alp. . . . . **904 C. vulgaris** Lindl.
Foglie *piuttosto grandi*, ovali. Fiori in corimbetti di *3-7*. Calice e peduncoli
tomentosi. Frutto *peloso, eretto*, d'un *rosso-scarlatto* a maturità. ♃. *Apr,*
Mag., frutt. Ag. — Reg. subm. e mont.   **905 C. tomentosa** Lindl.

15. **Ameiànchier** (da μηλε = melo e αγχειν = strozzare; pel
sapore del frutto.

Arboscello inerme, di 1-3 m., a rami giovani niveo-tomentosi. Foglie ovali-
arrotondate, ± finam. seghettate, bianco-tomentose di sotto da giovani,
alla fine glabre e coriacee; picciolo 2 volte più breve del lembo; stipole

strettissime, caduche. Fiori bianchi in piccoli racemi corimbiformi. Pomo ovoideo, piccolo, azzurro-nerastro e pruinoso a maturità, sormontato dalle lacinie calicine, persistenti ed erette. ♃. *Apr. Mag.* — Luoghi rocciosi dalla reg. subm. all' alp. — *Pero corvino.* **906 A. vulgaris** Moench.

16. **Pirus** (forse dal celtico *pir* = pera). Fiori in corimbi od ombrelle semplici, raram. solitari. Calice a tubo urceolato-obconico od anche *(P. Cydonia)* largam. campanulato, a lembo 5-dentato o 5-fido; corolla a 5 petali, suborbicolari; stami 20 a più; ovario a 2-5 logge, ognuna con 2, raram. più ovuli; stili 2-5, liberi o quasi. Pomo carnoso con endocarpio cartilagineo o membranoso, a 2-5 logge contenenti 1-2 o raram. molti semi per ciascuna.

1 {
Fiori *solitari*, grandi, rosei, subsessili. Calice a tubo *largam. campanulato* e lembo *5-fido.* Logge dell'ovario 5, *pluriovulate.* Stili 5. Frutto grosso, subrotondo o piriforme, strettam. ombelicato alla sommità, cotonoso-tomentoso od alla fine denudato, giallo-dorato e fragrante a maturità, duro e astringente. Foglie brevem. picciolate, ovate, interissime, glabre di sopra e bianco-tomentose di sotto. ♃. *Apr. Mag.* — Dal mare alla reg. subm.: coltiv. e talora spontaneo. — *Melo Cotogno, Cotogno* . . . **907 P. Cydonia** L.
Fiori *in corimbi od ombrelle.* Calice a tubo *urceolato-obconico* e lembo *5-dentato.* Logge dell'ovario *2-ovulate* 2
}

2 {
Foglie *intere o dentate* 3
Foglie *lobate* 6
Foglie *pennate* 7
}

3 {
Stili *2*, liberi. Petali bianchi, obovati o subrotondi, patenti, lanosi alla base. Gemme un po' cotonose. Foglie ovato-oblunghe od ellittiche, raram. subrotonde, fortem. dentate, niveo-tomentose di sotto. Frutto piccolo, subgloboso, rosso e dolciastro a maturità, mangereccio. ♃. *Mag. Lug.* — Boschi reg. mont. e subm. — *Farinaccio, Sorbo montanaro.* . **908 P. Aria** Ehrh.
Stili *5* 4
}

4 {
Stili *saldati alla base.* Frutto *ombelicato* alla base, a polpa *senza* corpuscoli ossei. Fiori a pet. bianchi, per lo più rosei all'esterno. Antere *gialle.* Gemme cotonose. Foglie ovali, 1 volta più lunghe del picciolo, ± tomentose di sotto almeno da giovani. ♃. *Mag. Set.* — Coltiv. e spesso nat. — *Melo.* **909 P. Malus** L.
    Foglie glabre e verdi di sotto da adulte, lucide, a lembo almeno 2 volte più lungo del picciolo. (T. a S. Quirico nel Lucchese). — Var. *acerba* (DC.).
    Foglie lanoso-tomentose e biancastre di sotto anche da adulte. — Var. *dasyphylla* (Bluff. et Fing.).
Stili *liberi.* Frutto *non ombelicato* alla base, a polpa *con* corpuscoli ossei. Antere *roseo-violacee* 5
}

5 {
Petali *glabri* alla base. Stili *uguali* agli stami. Gemme *glabre.* Foglie *ovali-ellittiche o subrotonde*, a picciolo *spesso subeguale* alla lamina, glabre e verdi-pallide di sotto da adulte. Frutto *assai grosso*, 3-4 cm. di diam. ♃. *Apr. Mag.* — Coltiv. e qua e là nat. — *Pero.* **910 P. communis** L.
Pet. *pubescenti* alla base. Stili *molto più brevi* degli stami. Gemme *lanose.* Foglie *oblungo-lanceolate od obovali*, a picciolo *2-4 volte più breve* della lamina, glabre o quasi e glauche di sotto da adulte. Frutto *piccolo*, subgloboso, arrotondato alla base. ♃. (E. T. in Maremma, It. media). — *Apr. Mag.* — Col preced. . . . **911 P. amygdaliformis** (Vill.).
}

6 {
Foglie *verdi e generalm. glabre sulle due facce* almeno da adulte. Stili 2, saldati inferiorm. Fiori in corimbi *composti.* Frutto elissoideo od obovato, *grosso al più come una nocciola, acerbo* ♃. *Apr. Mag.* — Boschi e siepi dal mare alla reg. mont. — *Baccarello, Ciavardello.* **912 P. torminalis** Ehrh.
Foglie *glabre o quasi di sopra e bianco-tomentose di sotto.* Stili 5. Fiori in corimbi *quasi semplici.* Frutto elissoideo, *piccolo, dolce a maturità.* ♃. (E. T. M.). — *Mag.* . . . . **913 P. torminalis × Malus** (Lindl.).
}

Gemme *tomentose, non vischiose*. Denti calicini rivolti *in dentro* dopo la fioritura. Stili 2-4. Frutti *globosi*, di color *rosso-cinabro* ed acidulo-amari a maturità. ♃. *Mag. Giug.* — Boschi reg. mont. e subalp., raram. subm. — *Sorbo degli uccellatori* . . . . **914 P. Aucuparia** Ehrh.

7

Gemme *glabre, vischiose*. Denti calicini rivolti *in fuori* dopo la fioritura. Stili 5. Frutti *piriformi, giallognoli*, colla parte rivolta al sole rossa, molto astringenti. ♃. *Apr. Giug.* — Boschi e macchie dal mare alla reg. subm.; spont. e nat. — *Sorbo domestico* . . . . . **915 P. domestica** Ehrh.

Di questa famiglia fanno parte anche la *Photinia serrulata* Lindl. e l' *Eriobotrya japonica* Lindl., entrambe cultivate, la prima per ornamento nei parchi e lungo i viali, la seconda pei frutti mangerecci (Nespole).

119. *Alchemilla vulgaris* 120. *Crataegus Oxyacantha* L. 121. *Epilobium montanum*
L. (¹/₄).   Var. *monogyna* (Jacq.) (¹/₄).   L. (¹/₄).

FAM. 41.ᵃ **ENOTERACEE.**

Piante erbacee, raram. fruticose. Foglie semplici, opposte od alterne, senza stipole. Fiori ermafroditi, regolari o quasi, in racemi terminali o solitari e ascellari. Calice col tubo saldato all'ovario, con lembo a 2-4 lobi caduchi o persistenti. Corolla a 2-4 petali, raram. nulla. Stami 2-8, inseriti coi pet. alla sommità del tubo calicino. Stilo filiforme, con stimma intero o 4-lobo; ovario infero, con 4, raram. 1-6 caselle; ovuli 1 o più, anatropi. Frutto drupa, bacca o cassula a 4 logge polisperme o con 1-2 logge monosperme; semi 1 o più, lisci, scabri con un ciuffo di peli, forniti di guscio membranoso o crostaceo, albume nullo o scarso ed embrione ovoide a cotiledoni piano-convessi.

CHIAVE DEI GENERI.

1

Stami 2. Petali e sepali 2. Frutto cassulare indeiscente (achenio), irto di setole uncinate od incurvate . . . . 4 CIRCAEA
Stami 4. Pet. 4 o nulli 2
Stami 8. Pet. 4 3

2 {
Pet. 4. Frutto cassulare, indeiscente, 1-loculare, con 2 o 4 spine robuste. Piante sommerse, con porzione super. galleggiante . . . 5 TRAPA
Pet. nulli. Frutto cassula, 4 loculare, senza spine. Piante emerse, dei luoghi umidi. . . . . 2 ISNARDIA
}

3 {
Fiori gialli o roseo-porporini, col calice a segmenti riflessi. Semi senza pappo. 3 OENOTHERA
Fiori giammai gialli, col calice a segmenti non riflessi. Semi con lungo pappo. 1 EPILOBIUM
}

1. Epilobium (da ἐπι = sopra e λοβιον = siliqua: il fiore è disposto sopra la cassula che ha la forma di una siliqua). Calice a tubo allungato, non prolungato al disopra dell'ovario, a lembo caduco, 4-lobo; corolla a 4 petali; stami 8; ovario infero 4-loculare, multiovulato, 1 stilo, 1-4 stimmi. Cassula lineare-tetragona a 4 logge che si aprono dall'alto in basso; semi numerosi, forniti di un lungo pappo. — Erbe o suffrutici a foglie alterne, opposte o raram. verticillate, con fiori bianchi o più spesso rosei o violetti.

1 {
Fiori *regolari*. Petali *distintam. bilobi*. Stilo e stami *sempre diritti* . . 2
Fiori ± *irregolari*. Pet. *interi od appena smarginati*. Stilo (alla fine almeno) ± *arcuato o ripiegato in giù*. Stami *ripiegati in giù o diritti* . . . 10
}

2 {
Fusto *sfornito* di linee prominenti, longitudinali 3
Fusto *fornito* di linee prominenti, talora subalate. Stimmi 4 riuniti fra loro a clava 7
}

3 {
Fiori *eretti* prima della fioritura. Stimmi 4 liberi e patenti, a croce . . 4
Fiori *inclinati* prima della fioritura 5
}

4 {
Petali *grandi*, misuranti *16-25 mm.*, *roseo-porporini*. Sepali *mucronati*. Foglie *amplessicauli*, un po' scorrenti. Fusto *stolonifero*. 2⸿. *Giug. Lug.* — Luoghi umidi dal mare alla reg. mont.   **916 E. hirsutum** L.
Pet. *piccoli*, misuranti *9-12 mm.*, *roseo-pallidi*. Sep. *non mucronati*. Foglie sup. sessili *non amplessicauli*. Fusto *non stolonifero*. 2⸿. *Lug. Ag.* — Luoghi umidi dal mare alla reg. mont.   **917 E. parviflorum** Schreb.
}

5 {
Stimmi 4, *riuniti* fra loro a *clava*. Foglie tutte od almeno le mediane *sessili*, lanceolate, pressochè intere. Fiori *piccoli*, a petali lunghi 7-8 mm. Fusto stolonifero. 2⸿. (E. T. nell'App. bolognese e pistoiese). — *Giug. Lug.* — Luoghi paludosi dal mare alla reg. mont.   **918 E. palustre** L.
Stimmi 4, *liberi* e patenti a croce. Foglie tutte ± *picciolate* . . . 6
}

6 {
Calice a sepali *acuti*. Foglie *oblungo-lanceolate*, seghettate, *cuneate e intere alla base*. 2⸿. *Lug.* — Boschi e siepi delle parti basse dei monti.
          919 E. lanceolatum Seb. et Maur.
Calice a sep. *ottusetti*. Foglie *ovali-lanceolate* inegualm. dentate, *arrotondate o subcordate alla base*. 2⸿. *Lug. Ag.* — Luoghi ombrosi dalla reg. subm. alla subalp. (Fig. 121) . . . . . . **920 E. montanum** L.
          Pianta più piccola in ogni sua parte. — Var. *collinum* Gm.
}

7 {
Fiori *eretti* prima della fioritura, a petali lunghi 5-12 mm. Semi *tubercolati*. Foglie super. lunghe *4-14* volte la propria larghezza, lucenti, lanceolate, sessili, acutam. seghettate, le medie un po' scorrenti. Stoloni sostituiti da rosette di foglie autunnali. 2⸿. *Lug. Ag.* — Luoghi umidi od asciutti reg. med. . . . . **921 E. tetragonum** L.
Fiori *inclinati* prima della fioritura. Semi *lisci o quasi*. Foglie super. lunghe 1 ½-3 volte la propria larghezza. Stoloni ora presenti, forniti di squame o foglie opposte, ora mancanti 8
}

8 {
Pianta *non stolonifera*. Foglie tutte acutam. seghettate, brevem. picciolate, cuneiformi alla base, le infer. opposte e le altre sparse, ovato-lanceolate. Fiori piccoli, roseo-pallidi. 2⸿. (It. media). — *Lug. Ag.* — Luoghi umidi reg. mont. . . . . **922 E. roseum** Schreb.
Piante *stolonifere*. Foglie tutte o le infer. almeno, intere o con dentini ottusi, angoliformi od appena distinti 9
}

9 {
Pianta con stoloni sotterranei, muniti di *squame* in paia molto discoste. Foglie ovali-acute, denticolate, le infer. ottuse. Fiori *porporini* a petali *assai grandi (9-10 mm.* di lunghezza). 2⊦. (App. bor. e centr.). — Luoghi umidi dalla reg. mont. all'alp. . . . . **923 E. alsinaefolium** Vill.

Pianta con stoloni muniti di *piccole foglie* obovate in paia molto discoste. Foglie bislunghe, ottuse, intere o sinnato-denticolate. Fiori *rosei* a pet. *piccoli (5-6 mm.* di lungh.). 2⊦. (App. tosco-emil., raro). — *Lug. Ag.* — Luoghi umidi reg. alp. . . . . **924 E. alpinum** L.
}

10 {
Foglie *lanceolate*, larghe 5-22 *mm.*, con nervature *primarie e secondarie* ben manifeste. Fiori *grandi*, in racemi *allungati*, fogliosi *solam. alla base*. Petali *obovati*, *brevem. unguicolati*. Pianta glabra od un po' pelosa. 2⊦. *G'ug. Lug.* — Luoghi specialm. ombrosi dalla reg. mont. alla subalp. . . . . **925 E. angustifolium** L.

Foglie *strettam. lineari*, larghe *1-3 mm.*, colla *sola nervatura longitudinale* ben manifesta. Fiori *meno-grandi*, in racemi *brevi*, fogliosi *fino all' apice*. Pet. *ellittico-bislunghi*, attenuati alla base, *non unguicolati*. Pianta minutissimam. pubescente. 2⊦. *Lug. Sett.* — Rupi e luoghi ghiaiosi dei fiumi reg. subm. e mont. . . . . **926 E. Dodonaei** Vill.
}

2. **Isnardia** (dedicato a Isnard, botanico francese del secolo XVIII[0]).

Pianta cespugliosa, glabra, a fusto gracile, prostrato, radicante alla base o galleggiante (1-3 dm.). Foglie opposte, un po' carnose, ovali-acute, picciolate, intere. Fiori piccoli, verdastri solitari, ascellari; calice non prolungato in tubo al di sopra dell'ovario, a 4 segmenti; petali nulli; 4 stami; ovario infero, 4-loculare, multiovulato, stilo 1, stimma 1. Cassula breve, circa 4 mm., obovato-tetragona, glabra, 4-loculare, a molti semi senza pappo 2⊦. — (It. media, non ovunque). — *Lug. Ag.* — Paduli e fossati reg. med. (Fig. 122).
927 I. palustris L.

3. **Oenothèra** (dal greco όνος = asino e θηρα = preda; pastura degli asini). Calice ± prolungato in tubo al di sopra dell' ovario, a 4 lobi riflessi; corolla a 4 petali; stami 8; ovario infero, 4-loculare, multiovulato, 1 stilo, 4 stimmi. Cassula 4-loculare, con molti semi senza pappo. — Erbe liscie o scabre, subglabre o pelose. Foglie alterne, le infer. in rosetta.

1 {
Fiori *rosei o porporini*, anche nel secco, a petali interi, obovati, lunghi 8-10 mm. Foglie larghe 8-20 mm., lunghe circa 2-4 volte la propria larghezza, *provviste*, specialm. le radicali, *di laciniette minute presso la base*. Cassula *obcordata*, attenuata alla base, *ad 8 coste prominenti, di cui 4 subalate.* 2⊦. (Lungo i fossati presso Lucca e Perugia). — *Est.* — Inselv. reg. med. **928 Oe. rosea** Ait.

Fiori *gialli*, anche nel secco. Foglie *sprovviste di laciniette alla base*. Cassula *subcilindrico-tetragona*, un po' attenuata alle 2 estremità, *senza coste alate* 2
}

2 {
Foglie cauline infer. larghe *18-25 mm.*, lunghe *2-6 volte* la propria larghezza. Petali smarginati, lunghi 18-25 mm. ②. (E. T. M. L.). — *Giug. Lug.* — Luoghi arenosi dal mare dalla reg. subm. **929 Oe. biennis** L.

Foglie cauline infer. larghe *4-6 mm.*, lunghe *12-15 volte* la propria larghezza. Pet. smarginati, lunghi 20-25 mm. 2⊦. (T. presso Viareggio e all'Elba). — *Mag. Sett.* — Natur. nei luoghi umidi reg. med. **930 Oe. stricta** Led.
}

4. **Circaéa** (dedicato a Circe, figlia di Apollo). Calice a tubo breve, prolungato al di sopra dell'ovario, a 2 segmenti riflessi; corolla a 2 petali; stami 2; ovario 1-2-loculare, 1 stilo, 1 stimma. Frutto piriforme, indeiscente (achenio), irto di setole uncinate od incurvate, 1-2-loculare. — Foglie alterne. Fiori lungam. peduncolati.

1 {
Peduncoli *senza brattee*. Petali lunghi come i segmenti calicini, arrotondati alla base, con unghia brevissima. Stimma bilobo. Frutto clavato, 2-loculare, a logge per lo più uguali, coperto di setole piuttosto rigide e poco dense. Foglie opache, ovali, acuminate, dentate, con picciolo scanalato. Fusto 4-6 dm. ♃. *Giug. Ag.* — Luoghi ombrosi dal mare alla reg. mont. (Fig. 123).
931 C. lutetiana L.

Peduncoli *con brattee setacee* **2**
}

2 {
Frutto *obovato-globoso, 2-loculare*, a logge per lo più disuguali, coperto di setole molli e dense. Foglie ± *opache*, ovali-acuminate, radam. denticolate, con picciolo *scanalato*. Pet. *lunghi come* i segmenti calicini. Fusto 1 ½-3 dm. ♃. (App. tosco-emil.) — *Lug. Ag.* — Boschi umidi reg. mont. Forse ibrido fra la preced. e la seguente . . **932 C. intermedia** Ehrh.

Frutto *obliquam. obconico, 1-loculare*, coperto di setole uncinate all'apice e nel resto diritte. Foglie *lucenti*, ovato-acuminate, distintam. cordate, acutam. e radam. dentate, con picciolo *alato, non scanalato*. Pet. *più brevi* dei segmenti calicini. Fusto semplice o ramoso, 1-2 ½ dm. ♃. *Giug. Ag.* — Luoghi ombrosi reg. mont. e alp. . . . . **933 C. alpina** L.
}

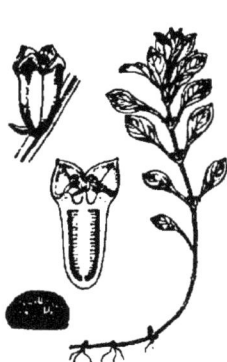

122. *Isnardia palustris* L.   123. *ircaea lut Oetiana* L.   124. *Trapa natans* L.
(¼).   (¼).   (¼).

5. **Trapa** (abbreviazione di *calcitrapa*, macchina da guerra a 4 punte; alludendo alle spine del frutto.

Pianta acquatica a fusto sommerso, semplice. Foglie infer. lanceolato-lineari, prontam. caduche, alcune appaiate e sessili, le altre picciolate e alterne; le super. in rosetta, galleggianti, a lembo romboidale, grossolanam. dentate. Fiori piccoli, solitari, ascellari; calice 4-partito; corolla a 4 pet.; stami 4; ovario semi-infero, incompletam. 2-loculare, stilo 1, stimma 1. Frutto cassulare, indeiscente, nero, a forma di urna, con 4 corna acute. ①. — (T. nel padule di Bientina, L.). — *Giug. Lug.; frutt. Ott.* — Laghi e paludi reg. med. — *Castagna d'acqua*. (Fig. 124). . . . . **934 T. natans** L.

FAM. 42.ª **LITRACEE.**

Piante erbacee. Foglie indivise, opposte, verticillate od alterne; stipole nulle. Fiori ermafroditi, regolari od irregolari. Calice infero, persistente, tubuloso o campanulato, con 4-12 denti, disposti in 2 serie.

Corolla di 4-6 petali, caduchi o qualche volta nulli. Stami 2-12 inseriti nel tubo calicino. Ovario libero, sessile o stipitato, 1 stilo diritto o flessuoso, 1 stimma a capolino; ovuli molti, anatropi. Frutto cassula con 2-6 caselle polisperme, spesso, per l'obliterazione dei setti, uniloculare; albume scarso o nullo; cotiledoni bislunghi o rotondi.

CHIAVE DEI GENERI.

1 { Calice tubuloso, Petali sviluppati. Stami inseriti alla metà del tubo.
　　　　　　　　　　　　　　　　　　　　　　　3 Lythrum
　{ Calice campanulato. Petali nulli o piccoli e caduchi 2

2 { Fiori solitari. Stami inseriti in cima al tubo. Ovario e cassula 2-loculari.
　　　　　　　　　　　　　　　　　　　　　　　2 Peplis
　{ Fiori in verticilli ascellari. Stami inseriti alla metà del tubo. Ovario 4-loculare. Cassula 1-loculare . . . . 1 Ammannia

1. Ammánnia (dedicato a G. Amman). Calice campanulato a 4-8 denti; corolla a 4 petali, piccoli, fugaci, inseriti sulla fauce del calice, talora nulli; stami 4, inseriti alla metà del tubo calicino; ovario 4-loculare. Cassula 1-loculare per aborto, a molti semi.

> Pianta glabra, eretta. Fusto semplice o ramoso in basso, 1-5 dm. Foglie opposte, subsessili, lanceolato-acute, intere. Fiori piccoli, in verticilli ascellari, a calice con 8 denti, di cui i 4 esterni molto più grandi ed eretti; pet., quando esistono, *porporini*. ⊙. (Parmig., Bolognese a Pescarola, T.). — *Giug. Lug.* — Naturaliz. nelle risaie, laghi ecc. reg. med.
> 　　　　　　　　　**935 A. verticillata** Lam.
> 　Calice a 4 denti. (Lago di S. Orsola presso Pavia). — Var. *aegyptiaca* (W).

2. Peplis. Calice campanulato a 10-12 denti uguali o gli esterni più lunghi; corolla a 6 petali più piccoli, fugaci o nulli, inseriti sulla fauce del calice; stami 6, inseriti in cima al tubo calicino; ovario 2-loculare. Cassula 2-loculare, a molti semi

> 1 { Foglie *ristrette in picciolo* gracile, *spatolate*, tutte opposte o le super. alterne. Calice fruttifero aperto, *più breve* della cassula *globosa*. Petali, quando esistono, *bianchi o rosei* . Pianta di 5-30 cm. ⊙. (T.). — *Apr. Mag.* — Luoghi d'inverno inondati reg. med. (Fig. 126) . 　**936 P. Portula** L.
> 　{ Foglie *sessili*, *obovato-arrotondate*, opposte o le super. alterne. Calice fruttifero chiuso, *più lungo* della cassula *ovoide*. Petali *porporini*. Pianta di 5-15 cm. ⊙. (T. nel Pisano, L.). — *Giug. Lug.* — Paludi asciutte reg. med.
> 　　　　　　　　　**937 P. nummulariaefolia** Jord.

3. Lythrum (da λυθρον = sangue; pel colore dei fiori). Calice tubuloso ad 8-12 denti in 2 serie; corolla a 4-6 petali, inseriti sulla fauce del calice; stami 2-12, inseriti alla metà del tubo calicino o più in basso; ovario 2-loculare. Cassula 2-loculare, a molti semi.

> 1 { Fiori *verticillati*, in racemo spiciforme, *terminale*. Stami *12, raram. 10*. Foglie cuoriformi alla base, quasi tutte *opposte*. Pianta *robusta*, *pubescente di 50 cm. a 1 m. e più*. ♃. *Giug. Ott.* Luoghi umidi e lungo i corsi d'acqua dal mare alla reg. subm. — *Salcerella, Riparella*. (Fig. 127).
> 　　　　　　　　　**938 L. Salicaria** L

1 | Fiori *solitari, ascellari*. Stami *5-6 o 12*. Foglie quasi tutte *alterne*. Piante *gracili, glabre, raggiungenti al più 50 cm.*   2

2 | Bratteole *erbacee*. Denti calicini esterni brevissimi, triangolari-ottusi. Stami 5-6. Foglie ristrette alla base, oblungo-lineari, acute. ①. (Parmig., nel Modenese, T. nel Pisano). — *Apr. Sett.* — Luoghi umidi reg. med.
                         939 L. tribracteatum Salzm.
Bratteole *scariose*   3

3 | Denti calicini esterni *lineari*, acuti. Stami 5-6. Foglie *ristrette* alla base, oblunghe o lanceolato-lineari, acute. ①. *Mag. Sett.* — Luoghi umidi e paludosi dal mare alla reg. subm., piuttosto raro. — *Correggiola de' fossi.*
                        940 L. Hyssopifolia L.
Denti calicini esterni *triangolari*. Stami *12*. Foglie *slargate* alla base, ellittiche od oblungo-lanceolate. ①. (T. in Maremma, It. centr.) . — Luoghi umidi reg. med. .   .   .   .   **941 L. Graefferi** Ten.

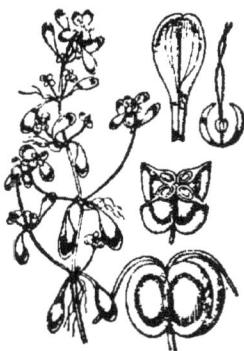

125. *Callitriche stagnalis* Scop.   126. *Peplis Portula* L.   127. *Lythrum Salicaria* L.
($\frac{1}{4}$).   ($\frac{1}{4}$).   ($\frac{1}{4}$).

FAM. 43.ª ALORRAGIDACEE.

1. Myriophyllum (da μυριος = innumerevole e φυλλον = foglia; per le foglie divise in moltissime lacinie). Erbe sommerse. Foglie verticillate, pennatopartite, a segmenti capillari, senza stipole. Fiori monoici. I fiori maschili a calice con tubo breve diviso fin presso la base in 4 lacinie; corolla a 4 petali concavi, caduchi; stami 8. I fiori femminei a calice con tubo 4-solcato, a 4 lobi piccoli e lineari; corolla a 4 petali rudimentali, riflessi; ovario infero, 4-loculare, ad ovuli solitari, stimmi 4 sessili. Frutto un poco carnoso, tetragono, formato di 4 carpelli monospermi, separantisi a maturità.

1 | Fiori *giallastri, gli infer.* (femm.) *verticillati* con foglie florali, i *super.* (masc.) *sparsi* con brattee lineari, intere. Pianta glabra, gracile, radicante alla base. 2$\mathcal{L}$. (It. media, Capraia). — *Lug. Ag.* — Acque ferme o lentam. correnti reg. med. .   .   .   .   **942 M. alterniflorum** DC.
Fiori *rosei, tutti verticillati*.   2

2 | Foglie florali pettinato-pennatifide, più lunghe dei fiori. Pianta glabra, poco ramosa, radicante alla base. 2$\mathcal{L}$. *Giug. Ag.* — Acque ferme o lentam. corr. reg. med. .   .   .   .   .   ,   .   **943 M. verticillatum** L.

2 | Brattee infer. subincise uguali ai fiori, le super. intere più brevi dei fiori.
Pianta glabra, ramosa, radicante alla base. ♃. *Giug. Ag.* — Acque ferme
o lentam. correnti reg. med. . . . . . . **944 M. spicatum** L.

FAM. 44.ª **IPPURIDEE.**

1. Hippúris (da ἱππος = cavallo e οὐρα = coda; per la somiglianza della pianta). Fiori ermafroditi. Calice subgloboso-cilindrico,
quasi interam. saldato all'ovario, a lembo poco appariscente; corolla
nulla; stami 1; ovario infero, 1-loculare con 1 solo ovulo, stilo 1 intero, stimmatifero su tutta la lunghezza. Frutto drupaceo, un po'
carnoso, ad endocarpio crostaceo-legnoso.

Erba sommersa a foglie verticillate a 12-14 le super., le infer, invece gradatam. meno numerose e più corte, tutte lineari, acute, intere; stipole nulle.
Fiori verdastri, piccoli, sessili, all' ascella dei verticilli super. Fusto di 2-4
dm. in parte aereo, eretto, semplice, fistoloso e come articolato. ♃. (It.
media, non ovunque). — *Mag. Giug.* — Paludi dalla reg. med. alla subalp.
945 H. vulgaris L.

FAM. 45.ª **MIRTACEE.**

Arbusti o alberi. Foglie semplici, intere, opposte, spesso pellucido-
puntate per glandolette, per lo più senza stipole. Fiori regolari o
quasi, ermafroditi o poligami. Calice supero a 4-5 lobi, raram. 6 o
molti. Corolla a 4-5 o più petali. Stami infiniti a filamenti ora tutti
liberi, ora ± saldati alla base, con antere piccole, aprentisi longitudinalm. o trasversalm. Ovario infero o semi-infero, ricoperto da un
disco carnoso, ora 1-loculare con 1 o più ovuli, ora 2-pluriloculare con
numerosi ovuli campilotropi o anatropi; stilo semplice con stimma
terminale, piccolo. Frutto carnoso (bacca o drupa) o cassulare; semi
per lo più senza albume, con embrione diritto od incurvo.

1 | Arbusti odorosi, a fiori bianchi. Ovario 2-3-loculare. Foglie punteggiate.
   1 MYRTUS
   Arbusti inodori, a fiori rossi. Ovario 8-12-loculare. Foglie non punteggiate.
   2 PUNICA

1. Myrtus (da μυρτος, derivato di μυρον = profumo; perchè
piante aromatiche).

Arboscello di 1-3 m., inerme. Foglie ovate od ovato-lanceolate, coriacee, persistenti, glabre e lucenti, con minuti punti scuri. Fiori bianchi, solitari,
ascellari, odorosi. Ovario a 2-3 logge in un sol piano. Bacca carnosa azzurro-
nerastra od anche bianca. ♄. *Lug. Ag.* — Reg. med.; coltivasi. — *Mirto,
Mortella* . . . . , . . . **946 M. communis** L

2. Púnica (da *puniceus* = rosso-scarlatto; alludendo al colore dei
fiori).

Arbusto di 2-4 m., a rami alla fine indurato-spinosi. Foglie oblunghe, caduche, glabre e lucenti, senza punti scuri. Fiori rossi, solitari o riuniti a 2-3, terminali, inodori. Ovario a 8-12 logge in 2 piani, 5-9 nel super. e 3 nell'infer. Bacca coriacea, giallo-rossastra, a semi angolosi, rossi, traslucidi. 5. *Giug. Lug.* — Inselv. boschi e siepi reg. med.: spesso coltiv. — *Melagrano* . . . . **947 P. Granatum** L.

FAM. 46.ª CRASSULACEE.

Erbe annue o perenni a foglie generalm. carnose, opposte od alterne, senza stipole. Fiori regolari, in cime terminali o ascellari, ermafroditi, raram. unisessuali. Calice a 3-5 sepali, raram. 6-30, liberi o ± saldati. Corolla a petali in numero uguale ai sepali, liberi o saldati. Stami perigini o ipogini, in numero eguale o doppio dei petali. Ovari tanti quanti i petali, liberi, raram. saldati con squame ipogine ad essi opposte; stili e stimmi semplici. Frutto formato di follicoli, a molti o pochi semi; semi bislunghi, piccoli, con albume carnoso ed embrione cilindrico.

CHIAVE DEI GENERI.

1 { Petali affatto liberi. Stami sopra 1 o 2 serie 2
   { Pet. ± saldati. Stami sopra 2 serie. 4

2 { Stami 8-18, più spesso sopra 2 serie. Fiori talora unisessuali   3 SEDUM
   { Stami 3-4, sopra 1 serie. Fiori sempre ermafroditi 3

3 { Fiori sessili. Squame ipogine nulle. Carpelli a 2 semi . . . 5 TILLAEA
   { Fiori pedicellati. Squame ipogine presenti. Carp. a più semi.   4 BULLIARDA

4 { Petali 6-20 un poco saldati alla base. Stami in numero doppio dei pet.
   {   2 SEMPERVIVUM
   { Pet. 5, saldati in corolla gamopetala, tubulosa o campanulata. Stami 10.
   {   1 UMBILICUS

1. **Umbilicus** (da *umbilicus* = ombellico; alludendo alla forma delle foglie). Calice 5-partito; corolla gamopetala, tubulosa o campanulata, 5-dentata; stami 10, inseriti sulla corolla, sopra 2 serie; squame ipogine 5, lineari, troncate o bifide. Follicoli 5, a più semi.

1 { Fiori *pendenti*. Brattee *uguali o più brevi* dei pedicelli. Corolla cilindrica. Racemo semplice, lunghissimo, ricco. Foglie carnose, le basali peltate, reniformi-rotonde, ombelicate, crenulate, lungam. picciolate, le cauline cuneiformi. 2⁄. *Mar. Giug.* — Rupi, tetti ecc. dal mare alla reg. subm. (Fig. 128).
   {   **948 U. pendulinus** DC.
   { Fiori *suborizzontali*. Brattee *molto più lunghe* dei pedicelli. Corolla ovoideo-companulata. Racemo semplice o ramoso in basso, denso. Foglie infer. peltate, reniformi-rotonde, le super. lanceolate. 2⁄. (T. M. L.). — *Apr. Giug.* — Rupi. tetti ecc. dal mare alla reg. subm.   **949 U. horizontalis** DC.

2. **Sempervivum** (da *semper* = sempre e *rivum* = vivo; perchè piante difficili a seccare). Calice a 6-20 sepali; corolla a 6-20 pet. un poco saldati alla base; stami in numero doppio dei pet.; squame ipogine brevi od arrotondate, dentate o laciniate. Follicoli 6-20, a più semi.

1 { Fiori *gialli o verde-giallastri* · 2
    Fiori *rosei o porporini* 3

2 { Petali *6, eretti, frangiato-cigliati*, lunghi *il triplo* del calice. Foglie basali in rosette assai grandi, oblungo-lanceolate, acuminate, le cauline ovato-lanceolate ed acuminate, tutte ora glandoloso-pubescenti e brevem. glandoloso-cigliate, ora ± glabre e soltanto glandoloso-cigliate. 2⌐. (Parmigiano sul m. Orsaro). — *Lug. Ag.* — Luoghi rupestri reg. mont. ed alp.
    950 S. hirtum L.
    Pet. *12-18, patentissimi in stella, interi*, lunghi *2-3 volte* il calice. Foglie basali in rosetta, obovato-oblunghe, subacuminate, le cauline oblungo-lanceolate, acute od acuminate, glandoloso-pelose sulle due facce, tutte inermi all'apice e mollem. cigliate. 2⌐. (E. a Bologna sui tetti). — *Lug. Ag.* — Luoghi rupestri e pascoli aridi dalla reg. mont. all'alp.
    951 S. Wulfenii Hpe.

3 { Foglie *glabre, cigliate*. Pet. 12-15. rosei, generalm. il doppio del calice. Squame ipogine convesse e glandoliformi, brevissime. Fusto eretto, 14-20 cm. 2⌐. *Lug. Ag.* — Rupi, tetti e muri dal mare alla reg. alp. — *Semprevivo*.
    952 S. tectorum L.
    Pet. il triplo del calice. (T. a Boscolungo). — Var. *alpinum* (Gris. et Sch.).
    Foglie *glandoloso-pelose* 4

4 { Foglie fornite (oltre ai peli glandolosi) *verso la cima di peli non glandolosi, lunghi, bianchi, a mo' di barba o di ragnatela*. Pet. 11-12, porporini, lunghi *2-3 volte* il calice. Fusti floriferi eretti, *1-2 dm.* 2⌐. *Lug. Ag.* — Luoghi rupestri e sassosi dalla reg. subm. all'alp.
    953 S. arachnoideum L.
    Foglie fornite *soltanto di peli glandolosi, non barbute*. Pet. 11-13, porporini o porporino-violetti, lunghi 2 ½ volte il calice. Fusto eretto *8-12 cm.* 2⌐. (App. tosco-emil. e centr.). — *Lug. Ag.* — Rupi e pascoli sassosi reg. mont. ed alp. . . . . **954 S. montanum** L.

3. Sedum (da *sedare* = calmare; per la proprietà di queste piante). Calice 4-9-partito; corolla a 4-9 petali affatto liberi; stami in numero doppio dei pet.; glandole ipogine brevi, ovali, intere o smarginate. Follicoli 4-9 a più semi.

1 { Piante *annue* 2
    Piante *perenni* 10

2 { Foglie *piane*, sulla pagina super. almeno 3
    Foglie *cilindriche o claviformi* 4

3 { Fusti *affatto glabri*. Fiori *subsessili*, in racemi fogliosi formanti un corimbo terminale. Petali *lanceolato-ottusi, uguali od assai più brevi* del calice, bianchi o carnicini. Foglie *dentate verso l'apice*. Follicoli patentissimi a stella. Pianta alta *2-10 cm.* ①. (E. T. L.). — *Apr. Giug.* — Luoghi rupestri e muri dal mare alla reg. submont. . . . **955 S. stellatum** L.
    Fusti ± *peloso-glandolosi*. Fiori *pedicellati*, in coppie o in piccoli racemi formanti una lunga pannocchia. Pet. *lanceolati, acuminato-aristati*, lunghi *3 volte* il calice, bianco-carnicini. Foglie *affatto intere*. Carpelli *eretti*. Pianta alta *1-4 dm.* ①. *Mag. Lug.* — Luoghi aridi e muri dal mare alla reg. mont.
    956 S. Cepaea L.

4 { Fusti *glabri* 5
    Fusti, almeno superiorm., *glandoloso-pelosi* 9

5 { Stami *10-12 tutti fertili* 6
    Stami *di cui 4-5 fertili*, alternantisi con altrettanti sterili 8

6 { Corolla *un po' più lunga* del calice o *tutt'al più il doppio di esso* . . 7
    Corolla *molte volte più lunga* del calice . . . Cfr. S. HISPANICUM

7 { Petali *bianchi o rosei*. Fiori *pedicellati* in corimbo *denso*. Foglie appena prolungate alla base, cilindrico-claviformi. Pianta alta *2-5 cm.* ①. (Alpi Ap., App. tosco-emil. e piceno). — *Giug. Lug.* — Pascoli pietrosi reg. alp. e mont. raram. subm. . . . . **957 S. atratum** L.

7 { Pet. *gialli*. Fiori *subsessili*, unilaterali, disposti in 2-3 spighe, formanti un corimbo *lasso e glabro*. Foglie brevem. prolungate alla base, cilindrico-depresse. Pianta alta *4-10 cm*. ①. (App. tosco-emil. fra Giovo e Lago Santo, Alp. Ap. a Falcovaia). — *Giug. Lug.* — Rupi, muri e pascoli reg. mont. e alp. . . . . **958 S. annuum** L.

8 { Foglie *ovali*. Fiori *subsessili*. Petali *lanceolati*, lunghi circa *3 volte* il calice. Follicoli *molto patenti*. ①. (T. presso Firenze e in Chianti a Radda, L.). — *Apr. Mag.* — Luoghi aridi soleggiati reg. med.
.   **959 S. caespitosum** DC.
Foglie *subglobose*. Fiori brevem. e sottilm. *pedicellati*. Pet. *ovali*, lunghi *2 volte* il calice. Follicoli *eretti*. ①. (T. a Capraia). — *Apr. Giug.* — Rupi e luoghi erbosi soleggiati dal mare alla reg. subm. o raram. mont. **960 S. andegavense** DC.

9 { Fiori *brevissimam. ma distintam. pedicellati*. Calice *glabro*. Follicoli *lungam.* rostrati. Pianta *glauca o verde-glauca*, a fusti *gracili*. ① ② ♃. (E. T. M. L.). — *Mag. Lug.* — Rupi e muri reg. subm. e mont. o raram. alp. e med.
961 S. hispanicum L.
Fiori *sessili o quasi*. Calice *pubescente*. Follicoli *brevem.* rostrati. Pianta d'un verde cupo o rossastro, a fusti *grossi*. ♃. *Apr. Lug.* — Muri, tetti e luoghi aridi dal mare alla reg. mont. (Fig. 129) . . . **962 S. rubens** L.

10 { Piante *sfornite affatto* di rami sterili (eccett. S. Anacampseros). Foglie *sempre piane* 11
Piante *fornite* di rami sterili ± densam. fogliosi. Foglie *piane o più spesso cilindriche o claviformi* 14

11 { Foglie *super. cordate* alla base, le infer. invece arrotondate od appena ristrette, tutte opposte, sessili, ovato-ottuse, dentate. Fiori in corimbo denso, a petali bianchi o verdastri, lunghi 3-4 volte il calice. Radice fornita di tuberi. Pianta glabra, eretta od ascendente, 2-4 dm. ♃. *Lug. Ott.* — Luoghi sassosi, muri, campi aridi dal mare alla reg. mont. — *Erba di S. Giovanni*. **963 S. maximum** Sut.
Foglie *tutte ristrette alla base* 12

12 { Petali lunghi *3-4 volte* il calice. Radice *fornita* di tuberi. Foglie sparse, le infer. subpicciolate, le super. sessili, bislungo-lanceolate, dentato-seghettate. Fiori in corimbo denso, porporini. Pianta glabra, eretta, 2-6 dm. ♃. (App. modenese). — *Giug. Lug.* — Rupi reg. alp. **964 S. Fabaria** Koch
Pet. *un po' più lunghi* del calice o tutt'al più lunghi fino a *2 volte* il calice. Radice *sfornita* di tuberi 13

13 { Fiori *dioici* o rarissimam. ermafroditi, a *4* o raram. 5 petali *lineari-ottusi*, appena più lunghi del calice, *giallognoli* o raram. *rossastri*. Foglie *largam. lanceolate*, *seghettate verso l'apice*, acute. Pianta glabra, a rizoma *carnoso*, tubercoloso-squamoso, con odor di rosa: fusti eretti od ascendenti, 8-35 cm. ♃. (App. pavese a Varzi e a Pei). — *Lug. Ag.* — Rupi reg. subalp. ed alp.
965 S. roseum Scop.
Fiori *ermafroditi*, a 5 pet. ovali od oblunghi, *subacuti*, lunghi *metà fino a 2 volte* il calice, *porporini o bianchi* con una linea verde. Foglie *obovate e bislunghe, intiere, ottuse*. Pianta glabra, a rizoma *indurito*, emettente fusti prostrati od eretti, parte sterili terminati in una rosetta di foglie e parte fertili, 12-20 cm. ♃. (App. parmig. e moden.). — *Lug. Ag.* — Pascoli e luoghi rupestri dalla reg. mont. all'alp. **966 S. Anacampseros** L.

14 { Petali *gialli* 15
Pet. *bianchi, rossastri od azzurrognoli* 20

15 { Foglie dei fusti fertili *terminate in un mucrone od acume*. Follicoli *eretti* 16
Foglie dei fusti fertili *sfornite di mucrone od acume, ottuse*. Follicoli *molto patenti* 19

16 { Foglie *dei fusti sterili inguainanti* mediante una membrana alla loro base. Pianta glabra, alta 1-3 dm. ♃. (L. sui monti Lepini). — *Mag. Lug.* — Rupi reg. subm. e mont . . . . **967 S. tenuifolium** Strobl
Foglie *tutte non inguainanti*, fornite alla base di un prolungamento a guisa di sprone, non membranaceo, breve o brevissimo 17

17 { Foglie *a pagina superiore quasi piana*, l'*infer. convessa* e perciò semicilindriche. Filamenti degli stami con piccoli peli trasparenti alla base. Pianta

17 { glabra, alta 2-6 dm. $2f$. (T. L. Piceno). — *Mag. Lug.* -- Luoghi rupestri e
sassosi, muri reg. med. o raram. subm. e mont. **968 S. nicaeense** All.
Foglie *ad ambedue le pagine convesse* e perciò subcilindriche . . . 18

18 { Segmenti calicini *con strie* crenate sul dorso, *oblunghi o lanceolati*, acuminati,
acuti o raram.subottusi. Pianta glabra o anche glauca o verde, alta 1-3
dm. $2f$. (It. media, Arcip. tosc.). — *Giug. Lug.* — Luoghi rupestri o sassosi
e muri dal mare alla reg. mont. **969 S. rupestre** L.
Segmenti calicini *non striati, ovali*, subottusi. Pianta glabra, alta 2-4 dm. $2f$.
(T. a S. Marcello). — *Lug.* . . . . . **970 S. elegans** Lej.

19 { Petali *oblungo-subottusi, suberetti*, un po' più lunghi del calice. Pianta glabra,
alta 2 ½-8 cm. $2f$. (App. tosco-emil., Alpi Ap.). — *Giug. Ag.* — Luoghi sassosi e rupestri dalla reg. mont. all'alp. . . **971 S. alpestre** Vill.
Pet. *lanceolato-acuminati, patenti in stella*, lunghi 2-3 volte il calice. Pianta
glabra, alta 2 ½-18 cm. $2f$. . . . . **972 S. sexangulare** L.
  Foglie lineari, convesse su ambedue le facce. Pet. lunghi circa il doppio del calice. Pianta a sapore erbaceo. (It. media). — *Mag. Ag.* —
  Luoghi aridi sassosi od erbosi dal mare alla reg. subalp. — *Erba
  della Madonna.* α. *mite* (Gilib.).
  Foglie ovali od ovato-oblunghe, quasi piane di sopra e convesse di
  sotto. Pet. lunghi il triplo del calice. Pianta a sapore acre. (It. media). — *Giug. Lug.* — Luoghi sassosi o erbosi aridi dal mare alla
  reg. alp. — *Semprevivo acre.* β. *acre* (L.).

20 { Foglie *convesse su ambedue le pagine* e perciò cilindriche 21
Foglie *piane sulla pag. super. e convesse o piane su quella infer.* . . 23

21 { Petali *non acuminato-aristati*, semplicem. subacuti od ottusi, oblunghi, lunghi
2-4 volte il calice, bianchi o carnicini. Pianta alta 1-3 dm. $2f$. (It. media). --
Giug. Ag. — Luoghi rupestri o sassosi e muri dal mare alla reg. alp. —
Erba pignòla o Pinocchiella . . . . . **973 S. album** L.
Pet. *acuminato-aristati* 22

22 { Petali *lunghi circa il doppio* del calice, ovali, rosei. Follicoli eretto-patenti.
Foglie sparse, lineari, ottuse, appena prolungate alla base. Pianta in alto
almeno minutam. glanduloso-pelosa, 5-10 cm. $2f$. (T. a Montecristo). — *Giug.
Lug.* — Rupi e muri reg. subm. e mont. **974 S. hirsutum** All.
Pet. *molte volte più lunghi* del calice . . . . Cfr. S. HISPANICUM

23 { Foglie a pag. infer. *molto convessa* e perciò semicilindriche o semiglobose,
ottuse, appena prolungate alla base, sparse od opposte. Pet. bianchi, rosei
od azzurrognoli, lunghi circa il doppio del calice. Pianta a fusti con peli
glandulosi, scarsi od abbondanti. $2f$. (It. media). — *Apr. Lug.* — Luoghi
rupestri o sassosi e muri dal mare alla reg. alp. — *Agnello grasso.*
  975 S. dasyphyllum L.
Foglie a pag. infer. *leggerm. convessa* 24

24 { Fusti *tutti glabri*. 1-3 dm. Foglie sparse, spatolato-lanceolate, ottuse. Petali
biancàstri, lanceolati, acuti od acuminati, lunghi 2-3 volte il calice. Follicoli eretti. $2f$. (App. centr.). — *Lug. Ag.* — Roccie reg. alp.
  976 S. magellense Ten.
Fusti *fertili glanduloso-pelosi* in alto. Foglie opposte o più spesso verticillate
a 3-5, sessili, oblunghe o lineari, ottuse, spesso seghettato-scabre all'apice,
Pet. bianchi ovato-lanceolati, acuminato-aristati, lunghi 3-4 volte il calice.
$2f$. (App. tosco-emil., Alpi Ap.). — *Giug. Ag.* — Luoghi ombrosi rupestri
reg. subm. e mont. . . . . . **977 S. monregalense** Balb.

4. Bulliarda. Calice 4-partito; corolla a 4 pet. liberi; stami 4:
squame ipogine oblungo-lineari, cuneate.

Pianta glabra, spesso rossastra, a fusti eretti od ascendenti, esili, dicotomo-
ramosi, 2-8 cm. Foglie opposte, unite tra loro alla base, lineari-bislunghe,
subottuse, glabre. Fiori carnicini, piccolissimi, a pedicelli più lunghi delle
foglie, terminali. ①. (T. a Capraia, L. a Cavi). — *Feb. Mag.* — Luoghi umidi reg. med., rara. . . . . . . **978 B. Vaillantii** DC.

5. **Tillaea** (dedicato a M. A. Tilli, botanico italiano). Calice 3-4 partito; corolla a 3-4 pet.; stami 3-4; squame ipogine nulle.

> Pianta glabra, spesso rossastra, a fusti sdraiati od ascendenti, filiformi, semplici o ramosi, 2-8 cm Foglie opposte, unite tra loro alla base, oblungo-lineari, glabre. Fiori bianchi o rosei, sessili o quasi, a 2-3 nelle ascelle delle foglie. ①. (T. L.). — *Gen. Mag.* — Luoghi arenosi o ghiaiosi umidi reg. med.
> **979 T. muscosa** L.

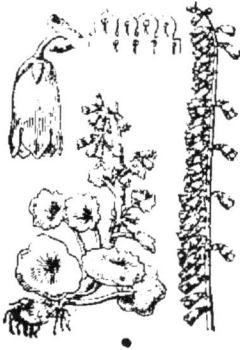

128. *Umbilicus pendulinus* DC. (¹/₄).

129. *Sedum rubens* L. (¹/₄).

130. *Ribes rubrum* L. (¹/₄).

Fam. 47.ᵃ **MESEMBRIANTEMACEE.**

Mesembryànthemum (da μεσημβρια = mezzogiorno e ἀνθος = fiore; alludendo ai fiori che s'aprono verso mezzogiorno). Fiori regolari. Calice a tubo connesso all'ovario e a lembo 4-5-lobato; corolla a petali numerosi in più serie, riunite alla base; stami numerosi, inseriti coi petali sul tubo calicino; ovario infero, 5-14 loculare; stimmi tanti quante sono le logge dell'ovario; ovuli numerosi. Frutto cassulare, dapprima carnoso, poi sublegnoso, a 5 angoli, ombelicato e aprentesi all'apice in stella; semi piccoli, a guscio crostoso. — Foglie opposte od alterne, carnose, semplici, senza stipole. Piante annue o perenni, succulenti, generalm. cosparse di papille cristalline.

1 { Piante *non papillose*. Foglie *trigono-compresse*, foggiate a scimitarra, colla carena assai dilatata. Fiori *porporini*, solitari, terminali, grandi, a peduncoli compressi, lunghi 6 cm., con 2 larghe brattee. ♃ (Subspont. T. L.). — *Apr. Mag.* — Reg. med. . . . . **980 M. acinaciforme** L.
Piante *papillose*. Foglie *semicilindriche o piano-convesse*. Fiori *bianchi*   2

2 { Petali *più brevi* del calice. Foglie *lineari, semicilindriche*, lunghe 2-3 cm., opposte od alterne, ottuse, cigliate alla base. Pianta grassa, a fusti diffuso-ascendenti con papille cristalline all'apice. ①. (L.). — *Mag. Giug.* — Luoghi marit. . . . . . **981 M. nodiflòrum** L.
Pet. *più lunghi* del calice. Foglie *ovate*, ondulate, *piano-convesse*, le infer. lunghe 6-12 cm., picciolate, opposte; le super. amplessicauli, alterne od opposte. Pianta grassa, coperta di grosse papille cristalline, a fusti sdraiati od ascendenti. ① ②. *Apr. Mag.* — Luoghi marit. nelle grandi isole; coltiv. **982 M. crystallinum** L.

A questa famiglia possono riferirsi i generi *Mollugo* e *Glinus*. Del primo citiamo due specie entrambe inselvatichite tra noi e cioè *M. Cerviana* DC. negli orti botanici di Pavia e Milano e *M. verticillata* L. intorno a Pavia; del secondo citiamo *G. lotoides* L. raccolto nelle Paludi Pontine.

Fam. 48.ª OPUNZIACEE.

Opuntia. Fiori ermafroditi, regolari. Calice a lobi numerosi, disposti in varie serie; corolla a petali numerosi in varie serie, spesso saldati alla base; stami indefiniti, inseriti sulla superficie concava del ricettacolo; ovario 1-loculare, immerso nello spessore del peduncolo; ovuli molti, anatropi, orizzontali; stilo cilindriro, con 6-8 stimmi lobiformi. Frutto bacca, ombelicata alla sommità e tubercolata all'esterno, con molti semi cinti da un'ala espansa sul guscio osseo. — Foglie rudimentali, cilindriche, caduche, senza stipole. Piante carnose, formate da rami piatti, articolati, spinosi, gli infer. negli individui annosi fusi in un sol tronco cilindrico.

1 {
Pianta *eretta* (1-3 m.), ad articoli *grandi*, *verde-glauchi*. Frutti **commestibili**, *dolci*, *grandi*, gialli, bianchicci, sanguigni, talora senza semi, con nodi forniti di setole rigide, pungenti. ♃. *Mag. Giug.* — Coltiv. pei frutti nelle parti più calde della Pen., talora inselvatichita. **983 O. Ficus-indica** Mill.

Pianta *diffuso-prostrata* (3-5 dm.) ad articoli *piccoli* (lunghi 7-12 e larghi 4-5 cm.), *verdi*. Frutti *insipidi*, *piccoli* (lunghi 2-4 cm.), rossi, quasi lisci. ♃. (T. a Castiglion fiorentino, Fiesole, Signa, Maremma, Capraia, Giglio). — *Giug. Lug.* — Rupi soleggiate reg. med. **984 O. vulgaris** Mill.
}

Di questo genere si coltivano inoltre (specialm. per far siepi) *O. amyclaea* Ten. e *O. Dillenii* Haw.

Fam. 49.ª SASSIFRAGACEE.

Piante erbacee, poco elevate. Foglie semplici, alterne, opposte o tutte basali, senza stipole. Fiori ora solitari, ora riuniti in spighe, in racemi o in pannocchie, regolari o un poco irregolari. Calice persistente o caduco, a 5 raram. 4 sepali; corolla a 5 petali, alterni coi sepali, raram. nulli; stami 10-8; ovario supero o infero, libero od aderente; stili 2 stimmatiferi. Frutto cassulare terminato da due stili in forma di cornetti, 2-1-loculare, con molti semi piccolissimi, ad embrione diritto e albume carnoso.

CHIAVE DEI GENERI.

1 {
Pet. presenti. Sep. 5. Cassula biloculare . . . . . 1 Saxifraga

Petali mancanti. Sepali 4, raram. 5. Cassula uniloculare. 2 Chrysosplenium
}

1. **Saxifraga** (da *saxa* = pietre e *frangere* = rompere; piante che crescono nelle fenditure delle rocce). Calice libero o saldato alla base con l'ovario, 5-partito o 5-fido; corolla a 5 pet., perigini; stami 10; logge dell'ovario e stili 2, rarissimam. 3. Cassula polisperma, coronata dagli stili a mo' di corna.

1 { Piante *annue* 2
  { Piante *perenni* 3

2 {
Pedicelli *filiformi, ben più lunghi* del calice fruttifero. Foglie carnosette, *spatolate*, 3-5-fide od intere, 1-2 cm. Pianta a fusto eretto, *gracile*, solitario, spesso ramoso. ①. (It. media). — *Mar. Giug.* — Muri rupi dal mare alla reg. alp. — *Lucernicchia* . . . . . **985 S. tridactylites** L.
Pedicelli *grossi, subeguali o più brevi* del calice fruttifero. Foglie carnosette, *cuneate*, 3-5 dentate, più grandi che nella specie precedente. Pianta a fusto eretto od ascendente, *robusto*, solitario, foglioso. ①. (Alpi Ap., App. pistoiese e centr.). — *Mar. Giug.* . . . . . **986 S. adscendens** L.
}

3 { Calice *diviso fin quasi alla base, libero* dall'ovario 4
  { Calice *decisam. gamosepalo, saldato, almeno in basso,* coll'ovario . . 9

4 {
Foglie *suborbicolari-reniformi*, grossolanam. crenate, con stretto margine membranoso. Fiori a petali bianchi, punteggiati di giallo in basso e di rosso più in alto. Cassula ovoide-oblunga, a stili divergenti. Fusto fiorifero foglioso, eretto od ascendente, peloso, 1-6 dm. 2⨍. *Giug. Lug.* — Rupi e luoghi sassosi dalla reg. subm. alla subalp. . . **987 S. rotundifolia** L.
Foglie *dalla forma ovale alla lineare*, non o raram. reniformi, ma in pianta a fusti fioriferi nudi 5
}

5 { Foglie *lineari* . . . . , ... 6
  { Foglie *obovato-oblunghe od ovali* . . . . . , . . . 8

6 {
Foglie *carnose*, verdi, nel secco verdi-nerastre. non o brevem. cigliate, intere. Fiori in racemo corimboso, a sepali eretto-patenti e petali gialli o giallo-zafferano, macchiati di punti più scuri. Fusto foglioso, peloso, 1-2 dm. 2⨍. (App. tosco-emil. e centr.). — *Lug. Sett.* — Rupi e pascoli umidi dalla reg. mont. all'alp . . . . **988 S. aizoides** L.
  Sep. affatto patenti. Pet. rosso-scuri. (Alpi Ap.). — Var. *atrorubens* Stern.
Foglie *aride*, d'un giallo-paglierino un po' verdognolo 7
}

7 {
Foglie *brevem.* seghettato-cigliate *alla base ed intere nel resto*. Petali *macchiati* di punti aranciati. Fusti eretti od ascendenti, fogliosi, 4-5 cm. 2⨍. (App. emil. all'Alpe di Succiso). — *Lug. Ag.* — Rupi reg. alp. **989 S. bryoides** L.
Foglie ± *lungam.* seghettato-cigliate *dalla base all'apice*. Pet. *non macchiati*. Fusti fioriferi eretti, fogliosi. 1-2 dm. 2⨍. (It. media). — *Mag. Ag.* — Rupi reg. alp. . . . . **990 S. aspera** L.
}

8 {
Foglie *acute, obovate od obovato-oblunghe*, seghettate verso l'apice ed intere nel resto, *senza* margine membranoso. Filamenti degli stami *lesiniformi*. Pianta a peli *non articolati* o raram. affatto glabra. Fiori in corimbo terminale lasso, a petali bianchi, lanceolato-acuti, con unghia breve, talora un po' disuguali, macchiati di 2 punti gialli verso la base. 2⨍. (App. emil. tosc., e centr.). — *Giug. Ag.* — Luoghi umidi reg. alp. e subalp. **991 S. stellaris** L.
Foglie *ottuse, rotondo-cuneate*, insensibilm. attenuate in picciolo glabro, crenulato-dentate. *con margine cartilagineo*. Filamenti degli stami *dilatati in alto*. Pianta a peli *articolati*. Fiori in pannocchia terminale corimbosa a pet. bianchi, bislunghi, con macchia gialla, rotonda alla base. 2⨍. (App. emil. e tosc.). — *Giug. Lug.* — Luoghi rupestri dalla reg. subm. alla subalp. **992 S. cuneifolia** L.
}

9 {
Foglie *provviste* ai margini di 3 a molte fossette puntiformi, protette quasi sempre ognuna da una squametta calcarea bianca 10
Foglie *sprovviste* ai margini di fossette puntiformi e di squamette calcaree 15
}

10 {
Foglie *opposte*, embriciate in 4 serie, piccole, bislunghe, ottuse. Fiore solitario all'apice dei fusti, roseo, alla fine violetto, raram. bianco, a disco anu-
}

10 { lare quasi nullo. Lacinie calicine cigliate, senza glandole. Stami più brevi od anche subeguali ai petali. Fusti prostrati o pendenti, 5-30 cm. ♃. (Alpi Ap., App. tosco-emil. e centr.). – *Mag. Lug.* – Rupi reg. alp.
998. S. oppositifolia L.

Foglie *sparse od in rosetta* 11

11 { Foglie *in gran parte raccolte in rosetta* ben distinta e patente . . 12
Foglie *mai in rosetta*, in gran parte densam. embriciate ed appressate . 14

12 { Fiori *giallo-aranciati*, a petali *acuti, lineari-lanceolati*. Foglie coriacee, largam. oblungo-spatolate, ottuse e talora smarginate all'apice, glabre. cigliate in basso, quasi intere o crenate in alto, con squamette calcaree nulle o fugaci. Fusto glanduloso-peloso, 1-6 dm. ♃. (T. nell'App. pistoiese a Mandromini). — *Lug. Ag.* – Luoghi rupestri e sassosi reg. mont. ed alp.
994 S. mutata L.
Fiori *bianchi*, macchiati o no di rosso, a pet. *ottusi, obovati od oblunghi* 13

13 { Foglie infer. a margini ± *revoluti, senza* denti membranosi, lineari-oblunghe, cigliate alla base, glabre nel resto, con squamette calcaree bianche presso il margine. Fusto *affatto glabro*. 15-45 cm. ♃. (Alpi Ap., App. tosc. e centr.). — *Giug. Ag.* — Rupi reg. mont. ed alp. **995 S. lingulata** Bell.
Foglie infer. a margini *affatto piani, con* denti acuminati verso l'apice. largam. oblungo-spatolate, cigliate alla base, glabre nel resto, spesso con squamette calcaree bianche alla base dei denti. Fusto *glanduloso-peloso*, almeno in alto, 3-60 cm. ♃. (Alpi Ap., App. tosco-emil. e centr.). — *Giug. Lug.* — Rupi dalla reg. mont. o raram. subm. all'alp. (Fig. 134).
996 S. Aizoon Jacq.

14 { Pet. *più brevi* delle lacinie calicine, bianchi o bianco-rosei. Foglie piane. *non incurvate*, a squamette calcaree spesso confluenti ed alla fine caduche, spatolate, per lo più acuminate, interissime, glabre od irte. Fusto densam. villoso-glanduloso, 4-16 cm. ♃. (U.). — *Mag. Giug.* — Rupi reg. subalp. ed alp. **997 S. porophylla** Bert.
Pet. *lunghi 2 volte* le lacinie calicine, bianchi. Foglie piane o concave di sopra, *incurvato-riflesse*, a squamette calcaree quasi marginali, spatolato-lineari o lineari, interissime, cigliate o glanduloso-pelose. Fusto glanduloso-peloso almeno in alto, 3-7 cm. ♃. (Alpi Ap., App. tosco-emil.). — *Lug. Ag.* — Luoghi rupestri calcarei reg. alp. **998 S. nexcla** L.

15 { Foglie, almeno le infer., *reniformi*. Piante verdi. Fiori bianchi . . . 16
Foglie *mai reniformi*. Piante glabre o tutt'al più vellutate . . . 17

16 { Calice a lacinie *lineari*. Cassula sormontata da 2 cornetti *eretti*. Radice fornita di bulbilli *numerosi, non squamosi*. Foglie picciolate, reniformi, almeno le infer., 3-7-fide; le super. estreme indivise, lineari, minute. Fusto eretto, semplice o ramoso, alto 1-5 dm. ♃. (It. media, Elba, Giglio, Montecristo). — *Apr. Mag.* — Luoghi erbosi o rupestri delle reg. subm. e mont.
999 S. granulata L,
Pianta tozza a fusto non più di 1 dm. (Capraia). — Var. *brevicaulis* Somm.
Calice a lacinie *ovali*. Cassula sormontata da 2 cornetti *divergenti*. Radice fornita di bulbilli *poco numerosi*, assai grossi, *squamosi*. Foglie infer. e medie picciolate, reniformi o cordate a 5-7 lobi o denti ; le super. sessili o quasi 3-5-dentate o le estreme intere. ♃. (It. media). — *Apr. Mag.* — Luoghi erbosi, per lo più ombrosi dal mare alla reg. mont.
1000 S. bulbifera L.

17 { Foglie *tutte intere* o leggerm. 2-3-dentate all'apice 18
Foglie *tutte od in gran parte a 3-5 divisioni* ± divaricate a ventaglio . 19

18 { Fusti colla porzione annua con *parecchie* foglie discoste. Foglie con *3-5* nervi, oblunghe, ottuse, interissime. Petali biancastri o nel secco giallognoli, talora rosei o porporini, ⅛ più lunghi del calice. Fusti perennanti, prostrati, cespugliosi, i floriferi eretti od ascendenti. ♃. (It. media). — *Lug. Ag.* — Rupi reg. alp. . . . . **1001 S. muscoides** All.
Fusti colla porzione annua *nuda* o con *1-2* foglie discoste. Foglie in rosette radicali, con *5-11* nervi da secche, oblanceolate, intere ovvero 2-5-dentate all'apice. Pet. bianchi, lunghi e larghi il doppio del calice. Fusti prostrati od eretti. ♃. (U.). — *Giug. Lug.* — Rupi e pascoli umidi reg. alp.
1002 S. androsacea L.

19 { Foglie con nervature *prominenti* e *robuste*, in modo che si presentano come *solcate*, divise in 3 lobi *subeguali*, lineari-oblunghi. Petali obovati od obovato-oblunghi, bianchi o giallognoli. Pianta cespugliosa, alta 3-14 cm. ♃. (App. tosc. a m. Beni e Sasso di Castro). — *Giug Lug.* — Rupi reg. alp.
  1003 S. exarata Vill.

Foglie con nervature *non prominenti* e *deboli*, e quindi *non solcate*, divise in 3 lobi *diseguali*, il mediano più lungo, lineari, acuti, ottusi o smarginati all'apice. Pet. obovati o lanceolati, gialli o biancastri od anche aranciati e perfino porporino-scuri. Pianta cespugliosa, alta 2-12 cm. ♃. (App.). — *Giug. Lug.* — Rupi reg. alp. .   .   .   .   .   **1004 S. moschata** Wulf.

2. **Chrysosplènium** (da χρυσους = aureo e σπλην = milza; alludendo al colore dei fiori e alla forma delle foglie).

Fusto subtrigono, prostrato od eretto, brevem. bifido all'apice, 7-30 cm. Foglie cauline alterne, poco numerose, le basali più grandi, lungam. picciolate, subrotondo-reniformi, fortem. crenato-lobate. Fiori terminali in fascetto, gialli: calice 4-5-fido; corolla nulla: stami 8 oppure 10 perigini; ovario semi-infero, 2-loculare; stili 2. Cassula uniloculare, lunga circa come il calice, deiscente all'apice in 2 valve bilobe ed affatto patenti. ♃. (App. pavese, tosco-emil. e centr.). — *Mag. Lug.* — Luoghi umidi ombrosi reg. mont.
  1005 Ch. alternifolium L.

131. *Philadelphus coronarius* L. (¹/₄).

132. *Ecballium Elaterium* Rich. (¹/₄).

133. *Montia fontana* L. (¹/₄).

FAM. 50.ᵃ **FILADELFACEE.**

Philadélphus (dal nome di Tolomeo Filadelfo, re d'Egitto). Arboscelli a foglie opposte, senza stipole. Fiori ermafroditi, regolari. Calice 4-fido; corolla a 4 petali, sporgenti dal calice, perigini; stami numerosi; ovario infero, a 4-5 logge; stili 4-5, saldati fra loro inferiorm. Cassula polisperma, sormontata dai denti del calice.

Arbusto di 2-3 m. Foglie ovato-acuminate, irregolarm. seghettate, pelose nella pag. inferiore e glabre di sopra. Fiori bianchi, odorosissimi, in racemi terminali 3-11-flori. ♄. (T. e presso Spoleto). — *Mag. Giug.* — Coltiv. e qua e là natur. nei boschetti ecc. reg. subm. — *Fiori d'Angiolo.* (Fig. 131).
  1006 Ph. coronarius L.

FAM. 51.ᵃ **RIBISACEE.**

Ribes. Arboscelli a foglie sparse, lobate. Fiori regolari, ermafroditi o unisessuali per aborto. Calice 4-5-fido; corolla a 4-5 petali piccoli, squamiformi, perigini; stami 4-5; ovario infero, pluriovulato; stili 2, ± saldati fra loro inferiorm. Bacca uniloculare, polisperma.

1 { Pianta *spinosa*, con spine 3-partite. Fiori *solitari o 2-3* ascellari, verdastri o rossastri. Antere a logge congiunte. Bacche assai grosse, verdastre, giallastre o rossastre, alla fine glabre ♃. (App.). — *Apr. Mag.* — Boschi reg. mont.; spesso coltiv. pei frutti. — *Uva spina.* **1007 R. Grossularia** L.

Piante *non spinose*. Fiori *in racemi moltiflori*, ascellari 2

2 { Lacinie calicine *riflesse*. Racemi dapprima patenti, poi pendenti, a rachide e pedicelli pubescenti; pedicelli brevi, poco più lunghi delle brattee. Antere a logge separate. Bacca rossa, acida. ♃. (App. tosc. in Casentino e nel m. Amiata, e centr.). -- *Apr.* — Boschi reg. subm. e mont.
1008 R. multiflorum Kit.

Lacinie calicine *patenti od erette* 3

3 { Lacinie calicine *cigliate*. Racemi dapprima eretti o quasi e poi pendenti dopo la fioritura, a rachide e pedicelli tomentosi; pedicelli più lunghi delle brattee o raram. un po' più brevi. Antere a logge separate. Bacca rossa, acida. ♃. (App. centr.). — *Apr. Giug.* — Rupestri e sassosi reg. mont. e subalp.
1009 R. petraeum Wulf.

Lacinie calicine *glabre* 4

4 { Racemi *sempre pendenti* a rachide *radam. pelosa*; brattee *nude*, molto più brevi dei pedicelli. Antere a logge *separate* fra loro. Bacca *acida*, rossa od anche giallognola o bianca. ♃. (Lunigiana presso Fosdinovo, App. marchig.). — *Apr. Mag.* — Sassosi reg. mont.; frequentem. coltiv. — *Ribes.* (Fig. 130).
1010 R. rubrum L.

Racemi *eretti*, a rachide *peloso-glandolosa*; brattee *glandolose* ai margini, uguali ai fiori o più lunghe. Antere a logge *congiunte* tra loro. Bacca *insipida*, rossa. ♃. (App. emil., tosc. e centr.). — *Mag. Giug.* — Boschi reg. mont.
1011 R. alpinum L.

FAM. 52.ᵃ **APIACEE.**

Piante erbacee o raram. suffruticose, a fusti per lo più cavi negli internodi. Foglie alterne o basali, quasi sempre divise o sezionate, guainanti alla base, senza stipole. Infiorescenza ad ombrella composta, contornata di brattee alla base dei raggi primari (involucro) e di bratteole alla base dei secondari (involucretto), raram. ad ombrella semplice od a capolino. Fiori piccoli, tutti ermafroditi ed uguali, o gli esterni di ogni ombrella maschili con petali disuguali e stami più lunghi, e gli interni femminei od ermafroditi. Calice con lembo nullo od a 5 denti. Corolla a 5 pet. epigini, spesso obovati od a cuore rovesciato, ad apice inflesso, interi o smarginati, tutti uguali o gli esterni più grandi. Stami 5, inseriti coi petali alla sommità del tubo del calice sopra un disco epigino. Ovario infero a 2 logge con 1 ovulo anatropo pendente; stili 2, eretti o ricurvi, inseriti sopra un disco (stilopodio) depresso o conico. Frutto secco, di 2 acheni, compressi nel dorso o nei lati, dapprima saldati lungo la loro faccia interna (commissura), poi separantisi dal basso in alto, rimanendo sospesi ad una

colonna centrale filiforme (carpoforo), intera o bifida; ogni achenio
ha 5 o 10 coste, ± sporgenti, a volte alate o spinose, i cui intervalli
(vallette) portano nello spessore del pericarpio dei canali resiniferi
longitudinali (vitte). Semi liberi o più spesso aderenti al pericarpio,
ad albume copioso ed embrione piccolo, diritto, situato presso l'ilo,
con cotiledoni obovato-bislunghi o lineari.

CHIAVE DEI GENERI.

20	Frutto senza coste, rostrato all'apice	35 Anthriscus p. p.
	Frutto con coste	. 21
21	Frutto bislungo	. 22
	Frutto ovale od ovato	. 24
22	Calice appariscente. Canali resiniferi solitari . .	39 Athamantha
	Calice nullo. Involucro nullo o di poche brattee . .	. 23
23	Stili eretti	38 Chaerophyllum p. p.
	Stili ricurvi	7 Carum p. p.
24	Frutto peloso	12 Pimpinella p. p.
	Frutto aculeato	. 25
25	Aculei 1-seriati	33 Caucalis
	Aculei 2-pluriseriati	. 26
26	Albume leggerm. scavato	32 Torilis
	Albume profondissimam. scavato	34 Turgenia
27	Frutto setoloso o aculeato	28 Daucus
	Frutto peloso	. 28
	Frutto glabro	. 29
28	Calice appariscente	14 Seseli p. p.
	Calice nullo. Frutto ovato	46 Magydaris
29	Calice appariscente	. 30
	Calice nullo	. 35
30	Frutto globoso	. 31
	Frutto ovoide o bislungo	. 32
31	Pianta palustre	49 Oenanthe p. p.
	Pianta non palustre	44 Coriandrum
32	Frutto rinchiuso nel ricettacolo. Pianta spinosa .	50 Echinophora p. p.
	Frutto non rinchiuso nel ricettacolo	. 33
33	Frutto con coste sporgenti, quasi alate. Petali smarginati.	17 Ligusticum p. p.
	Frutto con coste sottili	. 34
34	Stili eretti	49 Oenanthe p. p.
	Stili riflessi	14 Seseli p. p.
35	Frutto alato	. 36
	Frutto non alato	. 37
36	Frutto con 1-2 canali resiniferi sulla faccia degli acheni .	15 Selinum
	Frutto con 3-5 canali resiniferi sulla faccia degli acheni	17 Ligusticum p. p.
37	Frutto bislungo. Petali smarginati	16 Meum
	Frutto ovoide	. 38
38	Petali suborbicolari, interi, arrotolati all'indentro. Pianta un po' grassa.	48 Crithmum
	Pet. obovali, smarginati, coll'apice incurvato . .	22 Aethusa
39	Frutto senz'ali, nè ingrossamento nel margine, a coste quasi alate. Canali resiniferi a 3 a 3 in ogni intervallo .	40 Hladnikia
	Frutto con una doppia ala membranosa nel margine . .	. 40
	Frutto col margine ingrossato o slargato . . .	. 41
40	Frutto a coste sottili sulle faccie. Canali resiniferi nulli o solitarii negli intervalli . .	23 Angelica
	Frutto ad ali anche sulle faccie. Canali resiniferi solitarii sotto le coste secondarie, 2 nel setto commissurale . .	29 Laserpitium
41	Fiori tutti regolari	25 Peucedanum p. p.
	Fiori periferici coi petali disuguali	. 42
42	Frutto col margine piano	26 Heracleum p. p.
	Frutto col margine tubercolato	27 Tordylium
43	Frutto alato	. 44
	Frutto non alato, appianato parallelam. al setto . .	. 47
	Frutto non alato, cilindrico o leggerm. compresso . .	. 49
44	Involucro di parecchie brattee	. 45
	Involucro nullo o quasi	. 46

45 { Calice appariscente . . . . 47 PRANGOS
    { Calice nullo . . . . 21 LEVISTICUM

46 { Calice appariscente. Canali resiniferi solitari sotto tutte le coste, 4 nel setto
       commissurale . . . . 31 ELAEOSELINUM
    { Calice quasi nullo. Canali resiniferi a 2 a 2 sotto ciascuna costa alata, solita-
       rii sotto ciascuna costa secondaria non alata . . . . 30 THAPSIA

47 { Petali interi. Calice appariscente . . . . . . 24 FERULA
    { Pet. smarginati 48

48 { Canali resiniferi più brevi degli acheni . . . . 26 HERACLEUM p. p.
    { Canali della lunghezza degli acheni . . . . 25 PEUCEDANUM p. p.

49 { Frutto rinchiuso nel ricettacolo . . . . 50 ECHINOPHORA p. p.
    { Frutto non rinchiuso 50

50 { Calice appariscente 51
    { Calice nullo 53

51 { Involucro di più brattee. Frutto stretto cilindrico. . . 19 KUNDMANNIA
    { Involucro nullo o quasi 52

52 { Fiori gialli . . . . 14 SESELI p. p.
    { Fiori verdi . . . . 18 TROCHISCANTHES

53 { Foglie intere . . . . 5 BUPLEURUM
    { Foglie divise 54

54 { Petali interi. 55
    { Pet. smarginati 56

55 { Petali acuti. Canali resiniferi diversi in ogni intervallo . 42 SMYRNIUM
    { Pet. troncati. Canali resiniferi 1-2 soltanto in ogni intervallo. 20 FOENICULUM

56 { Involucro nullo . . . . 12 PIMPINELLA p. p.
    { Involucro di poche brattee . . . . . . 7 CARUM p. p.

    { Fiori pochi in 1-3 verticilli od in ombrella semplice. Foglie rotonde.
              1 HYDROCOTYLE
57 { Fiori in capolino con involucro spinoso. Foglie rigide, spinose. 2 ERYNGIUM
    { Fiori in ombrella semplice, cinta alla base da 1 o poche foglie. 3 ASTRANTIA
    { Fiori in ombrella composta irregolare, cinta alla base da 2 foglie strettam.
       lobate . . . . 4 SANICULA

1. **Hydrocòtyle** (da υδωρ = acqua e κοτυλη = scodella; pianta acquatica a foglie in forma di scodella). Calice a lembo nullo; petali bianchi o rosei, ovali, intieri, appena incurvati all'apice. Frutto piano-compresso lateralm., subrotondo: acheni a 5 coste, di cui 1 o 3 soltanto ben rilevate; vitte nulle.

1 { Lamina fogliare *quasi tonda*, con incisioni poco profonde, *subeguali*, crenulate,
    Fiori *quasi sessili*, disposti in *1-3 verticilli*. Acheni *a coste laterali non spor-
    genti, le 3 dorsali più rilevate*. 2⌐. (T. L.). — *Apr. Lug.* — Fossi e paludi
    dal mare alla reg. subm. — *Soldinella acquatica.*   **1012 H. vulgaris** L.
    Lamina fogliare *cordato-reniforme*, con incisioni *disuguali, le due anteriori più
    profonde*, crenulate. Fiori *brevem. peduncolati*, disposti in *ombrella semplice*.
    Acheni *a costa dorsale rilevata e le altre 4 non prominenti*. 2⌐. (T. nel Luc-
    chese e Pisano, L.). — *Apr. Ag.* — Ruscelli e fossi reg. med. (Fig. 135).
               1013 H. ranunculoides L.

2. **Eryngium.** Calice a 5 lacinie rigide e pungenti; pet. bianchi o raram. azzurrognoli, smarginati, incurvati nell'apice. Frutto ovoideo od ovoideo-oblungo, non compresso, aculeato o tubercoloso; acheni a 5 coste; vitte ora solitarie nelle vallette, ora irregolari o mancanti;

carpoforo nullo. — Foglie rigide, spinose. Fiori sessili, in capolino involucrato.

1 | Capolini *quasi sessili*, a 12-14 brattee involucrali intere, dilatate e spinose alla base. Foglie basali lanceolate o bislungo-lanceolate, crenate o dentato-spinose, le super. sessili tripartite. Fiori bianchi. Frutto non marginato. Pianta glabra, *d'un verde gaio*. ②. (T. in Maremma, L.). — *Mag. Giug.* — Luoghi inondati reg. med. . . . . **1014 E. Barrelieri** Boiss.
Capolini *peduncolati*. Piante ± *violacee* 2

2 | Frutto *cinto da un grosso margine*. Capolini a 4-6 brattee involucrali tridentato-spinose. Fiori violacei. Foglie infer. lungam. picciolate, reniformi, dentato-spinose; le altre sessili, palmato-tripartite, a divisioni pure dentato-spinose. ♃. *Giug. Sett.* — Arene marit. . **1015 E. maritimum** L.
Frutto *non marginato* 3

3 | Calice *più breve* della corolla. Foglie infer. *picciolate*, pennato-partite, le super. sessili, palmato-partite, a lacinia mediana con 1-3 denti spinosi per lato. Capolini a 5 brattee involucrali dentato-spinose *alla base soltanto*. Pianta glabra, verde-pallida, cerulea o violetta. ♃. *Giug. Ag.* — Luoghi aridi reg. med.
1016 E. creticum Lam.
Calice *generalm. più lungo* della corolla. Foglie coriacee. le infer. *lungam. picciolate*, ovali, larghe, 1-2-pennato-partite, le medie abbraccianti il fusto con 2 orecchiette dentato-spinose. Capolini a 4-7 brattee involucrali intere o radam. dentato-spinose *ai margini*. Pianta glabra, verde-pallida o superiorm. appena celestina. ♃. *Lug. Ag.* — Luoghi aridi dal mare alla reg. subm. — *Cacatreppola* . . . . **1017 E. campestre** L.
Calice *uguale o poco più breve* della corolla. Foglie tutte sprovviste di orecchiette, bipennatifide, a lacinie acuminato-spinose, le super. con guaina intera o pettinato-spinosa. Capolini a 5-8 brattee involucrali dentato-spinose *ai margini od alla base almeno*. Pianta glabra, ceruleo-ametistina, talora porporina. ♃. (It. media; non ovunque). — *Lug. Ott.* — Luoghi aridi dal mare alla reg. mont. (Fig. 136). . . . **1018 E. amethystinum** L.

134. *Saxifraga Aizoon* Jacq. (¹/₄).   135. *Hydrocotyle ranunculoides* L. (¹/₄).   136. *Eryngium amethystinum* L. (¹/₄).

3. Astrántia (da *aster* = stella; alludendo all'involucro patente a stella). Calice a 5 lacinie fogliacee; pet. bianchi o porporini, intieri, incurvati nell'apice. Frutto subprismatico; acheni a 5 coste rilevate, pieghettato-rugose o vescicoso-dentate; vitte solitarie sotto le coste; carpoforo nullo.

1 {
Fiori periferici a lacinie calicine *più lunghe* dei petali, *decisam. acuminato-aristate*. Foglie *palmato-partite, a 5* segmenti ovali o cuneato-oblunghi. Frutto lungo *5 mm*. Pianta assai robusta, *3-10 dm*. ♃. (T., Piceno). — *Giug. Lug.* — Luoghi erbosi dalla reg. subm. all'alp. . . **1019 A. maior** L.
Fiori periferici a lacinie calicine *uguali* alla corolla, *ovali-ottuse, bruscam. e brevem. aristate*. Foglie *palmatosette, a 7-9* segmenti ovali o più spesso oblunghi e talora anche strettam. lineari. Frutto lungo *3-4 mm*. Pianta meno robusta. *2-5 dm*. ♃. (Alpi Ap., App. tosco-emil.). — *Giug. Ag.* — Prati, pascoli reg. alp. e subalp. . . . . . . **1020 A. minor** L.
}

4. **Sanícula** (da *sanare* = guarire; alludendo alle innumerevoli proprietà medicinali attribuite a questa pianta).

Pianta glabra, 15-60 cm., a fusto semplice o parcam. ramoso, quasi nudo. Foglie palmatopartite, a 5 segmenti, lobato-dentati. Fiori in ombrelle irregolari: calice a 5 lacinie fogliacee; pet. bianchi o rossicci, eretti, inflessi all'apice. Frutto subgloboso, compresso ai lati, densam. coperto di aculei uncinati; acheni a 5 coste appena prominenti; vitte sottili, numerose; carpoforo nullo. ♃. *Mag. Lug.* — Luoghi ombrosi dal mare alla reg. mont.
1021 S. europaea L.

5. **Buplèurum** (da βους = bove e πλευρον = pleura; alludendo alla consistenza ± coriacea delle foglie). Calice a lembo nullo od appena appariscente; pet. gialli, interi, avvolti in dentro. Frutto compresso lateralm.; acheni a 5 coste uguali, ± rilevate e talora alate; vitte nulle o presenti nelle vallette; carpoforo bifido o bipartito.

1 {
Foglie *attraversate* presso la loro base dal fusto 2
Foglie *non attraversate* dal fusto 3
}

2 {
Foglie quasi rotonde. Involucretto fruttifero a brattee *erette*. Frutto *liscio o quasi*. ①. (E. T. M. U.). — *Mag. Lug.* — Tra le messi dal mare alla reg. subm. o raram. mont. (Fig. 138) . . . **1022 B. rotundifolium** L.
Foglie *ovali-allungate*. Involucretto frutt. a brattee *patentissime*. Frutto ± reticolato-granuloso. ①. (It. media). — *Apr. Giug.* — Campi reg. med.
1023 B. protractum Hoff. Lk.
}

3 {
Foglie *coriacee, persistenti*, uninervie, sessili, obovate o bislungo-lanceolate. Involucro e involucretto a brattee riflesse, caduche, ottuse. Frutto liscio, a coste acute. Pianta fruticosa, glabra a fusto eretto, striato, ramoso, 1-2 m. 5. *Giug. Lug.* — Qua e là inselvat.; reg. med. **1024 B. fruticosum** L.
Foglie *erbaceo-flaccide, tutte marcescenti* 4
}

4 {
Frutto *liscio od appena rugoso*, a coste acute. Foglie lineari, trinervie. Involucro e involucretti a brattee lanceolate, aristate, opache, membranose nel margine. Fiori brevissimam. pedicellati. Pianta glabra, a fusto eretto, ramoso 2-4 dm. ①. (E. T. M. L.). — *Mag. Ag.* — Luoghi aridi dal mare alla reg. mont. . . . . **1025 B. Odontites** L.
Frutto *affatto liscio* 5
Frutto *rugoso*. Piante annue 8
}

5 {
Piante perenni 6
Piante annue 7
}

6 {
Involucretto a brattee larghe *meno di 1 mm.*, subeguali all'ombrelletta od *un po' più brevi*. Foglie basali. generalm. *obovato-oblunghe* od *oblanceolate*, ottuse, le altre lanceolato-lineari, poco o punto slargate alla base. Pianta glabra, a fusto eretto, ramoso, 3-8 dm. ♃. *Lug. Sett.* — Luoghi sassosi e boschivi dalla reg. subm. all'alp. . . . . **1026 B. falcatum** L.
Foglie tutte strettam. lanceolato-lineari, acute. (It. media). — Var. *exaltatum*. (M. B.).
Involucretto a brattee larghe *più di 1 mm.*, subeguali all'ombrelletta od *un po' più lunghe*. Foglie basali generalm. *lanceolato-lineari*, non convolute, le cauline ± slargato-amplessicauli. Pianta glabra, con rizoma, a fusto eretto od
}

6 ascendente, semplice o ramoso, *1-6 dm.* ♃. (App, tosco-emil.). — *Lug.
Ag.* — Prati dalla reg. subm. all'alp. . **1027 B. ranunculoides** L.
Foglie basali strettam. lineari e convolute, le cauline appena dilatate
alla base. (App. tosco-emil. e Alpi Ap.). — Var. *gramineum* (Vill.).

7 Involucretto *uguale* all'ombrelletta o *più lungo*, a 5 brattee lanceolato-lineari,
lungam. *acuminato-aristate*. Ombrella a 3-8 raggi; involucro a 3-5-brattee.
Pianta glabra, *glauca*. ⊕. (E. L.). — *Lug. Sett.* — Luoghi magri dal mare
alla reg. mont. . . . . . **1028 B. Gerardi** Jacq.
Involucretto *più breve* dell'ombrelletta, a 3-5 brattee lanceolato-lineari, *acuminate*. Ombrella a 2-3 raggi; involucro a 2-3 brattee. Pianta glabra, *d'un
verde gaio*. ⊕. (T. M. L.). — *Lug. Sett.* — Luoghi erbosi e sassosi dal mare
alla reg. mont. . . . . . **1029 B. junceum** L.

8 Coste del frutto *poco visibili*. Involucro a *5 brattee*; involucretto a brattee
generalm. *intere* nel margine, *più lunghe* dell'ombrelletta. Frutto generalm.
bislungo. Foglie strettam. *lineari*, acute. Pianta glabra, a fusto eretto o
prostrato, 1-2 dm. ⊕. (T. M. in pochi luoghi soltanto). — *Apr. Mag.* — Reg.
med. . . . . **1030 B. semicompositum** L.
Involucretto a brattee seghettate nel margine. Frutto subgloboso.
(M.). — Var. *glaucum* (Rob. Cast.).
Coste del frutto *evidenti*, acute. Involucro ad *1-3 brattee*; involucretto a brattee *scabre* nel margine, *più lunghe od uguali* all'ombrelletta. Frutto ovale.
Foglie strettam. *lanceolato-lineari*, acuminate. Pianta glabra, a fusto eretto,
od ascendente o anche prostrato. 1-4 dm. ⊕. (E. T. M. L.). — *Ag. Ott.* —
Reg. med. . . . . **1031 B. tenuissimum** L.

6. **Trinia** (dedicato a C. Trinus).

Pianta glabra e glauca, a fusto eretto, flessuoso, angoloso, ramosissimo, 1-3
dm. Foglie infer. 2-3-pennatosette, a segmenti con 3-5 lacinie lanceolato-lineari, le altre pennatosette, sessili. Fiori dioici, raram. monoici, in ombrelle
a pochi raggi: involucro e involucretto nullo o talora con poche brattee;
calice nullo, corolla a pet. bianchi o rosei coll'apice incurvo. Frutto ovoideo. compresso; acheni a 5 coste primarie grosse e 4 secondarie, sottili e
talora mancanti; vitte solitarie e grosse sotto le coste e parte solitarie e
sottili nelle vallette; carpoforo 2-partito. ②. *Mag. Lug.* — Luoghi sassosi
dei colli e monti dalla reg. med. alla mont. . **1032 T. vulgaris** L.

7. **Carum** (dalla *Caria*, prov. dell'Asia Minore). Calice a lembo
nullo; pet. espansi, coll'apice incurvo o anche (*C. Ridolfia*) avvolti
in dentro. Frutto ovoideo-oblungo; acheni a coste ben visibili o anche appena evidenti (*C. Ridolfia*); vitte 1-3 per valletta; carpoforo
2-fido o 2-setto o anche subintero.

1 Petali *gialli, avvolti in dentro*. Ombrelle a molti raggi; involucro e involucretto nulli. Foglie 2-3-pennatosette, a segmenti moltipartiti in lacinie capillari. Frutto a coste appena evidenti. Pianta glabra, fetida, a fusto eretto,
striato, ramoso, 2-10 dm. ⊕. (T. presso Grosseto). — *Giug.* — Luoghi erbosi reg. med. . . . . . **1033 C. Ridolfia** B. et H.
Pet. *bianchi, rosei o raram. rossi o anche verdicci, coll'apice incurvo* . 2

2 Involucro *nullo o ad 1 brattea soltanto* 3
Involucro *di più brattee* 4

3 Petali *arrotondati o cordati* alla base, *un po' diseguali*. Frutto *bislungo*, a vitte
solitarie nelle vallette. Involucretto *nullo o raram. ad 1-3 brattee*. ②. (App.
parmense e tosco-emil.). — *Apr. Ag.* — Luoghi erbosi dalla reg. subm.
all'alp. . . . . **1034 C. Carvi** L.
Pet. *attenuati* alla base, *eguali tra loro*. Frutto *ovale*, a vitte *a 3 a 3* nelle
vallette. Involucretto *a più brattee*. ♃. (Alpi Ap.). — *Giug. Ag.* — Rupi
dalla reg. subm. all'alp. . . . . **1035 C. rigidulum** Koch

4 { Radice *affusata, non tuberosa*. Involucro a 3-5 brattee lanceolato-lineari, qualcuna talora 3-fida all'apice; involucretto a 3-5 brattee lanceolato-lineari, sempre intere. Foglie pennatosette con segmenti sempre strettissimam. lineari,
brevi. ♃. (App. tosco-emil. e umbro-marchig.). — *Lug. Ag.* — Luoghi sassosi reg. alp. . . . . **1036 C. flexuosum** Nym.
Radice *tuberosa* 5

5 { Fusto *eretto*, striato, 30-70 cm. Foglie infer. 2-pennatosette, a lacinie *lineari*;
le altre menò divise, sessili e talora ridotte quasi alla sola guaina. Frutto
ovoideo-oblungo, a vitte *solitarie* nelle vallette. ♃. (It. media). — *Giug. Ag.*
— Luoghi erbosi reg. mont. o più raram. subm. o med. **1037 C. Bulbocastanum** L.
Fusto *prostrato*, striato, 10-30 cm. Foglie infer. 2-pennatosette, a lacinie *oblungo-lanceolate*, carnosette; le altre sessili. Frutto *ovoide*, a vitte *a 3 a 3* nelle
vallette. ♃. (App. pavese, tosc. a Pratofiorito e piceno). — *Giug. Ag.* — Luoghi erbosi e sassosi reg. subm. o più spesso mont. ed alp.
1038 C. alpinum B. et H.

8. Ammi (da ἄμμος = sabbia; per la stazione di alcune specie).
Calice a lembo nullo; pet. bianchi o talora d'un giallo intenso nel
secco, coll'apice incurvo e depresso. Frutto ovoideo-oblungo; acheni
a coste ben visibili; vitte solitarie nelle vallette; carpoforo 2-fido.

1 { Ombrelle fruttifere a raggi *sottili, patenti-eretti*, inseriti sul peduncolo *non
dilatato*. Foglie *inf.* pennatosette, a segmenti *ovali o lanceolati*, le super. a
segmenti lineari-filiformi. ☉. (It. media). — *Mag. Sett.* — Campi dal mare
alla reg. subm. — *Rizzomolo* . . . . . **1039 A. maius** L.
Ombrelle frutt. a raggi *ingrossati, conniventi*, inseriti sul peduncolo *dilatato*.
Foglie *tutte* 2-3-pennatosette, a segmenti *strettissimam. lineari*. ☉. (It. media). — *Mag. Sett.* — Campi reg. med. — *Bisnaga. Busnaga.*
1040 A. Visnaga Lam.

9. Apium. Calice nullo od appena appariscente; pet. bianchi,
bianco-verdicci o rosei, coll'apice ± incurvo, cordati o arrotondati
alla base. Frutto subgloboso od ovoideo; acheni a coste ben visibili;
vitte solitarie nelle vallette; carpoforo intero od appena 2-dentato
all'apice od anche 2-setto.

1 { Involucretto *affatto nullo*. Piante *bienni od annue* 2
Involucretto *di 2 o più brattee* 3

2 { Foglie a segmenti *cuneato-ovali, dentato-incisi o subtrifidi*. Ombrelle, *brevissimam. peduncolate*; pet. bianchi, *arrotondati* alla base. Frutto *subgloboso*.
Pianta *bienne*, glabra, a fusto eretto, *solcato, fistoloso, grossetto*, 3-10 dm.
②. (E., It. centr.). — *Mag. Sett.* — Luoghi umidi e salsi reg. med., raram.
subm. — *Sedano* . . . . **1041 A. graveolens** L.
Foglie a segmenti *lineari-filiformi, interi o 2-3-fidi*. Ombrelle *sessili*; pet. bianchi, *subcordati* alla base. Frutto *ovoideo*. Pianta *annua*, glabra, a fusto
eretto, *profondam. striato, gracile, divaricato-ramoso*, 2-5 dm. ☉. (Scoperto
da Savi presso Pisa, ma non più ritrovato). — *Mag. Giug.* — Reg. med.
1042 A. leptophyllum F. Muell.

3 { Piante *bienni od annue* 4
Piante *perenni* 5

4 { Pianta *bienne*. Petali *bianco-verdicci*; ombrelle con *molti* raggi, *6-12 o più*,
quasi uguali. Frutti *subglobosi*. Foglie a circoscrizione triangolare, *2 volte*
pennatosette, a segmenti *largam. cuneato-ovali*, dentato-subtrifidi; le super.
semplici o ternatosette, a segmenti lineari ed interi. ②. (Diffusam. coltiv.:
qua e là spont. in E. T.). — *Mag. Giug.* — Dal mare alla reg. subm. —
Prezzemolo . . . . **1043 A. Petroselinum** L.

Pianta *annua*. Pet. *bianchi o rosei*; ombrelle con *pochi raggi*, *2-5, assai di-suguali*. Frutti *ovoidi*. Foglie a circoscrizione *lanceolata, 1 sola volta* pennatosette, a segmenti *ovali o lanceolati*, seghettato-pennatolobati; le ultime super. minime, 3-fide od indivise. ①. (E. T. presso Pisa¹. — *Lug. Sett.* — Campi reg. med. . . . . . **1044 A. segetum** Ces. Pass. Gib.

5 {
Foglie *tutte compagne ed emerse*, a segmenti *ovali od ovato-lanceolati*, dentati. Ombrelle a *4-12 raggi*; petali *bianco-verdicci*. Frutto subgloboso od ovoideo. Pianta glabra, a fusto strisciante, in parte almeno radicante, *foglioso fin dalla base*. ♃. (E. T. M. L.). — *Apr. Ag.* — Fossi e paludi dal mare alla reg. subm. — *Erba cannella, Sedanina d'acqua*.
          1045 A. nodiflorum Reich. f.
Foglie *scompagne*, le *sommerse* a segmenti *capillari*, le altre a segmenti cuneato-ovali, dentato-incisi od interi. Ombrelle generalm. a peduncolo più lungo dei raggi che sono *2-3*; pet. *bianchi*. Frutto generalm. ovoideo. Pianta glabra, a fusto prostrato e natante, eccetto l'apice che è eretto, radicante alla base, *in gran parte nudo o anche foglioso*. ♃. (E. nell'App. bolognese, T. nel Pisano e Lucchese). — *Apr. Lug.* — Stagni e paludi reg. subm. . . . . **1046 A. inundatum** Reich. f.
  Fusto prostrato alla base soltanto e quindi eretto. Ombrelle a peduncolo più breve dei raggi che sono 3-4. Frutto globoso-ovoideo. (L). — Var. *crassipes* (Reich. f.).
}

10. **Sium** (dal celtico *siev* = acqua; perchè piante acquatiche). Calice a 5 denti acuti, corti; pet. bianchi, coll'apice incurvato. Frutto ovoideo o subgloboso; acheni a coste ben visibili; vitte 2 a più per valletta; carpoforo nullo.

1 {
Ombrelle *tutte terminali*, a peduncolo *lungo*. Foglioline *tutte regolarm. e finam.* dentate. Frutto *ovoide*, a coste *grossette*. Pianta glabra, rizomatosa, a fusto eretto, *solcato* fistoloso, grosso, ramoso, *5-20 dm*. ♃. (E. T. al padule di Bientina, L. a Terracina). — *Giug. Ag.* — Fossi, paludi e laghi.
          1047 S. latifolium L.
Ombrelle *per la più parte laterali*, a peduncolo *corto*. Foglioline *disugualm.* inciso-dentate. Frutto *subgloboso*, a coste *esili e poco visibili*. Pianta glabra, rizomatosa, a fusto eretto od ascendente, *striato*, fistoloso, ± grosso, ramoso, *2-8 dm*. ♃. (It. media). — *Mag. Ag.* — Fossi, paludi e luoghi acquitrinosi dalla reg. med. alla subm. . . **1048 S. erectum** Huds.
}

11. **Sison** (dal celtico *sisum* = ruscello; per la stazione della pianta.

Pianta glabra, fetida, eccett. i frutti maturi che sono aromatici, con lunga radice a fittone e fusto eretto, striato, pieno, ramosissimo, 6-13 dm. Foglie infer. pennatosette, a segmenti ovato-oblunghi o lanceolati, inciso-dentati; le super. a segmenti strettissimam. pennato-partiti. Ombrelle parte terminali e parte laterali a 3-4 raggi; involucro e involucretto a circa 3 brattee. Calice a lembo nullo; pet. bianchi, obovali, coll'apice incurvato. Frutto ovoide; acheni a coste ben visibili; vitte solitarie nelle vallette; carpoforo 2-setto. ②. (E. T. M. L.). — *Lug. Ag.* — Siepi, luoghi ombrosi ecc. dal mare alla reg. subm. — *Amomo germanico, Sisone*. **1049 S. Amomum** L.

12. **Pimpinella.** Calice a lembo nullo; pet. bianchi rosei o raram. gialli, coll'apice incurvato. Frutto ovoide o subgloboso; acheni a coste ben visibili; vitte 3 o più per valletta; carpoforo 2-setto.

1 {
Frutto *sempre glabro*. Foglie infer. *sempre 1-pennatosette* 2
Frutto *peloso o raram. glabro, ma in pianta a foglie 2-pennatosette* . . . 3
}

2 { Fusto *fistoloso, angoloso, e solcato, foglioso*. Foglie infer. a segmenti ovali od oblunghi, *larghi 2-4 cm., picciolettati*, le super. a segmenti più stretti. Frutto *assai grosso un po' rugoso*. Pianta alta *fino ad 1 m*. 2f. (It. media). — *Giug. Ag.* — Prati e boschi dal mare alla reg. mont. — *Tragoselino maggiore* . . . . **1050 P. major** Huds.

Fusto *pieno, cilindrico, finam. striato, quasi nudo in alto*. Foglie infer. a segmenti subrotondi od ovali, *larghi 1-2 cm., sessili*, dentati o lobati, le super. indivise e lineari o ridotte alla loro guaina. Frutto *piccolo, liscio*. Pianta alta *20-60 cm*. 2f. (E. T. M. L.). — *Giug. Sett.* — Prati e boschi dal mare alla reg. mont . . . . **1051 P. saxifraga** L.

Foglie infer. a segmenti pennatopartiti od anche soltanto profondam. incisi, (App. tosco-emil., Alpi Ap.). — Var. *hircina* (Mill.).

3 { Foglie infer. *2-pennatosette*, a segmenti cuneato-ovali od obovati, inciso-dentati; le altre ridotte alla sola guaina. Frutto glabro, ovoideo. Fusto eretto, cilindrico, finam. striato, 4-10 dm. 2f. *Lug. Sett.* — Luoghi aridi dalla reg. med. alla subm. . . . . **1052 P. anisoides** Brig.

Frutto con peli appressati, subgloboso. (L. al m. Circeo). — Var. *Gussonei*. (Bert.).

Foglie infer. *1-pennatosette* od anche trisette od indivise **4**

4 { Foglie, eccett. le infer., a lembo *assai ridotto*. Pianta *perenne*, a rizoma squamoso, glabra o farinoso-pubescente o talora glauco-biancastra. Frutto piccolo, subgloboso, con peli appressati o subpatenti. 2f. (It. media). — *Giug. Ag.* — Luoghi sassosi dal mare alla reg. mont. **1053 P. Tragium** Vill.

Foglie *tutte* con lembo *bene sviluppato*. Piante *bienni od annue* . . . **5**

5 { Frutto con peli *patenti*. Pianta *bienne*, pubescente o qua e là glabra. Fiori bianchi, a pet. *arrotondati* alla base. Foglie super. *1-pennatosette*, con segmenti pennatopartiti, a lacinie brevi e lineari. ②. (It. media). — *Mag. Ag.* — Luoghi erbosi ed incolti ecc. dal mare alla reg. subm. (Fig. 137). . . . . **1054 P. peregrina** L.

Frutto con peli *appressati*. Pianta *annua*, pelosetta o glabra. Fiori bianchi, a pet. *subattenuati* alla base. Foglie super. *2-3 pennatosette*, a segmenti lanceolati, interi. ①. (E.). — *Lug. Ag.* — Coltiv. qua e là dalla reg. med. alla subm., talora spontanea. — *Anacio* . . . . **1055 P. Anisum** L.

137. *Pimpinella peregrina* L. (¼). 138. *Bupleurum rotundifolium* L. (¼). 139. *Oenanthe pimpinelloides* L. (¼).

13. **Aegopódium** (da $\alpha\grave{\imath}\xi$ = capra e $\pi o \upsilon\varsigma$ = piede; alludendo alla forma delle foglie).

Pianta a fusto eretto, solcato, fistoloso, glabro, poco ramoso, 3-8 dm. Foglie infer. lungam. picciolate, biternate, a segmenti grandi, ovali-lanceolati, acuti,

disugualm. seghettati; le cauline sessili sulla guaina e ternate. Fiori bianchi o rossastri in ombrelle a 10-20 raggi; involucro e involucretto nulli; calice a lembo nullo; pet. coll'apice incurvato, subrotondi alla base. Frutto piccolo, ovoideo-bislungo; acheni a coste ben visibili; vitte mancanti; carpoforo 2-dentato all'apice. 2f. *Mag. Lug.* — Luoghi ombrosi, pascoli e prati dal mare alla reg. subalp. — *Sambuchella, Castaldina.*
1056 Ae. Podagraria L.

14. Sèseli (da Σεσελι = nome dato da Dioscoride a diverse Ombrellifere). Calice a 5 denti minuti, raram. a lembo nullo o appena visibile; pet. bianchi col dorso verdiccio, ad apice incurvato. Frutto oblungo; acheni a coste distinte, le dorsali ravvicinate fra loro; vitte parecchie per valletta, raram. solitarie.

1 { Fusto *solcato-angoloso.* Involucro *a brattee numerose;* calice a denti *allungati,* lesiniformi. Foglie nell'insieme oblunghe, 2-3-pennatosette, a segmenti cuneato-ovali, pennatofessi, a lacinie lanceolate o lineari. Frutto ovoide, pubescente, a coste ottuse. 2f. (Alpi Ap., App. tosco-emil e piceno). — *Lug. Ag.* — Boschi, prati ecc. dalla reg. subm. alla alp. — *Libanotide.*
1057 S. Libanotis Koch
Fusto *soltanto striato.* Involucro *nullo o ad 1-4 brattee;* calice a denti brevi. 2

2 { Pianta *annua,* glabra. Foglie 2-pennatofesse; a segmenti lineari o capillari, indivisi o 2-3-fidi; le ultime super. spesso soltanto pennatofesse od indivise. Ombrelle a 6-15 raggi molto disuguali; involucro nullo; involucretto a 5-brattee di cui 3 più corte, setacee, altre più lunghe, quasi spatolate. ①. (T. M. L.). — *Apr. Lug.* — Luoghi erbosi e lungo le vie reg. med. e subm.
1058 S. ammoides L.
Piante *perenni,* glabre 3

3 { Involucretto con brattee *più brevi* dei raggi dell'ombrelletta. Foglie membranaceo-erbacee od un po' carnose, le infer. 2-3-pennatosette, le super. 1-pennatosette, tutte a segmenti divisi in 2-3 lacinie strettam. lineari. Ombrelle a 4-15 raggi; involucro nullo o ad 1 brattea. Frutto *alla fine glabro.* 2f. (Colli Parmig., M. L.). — *Giug. Ott.* — Luoghi sassosi, pascoli dal mare alla reg. subalp. . . . . . **1059 S. montanum** L.
Involucretto con brattee *uguali* ai raggi dell'ombrelletta. Foglie carnose. 3-pennatosette, a segmenti lineari 3-fidi o 3-dentati. Ombrelle a 3-10 raggi; involucro nullo od a poche brattee. Frutto *minutam. irto anche a maturità.* 2f. (T. L.). — *Ag. Ott.* — Luoghi sassosi ed aridi reg. med. o raram. subm.
1060 S. tortuosum L.

15. Selinum (da σελήνη = luna; per la forma del seme).

Pianta glabra, a rizoma non fibroso. a fusto eretto, angoloso-solcato, poco ramoso, 6-12 dm. Foglie 2-3-pennatosette, a segmenti cuneati, profondam. divisi in lacinie lineari o lanceolate. Ombrelle a parecchi raggi; involucro nullo o ad 1-2 brattee; involucretto a più brattee lineari-setacee, uguali circa ai raggi dell'ombrelletta; calice a lembo nullo; pet. bianchi, coll'apice inflesso. Frutto subrotondo, sempre glabro; acheni a coste ben visibili, aliformi; vitte 1-2 nelle vallette; carpoforo 2-partito. 2f. (Parmig. a Noceto e Bolognese). — *Giug. Sett.* — Boschi e prati umidi dal mare alla reg. subm. — *Carvifoglio* . . . . **1061 S. Carvifolia** L.

16. Mèum (da μείον = minore; alludendo ai lobi minuti delle foglie).

Pianta glabra, a rizoma fibroso, a fusto eretto, striato, fistoloso, semplice o poco ramoso, 1-4 dm. Foglie 2-3-pennatosette, a segmenti divisi in più lacinie capillari, strettissime, mucronate. Ombrelle ad 8-20 raggi; involucro nullo o ad 1-2 brattee intere o 2-3-fide; involucretto a 3 o più brattee line-ari-setacee, uguali circa ai raggi dell'ombrelletta; calice a lembo nullo; pet. bianchi, brevem. incurvati nell'apice. Frutto ovoideo od oblungo, sempre glabro; acheni a coste ben visibili acute; vitte 3-4 per valletta; carpoforo 2-fido. ♃. (Alpi Ap., App. tosco-emil. e piceno). — *Giug. Lug.* — Prati e pascoli reg. mont. ed alp.   .   .   . **1062 M. athamanticum** Jacq.

17. **Ligùsticum** (da *ligusticus* = ligure; diverse specie sono co-muni in Liguria). Calice nullo od appena visibile; pet. bianchi, in-curvati nell'apice, con unghia brevissima. Frutto ovoideo-bislungo, sempre glabro; acheni a coste ben visibili, acute, quasi aliformi; vitte 3-5 per valletta o anche solitarie; carpoforo 2-partito.

1 | Involucretto a brattee *lineari-setacee, più brevi* dell'ombrelletta. Foglie a cir-coscrizione *triangolare*, 2-3-pennatosette, a segmenti cuneati, pennatifidi, a lobi ovato-oblunghi, mucronati. Fusto eretto od ascendente, *subsolcato*, sem-plice o ramoso. *6-13 dm.* ♃. (It. media). — *Giug. Ag.* — Luoghi erbosi e boschivi dal mare alla reg. subm.   . **1063 L. cleutaefolium** Vill.
Involucretto a brattee *lanceolate, uguali* all'ombrelletta. Foglie a circoscrizio-ne *oblunga*, 3-pennatosette, a segmenti brevi, lineari, mucronati. Fusto eretto od ascendente, *striato-solcato* ramoso, 2-6 dm. ♃. (App. tosco-emil.; rarissimo). — *Lug. Ag.* — Prati reg. alp.   **1064 L. ferulaceum** All.

18. **Trochiscànthes** (da τροχισκος = ruota e ἀνθος = fiore; alludendo alla forma ed alla disposizione in verticillo delle ombrelle laterali).

Pianta glabra, fetida, a rizoma fibroso in alto, a fusto eretto, striato, fistoloso, con rami alterni, opposti o verticillati, 6-15 dm. Foglie basali grandissime, 3 volte ternate o digitatosette; le cauline infer. molto minori, 1-2 volte ter-nate; le altre ridotte o quasi alla sola guaina; tutte a segmenti ovato-lan-ceolati, acuminati od acuti, seghettati. Ombrelle numerose, a pochi raggi; involucro nullo o ad 1-2 brattee, involucretto ad 1-2 brattee lanceolato-li-neari, più brevi dell'ombrelletta; calice a 5 denti minutissimi; pet. bianco-verdicci, ad apice incurvato, con unghia lunga e stretta. Frutto ovato-bis-lungo, sempre glabro; acheni a coste acute, ben visibili, ± aliformi; vitte 3-4 per valletta; carpoforo 2-partito. ♃. (Alpi Ap., App. tosco-emil.). — *Giug. Lug.* — Boschi e prati reg. subm. e mont.   **1065 T. nodiflorus** Koch

19. **Kundmànnia** (dedicato a T. C Kundmann).

Pianta glabra, a fusto eretto, minutam. striato, un po' ramoso, 3-6 dm. Fo-glie infer. primordiali semplici, le altre 1-2-pennatosette, a segmenti ovali o lanceolati, seghettati, il terminale spesso 3-lobo, i laterali semplici o talora gli infer. 2-fidi. Ombrelle a 10-12 raggi; involucro e involucretto a più brat-tee riflesse; calice a 5 denti minuti; pet. gialli, avvolti verso l'interno. Frut-to lanceolato, sempre glabro; acheni a coste sottili, ottuse; più vitte per valletta; carpoforo 2-partito. ♃. (T. in Maremma e nel m. Argentaro, L. presso Roma e sopra Ponte Galera). — *Apr. Giug.* — Luoghi arenosi ed aridi reg. med.   .   .   .   .   .   . **1066 K. sicula** DC.

20. **Foeniculum** (da *foenum* = fieno o *funiculus* = piccolo filo; alludendo alle lacinie filiformi delle foglie). Calice quasi nullo; pet. gialli o verdicci, avvolti all'indietro, interi, troncati. Frutto ovato-

bislungo, glabro; sempre acheni a coste ben visibili, ottuse o raram. acute; vitte 1-2 per valletta; carpoforo 2-partito.

1 {
Foglie super. a lacinie *molli* lunghe *10-60 mm.* Ombrelle di cui le terminali a *20-70* raggi, le laterali ad 8-10 soltanto. Fusti *robusti.* ♃. (It. media). — *Giug. Ag.* — Reg. med. o raram. subm. — *Finocchio salvatico.*
                       1067 F. capillaceum Mill.
Foglie super. a lacinie *rigide*, lunghe *2-6 mm.* Ombrelle tutte a *6-12* raggi. Fusti *relativam. gracili.* ♃. (It. media). — *Giug. Ott.* — Col prec. reg. med. — *Finocchio arancino* . . . . . **1068 F. piperitum** DC.
}

21. **Levisticum** (da *levare* = sollevare; per le virtù medicinali).

Pianta glabra, a fusto eretto, fistoloso, striato, superiorm. ramoso, 1-2 m. Foglie infer. grandi, 2-3-pennatosette, a segmenti grandi, lucenti, cuneato-rombici, inciso-lobati verso l'alto. Ombrelle a 6-12 raggi; involucro ed involucretto a parecchie brattee riflesse; calice a lembo nullo; pet. orbicolari, giallo-verdastri, avvolti in dentro. Frutto, ovale, un po' compresso, sempre glabro; acheni a coste ben visibili; vitte solitarie nelle vallette; carpoforo 2-partito. ♃. (App. tosco-emiliano). — *Lug. Ag.* — Coltiv. e inselvat. dal mare alla reg. subm. . . . . . **1069 L. officinale** Koch

22. **Aethusa** (da αἴθειν = bruciare; pianta acre).

Pianta glabra, fetida, a fusto eretto, fistoloso, striato, rossastro, 4-6 dm. Foglie a circoscrizione triangolare, 2-pennatosette, a segmenti pennatofessi, con lacinie lanceolato-lineari, intere. Ombrelle a 5-13 raggi; involucro nullo o ad 1 brattea; involucretto a 3 brattee lineari, riflesse, generalm. più lunghe dell'ombrelletta; calice a lembo nullo; pet. bianchi, incurvati nell'apice. Frutto ovale, glabro; acheni a coste ben prominenti, acute, le 2 marginali un po' più larghe; vitte solitarie nelle vallette; carpoforo 2-partito. ☉. (E. T. U. Piceno). — *Lug. Ag.* — Luoghi erbosi e macerie dal mare alla reg. subm. — *Erba aglina.* (Fig. 140). **1070 Ae. Cynapium** L.

23. **Angèlica** (da *angelus* = angelo; alludendo a pretese proprietà soprannaturali e al liquore che si ritrae dalla specie coltivata). Calice a lembo nullo; pet. bianchi o rosei, incurvati nell'apice. Frutto ellittico o bislungo; acheni a coste ben visibili, le 3 dorsali filiformi e ± ravvicinate, le 2 marginali espanse in ala: vitte nulle o solitarie nelle vallette; carpoforo 2-partito.

1 {
Acheni colle 3 coste dorsali *ottuse*; vitte *solitarie* nelle vallette. Rizoma grosso, con succo *acre*, a fusto eretto, *striato*, fistoloso, ramoso, *6-13* dm. Foglie ampie 2-3-pennatosette, a segmenti ovali-lanceolati, seghettati, le super. non scorrenti. Ombrelle grandi a 10-30 raggi; involucro nullo od a poche brattee; involucretto a poche o molte brattee; pet. *bianchi o rosei.* ♃. (T. M. L.). — *Lug. Ott.* — Luoghi umidi ombrosi dal mare alla reg. subm. o raram. mont. . . . . . **1071 A. silvestris** L.
Acheni colle 3 coste dorsali *acute*; vitte *nulle.* Rizoma grosso, con succo aromatico, a fusto eretto, *fortem. striato*, fistoloso, ramoso. *12-16 dm.* Foglie ampie, 2-3-pennatosette, a segmenti ovato-bislunghi, disugualm. seghettati. Ombrelle a molti raggi; involucro c. s.: involucretto a più brattee; pet. *bianco-verdicci.* ♃. (App. tosco-emil., Alpi Ap.). — *Ag.* — Luoghi ombrosi umidi reg. subm. . . . . . **1072 A. Archangelica** L.
}

24. **Fèrula.** Calice a 5 denti piccoli; pet. gialli, avvolti in dentro. Frutto ovale o bislungo, contornato da un margine liscio; acheni

colle 3 coste dorsali poco visibili e le 2 laterali dilatate in ala ed ingrossate; vitte 1-4 per valletta e 2-18 nella faccia commissurale; carpoforo 2-partito.

1 { Piante alte *1-2 m. o più.* Foglie a circoscrizione *triangolare od ovato-triangolare.* Frutto *arrotondato* alle due estremità 2
Piante alte *meno di 1 m.* Foglie a circoscrizione *ovale o strettam. bislunga.* Frutto ± *ristretto* alle due estremità. 3

2 { Foglie più volte pennatosette, a segmenti interi o 2-3-partiti, *lineari o linearisetacei,* mucronati. Frutto lungo *12-18 mm.* 2⨍. (T. L., isola del lago Trasimeno). — *Apr. Giug.* — Luoghi erbosi e boschivi dal mare alla reg. subm. — *Finocchiaccio* . . . . **1073 F. communis** L.
Foglie infer. primordiali indivise, le altre 1-pennatosette, a segmenti 3-5 partiti, *ovali od ovato-bislunghi,* seghettati. Frutto ovale, lungo *8 mm.* 2⨍. (T. M. nel Camerinese, L.). — *Mag. Lug.* — Luoghi erbosi e boschi dal mare alla reg. mont. — *Erba costa, Opopanaco.* **1074 F. Opopanax** Spreng.

3 { Foglie a circoscrizione *largam.* ovale, più volte pennatosette, a segmenti interi o 2-3-fidi, brevi o lunghi, *lineari-aghiformi,* molli o rigidetti, mucronati. Pianta glabra, a fusto eretto, *solcato,* midolloso, *3-6 dm.* Frutto *obovato,* lungo *11-18 mm.* 2⨍. (E. T. M. L.). — *Giug. Ag.* — Pascoli e luoghi aridi dal mare alla reg. mont. — *Finocchiaccio.* **1075 F. Ferulago** L.
Foglie a circoscrizione *strettam. bislunga,* più volte pennatosette, a segmenti 3-fidi, brevi, *bislungo-lineari,* rigidi, mucronati. Pianta glabra, a fusto eretto, *subsolcato,* midolloso, 6-9 dm. Frutto *bislungo,* lungo *6 mm.* 2⨍. (E. nel Bolognese a Sabbiume). — *Giug. Lug.* — Pascoli e boschi dalla reg. med. alla mont. . . . . , **1076 F. silvatica** Bess.

25. Peucèdanum. Calice a 5 denti minuti o nullo; pet. bianchi o gialli, incurvati nell'apice. Frutto ovale od oblungo, contornato da un margine liscio; acheni a 3 coste dorsali poco sporgenti e le 2 laterali espanse; vitte 1-3 per valletta; carpoforo 2-partito.

1 { Involucro *nullo o ad 1-2 brattee* 2
Involucro *a più brattee* 8

2 { Foglie a segmenti *interi* o con lobi profondi *interi* 3
Foglie a segmenti *seghettati* e spesso anche lobati 6

3 { Segmenti delle foglie, ed i lobi se vi sono, *sempre mutici* . . 4
Segmenti delle foglie con lobi *mucronati* . . . . Cfr. n° 9

4 { Foglie *3 o più volte* pennatosette o trisette, a segmenti *sempre interi* e piani. Frutto lungo 5 mm. Fusto eretto, striato, molto ramoso, 5-13 dm. 2⨍. (E. T.). — *Lug. Sett.* — Prati e boschi dal mare alla reg. subalp. **1077 P. officinale** L.
Foglie *1 sola volta* pennatosette, le infer. almeno a segmenti *profondam. lobati* 5

5 { Ombrelle ed ombrellette a raggi *scabri sul lato interno.* Frutto lungo 5 mm. *subeguale* al pedicello; vitte *1-3* per valletta e 1-2 nella faccia commissurale. Involucro nullo. Petali *bianchi o bianco-verdastri, talora rossicci all'esterno.* 2⨍. (App. parmig. e piceno). — *Ag. Sett.* — Boschi e prati dalla reg. subm. alla mont. o subalp. . . . **1078 P. Carvifolia** Vill.
Ombrelle ed ombrellette a raggi *affatto lisci* e glabri. Frutto lungo *10 mm.,* molto più lungo del pedicello; vitte *solitarie* nelle vallette e 2 nella faccia commissurale. Involucro nullo. Pet. *bianchi.* 2⨍. (T. nelle Alpi Ap., App. Pistoiese a Colina, U. sul m. Tezio e L.). — *Lug. Sett.* — Luoghi erbosi e sassosi reg. subm. e mont.. . . . . . **1079 P. Schottii** Bess.

6 { Calice a lembo *affatto nullo.* Petali bianchi. Foglie 1 o 2 volte trisette, a segmenti cordati o rotondi alla base, a partizioni o lobi ovali od oblunghi. Fusto eretto, striato, fistoloso, glabro, 4-6 dm. 2⨍. (Alpi Ap. al Pisanino, App. tosco-emil. e Massa Marittima). — *Lug. Ag.* — Prati, pascoli reg. mont. e subalp. . . . . . . **1080 P. Ostruthium** Koch
Calice a lembo *con 5 denti* 7

7 {
Petali *verdicci*. Foglie *3 volte pennatosette*, a segmenti ovali o cordato-ovali, il terminale indiviso o con 2-3 lobi o partizioni. Frutto con margine *molto largam. espanso*. Fusto eretto, striato, grosso, cavo. con rami di ordine secondario, terziario ecc. verticillati, 1-3 m. ♃. *Lug. Ag.* — Boschi e ghiaie dei torrenti dal mare alla reg. subm. **1081 P. verticillare** Koch

Pet..*gialli*. Foglie *1 volta pennatosette*, a segmenti ovali od oblunghi. Frutto con margine *strettissimo*. Fusto eretto, cavo, 9-13 dm. ②. *Lug. Sett.* — Luoghi erbosi e lungo i fossati dal mare alla reg. mont. — *Pastinaca*.
1082 P. sativum L.
}

8 {
Petali *giallognoli* . . . . Cfr. P. OFFICINALE

Pet. *bianchi* . . : 9
}

9 {
Stili lunghi ¹/₃ *del frutto* o poco più. Involucro ed involucretto *sempre patenti*. Foglie 2-3-pennatosette, verdi-scure di sopra e quasi glauche di sotto. Frutto lungo 4-5 mm. con margine piuttosto largam. espanso. ♃. (E. M.). — *Lug. Sett.* — Prati e boschi dal mare alla reg. subm.
1083 P. venetum Koch

Stili lunghi ¹/₆-¹/₁₀ *del frutto*. Involucro ed involucretto a brattee *alla fine riflesse* 10
}

10 {
Fusto sottilm. *striato, cilindrico* 11

Fusto distintam. *solcato, angoloso* 12
}

11 {
Foglie *glauche di sotto*, a segmenti ovali o ellittico-lanceolati, con 15 a molti denti e piccioli *diritti*, appena sinuosi. Ombrelle a *20-30* raggi. Frutto *ovale-ellittico*, a margine *stretto*; acheni a faccia commissurale con 2 vitte, ciascuna *equidistante* dal margine e dalla linea mediana. ♃. (E. T. M.). — *Lug. Ott.* — Luoghi erbosi scoperti e boschivi dal mare alla reg. mont.
1084 P. Cervaria Cuss. ex Lap.

Foglie *verdi sulle due facce*, a segmenti ovali o *cuneiformi*, con 2-10 incisioni o denti e piccioli *ripiegati*. Ombrelle a *10-20* raggi. Frutto *suborbicolare*, a margine *largo*; acheni a faccia commissurale con 2 vitte, ciascuna *più vicina* al margine che alla linea mediana. ♃. (E. M.)- — *Lug. Sett.* — Luoghi erbosi e boschivi dal mare alla reg. mont.
1085 P. Oreoselinum Moench
}

12 {
Foglie *2-3-pennatosette*, a segmenti *pennatopartiti*, con lacinie *mutiche*, intere, oblungo-lineari, glabre o con margine scabro o cigliato. Frutto lungo *5 mm.*, ellittico, con margine ± *largam.* espanso. Fusto *cavo alla base e pieno nel resto*. ♃. (Parmig. al Lago Santo. T. nella val di Nievole). — *Lug. Sett.* — Luoghi palustri dal mare alla reg. subm. **1086 P. palustre** Moench

Foglie *2-3-* (raram. *1-*) *pennatosette*, a segmenti *interi* od a 2 o più partizioni o lobi *mucronati*, interi. Frutto lungo *8-10 mm.*, con margine *molto largam.* espanso. Fusto *tutto pieno*. ♃. (App. tosco-emil., tosco-march. e piceno). — *Lug. Ag.* — Boschi e prati reg. subm. e mont.
1087 P. austriacum Koch
}

26. Heraclèum (da Ηραχλης = Ercole; per il portamento robusto della maggior parte delle sue specie). Calice a 5 denti minuti; pet. bianchi, rosei o verdicci, incurvati nell'apice. Frutto, dapprima peloso ed alla fine glabro, obovale o suborbicolare, contornato da un margine liscio; acheni a coste di cui le 3 dorsali poco sporgenti e le 2 laterali espanse; vitte 1 per valletta, 2 nella commissura, talora subnulle; carpoforo 2-partito.

Pianta a fusto eretto, robusto, fistoloso, di 1 m. e più. Foglie a 3-7 segmenti, seghettati od anche lobati o partiti, quasi sempre picciolati. Ombrelle a 15-30 raggi; fiori bianchi o verdicci. Frutto lungo 7-10 mm., glabro, obovale, con vitte estese dall'apice del frutto fino alla metà od oltre. ♃. *Giug. Ag.* — Prati e boschi dal mare alla reg. subalp. — *Panace*. (Fig. 142).
1088 H. Spondylium L.
Foglie divise, a segmenti lanceolati. (E. T. al Fumaiolo). — Var. *angustifolium* Car.
Foglie divise, a segmenti ovati. (T.). — Var. *medium* Car.

Foglie divise, a segmenti arrotondati, subcordati. (T., Piceno). — Var.
latifolium Car.
Foglie semplicem. lobate. (T., Piceno, L.). — Var. *amplifolium* Car.

27. Tordylium. Calice a 5 denti minuti; pet. bianchi, verdicci o rossicci, incurvati all'apice. Frutto suborbicolare, sempre scabro, con margine trasversalm. rugoso; acheni a coste di cui le 3 dorsali poco sporgenti o subnulle e le 2 laterali molto ingrossate; vitte 1-3 per valletta, 2 a molte nella faccia commissurale; carpoforo 2-partito.

1 {
Fusto *irto-scabro*, con peli *rigidetti*, riflessi. Foglie pennatosette, tutte con segmento terminale *lungam lanceolato, inciso-dentato* come gli altri. Ombrelle *dense*; fiori periferici con *3 petali* raggianti. Frutto *ispido*, ellittico-rotondo, con margine *non crenulato*. ①. (E. T. M. L.). — *Mag. Lug.* — Campi e luoghi incolti dal mare alla reg. subm. — *Ombrellini delle steccie.*
                                                     1089 T. maximum L.

Fusto *quasi liscio*, con peli *molli, patenti*. Foglie pennatosette, con segmento terminale *non allungato, inciso-crenato* come gli altri. Ombrelle *lasse*; fiori periferici con *1 sol petalo* raggiante. Frutto *tubercolato*, ellittico rotondo, con margine *internam. crenulato*. ①. (It. media). — *Mar. Giug.* — Luoghi erbosi reg. med. o raram. subm. . . . . **1090 T. apulum** L.
}

28. Daucus. Calice a lembo nullo od a 5 denti minuti; pet. bianchi, rossicci o gialli, incurvati nell'apice. Frutto ovale-oblungo; acheni con coste primarie setolose, le secondarie armate di aculei in 1-3 serie, uncinati all'apice; carpoforo 2-partito.

1 {
Frutto lungo *meno di* ½ cm. Ombrelle fruttifere *generalm. contratte* a mo' di nido d'uccello 2

Frutto lungo *oltre* ½ cm. Ombrelle fruttifere *generalm. non contratte* c. s.   3
}

2 {
Foglie infer. a segmenti *ora divisi in lobi larghi 1 mm. o più, ora dentati*. Frutto lungo 2-3, raram. 4 mm. Fusto eretto od ascendente, striato, ramoso, da circa 2 a 20 dm. ① ovv. ②. . . . **1091 D. Carota** L.
     1. Ombrelle frutt. contratte. Aculei più corti della largh. del frutto o talora subeguali.
          a. Foglie infer. a circoscrizione oblunga. Peduncolo delle ombrelle fruttifere poco o punto ingrossato nell'inserzione dei raggi. *Mag. Dic.* — Luoghi incolti dal mare alla reg. mont.; comunissimo. — *Gallinacci, Carota selvatica, Carota. α. typicus.*
          b. Foglie infer. a circoscrizione triangolare. Peduncolo delle ombrelle frutt. c. s. Involucretto a brattee ovato-lanceolate, largam. scariose. (T. M. L.). — Reg. med. — *Gingidio. β. Gingidium* (L.).
          c. Foglie infer. a circoscriz. triangolare. Pedunc. delle ombrelle frutt. emisferico-ingrossato nell'inserzione dei raggi. Involucretto a brattee lineari, strettam. scariose (E. T.). — Reg. med. *γ. maximus* (Desf.).
     2. Ombrelle frutt. non contratte.
          a. Involucretto a brattee lineari o lineari-lanceolate. Foglie a segmenti opachi di sopra. Acheni ad aculei piccoli, dentiformi. — (T. L.). — *δ. breviaculeatus* Car.
          b. Involucretto a brattee ovali. Foglie a segmenti nitido-lucenti di sopra. Aculei più corti della largh. del frutto. — (T.). — *ε. gummifer* (Lam.).

Foglie infer. a segmenti divisi in lacinie larghe *assai meno di 1 mm*. Frutto lungo 3 mm., ad aculei lunghi come la larghezza del frutto o più lunghi. Fusto eretto od ascendente, striato, alternam. ramoso, 2-4 dm. ①. (T. in Maremma a Burano, L.). — *Apr. Lug.* — Luoghi erbosi ed aridi reg. med.
                                                     1092 D. bicolor S. et S.
}

3 { Involucro a 5 brattee, *per lo più trifide*. Ombrelle frutt. *alla fine contratte*. Frutto lungo 6 mm., ad aculei lunghi circa 2 volte la largh. del frutto, slargati alla base e connessi per ¼ circa. Fusto dicotomicam. ramoso, irto in basso e tutto scabro in alto, eretto, striato, 15-30 cm. ①. (E. T. M. L.). — *Lug. Sett.* — Campi reg. med. (Fig 143).   **1093 D. Michelii** Car.

Involucro a *2-8 brattee, tutte intere*. Ombrelle frutt. *non contratte* .   . 4

4 { Involucro a brattee *intieram. erbacee*. Ombrelle con 2-5 raggi, disuguali. Stilopodio conico, *più lungo* degli stili. Frutto lungo 6-8 mm. Pianta biancastro-tomentosa, a fusto prostrato, striato, 5-15 cm. ①. (T. L.). — *Mar. Giug.* — Arene marit.   .   .   .   .   .   .   **1094 D. pumilus** Ball

Involucro a brattee *scariose nei margini*. Ombrelle con raggi *quasi uguali*. Stilopodio discoide, *molto più corto* degli stili. Piante glabrescenti di *20-40 cm*. 5

5 { Ombrelle a *2-3 raggi*. Fiori periferici coi petali esterni lunghi 5-7 mm. Frutto lungo *oltre 1 cm.*, con aculei *spesso porporini* ①. (E. T. M. L.). — *Apr. Mag.* — Dal mare alla reg. subm.   .   **1095 D. platycarpos** Scop.

Ombrelle a *5-8 raggi*. Fiori periferici coi pet. esterni lunghi *12-15 mm.* Frutto lungo 7-8 mm. con aculei *bianchicci*. ①. (E. T. M. L.). — *Apr. Lug.* — Dal mare alla reg. subm. o raram. mont.   **1096 D. grandiflorus** Scop,

29. Laserpitium (da *laser* = gomma e *pix* = resina; alludendo al succo gommo-resinoso di alcune specie). Calice a 5 denti; pet. bianchi, rosei o gialli, incurvati nell'apice. Frutto ovale o bislungo; acheni a 5 coste primarie filiformi e 4 secondarie alate; vitte solitarie sotto le coste secondarie, 2 nella faccia commissurale; carpoforo 2-partito.

1 { Involucro e involucretto a brattee *lineari-setacee*, persistenti. Ombrelle a 30-60 raggi, scabri nel lato interno. Foglie infer. grandi, 3-pennatosette; le super. 1-2-pennatosette o 3-sette, tutte a segmenti ovali, dentati, a margine cartilagineo e scabro e picciolo compresso lateralm. Frutto ovale, glabro od un po' irto fra le ali. che sono subeguali fra loro. Fusto eretto, pieno, striato, glabro, ramoso, 6-15 dm. o più. ♃. (App. modenese, bolognese, tosc., Alpi Ap., M.). — *Lug. Ag.* — Prati e boschi reg. mont. e subalp.   **1097 L. latifolium** L.

Involucro e involucretto a brattee slargate, generalm. *lanceolate*, intere o a volte 2-3-fide   2

2 { Foglie a segmenti con margine *bianco-cartilagineo*, lanceolato-acuminati, interi e picciolo compresso lateralm. Ombrelle a 20-40 raggi, scabrosetti nel lato interno. Frutto aromatico, ad ali strettissime e subeguali tra loro. Fusto eretto, pieno, striato, ramoso, 6-12 dm. ♃. (App. tosco-emil., Alpi Ap., M. U. L.). — *Mag. Ag.* — Boschi e rupi dalla reg. subm. all'alp.   **1098 L. Siler** L.

  Frutto ad ali larghette, le laterali più larghe delle altre, tutte porporine. (L.). — Var. *siculum* (Spr.).

Foglie a segmenti con margine *non cartilagineo*   3

3 { Frutto *glabro*, lungo 7 mm; ali *tutte larghe*, subeguali fra loro, ± *increspate*. Foglie infer. a picciolo *cilindrico*, 4-5 *volte* pennatosette; le altre più piccole e meno divise; tutte a segmenti *cuneiformi*, 2-5 lobati all'apice oppure indivisi. Fusto eretto od ascendente, *striato*, glabro o un poco peloso, *3-6 dm*. ♃. (App. parmig., modenese, Alpe della Luna, Piceno). — *Mag. Ag.* — Luoghi sassosi e pascoli dalla reg. subm. alla mont.   **1099 L. gallicum** L.

Frutto *setoloso fra le ali*, lungo 4 mm.; ali *dorsali piuttosto strette*, le laterali 2-3 volte più larghe, *piuttosto piane*. Foglie infer. a picciolo *compresso lateralm.*, 2-pennatosette, tutte o quasi a segmenti *pennatifidi* ed a lacinie lanceolato-acute. Fusto eretto od ascendente, *angoloso-solcato*, con peli riflessi o talora glabro, 6-12 mm. ② ovvero ♃, (E. sui colli parmensi). — *Lug. Sett.* — Boschi e prati dal mare alla reg. subalp.   **1100 L. prutenicum** L.

30. **Thàpsia** (nome dato da Plinio a ricordo dell'isola Thapsos).

Pianta a fusto eretto cilindrico, striato, glabro, 9-12 dm. Foglie primordiali ellittiche, le altre 2-3-pennatosette. Ombrelle grandi con 15-20 raggi, involucro e involucretto nulli; calice a 5 denti piccoli; corolla a pet. gialli, appena incurvati all'apice. Frutto ovato-bislungo; acheni lunghi 15-17 mm., a 5 coste non alate e sottili e 4 coste secondarie di cui le due dorsali pure non alate o strettam. alate e 2 laterali largam. alate; vitte 2 a 2 sotto le coste alate, solitarie sotto quelle non alate; carpoforo 2-partito. ♃. (T. al m. Argentaro, Elba e Pianosa, L. a Montalto). — *Mag. Giug.* — Campi, boschi reg. med. e subm. .   .   .   .   .   . **1101 Th. garganica** L.

31. **Elaeoselìnum** (da ελαιον = olio e *Selinum;* Selino a frutto oleoso).

Pianta verde-scura, glaucescente, a fusto eretto, striato, glabro, 4-10 dm. Foglie 3-pennatosette a segmenti verticillati, divisi in lacinie lineari, setacee, le super. in gran parte ridotte alla guaina. Involucro e involucretto subnulli; ombrelle a pochi raggi; calice a lembo con 5 piccoli denti: pet. gialli, incurvati nell'apice. Frutto ellittico, 6 mm.; acheni a 5 coste primarie non alate e 4 secondarie di cui 2 laterali bene alate e le altre non od appena alate. ♃, (L.). — *Giug. Lug.* — Luoghi aridi sassosi od arenosi reg. med.
1102 E. Asclepium Bert.

32. **Tòrilis.** Calice a 5 denti piccoli; pet. bianchi o rosei, incurvati nell'apice. Frutto piccolo, ovato-bislungo; acheni a 5 coste primarie di cui le 3 dorsali più brevem. aculeate delle 4 secondarie; queste con aculei in 2 o più serie; spesso uncinati, talora tutti od in parte ridotti a tubercoli; vitte solitarie sotto le coste secondarie; carpoforo 2-partito o 2-fido.

1 { Frutto ad aculei superiorm. *uncinati*   2
  { Frutto ad aculei *diritti*, talora ridotti a tubercoli 3

2 { Involucro *nullo o ridotto ad 1 sola brattea* lineare: involucretto a poche brattee lineari. Ombrelle lungam. peduncolate, a 2-8 raggi ed a petali esterni ben più grandi degli altri. Frutto lungo 3-4 mm. Foglie pennatosette, a segmenti pennatifidi, con lacinie lanceolate, incise od intere. Fusto divaricato-ramoso o anche quasi semplice, 3-8 dm. ①. (It. media). — *Apr. Ag.* — Dal mare alla reg. subm. o raram. mont.   .   .   . **1103 T. arvensis** Lk.
      Pet. esterni dell'ombrella uguali agli altri. Foglie tutte a segmenti pennato-partiti ovvero le super. indivise o ridotte a 3 segmenti interi o inciso-seghettati. (E. T. M. sul Catria e presso Pitoaco, L.'. — Var. *purpurea* (Guss.).
  Involucro a *4-6 brattee* lineari; involucretto pure a 5 brattee. Ombrelle lungam. peduncolate, a 5-12 raggi. Frutto lungo *circa 2 ½ mm*. Foglie c. s. Fusto eretto, striato, dicotomo ramoso, 6-10 dm. ①. (E. T. M. L.). — *Giug. Ag.* — Siepi e luoghi incolti dal mare alla reg. subm. o raram. mont.
1104 T. Anthriscus Bernh.

3 { Ombrelle *parte terminali e parte opposte alle foglie, mediocrem. o lungam.* peduncolate; involucro nullo; involucretto a *5 brattee lanceolate;* petali tutti subeguali fra loro. Frutto lungo *circa 5 mm.* ①. (Pavese a Zavatello, Varzi, Bobbio; avventizia). — *Mag. Giug.* — Campi e luoghi incolti.
1105 T. leptophylla Rchb.
  Ombrelle *tutte opposte alle foglie, sessili o brevissimam.* peduncolate, di rado lungam. peduncolate; involucro ed involucretto a *più brattee lineari-setacee;* pet. tutti eguali fra loro. Frutto lungo *circa 2 ½ mm.* ①. (It. media). — *Mar. Ag.* — Campi e luoghi incolti dal mare alla reg. subm.
1106 T. nodosa Gaertn.

33. Caúcalis (da χειιν = strisciare e χαυλος = fusto).

Pianta glabra o con peli radi e patenti, a fusto, eretto, angoloso, 1-4 dm. Foglie 2-3-pennatosette, a segmenti brevem. pennatofessi. Ombrelle con 2-5 raggi; involucro nullo o ad 1-2 brattee brevissime, lineari; involucretto a circa 3 brattee lineari; calice a 5 denti piccoli; pet. bianchi o rosei, incurvati all'apice, quelli esterni dei fiori periferici un po' più grandi degli altri; stilopodio conico uguale agli stili. Frutto ellittico-bislungo, lungo circa 1 cm.; acheni a 5 coste primarie di cui le 3 dorsali più brevem. aculeate delle 4 secondarie, queste con una sola serie di aculei uncinati; carpoforo 2-fido. ①. (It. media). — *Mag. Giug.* — Comune nei campi dal mare alla reg. subm. e talora mont. — *Lappola* . . . . . . **1107 C. daucoides** L.

34. Turgenia (dedicato a Turgenoff, consigliere di Stato di Russia).

Pianta irto-scabra per peli patenti, a fusto eretto, solcato-angoloso, grosso, 2-4 dm. Foglie 1-pennatosette a segmenti allungati, profondam. seghettati. Ombrelle con 2-5 raggi; involucro e involucretto a 2-5 brattee ovato-oblunghe; calice a 5 denti piccoli; pet. bianchi o rosei, incurvati all'apice, quelli esterni dei fiori periferici più grandi degli altri. Frutto ovoideo, acuminato, lungo circa 1 cm.; acheni a 5 coste primarie di cui le 3 dorsali quasi tubercolate e più lungam. aculeate delle 4 secondarie, queste con 2-3 serie di aculei scabri, uncinati; carpoforo 2-fido. ①. (It. media). — *Mag. Giug.* — Campi dal mare alla reg. subm. — *Lappola maggiore.* **1108 T. latifolia** Hoffm.

35. Anthriscus (da ἀνθος = fiore e ρυρχος = siepe; alludendo alla stazione di queste piante). Calice a lembo nullo od a 5 denti piccoli; pet. bianchi, debolm. incurvati all'apice. Frutto ovale-lanceolato, brevem. rostrato all'apice, compresso ai lati, glabro, liscio o spinuloso per minuti aculei, talora uncinati; acheni a coste nulle o visibili soltanto all'apice; vitte mancanti; carpoforo 2-fido o 2-dentato.

1 { Ombrelle laterali *distintam. peduncolate*, a *5-16 raggi*. Involucretto a *5 brattee* densam. cigliate. Frutto generalm. molto lucido e nerastro, lungo 6 mm., sempre liscio. Foglie 3-pennate con foglioline divise in lacinie strette od anche 2-pennate con foglioline meno incise. Pianta *perenne* a fusto inferiorm. con peli riflessi e glabro nel resto, raram. tutto glabro. ♃. (E. T. M. L.). — *Mag. Lug.* — Luoghi erbosi e siepi dal mare alla reg. mont.
1109 A. silvestris Hoffm.
Frutto poco lucido, d'un verde-pallido o fosco, lungo 8-10 mm., coperto di tubercoletti aculeati o liscio. Fusto sempre glabro. (App. umbro sul m. Catria e sui monti di Norcia). — Var. *nemorosa* (Spr.).
Ombrelle laterali *subsessili*, a *3-6 raggi*. Involucretto ad *1-3 brattee* un po' cigliate. Piante *annue* 2

2 { Pianta *fetida*. Ombrelle a raggi *affatto glabri*; involucretti *completi*. Frutto *ovoideo*, cinto alla base da una corona di peli, lungo 4-5 mm., verde-bruno, con rostro lungo ¹⁄₅ del resto. Foglie infer. picciolate, 3-pennatosette con segmenti pennatofessi *a lacinie lineari*, intere od incise. ①. (E. T. L., Piceno). — *Apr. Lug.* — Siepi e macerie dal mare alla reg. mont. — *Lappola.*
1110 A. vulgaris Pers.
Pianta *aromatica*. Ombrelle a raggi *un po' pubescenti*; involucretti *smezzati*. Frutto *lineare*, *nudo alla base*, lungo 7-9 mm., nerastro, con rostro lungo ¹⁄₃ del resto. Foglie 3 volte trisette o pennatosette con segmenti *cuneato-ovali*, dentato-pennatofessi. ①. (E. L.). — *Apr. Giug.* — Coltiv. e ± naturaliz. dal mare alla reg. subm. — *Cerfoglio.* **1111 A. Cerefolium** Hoffm.

36. Myrrhis (da μυρρον = profumo; pianta con odore aromatico).

Pianta pubescente con odore d'anice, a fusto robusto, striato, ramoso, 6-10 dm. Foglie grandi, molli, 3-pennatosette, a segmenti lanceolati, pennatofessi, a lacinie ovali, seghettate. Involucro nullo o ad 1 o più brattee lineari; involucretto a 5-8 brattee lanceolate; ombrella a 6-10 raggi; calice a lembo nullo; pet. bianchi, incurvati nell'apice. Frutto lanceolato, bruno, lucido, 15-25 mm., brevem. rostrato nell'apice; acheni con coste alate; vitte mancanti; carpoforo 2-partito. ♃. (App. tosco-emil. ed Alpi Ap.). — *Mag. Giug.* — Prati e boschi umidi dalla reg. subm. alla subalp. — *Finocchiella.* (Fig. 145).

1112 M. odorata Scop.

140. *Aethusa Cynapium* L. (¹/₄).   141. *Athamantha Matthioli* Wulf. (¹/₄).   142. *Heracleum Spondylium* L. (¹/₄).

37. Scandix (da σκαζειν = pungere; per il becco del frutto).

Pianta inodora, glabra o pubescente, a fusto prostrato, ascendente od eretto, solcato, ramoso, 1-4 dm. Foglie 2-3 pennatosette a segmenti con lacinie brevi, lineari. Involucretti a 5 brattee bi-trifide o pennatofesse; ombrella semplice o con 2-3 raggi; calice a lembo nullo; pet. bianchi, incurvati all'apice. Frutto lineare, lungo 35-60 mm., rostrato, irto nelle coste marginali; acheni a coste non alate; vitte solitarie nelle vallette. ①. (It. media). — *Feb. Lug.* — Dal mare alla reg. subalp. — *Acicula, Spillettone.* (Fig. 144).

1113 S. Pecten-Veneris L.

38. Chaerophyllum (da χαιρειν = rallegrarsi e φυλλον = foglia; per le foglie eleganti, d'un verde gaio). Calice a lembo nullo; petali bianchi o rosei, incurvati nell'apice. Frutto oblungo-lanceolato, senza rostro all'apice, glabro o rarissimam. peloso o anche tubercoloso-ispido; acheni a coste non alate; vitte solitarie nelle vallette; carpoforo 2-fido.

1 { Radice *tuberosa* 2
{ Radice *mai tuberosa* 3

2 | Pianta *bienne* a fusto *ingrossato* sotto ai nodi, eretto, cavo, striato, spesso macchiettato, glabro in alto e ispido alla base per setole riflesse, ramoso (5-10 dm.). Foglie 3-pennatosette, a segmenti bislungo-lanceolati con lacinie lineari-lanceolate o lineari-strettissime. Involucro nullo, involucretto a 3-4 brattee, lanceolate, cuspidate, glabre, a margine scarioso. Frutto *giallic-*

cio; stili *divaricato-riflessi*; stilopodio *contornato* da un margine crenulato.
②. (Pavese). — *Giug. Lug.* — Luoghi erbosi e boschivi reg. subm.

2 {

                                       1114 Ch. bulbosum L.

Pianta *perenne* a fusto *non ingrossato* sotto ai nodi, eretto, flessuoso, striato, tutto glabro oppure in basso con peli riflessi, parcam. ramoso, 2-6 dm. Foglie 2-3 pennatosette, a segmenti pennatopartiti, con lacinie strettam. lineari. Involucro nullo od a brattee caduche, involucretto a 3-6 brattee. Frutto *nereggiante*: stili *eretto-conniventi*; stilopodio *non contornato* da un margine crenulato. 2ƒ. (L. a monte Viglio). — *Giug. Lug.* — Luoghi aridi reg. subm. e mont. . . . . **1115 Ch. cynapioides** B. et H.

3 {

Fusto *molto* ingrossato sotto ai nodi, eretto, striato, ramoso, 3-10 dm. Foglie 2-pennatosette, a segmenti ovali od ovato-oblunghi, dentato-incisi. Ombrelle a 2-3 raggi; involucro nullo o ad 1 brattea: involucretto a 5 brattee lanceolato-lineari, ispide; pet. glabri o quasi. ①. (T. a Capalbio, M. a Bolognola). — *Mag.* — Luoghi incolti e boschi reg. med. e subm.
                                            1116 Ch. nodosum Lam.

Fusto *non od appena* ingrossato sotto ai nodi 4

4 {

Petali *cigliati, almeno presso l'apice*. Ombrelle ad 8-20 raggi, contratte nel frutto: involucro nullo o ad 1-2 brattee; involucretto a 5-8 brattee lanceolate, ± cigliate al margine o densam. barbate. Frutto glabro, gialliccio, lungo 7-12 mm. Foglie 2-pennatosette, a segmenti ovali o ovali-lanceolati. Pianta glabra o pubescente a fusto striato, ramoso, 2-10 dm. 2ƒ. (It. media). — *Giug. Ag.* — Prati e boschi reg. subm. e mont.
                                        1117 Ch. hirsutum L.
   1. Involucretto a brattee parcam. cigliate. Stili lunghi ⅓ del frutto.
      a. Carpoforo bipartito dalla metà alla base, (Modenese . — Var. *Villarsii* (Koch).
      b. Carpoforo diviso fino alla base. Involucretti a brattee terminate in codetta lineare. (Modenese). — Var. *elegans* (Gaud.).
      c. Involucretti a brattee rosee. Pianta talora nana, quasi glabra ed a foglie lucenti. (Modenese e T.). — Var. *calabricum* (Guss.).
   2. Involucretti a brattee densam. barbate. Stili lunghi circa ⅙ del frutto. (E. T. U.). — Var. *magellense* (Ten.).

Pet. *affatto glabri* 5

5 {

Ombrelle fruttifere *contratte*. Stili *più lunghi* dello stilopodio. Frutto *giallastro*, lungo 7-10 mm. Foglie 2-pennatosette a segmenti lanceolati, pennatosetti o pennatopartiti. Pet. bianchi od esternam. rossicci. Fusto eretto, striato, 5-10 dm. 2ƒ. (It. media). — *Mag. Lug.* — Prati e boschi reg. subm. e mont.. . . . . **1118 Ch. aureum** L.

Ombrelle frutt. *non contratte*. Stili *uguali* allo stilopodio. Frutto ± *fosco*, lungo 5-6 mm. Foglie 2-pennatosette a segmenti ovali, soltanto dentato-incisi. Pet. bianchi. Fusto eretto, striato, con macchie rosso-brune, 3-10 dm. ②. (It. media). — *Mag. Giug.* — Luoghi incolti dal mare alla reg. mont. — *Anacio, Cicutaria* . . . . **1119 Ch. temulum** L.

39. **Athamànta** (dal monte *Athamas* in Tessaglia). (Fig. 141).

Pianta mollem. pubescente e talora subglabra, a fusto eretto, flessuoso, striato, rossiccio, 3-8 dm. Foglie 3-pennatosette, a segmenti divisi in lacinie ovali od ovato-bislunghe. Ombrelle a 10-12 raggi: involucro ed involucretto a 2 o più brattee lanceolato-lineari; calice a 5 denti: pet. bianchi, incurvati nell'apice. Frutto ovato-oblungo, densam. vellutato: acheni a coste non alate; vitte 1 a più nelle vallette soltanto. 2ƒ. (L.). — *Mag. Giug.* — Rupi e muri vecchi reg. med. e subm. . . . . **1120 A. sicula** L.

40. **Hladnìkia.**

Pianta glabra a fusto eretto od ascendente, striato, pieno, semplice od alternam. ramoso, 3-12 dm. Foglie 3-pennatosette a segmenti bislunghi, consistenti, acuti, pennatolobati, coi lobi ovato-oblunghi o lanceolati ed incisodentati. Ombrelle terminali a 12-20 raggi: involucro ed involucretto a poche brattee lanceolate od ovato-lanceolate; calice a 5 denti; pet. bianchi, incurvati nell'apice. Frutto bruniccio, ovoideo-oblungo, glabro e liscio; acheni a coste membranoso-alate; vitte a 3 a 3 nelle vallette; carpoforo 2-partito. $2\!\!\!/$. (App. marchig.). — *Lug. Ag.* — Prati e luoghi sassosi reg. mont. e subalp.

                                              1121 H. Golaka Rchb. f.

143. *Daucus Michelii*   144. *Scandix Pecten-Veneris* L.   145. *Myrrhis odorata* Scop.
     Car. ($^1/_4$).   ($^1/_4$).   ($^1/_4$).

41. **Physospérmum** (da φυσα = vescica e σπερμα = seme; alludendo al frutto rigonfio).

Pianta glabra, a fusto eretto, striato, pieno, parcam. ramoso, 5-12 dm. Foglie tutte radicali o talora alcune cauline alla base del fusto, 3 volte trisette, a segmenti 3-5-partiti ed a partizioni ad 1-2 denti. Ombrelle a 10-24 raggi; involucro a più brattee brevissime; involucretto ad 1 o poche brattee; calice a 5 denti; pet. bianchi, incurvati all'apice. Frutto più largo che lungo: acheni a 5 coste non alate; vitte solitarie nelle vallette; carpoforo 2-fido. Seme alla fine libero dal pericarpio. $2\!\!\!/$. (E. T.). — *Lug. Ag.* — Boschi dal mare alla reg. mont.   .   .   . **1122 Ph. aquilegifolium** Koch

42. **Smyrnium** (da σμυρνα = mirra; per l'odore dei semi). Calice a lembo nullo; pet. giallo-verdicci, incurvati nell'apice. Frutto rigonfio, didimo, glabro; acheni a 5 coste non alate; più vitte nelle vallette; carpoforo 2-partito. Seme sempre aderente al pericarpio.

1 Foglie super. *trisette*, le infer. 2-3 volte trisette, a segmenti larghi, ovali, crenulati o dentati. Radice *fusiforme*, ramosa. Fusto eretto, cilindrico e striato in basso, *angoloso-solcato in alto*, pieno, ramoso. Ombrelle laterali *suboppo poste*. ②. (T. M. L.). — *Gen. Mag.* — Luoghi ombrosi reg. med.
                                     1123 S. Olusàtrum L.

Foglie super. *semplici*, intere o soltanto crenate o dentate, abbraccianti il fusto, le infer. c. s. Radice *napiforme*. Fusto eretto, striato-solcato, *fornito superiorm. di coste* ± *alate*, pieno, ramoso. Ombrelle laterali *sparse*. ②. (E. T. M. L.). — *Mar. Giug.* — Luoghi erbosi e boschivi dal mare alla reg. mont.   .   .   .   . **1124 S. perfoliatum** L.

43. **Conìum** (da κονις = polvere; alludendo alla glaucescenza del frutto).

l'ianta fetida, velenosa, glabra, a fusto eretto, striato, cavo, ramosissimo, spesso macchiato di porpora in basso, un poco ingrossato ai nodi, 1-2 m. Foglie 3-pennatosette, con segmenti ovali-lanceolati, pennatopartiti, inciso-seghettati. Ombrelle a 10-20 raggi disuguali; involucro a 3-5 brattee, riflesse; involucretto a 3 brattee unilaterali, riflesse; calice a lembo nullo; pet. bianchi, incurvati nell'apice. Frutto piccolo, 3 mm., subgloboso; acheni a 5 coste ora prominenti ed ondulato-crenate, ora appena appariscenti; vitte nulle; carpoforo 2-partito. Seme sempre aderente al pericarpio. ②. (It. media). — *Apr. Lug.* — Luoghi ombrosi umidi e macerie dal mare alla reg. subm. — *Cicuta.* (Fig. 146). . . . . . **1125 C. maculatum** L.

146. *Oonium maculatum* L. 147. *Bifora radians* M. B. 148: *Loranthus europaeus.*
(¹/₈). (¹/₄). L. (¹/₄).

44. **Coriàndrum** (da κορις = cimice; alludendo all'odore fetido della pianta fresca).

Pianta fetida, glabra, a fusto eretto, striato, ramoso, 2-6 dm. Foglie infer. pennatosette a segmenti subtrifidi, le super. 2-3-pennatosette a lacinie strettam. lineari. Ombrelle con 5-10 raggi; involucro nullo o ad 1 brattea; involucretto a 3-5 brattee, lineari, riflesse, unilaterali; calice a 5 denti ovali o lanceolati; pet. bianchi o carnicini, incurvati nell'apice. Frutto globoso, aromatico, 3-4 mm. diam., acheni a 10 coste alternam. diritte e flessuose; vitte nulle nelle vallette, 2 nella faccia commissurale; carpoforo intero. Seme alla fine separantesi dal pericarpio. ①. (E. T. L.). — *Mag. Giug.* — Coltiv. ed avvent. nei campi reg. med. — *Coriandolo.*

1126 C. sativum L.

45. **Bifora** (da *biforis* = a due porte; alludendo al frutto didimo con la commissura attraversata da due fori). Calice a lembo nullo; pet. bianchi, incurvati nell'apice. Frutto bigloboso, glabro; acheni quasi lisci a 5 coste; vitte mancanti; carpoforo 2-partito. Seme alla fine separantesi dal pericarpio.

Ombrelle a *2-3 raggi* e a fiori *tutti fertili.* Petali *subeguali* tra loro. Stili *subeguali* allo stilopodio. Frutto fortem. rugoso, *scavato alla base e provvisto all'apice di un breve acume.* Pianta glabra, a fusto eretto, angoloso, striato, ramoso, 2-6 dm. ①. (E. T. M. L.). — *Mar. Mag.* — Tra le messi reg. med. — *Coriandolo selvatico* . . . . **1127 B. testiculata** DC.

1) Ombrelle a *4-7 raggi* e a fiori *del centro sterili*. Pet. esterni *più grandi* degli altri. Stili *3 volte più lunghi* dello stilopodio. Frutto minutissimam. granuloso, *scavato alla base ed all'apice*. Pianta glabra, fetida, a fusto eretto, angoloso-solcato. ramoso, 2-5 dm. ①. (E. T.). — *Mag. Ag.* — Seminati dal mare alla reg. mont. — *Coriandolo selvatico.* (Fig. 147).

1128 B. radians M. B.

46. Magydaris (dal Μαγυδαρις di Dioscoride).

Pianta fetida, a fusto eretto, striato-solcato, pieno, glabro od irto in alto, ramoso, 1-2 m. Foglie grandissime, pubescenti di sotto, le primordiali semplici, bislunghe, ellittiche, le infer. ternate o pennatosette a segmenti disugualm. dentato-crenati, ondulati. Ombrelle grandissime a 40-50 raggi; calice a lembo nullo: pet. bianchi, incurvati nell'apice. Frutto elissoideo; acheni a coste non alate, grossissime, densam. tomentose; vitte distribuite attorno al seme: carpoforo 2-partito. Albume profondissimam. scavato. ② 2. (L. a Terracina). — *Mag. Giug.* — Luoghi erbosi ed incolti reg. med.

1129 M. tomentosa Koch

47. Pràngos.

Pianta glabra, a fusto eretto, pieno, solcato-striato, ramoso, 6-12 dm. Foglie grandi, ripetutam. sezionate, a segmenti lineari-setacei bi-trifidi. Ombrelle grandette con 8-14 raggi: calice a lembo nullo; pet. gialli, incurvati nell'apice, Frutto biancastro, ovato-oblungo; acheni a coste strettam. alate; vitte distribuite attorno al seme; carpoforo 2-partito. Albume profondissimam. scavato. 2. (Piceno, U.). — *Mag. Giug.* — Pascoli reg. subm. e mont.

1130 P. ferulacea Lindl.

48. Crithmum (da χριθη = orzo; per la somiglianza dei frutti coi semi dell'orzo).

Pianta glabra, glaucescente, carnosetta, a fusto eretto od ascendente, flessuoso, striato, 1-4 dm. Foglie 2-3 pennatosette, a segmenti lanceolati, acuti ed interi. Ombrelle a molti raggi: calice a lembo nullo; pet. bianchicci o verdicci, arrotolati all'indentro. Frutto elissoideo-bislungo, spugnoso; acheni a coste eguali, glabre: vitte esilissime attorno al seme; carpoforo 2-fido. Albume non scavato. 2. (T. M.). — Scogli, rupi, muri ecc. presso il mare. — *Finocchio marino, Bacicci.* . . . . **1131 C. maritimum** L.

49. Oenànthe (da οινος = vino e ανθος = fiore; piante che fioriscono con la vite o perchè inebrianti come il vino). Calice a 5 denti, accrescenti dopo la fioritura; pet. bianchi o rosei, incurvati nell'apice. Frutto ovoideo o globuloso, glabro; acheni a coste non alate, le secondarie sottilissime o nulle; vitte solitarie nelle vallette.

Frutto *obconico-globoso*, a pericarpio *molto grosso e spugnoso*. Ombrelle a 2-6 raggi, di cui 2-3 fruttiferi, brevi e grossi. Stili più brevi del frutto. Foglie infer. 2-pennatosette, a segmenti lanceolati, interi o bi trifidi e piccioli pieni. Radici fascicolate, ingrossate a clava e terminate in fibrilla sottile. Fusto eretto o prostrato, striato, cavo, ramoso, 3-5 dm. 2. (T. L.). — *Apr. Giug.* — Luoghi palustri presso il mare. **1132 Oe. globulosa** L.

Frutto *ovoideo, obconico o cilindrico-oblungo*, a pericarpio *sottile*, eccetto sui margini commissurali 2

Radici *fibrose*. Fiori *tutti fertili, pedicellati*. Ombrelle a raggi non ingrossati, brevem. peduncolate, la maggior parte laterali e opposte alle foglie. Foglie 3-pennatosette, le infer. a segmenti divisi in lacinie brevi e capillari, le altre

2 | a segmenti cuneato-ovali ed inciso-dentati. Pianta glabra, a fusto eretto, ingrossato alla base, molto ramoso. 4-16 dm. ♃. (T. U. al lago di Colfiorito, L.). — *Mag. Lug.* — Fossi e paludi reg. med.
1133 Oe. Phellandrium Lam.

Radici *tuberose*. Fiori *centrali soltanto fertili, quasi sessili* 3

3 { Ombrellette fruttifere *globose*. Ombrelle a 2-3 raggi, brevi, ingrossati. Foglie a picciolo fistoloso, a segmenti lanceolati o lineari. Stili uguali al frutto. Frutti obovato-subtetragoni. Fusto cavo, ristretto ai nodi, eretto, striato, da 50 cm. a 1 m. ♃. (T. M. al monte Sanvicino, L.). — *Mag. Lug.* — Luoghi palustri ecc. reg. med. o raram. subm. **1134 Oe. fistulosa** L.
Ombrellette frutt. *semplicem. convesse*; ombrelle a 6-15 raggi . . . 4
Ombrellette frutt. *piane di sopra* 6

4 { Ombrelle a raggi brevi e *ingrossati dopo la fioritura*. Frutto *troncato* alla base e *contornato da un anello calloso*. Foglie tutte a segmenti o lacinie subconformi, lanceolate nelle infer. e lineari nelle super. Fibre radicali bislungo-od allungato-clavate. ♃. (E. T. L.). — *Mag. Giug.* — Prati paludosi reg. med.
1135 Oe. silaifolia M. B.
Ombrelle a raggi *sempre sottili*. Frutto *attenuato* alla base e *senza anello calloso* 5

5 { Involucro *nullo o ad 1 sola brattea*. Fiori periferici coi pet. *esterni più lunghi* degli interni. Fibre radicali *napiformi*, ovoidee od oblunghe, rigonfie dalla base. Foglie tutte a lacinie *lineari*. Frutto *ellittico*: stili *un po' più brevi* del frutto. Fusto *cavo*, solcato, 4-8 dm. ♃. (E. T. presso Lucca, L.). — *Giug.* — Fossi e prati paludosi reg. med. **1136 Oe. peucedanifolia** Poll.
Involucro *a più brattee caduche*. Fiori periferici coi pet. *pressochè tutti uguali*. Fibre radicali *allungato-claviformi*, rigonfie verso il mezzo o verso l'estremità. Foglie infer. 2-pennatosette, a segmenti *ovati o cuneati*, ottusam. inciso-crenati, le super. a lacinie lineari-acute. Frutto *bislungo, subtetragono*: stili *uguali alla metà* del frutto. Fusto *pieno, striato*, 5-9 dm. ♃. (E. T. U. a Norcia). — *Giug.* — Prati paludosi reg. med.
1137 Oe. Lachenalii Gmel.

6 { Ombrelle a 7-12 raggi *brevi, ingrossati dopo la fioritura*. Foglie inferiorm. 2-pennatosette a segmenti ovali-cuneiformi, inciso-dentati, le super. pennatosette a segmenti lineari. Tubercoli *ovali o globulosi. sospesi all'estremità delle fibre*. Fiori *d'un bianco un po' giallastro*. ♃. (E. T. M. L.). — *Apr. Lug.* — Luoghi erbosi e boschi dal mare alla reg. subm. (Fig. 139).
1138 Oe. pimpinelloides L.
Ombrelle a 15-30 raggi *allungati, assai sottili*. Foglie 2-pennatosette, tutte a segmenti cuneato-ovali, largam. inciso-dentati. Tubercoli *sessili, fusiformi*. Fiori *bianchi o rosei*. ♃. (T. a Pisa, ma non più raccolta). — *Mag. Giug.* — Fossi, ruscelli e prat. reg. med. e subm. **1139 Oe. crocata** L.

50. **Echinóphora** (da ἐχῖνος = riccio e φέρω = porto; pianta coperta di spine come il riccio).

Pianta glauca, glabrescente, a radice ingrossata, profonda; fusto eretto, ramoso, solcato-angoloso 1-8 dm. Foglie rigide, a segmenti pungenti, trigoni. Ombrelle piane, a 5-8 raggi; involucro ed involucretti a 5-10 brattee lineari; calice a 5 denti, lanceolati, spinosi; pet. bianchi, glabri, incurvati nell'apice. Frutto oblungo, immerso nel pedicello; un solo achenio fertile, a 5 coste poco appariscenti. ♃. (E. T.). — *Giug. Sett.* — Arene marit.
1140 E. spinosa L.

FAM. 53ᵃ. — **ARALIACEE.**

Hédera (da *haerere* = attaccarsi; alludendo ai fusti radicanti-rampicanti). Fiori ermafroditi, regolari. Calice a 5 piccoli denti e tubo saldato con l'ovario; pet. 5, lanceolati, riflessi; stami 5; ovario semi-infero, 5-loculare, ad ovuli solitari, pendenti; 1 stilo breve e 5 stimmi minuti. Frutto drupa a 2-3 noccioli, coronata dal calice; semi angolosi; embrione piccolo; albume carnoso.

Arboscello a fusto ramosissimo, aderente ai sostegni od al suolo per mezzo di numerose appendici radiciformi. Foglie sparse, picciolate, coriacee, lucenti, persistenti, quelle cauline palmatinervie, a 3-5 lobi largam. triangolari, quelle dei rami floriferi intere, ovato-rombiche ed acuminate. Fiori giallo-verdastri in ombrelle semplici, per lo più formanti nell'insieme una pannocchia. Frutto globuloso, nerissimo. 5. (It. media). — *Ag. Ott.* — Sui muri, rocce, alberi, dal mare alla reg. mont.; comune. — *Edera od Ellera.*
1141 H. Helix L.
Frutto globoso, d'un giallo dorato. (E. presso Bologna, T. presso Firenze alle Cascine e al Pian dei Giullari, L. alla via Appia). — Var. *crysocarpa* (Walsh)

FAM. 54ª. — CORNACEE.

Cornus (da *cornu* = corno; per la durezza del suo legno). — Fiori ermafroditi, regolari. Calice a lembo minuto, 4-dentato; pet. 4; stami 4, epigini; ovario infero, aderente, 2-loculare, ad ovuli solitari; 1 stilo e 1 stimma intero. Frutto drupaceo a nocciolo con 2 logge monosperme. — Arboscelli a foglie semplici, opposte, ellittiche, senza stipole.

1 { Fiori *bianchi*, svolgentisi *dopo le foglie*, in cima composta, peduncolata, *senza involucro.* Drupa *globulosa, nera* a maturità. 5. (It. media). — *Apr. Giug. Ott.* — Comune nei luoghi ombrosi e lungo le siepi dal mare alla reg. mont. o raram. alp. — *Sanguine, Sanguinella.* **1142 C. sanguinea** L.
Fiori *gialli,* svolgentisi *prima delle foglie,* in ombrelle semplici, *cinte da un involucro di 4 brattee.* Drupa *oblunga, rossa o rosso-giallastra.* 5. (It. media). — *Feb. Apr.* — Luoghi ombrosi dal mare alla reg. subm. o raram. mont. — *Corniolo, Crognolo* . . . . . **1143 C. mas** L.

FAM. 55ª. — RUBIACEE.

Piante erbacee o suffruticose, a fusti ordinariam. tetragoni, provvisti di foglie opposte con stipole eguali ed allora foglie pseudoverticillate o diverse dalle foglie intere. Fiori piccoli, regolari, in cime ascellari o terminali quasi sessili o peduncolate. Calice supero a 4-6 denti o nullo. Corolla con 3-5 lobi, campanulata o imbutiforme. Stami 3-5, inseriti nel tubo della corolla. Ovario infero, a 2 caselle, ciascuna con un solo ovulo; 2 stili liberi o saldati alla base; stimmi terminali. Frutto secco, raram. carnoso, composto di 2 carpelli indeiscenti; semi ascendenti con guscio membranoso aderente al pericarpio, con albume corneo ed embrione assile.

CHIAVE DEI GENERI.

1 { Corolla imbutiforme 2
Corolla ruotata. Calice pressochè nullo 4

2 { Calice a 4-6 denti lanceolati, ordinariam. persistenti. Erba.   4 SHERARDIA
   { Calice pressochè nullo 3

3 { Corolla a lobi divergenti. Carpelli globulosi . . . . 5 ASPERULA
   { Corolla a lobi conniventi. Carp. bislunghi . . . . 6 CRUCIANELLA

4 { Frutto munito di 3-4 corna spinose . . . . . . 3 VAILLANTIA
   { Frutto non munito di corna 5

5 { Frutto a pericarpio carnoso e quindi baccaceo . . . . 1 RUBIA
   { Frutto a pericarpio secco . . . . 2 GALIUM

1. **Rúbia** (da *ruber* = rosso; alludendo al colore della radice).
Calice a lembo quasi nullo; corolla ruotata a 4-5 divisioni; stami 4-5;
stili saldati un po' alla base. Frutto succoso, baccaceo, composto di
2 carpelli o più spesso di 1 solo; seme subrotondo, reniforme.

1 {
Foglie *persistenti, sessili*, con nervi *appena visibili* nella pagina infer., verticillate a 4-6, ovali od ovali-lanceolate, acute od acuminate. Antere *ovali o*
suborbicolari. Stimma *globoso*. Corolla a lobi *lungam. aristati*. Fusto *persi-*
stente in basso, diffuso, ramoso, quadrangolare, glabro, con aculei ricurvi o
talora senza, 3-15 dm. 2⅃. (It. media). — *Apr. Giug.* — Siepi, macchie ecc.
dal mare alla reg. subm. — *Robbia selvatica.*   **1144 R. peregrina** L.
     Foglie largam. ovali, bislunghe od obovate, lucentissime. (T. nel mon-
     te Argentaro, Giglio, L.). — Var. *lucida* (L.).
     Foglie strettam. lineari-lanceolate. (T. al Giglio, L., col tipo). — Var.
     angustifolia (L.).
Foglie *caduche, ristrette 'n breve picciolo*, con nervi *prominenti e ben visibili*
nella pag. infer., verticillate a 4-6, lanceolate. Antere *lineari-bislunghe*. Stimma *claviforme*. Corolla a lobi *apiculati, non aristati*. Fusto annuale e perciò
non persistente in basso, prostrato, quadrangolare, con aculei ricurvi. 2⅃.
(It. media, inselv.). — *Apr. Giug.* — Dal mare alla reg. subm.; spesso coltiv. e quasi nat. — *Robbia domestica, R. tintoria.* (Fig. 152).
                           1145 R. tinctoria L.
}

2. **Gálium** (da γαλα = latte; piante usate per accagliare il latte). Calice a lembo quasi nullo; corolla piano-ruotata, a tubo nullo
o brevissimo, a 4, più raram. 5 o 3 lobi; stami 4, più raram. 5 o 3.
Frutto secco, talora un po' carnoso, composto di 2 carpelli separantisi a maturità, non coronati dal calice e contenenti ciascuno un seme
aderente al pericarpio.

1 { Foglie *ad una sola* nervatura 2
   { Foglie *a 3* nervature, generalm. ottuse, verticillate a quattro . . 21

2 { Piante *annue* 3
   { Piante *perenni* 8

3 { Fiori in infiorescenza *a pannocchia od a cime ascellari*, sempre però con pe-
   { duncoli *a molti fiori* 4
   { Fiori *ascellari*, con peduncoli *ad 1 solo o più raram. a 2-3 fiori* . . 7

{
Fiori bisessuali *in pannocchia* stretta, oblunga, a rami brevi e patenti ed a
   pedicelli fruttiferi eretto-patenti, un po' più lunghi del frutto. Foglie verticillate a 6, raram. 6-8, lineari-lanceolate, mucronate, con piccoli aculei nel
   margine, dapprima patenti, quindi riflesse, di un verde-chiaro o un po' giallastre, che non anneriscono, come il resto della pianta, col disseccamento.
   Corolla bianco-giallastra, piccolissima, a lobi acuti. Frutti piccolissimi, granuloso-scabri o setoloso-ispidi. Pianta a fusti gracili, eretti o flessuosi, acu-
   leato-scabri, 1-3 dm. ①. (It. media). — *Apr. Ag.* — Luoghi aridi dal mare
   alla reg. subm., più raram. mont. . . . **1146 G. parisiense** L.
     Pannocchia ampia, a rami allungati e divaricati. Foglie dapprima e-
     rette, quindi patenti, che anneriscono col disseccamento, come il re-
     sto della pianta. Frutti glabri e sagrinati oppure ispidi. (Qua e là
     col tipo). — Var. *divaricatum* Lam.
Fiori *ascellari* 5
}

5 { Pedicelli fruttiferi *eretti* dopo la fioritura, *più lunghi* delle foglie. Foglie verticillate a 6-8, lineari-lanceolate o bislunghe, mucronate con aculei rivolti in basso nel margine, ispido-scabre di sopra, glabre di sotto. Corolla bianca o giallo-verdastra, più stretta del frutto, a lobi bislunghi. Frutti grandi (4-5 mm. diam.), irti di peli uncinati e tubercolosi alla base. Pianta a fusto prostrato od ascendente, aculeato agli angoli, generalm. ingrossato e peloso-ispido ai nodi. 5-10 dm. ①. (E. T. M. L.). — *Gen. Sett.* — Siepi, macerie ecc. dal mare alla reg. mont. — *Attacca-mani, Attacca-veste, Speronella.*

1147 G. Aparine L.

Foglie strettam. lanceolato-lineari. Frutti assai più piccoli del tipo, glabri. Fusto non o poco ingrossato e per lo più glabro ai nodi. (T. in Maremma e a Giannutri). — Var. *spurium* (L.).

Foglie lineari. Frutti c. s., ispidi. Fusto c. s. (Parmig., T.). — Var. *Vaillantii* (DC.).

Pedicelli frutt. *ricurvi* dopo la fioritura, *più brevi* delle foglie 6

6 { Cime ascellari di circa 3 fiori *poligami*, il mediano bisessuale, i laterali maschi e sterili. Frutti *verrucosi*, grandi (5-6 mm. diam.), solitari. Foglie verticillate, a 6-7, lineari-lanceolate od anche obovate, mucronate, con aculei rivolti in *alto nel margine*. Corolla *biancastra*. Fusto prostrato, ramoso, con aculei rivolti in basso, 1-3 dm. ①. (Arcip. tosc.). — *Feb. Est.* — Reg. med.

1148 G. Vaillantia Web. in Wigg.

Cime ascellari di 2-3 fiori *tutti bisessuali*. Frutti *granulosi*, c. s. e talvolta assai più piccoli. Foglie verticillate a 6-8, lanceolato-lineari, mucronate, con aculei rivolti in *basso nel margine e lungo il nervo dorsale*. Corolla *bianca*. Fusto prostrato in basso, quindi ascendente od eretto, semplice o poco ramoso, con aculei rivolti in basso, 1-4 dm. ①. (E. T. L.). — *Apr. Lug.* — Campi e macerie dal mare alla reg. subm. **1149 G. tricorne** With.

7 { Pedicelli *ascellari, uniflori*, 2-5 per verticillo, *sempre eretti*. Foglie verticillate a 4-6, lanceolato-oblunghe, *riflesse e alla fine applicate contro il fusto*, cigliato-scabre nel margine. Frutti *eretti al di sopra* delle foglie, ovoidi, irti d'aculei rigidi. ①. (M.). — *Mag. Giug.* — Luoghi erbosi reg. subm e mont.

1150 G. verticillatum Danth.

Pedicelli *estrascellari, ad 1-3 fiori, 1-2* per verticillo, *ricurvi dopo la fioritura*. Foglie in basso verticillate a 4, quindi opposte, le supreme talora solitarie, obovate o bislunghe, *patenti*, mucronate, scabre. Frutti *pendenti al di sotto* delle foglie, lineari-bislunghi, irsuti, barbati nell'apice. ①. (T. L.). — *Mar. Giug.* — Muri, rupi ecc. reg. med. **1151 G. murale** All.

8 { Infiorescenza *a cime lungam. peduncolate, formanti una pannocchia lassa*. Fusti più spesso *muniti di aculei rivolti in basso* 9

Infiorescenza *a pannocchia, talora assai raccorciata ed impoverita*. Fusti più spesso *lisci* 11

9 { Pianta *che non annerisce* col disseccamento, a fusti *fortem. scabri*. Foglie lineari-lanceolate, *cuspidato-acute*, verticillate a 6-7. Antere *gialle*. Pedicelli fruttiferi divaricati, appena più lunghi del frutto. Frutti piccoli, sagrinato-scabri. ♃. (E. presso Parma, a Porretta e sul Ventasso?). — Luoghi umidi. **1152 G. uliginosum** L.

Piante *che anneriscono* col disseccamento, a fusti *un poco scabri o lisci*. Foglie bislunghe o lineari, *ottuse, mutiche o brevem. mucronulate*, verticillate a 4-6. Antere *porporine*. 10

10 { Pedicelli fruttiferi *patenti*, divaricati ad angolo retto, *molte volte più lunghi* del frutto. Pannocchia *diffusa*, a rami *dapprima eretti od eretto-patenti*, alla fine *riflessi*. Foglie oblunghe od obovato-bislunghe, *ottuse*. Fusti gracili, prostrato-ascendenti. Frutti finam. sagrinati. ♃. (E. T. U L.). — *Mag. Ag.* — Luoghi umidi, paludosi dal mare alla reg. mont. **1153 G. palustre** L.

Pedicelli frutt. *ascendenti*, ravvicinati, assai brevi, *uguali od appena più lunghi* del frutto. Pannocchia *stretta, allungata*, a rami *patenti eretti*. Foglie lanceolato-lineari o lineari, *subacute*, ma non mucronate. Fusti gracili, ma eretti ed un po' rigidi. Frutti piccoli. ♃. (E. T. M.). — *Mag. Ag.* — Luoghi umidi e lungo i fossi dal mare alla reg. subm.

1154 G. constrictum Chaub in St. Am.

11 { Infiorescenza a pannocchia *terminale, generalm. assai sviluppata* . . . 12

Infiorescenza a pannocchia *abbreviata ed impoverita, simulante cime poste all'ascella delle foglie superiori* 17

12 { Fiori *gialli*, odorosi, in pannocchia bislunga, ramosa e fitta. Foglie verticillate a 8-12, rigide, strettam. lineari, coi margini rovesciati di sotto, lucenti di sopra, biancastre e brevem. pubescenti di sotto. Fusto eretto, semplice o poco ramoso, oscuram. angoloso, 2-5 dm. Frutti lisci, glabri. 2⅃. (It. media). — *Mag. Aut.* — Luoghi erbosi dal mare alla reg. mont. — *Caglio, Presame* . . . . **1155 G. verum** L.
Fiori *bianchi, rosso-porporini o rosei* 13

13 { Fiori *rosso-porporini*, in pannocchia piramidale. Foglie verticillate ad 8, strettam. lineari, mucronate, un po' scabre sui margini e sulla nervatura, lucide. Fusto eretto, un po' flessuoso, tetragono pubescente od anche glabro, ramosissimo, 1-3 dm. Frutti rotondi, glabri, rugosi. 2⅃. (It. media). — *Giug. Ag.* — Luoghi aridi, sassosi reg. subm. e mont.
. . . . **1156 G. purpureum** L.
Fiori *bianchi, biancastri o più di rado rosei* 14

14 { Piante *sfornite* di rami sterili. Foglie lineari o lanceolato-lineari, attenuate alle due estremità, verticillate a 6-8. Brattee lanceolato-lineari. Corolla a lobi aristati. Frutti glabri. Fusto eretto, angoloso sopratutto o soltanto in alto, glabro e glauco, più raram. un po' ispido, 7-9 dm. 2⅃. (E. T.). — *Giug. Ag.* — Boschi reg. subm. e mont. **1157 G. aristatum** L.
Piante *fornite* di rami sterili ± numerosi 15

15 { Pedicelli fruttiferi *eretti*. Fiori in pannocchia a rami tutti eretti. Foglie verticillate a 6, lineari-lesiniformi, con nervatura dorsale assai larga e depressa. Fusti rigidi, eretti od arcuato-ascendenti, tetragoni, lisci, glabri od un po' pubescenti. Frutto nero, sagrinato. 2⅃. (It. media). — *Giug. Lug.* — Luoghi aridi dal mare alla reg. mont. **1158 G. lucidum** All.
Pedicelli frutt. *patenti o più spesso divaricati o riflessi* . . . 16

16 { Pannocchia *patente-diffusa*. Frutti sagrinati. Foglie verticillate a *6-12*, lanceolate o lanceolato-lineari, mucronate, a nervatura dorsale debole ma *sporgente*. Fusto lungam. prostrato alla base, *2-3 dm.* 2⅃. (E. T.). — *Lug. Ag.* — Luoghi asciutti e sassosi reg. subm. e mont. **1159 G. rubrum** L.
Pannocchia *piramidale-eretta*. Frutti *non o poco sagrinati*. Foglie verticillate per lo più a *6-8*, assai brevi, oblungo-lanceolate, lanceolate o sublineari, mucronate, a nervatura dorsale *poco sporgente*. Fusto prostrato-ascendente, tetragono e ingrossato ai nodi, assai ramoso, *3-10 dm.* 2⅃. (E. T. M. L.). — *Mag. Giug.* — Siepi, boschi ecc. dal mare alla reg. mont. — *Caglio bianco, Pergolato* (Fig. 153). . . . . **1160 G. Mollugo** L.

17 { Fiori all'ascella dei verticilli super., sopra pedicelli brevissimi *non ramificati*, *ad 1 solo fiore*. Corolla bianca a lobi ovali-lanceolati, ottusi. Frutti rosso-scuri, glabri. Foglie per lo più a 6, in verticilli molto vicini, lineari-lesiniformi, rigide, acuminato-aristate. Fusto prostrato-ascendente, cespuglioso, 3-9 cm. 2⅃. (Alpi Ap., App. lucchese e Alpe di Catenaia nell' Aretino). — *Lug. Ag.* — Luoghi rupestri reg. subm. **1161 G. pyrenaicum** Gouan
Fiori all'ascella dei verticilli super., sopra pedicelli *ramificati, formanti delle cime talora disposte a pannocchia* 18

18 { Foglie *lineari-setacee*, lungam. aristate, percorse da un solo nervo robusto e di sotto bisolcate, con margine munito di piccoli aculei, per lo più ispido, verticillate a 7. Fiori bianchi; corolla con lobi acuti. Frutto bruno-verdastro, quasi liscio. Fusti prostrati od eretti ad angoli sottilissimi, un poco rigidi, 3-7 cm. 2⅃. (App. tosco-emil. e centr.). — *Lug. Ag.*
. . . . **1162 G. pusillum** L.
Foglie a margine liscio, più rigide e più fortem. acuminate del tipo. Cespugli più densi. (App. emil. presso il Libro Aperto). — Var. *hypnoides* (Vill.).
Foglie *lineari-lanceolate o lineari*, mucronate o *brevem. aristate*, percorse da un solo nervo od anche snervate od a nervatura poco evidente . . 19

19 { Foglie a nervatura mediana *indistinta*, sopratutto in quelle super., di colore verde-splendente e sempre liscio di sopra, verticillate a 6-8. Fiori in pannocchia raccorciata, più spesso bianchi-giallastri. Pianta piccola che annerisce ± col disseccamento, a fusto debole, prostrato 2⅃. (App. centr.). — *Giug.* — Luoghi sassosi reg. mont. e subalp. **1163 G. baldense** Spr.
Foglie a nervatura mediana *ben distinta* in tutta la lunghezza della foglia. 20

20 {
Frutto *leggerm. sagrinato o quasi liscio*, a granulazioni *ottuse*. Fiori in pannocchia patente, a rami patenti-eretti e pedicelli fruttiferi *eretti*; corolla bianca, a lobi acuti. Frutto grigio-bruno, *leggerm. sagrinato*. Foglie verticillate a 7-8, *lineari-lanceolate*, a nervo mediano sottile e prominente, mucronate. Fusti cespugliosi, gracili, diffusi, ascendenti-eretti, 1-3 dm. ♃ (E. T. U.). — *Giug.* — Luoghi erbosi e sassosi reg. mont. e subalp.
1164 G. silvestre Poll.
Frutto *scabro-ispido*, per minute granulazioni *acute*. Fiori in pannocchia terminale e laterale, a pedicelli frutt. *patenti*; corolla bianca a lobi acuti. Frutto densam. *granuloso-scabro*. Foglie verticillate a 6, le infer. *obovato-rotondate*, le super. *bislungo-lanceolate*. Fusti densam. cespugliosi, tetragoni, prostrati, 2-3 dm. ♃ (U. al Castelluccio). — *Giug. Ag.* — Luoghi erbosi reg. mont. . . . . **1165 G. hercynicum** Weig.

21 {
Fiori *bianchi, bisessuali*, in *pannocchia terminale*, a peduncoli fruttiferi *eretti o patenti, non riflessi* 22
Fiori *gialli, poligami*, in *cime ascellari*, a peduncoli frutt. *rivolti in basso* e nascondenti i frutti sotto le foglie 23

22 {
Foglie *brevem. picciolate*, coperte di radi peli *allungati e diretti in basso*, verticillate a 4, *ovali-arrotondate*, assai ottuse, *debolm.* trinervie. Fiori in pannocchia tricotoma, breve, *pauciflora, non fogliosa*; corolla a lobi quasi ottusi; pedicelli fiorali *sottili, ma non capillari*. Pianta *glabrescente, 10-30 cm.*, a fusto *gracile*, fragile, eretto, *semplice o poco ramoso.* ♃ (E. T. L.). — *Mag. Aut.* — Luoghi boschivi dal mare alla reg. mont.
1166. G. rotundifolium L.
Foglie *decisam. sessili*, coperte di peli *lunghi e patenti*, verticillate a 4, grandi, *ovali-ellittiche*, ottuse o acute, *distintam.* trinervie. Fiori in pannocchia grande, irregolare, *multiflora, fogliosa inferiorm.*; corolla a lobi ovali un po' acuti; pedicelli fiorali *capillari*. Pianta *pubescente villosa 20-60 cm.*, a fusto *meno gracile, assai ramoso.* ♃ (T. all'Elba, Giglio e Montecristo). — *Mag. Aut.* — Dal mare alla reg. mont. . . . **1167 G. ellipticum** W.

23 {
Peduncoli fiorali *provvisti* di brattee lanceolate. Fusti tetragoni, solcati, semplici, eretti od ascendenti, coperti di peli villosi patenti, 2-9 dm. Foglie verticillate a 4, *ovali-ellittiche*, ottuse, dapprima patenti, quindi riflesse, ± villoso-ispide, debolm. trinervie. Corolla a 4 lobi ovali, brevem. acuminati. Frutti glabri e lisci. ♃ (E. T. M. L.). — *Apr. Giug.* — Luoghi erbosi, siepi ecc. dal mare alla reg. mont. o talora subalp.
1168 G. Cruciata Scop.
Peduncoli fiorali *sprovvisti* di brattee 24

24 {
Pianta *annua*, a fusti *provvisti negli angoli di aculei rivolti in basso*, ad internodi *assai allungati*. Foglie *giallastre*, verticillate a 4, *ellittiche*, ottuse, pelose su ambedue le pagine, *debolm.* trinervie. Corolla a 3-4 lobi ovali, subacuti. Frutti lisci, per lo più glabri. ☉. (E. a Parma, L.). — *Apr. Giug.* — Reg. subm. e mont . . . . **1169 G. pedemontanum** All.
Pianta *perenne* a fusti *sprovvisti di aculei rivolti in basso*, ad internodi *raccorciati*. Foglie *verdi*, verticillate a 4, *ovali o lanceolate*, ottuse, glabre o pubescenti, *distintam.* trinervie. Corolla a 4 lobi acuminati. Frutti glabri e lisci. ♃ (E. T. M. L.). — *Magg. Giug.* — Boschi, siepi reg. subm. e mont., raram. in pianura . . . . **1170 G. vernum** Scop.

3. **Vailléntia** (dedic. a Vaillant, botanico francese). Fiori poligami, ordinariam. 3 ascellari, i laterali maschili, il centrale bisessuale. Fiori bisessuali a calice quasi nullo; corolla rotata 4-fida; stami 4; ovario 2-loculare con 1 ovulo per loggia, stili 2. Fiori maschili a corolla 3-fida; stami 3. Frutto a 3 corna, cui se ne può aggiungere talora un quarto dorsale, formato dalla riunione dei 3 pedicelli saldati e induriti e coronato dai denti del calice.

1 {
Pianta *glabra* o pubescente sopratutto in alto. Foglie ordinariam. *obovali*. Frutto a *4-corna*, glabro; acheni *reniformi o semilunari, lisci*. ☉. (T. M. L.). — *Mar. Giug.* — Luoghi aridi, muri e rupi reg. med. · - *Erba croce.*
1171 V. muralis L.

1 | Pianta *totalm. ispida*. Foglie ordinariam. *oblunghe*. Frutto a *3 corna, ispido* ; acheni *globosi, tubercolati*. ①. (L.). — *Apr. Mag.* — Non comune.

1172 V. hispida L.

149. *Viburnum Lantana* L.   150. *Lonicera etrusca*   151. *Asperula levigata* L.
(¹/₅).   Savi. (¹/₄).   (¹/₅).

4. **Sherárdia** (dedic. a G. Sherard, botanico inglese, morto nel 1728).

Pianta annua, verde, ispida, a fusti numerosi, gracili, semplici o ramosi, ± ruvido-scabri, 5-25 cm. Foglie infer. opposte, le medie verticillate a 4, le super. a 6, lineari-lanceolate, ispide di sopra e nei margini, liscie di sotto. Fiori 8-10 quasi sessili all'apice dei rami ; calice a 6 denti lesiniformi, persistenti nel frutto ; corolla rosea, o più raram. bianca, imbutiforme, a tubo breve e lembo 4-fido ; stami 4. Frutto secco, ispido, 2-loculare, con 1 seme semilunare per loggia, concrescente colle pareti del frutto. ①. (It. media). — *Apr. Lug.* — Luoghi coltiv. e incolti dal mare alla reg. subm., più raram. mont.; comunissima.   .   .   .   .   . ´.   **1173 S. arvensis** L.

5. **Aspérula** (da *asper* = ruvido ; alludendo ai peli radi di varie specie). Calice a lembo nullo o quasi nullo e caduco ; corolla imbutiforme o campanulata a tubo ± lungo ed a lembo a 4 o più raram. 3-5 lobi ; stami 4, raram. 3 o 5. Frutto secco od un po' carnoso, globoso, formato da 2 acheni, aderenti, non coronati dai denti del calice.

1 | Fiori *in capolini terminali* cinti da un involucro di foglie fiorali, trasformantisi gradatamente in brattee 2
| Fiori *in pannocchia o in corimbi ascellari e terminali*, muniti di foglie bratteiformi opposte 3

2 | Foglie *lineari-lanceolate o lineari*, le infer. opposte o sino a 5, le super. a 6-8, *ottuse, 1-nervie*. Fiori *azzurri, piccoli, inodori* ; stami *inclusi*. Pianta *annua* a radice fusiforme, gracile. ①. (E. T. M. Piceno, L.). — *Mar. Giug.* — Campi e luoghi incolti dal mare alla reg. subm.   **1174 A. arvensis** L.
| Foglie *ovali-lanceolate od ellittiche*, verticillate a 4, *acuminate, 3-nervie*. Fiori *biancastri, grandi, odorosi* ; stami *sporgenti*. Pianta *perenne* a rizoma strisciante. ♃. (E. T. M. Piceno, L.). — *Apr. Giug.* — Boschi reg. subm. e mont. . . . . **1175 A. taurina** L.

3 | Corolla *brevem. tubuloso-campanulata*, a lembo uguale o *più lungo* del tubo. 4
| Corolla *lungam. tubuloso-imbutiforme*, a lembo uguale o *più breve* del tubo. 7

4 { Foglie *ovali o bislungo-lanceolate*. Fiori bianchi **5**
Foglie *strettam. lineari*, almeno le super. Fiori bianchi in pannocchia corimbiforme. Piante inodore nel secco. **6**

5 {

Foglie verticillate a *6-7*, lanceolate, brevem. mucronate. Fiori in *corimbo terminale breve*. Frutto *ispido* per aculei bianchi. Pianta *odorosa* nel secco, a rizoma delicato, strisciante e a fusto eretto, tetragono, *semplice*, *1-2 dm*. ♃. (E. T. M. L.). — *Mag. Lug.* — Boschi reg. subm. e mont.
1176 A. odorata L.

Foglie verticillate a *4*, ovali-ellittiche, *mutiche*. Fiori in *pannocchia allungata*. Frutto *glabro*, un po' rugoso. Pianta *inodora* nel secco, a fusto ascendente-eretto, tetragono, *ramoso*, *3-5 dm*. ♃. (E. T. M. L.). — *Apr. Lug.* — Boschi freschi reg. med. e subm. (Fig. 151). . . . **1177 A. levigata** L.

6 {

Foglie verticillate a *6-8*, *rigide e glauche di sopra*, come il resto della pianta. Brattee *lineari*. Corolla a *4 lobi*. Pianta che *non annerisce* col disseccamento, a fusto *subcilindrico*, *ingrossato* ai nodi. ♃. (E. T. L.). — *Mag. Lug.* — Dal mare alla reg. subm.. non comune. **1178 A. glauca** Bess.

Foglie verticillate a *4-6*, le super. talvolta opposte, *non rigide, nè glauche*. Brattee *ovali*. Corolla a *3-4 lobi*. Pianta che *annerisce* col disseccamento, a fusto *tetragono, non ingrossato* ai nodi. ♃. (Parma, L.). — *Giug. Lug.* — Luoghi boschivi, rara . . . . . . **1179 A. tinctoria** L.

7 {

Corolla *rossastra*, a lembo *2-3 volte* più breve del tubo. Brattee *oblungo-acuminate*. Frutti *finam. papillosi*. Foglie *un poco slargate, lineari-acute*. Fusti radi, *ascendenti*. ♃. (E. T. M. L.). — *Giug. Lug.*
1180 A. longiflora W. et Kit.

Corolla *rosea*, a lembo *appena* più breve del tubo. Brattee *lanceolate*, mucronate. Frutti *rugoso-papillosi*. Foglie *strettam. lineari, mucronulate*. Fusti eretti o *diffusi*. ♃. (It. media). — *Giug. Lug.* — Rupi e arene marit. dal mare alla reg. mont. . . . . . . **1181 A. cynanchica** L.

152. *Rubia tinctoria* L.　　153. *Galium Mollugo* L.　　154. *Valerianella olitoria* Poll.
(¼).　　　　　　　　　　(¼).　　　　　　　　　　(¼).

6. Crucianélla (da *crux* = croce; alludendo alla disposizione delle foglie). Calice a lembo nullo; corolla imbutiforme a tubo allungato e lembo 4-5-lobato; stami 4-5; stilo 2-fido. Frutto secco, ovale, formato da 2 acheni oblunghi, aderenti fra loro, non coronati dal calice.

1 { Pianta *perenne*, legnosa alla base, a rizoma rossastro, strisciante e a fusto biancastro, ramoso, 1-3 dm. Foglie *verticillate a 4*, *oblungo-lanceolate, dure e coriacee*, mucronate, *glauche*, bianco-cartilagine nel margine. Fiori in spi-

1 { ghe *ovali o lanceolate*, larghe *1 cm.* ⚇. (T. Elba, Pianosa, L.). — *Mag. Lug.*
— Luoghi arenosi reg. med. . . . . **1182 C. marittima** L.
Piante *annue*, gracili, erbacee, a radice fibrosa. Foglie super. *verticillate a 5-6, lineari o lineari-lanceolate, verdi, erbacee*. Fiori in spighe *lineari, allungate*, larghe soltanto *2-6 mm.* 2

2 { Brattee esterne *saldate in basso fino a metà*. Foglie infer. oblungo-spatolate o lanceolate, le super. lanceolato-lineari. Fiori in spighe allungatissime e assai strette *(lunghe 6-20 cm., larghe 2-3 mm.)*, subcilindriche e lungam. peduncolate. ①. (T. presso Firenze, Maremma, Giglio, L.). — *Mar. Giug* — Dal mare alla reg. subm. . . . . . . **1183 C. latifolia** L.
Brattee esterne *libere*. Foglie tutte lineari. Fiori in spighe *(lunghe soltanto 3-6 cm. e larghe 4-6 mm.)*, *quadrangolari, brevem.* peduncolate. (T. a Sarzana, Elba). — *Giug. Lug.* — Aridi e sassosi reg. med. e subm.
1184 C. angustifolia L.

Fam. 56.ᵃ CAMPANULACEE.

Piante erbacee, raram. un po' fruticose, a succo lattiginoso. Foglie, semplici, alterne, senza stipole. Calice supero o quasi, a 5 divisioni, raram. meno. Corolla monopetala, epigina, regolare, raram. irregolare, a 5 divisioni. Stami 5 liberi o con antere saldate alla base. Ovario con 2-5 logge, con molti ovuli anatropi; stilo semplice, peloso; stimmi 2-5. Frutto cassulare, ordinariam. sormontato dal calice persistente e dalla corolla marcescente, a 2-5 logge, con più semi, dehiscente per pori o valve; semi piccoli, con albume carnoso ed embrione quasi cilindrico.

CHIAVE DEI GENERI.

1 { Corolla irregolare. Antere saldate in tubo . . . . 7 LAURENTIA
\ Corolla regolare. Antere libere, più raram. riunite alla base . . . 2

2 { Antere riunite alla base. Corolla ruotata con lobi stretti, allungati. 1 JASIONE
\ Antere libere 3

3 { Corolla imbutiforme, a tubo lungo, sottilissimo. Stami a filamenti poco o punto dilatati alla base . . . . 6 TRACHELIUM
{ Corolla ruotata, a lobi stretti, lineari. Stami a filamenti molto dilatati alla base . . . . 2 PHYTEUMA
\ Corolla ruotata, campanulata o tubulosa, a lobi ± larghi 4

4 { Stami a filamenti poco o punto dilatati alla base . . . 4 SPECULARIA
\ Stami a filamenti assai dilatati alla base 5

5 { Frutto deiscente per pori o valve all'apice framezzo ai sepali.
5 WAHLEMBERGIA
\ Frutto deiscente per pori o fessure lateralm. sotto ai sepali. 3 CAMPANULA

1. Jasione (da ιασις = guarigione; alludendo a delle pretese proprietà medicinali).

Pianta priva di stoloni, a fusti numerosi, il centrale eretto, gli altri patenti od ascendenti. Foglie lanceolate, ondulate, ispide, ordinariam. munite all'ascella di un fascetto di piccole foglie. Fiori in capolini globulosi, circondati da un involucro di 12-20 brattee crenate, dentate od anche intere; corolla ruotata a tubo breve e a 5 lobi stretti, allungati; stami 5 a filamenti liberi e glabri e ad antere riunite un po' alla base. Cassula subglobosa, 2-loculare. ① ⚇. (It. media, Elba, Giglio, Capraia). — *Mar. Sett.* — Dal mare alla reg. mont. . . . . **1185 J. montana** L.

2. **Phytèuma** (da φυτευμα = pianta vigorosa; alludendo alla radice carnosa di varie specie). Fiori in capolino od in spiga, provvisti di brattee. Corolla a tubo brevissimo, a 5 lobi lineari, dapprima aderenti all'apice e formanti una specie di tubo arcuato; stami a filamenti dilatati alla base e pelosi; stilo con 2-3 stimmi incurvati all'infuori. Cassula subglobosa, a 2-3 logge, deiscente lateralm. per 2-3 pori.

1 { Brattee *ovali od ovali-lanceolate, a base arrotondata*. Fiori in capolini *globosi*. 2
  { Brattee *lineari, ristrette alla base*. Fiori in capolini *ovali, quindi cilindrici*. 3

2 { Fusto di *3-15 cm*. Foglie *tutte strettissime, lineari o lineari-lanceolate, intere o quasi, sessili*. ♃. (App. tosco-emil., umbro-piceno, romano sul m. Viglio). — *Giug. Ag.* — Pascoli reg. mont. ed alp.   **1186 Ph. hemisphaericum** L.
  { Fusto di *1-8 dm*. Foglie *infer. cuoriformi oblunghe o lanceolate, crenato-seghettate, lungam. picciolate, le super. sessili*, simili alle altre. Pianta polimorfa. ♃. (Alpi Ap., App. tosco-emil. e centr.). — *Giug. Sett.* — Prati e boschi dalla reg. subm. all'alp. . . . . . **1187 Ph. orbiculare** L.

3 { Brattee *eguali* ai fiori inferiori *o più brevi*, *poco* più lunghe che larghe. Stimmi 2 o 8, talvolta sullo stesso individuo. ♃. (Alpi Ap., App. emil., tosc. fino al m. Amiata). — *Mag. Ag.* — Prati e boschi dal piano alla reg. subalp.
                                  1188 Ph. Michelii All.
     Foglie infer. lanceolate o lineari-lanceolate, lungam. picciolate. Stami a filamenti cigliati. Stimmi per lo più 2. *a. scorzoneraefolium* (Vill.).
     Foglie infer. cuoriformi o cuoriformi-bislunghe, brevem. o lungam. picciolate. Stami a filamenti per lo più glabri. Stimmi di solito 3. *b. betonicaefolium* (Vill.).
  { Brattee *più lunghe* dei fiori infer., *assai* più lunghe che larghe . . . 4

4 { Corolla *bianca o bianco-giallastra*, più raram. azzurro-pallida. Stami a filamenti *glabri o quasi*. Foglie infer. *un poco meno* lunghe che larghe, *debolm.* nervate, crenate o dentate. Pianta di *3-7 dm*. ♃. (App. parmigiano e modenese). — *Giug. Lug.* — Boschi e prati reg. submont. e mont.
                                  1189 Ph. spicatum L.
  { Corolla *violaceo-scura*, raram. bianca o bianco-giallastra. Stami a filamenti *villoso-lanosi alla base*. Foglie infer. *quasi tanto* lunghe che larghe, *fortem.* nervate, la maggior parte disgualm. seghettate. Pianta robusta di *7-12 dm*. ♃. (Alpi Ap., App. emil., tosc. fino al m. Amiata). — *Giug. Ag.* — Boschi e prati reg. submont. e mont. . . . . **1190 Ph. Halleri** All.

3. **Campànula.** Fiori diversamente disposti. Corolla di solito campanulata o tubuloso-campanulata, a 5 lobi ± profondi; stami a filamenti ± dilatati alla base; stilo con 2-3, raram. 5 stimmi. Cassula a 3-5 logge, deiscente per 3-5 pori o fessure laterali sotto ai sepali.

1 { Foglie florali *opposte*. Corolla *piccola*, lunga circa 6-9 mm., *un po' irregolarm.* *5-lobata*, azzurra; stami *disuguali*. Cassula pendente, 3-loculare. Fusto eretto od ascendente, ramosissimo, quasi sempre ispido, 1-2 dm. ①. (T. M. L.). — *Mag. Giug.* — Campi, rupi, macerie dal mare alla reg. subm.
                                  1191 C. Erinus L.
  { Foglie florali, quando esistono, *alterne*. Corolla *più grande*, divisa in *4-5 (raram. 6) lobi uguali*; stami *uguali* 2

2 { Calice *munito* fra ciascun lobo di un'appendice riflessa sul tubo. Stimmi 3-5. Cassula *3-5-loculare*. 3
  { Calice *non munito* fra ciascun lobo di un'appendice riflessa sul tubo. Stimmi *3*. Cassula *3-loculare* 4

3 { Cassula *3-loculare*. Stimmi 3. Fiori pendenti, *in pannocchia terminale*; corolla lunga *17-26 mm.*, rosso-violacea o più raram. lilacina o bianca. Fusto eretto, ottusam. angoloso, ramoso o più raram. semplice, brevem. ispido, 2-4 dm. ♃. (E. M.). — *Mag. Giug.* — Luoghi sassosi od arenosi dal mare alla reg. subm. e talora mont. . . . **1192 C. sibirica** L.

3 { Pianta più rigogliosa, a fiori più grandi. — (E., m. Mauro nel Faentino). — Var. *divergens* (W.).

Cassula *5-loculare*. Stimmi 5. Fiori pendenti, *solitari*; corolla lunga 4-5 cm., azzurra o più raram. bianca. Fusto eretto semplice o ± ramoso. rotondo od un po' angoloso, peloso ispido, 3-4 dm. ①. (Pavese, Parmig., T.. L. fra Porto e Fiumicino). — *Mag. Sett.* — Luoghi incolti ed aridi dal mare alla reg. mont. — *Giuliette, Erba media* . . . **1193 C. Medium** L.

4 { Fiori *sessili o quasi*, in capolini *terminali o laterali*, oppure in *spiga* . 5
Fiori *evidentem. peduncolati*, in spighe o racemi, raram. solitari su ciascun ramo 8

5 { Fiori *in spiga* lunga, fogliosa, muniti di 2 brattee lineari : calice a lobi lineari; corolla azzurra, campanulato-imbutiforme, lunga 16-30 mm., ± pelosa specialm. nell'interno; stilo rinchiuso. Foglie ravvicinate alquanto fra loro, lanceolato-acuminate, tutte leggerm. ondulate, finam. dentate nei margini. Pianta ispida, a radice carnosa, a fusto eretto, per lo più semplice, 2-6 dm. ②. (Alpi Ap., App. tosc. e piceno). — *Giug. Ag.* — Luoghi aridi e sassosi nelle reg. subm. e mont. . . . . **1194 C. spicata** L,
Fiori *in capolini terminali od ascellari* 6

6 { Foglie infer. *oblunghe, lanceolate*, attenuate in lungo picciolo alato. Calice assai ispido; corolla lunga appena 20 mm., azzurro-chiara o violacea. raram. bianca. Pianta ispida, a radice grossa, carnosa e fusto eretto, semplice, fortem. angoloso, verde o porporino, 5-8 dm. ②. (It. media). — *Ag. Sett.* — Rupi e muri reg. mont. . . . . **1195 C. Cervicaria** L.
Foglie infer. ± *cuoriformi od anche arrotondate alla base* . . . 7

7 { Foglie *leggerm. od oscuram. seghettate*. Brattee *più brevi* dei fiori. Tubo del calice *peloso*. Corolla azzurra, lunga 10-30 mm., pelosetta, divisa fino ad ¹/₃ in lobi ovali. Stilo *più breve* della corolla. Pianta a rizoma un po' legnoso e fusto eretto, *pieno*, semplice e debolm. angoloso, 5-90 cm. ②. (App. sett. e centr.). — *Giug. Sett.* — Prati e luoghi sterili sassosi fino alla reg. mont. **1196 C. glomerata** L.
Foglie *doppiam. seghettate*. Brattee *subeguali ai fiori*. Tubo del calice *glabro o sparsam. peloso*. Corolla azzurra, sparsam. pelosa, divisa fino ad ¹/₃ in lobi oblunghi, acuti, ricurvi. Stilo *subeguale o talora un po' più lungo* della corolla. Pianta a rizoma c. s. e fusto eretto, leggerm. flessuoso, *cavo*, semplice, striato. 2-4 dm. ②. (App. piceno, umbro e romano). — *Lug. Ag.* — Prati e boschi reg. mont. . . . . **1197 C. foliosa** Ten.

8 { Cassula *pendente*, deiscente per pori o fessure situati alla base . . . 9
Cassula *eretta* 14

9 { Fusti floriferi nascenti *lateralm.* alle rosette fogliari. Lobi calicini *strettam. lanceolato-lesiniformi o lineari-lesiniformi a seni ottusi* 10
Fusti floriferi nascenti *in mezzo* alle rosette fogliari. Lobi calicini *largam. lanceolati od ovali-lanceolati a seni acuti* 11

10 { Corolla *subemisferico-campanulata, rotondata* in basso. Antere *carnicine, lineari-triangolari, più brevi* del filamento. Stilo peloso fino *circa alla metà, ma non oltre*. Foglie basali *persistenti, ovali cuoriformi*, dentate, le cauline infer. ravvicinate, ovali o lanceolate, dentate picciolate, le super. lineari, intere, sessili. Pianta pelosa. 4-15 cm. ②. (Alpi Ap., App. emil., tosc. e piceno). — *Giug. Ag.* — Pascoli e boschi dalla reg. subm. alla subalp. **1198 C. Bellardi** All.
Corolla *imbutiforme-campanulata, ristretta* in basso. Antere *giallo-pallide o biancastre, lineari, uguali o più lunghe* del filamento. Stilo peloso fino *alla metà o più spesso oltre*. Foglie basali *spesso distrutte, profondam. scavate in cuore alla base*, ovali o reniformi, crenate o seghettate, le cauline oblungo-lanceolate, lanceolato-lineari o lineari, intere o denticolate. Pianta glabra o pubescente. *1-6 dm.* ②. (App. sett. e centr., L.). — *Giug. Ag.* — Luoghi rupestri e boschivi reg. subm. e mont. o più raram. in pianura o nella reg. subalp. . . . . **1199 C. rotundifolia** L.
Foglie basali *cuoriformi*, consistenti e quasi coriacee, *seghettate*, le cauline lineari-lanceolate. ottusette, *quelle infer.* ± *lungam. picciolate*. Calice a lobi lineari *generalm. riflessi*. Corolla lunga *10-20 mm*. Rizoma *ingrossato*. (App. umbro-piceno, L.). — Var. *macrorrhiza* (Gay in DC. f.).
Foglie basali *ovato-sinuate o cuoriformi, meno profondam.seghettat*,

10   le cauline lanceolate-lineari, *tutte sessili o quasi*. Calice a lobi lanceolato-lesiniformi, *eretti o patenti*. Corolla lunga *23-40 mm*. Rizoma *non o poco ingrossato*. (App. bolognese). — Var. *Scheuchzeri* (Vill.),

11 { Fiori *grandi*, *3-5 cm.*, eretti, in racemi *fogliati*; calice a lobi *eretti*. Fusti robusti, *angolosi o solcati* 12
{ Fiori *mezzani*, *1-3 cm.*, pendenti, in racemi spiciformi *non fogliati*; calice a lobi *patenti o riflessi*. Fusti assai robusti, *rotondati* 13

12 { Foglie basali ed infer. ± *cuoriformi alla base*. Fiori di *3-4 cm.*, a 2-3 sopra peduncoli corti ed ascellari e muniti *alla base* di 2 piccole bratteole; calice *più spesso ispido*. Pianta *peloso-irsuta*, a fusti assai *ruvidi*. 2f. (It. media). — *Giug. Ott.* — Boschi, siepi dalla reg. med. alla mont. — *Imbutini*.
                1200 C. Trachelium L.
{ Foglie infer. *attenuate in picciolo o rotondate, mai cuoriformi alla base*. Fiori di *4-5 cm.*, *solitari*, brevem. peduncolati e muniti di 2 bratteole *inserite al disotto della metà dei peduncoli*; calice *glabro o soltanto un po' lanoso*. Pianta *finam. pubescente*, a fusti *lisci*. 2f. (App. tosc. e umbro). — *Giug. Ag.* — Boschi o prati reg. subm. e mont. . . . **1201 C. latifolia** L.

13 { Foglie ovali lanceolate e cuoriformi alla base, *verdi e pubescenti sulle due pagine*. Fiori di *2-3 cm.*, in racemo unilaterale, *lasso*; calice a lobi *riflessi dopo la fioritura*; corolla a lobi *cigliati*. Rizoma *provvisto di stoloni striscianti*; fusto eretto arrotondato od ottusam. angoloso, brevem. peloso o glabro, semplice o ramoso, di solito rossastro, *alto 5-10 dm. od anche meno*. 2f. (App. parmigiano e bolognese, L. a Vicovaro). — Luoghi selvatici o coltiv. reg. subm e mont. . . . . **1202 C. rapunculoides** L.
{ Foglie basali e inf. cuoriformi-lanceolate, le super. ovali-cuoriformi, *biancotomentose di sotto*. Fiori di *1-2 cm.*, in racemo spiciforme, *compatto*; calice a lobi sempre *patenti*; corolla a lobi *glabri*. Radice grossa, *fusiforme, priva di stoloni*; fusto eretto, semplice, tomentoso-biancastro ed in alto ottusam. angoloso, *3-5 dm.* 2f. (App. emil., tosc. e umbro). — *Giug. Ag.* — Pascoli asciutti e luoghi selvatici reg. subm. . . . **1203 C. bononiensis** L.

14 { Cassula deiscente per pori o fessure situati *alla base*. Fiori pochi in racemo terminale; calice a lacinie subeguali alla corolla e questa allargata a forma di scodella. Foglie basali cuoriformi-ovali e rotondate, le cauline più piccole, ovali o lanceolate. Fusto ascendente, cilindrico, grossetto, con rami prostrati od eretti, *1-4 dm.* 2f. (L.). — *Giug. Sett.* — Rupi calcaree e muri dal mare alla reg. subm. . . . . . . **1204 C. fragilis** Cyr.
{ Cassula deiscente per pori o fessure situati *nel mezzo o nella parte super. sotto i lobi del calice* 15

15 { Fiori *grandi*, *3-4 cm.*, in racemo semplice e stretto; calice a lobi *lanceolatolineari*; corolla *tanto larga quanto lunga*, divisa appena fino a $1/4$, a lobi largam. ovali. Pianta *glabra e liscia*, a rizoma spesso *strisciante*. 2f. (It. media). — *Mag. Ag.* — Boschi e prati reg. subm. e mont.
                1205 C. persicaefolia L.
{ Fiori *mezzani, di appena 2 cm.*, in pannocchia o in racemo a rami moltiflori; calice a lobi *lineari*; corolla *più lunga che larga*, divisa almeno fino a $1/3$, a lobi *lanceolati*. Piante *pubescenti a radice a fittone* 16

16 { Fiori *azzurri*, numerosi, in *racemo lungo stretto*, munito alla base di rami brevi ed eretti; bratteole inserite *alla base dei peduncoli*; corolla divisa fino a $1/3$, a lobi *poco patenti*. Cassula obconica. Radice *ingrossata, carnosa, fusiforme*. ②. (It. media, Elba). — *Mag. Sett.* — Luoghi erbosi, boschi ecc. dal mare alla reg. mont. . . . . **1206 C. Rapunculus** L.
{ Fiori *azzurro-violetti*, in *pannocchia ampia ed assai sviluppata*, a rami allungati, patenti-eretti; bratteole inserite *quasi alla metà dei peduncoli*; corolla divisa fino a metà, a lobi *patentissimi*. Cassula ovoideo-allungata. Radice *poco ingrossata, legnosa*, allungata. ②. (E. a Bobbio e Parma). — *Mag. Ag.* — Prati, siepi reg. subm. e mont. . . . . . . **1207 C. patula** L.

4. **Specularia** (da *speculum* = specchio; alludendo al lembo piano della corolla). Fiori mai pendenti. Tubo del calice allungato, triangolare, diviso in 5, raram. 4-3 lobi lineari; corolla ruotata o largam. campanulata; stimmi 3 alla fine arricciati in su. Cassula tri-

angolare, prismatica, deiscente per 3 valve che si sollevano dal basso all'alto.

1 {
Lobi calicini *subeguali* al lembo della corolla, strettam. lanceolato-lineari od anche ovali-lanceolati. Foglie cauline sessili non cuoriformi-abbraccianti alla base. ①. (It. media). — *Apr. Lug.* — Campi e luoghi coltiv. dal mare alla reg. subm. — *Billeri rossi, Specchio di Venere.* **1208 S. Speculum** DC.
Lobi calicini *più lunghi* del lembo della corolla 2
}

2 {
Fiori *ascellari, formanti una spiga*. Lobi del calice *lunghi quanto* il tubo lanceolato-lineari, *strettissimi, spesso curvati in falce.* Foglie obovali, *debolm' ondulato-crenulate.* ①. (T., Montecristo, L.). — *Apr. Giug.* — Campi e luoghi selvatici dal mare alla reg. subm. . . . . **1209 S. falcata** DC
Fiori *in corimbo terminale.* Lobi del calice *più brevi* del tubo, oblunghi od oblungo-lanceolati, *larghetti, diritti.* Foglie obovali od oblunghe, *fortem. increspato-crenulate.* ①. (It. media). — *Apr. Lug.* — Luoghi coltiv. ed incolt. dal mare alla reg. subm. . . . . . . **1210 S. hybrida** DC[i]
}

5. **Wahlenbèrgia** (dedic. a G. Wahlenberg, botanico svedese, morto nel 1784).

Fusto semplice eretto od ascendente, 4-20 cm. Foglie alcune brevi, lineari-spatolate, altre lunghe e lineari, morbido-pubescenti, cigliate solo verso la base, nel resto glabre o pelose. Brattee ovali alla base e gradatam. ristrette dal basso in alto. Fiori 2-7 in capolini terminali; calice a lobi largam. lanceolati; corolla tubuloso-campanulata, lunga 18-20 mm., divisa fino ad $1/3$ in lobi pelosi lungo il dorso, glabra nel resto, violaceo-azzurra; stilo più corto della corolla, bifido nell'apice. Cassula conica, 2-loculare. ♃. (App. umbro-marchig., L.). — *Mag. Lug.* — Luoghi rupestri e sassosi reg. subm. e mont. **1211 W. graminifolia** DC.

6. **Trachèlium** (da τραχυς = rude; alludendo alle asperità di alcune specie).

Fusto suffruticoso alla base, eretto, rotondo, glabro, spesso rossastro, ramoso, 4-6 dm. Foglie alterne, picciolate, ovali o lanceolate, seghettate, glabre. Fiori numerosi, in corimbi terminali, a peduncoli e pedicelli filiformi, muniti alla base di una brattea; calice 5-fido, a lobi lineari-lanceolati, eretti; corolla a tubo lungo, a 5 lobi stretti, patenti, violaceo-chiara; stami 5, a filamenti poco o punto dilatati alla base, ad antere libere; stilo dapprima rinchiuso, quindi per metà sporgente dalla corolla, a 2 stimmi. Cassula quasi tonda, triangolare, 3-loculare, deiscente per 3 pori alla base delle logge. ♃. (T. L.). — *Mag. Sett.* - Rupi e muri umidi. **1212 T. caeruleum** L.

7. **Laurèntia** (dedic. a Marco Ant. Laurenti, botanico bolognese del XVII secolo).

Pianta caulescente a fusto debole, sdraiato od ascendente od eretto, flessuoso, 3-10 cm. Foglie brevem. picciolate, crenate, le infer. obovato-spatolate, le super. bislungo-spatolate, tutte ottuse all'apice. Fiori su peduncoli ascellari e terminali, muniti presso la metà di 1 o 2 bratteole; calice a tubo ovale, a 5 lacinie lineari; corolla irregolare, a tubo cilindrico ed a lembo bilabiato, col labbro super. 2-lobo, l'infer. 3-lobo; stami 5, a filamenti liberi e ad antere saldate in tubo. Cassula 2-loculare, deiscente all'apice per 2 valve. ①. (T. nelle Alpi Ap., presso Pisa, Massa, Lucca, Orbetello, Capraia, Elba, Giglio, L. da Civitavecchia a Terracina e altrove). — *Mag. Ag.* — Luoghi umidi e paludosi reg. med. e talvolta subm. **1213 L. Michelii** DC.

Fam. 57.ª CUCURBITACEE.

Erbe a fusto munito di viticci, prostrate o rampicanti. Foglie alterne, senza stipole, palminervie. Fiori monoici o dioici, regolari, Calice supero, a 5 lobi. Corolla monopetala a 5 divisioni ± profonde. Stami 5, qualche volta 3, con filamenti ed antere libere o connate. Ovario infero a 3-5 logge; stilo breve, diviso in 3-5 stimmi. Frutto carnoso (peponide), con molti semi schiacciati, con guscio crostaceo o coriaceo, senza albume e con embrione diritto a cotiledoni piani.

CHIAVE DEI GENERI.

1 { Pianta dioica, rampicante, viticciosa. Frutto globuloso, eretto, liscio, rosso alla maturità . . . . 1 BRYONIA
Pianta monoica, strisciante, senza viticci. Frutto bislungo, pendente, ruvido, irsuto, verdastro, deiscente con elasticità e lanciante a distanza i semi.
2 ECBALLIUM

1. **Bryònia** (da βρείν = crescere, germogliare; alludendo all'accrescimento rapido della pianta).

Pianta ispida per peli brevi e radi, a fusto ramoso, rampicante, provvisto di viticci avvolti a spira, opposti alle foglie. Foglie palmatolobate, a 5 lobi acuti, sinuato-dentati. Fiori verdastri, dioici, in fascetti ascellari; i maschili più grandi e assai più lungam. peduncolati; corolla giallo-livida, a segmenti ovali-oblunghi, ottusi, più lunghi del calice. Bacca dapprima verde, quindi rossa, della grossezza d'un pisello. ♃. (It. media, Elba). — *Mag. Giug.* — Siepi e macchie dal mare alla reg. subm.   **1214 B. dioica** Jacq.

2. **Ecbàllium** (da εκβάλλειν = lanciare; pel contegno del frutto, che lancia i semi a distanza).

Pianta verrucoso-ispida, a fusto prostrato, succulento, senza viticci, angoloso e ramoso. Foglie ovali od ovali-oblunghe, quasi astate alla base, cuoriformi o troncate, crespo-ondose nel margine. Fiori giallastri, monoici, i maschili e i feminei nell'ascella della stessa foglia, ma di regola su peduncoli distinti. Frutto grosso, oblungo, pendente, ruvido-irsuto, verdastro, a maturità staccantesi dal peduncolo e lanciante a distanza i semi per il foro apertosi all'inserzione del medesimo. ♃. (It. media, Elba, Montecristo). — *Mag. Ag.* — Luoghi incolti, strade, specialm. lungo il mare fino alla reg. subm. — *Cocomero asinino, Schizzi, Sputaveleno.* (Fig. 132).
          1215 E. Elaterium A. Rich.

Fra le piante appartenenti e questa famiglia sono frequentemente coltivate le Zucche *(Cucurbita maxima, C. Pepo)*, il Cocomero (*Cucumis Citrullus*), il Popone (*Cucumis Melo*) e il Cetriuolo (*Cucumis sativus*).

Fam. 58.ª LONICERACEE.

Piante fruticose od anche arborescenti. Foglie opposte, con o senza stipole. Fiori ermafroditi. Calice a tubo aderente all'ovario e lembo brevissimo, con 3-5 denti o lobi. Corolla monopetala a 4-5 lobi. Stami 4-5 a filamenti liberi, ad antere versatili. Ovario infero a 3-5 logge; stilo semplice o nullo. Frutto bacca o drupa; embrione diritto in un albume carnoso.

CHIAVE DEI GENERI.

1 { Corolla irregolare, bilabiata. Stami inseriti sul tubo della corolla. Stilo filiforme. Frutto bacciforme, 3-loculare, a 2-3 semi per loggia. 3 LONICERA
Corolla regolare, ruotata o ruotato-campanulata. Stami inseriti sulla fauce della corolla. Stilo quasi nullo. Frutto drupaceo 2

2 { Foglie semplici. Frutto con un seme . . . . . . 2 VIBURNUM
Foglie composte. Frutto con 3-5 semi . . . . 1 SAMBUCUS

1. **Sambùcus.** Calice a 5 lobi. Corolla ruotata, a tubo brevissimo e lembo 5-lobato. Stami 5 inseriti sulla fauce della corolla, ad antere estrorse. Stimma sessile, a 3 lobi. Frutto drupaceo 3-loculare o spesso 1-loculare per aborto dei setti, con 3-5 semi.

1 { Fusto *erbaceo*. Stipole *fogliacee*. Fiori in corimbi, bianchi o bianco-rosei. Foglie grandi, pennatosette, a 5-9 segmenti lanceolato-acuminati e dentato-seghettati, talora laciniati. Drupa subglobosa, nera con succo rosso-sangue. ♃. (It. media). — *Mag. Lug.* — Siepi, argini e lungo le strade dal mare alla reg. mont. — *Colore, Ebbio, Lebbio* . . . **1216 S. Ebulus** L.
Fusto *legnoso*. Stipole *quasi nulle* 2

2 { Fiori in *corimbi*, bianco-giallognoli, assai odorosi, *i laterali sessili*. Drupa globosa, nerastra od anche verde, o bianca, o infine variegata di bianco e giallo. Foglie pennatosette, a 5-7 segmenti, ovali-lanceolati, dentato-seghettati. ♄. (E. T. L.). — *Apr. Mag.* — Siepi, boschi ecc. dal mare alla reg. mont. — *Sambuco* . . . . **1217 S. nigra** L.
Fiori in *pannocchia ovata*, compatta, biancastri, *tutti pedicellati*. Drupa globosa, rossa. Foglie pennatosette, a 3-7 segmenti, ovali-lanceolati, seghettati. ♄. (App. moden., bologn. e tosc.). — *Apr. Mag.* — Boschi e luoghi sassosi dalla reg. subm. alla subalp. — *Sambuco di montagna*.
1218 S. racemosa L.

2. **Vibùrnum** (da *vincire* = legare; per la flessibilità dei rami). Calice brevissimo, 5-dentato. Corolla ruotata o ruotato-campanulata, 5-lobata. Stami 5 inseriti sulla fauce, ad antere introrse. Stilo quasi nullo, con 3 stimmi. Frutto drupaceo, 1-loculare e contenente 1 solo seme.

1 { Foglie *persistenti, intere*, ovali-oblunghe. Drupa subglobosa, violaceo-scura alla maturità, a semi ovoidi. Arbusto ramoso, sempreverde, alto 1-2 m. ♄. (E. T. M. Piceno, L.). — *Gen. Ag.* — Boschi reg. med., più raram. subm. — *Lentaggine* . . . . **1219 V. Tinus** L.
Foglie *caduche, dentate o lobate*. 2

2 { Foglie *dentate*. Fiori *tutti fertili ed uguali*. Drupa *ovale, compressa, verde, quindi rossa, alla fine nera*, a semi cornei, ovali, assai compressi; *con 2 solchi longitudinali*. Arbusto ramoso, alto *1-2 m.* ♄. (E. T. M.). — *Apr. Giug.* — Luoghi selvatici dalla reg. subm. alla subalp. — *Lantana*. (Fig. 149).
1220 V. Lantana L.
Foglie *lobate*. Fiori *periferici sterili, con corolle grandi, irregolari, i centrali fertili e regolari*. Drupa *globosa, non compressa, di un rosso-vivo*, a semi ovali *non solcati*. Arbusto ramoso, alto *2-5 m.* ♄. (E. T. L. raro). — *Mag. Giug.* — Boschi umidi, siepi e luoghi paludosi dal mare alla reg. subm. — *Pallon di neve*. . . . . **1221 V. Opulus** L.

3. **Lonicera** (dedic. ad Ad. Lonicer, medico-botanico tedesco). Fiori ordinariam. irregolari. Calice a tubo breve, 5-dentato. Corolla tubulosa, a lembo diviso in 2 labbra, il super. a 4 lobi, l'infer. intero. Stami 5 inseriti sul tubo della corolla, ad antere introrse. Stilo filiforme, a stimma 3-lobo o più raram. intero. Frutto bacciforme 3-loculare, a 2-3 semi per loggia.

1 { Fusti sarmentosi, *volubili*. Fiori *parecchi verticillati*. Calice *persistente* . ' 2
   { Fusti eretti. *non volubili*. Fiori *appaiati o solitari*. Calice caduco . . 5

2 { Fiori in capolini *sessili*, al centro dell'ultimo paio di foglie. Foglie *cinte da*
      uno stretto margine trasparente 3
   { Fiori in capolini *lungam. peduncolati*, e quindi allontanati dall'ultimo paio di
      foglie. Foglie *senza margine* trasparente 4

3 { Foglie *persistenti, bislunghe*. Stilo *di solito pubescente*. Bacche glabre e glauche. Brattee obovate. Corolla per lo più sparsam. pelosa. Foglie infer. connato-oblunghe od anche connato-subcuoriformi. 5. (T. M. L.). — *Apr. Giug.* — Luoghi selvatici, siepi reg. med. raram. subm. **1222 L. implexa** Ait.
      Brattee rotondate e glandolose all'apice, con peli lunghi, patenti. Corolla ed organi sessuali peloso-glandolosi. (T.). — Var. *adenocarpa* (Guss.).
   { Foglie *caduche, ovali-arrotondate*. Stilo *glabro*. Bacche rosso-vive. Corolla roseo-porporina o bianco-giallastra. Foglie ellittico-suborbicolari, un po' coriacee, verdi-cupe superiorm., verdi-glauche inferiorm., intere. 5. (It. media). — *Apr. Lug.* — Siepi, macchie ecc. dal mare alla reg. subm. — *Madreselva, Caprifoglio* . . . . **1223 L. Caprifolium** L.

4 { Foglie *obovali-ottuse*, un poco coriacee. le super. *connato-perfoliate*. Corolla *glabra*. Denti del calice *un po' acuti*. 5. (E. T. M. L.). — *Magg. Giug.* — Luoghi selvatici dal mare alla reg. subm. (Fig. 150). **1224 L. etrusca** Savi
   { Foglie *ovali-lanceolate*, acute, molli, erbacee, le super. sessili, *ma libere, non connate*. Corolla *pubescente-glandolosa*. Denti del calice *lanceolato-acuti*. 5. (T.). — *Mag. Giug.* — Luoghi selvatici dal mare alla reg. mont. **1225 L. Periclymenum** L.

5 { Bacche *saldate completam. fino all'apice*, di color rosso. Fiori irregolari, 3-4 volte più brevi del peduncolo glabro. Foglie ovali, acuminate. 5. (E. T. Piceno, L.). — *Giug. Lug.* — Boschi reg. subm. e mont. **1226 L. alpigena** L.
   { Bacche *quasi distinte* 6

6 { Peduncoli *pelosi, subeguali* ai fiori. Brattee *lanceolate o lineari*. Bacche *rosse*. 5. (E. T. M. U.). — *Mag. Giug.* — Luoghi selvatici reg. subm. e mont. **1227 L. Xylosteum** L.
   { Peduncoli *glabri, 3-4 volte più lunghi* dei fiori. Brattee *ovali*. Bacche *nere*. 5. (App. tosco-emil e marchig.). — *Apr. Lug.* — Boschi reg. mont. e subalp. **1228 L. nigra** L.

Fam. 59.ª **ADOSSACEE.**

1. **Adòxa** (da ἄδοξος = senza apparenza; per la poca apparenza dei fiori). Calice a 2-3 lobi patenti, ottusi; corolla ruotata a 5 divisioni profonde; stami 4-5, a filamenti bipartiti, quindi in apparenza 8-10, portanti ciascuno una loggia dell'antera. Bacca a 4-5 logge, sormontata da 2-3 denti triangolari; semi 4-5 compressi, a margine membranoso.

Pianta delicata, glabra, 5-15 cm., a fusto erbaceo, gracile, semplice, eretto, portante 2 foglie opposte, ternate, brevem. picciolate; foglie basali lungam. picciolate, biternate, a lobi ottusi. Fiori verdastri, 4-6 sessili in capolino ter-

minale; peduncolo frutt. curvato. Bacca quasi drupacea, globosa, verdastra. ♃. (It. media). — *Mar. Giug.* — Luoghi freschi ombrosi reg. subm. e mont.
1229 A. Moscatellina L.

Fam. 60.ᵃ VALERIANACEE.

Piante erbacee. Foglie opposte, senza stipole. Fiori per lo più irregolari. Calice supero a lembo nullo o dentato, eretto o a divisioni avvolte in dentro, accrescenti, piumose. Corolla imbutiforme, a tubo qualche volta gibboso o spronato, a lembo diviso in 5 lobi disuguali. Stami 1-5 inseriti verso la base del tubo della corolla. Ovario infero a 3 caselle, di cui 2 di solito sterili, l'altra fertile con 1 ovulo pendente all'angolo interno della casella; stilo 1 filiforme con 1-3 stimmi. Frutto secco (achenio), coronato dal calice, con 1 seme pendente, a guscio membranoso; embrione diritto, cotiledoni bislunghi e radichetta cilindrica.

CHIAVE DEI GENERI.

1 { Stami **1**. Corolla spronata alla base. Frutto coronato dalle divisioni del calice, trasformate in pappo piumoso . . . . . . **2 Centranthus**
 { Stami **3**. Corolla non spronata o soltanto un po' gibbosa alla base . . 2

2 { Frutto senza pappo piumoso. Corolla non spronata . **3 Valerianella**
 { Frutto con pappo piumoso. Corolla un po' gibbosa alla base. **1 Valeriana**

1. Valeriàna (da *valere* = essere sano; per le virtù medicinali della specie principale). Fiori ermafroditi o dioici. Lembo del calice dapprima avvolto in dentro, poi accrescentesi in lunghe setole piumose. Corolla a 5 lobi, soltanto un po' gibbosa. Stami 3. Frutto 1-loculare per aborto, coronato dai denti del calice trasformati in pappo piumoso.

1 { Fiori *tutti ermafroditi*. Fusto di *8-15 dm.*, a rizoma odoroso . . . 2
 { Fiori *dioici o poligami*, raram. in parte ermafroditi. Fusto di *3-4 dm.* soltanto 3

2 { Foglie *tutte impari-pennate*, a 3-11 paia di segmenti lanceolati, interi o leggerm. inciso-dentati. Rizoma *di solito provvisto di stoloni*. Corolla rosea, raram. bianca, odorosa. ♃. (E. T. M. L.). — *Apr. Lug.* — Boschi umidi ed ombrosi dal mare alla reg. mont. — *Valeriana*.
    1230 V. officinalis L.
 { Foglie *basali intere o semplicem. inciso-lobate*, oblungo-ovali, le cauline pennato-partite a 3-4 paia di segmenti ellittici, interi. Rizoma *senza stoloni*. Corolla bianca o roseo-carnicina. ♃. (E. a Parma e nel Reggiano, Alpe di Mommio). — *Apr. Giug.* — Pianta rara, sfuggita in qualche luogo dai coltiv.
    1231 V. Phu L.

3 { Foglie *cauline ternato- o pennato-partite* . , ... 4
 { Foglie *tutte intere* 6

4 { Foglie cauline *ternate o a tre segmenti*, i laterali piccoli, lineari, il terminale più grande, inciso o dentato. Rizoma senza stoloni. Corolla di grandezza variabile, roseo-carnicina o bianca. ♃. (App. tosco-emil., march.). — *Mag. Lug.* — Luoghi selvatici freschi reg. subm. e mont. (Fig. 155).
    1232 V. tripteris L.
 { Foglie cauline *pennato-partite*, a 3-4-5 paia di segmenti lineari . . . 5

5 { Radice *grossa, tuberosa*. Foglie infer. *picciolate*, ovali od ellittiche, intere, le super. a *3-4* paia di segmenti lineari. Fiori poligamo-dioici, in corimbo terminale contratto. Frutto ovale, *peloso-ispido fra le coste*. ♃. (App. centr.). — *Mag. Est.* — Luoghi erbosi o sassosi dalla reg. subm. all'alp.
1233 V. tuberosa L.

Radice *gracile, non tuberosa*. Foglie infer. *lungam. picciolate*, ovali od ellittiche, intere, le super. a *3-5* paia di segmenti lineari. Fiori dioici o più raram. tutti od in gran parte ermafroditi; i maschi del doppio più grandi e in corimbi lassi, i femminei in corimbi contratti. Frutto ovale, *glabro*. ♃. (E. a Parma e Modena). — *Apr. Giug.* — Luoghi erbosi, umidi e paludosi.
1234 V. dioica L.

6 { Foglie cauline *ovali-lanceolate*, acuminate, intere o dentate, le basali ovali, ottuse, qualche volta ovato-orbicolari. Fiori rosei o bianchi, in corimbo terminale tricotomo. Rizoma privo di stoloni, assai ramoso. ♃. (E. T. ecc.). — *Giug. Ag.* — Rupi reg. mont. più raram. subm. **1235 V. montana** L.
Foglie cauline *lineari o lineari-lanceolate* 7

7 { Fiori biancastri o rossastri in corimbi opposti, formanti quasi una pannocchia. Foglie basali oblungo-spatolate, lungam. picciolate. Radice fibrilloso-chiomata. ♃. (Alpi Ap., Alpe di Mommio, Mandromini e nella Piastra). — *Giug. Lug.* — Luoghi sassosi calcarei dalla reg. mont. all'alp.
1236 V. saxatilis L.

Fiori rosei in capolino terminale piccolo, denso. Foglie basali obovate o bislunghe, ottuse, intere, ristrette in picciolo. Rizoma grosso, legnoso, assai allungato e ramoso. ♃. (App. piceno). — *Lug. Ag.* — Pascoli e rupi reg. alp.
1237 V. saliunca All.

2. **Centrànthus** (da χεντρον = sprone e ἀγθος = fiore; alludendo allo sprone della corolla). Lembo del calice con molti piccoli denti, dapprima avvolti nell'interno, dipoi trasformantisi in un pappo di setole piumose. Corolla spronata alla base, o gibbosa sotto la fauce. Stame 1. Frutto uniloculare, con un solo seme e coronato dal calice modificato in pappo.

1 { Foglie *lirato-pennatifide*, eccettuato talvolta le infer. Fiori rosei. Pianta *erbacea, annuale*, a radice gracile. ①. (T. M. L.). — *Mar. Lug.* — Luoghi arenosi e sassosi marittimi della costa occ. **1238 C. Calcitrapa** Dufr.
Foglie *intere*. Piante *suffrutescenti perenni* 2

2 { Foglie *lineari o lineari-lanceolate*, lunghe 8-15 cm., larghe *2-14 mm.*, opposte o verticillate, *a 1-3 nervature parallele*. Corolla a sprone *della lunghezza circa dell'ovario*. ♃. (Piceno nei m. Sibillini). — *Mag. Giug.* — Luoghi sassosi reg. subm. **1239 C. angustifolius** L.

Foglie ovali o lanceolate, lunghe 8-12 cm., larghe *2-4 cm.*, opposte, intere o appena dentellate, le infer. picciolate, le super. sessili, *a diverse nervature divergenti* dalla base. Corolla a sprone *il doppio più lungo* dell'ovario. ♃. (E. T. U. L.). — *Mag. Est.* — Rupi, muri, ruderi ecc. dal mare alla reg. subm. — *Savonina, Fisti da fistiare* . . . . **1240 C. ruber** DC.

3. **Valerianèlla** (diminutivo di Valeriana). Calice a lembo talvolta quasi nullo, ovvero regolare od irregolare, non avvolto in dentro. Corolla a 5 lobi. Stami 3, inseriti sulla fauce della corolla; stimmi 3. Frutto achenio a 2 logge sterili e 1 fertile, coronato dai denti del calice, persistenti o accrescenti, ma non piumosi.

1 { Frutto a logge sterili *contigue o confluenti* 2
Frutto a logge sterili *non contigue* 7

2 { Logge sterili del frutto *molto più piccole* della loggia fertile. Lembo del calice terminato da 3 punte coniche, ispessite, disuguali e rivolte in fuori. Fiori portati da peduncoli alla fine fortem. ingrossato-clavati. Foglie super. sinuato-dentate od incise. Frutto oblungo, glabro, ottusam. trigono, percorso da 3 solchi. ⊙. (E. presso Parma, T. M. U. L.). — *Apr. Mag.* — Fra le messi e i coltivati reg. med. e subm. **1241 V. echinata** L.

Logge sterili del frutto *più grandi* della loggia fertile · · · · · 3

3 { Pericarpio *rigonfiato-spongioso* sul dorso della loggia fertile · · · 4
Pericarpio *non spongioso* sul dorso della loggia fertile · · · · · 5

4 { Brattee *spatolato-lineari, ottuse, cigliate* nel margine. Frutto *convesso* sul dorso con *3-5 denticini* all'apice. Fusto eretto un po' angoloso, leggerm. ruvido negli angoli od anche glabro, ramoso-dicotomo, 1-4 dm. ⊙. (It. media). — *Apr. Giug.* — Luoghi erbosi e talora nei colt. dal mare alla reg. mont. (Fig. 154). **1242 V. olitoria** Poll.

Brattee *lanceolato-lineari, acute, scarioso-cartilaginee* nel margine, *ma non cigliate*. Frutto *solcato* sul dorso, *senza denti* all'apice. Fusto eretto, glabrescente, striato, bifido, 5-10 dm. ⊙. (It. centr., presso Tivoli). — *Apr. Giug.* **1243 V. costata** Betcke

5 { Frutto *bislungo*, con sezione trasversale delle logge sterili *semilunare*, quasi tetragono, ordinariam. glabro, profondam. scanalato sulla faccia ventrale, debolm. carenato sulla faccia opposta e coronato all'apice da 1 solo dente appena visibile. Fiori in corimbi densi, a rami divaricati; calice a lembo quasi nullo. Fusto eretto, un po' angoloso, ramoso-dicotomo, di solito peloso lungo gli angoli, 1-2 dm. ⊙. (E. T. U. L.). — *Apr. Giug.* — Luoghi colt. **1244 V. carinata** Lois.

Frutto *ovale o subgloboso*, con sezione trasversale delle logge sterili *non semilunare* · · · · · · · · · · · 6

6 { Lembo del calice *obliquam.* troncato, intero e 3-5-dentato. Brattee *lineari-acute, strettam. membranose*. Foglie super. *intere o subdentate* alla base. Frutto *ovale-globoso, un poco più lungo che largo, ristretto* all'apice, con un solco longitudinale sulla faccia ventrale e 3 costole filiformi sulla dorsale e sulle laterali. ⊙. (It. media). — *Apr. Lug.* — Colt. e seminati dal mare alla reg. subm. · · · · · · · · · **1245 V. rimosa** Bast.

Lembo del calice *non obliquam.* troncato, a 3 denti triangolari, di cui il mediano più lungo. Brattee *ovali-lanceolate, largam. scarioso-cigliate* nel margine e pelose lungo il nervo dorsale. Foglie super. *spesso pennatifide alla base*. Frutto *suborbicolare, tanto largo quanto lungo, non attenuato* all'apice, bisolcato sulla faccia dorsale e su quella ventrale con un profondo solco nel mezzo. ⊙. (L. presso Roma). — *Apr. Ag.* — Campi e pascoli dal mare alla reg. subm. · · · · · · · · · · · **1246 V. pumila** DC.

7 { Calice fruttifero a lembo *piccolo*, intero o dentato · · · · · · 8
Calice frutt. a lembo *assai sviluppato* e foggiato a scodella o corona · 12

8 { Calice fruttifero a lembo *più stretto e più breve* del frutto · · · · 9
Calice frutt. a lembo *largo e lungo quasi come* il frutto · · · · 11

9 { Brattee *patenti, un po' più brevi* del frutto. Lembo del calice obliquam. troncato, dentato-acuto, 2 volte più breve e più stretto del frutto. Frutto ovale-conico, glabro o peloso-irsuto. ⊙. (It. media). — *Mag. Giug.* — Luoghi colt. e nei seminati dal mare alla reg. mont. **1247 V. dentata** Poll.

Brattee *appressate od erette, più lunghe* del frutto · · · · · 10

10 { Brattee *appressate*, scariose, *finam. cigliate* nel margine. Lembo del calice *assai più stretto e più breve* del frutto, *intero o dentellato, acuto* all'apice *cigliato*, a circoscrizione *oblunga*. ⊙. (T. L.). — *Mar. Mag.* — Luoghi erbosi, arenosi, litoranei o prossimi al mare, raram. nei monti. **1248 V. microcarpa** Lois.

Brattee *erette*, scariose, *ma non cigliate* nel margine. Lembo del calice *assai più stretto e più breve* del frutto, *intero, arrotondato* all'apice, *non cigliato*, a circoscrizione *suborbicolare*. ⊙. (T., Giglio, Elba, Gorgona, Pianosa, Capraia, Montecristo, L. presso Roma). — *Mar. Mag.* — Luoghi erbosi ed arenosi. · · · · · · · · · · **1249 V. puberula** DC.

11 { Lembo del calice *assai obliquam.* troncato, *quasi in forma di orecchia* apicolata, *intera o quasi, largo quasi quanto* il frutto. Frutto *piccolo, appena lungo 2 mm.*, mostrante sulla faccia ventrale una depressione *ovale-orbico-*

11 {
lare. Brattee *più brevi* del frutto. ①. (E. T. M. L.). — *Mar. Mag.* — Luoghi erbosi e seminati . . . . . . **1250 V. truncata** Betcke

Lembo del calice *formante quasi una corona completa, obliquo, disegualm. dentato, un po' più largo* del frutto. Frutto *più grande, lungo 2·3 mm.*, mostrante sulla faccia ventrale una depressione *ovale*. Brattee *eguaglianti circa* il frutto. ①. (T. L. ecc.). — *Mar. Mag.* — Luoghi erbosi e seminati reg. med. e più raram. subm. . . . **1251 V. eriocarpa** Desv.
}

12 {
Logge sterili del frutto *più grandi* della loggia fertile. Calice fruttifero fogliaceo, reticolato-venoso e glabro, spesso più del doppio più breve del frutto, a 6 denti quasi disuguali, acuminati ed uncinati. Frutto quasi globoso, convesso, con 3 costole nel dorso ed una nel ventre, glabro od un po' peloso nel dorso. ①. (M. ad Albacina). — *Apr. Ag.* — Seminati. **1252 V. brachystephana** Bert.

Logge sterili del frutto *uguali o più piccole* della loggia fertile . 13
}

13 {
Calice a lembo *glabro, campanulato* e diviso *fino a metà* in 6 denti, *ovali-aristati, eretti*. Frutto obconico-*tetragono*, mostrante sulla faccia ventrale una depressione *bislunga*. Pianta un po' pubescente, 1-3 dm. ①. (It. media). — *Mag. Giug.* — Luoghi erbosi e seminati reg. med. o più raram. subm. **1253 V. coronata** DC.

Calice a lembo *villoso nell'interno, campanulato-rotato*, diviso *fino a* $^2/_3$ in 6 denti, *lanceolato-aristati, patenti*, spesso bifidi. Frutto obconico-*subtrigono*, mostrante sulla faccia ventrale una depressione *orbicolare od ovale*. Pianta ispidetta, raccorciata, 1-2 dm. ①. (T. L.). — *Mag.* — Campi e luoghi erbosi reg. med. e subm. . . . . . . **1254 V. discoidea** Lois.
}

Fam. 61.ª **DIPSACACEE.**

Piante erbacee o suffruticose, a foglie opposte, sprovviste di stipole, intere, dentate o divise. Fiori ± irregolari, in capolini, cinti alla base da un involucro di brattee erbacee; ciascun fiore è racchiuso in un involucretto caliciforme, tubuloso. Calice supero, ± saldato all'ovario, ristretto in collo in alto e poi slargato in un lembo intero, lobato o diviso in 5-10 reste. Corolla imbutiforme o cilindrica, ± irregolare e divisa in 2 labbra, di cui l'infer. 3-lobo, il super. 2-lobo o costituito da un solo lobo. Stami 4 ad antere versatili. Stilo 1 a stimma intero o 2-lobo; ovario infero, 1-loculare, con un solo ovulo anatropo, pendente dall'alto. Frutto secco, indeiscente (achenio), incluso nell'involucretto e coronato dal lembo del calice; seme pendente, con guscio membranoso ed albume carnoso: embrione diritto.

CHIAVE DEI GENERI.

1 {
Piante provviste di setole o di aculei. Involucro coriaceo a brattee e bratteole spinose, le infer. aculeate . . . . 1 DIPSACUS

Piante sprovviste di aculei. Involucro a brattee e bratteole rigide od erbacee, ma mai spinose od aculeate 2
}

2 {
Involucro coriaceo di brattee disposte in più serie, le interne più lunghe e simili alle bratteole del ricettacolo. Calice foggiato all'apice a scodellina, moltidentato, a denti frastagliato-cigliati . . . . . 2 CEPHALARIA

Involucro erbaceo di brattee disposte in 1-3 serie, non spinose, nè simili alle bratteole del ricettacolo 3
}

3 {
Involucretto un poco stipitato, compresso-tetragono, non solcato. Ricettacolo irto di peli o setole, ma sprovvisto di bratteole . . . . 3 KNAUTIA

Involucretto sessile, cilindrico, profondam. solcato. Ricettacolo provvisto di bratteole . . . . 4 SCABIOSA
}

1. **Dipsacus** (da διψαειν = aver sete; alludendo alle foglie caulinari saldate a mo' di tazza, che trattiene l'acqua piovana). Involucro coriaceo a brattee spinose, più lunghe delle brattee del ricettacolo. Involucretto prismatico-tetragono, solcato, a lembo breve, intero o con 4 denti poco distinti. Calice foggiato a disco od a bicchiere, peloso-cigliato. — Fusti provvisti di aculei.

1 { Foglie *picciolate*, *non connate*, provviste alla base di 2 piccoli segmenti diseguali, aculeate o no lungo la nervatura, cigliate nel margine. Brattee *lunghe circa o poco più* delle bratteole, e *più brevi* del capolino. Fiori in capolini *globosi*, bianco-giallastri. Ricettacolo a bratteole *uguali* ai fiori. ②. (L. a Viterbo). — *Giug. Ag.* — Luoghi ombrosi, umidi. **1255 D. pilosus** L.
Foglie *sessili e connate* alla base, a mo' di tazza. Brattee *assai più lunghe* delle bratteole e *di solito più lunghe* del capolino. Fiori in capolini *ovali-oblunghi*. Ricettacolo a bratteole *più lunghe* dei fiori 2

2 { Foglie a margine *nudo o appena aculeato*, le cauline bislungo-lanceolate, non cigliate, le infer. crenato-dentate, le medie e super. più strette, talora lanceolate, tutte con la nervatura molto grossa e rilevata, provvista nel dorso di aculei. Brattee dell'involucro *arcuato-ascendenti*, lanceolato-lineari, acuminate, con aculei grossi rari e bianchi sulla carena e sui margini. Fiori *lilacini, più raram. bianchi.* ①. (It. media). — *Giug. Ag.* — Luoghi incolti, margine dei fossi e campi dal mare alla reg. subm. — *Cardo, Scardaccione*. **1256 D. silvestris** Huds.
Foglie a margine ed a lembo *setoloso-cigliate*, *non aculeate* se non lungo la nervatura, le cauline connate alla base, le medie pennatifide, le super. intere. Brattee dell'involucro *arcuato-ascendenti*, lineari-lanceolate, lesiniformi, spinose, non sorpassanti il capolino. Fiori *bianchi o lilacino pallidi.* ②. (E. a Guastalla, L. a Civitavecchia). — *Lug. Ag.* — Luoghi umidi e paludosi. **1257 D. laciniatus** L.
Foglie *provviste di aculei lunghi e densi su ambedue le pagine*, le infer. crenulato-sinuate, le cauline connate, pennatifide od intere. Brattee dell'involucro *patenti*, fortem. aculeate. Fiori *bianchi o carnei.* ②. (Piceno a Montefortino). — *Mag. Lug.* — Luoghi sassosi. **1258 D. ferox** Lois.

2. **Cephalària** (da κεφαλη = testa, per l'infiorescenza). Involucro coriaceo a brattee disposte in più serie, le interne più lunghe e simili alle brattee del ricettacolo. Involucretto prismatico-tetragono, solcato, a lembo breve, terminato in 8-10 denti. Calice foggiato all'apice a scodellina, moltidentato, a denti frastagliato-cigliati. — Fusti inermi.

1 { Piante *annue o bienni*. Brattee *acuminato-aristate* 2
Piante *perenni*. Brattee *ottuse o acute, ma non aristate* 3

2 { Involucretto sormontato da un lembo ad 8 denti *disuguali*, 4 aristati e 4 alterni brevissimi. Corolla *azzurrognola*, a lobi *uguali*. Foglie *semplici*, oblungo-lanceolate, intere o dentate. ① ②. (Presso Modena al Colombaro, T. nel Lucchese a Vorno e S. Donato). — *Mag. Giug.* — Reg. med., avvent. **1259 C. syriaca** Schrad.
Involucretto sormontato da un lembo ad 8 denti *subeguali*. Corolla *bianca o bianco-giallastra*, più raram. lilacina, a lobi *disuguali*. Foglie *lirate o pennatosette* a segmenti lanceolato-lineari. ① ②. (It. media). — *Giug. Sett.* —. Campi e luoghi incolti reg. med. più raram. subm. **1260 C. transylvanica** Schrad.

3 { Brattee dell'involucro *erbacee, acute*. Brattee del ricettacolo *vellutato-setolose*. Fiori *gialli* in capolini *un po' pendenti*. Corolla a lobi *eguali*. Antere lineari, *brune*. Pianta *tutta vellutato-setolosa*, a fusti *solcati*. ♃. (T. nell'App. lucchese e pistoiese). — *Mag. Ag.* — Luoghi rupestri e pascoli reg. subm. e mont. . . . . . **1261 C. alpina** Schrad.

3 { Brattee dell'involucro *scariose, rotondato-ottuse*. Bratteole del ricettacolo *pubescenti*. Fiori *bianchi* in capolini *eretti*. Corolla a lobi *diseguali*. Antere *giallo-pallide*. Pianta *glabrescente*, a fusti *lisci*. 2↑. (E. nel modenese a Sassuolo, T. M. U. L.). — *Giug. Sett.* — Luoghi sassosi, aridi, nelle reg. med. e subm.
1262 C. leucantha Schrad.

155. *Valeriana tripteris* L.   156. *Scabiosa atropurpurea* L.   157. *Petasites officinalis*
($^1/_5$).   ($^1/_4$).   Moench. ($^1/_5$).

3. **Knàutia** (dedicato a Knaut, botanico tedesco, morto nel 1694). Involucro erbaceo di brattee disposte in 1-3 serie, non spinose, nè simili alle bratteole del ricettacolo. Involucretto un poco stipitato compresso-tetragono, non solcato, a lembo breve ed oscuramente dentato. Calice foggiato a scodellina, cigliato-denticolato o frastagliato in molte reste cigliate. — Fusti inermi.

1 { Pianta *annua o bienne*. Brattee *8-12*. Involucretto *disgualm. moltidentato*. Calice terminato da 6-24 setole brevi, 4 volte più corte dei frutti. Foglie infer. in rosetta, oblunghe, lirate o pennatifide, le super. lanceolato-lineari, intere. Corolla roseo-pallida od azzurra, pubescente. ① ②. (It. media). — *Apr. Ag.* — Luoghi selvatici e campi reg. med. fino alla mont.
1263 K. hybrida Coult.
Piante *perenni*. Brattee *12-16*. Involucretto *debolm. 4-dentato*. Calice terminato da 6-16 setole, lunghe quanto il frutto o la metà più corte . . 2

2 { Foglie *verdi-biancastre*, le infer. ovali-lanceolate, dentate, *incise o pennatosette*, *le altre pennatofesse*. Lembo del calice sessile o quasi, con denti uguali ai $^2/_3$ della lunghezza del frutto, che è tetragono, compresso, ovale, slargato. 2↑. (It. media). — *Giug. Ag.* — Campi prati ecc. dal mare alla reg. mont. e non raram. subm. . . . . **1264 K. arvensis** Coult.
Foglie *intensam. verdi*, spesso quasi lucide, *per lo più tutte indivise* . . 3

3 { Foglie *intere o quasi*, le infer. *lungam.* ristrette alla base, le medie e super. *lungam. lanceolato-lineari*, un po' connate alla base. Brattee dell'involucro oblungo-lanceolate, il doppio *più brevi* del capolino. Calice munito di *6-8 setole* sublineari-aristate, setolose. Pianta di *30-50 cm.*, *glabra inferiorm.* 2↑. (App. parmense, modenese e bolognese). — *Giug. Lug.* — Pascoli reg. mont. e subalp. . . . . . . **1265 K. longifolia** Koch
Foglie *dentate*, le infer. *brevem.* ristrette alla base, le medie e super. *ovaliellittiche od ovali-lanceolate*. Brattee dell'involucro, quelle esterne ovali-lanceolate, le interne strettam. lanceolate, *più brevi o più lunghe dei fiori esterni*. Calice munito di *8-12 setole* cigliate, lunghe metà del frutto. Pianta di *5-10 dm.*, *ordinariam. ispida in basso*. 2↑. (E. T. Piceno). — *Giug. Ag.* — Luoghi selvatici e boschivi reg. subm. e mont. **1266 K. silvatica** Duby

4. Scabiòsa (da *scabies* = scabbia; alludendo alle pretese proprietà medicinali di alcune specie). Involucro erbaceo di brattee disposte in 1-3 serie, non spinose, nè simili alle bratteole del ricettacolo. Involucretto sessile, cilindrico, profondam. solcato. Calice a tubo allungato o breve ed espanso in 5 o più setole patenti a stella, cigliate od anche cigliato-piumose. — Fusti inermi.

1 {
Involucretto *erbaceo 4-lobato*. Corolla *4-fida*, a lobi *subeguali*, nei fiori esterni *non raggiante*. Foglie *intere o dentellate* **2**
Involucretto *scarioso, ondulato o crenulato*. Corolla *divisa in 5 lobi* per lo più *disuguali*, nei fiori esterni *quasi sempre raggiante*. Foglie *per lo più divise* 3

2 {
Involucretto *peloso-ispido* a 4 lobi, *eretti, ovali-acuminati*. Calice a *5 setole*. Corolla *pubescente*. Rizoma *ascendente, non strisciante*. 2f. (T.). — *Ag. Ott.* — Luoghi umidi o boschivi dal mare alla reg. subm. e spesso mont.
1267 S. Succisa L.
Involucretto *glabro* a 4 lobi *brevi ed ottusi*. Calice *intero o crenato, senza setole*. Corolla *glabra*. Rizoma *orizzontale, strisciante*. 2f. (E.). — *Lug. Sett.* — Luoghi paludosi . . . . . . **1268 S. australis** Wulf.

3 {
Involucretto a tubo con 8 solchi *eguali in tutta la sua lunghezza* . . **4**
Involucretto a tubo con 8 solchi *slargantisi a mo' di fossetta nella metà superiore* **5**

Calice a setole lunghe *al massimo 2 volte la corona* dell'involucretto od anche meno o talora quasi nulle. Foglie basali intere o lirate, le altre bi-tripennatifide. 2f. . . . . **1269 S. gramuntia** L.
  1. Piante glabrescenti od un po' pubescenti.
    a. Foglie 2-pennatifide a circoscrizione lanceolata ed a segmenti assai stretti e corti. Fusto breve, ad internodi infer. raccorciati. — *Giug. Ag.* — Reg. subm. e mont. — α *affinis* (Gr. et Godr.).
    b. Foglie 2-pennatifide a circoscrizione ovale-oblunga ed a segmenti lineari-falciformi, stretti e lunghi. Pianta spesso tomentosa in ogni parte. (App. centr.). — β *mollis* (W.).
  2. Piante pubescenti o sericeo-tomentose.
    a. Foglie 2 pennatifide, a segmenti lineari, stretti, acuti. Involucretto a corona circa il doppio più breve di esso. Corolla azzurro-lilacina o lilacino-porporina. (T. sul m. Orsaio, L.). — γ *pyrenaica* (All.).
    b. Foglie 2-pennatifide, a segmenti ovali o lanceolati. Involucretto a corona 3 volte più breve di esso. Corolla azzurro-porporina, più raram. rossastra. (Alpi Ap.). — δ *holosericea* (Bert.).

4 {
Calice a setole *3-4 volte più lunghe della corona* dell'involucretto. Foglie basali ovali od oblunghe, le rimanenti ± divise, a lacinie però sempre più larghe della specie preced., la terminale spesso assai sviluppata. 2f.
1270 S. Columbaria L.
  1. Piante a foglie d'un verde-pallido od anche carico, ma non lucide.
    A. Corolla azzurra o roseo-carnicina, eccezionalm. bianca.
      a. Foglie pennatifide o pennatopartite, le cauline a segmenti tutti lanceolati, crenate, lungam. picciolate, più raram. tutte semplici. (It. media). - *Giug. Ott.* — Luoghi selvatici, campi ecc. dal mare alla reg. mont. — α *typica*.
      b. Foglie c. s. le cauline a segmento terminale più grande degli altri. Calice ridotto ad 1 sola setola oppure 1-3 setole. — Col tipo. — β *uniseta* (Savi).
    B. Corolla giallastra od eccezionalm. rosea o biancastra. Foglie pubescenti, le basali ovali od oblungo-lanceolate, picciolate, intere, più spesso dentato-incise, le altre pennatifide a segmenti lineari, stretti e corti. (M.). — γ *ochroleuca* (L.).
  2. Piante a foglie d'un verde-lucido, di solito glabre e carnosette, le infer. dentate o lirate, le super. pennatopartite, a segmenti lanceolati o lineari-lanceolati, il super. subeguale agli altri. Fiori rosei o porporini, più raram. azzurro-violacei o bianchi; setole del calice nere, slargate alla base e con nervatura sporgente nella faccia interna. — (App. tosco-moden.). — δ *lucida* (Vill.).

5 {
Involucretto *peloso lungo le costole*, a solchi ben manifesti *in tutta la lunghezza*, col lembo curvato in dentro. Calice a lembo lungam. stipitato. Corolla porporina ± scura. Antere biancastre. 2$. (E. sul m. Paderno presso Bologna, a Ravenna, T. presso Firenze a Vallombrosa, Elba, U.). — *Mag. Ag.* — Reg. med., talvolta sfuggita alla coltiv., come spesso nei luoghi indicati. (Fig. 156) . . . . **1271 S. atropurpurea** L.
     Fiori lilacini, azzurri, bianchi o bianco-giallastri. Antere diversam. colorate. Col tipo. — Var. *maritima* (L.).
Involucretto *fortem. villoso nella metà infer.*, a solchi *non o poco manifesti in basso* 6

6 {
Foglie *intere*, lineari o lineari-lanceolate, argentino-sericee, raram. glabre, opposte, ma nelle parti basse dei rami molto ravvicinate quasi in ciuffetto. Involucretto a corona regolare, subintera. Corolla azzurra od azzurro-porporina, all'esterno bianco-sericea. (Alpi Ap., App. lucchese, pic. e umbro). — *Lug. Ag.* — Reg. subm. e mont. nei luoghi sassosi. **1272 S. graminifolia** L.
Foglie super. almeno ± *divise, pennatifide o pennatopartite* . . . 7

7 {
Involucretto a corona *più lunga del tubo*. Foglie carnosette, le primordiali semplici, intere o 3-dentate all'apice, le altre pennatifide, a segmenti ± stretti. Calice a setole gialle o anche rosso-fosche, 3-2 volte più lunghe della corona dell'involucretto. Corolla *carnicina*. 2$. (App. march. e pic.). — *Lug. Ag.* — Rupi dal mare alla reg. subm. e più raram. mont. **1273 S. crenata** Cyr.
Involucretto a corona *un poco più breve o subeguale* al tubo. Foglie basali semplici, distrutte alla fioritura, le cauline pennatifide, a segmenti strettam. lineari o lanceolati, acuti. Calice a setole 3-2 volte più lunghe della corona dell'involucretto. Corolla *bianco-giallastra o bluastra*. ② 2$. (It. media). — *Lug. Sett.* — Luoghi aridi reg. med. più raram. subm. **1274 S. argentea** L.
Involucretto a corona *circa 4 volte più breve* del tubo. Foglie carnosette, le basali lineari-bislunghe, dentate od incise, le cauline pennatifide, a segmenti lineari-ottusi, un po' slargati nell'apice, le super. lineari, ottuse ed intere. Calice a setole fragili. Corolla *rosea o biancastra*. 2$. (T. L.). — *Giug. Lug.* — Luoghi arenosi reg. med. . . . . **1275 S. rutaefolia** Vahl.

FAM. 62.ᵃ ASTERACEE.

Piante erbacee, rarissimam. suffruticose. Foglie alterne, opposte o verticillate, semplici, spesso ± divise, senza stipole. Infiorescenza a capolino o calatide, costituita da molti piccoli fiori sessili, inseriti all'estremità dilatata di un peduncolo comune (*ricettacolo*), contornata da un involucro di brattee o squame (*periclino*). Fiori o tutti tubulosi (*fioretti*) ed in tal caso le calatidi diconsi discoidi, o i periferici con corolla a linguetta (*semifioretti*) e gli interni tubulosi nel qual caso le calatidi diconsi raggiate, o tutti quanti con corolla a linguetta: ora sono tutti ermafroditi, ora gli interni ermafroditi oppure maschili e i periferici feminei o neutri. Calice supero con lembo formato da peli (*pappo*), da scaglie o da denti, e talora nullo. Corolla ora regolare, tubulosa o campanulata 4-5-loba, ora irregolare ligulata, ossia con lembo in forma di linguetta. Disco epigino. Stami 5, inseriti nel tubo della corolla ed alternanti coi lobi di questa, per lo più liberi pei filamenti, con antere basifisse ordinariam. congiunte in tubo, attraversato dallo stilo, che è filiforme e bifido. Ovario infero, uniloculare, con un ovulo eretto, anatropo. Frutto secco, indeiscente *(achenio)*; seme eretto a guscio membranoso, albume nullo ed embrione diritto, con cotiledoni piano-convessi.

CHIAVE DEI GENERI.

1 — Fiori tutti compagni, ermafroditi, con corolla regolare tubulosa . . . 2
Fiori tutti compagni, ermafroditi con corolla irregolare 1-labiata. Piante latttiginose 26
Fiori scompagni nel capolino, i centrali ermafroditi, con corolla regolare tubulosa, i periferici femminei o neutri 53
Fiori scompagni unisessuali, alcuni maschili per atrofia del gineceo, altri femminili per aborto dell'androceo 90

2 — Ricettacolo affatto nudo 3
Ricettacolo alveolato, con gli alveoli cinti da una membranella dentata. Achenio papposo 7
Ricettacolo guarnito di squame, nella cui ascella stanno i fiori . . 9
Ricettacolo guarnito di squame formanti un involucretto speciale intorno a ciascun fiore . . . . 40 ECHINOPS
Ricettacolo peloso o setoloso. Involucro embriciato 16

3 — Involucro di 1 serie sola di brattee. Fiori rossi. Achenio papposo.
2 ADENOSTYLES
Involucro di più serie di brattee embriciate 4

4 — Achenio con pappo squamoso, equilaterale . 15 CHRYSANTHEMUM p. p.
Achenio con pappo peloso 5

5 — Involucro tutto scarioso . . . . . 27 HELICHRYSUM p. p.
Involucro erbaceo 6

6 — Fiori roseo-porporini, raram. bianchi . . . . 1 EUPATORIUM
Fiori gialli . . . . 30 PULICARIA p. p.

7 — Involucro spinoso, embriciato. Fiori rossi . . . 56 ONOPORDON
Involucro non spinoso. Fiori gialli 8

8 — Involucro 1-seriato, con alcune brattee esterne molto più piccole.
6 SENECIO p. p.
Involucro embriciato . . . . . . 11 ASTER p. p.

9 — Achenio con pappo di peli barbati o soltanto denticolati . . . 10
Achenio senza pappo 12

10 — Involucro embriciato di brattee tutte compagne, non spinose. 44 STAEHELINA
Involucro di brattee spinose 11

11 — Brattee dell'involucro tutte spinose. Achenio incurvo . 52 CIRSIUM p. p.
Brattee dell'involucro soltanto le esterne spinose. Achenio diritto. 42 CARLINA

12 — Achenio coronato da reste. Involucro di 2 serie di brattee. 36 BIDENS p. p.
Achenio non coronato da reste 13

13 — Achenio compresso 14
Achenio tetragono-cilindrico 15

14 — Achenio arrotondato all'apice . . . . . . 21 DIOTIS
Achenio troncato all'apice, largam. alato sui lati . 18 ANACYCLUS p. p.

15 — Stilo a rami filiformi . . . . . . 20 SANTOLINA p. p.
Stilo a rami lineari troncati o clavati . . . 17 ANTHEMIS p. p.

16 — Achenio senza pappo . . . . . 48 CENTAUREA p. p.
Achenio con pappo di squame lanceolate, frangiate . 41 CARDOPATIUM
Achenio con pappo di peli o di setole dentellate 17
Achenio con pappo di peli lungam. barbati, congiunti alla base in anello e caduchi 24

17 — Setole del pappo affatto libere 18
Setole del pappo saldate alla base in anello e caduche insieme . . 21

18 — Setole del pappo caduche. Achenio ad inserzione veram. basilare. 45 ARCTIUM
Setole del pappo persistenti. Achenio ad inserzione obliqua . . 19

19 { Brattee dell'involucro le esterne fogliacee. Acheni periferici senza pappo.
50 CARTHAMUS p. p.
Brattee dell'involucro compagne **20**

20 { Brattee con un'appendice terminale. Peli interni del pappo più brevi degli esterni . . . . 48 CENTAUREA p. p.
Brattee senza appendice. Peli interni del pappo più lunghi degli esterni.
46 SERRATULA p. p.

21 { Filamenti degli stami liberi **22**
Filamenti degli stami saldati **23**

22 { Brattee dell'involucro le esterne fogliacee, le interne appendicolate. 49 CNICUS
Brattee dell'involucro compagne, senza appendice. . 51 CARDUUS p. p.

23 { Brattee esterne dell'involucro dilatate in un'appendice fogliacea spinosa.
54 SILYBUM
Brattee compagne, senza appendice, brevem. spinulose.
51 CARDUUS LEUCOGRAPHUS

24 { Brattee dell'involucro le esterne soltanto spinose, le interne scariose.
50 CARTHAMUS p. p.
Brattee dell'involucro tutte ± spinose **25**

25 { Achenio con costole . . . . 55 CYNARA
Achenio senza costole . . . . 52 CIRSIUM p. p.

26 { Achenio senza pappo, o con un pappo di squame o di poche setole . **27**
Achenio papposo, coi peli barbuti **36**
Achenio papposo, coi peli dentellati. **44**

27 { Fiori gialli . . . . 28 e **35**
Fiori turchini o bianchi. Achenio papposo **35**

28 { Ricettacolo con squame avvolgenti gli acheni. Pianta spinosa. 57 SCOLYMUS
Ricettacolo nudo. **29**

29 { Involucro di brattee pluriseriate. Achenio papposo . . 66 TOLPIS
Involucro di brattee 1-seriate, con altre esterne molto più piccole . **30**

30 { Achenio senza pappo **31**
Achenio papposo **33**

31 { Involucro fruttifero patente. Acheni esterni avvolti dalle brattee dell'involucro.
61 RHAGADIOLUS
Involucro frutt. chiuso. Acheni liberi **32**

32 { Acheni con becco brevissimo e 5 strie . . . 63 APOSERIS
Acheni senza becco, con circa 20 strie . . . . 60 LAPSANA

33 { Pappi compagni in tutti gli acheni, brevissimi, membranosi. 62 ARNOSERIS
Pappi scompagni, brevissimi e frangiati negli acheni periferici, lunghi e squamoso-setolosi negli acheni centrali. **34**

34 { Acheni tutti compagni . . . . 65 HEDYPNOIS
Acheni scompagni, i centrali compresso-alati. . . 64 HYOSERIS

35 { Involucro embriciato, scarioso. Ricettacolo setoloso . . 58 CATANANCHE
Involucro di 2 serie di brattee erbacee. Ricettacolo quasi nudo.
59 CICHORIUM

36 { Ricettacolo squamoso **37**
Ricettacolo nudo o setoloso **38**

37 { Involucro di brattee pluriseriate . . . . . 67 HYPOCHAERIS
Involucro di brattee 1-seriate . . . . . . 68 ROBERTIA

38 { Involucro di 2 serie di brattee pressochè uguali. Fiori gialli 71 HELMINTHIA
Involucro 1-seriato **39**
Involucro embriciato **41**

39 { Barbe del pappo libere. Fiori gialli . . . . 72 UROSPERMUM
Barbe del pappo intrecciate fra loro. **40**

40 { Acheni periferici con una corona di 5 setole. Involucro fruttifero eretto-patente, non riflesso . . . . 73 GEROPOGON
Acheni tutti papposi. Involucro frutt. riflesso . . 74 TRAGOPOGON

41 { Barbe del pappo intrecciate fra loro. . . . 75 SCORZONERA p. p.
Barbe del pappo libere **42**

42 {
Acheni periferici con un pappo squamoso brevissimo . 69 LEONTODON p. p.
Acheni tutti con pappo **43**

43 {
Pappo persistente, a peli liberi . . . . . 69 LEONTODON p. p.
Pappo caduco, a peli saldati alla base . . . . . 70 PICRIS

44 {
Achenio con becco lungo **45**
Achenio senza becco o con becco brevissimo **48**

45 {
Becco dell'achenio nudo alla base **46**
Becco dell'achenio guarnito alla base di squamette o di dentini . . **47**

46 {
Becco compresso-appianato . . . . 81 LACTUCA
Becco quasi cilindrico . . . . 86 CREPIS

47 {
Fiori pochi 7-12 in 2 serie . . . . 77 CHONDRILLA
Fiori moltissimi. Pianta scapigera . . . . . 76 TARAXACUM

48 {
Fiori azzurri, numerosi . . . . 79 MULGEDIUM
Fiori porporini, per lo più 5 . . . . . 80 PRENANTHES
Fiori gialli **49**

49 {
Pappo difforme, cioè a peli interni più lunghi degli esterni e slargati alla base.
75 SCORZONERA p. p.
Pappo uniforme **50**

50 {
Acheni centrali fusiformi, i periferici curvi e ± alati . . 85 PTEROTHECA
Acheni centrali cilindrici, i periferici gibbosi sul dorso . 83 ZACYNTHA
Acheni tutti compresso-appianati . . . . . . 78 SONCHUS
Acheni tutti quasi cilindrici o angolosi, troncati all'apice . . . **51**

51 {
Acheni con 4 spigoli tubercolati . . . . . 82 PICRIDIUM
Acheni con 10 costole **52**

52 {
Ricettacolo con setole brevissime . . . . . 87 HIERACIUM
Ricettacolo con setole lunghissime . . . . . 84 ANDRYALA

53 {
Ricettacolo alveolato nudo, o con pochi peli **54**
Ricettacolo guarnito di squame o di setole fra mezzo ai fiori . . **77**

54 {
Achenio con pappo peloso **55**
Achenio senza pappo peloso **71**

55 {
Involucro di brattee quasi uguali fra loro, spesso rinforzato da altre brattee
esterne molto più piccole **56**
Involucro embriciato di brattee gradatam. maggiori . . . **62**

56 {
Fiori tutti porporini o bianchi, i periferici con la corolla troncata o ligulata. **57**
Fiori centrali gialli, i periferici a linguetta **58**

57 {
Capolino solitario. . . . . 3 HOMOGYNE
Capolini in corimbo o in pannocchia . . . . 4 PETASITES

58 {
Linguetta bianca . . . . . , . . . **59**
Linguetta gialla **60**

59 {
Fiori periferici in 2 serie. Acheni tutti col pappo compagno.
10 BELLIDIASTRUM
Fiori periferici in 1 serie. Acheni periferici col pappo brevissimo.
13 ERIGERON p. p.

60 {
Involucro emisferico aperto . . . . . . 7 DORONICUM
Involucro cilindrico o campanulato chiuso **61**

61 {
Involucro con piccole brattee all'esterno . . . 6 SENECIO p. p.
Involucro senza piccole brattee all'esterno . . . . 8 ARNICA

62 {
Fiori discolori, i centrali gialli, i periferici a linguetta turchini o bianchi. **63**
Fiori concolori, i periferici tubulosi sottilissimi **64**
Fiori concolori gialli, i periferici a linguetta 1-seriati. Achenio cilindrico. **69**

63 {
Fiori a linguetta in più serie . . . . . 13 ERIGERON p. p.
Fiori a linguetta in 1 serie . . . . . . 11 ASTER p. p.

64 {
Achenio compresso. Brattee dell'involucro erbacee. . . . **65**
Achenio cilindrico. Brattee scariose, almeno le interne. . . . **66**

65 {
Brattee tutte compagne. Acheni tutti col pappo compagno. 13 ERIGERON p. p.
Brattee le più interne frammiste a fiori. Acheni periferici con pappo diverso
da quello dei centrali, o senza . . . . . . 24 FILAGO

Sottofam. 1. **Tubuliflore.**

Fiori tutti tubulosi o soltanto i periferici ligulati. Piante senza vasi laticiferi.

Tribù I. EUPATORIEE.

Capolini a fiori uguali, tutti tubulosi ed ermafroditi. Antere senza code. Stilo nelle specie nostrali a rami stimmatici semicilindrici, assai allungati, in alto brevem. papillosi e pelosi. Ricettacolo nudo. Pappo peloso. — Foglie opposte od alterne.

1. **Eupatòrium** (da *Eupator*, soprannome di Mitridate, re del Ponto). Capolini corimbosi, discoidei. Involucro erbaceo di squame embriciate; ricettacolo piano. Fiori 5-6 per capolino, tutti compagni, ermafroditi, tubulosi, a lembo 5-dentato. Achenio angoloso-striato; pappo a peli bianchi, denticolato-scabri in 1 sola serie.

Foglie opposte, a 3-5 lobi lanceolati, acuminati, dentati. Fiori roseo-porporini, leggerm. odorosi, in corimbo compatto. Pappo più lungo dell'achenio. Pianta ± pelosa, con peli brevi, increspati, a fusti eretti, un po' angolosi, striati, 6-10 dm. ♃. (It. media). — *Lug. Ott.* — Luoghi umidi dal mare alla reg. mont. — *Canapa acquatica* . . . . . **1276 E. cannabinum** L.
　Foglie a lobi ovato-lanceolati od ovati, 3-partite o raram. per la maggior parte indivise. Pappo più lungo dell'achenio. Pianta robusta come il tipo. (T. ecc.). — Var. *syriacum* (Jacq.).
　Foglie ovato-lanceolate tutte indivise. Pappo subeguale all'achenio. Pianta più gracile e più bassa. (L.). — Var. *corsicum* Req.

2. **Adenostyles** (da ἀδην = glandola e στυλος = ·stilo). Capolini corimbosi. Involucro di 1 sola serie di squame, a volte rinforzato da alcune squamette. Fiori 3-20 per capolino, a corolla 4- raram. 5-fida. Stami quasi sempre 4. Pappo di 1-2 serie di peli. Il resto come in *Eupatorium*. '

> Foglie alterne piuttosto grandi, reniformi, grassette, acutam. dentate, picciolate, verdi e glabre o pubescenti soltanto lungo i nervi. Fiori roseo-porporini, assai più lunghi dell'involucro, in corimbi densi, bratteolati. Pianta a radice grossetta e a fusti eretti, striati ± farinoso-pubescenti in alto, 2-5 dm. 2f.   .   .   .   .   **1277 A. alpina** Bl. et Fing.
> > Foglie a denti quasi eguali, profondi. Fiori 3-6 per capolino ; corolla lunga 7-8 mm. (Alpi Ap., raram. qua e là nell'App. tosco-emil. e centr.). — Luoghi ombrosi od umidi dalla reg. mont. all'alp. — *Lug. Sett.* — α *glabra* (DC.).
> > Foglie a denti spesso diseguali, ± profondi oppure superficiali. Fiori 5-8 per capolino ; corolla lunga 8-10 mm. (It. media negli Appenn.). — β *australis* (Nym.).

Tribù II. SENECIOIDEE.

Capolini a fiori disuguali, i periferici femminei ligulati o raram. filiformi, i centrali ermafr. o raram. maschili per aborto del gineceo. Antere senza code. Stilo a rami stimmatici troncato-penicillati all'apice od appendicolati, raram. come nelle Eupatoriee ovvero riuniti a clava. Ricettacolo nudo o peloso. Pappo peloso. — Foglie alterne, raram. (*Arnica*) opposte.

Sottotribù 1. TUSSILAGINEE.

Stilo a rami semicilindrici o quasi interam. riuniti a clava.

3. **Homògyne** (da ὁμος = simile e γυνη = femmina). Capolino solitario, discoideo. Involucro di 1 serie di squame, spesso rinforzato da altre squamette più piccole ; ricettacolo nudo. Fiori scompagni, quelli periferici femminei, uniseriati, filiformi, obliquam. troncati, quelli centrali ermafroditi, tubuloso-campanulati, irregolarm. 5-dentati. Achenio provvisto di costole ; pappo pluriseriato, caduco.

> Pianta a rizoma strisciante e fusto ascendente, scapiforme. quasi nudo, 1-3 dm. Foglie basali in rosetta, reniformi-rotonde, ottusam. dentate o crenate, coriacee, glabre sulle due facce o di sotto pelose sui nervi, a piccioli con fiocchi di lana alla base, le cauline 2-3 bratteiformi. Fiori bianchi o rosei. Involucro porporino. 2f. (Alpi Ap. al Pisanino e App. pavese, tosco-emil. sino al Corno alle Scale). — *Giug. Ag.* — Pascoli reg. alp. **1278 H. alpina** Cass.

4. **Petasites** (da πετασος = ombrello, alludendo alla grandezza delle foglie). Capolini in corimbo o in pannocchia, quasi dioici ; in alcuni individui con 1 serie di pochi fiori femminei periferici e molti centrali ermafroditi sterili, in altri con parecchie serie di fiori femminei periferici e pochissimi ermafroditi nel centro. Involucro di 1 serie di squame o quasi, rinforzate da altre poche più piccole ; ricet-

tacolo nudo. Fiori ermafroditi tubuloso-campanulati, 5-dentati; fiori
femminei filiformi-troncati o ligulati. Stili a rami stimmatiferi lineari
od ovali, ottusi. Stami 4-5. Pappo morbido. Il resto come in *Homògyne.*

1 {
Corolla dei fiori femminei *brevem. ligulata.* Racemi *raram.* con più di 10 ca-
polini. Foglie basali nascenti coi fiori, picciolate, cuoriformi-rotonde o reni-
formi, finam. e regolarm. dentate, le altre ridotte per lo più alla sola guaina.
Fusto floccoso-lanuginoso, 2-3 dm. Fiori bianco-rosei, con odore di vainiglia.
♃. (T. a Firenze, M. ad Ancona, L.; ma forse sfuggita alla coltura). — *Gen.
Apr.* — Luoghi ombrosi umidi; coltiv. nei giardini. — *Vaniglia da inverno.*
1279 P. fragrans Presl
Corolla dei fiori femminei *obliquam. troncata all'apice.* Racemi *generalm.* con
più di 10 capolini 2
}

2 {
Fiori *bianchi o un poco giallastri.* Brattee e squame involucrali *verdi-giallognole.* Foglie reniformi-rotondate, a lembo *fortem.* angoloso, *sinuato-dentato,*
a tomento lanuginoso-ragnateloso e biancastro di sotto, più scarso sui nervi.
♃. (App. pavese, tosco-emil., pic. e umbro, L. alle Paludi Pontine). — *Apr.
Mag.* — Prati e boschi umidi reg. mont. o più raram. subm.
1280 P. albus Gaertn.
Fiori *rossastri.* Brattee e squame inv. *rossastre.* Foglie reniformi-triangolari
o reniformi-ovate, a lembo *regolarm. arrotondato e poco sinuato,* pubescenti,
ragnatelose di sotto, alla fine denudate o con pochi fiocchi di lana ragnatelosa. ♃. (It. media). — *Mar. Apr.* — Lungo i ruscelli ed i fossati reg.
subm. e mont. — *Cavolaccio, Farfaraccio.* (Fig. 157).
1281 P. officinalis Moench
}

5. Tussilàgo (da *tussim agere* = dissipare la tosse, alludendo
alla proprietà della pianta). Capolini solitari, raggiati. Ricettacolo
nudo. Fiori della periferia femminei, ligulati, disposti in più serie;
quelli del centro ermafroditi, sterili, tubulosi, quinquefidi. Stilo nei
fiori femminei a rami brevissimi con punta conica, negli ermafr.
riuniti a clava. Pappo morbido. Il resto come in *Homògyne.*

Fiori gialli. Foglie tutte basali, lungam. picciolate, cuoriformi-rotonde, angoloso-dentate, subcoriacee, bianco-tomentose di sotto, poi denudate. Fusti
scapiformi, nascenti quasi sempre prima delle foglie, bianco-floccosi, squamosi, 5-25 cm. Rizoma grossetto. ♃. (It. media). — *Gen. Apr.* — Luoghi
umidi od argillosi dal mare alla reg. mont., comunissima. — *Farfaro, Far-
fugio, Piè d'asino* . . . . **1282 T. Farfara** L.

Sottotribù 2. Eusenecioidee.

Stilo a rami troncato-penicillati all'apice o sormontati da un'appendice papil-
losa.

6. Senècio (da *senex* = vecchio, alludendo al pappo bianco).
Capolini corimbosi, raram. solitari, quasi sempre raggiati. Involucro
cilindrico o campanulato, a squame in 1 serie, spesso rinforzato da
altre piccole squamette accessorie alla base; ricettacolo nudo, alveolato, piano. Fiori gialli od aranciati, quelli della periferia quasi sempre
ligulati, femminei, quelli del centro tubulosi, ermafroditi, quinquefidi.
Stilo nei fiori ermafroditi a rami troncati, fatti a pennello nell'apice.
Acheni quasi cilindrici, angoloso-solcati, spesso pubescenti; pappo con
peli in più serie, caduchi, appena scabri.

1 { Involucro *senza* squamette accessorie, o con 1-2 squamette soltanto.   **2**
    { Involucro *con* squamette accessorie ± sviluppate **3**

2 {
Fiori *gialli*. Foglie infer. *in generale* ± *dentate*, ovate o subcordate, le medie
bislungo-ovate, tutte contratte in un breve picciolo largam. alato. Peduncoli generalm. *lunghi più* di 2 volte l'involucro. Acheni pubescenti. ♃.
                                                                1283 S. alpester DC.
    Foglie per lo più profondam. dentate, le infer. largam. ovato-oblun-
    ghe, bruscam. ristrette in lungo picciolo alato. Acheni ± pelosi.
    (Alpi Ap., App. sino alle M. U. e L.). — *Mag. Lug.* — Pascoli reg.
    mont. e subalp. — Var. *brachychaetus* (DC.).
Fiori *gialli od anche aranciati*. Foglie infer. *affatto intere o quasi*, obovate o
subrotonde o ristrette in breve e largo picciolo, oppure obovate od ovali ed
attenuate in lungo e stretto picciolo. Peduncoli generalm. *non più lunghi*
di 2 volte l'involucro. ♃. (App. piceno). — *Giug. Lug.* — Pascoli reg. alp.
e subalp. .   .   .   .   **1284 S. campester** DC.

3 { Fiori ligulati *nulli o piccolissimi*. Involucro *cilindrico od ovoideo* .   .   **4**
    { Fiori ligulati *presenti e sviluppati*. Involucro *campanulato* .   .   .   , **7**

4 {
Squamette accessorie *uguali a un terzo o alla metà* dell'involucro, verdi,' appena nerastre all'apice. Involucro pubescente, glandoloso, lungo 7-8 mm.
Foglie senza orecchiette alla base. Acheni *alla fine glabri*. Pianta consi-
stente, totalm. viscoso-glandolosa, fetida, 1-6 dm. ☉. (App. tosco-emil., Maremma tosc. a Volterra, Montieri e m. Amiata). — *Lug. Ott.* — Luoghi boschivi o ghiaiosi reg. subm. e mont. (Fig. 176).   **1285 S. viscosus** L.
    Squamette accessorie *4 volte più corte* dell'involucro. Acheni *pubescenti*.   **5**

5 {
Squamette accessorie generalm. in numero *di 8-10 e quasi totalm. nere*. Fiori
periferici *normalm. non ligulati*. Involucro glabro lungo 5-7 mm. Foglie
infer. bislungo-spatolate, dentate, attenuate in picciolo, le altre sessili, incise o pennatifide, dilatato-amplessicauli alla base. Pianta glabra o ragnatelosa, succosa, a fusti eretti, 1-4 dm. ☉. (It. media). — *Quasi tutto l'anno*.
— Dal mare alla reg. mont. comunissimo   **1286 S. vulgaris** L.
    Squamette accessorie *4-5 soltanto e di color verde*. Fiori periferici *quasi sem-*
    pre brevem. ligulati **6**

6 {
Foglie *pennatopartite*, a segmenti stretti, incisi o dentati, *diseguali*, cioè alternativam. più piccoli, *senza o più raram. con 2 orecchiette*. Involucro
lungo 6-7 mm. Pianta *non glandolosa*, eccettuato talora i peduncoli e l'involucro, ± peloso-ragnatelosa, 3-10 dm. ☉. (App. pavese e tosco-emil., Maremma tosc. al M. Amiata e Poggio di Montieri, L. nel Viterbese). — *Lug.*
Sett. — Boschi reg. mont. .   .   .   .   **1287 S. silvaticus** L.
    Foglie *sinuate o pennatifide*, a segmenti dentati o interi, ottusi, *uguali con*
    2 orecchiette. Involucro lungo *10-13 mm*. Pianta *scarsam. peloso-glandolosa*,
    con odore di finocchio, 1-4 dm. ☉. (T. nel Grossetano e Arcip. tosc., L.). —
    Mar. Mag. — Luoghi erbosi o boschivi reg. med.   **1288 S. lividus** L.

7 { Foglie ordinariam. *incise* **8**
    { Foglie *intere o dentate*, ordinariam. lanceolate **15**

8 { Fusto *molle, erbaceo*. Acheni minutam. pubescenti   .   .   .   **9**
    { Fusto *rigido, consistente* **10**

9 {
Foglie *un po' carnose*, le infer. picciolate, obovate o bislungo-spatolate, quasi
intere o lassam. crenulate, le medie e super. dentate o pennatolobate, *non*
pennatifide, attenuate in picciolo o sessili, abbraccianti con 2 orecchiette
intere, *brevi*. Capolini *mediocri* 2-3 in corimbo lasso. Involucro *piccolo*,'
largo circa 4-5 mm. Pianta a foglie *inodore* e fusto umile a rami ascendenti.
☉. (T. nella Maremma orbetellana, L.). — *Nov. Mag.* — Luoghi erbosi od
arenosi marit. .   .   .   .   **1289 S. leucanthemifolius** Poir.
    Foglie *carnose*, le infer. attenuate in picciolo, obovato-spatolate, ottusam. si-
    nuate, le medie *spesso pennatifide*, abbraccianti con orecchiette *lunghe* ; le
    super. intere. Capolini *più grandi* che nella specie precedente, in corimbo
    lasso. Involucro *più grande*. Pianta a foglie *con odore di finocchio* e fusti
    eretti. ☉. (It. media col preced.). — *Feb. Mag.* **1290 S. crassifolius** W.

10 { Foglie *bianche, tomentose* **11**
    { Foglie *verdi*. Involucro a squamette riflesse alla maturità .   .   .   **12**

11 { Pianta di *3-10 cm.*, bianco-tomentosa. Foglie *erbacee*, tomentose, bipennato-fesse, con lacinie obovate, ottuse, inciso-crenate, lineari nelle foglie super. 2⅃. ¡App. tosco-regg. all'Alpe di Mommio). — *Lug. Ag.* — Luoghi ghiaiosi reg. alp. . . . . **1291 S. incanus** L.

Pianta di *30-60 cm.*, suffruticosa, bianco-tomentosa. Foglie *coriacee*, tomen-tose di sotto, cenerino-farinose di sopra, 1-2-pennatofesse, le super. con la-cinie strette, quasi trilobe nell'apice ed ottuse; lacinie terminali non od appena confluenti, uguali alle altre. ♄. (It. media, costa occid.). — *Mag. Ag.* — Luoghi rocciosi reg. med. — *Cineraria.* **1292 S. Cineraria** DC. Foglie verdi-cupe e glabre o scarsam. fioccose di sopra a lacinie più larghe, le terminali ± confluenti in un grande lobo inciso-dentato. (Col tipo al M. Argentaro, presso Siena e a Pianosa). — Var. *bicolor* (Tod.).

12 { Acheni *tutti peloso-scabri* e con pappo a *molte* setole *persistenti.* Squamette ac-cessorie *parecchie, lunghe quasi metà dell'involucro.* Foglie un po' coriacee, le infer. obovate, dentate, picciolate, le super. ± pennatofesse, col lobo terminale più grande dei laterali, rivoltate ai margini. Pianta verde-grigia-stra, debolm. ragnateloso-fioccosa od anche biancastra ed abbondantem. to-mentoso-fioccosa. 2⅃. (It. media, Elba). — *Lug. Sett.* — Luoghi selvatici dal mare alla reg. mont. . . . . **1293 S. erucifolius** L.

Acheni *periferici glabri* e con pappo a *poche* setole *caduche*, quelli del centro peloso-scabri od anche glabri o quasi. Squamette accessorie *2 o poco più*, *brevissime* 13

13 { Peduncoli e rami dell'infiorescenza *divaricati.* Foglie infer. per lo più ancora fresche all'epoca della fioritura, le cauline tutte lirate, a lobo terminale dentato-crenato o più raram. inciso, ora cuneato-oblungo e non molto gran-de, ora ovato-cordato e grandissimo. Acheni del disco glabri o minutam. pelosi. 2⅃. (It. media). — *Giug. Ott.* — Luoghi umidi dal mare alla reg. mont. . . . . **1294 S. barbareaefolius** Krok.

Peduncoli e rami dell'infiorescenza *eretti* 14

14 { Radice *cilindrica.* Foglie infer. grandi, picciolate, bislunghe, lirato-pennato-fesse, a segmenti *quasi uguali*, le super. sessili, pennatopartite, a segmenti *divaricati* bi-trifidi ed orecchiette moltipartite. Acheni del disco vellutati. ②. (It. media). — *Giug. Ag.* — Prati e pascoli reg. subm. . . . . **1295 S. Jacobaea** L.

Radice *globulosa.* Foglie d'un verde chiaro, le infer. ovali o lanceolate, *di-segualm.* dentate o lirate, a lobo terminale grande, ristretto in alto, le super. lirate o pennatofesse, a segmenti laterali *obliqui*, lineari o bislunghi interi o quasi ed orecchiette moltipartite. Acheni del disco minutam. pelosi. ②. (Parmig.). — *Giug. Ag.* — Prati paludosi. **1296 S. aquaticus** Huds.

15 { Capolini *grandi, poco numerosi*, con involucro campanulato, non sorpassante le squamette accessorie. Foglie ± coriacee, le infer. ovate o bislunghe, den-tate, insensibilm. ristrette in picciolo alato, le super. lanceolate, semiab-braccianti, sessili. Fiori gialli od aranciati. Pianta quasi glabra od anche ± cenerino-fioccosa almeno nelle foglie di sotto. 2⅃. (Alpi Ap., App.). — *Mag. Ag.* — Pascoli e luoghi pietrosi reg. mont. ed alp. . . . . **1297 S. Doronicum** L.

Capolini *assai piccoli, numerosi.* 16

16 { Foglie *basali ovato-bislunghe*, le cauline *bislungo-lanceolate.* Squamette accesso-rie *5-6, assai più brevi* dell'involucro. Linguette periferiche *5-6.* Fiori gialli. Acheni minutam. pubescenti nei solchi. 2⅃. (Viterbese alla Palanza-na). — *Mag. Lug.* — Luoghi umidi. . . . . **1298 S. Doria** L.

Foglie *ovate o bislungo-lanceolate.* Squamette accessorie *3-5, uguali* all'invo-lucro o superanti una metà di esso. Linguette periferiche *4-8 o nulle.* 17

17 { Fiori *gialli, 4-6 o più raram. 8* periferici per capolino, *lungam.* ligulati. Fo-glie tutte attenuate in picciolo alla base, finam. e regolarm. dentate. 2⅃. (App. tosc. e centr., nel Viterbese e Palanzana). — *Lug. Ag.* — Reg. mont. e subalp. . . . . **1299 S. Fuchsii** Gmel.

Fiori *giallo-pallidi o bianchi, tutti tubulosi o raram. 1-3* periferici per capo-lino, *brevem.* ligulati. Foglie medie e super. sessili, ristrette ed un poco de-correnti, a base ± auricolata, finam. dentate. 2⅃. (L.). — Boschi reg. mont. e subalp. . . . . **1300 S. Cacaliaster** Lmk.

7. **Doronicum** (dal nome arabo *Doronigi*, nome di pianta venefica). Capolini solitari o corimbosi, raggiati. Involucro a squame quasi uguali, embriciate, in 2-3 serie; ricettacolo convesso, spesso peloso. Fiori gialli. Acheni del disco con pappo, quelli periferici talora nudi o tutt'al più con 1-3 peli. Il resto come in *Senecio*.

1 { Foglie basali *nulle*, le cauline infer. *più piccole* delle successive, cuoriformi-ovate, acute, denticolate, picciolate, a picciolo munito di 2 orecchiette rotondate ed abbraccianti, nelle intermedie largam. alato, le super. sessili, ovato-lanceolate. Capolini *in racemo corimbiforme, rarissimam. solitari*. 2⏀. (App. emil.). — *Giug. Ag.* — Boschi reg. mont.
1301 D. austriacum Jacq.
Foglie basali *presenti*, le cauline infer. *più grandi* delle successive. Capolini *in corimbo o più spesso solitari* 2

2 { Foglie cauline infer. *picciolate*. Capolini *generalm. corimbosi*. Foglie dentate, le basali e cauline infer. ovato-subrotonde, profondam. cordate, le medie contratte in picciolo alato e con 2 orecchiette abbraccianti il fusto, le super. bislunghe sessili. Rizoma glabro, con stoloni gracili alla fine ingrossati nell'apice. 2⏀. (App. emil., T. a Prata in Maremma, Urbinate, L.). — *Apr. Lug.* — Boschi reg. mont. o più raram. subm. **1302 D. Pardalianches** L.
Foglie cauline *sessili*, eccetto talora 1 o 2 infer. Capolini *quasi sempre solitari* 3

3 { Rizoma *nodoso-tuberoso, lanoso nell'apice*. Foglie *minutam. denticolate*, le basali rotondo-cuoriformi, le cauline 1-2, bislunghe, abbraccianti. Linguette $^1/_4$-$^1/_2$ più lunghe dell'involucro. 2⏀. (L.). — *Mag. Giug.* — Luoghi ombrosi selvatici reg. submont. e mont. **1303 D. caucasicum** M. B.
Rizoma *nè tuberoso, nè lanoso*. Foglie *grossolanam. dentato-sinuate*, le basali rotondate o troncate alla base, leggerm. cordate e brevem. scorrenti nel picciolo. Linguette $^1/_2$ circa più lunghe dell'involucro. 2⏀. (Alpi Ap., App. emil., tosc. e centr.). — *Giug. Ag.* — Luoghi pietrosi freschi reg. mont. ed alp., raram. subm. . . . . **1304 D. Columnae** Ten.

8. **Arnica** (alterazione di *Ptarmica*, che fa starnutare). Capolini solitari o pochi, raggiati. Involucro campanulato, a squame eguali, disposte in 2 serie; ricettacolo emisferico, peloso-fibrillifero. Stilo nei fiori ermafroditi a rami pubescenti, ingrossato-conici. Acheni tutti con pappo formato da 1 sola serie di peli rigidi, scabri. Foglie cauline opposte. Il resto come in *Senecio*.

Rizoma troncato. Fusto eretto (1-6 dm.). semplice o poco ramoso, pubescente, glandoloso. Foglie pubescenti o quasi glabre, intere od oscuram. denticolate, le basali in rosetta bislungo-ellittiche, le cauline piccole lanceolate, in 1 o 2 coppie. Fiori gialli od aranciati col tubo villoso; linguette lunghe 2-3 volte l'involucro. Acheni scuri, pubescenti. 2⏀. (App. pavese e parmig.). — *Mag. Lug.* — Prati e pascoli dalla reg. mont. all'alp. — *Arnica*.
1305 A. montana L.

Tribù III. ASTEREE.

Capolini a fiori disuguali, i periferici femminili o neutri, ligulati o filiformi (raram. mancanti e in questo caso fiori tutti uguali ermafroditi), i centrali ermafroditi. Antere senza code. Stilo dei fiori ermafr. a rami stimmatici compressi, con serie di papille marginali sporgenti ed in alto con appendici lanceolate o triangolari pelose. Ricettacolo nudo. Pappo peloso, raram. squamoso, rudimentale o nullo. — Foglie alterne.

9. **Bellis** (dal latino *bellus* = grazioso, delicato). Capolini solitari, raggiati. Involucro campanulato, a squame eguali, bislunghe, fogliacee e disposte in 1-2 serie; ricettacolo conico, alveolato. Fiori periferici femminei, ligulati, disposti in una sola serie, quelli del disco ermafroditi, tubulosi, a 4-5 denti, gialli. Stilo a rami brevi, ovato-conico-lanceolati, nei fiori della periferia sottili e più lunghi. Acheni obovati, compressi, senza coste e senza pappo o raram. con pappo rudimentale.

1 { Pianta *annua, a fusti ascendenti*, ramificati dalla base, o raram. acaule. Foglie obovato-spatolate, attenuate in picciolo, intere o dentate, leggerm. 3-nervie alla base. Capolini piccoli; linguette bianche, raram. rosee. Acheni tutti pelosetti. ①. (It. media, Elba, Giannutri, Capraia). — *Nov. Giug.* — Luoghi erbosi ed arenosi specialm. marit. della reg. med.
1306 B. annua L.

Piante *perenni, quasi sempre acauli* e con foglie tutte basali . . . 2

2 { Foglie a lembo *obovato-spatolato*, ± bruscam. ristrette in picciolo alato. Capolini di *1 ½-3 cm.* diam., a squame invol. *ottuse* o raram. acute, lunghe *3-6 mm.* Peduncoli generalm. lunghi 1-2 dm. Linguette bianche o rosse all'esterno. Acheni lunghi 1 ½ cm., quasi glabri o. pubescenti. Fioritura prevalentem. primaverile. ♃. (It. media, Elba, Gorgona, Capraia). — *Gen-Dic.* — Luoghi erbosi dal mare alla reg. alp. — *Margheritina, Pratolina.*
1307 B. perennis L.

Pianta caulescente con fusti ± sviluppati. (It. media). — Var. *hybrida* Ten.

Foglie a lembo *bislungo-spatolato, insensibilm.* ristretto in picciolo alato. Capolini di *3-4 cm.* diam. a squame invol. *un po' acute*, lunghe *7-10 mm.* Peduncoli lunghi 2-3 dm. Linguette bianche o spesso rosse di sotto o totalm.; talora i fiori del disco pure rossi. Acheni lunghi 2 mm., tutti assai pelosi. Fioritura prevalentem. autunnale. ♃. (It. media, Elba). — *Sett. Giug.* — Luoghi erbosi reg. med., raram. sino alla mont. — *Margherita autunnale.* (Fig. 161) . . . . **1308 B. silvestris** Cyr.

10. **Bellidiàstrum** (da *Bellis* ed *astrum* = stella). Capolino solitario, moltifloro. Involucro a squame quasi uguali, lineari-acute, disposte in 2 serie. Stili a rami brevi, conici. Acheni oblunghi, ispidi, con pappo di 2 serie di setole scabre. Il resto come in *Bellis.*

Rizoma troncato. Fusto semplice, gracile, eretto, nudo, 1-3 dm. Foglie tutte basali in rosetta, pubescenti, con denti radi, obovato-spatolate e lungam. picciolate. Peduncoli più lunghi delle foglie, 5-30 cm., pelosi. Linguette bianche o rossastre. ♃. (Alpi Ap., App. tosco-emil. e centr.). — *Apr. Ag.* — Pascoli sassosi e rupi reg. mont. ed alp., raram. subm. (Fig. 158).
1309 B. Michelii Cass.

11. **Aster** (da ἀστηρ = stella, per l'aspetto dell'infiorescenza) Capolini in corimbo composto o in pannocchia, raram. solitari, raggiati od anche discoidei. Involucro campanulato, a squame in più serie; ricettacolo piano, alveolato, con alveoli marginati da una membrana dentata. Fiori periferici femminei o neutri, con linguette in 1 sola serie, violacei, azzurri o raram. bianchi, talora mancanti, quelli del disco ermafroditi, tubulosi, 5-dentati, gialli. Stilo a rami lineari nei fiori periferici, brevi e conici all'apice in quelli del disco.

Acheni bislunghi, compressi, senza coste o quasi, pubescenti; pappo bene sviluppato, con setole scabre in più serie.

1 { Capolini a fiori *tutti tubulosi*, senza fiori ligulati, del diam. di 9-13 mm., a squame eretto-patenti, alla fine ricurve nell'apice. Foglie strettam. lineari, terminate da una punta callosa, intere, sessili, appressate al fusto o raram. patenti o riflesse. Pianta verde. ♃. (It. media). — *Ag. Nov.* — Luoghi aridi, argillosi, reg. med. (Fig. 162) . . . **1310 A. Linosyris** B. et H.
Foglie patentissime o riflesse, carnosette, un po' più larghe e più ottuse che nel tipo. Pianta glaucescente. (T. nel Pisano, L.). — Luoghi marit. lit. — Var. *palustris* Fiori
Capolini a fiori *ligulati e tubulosi* 2

2 { Fiori periferici a linguette *sterili*, con stilo e stimma *nulli o rudimentali*. Foglie *minutam. punteggiato-glandolose*, lanceolato-lineari, scabre, le infer. trinervie, le super. uninervie. Capolini del diam. circa di 3 cm. in corimbo terminale composto, con rami e pedicelli fogliosi. Pianta assai scabra, a fusti eretti, rigidi, 2-10 dm. ♃. (T. nel Lucchese e M. Pisano). — *Ag. Ott.* — Luoghi aridi, reg. med. sulla costa occ. . . . . . **1311 A. acer** L.
Fiori periferici a linguette *fertili*, con stilo e stimma *sviluppati*. Foglie *senza punteggiature glandolifere*, liscie o scabre 3

3 { Pianta *bienne, glabra e liscia*, ± *grassa e succosa*. Squame invol. *poche* disposte *in 2 serie*, appressate, le interne più lunghe, ottuse. Foglie quasi carnose, lanceolate, cigliate, le infer. trinervie, le medie e super. lineari-lanceolate. Linguette azzurre o raram. bianche. Acheni pelosetti o glabri; pappo bianco. ②. (It. media, lungo le coste e dentro terra nel Pavese, Ferrarese, T. n Montecatini). — *Giug. Aut.* — Luoghi salsi, umidi. — *Astro marino*. **1312 A. Tripolium** L.
Piante *perenni, spesso pelose o scabre, mai grasse*. Squame invol. *molte*, disposte *in più serie* 4

4 { Fusti semplici, *monocefali* oppure terminati da un corimbo *semplice o quasi*. Squame invol. *larghe, ottuse, tutte od almeno le interne coll' apice rosso-porporino* 5
Fusti terminati da un corimbo composto ± ampiam. ramificato. Squame invol. *strette, acute, verdi* 6

5 { Capolini *solitari* sopra fusti di *3-15 cm.*, del diam. di 4-6 cm. Linguette azzurro-violette o talora bianche, lunghe 2-3 volte il disco, raram. più brevi di esso. Acheni irsuti; pappo biancastro. Foglie basali in rosetta, obovate, le altre spatolate, le super. lineari o lanceolate, tutte intere. ♃. (App. toscoemil. sino al Teso, umbro e piceno). — *Giug. Ag.* — Rupi e pascoli reg. alp. (Fig. 159) . . . . **1313 A. alpinus** L.
Capolini in *numero di 2-6 in corimbo semplice*, sopra fusti di *3-5 dm.* Linguette azzurro-violacee, raram. bianche. Acheni irsuti; pappo rosso o biancastro. Foglie un po' coriacee peloso-scabre, le infer. obovato-lanceolate, trinervie, le super. lanceolate. ♃. (App. pavese, parmig., moden., bologn. e march.). — *Lug. Ott.* — Luoghi sassosi o boschivi reg. subm. e mont. **1314 A. Amellus** L.

6 { Foglie cauline *distintam. abbraccianti* alla base, lanceolato-acuminate, acute, scabre al margine, le infer. trinervie, leggerm. dentate. Capolini di 3 cm. circa di diam., in racemo ramosissimo corimboso, largo. Squame invol. *erbaceo-fogliacee* nella metà super., generalm. accrescenti dopo la fioritura. Pianta glabra, eccetto i rami dell'infiorescenza aventi *1 o 2 linee* di peli. ♃. (Inselv. in T.). — *Ag. Nov.* — Coltiv. spesso nei giardini. **1315 A. Novi-Belgii** L.
Foglie cauline attenuate alla base *non abbraccianti*, le super. semiabbracoianti, uninervie, lineari-lanceolate o lanceolato-acuminate, scabre nel margine, intere o le infer. quasi seghettate. Capolini di 2 ½-4 cm. diam., corimbosi. Squame invol. *non erbacee* nella metà super. Pianta coi rami muniti di 4 linee di peli. ♃. (Inselvat. nel Lucchese in Vallebuia). — *Ag. Ott.* — Coltiv. talora nei giardini . . . . . **1316 A. salicifolius** Scholl.

12. Solidàgo (da *solidus* = solido ed *agere* = operare, per le virtù medicinali). Capolini racemoso-pannocchiuti, raggiati. Ricettacolo convesso, alveolato. Fiori periferici femminei disposti in 1 sola serie, gialli come quelli del centro. Acheni cilindrici con coste e pappo di setole uniseriate, denticolate. Il resto come in *Aster*.

Capolini *piccoli*, lunghi 5 *mm*. circa in infiorescenza formata da racemi unilaterali, *fortem. arcuati*, in pannocchia *breve* e compatta, terminale. Linguette un po' più lunghe dell'involucro, oblungo-lineari. Foglie lanceolate, acuminate, radam. e superficialm. seghettate. Fusto glabro, eccetto nell'infiorescenza. ♃. (Inselv. nel Carrarese, Lucchese, Pisa e Lazio a Trisulti presso l'Eremo). — *Lug. Sett.* — Coltiv. nei giardini **1317 S. serotina** Ait.

Capolini *più grandi*, lunghi 7-10 *mm*. in infiorescenza formata da racemi *eretti* in pannocchia *oblunga*. ♃. *Verga d'oro.* **1318 S. Virga-aurea** L.

  1. Foglie membranacee, lanceolate od ovate, glabre o pelose solo al margine e sui nervi, ± profondam. seghettate od anche intere. Fusto glabro o pubescente solo in alto.

    a. Fusto di 2-9 dm., semplice o ramoso. terminato da un racemo spesso composto, pannocchiuto. (T. M. ecc.). — *Lug. Ott.* — Boschi dalla reg. subm. alla mont. — α *vulgaris* (Lam.).

    b. Fusto di 5-20 cm., semplice, terminato da un racemo semplice o quasi. — (App. tosco-emil.). — β *pygmaea* (Bert.).

  2. Foglie grassette, obovato-lanceolate, acute, densam. cenerino-pubescenti, intere o leggermente dentate. Fusto e rami cenerino-pubescenti. Racemo ovato-oblungo, denso, composto. (T. lungo il littorale da Sarzana a Pisa). — γ *litoralis* (Savi).

158. *Bellidiastrum Michelii* Cass. (¹/₅).   159. *Aster alpinus* L. (¹/₅).   160. *Erigeron canadensis* L. (¹/₄).

13. Erigeron (da ερ = sollecito e γερον = vecchio, per la fugacità delle corolle). Capolini corimbosi o solitari, raggiati o discoidei. Ricettacolo un po' convesso, alveolato. Fiori periferici in 2 o più serie, raram. in 1 serie, femminei, ligulati o leggerm. tubulosi; fiori del centro ermafroditi o maschili per aborto, tubulosi, 4-5-dentati. Acheni con pappo molle a setole in 1 o 2 serie. Il resto come in *Aster*.

Pappi *di due sorta*, quelli degli acheni periferici a setole brevi, *uniseriate*, quelli degli acheni centrali a setole *disposte in due serie*, le esterne brevissime. Linguette bianche superanti molto i fiori del centro gialli, tubulosi. ☉. (Inselv. in T. nel Fiorentino, Pisano e Lucchese). — *Giug. Sett.* **1319 E. annuus** Pers.

Pappi *tutti eguali* a setole *uniseriate* 2

2 {
Linguette *patenti*, roseo-porporine o bianche, *una volta più lunghe* dell' involucro. Capolini uno o pochissimi. ♃. (It. media). — *Lug. Sett.* — Reg. subalp.
ed alp.   .   .   .   .   **1320 E. alpinus** L.
Linguette *erette, poco più lunghe* dell'involucro   3
}

3 {
Capolini *piccolissimi* (*3-5 mm.* di diam.), *in pannocchia piramidale, bislunga,
composta, ramosissima.* Linguette bianche o rosee. Involucro *3-seriato*, quasi
glabro, a squame lineari-acute. ①. (It. media). — *Lug. Ott.* — Dal mare
alla reg. subm. o raram. mont. (Fig. 160)   .   . **1321 E. canadensis** L.
Capolini *più grandi* (*1 cm.* di diam.), *in racemo corimboso, quasi sempre semplice.* Linguette bianche. Involucro *2-seriato*, a squame lineari-acuminate.
♃. (It. media). — *Lug. Ott.* — Luoghi erbosi e ghiaiosi aridi dal mare alla
reg. mont.   .   .   .   .   **1322 E. acer** L.
}

Tribù IV. ANTEMIDEE.

Capolini a fiori ora disuguali, i periferici femminei o raram. neutri, ligulati
o tubulosi, i centrali ermafroditi o talora (*Artemisia*) maschili per aborto
del gineceo, ora uguali, tutti tubulosi ed ermafr. Antere senza code. Stilo
a rami troncato-penicillati all'apice. Ricettacolo nudo o munito di pagliette
o di peli. Pappo rappresentato da un cercine o da una orecchietta membranosa oppure nullo. — Foglie alterne.

Sottotribù 1. CRISANTEMEE.

Ricettacolo senza pagliette, nudo o raram. (alcune *Artemisia*) peloso.

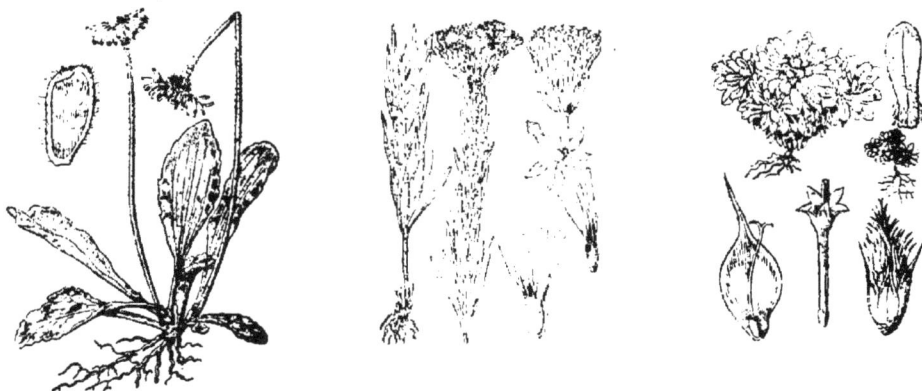

161. *Bellis silvestris* Cyr.   162. *Aster Linosyris* B. et H.   163. *Evax pygmaea* Pers.
         (¹/₅).   (¹/₅).   (¹/₅).

14. **Matricària** (da *Matrix* = utero; alludendo alle proprietà
medicinali). Capolini corimbosi o quasi, raggianti. Involucro a squame embriciate. Ricettacolo conico. Fiori della periferia 1-seriati,
femminili, bianchi, talora mancanti; quelli del centro ermafroditi,
tubulosi, 4-5-dentati, gialli. Acheni ovali, angolosi o subcilindrici,
calvi o coronati da un pappo membranoso.

1 {
Pianta *aromatica.* Foglie a lacinie *piane* di sotto. Ricettacolo conico e *acuto*
alla maturità, *cavo* internam. Acheni piccolissimi, *giallastri, lisci* sul dorso.
①. (It. media). -- *Mag. Sett.* — Dal mare alla reg. subm.
   1323 M. Chamomilla L.
}

1 | Pianta *inodora*. Foglie a lacinie *scanalate* di sotto. Ricettacolo *ottuso* alla sommità, *pieno* internam. Acheni *d'un bruno-nerastro, rugosi* sul dorso. ① ②. (Moden.). — *Lug. Sett.* — Luoghi coltiv. reg. subm.

1324 M. inodora L.

164. *Diotis maritima* Sm. (¹/₅).   165. *Chrysanthemum alpinum* L. (¹/₅).   166. *Chrysanthemum Myconis* L. (¹/₄).

15. **Chrysànthemum** (da χρυσους = aureo e ἄνθεμον = fiore).
Capolini solitari o corimbosi, raggiati o discoidei. Involucro campanulato a squame embriciate. Ricettacolo convesso. Fiori periferici ora presenti 1-seriati, femminili o raram. neutri, ligulati, bianchi o gialli od anche tubulosi e 3-4-dentati, ora nulli; fiori del centro ermafr. tubulosi, 5- o raram. 4-dentati, gialli. Acheni uguali o disuguali, cilindrico-costati o 2-3-alati, calvi o coronati da un pappo membranoso.

1 | Piante *annue*. Acheni *disuguali*, i centrali subcompressi, quelli periferici ± trigoni. Linguette *più spesso gialle* 2
Piante *perenni*. Acheni *tutti eguali*, obconici, cilindrici o prismatici. Linguette *bianche o nulle* 4

2 | Acheni *con un'ampia corona membranosa*. Fiori periferici *sterili*. Foglie *indivise* seghettate. ①. — *Fiorrancio, Occhio di bue.* (Fig. 166).

1325 Ch. Myconis L.
Pianta peloso-irsuta, raram. glabra. Foglie non od appena dilatate in orecchiette alla base. Linguette sempre giallo-dorate. (It. media, Arc. tosc.). — *Mag. Est.* — Reg. med. — α *typicum*.
Pianta glabra. Foglie tutte od in parte ± dilatato-orecchiute alla base. Linguette gialle od anche bianche. (Gorgona). -- β *hybridum* (Guss.).
Acheni *senza corona*. Fiori periferici *fertili*. Foglie *tutte bipennato-partite* oppure solo le infer. grossam. dentate o pennatifide 3

3 | Foglie *dentate o pennatifide a denti profondi*. Acheni periferici con *2 ali laterali*, quelli centrali *cilindrici* e con 10 coste uguali. ①. (It. media). — *Mag. Ag.* — Campi e muri reg. med. — *Ingrassabue.* **1326 Ch. segetum** L.
Foglie *profondam. divise, la maggior parte bipennatopartite*. Acheni periferici con *3 ali*, di cui la mediana più sviluppata, quelli centrali *tetragoni* e strettam. alati sull'angolo interno. ①. (T. L. avvent. a Modena). — *Apr. Lug.* — Campi ecc. reg. med. - *Bambagella, Fior d'oro.*

1327 Ch. coronarium L.

4 {
Fusti *monocefali o divisi in rami allungati monocefali*. Foglie più spesso *semplicem. dentate od incise* 5
Fusti *con capolini avvicinati in corimbo*. Foglie più spesso *pennato- o bipennato-divise* 6

5 {
Acheni *tutti senza corona*. Capolini del diam. di *2 ½-4 cm*. Foglie infer. obovato-spatolate, seghettate, picciolate, le super. sessili lingueformi, pennatofesse alla base e nel resto dentate. Pianta robusta, 3-6 dm., grandem. polimorfa. 2ƒ. (It. media, Gorgona). — *Mag. Aut.* — Luoghi erbosi e campi dal mare alla reg. mont. — *Cota-buona, Margherita*.
                               1328 Ch. Leucanthemum L.
Acheni *periferici con una corona bene sviluppata*. Capolini più spesso del diam. di *4-6 cm.*, raram. meno. Foglie infer. spatolato-lanceolate ristrette in picciolo sottile, le cauline lineari-bislunghe con denti disuguali, sottili, mucronati. Pianta più gracile, 1-4 dm. 2ƒ. (It. media). — *Giug. Lug.* — Reg. mont. ed alp. . . . . **1329 Ch. montanum** L.

6 {
Capolini *sempre discoidei, coi fiori periferici femm. tubulosi*, 3-4-dentati, raram. nulli. Foglie ovato-bislunghe, 1-2-pennatosette, a rachide dentata, segmenti lineari-lanceolati, ± profondam. divisi in lacinie acutam. dentate. Capolini emisferici, 8-11 mm. diam.; squame invol. pallide, scariose all'apice. 2ƒ. (It. media; spesso coltiv. ed inselv.). — *Lug. Sett.* — Luoghi incolti, rive dei fiumi ecc. dal mare alla reg. mont. — *Tanaceto*.
                               1330 Ch. vulgare Bernh.
Capolini *raggiati o raram. discoidei, ma a fiori tutti ermafr.* ed in piante a foglie mai come sopra 7

7 {
Foglie *semplicem. pennatifide* 8
Foglie *pennatosette* 9

8 {
Foglie a circoscrizione *subrotondo-ovata*, a lobi *ravvicinati, interi*. Acheni periferici a corona *uguale, a tazzetta*. Fusti cespugliosi, prostrati, i fioriferi scapiformi, *alti al più 15 cm.* (App. tosco-emil. all'Alpe di Mommio). — *Lug. Ag.* — Roccie reg. alp. (Fig. 165) . . . **1331 Ch. alpinum** L.
Foglie a circoscrizione ± *allungata*, a lobi *divaricati, spesso divisi*. Acheni periferici a corona *tagliata obliquam., spatiforme*. Fusti ascendenti, sempre semplici, monocefali, *1-3 dm.*, nudi in alto. 2ƒ. (Alpi Ap., App. tosco-emil.). — *Lug. Ag.* — Luoghi pietrosi reg. alp.
                               1332 Ch. ceratophylloides All.

9 {
Foglie pennatosette *in basso, pennatopartite in alto*. Capolini *piccoli, 1 ½-2 cm.* diam.; squame invol. interne soltanto un po' scariose all'apice, acute. Pianta pubescente o quasi glabra, con odore aromatico, a fusti erbacei, 3-7 dm. 2ƒ. (It. media, Elba, Giglio). — *Giug. Sett.* — Muri, rupi ecc. dal mare alla reg. mont., spesso sfuggito alla coltiv. — *Partenio, Matricale*.
                               1333 Ch. Parthenium Bernh.
Foglie pennatosette *per tutta la loro lunghezza*. Capolini *grandi, 2-3 cm.* diam., in corimbo lasso 10

10 {
Foglie a rachide *strettissima* e lobi *pennatopartiti*. Acheni della periferia con corona *obliqua*. 2ƒ. (It. media, Elba). — *Giug. Ag.* — Boschi reg. subm. e mont. . . . . **1334 Ch. Achilleae** L.
Foglie a rachide *larga* e lobi *pennatifidi*. Acheni della periferia con corona *fessa* da un lato. 2ƒ. (It. media). — *Giug. Ag.* — Boschi e rupi reg. subm. e mont. . . . . **1335 Ch. corymbosum** L.

16. Artemisia (da ἄρτεμις = sano, per le virtù medicinali). Capolini piccoli, discoidei, in racemi o spighe disposte spesso in pannocchia. Involucro a squame embriciate, scariose al margine. Ricettacolo peloso o glabro. Fiori gialli, rossastri o verdastri, quelli periferici (talora nulli) 1-seriati, femm., tubuloso-filiformi, 3-dentati; quelli centr. ermafr. o talora per aborto maschili, tubulosi, 5-dentati. Acheni subovali, subcompressi, lisci, calvi.

1 {
Ricettacolo *peloso*. 2
Ricettacolo *glabro* 6

2 { Piante *alpine*, a fusto *corto 5-15 cm. o raram. sino a 30 cm.* Squame invol.
generalm. *contornate da un margine* bruno. 3
Piante *non alpine*, a fusto *lungo, 3-12 dm.* Squame invol. *senza margine*
bruno. **4**

3 { Capolini *elissoidei, quasi sempre eretti*, con *12-20* o raram. sino a 30 fiori ed
a squame invol. *lanceolate*, gli infer. lungam. peduncolati, i super. sessili.
Acheni pelosi nell' apice. ♃. (App. tosco-emil. al Rondinaio ed Alpe di Bar-
ga). — *Lug. Ag.* — Reg. alp. — *Genipì bianco.*
1336 Art. Mutellina Vill.
Capolini *emisferici, inclinato-pendenti*, con *20-30 fiori* ed a squame invol.
ovate od oblunghe, gli infer. ± lungam. peduncolati. ♃. (Alpi Apuane). —
Ag. — Reg. alp. . . . . **1337 Art. nitida** Bert.

4 { Pianta *erbacea*, assai amara, bianco-tomentosa. Capolini piccoli, 3-5 mm. di
diam., formanti una pannocchia ampia e lassa. Foglie ovali, le infer. bi-tri-
pennatosette, a lacinie lineari-oblunghe, a picciolo senza laciniette alla base.
Acheni non glandolosi. ♃. (It. media; frequentem. colt. e inselv.). — *Lug.
Sett.* — Presso le case e lungo le vie dal mare alla reg. subm. — *Assenzio.*
(Fig. 170) . . . . **1338 Art. Absinthium** L.
Piante *legnose*, almeno alla base **5**

5 { Pianta *legnosa, poco amara, sericeo-argentina*, a fusti *eretti.* Foglie tripennatosette, lungam. picciolate, a picciolo *senza* laciniette alla base, le super.
sessili bipennatosette. Acheni *con glandole gialle.* ♄. (Giglio, L.). — *Giug.
Ag.* — Rupi, muri ecc. reg. med. **1339 Art. arborescens** L.
Pianta *legnosa alla base*, con odore ± *canforato*, verdastra o cenerina *solo
nelle parti giovani*, a fusti *ascendenti-eretti.* Foglie ovali, lungam. picciolate,
a picciolo *con due* laciniette alla base, nelle foglie infer. spesso caduche,
bipennate, a poche paia di lacinie lineari, le fiorali semplici, lineari. Acheni
glabri. ♃. (It. media). — *Ag. Ott.* — Luoghi aridi sassosi e letto di torrenti
reg. med. e subm. — *Abrotano* . . . **1340 Art. camphorata** Vill.

6 { Capolini oblunghi, formati di soli fiori *ermafroditi*, rarissimam. con 1-2 fiori
femminei filiformi. Foglie intere od 1-2-pennate. Pianta azzurrognola o bianco-tomentosa, legnosa alla base, cespugliosa, con odore aromatico sgradevole
ed amara. Fiori glabri, glandolosi. ♃. *Santonica, Assenzio marino.*
1341 Art. caerulescens L.
1. Foglie lanceolate, tutte indivise o le super. irregolarm. incise, con
pochi lobi lanceolati. Pianta azzurro-tomentosa da giovane, poi de-
nudata, od anche verdastra, a racemetti secondari eretti od anche
pendenti. (Ferrarese a Mesola e Volano, Romagne, Marche). — *Ag.
Ott.* — Luoghi salsi marit. — α *latifolia* DC.
2. Foglie infer. e spesso anche le super. 1-2-pennate, a lobi lineari.
Piante bianco-tomentose.
a. Foglie flaccide, a lacinie allungate e generalm. larghette. Pianta
alta 3-6 dm. per lo più dei luoghi salsi, a racemetti secondari
eretti od anche pendenti. — (Ravennate, Bologna nell' alveo
del Setta ed a Frassineto, Cesenate a Sogliano, T., Elba, L.). —
Luoghi lit. umidi. — β *palmata* (Lam.).
b. Foglie più rigide, a lacinie brevi e strette. Pianta alta 1-4 dm.,
dei luoghi cretacei, a racemetti secondari eretti od anche pendenti. (T. nel Senese, a S. Miniato ed a Volterra). — γ *cretacea*
Fiori
Capolini formati di fiori *periferici femminei filiformi e di centrali ermafroditi
o sterili* **7**

7 { Fiori *ermafroditi del disco sterili*, con ovario abortito. Capolini ovoidei, sessili
o quasi, eretti o pendenti. Foglie a circoscrizione rotondo-ovata, le infer.
bipennatosette, le basali picciolate, a piccioli orecchiuti alla base, le altre
sessili, tutte a lacinie filiformi. ♃. **1342 Art. campestris** L.
1. Pianta quasi inodora. Fusti sdraiati in basso, poi raddrizzati, alti
3-6 dm. Foglie pubescenti da giovani, poi di solito glabre. — (Parmig., U sopra Gubbio). — *Lug. Ott.* — α *typica.*
2. Pianta con forte odore terebintaceo. Fusti eretti dalla base, più
legnosi, alti 6-15 dm. Foglie a lacinie carnosette. (T. lungo lo stagno
di Orbetello). — β *variabilis* (Ten.).
Fiori *tutti fertili* **8**

8 {
Pianta *annua, aromatica*, glabra. Foglie basali tripennatosette, le altre successivam. più piccole e meno divise, tutte a lacinie *lineari, acute*. Capolini piccoli (2 mm. di diam.), *globosi, brevem. peduncolati e pendenti*, a poche squame esterne oblunghe, le interne quasi orbicolari, largam. bianco-scariose, colla sola carena verde. Fiori *giallicci*. ⊙. (Inselv. presso Bologna ed a Roma sul Viminale). — *Ag. Ott.* — Coltiv. talora nei giardini.
1343 Art. annua L.

Pianta *perenne, leggerm. odorosa*, amara. Foglie pennatopartite, a lacinie *larghe, lanceolate*. Capolini piccoli (2 mm. di diam.), *ovato-oblunghi, quasi sessili, eretti o pendenti*, a squame oblunghe, le esterne lanceolate, erbacee, le interne oblunghe, colla sola carena verde e nel resto bianco-scariose, tomentose o lanose. Fiori *gialli*, glabri. ♃. (It. media). — *Ag. Sett.* — Ruderi campi e siepi dal mare alla reg. subm.
1344 Art. vulgaris L.
}

Sottotribù 2. Euantemidee.

Ricettacolo munito di pagliette.

17. **Anthemis** (da ἀνθημον = fiore). Capolini solitari o corimbosi, raggiati o raram. discoidei. Involucro a squame embriciate. Ricettacolo convesso o conico, con pagliette alla fine membranaceo-scariose od anche cartilaginee. Fiori periferici ligulati, femminei o raram. neutri, con linguette bislunghe bianche o gialle; quelli centrali ermafroditi, tubulosi 5-dentati, gialli o bianchicci. Acheni subcilindrici, muniti di coste almeno sulla faccia interna, calvi o sormontati da breve corona membranacea, intera o ad orecchietta.

1 {
Fiori centrali a tubo *cilindrico* **2**
Fiori centrali a tubo soltanto *compresso* od anche *compresso-alato* . . **4**
}

2 {
Involucro a squame *alla fine riflesse*, largam. scariose al margine. Ricettacolo alla fine conico, a pagliette bislunghe, ottusissime. Fiori ligulati sterili, senza stilo. Pianta glabra, odorosa, a foglie remotam. bipennato-partite, con lacinie e laciniette lineari, strette. ⊙. (Pineta di Ravenna, T. nell'Orbetellano, Giannutri, L.). — *Gen. Giug.* — Luoghi colt. od erbosi reg. med.
1345 Ant. fuscata Brot.

Involucro a squame *sempre eretto-applicate* **3**
}

3 {
Fiori centrali a tubo *prolungato* alla base dal lato interno in un'appendice. Linguette *gialle alla base, bianche nella parte superiore*. Pagliette del ricettacolo *acute*, lineari-lanceolate, *carenate*. Pianta annua, pubescente-villosa, *leggerm. odorosa*. ⊙. (It. media). — *Mag. Sett.* — Luoghi erbosi o sabbiosi reg. med., specialm. presso il mare.
1346 Ant. mixta L.

Fiori centrali a tubo *mai prolungato* alla base c. s. Linguette *intieram. bianche*. Pagliette del ricettacolo *ottuse* e lacero-denticolate alla apice, *non carenate*. Pianta *perenne* pubescente, verde-chiara, *assai aromatica*. ♃. (Pavese a S. Lanfranco ecc.). — *Lug. Ag* — Colt. e qua e là nat. nei campi.
1347 Ant. nobilis L.
}

4 {
Ricettacolo *munito di pagliette solo nella parte superiore*. Fiori ligulati neutri, senza stilo. Acheni ± fortem. tubercolati e leggerm. striati, calvi. Pianta annua, generalm. poco pelosa, di odore fetido, a foglie bipennatosette, con lacinie strettam. lineari, mucronulate. ⊙. (It. media, isolotto di Cerboli presso l'Elba, Montecristo). — *Giug. Aut.* — Luoghi colt. dal mare alla reg. mont. (Fig. 168) . . . .
1348 Ant. Cotula L.

Ricettacolo *totalm. coperto* di pagliette. Piante mai aventi in un tempo fiori ligulati sterili ed acheni tubercolati **5**
}

5 {
Acheni *tetragono-compressi*, a margini acuti. Ricettacolo *mai conico*, a pagliette *dure e rigidam. cuspidate*. Linguette bianche, gialle o nulle . **6**

Acheni *non compressi*, obconico-solcati o gli esterni talora quadrangolari. Ricettacolo *alla fine conico*, a pagliette *sottili, mutiche o mucronate*. Linguette bianche **9**
}

6 {
Piante *annue*. Linguette bianche 7
Piante *perenni*. Linguette bianche, gialle o nulle 8
}

7 {
Acheni con *10 strie* per lato. Peduncoli alla fine *ingrossati*. Capolini *grandi*, 2 ½-4 cm. diam. Ricettacolo a pagliette *bruscam. contratte* in un mucrone *uguale* ad esse ed *un po' più lungo* dei fioretti. ①. (It. media, Elba e Montecristo). — *Mag. Sett.* — Comune tra le messi dal mare alla reg. subm.
1349 Ant. Cota L.

Acheni con *5-7 strie* per lato. Peduncoli alla fine *non ingrossati*. Capolini *un po' più piccoli* che nella specie preced. Ricettacolo a pagliette *gradatam. ristrette all'apice*, in un mucrone *più breve* di esse ed *uguale o più breve* dei fioretti. ①. (L. a Civitavecchia). — *Mag. Giug.* — Messi reg. med. e subm.
1350 Ant. brachycentros Gay
}

8 {
Linguette *bianche*, lunghe *come* il diametro del capolino. Acheni a corona *lunghetta*, tagliata obliquam. e crenulata. Foglie bipennatofesse, a lacinie ultime quasi seghettate. 2♃. (It. media). — *Lug. Sett.* — Luoghi erbosi, rupi ecc. reg. subm. e mont. . . . . **1351 Ant. Triumfetti** DC.

Linguette *giallo-dorate*, generalm. lunghe *appena la metà* del diam. del capolino. Acheni a corona *brevissima*, completa, crenulata. Foglie pennatopartite a lacinie lineari-lanceolate seghettate, con denti brevem. cuspidati. 2♃. (It. media). — *Giug. Aut.* — Luoghi secchi reg. med. e subm.
1352 Ant. tinctoria L.
}

9 {
Piante *annue o raram. bienni* 10
Piante *perenni* 11
}

10 {
Acheni lisci, gli esterni assai più grandi, piramidato-quadrangolari e sormontati da un margine calloso-tumido. Foglie a lacinie acute e spesso mucronulate, non punteggiate di sotto. Pianta ± pelosa, inodora. ① ② 2♃. (It. media). — *Mag. Est.* — Campi e luoghi erbosi dal mare alla reg. mont. — *Camomilla bastarda*. . . . . **1353 Ant. arvensis** L.

Acheni (almeno gli esterni) ± rugoso-tubercolati o glandolosi, gli esterni poco più grandi degli interni, conico subtetragoni, tutti sormontati da un margine sottile. Foglie a lacinie ± ottuse punteggiate di sotto. Pianta glabra o quasi. ①. (L.). — Luoghi arenosi e sassosi mar. reg. med.
1354 Ant. secundiramea Biv.
}

11 {
Fiori centrali *bianchicci*. Ricettacolo a pagliette *brune* nell'apice e quivi lacero-dentate ed ottuse, *più brevi* dei fioretti. Acheni *compressi, fortem. ristretti* alla base, *lisci o quasi*. Foglie a lacinie ± grasse, avvicinate tra loro, lineari, acuminate. Pianta glabrescente, a fusti prostrati od ascendenti cespugliosi, quasi sempre monocefali, 8-30 cm. 2♃. (App. umbro-piceno). — *Giug. Ag.* — Pascoli e luoghi sassosi reg. alp.
1355 Ant. mucronulata Bert.
Pianta sericeo-tomentosa, cenerina. Foglie infer. a lacinie pennatopartite. (App. umbro-piceno, laz.). — Var. *Barrelieri* (Ten.).

Fiori centrali *gialli*. Ricettacolo a pagliette *scolorate o quasi* nell'apice e quivi intere o lacero-dentate e ± acutam. mucronate, *subeguali* ai fioretti. Acheni *subquadrangolari*, poco *ristretti* alla base, striati. 12
}

12 {
Squame invol. orlate da un margine *scarioso-bruno*. Fusti alti sino a 35 cm., semplici, monocefali. Capolini del diam. di 2-4 cm. 2♃.
1356 Ant. montana L.
1. Capolini di 2-3 cm. diam. Foglie a lacinie assai strette ed esili. Pianta generalm. bianco-sericea, a fusti gracili. (App. centr.). — *Mag. Ag.* — Luoghi pietrosi dalla reg. mont. all'alp. — α *saxatilis* DC.
2. Capolini di 3-4 cm. diam. Foglie a lacinie più larghe e grassette. Pianta argentino-sericea, a fusti più robusti. (App. centr.). — β *Columnae* Ten.
Squame invol. orlate da un margine *scarioso-bianchiccio* 13
}

13 {
Foglie *carnose, con punti* infossati, a lacinie *terminate da una puntina callosa, ma non mucronate*. Acheni sormontati da una corona membranosa incompleta e crenulata. Pianta glabra o quasi, con forte odore aromatico. 2♃. (T., Elba, Giannutri, Pianosa, Montecristo, L.). — *Giug. Sett.* — Arene littor.
1357 Ant. maritima L.

Foglie *erbacee, senza punti* infossati, a lacinie *lungam. mucronate*. Acheni periferici sormontati da un margine calloso-tumido. Cfr. ANT. ARVENSIS.
}

18. **Anàcyclus** (da ἀναχυχλοσις = circonvoluzione, alludendo all'ala che circonda l'achenio). Fiori periferici con linguetta bislunga, quelli centrali con corolla a tubo compresso, bialato. Acheni piani, assai compressi, gli esterni circondati da una larga ala membranacea, ialina, auricolata da ciascun lato alla sommità, gli interni ad ala strettissima o nulla. Il resto come in *Anthemis*.

1 {

Fiori periferici ligulati *gialli*, raram. nulli. Squame interne dell'involucro *terminate* in una appendice scariosa, rotondata e frangiata. Pianta ± villoso-pubescente, a fusto eretto, rigido, ramoso-corimboso. 1-6 dm. ①.
1358 Anac. radiatus Lois.
1. Capolini raggiati. Linguette giallo-dorate, raram. solfino-pallide o porporine di sotto. (T. nel littor. e a Volterra, Elba, Gorgona, Pianosa, L. a Roma, M. a Pesaro). — *Mag. Ag.* — Arene e luoghi erbosi marit. — α *typicus*.
2. Capolini discoidei. (Lit. del L.). — β *discoideus* Chiov.

Fiori periferici ligulati *bianchi*, raram. nulli. Squame interne dell'involucro *sprovviste* di appendice scariosa c. s. Fusto ramoso dalla base o solo in alto, 1-6 dm. ①. (Fig. 169) . . . . . **1359 Anac. clavatus** Pers.
1. Ricettacolo a pagliette imberbi. Pianta glabra in basso. — Luoghi arenosi e campi reg. med. — α *typicus*.
2. Ricettacolo a pagliette cigliate nell'apice. Pianta ± villosa o più raram. quasi glabra almeno in basso. Squame invol. concolori o spesso cinte da un margine bruno. (T. a Grosseto, M. Argentaro, Elba, Capraia, L. M.). — *Mag. Lug.* — β *tomentosus* (DC.).

167. *Bidens frondosus* L.   168. *Anthemis Cotula* L.   169. *Anacyclus clavatus* Pers.
(¼).   (¼).   (⅕).

19. **Achillèa.** Fiori in capolini corimbosi, raggiati. Involucro ovoideo od emisferico, a squame embriciate; ricettacolo piano o un po' convesso, con pagliette membranaceo-scariose. Fiori periferici femminei, ligulati, a linguette ovate o suborbicolari, bianche, gialle o porporine; quelli del centro ermafroditi, tubulosi. Acheni obovato-oblunghi, compressi, calvi.

1 {
Involucro *emisferico o campanulato*. Linguette *uguaglianti* l'involucro od **un** *po' più lunghe*. Fiori bianchi **2**
Involucro *ovoideo-oblungo*. Linguette *la metà più corte* dell'involucro. . **4**

2 { Foglie *minutam. seghettate*, lineari-lanceolate, glabre, non punteggiate. Linguette 8-12, subrotonde, leggerm. 3-lobe, un po' più lunghe dell'involucro. Paglieite del ricettacolo pelose e scolorate in alto. Pianta acre, glabra, eccetto il fusto in alto che è pubescente, 3-6 dm. 2⟂. (Parmig. a Vigatto). — *Giug. Sett.* — Luoghi umidi fino alla reg. mont. **1360 Ach. Ptarmica** L.
Foglie *profondam. divise*, non punteggiate 3

3 { Foglie *quasi interam. glabre*, grandi, molli, a circoscrizione largam. *ovato-triangolare* ed a segmenti largam. lanceolati, acuminati, gli inferiori distinti, i superiori confluenti. Linguette *6-8, oblunghe*, uguaglianti l'involucro. Fusto eretto, semplice, *3-8 dm.*, glabro o pubescente. 2⟂. (App. tosco-emil. al m. Orsaio). — *Lug. Ag.* — Boschi reg. mont. e subalp.
1361 Ach. macrophylla L.
Foglie *villosette o talora quasi glabre*, piuttosto molli, a circoscrizione *oblungo-lanceolata* o nelle infer. obovata, a segmenti paralleli, lineari acuminati, sovente profondam. 2-3-5-fidi. Linguette *7-12, obovate*, lunghe come l'involucro o quasi. Fusto ascendente od eretto, brevem. pubescente, *1-2 dm*. 2⟂. (App. parmig. al m. Orsaro?). — *Lug. Sett.* — Luoghi umidi reg. alp.
1362 Ach. atrata L.

4 { Fiori *gialli* 5
Fiori *bianchi o porporini* 6

5 { Pianta *glabra o assai brevem. pubescente*, con odore canforato, a fusti eretti, rigidi, *poco ramosi. 3-7 dm*. Foglie seghettate o doppiam. seghettate, lanceolato-ottuse, le infer. attenuate in picciolo, le altre cuneate alla base e quivi munite di lacinie formanti orecchietta. Squame invol. verdi sul dorso e pallide ai lati, le infer. lanceolato-acute, le super. oblungo-ottuse. 2⟂. (It. media). — *Giug. Sett.* — Luoghi argillosi o sabbiosi dal mare alla reg. subm.
1363 Ach. Ageratum L.
Pianta *mollem. irsuto-tomentosa*, cespugliosa, odorosa se tritata, a fusti striato-angolosi, eretti od ascendenti, *quasi sempre semplici, 1-4 dm*. Foglie a circoscrizione strettam. lineare, bipennatosette, a lacinie e lacinieite brevi, lineari, rivolte verso la pagina super. e come embriciate, terminate da un mucrone, le radicali brevem. picciolate, le altre sessili. Squame invol. ovato-oblunghe, giallognole, con margine scarioso, appena ferrugineo. 2⟂. (It. media). — *Giug. Ag.* — Luoghi erbosi secchi reg. subm. o raram. mont.
1364 Ach. tomentosa L.

6 { Foglie a divisioni *capillari*, 2-3-pennatosette, a circoscrizione oblungo-lineare o lineare, coi segmenti mucronulati, non disposti nel medesimo piano. Pianta un po' vellutata a rizoma strisciante, stolonifera e fusto eretto, semplice o ramoso in alto, 2-5 dm. 2⟂. (It. media). — *Mag. Sett.* — Luoghi erbosi dal mare alla reg. alp. — *Achillea, Millefoglio.* **1365 Ach. Millefolium** L.
Foglie a divisioni *lineari-lanceolate* 7

7 { Foglie cauline infer. con *8-15 paia* di segmenti, *spesso punteggiate di sotto*, a rachide *stretta*, dentata almeno nella metà super. Pianta cespugliosa, pubescente e talora biancastra, odorosa, a radice *non strisciante o brevem. strisciante*, a fusti eretto-ascendenti, 2-8 dm. 2⟂. (It. media, T. solo a Castrocaro, L. presso Viterbo). — *Giug. Sett.* — Luoghi aridi e rupi reg. subm. e med.
1366 Ach. nobilis L.
Foglie cauline infer. con *5-6 paia* di segmenti, *generalm. non punteggiate*, a rachide *larga*, intera o munita d'un solo dente subulato sotto ai segmenti superiori. Pianta cespugliosa, pubescente, a radice *strisciante*, a fusti densam. fogliosi, semplici o ramosi, 3-9 dm. 2⟂. (It. media). — *Giug. Ott.* — Luoghi erbosi asciutti reg. med. o raram. subm. **1367 Ach. ligustica** All.

20. **Santolina** (alterazione di *sanctolina*, cioè pianta santa, a causa delle sue virtù medicinali). Fiori in capolini solitari o corimbosi, discoidei. Involucro emisferico, embriciato. Fiori gialli o bianchi, quelli della periferia pochi o talora mancanti, femminei, appena ligulati, quelli del centro ermafroditi, a tubo compresso alato, con la base dilatata in cuffia e ricoprente in parte l'ovario. Acheni compressi, subtetragoni, calvi. Il resto come in *Achillea*.

1 {
Foglie lineari, pubescenti o tomentose, pennatifide a lobi brevi e ottusi, lunghi *al più 2 mm.*, disposti in *4-6 file ed in piani differenti*. Fiori gialli o cedrini. Pianta cenerino-tomentosa o glabra, a fusti cespugliosi, ascendenti, 2-4 dm. 2*f*. (T., L. presso Viterbo). — *Giug. Lug.* — Luoghi aridi sassosi reg. med. e subm.; frequentem. coltiv.　**1368 S. Chamaecyparissus** L.
Foglie oblunghe, pubescenti, pennatosette, a lacinie lunghe *3-6 mm.*, più allontanate, disposte in *2-4 file e spesso in un sol piano o quasi*　.　. 2
}

2 {
Fiori *gialli o giallognoli*. Pianta *totalm. bianco-tomentosa* o anche in parte glabrescente o verdeggiante. 2*f*. (T., Piceno, L.). — *Giug. Lug.*
1369 S. pectinata Benth.
Fiori *bianchi*. Pianta *affatto glabra o quasi totalm. verde*. Foglie a lacinie più sottili, nelle super. in 2 file soltanto. 2*f*. (T. nelle Alpi Ap.). — *Lug. Ag.* — Dalla reg. subm. all'alp.　.　.　.　.　.　**1370 S. pinnata** Viv.
}

21. **Diòtis** (da δὶς = doppio e οὐ'ς = orecchio, per la forma del tubo corollino). Fiori in capolini corimbosi, discoidei. Involucro emisferico, embriciato. Ricettacolo convesso-conico, con pagliette membranaceo-scariose. Fiori tutti ermafroditi, gialli, tubulosi, a tubo alato, prolungato fin quasi alla base dell'ovario in due lobi membranosi. Acheni ovali-oblunghi, calvi, ma incappucciati dal tubo della corolla indurito.

Pianta mollem. niveo-tomentosa, cespugliosa, a fusti diffuso-ascendenti, di 1-4 dm. Foglie sessili, bislunghe, ottuse, intere od oscuram. crenulate, spesso riflesse. Capolini quasi globosi, in corimbo semplice o composto, a peduncoli brevi e grossi. 2*f*. (It. media, Elba, Giglio, Pianosa). — *Giug. Aut.* — Arene marit. reg. med. (Fig. 164)　.　.　.　.　**1371 D. maritima** Sm.

Tribù V. INULEE.

Capolini a fiori disuguali, i periferici femminei, tubulosi o ligulati ed i centr. ermafr. o talora (*Leontopodium*) masch. per aborto del gineceo, raram. a fiori eguali ermafr., oppure (*Antennaria*) a fiori unisessuali dioici. Antere munite di code basali o di setole. Stilo a rami stimmatici ottusi o troncati, con papille marginali sino all'apice, non appendicolati. Ricettacolo nudo o con squame al margine simili a quelle invol. Pappo peloso, nullo o rappresentato da un cercine membranoso. — Foglie alterne.

Sottotribù 1. FILAGINEE.

Ricettacolo munito al margine di paglie poco distinte dalle squame invol. e avvolgenti i fiori femminei periferici, al centro nudo o fibrilloso. Rami dello stilo ottusi. Involucro ± scarioso. Capolini discoidei.

22. **Micropus** (da μιχρος = piccolo e πους = piede; alludendo alla brevità dei peduncoli). Capolini a pochi fiori, discoidei, sessili, solitari o riuniti in glomeruli. Involucro 2-seriato, a squame lasse, piane. Ricettacolo munito alla periferia di una serie di squame fatte ad elmo, racchiudenti i fiori femminei, al centro nudo. Fiori della periferia 5-7, filiformi, femminei; quelli centrali pochi maschili, tubulosi. Antere appena sagittate alla base o con brevi code crenate. Acheni subcalvi, caduchi insieme colle brattee coriacee ed accrescenti che li racchiudono.

1 {
Foglie *super. opposte.* Squame involgenti i fiori femminei periferici, *aculeate* nel dorso. Pianta bianco-tomentosa, a fusti semplici, eretti. oppure ramoso-cespugliosi, 5-20 cm. ①. (T.). — *Giug. Lug.* — Luoghi marittimi.
1372 M. supinus L.
Foglie *alterne.* Squame involgenti i fiori femminei periferici *inermi* nel dorso 2
}

2 {
Foglie *ondulate nel margine,* le florali *più lunghe* dei capolini *od uguali ad essi.* Pianta bianco-lanosa, a fusto ascendente od eretto, 10-15 cm. ①. (It. media). — *Giug. Lug.* — Luoghi aridi reg. med. e subm.
1373 M. erectus L.
Foglie *piane,* le florali *non superanti* i capolini. Glomeruli più grossi, capolini ravvolti da lana più copiosa e rigonfia, nel secco spesso rossigna. ①. (App. pavese) . . . . . . **1374 M. bombycinus** Lag.
}

23. Evax (dedic. a *Evax*, medico arabo dei tempi di Nerone). Capolini moltiflori, discoidei, sessili e riuniti in glomeruli terminali. Involucro 1-2-seriato, a squame scariose, piane. Ricettacolo conico, squamoso inferiorm. Fiori periferici femminei in più serie, filiformi; i centrali pochi maschili, tuboluso-obconici, gialli. Stami 4 con antere munite di due code basali lesiniformi. Acheni compressi, obovati, calvi.

1 {
Foglie tutte *spatolate, ottuse,* le florali lunghe *2-3 volte* i capolini. Pianta nana, cenerino-tomentosa, 1-5 cm. ①. (T., Piceno). — *Mar. Giug.* — Poggi aridi reg. med. (Fig. 163) . . . . . **1375 E. pygmaea** Pers.
Foglie tutte *lanceolate, acute,* le florali lunghe *sino a 4 volte* i capolini e mucronate. Pianta cenerino-tomentosa, a fusti semplici o ramosi dalla base, 3-10 cm. ①. (T. nell'Orbetellano, L.). — *Apr. Mag.* — Colli aprici.
1376 E. asteriscıflora Pers.
}

24. Filàgo (da *filum* = filo; queste piante sono cotonose). Capolini moltiflori, discoidei, generalm. sessili e riuniti in glomeruli o fascetti. Involucro ovoide-pentagonale, a squame subscariose in 3-5 serie. Ricettacolo convesso-conico, fornito di pagllette alla periferia. Fiori periferici femminei in più serie, filiformi; i centrali pochi ermafroditi, tubulosi. Antere munite di 2 code basali talora denticolate. Acheni oblunghi, quelli dei fiori periferici spesso calvi, gli altri con pappo formato di setole in 1-2 serie, denticolate.

1 {
Ricettacolo *allungato, filiforme o clavato.* Squame involucrali *esterne acuminato-aristate.* Fiori femminei *pluriseriati.* Pianta cenerino-lanosa, a fusti eretti o diffuso-prostrati, 5-60 cm. ①. (It. media, Arc. tosc.). — *Mag. Ag.* — Campi secchi e luoghi erbosi aridi dal mare alla reg. mont.
1377 F. germanica L.
Pianta bianco- o grigio-tomentosa. Squame esterne più brevem. acuminate o semplicem. acute. (T. U. L.). — Var. *eriocephala* (Guss.).
Pianta ora bianco-tomentosa, ora verdastra. Foglie spatolate. Capolini piramidali, in gruppetti emisferici. Squame invol. giallognole. (It. media). — Var. *spathulata* (Presl).
Pianta grigio- o bianco-tomentosa, formante cespugli lassi. Foglie strette, ottuse. Squame invol. alla fine divaricato-patenti. (Colla preced., T. al M. Argentaro). — Var. *prostrata* (Parl.).
Ricettacolo *corto, largo.* Squame invol. *tutte ottuse.* Fiori femminei *1-2-seriati* 2
}

2 {
Capolini *brevem. peduncolati,* riuniti a 3-6 in glomeruli laterali o terminali. Squame invol. *acute.* Foglie florali uguali ai glomeruli. Fusti assai ramificati in alto, 1-4 dm. ①. (Pavese, App. emil. T., a Firenze, Casentino, Siena, M. Amiata, L.). — *Mag. Ag.* — Luoghi colt. od incolti aridi reg. subm. e mont.. . . . . **1378 F. arvensis** L.
}

2 { Capolini *parte sessili e parte peduncolati*, solitari o riuniti a 2-4 in glomeruli ascellari o terminali. Squame invol. interne ± *acute*. Foglie fiorali uguali ai glomeruli. Fusti semplici o ramosi, 5-30 cm. ①. (L. ad Allumiere della Tolfa). — *Mag. Giug.* — Campi e luoghi erbosi aridi dal mare alla reg. mont.
1379 F. heterantha Raf. in Guss.
Capolini *sessili*, riuniti a 2-5 in glomeruli ascellari, terminali ed anche situati nelle dicotomie. Squame invol. *ottuse* 3

3 { Glomeruli *più lunghi* delle foglie fiorali. Foglie *lineari o lanceolate, piane*. Pianta cenerino-lanosa, a fusto rigido, eretto, gracile, 1-2 dm. ①. (App. bor. e centr., T. L.). — *Mag. Ag.* — Luoghi aridi reg. subm. e mont.
1380 F. minima Fr.
Glomeruli *più brevi* delle foglie fiorali. Foglie *lineari-lesiniformi, generalm. revolute nel margine*. Pianta a fusto eretto-dicotomo, 1-3 dm. ①. (It. media). — *Apr. Ag.* — Campi e luoghi aridi reg. med. e subm.
1381 F. gallica L.

Sottotribù 2. GNAFALINEE.

Ricettacolo nudo. Rami dello stilo troncati. Involucro generalm. scarioso. Capolini discoidei.

25. **Gnaphàlium** (da γναφαλιον = lana; alludendo al tomento che ricuopre queste piante). Capolini moltiflori, discoidei, in corimbo, racemo spiciforme o glomerulo. Involucro campanulato, a squame embriciate, subscariose, ± stellato-patenti nei capolini deflorati. Ricettacolo piano, quasi nudo. Fiori giallognoli, gli esterni femminei, filiformi, quelli centrali ermafroditi, tubulosi, tutti con stilo bifido e pappo formato di setole capillari. Antere con due code basali semplici o frangiate. Acheni cilindrico-bislunghi, con pappo peloso.

1 { Piante *annue*. Capolini riuniti in glomeruli, ordinariam. terminali . . 2
Piante *perenni*. Capolini riuniti in glomeruli, formanti un racemo spiciforme, raram. solitari o quasi 3

2 { Pianta *mollem. bianco-lanosa*, a fusto *eretto od ascendente*, 2-4 dm. Foglie *semiabbraccianti*, lanose sulle due facce, le infer. bislungo-spatolate, le altre lanceolate o quasi lineari, interissime o leggerm. sinuato-ondulate. Glomeruli di capolini *formanti un corimbo afillo, ossia con foglie ridotte a brattee*. ①. (It. media qua e là, Elba, Giglio, Pianosa). — *Apr. Sett.* — Campi e luoghi arenosi umidi dal mare alla reg. alp. **1382 G. luteo-album** L.
Pianta *flaccida*, a fusti *prostrati, ascendenti od eretti*, 5-25 cm. Foglie *lungam. attenuate alla base*, tutte lineari o lanceolato-lineari, quasi glabre di sopra. Glomeruli *mai formanti un corimbo e contornati da foglie normali*. ①. (It. media quà e là). — *Lug. Ag.* — Luoghi umidi e paludosi reg. subm. e mont.
1383 G. uliginosum L.

3 { Pianta a fusti *robusti*, alta *1-6 dm*. Capolini *in racemo spiciforme*, a fiori femminei *abbondanti, moltiseriati*. Acheni *quasi cilindrici*. Foglie lineari-lanceolate, uninervie, tutte della stessa lunghezza o gradatam. decrescenti in alto. ♃. (It. media). — *Lug. Sett.* — Prati e boschi dalla reg. subm. all'alp. (Fig. 171) . . . . **1384 G. silvaticum** L.
Racemo più breve e più denso che nel tipo. Foglie medie trinervie lunghe come le infer. o più. (App. tosco-emil.). — Var. *norvegicum* Gunner
Pianta a fusti *gracili* quasi filiformi, alta *al più 13 cm. o talora acaule*. Capolini *in racemo terminale breve*, dapprima inclinato-pendente, poi eretto, qualche volta 1 capolino soltanto all'apice del fusto, a fiori femminei *scarsi, spesso uniseriati o quasi*. Acheni *un po' attenuati* in basso. Foglie lineari o quasi, interissime, ottusette. ♃. (App. tosco-emil., Pratomagno e App. centr.). — *Giug. Sett.* — Pascoli reg. alp. . . . **1385 G. supinum** L.

26. **Antennària** (dal latino *antenna* = antenna; alludendò al pappo che è conforme alle antenne degli insetti). Capolini in corimbo, unisessuali, dioici. I femminei a fiori filiformi, con stilo bifido e pappo con setole capillari, uniseriate. I maschili tubulosi, 5-dentati, con un rudimento di stilo semplice e pappo con setole ingrossato-clavate verso l'apice. Antere con 2 code basali frangiate. Il resto come in *Gnaphalium*.

> Pianta stolonifera, cespugliosa, cenerino-biancastra, a fusti semplici, eretti, 1-2 dm. Foglie bianco-tomentose di sotto, verdi di sopra, le basali obovato-spatolate, ottusissime, le super. lineari-acuminate, tutte quasi uguali. Capolini a squame invol. bianche, più larghe e più corte dei fiori nei capolini maschili, rosee, acuminate e più lunghe dei fiori nei femminei. Fiori femm. gialli, poi roseo-porporini, i maschili gialli. ♃. (App. medio, Alpi Ap., m. Pisano e m. Amiata). — *Apr. Ag.* — Luoghi erbosi dalla reg. subm. all'alp. (Fig. 172) . . . . **1386 A. dioica** Gaertn.

170. *Artemisia Absinthium* L. (¼).   171. *Gnaphalium silvaticum* L. (⅕).   172. *Antennaria dioica* Gaertn. (⅕).

27. **Helichrysum** (da ἥλιος = sole e χρυσος = oro, per la forma e colore dei capolini). Capolini in corimbi o raram. solitari, discoidei. Involucro embriciato, a squame totalm. scariose o quasi. Fiori tutti ermafroditi o pochi esterni femminei 1-seriati. Antere con 2 code basali sottili. Acheni subovali, con pappo a setole spesso quasi piumose all'apice. Il resto come in *Gnaphalium*.

> 1 {
> Involucro *globoso*, (*4-6 mm.* di diametro), *giallo-d'oro*, con le squame interne *spatolate, sprovviste* di glandole sul dorso. Foglie lineari, strettissime, rivoltate ai margini, bianco-tomentose sulle due facce, da adulte frequentem. fioccose o denudate e verdi di sopra. Pianta *con odore aromatico gradevole*, specialm. se strofinata, a fusti di 1-5 dm. ♃. (T. L. sino a Roma, Tivoli ecc.). — *Giug. Ag.* — Rupi e luoghi arenosi reg. med., per lo più prossimi al mare. **1387 H. Stoechas** L.
>
> Involucro *bislungo*, (*2-3 mm.* di diam.), *giallo-paglierino*, con le squame interne *bislunghe, provviste* di glandole sul dorso. Foglie lineari-filiformi, molli o rigide, fortem. convolte ai margini, tomentose, verdastre o verdi sulle due facce. Pianta *con forte odore sgradevole*, e fusti di 2-5 dm. ♃. (It. media). — *Giug. Sett.* — Luoghi pietrosi o sabbiosi aridi reg. med. e subm. **1388 H. angustifolium** DC.

28. **Phagnàlon** (anagramma di γναφαλον = cotone, piante cotonose). Capolini solitari od aggregati. Involucro ovoide-cilindraceo, a squame embriciate, scariose. Ricettacolo piano, nudo. Fiori giallognoli, i periferici femminei pluriseriati, filiformi, spesso abortivi; i centrali ermafroditi, fertili tubulosi. Antere appena sagittate alla base. Acheni ovali-oblunghi, senza rostro, villosi; pappo di una serie di poche setole scabre.

1 ⎰ Capolini *riuniti a 2-6*, o soltanto qualcuno solitario all'estremità dei rami. Squame involucrali acute tutte strettam. appressate. Fiori *giallastri*. ♃. (It. media, Elba, Pianosa, Capraia). — *Giug. Sett.* — Luoghi rupestri reg. med.
  1389 Ph. sordidum DC.
  ⎱ Capolini *tutti solitari* all'estremità dei rami. Fiori *gialli* 2

2 ⎰ Squame involucrali esterne *acute, alla fine patenti o riflesse* ed *ondulate* nel margine scarioso. ♃. (T. al M. Argentaro, Arc. tosc.). — *Mar. Giug.* — Luoghi rupestri e muri reg. med. . . . **1390 Ph. saxatile** Cass.
  ⎱ Squame invol. esterne *ottusissime, appressate, piane* nel margine scarioso. ♃. (T?). — *Feb. Est.* — Luoghi rupestri e ghiaiosi reg. med.
  1391 Ph. Tenorii Presl

Sottotribù 3. Euinulee.

Ricettacolo nudo, rarissimam. frangiato. Rami dello stilo rotondati od ottusi. Involucro erbaceo. Capolini raggiati.

29. **Inula** (da ἱναειν = purgare, per le proprietà di certe specie). Capolini per lo più corimbosi e raggiati. Involucro emisferico a squame embriciate, le esterne spesso erbacee, le più interne strette, scariose. Ricettacolo piano, nudo, raram. frangiato. Fiori gialli, i periferici femminei, ligulati, i centrali ermafroditi, tubulosi. Antere con 2 codette basali frastagliate. Acheni cilindrici o subtetragoni, con pappo a setole 1-seriate

1 ⎰ Involucro a squame interne oblunghe, *ottuse*, le esterne *largam. ovali*, carnose alla infer. Foglie basali ed infer. grandi (lunghe sino a 7 dm. e larghe 1-2 dm.), ovali od oblunghe, lungam. picciolate, le altre sessili, cuoriformi abbraccianti, tutte disegualm. dentate, verdi e pubescenti-scabre di sopra, mollem. tomentose di sotto. Ricettacolo *frangiato*. Acheni glabri, prismatico-tetra-pentagoni. ♃. (It. media, Giglio). — *Lug. Ott.* — Luoghi erbosi umidi reg. subm. raram. med. — *Enula, Elenio*.
  1392 I. Helenium L.
  ⎱ Involucro a squame *acute*, le esterne *lanceolate o lineari*. Ricettacolo *nudo*. 2

2 ⎰ Acheni *provvisti* di coste, *troncati o ristretti all'apice*. Pappo con setole *del tutto libere o quasi*, caduche in totalità 3
  ⎱ Acheni *sprovvisti* di coste, soltanto ottusam. angolosi, *ristretti all'apice* in breve collo glandolifero. Pappo con setole *brevem. saldate tra loro alla base* in un anello persistente dopo la loro caduta 10

3 ⎰ Fiori *tutti o quasi tutti tubulosi, non raggiati* 4
  ⎱ Fiori *periferici ligulati raggiati* 5

4 ⎰ Pianta *scabra* per minuti peli, glandolosa e viscosa. Foglie cauline *decorrenti* in ali lungo il fusto. Squame involucrali esterne con apice fogliaceo poco ricurvo, le interne giallognole all'apice e nel margine. ②♃. (App. pavese, parmig. a Calestano, regg. alla Pietra di Bismantova e moden. a Rocca e Semelano di Montese). — *Ag. Sett.* — Luoghi sassosi e muri reg. subm.
  1393 I. bifrons L.

4 | Pianta *mollem. tomentosa.* Foglie cauline *non decorrenti* in ali lungo il fusto. Squame invol. peloso-glandolose, le esterne lineari-lanceolate, con apice fogliaceo verde ricurvo, le altre lineari completam. scariose, acuminate, spesso rossigne all'apice e nel margine. ② ♃. (It. media, Elba). — *Giug. Ott.* — Luoghi selvatici dal mare alla reg. mont. (Fig. 173). **1394 I. Conyza** DC.

5 | Foglie *glabre o quasi* 6
   | Foglie *pubescenti, vellutate o lanose* 8

6 | Foglie *lineari,* carnose, spesso incrostate, sessili, intere o 2-3 dentate all'apice, ottuse o brevem. acuminate. Acheni *irsuti.* Squame invol. lineari-acuminate, erette, verdi-scure nel mezzo e giallognolo-scariose ai lati. Fusti eretti od ascendenti in cespuglio, 3-9 dm. ♃. (It. media, Elba, Giglio, Pianosa, Capraia). — *Giug. Nov.* — Luoghi salsi umidi o paludosi lungo il littor. **1395 I. crithmoides** L.
   | Foglie *oblunghe o lanceolate.* Acheni *glabri* 7

7 | Foglie *patenti o riflesse,* oblungo-lanceolate o raram. ovate, le super. *cuoriformi-orecchiute* alla base. Capolini in corimbo *lasso.* Fusto *totalm. glabro* o talora peloso in basso. ♃. (It. media). — *Giug. Ag.* — Prati e luoghi erbosi specialm. umidi dal mare alla reg. mont. **1396 I. salicina** L.
   | Foglie *erette* molto ravvicinate, *ovato-oblunghe,* le super. *arrotondate* alla base. Capolini in corimbo *denso.* Fusto *totalm. pubescente-scabro* o talora glabro in alto. ♃. (It. media, Montecristo). — *Giug. Sett.* — Luoghi aridi calcarei reg. med. e subm. **1397 I. spiraeifolia** L.

8 | Foglie cauline *tutte ristrette alla base.* Capolino solitario, raram. 2-3, terminante il fusto. Acheni pelosi. Fusti ascendenti od eretti, 10-35 cm. ♃. (App. pavese e parmig., T. M. ecc.). — *Giug. Ag.* — Luoghi ghiaiosi o secchi calcarei dalla reg. subm. alla subalp. . . . **1398 I. montana** L.
   | Foglie cauline *abbraccianti,* almeno le super. 9

9 | Acheni *vellutati.* Capolini *in corimbo terminale, lasso.* Foglie *molli,* un po' pelose, oblungo-lanceolate, intere o denticolate. Pianta ± pelosa, ma verde, leggerm. odorosa, a radice stolonifera e fusto eretto, 2-7 dm., *ramoso-corimboso in alto,* raram. semplice. ②. (It. media). — *Lug. Ag.* — Luoghi erbosi umidi dal mare alla reg. subm. . . . **1399 I. britannica** L.
   | Acheni *glabri.* Capolino *grande terminale,* raram. accompagnato da 1 o 2 laterali. Foglie *dure, coriacee,* bislunghe o lanceolate, cigliate sui margini, reticolato-venose di sotto. Pianta vellutata, a fusto diritto, 2-4 dm., *semplice.* ♃. (It. media, non ovunque). — *Mag. Aut.* — Luoghi erbosi specialm. calcarei dal mare alla reg. mont. . . . . **1400 I. hirta** L.

10 | Pianta *annua,* a foglie cauline *lineari.* Capolini *piccoli.* Fiori periferici a linguette *brevissime,* non superanti l'involucro. ①. (It. media, non ovunque, Arc. tosc. eccetto Giannutri). — *Ag. Ott.* — Campi e luoghi arenosi dal mare alla reg. subm. . . . . . **1401 I. graveolens** Desf.
   | Pianta *suffrutescente,* a foglie cauline *lanceolate* semi-abbraccianti. Capolini *assai grandi.* Fiori periferici raggianti, a linguette *lunghe quasi il doppio* dell'involucro. ♃. (It. media, Arc. tosc.). — *Ag. Ott.* — Luoghi arenosi od argillosi e letti dei torrenti dal mare alla reg. subm. **1402 I. viscosa** Ait.

30. **Pulicària** (da *pulex* = pulce, per la proprietà di fugar le pulci). — Acheni ovali-oblunghi, costati, pelosi, ristretti alla estremità, con pappo duplice, l'esterno brevissimo in forma di coroncina laciniata, persistente, l'interno di lunghe setole, fragili e quindi caduche. Il resto come in *Inula.*

1 | Piante *annue,* a radice *fittonosa.* Fiori periferici a linguette *erette, subeguali* all'involucro od appena sporgenti 2
  | Piante *perenni,* a radice *obliqua o strisciante.* Fiori periferici a linguette *patenti lunghe circa il doppio* dell'involucro 3

2 | Pappo interno formato da *8-10* setole, *subeguali* all'achenio. Foglie *ondulate,* oblungo-lanceolate, molli. Capolini *in gran parte subsessili o portati da peduncoli brevi,* nudi o poco fogliosi. Fiori giallognoli. Pianta fetida, ± to-

mentosa per peli increspati, a fusto rossastro, 1-3 dm. ④. (It. media, qua e
là). — *Lug. Ott.* — Luoghi umidi dal mare alla reg. subm.
$\qquad$ **1403 .P. vulgaris** Gaertn.

2 ⎰ Pappo interno formato da *18-25* setole, *lunghe 2 volte* l'achenio. Foglie *non
ondulate*, le infer. bislungo-lanceolate, le cauline lineari, semi-abbraccianti,
rivoltate nel margine. Capolini *tutti portati da peduncoli lunghetti*, guarniti
di bratteole. Fiori *gialli*. Pianta minutam. peloso-scabra, a fusto rossastro,
2-5 dm. ④. (E. T. L., Piceno). — *Lug. Ott.* — Luoghi umidi colt. ed incolti.
$\qquad$ **1404 P. sicula** Moris

⎧ Fusti *senza rosetta* di foglie basali, terminati in corimbo *ricco, ramoso-pan-
nocchiuto*. Foglie cauline *abbraccianti* il fusto *con due grandi orecchiette sporgenti*, le super. quasi *sagittate*. Pianta mollem. tomentosa oppure lanoso-
biancastra, con odore aromatico sgradevole, a radice strisciante e fusti eretti
od ascendenti, ramosi, 3-10 dm. ♃. (It. media, Arc. tosc.). — *Lug. Ott.* —
Luoghi umidi dal mare alla reg. subm. (Fig. 174).
$\qquad$ **1405 P. dysenterica** Gaertn.

3 ⎨ Fusti *con una* rosetta di foglie basali più grandi, ovate od ovato-oblunghe,
terminati in corimbo *povero, semplice o quasi*. Foglie cauline *semi-abbraccianti, sprovviste di orecchiette sporgenti*. Pianta mollem. villoso-lanosa, con
odore aromatico. a radice breve, troncata e fusto eretto, 2-7 dm. ♃. (It.
media, non ovunque). — *Giug. Lug.* — Luoghi erbosi asciutti reg. med. o
raram. subm. o mont. . . . . . . **1406 P. odora** Rchb.

173. *Inula Conyza* DC. (¹/₄).

174. *Pulicaria dysenterica* Gaertn. (¹/₅).

175. *Asteriscus spinosus* Gr. et Godr. (¹/₄).

31. Carpèsium.

Capolini terminali o laterali, discoidei. Involu-
cro embriciato, a squame esterne fogliacee, appendicolate. Ricettacolo
piano, papilloso. Fiori giallognoli, tutti tubulosi, i periferici femminei,
quelli centrali ermafroditi. Antere con 2 codette basali denticolate.
Acheni oblunghi, costati, glabri, terminati in un collo glanduloso,
sormontato da un dischetto cupuliforme.

Pianta pubescente, a fusto eretto, ramoso, 2-5 dm. Foglie lanceolate od ovali-
lanceolate, dentate, attenuate alla base in un breve picciolo. Capolini emisferici, solitari, terminali, inclinati sopra un peduncolo ingrossato e riflesso.
Squame involucrali esterne oblungo-lanceolate con apice fogliaceo-riflesso, le
interne scariose, largam. oblungo-lineari. ♃. (Parmig., Guastalla, Modena,
Bolognese e Zola Predosa, T. in Mugello, Macerata nella selva di Fiastra). —
Lug. Ott. — Luoghi ombrosi reg. subm. $\qquad$ **1407 C. cernuum** L.

Sottotribù 4. BUFTALMEE.

Ricettacolo con pagliette rigide. Rami dello stilo ottusi. Involucro erbaceo. Capolini raggiati o discoidei.

32. **Buphthàlmum** (da βους = bove e ὀφταλμος = occhio, per le infiorescenze). Capolini solitari o corimbosi, raggiati. Involucro embriciato. Ricettacolo con pagliette eguaglianti i fioretti. Fiori gialli, i periferici femminei 1-seriati, a linguetta, i centrali ermafr., tubulosi. Antere con codette basali semplici o dentate. Acheni ora uniformi oblungo-compressi e senz'ali, ora quelli della periferia triquetri o trialati e quelli del centro piano-compressi; pappo in forma di cercine membranoso, dentato, talora prolungato ai lati in una resta.

1 {
Corona degli acheni laciniata, *senza reste o con reste molto brevi*. Foglie tutte strettam. lanceolato-lineari, assai flaccide, le super. lungam. attenuate, acute. 2f. (App. sett. sino al Parmig., Alpi Ap.). — *Giug. Lug.* — Dalla reg. subm. alla mont. . . . . **1408 B. grandiflorum** L.
Corona degli acheni laciniata, *con reste 3-5 volte più lunghe di essa*. Foglie lanceolato-strette, lungam. acuminate, flaccide. 2f. (Alpi Ap., App. lucchese). — *Giug. Lug.* — Dalla reg. med. all'alp. **1409 B. flexile** Bert.
}

33. **Asteriscus** (da ἀστερισχος = stella, per l'aspetto dell' infiorescenze). Involucro di parecchie serie di squame, le esterne fogliacee. Fiori periferici 1-2-seriati, a linguetta, i centrali a tubo talora alato. Antere appena sagittate alla base. Acheni ora uniformi trigono-prismatici, ora quelli della periferia trigoni o bialati e quelli del centro compresso-trigoni; pappo in forma di cercine membranoso lacero-dentato. Il resto come in *Buphthalmum*.

1 {
Involucro a squame esterne *cuspidato-spinose*. Fiori ligulati in *due* serie, i centrali a tubo *alato dalla parte interna*. Acheni *difformi*, quelli del raggio largam. alati, orbicolari, a corona dimezzata, i centrali più stretti, compresso-trigoni ed a corona completa. ① ②. (It. media, Arc. tosc.). — *Giug. Ag.* — Luoghi incolti reg. med. e subm. (Fig. 175).
. . . . **1410 A. spinosus** Gr. et. Godr.
Involucro a squame esterne *inermi*. Fiori ligulati in *una* serie, i centr. a tubo *cilindrico*. Acheni *uniformi*, tutti trigono-prismatici ed a corona completa. 2
}

2 {
Pianta *annua*, a fusto *dicotomicam. ramoso*, per lo più eretto, *1-4 dm*. Foglie ottuse, le super. sessili semi-abbraccianti. Squame esterne dell' involucro *lineari-lanceolate, superanti* lungam. le linguette. Pagliette del ricettacolo *troncate*. Fiori giallo-dorati; linguette *poco più lunghe dei fiori*. ①. (T. Elba, Giannutri, U. L.). — *Mag. Ag.* — Luoghi umidi ed argillosi reg. med.
. . . . **1411 A. aquaticus** Moench.
Pianta *perenne*, a fusti cespugliosi, quasi semplici, *non dicotomi, sdraiato-ascendenti. 5-15 cm*. Foglie super. sessili, attenuate alla base o picciolate come le infer. Squame esterne dell'involucro *lanceolato-spatolate, non superanti* le linguette. Pagliette del ricettacolo *acuminato-aristate*. Fiori giallo-dorati; linguette *lunghe il doppio dei fiori del centro*. 2f. (T. a Piombino e M. Argentaro). . . . . **1412 A. maritimus** Moench.
}

Tribù VI. CALENDULEE.

Capolini a fiori disuguali, i periferici femminei e ligulati, i centrali ermafr., sterili e tubulosi. Antere saettate alla base. Stilo dei fiori femminei a rami troncati, quello dei fiori sterili indiviso. Ricettacolo nudo. Pappo nullo. — Foglie alterne.

176. *Senecio viscosus* L.   177. *Calendula arvensis* L.   178. *Carlina acanthifolia* All
    ($^1/_5$).   ($^1/_5$).   ($^1/_4$).

34. Calèndula (da *calendae* = mese, calende; le piante fioriscono tutto l'anno). Fiori in capolini solitari terminali, raggiati. Involucro embriciato a squame in due serie, subeguali. Ricettacolo piano. Fiori un po' ispidi alla base, i periferici ligulati, femminei, fertili, in 2-3 serie, i centrali tubulosi, ermafroditi, sterili, in 2-3 serie. Acheni disuguali, di 3 forme, senza pappo, prolungati in rostro o più o meno ricurvi, tubercolosi, spinosi sul dorso, sovente alati nei margini, gli interni stretti, ricurvi quasi ad anello, rugosi trasversalmente.

1 {
Capolini *piccoli, giallo-solfini*, con linguette lunghe 10-15 mm. cioè *sino a 2 volte.* l'involucro. Foglie *lanceolate, acute*, le cauline cuoriformi-abbraccianti. Acheni *esterni lineari, terminati in rostro, aculeati sul dorso, non alati nei margini, gli interni ricurvi ad anello, lisci o spinosi.* Pianta *pubescente*, a fusto prostrato od eretto, *1-3 dm.* ①. (It. media). — *Apr. Mag.* — Luoghi coltiv. reg. med. e subm. (Fig. 177) . . . . . . **1413 C. arvensis** L.
     Fiori con linguette lunghe 7-9 mm., cioè subeguali all'involucro. Acheni tutti incurvati, molti crestati. (M. ad Ancona). — Var. *micrantha* (Tin.).
Capolini *grandi, ranciati*, con linguette lunghe *3 volte* l'involucro. Foglie infer. *bislungo-spatolate*, le super. lanceolato-cuoriformi. Acheni *tutti ricurvi ad anello* e *membranosi sui margini.* Pianta *glanduloso-pubescente*, a fusto angoloso-striato, *eretto 2-5 dm.* ①. (Reggiano e Lucchese). — *Giug. Aut.* — Coltiv. e talora inselvat. — *Fiorrancio, Calendula.* **1414 C. officinalis** L.
}

Tribù VII. ELIANTEE.

Capolini a fiori disuguali, i periferici femminei o sterili ed i centrali ermafrodi-
diti, raram. a fiori uguali ermafr. Antere senza codette. Stilo a rami stimmatici troncati, ottusi, brevem. conici o compresso-dilatati all'apice. Ricettacolo provvisto di pagliette. Pappo formato da un cercine membranoso, da
squamette o da reste, oppure nullo. — Foglie opposte o talora verticillate,
raram. alterne.

35. **Heliànthus** (da ηλιος = sole e ανθος = fiore). Involucro
irregolarm. embriciato, a squame esterne patenti, erbacee, acute, le
interne più brevi, membranose. Ricettacolo piano o convesso, con pagliette abbraccianti per metà gli acheni. Stimma a rami allungati,
semicilindrici, superiorm. papilloso-frangiati. Acheni compressi, quasi
tetragoni, glabri o pelosi, sormontati da 2 squame membranose, prolungate in resta.

1 {
Pianta *annua*, a radice *fibrosa*. Capolini *grandi*, del diam. di *10-30 cm.*, *pen-*
denti. Foglie *tutte ovate o cuoriformi*. ①. — *Lug. Ott.* — Frequentem. coltiv.
nei giardini, dal mare alla reg. subm. — *Girasole.* **1415 H. annuus** L.
Pianta *perenne*, a radice *tuberosa*. Capolini *piccoli*, del diam. di *3-7 cm.*, eretti.
Foglie *infer. cuoriformi*, le *super. ovate o lanceolate*. ♃. (Inselv. in T. a Castellina Marittima ecc.). — *Ag. Nov.* — Coltiv. pei tuberi eduli. — *Topinam-*
bur, Tartufo di canna . . . . . . **1416 H. tuberosus** L.
}

36. **Bidens** (da *bis* e *dens*, per le due reste degli acheni). Capolini terminali, raggiati o discoidei. Involucro a squame 2-pluriseriate,
simili o dissimili. Ricettacolo quasi piano, con pagliette scariose. Fiori
periferici neutri, ligulati, spesso mancanti, quelli centrali ermafroditi,
tubulosi. Stimma a rami cilindrici, brevem. conici all'apice. Acheni
compressi, bislungo-cuneiformi, con margini acuti, cigliato-spinulosi,
slargati e troncati all'apice, sormontati da 2-4 reste, spinose. — Foglie opposte, meno talora le super. alterne.

1 {
Capolini *pendenti, raggiati o discoidei*. Acheni con *4-5 reste*, raram. *2*, egualm.
robuste. Foglie *indivise*, sessili, lanceolate, seghettate. ①. (Parmig., Guastalla, Bolognese, a Porretta, T. occ.). — *Ag. Ott.* — Luoghi umidi e fossi dal
mare alla reg. subm. . . . . . . **1417 B. cernuus** L.
Capolini *eretti, sempre discoidei*. Acheni con *2 reste o talora 4*, di cui *2 più*
brevi e più deboli. Foglie *3-partite, pennato-partite od anche indivise*. 2
}

2 {
Foglie brevi, ovate *indivise*, o le *super. 3-partite*, col segmento medio largam.
ovato. Acheni con setole marginali ± *riflesse*. Pianta un po' ispida, a fusto
eretto od ascendente, ramoso, *3-6 dm*. ①. (T. a Fucecchio, U. al Trasimeno). — *Ag. Ott.* — Luoghi umidi . . . . **1418 B. bullatus** L.
Foglie *3-partite, raram. quasi pennato- 5-partite*, col segmento medio pennati-
fido. Acheni con setole marginali *riflesse*. Pianta glabra od appena pelosa
a fusto quasi sempre eretto. a rami ± patenti. *1-10 dm*. ①. (It. media, Elba). — *Ag. Ott.* — Fossi e luoghi umidi dal mare alla reg. subm.
            1419 B. tripartitus L.
Foglie *infer. pennatosette* con 2 paia di fogliline ed 1 impari, le altre *3-sette*.
Acheni con setole marginali *erette* o solo alcune riflesse. Pianta a fusto solcato, *5-18 dm*. ①. (Inselv. in T. nel Carrarese, Lucchese, Pisano e Fiorentino). — *Sett. Ott.* — Luoghi umidi. (Fig. 167) . **1420 B. frondosus** L.
}

37. **Galinsòga** (dedic. a M. M. Galinsoga, medico spagnolo). Capolini sopra peduncoli ascellari e terminali, raggiati. Involucro a squame quasi uguali in 1-2 serie. Ricettacolo conico con pagliette intere o trifide. Fiori periferici 4-5 femminei, ligulati, quelli centrali ermafroditi, tubulosi. Stimma a rami lineari. Acheni angolosi, ispidetti, con pappo formato da 8-16 pagliette bislunghe, brevi, piumoso-frangiate.

> Pianta quasi glabra, a fusti ramosi, flessuosi, 2-5 dm. Foglie opposte, ovali-acuminate, 3-nervie, seghettate. Capolini piccoli, emisferici, sopra lunghi e gracili peduncoli; squame involucr. verdognole con strie scure e margini trasparenti. Linguette piccole, subrotonde, 3-dentate, bianche o rosee; fiori centrali gialli. ①. (Inselv. a Pisa fuori Porta Nuova). — *Lug. Ott.*
> **1421 G. parviflora** Cav.

Tribù VIII. AMBROSIEE.

> Capolini monoici, i maschili a molti fiori provvisti di corolla, i femminei con 1-2 fiori apetali o con corolla filiforme. Antere libere terminate all'apice da un'appendice quasi inflessa. Stilo a rami stimmatici filiformi. Acheni racchiusi in un involucro indurito senza pappo. — Foglie alterne o le infer. opposte.

38. **Ambròsia** (da αμβροσιος, che dà l'immortalità). Capolini racemosi, monoici. I maschili numerosi in alto del racemo, emisferici, moltiflori, con involucro a squame ± saldate in coppa; ricettacolo un po' convesso, setoloso; fiori tubulosi, 5-dentati, ad antere libere. I femminei alla base dei racemi, ad 1 solo fiore ± senza corolla, racchiuso in un involucro a forma di otricello; stimmi 2, filiformi, sporgenti. Achenio racchiuso nell'involucro accrescente, legnoso, fornito di punte diritte.

> Pianta mollem. cenerino-villosa, con odore aromatico, a fusto eretto od ascendente, solcato, ramoso, 1-6 dm. Foglie infer. opposte, le super. alterne, picciolate, bipennatopartite, a segmenti bislunghi, lobati od ottusam. dentati. Racemi spiciformi, terminali formati principalm. dai capolini maschili, che sono pendenti ed a fiori gialli. ①. (It. media, Elba, Giglio). — *Lug. Sett.* — Arene marittime. — *Ambrosia.*   .   .   .   . **1422 A. maritima** L.

39. **Xànthium** (da ξανθος = giallo, per le proprietà tintorie). Capolini in spighe ascellari monoici. I maschili terminali globosi, moltiflori, con involucro a squame 1-seriate e libere; ricettacolo cilindrico, fornito di pagliette; fiori c. s., ma con ovario sterile e stilo indiviso. I femminei in basso, a 2 fiori con corolla filiforme, racchiusi in un involucro ovato, biloculare; stimmi 2 filiformi. Acheni racchiusi nell'involucro accresciuto, legnoso, ricoperto da aculei uncinati all'apice e terminato da 1-2 rostri. — Erbe a foglie alterne.

1 {
Pianta *con 1-2 spine* alla base delle foglie, trifide, gialle, robuste e pungentissime. Foglie bianco-tomentose di sotto, a 3-5 lobi lanceolati, il terminale
assai più lungo. ①. (It. media, Elba, Giglio, Montecristo). — *Lug. Aut.* —
Letti dei fiumi e lungo le strade dal mare alla reg. subm. — *Lappola, Spino d'asino* . . . . **1423 X. spinosum** L.
Piante *senza spine* **2**
}

2 {
Involucri fruttiferi lunghi, compreso il rostro, *14-18 mm.*, pubescenti-glandolosi
tra gli aculei, *inermi nella parte apicale attorno al rostro*; rostri 2, paralleli
o divergenti, *non adunchi*; aculei *diritti*, adunchi. ①. (It. media, Elba, Giglio). — *Giug. Nov.* — Luoghi arenosi, ruderi ecc. dal mare alla reg. subm.
1424 X. strumarium L.
Involucri frutt. lunghi, compreso il rostro, *20-25 mm.*, *ispido-glandolosi* tra
gli aculei, *aculeati sino all'apice*; rostri 2, assai lunghi e divaricati, *adunchi*; aculei *inarcati*, adunchi. ①. (It. media, Elba). — *Lug. Sett.* — Luoghi
arenosi, lungo i fiumi, canali ecc. reg. med. o raram. subm. — *Lappolone*.
1425 X. italicum Moretti
}

Tribù IX. CINAREE.

Capolini a fiori uguali ermafroditi, tubulosi, raram. a fiori disuguali cioè i periferici sterili, più grandi, bilabiati o ligulati, oppure a fiori periferici femminei, rarissimam. a fiori unisessuali dioici. Antere provviste di codette
alla base. Stilo a rami brevi, nodoso-ingrossato o cinto da una corona di
peli sotto od in corrispondenza della sua biforcazione. Ricettacolo con setole,
pagliette, squamette o fibrille. Pappo setoloso, raram. squamuloso o nullo. —
Foglie alterne.

Sottotribù 1. ECHINOPSIDEE.

Capolini uniflori, riuniti in glomeruli densi, globosi.

40. Echinops (da ἐχῖνος = riccio ed ὤψ = apparenza, per la
forma dell'infiorescenza). Infiorescenza a forma di palla, formata da
capolini numerosi addensati sopra un ricettacolo globoso nudo. Involucro di ciascun capolino formato da squame pluriseriate, carenate,
acuminate. Fiori tutti ermafroditi; corolla tubulosa; stami con filamenti saldati alla base; stimmi lungam. sporgenti, arcuato-divergenti.
Acheni allungati, sericeo-villosi, con pappo coroniforme a squamette
± saldate.

1 {
Pianta *pubescente-glandolosa*. Involucro con setole *lunghe metà* delle squame
invol. Fiori *bianchi o azzurro-pallidi*. Foglie un po' molli, oblunghe, sinuato-pennatifide, *peloso-glandolose di sopra*, bianco-tomentose di sotto, a lobi
debolm. spinosi. ♃. (It. media). — *Lug. Sett.* — Luoghi selvatici reg. subm.
— *Cardo pallottola* . . . . **1426 E. sphaerocephalus** L.
Pianta *bianco-cotonosa, non glandolosa*. Involucro con setole sino a *4 volte
più brevi* delle squame invol. Fiori *azzurri*. Foglie ± coriacee, allungate,
pennatofesse, *verdi, glabre o ragnatelose di sopra*, ± bianco-tomentose di
sotto, a lobi *fortem. spinosi*. ♃. (It. media). — *Lug. Sett.* — Luoghi aridi
o sassosi dalla reg. med. alla mont. . , . . . **1427 E. Ritro** L.
}

Sottotribù 2. EUCINAREE.

Capolini a più fiori, mai riuniti in glomeruli globosi.

41. Cardopàtium (da καρδια = cuore e παθος = malattia).
Capolini corimbosi di circa 8 fiori. Involucro a squame coriacee pluriseriate, le esterne pennatofesso-spinose. Ricettacolo stretto, fibrillifero. Fiori tutti ermafroditi uguali; corolla 5-fida; antere con codette basali frangiate; stimma bilobo all'apice. Acheni quasi ovoidei, sericeo-villosi, con pappo di 8-10 squame aristato-acuminate o dentato-frangiate.

> Pianta glabra o leggerm. ragnatelosa, a fusto basso (8-20 cm.), striato, eretto, ramosissimo. Foglie basali allungato-oblunghe, profondam. pennatofesse, con lacinie e laciniette dentate, acuminate, spinose. Capolini ovoidei, raccolti in glomeruli accompagnati da foglie florali e brattee densam. spinose. Fiori azzurri o raram. bianchi. ⚥ (M. presso Ancona). — *Giug. Ag.* — Luoghi argillosi reg. med. . . . . . **1428 C. corymbosum** Pers.

42. Carlìna. Capolini solitari o corimbosi, a molti fiori. Involucro pluriseriato, a squame esterne coriacee, pennato-spinose, le interne scariose, generalm. raggianti. Ricettacolo con pagliette frangiate. Fiori tutti ermafr. eguali; corolla 5-fida; antere con codette filiformi e piumose; stimma appena bilobo all'apice. Acheni cilindrici, bislunghi, peloso-sericei, con pappo di 1 o 2 serie di setole piumose, saldate inferiorm. a 3 o 4.

1 { Squame interne dell'involucro *brevi, erette, non raggianti*. Setole del pappo in *2 serie*. Capolino assai grande (5-10 cm.), emisferico, quasi sessile nel centro di una rosetta di foglie. Pianta a radice grossa, con succo gommoso-resinoso, odoroso, a fusto cortissimo (5 cm.) e foglie grandi, bislungo-lanceolate, pennatosette, a segmenti dentato-spinosi. ⚥ (L. nel Romano). — *Ag. Sett.* — Luoghi erbosi aridi dalla reg. med. alla subm.
   1429 C. gummifera Less.
   Squame interne dell'involucro *lunghe, spesso patenti, sempre raggianti*. Setole del pappo in *1-serie* 2

2 { Capolini *solitari o raram. 2-3 insieme, grandissimi* (diam. 7-15 cm. comprese le squame raggianti). Piante *acauli* od a fusto *semplice* 3
   Capolini *di solito corimbosi, mediocri* (diam. 5. cm. al massimo . Piante *sempre caulescenti* ed a fusto generalm. *ramoso* 4

3 { Foglie *ragnateloso-tomentose* almeno di *sotto*. Squame raggianti *giallo-solfine*. Pagliette del ricettacolo a frangie *acute*. Pappo *due volte più lungo* dell'achenio. Pianta *sempre acaule o quasi*, con odore gradevole nel secco. ⚥ (It. media). — *Lug. Ag.* — Luoghi sassosi aridi reg. mont. e subalp. (Fig. 178).
   1430 C. acanthifolia All.
   Foglie *glabre su ambedue le faccie*. Squame raggianti *bianche*, talora *rosseggianti all'esterno*. Pagliette del ricettacolo a frangie *ottuse*. Pappo *lungo il doppio* dell'achenio. Pianta *acaule od anche spesso caulescente*, odorosa nel secco. ⚥ (It. media). — *Lug. Ag.* — Luoghi erbosi dalla reg. subm. alla subalp. . . . . **1431 C. acaulis** L.

4 { Squame raggianti *roseo-porporine* sulle due faccie. Capolini emisferici, 3-5 cm. diam. Corolle roseo-porporine. Pappo lungo 2-3 volte l'achenio. Foglie coriacee, bislungo-lanceolate, piegate in due, sinuato-pennatifide, spinose, le infer. ristrette alla base, le altre sessili, abbraccianti. Pianta tomentoso-fioccosa, a fusto eretto, striato, 1-4 dm. ① ②. (It. media, Elba, Pianosa). — *Giug. Ag.* — Luoghi aridi reg. med. o più raram. subm.
   1432 C. lanata L.
   Squame raggianti *gialle o giallastre* sulle due faccie, o anche discolori, biancastre all'interno e rosso-porporine all'esterno . . . . . : . . 5

5 { Squame raggianti *d'un bel giallo*, lineari-acute, ottusette all'apice, *non od appena cigliate*. Pappo lungo *2-3 volte* l'achenio. Foglie coriacee, lanceolate, piegate in due, le infer. brevem. ristrette in picciolo, le altre orecchiuto-abbraccianti. Pianta glabra o poco ragnatelosa, a fusto eretto, striato, densam. foglioso, 3-7 dm. ② ⚥. (It. media, Arc. tosc.). — *Mag. Aut.* — Luoghi aridi dal mare alla reg. subm . . . . . . **1433 C. corymbosa** L.

Squame raggianti *giallo-paglierine o biancastre*, lineari, strettissimo, acuminate, *cigliate nella metà inferiore*. Pappo lungo 1 ½-2 volte l'achenio.   **6**

6 { Squame raggianti *sempre più lunghe* di quelle esterne, *giallo-paglierine*. Foglie *bislungo-lanceolate*, *sinuate*, *spinose*. ② ⚥. (It. media, Elba). — *Lug. Sett.* — Pascoli e luoghi aridi fino alla reg. mont. — *Carlina comune.* **1434 C. vulgaris** L.

Squame raggianti *più brevi o raram. uguali* a quelle esterne, *discolori, biancastre* all'interno, *rosseggianti all'esterno*. Foglie *lineari-bislunghe*, *intere*, cigliate, *spinulose*. ②. (App. tosco-emil., Vallombrosa, Prato-Magno, Casentino, Poggio di Montieri, Elba). — *Lug. Ag.* **1435 C. nebrodensis** Guss. in DC.

43. **Xeránthemum** (da ξηρος = secco, arido e ανθεμον = fiore, alludendo alla natura dell'involucro). Capolini solitari. Involucro a squame regolarm. embriciate, in più serie, scariose inermi, le interne ± raggianti. Ricettacolo con paglette 2-3-fide, concave, racchiudenti i fiori. Fiori pochi esterni femminei, a corolla bilabiata, gli altri ermafroditi, tubulosi. Antere con due codette basali lineari e sfrangiate. Stimma appena bilobo. Acheni compressi, sericei, a peli sericei a 2 a 2 e liberi all'apice; pappo composto di paglette lanceolate, dentellate, nei fiori femminei rudimentale.

1 { Squame involucrali *non mucronate*, le esterne tomentose sul dorso. Pappo formato da *10-15 squame*, diseguali, più brevi dell'achenio. Antere a codette minutam. mucronate. ①. (It. media). — *Giug. Ag.* — Luoghi aridi reg. subm. e med. . . . . **1436 X. cylindraceum** S. et S.

Squame involucrali *brevem. mucronate, tutte glabre*. Pappo formato da 5 *squame* **2**

2 { Squame involucr. interne *la metà* più lunghe del diametro del capolino, *indistintam.* raggianti. Capolini *ovato-cilindrici*, con 30-40 fiori ermafr. Antere a codette *setacee*. Pappo a squame un po' più lunghe dell'achenio. ①. (It. media). — *Giug. Ag.* — Luoghi secchi dalla reg. subm. alla subalp. **1437 X. inapertum** W.

Squame involucr. interne *il doppio* più lunghe del diametro del capolino, *distintam.* raggianti. Capolini *ovato-emisferici*, con 100-120 fiori ermafr. Antere a codette *frangiate*. Pappo a squame un po' più brevi dell'achenio. ①. (Monti Pisani al m. Penna). — *Giug. Lug.* — Sfuggita ai coltiv. **1438 X. annuum** L.

44. **Staehelina** (dedic. a Staehelin, botanico svizzero). Capolini solitari o geminati all'apice dei rami. Involucro oblungo-cilindrico a più serie di squame embriciate, diseguali, inermi. Ricettacolo con paglette sfrangiate in 3-4 setole caduche. Fiori tutti ermafroditi; corolla 5-fida. Antere con 2 codette basali ± lacere e 2 lunghe appendici all'apice. Stimmi liberi all'apice. Acheni quasi lineari, costati, glabri, ad ilo basilare o quasi; pappo con una serie di setole, saldate alla base in 4 o 6 fascetti, denticolate.

Suffrutice di 2-4 dm., ramosissimo e fogliato, a rami bianco-tomentosi. Foglie bianco-tomentose di sotto, verdastre e glabre od un po' fioccose di sopra, lineari intere o radam. dentate, rivoltate nei margini. Capolini brevem. pe-

duncolati. Involucro a squame rossastre, lanuginose sul dorso. Fiori porporini, più lunghi dell'involucro. ♃. (It. media, Elba, Giglio). — *Giug. Aut.* —
Luoghi aridi, rupestri reg. med. e subm.   **1439 St. dubia** L.

45. **Arctium** (da ἄρχτος = orso, per i frutti ispidi). Capolini
racemosi o corimbosi. Involucro a squame embriciate in più serie,
terminate in lunga punta uncinata all'apice, eccetto le più interne
che hanno la punta diritta. Ricettacolo con setole rigide, lesiniformi.
Fiori tutti ermafroditi uguali, corolla 5-fida. Antere con due codette
filiformi, glabre. Stimmi a due lobi arcuato-divergenti. Acheni bislunghi, compressi lateralm. e costati, totalm. bruni o macchiati di nero,
glabri; pappo con setole in più serie, dentellate, libere.

Radice grossa, fittonosa. Fusto eretto, ramoso, solcato, spesso rossastro, 3-30
dm. Foglie picciolate, cuoriformi od ovate, le basali molto grandi, dentellate, glabre di sopra, cenerino- o bianco-ragnateloso-tomentose di sotto. Capolini globosi; squame involucr. interne spesso colla punta porporina e diritta, le altre per lo più verdi con un uncino giallo. Fiori porporini, raram.
bianchi, subeguali all'involucro. ②. *Lug. Ag.* — Comune dal mare alla reg.
mont. — *Lappola, Bardana* . . . . . . **1440 A. Lappa** L.
  1. Capolini corimbosi.
    a. Involucro glabro o quasi, squame tutte uncinate verdi, eccetto
        poche interne. Capolini grossi (larghi 3-3 ½ cm.). (Forse manca
        all'It. media). — Var. *α maius* (Bernh.).
    b. Involucro densam. ragnateloso-tomentoso, a squame interne
        con punta diritta e porporina. Capolini un po' più piccoli (lar-
        ghi 2-3 cm.). (Anche questa forse manca all'It. media). — Var.
        β *tomentosum* (Mill.).
  2. Capolini racemosi. Picciolo delle foglie basali cavo. Squame invol.
     interne (o tutte) rossastre nella parte super.
    a. Capolini piccoli, larghi 2-2 ½ cm. circa, a squame invol.
        strette e con appendici sottili. Fiori un po' più lunghi dell'in-
        vol. Acheni lunghi 5-7 mm. Pianta di 3-10 dm. (It. media,
        Elba). Diffusissima. γ *minus* (Bernh.).
    b. Capolini più grandi, larghi 3-4 cm., a squame invol. più lar-
        ghe e con appendici più grosse. Fiori uguali circa all'involu-
        cro. Acheni lunghi 8-11 mm. Piante generalm. di 1-3 m.
        * Involucro glabro o debolm. ragnateloso. Foglie grigio-
          ragnatelose o più raram. bianco-tomentose di sotto. (App.
          sett. e centr., m. Amiata, reg. subm. e mont.). — δ *ne-*
          morosum. (Lej.).
        * Involucro densam. ragnateloso-tomentoso. Foglie ±
          bianco-ragnateloso-tomentose di sotto. (App. di Reggio-
          emil. a Cerreto dell'Alpi e T. a Vallombrosa). — ε *pubens*
          (Bab.).

46. **Serràtula** (diminutivo di *serra* = sega, per la dentatura
delle foglie). Capolini solitari o corimbosi. Involucro a squame embriciate, le interne scariose in alto. Ricettacolo setoloso. Fiori tutti
eguali ermafr. o talora tutti unisessuali per aborto; corolla 5-fida.
Antere saettate, senza codette basali. Stimmi divergenti, lunghetti.
Acheni bislunghi, compressi, glabri; pappo con setole dentellate, in
più serie, le esterne più brevi.

1 { Fusto *ramoso*, con capolini *piccoli o mediocri riuniti a 2-3* all'apice dei rami o del fusto, a fiori *spesso unisessuali-dioici*. Involucro *piccolo* (largo al più 1 cm. circa). Squame involucr. senza spina. Foglie minutam. seghettate, le primordiali generalm. indivise, le altre e le canline spesso pennatifide almeno alla base, le super. sessili e lanceolate. 2⅃. (It. media). — *Ag. Ott.* — Luoghi boschivi e prati umidi reg. subm. e mont. — *Cerretta. Serretta.* **1441 S. tinctoria** L.

Fusto *quasi sempre semplice*, con capolino *grande, solitario*, a fiori sempre *ermafroditi*. Involucro *grande* (largo sempre più di 1 cm.) . . . 2

2 { Squame involucr. esterne terminate in spina *breve, arcuata in fuori, triangolari-acuminate*. Foglie glaucescenti, cigliate nel margine, liscie, le infer. ovate o lanceolate, ristrette in picciolo, le super. sessili, lanceolate o lineari. con brevi laciniette. Fusto lungam. nudo in alto, liscio, solcato, 3-4 dm, 2⅃. (App. umbro-piceno e romano). — *Giug. Lug.* — Pascoli e luoghi sassosi reg. alp. . . . . **1442 S. nudicaulis** DC.

Squame involucr. terminate in spina *lunga e ricurva*, le esterne *ovato-lanceolate*, le interne *lineari*. Foglie lucide, glabre o pubescenti di sotto specialm. sui nervi, le infer. picciolate, le canline sessili, spesso scorrenti sul fusto, le super. assai più piccole, lanceolato-lineari. Fusto glabro o villosetto, solcato, semplice o poco ramoso, 2-6 dm. 2⅃. (T. M. al Castelluccio, L. nel Viterbese, presso Civitavecchia e Paludi Pontine). — *Giug. Lug.* — Luoghi erbosi o sassosi reg. med. e subm. . . . **1443 S. cichoriacea** DC.

47. Crupina. Capolini corimbosi, a pochi fiori. Involucro di poche serie di squame acute, intere. Ricettacolo setoloso. Fiori disuguali, i periferici neutri, i centrali ermafroditi fertili; corolla 5-fida, nei fiori ermafroditi a tubo con una zona di peli esternam. Antere con 2 brevi orecchiette basali. Stimma bifido. Acheni ovoideo-bislunghi, vellutati con ilo basilare o laterale; pappo formato da alcune serie esterne di paglinzze brevi, da setole mediane lunghe, rigide e denticolate e da un giro interno di 5-10 pagliette brevissime, troncate.

1 { Involucro *bislungo, attenuato* alla base, racchiudente *3-5 fiori*. Tubo corollino con peli *papilloso-ispidi*. Acheni *cilindrico-rotondati* alla base, con ilo *basilare. rotondo*. Foglie *mai lanose* di sopra. Fiori porporini, poco più lunghi dell' involucro. ①. (It. media, Elba, Giglio, Montecristo). — *Mag. Giug.* — Campi e luoghi aridi reg. subm., più raram. med. e mont. **1444 C. vulgaris** Cass.

Involucro *ovoide, rotondato* alla base, racchiudente *9-15 fiori*. Tubo corollino con peli *lisci*. Acheni *compressi* alla base, con ilo *sublaterale, lineare*. Foglie *lanose* di sopra (raram. denudate). Fiori porporini, lunghi sino ad 1 ½ *volte* l'involucro. ①. (T. Elba, Pianosa, L.). — *Apr. Giug.* — Luoghi secchi reg. med., subm. o più raram. mont. . . **1445 C. Crupinastrum** Vis.

48. Centaurèa (da κενταυρος = Centauro, perchè Chirone ne insegnò l'uso med.). Capolini solitari o corimbosi. Involucro con squame embriciate in più serie, coriacee o membranose, terminate in appendice scariosa o cornea od anche senza. Ricettacolo setoloso. Fiori disuguali, i periferici neutri o raram. staminiferi con antere libere, i centr. ermafr. fertili, raram. tutti ermafr.; corolla 5-fida. Antere a code brevi o lunghe. Acheni compressi lateralm., glabri o pubescenti, con ilo laterale; pappo formato da setole dentellate, le interne più corte o più lunghe, talora nullo.

1 { Squame involucrali *inermi o terminate da una spina semplice* 2
Squame *involucr.* terminate da una lunga spina accompagnata da altre più piccole laterali (spina pennata) o da 3-11 spine uguali tra loro (spina palmata) .15

2 { Squame invol. *nude o terminate da un breve spinetto o da una punta scariosa, lanceolata* 3
Squame invol. *dilatate in un'appendice scariosa, intera o lacera, ma non pettinato-frangiata.* 4
Squame invol. *sormontate da un margine od appendice pettinato-frangiata o cigliato-spinosa* 6

3 { Pappo *internam.* da un cercine prolungato lateralm. in una squama a forma di cornetto, *esternam.* costituito da *pagliette.* Pianta annua o perenne, villoso-pubescente in basso, nel resto glabra. Fiori roseo-porporini o talora bianchi. Acheni a 10 nervi, punteggiato-rugosetti tra i nervi, glabri. ① ♃. (T. ai Bagni di Lucca, M. ad Ancona sul colle di Altavilla, L. a Roma). — *Giug. Lug.* — Luoghi argillosi od erbosi reg. med. **1446 C. salmantica** L.
Pappo *mai come sopra.* Piante *perenni* ± fioccose o tomentose.   Cfr. n. 12

4 { Pappo *più lungo dell'achenio, peloso*, a peli denticolati, non saldati alla base, persistente. Capolini *grandi*, generalm. di 5-7 cm. diam. Foglie bianco-tomentose di sotto. le basali picciolate, ovato-bislunghe, dentellate. le altre spesso lirate ossia munite di lacinie alla base. ♃. (T. nell'App. Pistoiese, ma non più ritrovata). — *Giug. Ag.* — Pascoli alp. **1447 C. Rhapontica** L.
Pappo *nullo o brevissimo e paleaceo.* Capolini *più piccoli* 5

5 { Foglie *1-2-pennate* a lacinie dentate od intere, le super. talora indivise. Acheni *per lo più con pappo paleaceo*, assai più breve dell'achenio o nullo. Squame invol. pellucide, interam. bianche o spesso con una macchia scura al centro. Fiori porporini o bianchi non raggianti. ② ♃. — *Centaurea cicalina.* **1448 C. alba** L.
    Squame invol. mucronate od aristate, scolorate o con debole macchia ferruginea nel centro. — (It. media). — *Giug. Ag.* — Luoghi sterili dal mare alla reg. subm. — *x concolor* DC.
    Squame invol. con appendice scariosa ottusa, mutica. Col tipo. — β *splendens* (L.).
    Squame invol. sempre con macchia ferrugineo-scura ben marcata. (E. nel Modenese, T. It. centr.). — γ *deusta* (Ten.).
Foglie *indivise* (intere o dentate), raram. le infer. 3-fide. Acheni *calvi.*   Cfr. n. 11

6 { Fiori *gialli.* Foglie a lacinie lineari o strettam. lanceolate, liscie o poco ruvide, le primordiali fugaci, lanceolato-spatolate, dentate o lirate, le cauline infer. più grandi 2-3-pennatifide, le super. pennatifide. Capolini solitari o pochi. Acheni pelosi ad ilo barbato. ♃. **1449 C. rupestris** L.
    A. Fusti eretti, lungam. nudi sotto i capolini per un tratto di 5-20 cm. Squame invol. inermi o appena spinescenti all'apice: appendice bruna, triangolare e cigliata. Lacinie delle foglie lineari, per lo più strettissime. Pianta ora debolm. fioccosa o denudata, oppure densam. fioccoso-lanosa e in parte glandolosa. Fiori giallo-cedrini. (T. nelle Alpi Ap., Prato a M. Ferrato, S. Casciano dei Bagni, Elba, App. march., umbro, laz.). — *Giug. Ag.* — Rupi dalla reg. subm. alla subalp. — α *typica.*
    B. Fusti eretti od ascendenti, brevem. nudi in alto per un tratto generalm. non più lungo di 5. cm. Squame invol. con una spina lunga 5-20 mm. Pianta ± fioccoso-tomentosa. Fiori gialli od aranciati. (App. umbro e laz.). — β *cerathophylla* (Ten.).
Fiori *rosei, violacei od azzurri, eccezionalm. bianchi* 7

7 { Acheni con ilo *barbato.* Squame invol. con appendice scariosa *fortem.* decorrente ai lati di esse. 8
Acheni con ilo *non barbato.* Squame invol. con appendice *non o brevem.* decorrente ai lati di esse 10

8 { Fiori *rosso-porporini.* Foglie *1-2 pennate*, con lacinie discoste. un po' coriacee, lanceolate o lineari, intere o seghettate, terminate in punto calloso. Squame invol. con un margine nero, cigliate, acuminate e mucronate. Fusto ango-

8 { loso, eretto, ramoso, *scabro in alto*, 1-9 dm. ♃. (It. media). — *Mag. Ag.* — Luoghi incolti dalla reg. subm. all'alp. **1450 C. Scabiosa** L.

Fiori *azzurri* (almeno i periferici), eccezionalm. rosei o bianchi. Foglie *intere*, dentate od irregolarm. divise. Piante cotonose o glabrescenti, *mai scabre*. 9

9 {

Pianta *annua o bienne, a radice fittonosa*. Foglie cauline *non decorrenti* sul fusto. Fiori periferici raggianti *irregolari*, bilabiati, *a lobi ovati*. Fusti sempre ramosi, 3-10 dm. ① ②. (It. media. Gorgona). — *Mag. Giug.* — Comunissima nei campi dal littorale alla reg. mont. — *Fioraliso.*
1451 C. Cyanus L.

Pianta *perenne, rizomatosa*. Foglie cauline ± decorrenti. Fiori periferici raggianti *regolari, a lacinie strettam. lineari*. Fusti semplici o poco ramosi, 5-60 cm. ♃. *Centaurea montana* . . . **1452 C. montana** L.

1. Squame invol. pettinato-dentate, a ciglia nere, circa tanto lunghe quanto è largo il margine scarioso. Foglie lungam. decorrenti, indivise, le infer. oblungo-lanceolate. (App. It. media). — *Giug. Ag.* — Prati e boschi dalla reg. subm. all'alp. — α *typica*.

2. Squame invol. pettinato-frangiate, a ciglia bianco-argentine almeno all'apice, raram. brune, decisam. più lunghe della largh. del margine scarioso.
   A. Piante alte 1-6 dm. Foglie indivise od inciso-lobate.
      a. Foglie cauline e super. lungam. decorrenti. Ciglia delle squame invol. bianco-argentine solo all'apice, più raram. del tutto brune o interam. pallide. (Col tipo, ma più diffusa, App. e m. Amiata). — β *Triumfetti* (All.).
      b. Foglie cauline e super. brevem. od appena decorrenti, tutte lineari. Ciglia delle squame invol. interam. bianco-argentine, lucide. (App. bolognese, tosco-march.). — γ *variegata* (Lam.).
   B. Pianta nana, alta 5-15 cm. Foglie pennatifide o profondam. sinuato-lobate, spesso ondulate. (App. piceno). — δ *nana* Ten.

10 { Foglie *indivise od irregolarm. pennato-lobate*. Squame invol. con appendice *non decorrente* ai lati di esse 11
Foglie *1-2-pennate*. Squame invol. con appendice ± *decorrente* ai lati di esse. 12

11 {

Squame invol. terminate da un'appendice *breve, triangolare o rotondata*, raram. ovato-lanceolata, dilatata alla base. Pappo *spesso rudimentale o nullo*. Foglie ruvide, le infer. picciolate, lanceolate, sinuato-dentate o sinuato-pennatofesse, le super. sessili, bislungo-lanceolate. Capolini solitari o geminati. Pianta polimorfa, a fusti eretti od ascendenti, semplici o ramoso pannocchiuti, 1-10 dm. ♃. — *Steccioni, stoppioni.* (Fig. 179) . . . **1453 C. Jàcea** L.

1. Appendici delle squame invol., orbicolari, intiere od irregolarm. fesse.
   a. Foglie super. bislungo-lanceolate od oblunghe. Capolini grandi, ad invol. di 12-20 mm. di diam. Fioritura precoce. (Qua e là nell'App. medio, L.). — *Mag. Lug.* — Luoghi erbosi asciutti dal mare alla reg. alp. — α *vulgaris* Coss. et Germ.
   b. Foglie super. lineari-lanceolate. Capolini generalm. più piccoli ad invol. di 8-15 cm. di diam. ovoideo-bislungo. Fioritura generalm. autunnale. (It. media). — *Lug. Nov.* — β *amara* (L.).

2. App. delle sq. invol. ovato-lanceolate o triangolari, pettinato-frangiate in tutte le squame, eccetto le più interne.
   A. App. di tutte le sq. invol. od almeno delle medie e super. piccole ed allontanate fra loro, quindi non ricoprenti del tutto l'invol., a ciglia per lo più uguali alla parte indivisa.
      a. App. delle sq. invol. brevi, triangolari, appressate e nerastre. Pianta verde-scura o più raram. pubescente-biancastra. (It. media, Gorgona). — γ *vochinensis* (Bernh.).
      b. App. delle sq. invol. infer. e medie ± allungate, strette, ovato-lanceolate, ricurve in fuori all'apice, bruno-chiare o pallide. Pianta ± ragnateloso-biancastra. (M.). — δ *neapolitana* (Boiss.).
   B. App. di tutte le squame assai grandi, toccantisi coi margini e quindi ricoprenti interam. l'involucro.

11 | *a*. Acheni affatto calvi o quelli centrali con pappo rudi-
mentale. Appendici delle squame invol. con ciglia lunghe al più come la larghezza della porzione indivisa.
> 1. App. delle squame invol. bruno-scure o nerastre,
> ovato-triangolari od ovato-lanceolate. Capolini con
> o senza fiori esterni raggianti, spesso riuniti a
> 2-4. (App. It. media). — ≂ *transalpina* (Schleich.).
> 2. App. delle squame invol. di un bruno ± chiaro,
> ovato-lanceolate. Capolini generalm. provvisti di
> fiori esterni raggianti, solitari o geminati. (T. Pi-
> ceno). — ↗ *pratensis* (Thuill.).

Squame invol. terminate da un'appendice *lunga*, piumosa, *lanceolato-filiforme*,
ricurva di fuori o totalm. riflessa. Pappo ± *sviluppato*. Foglie biancastro-
cotonose sulle due faccie, intere od irregolarm. sinuato-dentate, le infer.
oblungo-lanceolate e picciolate, le super. più strette e sessili. Pianta con
rizoma legnoso a fusti eretti od ascendenti, solitari o cespugliosi, 1-5 dm.
♃. *Giug. Ag.* — Pascoli reg. alp. e subalp. nelle alpi Mar. e Cozie.

                                   1454 C. uniflòra L.

Fusti robusti, eretti, 2-5 dm. Capolini generalm. grossi e globosi. (App.
tosco-emil. sino al Corno alle Scale). — Var. *nervosa* (W).
Fusti gracili, ascendenti. Capolini più piccoli e globoso-ovoidei. (App.
tosco-emil. al m. Gotro ed al Libro Aperto). — Var. *Thomasiana*
(Dalla Torre).

Capolini *piccoli, meno di 1 cm. di diam.*, generalm. *ovoideo-conici od oblunghi*. Squame invol. ad appendice non terminata in mucrone spinescente od
anche in un mucrone breve e diritto, ma in pianta con pannocchia raccolta
Radice fittonosa. Fusti eretti o più di rado ascendenti o sdraiati (1-7 dm.),
generalm. assai ramosi. Foglie primordiali indivise, lanceolate, fugaci, raram.
persistenti e lirato-pennatifide. Capolini solitari o più raram. aggregati. ② ♃.

                                  1455. C. paniculata L.

> 1. Capolini ovoideo-conici, rotondati alla base, generalm. uguaglianti
> o superanti 1 cm. di diam.; squame invol. fortem. nervose sul dorso,
> con appendice bene sviluppata e lungam. cigliata, con 7-13 ciglia
> per lato, munita di una macchia bruno-scura, diffusa o no alle ci-
> glia. (Parmig.). — *Mag. Ag.* — Reg. subm. — α *maculosa* (Lam.).
> 2. Capolini ovoideo-conici, od ovoideo-oblunghi, spesso ristretti alla
> base e per lo più meno di 1 cm. di diam.; squame invol. debolm.
> o mediocrem. nervose sul dorso, con appendice più piccola od anche
> quasi nulla.
>> A. Squame involucrali tutte munite di un' appendice scarioso-
>> cigliata ± manifesta. Acheni grigiastri.
>>> * Capolini ovoideo ± oblunghi, del diam. di 4-5 mm. Pap-
>>> po nullo. Pianta glabra od appena ragnatelosa, liscia.
>>> Radice fittonosa. Fusti gracili, ramosi a pannocchia di-
>>> varicata. Foglie tutte a lacinie lineari-strettissime. Squa-
>>> me invol. con appendice ridotta, ferruginea, brevem. ci-
>>> gliata. (T. presso Prato nel m. Ferrato sulle serpentine).
>>> — β *Carueliana* Micheletti
>>> ** Capolini ovoideo-conici, brevi, del diam. di 8-11 mm.
>>> Piante glabre o debolm. ragnateloso-fioccose.
>>>> *a*. Pappo lungo ½-¼ dell'achenio. Squame invol. me-
>>>> die ad appendice non o brevem. decorrente ai lati.

12 {   I. Radice fittonosa da cui partono 1 o pochi
>>>>> fusti. Foglie assai scabre a lacinie lineari od
>>>>> oblunghe ± rigide. Squame invol. ad appen-
>>>>> dice ferrugineo-pallida, munita di brevi ciglia
>>>>> e di un mucroncino terminale. (Val di Magra
>>>>> e Parmig. sul m. Prinzera ed a S. Secondo
>>>>> nell'alveo del Taro). — ↗ *lunensis* Fiori
>>>>> II. Radice legnosa da cui partono più fusti
>>>>> cespugliosi. Foglie quasi lisce a lacinie
>>>>> lineari-filiformi molli, flessuose. Squame
>>>>> invol. c. s. ma con mucrone terminale più
>>>>> lungo. (T. nel m. Argentaro a Port'Ercole).
>>>>> ♂ *cosana* Fiori

12 | *b.* Pappo brevissimo o nullo. Sq. invol. medie ad appendice decorrente ai lati con ala scariosa stretta; appendice ocraceo-pallida. Foglie a lacinie obovato- o lineari-lanceolate, mucronate od apicolate. (Spiagge dell'Adriatico sino ad Ancona, L. a Terracina e forse nei monti della Tolfa). — ε *Tommasinii* (A. Kern.).

B. Squame invol. tutte od eccettuate le super. ad appendice ridotta ad uno stretto o strettissimo margine scarioso, brevem. cigliato od intero, mucronulate all'apice.

   * Foglie a lacinie lineari, lanceolate od obovato-lanceolate, diventanti carnose. Acheni grigiastri. Pianta liscia, tomentoso-fioccosa, a fusti eretti od eretto diffusi. (T. nel littorale sino a Livorno e nel m. Calvi in Maremma). — ζ *aplolepa* (Moretti).

   ** Foglie a lacinie generalm. lineari-filiformi, mai carnose, falcate. Acheni maturi nerastri. Pianta glabra, a fusti eretti. (T. in Maremma a m. Cerboli e a Castiglioncello, Elba al m. Volterraio e Portolongone). — γ₁ *aetaliae* Somm.

Capolini *grandi o mediocri, 1 cm. di diam. o più*, generalm. *ovoideo-globosi.* 13

13 | Foglie *molli*, a seni *rotondati* ed a lacinie *ottuse* o più raram. acute, ma ciò in pianta eretta, alta 5 dm. o più e legnosa alla base. Capolini terminali, solitari; squame invol. con appendice scariosa, bruna o raram. pallida, decorrente ai lati, frangiato-cigliata. Fiori roseo-porporini. Pappo più lungo o più breve degli acheni o raram. nullo. 2f.   **1456 C. Cineraria** L.

  1. Pappo bene sviluppato, subeguale agli acheni.
    a. Piante mollem. niveo-tomentose.
      * Foglie infer. e medie 2-pennato-partite, con 8-12 lacinie primarie per parte ed a laciniette strettam. lineari. Fusti gracili, ± sdraiati od anche più robusti, eretti. (L.). — *Mag. Lug.* — Rupi mar. reg. med. — α *typica.*
      * Foglie infer. e medie soltanto pennato-partite o le infime talora lirate, a 7-9 lacinie per parte, largam. obovato-oblunghe, intere o con 1-2 lobuli. (L. al Circello). — β *Circae* Somm.

    b. Pianta totalm. od in parte glabra e verde, oppure cenerino-tomentosa, a fusti eretti, ramosi solo in alto. Foglie infer. pennato- o quasi 2-pennatopartite. (T. al m. Argentaro e Talamone, L. a Civitavecchia, ma in queste località non più ritrovata). — *Mag. Giug.* — γ *cinerea* (Lam.).

    c. Pianta glabra, verde a fusti generalm. diffuso-prostrati. Foglie come nella var. preced., ma carnosette. Squame invol. ad appendici più distinte, appena decorrenti ai lati e meno regolarm. cigliate. (Golfo di Spezia a Porto Venere, isolette di Palmaria e Tinetto). — δ *Veneris* Somm.

  2. Pappo nullo. Il resto come nel tipo. (T. a Capraia). — ε *gymnocarpa* (Moris et DN.).

Foglie ± *rigide* e scabre o raram. molli, a seni *non rotondati* ed a lacinie *sempre acute* e mucronulate. Piante meno robuste e spesso più basse. 14

14 | Radice *legnosa*, da cui partono generalm. *più fusti* semplici od irregolarm. ramoso-corimbosi. Squame invol. a nervi *poco evidenti*, con appendice bene sviluppata, nera, lungam. pettinato-cigliata, generalm. a ciglia argentine. Foglie primordiali indivise o lirato-pennatifide, le altre 1-2-pennatifide, a lacinie lineari o lanceolate, le infer. picciolate, le super. sessili. Pianta verde, cenerina o niveo-tomentosa, a fusti ascendenti, o più di rado eretti, 1-4 dm. 2f. — *Lug. Ag.* — Roccie reg. alp.   .   **1457 C. dissecta** Ten.

  A. Invol. del diam. di 10-15 mm.; appendici discolori, cioè a ciglia ± argentine. (L. a Filettino, Piceno). — Reg. alp. e mont. — Var. *virescens* Ten.

  B. Invol. del diam. di 7-10 mm.; appendici concolori, cioè a ciglia nere come il resto od anche argentine per buon tratto.
    1. Pianta pubescente-scabra o qua e là fioccosa. Foglie a lacinie ora lineari, (larghe 1-2 mm.), ora lanceolate (larghe sino a

14 1 cm.), od anche meno divise, inciso-dentate. (Alpi Ap., App. emil., tosc. a Boscolungo, march. ed umbro). — *Lug. Ott.* — Reg. subm. e mont. — Var. *pseudo-maculosa* Fiori
2. Pianta con tomento fioccoso ed in basso bianco-tomentosa. Il resto come nella var. preced. — (Elba a m. Capanne). — *Giug. Lug.* — Var. *ilvensis* Somm.

Radice *fittonosa* da cui partono *1 o raram. più fusti* eretti, ramosi a pannocchia. Squame invol. a nervi *ben manifesti.* Cfr. C. PANICULATA var.

15 Squame invol. terminate *da una robusta e lunga spina con altre piccole alla base* (spina *pennata*). Fiori rosei o gialli 16
Squame invol. terminate *da 3-11 spine subeguali tra loro.* (spina *palmata*). Fiori rosei. 18

16 Fiori *rosei*, *raram. bianchi.* Pappo *nullo o quasi.* Capolini ovali, mediocri, solitari all'estremità dei rami o lateralm., cinti da foglie florali lineari. Pianta pubescente fioccosa, a fusti eretti, ramosissimi dalla base. 2-10 dm. Foglie, molli a denti e lacinie con mucrone spinescente, le basali a rosetta, picciolate, le cauline sessili. ②. — *Calcatreppola, Ippofesto.* **1458 C. Calcitrapa** L.
Spina mediana assai più lunga e robusta delle laterali, lunga 5-25 mm. Pianta talora spinosissima. (It. media, Elba, Giglio, Pianosa, Capraia). — *Giug. Ott.* — Luoghi sterili, ruderi dal mare alla reg. subm. — α *typica.*
Spina mediana breve, quasi uguale alle laterali. Involucro cilindrico-bislungo. Rametti densam. coperti di foglioline. (T. nel Pisano lungo le vie). — β *myacantha* (DC.).
Fiori *gialli.* Pappo *presente* 17

17 Capolini *sempre solitari*, a squame con spine generalm. tutte od in parte *più lunghe di 1 cm.* Fiori *poco o punto glandolosi.* Pianta ± ragnateluso-tomentosa, liscia o poco scabra, a foglie *infer. lirate* e fusti a rami assai rigidi e divaricati 1-5 dm. ①. — *Spino giallo.* **1459 C. solstitialis** L.
Spina mediana delle squame medie robusta e lunga 10-22 mm. Pianta a fioritura più precoce. (It. media, Elba). — *Lug. Ott.* — Luoghi sterili dal mare alla reg. subm. — α *typica.*
Spina mediana di tutte le squame gracile, lunga 1 cm. al più, anzi talora appena più lunga delle laterali. (Qua e là col tipo). — β *Adami* (W.).
Capolini *sovente aggregati* a squame con spina gracile *lunga al più 1 cm.* Fiori *assai glandolosi.* Pianta densam. papilloso-scabra, verdeggiante, a foglie *sinuato-pennatofesse* e fusti a rami eretto-patenti strettam. alati, 1-10 dm. ①. (T. nell'Orbetellano, Elba, Giglio, Giannutri, Pianosa, Montecristo, L. a m. Circeo). — *Apr. Ag.* — Luoghi sterili reg. med. **1460 C. melitensis** L.

18 Pianta *annua* a foglie *completam. decorrenti* (quindi a fusti alati) e capolini mediocri, con involucro del diam. di *1 cm. circa.* Fiori roseo-porporini, i periferici raggianti. Squame invol. ad appendice callosa, bianco-giallognola, semicircolare, con 5-9 spine erette, subeguali fra loro, lunghe 2-3 mm. ①. (L.). — *Mag. Lug.* — Campi e luoghi sterili reg. med. **1461 C. napifolia** L.
Piante *perenni* a foglie *non decorrenti od anche decorrenti* (quindi a fusti non alati od alati), ma allora capolini *grandi*, con invol. del diam. di *1 ¼-3 cm.* 19

19 Capolini *piccoli*, con invol. del diam. di *1 cm. o meno.* Squame invol. a *3-5* spine *lunghe al più metà* della squama. Fiori porporini o raram. bianchi, i periferici non od appena raggianti. ♃. (T. nel Pisano ed Orbetellano, lit. del L.). — *Mag. Sett.* — Luoghi sterili reg. med. e subm. **1462 C. aspera** L.
Capolini *più grandi*, con invol. del diam. di *1-3 cm.* Squame invol. a *6-13* spine di cui *la mediana uguagliante circa* la squama. Fiori porporini, i periferici per lo più raggianti. ♃. . . **1463 C. sphaerocephala** L.
Foglie orecchiuto-abbraccianti, non o raram. qualcuna appena decorrente sul fusto, che perciò non è alato. Fiori porporini eccezionalm. gialli. (Littorale di T. e L.). — α *typica.*
Foglie tutte od in parte ± decorrenti sul fusto, che perciò è alato. (Colli laziali). — β *sonchifolia* (L.).

49. **Cnìcus** (da κνηκος = nome greco d'una specie di cardo). Capolini solitari, cinti da ampie brattee fogliacee. Involucro e squame esterne grandi, fogliacee, spinose, le medie e le interne con appendice spinosa, pennata. Ricettacolo lungam. setoloso. Fiori disuguali, i periferici sterili, gli altri ermafr.; corolla giallognola coi nervi violacei. Antere con 2 brevi code. Acheni cilindrici, con molte costole sottili, longitudinali, ad ilo laterale; pappo in 3 ordini, l'esterno formato da una coroncina dentata, il mediano di 10 lunghe setole rigide, alternanti con altre 10 setole brevi, interne.

> Pianta lanuginoso-villosa, a rami divaricati, 3-10 dm. Foglie verdi-pallide, leggerm. coriacee, con nervi rilevati, sinuato-pennatifide, le basali picciolate, bislunghe, le altre abbraccianti e brevem. decorrenti sul fusto; le florali generalm. più lunghe del capolino. Involucro ovato-ragnateloso. Fiori periferici non raggianti. Acheni bruni, lucenti, più brevi del pappo. ①. (T. nel Senese a Frosini e Cecina, Elba, Giglio, Gorgona e Capraia, L. presso m. Cavi). — *Mag. Giug.* — Luoghi colt. reg. med. **1464 Cn. benedictus** L.

179. *Centaurea Jacea* L. ($^1/_4$).   180. *Carthamus caeruleus* L. ($^1/_4$).   181. *Cirsium Acarna* Moench. ($^1/_4$).

50. **Càrthamus.** Capolini c. s. Involucro pluriseriato, a brattee esterne coriacee, dentato-spinose, le interne lineari-acute, scariose all'apice. Ricettacolo c. s. Fiori uguali ermafr. e fertili, talora pochi periferici sterili. Antere senza code. Acheni oscuram. tetragoni, ad ilo laterale; pappo ora nullo in tutti gli acheni o solo nei fiori sterili marginali, ora formato da paglette gradatam. più lunghe dalle esterne alle interne, però le più interne talora sono brevissime.

> 1 { Fiori *gialli*. Acheni con 4 angoli *sporgenti*; pappo formato da paglette, di cui le interne brevissime. Foglie cartilaginee, le infer. pennatifide o con lacinie spinoso-dentate, le cauline abbraccianti, lanceolate od oblunghe, pennato-laciniate, spinose. Involucro nella base ovato con brattee infer. divaricato-patenti o raram. conico con brattee infer. quasi appresse. ② ①. (It. media, Arc. tosc.). — *Lug. Sett.* — Luoghi ghiaiosi od aridi dal mare alla reg. subm. **1465 C. lanatus** L.

1 | Fiori *azzurri o color zafferano*. Acheni con 4 angoli *poco manifesti*; pappo formato da setole oppure nullo 2

2 | Fiori *di color zafferano*. Pappo *nullo*. Foglie bislunghe, dentato-spinose o raram. intere ed inermi. Acheni obovato-tetragoni, troncati all'apice e quivi con 4 gibbosità. Pianta glabra. ①. (Avvent. nel Parmig.). — *Lug. Sett.* — Coltivata . . . . **1466 C. tinctorius** L.

Fiori *azzurri*. Pappo *con pagliette setoliformi, dentellate*. Foglie bislungo-lanceolate, lucide, le infer. picciolate, le altre abbraccianti, variam. divise o soltanto dentate, a denti o lacinie debolm. spinose. Acheni ovati oscuram. tetragoni, superiorm. tubercolato-scabri; pappo a setole fulve, le interne lunghe 1 ½ volte l'achenio. ♃. (Fig. 180) . . **1467 C. caeruleus** L.

    Foglie tutte grossam. dentato- od inciso-spinulose. Fusto semplice. (T. in Maremma, Elba, Giglio, L.). — *Mag. Lug.* — Luoghi argillosi reg. med. *α typicus*.

    Foglie infer. pennatifide o pennatosette, a lacinie dentate, lanceolate od ovate oppure lanceolato-lineari. Fusto semplice o raram. ramoso. (Col tipo nel L.). — β *tingitanus* (L.).

51. **Carduus.** Capolini solitari o corimbosi. Involucro a squame embriciate in più serie, spesso spinose all'apice. Fiori eguali ermafr., raram. i periferici neutri. Corolla 5-fida. Stami ad antere con 2 code ed a filamenti pelosi, liberi o raram. saldati. Acheni bislunghi, compressi lateralm., ad ilo basilare; pappo con molte serie di setole scabre, denticolate, saldate in anello alla base e caduche.

1 | Stami a filamenti *saldati*. Fiori rosso-porporini o raram. bianchi; involucro a squame appressate, le esterne ovali-lanceolate, acuminate, spinulose le interne lineari. Acheni compressi, tetragoni. Foglie bislungo-lanceolate, sinuato-dentate o pennatifide, spinose, le cauline sessili, decorrenti. Pianta ragnateloso-biancastra a fusto eretto, inferiorm. alato-spinoso, semplice o poco ramoso, a rami allungati, per buon tratto nudi e monocefali, 3-12 dm. ①. (T. in Maremma, Elba, Giglio, Capraia, Giannutri?, L. presso Roma). — *Mag. Giug.* — Luoghi sterili reg. med.   **1468 C. leucographus** L.

Stami a filamenti *liberi* 2

2 | Capolini ad involucro *cilindrico. campanulato od ovoideo, per lo più alla fine caduchi*. Piante *annue o bienni* 3

Capolini ad involucro *globoso od emisferico, raram. ovoideo, generalm. non caduchi*. Piante *perenni o bienni* 5

3 | Squame involucr. glandolose nel dorso, *lisce*, le esterne prolungate in un'appendice spinoso-lesiniforme, *eretta o leggerm. ricurva in fuori*. Capolini *grossetti, riuniti a 2-3 o solitari, bislungo-cilindrici, alla fine caduchi*, a fiori *generalm. più lunghi* delle squame invol. interne. Fusto strettam. alato-spinoso, nudo od interrottam. alato in alto, oppure alato fino in cima. ①②. (It. media, Arc. tosc.). — *Apr. Lug.* — Comune nei luoghi erbosi, muri ecc. dal mare alla reg. subm. . . . . . **1469 C. pycnocephalus** L.

Squame invol. glandolose nel dorso, *scabro-ispide*, lineari-aghiformi, *erette*, le esterne 3-nervi. Capolini *piccoli, solitari, ovoideo-cilindrici, alla fine caduchi* a fiori *uguali o più brevi* delle squame involucr. Fusto strettam. e interrottam. alato-spinoso, nudo in alto. ①. (E. T. a Radda, Casentino e presso Firenze). — *Giug. Lug.* — Luoghi incolti reg. med. e subm.

                            1470 C. acicularis Bert.

Squame invol. *lisce, glabre almeno alla fine, non glandolose nè ispide sul dorso, lassam. erette o appena patenti all'apice*. Capolini *riuniti generalm. in numero super. a 5, non caduchi* 4

4 | Fiori *bianchi, subeguali* all'involucro in capolini *mediocri, numerosi, cilindrico-campanulati*; squame involucr. appressate, lanceolate, piane, nitide, le esterne terminate in una spina gialla, le interne in una punta scariosa acuta o brevem. acuminata. Pappo lungo *14-18 mm. alla fine superante* le corolle. Foglie *soltanto un po' villose, mai ragnatelose o tomentose*, le florali *egua-*

glianti o superanti i capolini. Fusto regolarm. alato-spinoso fino all'apice. ① ②. (T. a Montecristo). — Mag. Giug. — Luoghi erbosi reg. med.
1471 C. fasciculiflòrus Viv.

4 Fiori rosso-porporini, più lunghi dell'involucro, in capolini piccoletti, numerosissimi, cilindrico-ovali; squame le esterne terminate da una punta spinoso-lesiniforme piuttosto breve, le interne da un' appendice scariosa, ottusa o brevem. acuta, spesso denticolato-lacera. Pappo lungo 10-13 mm. più breve od alla fine eguagliante le corolle. Foglie ragnatelose sulle due facce, le florali più lunghe dei capolini. Fusto alato-spinoso, ad ali interrotte, poco distinte all'apice. ① ②. (T. al m. Argentaro, Arc. tosc.). — Apr. Giug. — Luoghi mar. reg. med. **1472 C. cephalanthus** Viv.

5 { Capolini depresso-globosi, 3-6 cm. di diam., raram. ovoidei e più piccoli. Squame involucr. esterne lanceolate, larghe nel mezzo 2-8 mm., generalm. ristrette sotto la metà e quindi con una piega trasversale 6
{ Capolini ovoidei od emisferici, 2 ½-3 cm. di diam. al massimo. Sq. involucr. esterne più strette, lineari o strettam. lanceolate, senza piega trasversale. 7

6 { Pianta bienne, a fusti e rami allungati, quasi sempre nudi in alto, 3-10 dm. raram. meno. Radice fittonosa, fusiforme. Fiori generalm. rosso-porporini, con odore muschiato, a capolini normalm. inclinato-pendenti. ②. — Cardo rosso . . . . **1473 C. nutans** L.
Squame invol. intermedie lanceolate, lunghe circa 2 cm. e larghe 4 mm. o meno. Capolini di 1 ½-5 cm. diam. Foglie lobato-pennatifide a segmenti e lobi ± larghi oppure profondam. pennatifide a segmenti e lobi assai stretti ed a spine copiose e robuste. Fusti raram. 2-3 cm. Fiori talora bianchi. (It. media). — Giug. Sett. — Comune nei luoghi incolti dal mare alla reg. mont. — α typicus.
Squame invol. intermedie ovato-lanceolate, lunghe circa 3 cm. e larghe 5-8 mm. Capolini di 5-6 cm. diam. Foglie lanceolate, sinuato-dentate, spinose. Pianta a spine generalm. assai robuste, a fusto villoso ed invol. glabro o ragnateloso. (T. It. centr.). — β macrocephalus (Desf.).
Pianta perenne, a fusti bassi, 1-4 dm., brevem. ramoso-corimbosi all'apice, alato-spinosi o fogliosi fin all'apice. Radice grossa, obliqua, cilindrica. Fiori porporini, a capolini eretti. ♃. **1474 C. chrysacanthus** Ten.
Pianta ad involucro ragnateloso-villoso, con squame larghe nel mezzo 2-3 mm. a fusti villosi almeno in alto e foglie pure villose specialm. di sotto lungo il nervo mediano. (App. pic. e laz. a Trevi e Vallepietra). — Lug. Ott. — Pascoli reg. mont. ed alp. — α typicus.
Pianta villoso-ragnatelosa solo negli involucri e peduncoli, a squame invol. un po' strette e portam. che rammenta un poco il C. carlinaefolius. (App. pic.). — β semiglaber Fiori

7 { Piante perenni, a fusto e rami terminanti in peduncoli ± lunghi e nudi. 8
{ Piante bienni od anche perenni ma allora mai con peduncoli c. 8. . . 9

8 { Foglie glabre o talora pelose di sotto sui nervi, non mai ragnateloso-tomentose, intere o ± sinuato-pennatifide, variam. spinose, ± coriacee. Capolini inclinato-pendenti poi eretti, ovoidei, portati da lunghi peduncoli nudi; squame invol. appressate od arcuate in fuori, glabre o quasi, mucronato-spinulose. Fiori porporini, raram. rossi o bianchi. Fusto semplice o ramoso, 3-9 dm., alato-spinoso. ♃. . . . . **1475 C. defloratus** L.
A. Foglie indivise o solo ± grossam. dentate, con spine gracili e non pungenti o semplicem. cigliato-spinulose, glauche almeno di sotto, a lacinie ed ali piane. Squame invol. lesiniformi all'apice. Fusto semplice o poco ramoso. — Giug. Ag. — Luoghi erbosi reg. mont. o raram. subm. nelle Alpi — α summanus (Pollini).
B. Foglie sinuato-dentate o non molto profondam. pennatifide, con spine gracili o robuste, generalm. glauche di sotto, a lembo ed ali ± increspate.
a. Foglie ora poco coriacee, debolm. glauche di sotto e villosette sui nervi, ora più coriacee, a spine più forti, glauche di sotto ed affatto glabre bislungo lanceolate o raram. lineari. Fusto con 1, raram. 2-3 capolini. (Alpi Ap.. App. pavese, march. al m. Catria). — β rhaeticus DC.
b. Foglie intensam. glauche, affatto nude, a lobi bislungo-acuminati o raram. larghi e rotondati. Fusto con 2-3 capolini su

8
peduncoli molto lunghi. (App. laz. al m. Autore). — γ *Bau-hini* Ten.

C. Foglie profondam. pennatifide, a segmenti piuttosto stretti, coriacee, con spine robuste, generalm. verdi su entrambe le pagine, a lembo ed ali fortem. increspate. Fusto generalm. ramoso-corimboso. (Alpi Ap. e App. tosco-emil. reg. mont. ed alp.). — δ *carlinaefolius* (Lam.).

Foglie *almeno le super. bianco- o ragnateloso-tomentose di sotto*, da adulte talora denudate, rarissimam. tutte nude, con spine forti, pungenti, ± coriacee ed increspate, pennatifide o pennatipartite, con spine gialle. Capolini spesso inclinato-pendenti, emisferici, su peduncoli *non molto lunghi e nudi in alto*; squame invol. esterne carenate, terminate in un breve spinetto. Fiori rosso-porporini. Fusto ramoso superiorm., 2-9 dm., strettam. alato. 2⸹.
1476 C. affinis Guss.
Foglie tutte bianco-tomentose di sotto, talora meno profondam. divise e meno spinose. (App. umbro-piceno). — *Lug. Sett.* — Pascoli dalla reg. mont. all'alp. — α *typicus*.

Pianta *perenne*, a radice *grossa*, a fusti strettam. alato-spinulosi fino all'apice. Foglie *super. semplicem. dentate*, le infer. lirato-pennatifide, tutte brevem. cigliato-spinulose nel margine, a spinetti non pungenti. Capolini generalm. aggregato-racemosi, coi peduncoli singoli brevissimi; involucro emisferico, glabro, a squame molli, lineari-lesiniformi, con spinetto sottile non pungente, le esterne patenti o ricurve in fuori. Fiori rosso-chermesini. 2⸹.
1477 C. Personata Jacq.
9
Foglie verdi di sopra e bianco-tomentose di sotto. Capolini 2-2 ½ cm. diam. (App. pavese al m. Alfeo e reggiano a Civago). — *Giug. Ag.* — Boschi umidi, pasc. ecc. reg. mont., raram. subm.). — α *typicus*.
Foglie verdi e glabre su entrambe le pagine, solo più pallide di sotto. Capolini generalm. più piccoli. (App. tosc. in Casentino, piceno e umbro). — β *simplicifolius* (Sang.).

Piante *bienni*, a radice *fittonosa, fusiforme*, a fusti e rami alato-spinosi fino all'apice. Foglie *pennatopartite*. Capolini per lo più aggregati   .   . 10

Pianta con spine lunghe 5-12 mm., *robuste ed assai* pungenti, giallognole, ± bianco-tomentoso-fioccosa, a fusto con ali dentato-spinose, ± larghe, ramoso o raram. semplice, 2-16 dm. Foglie sinuato-pennatifide, verdi-grigiastre di sopra e bianche di sotto, a segmenti larghi e spine non intrecciate. Capolini di 2-3 cm. diam.; involucro ragnateloso a squame con spina lunghetta. Fiori rosso-porporini. ① ②. (Oltre Po pavese e Sarzana). — *Giug.Lug.* — Luoghi erbosi, campi ecc. dal mare alla reg. subm.
1478 C. litigiosus Nocc. et Balb.
10
Pianta con spine lunghe *3 mm. al più, gracili e non od appena* pungenti, pubescente-ragnatelosa, a fusto fortem. alato-spinoso, generalm. assai ramoso in alto, 5-12 dm. Foglie sinuato-spinose, d'un verde-cupo di sopra. Capolini di 2 cm. diam. circa; involucro glabro o ragnateloso, a squame con spinetto molle. Fiori rosei, porporini o raram. bianchi. ② o raram. 2⸹. **1479 C. crispus** L.
Foglie grigiastro-tomentose di sotto, almeno da giovani, pennatifide o più raram. indivise o semplicem. sinuato-dentate. Capolini globulosi. — *Giug. Ag.* — Campi, margini vie ecc. reg. pad. subm. e mont. nell'It. super. — α *typicus*.
Foglie verdi, pubescenti o ragnatelose di sotto, pennatifide. Capolini ovoidei od anche globulosi. (Parmig.). — ζ *multiformis* (Gaud.).

52. **Cirsium** (da χιρσος = varice; pianta che guarisce le varici). Fiori uguali ermafr. o di rado dioici oppure i marginali sterili. Stami a filamenti liberi. Acheni compressi od anche globoso-piriformi ; pappo a setole lungam. piumose, in più serie, le interne spesso ingrossate a clava nell'apice. Il resto come in *Carduus*.

1 { Involucro a squame terminate in spina *pennata*. Capolini ovoidi, riuniti spesso
a 2-3 e circondati dalle foglie fiorali più lunghe di essi. Fiori roseo-porporini. Foglie quasi coriacee, bislungo-lanceolate, decorrenti, pennato-lobate o
dentate a denti geminati o ternati, con lunghe spine gialle, nel resto del
margine cigliato-spinulose. Pianta tomentoso-biancastra, a fusto eretto, ra-
moso-divaricato, strettam. alato-spinuloso, 2-5 dm. ♃. (It. media, — *Lug.
Ott.* — Luoghi aridi reg. med. e subm. (Fig. 181) **1480 C. Acarna** Moench
Involucro a squame terminate in spina *semplice* od *inermi* 2

2 { Foglie *scabre* di sopra per setole rigide spinescenti 3
Foglie *liscie* di sopra. 5

Foglie *non decorrenti*, verdi ed ispido-setolose di sopra, bianco-tomentose di
sotto, pennatopartite, a lacinie semplici o bipartite, con spina robusta, le
primordiali talora indivise. Capolini grandi, globosi od ovoidei, campanulati
durante la fioritura, a squame ± denticolato-scabre o cigliate nei margini.
Fiori porporini. Pianta alta 5-20 dm., raram meno ②.
1481 C. eriophorum Scop.
A. Squame invol. esterne ± dilatato-spatolate nell'apice sotto la spina che è breve.
1. Capolini grandi, 4-6 cm. diam., globosi prima e dopo la fioritura, ombelicati alla base.
   a. Sq. invol. poco o anche distintam. dilatate sotto la
spina, però sempre intere o solo denticolate nei margini.
Invol. densam. lanoso-ragnateloso, raram. glabro. Fiori
raram. bianchi. (It. media). — *Lug. Ag.* — Luoghi selvatici dal mare alla reg. mont. — α *vulgare* Naeg.
   b. Sq. bruscam. dilatate sotto la spina in un' appendice
3 { spatolato-concava, cigliato-pettinata nei margini. Invol.
glabro o poco ragnateloso. (Parmig., Regg., T. a m. Senario). — β *spathulatum* (Gaud.).
2. Capolini più numerosi, piccoli, 2-3 cm. diam. ovoidei prima
e dopo la fioritura, non o poco ombelicati alla base. Sq. invol.
generalm. poco dilatate all'apice. Invol. ragnateloso. (It. centr.,
con forme ambigue tra questa e la var. ε). — γ *spurium* DC.
B. Sq. invol. esterne trigono-lesiniformi nell'apice, non od oscuram.
dilatate, terminate in spina generalm. più lunga.
1. Capolini grandi, 4-6 cm. diam., globosi prima e dopo la fioritura, solitari a sq. invol. molto allungate. Invol. ± ragnateloso. (App. medio, reg. mont.). — δ *Morisianum* (Rchb. f.)
2. Capolini più piccoli, 2-4 cm. diam., ovoidei o subglobosi prima e dopo la fioritura spesso aggregati, a sq. invol. più brevi,
terminate da una spina ± pungente. Invol. densam. ragna-
teloso-lanoso Var. simile al tipo e alla var. γ e per alcuni
esempl. alla δ (T. e It centr.). — ε *Lobelii* (Ten.).
Foglie *decorrenti* ± sul fusto. 4

Foglie *brevem.* decorrenti sul fusto. Involucro a squame *con carena calloso-
glandolosa* in alto alla base della spina, bislunghe e *bruscam.* ristrette in
una spina sottile, gialla e lunga almeno quanto le squame. Capolini *piccoli*
del diam. di *1-1 ½* cm., *lungam. superati* dalle foglie fiorali. Fiori rosso-
porporini o raram. bianchi. Pianta di *2-4 o 6 dm.* ②. (It. media). — *Lug.
Ott.* - Luoghi argillosi umidi reg. pad., med. e subm.
1482 C. italicum DC.
4 { Foglie *lungam.* decorrenti per tutto o metà dell'internodio. Invol. a squame
senza carena callosa, lineari-lanceolate, *insensibilm.* attenuate in una spina
gialla ± lunga. Capolini *grandi* del diam. di 2-4 cm., *non superati* dalle
foglie fiorali. Fiori rosso-porporini o raram. bianchi. Pianta di *5-15 dm.*
②. — *Cardo asinino* **1483 C. lanceolatum** Scop.
Foglie glabrescenti o debolm. ragnatelose di sotto. Capolini subsolitari o riuniti a 3-5. (It. media, Arc. tosc. eccetto Pianosa). Comune
dal mare alla reg. mont. α *vulgare* Naeg.
Foglie ± densam. bianco-ragnateloso-tomentose di sotto. col tipo. —
β *silvaticum* (Tausch).

5 { Fiori *dioici*; corolla a lembo diviso fino *alla base* in 5 lacinie. Pappo *alla
fine più lungo* della corolla. Capolini mediocri ovali, in pannocchia corimbosa; fiori porporini o talora bianchi. Invol. fioccoso o glabro, a squame

5 { ovato-lanceolate, appressate, con punta un poco patente nelle esterne. Foglie lanceolate o bislunghe, pennatifide o sinuato-dentate, cigliato-spinose. Pianta a fusto eretto, solcato, pubescente, spesso rossastro, ramoso in alto, 3-15 dm. ♃. (It. media, Elba, Giannutri, Giglio, Capraia). — *Mag. Sett.* — Comunissimo nei campi e boschi dal mare alla reg. mont. — *Scardaccione, Stoppione* . . . . **1484 C. arvense** Scop.

Fiori *ermafroditi;* corolla a lembo diviso fino *a metà* in 5 lacinie. Pappo *più breve* della corolla 6

6 { Fiori *periferici sterili.* Stami a filamenti *irsuti.* Pianta annua, a capolini cinti da foglie fiorali quasi tutte ridotte a grosse spine pennate. Foglie bislunghe, glabre e venate di bianco di sopra, pubescenti di sotto, le super. orecchiuto-abbraccianti, con spine robuste. Fusto eretto un po' pubescente, 3-6 dm. Fiori rosso-porporini o raram. bianchi. Acheni grossi, largam. obovati, compressi, lisci e glabri. ①. (T. nella Maremma Orbetellana, L.). — *Magg. Giug.* — Campi reg. med . . . . . **1485 C. syriacum** Gaertn.

Fiori *tutti ermafroditi.* Stami a filam. *papillosi.* Piante mai c. s 7

7 { Acheni *non compressi*, globosi, ovati o piriformi, a guscio *duro, coriaceo.* Piante a foglie rigide, coriacee e nello stesso tempo a sq. invol. prolungate in lunga appendice rigida e spinosa 8

Acheni *oblungo-compressi*, a guscio *membranaceo.* Piante mai c. s. . . 9

8 { Foglie *indivise*, a denti con spine fascicolate a 2-4, fulvo-tomentose di sotto, verdi-nitide di sopra, le cauline sessili *non decorrenti*: spine gialle, gracili ma pungentissime. Invol. campanulato, glabro. Fiori porporini. Acheni ovoidei, *macchiati di scuro.* Fusto eretto, glabro, semplice, densam. foglioso, 9-14 dm. ② (It. media, Elba). — *Giug. Ag.* — Luoghi aridi reg. med. — *Leon de' cardi* (Fig. 182) . . . . . . **1486 C. Casabonae** DC.

Foglie *pennato-lobate*, a lobi bifidi con robuste spine gialle, talora sinuato-dentate, lanuginose di sotto o anche quasi glabre, verdi e con venature bianche di sopra, ± *decorrenti.* Invol. globoso-campanulato, *ragnateloso.* Fiori porporini. Acheni subglobosi *con lineette scure.* Fusto eretto, glabro, alato, semplice o raram. ramoso, 3-9 dm. ♃. (M. U. L.). — *Lug. Ott.* — Boschi reg. subm. . . . . **1487 C. strictum** Ten.

9 { Foglie *decorrenti* e quindi fusto *alato* 10

Foglie *non decorrenti* e quindi fusto *non alato* 14

10 { Piante *a fusto totalm. alato*, con ali increspato-spinose, a foglie pennatifide, a capolini piccoli, generalm. aggregati 11

Piante *mai come sopra* 12

11 { Involucro a squame *lanceolate*, assai più lunghe della spina terminale, con una callosità porporino-scura sul dorso. Stami a filamenti *peloso irti.* Fiori rosso-cremisini, raram. bianchi. Foglie lanceolate, pennatofesse, a lacinie palmato-spinose, ragnateloso-pelose di sotto. Pianta a spine deboli. ②. (App. emil., T. nel Lucchese e Pisano, Pineta di Ravenna, Pesarese, L. a Filettino e Paludi Pontine). — *Ap. Ag.* — Luoghi umidi dalla reg. subm. alla mont., più raram. reg. pad. e med. . . . . . . **1488 C. palustre** Scop.

Invol. a squame *ovate*, le mediane e le esterne *appena uguali* in lunghezza alla spina terminale *o anche un poco più lunghe, senza callosità* sul dorso. Stami a filamenti *glabri o quasi.* Fiori porporino-rosei. Foglie lanceolate, pennatifide o sinuato-lobate, con spine robuste od anche gracili, bianco-tomentose di sotto. ②. (It. media). — *Lug. Ag.* — Luoghi umidi reg. med. **1489 C. polyànthemum** DC.

12 { Fibre radicali *ingrossato-fusiformi*, carnose, fascicolate. Foglie *spesso sinuato-lobate*, cigliato-spinose, glabre o radam. pelose di sopra, bianco-fioccose od anche glabre di sotto. Capolini di *2-3 cm.* diam.: fiori porporini o raram. bianchi, a lembo corollino poco più breve od uguale al tubo. ♃. (Pavese, dintorni di Modena e Ravennate). — *Lug. Ag.* — Luoghi paludosi reg. pad. e subm. . . . . **1490 C. canum** Moench

Fibre radicali *non ingrossate.* Foglie *quasi sempre indivise.* Capolini di *1-2 cm.* diam. 13

13 { Foglie *glabre e liscie* sulle due pagine minutam. dentate, cigliato-spinulose. Capolini agglomerati all'apice del fusto e dei rami: fiori rosso-porporini, a lembo corollino *poco più lungo* del tubo. ♃. (T. a Livorno, Bagno a Morba, Mazzafonda e Ansedonia, L. sotto Tivoli nei fossi di Martellona e Paludi Pontine). — *Mag. Ag.* — Luoghi umidi reg. subm. e mont., raram. med. **1491 C. monspessulanum** All.

Foglie *scabre* sulle due pagine, indivise minutam. dentate, setoloso-cigliate. Capolini 1·3; fiori a lembo corollino *distintam. più lungo* del tubo. 2⅃. ⟨E. nel Modenese sui colli di Puianello, T. nelle Alpi Ap.⟩. — *Giug. Ag.* — Luoghi erbosi asciutti reg. subm. e mont., raram. pad.

1492 C. pannonicum Gaud.

Fiori *rossi o porporini*, raram. bianchi, a lembo corollino più breve del tubo, in capolino mediocre o grandetto solitario. Foglie a rosetta, fortem. increspate, lanceolate, brevem. picciolate, pennatifide, a segmenti ovati, angoloso-trilobi, cigliato-spinosi. Pianta a fusto generalm. quasi nullo. 2⅃.

1493 C. acanic All.

14 ⟨ . Fusto subnullo. Fiori raram. bianchi. (App. medio). — *Lug. Sett.* — Luoghi erbosi dalla reg. subm. all'alp. — α *typicum*.

Fusto di 10-30 cm., foglioso, semplice o poco ramoso, a rami bratteati, monocefali. — (T. nelle Alpi Ap. e App. Pistoiese a Boscolungo). — β *dubium* Fiori

Fiori *gialli o giallo-bianchicci* 15

Pianta *abbondantem. e fortem. spinosa*, con spine robuste, pungenti, a fusto molto foglioso fino all'apice, di solito semplice, a foglie cauline abbraccianti con 2 larghe orecchiette basali, spinosissime. Squame invol. lanceolato-lineari, terminate in spina generalm. lunga quanto esse. 2⅃. (App. toso. in val di Lima e mod. al m. Cimone). — *Lug. Ag.* — Pascoli reg. subalp. ed alp.

15 ⟨ **1494 C. spinosissimum** Scop.

Fusto di solito ramoso. Sq. invol. a spina molto più corta di esse. (App. parmig. a m. Caio, tosco-moden. al Cimone e al Corno alle Scale, aretino all'Alpe della Luna). — Var. *Bertolonii* (Spr.).

Pianta *a foglie brevem. cigliato-spinulose, non spinose* 16

Fusto *poco foglioso o quasi nudo in alto*. Capolini solitari o pochi aggregati, *inclinati*, *sprovvisti di foglie florali*, a squame invol. callose sul dorso e glanduloso-vischiose. Foglie bislunghe, pennatopartite, con segmenti orizzontali, cigliato-setolosi, le cauline orecchiuto-abbraccianti. 2⅃. (App. parmig. tosco-em., regg., pic. ed umbro). — *Giug. Ag.* — Luoghi erbosi reg. mont. o più raram· subm.

1495 C. Erisithales Scop.

16 ⟨ Fusto *foglioso fino all'apice*. Capolini aggregati in 2-4 od anche solitari, *eretti provvisti di foglie florali*, ovali scolorate. Foglie pennatifide, con segmenti bislunghi, le cauline orecchiuto-abbraccianti, le super. indivise od anche tutte indivise. 2⅃. (App. parmig., bologn. e piceno: indicato pure del Pisano e del Viterbese alla Pallanzana). — *Lug. Sett.* — Luoghi umidi reg. subm. e mont. . . . . **1496 C. oleraceum** Scop.

53. **Galactites** (da γαλα = latte, per la bianchezza della pianta). Capolini moltiflori corimbosi a fiori periferici neutri di color roseo-vivo, i centrali ermafroditi. Stami con filamenti congiunti e antere con lunga appendice terminale curvata a uncino. Acheni cilindrico-compressi, striati; pappo formato di peli lungam. piumosi, saldati in anello alla base. Il resto come in *Carduus*.

Fiori *roseo-porporini*, più raram. azzurri o bianchi, in capolini mediocri. Foglie generalm. macchiate di bianco, ragnat'lose od alla fine glabre di sopra, bianco-tomentose di sotto, ± profondam. pennatifide e decorrenti, a lacinie spinose, triangolari o lanceolate. Squame invol. erette o eretto-patenti, terminate in lunga punta lesiniforme, trigona scanalata. Fusto eretto, gracile, angoloso, cotonoso, 2-7 dm. ① ②. (It. media, Elba, Giglio, Capraia). — *Mag. Lug.* — Luoghi aridi reg. med. **1497 G. tomentosa** Moench

54. **Silybum.** Capolini solitari. Squame invol., eccettuate le più interne, fogliacee, dentato-spinulose nel margine. Fiori tutti eguali ermafroditi. Stami con filamenti congiunti, papillosi ed antere con appendice apicale brevissima. Acheni obovati, lateralm. compressi,

lisci; pappo con setole denticolate, saldate in anello alla base. Il resto come in *Carduus*.

Fiori porporini o raram. bianchi, in capolini grandi. Foglie grandi, macchiate di bianco, le infer. attenuate alla base, le cauline sessili, non decorrenti, abbraccianti il fusto, con due larghe orecchiette rotondate, sinuato-dentate o pennatifide, a lobi con spine e ciglia spinose. Squame invol. esterne cigliato-spinose in basso e terminate da una lunga appendice spinoso-acuminata, patente-ricurva, le più interne lanceolate, intere. Fusto eretto. grosso, striato, 2-13 dm., raram. 10-15 cm. soltanto. ②. (It. media, Elba, Giglio, Gorgona, Pianosa e Capraia). — *Ap. Est.* — Macerie e margini delle vie dal mare alla reg. subm. — *Cardo Mariano.* **1498 S. Marianum** Gaertn.

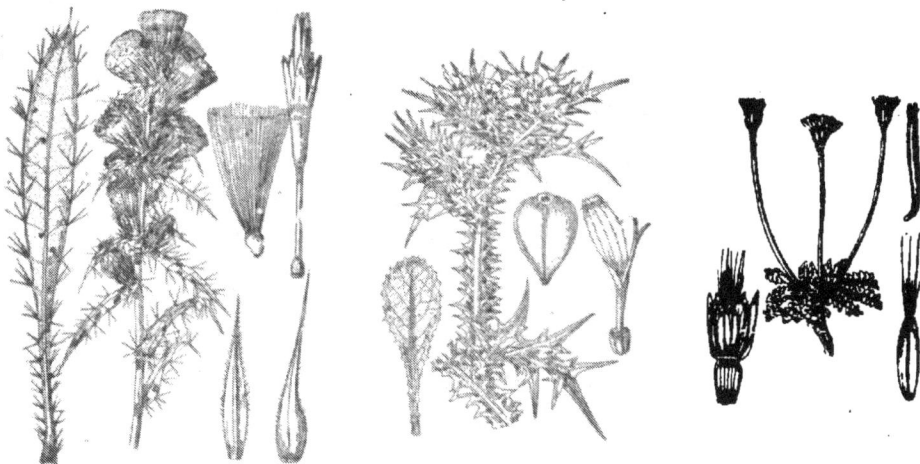

182. *Cirsium Casabonae* DC. (¹/₅). 183. *Scolymus maculatus* L. (¹/₄). 184. *Hyoseris radiata* L. (¹/₅).

55. Cynara (da χιναρα = carciofo). Capolini solitari. Squame invol. coriacee, acuminato-spinose, eccetto in alcune var. coltiv. Fiori eguali, ermafr., azzurri. Stami con filamenti liberi, papilloso-barbellati ed antere sormontate da un'appendice ottusissima. Stimmi lungam. sporgenti. Acheni obovati, tetragono-compressi; pappo a setole piumose, caduche. Il resto come in *Carduus*.

1 {
Pianta *bassa*, 15-50 cm. Foglie *pennato-partite*, a lobi e denti *terminati da una spina gialla*. Capolini del diam. di *4-5 cm.*, a squame invol. *terminate da una robusta spina gialla*, eretto-patente. ♃. (It. media). — *Giug. Lug.* — Campi e luoghi aridi reg. med. — *Carduccio, Caglio.*
1499 C. Cardunellus L.
Pianta *più elevata.* Foglie *bipennatosette od intere*, inermi o con spine rade e brevi. Capolini del diam. di *8-10 cm.*, a squame invol. *carnose alla base*, ottuse o *sinuato-tridentate all'apice*, mucronate. ♃. Derivata dalla preced. e colt. per gli involucri e per le foglie eduli. — *Carciofo.*
1500 C. Scolymus L.
}

56. Onopordon (da ονος = asino e πορδον = peto, perchè ventose agli asini). Capolini solitari od aggregati. Squame invol.

coriacee, spinose. Ricettacolo carnoso, alveolato. Fiori eguali ermafr. Stami a filamenti liberi, glabri ed antere con appendice terminale lesiniforme. Stimmi assai sporgenti. Acheni obovati, lateralm. compressi, rugosi trasversalm.; pappo a setole cigliate, quasi piumose, caduco.

1 { Involucro a squame *pubescenti-glandolose*, ovato-lanceolate, larghe alla base più di 3 mm., generalm. verdi. Foglie adulte *verdi e glabrescenti*, bislunghe, sinuato-lobate. Pianta verde od in basso cenerino-ragnatelosa, ± glandoloso-viscida, a rami floriferi *allungati*. ②. (M L.). — *Giu. Lug.* — Macerie e luoghi incolti reg. subm. e med. **1501 O. tauricum** W.
   Foglie assai coriacee, a spine lunghe e robuste, sinuato-pennatifide, le infer. ± ragnatelose. (T. a Pianosa, L.). — Var. *horridum* (Viv.).
   Involucro glabro o ragnateloso, a squame *giammai glandolose*, verdi-pallide o verdi giallognole. Foglie adulte *bianco-ragnateloso-tomentose*, ovato-bislunghe o bislungo-lanceolate. Rami floriferi generalm. *brevi* 2

2 { Corolla *glandolosa*. Squame invol. *ovato-lanceolate*, le infer. riflesse, ± attenuato-spinose. Foglie basali bislungo-lanceolate, le cauline decrescenti, tutte ± profondam. pennato-lobate e dentato-spinose. Pianta bianco- o cenerino-ragnateloso-tomentosa, a fusto *strettam* alato. ② ♃. (It. media, Pianosa). — *Giug. Lug.* — Luoghi incolti reg. med. **1502 O. illyricum** L.
   Corolla *non glandolosa*. Squame invol. *lineari-lesiniformi*, trigone, cigliolate, le esterne patenti. Foglie ovato-bislunghe, sinuato-lobate, a lobi dentato-spinosi, le basali grandi. Pianta cenerino- o bianco-ragnateloso-tomentosa, a fusto *largam*. alato. ②. (It. media). ·· *Lug. Ag.* — Macerie e luoghi incolti dal mare alla reg. subm. — *Acanzio*. **1503 O. Acanthium** L

Sottofam. II. **Liguliflore.**

Fiori tutti ligulati. Piante provviste di vasi laticiferi.

Tribù X. CICHORIEE.

Capolini a fiori uguali ermafr. Antere con code basali. Stilo a rami stimmatici filiformi, papillosi sulla faccia interna. Ricettacolo nudo o provvisto di peli o pagliette. Pappo generalm. peloso, più raram. nullo, membranoso, squamoso o setoloso. — Foglie alterne o basali.

57. **Scolymus** (da σκολυμος = pungiglione). Capolini moltiflori, sessili, solitari od aggregati, cinti da foglie fiorali. Involucro a squame embriciate, acuminate all'apice, strettam. scariose nel margine; ricettacolo con pagliette cartacee, alate, avvolgenti completam. gli acheni. Corolle gialle, radam. pelose nel tubo e nella pag. infer. del lembo. Acheni sormontati da un pappo costituito da una breve corona crenulata e talora da 2-4 setole scabre.

1 { Foglie, brattee ed ali del fusto cinte *da un grosso margine bianco, cartilagineo*. Capolini terminali, *corimbosi*. Acheni a corona *senza setole*. Pianta glabra o di rado villosa in basso, a fusto *largam*. alato e foglie fiorali regolarm. pettinato-spinose. Antere azzurro-nerastre. ①. ·It. media). — *Giug. Lug.* — Ruderi, campi e margini delle strade reg. med. (Fig. 183). **1504 S. maculatus** L.
   Foglie, brattee ed ali del fusto *con sottile margine cartilagineo*. Capolini ascellari e terminali, *racemosi*. Acheni a corona *con 2-4 setole caducissime*. Piante generalm. pubescenti, a fusto *strettam*. alato 2

2 {
Fusto *ramoso* ad ali *interrotte*. Capolini *mediocri* (lunghi *3 cm.* circa, compresi i fiori), a squame invol. *tutte strettam. lanceolato-lineari*, acuminate. Antere giallo-dorate. Foglie fiorali dentato-spinose, ma non regolarm. pettinate. Pianta *bienne*, glabra o villosa. ②. (It. media, Elba, Giglio, Pianosa, Capraia). — *Giug. Aut.* — Macerie, margini delle strade ecc. reg. pad. e med. . . . . **1505 S. hispanicus** L.

Fusto *semplice o quasi* ad ali *non interrotte*. Capolini *grandi* (lunghi *4 cm.* circa, compresi i fiori), a squame invol. *esterne ovali, le mediane oblungo-lineari*, mucronate. Foglie fiorali rigide, coriacee, lungam. acuminate, con forti spine rade alla base. Pianta *perenne*, villoso-irsuta. ♃. (T. a Talamone in Maremma, Elba). — *Mag. Sett.* - Luoghi erbosi reg. med. **1506 S. grandiflòrus** Desf.
}

58. Catanànche. Capolini solitari all'apice di lunghi peduncoli, moltiflori. Involucro a squame pluriseriate, scariose, bianco-argentine; ricettacolo piano, irto di lunghe setole. Corolle gialle od azzurre. Acheni quasi pentagoni o fusiformi, solcati; pappo composto di 5-7 squame lanceolate e terminate in setola.

1 {
Fiori *azzurri o raram. bianchi.* Squame invol. tutte ovate, con nervo *prolungato in corta resta.* Pianta *perenne*, a foglie lanceolate o lineari-lanceolate, trinervie, intere o con pochi denti o lacinie. ♃. (T. nella Maremma ad Ansidonia). — *Mag. Lug.* — Luoghi erbosi reg. med. e subm. **1507 C. caerulea** L.

Fiori *gialli.* Squame invol. esterne brevi, le interne lanceolate, allungate *non terminate in resta.* Pianta *annua*, a foglie lanceolate, intere o con pochi denti. ①. (T. nell'Orbetellano, L. nel litorale). — *Apr. Giug.* — Colli e campi argillosi reg. med. . . . . **1508 C. lutea** L.
}

59. Cichòrium. Capolini ascellari o terminali, moltiflori od a 5-6 fiori soltanto. Involucro a squame indurate alla base, in due serie, le esterne di 5 squamette brevi, le interne di 8-10 più lunghe; ricettacolo piano, coi margini delle areole pelosi. Corolle azzurre o rosee, raram. bianche. Acheni angolosi, troncati, striati, glabri a pappo formato da 2-3 serie di squamette o setole o da un orlo frastagliato.

1 {
Foglie *quasi glabre, liscie*, le fiorali *ovali, cuoriformi-astate e semiabbraccianti alla base*, le basali bislungo-obovate variabilissime. Capolini in parte sessili in fascetti ascellari, in parte solitari sopra lunghi peduncoli clavati. Squame invol. peloso-glandolose. Fiori azzurri o bianchi. ① ②. Largam. colt. negli orti, da' quali spesso sfugge. — *Endivia.* **1509 C. Endivia** L.

Foglie ± *peloso-ruvidette*, le fiorali *lanceolate o cuoriformi-acuminate*, le basali a rosetta, roncinate, a lacinie dentate ovvero indivise, lanceolate od obovate, dentate. ① ② ♃. *Cicoria, Radicchio.* **1510 C. Intybus** L.

  A. Piante perenni. Peduncoli poco ingrossati. Sq. invol. glandolose. Pappo appena visibile, lungo al più ¹/₂ mm.

    a. Fusti acutam. angolosi, verdi o verde-rossicci, non glandolosi. Foglie roncinate o talora indivise.

      1. Pianta ± pelosa, a peduncoli non o poco clavati. Capolini in gruppetti a 2-5 o raram. geminati, uno sessile e l'altro peduncolato, ma in pianta glabra. Fiori azzurri, di rado rosei, oppure bianchi. (It. media, Elba, Giglio, Gorgona, Pianosa, Capraia). — Dal mare alla reg. mont. — *Lug. Aut.* — α *typicum.*

      2. Pianta quasi glabra, a peduncoli spesso evidentem. clavati. Capolini geminati, uno sessile, l'altro lungam. pe-
}

1 | duncolato. Sq. invol. esterne quasi uguali alle interne. (Faentino). — β *glabratum* (Presl).

b. Fusti cilindrici in basso, ottusam angolosi in alto, spesso rosseggianti, generalm. peloso-glandolosi come le squame invol. Foglie bislungo-obovate e largam. lanceolate, irregolarm. sinuato-dentate od obovato-roncinate. — Colt. negli orti per insalata e per la radice che torrefatta sostituisce o si mescola col caffè. — γ *indivisum* Vis.

B. Piante annue o raram. perenni. Peduncoli evidentem. ingrossati. Sq. invol. non glandolose. Pappo lungo $\frac{1}{2}$-1 mm. Capolini spesso fascicolati. Foglie florali ± cordato-semiabbraccianti. (T. nell'Orbetellano, Spoleto, L.). — δ *pumilum* (Jacq.).

60. **Làpsana** (da λαπαζειν = puzzare, per le virtù medicinali). Capolini terminali, ad 8-12 fiori. Involucro a squame biseriate, le esterne piccolissime, le interne 8-10, carenate sul dorso; ricettacolo stretto minutam. alveolato nudo. Corolle gialle. Acheni bislunghi, compressi sul dorso, non ristretti in alto, glabri, con circa 20 strie finissime longitudinali, caduchi, senza pappo.

Pianta annua a fusto eretto cilindrico, 3-12 dm., ramoso. Foglie quasi tutte picciolate, le basali e cauline infer. lirate a lobo terminale grandissimo, cuoriforme-ovato, i laterali piccoli, tutti dentati, le intermedie ovate, quasi sessili, dentate, le super. lanceolato-acuminate, intere. Capolini piccoli su peduncoli gracili e nudi, in pannocchia lassa. Corolle metà più lunghe dell'involucro. ⓧ. — *Lassana* . . . . . **1511 L. communis** L.
Fusto e foglie glabre o sparsam. pelose. Foglie talora doppiam. dentate e leggerm. increspate oppure acutam. dentate. (It. media, Elba, Giglio). — *Mag. Aut.* — Comune dal mare alla reg. mont. — α *typica*.
Fusto e foglie densam. pubescenti od irsuti, ma non glandolosi. (L. nei Lepini). — β *pubescens* (Horn.).
Fusto, rami ed anche l'involucro ± peloso-glandolosi. Foglie cigliate, sparsam. pelose o pubescenti. (T. a Vallombrosa). — γ *hirta* Guss.

61. **Rhagadiolus.** Capolini laterali e terminali, ad 8-12 fiori. Involucro a 7-9 squame uniseriate, accrescenti ed indurite nel frutto ed avvolgenti gli acheni marginali; ricettacolo piano, nudo. Corolle gialle. Acheni quasi cilindrici, lineari-lesiniformi, privi di pappo e persistenti, stellato-patenti.

Pianta glabra o pubescente, a fusti diffuso-prostrati, a rami divergenti. 1-4 dm. Foglie sottili le infer. lirate o dentate, picciolate, le super. strettam. lanceolate, sessili, intere o dentate. Acheni esterni 5-8, stellato-patenti, diritti o leggerm. incurvati, glabri o un po' pelosi, con radi spinetti nel dorso, gli interni 1-3 assai più brevi, incurvati. ⓧ. — *Erba cornetta, Piè d'uccello*. **1512 Rh. stellatus** Gaertn.
Foglie infer. obovate o bislunghe, leggerm. dentate in alto, inferiorm. con denti più grossi o sinuato-dentate oppure pennatifide. Acheni interni affatto glabri oppure un po' irto-pubescenti. (It. media, Elba, Giglio, Gorgona, Pianosa, Montecristo). — *Apr. Lug.* — Campi dal mare alla reg. subm. — α *typicus*.
Foglie infer. lirate, a lobi subrotondi od ovali, ottusi o raram. acuti, il terminale grandissimo, generalm. angoloso-dentato. Acheni interni un po' irto-pubescenti o più raram. affatto glabri. — Col tipo. — β *edulis* (Gaertn.).

62. **Arnòseris** (da αρυος = agnello e σερις = lattuga, pianta degli agnelli). Capolini terminali, moltiflori. Involucro di circa 12 squame in 1 sola serie, rinforzate alla base da alcune squamette; ricettacolo piano, alveolato. Corolle gialle. Acheni obovato-pentagoni, con 8-10 costole ben prominenti, sormontati da una strettissima corona membranacea, intera.

> Foglie tutte basali in rosetta, bislungo-obovate, ristrette alla base, dentate, scabrosette. Peduncoli scapiformi, fortem. ingrossati a clava e cavi sotto i capolini solitari; squame invol. un po' farinose. cigliolate. Pianta glabra, 1-3 dm. ①. (Pavese, T. nel Lucchese, M. Pisano. Maremma a Volterra e Saturnia, L. in valle dell'Inferno). — *Giug. Ott.* — Luoghi coltiv. arenosi reg. pad., subm. e med. . . . . **1513 A. minima** Lk.

63. **Apòseris** (da απο = lontano e σερις = lattuga). Capolini terminali a scapi basali, moltiflori. Involucro di 6-10 squame di 1 sola serie, lanceolate, rinforzate alla base da 3 squamette; ricettacolo nudo. Corolle gialle. Acheni uniformi, obovati, ristretti in breve rostro, un po' scabri, con 5 costole; pappo nullo.

> Foglie tutte basali, a contorno oblungo-lanceolato, pennatifide, a segmenti triangolari, acuti, con 1-3 denti sul lato infer., il terminale più grande, a 3 punte. Capolini mediocri, solitari, portati da peduncoli scapiformi, 1-2 dm. Pianta glabra. a radice fetida. 2⅃. (T. Alpi Ap.). — *Apr Sett.* — Luoghi freschi dalla reg. subm. alla subalp. . . . . **1514 A. foetida** Less.

64. **Hyòseris** (da υς = porco e σερις = lattuga). Capolino moltifloro. Involucro di 8-20 squame in 1 sola serie, involgenti a maturità gli acheni esterni. Acheni di 2 forme, gli esterni sublineari, sormontati da brevi cigli, gli interni bislungo-lineari, fortem. compressi, bialati con 2 serie di squame setoliformi scabre, di cui le interne più lunghe. Il resto come in *Apòseris*.

> 1 { Peduncoli fruttiferi *fortem.* rigonfiati in cima sotto il capolino e larghi quasi quanto esso. Squame invol. *eretto-conniventi anche nel frutto* Capolini ad *8-10 fiori.* Pianta *annua* a radice *gracile.* ①. (T. a Pianosa, M. presso Fermo, L. a Terracina). — *Feb. Apr.* — Reg. med. **1515 H. scabra** L.
> Peduncoli frutt. *appena* rigonfiati sotto il capolino. Sq. invol. *alla fine stellato-patenti.* Capolini *a fiori numerosi* Pianta *perenne* a radice *grossa*, verticale. 2⅃. (T., Arc. tosc. eccetto Giannutri, M. U. L.). — *Primav. Aut.* — Rupi, muri e rive reg. med. (Fig. 184 . . . **1516 H. radiata** L.

65. **Hedypnois** (da ηδυς = dolce e γνοιν = esalazione). Capolino moltifloro. Involucro di 10-20 squame quasi in 1 sola serie, involgenti alla maturità gli acheni esterni. Acheni subcilindrici, incurvi, quelli esterni coronati da un cercine squamoso, dentato, quelli del disco con 5-6 pagliuzze lanceolate o lesiniformi, cinte da alcune poche esterne assai più brevi.

Pianta ± setoloso-scabra, a' fusti diffusi, raram. eretti, 3-49 cm. Foglie basali lanceolato-oblunghe, intere o dentate od anche pennatifide Involucro frutt. globoso totalm. o solo in alto setoloso-ispido, oppure glabro. ①. (It. media; Arc. tosc. eccetto Giannutri). — *Apr. Giug.* – Luoghi erbosi reg. med.: specie polimorfa . . . . **1517 H. polimorpha** DC.

  A. Peduncoli frutt. ± vistosam. ingrossati.

    a. Peduncoli mediocrem. ingrossati (diam .3 ½ mm. al più), strozzati in alto. Capolini chinati nella fioritura. Fusti diffusi od eretti, glabri. — Var. *cretica* (W.).

    b. Peduncoli vistosam. ingrossati (diam. 4-6 mm.) non o poco strozzati in alto. Capolini eretti. Fusti diffusi, più robusti, di solito completam. setoloso-scabri. — Var. *tubaeformis* Ten. .

  B. Peduncoli frutt. poco ingrossati.

    a. Pianta quasi glabra, a peduncoli allungati e gracili. Capolini chinati, a squame invol. affatto glabre o parcam. setolose nel dorso e all'apice. – Var. *monspeliensis* (W.).

    b. Pianta completam. peloso-scabra, a peduncoli più brevi. Capolini per lo più eretti, a squame invol. come nella preced. — Var. *rhagadioloides* (W.).

66. Tòlpis (da τολυπη = globo di lana). Capolini terminali, moltiflori. Involucro di molte squame embriciate in 2 o più serie, circondate da altre brattee lineari, setoliformi; ricettacolo nudo. Corolle gialle, per lo più verdastre nel secco. Acheni piccoli quasi tetragoni, senza rostro, uniformi, coronati da un pappo di 2-15 setole, lunghe, frammiste a minutissime squamette, spesso mancanti sugli acheni marginali.

1   { Squame rinforzanti *più lunghe* dell'involucro. Pappo di *4 setole*. Capolini *quasi ad ombrella*, mediocri. Pianta *annua*. ①. (It. media, Elba, Giglio, Capraia, Montecristo). — *Ap. Lug.* — Luoghi incolti e campi reg. med.
                              1518 T. umbellata Bert.
    Squame rinforzanti *assai più brevi* dell'involucro. Pappo di *6-10 setole*. Capolini *non ad ombrella*, piccoli. Pianta *bienne*. ②. (It. media, Elba, Giglio, Capraia). — *Giug. Aut.* — Luoghi erbosi, argillosi reg. med.
                                 1519 T. virgata Bert.

67. Hypochaeris (da υπο = sotto e χοιρος = porco). Capolini terminali, di molti fiori. Involucro a squame gradatam. embriciate, oppure in una sola serie, rinforzate alla base da alcune squamette assai piccole; ricettacolo guarnito di pagliette membranacee, una per ciascun fiore. Corolle gialle. Acheni rugosetti, terminati da un rostro brevissimo o più o meno lungo; pappo formato da una serie di setole ± allargate alla base, piumose, talora rinforzate all'esterno da altre poche brevi, filiformi.

1   { Squame invol. *uniseriate*, rinforzate da alcune altre piccolissime. Peduncoli setoloso-ispidi almeno nell'apice. Foglie tutte basali, dentate, ± irsute ovunque o talora soltanto sul nervo medio. Pianta annua, a fusti ramoso-corimbosi o raram. semplici, 1-5 dm. ①. (It. media dal Faentino in giù, Arc. tosc. eccetto Giannutri. — *Feb. Lug.* — Luoghi aridi reg. med., raram. subm.
                             1520 H. aetnensis B. et H.
    Squame invol. *pluriseriate*, embriciate 2

2   { Setole del pappo *uniseriate*, tutte ugualmente piumose 3
    Setole del pappo *biseriate*, le esterne brevi denticolate, non piumose . 4

3 {
Capolini *grandi*. Foglie quasi tutte basali, *bislunghe*, *dentate*, sub sessili, spesso macchiate di sanguigno. 2↓. (App. parmig., T. nell'App., al m. Pisano, a Fucecchio, M. a Bolognola). — *Giug. Ag.* — Pascoli reg. mont. donde scende al piano . . . . **1521 H. maculata** L.
Capolini *mediocri*. Foglie primordiali intere, *le successive roncinato-pennatifide*, a segmenti stretti, acuti. 2↓. (U. Piceno, L.). — *Lug. Ag.* — Pascoli e prati reg. mont. ed alp. . . . . **1522 H. pinnatifida** Cyr.
}

4 {
Pianta *annua*, a radice semplice, fusiforme, sottile. Foglie sinuate o dentate, generalm. glabre od anche ± setoloso-scabre. Acheni *esterni non rostrati*, gli altri prolungati in un sottile rostro. ①. (It. media, Arc. tosc. eccetto Pianosa e dubitativam. Giannutri). — *Mar. Mag.* — Luoghi erbosi dal mare alla reg. subm. (Fig. 185) . . . . . . **1523 H. glabra** L.
Pianta *perenne*, a radice ramosa, a fibre ingrossate, od anche semplice, ma sempre grossa. Foglie tutte basali sinuato-pennatofesse. Acheni *tutti prolungati in un lungo rostro*. 2↓. (It. media, Arc. tosc. all'Elba, Giglio e Gorgona). — *Mag. Aut.* — Luoghi erbosi dal mare alla reg. mont.
1524 H. radicata L.
}

68. Robèrtia (dedic. a Robert, botanico Corso). Capolino moltifloro. Involucro a squame in una sola serie, senza altre rinforzanti alla base. Acheni brevem. attenuato-rostrati, solcati per il lungo e con lievi rughe per traverso; pappo di una sola serie di setole piumose. Il resto come in *Hypochaeris*.

Foglie tutte basali, glabre lirato-pennatifide, col lobo terminale più grande. Fiori gialli, i marginali spesso porporini all'esterno. Pianta glabra o qua e là pelosa o farinosa, acaule, con 1 o diversi scapi lunghi 2-20 cm. 2↓. (It. media, Alpi Ap., Elba). — *Mag. Ag.* — Reg. alp. o più raram. mont.
1525 R. taraxacoides DC.

69. Leòntodon (da λέων = leone e οδούς = dente, per la dentatura delle foglie). Capolini moltiflori, terminali. Involucro a squame embriciate in più serie; ricettacolo nudo o fibrillifero nel centro. Corolle gialle. Acheni cilindroidi, striati per il lungo e rugoso-zigrinati per traverso, attenuati o rostrati all'apice; pappo di due serie di setole piumose, dilatate alla base, talora con alcune esterne piliformi, scabre.

1 {
Acheni *tutti uniformi*. con pappo piumoso, attenuati o rostrati 2
Acheni *di due forme*, gli esterni quasi senza rostro e con pappo ridotto ad una coroncina squamosa, gli interni rostrati 12
}

2 {
Radici *ingrossate* in tuberi fusiformi. Acheni *lungam. rostrati*. Pappo a setole tutte piumose. 3
Radici *non ingrossate*. Acheni *soltanto attenuati o brevem. rostrati* . . 4
}

3 {
Pianta a peli *semplici*. Scapi *ingrossati in alto e quivi muniti di numerose bratteole filiformi*. Foglie oblanceolate od obovate, inferiorm. dentate o runcinate, glabre o parcam. pelose, a picciolo spesso rossastro, irsuto. 2↓. (T. M. L.). — *Giug.* — Luoghi erbosi reg. mont. ed alp., più raram. subm.
1526 L. cichoraceus Boiss.
Pianta a peli *2-3 forcati*. Scapi *nè ingrossati, né bratteolati in alto*.
Cfr. L. TUBEROSUS.
}

4 {
Setole del pappo *uniseriate*, tutte eguali piumose. Capolini *eretti* prima della fioritura. Peduncoli un poco ingrossati all'apice e quivi muniti di piccole brattee. Involucro un poco pubescente, alla fine spesso denudato. Foglie basali pennatifide o pennatopartite, le super. bratteiformi intere. 2↓. (Alpi Ap., App. tosco-emil. e piceno). — *Lug. Aut.* — Luoghi erbosi dalla reg. subm. all'alp. (Fig. 186) . . . . . . **1527 L. autumnalis** L.
}

Setole del pappo *uni-pluriseriate*, alcune brevi, piliformi, scabre, altre lunghe e
piumose, raram. tutte piumose, ma le esterne sempre più corte. Capolini
inclinati prima della fioritura, raram. (*L. Taraxaci*) erette . . . 5

5 {
Radice (rizoma) *trasversale ed obliqua, troncata, con fibre grossette* . . 6
Radice *discendente, fusiforme*, con fibre *assai esili* 11

6 {
Piante *glabre* od a peli *semplici* . . , ... 7
Piante a peli *2-3-forcati* all'apice, misti o no con peli semplici . . . 10

7 {
Foglie *pennatifide e nello stesso tempo ispide* per setole rigide, assai lunghe..
Cfr. L. VILLARSII.
Foglie *dentate od anche pennatifide*, però *mai ispide* c. s. 8

8 {
Scapo di 3-10 cm., generalm. *poco più lungo* delle foglie, ingrossato superiorm.,
e quivi assai irsuto al pari dell'involucro. Pappo *bianco-niveo*. Capolini
grandi, inclinati prima della fioritura. 2μ. **1528 L. Taraxaci** Lois.
    Fiori giallo-dorati. — *Lug. Sett.* — Pascoli reg. alp. — α *typicus*.
    Fiori giallo-zafferano. (L. sopra Filettino). — β *breviscapus* Fiori
Scapo di 10-40 cm. generalm. *assai più lungo* delle foglie. Pappo *bianco-sudicio o rossiccio* 9

9 {
Scapo *con parecchie* bratteole superiorm. e quivi ingrossato. Foglie con pic-
ciolo *stretto*, distinto, oblanceolate, glabre o un poco ispide, intere o dentate,
rarissimam. pennatifide. Capolini grandetti, inclinati prima della fioritura;
involucro nerastro. 2μ. (Alpi Ap., App. tosco-emil. sino al Teso). — *Lug.
Ag.* — Luoghi erbosi reg. mont. ed alp. **1529 L. pyrenaicus** Gouan.
Scapo *senza o al più con 1-2* bratteole superiorm. Foglie con piccioli ± *larghi*.
Cfr. L. HISPIDUS.

10 {
Foglie a lobo terminale *largo*, scabro-irsute per peli *in generale sottili, brevi*,
2-3-forcati, misti con *pochi* semplici, ovvero glabre, Capolini *grandi*. Pappo
uguale all'achenio o *più lungo*. 2μ. (It. media). — *Giug. Sett.* — Luoghi
erbosi o sassosi dal mare alla reg. alp. **1530 L. hispidus** L.
Foglie a lobo terminale *stretto*, setoloso-ispide per peli *grossi, lunghi*, brevem.
2-forcati, misti con *molti* semplici od anche tutti semplici. Capolini *piccol.
o mediocri*. Pappo *più lungo* dell'achenio. 2μ. **1531 L. Villarsii** Loisi
    Pianta densam. ispida per setole quasi tutte semplici. (It. media, El-
    ba). — *Lug. Sett.* — Reg. med. e subm. — α *typicus*.
    Pianta meno setolosa o talora quasi glabra. a setole spesso in gran
    parte brevem. bifide all'apice. (Più comune del tipo). — β *Rosani*
    (DC.).

11 {
Pappo uguale o spesso *più breve* dell'achenio, bianco-sporco, a setole *piumose
sino alla base*. Foglie *sinuato-dentate o più spesso pennatifide*. 2μ.
1532 L. crispus Vill.
1. Squame invol. esterne cigliolate nei margini. per peli tutti od in gran
parte semplici, setoloso- o pubescenti-irsute sul dorso oppure glabre.
    A Squame invol. esterne ± setoloso-irsute sul dorso. Foglie
    sempre ispide ed irsute.
        a. Scapi sempre semplici. Pianta densam. ispida per se-
        tole piuttosto lunghe. Foglie strette, sinuato-dentate o
        pennatifide. Invol. con peli rigidi, setolosi. (Pavese, Par-
        mig., Reggiano, Moden. a Fiumalbo, T. al m. Argentaro).
        — *Mag. Lug.* — Luoghi calcarei dalla reg. med. alla
        mont. - γ *typicus*.
        b. Scapi spesso bifidi. Pianta generalm. meno ispida ed a
        setole più brevi. Foglie più larghe. sinuoso-dentate.
        Invol. con peli setolosi. (L.). — β *saxatilis* (Rchb.).
    B. Squame tutte glabre sul dorso o le esterne con poche setole.
    Foglie irsute come nella var. β o più raram. anch'esse glabre
    o pelose soltanto nel picciolo. (T. al m. Argentaro e m. Amia-
    ta, M.). — δ *tergestinus* Fiori
2. Squame invol. esterne pettinato-cigliate nei margini, per brevi peli
bianchi 2-5-forcati, glabre, leggerm. farinoso-pubescenti o talora scarsam. setolose sul dorso.
    A. Pianta ispida per setole ± lunghe. Foglie generalm. penna-
    tifide, Scapo talora bifido. (App. march. ed umbro). — *asper*
    (Rchb.).

11
B. Pianta irsuta per peli brevi e fitti. Foglie dentato-sinuate o subpennatifide, più larghe ed increspate. — (L. al promont. Circeo . — Reg. subm. e mont. — ♀ *intermedius* (Huter, P. et R.).

Pappo uguale o spesso *più lungo* dell'achenio, a setole *dentellate alla base, non piumose*. Foglie *intiere o sinuato-dentate*. Scapi semplici, rarissimam. bifidi, generalm. assai più lunghi delle foglie. Acheni centrali ± lungam. attenuato-rostrati. 4. . . . . **1533 L. incanus** Schrank

   1. Foglie intiere o con piccoli denti radi, a peli stellati corti, grigio-tomentose, raram. quasi glabre. Setole del pappo generalm. piumose. Scapo ed invol. tomentosi. — Roccie soleggiate dalla reg. subm. alla subalp. nelle Alpi. — *Ap. Lug.* — *typicus*.

   2. Foglie dentate o sinuate, a peli più lunghi e rigidi, verdi. Setole del pappo scarsam. piumose solo in basso. (Alpi Ap. App. lucchese moden. al Rondinaio e Boscolungo). — β *anomalus* (Ball.).

12
Pianta con fibre radicali *filiformi*. Acheni centrali con rostro uguale ad ¼ della loro lunghezza. ② 4. (It. media, Elba, Capraia). — *Mag. Aut.* — Luoghi erbosi dal mare alla reg. mont . . . . . **1534 L. hirtus** L.

Pianta con fibre radicali *ingrossate, fusiformi, fascicolate*. Acheni centrali con rostro uguale ad ½-⅔ della loro lung., raram. anche i periferici con pappo piumoso ed uguali ai centrali 4. (It. media, Arc. tosc. non dappertutto). — *Sett. Inverno.* — Luoghi erbosi reg. med. e talora subm.

                                                    1535 L. tuberosus L.

185. *Hypochaeris glabra* L. (¼).   186 *Leontodon autumnalis* L. (¼).   187. *Urospermum picroides* Desf. (¼).

70. **Picris** (da πικρος = amaro, piante amare). Capolini corimbosi, moltiflori. Involucro di due serie di squame embriciate, le esterne più brevi e patenti. Ricettacolo areolato, nudo. Fiori gialli. Acheni fusiformi, assottigliati o brevem. rostrati all'apice, rugolosi trasversalm. e costolati per lungo, spesso incurvati; pappo caduco, a setole saldate ad anello alla base, in 2 serie, l'esterna di setole brevi, rigide, irregolari, l'interna di setole più lunghe, piumose.

Pianta ispida, a fusto eretto, anguloso, a rami patenti, 2-12 dm. Foglie basali bislunghe, dentate o sinuato-ondulate, le super. semiabbraccianti, lanceolato-lineari. Capolini grandetti, ± lungam. peduncolati: squame invol. esterne patenti. Fiori giallo-dorati, gli esterni spesso rossicci sul dorso. Acheni lunghi 4-5 o soltanto 3 mm. ② 4. (It. media, Elba, Giannutri, Gorgona. — *Giug. Sett.* — Pianta polimorfa di luoghi incolt. e colt.

                                                    1536 P. hieracioides L.

Squame invol. ingrossate e spinose sul dorso. Capolini più piccoli. Pianta più ispida a fusto generalm. semplice o poco ramoso. (It. media . — Var. *spinulosa* (Bert.).

71. Helminthia (da ἑλμινς = verme, per gli acheni simili a vermetti). Capolino moltifloro. Involucro a squame in 2 serie, le esterne poche, fogliacee, subcordate, più larghe delle interne che sono 8-10 sottili e lunghe. Ricettacolo nudo. Acheni un po' compressi, ellittici, carenati, trasversalm. rugosi, con rostro filiforme, fragile, più lungo dell'achenio, caduco insieme alle setole del pappo, che sono piumose e pluriseriate. Il resto come in *Picris*, al quale molti lo riuniscono.

> Pianta annua, ispida, a fusto angoloso, divaricato-ramoso dalla base, 2-10 dm. Foglie lanceolato-bislunghe, intere o sinuato-denticolate, le infer. picciolate, le super. abbraccianti con orecchiette rotonde. Squame invol. esterne largam. cordato-ovate. ①. (It. media, Arc. tosc. eccetto Giannutri e Capraia) — *Giug. Aut.* — Comune nei luoghi colt. e ruderi dal mare alla reg. mont.
>
> **1537 H. echioldes** Gaertn.

72. Urospèrmum (da ουρα = coda e σπερμα = seme, per gli acheni caudati). Capolini solitari o subcorimbosi, moltiflori. Involucro di 8 squame in una sola serie, saldate inferiorm. Ricettacolo ad alveoli rialzati a guisa di papille, perforate nel mezzo, peloso-fibrilliferi. Acheni compressi, bislunghi, tubercolati, con rostro lunghissimo, rigonfio e cavo alla base; pappo con setole piumose, in più serie, riunite ad anello alla base, caduco.

1 {

> Pianta *annua, setoloso-irsuta* od anche quasi glabra. Fusti *con 1-5 capolini*. Involucro a squame *ovali*, acuminate, *ispido-spinulose*. Acheni con rostro *rigonfio alla base*; pappo *bianco-niveo*. ①. (It. media, Arc. tosc.). — *Feb. Lug.* — Luoghi erbosi reg. med. o raram. subm. Fig. 187).
>
> **1538 U. picroides** Desf.
>
> Pianta *perenne, setoloso-tomentosa* per peli increspati. Fusti generalm. *monocefali*. Involucro a squame *largam. lanceolate*, spesso marginate di rosso, *tomentose*. Acheni con rostro *gradatam. assottigliato* dalla base all'apice; pappo *rossiccio*. ♃. (It. media, Arc. tosc. eccetto Montecristo). — *Mar. Ag.* — Reg. med. . . . . **1539 U. Dalechampii** Desf.

73. Geropògon (da γερων = vecchio e πωγων = barba, per il pappo barbuto). Capolini solitari o subcorimbosi, moltiflori. Involucro di 8-9 squame disposte in una sola serie, più lunghe dei fiori; ricettacolo guarnito di squamette sul lato esterno degli alveoli. Fiori rossicci. Acheni cilindroidi, lungam. rostrati, solcati, i periferici caduchi, sormontati da 5 reste semplici, i centrali persistenti, pubescenti-scabri sulle reste, sormontati da numerose setole piumose, colle barbe intrecciate fra loro.

> Pianta glabra, raram. un po' villosa, a fusti striati, semplici o ramosi, eretti, 2-8 dm. Foglie lunghissime, lineari, le cauline semiabbraccianti. Peduncoli cavi, alla fine ingrossati in alto. Fiori rosei o violacei, più brevi dell'involucro. ①. (T. Urbinate, Piceno, L.). — *Ap. Giug.* — Campi e luoghi erbosi reg. med. . . . . **1540 G. glaber** L.

74. **Tragopògon** (da τραγος = capro e πωγων = barba, alludendo ai peli del pappo). Capolini moltiflori. Involucro di 5-16 squame, saldate alla base tra loro, talora riflesse nel frutto; ricettacolo nudo. Fiori gialli, rosei o porporini. Acheni cilindraceo-prismatici, almeno i periferici trasversalm. spinuloso-squamulosi, i centrali spesso lisci, con un lungo rostro per lo più liscio; pappo di più serie di setole piumose, saldate alla base in un anello spesso lanuginoso. Il resto come in *Geropogon*.

1 { Fiori *gialli* 2
  { Fiori *rosei o porporini*, talora giallognoli alla base · 6

2 { Peduncoli *non od appena ingrossati* in alto 3
  { Peduncoli *fortem. clavato-ingrossati* in alto 5

3 { Foglie *largam. dilatato-abbraccianti* alla base, lineari-lanceolate . . . 4
  { Foglie *poco dilatate* alla base, graminiformi, larghe 2-4 mm. Pianta a portamento più gracile . . . . Cfr. T. CROCIFOLIUS.

4 { Capolini chiudentisi *tra le 8 e le 11 del mattino*. Fiori *lunghi circa come* l'involucro, *giallo-chiari*. Antere d'un giallo-dorato inferiorm., brune in alto. Acheni a rostro *uguale* ad essi. ②. (It. media). — *Apr. Giug.* — Prati e pascoli dalla reg. med. all'alp. — *Barba di becco.* **1541 T. pratensis** L.
  { Capolini chiudentisi *verso le ore 2 pom.* Fiori *decisam. più lunghi* dell'involucro, *ordinariam.* giallo-dorati. Antere d'un giallo-dorato, con 5 strie nere. Acheni a rostro *spesso più breve* di essi. ②. (Qua e là col preced. e del Parmig. e di Bologna). — *Mag.* — Prati nella reg. del preced. **1542 T. orientalis** L.

5 { Foglie infer. *poco dilatate* alla base, strette, quasi graminiformi, *mai increspate*, le super. dilatato-abbraccianti. Fiori lungam. sorpassati dalle squame dell'involucro, o raram. subeguali ad esse. Acheni a rostro lungo come essi od anche 2-3 volte più lungo. ②. (It. media). — *Apr. Giug.* — Luoghi erbosi dal mare alla reg. mont. . . . . . **1543 T. dubius** Scop.
  { Foglie infer. *assai dilatate* alla base ed attenuato-acuminate all'apice, *spesso increspate* . . . . Cfr. T. PORRIFOLIUS.

6 { Foglie *largam. dilatato-abbraccianti* alla base, *lineari-lanceolate*, attenuato-acuminate all'apice, *spesso increspate*. Peduncoli *grossi, fortem. clavato-ingrossati* in alto 7
  { Foglie *poco dilatate* alla base, *strettam. lineari*, (2-4 mm. larghe), graminiformi, *mai increspate*. Peduncoli *gracili, non od appena ingrossati* in alto . 9

7 { Acheni lunghi 4-5 ½ cm., compreso il pappo, *bruscam.* ristretti in un rostro *gracile*, uguale ad essi o più lungo, col callo apicale *assai lanuginoso*. Fiori *subeguali* all'involucro *o più lunghi*. Pianta glabra, a portamento gracile. ②. (E. nel Bolognese, T. L.). — *Mag.* **1544 T. eriospermus** Ten.
  { Acheni lunghi 6-8 cm., compreso il pappo, o raram. meno, *gradatam.* ristretti in un rostro *grosso*, col callo apicale *glabro o lanuginoso.* Fiori *assai più brevi* dell'involucro 8

8 { Fusto di *5-13 dm.* Foglie *larghe raddrizzate*, non o poco ondulate. Acheni a rostro *più breve od uguale* ad essi. ②. (It. media, Elba). — *Mag. Lug.* — Campi e luoghi erbosi umidi dal mare alla reg. subm., talora coltiv. **1545 T. porrifolius** L.
  { Fusto di *2-5 dm.* Foglie *più strette*, brevem. e bruscam. ristrette, *patenti, ondulate*. Acheni a rostro *più lungo* di essi. ②. (It. media). — *Mag. Giug.* — Col preced. nei luoghi più asciutti. **1546 T. australis** Jord.

9 { Fiori *assai più brevi* dell'involucro. Corolle *violacee* colla base e talora anche l'apice gialli. Pianta glabra o debolm. fioccosa nell'ascella delle foglie. ②. (T. U. L.). — Luoghi erbosi reg. subm. **1547 T. crocifolius** L.
  { Fiori *appena più brevi* dell'involucro. Corolle *gialle*. Pianta con lana fioccosa persistente alla base delle foglie e sul colletto od anche glabre. ②. (Presso Perugia a m. Subasio ecc.). — *Mag. Giug.* **1548 T. Samaritani** Heldr. et Sart.

75. **Scorzonèra.** Capolini solitari o subcorimbosi, moltiflori. Involucro embriciato a squame in più serie. Ricettacolo nudo. Fiori gialli o rosei. Acheni cilindraceo-fusiformi, striati, costati con o senza rostro, lisci o scabri; pappo con parecchie serie di setole piumose, colle barbe intrecciate tra loro.

1 {
Acheni *prolungati alla base in uno stipite cavo, alla fine rigonfio*, quasi uguale ad essi in lunghezza. Foglie *pennatosette o raram. indivise.* Fiori *gialli,* gli esterni rossicci di fuori. ① ② ♃.   **1549 S. laciniata** L.

     1. Foglie a lacinie lineari o la terminale lineare-lanceolata. Squame invol. spesso con cornetto od un tubercolo sotto l'apice.

         A. Fiori marginali uguali o poco più lunghi dell'involucro. Pianta ordinariam. bienne e senza fascetti di foglie sterili. Rami nel fresco minutam. striati. Fusto liscio o spesso scabro assieme alle foglie per minuti tubercoli. (It. media). — *Apr. Lug.* — Luoghi argillosi dal mare alla reg. subm. — α *typica.*

         B. Fiori marginali il doppio dell'invol. o quasi. Pianta ordinariam. perenne o con fascetti di foglie sterili. Rami nel fresco angoloso-solcati. Fusti cespugliosi o solitari. (Mod., Bologn., Faentino, T. nel Pisano, Senese e Grossetano). — β *Jacquiniana* (Boiss.).

     2. Foglie a lacinie lanceolate, la terminale larga 4-9 mm. e ± confluente colle laterali. Squame invol. mutiche od anche con un cornetto calloso poco sotto l'apice. Fiori assai più lunghi dell'involucro. Pianta annua o bienne, a fusti eretti od ascendenti. — (Moden. tra Vignola e Marano). — γ *intermedia* (Guss.).

     3. Foglie a lacinie subrotonde, ovali od oblunghe, la terminale più grande e perciò lirate. Squame invol. generalm. senza cornetto sotto l'apice. Fiori più lunghi dell'involucro. Pianta bienne o perenne, a fusto centrale eretto, i laterali sdraiato-ascendenti. (T. presso Siena). — δ *decumbens* (Guss.).

Acheni *senza stipite o con stipite brevissimo, mai rigonfio.* Foglie *sempre indivise.* Fiori *gialli o roseo-porporini*   2
}

2 {
Fiori *rosso-porporini.* Rizoma coperto da un'abbondante chioma di fibrille, non tuberoso, cilindrico; fusto eretto, semplice o poco ramoso, foglioso fino in alto; foglie tutte strettam. lineari, acuminate, piane o carenate. Fiori lunghi sino il doppio dell'involucro. Pappo bianco-sudicio, subeguale all'achenio, a setole piumose, di cui alcune più lunghe e nude all'apice. ♃. (App. tosco-emil. dal Parmig. al Bologn. al Teso, piceno ed umbro). — *Giug. Ag.* — Pascoli e prati reg. mont. ed alp., raram. subm.   **1550 S. purpurea** L.

Fiori *gialli,* gli esterni talora rossicci di fuori   3
}

3 {
Acheni, almeno gli esterni, a coste *tubercolato-scabre.* Fusto *semplice o ramoso*   4

Acheni a costole *lisce od appena tubercolate.* Fusto *semplice o raram. biforcato*   5
}

4 {
Fusto *ramoso o raram. semplice, con parecchie foglie nella parte infer.* Acheni lunghi *3-3 ½ cm*, compreso il pappo. ♃. — Scorzonera, Viperina.   **1551 S. hispanica** L.

     Foglie ovato- o bislungo-lanceolate, larghe sino a 5 cm. (E. a Porretta, T. a Volterra, L. a m. Pellecchia e ad Allumiere). — *Giug. Lug.* — Pascoli reg. subm. e mont., raram. med.; colt. per la radice commestibile. — α *denticulata* (Lam.).

     Foglie lineari-lanceolate, ovvero lineari, larghe sino a 13 mm. (T. Alpi Ap., App. lucchese, Piceno al m. Pulino e m. Sibilla, L. a Centocelle e Civitavecchia). — β *glastifolia* (W.).

Fusto *semplice od eccezionalm. biforcato, nudo o con 1 o rarissimam. 2 foglie.* Acheni lunghi 2 cm. circa, compreso il pappo. ♃. (Alpi Ap. al Pisanino, App. tosco-emil.). — *Lug. Ag.* — Pascoli reg. alp. o talora mont.   **1552 S. aristata** Ram.
}

5 {
Rizoma *provvisto all'apice di squame intere, non sfibrate.* Fusto cavo, dapprima pubescente-cotonoso specialm. in alto, poi glabro, 1-4 dm., per lo più con 2-3 foglie piccole, lineari. Foglie basali di largh. variabile, 3-7 nervie,
}

5
acuminate, lungam. picciolate. Fiori lunghi *il doppio* dell'involucro. Pappo *generalm. più lungo* dell'achenio. 2⌿. (App. bologn. al Corno alle Scale, marchig.). — *Mag. Lug.* — Prati e pascoli reg, subm. e mont.
1553 S. humilis L.
Foglie basali lineari o lanceolate, larghe 2-13 mm. — α *plantaginea* (Schleich.).
Foglie basali bislungo-lanceolate od ellittiche, larghe sino a 5 cm. — β *latifrons* G. Beck
Rizoma *densam. coperto in alto di guaine decomposte in fibre.* Fusto generalm. glabro, con foglie bratteiformi. Fiori lunghi *circa metà più* dell'involucro. Pappo *subeguale* all'achenio. 2⌿. (Parmig. al m. Prinzera. Moden. a Puianello, Lunig. a m. Orsaio, T. nell'App. lucchese (?) e sul m. Ferrato presso Prato). — *Apr. Mag.* — Colla preced.   .   .   .   . **1554 S. austriaca** W.

76. Taràxacum

76. Taràxacum (da ταραξις = disturbo ed ακεομαι = sanare, per le virtù medicinali di talune specie). Capolini moltiflori, solitari. Involucro di parecchie serie di squame embriciate, le esterne assai più piccole e spesso rivolte in fuori. Ricettacolo nudo. Fiori gialli. Acheni oblunghi, compressi, a costole superiorm. scaglioso-tubercolate ed ingrossate, terminati in un rostro filiforme; pappo a setole denticolate in più serie.

1
Acheni maturi a rostro *lungo come il corpo od un po' più breve*, squamoso-scabri in alto e scabri in basso. Foglie lineari o lineari lanceolate, intere o remotam. denticolate. Fiori giallo-chiari. 2⌿. (E. nel Moden.). — *Ap. Mag.* — Luoghi umidi   .   .   .   .   . **1555 T. tenuifolium** Koch
Acheni maturi a rostro *assai più lungo* del corpo od anche lungo come questo, ma in piante a foglie lirato-roncinate   2

2
Acheni, almeno gli esterni, squamoso-scabri *nella metà super.*, nel resto *scabri o tubercolosi*. Squame invol. esterne *patenti o riflesse, larghe come* le interne o più. Fiori giallo-dorati   3
Acheni squamoso-scabri *all'apice*, nel resto *lisci*. Squame invol. esterne *appressate ed anche patenti*, ma in tal caso *più strette* delle interne, le quali ultime mancano di cornetto calloso sotto l'apice.   4

3
Squame invol. *con un cornetto* calloso sotto l'apice, le esterne ovato-acuminate. Pianta *con abbondanti residui* di foglie morte sul colletto. Foglie profondam. divise, a lacinie *lanceolate o lineari*. Acheni grigiastri, rossicci o rosso-mattone 2⌿. (Parmig. nel m. Prinzera). — *Mar. Ott.*
1556 T. levigatum DC.
Squame invol. *senza cornetto* calloso sotto l'apice. Pianta *senza residui* di foglie morte sul colletto o raram. con larghe squame, alta 1-3 dm. Foglie tutte basali in rosetta, bislunghe, roncinato-pennatofesse, a lacinie *triangolari*. Pappo bianco. 2⌿. (It. media). — *Mar. Ott.* — Luoghi erbosi dal mare alla reg. alp. — *Pisciacane, Soffione.* **1557 T. vulgare** Lam,
Pianta bassa, 3-8 cm. Pappo rossiccio. (App. moden. al Cimone). — Var. *alpinum* Koch

4
Foglie primordiali intere o dentate, le altre *roncinato-pennate*, col lobo terminale generalm. più grande. Acheni maturi a rostro *grosso, più breve* del corpo. Scapo più breve delle foglie. 2⌿. (App. centr.). — *Lug. Ag.* — *Cicorietta di Salle*   .   .   .   .   . **1558 T. apenninum** DC.
Foglie strettam. *lineari o lanceolate*, quasi intere, oppure *bislungo-lanceolate* sinuato-dentate. Acheni a rostro *gracile, assai più lungo* del corpo. Fiori giallo-solfini. 2⌿. (T. L.). — *Giug. Sett.* — Luoghi umidi salati.
1559 T. paludosum Koch

77. Chondrilla

77. Chondrilla. Capolini racemosi o corimbosi, a 7-12 fiori. Involucro a poche squame in due serie, le esterne assai più piccole addossate. Ricettacolo nudo. Fiori gialli. Acheni cilindroidi, a 5 costoline,

troncati all'apice e quivi squamuloso-tubercolati, coi tubercoli super.
più grossi; dal centro di essi staccasi un lungo ed esile rostro; pappo
bianchissimo, semplice, denticolato e scabro.

1 {

Fusti *setoloso-ispidi alla base*. Foglie basali *distrutte* all'epoca della fioritura.
Capolini disposti in *racemi* lassi. Acheni coronati alla base del rostro da squa-
mette *allungate, lanceolato-acute*. ♃. — *Lattugaccio*.
           1560 Ch. juncea L.
  Foglie cauline lineari o filiformi, intere, denticolate od aculeato-ci-
  gliate al margine. (It. media, Arc. tosc. eccetto Giannutri). — *Giug.*
  Ag. — Campi, muri ecc. dal mare alla reg. subm. — α *angusti-*
  folia Doell.
  Foglie cauline infer. e medie ellittico-lanceolate, intere e liscie al
  margine, eccetto talora le infer. oppure aculeato-ispide nel margine,
  Pianta più robusta. (Bologn., M.). — β *latifolia* (M. B.).
Fusti *glabri*, come il resto della pianta. Foglie basali *presenti* all'epoca della
fioritura, oblanceolate, remotam. dentate od intere, ristrette in picciolo, le
cauline lineari, intere, poste nelle biforcazioni dei rami. Capolini disposti
in *corimbi* ± ampi. Acheni coronati alla base del rostro da squamette *bre-*
vissime, tubercoliformi, ottuse. ♃. (App. bologn. sopra la Castellina e a Porretta nell'alveo del Reno). — *Giug. Ag.* — Luoghi ghiaiosi dalla reg. subm.
all'alp. . . . . **1561 Ch. prenanthoides** Vill.

78. Sònchus (da σογχος = spugnoso, pei cauli fistolosi). Capolini moltiflori, cilindriformi-urceolati, rigonfi alla base nel frutto. Involucro a squame embriciate in più serie. Ricettacolo nudo. Fiori
gialli. Acheni ± compressi sul dorso, obovati od ellittici, longitudinalm. costati, a costole talora riunite da rughe trasversali, senza rostro; pappo molle, generalm. candido, a setole dentellate.

1 {

Piante a radice *fittonosa*. Stimmi, stilo e talora anche l'apice del tubo delle
antere *verdastro-fuliginosi* 2
Piante a radice *lungam. strisciante, ovvero tuberosa*. Stimmi, stilo e tubo
delle antere *gialli* 3

2 {

Foglie *1-2-pennatifide*, abbraccianti il fusto con 2 orecchiette ± ampie, acute
od acuminate. Acheni *oblanceolati, cilindrico-compressi*, cioè convessi sulle
faccie. Fusti eretti, fragili, 2-10 dm. ① ② ♃. (It. media). — *Giu. Lugl.* —
Rupi, muri, ruderi ecc. reg. med. (Fig. 189) .**1562 S. tenerrimus** L.
Foglie indivise o più spesso *sinuate, roncinate o pennatifide*, con 2 ampie orecchiette acuminate, patenti. Acheni *obovati od ellittici compresso-appianati*.
Fusti eretti più grossi e più robusti del preced. ① ②. (It. media). — *Cicer-*
bita, Crespigno. . . . . . **1563 S. oleraceus** L.
  Acheni non marginati, con 3-5 costoline per lato, rugose per traverso. Foglie spesso molli ed opache ad orecchiette patenti ed ordinariam. acute. (It. media) — *Marz. Aut.* — Macerie, muri ecc. dal
  mare alla reg. mont. — α *levis* (Bartal.).
  Acheni marginati, con 3 costoline per lato, minutam. scabre ma non
  rugose. Foglie un po' rigide e lucenti ad orecchiette ricurvate contro il fusto ed ordinariam. arrotondate. (Col tipo). — β *asper* (Hill.).

3 {

Radice *tuberosa, grossa* (4-5 cm. diam.), *non strisciante*. Foglie cauline *saet-*
tate alla base, con orecchiette *lungam. acuminate, patenti*. Fiori *piccoli*,
giallo-citrini. Pappo bianco-sudicio. ♃. (Parmig., Bologn.). — *Lugl. Ag.* —
Prati paludosi e corsi d'acqua reg. pad. o talora subm.
          1564 S. paluster L.
Radice *non tuberosa, sottile* (sino a 7-mm. diam.), *lungam. strisciante*. Foglie
cauline *cordate* alla base, con orecchiette *arrotondate o brevem. acute, avvi-*
cinate al fusto. Fiori *grandi, giallo-dorati*. Pappo bianco-niveo. ♃.
          1565 S. arvensis L.
  1. Piante di luoghi non salsi. Acheni a 5 coste per lato, eguali o
  quasi, distintam. rugose per traverso.

3   A. Peduncoli ed involucri ispido-glandolosi. (Bologn., App. pistoiese, M. a m. Conero). — *Lugl. Sett.* — Campi e luoghi
argillosi od umidi dal mare alla reg. mont. — *α typicus.*
B. Peduncoli ed involucri glabri. — (Moden., Bologn). — *β uli-*
ginosus (M. B.).
2. Piante di luoghi salsi. Acheni a 3-5 coste per lato, di cui la mediana più sporgente, per lo più leggerm. rugose o liscie. — (T.,
Elba, Romagne, Pesaro, L.). — *γ maritimus* (L.).

79. **Mulgèdium** (da *mulgere* = mungere, alludendo al succo lattiginoso della pianta). Capolini racemosi. Involucro cilindraceo a
squame lanceolato-lineari, embriciate e decrescenti. Fiori azzurri.
Acheni compresso-trigoni, striati per il lungo, strozzati all'apice, dove
sono muniti di un orlo cigliolato; pappo bianco-sudicio, fragile. Il
resto come in *Sonchus.*

Pianta ispido-glandolosa nel racemo e nel fusto in alto, a radice grossa e fusto
eretto, striato, cavo, 5-15 dm. Foglie grandi, tenere, glabre, roncinato-lirate,
dentate col lobo terminale grandissimo, triangolare. Capolini mediocri; involucro porporino-livido. Acheni minutam. scabri. ♃. (App. pavese, reggiano, lucchese e pistoiese). — *Lugl. Ag.* — Selve reg. mont. e subalp.
                                        1566 M. alpinum Less.

188. *Scorzonera rosea*   189. *Sonchus tenerrimus* L.   190. *Lactuca saligna* L.
    W. et K. (¹/₅).   (¹/₄).   (¹/₅).

80. **Prenànthes** (da πργινγης = chinato e άνθος = fiore). Capolini
in pannocchia, per lo più a 5 fiori porporini. Involucro cilindriforme
a squame embriciate, le esterne molto più piccole a forma di calicetto. Ricettacolo nudo. Acheni cilindraceo-compressi, senza rostro,
substriati; pappo bianco, sessile, a setole dentellate, conformi.

Pianta affatto glabra o talora pelosa sul fusto in basso, a radice tubercolosa
e fusto eretto, striato, spesso flessuoso, 5-15 dm. Foglie molli, glauche di
sotto, bislungo-lanceolate o le infer. ovate, le super. lanceolate tutte disegualm. dentate, largam. cordato-orecchiute alla base. Capolini pendenti; involucro porporino. Acheni bianchicci, lisci, striati. ♃ (It. media). — *Giu.*
Ag. — Boschi reg. mont. o più raram. subm.   **1567 Pr. purpurea** L.

81. **Lactùca** (da *lac* = latte, alludendo al succo lattiginoso di queste piante). Capolini in racemo, pannocchia o corimbo, a più fiori od anche a 5 soltanto. Involucro cilindriforme, a squame embriciate, talora in due serie. Fiori gialli od azzurri. Acheni compressi, obovati o lanceolati, con parecchie costoline scabre, prolungati in un rostro ± lungo, limitate da un bottoncino su cui s'inserisce un pappo di setole dentellate.

1 — Fiori *azzurri*. Foglie infer. pennatifide, spesso roncinate, a lacinie lanceolato-lineari, intere o dentate specialm. sul margine super., le super. sempre intere, lanceolate. Acheni porporino-nerastri, bislungo-lanceolati, lunghi 6-7 mm. senza il rostro, che è bianco e subeguale ad essi. ♃. (It. media). — *Apr. Lugl.* — Rupi e luoghi pietrosi reg. mont. e subm. **1568 L. perennis** L.
Fiori *gialli* 2

2 — Involucro di *poche* squame in *1 sola serie*, rinforzate alla base da squamette estremam. brevi. Capolini a *5 fiori*. Foglie lirato-pennatosette, le cauline sessili, largam. cuoriformi-abbraccianti, le super. astato-oblunghe tutte grossam. dentate. ♃ (It. media, Elba). — *Giu. Ag.* — Muri e luoghi ombrosi reg. mont. e subm., più raram. med. **1569 L. muralis** Fres.
Involucro di *parecchie* squame embriciate *in 2-4 serie*. Capolini ad *8-10* o più raram. *a 5 fiori*. 3

3 — Foglie cauline *scorrenti* per un tratto ± lungo 4
Foglie cauline abbraccianti *non scorrenti*. 5

4 — Foglie *strettam.* scorrenti per un tratto lungo *10-35 mm*. Rami *distanti*, *semplici*, raram. divisi. Fiori *giallo-pallidi*, *un po' violacei* all'esterno, lunghi *1 volta e mezzo* l'involucro. ②. (It. media). — *Lugl. Ag.* — Ghiaie e rupi dal mare alla reg. subm. o talora mont. **1570 L. viminea** Lk.
Foglie *largam.* scorrenti per un tratto lungo *5-8 mm*. Rami *avvicinati*, *ripetutam. divisi*. Fiori *di un bel giallo di sopra*, *rossastri* all'esterno, lunghi il *doppio* dell'involucro. ①. (T. Alpi Ap. al Procinto). — *Lug. Ag.* — Colla preced. **1571 L. ramosissima** Gr. et Godr.

5 — Foglie cauline *lungam.* lineari, *intere*, talora le infer. roncinato-pennatifide. Fiori *a racemo spiciforme* giallo-solfino-pallidi, porporini all'esterno. Pianta a radice fittonosa e fusto semplice o ramoso, a rami affilati, 3-10 dm. ① ②. (It. media, Arc. tosc.). — *Ag. Sett.* — Campi e luoghi argillosi dal mare alla reg. subm. (Fig. 190) **1572 L. saligna** L.
Foglie giammai lineari-intere. Fiori *a pannocchia od a corimbo* . . . 6

6 — Pianta *assolutam. inerme*, a foglie molli, ondulate, ordinariam. intere, larghe, ovali, abbraccianti e cordate alla base. Capolini in *corimbo denso e fittam. bratteato*. ①. Largam. coltiv. — *Lattuga*. **1573 L. sativa** L.
Pianta a foglie *quasi sempre spinulose* di sotto sulla nervatura dorsale e denticolato-spinulose al margine. Capolini in *pannocchia piramidata, lassa, radam. bratteata* 7

7 — Foglie cauline infer. *contorte sulla base* e quindi a lamina *verticale*. Acheni *bruno-grigiastri*, *villoso-pubescenti* nell'apice. Fusto generalm. setoso-aculeato in basso. ① ②. (It. media, Elba, Giglio, Capraia). — *Lugl. Ott.* — Luoghi coltiv. ed incolti dal mare alla reg. subm. **1574 L. Scariola** L.
   Fusto glabro in basso. Foglie senza aculei di sotto sulla nervatura mediana. (Giglio). — Var. *augustana* (All.).
Foglie cauline *tutte diritte*, a lamina *orizzontale*. Acheni *porporino-nerastri*, *glabri* nell'apice. ① ②. (It. media, Capraia). — *Lug. Ag.* Vecchi muri, macerie dal mare alla reg. subm. — *Lattuga velenosa*. **1575 L. virosa** L.

82. **Picridium.** Capolini moltiflori. Involucro ovato a squame embriciate, ± scariose nei margini, le esterne più brevi. Ricettacolo nudo. Fiori gialli. Acheni esterni ferrugineo-nerastri, tri-pentagoni,

bernoccoluti e solcati irregolarm. per traverso, gli interni bianchicci, più sottili, quasi lisci; pappo niveo, molle, a setole dentellate, riunite alla base in sottilissimo anello.

> Pianta perenne a radice ± grossa, da cui partono diversi fusti. Foglie tene·re, le infer. sinuato- o pennato-lobate, roncinate, le altre lanceolate, abbraccianti, con orecchiette arrotondate, intere e dentate. Squame invol. a margine scarioso, piuttosto ristretto. ♃. (It. media. Arc. tosc.). *Giu. Aut.* — Luoghi rocciosi ed arenosi reg. med. o raram. subm. — *Caccialepre, Lattughino* . . . . **1576 P. vulgare** Desf.

83. **Zacyntha** (da ζακυνθος, nome classico dell'isola Zante, nel mare Jonio). Capolini moltiflori. Involucro a 5 squame esterne brevi, minute, simulanti un calicetto; le interne legnose, assai più lunghe, gobbe, concave e nascondenti gli acheni, conniventi nell'apice che rimane erbaceo. Ricettacolo nudo. Fiori gialli. Acheni obovato-clavati, striato-scanalati, minutam. pubescenti all'apice; i periferici gibbosi sul dorso, villosi internam., portanti il pappo sopra un lato.

> Fusti bifidi o dicotomi, 1-3 dm. Foglie quasi tutte basali, roncinate o pennatofesse. Capolini piccoli, sessili o portati da brevi e grossi peduncoli, inseriti lateralm. o nelle biforcazioni dei rami, o anche terminali e peduncolati. ①. (It. media, Arc. tosc.). — *Giu. Lugl.* — Luoghi erbosi e campi reg. med. o più raram. subm. . . . . . . **1577 Z. verrucosa** Gaertn·

84. **Andryala.** Capolini moltiflori. Involucro campanulato, a squame uniseriate, talora rinforzate da alcune poche più piccole esterne, alla fine riflesse. Ricettacolo ad areole con margine frangiato-setoloso o fibrillifero. Fiori gialli. Acheni cilindroidi-prismatici, troncati all'apice e coronati da 10 denticini; pappo bianco o leggerm. giallo-verdognolo, facilm. caduco.

> Pianta annua a radice fibrosa, mollem. tomentosa, a peluria cenerina, poi giallognola e infine rossiccia. Fusto eretto, ramoso, raram. semplice, 1-10 dm. Foglie infer. bislunghe, intere o sinuate. Capolini in corimbo contratto; peduncoli e involucro peloso-glandolosi. ①. (It. media, Arc. tosc.). — *Magg. Sett.* — Reg. med. . . . . **1578 A. sinuata** L.

85. **Pterothèca** (da πτερον = ala e θηκη = borsa, alludendo agli acheni alati. Capolino campanulato, urceolato o cilindraceo. Involucro di squame in due serie, le esteriori assai piccole, le interne allungate e avvolgenti gli acheni periferici. Questi sono convessi sul dorso e percorsi sul lato interno da 3-5 ali o da una carena ottusa, i centrali sono cilindroidei, striati, attenuati in alto; pappo bianco, molle, caduco od anche nullo.

> Pianta glabra o setolosa, con una rosetta di foglie basali, da cui partono 1 o più steli scapiformi, semplici o divisi in 2-3 peduncoli. Foglie basali obovate, dentate o lirate, col lobo terminale grande, le cauline squamiformi od 1 sola infer. lanceolata ed intera. Fiori gialli lunghi sino al doppio dell'involucro. Acheni periferici 3-4 volte più grossi dei centrali, senza rostro, con 3-5 ali dal lato interno, appena scabri, quelli centrali con rostro sot-

tile, alcuni lisci, altri scabri o peloso-glandolosi. ①. (T. presso Livorno,
presso Firenze, a Capalbio in Maremma, Giannutri, Pianosa, L. presso Roma).
— *Marz. Giu.* — Luoghi erbosi e campi reg. med.

1579 Pt. nemausensis Cass.

191. *Crepis leontodontoides* 192. *Hieracium Pilosella* L. 193. *Phyteuma Michelii*
All. (¹/₅). (¹/₅). All. (¹/₄).

86. **Crèpis.** Capolini corimbosi o solitari. Involucro cilindraceo
o conico-campanulato, a squame per lo più gradatam. embriciate, ovvero le esterne squamiformi, disposte a guisa di calicetto. Ricettacolo
nudo, glabro o peloso. Fiori gialli o rosei. Acheni fusiformi, cilindroidi, prismatici o leggerm. compressi, a 10-30 strie, un po' assottigliati o rostrati all'apice; pappo bianco-niveo e molle, raram. bianco-
giallognolo e fragile, a setole denticolate.

1 { Acheni periferici *carenato-alati* sul lato interno, i centrali angolosi o striati 2
  { Acheni periferici *mai carenato-alati*, uguali o quasi ai centrali .   .   . 3

2 { Acheni periferici *attenuati all'apice, quasi senza rostro*, i centrali *brevem.*
  { *rostrati.* Foglie infer. a rosetta *lirate* o *roncinato-partite.* Involucro *inerme.*
  { ①. (T. in Maremma tra Paganico e Batignano).   **1580 C. Dioscoridis** L.
  { Acheni periferici *senza rostro*, i centrali *con rostro gracile, lungo 2-3 volte il*
  { *corpo dell'achenio.* Foglie infer. *obovate, acutam. dentate.* Involucro *tuber.*
  { *colato-aculeato.* ①. (Piceno a Montefortino). — *Lug.*   **1581 C. aspera** L.

3 { Acheni tutti od almeno i centrali *distintam. rostrati.* 4
  { Acheni *attenuati ma non rostrati all'apice* 11

4 { Acheni *periferici brevem. attenuati all'apice, assai più brevi dei centrali che*
  { *sono lungam. rostrati.* Fiori gialli, i periferici porporini all'esterno. Invo-
  { lucro a squame tomentose ± glandolose. Piante con odore di mandorle
  { amare, 1-5 dm. ①.   .   .   .   .   **1582 C. foetida** L.
  {   1. Fusti generalm. ramosi dalla base, a ramificazione allargata. Fo-
  {   glie roncinato-pennatifide o lirate, le super. ovato-lanceolate, astato-
  {   incise alla base. Peduncoli ed involucri bianco-tomentosi, con peli
  {   tutti semplici oppure glandoliferi, pochi o molti. (It. media, Arc.
  {   tosc. eccetto finora Giannutri e Gorgona). — *Giu. Lug.* — α *typica.*
  {   . 2. Fusti ramosi solo in alto, a ramificazione più stretta. Foglie ron-
  {   cinate o più raram. pennatopartite, le super. lanceolate, astato-
  {   dentate alla base. Peduncoli ed involucri irti per molti peli glan-
  {   doliferi rossicci (It. centr.). — β *glandulosa* (Guss).

4 | 3. Fusti semplici o quasi, gracili. Foglie dentate, le cauline medie lanceolate o bislungo-lanceolate, sessili. Involucri irto-setolosi e pubescenti-glandolosi assieme ai peduncoli. Fioritura precoce. — (T. a Capraia e Giglio). — *Mag. Giu.* — γ *insularis* (Mor. et DN.).

Acheni *tutti lungam. rostrati*, a rostro della stessa lunghezza o nei periferici un po' più breve. Involucro a squame esterne più brevi a guisa di calicetto. 5

5 | Squame invol. esterne ± *ampie. ovate o lanceolate, largam.* scariose nel margine. Acheni uniformi, tutti con rostro gracile e glabri. Fiori gialli, i periferici porporini all'esterno. Foglie obovato-bislunghe, dentate, sinuate o roncinate, le cauline orecchiuto-abbraccianti o laciniato-abbraccianti. Pianta ± setoloso-pubescente, 2-10 dm. ① ② ♃. — *Radicchio scoltellato, Radicchiella*   **1583 C. vesicaria** L.

1. Brattee dell'infior. e squame esterne dell'inv. larghe, oblunghe od ovate, concave, quasi interam. scariose, assai più brevi od anche subeguali all'invol. (It. media). — *Apr. Giu.* — Luoghi erbosi dal mare alla reg. mont. — α *typica.*

2. Brattee dell'infior. e squame esterne dell'invol. strette, le prime lineari, le seconde ovato-lanceolate, tutte strettam. scariose. (Parmig., Bologn.). — β *taraxacifolia* (Thuill.).

Squame invol. esterne *piccole, lineari-lanceolate, non o strettam.* scariose nel margine 6

6 | Piante *annue* 7
Piante *perenni o bienni* 9

7 | Acheni *grigiastri* a maturità, con rostro filiforme *uguale* al corpo. Peduncol *eretti* prima della fioritura. Pianta aspra a fusto eretto, foglioso, per lo più assai ramoso, 2-6 dm. Foglie roncinato-dentate, le infer. picciolate, le super. intere o dentato-incise alla base. ①. (It. media, Gorgona, Pianosa, Capraia). — *Giu. Lugl.* — Prati e luoghi erbosi dal mare alla reg. mont.
1584 C. setosa Hall.

Acheni *rosso-scuri* a maturità, con rostro *più breve* del corpo. Peduncoli sempre *chinati* prima della fioritura 8

8 | Fusto *eretto, aculeato-ispido* fino ad un terzo di sua lunghezza. Squame invol. *setolose.* Acheni lunghi 5 *mm.* circa, con rostro lungo $^1/_3 \cdot ^1/_2$ del corpo. ①. (T. nella Selva Pisana). — *Magg. Giu.*   **1585 C. Suffreniana** Lloyd

Fusto *ascendente. subglabro.* Squame invol. *non setolose.* Acheni lunghi 2 $^1/_2$-3 *mm.*, attenuati in rostro lungo $^1/_4$ circa del loro corpo.
Cfr. C. NEGLECTA.

9 | Acheni a rostro *più lungo* del corpo. Foglie spesso tutte basali, a denti o lacinie *con mucrone* cartilagineo, bianco. Pianta ad invol. glabro o farinoso, glabra nel resto oppure pelosa alla base dei fusti e dei piccioli. ♃. (T. al Monte Argentaro, L. al Castellone ed a Viterbo). — *Apr. Sett.* — Campi e luoghi erbosi aridi reg. med. . . . . . .   **1586 C. bursifolia** L.

Acheni a rostro *uguale o più breve* del corpo. Foglie basali e cauline, tutte a denti *senza mucrone* cartilagineo 10

10 | Acheni *grigiastri* a maturità, con rostro filiforme, *uguale* al corpo. Fiori periferici *rossicci* all'esterno. Pianta *amarissima.* ②. (T. presso Livorno ai Cavalleggeri, al Marzocco ed al Calambrone, Elba, Gorgona, Capraia). — *Apr. Aut.* — Luoghi erbosi reg. med.   **1587 C. bellidifolia** Lois.

Acheni *rosso-ferruginei* o *rosso-scuri* a maturità, attenuati in rostro *più breve* del corpo. Fiori periferici *gialli* anche all'esterno. Pianta *non amara.* ②. (It. media, Arc. tosc.). — *Apr. Aut.* — Muri, boschi. rupi dal mare alla reg. alp. (Fig. 191) . . . . .   **1588 C. leontodontoides** All.

11 | Piante *annue o bienni*, a radice *fittonosa o ramosa, pallida.* Fusti *fogliosi, sempre ramoso-corimbosi.* 12

Piante *perenni*, a radice o rizoma *nerastro, strisciante.* Fusti *fogliosi od afilli, spesso semplici o poco ramosi.* 16

12 | Involucro *cilindrico, affatto glabro,* a squame interne *col nervo ingrossato ed indurito* nel frutto, le esterne appressate, piccolissime. Foglie basali bislunghe, dentate o roncinate, le super. lanceolate, appena dentate. ①. (It. media). — *Mag. Lug.* — Campi, ruderi e lungo le vie dal mare alla reg. subm.
1589 C. pulchra L.

Involucro *campanulato, pubescente od irsuto,* glandoloso, a squame interne *immutate* nel frutto. 13

<table>
<tr><td>13</td><td>Capolini piccoli (invol. lungo 5 mm. circa), a squame esterne appressate.
Pappo uguale all'involucro **14**
Capolini più grandi (invol. lungo 7 mm. o più), a squame esterne un po'al-
lontanate. Pappo un po'più lungo dell'involucro . . . . . . **15**</td></tr>
</table>

14 { Acheni *attenuati* all'apice, lunghi *2 ½-3 mm.* Capolini *chinati* prima della fioritura. Involucro minutam. pubescente-farinoso o $\pm$ setoloso. Foglie basali bislunghe sinuate, le super. sessili saettate e spesso inciso-pennatifide alla base, le supreme bratteiformi. ①. (It. media, non ovunque, Elba, Montecristo). — *Mag. Lug.* — Muri e luoghi sterili reg. med.

1590 C. neglecta L.

Acheni *troncati* all'apice, *lunghi 2 mm. circa.* Capolini *eretti* prima della fioritura. Involucro minutam. pubescente o talora peloso-glandoloso. Foglie basali lanceolate od oblunghe, attenuato-acute, dentate, pennatifide o pennatopartite, le super. piane, saettiformi. ①. (Parmig. e Reggiano a Castelnuovo ne' Monti). — *Lug. Ott.* — Muri, prati ecc. reg. subm. e mont.

1591 C. virens L.

15 { Foglie cauline *piane.* Stimmi gialli. Acheni a *13* costoline, *giallo-rossicci, lisci.* Pianta aspra per brevi setole, a fusti ramoso-corimbosi in alto o raram. dalla base, 4-10 dm. ②. (Parmig., Piceno sopra Umito). — *Mag. Aut.* — Prati e boschi umidi reg. subm. e mont.

1592 C. biennis L.

Foglie cauline *a margini rivoltati di sotto.* Stimmi *bruno-lividi.* Acheni a *10* costoline, *castano-scuri, tubercoloso-scabri specialm.* in alto. Pianta liscia, glabra o minutam. pubescente, a fusti ramoso-corimbosi dalla metà o dalla base, 3-7 dm. ① (Pavese, Parmig., Bologn. a Castiglion de' Pepoli, Ferrarese lungo il Po a Francolino, Macerata, Urbino). — *Mag. Aut.* — Luoghi erbosi dalla reg. pad. alla mont. . . . . . . **1593 C. tectorum** L.

16 { Fusti *più o meno fogliosi* **17**
Fusti scapiformi, *nudi o raram. con una foglia alla base.* Capolini solitari **20**

17 { Capolini *racemoso-corimbosi,* ad involucro con squame largam. bianco-tomentose nei margini e verdi lungo la carena. Foglie infer. bislunghe, pennatofesse, a lacinie lanceolate o largam. lineari, irregolari e irregolarm. dentate od incise. ♃. (App. sett. nel Parmig., Reggiano, Bologn. e centr.). — *Giug. Lug.* — Luoghi rupestri calcarei reg. subm. e mont.

1594 C. lacera Ten.

Capolini *solitari o pochi* od anche corimbosi ma ad involucro mai c. s. . **18**

18 { Capolini *parecchi,* disposti in corimbo all'apice del fusto, di grandezza mediocre (*2-2 ½ cm.* diam. e ad invol. lungo *8-10 mm.*). Acheni a 10-13 strie longitudinali; pappo bianco-gialliccio, fragile. Foglie cauline astate, con orecchiette acute, divergenti profondam. dentate. ♃. (Alpi Ap., App. tosco-emil. sino al Bologn.). — *Giu. Ag.* — Luoghi umidi reg. mont. e subalp.

1595 C. paludosa Moench

Capolini *solitari o pochi* od anche corimbosi ed allora assai grandi (*3 ½-5 cm.* diam. e ad invol. lungo *12-20 mm.*) **19**

19 { Fusto *generalm. semplice o poco ramoso,* 10-20 cm. o *più,* con 1-3 foglie o talora afillo. Capolini di circa *4 cm.* diam. Squame invol. le più esterne *non strettam. appressate.* Fiori *giallo-pallidi.* Acheni a *10-13 strie* longitudinali; pappo a setole non dilatate alla base. ♃ (Alp. Ap. alla Tambura, App. parmig. all'Alpe di Rigoso? e tosco-moden. al Lago Santo). — *Giu. Ag.* — Rupi reg. subalp ed alp . . . . **1596 C. alpestris** Tausch

Fusto *ramoso-corimboso,* 3-6 dm. Capolini di *3 ½-5 cm.* diam. Squame invol. esterne *appressate.* Fiori *giallo-dorati.* Acheni a *20 strie* longitudinali; pappo a setole non ingrossate alla base. ♃. (App. tosco-emil.). — *Lug. Ag.* — Prati e pascoli reg. subalp. ed alp.

1597 C. conyzaefolia Dalla Torre

20 { Pianta con rizoma strisciante, *ingrossato qua e là in tuberi,* propria dei luoghi *bassi per lo più marit.* Foglie tutte basali, bislunghe, intere o dentate. Scapi gracili, eretti, peloso-glandolosi all'apice, 1-3 dm. ♃. (It. media, Arc. tosc.). — *Apr. Mag.* — Reg. med., raram. subm.

1598 C. bulbosa Tausch

Pianta *non tuberifera,* propria dei luoghi *alpini.* Foglie tutte basali, spatolato-bislunghe, dentate o roncinate. ♃. . **1599 C. aurea** Rchb.

Fiori intensam. giallo-aranciati anche all'interno, all'esterno talora rossi. Scapo in alto ed invol. ispidi per setole nere ed inoltre con

pubescenza bianca. Foglie dentate o roncinato-pennatifide. Scapi raram. bifidi. — *Lug. Ag.* — Pascoli umidi reg. mont. ed alp. nelle Alpi. - α *typica.*
Fiori giallo-aranciati all'esterno, giallo-dorati all'interno. Scapo ed invol. ora interam. glabri, ora solo l'inv. farinoso-tomentosetto o anche setoloso-ispido. Foglie roncinato-pennatifide, od anche intere o dentate. Scapi raram. biforcati o triforcati. (Alpi Ap., App. tosco-emil. sino al Teso, march. pic.). — β *Columnae* (Froel).

87. Hieràcium (da *hierax* = sparviere). Involucro ovato, spesso cilindriforme, a squame bi-pluriseriate. Ricettacolo nudo, alveolato. Acheni uniformi, cilindracei, striato-costulati, troncati all'apice; pappo rossastro, biancastro o più di rado candido, a setole in 1 o 2 serie, denticolate o piumose, mai barbate, rigide e fragili. — Piante perenni, erbacee, a fiori gialli.

1 { Involucro dapprima *subgloboso o cilindraceo*, poi nel frutto *ovoideo o conoideo-ventricoso.* Acheni *piccoli*, lunghi 1 $\frac{1}{2}$ fino a 2 $\frac{1}{2}$ mm., *denticolati* all'apice, pei prolungamenti delle costole: pappo a setole rossastre *quasi eguali.* Foglie intiere, rarissimam. dentate. Piante fillopode (cioè presentanti, all'epoca della fioritura, foglie basali vive e funzionanti), *ordinariam. stolonifere.* . . . . Sottogenere I. PILOSELLA.   2
Involucro dapprima *cilindraceo*, poi nel frutto *ovoideo o conoideo-bislungo.* Acheni *grandi*, lunghi 3-4 $\frac{1}{2}$ mm., *non denticolati* all'apice, colle costole terminanti in orliccio che le riunisce: pappo a setole rossastre *diseguali.* Piante rizomatose, *giammai stolonifere.*
   Sottogenere II. ARCHIERACIUM.   10

2 { Asse primario (scapo), *semplice con un sol capolino.* Rizoma strisciante *stolonifero*, con stoloni *sempre epigei.* Foglie intiere o leggerm. dentellate, tomentoso-biancastre o fortem. grigiastre almeno sulla pag. infer. Corolle *vittate* 3
Asse primario *ramificato*, eccezionalm. semplice: ramificaz. capitulifera ± regolarm. pseudo-umbellata o corimbosa, *con pochi o diversi capolini.* Rizoma *stolonifero o no*, con stoloni *epi- od ipogei.* Corolle *raram. vittate*, più spesso gialle, giallo-dorate, citrine, crocee o rosee 4

3 { Stoloni ± *lunghi.* Squame *triangolari-allungate*, *acuminate, acute od ottuse.* Fiori zolfini. Pianta polimorfa. 2f. (It. media, Elba). — *Mar. Ott.* — Dal mare alla reg. alp. (Fig. 192). . . . . . . **1600 H. Pilosella** L.
   Scapo e squame con lunghi e fitti peli nerastri-rigidi. Foglie ± bianco-tomentose di sotto. (App. tosc. e laz. nei monti di Roma). — Var. *nigrescens* Gr. et Godr.
   Squame fortem. feltrate, pannose per peli stellato-ramosi, fitti. Foglie bianco-lattee di sotto. Pianta nana. (App. tosc., Elba). — Var. *rupestre* Belli
Stoloni *nulli o brevissimi.* Squame (almeno le esterne) *ovate o largam. lanceolate* (3-4 mm. larghe), *ottuse od arrotondate all'apice*, raram. un po' acute (le interne), non mai attenuate, scariose nei margini, spesso rosee, villose per peli nerastri, glandolosi. 2f . . . **1601 H. Hoppeanum** Schult.
   Scapo elevato, con lunghe setole, patenti, tomentoso-stellate e glandolose. Involucro grande; squame larghissime (4 mm.), parcam. glandolose all'apice. (It. centr). — Var. *melanotrichum* Belli

4 { Ramificazione capitulifera *a pochi* capolini (2-6), o per aborto uno soltanto, oppure anche a più capolini, ma in questo caso a corolle non tutte gialle. Squame *glandolose* o con qualche villo breve e peli ramoso-stellati. Stoloni *allungati, radicanti o no*, oppure rizoma strisciante grosso. Corolle *gialle, citrine o giallo-uovo.* 5
Ramificaz. capitulifera *a più* capolini (7-50). Squame strette, *glandolose o no*, con peli grigiastri, giammai interam. fosco-nerastri, nè patenti. Stoloni *nulli od ipogei*, od anche epigei, *non radicanti.* Corolle *gialle o crocee* . . . 7

5 {
Stoloni epigei *nulli o brevissimi*. Fusto profondam. furcato od irregolarm. ramificato, coperto di peli stellati, farinosi, misti a lunghe setole. Foglie glauco-verdastre, fortem. farinose di sotto, spesso strette, lanceolate, con peli grigiastri. Involucro grande (7 mm. largo, 8-9 lungo), arrotondato alla base, a squame lineari, irto-glandolose. Corolle giallo-d'uovo, ranciate o rossicce. ♃. (Elba sulla cima delle Capanne). — *Lug. Ag.*
1602 H. Faurei Arv. T.

Stoloni epigei ± *allungati.* 6
}

6 {
Foglie *assolutam. sprovviste* di peli stellati, glauche e nude, cigliate verso la base, obovato-spatolate, *ottuse*. Involucro *cilindraceo*, a squame ottuse, glandolose e con qualche villo nerastro, rigido, breve. Corolle *giallo-sulfuree*. Ramificaz. capitulifera *regolare*, ± compatta, con 3-5 capolini, od 1 solo per aborto. ♃. (It. media). — *Apr. Sett.* — Dal mare alla reg. alp.
1603 H. Auricula L.

Foglie *provviste di peli stellati bianco-tomentose di sotto o farinose*, lanceolate od obovate, *acute* o più raram. ottuse. Involucro *subcampanulato*, a squame ottuse, ± farinose e con peli semplici, rigidi e glandole nerastre. Corolle *citrine*. Ramificaz. capitulifera *irregolarm. furcata*, a pochi capolini, od anche subregolare. ♃. (Colli modenesi a Castelvetro, Firenze a S. Margherita a Montici e lungo la costa del Tirreno). — *Mag. Ag.*
1604 H. brachiatum Bert.
}

7 {
Involucri *subnudi*, piccoli o grandetti, lunghi 3-4, o 5-6 oppure 7-8 mm., colle squame *ottuse, pelose sulla carena soltanto*. Corimbo ± *largo* . . 8

Involucri *pelosi od irsuti*, mediocri, lunghi 4-5 mm., colle squame *per lo più acute, totalm. pelose*. Corimbi ± *contratti* 9
}

8 {
Pianta *di solito* stolonifera. Involucri *grandetti*, (lunghi 7-8 mm.). Rami del corimbo *eretti* dopo la fioritura; peduncoli provvisti di numerosi peli stellati. Foglie lineari-lanceolate, quasi nude, ora affatto glabre, ora ispide. ♃. (It. media). — *Mag. Giu.* — Luoghi incolti e ghiaiosi e sui muri.
1605 H. prèaltum Vill.

Pianta *non mai* stolonifera. Involucri *piccoli* (lunghi *3-4 mm.*) o *grandetti* (lunghi *5-6 mm.*). Rami dei corimbi *arcuato-ascendenti* dopo la fioritura; foglie e fusto sprovvisti di peli stellati, o questi assai poco numerosi sui peduncoli soltanto. Foglie lineari-lanceolate, glauche. ♃. (It. media). — *Mag. Giu.* — Pascoli e luoghi sterili e lungo i torrenti.
1606 H. florentinum All.
}

{
Caule e peduncoli *pelosi, glandolosi*. Foglie fortem. farinose di sotto per peli grigiastri, come il caule. Peli del caule *eguali* al suo diametro. Corolle gialle. Pianta tutta grigio-verdastra. ♃. (App. It. media). -- *Mag. Lug.*
1607 H. cymosum L.

Peduncoli e sommità del caule *pelosi, ma non mai glandolosi*. Foglie farinose sulla pag. infer., ma con peli stellati ± distanziati. Peli del caule *più lunghi* del suo diametro. Corolle gialle o crocee. Pianta di color verde-gaio, resa biancheggiante dall'indumento. ♃. (App. centr.). — *Mag. Lug.*
1608 H. sabinum Seb. et M.
}

10 {
Foglie *con soli* peli glandolosi o misti ad altri semplici 11

Foglie *affatto senza* peli glandolosi, o questi radi e piccoli, nascosti dai peli semplici o piumosi che li ricoprono 19
}

11 {
Piante *fillopode* 12

Piante *afillopode* (cioè mancanti di foglie basali all'epoca della fioritura) od *ipofillopode* (cioè all'epoca della fioritura con foglie basali persistenti, ma appassite e non funzionanti) 18
}

12 {
Ligule delle corolle con denti ± *cigliati.* 13

Ligule delle corolle con denti *non cigliati* all'apice. Piante basse o nane (5-20 cm.), spesso ramificate fin dalla base, coi rami arcuato-discendenti, divaricati; peli glandolosi brevi, misti ad altri non glandolosi . . . 17
}

13 {
Fusto *scapiforme* o con 1-2 foglie, *piuttosto basso*, 7-20 cm., *semplice e monocefalo*. Involucro a squame irsute con piccoli peli glandolosi, le esterne lasse, per lo più a calicetto e più grandi. Foglie spatolate, con picciolo indistinto, le basali falcate, fortem. glandolose. ♃. (Alpi Ap., App. centr.). — *Lug. Ag.* — Pascoli alpini. . . . . . **1609 H. alpinum** L.

Fusto ± *ramoso*, evoluto, *20-30 cm.* Capolini *numerosi*. Ricettacolo irsuto o cigliato, più di rado fibrilloso-glandoloso o subnudo 14
}

14 {
Piante *non viscose*, per la prevalenza dei peli semplici o subpiumosi sui glandolosi. Ricettacolo ± irsuto. Involucro a squame attenuato-acute o le esterne *ottuse*, irto-glandolose. Foglie basali inciso-dentate, ovato-lanceolate, attenuate in picciolo; le cauline conformi, ma più piccole, sessili ed un po' abbraccianti, le infer. attenuato-strangolate sopra la base. Pianta grigiastro-biancheggiante. ♃. (Alpi Ap. alle Strette di Levigliani ed al m. Matanna). — *Lug. Ag.* . . . . **1610 H. urticaceum** Arv. T.

Piante ± *viscose* sul vivo, per numerose glandole nerastre o giallastre. ± lunghe, sole od associate a peli semplici non mai piumosi nè subpiumosi. Involucro a squame per lo più attenuato-acute od acuminate, più di rado ottuse 15
}

15 {
Foglie *d'un verde-olivastro od olivastro-glauco*; le basali obovato-lanceolate, strette, *tutte viscoso-glandolose* o le infer. con villi semplici, dentato-sinuate od inciso-dentate. Ricettacolo irto-glandoloso. Acheni maturi sempre *giallo-rossastri*. Pianta seccata assai friabile. ♃. (Alpi Ap., App. centr.). — *Giu. Ag.* . . . . **1611 H. Berardianum** Arv. T.

Foglie *glauche o verdi* ± *chiare*, le basali obovato-lanceolate od ellittico-subovate, ± larghe, *viscose e villose* o tutte viscose, grossam. dentate od inciso-dentate, massime alla base. Acheni sempre *nerastri o nero-bluastri* a maturità. 16
}

16 {
Foglie a peli marginali *tutti o quasi tutti glandolosi*, le infer. bislunghe, alato-picciolate, sinuato-dentate, le cauline *ovali-cuoriformi, abbraccianti*. Rami *patenti*. Pianta d'un verde gaio o cupo, *tutta viscosa*, nel secco *friabilissima*. ♃. (App. medio). — *Lug. Ag.* — Pascoli elevati. . . . . **1612 H. amplexicaule** L.

Foglie a peli marginali *in gran parte non glandolosi*, le infer. bislungo-lanceolate, dentate o incise, le cauline *lanceolate* sessili, *non abbraccianti*. Rami *eretti* o subpatenti-ascendenti. Pianta d'un verde-giallastro ± chiaro, *non viscosa*, nel secco *non friabile*. ♃. (Alpi Ap. ed App.). — *Lug. Ag.* — Pascoli elevati . . . . **1613 H. pulmonarioides** Vitt.
}

17 {
Foglie con peli *subpiumosi*, misti ad altri glandolosi. Pianta bassa (5-10 cm.), con una foglia caulinare bene sviluppata o nessuna; *tutte subintere o con qualche dente alla base*. Squame *attenuate, subacute*. ♃. (Alpi Ap. a Levigliani in Puntato). — *Lug. Ag.* . . . **1614 H. Borneti** Burn. et Gr.
Pianta villosissima a foglie subtriangolari-acute (App. moden. al Lago Santo). — Var. *Fiorianum* Belli

Foglie con peli *semplici*, misti ad altri glandolosi. Piante di 6-30 cm., con foglie ovali-oblunghe, le basali integerrime, le infer. ± *dentate od inciso-lobate o subpennatifide alla base*. Squame *attenuato-acute od ottuse*, ± irsute e poco glandolose. ♃. (Alpi Ap., App. centr.). — *Giu. Ag.* . . . . **1615 H. humile** Jacq.
}

18 {
Foglie cauline *distintam.* venoso-reticolate di sotto, spesse, quasi cartilaginee, frequentem. auricolato-abbraccianti, intere o runcinate. Ramificazione capitulifera *stretta*, a rami *brevi e tozzi*. Acheni bajo-rossastri o fulvo-giallastri. Pianta viscosissima. ♃. (App. parmig. a Montagnana). — *Lug. Ag.* . . . . **1616 H. conyzaceum** Arv. T.

Foglie cauline *oscuram.* venoso-reticolate di sotto, tutte conformi, perfoliate od abbraccianti. Ramificaz. capitulifera diffusa ed a rami *lunghi* divaricato-subpatenti, ascendenti. Acheni bajo-giallastri o baio-rossastri. Pianta talora apparentem. ipofillopoda perchè fogliosa fino in basso. ♃. (App. di Reggio Emilia a Cerreto delle Alpi ed al m. Vallestra). — *Lug. Ag.* . . . . **1617 H. conringiaefolium** Arv. T.
}

19 {
Foglie con peli *piumosi o subpiumosi*, misti o no a peli semplicem. denticolati, talora qualche piccola glandola nascosta dalla folta pelurie . . . 20

Foglie con peli ± *fortem. denticolati*, ma giammai piumosi, raram. quasi subpiumosi, e in questo caso le squame esterne dell'invol. sono patenti o subpatenti. 21
}

20 {
Peduncoli ± *glandolosi*, sottili. Fusto eretto, *sottile*, poco ramificato. Foglie basali-sottili, larghe, ovate, intere, le cauline conformi, assai più piccole, tutte lassam. tomentose : color verde del mesofillo *visibilissimo*. Capolini *piccoli*, 9 mm. larghi, meno villosi che nella specie seg. ♃. (App. tosc. a Castiglion de' Pepoli sulle rupi al molino delle Scaliere). — *Lug. Ag.* . . . . **1618 H. Jordani** Arv. T.
}

20 | Peduncoli *senza glandole* o quasi. Fusto *robusto* ± ramificato. Foglie intiere
o dentato-lobate, spesse, lanose, a tomento crespo, denso : color verde del
mesofillo *spesso non del tutto invisibile.* Capolini *grandi*, lanosi. 2⅃. (Alpi
Ap., App. lucchese allo Spedaletto). — *Lug. Ag.*   **1619 H. lanatum** Vill.

21 | Ricettacolo ± *fortem. cigliato-irsuto o anche brevem. cigliato.* Foglie ordina-
riam. dentate, verdi-grigiastre, le basali lanceolato-ovate, distintam. picciolate, le cauline nulle od 1-3, distanti, decrescenti, acuminate, attenuate alla
base. Involucro subcilindraceo arrotondato alla base o troncato, a squame
un po' glanduloso-irsute. 2⅃. (App. tosco-moden. alle Tre Potenze e dirupi del
Lago Nero). — *Lug. Ag.* . . . . **1620 H. intertextum** Arv. T.
| Ricettacolo *nudo* o cogli alveoli limitati da una membranella dentata irrego-
larm. o laciniata o sfrangiata od anche con qualche raro ciglio, ma giammai densam. irsuto 22

22 | Involucro (squame) ± *villoso o più spesso villosissimo* per peli biancheggianti
a base nera o fulligginoso-grigiastri a base nera, *lunghi, crespi o pettinati,
avvolgenti le squame che talora mascherano completam.* Squame lanceolate,
acute od acuminate. Peduncoli coperti di fitto tomento stellato. Capolini
grandi. Corolle lunghe, dorate 23
| Involucro (squame) *nudo* o con soli peli stellati misti a qualche villo od a
qualche glandola od anche un po' irto ma con peli *brevi e scarsi, non mai
mascheranti* le squame stesse. 29

23 | Foglie *molli,* flaccide, *villosissime o villose su ambedue le pagine* (almeno le
cauline mediane), raram. soltanto sulla pag. infer. e più raram. ancora solo
nel margine e sulla costola principale di sotto . . . . . . '24
| Foglie *rigide,* glauche (eccezionalm. un po' molli, a costola principale bian-
castra, robusta, *per lo più glabre o cigliate solo nel margine e sul nervo mediano di sotto,* talora anche sulla pag. infer., rarissimam. su tutte e due 27

24 | Squame invol. *esterne più larghe delle susseguenti,* sempre *staccate da esse,
patenti o subpatenti.* Foglie cauline mediane e super. intiere, ovate od ovato-
lanceolate, subcordate, talora abbraccianti o sessili. Pianta fillopoda, verde-
grigiastra, villoso-barbata, raram. glabrescente o glabra, a fusto semplice o
ramoso, 1-4 dm. 2⅃. (App. tosco-emil. e centr.). — *Lug. Ag.*
1621 H. villosum L.
| Squame invol. *quasi egualm. larghe o le esterne più corte* e più strette ma
sempre *applicate* 25

25 | Pianta *fillopoda.* Foglie radicali picciolate, a picciolo *non o pochissimo* alato,
lanceolate od ovato-lanceolate, subglabrescenti almeno superiorm. o glabre,
± fortem. espanso-dentate, le super. sessili, minori. Ligule *glabre* sui denti.
Invol. arrotondato alla base, a squame triangolari, acuminate od acute,
villose. Pianta generalm. glauca, villosa. 2⅃. — *Lug. Ag.*
1622 H. dentatum Hoppe
Foglie un po' spesse ed un po' rigide ; le super. allargate alla base.
Pianta subglabrescente e molto farinosa sul fusto e sui peduncoli.
· (App. moden. nelle scogliere a Fiumalbo). — Var. *gapense.* (Arv. T.).
| Piante *ipofillopode,* raram. fillopode, nel qual caso le foglie cauline infer. sono
ravvicinate in forma di rosetta (pseudofillopode). Picciolo *discretam.* alato.
Ligule fortem. *cigliolate* sui denti. 26

26 | Foglie *irsuto-villose sulle 2 pag.* per peli relativam. brevi (almeno qualcuna),
raram. glabre di sopra ; le cauline allargato-arrotondate alla base o subcor-
diformi, subabbraccianti, rarissimam. attenuate, intiere o denticolate, più di
rado dentate. Invol. piccolo, *subovoideo-cilindraceo,* a squame strette, *attenuato-acute,* piuttosto irte che villose, di color verde-scuro. Acheni *nerastri
o grigio-rossastri.* Pianta *verde-grigiastra,* piuttosto irsuta che villosa. 2⅃.
— (It. media). — *Lug. Ag.* . . . **1623 H. elongatum** W. p. p.
| Foglie (almeno le cauline supreme) *glabre verso il mezzo o sulla pag. super.,*
dentate, inciso-dentate, con denti ± cuspidati, terminanti spesso in bitor-
zolo glanduliforme od in pelo ; le cauline infer. attenuate in picciolo ± largam. alato, le supreme sessili o subabbraccianti. Invol. *subemisferico,* a
squame *attenuato-acuminate,* irto-villose, dritte, coronanti il bottone fiorale
prima della fioritura. Ligule glabre. Acheni *nerastri.* Pianta *molto glauca
o verde-cupa,* talora glabrescente e liscia. 2⅃. (App. moden. alle Tre Potenze,
pistoiese al Corno alle Scale). — *Giu. Lug.* **1624 H. sixtinum** Arv. T.

27 {
Squame (almeno le esterne) *ottuse o subottuse,* le sole interne acute, lineari allungate, non mai lungam. attenuato-acuminate, tutte larghe egualm. ed appressate, *con villi fortem. denticolati,* ma non troppo lunghi. Foglie basali (spesso marcescenti) oblungo-lanceolate o lineari-lanceolate, strettam. alate nel picciolo; le cauline ± numerose e decrescenti, lanceolate, attenuate alla base, raram. allargate, ma non abbraccianti. Involucro cilindraceo subemisferico, a squame villose per peli bianchi, fini. Acheni nerastri a maturità. Pianta d'un glauco-grigio-cenerognolo, sparsa di peli fini, bianchi, lunghi, raram. glabrescente. ♃. (App moden. nelle scogliere a Fiumalbo, pistoiese al Mal Passo ed al Corno alle Scale). -- *Lug. Ag.*
                 1625 H. pulchrum Arv. T.

Squame *tutte attenuato-acuminate,* le interne allungatissime, *villose o villosissime* (rarissimam. glabrescenti) 28

28 {
Peli delle foglie *fortem.* denticolati, quasi subpinnosi. Foglie infer. del caule (o le basali quando esistono), *larghette* (15-20 mm. e più), lungam. cigliate, lanceolate. Fusto ordinariam. tortuoso-flessuoso, profondam. furcato, a pochi o ad un solo · capolino, lungam. cigliato od irsuto. Involucro *arrotondato-ovoideo,* grande, a squame esterne larghette, lasse, tutte allungato-acuminate, villosissime. Acheni *nerastri.* Pianta verde-glauca. ♃. (App. tosco-emil. al m. Rondinaio ed in Corelica, Alpi Ap. alla Pania, ad Acereto nel m. Corchia ed ai monti della Marina, App. piceno al m. Vettore). -- *Lug. Sett.*
                 1626 H. callianthum Arv. T.

Peli delle foglie *non fortem.* denticolati. Foglie basali o le cauline infer. *strette* (non oltre 15 mm., ordinariam. 8-10) lineari o lineari-lanceolate, intere od oscurissimam. denticolate, raram. dentate, con costola mediana biancastra, glabra o lungam. cigliate solo nel margine e sul nervo di sotto o più raram. sulle 2 pag. Fusto semplice e monocefalo o con qualche peduncolo ascellare delle foglie supreme, lungam. cigliato, raram. ramoso dalla base, tortuoso-flessuoso od eretto. Involucro mediocre o grande, *ovoideo-subturbinato,* discretam. accrescente nel frutto, a squame attenuato-acuminate, ± villose, raram. subglabre. Acheni *nerastri,* eccezionalm. rossastri. ♃. (App. medio). — *Lug. Sett.* .   **1627 H. scorzonerifolium** Vill.

29 {
Piante *per lo più fillopode,* con poche od una sola foglia caulinare oppure caule foglioso, ma allora gli acheni sono sempre pallido-biancastri a maturanza 30

Piante *afillopode od ipofillopode,* raram. fillopode, ma allora le foglie sono per lo più abbraccianti (almeno qualcuna) od auricolate-perfogliate ed i peduncoli sono fortissimam. glandolosi 38

30 {
Peli delle foglie *rigidi, setiformi.* Squame acuminate. Involucro fruttifero *emisferico-troncato* alla base, grandetto, 10-14 mm. lungo. Piante glauche o glauco-verdi. Glandole piccole, brune 31

Peli delle foglie *molli, non setiformi* ± crespi o distesi. Involucro cilindraceo poi *arrotondato od attenuato* alla base, non troncato, nè emisferico. . 34

31 {
Squame *poco o punto* glandolose, ma tomentoso-farinose, allungato-acuminatissime, coronanti il bottone florale in boccio. Foglie basali spesso con lungo picciolo, dentate. Rami e peduncoli fortem. divaricati, farinosi, appena villosi *e poco o punto* glandolosi. Acheni nerastri. Pianta eriopoda (cioè specie fillopoda in cui le foglie basali formano intorno al colletto un fitto intreccio di peli), glauca. ♃. (T. nell'App. pistoiese al Mal Passo e sulla cima del m. Amiata). — *Lug. Ag.*   **1628 H. rupiculum** Fr.

Squame e peduncoli *più o meno fortem.* glandolosi e con pochi peli stellati 32

32 {
Foglie *subintegre od integerrime,* ovali-ellittiche o lanceolato-ellittiche, arrotondate od ottuse all'apice o qualcuna subacuta, coperte di sopra da setole lunghe 3-6 mm., rigidissime, *falcate,* bulbose fortem. alla base, coperte di sotto specialm. sul picciolo e sul nervo mediano da peli più lunghi ma meno rigidi, flessuosi, un po' pettinato-ondulati. Fusto furcato in alto. Acheni nerastri. ♃. (T. all'Elba). — *Giu. Sett.*   **1629 H. lasiophyllum** Koch

Foglie ± *dentate* o denticolate, almeno qualcuna. ± acute od acuminate o subottuse, con setole meno grosse e meno numerose, *non falcate,* talora glabre di sopra 33

33 {
Pianta piuttosto bassa o nana, *10-20 cm.,* a fusto afillo, rigato di verde e di bianco, monocefalo o furcato con pochi capolini e con una sola foglia caulina ridotta. Glandole del fusto, delle squame e dei peduncoli piccole, bru-

33 {
ne. Squame interne acuminatissime. Foglie interne della rosetta lanceolate, acuminate od acute. $2\!\!\!\downarrow$. (App. reggiano a S. Maria sul Ventasso). — *Giug. Lug.* . . . . **1630 H. brunellaeforme** Arv. T.

Pianta alta *25-30 cm.* o più. Fusto c. s. ma con una foglia sempre bene sviluppata, grande, furcato con pochi capolini o talora con ramificazione capitulifera subpaniculato-corimbiforme, povera. Ligule subcigliolate. Stili d'un bel giallo. $2\!\!\!\downarrow$. (App. bolognese). — *Lug. Ag.* **1631 H. cyaneum** Arv. T.
}

34 {
Foglie basali *a tipo lineare, strettissime o lanceolate*, con picciolo *indistinto*, rigide, glauche. Fusto ramoso, a rami divaricato-subpatenti, tortuosi o patenti. Squame ottuse. Stili gialli o neri. Acheni neri. $2\!\!\!\downarrow$. (It. media). — *Lug. Ag.* . . . . . **1632 H. glaucum** All.

Foglie basali *a tipo vario*, ma con lembo ± largo e *ben distinto* dal picciolo, ovate, obovate, lanceolate, ellittiche o tondeggianti 35
}

35 {
Ramificazione capitulifera a' tipo *racemoso*. Peduncoli terminali lunghi, gli ascellari ± brevi, talora furcati. Squame ottuse o più frequentem. arrotondate all'apice, *verdi-pallide*. Acheni *sempre pallidi o giallastri*. . . . 36

Ramificaz. capitulifera *per lo più terminale del fusto* (con qualche ramo infer. ascellare), paniculato-subcorimbiforme, con pochi o più capolini o furcata. Squame ottuse, acute od acuminate, *con indumento vario*, non mai arrotondate all'apice. Acheni e stili *varicolori*. Invol. ± accrescente nel frutto 37
}

36 {
Foglie super. *crinite* sul dorso od almeno lungo il nervo medio di sotto ed all'attacco col fusto. Invol. mediocre o grandetto, 1-12 mm, lungo, a squame infer. ± brevi, ma regolarm. embriciate e gradatam. accrescenti in lunghezza, *non stipate* a calicetto, *tutte fortem. glanduloso-villose o no*. Pappo *sordido*. $2\!\!\!\downarrow$. (It. media). — *Ag. Nov.* . . . **1633 H. crinitum** S. et S.

Foglie super. *villose* sul dorso, lungo il nervo medio ed all'attacco col fusto. Invol. piccolo o mediocre, 6-10 mm. lungo, a squame infer. *stipate* a calicetto, più brevi assai delle susseguenti, non regolarm. embriciate, verdipallide, lineari, al più 1 mm., ottuse, un po' scariose nel margine, *con qualche pelo ramoso-stellato* e qualche villo, più spesso *con qualche glandola a capocchia* giallastra. Pappo *candido*. $2\!\!\!\downarrow$. (It. media, Elba). — *Giu. Sett.* **1634 H. Virga-aurea** Coss.

Pianta bassa, ridotta in tutte le sue parti, con scarsi peduncoli ascellari. Squame subnude. — Forma dei luoghi aridi e soleggiati. Var. *italicum* (Fr.).

Foglie basali spesso fugaci. Pianta cespitosa, multicaule, con foglie cauline evolute. Invol. un po' più grande che nel tipo. (App. a Boscolungo, Vallombrosa). — Var. *ageratoides* (Fr.).
}

37 {
Caule *foglioso*, a foglie infer. cauline picciolate, le super. sessili, numerose decrescenti in brattee. Involucro cilindraceo, piccolo, 7-8 mm. lungo, a squame verdastre, con linea mediana scura, glandolose e farinose, per lo più senza villi. Ligule glabre. Stili bruni. Acheni nerastri. $2\!\!\!\downarrow$. (It. media). — *Lug. Ott.* — Dal piano alla reg. alp. . . **1635 H. vulgatum** Fr.

Caule *subnudo*, con una foglia piccola, picciolata o sessile, raram. 2 o 3; le basali cuoriformi-auricolate alla base. Involucro subcilindraceo, piccolo, 6-9 mm. lungo, a squame ordinariam. molto glandolose e farinose. Stili foschi o lividi, raram. gialli. Acheni nerastri. Pianta polimorfa. $2\!\!\!\downarrow$. (It. media, Elba). — *Mar. Nov.* — Dal mare alla reg. alp. **1636 H. murorum** L.

Pianta verde; invol. cilindrici verdi, con peli neri glandolosi. Var. *silvaticum* L.

Pianta più pelosa, specialm. sui piccioli ed alla base delle foglie; invol. bianco-fioccosi. — Var. *pilosissimus* (Fr.).

Pianta grigiastro-verdastra ed un po' glauca, foglie con qualche pelo stellato; pedicelli ed invol. pubescenti, senza peli glandolosi. — Var. *incisum* (Hoppe).
}

38 {
Foglie cauline (almeno qualcuna) allargate alla base, abbraccianti o *perfoliato-auricolate* alla base, *spesso pandureformi o quasi*, raram. attenuate alla base o sessili. Ligule delle corolle con denti *cigliati*. Peduncoli e squame *per lo più fittam. glandolosi* o villoso-farinoso-glandolosi. Ricettacolo *spesso glandoloso* 39

Foglie cauline allargate alla base od anche subabbraccianti od abbraccianti, *ma non mai perfoliato-auricolate nè pandureformi*. Ligule delle corolle con denti *glabri od oscuram. cigliolati*. Peduncoli *senza glandole o quasi*. Ricettacolo *quasi mai glandoloso* 42
}

39 { Piante *fillopode* od *ipofillopode* **40**
    { Piante *afillopode* **41**

40 { Piante *sempre fillopode*. Foglie basali picciolate, ovate, od ovato-lanceolate per lo più intiere o dentate alla base, le infer. conformi, attenuate o bruscam. ristrette in picciolo strettam. o largam. alato, le super. sessili e semi-ab-braccianti. Involucro *ovoideo-subcilindraceo*, a squame ottuse o subottuse, scarioso-biancastre ai margini, nero-olivastre sulla linea mediana. Ligule ci-gliolate. Acheni fulvo-rossastri o baio-chiari, mai neri. ♃. (It. media). — *Lug. Sett.* — Reg. alp. e subalp. . . **1637 H. subalpinum** Arv. T.
    { Piante *più spesso ipofillopode*. Foglie cauline numerose ed appressate ± ovali-oblunghe, le infer. ristrette in picciolo, le mediane semi-abbraccianti e talora subauriculate e subpandureformi, decrescenti. Involucro *cilindraceo-ovoideo*, a squame grigio-verdastre, ottuse, con linea mediana più fosca, farinoso-glandolose, con glandole nerastre, fitte, lunghe, patenti. Ligule con denti cigliati. Acheni policromi, per lo più baio-rossastri o chiari od anche foschi. ♃. (It. media). — *Lug. Sett.* — Reg. alp. e subalp.
                                                   1638 H. jurassicum Griseb.

41 { Acheni *sempre pallido-biancastri*, non mai nerastri, rossastri o porporini. Foglie *manifestam. pandureformi o subpandureformi*. Involucro piccolo o me-diocre, cilindrico, a squame ottuse, farinose, glandolose come i peduncoli. Ligule giallo-pallide, coi denti cigliati. Pianta verde-grigiastro glauca. ♃. (It. media). — *Lug. Ott.* Reg. alp. e mont. **1639 H. prenantholdes** Vill.
    { Acheni *policromi*. Foglie *giammai pandureformi*, lanceolate, abbraccianti e auricolate. Involucro ovoideo-arrotondato alla base, a squame deltoide, ot-tuse o con qualche raro villo. Ligule a denti cigliolati. Pianta d'un verde-cupo o -gajo raram. glauca. ♃. (App. tosc. presso Boscolungo e piceno al m. Sibilla). — *Lug. Ag.* . . . . . . **1640 H. lanceolatum** Vill.

42 { Squame embriciate in 3 o 4 serie, disuguali, *non regolarm. accrescenti*, le esterne molto più brevi delle susseguenti, tutte ottuse od arrotondate al-l'apice e spesso con glandole giallastre applicate. Ramificazione capitulifera a tipo *racemoso paniculato*, ± diffusa. Fusto *meno robusto* del gruppo se-guente. Foglie ovali-lanceolate, verdi-gaje di sopra, lucenti, un po' pallide di sotto, ma non decisam. discolori, più spesso dentate. Ligule *a denti gla-bri*. Ricettacolo nudo o denticulato-fibrilloso. Acheni *pallidi o di altro co-lore*, giammai nerastri o fosco-porporini. Pianta spesso pseudofillopoda e con foglie cauline bruscam. ridotte, piccole, quasi bratteiformi. ♃. (It. me-dia, Elba). — *Lug. Ott.* . . . . **1641 H. heterospermum** Arv. T.
    { Squame numerose, *regolarm. embriciate*, gradatam. crescenti in lunghezza, ottuse, quasi nude, spesso annerenti coll'essiccazione. Ramificaz. capitulifera *subcorimboso-paniculata*, ± diffusa. Fusto *robusto*, densam. foglioso, spesso rossastro e legnoso. Ligule *glaberrime*. Corolle giallo d'uovo. Acheni maturi 'di color *nerastro* o fosco-porporino. **43**

43 { Foglie a tipo *ovato od ovato-lanceolate*, piuttosto grandi, spesso contorte, le cau-line abbraccianti o quasi, *non o raram. un po' reticolato-venose* di sotto. Pedun-coli ± dilatati sotto all'involucro, farinosi, raram. con qualche glandola e qualche villo. Squame tutte *applicate*, nude o con glandole brevi o con qual-che pelo. Fusto robusto, spesso rossastro, alto fino a 2 metri. Ramificaz. capitulifera *racemoso-paniculata o subcorimbiforme*. ♃. (It. media). — *Ag. Dic.* — Dal mare alla reg. subalp. . . . . . . **1642 H. boreale** Fr.
    { Foglie *lineari o lineari-lanceolate*, ± strette, sessili od attenuate, *reticolato-venose* di sotto e col margine arrotolato. Peduncoli e squame per lo più glabri. Squame tutte *riflesso-squarrose*, nude o eccezionalm. con qualche pelo. Ramificazione capitulifera *in falsa ombrella* **44**

44 { Foglie *strette o strettissime per lo più intiere* o poco dentate. Peduncoli nudi o farinosi, squamosi e dilatati sotto l'involucro cilindraceo poi ovoideo-glo-buloso. Squame per lo più nude, *verdi, ottuse*, con rade glandole o qualche pelo stellato, *riflesso-squarrose*. Acheni nerastri o atro-purpurei, raram. po-licromi. Fusto spesso rossastro, scabro. ♃. (It. media). — *Ag. Nov.* — Dal mare alla reg. subalp. . . . . . . **1643 H. umbellatum** L.
    { Foglie *lanceolate o lanceolato-subovate*, ± *dentate nel terzo infer.*, glauche od olivastre, pubescenti di sotto, le medie arrotondato-sessili o subabbraccianti. Peduncoli un po' rigonfi sotto all'involucro ovoideo, piccolo o mediocre. Squame *verdi-grigiastre*, ottuse *o le interne subacute*, con qualche glandola e *non squarrose* o le esterne subsquarrose. Acheni baio-scuri. ♃. (App. tosc.). — *Sett. Nov.* . . . . **1644 H. subvirens** Arv. T.

3. Corolliflore: Due invogli fiorali (calice e corolla), rarissimam. uno. Corolla monopetala, eccezionalm. polipetala o anche nulla, ipogina, rarissimam. epigina.

Fam. 63.ª **MONOTROPACEE.**

1. **Monòtropa** (da μονος = unico e τρεπω = volgo; pei fiori disposti in grappolo unilaterale). Fiori quasi regolari; calice caduco a 4-5 sepali; corolla pure caduca a 4-5 petali, gibbosi alla base, liberi o connati; stami 8-10, ipogini; stilo terminale diritto, a stimma orbicolare a 4-5 lobi, ovario supero. Cassula loculicida, a 4-5 valve a più semi, rivestiti di arillo.

Pianta di colore giallastro, carnosa, pubescente, parassita sulle radici degli alberi. Foglie squamiformi, le infer. embriciate. Fiori in racemo terminale, ricurvo. ♃. (It. media). *Giu. Lug.* (Fig. 198) . **1645 M. Hypopytis** L.

Fam. 64.ª **ERICACEE.**

Erbe perenni, frutici, arbusti. Foglie alterne, opposte o verticillate, intere o dentate, senza stipole. Fiori regolari o quasi. Calice a 4-5 lobi; corolla 4-5-dentata; stami 8-10, liberi, inseriti con la corolla sopra un disco ipogino; ovario libero e supero, con molti ovuli, raram. pochi; 1 stilo, 1 stimma. Frutto bacca o cassula, a 4-5 logge, contenenti ciascuna uno o diversi semi, piccoli, con albume carnoso ed embrione diritto.

CHIAVE DEI GENERI.

1	Corolla persistente, 4-mera.	2
	Corolla caduca, 5-mera	3
2	Calice più grande della corolla.	3 CALLUNA.
	Calice più piccolo della corolla.	2 ERICA.
3	Stami disuguali. Corolla imbutiforme	1 RHODODENDRON.
	Stami uguali. Corolla urceolata. Foglie a margini piani . . .	4
4	Pianta eretta, di regioni calde. Bacca	5 ARBUTUS.
	Pianta prostrata, di alte montagne. Drupa . . .	4 ARCTOSTAPHYLOS.

1. **Rhododèndron** (da ροδον = rosa e δενδρον = albero; alludendo al colore dei fiori). Calice 5-dentato, persistente. Corolla imbutiforme, 5-lobata, caduca. Stami 10 inseriti alla base della corolla, ad antere deiscenti per 2 fori. Ovario 5-loculare, con molti ovoli anatropi, stimma sinuato, 5-lobo. Cassula 5-loculare, a deiscenza setticida, con più semi.

Frutice cespuglioso di 3-6 dm. Foglie addensate all'apice dei rami, quasi in rosetta, oblungo-lanceolate, intere, coriacee, glabre, color ruggine di sotto. Fiori rosei, in corimbi terminali, con calice a 5 denti appena visibili. ♄. (App. tosco-emil. all'Alpe di Momnio, Tre Potenze e Libro Aperto). — Rupi reg. mont. e subalp. — *Rododendro, Rosa delle Alpi.*
1646 Rh. ferrugineum L.

2. **Erica** (da ερειχειν = rompere; pei rami fragili). Calice a 4 divisioni profonde, verdi o colorate. Corolla persistente, campanulata o tubulosa od anche ventricosa, a 4 denti o lobi. Stami 8, ipogini, ad antere deiscenti all' apice per 2 fori o 2 fessure, con o senza appendici alla base. Ovario 4-loculare, a deiscenza loculicida, con più semi.

1	Antere inserite sul filamento *per la base* e sporgenti dalla corolla. Fiori carnei 1-3 nelle ascelle delle foglie, formanti dei racemi fogliosi, unilaterali. Frutice glabro, cespuglioso, prostrato, 2-5 dm., a foglie lineari, *acute*. ♃. (T. L.). — *Feb. Giu.* — Luoghi sassosi reg. subm. e mont. — *Scopina*. **1647 E. carnea** L.
	Antere inserite sul filamento *pel dorso* 2
2	Antere *sporgenti* dalla corolla, bifide nel terzo o nella metà super. Fiori rosei, in racemi terminali compatti. Frutice a rami eretti, 1-2 m., a foglie lineari, ottuse. ♃. (It. media, Giannutri, Giglio, Montecristo). — *Ag. Nov.* e talora *Mag. Lug.* — Luoghi aridi reg. med. **1648 E. multiflora** L.
	Antere *incluse* nella corolla 3
3	Fiori *bianchi o bianco-rosei*. Antere *con due* appendici basali, brevi. Rametti *giovani pelosi*. Arbusto eretto, molto ramoso, 1-4 m. ♃. (It. media, Arc. tosc.). — *Apr. Mag.* — Luoghi selvatici reg. med. più raram. subm. (Fig. 196) **1649 E. arborea** L.
	Fiori *verdognoli*. Antere *senza* appendici. Rametti *tutti glabri*. Frutice cespuglioso, 4-10 dm. ♃. (T., Elba, Montecristo, L.). — *Mag.* — Luoghi selvatici dal mare alla reg. subm. . . . . . **1650 E. scoparia** L.

3. **Callùna** (da χαλλυνειν = pulire; pianta usata per fare scope). Calice a 4 divisioni, contornato alla base da piccole brattee a guisa di calicetto; corolla persistente, 4-partita. Stami 8, ipogini, ad antere deiscenti per 2 fessure, con 2 appendici basali. Ovario 4-loculare, a logge con 2 ovuli. Cassula 4-loculare, a deiscenza setticida, con 4 semi.

Frutice di 5-10 dm., eretto od ascendente, molto ramoso. Foglie opposte, appressate ai rami ed embriciate in 4 serie, trigone, gibbose alla base. Fiori rosei, pendenti, in racemo foglioso terminale. ♃. (It. media). — *Ag. Nov.* — Luoghi secchi ed ombrosi dal mare alla reg. subm.
1651 C. vulgaris Salisb.

4. **Arctostàphylos** (da άρχτος = orso e σταφυλις = uva). Calice 5-partito. Corolla caduca, urceolata, 5-dentata. Stami 10, inseriti alla base della corolla, ad antere deiscenti all'apice per 2 fori e provviste sul dorso di 2 appendici ricurve. Ovario a 5 logge, ciascuna con 1 ovulo. Drupa liscia a 5 logge e 5 semi, talora meno.

1	Fiori *bianchi*, eretti, nascenti *contemporaneam. alle foglie o prima*. Foglie *caduche, membranacee, denticolate verso l'apice*, coi nervi secondari *prominenti* al disotto a guisa di rete. Drupa alla fine *nero-azzurra, mangereccia, acidetta*. ♃. (App. march. ed umbro). — *Apr. Lugl.* — Luoghi aridi e pietrosi dalla reg. mont. all' alp. . . . . . **1652 A. alpina** Spr.
	Fiori *rosei, pendenti*, nascenti *dopo le foglie*. Foglie *persistenti, coriacee, interissime*, coi nervi secondari *non prominenti*. Drupa *rossa, non mangereccia, molto acida*. ♃. (App. tosco-emil.? centr. e laz.). — Luoghi pietrosi reg. mont. e subalp. — *Uva orsina* . . . . . **1653 A. Uva-Ursi** Spr.

5. Arbutus. Calice minutissimo ed indistintam. 5-dentato. Corolla urceolato-conica, 5-dentata. Ovario 5-loculare, con ovuli numerosi. Bacca granuloso-tubercolata, con 5 logge a diversi semi. Il resto come in *Arctostaphylos.*

> Frutice od arbusto, 1-3 m., raram. albero fino a 12 m. Foglie alterne, coriacee, persistenti, lucenti, obovate, seghettate. Fiori carnicini o bianco-verdicci, pendenti, in racemo composto. Bacca rosso-cocciniglia, dolce. ♄. (It. media, Arc. tosc.). — *Nov. Feb., fruttifica Lug. Nov.* — Macchie e boschi reg. med. — *Corbezzolo, Albatro* . . . . . **1654 A. Unedo** L.

194. *Campanula rotundifolia* L. (¹/₅).

195. *Vaccinium uliginosum* L. (¹/₄).

196. *Erica arborea* L. (¹/₄).

Fam. 65.ª VACCINIACEÆ.

Frutici a foglie semplici, alterne, coriacee. Fiori regolari. Calice 4-5-dentato; corolla a 4 divisioni oppure a 4-5 denti; stami 8-10, ad antere divise in alto in 2 cornetti, aprentisi all'apice per 2 fori; ovario aderente; 1 stilo, con stimma capitato. Frutto carnoso (bacca) coronata dal calice a 4-5 logge, con diversi semi per loggia.

CHIAVE DEI GENERI.

1 { Corolla a 4-5 denti riflessi . . . . 1. Vaccinium.
   { Corolla a 4 divisioni profonde, riflesse . . . . . 2. Oxycoccus.

1. Vaccinium. Calice 4-5-dentato. Corolla a 4-5 denti riflessi. Stami 8-10 liberi dalla corolla con 2 reste o senza sul dorso. Ovario a 4-5 logge pluriovulate. Bacca globosa, 4-5-loculare.

1 { Foglie *persistenti*, coriacee, a margini *riflessi*. Rami giovani *finamente pubescenti*. Antere *senza reste* sul dorso. Bacche *rosse, acide, amare.* ♄. (App. sett. fino in T.). — *Mag. Ag.* — Luoghi arenosi reg. mont. ed alp. — *Vite d'orso, Vite idea* . . . . **1655 V. Vitis-Idaea** L.
   { Foglie *caduche*, a margini *non riflessi*· Rami giovani *glabri*. Antere *con 2 reste* sul dorso. Bacche *nero-azzurrognole, dolci e zuccherine* 2

2. { Rami *angoloso-alati, verdi.* Foglie *ovate, dentellate.* Fiori *solitari o geminati all'ascella delle foglie,* a calice *con lembo quasi intero.* ♃. (App. sett. e centr.). — *Mag. Giu.* - *Piuri, Baccole, Baggiole.*   **1656 V. Myrtillus** L.
Rami *cilindrici, grigiastri.* Foglie *obovate, intere.* Fiori *in piccoli racemi all'apice dei rami vecchi,* a calice *con denti brevi e arrotondati.* ♃. (App. fino in T., Alpi Ap.). — *Mag. Giu.* (Fig. 195) .   **1657 V. uliginosum** L.

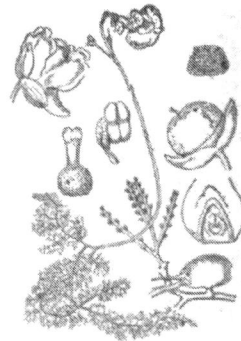

197. *Pirola rotundifolia* L. (¼).

198. *Monotropa Hypopytis* L. (¼).

199. *Utricularia vulgaris* L. (¼).

2. **Oxycoccus** (da ὀξύς = acuto e ϰοϰϰος = frutto). Calice 4-fido. Corolla a 4 divisioni riflesse. Stami 8 c. s. senza reste sul dorso. Ovario 4-loculare a molti ovuli. Bacca globosa, 4-loculare.

Frutice glabro, a fusto strisciante, con rami filiformi, prostrati, 2-3 dm. Foglie piccole, persistenti, ovato-subacute, a margini riflessi nella parte infer., verdi e lucenti di sopra e cenerine di sotto. Fiori 1-3 terminali, lungam. pedicellati pendenti, rosei. Bacca rossa, acidetta. ♃. (T. a Bientina, ma non più ritrovata). — *Mag. Giu.* — Luoghi paludosi, rarissima. — *Mortella di padule* . . . . **1658 O. palustris** Pers.

Fam. 66.ᵃ **PIROLACEE.**

1. **Pirola** (da *pirus* = pero, per la forma delle foglie). Erbe fogliose. Calice 5-partito. Corolla polipetala, a 5 pet. Stami 10 ipogini, ad antere deiscenti per 2 fori. Ovario supero, 5-loculare, con numerosi ovuli. Cassula 5-loculare, loculicida, a molti semi.

1. { Fiori *solitari*, grandi, pendenti, bianchi con odore di mughetto. Stilo diritto, a stimma senza anello, raggiato, 5-fido. Foglie persistenti, affastellate, ovato-rotonde, denticolate. Pianta glabra a fusto prostrato od ascendente, semplice, 2-8 cm. ♃. (T. a Boscolungo). — *Giu. Lug.* — Boschi reg. mont. — *Piroletta soldanina* . . . . **1659 P. uniflòra** L.
Fiori *in racemi* 2

2. { Racemi a fiori *unilaterali*, bianco-verdastri, pendenti. Stilo diritto, sorpassante la corolla, a stimma senza anello, raggiato, 5-fido. Foglie ovato-oblunghe. a picciolo più breve del lembo. ♃. (App. It. media). — *Giu. Lug.* — Boschi reg. subm. e mont. . . . . . **1660 P. secunda** L.
Racemi a fiori *sparsi* 3

3 {
Foglie *subrotonde*, a picciolo *più lungo* del lembo. Stilo riflesso fin dalla base, a stimma con anello sporgente sotto i 5 lobi stimmatici eretti. Fiori bianchi o bianco-rosei. Erba glabra a fusto prostrato, 2-4 dm. 2$. (App. tosco-emil.). — *Giu. Ag.* — Luoghi umidi reg. subm. e mont. (Fig. 197)
1661 P. rotundifolia L.

Foglie *ovali-arrotondate*, a picciolo ordinariam. *più breve* del lembo. Stilo eretto od obliquo, ma diritto, con o senza anello sotto i lobi stimmatici. 4
}

4 {
Calice a lobi largam. *ovali-triangolari, diritti* nell'apice. Stilo *eretto, più breve* dell'ovario, a stimma *senza* anello sotto i 5 lobi stimmatici, *patenti* a stella. Petali bianco-rossicci. Erba glabra a fusto prostrato, 2-4 dm. 2$. (App. It. media). — *Giu. Lug.* — Boschi reg. subm. e mont.
1662 P. minor L.

Calice a lobi *ovali-lanceolati, ricurvi* nell'apice. Stilo *obliquo*, alla fine *più lungo* dell'ovario, a stimma *con* anello sotto i 5 lobi stimmatici, *eretti*. Pet. bianco-rosei. Erba glabra a fusto prostrato, 1-3 dm. 2$. (App. tosco-emil.). — *Lug. Ag.* — Boschi reg. mont. . . . **1663 P. media** Sw.
}

Fam. 67.ª DIOSPIRACEE.

1. **Diòspyros** (da ὄιος = divino e πυρος = frutto). Alberi a foglie alterne, picciolate, senza stipole. Fiori poligamo-dioici, regolari. Calice libero, persistente, a 4-6 divisioni, accrescente nel frutto. Corolla a 4-6 lobi. Stami 8-16 nei fiori maschili, inseriti in parte sul ricettacolo, in parte sulla corolla; nei fiori femminei 8 ad antere sterili. Ovario subrotondo, 8-loculare, con un ovulo per loggia, pendente, anatropo. Bacca globosa ad 8 logge, con un seme per loggia, durissimo; albume cartilagineo, cotiledoni piani.

Albero di 5-10 m., a foglie oblunghe, acuminate, pallide e pubescenti di sotto. Fiori quasi sessili, 1-3 ascellari. Bacca bionda, della grossezza di una nocciola. 5. (M., L. a Roma). — *Giu.* — Boschi reg. med. forse inselvatichito. — *Legno santo, Loto falso* . . . . . **1664 D. Lotus** L.

Fam. 68.ª STIRACACEE.

1. **Styrax.** Albero od arboscello, a foglie alterne, senza stipole. Fiori regolari, ermafroditi. Calice persistente, urceolato, a 4-5 denti. Corolla a 5, raram. 3-7 lobi profondi. Stami 10, talora 16, connati alla base in tubo. Ovario semi-infero 3-loculare, semi-aderente al tubo del calice, con molti ovuli; stilo filiforme, stimma subtrilobo. Drupa globosa, carnosa, uniloculare, con un nocciolo rotondo e due emisferi combacianti per le facce piane; albume carnoso, cotiledoni piani.

Fiori bianchi odorosi, in piccole cime ascellari. Foglie ovali, intere quasi glabre di sopra, bianco-tomentose di sotto; calice e peduncoli pure tomentosi. 5. (L. nei colli; naturalizzato nelle siepi presso Bologna). — *Primav.* — Luoghi selvatici reg. med. — *Mellàina* . . . **1665 S. officinale** L.

Fam. 69.ª OLEACEE.

Alberi o frutici, a foglie opposte, semplici o pennate, senza stipole. Fiori regolari, ermafroditi o poligamo-dioici. Calice persistente, libero, a 4 denti o lobi, di rado quasi nullo. Corolla quasi sempre monopetala, a 4 divisioni ± profonde, talora (*Fraxinus*) a 4 petali caduchi o nulla. Stami 2, inseriti ordinariam. sul tubo della corolla, ad antere deiscenti longitudinalm. Ovario supero a 2 logge, ciascuna con 2 ovuli pendenti; stilo semplice, stimma bifido. Frutto secco o carnoso, drupa, o cassula, o samara, con 2 semi, od 1 solo per aborto; embrione diritto, albume carnoso, spesso oleoso, cotiledoni fogliacei.

CHIAVE DEI GENERI.

1 { Foglie composte . . . . 5 FRAXINUS
  { Foglie semplici 2
2 { Corolla imbutiforme 3
  { Corolla ruotata. Stami sporgenti 4
3 { Stami con filamenti brevissimi, inclusi completam. nel tubo corollino. Frutto
  { cassula coriacea . . . . 4 SYRINGA
  { Stami con filam. lunghetti, brevem. sporgenti dal tubo corollino. Frutto bacca
  { ad endocarpo membranoso . . . . 3 LIGUSTRUM
4 { Drupa a nocciolo osseo . . . . 1 OLEA
  { Drupa a nocciolo cartaceo . . . . 2 PHILLYREA

1. **Olea** (da *oleum* = olio). Fiori in racemi ascellari. Calice 4-dentato. Corolla rotata a tubo breve e a 4 lobi patenti. Stami sporgenti ad antere estrorse. Drupa a nocciolo osseo, spesso ad 1 seme, più raram. a 2 semi.

> Arbusto od albero sempreverde. Rami giovani ± angolosi. Foglie interissime, coriacee, a margini riflessi, verdi-cupe di sopra, argentine di sotto per minuti peli squamiformi. Fiori piccoli, bianchi. 5.   **1666 O. europaea** L.
> Rami ± spinescenti, spesso subquadrangolari. Foglie ovali. Frutti piccoli, nero-rossicci. (It. media). — *Apr. Giu.* — Luoghi selvatici e rupestri reg. med. specialm. presso il mare. — *Oleastro.* — α *Oleaster* (Hoff. et Lk.).
> Rami inermi, subcilindrici. Foglie lanceolate. Frutti più grossi, ovali, violacei, nerastri o rossastri. (It. media, sporadica in E.). — Coltiv. reg. med. — *Olivo.* – β *sativa* (Hoff. et Lk.).

2. **Phillyrea** (da φυλλον = foglia, arboscello oltremodo foglioso). Calice a 4 denti. Corolla subrotata. Stami sporgenti. Drupa carnosa, con nocciolo cartaceo, fragile.

> Arbusto cespuglioso, sempreverde, a foglie coriacee, opposte, indivise. Fiori bianchi, odorosi, in racemi brevi. Drupe piccole, globose, apicolate o nere a maturità. 5. (It. media, Arc. tosc.). — *Mag. Giu.* — Boschi e macchie reg. med. (Fig. 201) . . . . **1667 Ph. variabilis** Timb.
> Foglie lineari-lanceolate, o lanceolate, acute, intere. Frutto un poco attenuato all'apice e apicolato. — Var. *angustifolia* (L.).
> Foglie ovali o bislungo-lanceolate, finam. seghettate o quasi intere. Frutto bruscam. apicolato. — Var. *media* (L.).
> Foglie ovali-ellittiche od ovali-bislunghe, ossia ± arrotondate o cordate almeno alla base. Frutto ombilicato, non apicolato. — Var. *latifolia* (L.).

3. **Ligustrum** (dal latino *ligare* = legare; pei rami flessibili). Calice a 4 denti. Corolla imbutiforme, a tubo breve, a 4 lacinie. Stami

sporgenti. Bacca globosa, con endocarpo membranaceo, ordinariam. a 2 semi, od 1 solo per aborto.

1 {
Arbusto di *1-3 m.* Foglie *membranacee*, misuranti al più 6 cm. per 2 cm. di larghezza. Fiori bianchi odorosi in pannocchia *ovata, eretta, serrata*, non molto grande. Bacche *nere a maturità.* ♄. (It. media). — *Apr. Giu.* — Siepi e boscaglie dal mare alla reg. subm. — *Ligustro.* **1668 L. vulgare** L.
Arbusto di *3-6 m.* Foglie *coriacee*, misuranti 8-10 cm. per 4-5 cm. di larghezza. Fiori in pannocchia *larga, decomposta, lassa.* Bacche *pruinose.* ♄. — *Lug. Ag.* — Orig. del Giapp., Cina ; colt. nei giard. e passeggiate pubbliche reg. med. . . . . **1669 L. japonicum** Thunb.
}

4. **Syringa** (da συριγξ = canna, zufl'olo; per l'uso che si fa dei fusti). Calice persistente a 4 denticini. Corolla imbutiforme, a tubo lungo e 4 lacinie patenti. Stami inclusi nel tubo corollino. Cassula coriacea 2-valve, a 2 semi per valva, strettam. alati.

Arbusto di 2-5 m., a foglie ovali o cordato-ovate. Fiori violetti o bianchi in pannocchie compatte. ♄. — *Apr. Giu.* — Comunem. colt. dal mare alla reg. mont. — *Siringa, Lilac.* . . . . . **1670 S. vulgaris** L.

5. **Fràxinus.** Fiori poligami o dioici. Calice 4-fido o nullo. Corolla nulla, talora a 4 pet. lineari, aderenti due a due alla base. Samara biloculare, largam. alata nell'apice, con un seme per loggia.

1 {
Fiori *ermafroditi a petali bianchi*, odorosi, sviluppantisi *dopo* le foglie in *pannocchie terminali.* Foglie imparipennate a *2-3* paia di fogliline brevem. picciolate, ottusam. denticolate. Samare bislungo-lanceolate, attenuate a cono alla base, lunghe 2-3 cm. ♄. — *Orno, Orniello.* **1671 F. Ornus** L.
 Foglie a 7-9 fogliline ellittiche acuminato-cuspidate. (It. media, Elba, Gorgona). — *Apr. Giu.* — Boschi dal mare alla reg. mont.; colt. nell' It. mer. e Sic. per l'estraz. della manna. — α *typica.*
 Foglie a 5-7 fogliline largam. ellittiche o le infer. ovali-rotonde, quasi ottuse od a punta breve. (App. It. media). — Colt. come il tipo. — β *rotundifolia* (Lam.).
Fiori *poligamo-monoici o raram. dioici*, apetali, sviluppantisi *prima* delle foglie in *racemi ascellari* Foglie c. s. a *2-6* paia di fogliline sessili o quasi, acutam. dentate. Samare di forma variabile, lunghe 2 $\frac{1}{2}$-5 cm. ♄. — *Frassino* . . . . **1672 F. excelsior** L.
 A. Samare arrotondate o troncate alla base.
  a. Albero a foglie con 7-13 fogliline grandi, ellittico-lanceolate, brevem. acuminate, poco attenuate e non cuneiformi alla base. (It. media). — *Nov. Mag.* — Boschi e luoghi umidi dal mare alla reg. mont., spesso colt. — α *typica.*
  b. Arbusto di 2-3 m., a foglie con 5-7 fogliline piccole, ovali-lanceolate, cuspidate od acute, raram. in parte ottuse. (Bolognese a Porretta, Pineta di Ravenna). — β *parvifolia* (Lam.).
 B. Samare lungam. attenuate alla base.
  a. Foglie a 5-9 fogliline ellittico-acute od ovali-lanceolate, brevem. attenuate alla base, distintam. dentate od incise. (It. media). — γ *oxycarpa* (W.).
  b. Foglie a 5-7 fogliline strettam. lanceolate, lungam. attenuate alla base e lungam. acuminate, a denti distanziati. (Pineta di Ravenna e altrove, talora colt.). — δ *angustifolia* (Vahl.).
}

Fam. 70.ª GELSOMINACEE.

1. **Jasminum**. Arboscelli a rami flessibili. Foglie ternate o imparipeunate, opposte ed alterne. Fiori in pannocchie dicotome. Calice 5-fido, tubuloso. Corolla ipocrateriforme, a tubo lungo e lembo diviso in 5 lacinie oblique. Stami 2 inseriti e chiusi nel tubo corollino, ad antere fissate per la base. Ovario di 2 carpelli saldati, biloculare, con 2 ovuli eretti per loggia; 1 stilo, 2 lobi stimmatici. Bacca ovato-oblunga o quasi didima, a guscio coriaceo, con 1 seme per loggia.

1 { Fiori *bianchi, odorosissimi*. Foglie *opposte, imparipennate*. Arbusto quasi scandente. 5. (It. media, spesso colt. e qua e là inselv.). — *Mag. Est.* — Reg. med. . . . . **1673 J. officinale** L.
Fiori *gialli, inodori o quasi*. Foglie *alterne, trifogliolate o più raram. semplici*. Arbusto non scandente. 5. (Modenese a Montebaranzone). — *Apr. Mag.* — Siepi e rupi reg. med. e subm. . . . **1674 J. fruticans** L.

Nei giardini si coltiva anche l' *J. humile* L. che si distingue pei fiori gialli odorosi, pei denti del calice brevissimi e per le foglie alterne, ternate o più spesso pennate.

Fam. 71.ª APOCINACEE.

Erbe o arbusti a foglie opposte o verticillate, semplici, con stipole nulle o rudimentali. Fiori regolari, ascellari e solitari oppure terminali in cime corimbose. Calice persistente a 5 divisioni; corolla ipogina, ipocrateriforme, a 5 lacinie, con fauce nuda o squamosa; stami 5, inseriti nel tubo o nella fauce della corolla, coi filamenti diritti o inginocchiati ed antere fissate per la base; ovario di 2 carpelli, liberi o saldati, con molti ovuli; 1 stilo ingrossato all'apice in uno stimma ± glandoloso, di varia forma. Frutto ordinariam. di 2 follicoli, liberi o saldati, a semi numerosi; embrione diritto; albume carnoso.

CHIAVE DEI GENERI.

1 { Arbusto con fiori rosei, raram. bianchi, terminali in cime corimbose. Corolla squamosa alla fauce. Stimma glabro . . . . 1 NERIUM.
Erba con fiori azzurri, raram. rosei o bianchi, ascellari, solitari. Corolla nuda alla fauce. Stimma barbato . . . . 2 VINCA.

1. **Nèrium** (da νηρος = umido, perchè pianta che cresce presso i ruscelli). Corolla 5-partita, a fauce con 5 scaglie laciniate. Stami a filamenti diritti e ad antere aderenti allo stimma, con 2 codette basali, sormontate da un'appendice barbata contorta a spira. Stimma a disco sormontato da un'appendice glabra, biloba. Semi pubescenti e muniti di un ciuffo di peli.

Arbusto a foglie coriacee, lanceolate, opposte o verticillate a tre, intiere, glabre, brevem. picciolate. Fiori grandi, terminali, in cime corimbose, rosei, raram. bianchi, spesso doppi nelle piante coltiv. 5. (T. al m. Argentaro, Giglio, Capraia). — *Mag. Est.* — Luoghi umidi specialm. lungo i corsi d'acqua reg. med., colt. e talora inselv. — *Leandro, Mazza di S. Giuseppe,* **1675 N. Oleander** L.

2. **Vinca** (dal latino *vincire* = avvinghiare, pei fusti sarmentosi). Corolla 5-fida a fauce crenulata, nuda. Stami a filamenti ginocchiati e ad antere conniventi, sormontate da un' appendice dilatata e barbata. Stimma dilatato in un disco glandoloso, barbato. Semi senza ciuffo di peli.

1 {
Lobi della corolla *obliquam. ovato-acuminati*. Foglie glabre, ovato-lanceolate, quasi ugualm. ristrette alle due estremità oppure un po' slargate e arrotondate alla base, giammai però cordate. Lacinie del calice lineari, glabre, lunghe 9-11 mm. Peduncoli florali più brevi delle foglie. 2⁄. (T., Elba, Capraia, M. a Castelfidardo, L.). — *Feb. Apr.* — Siepi e boschi dal mare alla reg. subm. . . . . **1676 V. media** Hoff. et Lk.
Lobi della corolla *ottusam. troncati.* 2
}

2 {
Foglie *pubescenti-cigliate* nei margini, *subcordato-ovate*, od *ovato-lanceolate*. Lacinie del calice lineari, cigliate, *subeguali* al tubo corollino, lunghe *8-15 mm*. Peduncoli più brevi delle foglie. 2⁄. (It. media, Elba). — *Mar. Giu.* — Siepi e boschi dal mare alla reg. subm., talora inselv. — *Pervinca maggiore.* . . . . **1677 V. maior** L.
Foglie *perfettam. glabre, ellittico-lanceolate*, ristrette alle due estremità. Lacinie del calice lanceolate, *assai più brevi* del tubo corollino, lunghe *4-5 mm*. Peduncoli *più lunghi* od *anche più brevi* delle foglie. 2⁄. (It. media, Elba, Giglio). — *Feb. Giu.* — Dal mare alla reg. mont. — *Pervinca.* **1678 V. minor** L.
}

200. *Anagallis tenella* L. (¹⁄₅).

201. *Phillyrea variabilis* Timb. var. *angustifolia* (L.) (¹⁄₅).

202. *Periploca graeca* L. (¹⁄₄).

Fam. 72.ª **ASCLEPIADACEE.**

Erbe od arbusti a foglie opposte, rarissimam. alterne o verticillate, senza stipole. Fiori ermafroditi, regolari, in racemi o in corimbi più spesso ad ombrella. Calice persistente, a 5 divisioni; corolla 5-fida, colla fauce nuda o munita di 5 appendici squamiformi; stami 5 inseriti alla base della corolla, coi filamenti ± saldati in tubo, come le antere, le quali sono sormontate da un prolungamento membranoso

applicato sullo stimma; ovario di 2 carpelli distinti, superi, con molti
ovuli; stili 2, distinti; stimma spesso discoide, quinquelobo-glandoloso. Frutto secco formato di 2 follicoli a molti semi, muniti di pappo; albume cartilagineo ed embrione con cotiledoni piani.

CHIAVE DEI GENERI.

1 { Erbe, talora volubili. Corolla nuda alla fauce . . . 2 Cynanchum
Liane od arbusti ± volubili. Corolla munita alla fauce di cinque squame prolungate in resta uncinata . . . . 1 Perìploca

1. Perìploca (da πιρι = intorno e πλεχειν = avviticchiarsi).
Corolla rotata a 5 lacinie patenti o riflesse, munita alla fauce di 5
squame prolungate in resta uncinata. Stami a filamenti liberi e antere barbate sul dorso, con polline riunito in masse. Piante latiginose,
volubili o no.

> Pianta a fusto volubile. Foglie membranacee, ovate o bislunghe, rotondate
> alla base, opposte, spesso acuminate intere, glabre o pelosette di sotto.
> Fiori in corimbi lungam. peduncolati; antere ottuse. Follicoli alla fine incurvato-divergenti, rimanenti tra loro attaccati all'apice. 5. (T. tra Viareggio e Livorno . — *Mag. Giu.* — Boschi reg med. (Fig. 202).
> **1679 P. graeca** L.

2. Cynàncbum (da χυων = cane a ἀγχειν = strozzare; alludendo alle proprietà energiche della pianta). Corolla campanulato-rotata, 5-fida, a fauce nuda. Stami con una corona petaloide sul dorso,
divisa in 5-10 lobi; antere terminate da un'appendice membranosa;
polline in masse. Follicoli 1 o 2 cilindrico-conici.

> 1 { Foglie *glauche, profondam. cuoriformi, lungam.* picciolate. Corona degli stami
> *tubulosa,* a 5 lobi *lineari.* Follicoli *cilindrici.* Fiori bianco-carnicini. 2⟂.
> (Presso Livorno). — *Giu. Ag.* — Luoghi litoranei reg. med., raram. lontano
> dal mare . . . . **1680 C. acutum** L.
> Foglie *verdi non cuoriformi, brevem.* picciolate. Corona staminale *a scodellina,* carnosa, a 5 lobi *rotondati.* Follicoli *rigonfi verso la base.* Fiori verdastri o giallastri. 2⟂. (It. media, Elba, Pianosa, Capraia, Montecristo). — *Mag.
> Sett.* — Boschi e luoghi selvatici dal mare alla reg. mont. o raram. alp.
> **1681 C. Vincetoxicum** Pers.

Fam. 73.ᵃ GENZIANACEE.

Erbe a foglie opposte od alterne, semplici o raram. trifogliolate,
senza stipole. Fiori regolari, solitari od in cime. Calice persistente,
4-8-dentato o lobato; corolla ipogina, campanulata, ipocrateriforme o
anche rotata, con 4-8 lobi, a fauce nuda, frangiata o squamosa, per
lo più persistente; stami 4-8, inseriti sul tubo della corolla, con filamenti liberi ed antere bilobate; ovario libero, unico, con ovuli numerosi. Frutto cassula ad 1 o 2 logge incomplete; semi numerosi, talora alati; albume copioso, carnoso, ed embrione minuto, a cotiledoni
coerenti o divergenti.

CHIAVE DEI GENERI.

1 { Piante terrestri. Foglie per lo più opposte 2
{ Piante acquatiche. Foglie alterne 6

2 { Stilo indistinto 3
{ Stilo ben distinto, 2-partito 5

3 { Corolla ipocrateriforme o campanulata . . . 2 GENTIANA p. p.
{ Corolla rotata 4

4 { Lobi corollini muniti alla base di 2 glandole cigliate . . . 1 SWERTIA
{ Lobi corollini senza glandole o squame alla base . . 2 GENTIANA p. p.

5 { Perigonio e androceo 4-meri . . . . 3 CICENDIA
{ Perig e andr. 5-meri . . . . 5 ERYTHRAEA
{ Perig. e andr. 6-8-meri . . . . 4 CHLORA

6 { Foglie semplici, rotondato-reniformi. Corolla gialla, rotata, con squame glan-
{ dolose alla fauce . . . . 7 LYMNANTHEMUM
{ Foglie trifogliolate. Corolla rosea, senza squame alla fauce, ma con lobi lun-
{ gam. barbati nella pag. super. . . . . . 6 MENYANTHES

1. Swèrtia (dedic. a Emanuele Swert, botanico olandese). Fiori pentameri. Corolla rotata, con 2 glandole lungam. cigliate alla base dei lobi. Disco ipogino nullo. Ovario con stimma sessile, persistente, bilobo, a lobi interi. Cassula ovoide ad 1 loggia, a semi compresso-alati, areolati.

> Fiori bruno-violacei, in racemo o pannocchia. Foglie ovali o bislungo-lanceo-
> late a 5-7 nervature, le super. sessili. Fusto eretto od ascendente, semplice,
> 1-3 dm., a radice nodosa. 2↓ (App. tosco-occ. e moden. ed Alpi Ap.). — *Lug.*
> *Ag.* — Pascoli umidi reg. mont. ed alp. . . **1682 S. perennis** L.

2. Gentiàna (da *Gentius*, re dell'Illiria, che per primo fece conoscere le proprietà di queste piante). Fiori 4-8-meri. Corolla ipocrateriforme, campanulata o rotata, nuda alla fauce o barbata, senza glandole alla base dei lobi. Disco ipogino nullo. Ovario 1-loculare, a stilo breve o nullo e stimma bilobo. Cassula ad 1 loggia con 2 valve, a semi con o senza ala.

1 { Corolla *nuda* alla fauce e sui lobi 2
{ Corolla *barbato-squamosa* alla fauce o a lobi cigliati 12

2 { Antere *congiunte* fra loro almeno nei giovani fiori, raram. libere, ma in tal
{ caso la corolla è *gialla* e *rotata*, cioè profondam. divisa fino alla base 3
{ Antere *sempre libere* tra loro. Corolla *azzurra, mai rotata* 8

3 { Semi *lenticolari, compressi*, areolati, *largam. alati*. Piante caulescenti, a fo-
{ glie sempre ovate od ovato-lanceolate, più larghe di 1 ½ cm. . . . 4
{ Semi *globosi od ellissoidei*, areolati, o ± *profondam. solcati, senza ali*. Piante
{ acauli o caulescenti, ma in tal caso a foglie lineari o lineari-lanceolate, più
{ strette di 1 cm. 6

4 { Corolla *azzurra*. Fiori *solitari*, opposti, ascellari tutti sessili. Foglie *lungam.*
{ *acuminate*, ovato-lanceolate, opposte. talvolta ternate, brevem. picciolate,
{ rotondate alla base. 2↓ (App. sino alla Verna in T.). — *Lug. Ag.* — Boschi
{ reg. subm. e mont., raram. alp. (Fig. 204). **1683 G. Asclepiadea** L.
{ Corolla *gialla o porporina*. Fiori *in verticilli* ascellari densi. Foglie ellittiche
{ o lanceolate, *non acuminate* 5

5 { Corolla *gialla, senza* pliche alla fauce, *rotata*, cioè divisa in *5-9 lacinie lan-*
{ *ceolato-acute*. Antere *ordinariam. libere*. Cassula ovoide-acuminata. sessile.
{ Foglie ampie, ovali, a *5-7 nervi* convergenti. 2↓ (App. pavese, centr., laz.).
{ — *Giu. Ag.* — Pascoli reg. mont. e subalp. — *Genziana maggiore.*
{ **1684 G. lutea** L.

5 | Corolla *superiorm. porporina*, con pliche alla fauce, *lungam. tuboloso-campanulata*, a 5-6 *lobi* brevi, *ovali-ottusi*, tre volte più brevi del tubo giallastro. Antere *saldate*. Cassula sessile. Foglie grandi, ovali o lanceolate a *5-nervi* convergenti. ♃. (App. tosco-emil. ed Alpi Ap.). — *Lug. Ag.* — Pascoli reg. subalp. ed alp. . . . . **1685 G. purpurea** L.

6 | Piante *caulescenti*, a fusto *eretto*, 10-50 cm., semplice, foglioso, *moltiflore*, a fiori in racemo, ascellari, alterni od opposti, talora solitari. Foglie lanceolate o lanceolato-lineari, ottuse, ad 1 nervatura, piane od un po' revolute nel margine. Semi *regolarm.* areolati. ♃. (App. emil., lucchese a Montecarlo). — *Lug. Sett.* — Luoghi erbosi, umidi reg. subm. e mont. **1686 G. Pneumonanthe** L.
| Piante *acauli*, a scapo alto 3-12 cm., *uniflore*. Foglie tutte basali a rosetta. Semi profondam. solcati, leggerm. areolati 7

7 | Calice a lobi *brevi, lassi, molto ristretti* alla base. Membrana epidermica tra un lobo e l'altro *ben sviluppata*. Foglie grandi, larghe, *obovali od ellittiche, subottuse, non marcescenti*, ad 1-3 nervature. ♃. (Alpi Ap., App. centr.). — *Mag. Ag.* . . . . . . **1687 G. Kochiana** Perr. et S.
| Calice a lobi *lunghi, eretto-applicati, non ristretti* alla base. Membrana epidermica tra un lobo e l'altro *piccola o nulla*. Foglie *ellittico-lanceolate o lanceolate*, terminate *in una punta cartilaginea acutissima, marcescenti*, a 3 nervature. ♃. (Alpi Ap.). — *Mag. Ag.* — Prati e pascoli dalla reg. mont. all'alp. . . . . **1688 G. Clusii** Perr. et S.

8 | Stimmi *oblunghi od orbicolari, non frangiati e non toccantisi coi margini*. Calice troncato, brevem. dentato, 3-4 volte più breve del tubo corollino. Corolla per lo più quadrifida. Foglie connesse in guaina alla base. Cassula sessile; seme ellissoideo, senza ali. ♃. (App. medio). — *Lug. Sett.* — Prati, pascoli e boschi reg. subm. e mont. — *Genziana minore.* **1689 G. cruciata** L.
| Stimmi *allargati, frangiati, coi margini toccantisi* e formanti un imbuto. Seme ellissoideo, areolato, non alato. 9

9 | Piante *perenni, uniflore* 10
| Piante *annue, moltiflore* 11

10 | Foglie *sempre acute* all'apice, ovali o ellittico-lanceolate, le infer. ravvicinate a rosetta. Calice a lobi *più brevi* della metà del suo tubo, eguaglianti *circa la metà* del tubo corollino. Fusto *angoloso*, con *2 paia di foglie al più o raram. 3-4 paia*. ♃. (App. dal tosco-emil. ed Alpi Ap. fino a tutto l'App. centr.). — *Mag. Lug.* — Pascoli dalla reg. mont. all'alp. **1690 G. verna** L.
| Foglie lineari, appena ristrette alla base. (App. piceno). Var. *pumila* (Jacq.).
| Foglie *rotondate* all'apice, mai acute, obovali o oblunghe, le infer. e quelle dei polloni sterili ravvicinate e ± embriciate. Calice a lobi *più lunghi* della metà del suo tubo, eguaglianti *almeno i due terzi* del tubo corollino. Fusto *subcilindrico con parecchie paia di foglie*. ♃. (App. piceno). — *Lug. Ag.* — Pascoli umidi reg. alp. . . . . . . **1691 G. bavarica** L.

11 | Fiori assai *piccoli* (18-20 mm. di lungh. per 3-5 di largh.), *spesso numerosi*; calice *tuboloso, angoloso, ma non alato*, coi lobi lanceolati, *subeguali ad esso*; corolla a lobi *ovali-acuti*. ☉. (App. tosco-emil. al m. Cimone e Corno alle Scale). — *Lug. Ag.* — Pascoli e luoghi sassosi reg. alp. **1692 G. nivalis** L.
| Fiori assai *grandi* (20-30 mm. di lungh. per 6-10 di largh.) *poco numerosi*; calice *ovoide-rigonfio, ampiam. alato, con ali larghe nel mezzo*, a lobi *2-3 volte più brevi* del tubo; corolla a lobi *ovali-ottusi*. ☉. (Alpi Ap. e App. tosco-emil. fino a tutto il centr.). — *Mag. Lug.* — Pascoli reg. alp. e subalp. **1693 G. utriculosa** L.

12 | Corolla *senza squame alla fauce*, ma con petali *frangiato-cigliati* nei margini. Fiori solitari, assai grandi; calice a 4 lobi lanceolato-acuminati, lunghi metà del tubo corollino. Foglie non in rosetta, sessili, lanceolate o lineari. Fusto flessuoso, angoloso, semplice o un po' ramoso, 5-20 cm., squamoso alla base e foglioso fino all'apice. ♃. — (App. medio). — *Lug. Sett.* — Pascoli umidi, raram. secchi dalla reg. subm. alla subalp. . . **1694 G. ciliata** L.
| Corolla *munita di squame barbate*, ma con petali *interi, non cigliati*. . 13

Fiori *tetrameri, grandetti,* lunghi *circa 3 cm.* Calice a *4* sepali quasi liberi, *molto disuguali,* i 2 esterni fogliacei, ricoprenti i 2 interni; corolla a *4* lobi brevi, *ovali-ottusi;* stimmi *rivolti in fuori.* Cassula *appena stipitata.* ⓧ.
1695 G. campestris L.

13 {

Calice coi 2 lobi più esterni largam. alati, ovato-acuminati, 3-4 volte più grandi degli interni, che sono strettam. lanceolati. Foglie infer. un po' acute. (App. sino alla Tosc., ed anche in Maremma a Prata e Boccheggiano). — *Lug. Ag.* — Prati e pascoli dalla reg. mont. all'alp. — *α typica.*

Calice coi 2 lobi più esterni più larghi degli altri, ma non largam. alati, lanceolati o lanceolato-lineari. Foglie infer. spatolato-ottuse. Fiori lungam. peduncolati. (L. sui monti Viglio e Monna). — β *neapolitana* Froel.

Fiori *pentameri assai piccoli,* lunghi *15-20 mm.* Calice diviso fino ai due terzi in *5* lobi *un po' disuguali,* lanceolato-lineari, eguaglianti circa il tubo della corolla: corolla a *5* lobi *lanceolato-acuti;* stimmi *eretti.* Cassula *subsessile.* ⓧ. — Propria dell' Eur. più sett. . . . **1696 G. Amarella** L.

Fiori più grandi, lunghi 15-30 mm. Foglie infer. spatolato-ottuse, le cauline mediane ovate. (App. moden. al Cimone e centr.). — *Giu. Lug.* — Dalla reg. subm. all'alp. — Var. *obtusifolia.* (W.).

3. Cicèndia. Fiori tetrameri. Calice 4-partito o dentato. Corolla 4-partita, imbutiforme, a tubo breve, nudo. Stami 4 con antere non contorte. Stilo filiforme, caduco. Stimma capitato. Disco ipogino nullo. Cassula ovale o bislunga, ad 1 loggia o a 2 logge incomplete.

1 {

Fusto *semplice o poco ramoso,* con rami *eretti.* Fiori *gialli, tutti terminali* lungam. peduncolati. Calice a lobi *largam. triangolari,* acuti, brevi, *applicati* sul frutto. Stilo *intero.* ⓧ. (T., Giglio, Capraia, Montecristo, L.). — *Apr. Giu.* — Luoghi paludosi reg. pad. e med. **1697 C. filiformis** Delarb.

Fusto *molto ramoso,* a rami *divaricati, dicotomi.* Fiori *rosei o bianco-giallastri, parte terminali con peduncoli lunghi 1-2 cm., parte nelle biforcazioni brevem. peduncolati.* Calice a lobi *lineari,* divisi fino alla base, *non applicati* sul frutto. Stilo *brevem. bilobo.* ⓧ. (T. nel Lucchese e Pisano, L. presso Nettuno). — *Mag. Ag.* — Luoghi paludosi reg. med.
1698 C. pusilla Griseb.

4. Chlòra (da χλωρος = verdastro, pel colore dei fiori). Fiori 6-8-12-meri. Calice a 6-12 divisioni profonde. Corolla rotata a tubo breve, con 6-8 lacinie bislunghe. Stami 6-8 inseriti sulla fauce del tubo corollino, con antere non contorte. Stilo filiforme, bifido, caduco, a stimma bifido. Disco ipogino nullo. Cassula ovale ad 1 loggia. — Fiori gialli.

1 {

Foglie *non saldate* fra loro alla base, sessili, lanceolato-acute, ellittico-bislunghe o un po' cuoriformi. Fiori *lungam.* peduncolati, a divisioni calicine connate nel quarto infer., più lunghe della corolla. Cassula *acuta.* ⓧ. — (L. a Fiumicino, Terracina a Fondi). — *Lug.* — Sabbie marit. reg. med.
1699 Ch. imperfoliata L.

Foglie *saldate* fra loro alla base. Cassula *ottusa* 2

2 {

Foglie cauline *ovali-triangolari, saldate alla base per tutta la loro larghezza.* Fiori d' un *bel giallo,* a lobi della corolla *ottusi.* ⓧ. (It. media, Arc. tosc.). — *Giu. Sett.* — Luoghi erbosi dalla reg. med. alla mont.
1700 Ch. perfoliata L.

Foglie cauline *ovali od ovali-lanceolate, incompletam. saldate alla base* che è rotondata. Fiori d'un *giallo-pallido,* a lobi della corolla ovali, *acuti.* ⓧ. (It. media, qua e là). — *Giu. Sett.* . . . **1701 Ch. serotina** Koch

5. **Erythraea** (da ἐρυθρος = rosso, pel colore dei fiori). Fiori pentameri. Calice tubuloso, a 5 divisioni lineari. Corolla imbutiforme, a lembo 5-fido, contorto dopo la fioritura sopra la cassula. Stami 5 ad antere contorte a spira dopo l'emissione del polline. Stilo filiforme, caduco, con stimma bilobo. Cassula lineare, a 2 logge incomplete, formate dai margini rientranti delle valve.

1 { Fiori *gialli*, lungam. peduncolati, solitari nelle biforcazioni ed all'apice dei rami. Stimma profondam. bilobo, più lungo dello stilo. Lacinie calicine più brevi del tubo della corolla, che ha i lobi ovato-acuti. ⊕. (It. media, Pesarese, Arc. tosc.). — *Mag, Lug.* — Luoghi erbosi mar. o talora nei colli reg. med. . . . . **1702 E. maritima** Pers.

Fiori *rosei, di rado bianchi, mai gialli* 2

2 { Fiori *sessili o quasi*, in infiorescenza *spiciforme*. Stimma oscuram. bilobo. Lacinie calicine eguaglianti il tubo della corolla, che ha lobi lanceolato-ottusi. ⊕. (Pavese qua e là, It. media). — *Giu. Sett.* — Luoghi umidi reg. med. o più raram. pad. e subm.) . . . . **1703 E. spicata** Pers.

Fiori ± *lungam. peduncolati*, in infiorescenza *non spiciforme* . . . 3

3 { Fusto *allungato* (15-40 cm.), di solito ramoso superiorm. Fiori *agglomerati*, formanti un corimbo *denso*, i laterali delle dicotomie accompagnati da 2 bratteole *addossate* alla loro base perchè quasi sessili. ⊕ (It. media, Arc. tosc.). — *Mag. Sett.* — Luoghi erbosi dal mare alla reg. mont. — *Biondella, Centaurea minore* . . . . . . **1704 E. Centaurium** Pers.

Fusto *breve* (2-20 cm.), ramoso fin presso la base. Fiori *distanziati*, formanti un corimbo *lasso*, i laterali delle dicotomie con bratteole ± *discoste* dalla loro base perchè peduncolate. ⊕. (Fig. 203) **1705 E. pulchella** Horn.

  Tubo corollino larghetto. — *Giu. Sett.* — Luoghi umidi It. bor. — α *typica*.

  Tubo corollino assai sottile, quasi filiforme. (It. centr.). — Dal mare alla reg. subm. — β *tenuiflora* (Hoff. et Lk.).

203. *Erythraea pulchella*   204. *Gentiana Asclepiadea* L.   205. *Cuscuta Epithymum.*
Horn. (¹/₅).   (¹/₄).   Murr. (¹/₄).

6. **Menyànthes** (da μην = mese e ἀνθος = fiore; perchè pianta emmenagoga). Fiori pentameri regolari. Corolla imbutiforme a 5 divisioni barbate. Stilo filiforme con stimma 2-4-fido. Disco ipogino senza glandole, cigliato. Cassula globosa, uniloculare, bivalve. — Foglie trifogliolate.

Foglie alterne e quasi radicali, con lungo picciolo slargato in guaina alla base, a 3 foglioline obovato-ottuse. Fiori rosei, in racemo terminale. Fusto glabro, liscio, lucente, 10-30 cm. ♃. (It. media, rara). — *Apr. Giu.* — Paludi, margine dei laghetti ecc. dal piano fino alla reg. alp. — *Trifoglione d'acqua, Trifoglio fibrino* . . . . . **1706 M. trifoliata** L.

7. **Limnànthemum** (da λιμνη = stagno e ἀνθεμον = fiore). — Fiori pentameri regolari. Corolla rotata a fauce barbata. Disco ipogino munito di 5 glandole alterne cogli stami. Lobi stimmatici con molti lobetti. Cassula ovoidea, a semi compressi, cigliati. — Foglie semplici.

Foglie galleggianti coriacee, lisce, rotondo-cuoriformi. Fiori gialli, fascicolati, ascellari, lungam. peduncolati. Pianta acquatica a fusti lunghi, ramosi. ♃. (T., L. nelle Paludi Pontine). — *Giu. Sett.* — Stagni e acque lente reg. pad. e med. . . . . . . **1707 L. nymphoides** Hoff. et Lk.

Fam. 74.ª CONVOLVULACEE.

Piante erbacee o suffruticose a foglie alterne, semplici, talora nulle, senza stipole. Fiori variamente disposti oppure solitari. Calice persistente a 5 divisioni profonde, uguali o disuguali. Corolla tubuloso-campanulata o imbutiforme, ipogina, a lembo quasi intero o a 5 lobi, contorta nel boccio. Stami 5 inseriti in fondo al tubo della corolla o a metà, coi filamenti ± dilatati alla base e con le antere introrse, basifisse. Ovario di 2-4 carpelli connati e 2-4 caselle ad uno o due ovuli; stilo semplice o bifido o 2 stili. Cassula indeiscente o deiscente trasversalmente alla base o in 2 valve, a 2 logge contenenti ciascuna 1-2 semi, eretti, semiglobosi, trigoni, glabri; albume scarso, embrione curvato.

CHIAVE DEI GENERI.

1 { Piante fogliose, non parassite. — Fiori spesso grandi, 1-6 cm. di lunghezza. Cassula indeiscente . . . . 1 CONVOLVULUS
{ Piante senza foglie, parassite. Fiori piccoli, 2-5 mm. Cassula deiscente trasversalmente o quasi indeiscente . . . . . . 2 CUSCUTA

1. **Convòlvulus** (dal latino *convolvere* = avvolgere; pei fusti volubili). Calice 5-partito. Corolla campanulato-obconica, intera o sinuato-lobata, contorta nel boccio. Stami inseriti in fondo al tubo corollino. Ovario 2-loculare, col sepimento talora deficiente all'apice; stilo semplice, stimma bilobo a lobi lineari o grossetti. Cassula 2-4-valve, ad 1-2 semi per loggia, angolosi, glabri.

1 { Piante *affatto glabre*, con 2 brattee fiorali *situate immediatam. sotto* il fiore. Ovario *quasi 1-loculare*. Cassula *2 valve* 2
{ Piante *quasi sempre pelose*, con 2 brattee fiorali *per lo più distanti* dal fiore. Ovario *2-loculare*. Cassula *4-valve*. 3

2 {
Fiori *bianchi o leggerm. rosei.* Foglie *cuoriformi-astate o saettate.* Fusti *volubili,* alti sino a 2·3 m. ♃. *Campanelle, Vilucchione.* **1708 C. sepium** L.
 Brattee cuoriformi-ovate o cuoriformi-bislunghe, acute, non ricoprentisi coi margini e quasi aderenti al calice. (It. media, Elba, Giglio, Capraia). — *Mag. Aut.* — Siepi e boscaglie dal mare alla reg. subm. — α *typicus.*
 Brattee largam. ovali, ottuse con un mucrone, concavo-rigonfie, ricoprentisi coi margini, discoste dal calice od anche aderenti ad esso e in questo caso più allungate e meno rigonfie. (T., Elba, M. ecc.). — β *inflatus* (Desf.).
Fiori *rosei.* Foglie *cordato-reniformi.* Fusti *non volubili,* prostrati, *1-6 dm.* ♃. (It. media, Arc. tosc., Elba, Giglio, Pianosa, Montecristo). — *Mag. Ag.* — Spiagge arenose reg. med. e pad. — *Soldanella, Cavolo di mare.* **1709 C. Soldanella** L.

3 {
Foglie *evidentem.* scavate a cuore alla base, *spesso astate.* Piante *perenni,* a fusti *generalm. volubili* 4
Foglie *non od appena* scavate a cuore alla base, *mai astate.* Piante *annue o perenni,* a fusti *non volubili* 5

4 {
Pianta *glabra o debolm. pubescente.* Foglie *intere, astate.* Corolla *bianca o bianco-rosea,* lunga 4-5 volte il calice, *glabra* all'esterno. ♃. (It. media, Arc, tosc.). — *Apr, Aut.* — Campi e luoghi incolti dal mare alla reg. subalp. — *Vilucchio* . . . . . . **1710 C. arvensis** L.
Pianta *villoso-irsuta od argentino-sericea.* Foglie *cauline lobate od incise.* Corolla *rosea,* lunga 4 volte il calice, *pelosa* all'esterno. ♃. (It. media, Arc. tosc.). — *Apr. Giu.* — Luoghi aridi reg. med. **1711 C. althaeoides** L.

5 {
Piante *perenni,* a foglie *spatolate o lineari-lanceolate, attenuate alla base* . 6
Piante *annue o raram. perenni,* in questo caso però a foglie *ovali-rotondate, picciolate* 8

6 {
Fiori *densam. fascicolato-capitati all'estremità dei rami. Arbusto* sericeo-argentino, eretto, 8-10 dm. Calice villosissimo; corolla bianca, sericea all'esterno. ♄. (T. presso Massa marit. ed al m. Argentaro). — *Apr. Mag.* — Rupi calcaree . . . . **1712 C. Cneorum** L.
Fiori *in fascetti non capitati o solitari, ascellari. Erbe o suffrutici* . . 7

7 {
Fiori *in fascetti lassi,* con peduncoli ascellari *assai più lunghi* delle foglie, raram. solitari o geminati. Foglie *verdi, pubescenti, non sericee.* Fusti per lo più ascendenti, *20-50 cm.* ♃. (It. media, Elba, Pianosa). — *Mag. Aut.* — Luoghi aridi reg. med. e subm. — *Vilucchiello* **1713 C. Cantabrica** L.
Fiori *infer.* solitari, i *super.* avvicinati *in fascetti,* tutti con peduncoli *molte volte più brevi* delle foglie. Foglie *argentino-sericee* sulle due facce. Fusti eretti od ascendenti, *2-20 cm.* ♃. (L.). — *Apr. Giu.* — Rupi e luoghi aridi reg. med. . . . . **1714 C. lineatus** L.

8 {
Foglie *ovali o leggerm. cordate, tutte picciolate.* Peduncoli *1-2-flori,* con brattee *ben manifeste.* Corolla azzurro-pallida, lunga il doppio del calice. Pianta verde-gaia con villosità scarsa e patente, a fusti flessuosi, 2-5 dm. ①. (Arc. tosc. all'Elba, Giglio e Montecristo, L. a Terracina). — *Mar. Mag.* — Reg. med. . . . . **1715 C. siculus** L.
Foglie *bislunghe o lanceolate, le super. sessili.* Peduncoli *sempre 1-flori,* con brattee *minutissime* 9

9 {
Corolla lunga *il doppio* del calice, *azzurra.* Cassula *glabra.* ①. (T. a Porto S. Stefano, L.). — *Apr. Mag.* — Luoghi colt. reg. med. **1716 C. pentapetaloides** L.
Corolla lunga *3-4 volte* il calice, *azzurra* in alto, *bianca* nel mezzo e *gialla* nel fondo (raram. bianca anche nel fondo o totalm.). Cassula *villosa.* ①. (T. presso Firenze, Livorno, nel Senese a Vescovado, L.). — *Mar. Mag.* — Reg. med. . . . . **1717 C. tricolor** L.

2. **Cùscuta.** Calice 5-fido o 5-dentato. Corolla globoso-urceolata, marcescente, nuda o munita di squame sotto gli stami, a lembo 5-fido, embriciata nel boccio. Stami 5, rinchiusi. Ovario 2-loculare; stilo semplice o bifido. Cassula quasi indeiscente oppure deiscente trasversalm. (pisside), ad 1-2 semi per loggia. — Fiori talora tetrameri.

1 {
Stimmi *capitati*. Cassula *quasi indeiscente*. Fiori in capolini globosi; corolla profondam. 4-5-fida. Stili sporgenti. ⊙ . **1718 C. australis** R. Br.
   Fiori spesso tetrameri; squame ipostaminee piccolissime o subnulle. (Manca all' It. media). — *Mag. Sett.* — Reg. med. — α *breviflòra* (Vis.).
   Fiori pentameri; squame ipostaminee generalm. oltrepassanti il tubo, ± bifide, fimbriate ne' margini. (T. nel Lucchese a Porcari e al lago di Bientina). — Reg. pad. e med. — β *Cesatiana* (Bert.).
Stimmi *acuti, filiformi*. Cassula *deiscente trasversalm.* 2
}

2 {
Stili *più lunghi* dell'ovario. Squame ipostaminee moltidentate, *convergenti* e chiudenti il tubo, il quale è cilindrico od appena ventricoso ed eguale al lembo. ⊙. (Specie polimorfa parassita su molte piante, specialm. Leguminose e Labiate nell'It. media, Giglio, Gorgona e forse in altre isole dell'Arc. tosc.). — *Apr. Ag.* — Dal mare alla reg. alp. — *Cuscuta.* (Fig. 205).
   1719 C. Epithymum Murr.
Stili *più brevi* dell'ovario od *uguali* ad esso. Squame ipostaminee *erette*, aderenti al tubo corollino 3
}

3 {
Fusto *semplice o poco ramoso*. Tubo corollino *ventricoso*, lungo il doppio del lembo. Squame ipostaminee brevi, frangiate. Glomeruli densi, senza brattea alla base, a fiori bianchi. ⊙. (Parmig. a Ravarano parassita sul Solanum tuberosum, sul Lino in T. Elba, Gorgona, Urbino, Perugia). — *Apr. Ag.* — Dal mare alla reg. subm. . . . . **1720 C. Epilinum** Weihe
Fusto *ramosissimo*. Tubo corollino *appena ventricoso*, poco più lungo del lembo. Squame ipostaminee piccolissime, bifide o troncate. Glomeruli con una brattea alla base, a fiori rosei. ⊙. (It. media lungo l'App., parassita su diverse piante, specialm. Orticacee). — *Giu. Ag.* — Dalla reg. pad. alla mont. . . . . . **1721 C. europaea** L. (exc. β).
}

Fam. 75.ª BORRAGINACEE.

Erbe o suffrutici, quasi sempre ispide od irsute, a foglie alterne, semplici, senza stipole. Fiori bisessuali ordinariam regolari. Calice persistente 5-fido o 5-partìto. Corolla ipogina, caduca, gamopetala quasi sempre 5-loba, a tubo ± lungo. Stami 5, inseriti sul tubo e sulla fauce della corolla, coi filamenti brevi e con le antere introrse. Ovario supero, formato da 2 carpelli bilobi e biloculari, connati alla base, con un ovulo in ogni casella; stilo semplice a stimma intero o bifido. Frutto secco di 4 carpelli ossei, uniloculari, monospermi, qualche volta saldati 2 a 2 e formanti 2 carpelli biloculari. Seme con guscio membranoso, albume nullo o scarso, embrione diritto o incurvato.

CHIAVE DEI GENERI.

1 {
Stami inseriti alla fauce del tubo corollino e sporgenti fuori di esso . . 2
Stami inseriti nel tubo corollino 6
}

2 {
Corolla irregolare, senza squame alla fauce. Stami diseguali a filamenti lunghi.   3 Echium
Corolla regolare con o senza squame alla fauce 3
}

3 {
Corolla ruotato-campanulata, a fauce con squame . . . 11 Borrago
Corolla tubolosa o campanulata. 4
}

4 {
Fauce corollina con squame. Filamenti staminali lunghetti . 12 Symphytum
Fauce corollina senza squame. Filamenti staminali brevissimi . . 5
}

5 {
Foglie larghe. Ovario 2-lobo . . . . . . 1 Cerinthe
Foglie strettissime. Ovario 4-lobo . . . . . . 2 Onosma
}

6	Stami inseriti alla stessa altezza delle squame corolline e sorpassanti queste. Calice fruttifero rigonfio. Carpelli incurvati. . . . . 7 Alkanna	

6 { Stami inseriti alla stessa altezza delle squame corolline e sorpassanti queste. Calice fruttifero rigonfio. Carpelli incurvati. . . . . . 7 **Alkanna**
Stami inseriti più in basso delle squame corolline e ricoperti da queste che chiudono la fauce del tubo corollino 7
Tubo corollino senza squame o protuberanze che ne chiudano la fauce . 15

7 { Tubo corollino bruscam. curvato nel mezzo . . . . . 9 **Lycopsis**
Tubo corollino diritto 8

8 { Tubo corollino assai più lungo del lembo 9
Tubo corollino tutt' al più uguale al lembo 11

9 { Calice 5-partito, poco accrescente nel frutto . . 4 **Lithospermum** p. p.
Calice 5-fido. 10

10 { Calice un po' accrescente nel frutto. Squame corolline pelosissime. 10 **Anchusa**
Calice poco accrescente nel frutto. Squame coroll. glabre 5 **Myosotis** p. p.

11 { Lembo corollino ceruleo 12
Lembo corollino violaceo o turchiniccio 13

12 { Foglie cuoriformi-ovate. Acheni depressi, inseriti lateralm. sull'asse centrale. 14 **Omphalodes**
Foglie bislunghe o lanceolate. Acheni ellittici, inseriti per la base sul talamo. 5 **Myosotis** p. p.

13 { Tubo corollino nudo nella base. Acheni con aculei uncinati. 13 **Cynoglossum**
Tubo corollino con un anello di squame alla base. 14

14 { Lobi calicini interi. Acheni con aculei uncinati . . . . . 16 **Lappula**
Lobi calicini sinuato-dentati. Acheni senza aculei uncinati. 15 **Asperugo**

15 { Fauce corollina affatto nuda. Tubo corollino con squamette alla base. 4 **Lithospermum** p. p.
Fauce corollina con 5 archi di peli o 5 squame cigliate 16

16 { Filamenti staminali brevissimi. Carpelli piani alla base . 6 **Pulmonaria**
Filamenti staminali lunghetti. Carpelli concavi alla base . . 8 **Nonnea**

1. **Cerinthe** (da χερος = cera e ἀνθος = fiore; fiori ricercati dalle api). Fiori regolari. Calice profondam. 5-partito; corolla quasi cilindrica, a fauce nuda. Frutto di 4 acheni saldati a 2 a 2.

1 { Corolla di *3-4 mm.* diam., a denti lanceolato-lineari acuminati, *eretto-conniventi*. Antere *4 volte più lunghe* del loro filamento. Pedicelli fruttiferi *ricurvi*. Foglie *non cigliate*, spesso macchiate di bianco. ①. (It. media, non comune). — *Apr. Sett.* — Campi e luoghi erbosi dal mare alla reg. mont. o raram. alp. — *Erba vaiola* . . . . . . **1722 C. minor** L.
Corolla di *5-8 mm.* diam., a denti brevissimi *largam. triangolari*, acuti, alla fine ricurvi in fuori. Antere *subeguali* a' filamenti. Pedicelli frutt. *eretti*. Foglie *setoloso-cigliate nei margini*, macchiate di punti callosi bianchi. ①. (It. media, Elba, Giglio, Gorgona). — *Gen. Giu.* — Campi e luoghi erbosi, reg. med. — *Erba tortora, Scarlattina, Cerinta.* **1723 C. aspera** Roth

2. **Onòsma** (da ονος = asino e οσμη = odore; pianta gradita agli asini). Calice a 5 divisioni spesso diseguali; corolla campanulata, a fauce nuda. Frutto di 4 acheni liberi, ovoideo-triangolari, a base piana.

Fiori bianco-giallastri in racemi brevi; corolla minutam. pubescente. Antere più brevi dei filamenti. Foglie piane o quasi, lineari o lanceolate, con tubercoli stellato ispidi, setolosi. Pianta verde con setole qua e là subpatenti. 2↋. (It. media, non ovunque). — *Giu. Lug.* — Luoghi aridi e ghiaiosi reg. subm. più raram. med., pad. e mont. **1724 O. stellulatum** W. et K.

3. **Echium** (da ἔχις = vipera, per la forma dei fiori). Fiori irregolari. Calice a 5 divisioni poco diseguali, ± accrescente nel frutto; corolla a 5 lacinie di cui le 2 super. più grandi, nuda nella fauce; stami diseguali, a filamenti lunghi, arcuati. Frutto di 4 acheni liberi, reticolati o tubercolati, a base piana.

1. Calice *molto* accrescente nel frutto. Corolla *piccola, poco più lunga* del calice, quasi regolare, a lembo azzurro-pallido e tubo bianco o talora affatto bianca. Stami *rinchiusi*. ①. (T. in Maremma e Arc. tosc., Cesena, Assisi, L.).
   1725 E. parviflòrum Moench.
   Calice *poco* accrescente nel frutto. Corolla *grande, lunga 2-4 volte* il calice, ± *irregolare*. Stami ± *sporgenti* 2

2. Foglie cauline super. *slargate* alla base e quasi cordato-abbraccianti. Filamenti staminali *almeno in parte pelosi*. ①. (It. media e alcune isole Arc. tosc.). — *Apr. Lug.* — Luoghi campestri od incolti reg. med.
   1726 E. plantagìneum L.
   Foglie cauline *ristrette* alla base. Filamenti staminali *glabri* . . . 3

3. Corolla *bianchiccia o debolm. rosea, quasi regolare*, col tubo uguale al calice. Fiori in pannocchia grande piramidale. Pianta ispidissima per setole rigide. ①. (It. media, manca nelle isole tosc.). — *Apr. Est.* — Luoghi aridi reg. med. (Fig. 206) . . . . **1727 E. italicum** L.
   Corolla *azzurra o rosso-rosea*, eccezionalm. bianca, *molto irregolare*. Fiori in pannocchia racemosa cilindrica o piramidale, più raram. in pannocchia irregolare. ②. (It. media, Elba). — *Apr. Est.* — Luoghi incolti e campi dal mare alla reg. mont. . . . . **1728 E. vulgare** L.
      A. Corolla lunga il doppio del calice o raram. meno; tubo più breve del calice.
         1. Corolla lunga il doppio del calice. Stami quasi sempre sporgenti.
            a. Pianta poco irsuta. Foglie ± larghe. (It. media, Elba). — *Apr. Est.* — Luoghi incolti e campi dal mare alla reg. mont. — α *typicum*.
            b. Pianta irsutissima. Foglie lineari-strettissime. (Ferrarese). — β *pilosissimum* Fiori
         2. Corolla appena più lunga del calice. Stami più brevi del labbro maggiore della corolla. (T. a Sarzana). — γ *Schifferi* (Lang.).
      B. Corolla lunga circa il triplo del calice o più; tubo più lungo del calice. Stami uguali o raram. più lunghi del labbro maggiore della corolla.
         1. Corolla azzurra, raram. percorsa da striscie longitudinali porporine e bianche, colle squame dell'anello basale arrotondate. Pianta ispida. (It. media). — δ *pustulatum* (S. et S.).
         2. Corolla rosso-rosea poi violetta, colle squame dell'anello quadrangolari. (Presso Ravenna). — ε *elegans* (Lehm.).

4. **Lithospèrmum** (da λίθος = pietra e σπέρμα = seme; alludendo alla consistenza pietrosa dei semi). Fiori regolari. Calice a 5 divisioni poco accrescente nel frutto; corolla imbutiforme, a tubo diritto, lungo, 5-fida, nuda o con 5 pieghe alla fauce; stami a filamenti brevissimi. Frutto di 4 acheni liberi, a base piana.

1. Piante *suffruticose*, cespugliose con fusti fioriferi semplici, eretti, 1-3 dm. Calice irsuto; corolla glabra all'esterno, azzurra, lunga circa il doppio del calice. Acheni lisci, lapidei. Foglie lineari, a margini rivoltati. ♃. (T. nelle Alpi Ap. e App. lucchese). — *Mag. Lug.* — Roccie reg. mont. ed alp.
   1729 L. suffruticosum A. Kern.
   Piante *erbacee* 2

2 { Fiori *prima rossi poi azzurri*. Acheni lisci, lapidei, bianchi. Foglie lanceola-
te. Fusti fioriferi eretti, gli sterili prostrati, radicanti all'apice, 3-5 dm. ♃.
(It. media). — *Mag. Giu.* — Siepi e luoghi ombrosi. (Fig 210).
                      1730 L. purpureo-caeruleum L.
Fiori *bianchi o gialli* 3

3 { Acheni *lisci, lucentissimi, bianchi*. Corolla bianco-gialliccia, poco più lunga
del calice, gibbosa alla fauce. Fusto eretto, 2·6 dm., rigido, ramoso in alto.
♃. (It. media). . — *Mag. Lug.* — Luoghi selvat. e camp. dal mare alla reg.
subm. . . . . **1731 L. officinale** L.
Acheni *tubercolati o rugosi, opachi, cenerini* 4

4 { Fiori *gialli*, in racemi frutt. coi calici densam. avvicinati. Corolla *lunga il
doppio* del calice, col tubo *allargato alla base*. Pianta a peli *patenti* coi fusti eretti, *3-20 cm.*, e foglie *lineari*, acute, *1-nervie*, le infer. leggerm. spatolate. ☉. (It. media qua e là, Elba, Giglio, Pianosa). — *Mar. Giu.* — Luoghi aridi reg. med. o subm. . . . . . . **1732 L. apulum** Vahl
Fiori *bianchi*, in racemi frutt. coi calici allontanati. Corolla *subeguale* al calice, col tubo *cilindrico*. Pianta a peli *appressati*, coi fusti generalm. eretti,
2·6 dm., e foglie *bislungo-lanceolate, spesso 3-nervie* alla base, ☉. (It. media, Elba, Pianosa, Capraia, Montecristo). — *Mar. Giu.* — Campi e luoghi er-
bosi dal mare alla reg. subalp. — *Strigolo selvatico.*   **1733|L. arvense** L.

206. *Echium italicum* L.   207. *Symphytum tuberosum* L.   208. *Lycopus europaeus*
(¹/₅).   var. *bulbosum* (Schimp.).   L. (¹/₅).
                          (¹/₅).

      5. **Myosòtis** (da μυς = topo e ούς = orecchio, per la forma
delle foglie). Fiori regolari. Calice 5-fido o 5-dentato, poco accrescente
nel frutto; corolla rotata, a tubo breve e fauce munita di 5 gibbosità;
stami a filamenti brevissimi. Frutto di 4 acheni liberi, ovoidei, a
base piana.

1 { Calice *glabro o con peli appressati* 2
Calice *con peli patenti, arcuati od uncinati* 4

2 { Pedicelli *subeguali* al calice frutt., che è *tuboloso*. Corolla col tubo *uguale o
più breve* del calice ed il lembo *un po' concavo*, di *3·4 mm.* diam. Pianta
annua o perenne, gracile, a radice spesso strisciante. Stilo assai più breve
del calice. ☉ ♃. (T. presso Pisa, Mugello e Vallombrosa, L.). — *Apr. Mag.*
— Luoghi umidi . . . . **1734 M. sicula** Guss.
Pedicelli *un po' più lunghi* del calice frutt., che è *campanulato*. Corolla col
tubo *uguale* al calice ed il lembo *piano* di *4-7 mm.* diam. Piante *perenni.* 3

3 {
Pianta *con rizoma obliquo, strisciante.* Calice *5-dentato.* Corolla a lembo di 6-7, oppure soltanto 4 mm. diam., a lobi *smarginati.* Stilo *subeguale* al calice. ♃. (It. media, Elba). — *Mar. Ag.* — Fossi e luoghi paludosi dal mare alla reg. mont. — *Non ti scordar di me.*   **1735 M. palustris** Lam.
Pianta *con radice discendente, fibrosa.* Calice *5-fido.* Corolla a lembo di 4-5 od anche 6-7 mm. diam., a lobi *interi.* Stilo di solito *assai più breve* del calice. ♃. (It. media). — *Giu. Lug.* — Fossi ecc.
          1736 M. caespitosa Schultz
}

4 {
Lembo della corolla *piano, 4-11* mm. diam., *uguale al tubo o più lungo.* Piante *perenni* 5
Lembo della corolla *concavo, 2-3 mm.* diam., *un po' più breve* del tubo. Piante *annue* 6
}

5 {
Pedicelli *più brevi* del calice o gli infer. subeguali, alla fine *eretti ed appressati.* Corolla di *5-9 mm.* diam. Pianta della reg. alp. o subalp., alta 3 dm. al massimo, più spesso 5-20 cm., raram. meno. ♃. (App. It. media). — *Giu. Ag.* — Pascoli e rupi reg. alp. e subalp.   **1737 M. pyrenaica** Pourr.
Pedicelli *più lunghi* del calice, *patenti* dopo la fioritura. Corolla di *5-11* o talora soltanto *4-5 mm.* diam. Pianta della reg. subm. e mont., alta da 3 a 6 dm. ♃. (It. media). — *Apr. Lug.* — Prati e boschi reg. subm. e mont.   **1738 M. silvatica** Hoffm.
}

6 {
Tubo della corolla *più breve* del calice *ed alla fine subeguale* ad esso. Fiori *azzurri o raram. bianchi.* ①. . . . . . **1739 M. arvensis** Lam.
    1. Pedicelli frutt. patenti, lunghi il doppio del calice Pianta alta 2-5 dm. (It. media, Arc. tosc.). — *Mar. Lug.* — Campi e luoghi erbosi dal mare alla reg. mont. — α *intermedia* (Lk.).
    2. Pedicelli frutt. patenti, uguali al calice. Pianta di 7-30 cm. Fiori più intensam. azzurri. — (Col tipo nei luoghi incolti od aridi). — β *collina* (Hoffm).
    3. Pedicelli frutt. eretti, più brevi del calice. Pianta c. s. (Col tipo). — γ *stricta* (Lk.).
Tubo della corolla *alla fine lungo il doppio* del calice. Fiori *in parte azzurri e in parte gialli* sullo stesso racemo o talora *quasi tutti gialli.* Pedicelli frutt. patenti, più brevi del calice. ①. (Parmig. a Noceto, Faenza a Castelraniero, Fiorentino tra Signa e Poggio Santo Romolo, Pisa a Castagnolo, Montecristo, Roma, Frosinone). — *Apr. Mag.* — Campi e luoghi umidi qua e là dal mare alla reg. subm. . . . . **1740 M. versicolor** Lk.
}

6. Pulmonària (dal lat. *pulmo* = polmone, per l'aspetto delle foglie). Fiori regolari. Calice tubuloso, pentagono, 5-fido o 5-dentato, un po' accrescente nel frutto; corolla imbutiforme, 5-fida, a fauce senza squame, ma guarnita di 5 archi di peli. Stami a filamenti brevissimi. Frutto di 4 acheni liberi, lisci, a base piana.

Pianta ± peloso-glandolosa, a radice strisciante e fusti eretti, 2-4 dm., semplici. Foglie peloso-scabre, ovali, ordinariam. macchiate, le cauline super. ovali-oblunghe, sessili e leggerm. decorrenti. Fiori dapprima rossi, poi azzurro-violacei. Acheni ovoidi, acuti nell'apice. ♃. — *Polmonaria.*
          1741 P. officinalis L.
Foglie infer. a base cordata ed ovato-troncata; macchie mancanti o pallidissime, raram. ben distinte. (It. media). — *Mar. Giu.* — Luoghi selvatici umidi ed ombrosi reg. subm. e mont., raram. pad. — α *typica.*
Foglie infer. a base ovata, ristrette verso il picciolo; macchie più grandi, ben distinte. (Col tipo). — β *saccharata* (Mill).

7. Alkànna. Fiori regolari. Calice 5-partito, poco accrescente nel frutto; corolla imbutiforme, aperta alla fauce con 5 callosità glabre. Stami a filamenti brevissimi. Frutto di 4 acheni liberi, tubercolati o reticolati, a base piana.

1
{
Fiori *rosso-azzurri*, in racemi *brevi*. Acheni *tubercolati*. Radice rosso-scura e contenente un principio colorante rosso. 2↓. (Liguria . — *Feb. Mag.* — Luoghi arenosi ed incolti reg. med. presso al mare.

　　　　　　　　　　　　　　　　　　1742 A. tinctoria Tausch

Fiori *gialli*, in racemi alla fine *assai allungati*. Acheni *reticolato-rugosi*. Radice fusiforme. rossa all'esterno. ①. (Montecristo) — *Mag. Giu.* — Luoghi aridi reg. med. . . . . **1743 A. lutea** DC.
}

8. Nònnea (dedic. a Gian Filippo Nonne, botanico tedesco, morto nel 1772). Calice 5-fido, ± accrescente nel frutto; corolla imbutiforme, 5-fida, a fauce munita di 5 squamette cigliate, non chiudenti il tubo. Il resto come in *Anchusa*.

1
{
Fiori *gialli*, in racemi fogliosi. Acheni *costati longitudinalm.* ①. (Avvent. o subsp. a Parma e negli Orti bot. di Modena e Perugia). — *Mar. Mag.*

　　　　　　　　　　　　　　　　　　1744 N. setosa R. et S.

Fiori *azzurri*, pochi nell'ascella delle foglie fiorali. Acheni *lisci*, nitidi. ①. (L. a Roma e dintorni e ad Isola Farnese). — *Mar. Apr.*

　　　　　　　　　　　　　　　　　　1745 N. obtusifolia R. et S.
}

209. *Lycopsis arvensis* L. (¹/₄).　　210. *Lithospermum purpureó-caeruleum* L. (¹/₄).　　211. *Myosotis pyrenaica* Pourr. (¹/₅).

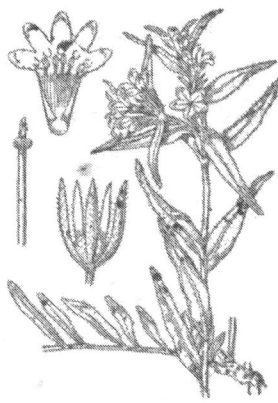

9. Lycòpsis (da λυϰος = lupo e ὄψις = aspetto, alludendo ai peli irsuti della pianta). — Calice 5-partito; corolla a lembo ± irregolare e a tubo lungo, bruscam. arcuato, colle squame della fauce irsute. Il resto come in *Anchusa*.

1
{
Foglie *sinuato-ondose* nel margine. Corolla a lembo *appena irregolare*, cogli stami inseriti nella metà *infer.* del tubo. Racemi fogliosi. ①. (T. M. rara). — *Mag. Ag.* — Nei coltivati reg. subm. e mont., raram. pad. (Fig. 209).

　　　　　　　　　　　　　　　　　　1746 L. arvensis L.

Foglie *dentate* nel margine, coi denti terminati da un callo portante una lunga setola. Corolla a lembo *assai irregolare*, cogli stami inseriti nella metà *super.* del tubo. Racemi bratteati in basso e nudi in alto. ①. (T. in Maremma a Burano ed Ansedonia, L.). — *Feb. Giu.* — Campi e boschi reg. med. o raram. subm. . . . . **1747 L. variegata** L.
}

10. **Anchùsa** (da ἀ'γχουσα = belletto, pel pigmento rosso della radice). — Fiori regolari. Calice a 5 divisioni, un poco accrescente nel frutto; corolla imbutiforme, 5-fida, colla fauce chiusa da 5 squame concave verso l'asse, pelose o barbate. Stami mancanti quasi di filamenti. Frutto di 4 acheni liberi, tubercolati, a base concava contornata da un elevato cercine crenato e perforata da un grosso strofiolo.

1 { Fiori *gialli*, a corolla di circa 1 cm. di diam.; squame della fauce densam. papilloso-ispide. Foglie intere o leggerm. ondulate, le infer. bislunghe, attenuate alla base, le super. lanceolate, sessili. Acheni depressi, obliquam. rostrati. reticolato-tubercolati. 2⅌. (Naturaliz. in T. a Carrara nel letto del Frigido presso S. Leonardo . — *Giu. Sett.* **1748 A. ochroleuca** M. B.
Fiori *violacei o porporini* 2
Fiori *azzurri*. 3

2 { Corolla a lembo *subeguale* al tubo (8-10 mm. diam.). Foglie *intere* nel margine o solo leggerm. ondulato-dentate. Fusti eretti, 3-7 dm. ② 2⅌. (Ravenna). — *Mag. Ag.* — Campi ecc. dalla reg. pad. alla mont.
1749 A. officinalis L.
Corolla a lembo generalm. *più breve* del tubo (6-8 mm. diam.). Foglie ± *ondulato-dentate*. Fusti di *2-4 dm.* ① ② 2⅌. **1750 A. undulata** L.
Foglie fortem. ondulate, sinuoso dentate. (It. media, Gorgona) — *Mar. Aut.* — Luoghi incolti e arene marit. reg. med. — α *typica*
Foglie poco ondulate, sinuoso-dentate od anche quasi intere. (It. centr.). — β *hybrida* (Ten.).

3 { Corolla *grande, 10-13 mm.*, a tubo *subeguale* al lembo ; squame della fauce sporgenti, divise in lacinie filiformi riunite a pennello. Foglie *intere*, le infer. ovato- o bislungo-lanceolate, picciolate, le altre lanceolate, sessili e rotondate alla base. ② 2⅌. (It. media, Elba, Gorgona, Capraia). — *Apr. Lug.* — Campi e luoghi incolti dal mare alla reg. subm. **1751 A. italica** Retz.
Corolla *piccola, 5-7 mm.*, a tubo *assai più breve* del lembo; squame della fauce semiorbicolari, cigliate nel margine. Foglie *intere o denticolate* le infer. bislungo-ottuse e picciolate, le super. lanceolate, sessili. 2⅌. (App. It. media, qua e là). — *Mag. Lug.* — Luoghi selvatici o colt. reg. mont. o più raram. subm. . . . . **1752 A. Barrelieri** DC.

11. **Borràgo.** Fiori regolari. Calice 5-partito, poco accrescente nel frutto; corolla rotata o rotato-campannlata, a tubo breve o nullo, 5-fida, guarnita alla fauce di 5 brevi squame ; stami e filamenti brevi. Frutto di 4 acheni liberi, a base concava, circondata da un orlo rialzato e perforata da un grosso strofiolo.

1 { Corolla piana, *rotata. grande* (circa *25 mm.* diam.), *subeguale* al calice, irta, come i peduncoli, di peli *patenti*; peduncoli lunghi *inclinato-pendenti*. Foglie infer. ovali *bruscam*. ristrette in lungo picciolo. Pianta a fusto *eretto, grosso*, succoso, ramoso. ①. (It. media, Arc. tosc.), — *Primav. Aut.* — Luoghi colt. e macerie dal mare alla reg. subm. — *Borrana*.
1753 B. officinalis L.
Corolla *rotato-campanulata, piccola* (circa *10 mm.* diam.), *lunga 2-3 volte* il calice, munita, come i peduncoli, di peli *appressati*; peduncoli lunghi *tortuoso-ricurvi o riflessi nel frutto*. Foglie infer. obovate o bislunghe, *insensibilm*. attenuate in lungo picciolo. Pianta a fusti *diffusi, deboli*, semplici o poco ramosi. 2⅌. (Arc. tosc. a Capraia). — *Apr. Aut.* — Luoghi umidi reg. subm. più raram. med. . . . . **1754 B. laxiflòra** W.

12. **Symphytum** (da συμφυειν = saldare, per le pretese proprietà medic. delle piante di questo genere). Fiori regolari. Calice 5-partito, poco accrescente nel frutto; corolla tuboloso-clavata, 5-den-

tata, a fauce munita di 5 squame lanceolato-triangolari, denticolate e glandolose nel margine. Stami rinchiusi a filamenti lunghetti Frutto di 4 acheni liberi, ovoidi, concavi alla base, con margine grosso.

1 {

Acheni *lisci, lucidi.* Foglie super. *lanceolate, lungam.* decorrenti sul fusto, il quale è così *totalm.* alato. Rizoma *grosso, ma non tuberoso.* Fusto alto 4-10 dm. eretto. ♃. *Consolida maggiore. Sinfito.*   **1755 S. officinale** L.
     Corolla bianca oppure bianco-giallognola. (It. media). — *Mag. Lug.* — Luoghi ombrosi umidi dal mare alla reg. subm. — α *typicum.*
     Corolla violaceo-porporina. (Paludi Pontine). — β *patens* (Sibth.).
Acheni *granulosi, opachi.* Foglie super. *ovate o bislunghe, brevem.* decorrenti sul fusto, il quale è così *interrottam.* alato. Rizoma *tuberoso.* Fusto alto 2-4 dm. ♃ . . . . **1756 S. tuberosum** L.
     A. Corolla lunga 10-22 mm., colle squame della fauce rinchiuse. Antere lunghe il doppio del filamento.
         a. Corolla totalm. giallognola a lobi riflessi, 3 volte più lunga. del calice. (It. media). — *Mar. Giu.* — Luoghi selvatici e siepi reg. subm. e mont. — α *typicum.*
         b. Corolla più piccola a lobi eretti, 2 volte più lunga del calice. (Faentino ?). — β *mediterraneum* (Koch).
     B. Corolla lunga 8-10 mm., colle squame della fauce sporgenti per 1-2 mm. Antere subeguali al filamento. (It. media, Giglio). — γ *bulbosum* (Schimp). (Fig. 207).

13. Cynoglòssum (da χυων = cane e γλωσση = lingua, forse per la forma delle foglie). Fiori regolari. Calice a 5 divisioni; corolla imbutiforme, quasi rotata, 5-fida, colla fauce chiusa da 5 squamette; stami a filamenti brevissimi. Frutto di 4 acheni liberi, depressi, muniti di aculei uncinati arrotondati alla base, imperforati.

1 {
Corolla *tubuloso-campanulata,* a tubo *lunghetto.* Stami *sporgenti.* Fusti grossi, eretti, ramosi, fistolosi, 6-12 dm. Pianta mollem. cenerino-villosa. ①. (T. nel gruppo del m. Amiata, App. centr. e laz.). — *Mag. Lug.* — Pascoli e boschi reg. subm. e mont.   . **1757 C. apenninum** L.
Corolla *rotato-campanulata,* a tubo *breve.* Stami *rinchiusi* 2

2 {
Acheni *piani o convessi* nella faccia esterna. Racemi *nudi o quasi* . 3
Acheni *concavi a coppa od a calice* nella faccia esterna. Racemi *nudi o bratteati* 4

3 {
Faccia esterna degli acheni *piana,* con aculei *più scarsi e spesso più brevi che nel rimanente.* Fiori rosso-scuri o rosso-violacei, *non venati.* Foglie tomentoso-canescenti da ambedue le facce. ②. (It. media). — *Giu. Lug.* — Luoghi aridi incolti reg. subm. e mont. — *Cinoglossa.*   **1758 C. officinale** L.
     Foglie glabre di sopra e peloso-scabre di sotto, sottili, quasi pellucide. (T. M. L.). — Var. *montanum* (Lam.).
Faccia esterna degli acheni *convessa,* con aculei *lunghi e numerosi come nel rimanente.* Fiori azzurri *con vene* più cariche, raram. bianchi. ① ②. (It. media, Arc. tosc.). — *Apr. Lug.* — Lungo le vie e nei luoghi erbosi dal mare alla reg. subm. . . . . . . **1759 C. creticum** Mill.

4 {
Racemi *nudi.* Acheni aculeati anche sulla faccia concava. Corolla appena più lunga del calice, a lembo subeguale al tubo, azzurro-porporina. ②. (L. a Cineto Romano). — *Apr. Giu.* — Luoghi sassosi dalla reg. med. alla mont. ?).   **1760 C. Columnae** Ten.
Racemi *fogliosi o bratteati,* o talora quasi nudi; pedicelli talvolta extrascellari 5

5 |
Corolla *più lunga* del calice, dapprima rosea, poi porporina od azzurro-porporina, raram. bianco-rosea, o venata di porpora, glabra. Acheni *aculeati,* sebbene un po' più radam., anche sulla faccia concava. Pianta *tomentosa,*

5 {
bianco-argentina. ② ♃. (L. al m. Circeo). — *Apr. Mag.* — Colli aridi calcarei reg. med. . . . . . . **1761 C. cheirifolium** L.
Corolla *uguale* al calice, rossiccia, glabra. Acheni *quasi inermi* sulla faccia
concava, o tutt'al più con uno o due aculei sulla linea mediana. Pianta
lanuginoso-canescente. ♃. (App. centr. piceno, umbro e laziale). — *Mag. Ag.*
— Pascoli reg. alp. e subalp. . . . **1762 C. magellense** Ten.
}

14. Omphalòdes (da ομφαλωδης = ombelicato, per la forma
del frutto). Calice a 5 divisioni, subcampanulato, ampliato nel frutto;
corolla rotata, 5-fida, a fauce chiusa da 5 squame ottuse. Stami a filamenti quasi nulli. Frutto di 4 acheni piccoli, inermi, depressi, scavati sulla faccia esterna a coppa limitata da un cercine involuto,
membranoso, rialzato. Il resto come in *Cynoglossum.*

> Radice strisciante, stolonifera. Foglie infer. cuoriformi-ovate, lungam. picciolate, le cauline più piccole, ovate, con breve picciolo. Racemi nudi; corolla azzurra, 12-14 mm. diam. ♃. (T occ. ai Bagni di Lucca e nelle Alpi Ap.). — *Mar. Apr.* — Luoghi boschivi freschi reg. subm.
> **1763 O. verna** Moench.

L' *O. linifolia* Moench. è spesso coltiv. nei giardini, dai quali talora sfugge
come a Firenze e a Roma.

15. Asperùgo (da *asper*, per l'asprezza delle foglie). Fiori regolari. Calice persistente, 5-fido, notevolm. accrescente nel frutto a
guisa di 2 lamine parallele; corolla quasi imbutiforme a fauce chiusa
da 5 squamette ottuse. Stami a filamenti brevi. Frutto di 4 acheni
distinti, ovoidi, compressi lateralm., ombelicati, verrucosi, imperforati, non aculeati, adesi al residuo persistente dello stilo.

> Pianta ispido-scabra, a fusti cespugliosi, procumbenti, 2-6 dm., angolosi, con brevi setole aculeiformi-riflesse. Foglie bislungo-lanceolate, le super. spesso opposte, volte tutte da un lato. Fiori in fascetti ascellari, rivolti dal lato opposto delle foglie, azzurri o bianchi. ①. (E. Romagna, T. a Vallombrosa, M. L., rara). — *Feb. Lug.* — Luoghi incolti e presso le siepi dalla reg. pad. alla mont.). . . . . **1764 A. procumbens** L.

16. Làppula. Calice 5-partito, a lacinie erette, poi patenti a
stella; stami a filamenti quasi nulli. Frutto di 4 piccoli acheni pira-
midato-trigoni, aculeati sui margini. Il resto come in *Asperugo.*

1 {
Pedicelli frutt. *eretto-patenti,* lunghi *1-3* mm. Acheni muniti sul margine *di doppia serie* di aculei, nel resto *tubercolati.* ① ②. (It. media). — *Mag. Ag.*
— Luoghi incolti e coltiv. dal mare alla reg. alp. — *Lappolini.*
1765 L. Myosotis Moench.
Pedicelli frutt. *riflessi,* lunghi *sino a 7-8* mm. Acheni muniti sul margine *di una serie sola* di aculei, nel resto *peloso-glandolosi.* ① ②. (App. moden. al Cimone di Fanano). — *Giu. Ag.* — Luoghi incolti reg. alp. e subalp.
1766 L. deflexa Garcke
}

Fam. 76.ᵃ **ELIOTROPIACEE.**

1. Heliotrópium (da ἱλιος = sole e τροπέιν = girare, pianta
che segue il sole). Fiori regolari. Calice 5-partito o 5-dentato, poco
accrescente nel frutto; corolla imbutiforme, a fauce nuda, con 5 pie-

ghe. Stami a filamenti quasi nulli. Ovario formato di 1 sol carpello, con stilo apicale, a 4 logge ed alla fine diviso in quattro acheni, dapprima coadesi, poi disgiunti a maturità.

1 {
Calice *dentato, caduco* col frutto. Pianta *villoso tomentosa*, biancastra a fusti *prostrati*, cespugliosi, 2-3 dm. Fiori inodori a corolla assai piccola, col lembo di 1 mm. diam. circa. ⨀. (T. a Firenze e Pisa lungo l'Arno, L. presso Tivoli e Paludi Pontine). — *Lug. Sett.* — Luoghi arenosi specialm. marit.
1767 H. supinum L.

Calice *partito, persistente* dopo la caduta del frutto. Pianta *verde o cenerino-pubescente*, a fusti *eretti od ascendenti*, 2-4 dm. ⨀. — *Eliotropio, Erba porraia.*
1768 H. europaeum L.
Foglie ovato-ottusette. Fiori quasi inodori, a lembo corollino del diam. di 2-4 mm. Acheni quasi glabri. (It. media)· — *Giu. Aut.* — Campi e luoghi incolti dal mare alla reg. subm. — α *typicum*.
Foglie ovato-ellittiche, arrotondate alle due estremità. Fiori odorosi, a lembo corollino del diam. di circa 2 mm. Acheni glabri. (L. a Castel di Decima e Carroceto). — Reg. med. – β *Eichwaldi* (Stead.)
}

Fam. 77.ª SCROFULARIACEE.

Erbe o frutici, raram. alberi. Foglie inf. opposte o verticillate, le super. alterne, per lo più senza stipole. Fiori bisessuali ordinariam. irregolari. Calice gamosepalo, a 4-5 divisioni. Corolla ipogina, gamopetala, a lembo, qualche volta regolare, 5-lobo, per lo più però irregolare 4 lobo, bilabiato o quasi col labbro super. intero, smarginato o bilobo, l'infer. 3-lobo, colla fauce aperta, piana o rialzata da due creste, ovvero chiusa da un rigonfiamento del labbro infer. Stami 4 didinami, rare volte 2 o 5, inseriti sulla corolla. Disco ipogino annulare, glandoloso o fatto a coppa. Ovario a 2 caselle con più ovuli ciascuna; stilo semplice, con stimma capitato o bilobo. Frutto cassula polisperma, a deiscenza variabile; semi piccoli, ad albume carnoso ed embrione diritto, raram. curvo, colla radichetta prossima all' ilo.

CHIAVE DEI GENERI.

1 {
Stami 2 2
Stami 4, talora col rudimento di un quinto stame (staminodio) . . . 3
Stami 5. . . . . 1 Verbascum
}

2 {
Corolla rotata 4-loba . . . . 7 Veronica
Corolla tubulosa 4-partita . . . . 5 Gratiola
}

3 {
Calice 2-labiato, rigonfio. Corolla 2-labiata 4
Calice 4-dentato o 4-fido, a denti e lobi subeguali. Antere a logge appendicolate alla base 5
Calice 5-fido o 5-partito, a lobi subeguali 9
}

4 {
Foglie dentate. Labbro super. della corolla fatto ad elmo schiacciato, bidentato all'apice . . . . 14 Rhinanthus
Foglie pennatifide. Labbro super. della corolla ad elmo, prolungato ± in rostro, intero o bidentato . . . . . 15 Pedicularis
}

5 {
Corolla oscuram. 2-labiata, a lobi patenti . . . . 10 Tozzia
Corolla manifestam. 2-labiata 6
}

6 {
Corolla a labbro infer. 3-dentato e bigibboso. . . . 9 Melampyrum
Corolla a labbro infer. 3-lobo . . . , ... 7
}

7 { Labbro infer. della corolla a lobi divisi . . . . 11 EUPHRASIA
{ Labbro infer. della corolla a lobi interi 8

8 { Corolla a labbro super. diviso. Antere a logge egualm. appendicolate
{ 13 ODONTITES
{ Corolla a labbro super. intero. Antere a logge disegualm. appendicolate.
{ 12 BARTSIA

9 { Corolla quasi regolare, tubulosa, a tubo quasi uguale al calice 6 LIMOSELLA
{ Corolla 2-labiata 10

10 { Corolla a fauce chiusa 11
{ Corolla a fauce aperta, non prolungata in sprone 12

11 { Corolla prolungata alla base in uno sprone . . . . . 2 LINARIA
{ Corolla non prolungata in sprone . . . . . . 3 ANTIRRHINUM

12 { Corolla breve irregolare, urceolata . . . . . . 4 SCROPHULARIA
{ Corolla lunga, tubuloso-campanulata . . . . . . 8 DIGITALIS

1. Verbàscum. Fiori solitari o più spesso in fascetti formanti racemi. Calice persistente 5-partito a lacinie subeguali. Corolla rotata, caduca, a tubo breve o quasi nullo, a lembo 5-partito, a lobi subeguali. Stami 5 diseguali, inseriti sulla base della corolla. Cassula bivalve, setticida, con molti semi minuti, obovato-ottusi, lacunoso-rugosi.

1 { Antere degli stami *super. reniformi, le altre connato-scorrenti* e inserite *lateralm. ed obliquam.* sul filamento 2
{ Antere *tutte reniformi*, subeguali ed inserite *trasversalm.* sul filamento . 7

2 {
Piante *glabre o peloso-glandolose, verdi-giallastre*. Fiori *solitari, raram. a 2-3,* formanti racemi disposti talvolta a pannocchia. Stami assai disuguali, il mediano dei super. talvolta quasi nullo, tutti muniti di peli violacei, i due infer. nudi in basso ed in alto e sopra una faccia. ②. – *Polline.* (Fig. 213).
1769 V. Blattaria L.
A. Peduncoli fiorali, gracili, patenti, lunghi 10-15 mm. e 2 volte più lunghi del calice. Foglie glabre, lucide, disegualm. e ± profondam. dentate. Corolla gialla con la fauce violetta, oppure bianco-carnea o bianco-porporina. (It. media, Elba, Capraia). — *Mag. Ag.* — Luoghi incolti, margini delle strade ecc. dal mare alla reg. mont. — *α typicum.*
B. Peduncoli fiorali diritti, uguali o più brevi del calice.
    1. Racemo semplice od un po' ramoso, però mai formante pannocchia. Peduncoli fiorali lunghi 4-6 mm. più brevi del calice, solitari. (Parmig., Bologn., M.). — *β virgatum* (With).
    2. Racemo ramificato, formante una specie di pannocchia. Peduncoli fiorali lunghi 6-8 mm., solitari o più spesso geminati. (It. centr., col tipo). — *γ repandum* (W.).
X Fiori per lo più geminati, più raram. solitari, portati da peduncoli pelosi o peloso-glandolosi, uno lungo quanto il calice, l'altro molto più breve e quasi nullo. Corolla gialla col fondo violaceo. (L. intorno a Roma). — *V. Blattaria* X *sinuatum* Freyn.
Piante *rivestite di tomento biancastro o biondo*. Fiori *in fascetti* sessili o quasi, formanti racemi densi 3

3 { Corolla *a lembo concavo*. Stami ad antere *brevem.* scorrenti sul filamento . 4
{ Corolla *affatto spianata*. Stami infer. ad antere *lungam.* scorrenti . . 5

4 {
Foglie medie e super. *scorrenti* sul fusto *per tutta la lunghezza dell'internodo.* ②. (It. media, Elba, Giglio, Gorgona, Capraia). · *Mag. Est.* — Luoghi incolti e lungo le vie dalla reg. med. alla subm. — *Barbasco, Tasso Barbasso.*
1770 V. Thapsus L.
Foglie *brevem. scorrenti* sul fusto *in due ali che si estendono soltanto alla metà dell'internodo.* ②. (App. tosco-emil., Alpi Ap., Capraia?, L.). — *Giu. Ag.* Luoghi incolti e boschivi reg. subm. e mont.
1771 V. montanum Schrad.

5 {
Foglie medie e super. scorrenti sul fusto *per tutta la lunghezza dell' interno-do*. Corolla grande, 3 volte circa più lunga del calice. Stami super. a filam. 2 volte più lunghi delle antere rossastre. Pianta biondo-tomentosa, a foglie cauline acuminate, ma generalm. non terminate in punta stretta e lunga. ②. (It. media). — *Mag. Est.* — Luoghi incolti e boschivi dalla reg. med. alla subm. **1772 V. thapsiforme** Schrad.
    Pianta meno tomentosa, a foglie cauline attenuate in punta lunga e stretta, falciforme. (T. alla Bruciana presso Massa Carrara). — Var. *cuspidatum* (Schrad.).
Foglie medie e super. *poco o punto* scorrenti sul fusto. 6
}

6 {
Pianta coperta di un tomento appressato non detersile. Foglie infer. ovali od ovali-bislunghe, non allungate. Corolla *2-4 volte* più lunga del calice. ②.
                             1773 V. phlomoides L.
  A. Pianta coperta di tomento bianco-giallastro. Foglie poco o punto scorrenti. Corolla grande 3 volte più lunga del calice. (It. media, Capraia). — *Mag. Lug.* — Luoghi colt. ed incolti dalla reg. med. alla mont. — α *typicum*.
  B. Pianta coperta di tomento biancastro.
    1. Foglie un po' scorrenti, attenuate in lunga punta in alto. Corolla grande, circa 4 volte più lunga del calice. (Qua e là nell'area del tipo). — β *australe* (Schrad.).
    2. Foglie c. s., acute, non attenuate in lunga punta. Corolla mediocre, 2-3 volte più lunga del calice. (It. centr., col tipo). γ *viminale* (Guss.).
Pianta coperta di un tomento denso, floccoso e intensam. giallo o biondo. Foglie infer. bislungo-lanceolate, assai allungate, picciolate, le altre sessili ovato-bislunghe, tutte non scorrenti. Corolla *2 volte* più lunga del calice. ②. (App. centr., dalle Marche in giù). — *Lug. Ag.* — Luoghi erbosi reg. mont. ed alp. . . . . . . **1774 V. longifolium** Ten.
}

7 {
Fiori *violacei o rosso-scuri*. Stami muniti di peli violaceo-rossicci, i 3 più brevi con peli bianchi sotto le antere. Foglie ovato-oblunghe, crenate o sinuato-crenate, verdi, quasi glabre, le altre lanceolate, sessili. Fusto semplice o parcam. ramoso, 3-7 dm. ②. (E. fra Bologna e Modena, T., M. sul m. dei Fiori, U. sul m. Terminillo, L. a S. Gregorio). — *Apr. Lug.* — Pascoli e luoghi boschivi reg. med. e subm. **1775 V. phoeniceum** L.
Fiori *gialli o di rado bianchi* 8
}

8 {
Filamenti staminali a peli *bianchi o bianchicci* 9
Filamenti staminali a peli *violacei o rossicci* 11
}

9 {
Infiorescenza *a racemo semplice*. Foglie cauline scorrenti, concave. Fiori fascicolati a 4-5. Pianta con tomento denso, persistente. ②. (M., L. a S. Polo). — *Mag. Lug.* — Luoghi asciutti mont. e spiagge arenose reg. med. e subm. **1776 V. niveum** Ten.
Infiorescenza *a pannocchia od a racemo ramoso* 10
}

10 {
Rami della pannocchia *patenti*. Foglie coperte *su ambedue le pagine*, come tutta la pianta, di tomento floccoso, caduco ; le super. *abbraccianti*, non scorrenti. Fusto cilindrico almeno in alto. Fiori fascicolati in pannocchia piramidale, con pedicelli *eguaglianti* il calice all'epoca della fioritura. ②. (It. media, Elba). — *Mag. Est.* — Luoghi incolti dal mare alla reg. mont.
                             1777 V. pulverulentum Vill.
Rami della pannocchia *eretti*. Foglie *verdi e quasi glabre di sopra*, coperte sulla pagina infer., come tutta la pianta, di tomento bianco-grigiastro, persistente; le super. *non abbraccianti*, nè scorrenti. Fiori in fascetti c. s., con pedicelli *una volta più lunghi* del calice all'epoca della fioritura. ②. (It. media). — *Giu. Ag.* — Luoghi incolti dalla reg. med., ove è raro, alla mont. . . . . **1778 V. Lycnitis** L.
}

11 {
Fiori *con peduncoli uguali al calice o più lunghi*. Foglie infer. ovato-bislunghe, cordate alla base, disegualm. crenate o sinuato-dentate, non però pennatifide. Fusto cilindrico in basso, fortem. angoloso in alto, ad angoli rilevati ed acuti. ②. (It. media, qua e là non comune). — *Mag. Est.* — Luoghi boschivi, pascoli ecc. dalla reg. subm. e mont. fino al piano.
                            1779 V. nigrum L.
    Foglie bianco-tomentose di sotto, le infer. doppiam. sinuato-dentate. (App. emil. ed Alpi Ap.). — Var. *lanatum* (Schrad).
Fiori *sessili od assai brevem. peduncolati*, solitari o fascicolati . . . 12
}

12 {
Foglie *infer. sinuato-pennatifide*, ondulate. Fiori riuniti in fascetti e formanti una grande pannocchia piramidale, a rami divaricato-ascendenti. ②. (It. media, Elba, Giglio, Pianosa). — *Mag. Est.* — Luoghi incolti e lungo le strade dal mare alla reg. subm. . . . . **1780 V. sinuatum** L.
Foglie *intere o di rado subincise* 13
}

13 {
Cassula *ovoidea, ottusa.* Fiori *solitari o qualche-volta ternati*, su peduncoli brevissimi o mancanti, disposti in racemo rado, allungato, un po' interrotto alla base. Foglie *quasi rotonde o rotondo-ellittiche, a tomento detersile* e però verdi, *crenulate*, le super. abbraccianti. ②. (T. all'Elba e Montecristo). — *Mag. Giu.* — Luoghi aridi reg. subm. e mont.
1781 V. Boerhaavei L.
Cassula *conica, acuta*, più lunga del calice e più grande che nella specie preced. Fiori *fascicolati*, eccetto talvolta i terminali, a fascetti ± distanti, in racemo semplice od inferiorm. ramoso, alla fine allungato. Foglie *ellittico-ovate o bislunghe*, ± *tomentose, subintere*. ②. (T. a Montecristo). — *Mag. Lug.* — Luoghi rocciosi mar. e subm. **1782 V. conocarpum** Moris
}

212. *Hyosciamus niger* L. 213. *Verbascum Blattaria* L. 214. *Linaria Cymbalaria*
(¹/₄). (¹/₅). Mill. (¹/₅).

2. **Linària** (da *linum* = lino, per la forma delle foglie). — Fiori ascellari, solitari od a racemo. Calice persistente, a 5 divisioni subeguali. Corolla bilabiata e personata, a tubo prolungato in uno sprone diritto e aguzzo, a fauce chiusa da un rigonfiamento (palato) del labbro infer. Stami 4, didinami, senza rudimento del quinto. Cassula ovale o globosa, biloculare, a molti semi, deiscente con 2 valve all'apice, ciascuna delle quali si fende in 3 denti; semi alati o no.

1 {
Fiori *solitari, ascellari*. Foglie ± *picciolate* 2
Fiori *in racemo terminale*. Foglie *sessili*, penninervie 9
}

·2 {
Foglie *palminervie lungam.* picciolate e *lobate* 3
Foglie *penninervie*, più *spesso brevem.* picciolate, *intere o dentate* oppure astate. 6
}

·3 {
Piante *affatto glabre*, a foglie quasi tutte alterne, coi lobi rotondati, ottusi od appena acuti nelle foglie super. Corolla a sprone più breve del tubo corollino. Cassula sorpassante un poco il calice; semi a creste per lo più acute. ♃. — (It. centr.). *Mar. Ott.* — Rupi, muri ecc. dal mare alla reg. subm. (Fig. 214) . . . . **1782 L. Cymbalaria** Mill.
Piante *pubescenti o villose* 4
}

4 { Peduncoli floriferi *più brevi od uguali* alle foglie. Corolla *grande*, lunga 10-15 mm., a sprone diritto, lungo *4-6 mm.* ♃. (L. nell'App. romano ai mont. Simbruini ed Ernici). — *Lug. Ag.* — Luoghi rupestri e ghiaiosi reg. mont. **1784 L. pallida** Ten.

.Peduncoli floriferi *generalm. più lunghi od anche subeguali* alle foglie. Corolla *metà più piccola della preced.*, a sprone lungo *2·3 mm.* 5

5 { Foglie *grandi*, con *5-11 lobi* rotondato-mucronulati. Semi profondam. *rugoso-crestati.* ♃. (L.). — *Primav. Aut.* — Rupi e muri vecchi dal mare alla reg. subm. . . . . **1785 L. pilosa** DC.

Foglie *piccole*, con *3-5 lobi* c. s., cosperse di vari peli. Semi profondam. *rugoso-alveolati.* ♃. (Elba, Giglio, Gorgona, Capraia, Montecristo). — *Mag. Lug.* — Luoghi ombrosi e rupi umide reg. med. e subm. **1786 L. aequitriloba** Spr.

6 { Corolla *gialla col labbro super. violaceo.* Cassule *grandette; semi reticolato-alveolati* 7

Corolla *azzurrognola o rosso-violacea.* Cassule *piccole;* semi *tubercolosi* . 8

7 { Foglie *di più forme*, le infer. ovate e ± dentate alla base, le medie astate, le super. astate od intere. Peduncoli floriferi *glabri o solo debolm. pelosi.* Sepali *lanceolati.* ☉. (It. media, Arc. tosc. Elba, Giglio, Gorgona, Capraia). *Mag. Aut.* — Campi e luoghi incolti dal mare alla reg. subm. **1787 L. Elatine** Mill.

Peduncoli per lo più pelosi. Foglie meno astate. Pianta densam. vellutata. (It. centr.). — Var. *Sieberi* (Rchb.).

Foglie *di una sola forma*, ovate o suborbicolari, non astate, le infer. cuoriformi. Peduncoli *lanosi.* Sepali *ovato-lanceolati*, quasi cuoriformi alla base. ☉. — (It. media, Elba, Capraia). — *Giu. Aut.* — Luoghi coltiv. o selvatici dal mare alla reg. subm. **1788 L. spuria** Mill.

8 { Fiori *grandi* (10-15 mm), su peduncoli glabri, *uguali o un poco più lunghi* delle foglie. Corolla a sprone *quasi uncinato, più lungo* del tubo. Cassula *più breve* del calice. Foglie *infer. opposte, ovate*, le *super. alterne ovato-astate*, larghe *8-15 mm.* Pianta *perenne.* ♃. (It. media, Elba, Pianosa, Capraia). — *Giu. Sett.* — Luoghi incolti e campi reg. med. e pad. **1789 L. commutata** Bernh.

Fiori *piccoli* (4-5 mm.), su peduncoli filiformi per lo più cirrosi, *2-3 volte più lunghi* delle foglie. Corolla a sprone *diritto, uguale o più breve* del tubo. Cassula *più lunga* del calice. Foglie *alterne, lanceolato-lineari, astate*, larghe *2-5 mm.* Pianta *annua.* ☉. (T. ad Altopascio, Giglio, L.). — *Apr. Giu.* — Pascoli, siepi e luoghi ombrosi reg. med. **1790 L. cirrhosa** W.

9 { Fiori in racemi *fogliosi.* Palato ± *depresso* e quindi fauce in parte aperta 10

Fiori in racemi *nudi.* Palato *prominente* e quindi fauce completamente chiusa 11

10 { Corolla *affatto azzurra o violacea*, talora bianchiccia alla base. Semi angoloso-solcati, *echinulati* sugli angoli. ☉. (L. alle Acque Albule pr. Tivoli). — *Apr. Lug.* — Luoghi rocciosi, aridi, muri reg. med. e subm. **1791 L. rubrifolia** Rob. et Cast.

Corolla *violacea, col palato giallo*, talvolta sbiadita. Semi c. s., *non echinulati* sugli angoli. ☉. . . . . **1792 L. minor** Desf.

Peduncoli floriferi lunghi il doppio od il triplo del calice, patenti. Labbro super. della corolla bifido, a lacinie divaricate. (It. media). — *Primaver. Aut.* — Campi e luoghi incolti dal mare alla reg. mont. — α *typica.*

Peduncoli floriferi uguali o più brevi del calice, eretti. Labbro super. della corolla a lacinie parallele, ravvicinate. Pianta più robusta e carnosa della preced. — (Littorale Adriatico). — β *litoralis* (W.).

11 { Semi *alati* 12

Semi *non alati* 16

12 { Rami floriferi *eretti* 13

Rami floriferi *diffusi od ascendenti-eretti* 15

13 { Fiori *grandi* (25-30 mm.), assai più lunghi del calice. Foglie sparse, eccezionalm. verticillate, lineari-lanceolate. ♃. — *Cordiali. Linaiola.* **1793 L. vulgaris** Mill.

13 {
Asse del racemo e peduncoli florali con peli glandolosi. Corolla *giallo-solfina*, con sprone un po' più lungo di essa. — (It. media, Elba, Capraia). — *Giu. Aut.* — Campi e luoghi incolti dal mare alla reg. . mont. — α *typica.*

Asse del racemo e peduncoli florali senza peli glandolosi. Corolla giallo-citrina più piccola che nel tipo, con sprone quasi uguale ad essa. (Dintorni di Assisi). — β *italica* (Trev.).

Fiori *piccoli* (5-15 mm.) 14

14 {
Fiori lunghi *12-15 mm.* Cassula *metà più breve* del calice. Semi discoidei, con ala *frangiato-cigliata.* ①. (It. media, Arc. tosc.). — *Mar. Giu.* — Luoghi asciutti dal mare alla reg. mont . . **1794 L. Pelisseriana** Mill.

Fiori lunghi *5-6 mm.* Cassula *più lunga* del calice. Semi largam. marginati, ma ad ala *non frangiato-cigliata.* ①. . . . **1795 L. arvensis** Desf.

Corolla violacea con strie più intense ; labbro super. diviso in 2 lobi oblungo-ottusi, patenti; sprone ricurvo. (E. T., Elba). — α *typica.*

Corolla gialla o munita di qualche stria violacea; labbro super. diviso in 2 lobi ovali-acuti, riflessi ; sprone quasi diritto. (It. centr.). — β *simplex* (DC.).

15 {
Pianta *glabra in basso, pubescente-glandolosa alla sommità.* Fiori portati da peduncoli *brevissimi, pubescenti-glandolosi.* ①. (Pavese, Parmig.). — *Mag. Lug.* — Luoghi arenosi e ghiaiosi reg. subm. e mont., talora pad. . . . . **1796 L. supina** Desf.

Pianta *totalm. glabra.* Fiori portati da peduncoli *glabri, 2-3 volte più lunghi* del calice. ① ②. (Alto App. piceno). — *Lug. Ag.* — Luoghi sassosi reg. mont. ed alp. . . . . **1797 L. alpina** Mill.

16 {
Rampolli sterili *brevi o nulli.* Foglie ovate od ovato-lanceolate, verticillate a 3. Fiori in racemo breve, denso, alla fine un po' allungato; corolla gialla, biancastra od azzurrastra. Semi trigoni, rugoso-alveolati. ①. (Elba). — *Apr. Mag* — Campi vicini al mare . . **1798 L. triphylla** Mill.

Rampolli sterili *numerosi e bene sviluppati* 17

17 {
Fiori *bianchi, bianchicci e violaceo-pallidi* con strie più intense . . 18

Fiori *rosso-violacei* 19

18 {
Fiori *subsessili, bianchi,* con sprone *assai più lungo* del tubo. Cassula *metà più breve* del calice. ①. (It. media, Elba, Pianosa). — *Mar. Giug.* — Luoghi erbosi o sassosi reg. med. più raram. subm. . . **1799 L. chalepensis** L.

Fiori *peduncolati, bianchicci o violaceo-pallidi* con strie più cariche e con sprone *più breve* del tubo o quasi nullo. Cassula *lunga il doppio* del calice. ♃. (Viterbese, Montecristo). — *Giu. Aut.* — Luoghi sassosi, aridi reg. subm. e mont. . . . . **1800 L. monspessulana** Mill.

19 {
Cassula lunga *il doppio* del calice. Foglie rivolte *in tutte le direzioni.* Corolla *piccola,* a palato prominente, grande e barbato, porporino-violacea o raram. biancastra. ♃. (It. media dall'App. tosco-emil. ed Alpi Ap. in giù). — *Apr. Aut.* — Luoghi boschivi e sassosi dal mare alla reg. mont. **1801 L. purpurea** Mill.

Cassula *più grande, uguale od un poco più breve* del calice. Foglie rivolte prevalentem. *da un sol lato* e grassette. Corolla violacea, *circa il doppio più grande* della specie preced. ♃. (Arc. tosc., Elba, Palmaiola, Giglio, Gorgona, Pianosa, Capraia, Montecristo). — *Apr. Sett.* — Rupi e muri. **1802 L. Capraria** Mor. et DN.

3. **Antirrhinum** (da ἀντι = simile e ρις = naso, per la forma della corolla). Fiori solitari ascellari o in racemo. Calice 5-partito fino alla base, a sepali quasi uguali. Corolla bilabiata e personata, a tubo gozzuto, non speronato, col labbro super. bifido, l'infer. trifido e prolungato in un palato prominente che chiude la fauce. Stami 4, didinami, senza rudimento del quinto. Cassula ovata, obliqua, cinta dal calice persistente, a molti semi, deiscente all'apice con 3 pori irregolari ; semi rugosi o marginati.

1 {
Pianta *annua*, a sepali lineari. Cassula più breve del calice. ①.
                                        1803 A. Orontium L.
   Corolla assai più breve dei sepali. (It. media, Arc. tosc.). — *Apr.*
   Aut. — Luoghi colt. ed incolti dal mare alla reg. subm. e talora
   mont. — *α typicum*.
   Corolla subeguale o più lunga dei sepali. Pianta in generale più ro-
   busta e più glabra. (It. centr.). – β *calycinum* (Lam.).
Piante *perenni*, a sepali ovati od ovato-lanceolati, assai più brevi della
corolla 2
}

2 {
Calice e sommità della pianta *glabri*. Sepali *ovali-oblunghi, acuti*. Foglie li-
neari, glabre. Corolla porporina ovvero giallastra. ♃. (L. pr. Roma). —
Mag. Ott. . . . . **1804 A. tortuosum** Bosc.
Calice e sommità della pianta *peloso-glandolosi*. Sepali *largam. ovali, ottusi* 3
}

3 {
Foglie *ovali od ovali-lanceolate*, larghe, brevi, pubescenti e talora pubescenti-
glandolose. Fusto *peloso-glandoloso*. Fiori per lo più *gialli*. ♃. (T., Elba,
Palmaiola, Cerboli, Giglio). — *Mag. Sett.* — Rupi e muri dal mare alla reg.
pad. e talora subm. . . . . . **1805 A. latifolium** DC.
Foglie *oblungo-lanceolate o lineari*. Fusto *glabrescente in basso, pubescente-
glandoloso in alto*. Fiori per lo più *rossi*. ♃. (It. media, Elba, Pianosa). —
Mar. Giu. — Rupi e vecchi muri dal mare alla reg. subm.
                                        1806 A. maius L.
}

4. Scrophulària (da *scrophula*, per le pretese virtù medicinali
contro la scrofola). Fiori in cime ascellari, ± agglomerate o disposte
a pannocchia. Calice a 5 divisioni, quasi uguali. Corolla irregolare,
pressochè bilabiata, a tubo breve, rigonfio, col labbro super. bilobo,
l'infer. trilobo. Stami fertili 4, uno staminodio squamiforme. Cassula
biloculare, bivalve, a semi ovali, striato-rugosi.

1 {
Calice a lobi *interamente erbacei, lanceolati o bislunghi*. Piante *annue o
bienni* 2
Calice a lobi *scariosi nel margine, ovali od orbicolari*. Piante *generalm. perenni, talora suffruticose* 3
}

2 {
Fusto *peloso-glandoloso*. Fiori *giallo-verdastri*; stami *alla fine sporgenti*, staminodio *nullo*; peduncoli florali *più brevi* del calice. Cassula *ovoideo-conica,
insensibilm. attenuata all'apice*. ②. (Qua e là nell'App. medio). — *Apr. Giu.*
— Boschi e luoghi ombrosi reg. subm. e mont.   **1807 S. vernalis** L.
Fusto *glabro*. Fiori *porporino-lividi*; fiori *rinchiusi*, staminodio *orbicolare ed
ottuso*; peduncoli florali *3-4 volte più lunghi* del calice. Cassula *subglobosa*,
acuminata. ①. (It. media, Arc. tosc.). — *Feb. Mag.* — Luoghi boschivi dal
mare alla reg. subm. . . . . . . **1808 S. peregrina** L.
}

3 {
Staminodio *lineare-lanceolato*, talora quasi nullo. Foglie *profondam. divise*.
Fiori in pannocchia stretta e lunga, su peduncoli brevissimi o quasi sessili.
Corolla piccola, lunga circa 3 mm. ♃. — *Ruta canina*.
                                        1809 S. canina L.
   Glandole dell'inflorescenza quasi sessili. Peduncoli più brevi del ca-
   lice. Foglie infer. semplici, le super. pennatifide. (It. media, Elba,
   Pianosa). — *Apr. Est.* — Luoghi incolti dal mare alla reg. mont.
   — *α typica*.
   Glandole dell'inflor. distintam. stipitate. Peduncoli più lunghi del calice. Foglie per lo più 2-3-pennatifide. (T. a Vallombrosa, App.
   march.). — β *Hoppei*. (Koch).
Staminodio *orbicolare*, più largo in senso trasversale. Foglie *intere o non molto
divise* 4
}

4 {
Foglie ± *profondam. divise*, le infer. lirato-pennatopartite o tripartite, le super. tripartite, tutte doppiam. inciso-dentate, le florali intere. Fiori in cime
ascellari subsessili, formanti una lunga pannocchia fogliosa: corolla grande,
porporino-livida. Cassula ovato-conica, acuminata, sorpassante poco il calice. ♃. (T. a Gorgona e Montecristo, dubitativam. nel L. a Terracina). — *Apr.
Giu.* — Luoghi umidi e ombrosi reg. med. e subm.
                                        1810 S. trifoliata L.
}

4 | Foglie *intere* o raram. (*S. aquatica*) un po' lobate alla base e lungo il picciolo 5

5 { Pianta *bienne*, pubescente-vellutata e glandolosa. Foglie ovato-lanceolate, ± cuoriformi alla base, doppiam. dentato-crenate. Cassula ovato-globosa, acuta. ②. (T. nelle Alpi Ap., App. centr.). — *Mag. Ag.* — Boschi e pascoli dalla reg. subm. all'alp. . . . . **1811 S. Scopolii** Hpe.
Piante *perenni* 6

6 { Sepali *ovato-ottusi*, *strettam.* scariosi. Radice *tuberoso-nodosa*. Fusto tetragono ad angoli *acuti*, *ma non alati*. Foglie a picciolo *non alato*, glabre, lucide, cuoriformi-ovate. Staminodio obovato, troncato od un po' smarginato. ♃. (It. media, Elba — *Mag. Lug.* — Luoghi umidi, siepi etc. dalle reg. med. e pad. alla mont. — *Castagnola, Millemorbia.* (Fig. 215) **1812 S. nodosa** L.
Sep. *orbicolari*, *largam.* scariosi. Radice *fibrosa*. Fusto tetragono ad angoli ± *largam.* alati. Foglie a picciolo *largam. alato* 7

7 { Fusto *strettam.* alato. Foglie *cuoriformi-ovali*, talora auricolate. Staminodio *quasi intero*. ♃. (It. media). — *Mag. Est.* — Luoghi umidi e nei fossi. — *Scrofularia* . . . . **1813 S. aquatica** L.
Fusto *largam.* alato. Foglie *poco o punto cuoriformi*, scorrenti sul picciolo. Staminodio *profondam. bifido*, a lobi divaricati. ♃. (Parma nelle fosse del Castello) . . . . **1814 S. alata** Gilib.

5. Gratiola (da *gratia*, per le virtù medicinali). Fiori ascellari. Calice a 5 divisioni, subeguali, rinforzate da due brattee consimili, per modo che il calice sembra a 7 divisioni. Corolla a tubo allungato subtetragono e a lembo con 4 lobi diseguali, il superiore smarginato. Stami 4, didinami, di cui due super. sterili. Cassula biloculare, bivalve, a semi minutissimi rugosi.

Fiori solitari, bianchi o rosei. col tubo gialliccio, barbuti internam. Foglie sessili, opposte, abbraccianti, lanceolate, dentellate nella metà super., glabre. Rizoma strisciante, a fusto diritto, semplice, cavo, glabro, 2-4 dm. ♃. (It. media). — *Apr. Lug.* — Luoghi umidi dal mare alla reg. subm. — *Graziola, Tossicaria.* . . . . . . **1815 G. officinalis** L.

6. Limosèlla (diminutivo di *limosa*, per la stazione della pianta). Fiori terminali, solitari. Calice a 5 denti. Corolla rotato-campanulata, a lembo con 5 lobi subeguali. Stami 4, didinami, ad antere deiscenti trasversalm. Cassula subglobosa, bivalve, biloculare soltanto alla base; semi numerosi, bislunghi, striati e rugosi.

Pianta acaule, glabra, a fiori piccolissimi, su peduncoli gracili, radicali, nascenti al centro di una rosetta di foglie intere, lungam. picciolate, oblunghe, ottuse. ①. (Reggiano a Guastalla ed App. tosco-moden. ai laghi Budellone e Pratignano). — *Lug. Ag.* — Luoghi umidi e paludosi dalla reg. pad. alla mont. . . . . **1816 L. aquatica** L.

7. Verònica. Fiori ascellari solitari, od a racemo, quasi regolari. Calice persistente a 4-5 o raram. 3 divisioni uguali o quasi. Corolla caduca, rotata, a tubo brevissimo 4-5 lobato, a lobo infer. più piccolo o più stretto degli altri. Stami 2 divergenti. Ovario 2-loculare; stilo 1, stimma ottuso, smarginato. Cassula ovata od orbicolare, smarginata o cordata a rovescio, compressa o turgida ai lati, biloculare, bivalve; semi a navicella, scavati sulla faccia ventrale, pochi o numerosi.

1 { Fiori *solitari*, ascellari o raram. in racemi radi terminali 2
　 { Fiori *in racemi* 7

2 { Cassule per lo più *a molti semi*, raram. per aborto pochi 3
　 { Cassule con *1-2 semi* 6

3 { Foglie fiorali *bratteiformi*. Peduncoli *diritti* 4
　 { Foglie fiorali *simili a quelle del fusto*. Peduncoli *incurvati* . . . 5

4 {
　 Foglie cauline *digitato-partite*, a 3-7 segmenti spatolati od oblunghi, le basali
　 picciolate, ovali, intere o crenate. Corolla azzurra, raram. bianca o violacea. Cassula coi lobi separati da un seno *subacuto*. ①. (It. media piuttosto
　 rara come in T. a Fiesole, Reggello, Arezzo, U. al Lago Trasimeno). — *Mar.*
　 Mag. — Luoghi colt. reg. subm. o raram. med. **1817 V. triphyllos** L.
　 Foglie cauline e basali *ovate, irregolarm. e profondam. crenate*, le super.
　 ovato-oblunghe, crenate od intere. Corolla azzurra. Cassula coi lobi a seno
　 poco profondo ed *ottuso*. ①. (Moden., M.). — *Apr. Giu.* — Reg. pad. e
　 subm. . . . . **1818 V. praecox** All.

5 {
　 Peduncoli fiorali *2-4 volte più lunghi* delle foglie. Corolla *grande. 10-12 mm*.
　 diam. Cassula *assai compressa lateralm.* ①. (It. media qua e là). — *Gen.*
　 Ag. — Luoghi erbosi, colt. reg. med. e pad., raram. subm.
　 . . . . **1819 V. persica** Poir.
　 Peduncoli fiorali *eguaglianti o sorpassanti di poco* le foglie. Corolla *piccola*,
　 4-7 mm. diam. Cassula *turgida.* ①. . . . **1820 V. agrestis** L.
　 　 Lobi calicini ovato-lanceolati, per lo più ottusi, od eccezionalm. su-
　 　 bacuti, debolm. nervati. Corolla di 4 mm. diam. circa. Cassula ca-
　 　 renata; semi 4-5. (It. media, Giglio, Pianosa). — *Aut. Primav.* —
　 　 Luoghi colt., siepi ecc. dal mare alla reg. subm. — α *typica.*
　 　 Lobi calicini ovati, per lo più acuti, eccezionalm. un po' ottusi, for-
　 　 tem. nervati. Corolla fino a 7 mm. diam. Cassula smussata ; semi
　 　 8-10. (Col tipo qua e là). — β *didyma* (Ten.).

6 {
　 Lobi calicini *cuoriformi* alla base, *acuti* e lungam. cigliati. Corolla *azzurro-*
　 pallida o bianca, più breve del calice. Cassula *glabra*, subglobosa. ①. (It.
　 media, Arc. tosc.). — *Gen. Giu.* — Negli orti, sui muri ecc. dal mare alla
　 reg. mont. . . . . **1821 V. hederaefolia** L.
　 Lobi calicini *ellittici, ottusi*, ristretti alla base, alla fine patenti. Corolla *bian-*
　 ca, sorpassante un poco il calice. Cassula *irsuta*, globosa. ①. (It. media). —
　 Gen. Apr. — Rupi, muri ecc. reg. med. più raram. pad. e subm.
　 . . . . **1822 V. Cymbalaria** Bod.

7 { Racemi *terminali* ai fusti ed ai rami 8
　 { Racemi *ascellari*, opposti od alterni 18

8 { Corolla a tubo *breve*. Cassula *leggerm.* compressa ai lati . . . 9
　 { Corolla a tubo *brevissimo o quasi nullo*. Cassula *fortem.* compressa ai lati 10

9 {
　 Foglie *profondam. seghettate fino alla sommità*, opposte o verticillate a 3-4.
　 Racemi ± densi, semplici od accompagnati da brevi rametti. 2♃. (Pavese
　 fra il Ticino ed il Gravellone). — *Lug. Ag.* — Prati umidi reg. pad. e subm.
　 . . . . **1823 V. longifolia** L.
　 Foglie *leggerm. crenate*, eccetto *verso la sommità*. Racemi assai densi. 2♃. (It.
　 media). — *Giu. Lug.* — Pascoli asciutti dalla reg. pad. alla mont.
　 . . . . **1824 V. spicata** L.

10 { Piante *fruticolose e perenni* 11
　　 { Piante *annue* 14

11 {
　 Fusti *prostrato-diffusi*, tortuoso-ramosi, *legnosi* alla base, quindi ascendenti,
　 fogliosi fin sotto il racemo, lunghi 5-15 cm. 2♃.
　 . . . . **1825 V. fruticulosa** L.
　 　 Asse fiorale, brattee, peduncoli, calice e cassula peloso-glandolosi. Co-
　 　 rolla rosea o carnicina, a strie più marcate. Cassula uguale o di
　 　 poco più lunga del calice. Pianta robusta a foglie grandette ed a
　 　 racemo spesso allungato. (Alpi Ap. e App. tosc.). — *Giu. Ag.* —
　 　 Rupi e sassi reg. mont. ed alp. — α *typica.*
　 　 Asse fiorale, brattee ecc. come sopra pelosi, ma non glandolosi. Co-
　 　 rolla azzurra con la fauce porporina, circa il doppio più grande del
　 　 tipo. Cassula molto più lunga del calice. Pianta meno robusta e
　 　 più prostrata, a foglie più piccole ed a racemi di regola meno al-
　 　 lungati. (Col tipo Alpi Ap., App. emil.). — β *fruticans* (Jacq.).
　 Fusti *eretti od ascendenti, non legnosi* alla base 12

12 {
Stilo *uguale o più lungo* della cassula, la quale è reniforme a rovescio, più larga che lunga, un poco smarginata. Fiori piccoli, biancastri od azzurrognoli, in racemo lasso. Foglie glabre e liscie, piccole, le infer. opposte, le super. alterne. ♃. **1826 V. serpyllifolia** L.
   Foglie ovali-oblunghe, grandi. Fusto di 1-3 dm., semplice od un po' ramoso in basso, radicante alla base, quindi raddrizzato. (It. media, Elba). — *Apr. Lug.* — Luoghi erbosi umidi dal mare fino alla reg. alp. — α *typica*.
   Foglie ovali-orbicolari, piccole. Fusto raccorciato, prostrato-diffuso e radicante in tutta la lunghezza. (T. a Sarzana, U. al Castelluccio). β *tenella* (All.).
Stilo *più breve* della cassula. 13
}

13 {
Foglie infime *più grandi* delle successive, *disposte* a rosetta. Fiori in racemo *lungam. peduncolato*. ♃. (T. App. pistoiese e a Mandromini, ma non più ritrovata). — *Giu. Ag.* — Pascoli reg. mont. ed alp.
   1827 V. bellidioides L.
Foglie infime *più piccole* delle successive, *non disposte* a rosetta. Fiori in racemo *quasi sessile*. ♃. (App. emil. e piceno). — *Giu. Ag.* — Pascoli e luoghi sassosi reg. mont. ed alp. . . . . **1828 V. alpina** L.
}

14 {
Calice a divisioni *uguali* 15
Calice a divisioni *diseguali*. 16
}

15 {
Peduncoli fiorali *3-4 volte più lunghi* del calice. Brattee *eguaglianti* il peduncolo o più brevi. Foglie tutte opposte, ovate. Stilo *uguale* alla smarginatura della cassula. ①. (It. media, Elba, qua e là). — *Apr. Mag.* — Campi umidi reg. med., pad. e subm. . . . **1829 V. acinifolia** L.
Peduncoli fiorali *più brevi* del calice. Brattee *più lunghe* del peduncolo. Foglie cauline medie subtrifide. Stilo *molto più breve* della smarginatura della cassula. ①. (Citata erroneam. di Capraia). — *Mag. Giu.* **1830 V. brevistyla** Moris
}

16 {
Foglie cauline medie *pennatopartite*, a 3-5 lobi, il terminale più grande. Stilo uguagliante o superante la smarginatura della cassula. Calice a divisioni più lunghe della corolla e della cassula. ①. (Reggiano a Civago). — *Mar. Lug.* — Campi e luoghi erbosi dalla reg. pad. e med. alla mont. **1831 V. verna** L.
Foglie *intere, o semplicem. crenulate o dentate* 17
}

17 {
Pianta *pubescente, che rimane verde* colla dissecazione. Brattee *eguaglianti* i fiori. Stilo non oltrepassante la smarginatura della cassula, la quale è *cigliata e fortem.* smarginata. ①. (It. media, Arc. tosc.). — *Mar. Lug.* — Campi e luoghi incolti dal mare alla reg. mont. **1832 V. arvensis** L.
Pianta *glabra, che annerisce* colla dissecazione. Brattee *molto più lunghe* dei fiori. Stilo brevissimo o subnullo. Cassula *glabra, leggerm.* smarginata. ①. (Naturaliz. negli Orti bot. di Pisa e di Firenze). — *Apr. Giu.* **1833 V. peregrina** L.
}

18 {
Piante *pelose* e di luoghi *asciutti*, eccetto *V. scutellata*. Cassula loculicida, con valve *aderenti* alla colonna placentifera. 19
Piante *glabre o quasi* e di luoghi *acquitrinosi*. Cassula c. s., con valve *alla fine bipartite*, una od ambedue *separantisi* dalla colonna placentifera . 25
}

'19 {
Calice *5-partito*, a divisioni disuguali. Corolla grande ± azzurra. Cassula glabrescente o pelosa, appena più lunga del calice, arrotondita alla base, un po' smarginata all'apice. ♃. . . . . **1834 V. Teucrium** L.
   Fusti arcuato-ascendenti. Foglie sessili. (It. media). — Luoghi erbosi dalla reg. med. e talora alp. — α *typica*.
   Fusti prostrato-diffusi, i fioriferi ascendenti. Foglie subpicciolate. — Col tipo. — β *prostrata* (L.).
Calice *4-partito* 20
}

20 {
Racemi per lo più *opposti* nell'ascella delle foglie super., eccetto talora in *V. officinalis* 21
Racemi per lo più *alterni* 23
}

21 {
Calice *più lungo* della cassula. Fusti semplici o ramosi, ora muniti di 2 linee di peli opposte, ora pelosi ovunque con 2 linee di peli più marcate. Foglie cordato-ovate, quasi sessili, irregolarm. dentate. ♃. (It. media). — *Mag. Lug.* — Siepi, prati ecc. dal piano alla reg. subm. **1835 V. Chamaedrys** L.
Calice *più breve* della cassula. Peli uniformem. sparsi sui fusti . . 22
}

22 {
Peduncoli *assai più lunghi* del calice. Cassula *subrotonda*. Foglie *sessili*, larghe, ovate, irregolarm. dentate. ♃. (Alpi Ap., App. tosco-emil. e piceno). — *Mag. Lug.* — Boschi reg. subm. e mont., raram. pad.
1836 V. urticaefolia Jacq.

Peduncoli *più brevi* del calice. Cassula *triangolare*. Foglie *picciolettate* o quasi sessili, ovali-ellittiche, dentato-seghettate. ♃. (It. media, Elba). — *Mag. Lug.* — Luoghi selvatici e pascoli dal mare alla reg. mont. — *The svizzero.*
1837 V. officinalis L.
}

23 {
Foglie *raccolte* in rosetta basale, brevem. picciolate, obovate o suborbicolari, dentate od intere. Racemi di 2-6 fiori azzurro-venati. ♃.
1838 V. aphylla L.

Cassula più lunga che larga e cuoriforme a rovescio. Stilo lungo circa la metà della cassula. (Alpi Ap., App. centr. dal piceno al romano). — *Lug. Ag.* — Pascoli sassosi reg. mont. ed alp. — α *typica.*

Cassula tanto lunga che larga, ossia cuoriforme-arrotondita ed a smarginatura più ampia. Stilo lungo il triplo della cassula. (Alpi Ap.). — β *longistyla* (Ball).

Foglie *non raccolte* in rosetta basale 24
}

24 {
Foglie *lungam. picciolate, ovali-rotondate*, grossolanam. seghettate. Cassula *smarginata alla base ed all'apice, denticolato-cigliata ai margini*. ♃. (It. media. Elba). — *Mag. Lug.* — Boschi ombrosi e talora paludosi dal mare alla reg. mont. . . . . . . **1839 V. montana** L.

Foglie *sessili*, quasi abbraccianti *lineari o lanceolato-lineari*, con piccoli denti spesso geminati e ricurvi. Cassula *arrotondata alla base, intera nei margini*, profondam. smarginata all'apice. ♃. (It. media). — *Mag. Lug.* — Margine dei ruscelli, paludi ecc. dal mare alla reg. mont.
1840 V. scutellata L.
}

25 {
Foglie *strettam. lanceolate o lineari, quasi intere*, sessili, semiabbraccianti. Fusti *gracili*, 2-6 dm. Fiori biancastri. Cassula ovale-ellittica, oscuram. smarginata, un po' più lunga del calice. ♃. (It. media). — *Apr. Giu.* — Luoghi paludosi qua e là dal mare alla reg. subm.
1841 V. anagalloides Guss.

Foglie *largam. ovali o lanceolate, dentate*. Fusti ± *robusti* 26
}

26 {
Fusto *cilindrico*. Foglie *carnose, brevem. picciolate*, ± *ottuse*. Fiori azzurro-pallidi, raram. roseo-rossastri. Cassula *ovale*, glabra, appena smarginata all'apice. ♃. (It. media, Elba). — *Mag. Ag.* — Lungo i fossi e luoghi paludosi dal mare alla reg. alp. (Fig. 216) . **1842 V. Beccabunga** L.

Fusto *subquadrangolare*. Foglie *poco o punto carnose, sessili* e semiabbraccianti, o più raram. brevem. picciolate, *acute od ottuse*. Fiori azzurro-pallidi od anche rosei. Cassula *obovata*, glabra, appena smarginata all'apice. ♃ ②. (It. media, Elba, Giglio, Capraia). — *Mag. Ag.* — Fossi e luoghi paludosi dal mare alla reg. subm. — *Erba grassa.* **1843 V. Anagallis** L.
}

8. **Digitàlis** (da *digitale* = ditale, per la forma della corolla). Fiori in racemo. Calice 5-partito, a lacinie subeguali ; corolla tubuloso-imbutiforme, o quasi campanulato-bilabiata, a labbro super. intero o smarginato-bilobo, l'infer. trilobo a lobi subeguali od il medio più grande. Stami 4 didinami, con antere a 2 logge divergenti, deiscenti longitudinalm. Stilo filiforme, a stimma bifido. Cassula ellittica, acuminata e mucronata dalla base dello stilo, a 2 logge polisperme, bivalve. Semi minuti, ellittici o subclavati, rugosi.

1 {
Tubo della corolla *globoso od obconico*, col lobo medio del labbro infer. allungato, *della lunghezza del tubo*. Fiori ferruginei. Lacinie del calice obovato-ellittiche, ottusissime, cinte da margine largo membranoso. ♃. (It. media). — *Giu. Sett.* — Luoghi selvatici dalla reg. subm. alla mont.
1844 D. ferruginea L.

Tubo della corolla *campanulato*, col lobo medio del labbro infer. *meno della metà più breve del tubo* 2
}

2 {
Fiori *rossi, macchiati* di porporino all'interno, *grandi* (4-5 cm. di lunghezza per 2 di larghezza). Calice diviso fino alla base in sepali *largam. ovali,* ottusi, brevem. mucronati. Foglie ovali-lanceolate, *debolm. tomentose,* come tutta la pianta, crenulate, *la maggior parte lungam. picciolate.* 2$\not{}$. (T., ma certo avvent.). — *Mag. Lug.* — Luoghi montuosi, umidi. — *Digitale.*
1845 D. purpurea L.

Fiori *giallastri, non macchiati* di porporino, *mediocri o piccoli.* Calice a sep. *lanceolato-lineari.* Foglie bislungo-lanceolate, *glabre o pubescenti, le cauline super. sessili e semi-abbraccianti* 3
}

3 {
Corolla *mediocre* (2-2 $\frac{1}{2}$ cm. di lungh. per 7 *mm.* di largh. alla fauce). Sepali *strettam. lanceolati, non allargati, nè ricoprentisi* coi margini alla base, *minutam. peloso-glandolosi* lungo il margine. Cassula *grande, ovato-conica, insensibilm. attenuata* all'apice. 2$\not{}$. (E. T. ecc.). — *Giu. Ag.* — Luoghi incolti e boschi reg. subm. e mont. — *Erba aralda.* **1846 D. lutea** L.
    Corolla più piccola del tipo (1 $\frac{1}{2}$-2 cm. lunghi). Sep. glabri, un po' allargati alla base e più brevi del tipo. (T. a Vallombrosa). — *D. luteo* $\times$ *micrantha* Bèg.

Corolla *piccola* (1-1 $\frac{1}{2}$ cm. di lungh. per 5 *mm.* di largh. alla fauce). Sep. *ovato-lanceolati, più larghi alla base e quivi ricoprentisi* coi margini, *glabri in ogni parte.* Cassula *piccola, globosa e bruscam. acuminata* all'apice. 2$\not{}$. (T. M. ecc.). — *Giu. Ag.* — Luoghi incolti e boschi reg. subm. e mont.
1847 D. micrantha Roth.
}

215. *Scrophularia nodosa*   216. *Veronica Beccabunga*   217. *Pedicularis tuberosa.* L.
L. ($\frac{1}{5}$).   L. ($\frac{1}{5}$).   ($\frac{1}{5}$).

9. Melampyrum (da μελας = nero πυρος = frumento, per la forma del seme). Fiori in racemi terminali bratteati per lo più unilaterali. Calice tubuloso o campanulato, 4-dentato o 4-partito, a lacinie subeguali, ovvero le 2 super. più lunghe, accrescenti nel frutto. Corolla bilabiata, a labbro super. compresso con margine rovesciato all'ingiù, l'infer. concavo al di sotto, trilobo e 2-gibboso. Stami 4, didinami, rinchiusi, ad antere ravvicinate a due a due. Cassula ovoide, acuminata, con 1-2 semi in ogni casella.

1 {
Fiori disposti in racemi quadrangolari o cilindrici, *terminali, densi.* Foglie *sessili* 2
Fiori *ascellari o disposti in racemi allungati e lassi.* Foglie *picciolate.* . 4
}

2 {
Fiori in racemi *quadrangolari*. Brattee *cuoriformi-ovali*, piegate per lungo, pettinato-dentate a guisa di cresta, arcuato-riflesse, rosso-violacee. Calice a lacinie *più brevi* del suo tubo e della cassula. ①. (It. media). — *Giu. Lug.* — Luoghi selvatici dal mare, ove è raro, alla reg. mont. **1848 M. cristatum** L.

Fiori in racemi *cilindrici*. Brattee *lanceolate*, pennatifide, a lobi stretti, lineari-lesiniformi. Calice a lacinie *più lunghe* del suo tubo e della cassula 3
}

3 {
Calice *pubescente*, a lacinie *eguaglianti* il tubo corollino, lungam. setacee. Corolla lunga *12 mm.*, *porporino-rossastra*, gialla alla fauce, la quale è *chiusa*. Brattee ordinariam. *d' un bel rosso e munite al di sotto* di punti neri (nettari estranuziali). ①. (It. media). — *Giu. Lug.* — Campi, messi ecc. dal mare alla reg. mont. **1849 M. arvense** L.

Calice *ispido*, a lacinie più corte e *più brevi* del tubo corollino. Corolla lunga *2 cm.*, *gialla*, a fauce *aperta*. Brattee *giallo-verdastre*, di rado rosse e *senza punti neri* al di sotto. ①. (M. U.). — *Giu.* — Reg. med., pad. e subm. **1850 M. barbatum** W. et K.
}

4 {
Foglie *strettam.* lanceolate, glabre o finam. pubescenti. Brattee *verdastre*, *lanceolate, intere o con qualche dente corto alla base*. Fiori *diritti*. ①. (M. ecc.). — *Lug. Ag.* — Boschi reg. mont. o raram. subm. **1851 M. silvaticum** L.

Foglie *largam.* ovali-lanceolate, oppure lanceolato-lineari, scabre e pubescenti sopratutto al di sotto. Brattee *violacee* od eccezionalm. verdastre, *ovali od ovali-lanceolate, inciso-dentate* alla base. Fiori *orizzontali*. ①. (It. media). — *Giu. Ag.* — Boschi dalla reg. subm. alla mont. **1852 M. nemorosum** L.
}

10. **Tòzzia** (ded. al botanico abate Tozzi, vallombrosano). — Fiori in racemo. Calice tubuloso-campanulato, 4-5-dentato. Corolla bilabiato-5-loba, a labbro super. appena concavo. Stami 4 didinami. Ovario biloculare, con 2 ovuli per loggia; stilo filiforme, flessuoso, a stimma ottuso. Cassula globosa, quasi drupacea, con 1 solo seme.

Foglie opposte, sessili, ovali, semi-abbraccianti. Fiori ascellari, solitari, peduncolati, più brevi delle foglie; corolla giallo-dorata, col labbro infer. punteggiato di rossigno. ♃. (T. nell'alto App. in Mugello, Casentino alla Falterona; indicata anche di Vallombrosa, però non più ritrovata). — *Giu. Lug.* Luoghi ombrosi reg. mont. (Fig. 218) . . . . **1853 T. alpina** L.

11. **Euphrasia** (da ὲυφρασια = gaiezza, per le virtù medicinali). Fiori in racemi terminali spiciformi, muniti di brattee fogliacee. Calice tubuloso-campanulato, 4-fido. Corolla bilabiata; labbro superiore smarginato o bilobo, l'infer. trilobo, coi lobi smarginati o bifidi. Stami 4 didinami, antere disegualmente mucronulate. Stilo filiforme, a stimma capitato-bilobo. Cassula ovale, tutta ricoperta dal calice, ± smarginata, a 2 logge con semi ± numerosi, rugoso-striati. Piante erbacee, semiparassite, poco elevate, a foglie opposte o le super. alterne, sessili.

1 {
Foglie, brattee e calici ± *coperti di peli glandolosi* 2
Foglie, brattee e calici *glabri* o coperti di peli quasi sempre *non glandolosi* 3
}

2 {
Corolla lunga *5-10 mm. o più*, *accrescente*, a tubo *sorpassante* assai il calice, *bianca, striata di violetto*, col palato giallastro; labbro super. a lobi *smarginati*. Foglie e brattee a denti ottusi od acuti *non aristati*. ①. (It. media). — *Mag. Ag.* — Luoghi erbosi dalle pianure alle reg. mont. ed alp. — *Eufrasia* . . . . **1854 E. officinalis** L.

Corolla lunga *5-6 mm.*, *non o poco accrescente*, a tubo *incluso* nel calice, *violaceo-pallida od azzurra*, macchiata di bianco nel labbro infer.; labbro super. a lobi *denticolati*. Foglie e brattee a denti acuti *aristati*. ①. (Moden. T.). — *Mag. Ag.* . . . . . **1855 E. brevipila** Burn. et Grem.
}

$$\left\{\begin{array}{l}\end{array}\right.$$

3 {
Foglie *lanceolate*, 2-5 volte più lunghe che larghe (esclusi i denti). Cassula glabra o cigliata verso il margine nella parte superiore con peli brevi *ripiegati*. Corolla alla fine della fioritura lunga 6-8 mm., per lo più biancastra col labbro super. azzurro od anche totalm. azzurra. ⊙. (It. media). — *Lug. Sett.* — Luoghi sterili dalla reg. subm. all'alp.
1856 E. salisburgensis Funck in Hpe.
Foglie *ovali o bislunghe*, meno di 2 volte più lunghe che larghe. Cassula glabrescente o pelosa, cigliata nel margine con peli *diritti* 4

4 {
Cassula *superante* il calice. Corolla lunga 5-6 mm., per lo più gialla, non raram. biancastra, oppure anche lunga fino e 10 mm. e mai gialla. Foglie super. ottuse, con denti ottusi od acuti. ⊙. (App. parmig., tosco-emil., laz.), — *Lug. Ag.* . . . . . **1857 E. minima** Jacq. in Schleich.
Cassula *più breve* del calice. Corolla lunga 7-10 mm. o più 5

5 {
Corolla lunga alla fine *10-15 mm.*, *accrescente*, a labbro inferiore assai lungo e diretto *in avanti*. Denti delle brattee aristato-acuminati, i super. *riuniti a pennello*. ⊙. (App. centr.). — *Lug. Ag.* — Pascoli reg. mont. ed alp.
1858 E. alpina Lam.
Corolla lunga *7-10 mm.*, *poco o punto accrescente*, a labbro infer. ± diretto *in basso*. Denti delle brattee aristati, i super. *non riuniti* a pennello . 6

6 {
Calice *fortem. e manifestam.* accresciuto nel frutto, *con peli patenti*, ma non glandolosi. Brattee di forma variabile, a 3-5 denti. Cassula lunga 6-7 mm. Fusto semplice o con 1-2 rami brevi ed eretti. ⊙. (T. M. U. L.). — *Mag. Ag.* — Pascoli, prati . . . . . **1859 E. pectinata** Ten.
Calice *non o poco* accresciuto nel frutto, *glabro o munito di minute setole*. Brattee ovali, assai acute, munite di 4-7 denti. Cassula lunga *5 mm.* Fusto munito inferiorm. di rami ascendenti. ⊙. (Parmig., Bologn. e presso Lucca). — *Mag. Ag.* . . . . . **1860 E. stricta** Host.

12. **Bàrtsia** (ded. a Bartsch, botanico olandese). — Fiori racemosi bratteolati. Calice tubuloso o subcampanulato, 4-fido. Corolla bilabiata, a labbro super. intero, l'infer. trilobo, a lobi quasi uniformi interi. Stami 4 didinami, antere a 2 logge, disegualm. appendicolate. Stilo filiforme a stimma capitato-bilobo. Cassula ovale, sporgente dal calice, acuminata, biloculare, con semi numerosi o scarsi, minutam. striati, oppure percorsi da costole alate o no.

1 {
Semi *solcati per lungo*, a coste acute, ma non alate. Fiori gialli o variegati di bianco, giallo e porporino, col labbro infer. trifido, più lungo del super. Cassula subglobosa, villosa, quasi uguale al calice. ⊙. (Dalla T. Bologn. e Faent. in giu, Elba, Giglio, Pianosa, Capraia). — *Apr. Giu.* — Campi, luoghi erbosi ecc. reg. med. o raram. subm. . . **1861 B. Trixago** L.
Semi *minutam. striati* 2

2 {
Brattee *lobato-palmate*. Corolla *porporina* a fauce gialla, oppure tutta bianca od anche giallognola, *assai piccola* (8-10 mm.), *superante d'un terzo* il calice, a labbro infer. *appena più lungo* del super. Antere *glabre* o pelose solo alla base. ⊙. (It. media, Elba, Pianosa, Capraia, Montecristo). — *Mar. Mag.* — Luoghi erbosi, asciutti dal mare alla reg. subm.
1862 B. latifolia S. et Sm.
Brattee. *fortem. dentate*. Corolla *gialla*, *grande* (oltre 1 cm.), *circa una volta più lunga* del calice, a labbro infer. *metà più lungo* del super. Antere *peloso-lanose*. ⊙. It. media non ovunque, Elba, Pianosa, Capraia). — *Apr. Giu.* — Prati e campi umidi dal mare alla reg. subm. **1863 B. viscosa** L.

13. **Odontites** (da ὀδούς = dente, per l'uso che se ne faceva contro il dolor di denti). Fiori in racemo unilaterale, bratteolati. Calice tubuloso o campanulato, 4-fido. Corolla bilabiata, a labbro super. smarginato o bilobo, l'infer. trifido a lobi interi o col mediano

appena smarginato. Stami 4 didinami, antere egualm. appendicolate. Ovario per lo più munito di un disco nettarifero. Cassula turgida ± sporgente dal calice e smarginata nell'apice, con semi non numerosi, solcati per lungo, penduli.

1 {
Fiori *gialli*, a brattee lineari, un po' più brevi dei fiori. Calice per lo più pubescente. Stami più lunghi della corolla e pelosi in basso, Foglie lineari o lineari-lanceolate, acuminate, ordinariam. intere. ①. (It. media, Elba). — *Ag. Ott.* — Luoghi selvatici dal mare alla reg. subm.
1864 O. lutea Rchb.
Fiori *rossi o rossastri* .   .   .   .   ,   .   2
}

2 {
Brattee *più brevi o tutto al più della lunghezza* dei fiori. Foglie *ristrette* alla base. Fusti a rami brevi e *patenti*, Fioritura *tardiva* estivo-autunnale. ①. (It. media, Elba, Pianosa). — *Ag. Ott.* — Luoghi incolti, aridi dal mare alla reg. mont.   .   .   .   .   **1865 O. serotina** Rchb.
Brattee *più lunghe* dei fiori. Foglie *allargate* alla base. Fusti a rami *ascendenti*. Fioritura *precoce* primaverile-estiva. ①. (It. media non ovunque, T. a Sarzana, Lucca ecc., L,). — *Mag. Ag.* — Campi, prati ecc. dal mare alla reg. mont.   .   .   .   .   .   **1866 O. verna** Rchb.
}

14. **Rhinànthus** (da ῥίς = naso e ἄνθος = fiore, per la forma della corolla). Fiori racemosi, unilaterali. Calice rigonfio nel mezzo, 4-dentato. Corolla bilabiata a fauce aperta o chiusa; labbro super. fatto ad elmo, compresso, bidentato all'apice, l'infer. trilobo, più breve del super. Stami 4 didinami, antere inermi. Stilo filiforme a stimma capitato-trilobo; ovario situato sopra una grossa glandola nettarifera. Cassula orbicolare, rinchiusa nel calice persistente, biloculare, con pochi semi schiacciati, discoidei, alati o no.

1 {
Corolla a tubo *diritto* e fauce *aperta*, coi denti del labbro super. brevissimi, biancastri, raram. violacei. Brattee *verdi*, le super. coi denti *acuminati*. ①. (It. media). — *Mag. Lug.* — Luoghi erbosi dalle reg. med. e pad. alla reg. alp.   .   .   .   .   **1867 R. minor** Ehrh.
Corolla a tubo *subcurvato* e fauce *chiusa*. Brattee *scolorite*, le super. coi denti *subulato-cuspidati*   2
}

2 {
Brattee *attenuate* in punta ± lunga, a denti *disuguali*, *gradatam. decrescenti* verso l'alto, gli infer. assai più lunghi dei super. Calice *glabro o subpubescente*. Ali del seme *più larghe* della metà di esso. ①. (It. media). — *Mag. Lug.*   .   .   .   .   **1868 R. major** Ehrh.
Brattee *non attenuate* in punta, a denti *subeguali*, larghi, brevem. triangolari, *ugualm. lunghi* in tutto il margine. Calice *villoso*. Ali del seme *più strette* della metà di esso. ①. (Col precedente). — *Mag. Lug.* — Luoghi erbosi e prati dal mare alla reg. mont.   .   **1869 R. Alectorolophus** Poll.
}

15. **Pediculàris** (da *pediculus* = pidocchio, per la credenza che producano i pidocchi nel bestiame che se ne ciba). Fiori in racemi. Calice rigonfio, tuboloso o campanulato, bifido o con 5 denti disuguali o disposti in 2 labbra, interi od incisi. Corolla bilabiata o aperta, a tubo diritto, con labbro super. ad elmo, prolungato ± in rostro, intero o bidentato, l'infer. trilobo. Stami 4 didinami, antere a 2 logge ottuse, acute o speronate. Stilo filiforme, stimma a capocchia, ovario con un nettario in basso. Cassula ovale o lanceolata, biloculare, a semi ovato-trigoni, lisci od anche alveolato-rugosi.

1 | Foglie cauline *verticillate a 3-4*, più raram. le infer. opposte, lanceolate, pro-
fondam. pennatifide, a lobi disegualm. dentati. Fiori porporino-violacei, verticillati, in racemo dapprima corto e denso, alla fine un po' allungato ed
interrotto alla base. Corolla a labbro super. *diritto*. Cassula ovale-lanceolata,
acuta, 1 volta più lunga del calice. ♃. (Alpi Ap., App. tosco-emil., umbro
e pic.). — *Lug. Ag.* — Pascoli reg. mont. ed alp.
1870 P. verticillata L.
Foglie *sparse*, più raram. qua e là opposte. Corolla a labbro super. ± *curvato* 2

2 | Labbro super. della corolla *senza rostro e senza denti* ; corolla bianco-gialla-
stra. Calice campanulato, a denti brevi, ottusi, interi. Foglie bipennatosette, le fiorali tutte più lunghe dei fiori. ♃. (App. bologn. al m Acuto e piceno). — *Giu. Lug.* — Luoghi erbosi reg. mont. ed alp. **1871 P. foliosa** L.
Labbro super. della corolla *brevem. rostrato e munito* di denti 3
Labbro super. della corolla ± *lungam. rostrato e privo* di denti . . . 4

3 | Denti del calice *brevi, ovali-lanceolati*, più larghi che lunghi, interi. Fiori a
corolla *giallognola, affatto glabra*. Radice con fibre fusiformi e carnose. ♃.
(App. pic. e rom.). — *Giu. Lug.* — Prati e pascoli dalla reg. subm. all'alp.
1872 P. comosa L.
Denti del calice *lunghi, lanceolato-lineari*. Fiori a corolla *rossastra, pubescente*
esternam. nel labbro super. Radice legnosetta, con fibre lunghe e robuste.
♃. (App. pic. e rom.). — *Mag. Giu.* — Luoghi erbosi reg. mont. ed alp.
1873 P. petiolaris Ten.

4 | Fiori *interam. o prevalentem. gialli o giallo-biancastri* 5
Fiori *rosei o porporini* 6

5 | Brattee *tutte pennatosette*. Calice *largam.* campanulato, a sepali fogliacei,
oblungo-dentati. Cassula *quasi inclusa* nel calice e *lungam.* rostrata. Foglie
e brattee *vellutate o pubescenti*. ♃. (Alpi Ap., App. centr. qua e là, L.). —
Giu. Ag. — Prati e pascoli reg. mont. ed alp. (Fig. 217).
874 P. tuberosa L.
Brattee *mediane e super. 3-5-fide*. Calice *strettam.* campanulato, a sepali *lanceolato-acuminati, interi*. Cassula *lunga il doppio* del calice e *brevem.* rostrata. Foglie e brattee *glabrescenti*. ♃. (App. tosco-reggiano nell'Alpe di
Succiso e di Mommio, piuttosto rara). — *Lug. Ag.* — Rupi e luoghi erbosi
reg. subalp. ed alp. **1875 P. Barrelieri** Rchb.

6 | Fusti e foglie *glabri o quasi*. Fiori pochi (2-6) in racemo breve e lasso, su
peduncoli gracili 1-3 volte più lunghi del calice. Calice *glabro o leggerm.*
pubescente, a lobi *crenulati o incisi*, uncinati all'apice. ♃. (Γ. ma non più
ritrovata, App. centr. sul m. Vettore). — *Lug. Ag.* — Pascoli umidi reg.
mont. ed alp. **1876 P. rostrata** L.
Fusti e foglie *lanosi o tomentosi*. Fiori in racemi brevi o poco allungati. Calice
lanoso a lobi *inciso-dentati o pennatifidi* 7

7 | Fusti e foglie ± coperti di peli *brevi e densi*. Fiori *grandi (3 cm.)*. 8-15 per
ciascun racemo; calice ± tomentoso, a lobi fogliacei, *lunghi quanto il tubo*;
labbro super. della corolla attenuato in rostro conico *breve (appena 2 mm.)*,
l'infer. *cigliato* al margine. ♃ . . . . **1877 P. gyroflexa** Vill.
    Calice densam. tomentoso. Fiori quasi sessili. Foglie e specialm. i
    piccioli lanosi. — *Lug. Ag.* — Pascoli umidi dalla reg. mont. al-
    l'alp. — α *typica*.
    Calice sparsam. tomentoso. Fiori manifestam. peduncolati. Foglie gla-
    brescenti. (App. umbro e pic.). — β *elegans* (Ten.).
Fusti e piccioli muniti di *lunghi* peli *cotonosi*. Fiori *piccoli*, (lunghi circa 2
cm.), *4-10* per racemo; calice fortem. lanoso, a lobi un poco *più brevi* del
tubo; labbro super. della corolla terminato in rostro gracile e *lungo (4 mm.)*,
l'infer. *glabro*. ♃. (Alpi Apuane). — *Lug. Ag.* **1878 P. cenisia** Gaud.

A questa famiglia appartiene pure la *Paulownia imperialis*, albero originario
del Giappone, frequentem. coltivato da noi per la bellezza dei suoi fiori nei giardini e nei pubblici passeggi.

Fam. 78.ª **OROBANCACEE.**

Piante erbacee parassite non colorate in verde. Foglie ridotte a squame. Fiori ermafroditi, irregolari, per lo più in spiga o racemo, qualche volta unilaterali. Calice libero, persistente, gamosepalo, con 4-5 divisioni ± profonde o talora 2 sepali spesso bifidi. Corolla ipogina gamopetala, con tubo curvato, bilabiata, a labbro super. fatto a volta, intero o smarginato, l'infer. trifido, a fauce con 2 pieghe vellutate. Stami 4 didinami, inseriti sul tubo della corolla; antere persistenti a 2 logge, deiscenti per fessure longitudinali o per pori basali. Ovario libero, stilo 1 semplice, stimma intero o bilobo. Cassula uniloculare, a 2 valve aprentisi dall'alto in basso o soltanto verso il mezzo; semi minuti, numerosi, con guscio grosso alveolato o tubercoloso; albume carnoso ed embrione minuto, ovoide, indiviso o bifido.

CHIAVE DEI GENERI.

Fiori con una brattea e due bratteole laterali. Calice 4- più raram. 5-dentato.
                                                                1. KOPSIA
Fiori con una brattea senza bratteole laterali.   2
2 Calice di 2 sepali disgiunti od un po' saldati alla base, bifidi, bidentati o più
     raram interi   .   .   .   .   2. OROBANCHE
   Calice 4-dentato .   .   .   .   3. LATHRAEA

1. **Kopsia** (dedic. a Kops, autore della Flora olandese). Fiori sessili o subsessili in spiga terminale, accompagnati ciascuno da 1 brattea e 2 bratteole. Calice tubuloso 4-5-fido. Labbro super. della corolla 2-lobo o 2-fido. Stimma per lo più bilobo. Cassula a 2 valve che si mantengono coerenti alla base ed all'apice.

1 Fusto per lo più *semplice*   2
   Fusto per lo più *ramoso*   3
2 Lobi della corolla *rotondato-ottusi.* Antere *villoso-lanate.* Corolla azzurra, più
     di rado intensam. violacea. ⊙. (Pavese, T. presso Firenze lungo l'Arno alle
     Cascine). — *Mag. Lug.* — Parassita sulle Artemisia e forse su altre piante
     dalla reg. pad. alla mont. ?   .   .   .   .   **1879 K. arenaria** Dum.
   Lobi della corolla *rotondato-acuminati od acuti.* Antere *per lo più glabre.* Co-
     rolla bianco-giallastra in basso, nel resto violacea. ⊙. (T., Capraia, M. sul
     m. Vettore). — *Giu. Lug.* — Parassita sulle Achillea, Artemisia ed altre
     Composte, nonchè su piante di altre fam. dal mare alla reg. subm.
                                                1880 K. caerulea Dum.
3 Fiori *piccoli,* lunghi *10-15* e alla fine *17 mm. al massimo.* Stami un po' vil-
     losi alla base o glabri; antere *glabre o brevem. cigliate alla base,* acuminate.
     Fusto *ramoso,* raram. semplice. ⊙. (Fig. 219).   **1881 K. ramosa** Dum.
         Spiga lassa e moltiflora, alla fine allungata. Denti del calice triango-
           lari-acuminati, più brevi del tubo. Corolla per lo più azzurra, a la-
           cinie rotondato-ottuse. (It. media). — *Prim. Est.* — Parassita su di-
           verse piante dal mare alla reg. subm. — α *typica.*
         Spiga abbreviata, più raram. allungata. Denti del calice lesiniformi
           della lungh. del tubo. Corolla intensam. violaceo-azzurra, a lacinie
           ellittico subacute. (Col tipo, Firenze, Roma). — β *nana* (Reich.).
   Fiori *più grandi,* lunghi *15-20 mm.* Antere *cigliate presso la base o di rado
     glabre.* Fusto *semplice,* raram. un po' ramoso   4

Squame *ottuse*. Bratteole *lanceolate, più lunghe* del tubo del calice. Spiga ordinariam. *densa e breve;* fiori *ravvicinati, tutti sessili;* calice a denti lanceolato-acuminati, *eguaglianti* il tubo; corolla d' un bleu *violetto;* antere *glabre
o pelose* alla base. ①. (It. media qua e là, Arc. tosc. eccetto finora Giannutri
e Giglio). — *Apr. Giu.* — Sulle radici di varie piante, specialm. Composte.
1882 K. Muteli Schul.

4 { Squame ovali-lanceolate, *acuminate*. Bratteole *lanceolato-lesiniformi, un po'
più brevi dei denti calicini. Spiga *allungato-cilindrica;* fiori inferiori *discosti
e brevem. pedicellati;* calice a denti lungam. triangolari-acuminati, *un poco
più lunghi* del tubo; corolla d' un bleu *azzurro;* antere *cigliato-lanose* alla
base. ①. (T. presso Viareggio a Conca?, m. Argentaro, Giglio). — *Apr. Mag.*
— Parassita su molte piante e specialm. su Psoralea, reg. med.
1883 K. lavandulacea Caruel

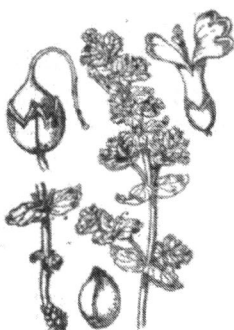

218. *Tozzia alpina* L.   219. *Kopsia ramosa* Dum.   220. *Orobanche crenata* Forsk.
      (¹/₅).   (¹/₅).   (¹/₅).

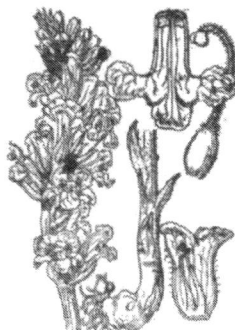

2. **Orobanche** (da ορoβος = legume ed αγχειν = strozzare,
perchè infeste a varie piante leguminose). Fiori in spiga semplice,
per lo più sessili, con 1 brattea e senza bratteole. Calice di 2 sepali
disgiunti, talora un po' saldati alla base, interi o inciso-dentati. Il
resto come in *Kopsia.*

1 { Fiori *piccoli, lunghi 10-20 mm.* Corolla angustam. tubulosa, tipicam. biancastra, bianco-giallastra o giallastra, nel labbro super. o lungo i nervi spesso
rosso-violacea o porporina, nel secco cartacea, a lobi sempre glabri nel margine. Stimma rosso, violaceo-porporino od anche giallo 2
Fiori *grandi, di solito più lunghi.* Corolla per lo più ampiam. campanulata,
diversam. colorata 7

2 { Corolla *piegata* a ginocchio nel terzo infer. Stami *glabri nella parte super.,*
parcam. pelosi presso l'inserzione. Labbro infer. della corolla a lobo medio
più grande dei laterali, 2-3-lobo, i laterali quasi bifidi. Fusto per lo più
violaceo-ametistino. ♃ ①. (Presso Firenze a Cercina). — *Apr. Lug.* — Parassita sugli Eryngium e dicesi anche su Legum. e Composte.
1884 O. amethystea Thuill.
Corolla *non piegata* a ginocchio, ma eretto-patente. Stami *generalm. pelosi in
alto* o almeno presso l'inserz., più di rado glabri 3

3 { Stimma *porporino, rosso* o *violaceo-porporino* 4
Stimma *giallo* 6

4 { Corolla *lungam. peloso-lanosa,* sopratutto nel labbro super., bianca. Stami inseriti a 3-4 mm. dalla base. Fusto bianco-giallastro o rossastro, fortem. peloso o villoso-glandoloso, 1-6 dm. ♃. (T. a Campiglia in Maremma). — *Apr.
Mag.* — Parassita sepratutto su Composte e Ombrell. e sulla Vitalba.
1885 O. versicolor Schultz
Corolla *glabra o ± pelosa, mai peloso-lanosa* 5

Corolla *piccola*, lunga *10-18 mm.*, *bianchiccia*, con striscie *azzurro-violacee*. Sepali moltinervi, bifidi od interi. Stami inseriti a 2-3 mm. sopra la base della corolla. ①. (It. media, Arc. tosc.). — *Mar. Lug.* — Parassita su Legumin e su altre piante dal mare alla reg. subm. **1886 O. minor** Sutton

Corolla *mediocre*, lunga *15-20 mm.*, *giallo-dorata*, con striscie *porporine*. ♃.
                                        1887 O. loricata Rchb.

5   Brattee più lunghe dei fiori. Sepali profondam. divisi. Stami in alto copiosam. peloso-glandolosi. (T. nel m. Pisano ai Bagni di San Giuliano, in Maremma a Castiglion della Pescaia). — *May. Lug.* — Parassita su varie Composte dal mare alla reg. subm. -- α *typica*.

Brattee generalm. più brevi dei fiori. Sep. meno profondam. divisi. Stami in alto glabri o parcam. peloso-glandolosi. Corolla a vene violacee nel secco. (Parmig., L. presso Roma, Elba). — β *Picridis* (Schultz).

Corolla *un po' ristretta* sotto il lembo. Scapo *pallido o rossastro*, peloso-glandoloso e spesso alla base coperto di squame embriciate, 1-3 dm. Brattee *eguaglianti* la corolla od *anche assai più lunghe*. ①. (T. M. L.). — *Apr. Giu.* — Parassita sull'Hedera dal mare alla reg.subm. **1888 O. Hederae** Duby

6   Corolla *non ristretta* sotto il lembo, ± peloso-glandolosa all'esterno. Scapo, come tutta la pianta, *paglierino-solfino*, peloso-glandoloso ed abbondantem. squamoso, 2-4 dm. Brattee *un po' più brevi* della corolla. ①. (T. all'Elba, L. dintorni di Roma sulle Ombrellifere). — *Giu. Lug.* — Reg. med.
                                         1889 O. concolor Duby

Linea dorsale della corolla *curvata alla base, nel mezzo diritta o quasi*, oppure (cfr. n. 10, concava (più raram. un po' curvata), nel labbro super. fortem. curvata od appianata **8**

7   Linea dorsale della corolla ± *fortem. curvata* (raram. [cfr. n. 13] quasi diritta) nel dorso dalla base al labbro super. o talvolta qui un po' spianata **12**

Corolla *peloso-glandolosa*, a peli *colorati* e per lo più *inseriti* sopra un piccolo tubercolo. Pezzi del calice per lo più liberi fino alla base, interi o più raram. 2-dentati. Stimma rosso-porporino. Stami inseriti presso la base della corolla, normalm. pelosi in basso e peloso-glandolosi in vicinanza delle antere. ①. (It. media). — *Apr. Lug.* — Parassita su diverse Labiate dal mare alla reg. subm.
                                         1890 O. alba Steph.

8   Corolla *glabrescente* o peloso-glandolosa, ma a peli *non colorati, nè inseriti* sopra un piccolo tubercolo **9**

Corolla tipicam. *biancastra o bianco-giallastra*, verso il lembo e lungo i nervi rossastra, ametistina o porporina. Stimma *violaceo, carneo o bianco-giallastro*. Pezzi del calice *liberi* 2-dentati o 2-fidi. ①. (E. T. Elba, M. L.). — *Apr. Giu.* — Parassita su molte Leguminose colt. e spont. e su piante di qualche altra fam. dal mare alla reg. subm. — *Succiamele, Fiamma, Sparagione*. (Fig 220) . . . . **1891 O. crenata** Forsk.

9   Corolla tipicam. *fosco-lilacina*, concava nel dorso e generalm. provvista di un apice nel labbro super. eretto. Stimma *porporino-fosco o giallo*, superficialm. 2-lobo. Pezzi del calice *liberi o connati*, 2-dentati o 2-fidi **10**

Stami inseriti *quasi alla base* della corolla, nella parte infer. fortem. pelosi. Denti calicini lunghi circa la metà della corolla o di poco più lunghi. Stimma porporino-fosco. ♃. (T. M.). — *Apr. Lug.* — Parassita sui Galium. ed altre Rubiacee, dal mare alla reg. subm. **1892 O. caryophyllacea** Sm.

10   Stami inseriti *nel terzo infer.* della corolla **11**

Stimma *fosco-porporino*. Squame *ovali-rotondate*. Corolla *fosco-lilacina*, verso la base biancastra, nel secco fosca. Denti calicini lunghi la metà della corolla o di poco *più brevi*. ♃. (T. in Versilia nelle Alpi Ap.). *Giu. Lug.* — Parassita sui Teucrium nella reg. subm. . . . **1893 O. Teucrii** Hol.

11   Stimma *giallo*. Squame *strettam. lanceolate*. Corolla *fosca o rossastra*, in basso giallastra, raram. tutta solfina o gialla. Denti calicini lunghi circa la metà della corolla o di poco più lunghi. ♃. (Pavese, E., T. nel Senese, L. a Roma. — *Mag.* — Parassita sulle Medicago e sui Trifolium dal mare alla reg. subm. . . . . **1894 O. lutea** Baumg.

Corolla tipicam. gialla e verso il lembo rosso-sanguigna o fosco-porporina, nell'interno più intensam. colorata e nitida. Stami inseriti *alla base* della corolla. Stimma giallo od aranciato **13**

12   Corolla meno intensam. colorata, sopratutto all'interno. Stami inseriti *nel terzo infer.* della corolla o presso la base **14**

13 {

Lobo medio del labbro infer. *di poco* più grande dei laterali: labbro superiore *fatto a volta* con i lobi *stretti*. Brattee *uguali* od anche *più brevi o più lunghe* dei fiori. ①. (It. media, Elba). — *Apr. Giu.* — Parassita su molte Legumin. nei prati e boschi dal mare alla reg. subalp.
1895 O. gracilis Sm.

Lobo medio del labbro infer. *il doppio* più grande dei laterali, tutti denticolato-crenulati e spesso fimbriati; labbro super. *non fatto a volta*, con i lobi *larghi*, patenti o suberetti. Brattee *appena più lunghe* dei fiori. 2↓. (App. pavese, bologn., Alpi Ap. ecc.). — *Mag. Lug.* — Parassita su Leguminose dal mare alla reg. mont. . . . . **1896 O. variegata** Wallr.

14 {

Labbro super. della corolla a lobi *non molto* sviluppati e fatto a volta. Corolla campanulata e ventricosa anteriorm., peloso-glandolosa, eccetto a volte nel margine dei lobi. Stami inseriti *alla base* della corolla, glabri in basso, peloso-glandolosi presso le antere. Stimma giallo, *superficialm. 2-solcato.* 2↓. (It. media). — *Mag. Lug.* — Parassita sul Cytisus scoparius ed altre Leguminose nella reg. subm. e mont.
1897 O. Rapum-Genistae Thuill.

Labbro super. della corolla a lobi *assai* sviluppati e patenti. Stami inseriti *nel terzo infer.* della corolla. Stimma giallo, *profondam. 2-lobo* e spesso imbutiforme 15

15 {

Labbro super. della corolla *intero od un po' smarginato*, a lobi *patenti*. Stilo fortem. peloso-glandoloso. Corolla *giallastra alla base, verso il lembo foscolilacina.* Brattee *un po' più lunghe* dei fiori e ripiegate all'apice. Stami inseriti a 3-5 mm. sopra la base della corolla. ①. (Pavese a Bobbio, Parmigiano sul m. Dosso). — *Giu. Lug.* — Parass. sulla Salvia glutinosa.
1898 O. Salviae F. G. Schultz

Labbro super. della corolla *smarginato o 2-lobo*, con i lobi *distesi in avanti.* Stilo *glabro o parcam.* peloso-glandoloso. Corolla *giallo-rossastra o giallastra* in ogni parte. Brattee *uguali o di poco più lunghe* dei fiori, patenti o ripiegate all'apice. Stami inseriti a 2-3 mm. dalla base della corolla. ①. (Pavese, App. pistoiese ed umbro). — *Giu. Ag.* — Parass. sul Berberis, sui Rovi ed anche su Artemisia campestris. **1899 O. lucorum** A. Br.

Non abbiamo incluso nella chiave la *O. Juccae* Savi f. indicata dell'Orto botanico di Pisa e della Selva Pisana.

3. **Lathraea** (da λαθραιος = nascosto, pel fusto sotterraneo). Fiori in spiga brevissimam. peduncolati, con 1 brattea e senza bratteole. Calice campanulato, 4-dentato. Labbro super. intero o smarginato. Stimma capitato-bilobo. Cassula aprentesi alla sommità in 2 valve.

1 {

Fusto *nullo o brevissimo*. Fiori *grandi* (4-6 cm.), *in corimbo, violaceo-rossicci, eretti, lungam.* peduncolati. Calice *glabro.* 2↓. (T. nel Carrarese e Lucchese). — *Mar. Giu.* — Parass. sulle radici dei salici e dei pioppi dalla reg. med. alla mont. . . . . **1900 L. clandestina** L.

Fusto *lungo 10-40 cm.* Fiori *piccoli* (15-20 mm.) *in spiga unilaterale, biancastri o rosei, pendenti* brevem. peduncolati. Calice *peloso-glandoloso.* 2↓. (It. media). — *Mar. Giu.* — Parass. sulle radici del faggio, carpino, nocciolo, quercia, olmo, ecc. dalla reg. med. alla mont.
1901 L. Squamaria L.

Fam. 79.ª ACANTACEE.

1. **Acànthus** (da ἀκανθα = spina, per le foglie spinose). — Erbe a foglie opposte senza stipole. Fiori ermafroditi irregolari, in spiga terminale, all'ascella di una grande brattea e 2 bratteole laterali. Calice persistente a 4 divisioni diseguali. Corolla ipogina, a tubo bre-

vissimo, a un solo labbro trilobo. Stami 4 quasi didinami, inseriti alla base della corolla, gli infer. col filamento ripiegato all'apice; antere uniloculari, cigliate lungo la linea di deiscenza. Ovario biloculare; stilo semplice, terminato in stimma trifido, con 2 lacinie assai più lunghe della terza. Cassula membranacea, biloculare, loculicida; semi 2 per loggia, ovati, compressi, tubercolati, senza albume e a radichetta laterale.

Foglie e brattee a *denti spinosi*. Fusto eretto, rotondo, glabro od un po' pubescente, per lo più violaceo, 4-9 dm. Fiori in spiga densa, spesso assai allungata. 2/   **1902 A. spinosus** L.

Foglie pennatifide, a lacinie lanceolato-acute, a denti spinulosi, le infer. distinte, le super. confluenti, glabre od un po' glandolose, di un verde cupo. Bratteole lineari-lanceolate, acuminato-spinose, pelose. Lobi laterali del calice obovato-orbicolari, scariosi, glabri, il super. un po' villoso nel margine e per lo più violaceo. Corolla lunga 4 cm., bianca, lungo i nervi e nei lobi violacea. (Firenze alla Certosa). — *Apr. Giu.* — Reg. med. — α *spinulosus* (Host.).

Foglie pennatopartite, colle lacinie pennatifide, tutte distinte, a spine più lunghe e più robuste della preced. Bratteole lineari-carenate. Lobo super. del calice un po' pubescente. Il resto c. s. (Faentino al Castelluccio presso Samoggia). — β *spinosissimus* (Pers.).

Foglie *molli non spinose*, pennatifido-sinuate o lirato-sinuate o lirate, a lacinie ovali, le super. confluenti. Bratteole lanceolate, subspinose. Corolla biancastra, lunga 5-6 cm. Fusto c. s., 3-6 dm. 2/ (Da Sarzana ed Urbino in giù, Arc. tosc., Giglio, Gorgona). — *Mar. Lug.* — Luoghi ombrosi reg. med., largam. colt. — *Acanto, Brancorsina* .   .   .   **1903 A. mollis** L.

Fam. 80.ª VERBENACEE.

Erbe o frutici a foglie opposte, senza stipole. Fiori ermafroditi, irregolari, in spighe o pannocchie. Calice libero gamosepalo, persistente, tuboloso, a 4-5 divisioni. Corolla ipogina, gamopetala, a lembo 5-lobo, quasi bilabiata. Stami 4 didinami, inseriti sul tubo della corolla. Ovario libero 2-4-loculare; stilo semplice, terminale; stimma capitato-bilobo o bifido. Frutto cassula con 2-4 caselle, o drupa con 2-4 noccioli; un seme per loggia, senza albume, con cotiledoni fogliacei e radichetta inferiore.

CHIAVE DEI GENERI.

1 { Piante fruticose od arboscelli, a foglie digitato-composte. Frutto drupaceo.   **1 Vitex**

Piante erbacee, a foglie semplici. Frutto cassulare. **2**

2 { Foglie lobate. Calice 4-5-dentato, col quinto dente posteriore minutissimo.   **2 Verbena**

Foglie dentate. Calice 2-fido .   .   .   .   .   .   **3 Lippia**

1. Vitex. Calice breve, 5-dentato. Corolla a labbro super. bifido, l'infer. a 3 lobi, il mediano più lungo. Stami sporgenti, a filamenti barbati alla base; antere 2-loculari, a logge oblunghe, divaricate, cosparse di ghiandolette resinifere. Drupa 4-loculare; dei quattro semi uno solo matura.

Frutice talora arborescente (1-3 m.). Foglie digitate, con 5-7 fogliolıne lanceo
lato-acute, verdi di sopra, bianco-tomentose di sotto, subintere. Fiori in
piccoli glomeruli, brevem. peduncolati, violacei, più raram. bianchi. 5. (It.
media, Arc. tosc. Elba, Giglio, Capraia, Montecristo). — *Giu. Sett.* — Luoghi umidi e specialm. nel letto dei torrenti, reg. med. — *Agno Uasto, Vitice.*
1904 V. Agnus-Castus L.

2. Verbèna. Calice tubuloso, con 4-5 solchi o pieghe e 4-5 denti,
di cui 4 eguali, il quinto posteriore minimo. Corolla imbutiforme, 5-
fida, a lobi quasi eguali. Stami inclusi nella corolla, a filamenti
quasi nulli; antere a logge parallele, deiscenti per lungo. Cassula 4-
loculare.

Fusto tetragono, glabro od un po' ruvido sugli angoli, eretto o ± prostrato,
2-6 dm. Foglie pennatifide o dentate. Fiori sessili in spighe, formanti pannocchia, rosei od anche bianchi. 2↑. (It. media, Arc. tosc. eccetto finora Giannutri e Montecristo). — *Prim. Aut.* — Luoghi erbosi, lungo le stráde ecc.
dal mare alla reg. mont. — *Verbena, Berbena.* **1905 V. officinalis** L..

3. Lippia (ded. ad Agostino Lippi botanico). — Calice monofillo,
2-fido e 2-carenato. Corolla a tubo cilindrico, poco più lungo del calice, col labbro super. piano, 2-lobo, l'infer. 3-lobo, a lobi eguali.
Stami a filamenti brevissimi; antere 2-loculari, gialle, arrotondate.
Cassula un po' compressa, circondata dal calice e crostosa sul secco,
2-loculare e 2-valve.

Fusto radicante ai nodi, a rami ascendenti-eretti o talora prostrati, glabri o
pubescenti, 1-2 dm. Foglie ristrette in corto picciolo, cuneato-spatolate, dentate nella metà super., ottuse od acute. Fiori piccoli in capolini ovali, peduncolati, ascellari, bianchi o bianco-azzurrastri. 2↑. (T. ecc.). — *Giu. Sett.*
Prati arenosi umidi reg. med., sopratutto presso il littorale, spesso sfuggita
alla coltiv. . . . . . . **1906 L. nodiflòra** Rich. in Michx.

Fam. 81.ᵃ LAMIACEE.

Piante erbacee, spesso fruticose o suffruticose, a foglie opposte o
alterne, senza stipole. Fiori irregolari, solitari od in verticillastri
ascellari o terminali, ed in quest'ultimo caso o sono ravvicinati a
mo' di capolino o più spesso sono in racemi ± allungati detti spicastri. Calice infero, persistente, 5-dentato, talora bilabiato, a fauce
nuda o munita di anello di peli (*carpostegio*). Corolla ipogina, caduca
o persistente, bilabiata, irregolare, qualche volta quasi regolare 4-5-
loba; tubo nudo oppure chiuso a diversa altezza da un anello di peli
(*nettarostegio*). Stami inseriti nel tubo della corolla, per lo più 4 didinami, i super. od i 2 laterali talora nulli od imperfetti; antere a 4
o 2 caselle. Disco annulare. Ovario di 2 carpelli connati, profondam.
bilobi, e quindi 4-partito e a 4 caselle, ciascuna con 1 ovulo; stilo inserito fra i lobi dell'ovario, sottile, con stimma intero o bifido.
Frutto di 4 piccoli acheni, di rado drupaceo; semi con guscio sottile, albume nullo, embrione diritto, raram. incurvo, a cotiledoni
carnosi e radichetta presso l'ilo.

CHIAVE DEI GENERI

1.
- Stami fertili 2
- Stami fertili 4. Corolla apparentemente 1-labiata per l'eccessiva piccolezza del labbro superiore 5
- Stami fertili 4, rinchiusi nel tubo della corolla 2-labiata 6
- Stami fertili 4, ± sporgenti dal tubo della corolla 8

2.
- Corolla quasi regolare 3
- Corolla manifestam. 2-labiata 4

3.
- Corolla campanulata, poco più lunga del calice . . . . 27 LYCOPUS
- Corolla tubulosa, assai più lunga del calice . . . . 23 ZIZYPHORA

4.
- Labbro super. della corolla intero o smarginato . . . . 20 SALVIA
- Labbro super. della corolla 2-lobo. alla fine rovesciato in dietro 3 ROSMARINUS

5.
- Labbro super. della corolla 2-lobo. Tubo corollino nudo nell'interno. 2 TEUCRIUM
- Labbro super. della corolla smarginato. Tubo corollino con un anello di peli nell'interno (nettarostegio) . . . . 1 AJUGA

6.
- Corolla violacea. Calice tubuloso . . . . . . 6 LAVANDULA
- Corolla bianca. Calice campanulato 7

7.
- Ovario ed antere cosparse di glandole resinifere . . . 7 MARRUBIUM
- Ovario ed antere senza glandole . . . . 8 SIDERITIS

8.
- Calice pressochè regolare 9
- Calice assai irregolare 2-labiato 22

9.
- Corolla con un anello di peli nell' interno del tubo, 2-labiata . . 10
- Corolla senza anello di peli 14

10.
- Lobi dell'ovario arrotondati in cima 11
- Lobi dell'ovario troncati in cima 12

11.
- Lobi dell'ovario ed antere cosparsi di glandole resinifere . . 17 BALLOTA
- Lobi dell'ovario nudi . . . . 18 STACHYS p. p.

12.
- Stami uguali . . . . 16 LEONURUS p. p.
- Stami disuguali 13

13.
- Lobi stilari pressochè uguali . . . . 15 LAMIUM
- Lobi stilari molto disuguali . . . . 13 PHLOMIS

14.
- Stami ravvicinati fra loro in modo che le antere si toccano . . . 15
- Stami tutti discosti fra loro 20

15.
- Stami tutti uguali . . . . 16 LEONURUS p. p.
- Stami poster. più lunghi degli anter. 16
- Stami poster. più brevi degli anter. 17

16.
- Lobo mediano del labbro infer. concavo. Fiori in verticillastri formanti uno spicastro . . . . 9 NEPETA
- Lobo mediano del labbro infer. piano. Fiori all'ascella di foglie non modificate in brattee . . . . 10 GLECHOMA

17.
- Lobi dell'ovario troncati in cima . . . . . 15 LAMIUM p. p.
- Lobi dell'ovario arrotondati in cima 18

18.
- Lobi dell'ovario pelosi . . . . . . 12 MELITTIS p. p.
- Lobi dell'ovario glandolosi (Betonica) . . . . 18 STACHYS p. p.
- Lobi dell'ovario glabri 19

19.
- Corolla brevem. 2-labiata . . . . . . 22 SATUREIA p. p.
- Corolla manifestam. 2-labiata . . . . . . 14 GALEOPSIS

20.
- Corolla quasi regolare . . . . 28 MENTHA
- Corolla 2-labiata 21

21.
- Infiorescenza con larghe brattee. Logge delle antere riunite da un ampio connettivo . . . . 26 ORIGANUM p. p.
- Infiorescenza unilaterale con brattee simili alle foglie. Logge delle antere riunite per l'apice senza connettivo . . . . . 24 HYSSOPUS

22.
- Labbro super. del calice arrotondato, intero 23
- Labbro super. del calice 3-dentato o 3-fido 25

23 { Labbro infer. del calice con 4 denti . . . . . . 29 OCIMUM
   { Labbro infer. del calice intero 24

24 { Labbro infer. del calice uguale al super. . . . . 5 SCUTELLARIA
   { Labbro infer. del calice assai più piccolo del super. . 26 ORIGANUM p. p.

25 { Calice con la fauce chiusa dopo la fioritura dal ravvicinamento dei labbri.
   {   11 BRUNELLA
   { Calice con la fauce chiusa da peli 26
   { Calice con la fauce aperta. 28

26 { Lobi stilari molto disuguali (*Calamintha*) . . . 22 SATUREIA p. p.
   { Lobi stilari quasi uguali 27

27 { Foglie piccoline. Fiori rossi . . . . 25 THYMUS
   { Foglie grandi, smerlate. Fiori bianchi . . . . . 21 MELISSA

28 { Tubo corollino nudo nell'interno . . . . . 12 MELITTIS p. p.
   { Tubo corollino con un anello di peli nell'interno 29

29 { Fiori violacei : Acheni secchi . . . . 19 HORMINUM
   { Fiori bianchicci. Acheni carnosetti, drupacei. . . . . 4 PRASIUM

Tribù I. AJUGEE.

Corolla quasi unilabiata, a labbro super. mancante o brevissimo, smarginato o
bidentato; labbro infer. 3-lobo o 5-lobo. Stami 4, paralleli, sporgenti, gli
anter. più lunghi. Erbe o suffrutici.

1. Ajuga. Calice campanulato a 5 denti quasi uguali. Corolla persistente, munita di un anello di peli, col labbro super. quasi nullo,
l'infer. 3-lobo. Frutto di 4 acheni reticolato-rugosi.

1 { Verticillastri di *molti* fiori formanti spicastri. Corolla *variam. colorata*, ma
  { non gialla, con anello di peli *continuo* e *lontano* dal punto d'inserzione de-
  { gli stami 2
  { Verticillastri di *pochi* fiori (2 o più raram. 4), ascellari. Corolla *rosea o gialla*,
  { con anello di peli *interrotto* e *vicino* al punto d'inserzione degli stami . 4

2 { Fusto *nullo o brevissimo*, lungo al massimo 5 cm. Infiorescenza subcontinua.
  { Foglie fiorali lanceolato-ottuse. Corolla azzurra. 2↓. (App. march. al m. Vet-
  { tore). — *Mag. Lug.* — Pascoli reg. subm. e mont.
  {   **1907 A. acaulis** Brocchi
  { Fusto *manifesto ± sviluppato* 3

3 { Foglie fiorali *tutte intere*, le basali *persistenti*. Fiori azzurri, raram. rosei o
  { bianchi. Fusto di 1-3 dm., *alternativam. peloso sulle due facce*. Pianta ab-
  { *bondantem. stolonifera*. 2↓. (It. centr.). — *Mar. Lug.* — Prati boschi dal
  { mare alla reg. alp. — *Bugula, Morandula.*   **1908 A. reptans** L.
  { Foglie fiorali *mediane trilobe*, le basali *distrutte* al momento della fioritura.
  { Fiori azzurri o rosei, eccezionalm. bianchi. Fusto di 1-4 dm., *interam. pe-*
  { *loso*. Pianta *non stolonifera*. 2↓. (It. centr. fino al Viterbese). — *Apr. Ag.* —
  { Luoghi boschivi, erbosi dalla reg. pad. alla subm. **1909 A. genevensis** L.

4 { Pianta *erbacea*. Foglie super. *profondam. 3-partite*, a divisioni lineari, le in-
  { fer. *intiere*. Fiori *gialli*. ①. (It. media). — *Mar. Mag.* — Campi e luoghi
  { incolti asciutti dal mare alla reg. mont. — *Camepizio, Canapicchio.*
  {   **1910 A. Chamaepitys** Schreb.
  { Pianta *fruticosa alla base*. Foglie super. *intiere*, le infer. e le medie con *2-4*
  { *denti* alla sommità. Fiori *porporini o giallo-dorati*. ①. (It. media qua e là,
  { Arc. tosc. Elba e Pianosa, L. a Tivoli). — *Mar. Aut.* — Colli sassosi e rupi
  { presso al mare, raram. nella reg. subm. . **1911 A. Iva** Schreb.

2. Teucrium. Calice campanulato o tubuloso a 5 denti, un po'
gozzuto al davanti. Corolla quasi 1-labiata, a tubo senza anello di
peli nell'interno, a labbro super. 2-lobo. Frutto di 4 acheni, ovoidi,
lisci o ± reticolato-globosi.

1 { Calice *bilabiato* per lo sviluppo prevalente della lacinia super. del calice . 2
  { Calice *subregolare* a 5 denti eguali o subeguali 3

2 { Brattee ovali-acuminate, *ristrette* alla base. Calice *piccolo, brevem. peloso in basso*, nel resto per lo più glabro, a denti infer. *brevi*. Corolla giallognola a tubo *più lungo* del calice. Denti delle foglie lunghi e *stretti, acuti*. ♃. (It. centr. fino in T., Elba). — *Giu. Ag.* — Luoghi boschivi dalla reg. pad. alla subm. . . . . **1912 T. Scorodonia** L.

  { Brattee ovali-acute, *cuoriformi* alla base. Calice *un terzo più grande* (lungo 7-8 mm.), *pubescente-glanduloso in ogni parte* ed a peli lunghetti, a denti infer. *più lungam. aristati*. Corolla giallognola a tubo *eguale al calice o più breve*. Denti delle foglie *più larghi o più ottusi*. ♃. (It. media qua e là, M. L. ecc.). — *Giu. Ag.* — Luoghi boschivi reg. med. e subm.
                                         1913 T. siculum Guss.

3 { Verticillastri *riuniti* in capolino alla sommità dei fusti. . . . 4
  { Verticillastri di 2-6 fiori *non riuniti* in capolino 5

4 { Fusti *eretti od ascendenti, legnosi*, assai ramosi, tomentoso-lanosi. Foglie *fortem. crenate* nel margine, *per lo più tomentose su ambedue le pagine*. Calice ± *tomentoso*. Corolla bianca o porporina. Antere *rosse*. ♃. (It. media, T. M.). — *Mag. Ag.* — Luoghi selvatici, aridi dal mare alla reg. mont. — *Bugola, Polio* . . . . . . **1914 T. Polium** L.

  { Fusti *prostrati, legnosi alla base*, assai ramosi, a rami filiformi, disposti in cerchio sulla terra. Foglie *intere, verdi e lucide di sopra, bianco-tomentose di sotto*. Calice *glabro o pubescente*. Corolla *bianco-giallastra*. Antere *violaceo-brune*. ♃. (It. media). — *Mag. Ag.* — Luoghi aridi e sassosi reg. subm. e mont. . . . . **1915 T. montanum** L.

5 { Pianta *fruticosa*, bianco- o ferrugineo-tomentosa. Foglie *intere*, ovali, verdi-lucide di sopra, tomentose di sotto. Verticillastri 2-flori. Calice bianco-tomentoso, a denti ovali-lanceolati, acuti. Corolla violaceo-pallida con vene più cariche. Antere porporine o fosche, ♄. (Maremma ed Arc. tosc., L.). — *Feb. Mag. e talora Inv.* — Poggi aridi, sassosi e rupi mar. reg. med.
                                        1916 T. fruticans L.

  { Piante erbacee. Foglie *dentate, incise o pennatifide*. 6

6 { Verticillastri di *1-3 fiori*. Foglie florali *non differenziate* in brattee e quindi verticillastri non formanti spicastri 7
  { Verticillastri di *2-6 fiori*. Foglie florali *un po' differenziate* in brattee . 8

7 { Foglie *tutte picciolate*, peloso-glandolose, verdi-scure di sopra, pallide di sotto, molli, *bipennatifide*, a segmenti oblunghi, ottusi. Fiori lilacini, punteggiati alla fauce di rosso, 2-6 all' ascella delle foglie super. Pianta *annua, senza stoloni*. ①. (It. centr. fino all' U. e L.). — *Giu. Lug.* — Campi e luoghi incolti reg. subm. e mont. . . . **1917 T. Botrys** L.

  { Foglie *sessili*, pubescenti-villose, ± *profondam. crenate*. Fiori lilacini, per lo più geminati all'ascella delle foglie medie e super. Pianta *perenne, provvista di stoloni*. ♃. . . . . **1918 T. Scordium** L.

    { Foglie cauline lanceolate, 3 volte più lunghe che larghe, arrotondate alla base, le super. attenuate ed intere nella loro metà infer. Verticillastri allontanati. Stoloni con appendici fogliacee. (It. media, Elba). — *Prim. Aut.* — Luoghi arenosi umidi dal mare alla reg. subm. — α *typicum*.

    { Foglie cauline ovali, circa 1 volta più lunghe che larghe, cuoriformi alla base ed abbraccianti, le super. ovali-allargate ed arrotondate alla base, crenate in tutto il margine. Verticillastri ravvicinati. Stoloni con appendici scariose. (Col tipo). — β *scordioides* (Schreb.).

8 { Foglie *intere*, a margine ± *rovesciato*, piccole, ovali-lanceolate, pubescenti e verdi al di sopra, bianco-tomentose di sotto. Calice tomentoso. Corolla porporina, peloso-glandolosa, a lobo mediano del labbro infer. suborbicolare, concavo. Acheni bruni, ± pelosi, apicolati. ♄. (T. a Gorgona, Capraia e Montecristo). — *Mag. Giu.* — Luoghi aridi e rupi reg. med. — *Maro, Erba da Gatti* . . . . . **1919 T. Marum** L.

  { Foglie ± *crenate*, a margine *non rovesciato* 9

    { Fiori *giallo-verdastri*, grandi. Calice *pubescenti-glandoloso*. Corolla a lobo mediano *quasi rotondo*, concavo. Foglie largam. ovali, picciolate, *crenulate*, pubescenti-vellutate. Acheni bruni, *lisci*. ♄. (It. media, Arc. tosc.). — *Apr. Lug.* — Luoghi aridi e rupi reg. med. . . **1920 T. flavum** L.

9 { Fiori *roseo-porporini, più di rado bianchi.* Calice *brevem.* peloso. Corolla a lobo mediano largo, *obovato-cuneiforme.* Foglie ovali ed ovali-lanceolate, brevem. picciolate, *doppiam.* dentate, pubescenti. Acheni bruni, *papillosi.* ♃. (It. media, Elba). — *Mag. Giu.* — Luoghi boschivi ed erbosi asciutti dal mare alla reg. mont. (Fig. 230) . . **1921 T. Chamaedrys** L.

Tribù 2. ROSMARINEE.

Corolla bilabiata. Stami fertili 2. Acheni lisci. Frutice.

3. Rosmarinus. Calice campanulato, 2-labiato, con labbro super. intero o con 3 denticini, l'infer. 2-fido, a fauce nuda. Corolla bilabiata, a labbro super. 2-lobo, alla fine rovesciato in dietro, l'infer. patente, a 3 lobi, il mediano assai più grande. Filamenti staminali muniti di un dente poco sopra la base.

Frutice ramosissimo, odoroso, 1-2 m. Fiori azzurri, più di rado bianchi. Foglie sessili, coriacee, persistenti, verdi di sopra, bianche e tomentose di sotto, lineari, coi margini rivoltati. ♄. (It. media, Arc. tosc.). — *Mar. Ott.* — Arene marit. e colli reg. med. e presso al mare, spesso coltiv.
1922 R. officinalis L.

Tribù 3. PRASIEE.

Acheni drupacei, carnosetti. Suffrutice a foglie ovate od ovato-lanceolate, verdi, glabrescenti.

4. Prasium. Calice persistente, campanulato-bilabiato, a labbro super. 3-fido, l'infer. 2-partito fino alla fauce. Corolla a labbro super. concavo, intero o smarginato, l'infer. 3-fido, a tubo con un anello di peli nell'interno. Stami 4. Frutto di 4 piccoli acheni.

Fiori bianchi o leggerm. porporini, solitari, ascellari. Foglie opposte, picciolate, verdi, ovali od ovali lanceolate, ottuse, spesso cuoriformi alla base, crenulate. Suffrutice ramoso, a rami quadrangolari, legnosi in basso, erbacei in alto 2-5 dm. ♃. (It. media, Arc. tosc.). — *Mar. Giu.* — Colli sassosi prossimi al mare e rupi marit. reg. med. . . . **1923 P. maius** L.

Tribù 4. SCUTELLARIEE.

Calice a labbro super. trasformantesi in un'ampia squama rialzata, concava. Embrione ricurvo. Piante erbacee perenni.

5. Scutellària (da *scutellum* = piccolo scudo, alludendo alla forma del calice). Calice campanulato, a 2 labbra intere. Corolla bilabiata, a tubo lungam. sporgente, senza anello di peli, a labbro super. intero o smarginato, l'infer. trilobo. Stami 4, antere ravvicinate per paia. Frutto di 4 acheni secchi, oblunghi.

1 { Verticillastri all'ascella di foglie *differenziate* in brattee piccole erbacee . 2
{ Verticillastri all'ascella di foglie *non differenziate* in brattee . . . 3

2 { Fusti *glabri, appena pubescenti sugli angoli.* Foglie *glabre,* coi nervi pubescenti di sotto. Brattee *ovato-romboidali, della lunghezza circa* del calice. Corolla lunga 15-18 mm. ♃. (App. centr. nel Piceno). — *Mag. Giu.* — Piuttosto rara . . . . **1924 S. altissima** L.

2 { Fusti *totalm.* pubescenti. Foglie *pubescenti.* Brattee *ovali lanceolate più brevi*
  del calice ovvero *più lunghe.* Corolla lunga 20-30 mm. ♃. (It. media. —
  Mag. Lug. — Boschi e luoghi ombrosi dalla reg. pad. e med. alla mont.
                              1925 S. Columnae All.

3 { Foglie infer. *ovali-astate,* arrotondate alla sommità, le cauline lanceolato-
  astate ad orecchiette orizzontali intere, glabre o brevem. picciolate. Corolla
  lunga 2 cm., violacea, assai dilatata verso la fauce ed a labbro infer. con
  lobo mediano rotondato. ♃. (E. M. T. L. presso Roma). — *Mag. Ag.* — Luoghi umidi delle reg. pad. e subm.   .   .   **1926 S. hastifolia** L.
  Foglie *non astate,* lanceolato-oblunghe, cuoriformi alla base, crenate nel margine. Corolla lunga 1 ½ cm., violacea, insensibilm. dilatata verso la fauce
  ed a labbro infer. con lobo mediano smarginato. ♃. (T. M. ecc.). — *Giu.*
  Ag. — Luoghi paludosi od arenosi dalla reg. pad. alla subm.
                              1927 S. galericulata L.

Tribù 5. LAVANDULEE.

Stami e stilo rinchiusi nel tubo della corolla. Frutici o suffrutici a foglie intere o divise e fiori piccoli riuniti in infiorescenze dense, talvolta terminate
da una chioma di brattee colorate a funzione vessillare.

6. Lavàndula (da *lavare,* piante usate per profumare i bagni,
lozioni, ecc. Calice tuboloso, 2-labiato, a labbro super. con un dente
protratto in un' appendice dilatata, l' infer. a 4 denti quasi uguali.
Corolla a tubo sporgente, con anello di peli interrotto, 2-labiata; coi
labbri non bene marcati, il super. bilobo, l' infer. trilobo. Stami 4.
Frutto di 4 acheni oblunghi, lisci e glabri.

1 { Spicastri *densi,* quadrangolari, *sormontati* da un ciuffo di grandi brattee sterili ± vivacem. colorate. Fiori *porporino-nerastri,* raram. bianchi. Rami floriferi *fogliati fin quasi alla sommità.* Foglie intere, lineari o lineari-oblunghe, coi margini ripiegati. 5. (It. media lungo la costa tirrena, Arc. tosc.
  Elba, Giglio, Capraia, Montecristo).   .   .   **1928 L. Stoechas** L.
  Spicastri *un po' lassi od interrotti alla base,* giammai *sormontati* da un ciuffo
  di grandi brattee. Fiori *violacei o bianchi.* Rami floriferi *lungam. nudi* alla
  sommità   2

2 { Brattee *larghe, ovato-romboidali,* brune, *membranose, grandi.* Bratteole piccole, *caduche.* Foglie *lineari-lanceolate, quasi sessili.* 5. (Bologn., T.). —
  Prim. Aut. — Poggi aridi, sassosi reg. med. e subm.; colt. e qua e là natur.
                              1929 L. Spica L. (excl. β.).
  Brattee *strette, lineari, verdastre, fogliacee, piccole.* Bratteole della stessa forma delle brattee, ma più piccole, *persistenti.* Foglie *oblungo-lanceolate,* talora quasi spatolate, *lungam. attenuate alla base.* 5. (T. presso Firenze, Perugia, Spoleto). — *Est. Aut.* — Con la prec. ma più rara: colt. e nat. in di-
  versi luoghi   .   .   .   .   **1930 L. latifolia** Vill.

Tribù 6. MARRUBIÉE.

Calice 5-10-dentato. Stami e stilo inclusi nel tubo corollino. Piante erbacee o
perenni, spesso rivestite di denso tomento.

7. Marrùbium. Calice campanulato, con 5-10 denti ± eguali,
acuminati o quasi spinosi. Corolla 2-labiata, munita di anello di peli
interrotto, a labbro sup. eretto, intero o smarginato, l'infer. 3-lobo.
Stami 4; antere cosparse di glandole resinifere come l'ovario. Frutto
di 4 acheni, trigoni, tagliati superiorm. con una superficie triango-
lare-convessa, lisci e glabri.

> Calice a *5* denti lesiniformi, alla fine spinosi e divaricato-patenti. Foglie ovali-crenate, brevem. picciolate, bianco-lanose. Fusti ramosi dalla base, 3-5 dm. ♃. (It. media). — *Giu. Ag.* — Luoghi aridi, sassosi reg. subm. e mont.
> **1931 M. candidissimum** L.
>
> Calice a *10* denti lesiniformi e uncinato-ricurvi. Foglie ovali-orbicolari, ottuse o arrotondate alla sommità, disegualm. crenulate, brevem. picciolate, verdi-lanose o bianco-lanose di sotto. Fusti ± ramosi, bianco lanosi. 3-5 dm. ♃. (It. media, Elba, Giglio, Pianosa). — *Prim. Est.* — Luoghi aridi, incolti ecc. reg. med. e subm., raram. mont. — *Erba apiola, Marrobio, Robbio.*
> **1932 M. vulgare** L.

8. **Sideritis** (da σιδηρος = ferro, per le sue pretese virtù di guarire le ferite da taglio). — Calice tuboloso-campanulato, a 5 denti, spesso spinosi. Corolla 2-labiata, a tubo rinchiuso, munito di anello di peli, a labbro super. quasi piano, intero, smarginato o bifido, l'infer. 3-lobo, a lobo mediano più grande, smarginato. Stami 4; antere, come l'ovario, senza glandole resinifere. Frutto di 4 acheni, rotondati nell'apice.

> Piante *perenni, suffruticose*, densam. lanose. Foglie florali *bratteiformi, interissime*. Foglie obovato-spatolate od oblunghe, le infer. ristrette in picciolo, le super. sessili. Corolla circa il doppio più lunga del calice. ♃. (App. pic. e rom.). — *Giu. Lug.* — Luoghi sassosi, aridi reg. subm. e mont.
> **1933 S. sicula** Ucria
>
> Piante *annue, erbacee*. Foglie florali *non o poco differenziate in brattee, subdentate* 2
>
> Labbro super. del calice largo, *ovato-intero*, l'infer. *4 dentato*. Corolla *bianca*, poco più lunga del calice, non provvista di anello di peli ben definito. ①. (It. centr., Elba, Giglio, Gorgona, Pianosa, Capraia). — Luoghi incolti e campi aridi reg. med. e subm. . . . . **1934 S. romana** L.
>
> Labbro super. del calice *trifido*, l'infer. *bifido*. Corolla *gialla*, più piccola della specie preced., munita alla sua base di un anello di peli irregolare. ①. (Presso Ravenna, Faenza, Firenze, m. Pisano e qua e là nelle Marche). — *Mag. Lug.* — Luoghi asciutti, selvat. o colt. reg. med. e subm.
> **1935 S. montana** L.

Tribù 7. NEPETEE.

Stami 4 ascendenti, i poster. più lunghi degli anter. Calice di solito percorso da 15 nervi.

9. **Nepeta** (da *Nepet* o *Nepete*, città dell'Etruria). Calice tuboloso, a 5 denti quasi uguali, un po' rigonfio alla fauce, nudo al di dentro. Corolla 2-labiata, a tubo sottile, rigonfio alla fauce, privo di anello di peli, a labbro super. piano, smarginato o bifido, l'infer. trilobo, a lobo mediano concavo e crenato. Stami ravvicinati per le antere. Frutto di 4 acheni, ovati, arrotondati all'apice, lisci o tubercolato-scabri.

> Bratteole *lanceolate*, rigide e spinescenti-mucronate, *lunghe quasi quanto* il calice. Fiori in verticillastri tutti distinti, formanti uno spicastro interrotto. Corolla circa il doppio più lunga del calice. Fusto eretto, semplice o poco ramoso, 2-4 dm. Foglie ovali-crenate, cuoriformi alla base. ♃. (M. presso Montefortino e a monte S. Vicino). — *Lug. Ag.* — Reg. subm.
> **1936 N. italica** L.
>
> Bratteole *strettam. lineari*, di regola *più brevi* del calice 2

2 { Calice a tubo *diritto, non obliquo* cioè alla fauce, a denti *uguali*. Fusto assai ramoso, a rami allungati, robusti, formanti una pannocchia piuttosto stretta. Corolla per lo più violacea. ♃. (App. pic. e rom. al monte Autore). — *Giu. Lug.* — Luoghi erbosi reg. subm. e mont. e talora in pianura.
　　　　　　　　　　　　　　　　　　　1937 N. pannonica Jacq.
Calice a tubo *curvato e perciò obliquo* alla fauce ed a denti *disuguali*. . 3

3 { Foglie *lungam.* picciolate, *ovali-cuoriformi*, crenate, verdi superiorm., più pallide o biancastre di sotto. Corolla a tubo *incluso*, dilatato solo verso la fauce, sorpassante di *3-4 mm.* la fauce del calice. ♃. (It. centr.). — *Mag. Ag.* — Siepi, macerie ecc. della reg. subm. e mont. **1938 N. Cataria** L.
Foglie *brevem.* picciolate, *ellittico-lanceolate*, un po' arrotondate od anche cuoriformi alla base. Corolla a tubo *sporgente*, sorpassante di circa *7 mm.* il tubo calicino. ♃. (App. pic.). — *Lug. Ag.* — Luoghi sassosi od arenosi, muri ecc. reg. subm. e mont. . . . . . **1939 N. Nepetella** L.

10. Glechòma. Calice a 5 denti uguali. Corolla 2-labiata, a tubo privo di anello di peli, a labbro super. piano, diritto, 2-fido ed a lobo mediano del labbro infer. piano, arrotondato, smarginato o cuoriforme a rovescio. Stami ravvicinati per le antere, a logge divergenti e disposte a croce, aprentisi per una fenditura longitudinale. Il resto come in *Nepeta*.

1 { Calice a denti *lanceolati, allargati* alla base e *brevem.* acuminati, *di un terzo o della metà più brevi* del tubo. ♃. (It. media). — *Mar. Giu.* — Siepi o luoghi boschivi dal mare alla reg. mont. . . **1940 G. hederacea** L.
Calice a denti *lineari-lesiniformi*, *non o poco allargati* alla base ed *insensibilm.* attenuati all'apice, *più lunghi* della metà del tubo. ♃. (E. T. M. L.). — *Mar. Mag.* — Siepi e luoghi ombrosi reg. med.
　　　　　　　　　　　　　　　　　　　1841 G. hirsuta W. et K.

Tribù 8. STACHIDEE.

Corolla 2-labiata. Stami 4 didinami, dapprima paralleli sotto il labbro super., quindi divergenti.

11. Brunèlla (da *bräune* = angina, per le proprietà attribuite alla pianta). Calice tuboloso-campanulato, 2-labiato, a labbro superiore ± 3-dentato, con la fauce chiusa dopo la fioritura per il ravvicinamento dei labbri. Corolla a tubo provvisto di anello di peli. Frutto di 4 acheni rotondati all'apice, a 3 spigoli.

1 { Labbro infer. del calice diviso fino *verso la metà*. Stami d'formi, gli anter. con appendice diritta e subulata. i poster. con appendice ridotta. Fiori *violacei o porporini*. Corolla *il doppio* più lunga del calice od anche meno. ♃. (It. media, Arc. tosc. non ovunque). — *Apr. Ag.* — Luoghi erbosi, umidi od asciutti dal mare alla reg. alp. . . . . . **1942 B. vulgaris** L.
　　　Fiori bianco-giallastri. Corolla *il triplo* più lunga del calice. Foglie pennatifide. — (Col tipo). — Var. *laciniata* (L.).
Labbro infer. del calice diviso appena fino *ad un terzo*. Stami *uniformi* con appendice mammellonare, arrotondata. Fiori *porporini, più raram. bianchi*. Corolla *il triplo* più lunga del calice. ♃. (It. sett.: forse manca all'It. media). — *Giu. Ag.* — Boschi e pascoli reg. subm. e mont.
　　　　　　　　　　　　　　　　　　　1943 B. grandiflora L.

12. Melittis (da μελιττα = ape, perchè pianta visitata dalle api). — Calice campanulato, rigonfio, 2-labiato, a labbro super. intero o 2-3-fido, l' infer. 2-lobo, a lobi ottusi od arrotondati. Corolla assai grande, a tubo senza anello di peli, a labbro super. arrotondato, intero o smarginato, l'infer. 3-lobo, a lobo mediano più ampio, orbicolare. Frutto di 4 acheni obovato-subrotondi, convessi e pubescenti sul dorso.

> Fiori grandi, rosei oppure bianchi in verticillastri ascellari, solitari o più spesso 2 5 all'ascella delle foglie. Foglie ovali-lanceolate, arrotondate o cuoriformi alla base, crenate, molli. Pianta a rizoma breve e fusti diritti, poloso-irsuti. 2-5 dm. ♃. (It. media) — *Mag. Lug.* — Boschi e luoghi selvat. reg. subm. e mont. — *Bocca di lupo, Erba-limona.*
> **1944 M. Melissophyllum** L.

13. **Phlòmis.** Calice tuboloso, a 5 denti quasi eguali. Corolla a tubo provvisto di anello di peli, 2-labiata, a labbro super. fatto ad elmo e compresso lateralm., l'infer. patente, 3-lobo. Antere avvicinate a paia, a logge alla fine confluenti. Frutto di 4 acheni rotondati o troncati all'apice.

> 1 { Fiori *gialli.* Pianta *fruticosa,* a foglie ovali-ellittiche, rotondato-cuneate alla base o quasi cuoriformi, rugose, lunghe 5-10 cm. 5. (U. ad Assisi). — *Apr. Lug.* — Luoghi aridi, sassosi reg. med. . **1945 Ph. fruticosa** L.
> Fiori *rosso-violacei o più raram. bianchi.* Pianta *erbacea,* a foglie bislungo-lanceolate, quasi cuoriformi alla base, verdi-lucenti e ruvide di sopra. ♃. (U. a Magliano). — *Mag. Lug.* — Pascoli asciutti e campi reg. med. e subm. . . . . **1946 Ph. Herba-venti** L.

14. **Galèopsis** (da γαλη = puzzola e οψις = aspetto, per la forma della fauce corollina). Calice persistente, tuboloso-campanulato, a 5 denti spinescenti, generalm. disuguali. Corolla manifestam. 2-labiata, a tubo diritto, privo di anello di peli, a labbro super. ad elmo, intero od appena smarginato, l'infer. 3-lobo e munito alla base del lobo mediano di un dente per lato. Antere ravvicinate a paia. Frutto di 4 acheni ovoidi, arrotondati all' apice.

> 1 { Fusto *pubescente o glabro, non ingrossato* sotto i nodi. Foglie lanceolate o lanceolato-lineari. Corolla rosea, macchiata di giallo o di bianco sul labbro infer., raram. del tutto bianca. Specie polimorfa. ①. (It. media). — *Lug. Ag.* — Campi e luoghi incolti e colt. dal mare alla reg. mont. — *Gallinaccia, Gallinella* . . . . **1947 G. Ladanum** L.
> Fusto *ispido, ingrossato* sotto i nodi. Foglie ovali-lanceolate, variabili per forma Corolla variabile per grandezza e colore. Specie polimorfa. ①. (It. media). — *Est.* — Luoghi incolti dalla reg. med. alla mont.
> **1948 G. Tetrahit** L.

15. **Làmium** (da λαμια = gola, per la forma della corolla). Calice persistente, tuboloso o tuboloso-campanulato, a 5 denti quasi uguali o i due super. più lunghi, acuminati. Corolla con fauce larga e tubo sporgente, provvisto o no di anello di peli, trasversale od obliquo; labbro super. foggiato ad elmo, l'infer. 3-lobo, a lobi laterali piccolissimi, dentiformi o nulli. Antere ravvicinate per paia, a logge divaricate, glabre o pelose all' esterno. Frutto di 4 acheni tri-

goni, troncati all'apice, glabri, lisci o tubercolato-scabri, più di rado con rughe longitudinali nella metà inferiore.

1 { Antere *glabre*. Tubo della corolla ricurvo alla base, provvisto di anello di peli obliquo 2
Antere *barbate* 4

2 { Fiori *gialli*. Foglie ovato-acuminate, doppiam. dentate. Fusti fioriferi *eretti* ed altri sterili prostrati od anche radicanti, 3-5 dm. ♃. (It. centr. piuttosto raro). — *Mag. Ag.* — Luoghi selvat. dalla reg. pad. alla mont.
1949 L. Galeobdolon Crantz
Fiori *bianchi o rosei*. Fusto *decombente-flessuoso*, radicante nei nodi inferiori 3

3 { Fiori *bianchi*. Denti del calice *subeguali* al tubo della corolla. Foglie *glabre od appena pelose*, come tutta la pianta. ♃. (T. presso Firenze, ma non più ritrovato, M.). — *Mar. Giu.* — Luoghi boschivi ed ombrosi dalla reg. med. alla mont. . . . . **1950 L. flexuosum** Ten.
Fiori *porporini o rosei*. Denti del calice *più lunghi* del tubo della corolla. Foglie ± *rugose e villose*, come tutta la pianta. ♃. (Forse manca all'It. media). — *Apr. Giu.* . . . . **1951 L. rugosum** S. et Sm.

4 { Tubo della corolla *diritto*, provvisto o no di anello di peli, a fauce *bruscam.* dilatata 5
Tubo della corolla *curvo*, *sempre provvisto* di anello di peli, a fauce *poco dilatata*. 9

5 { Tubo corollino *provvisto* di anello di peli. 6
Tubo corollino *privo* di anello di peli 7

6 { Foglie superficialm. *crenate*. Tubo della corolla *più lungo* del calice. ①. (It. media, Elba, comune). — *Primav.* — Luoghi erbosi freschi dal mare alla reg. subm. . . . . . . **1952 L. purpureum** L.
Foglie profondam. *inciso-dentate*. Tubo della corolla *più corto* del calice. ①. (Pavese, T. all'Argentaro). — *Apr. Mag.* . . **1953 L. hybridum** Vill.

7 { Pianta *perenne*. Corolla *grande*, a tubo 2 volte più lungo del calice, bruscam. e fortem. dilatato alla fauce. ♃. (Manca all'It. media). — *Mag. Ag.* — Reg. subm. e mont. dell'It. merid. . . . . . **1954 L. garganicum** L.
Pianta quasi glabra. Corolla un po' più grande del tipo. — (App. centr.). — Var. *grandiflorum* (Pourr.).
Piante *annue*. Corolla *assai più piccola* che nella specie preced. . . 8

8 { Foglie *super. sessili*, reniformi, amplessicauli. Fiori *porporini* a corolla con labbro super. *intero*. ①. (It. media, Arc. tosc.). — *Inv. Est.* — Luoghi colt. ed incolti dal mare alla reg. subm. (Fig. 223). **1955 L. amplexicaule** L.
Foglie *tutte picciolate*, inciso-lobate, ovato-cordate, le super. lanceolate. Fiori *bianchi* a corolla con labbro super. *bifido*. ①. (It. media, Arc. tosc. all'Elba, Giglio, Capraia e Montecristo). — *Mar. Apr.* — Luoghi selvat. reg. med.
1956 L. bifidum Cyr.

9 { Fiori *bianchi*. Tubo corollino con anello di peli *obliquo*. Corolla sorpassante di *circa 8 mm.* la fauce del calice. ♃. (It. media). — *Mar. Ag.* — Luoghi erbosi dalla reg. pad. alla mont. . . . . . . **1957 L. album** L.
Fiori *porporini o rosei*, raram. bianchi. Tubo corollino con anello di peli *trasverso*. Corolla sorpassante di *oltre 2 cm.* la fauce del calice. ♃. (It. media, Giglio). — *Primav.* — Siepi, luoghi boschivi dal mare alla reg. mont. — *Dolcimele, Milzadella* . . . . . **1958 L. maculatum** L.

16. **Leonùrus** (da λεων = leone e οὐρα = coda, per le lunghe infiorescenze). Calice persistente tubuloso-imbutiforme, a 5 denti subeguali spinescenti. Corolla a tubo munito o no di anello di peli obliquo, 2-labiata, a labbro super. intero, piano o convesso, l'infer. rovesciato in giù, 3-lobo. Stami quasi uguali, ad antere ravvicinate per paia. Frutto di 4 acheni trigoni, troncati all'apice e pubescenti.

Foglie *palmato-laciniate.* Corolla *rossa*, col tubo *più lungo* del calice, *munito* di anello di peli. ⚇. (T. U.). — *Giu. Ag.* — Macerie e luoghi incolti, qua e là dal mare alla reg. subm. (Fig. 222) . . **1959 L. Cardiaca** L.

Foglie *ovato-rotondate, disegualm. dentate.* Corolla *bianca*, con tubo *più brev* del calice, *privo* di anello di peli. ①. (Moden. e Lucchese). — *Lug. Sett.* — Strade, fossi e luoghi incolti reg. pad. e subm.

1960 L. Marrubiastrum L.

221. *Stachys silvatica* L. 222. *Leonurus Cardiaca* L. 223. *Lamium amplexicaule*
(¼). (¼). L. (⅕).

17. Ballòta. Calice tubuloso-imbutiforme, a 5 denti principali ed altri accessori, subeguali, spinulosi. Corolla a tubo munito di anello di peli, 2-labiata, a labbro super. smarginato all'apice, l'infer. 3-lobo. Antere ravvicinate a paia. Frutto di 4 acheni oblungo-obovati, arrotondati all'apice, glabri o sericeo-villosi.

Lembo del calice *5-dentato.* Fiori *rosei, raram. bianchi*, con labbro super. *pubescente all' esterno.* Bratteole molli, *lineari-lesiniformi,* ± pelose. Foglie largam. ovali, arrotondate o cuoriformi alla base, crenate. Fusto diritto od ascendente, tetragono, 3-5 dm. Pianta, *pubescente*, di odore fetido. ⚇. (It. media). — *Mag. Ag.* — Siepi, strade ecc. dal mare alla reg. subm.

1961 B. nigra L.

Lembo del calice *6 10-dentato.* Fiori *bianchi, macchiati di rosso*, con labbro super. *villoso-lanato*, 2-fido all'apice. Bratteole molli, *oblungo-spatolate.* Foglie cuoriformi-orbicolate, intere od appena crenate. Suffrutice di 3-5 dm. Pianta *densam. lanoso-tomentosa.* ♄. (Bolognese a Cassio, ma certo avvent.). *Giu. Lug.* — Luoghi aridi reg. med. e subm.

1962 B. Pseudodictamnus Benth.

18. Stàchys (da ϭτα꜀υϛ = spiga, per la disposizione dei fiori). Calice tubuloso-campanulato, a 5 denti uguali o subeguali. Corolla a tubo cilindrico, provvisto o no di anello di peli, 2-labiata, a labbro super. smarginato o più raram. 2-fido, l'infer. 3-lobo, a lobo mediano più grande degli altri. Antere dapprima ravvicinate a paia, poi divaricate. Frutto di 4 acheni oblunghi od obovati, a faccia super. arrotondata.

1 { Corolla a tubo *munito* di anello di peli 2
  { Corolla a tubo *privo* di anello di peli 15

2 { Antere a logge *parallele*. Fiori gialli in spicastro denso e quasi continuo. Foglie cuoriformi-ovali, le infer. lungam , le super. brevem. picciolate, le ultime sessili, tutte manifestam. crenate, ± pelose. Fusto semplice, pubescente, 2-5 dm. ♃. (App. centr. qua e là). — *Giu. Lug.* — Pascoli e luoghi boschivi reg. mont. più raram. subm. . **1963 S. Alopecurus** Benth.
  { Antere a logge *divaricate*, spesso opposte per la loro sommità . . . 3

3 { Fiori *giallo-pallidi o biancastri*, in verticillastri poveri. Bratteole lineari, più brevi del calice. . . . . , . . . 4
  { Fiori *rosei o porporini*. 8

4 { Pianta *suffruticosa*, assai ramosa, a rami alla fine spinescenti all'apice, glutinosa. Foglie infer. picciolate, oblungo-spatolate, caduche, le medie e le super. sessili, lineari-lanceolate, intere. glabre o sparsam. pelose. Fiori biancastri, solitari all' ascella delle foglie. ♃. (T. a Capraia). — *Apr. Giu.* — Luoghi aridi reg. med. — *Murgulen*. . . . **1964 S. glutinosa** L.
  { Piante *erbacee* 5

5 { Labbro super. della corolla *profondam. bifido*. Foglie pelose, ovali-ellittiche, cuneiformi alla base, crenate, le infer. picciolate, le medie e le super. quasi sessili. Pianta irsuta. ①. (It. media). — *Apr. Giu.* — Luoghi asciutti, colt. od erbosi reg. med. . . . . . **1965 S. hirta** L.
  { Labbro super. della corolla *intero o leggerm. crenato* 6

6 { Foglie *glabre o glabrescenti*, lanceolato-oblunghe, le fiorali lanceolate, acute, brevem. mucronate. Tubo corollino *più lungo* del calice. Pianta *annua*. ①. (It. media). — *Giu. Aut.* — Campi e luoghi incolti dal mare alla reg. subm. **1966 S. annua** L.
  { Foglie *pelose o villose*. Tubo corollino *uguale* al calice o *più breve*. Piante perenni 7

7 { Labbro super. della corolla *intero*, lungo la metà dell'infer. Calice *peloso od irsuto*. Foglie bislungo-ovate, crenate, le fiorali super. ovate, intere. acuminate, *aristate*. ♃. (It. media). — *Mag. Ag.* — Luoghi aridi od erbosi dal mare alla reg. alp. . . . . . . **1967 S. recta** L.
      Labbro super. della corolla lungo un terzo dell'infer. (App. parmense al m. Orsaro, T. nelle Alpi Ap.). — Var. *labiosa* Bert.
      Foglie cauline lanceolato-lineari, subintere, quelle dei rami lineari, intere. (Bologn.). — Var. *subcrenata* (Vis).
  { Labbro super. della corolla *leggerm. crenato*. Calice *coperto di fitta peluria*. Foglie infer. ellittico-oblunghe, lungam. picciolate, le altre più strette, cuneiformi-spatolate, più brevem. picciolate, le fiorali *inermi*. ♃. (Ravenna, T., Elba, L.). — *Mag. Lug.* — Littorale arenoso. **1968 S. maritima** L.

8 { Bratteole *lineari, molto più brevi* del calice o nulle. Fiori in verticillastri poveri 9
  { Bratteole *lanceolate, lunghe circa metà* del calice. Fiori in verticillastri *ricchi* 13

9 { Foglie *acute od acuminate*. 10
  { Foglie *ottuse* 11

10 { Foglie *oblungo-lanceolate od ellittiche*, non o poco cuoriformi alla base. Rizoma *orizzontale*. Fusto tetragono, eretto, peloso-scabro sopratutto negli angol , 4-8 dm. ♃. . . . . . **1969 S. palustris** L.
      Foglie quasi sessili ed abbraccianti od anche brevem. picciolate, bislungo-lanceolate. arrotondate od un po' cuoriformi alla base, crenato seghettate. Corolla porporina, macchiata di bianco, più raram. del tutto bianca. (It. media). — *Giu. Ag.* — Luoghi paludosi o lungo i corsi d'acqua dal mare alla reg. subm. o mont. — α *typica*.
      Foglie tutte ± manifestam. picciolate (eccetto le super), più largh e più cuoriformi alla base, acuminate e più fortem. dentate. (L.). β *ambigua* Sm.
  { Foglie *cuoriformi-ovali*, lungam. picciolate. Rizoma *strisciante* ed emettente rigetti sotterranei. Fusto diritto, verde o rossastro, semplice o ramoso, 3-7 dm., villoso o glabrescente. ♃. (It. media). — *Giu. Ag.* — Luoghi ombrosi selvatici, dal mare alla reg. mont. — *Matricale*. (Fig. 221). **1970 S. silvatica** L.

11 {
Calice a denti *diseguali*, a dente mediano del labbro super. oblungo-lanceo-lato, più lungo ed il doppio più largo degli altri, i quali sono più lungam. acuminato-aristati. Fusto quasi eretto, semplice o ramoso, 1-3 dm. ① (El-ba. — *Apr. Mag.* — Luoghi erbosi marit. **1971 S. marrubiifolia** Viv.

Calice a denti *equali*, brevem. acuminato-aristati. Fusto meno sviluppato della specie preced., eretto od ascendente, spesso assai ridotto. ①. (It. media, Arc. tosc. eccetto finora Giannutri e Pianosa). — *Feb. Giu.* — Campi e luoghi incolti reg. med. e pad. . . . . . **1972 S. arvensis** L.
}

12 {
Piante ± *villose od irsute*, non mai bianco-lanuginose, nè bianco-tomentose. Calice provvisto di ghiandole stipitate 13

Piante *tomentoso-lanuginose*, verdastre o bianchiccie. Calice *privo* di ghiandole stipitate 14
}

13 {
Foglie *oblungo-ellittiche*, *regolarm.* e *minutam.* crenato-seghettate. Denti del calice con breve mucrone spinoso. Labbro super. della corolla coperto di un tomento *abbondante*, biancastro. ♃. (It. media). — *Giu. Lug* — Luoghi aridi, sassosi, dalla reg. med. alla subm. . . . **1973 S. Heraclea** All.

Foglie *ovali*, *grossam.* *ed irregolarm.* crenate. Denti del calice con mucrone spinoso *più lungo*. Labbro super. della corolla a tomento *più breve e più rado*. ♃. (Alp. Ap., App. centr.). — *Lug. Ag.* — Boschi siepi e prati reg. mont. e subalp. . . . . **1974 S. alpina** L.
}

14 {
Foglie basali *oblunghe*, *larghe*, troncate o *cuoriformi* alla base, le super. e le bratteali ± *attenuate* alla base, *profondam.* dentato-crenate. Denti del calice *terminanti in breve punta*, che rimane eretta oppure si rovescia in fuori alla maturità. Pianta *verdastra*, a tomento *lasso*, *non appressato*. ♃. (It. media, Elba). — *Mag. Lug.* — Luoghi aridi, selvatici dal mare alla reg. mont. — *Erba Pietro, Madrisalvia* . . **1975 S. germanica** L.

Foglie basali *oblungo-lanceolate*, *strette*, *attenuate in picciolo* e *cuneiformi* alla base, *superficialm.* dentato-crenate, le successive e le bratteali *larghe* e *cuoriformi* alla base. Denti del calice *lungam.* acuminato-aristati. Pianta *biancastra*, a tomento *fitto ed appressato*. ♃. (It. media, Elba). — *Mag. Lug.* — Reg. med. e subm. . . . . **1976 S. italica** Mill.
}

15 {
Calice *lungam.* *tubuloso*, reticolato-venoso, a nervature *assai prominenti*, lungo 12-15 *mm.* Spicastro *breve e continuo*. Bratteole lanceolate, acute, *più corte* del calice. ♃. (App. tosco-emil.). — *Lug. Ag.* — Pascoli reg. mont. e subalp. (Fig. 226) . . . . **1977 S. densiflora** Benth.

Calice *tubuloso-campanulato*, a nervature *meno evidenti*, lungo 7-8 *mm.* Spicastro *oblungo*, *spesso interrotto alla base*. Bratteole lanceolato-aristate, *eguaglianti* il calice. ♃. (It. media, eccetto le isole). — *Lug. Sett.* — Luoghi erbosi e boschivi dal mare alla reg. mont. . . **1978 S. officinalis** Trev.
}

Tribù 9. ORMINEE

Corolla bilabiata, a labbro super. quasi piano. Stami 4, a filamento arcuato-ascendente parallelam. sotto il labbro super.; antere lineari.

19. Horminum. Calice persistente, campanulato, bilabiato, a labbro super. 3-dentato, l'infer. 2-fido. Corolla a tubo cilindrico, sporgente, munito di un anello di peli, 2-labiata, a labbro super. rialzato, piano oppure un po' rivolto nei margini, arrotondato o ± smarginato e labbro infer. 3-lobo. Frutto di 4 acheni, ovoideo-globosi e scolpiti di piccole fossette.

Fiori grandi, violacei od anche bianchi, in spicastro ± interrotto. Foglie basali ravvicinate in rosetta, obovato-oblunghe, arrotondate od ottuse alla sommità, attenuate e decorrenti in basso, crenate, verdi e glabrescenti, le cauline e fiorali bratteiformi, oblunghe, subintere, assai più piccole. Fusto diritto, semplice, pubescente, 1-2 dm. ♃. (Alpi Ap.). — *Giu. Ag.* — Luoghi erbosi aridi dalla reg. subm. all'alp. . **1979 H. pyrenaicum** L.

Tribù 10. SALVIEE.

Corolla bilabiata, a labbro super. concavo. Stami fertili 2, gli altri 2 (staminodi) sterili, mancanti o rudimentali; antere a connettivo assai sviluppato.

20. **Salvia.** Calice persistente, tubuloso o campanulato, bilabia-
t), a labbro super. intero o 3-dentato, l'infer. 2-dentato, con fauce
nuda o poco pelosa; corolla a tubo munito o no di anello di peli, a
labbro super. intero o smarginato, l'infer. 3-lobo. Stami ad antere
con connettivo lungo, in forma di filamento e diviso in due braccia
ineguali, terminate ciascuna da una loggia dell'antera, di cui una
affatto sterile. Frutto di 4 acheni ovali-trigoni, arrotondati all'apice, lisci.

1 { Tubo della corolla *munito* internam. di un anello di peli .   .   . 2
  { Tubo della corolla *privo* internam. di un anello di peli.   .   .   . 3

2 { Fiori *piccoli*; connettivo *poco distinto*. Foglie picciolate, cuoriformi, ovali, a-
    cute, crenate, pubescenti, le infer. spesso munite di 2 orecchiette alla base.
    Calice pubescente, rosso-brunastro o violaceo. Pianta *erbacea*. 2ƒ. (It. me-
    dia). — *Giu. Sett.* — Pascoli reg. subm. e mont.
                                            1980 S. verticillata L.
  { Fiori *grandi*; connettivo *assai sviluppato*. Foglie ovali od ovali lanceolate, ri-
    strette o arrotondate alla base. Calice soltanto pubescente o villoso. Pianta
    fruticosa. 5. (It. media, Elba, Giglio, colt. e spesso subsp.). — *Mag. Lug.* —
    Luoghi sassosi reg. med. e subm. — *Salvia*   .   **1981 S. officinalis** L.

3 { Pianta *annua*. Foglie oblunghe, ottuse, rotondate alla base, villose; le fiorali
    largam. cuoriformi, pelose, verdi, non colorate. ①. (T.). *Mag. Giu.*
                                            1982 S. viridis L.
  { Piante *perenni o bienni* 4

4 { Fiori *gialli*, a corolla il doppio più lunga del calice. Foglie un po' astate e
    cuoriformi alla base, seghettate, ± pubescenti-glandolose sulle 2 facce, pic-
    ciolate. 2ƒ. (It. media). — *Lug. Sett.* — Luoghi ombrosi dalla reg. med. alla
    mont.   .   .   .   .   **1983 S. glutinosa** L.
  { Fiori *variam. colorati, mai gialli*   5

5 { Calice *a denti subeguali, aristati*. Corolla bianca, rosea od azzurrognola, a labbro
    super. compresso. Foglie fiorali ampie, colorate, acuminate, più lunghe del
    calice, alla fine riflesse. Pianta irsuta, 2ƒ. (It. media, Elba). — *Mag. Ag.* —
    Luoghi erbosi od aridi dalla reg. med. alla subm.; coltivasi. — *Scuuderona*.
                                            1984 S. Sclarea L.
  { Calice *a labbro super. con 3 dentini brevissimi, poco o punto aristati*, ± con-
    niventi   6

6 { Corolla lunga almeno il *triplo* del calice 7
  { Corolla lunga il *doppio* del calice od *anche meno*.   8

7 { Foglie *inferiorm. lobate o crenate*. Corolla *azzurro-porporina*, col labbro su-
    per. *irsuto* all'esterno. Radice *ramosa*, coi rami ingrossati. 2ƒ. (It. centr.).
    — *Mag.* — Reg. med.   .   .   .   .   **1985 S. haematodes** L.
  { Foglie *disegualm. arcuate od angolate*. Corolla *violaceo-scura*, di rado pallida
    o bianca, col labbro super. *pubescente-glandoloso* all'esterno. Radice *fusifor-
    me*. 2ƒ. (It. media). — *Mag. Ag.* — Prati e luoghi erbosi dal mare alla reg.
    mont.   .   .   .   .   **1986 S. pratensis** L.

8 { Foglie basali *ampie, ovate, cordate alla base*. Racemi *ramosi*, formanti una
    pannocchia assai grande. Corolla lunga il doppio del calice, violacea o bian-
    castra. 2ƒ. (Faentino, Firenze, Orbetellano, L.). — *Giu. Ag.* — Luoghi er-
    bosi reg. med. e subm.   .   .   .   .   .   **1987 S. virgata** Jacq.
  { Foglie basali o le infer. *rotondate alla base*, od almeno non mai ampio-cor-
    date. Racemi o spighe *semplici o poco ramosi* 9

Foglie *lanceolate, minutam. e regolarm.* crenate, le fiorali *ovali-acuminate, colorate.* Spighe lunghe, gracili. Corolla azzurra. ♃. (Lucca, Chianti a Panzano). — *Giu. Lug.* . . . . **1988 S. silvestris** L.

Foglie *ovate, irregolarm.* crenato-lobate od anche pennatifide, le fiorali *ovato-rotonde, erbacee.* Racemi allungati, semplici od un po' ramosi. Corolla azzurra. ♃. (It. media, Arc. tosc.). — *Primav. Aut.* - Luoghi erbosi dal mare alla reg. subm. . . . . **1989 S. Verbenaca** L.

Foglie lobate o crenate, appena incise. Var. *oblongata* (Vahl).
Foglie inciso-pennatifide, lobi ovato-oblunghi. (It. media, Arc. tosc. eccetto finora Giannutri e Capraia). Var. *multifida.* (Sibth. et Sm.)

Tribù 11. SATUREIEE.

Corolla ± manifestam. 2-labiata, a labbro super. piano o quasi. Stami 4 paralleli ed ascendenti sotto il labbro super. oppure divergenti in fuori.

21. **Melissa** (da μελισσα ⚌ ape, pianta gradita alle api). Calice tubuloso-campanulato, 2-labiato, leggerm. peloso alla fauce, a labbro super. piano, 3-dentato, l'infer. 2-dentato; corolla a tubo con pochi peli all'interno non formanti anello, a labbro super. un po'concavo e smarginato, l'infer. 3-lobo, a lobi laterali ovali, il mediano più grande. Antere a logge divergenti. Frutto di 4 acheni oblunghi, stretti un po' alla base, carenati sul lato interno, glabri e lisci.

Fiori bianchi o carnicini, in verticillastri di 6-12, sorpassati dalle foglie florali. Foglie lungam. picciolate, reticolate, ovali, largam. crenulate. Pianta d'odore e sapore di limone, a fusti ramosi, 4-9 dm. glabrescenti o poco pelosi, oppure d'odore spiacevole a fusti villosi e foglie villoso-biancastre. ♃. (It. media, Elba, Giglio). — *Giu. Ag.* — Siepi e luoghi ombrosi dal mare alla reg. mont. — *Appiastro, Cedronella, Citraggine.* (Fig. 224).

1990 M. officinalis L.

224. *Melissa officinalis* L.   225. *Zizyphora capitata* L.   226. *Stachys densiflora* Benth.
($^1/_4$).   ($^1/_5$).   ($^1/_4$).

22. **Satureia.** Calice campanulato o tubuloso, a 5 denti uguali o quasi 2-labiato, gozzuto o no alla base a fauce con o senza peli; corolla a tubo senza anello di peli, a labbro super. piano, intero o

smarginato, l'infer. 3-lobo, con lobo medio di solito più grande dei laterali. Antere a logge divergenti alla base. Stimma a lacinie uguali o disuguali. Frutti di 4 acheni ovali od ellittici, arrotondati, glabri, lisci o granuloso-punteggiati.

1 { Stimma a lacinie *quasi uguali* . . . . , . 2
    { Stimma a lacinie *disuguali*, la super. breve, lesiniforme, l'infer. più lunga ed appiattita 5

2 { Calice percorso da *10 nervi*, almeno nella sua metà super. 3
    { Calice percorso da *13-15 nervi* nella parte infer. 4

3 { Pianta *erbacea, annuale*. Calice a fauce *nuda*. Corolla bianca. ①. (It. media, Giglio, non comune). — *Lug. Ott.* — Campi e luoghi ghiaiosi reg. med. o subm.; spesso colt. e qua e là inselv. — *Coniella, Santoreggia*.
                                                   1991 S. hortensis L.
    { Pianta *suffruticosa, perenne*. Calice a fauce *barbata*. Corolla rosea, porporina o bianca. ♃. (It. media). — *Lug. Ott.* — Luoghi sassosi dalla reg. subm. all'alp. — *Santoreggia*. (Fig. 228) . . . **1992 S. montana** L.

4 { Brattee *eguali al calice od appena più brevi*. Calice *diritto* sul peduncolo. Acheni *apicolati* all'apice. Fusti a rami rigidi, diritti, 2-3 dm. ♃. (T. M. L. a Terracina e Circeo). — *Mag. Lug.* — Luoghi aridi, sassosi dal mare alla reg. subm. . . . . . . **1993 S. Juliana** L.
    { Brattee *molto più brevi* del calice. Calice ± *inclinato* sul peduncolo. Acheni *non apicolati* all'apice. Fusti a rami flessuosi od anche diritti. 2-4 dm. ♃. (It. media, Elba, Giglio, Pianosa e Montecristo . — *Prim. Est.* — Luoghi aridi, sassosi reg. med. . . . . . . **1994 S. graeca** L.

5 { Calice *gozzuto* alla base 6
    { Calice *cilindrico non gozzuto* alla base 7

6 { Fusto *interam. erbaceo*, 1-3 dm . a rami *diritti od ascendenti, non radicanti*, coperti di peli *riflessi*. Fiori porporini. ①. (It. media. — *Mag. Ag.* — Luoghi incolti o colt. dal mare alla reg. mont.   **1995 S. Acinos** Scheele
    { Fusto *un po' legnoso alla base*, 1-3 dm., a rami *prostrati, radicanti alla base*, coperti di peli *patenti*. Fiori più vivam. colorati della specie preced. ♃. (It. media). — *Mag. Ag.* — Pascoli e luoghi scoperti dei monti fino alla reg. alp. e spesso in pianura trasportata dai torrenti. (Fig. 229).
                                                   1996 S. alpina Scheele

7 { Fiori in verticillastri formati da cime *peduncolate* e *ramificate*, munite di *piccole* brattee 8
    { Fiori in verticillastri formati da cime *sessili* e *contratte*, circondate da un involucro di brattee *più sviluppate e lungam. cigliate*. Corolla porporina, più di rado bianca, 2 o 3 volte più grande del calice. Acheni ovali, bruni, macchiati di bianco presso l'ilo. ♃. (It. media, Elba, Giglio, Capraia). — *Mag. Est.* — Luoghi selvatici od incolti dal mare alla reg. mont.
                                         1997 S. vulgaris Bég.

8 { Corolla *assai grande* (fino a 3 cm.), a tubo *arcuato-ascendente*. Calice grande, verde, glabrescente, ad 11 nervi. Foglie profondam. dentate. ♃. (It. media). — *Gen. Ag.* — Boschi e luoghi selvat. reg. subm. e mont.
                                      1998 S. grandiflora Scheele
    { Corolla *più piccola* (lunga al massimo 2 cm.), a tubo *non incurvato* o quasi diritto 9

9 { Corolla relativam. *grande*, sorpassante nei fiori ermafr. di *8-15 mm*, la fauce del calice, il quale è *grande*, lungo 7-10 mm. ♃. (It. media . — *Giu. Ott.* — Boschi e luoghi selvat. reg. subm. e mont. **1999 S. Calamintha** Scheele
    { Corolla relativam. *piccola*, sorpassante nei fiori ermafr. di *7-10 mm*. al massimo la fauce del calice, il quale è *piccolo*, lungo al più *6-7 mm*. ♃. (It. media, Arc. tosc. eccetto finora Pianosa). — *Giu. Ott.* — Luoghi aridi dal mare alla reg. mont. . . . . **2000 S. Nepeta** Scheele

23. **Zizyphora** (da ζίζυφον = giuggiola e φέρειν = portare, per le infiorescenze). Calice-tuboloso-allungato, a 13 nervi, 2-labiato,

con fauce vellutata; corolla priva di anello di peli, 2-labiata, a labbra quasi uguali, il super. eretto, intero, l'infer. tripartito, a lobi arrotondati quasi uguali. Stami fertili 2, a filamenti senza denti, inseriti sulla fauce della corolla, ad antere aderenti fra loro ai margini, fornite di un rudimento dell' altra loggia. Frutto di 4 acheni oblunghi, tetragoni.

> Fiori rosei in verticillastri raccolti in capolino terminale globoso. Foglie lanceolate, ristrette alla base, le florali romboidali-ovate, acuminate. Fusto eretto, ramoso, brevem. tomentoso, 1-3 dm. ①. (Bolognese, Faentino, Firenze, greto d'Arno presso Pisa ed Empoli, Maceratese, Ascolano, Perugino, Roma nel greto del Tevere). — *Giu. Lug.* (Fig. 225)   **2001 Z. capitata** L.

24. **Hyssòpus**. Calice tubuloso, a 15 nervi, senza anello di peli alla fauce ed a 5 denti uguali; corolla priva di anello di peli, 2-labiata, a labbro super. piano, 2-fido, l'infer. 3-lobo, a lobi laterali brevi, ovati, il mediano più grande, 2-lobo. Stami 4, sporgenti dalla corolla, ad antere biloculari, a logge divergenti. Frutto di 4 acheni ovoidi, trigoni.

> Fiori azzurro-porporini, più di rado rosei o bianchi in verticillastri di 4-6 fiori formanti spicastri ± compatti, volti da un lato. Foglie lineari-ellittiche, glabre, intere. Pianta legnosa alla base, ramosa, 2-6 dm. 2⨍. (It. media qua e là, così a Camerino, Spoleto, m. Malbe presso Perugia, L.). — *Lug. Ott.* — Luoghi sassosi reg. subm. e mont.   .   .   . **2002 H. officinalis** L.

25. **Thymus.** Calice tubuloso, ovoide, con 10-13 nervi, a fauce provvista di anello di peli, 2-labiato, a labbro super. 3-dentato, labbro infer. 2-dentato; corolla a tubo senza anello di peli, 2-labiata a labbro super. quasi piano, smarginato o no, l'infer. a 3 lobi interi, subeguali. Stami 4 divergenti, ad antere a logge parallele. Frutto di 4 acheni ovati, lisci, glabri.

> 1 {   Brattee ± *allargate alla base, le super. spesso colorate.* Fiori porporini in capolini bislunghi. Foglie quasi sessili, rigide, piane, percorse nella pag. infer. da nervi robusti. Pianta suffruticosa, prostrata, a rami ascendenti, pubescenti, cospersa di minute glandole, generalm. invisibili ad occhio nudo. 2⨍. (It. centr.). — *Giu. Ag.* — Luoghi aridi reg. subm. e mont.
> **2003 Th. striatus** Vahl
>   Brattee *simili nella forma alle foglie, ma più piccole e più brevi.*   .   . 2
>
> 2 {   Foglie *a margine rivoltato al disotto,* a pag. infer. coperta, almeno da giovani, di un tomento breve e denso. Fiori rosei o bianchi. Foglie lanceolate o lineari. Suffrutice odoroso, a fusti eretti od ascendenti, alla fine *spinescenti,* 1-3 dm. 2⨍. (Bolognese, T. al Giglio, U. a m. Terminillo, L. a Terracina, Circeo, monti Lepini). — *Mar. Lug.* — Colline aride reg. med.
> **2004 Th. vulgaris** L.
>   Foglie ± *piane,* a pag. infer. sempre priva del tomento caratteristico della specie preced., ovate o bislungo-cuneate o lineari. Fusto prostrato e ± lungam. radicante, a rami *giammai spinescenti,* 1-2 dm. Specie polimorfa. 2⨍. (It. media, Elba). — *Mag. Sett.* — Comunissimo dal mare all'estrema reg. alp. — *Pepolino, Sermollino selvatico* .   . **2005 Th. Serpyllum** L.

26. **Origanum** (ορος = monte e γανος = ornamento). Calice campanulato a 10-13 nervi e con la fauce provvista di anello di peli,

a 5 denti subeguali, talora 1-2-labiato; corolla a tubo cilindrico, senza anello di peli, 2-labiata a labbro super. eretto, smarginato, l'infer. 3-lobo, a lobi quasi eguali. Stami 4 divergenti. Frutto di 4 acheni, glabri e lisci.

1 {
Calice *irregolare*, fesso anteriorm. Brattee *tomentose*. Fiori bianchi o porporini. Foglie picciolate, oblungo-ovate, ottuse, intere, bianco-tomentose. Pianta perenne. ♃. (Colt. e qua è là inselvat. It. media). *media*. — *Est.* — *Maggiorana, Persia* . . . . **2006 O. Majorana** L.
Calice *regolare*, a 5 denti subeguali. Brattee *glabre o glanduloso-punteggiate*. Piante *erbacee* 2
}

2 {
Brattee *largo-ovate*, verdognole, il doppio od il triplo più lunghe del calice. Foglie *ellittiche*, ristrette alla base. Fiori *bianchi*, a corolla *uguale* al calice. ♃. (Monti It. media). — *Lug. Ott.*   **2007 O. virens** Hoffm. et Lk.
Brattee *ovate*, ottuse, *spesso colorate*, la metà od il doppio più lunghe del calice. Foglie assai grandi, picciolate, ovato-lanceolate, rotondate alla base. Fiori *rosei*, raram. bianchi, a corolla *2 volte più lunga* del calice. ♃. (It. media). — *Giu. Sett.* — Luoghi selvatici dal mare alla reg. mont.   **2008 O. vulgare** L.
}

227. *Mentha aquatica* L.   228. *Satureia montana* L.   229. *Satureia alpina* Scheele
($^1/_5$).   ($^1/_5$).   ($^1/_4$).

27. **Lycopus** (da λύκος = lupo e πους = piede, alludendo alla forma delle foglie). Calice campanulato, senza anello di peli, a 5 denti subeguali; corolla quasi regolare, a 4 lobi, il super. smarginato o un po' più grande; stami fertili 2. Frutto di 4 acheni trigoni, tagliati obliquam. all'apice. — Fiori bianchi.

1 {
Foglie *medie inciso-dentate*, le infer. pennatifide, le super. dentate. Corolla a tubo *più lungo* del calice. Staminodi *filiformi o mancanti*. Acheni *subeguali* al tubo del calice o più brevi. ♃. (It. media, Elba, Giglio). — *Giu. Ott.* — Luoghi umidi dal mare alla reg. mont. (Fig. 208).   **2009 L. europaeus** L.
Foglie *tutte pennatifide*, a lacinie intere o subdentate. Corolla a tubo *più breve* della specie preced. Staminodi *presenti*, a *forma di capocchia*. Acheni quasi uguali ai denti del calice. ♃. (It. centr.). — *Lug. Sett.* — Luoghi umidi ma meno comune del preced. . . . **2010 L. exaltatus** L. f.
}

28. **Mèntha**. Calice campanulato-tubuloso, a 5 denti quasi uguali o 2-labiato. Corolla quasi regolare a 4 lobi subeguali, il super. spesso

smarginato, a tubo senza anello di peli. Stami 4, divergenti. Frutto di 4 acheni, arrotondati all'apice, lisci o minutam. punteggiati.

1 { Fiori in *spicastri cilindrici, terminali*. Corolla a tubo *sempre glabro* all'interno. Foglie sessili o quasi, dentate. **2**
Fiori in *verticillastri ascellari o in capolini terminali*. Corolla a tubo *spesso villoso* all'esterno **4**

2 { Foglie *brevem. ovali, ottuse o subacute, reticolato-rugose*. Brattee *lanceolate*. Calice fruttifero *non contratto* alla fauce, a denti *brevem. triangolari-lanceolati*. Pianta a peli *pluricellulari*, ondosi, nastriformi, in parte ramosi. 2⅃. (It. media, Arc. tosc. eccetto finora Giannutri, Pianosa e Montecristo). — *Lug. Sett.* — Luoghi umidi e fossi dal mare alla reg. mont.
2011 M. rotundifolia L.
Foglie *ovali-bislunghe o lanceolate, acute*, a nervazione semplice, *non reticolata*. Brattee *lineari*. Calice fruttifero *contratto* alla fauce, a denti *lineari-lesiniformi*. Piante a peli *tutti semplici* o quasi glabre **3**

3 { Foglie *tomentoso-biancastre o grigiastre di sotto*. Fusto pubescente. Fiori in spighe *compatte, cilindrico-subacute*. Brattee piumose. Peduncoli florali e calice *interam. villosi*. 2⅃ (It. media, Elba, Giglio, Capraia?. — *Lug. Ott.* — Luoghi umidi od anche aridi dal mare alla reg. mont.
2012 M. silvestris L.
Foglie *glabre o quasi, verdi sulle due pag*. Fusto glabro o glabrescente. Fiori in spighe *poco dense, gracili, lineari-acute*. Brattee e denti del calice glabri o cigliati. Peduncoli florali e base del calice *glabri*. 2⅃ (It. media, Giglio e Gorgona). — *Lug. Ag.* — Luoghi paludosi, più di rado asciutti, dal mare alla reg. subm.; spesso colt. . . . . . **2013 M. viridis** L.

4 { Foglie *assai grandi* (2-4 cm. di largh.), *seghettate*, assai lungam. picciolate. Calice fruttifero *a fauce nuda*, a 5 denti *uguali* e regolari. Corolla *sempre villosa* all'esterno, a lobo super. spesso smarginato **5**
Foglie *piccole* (meno di 1 cm. di largh.), *intere o leggerm. denticolate*. Calice fruttifero *villoso alla fauce*, a 5 denti *diseguali* e quasi 2-labiato, o a 4 denti uguali. Corolla *glabra o appena pelosa* all'esterno, a lobo super. *intiero*. **6**

5 { Fusti floriferi terminati *da fiori*. Fiori in verticillastri poco numerosi, *tutti o i super. riuniti in capolini terminali*. Calice *tubuloso*, con *numerosi nervi prominenti*, a denti *lanceolato-acuminati*. 2⅃. (It. media, Elba, Giglio, Capraia). — *Giu. Sett.* — Luoghi umidi e paludosi dal mare alla reg. mont. — (Fig. 227). **2014 M. aquatica** L.
Fusti floriferi terminati *da un fascetto di foglie sterili*. Fiori in verticillastri *tutti ascellari*, assai più brevi delle foglie. Calice breve, *campanulato*, con 5 nervi un poco prominenti, a denti *triangolari-acuti*. 2⅃. (T. presso Lucca e Siena). — *Lug. Sett.* — Campi umidi e luoghi paludosi o raram. aridi dal mare alla reg. subm. **2015 M. arvensis** L.

6 { Fusti di *10-40 cm*, eretti od ascendenti, robusti. Foglie ovali od ellittiche, ristrette alla base *in breve picciolo superficialm. dentate o quasi intere*. Verticillastri *numerosi e multiflori*. Calice *tubuloso-imbutiforme, ristretto* alla fauce a maturità, a denti *lanceolato-lesiniformi*. 2⅃. (It. media, Elba, Giglio. Capraia o Montecristo). — *Mag. Sett.* — Margine dei fossi e delle strade e luoghi erbosi umidi od anche asciutti dalla reg. med. alla subm.
2016 M. Pulegium L.
Fusti di *3-12 cm*, prostrati, *filiformi*. Foglie orbicolari, lungam. picciolate, *intere, o superficialm. sinuate*. Verticillastri *poco numerosi, di 2-6 fiori*. Calice *conico-campanulato, allargato* alla fauce a maturità, a denti *lanceolati, brevem. acuminato-lesiniformi*. Pianta a portamento di un *Thymus*. 2⅃. (T. a Montecristo). — *Mag. Ag.* — Luoghi umidi reg. med. e sub.
2017 M. Requieni Benth.

29. Ocimum. Calice campanulato, 2-labiato, a labbro super. intero, rotondo, scorrente, l'infer. 4-dentato. Corolla a tubo privo di anello di peli, a labbro super. 4-lobo, l'infer. intero, frangiato sui margini. Stami 4. Frutto di 4 acheni lisci, glabri, con uno spigolo verso l'asse del fiore.

Fiori biancastri, a corolla il doppio più lunga del calice. Foglie picciolate, ovate, glabre o parcam. pelose, intere od un po' dentate. Fusto eretto od ascendente, 1-2 dm. ①. — *Mag. Sett.* — Coltiv. sotto numerose var.; origin. delle reg. calde Asia e Afr. — *Basilico.*   .   . **2018 O. Basilicum** L.

Fam. 82.ª **GLOBULARIACEE.**

1. **Globulària** (da *globolus,* pei fiori formanti globetti). Fiori in capolino globoso. Calice gamosepalo, 5-lobato, a lobi quasi uguali, oppure 2-labiato a labbro super. 3-fido più breve, l'infer. 2-fido, a fauce generalm. chiusa da peli. Corolla ipogina, gamopetala, a tubo stretto e lembo irregolare 2-labiato, a labbro super. 2-partito, raram. indiviso, ridotto talora a 2 denti o quasi nullo; l'infer. a 3 lacinie lineari molto lunghe. Stami 4 inseriti alla sommità del tubo, il quinto che dovrebbe stare tra i due denti del labbro super. manca; antere biloculari, deiscenti per una fenditura longitudinale. Ovario ad 1 casella, 1-ovulato, stilo terminale e stimma intero o bilobo. Frutto secco, cariosside, rinchiusa nel calice, mucronata per la base persistente dello stilo; seme pendente albume carnoso ed embrione diritto centrale. — Piante erbacee, rarissimam. fruticose.

1   Labbro super. della corolla *indiviso* (eccezional. ± fesso). Foglie bianco-polverose, quasi rotondo-spatolate, spesso smarginate nell'apice. Fusto erbaceo, glabro, ascendente, nudo verso l'apice, 3-6 cm. ♃. (Alpi Ap., App. tosc e emil. e nel m. Argentaro, ma in quest'ultima località non più ritrovata). — *Mag. Ag.* — Luoghi rupestri calcarei dalla reg. subm. all'alp.   **2019 G. incanescens** Vir

  Labbro super. della corolla *2-partito,* oppure *rappresentato da 2 denti*   .   2

2   Piante *erbacee*   3
  Piante *fruticose o suffruticose*   4

3   Brattee e sopratutto bratteole *pelose sul dorso* e cigliate nel margine. Ricettacolo *pubescente.* Foglie cauline sessili, *numerose* lanceolato acute. Fusto eretto, semplice, 1-2 dm. ♃. (It. media). — *Mar. Giu.* — Luoghi aridi oppure erbosi reg. subm. e mont.   .   .   .   **2020 G. vulgaris** L.

  Brattee e bratteole cigliate nel margine, *nel resto glabre.* Ricettacolo *glabro.* Foglie cauline *nulle* o *rappresentate da 1 o 2 squame.* Fusto semplice, quasi nudo, 1-2 dm. ♃. (T. nell'App. pistoiese al Cimone di Caldaia e a Mandromini). — *Apr. Ag.* — Luoghi rocciosi e pascoli reg. mont. e subalp.   **2021 G. nudicaulis** L.

4   Fusto *prostrato.* Labbro super. della corolla *2-partito, subeguale* all'infer. *3-partito.* Ricettacolo *glabro,* a bratteole *lanceolate,* coriacee, *persistenti.* Foglie raccolte in rosette, spatolato-cuneiformi, cuoriformi-smarginato all'apice, ora intere, oppure 3 dentate. ♃. (Alp. Ap. e App. dalle Marche in giù). — *Mag. Ag.* — Luoghi sassosi dalla reg. subm. all'alp.   **2022 G. cordifolia** L.

  Fusto *eretto.* Labbro super. della corolla *rappresentato da 2 denti, assai più breve* dell'infer. *3-fido.* Ricettacolo *peloso-ispido,* a bratteole lineari lisiniformi, lungam. ispide, *caduche.* Foglie alterne, *obovato oblunghe,* ovvero quasi cunente e 2-3 dentate. ♃. (T. nella Maremma, m. Argentaro, Elba). — *Aut. Primav.* — Luoghi aridi del littorale   .   .   .   **2023 G. Alypum** L.

Fam. 83.ª **LENTIBULARIACEE.**

Piante erbacee, acquatiche o palustri. Foglie viscide, intere o pennatifide, senza stipole. Fiori irregolari; calice libero, a 2-5 divisioni, 2-labiato; corolla ipogina, 2-labiata o personata, a tubo breve, prolungata in sprone; stami 2 inseriti alla base della corolla, antere uniloculari; ovario uniloculare, moltiovulato, stilo semplice, breve, stimma a due labbra diseguali. Frutto cassulare, globoso, bivalve o deiscente trasversalm., a molti semi; embrione diritto, albume nullo.

CHIAVE DEI GENERI.

1 { Piante palustri, a foglie intere, tutte basali. Fiori solitari, pertati da lunghi peduncoli nudi. Calice 5-fido . . . . 1 · PINGUICULA.
Piante acquatiche, a foglie alterne, divise in segmenti capillari, munite per lo più di vescichette. Fiori in piccoli racemi bratteolati. Calice 2-fido.
2. UTRICULARIA.

230. *Teucrium Chamaedrys* L   231. *Statice Limonium* L.   232. *Plantago Coronopus*
(¹/₅).   (¹/₄).   L. (¹/₄).

1. **Pinguicula** (da *pinguis* = grasso, per la consistenza delle foglie). Calice quasi 2-labiato a 5 lobi, di cui 3 super. e 2 infer. Corolla 2-labiata a labbro super. 2-lobo, l' infer. 3-lobo, col lobo medio più grande, prolungato in sprone. Stami ad antere deiscenti trasversalm. Cassula bivalve a semi numerosi. — Foglie intere, carnose.

Fiori violacei, a sprone lesiniforme molto più lungo che largo ed eguale circa alla metà della corolla. Foglie tutte basali a rosetta, oblungo-ovali, ottuse. 2⫟. (Alpi Ap., App. tosco-emil. e pic.). — *Mag. Lug.* — Luoghi erbosi, umidi ecc. reg. mont. ed alp. . . . . **2024 P. vulgaris** L.
Fiori circa il doppio più larghi e sprone più lungo. (App. parmig., emil. all'Alpe di Succiso, Alpi Ap.). — Var. *leptoceras* (Rchb.).

2. **Utriculària** (da *utriculus* = otricello, per le vescichette delle foglie). Calice 2-labiato a 2 lobi quasi uguali. Corolla 2-labiata, con

palato sporgente 2-lobo. Stami ad antere deiscenti longitudinalm. Cassula 1-loculare, deiscente irregolarm. e talora circolarm., a semi numerosi. — Foglie moltifide.

1 {
Sprone tuberculiforme, *tanto lungo che largo, subeguale* al lobo infer. del calice. Corolla *piccola, giallo-pallida*, striata sul palato di linee *ferruginee*. Foglie a lacinie filiformi, *senza dentellature spinose*, con vescichette. ⚥. (Reggiano, T. a Bientina e presso Pisa). — *Mag. Ag.* — Paduli ed acquitrini, sopratutto nelle torbiere. — *Erba pennina* . . . **2025 U. minor** L.

Sprone *più lungo che largo, assai più lungo* del lobo infer. del calice. Corolla *più grande, gialla*, con strie *aranciate* sul palato. Foglie a lacinie filiformi, finam. *denticolato-spinose*, con vescichette. ⚥. *Erba vescica.* (Fig. 199). **2026 U. vulgaris** L.

Peduncoli fiorali lunghi 7-12 mm., per lo più piegati in basso nella fruttificazione. Brattee alla base del peduncolo lunghe 4 ½-5 ½ mm. Corolla a labbro super. della lungh. del palato. (It. media). — *Giu. Lug.* — Paludi, risaie, fossi ecc. reg. med. od anche mont. — α *typica.*

Peduncoli fiorali lunghi 12-30 mm., diritti o piegati nella fruttificazione. Brattee lunghe 3-4 mm. Fiori un po' più grandi, a labbro super. 1 o 2 volte più lungo del palato. (Reggiano nella Valle la Veniera presso Reggiolo). — β *neglecta* (Lehm.).
}

Fam. 84.ᵃ PRIMULACEE.

Piante erbacee o raram. suffrutici, a foglie tutte basali ed allorchè cauline sparse o verticillate, indivise o tutt' al più lobato-dentate, senza stipole, eccezionalm. pennatosette. Fiori ermafroditi, regolari. Calice persistente, a 5, raram. 4-9 divisioni. Corolla gemopetala, per lo più ipogina, caduca o marcescente, con 5, raram. 4-9 lobi. Stami in numero uguale alle divisioni della corolla ed opposti ad esse, inseriti nel tubo di essa, talora accompagnati da staminodi, filamenti per lo più brevi ed antere introrse. Ovario ad 1 casella con molti ovuli, stilo 1, a stimma semplice. Frutto cassula, uniloculare, ordinariam. a molti semi, deiscente per valve semplici o bifide o trasversalm.; semi ovoidei, angolosi, con guscio rugoso, ad albume carnoso o corneo ed embrione cilindrico, parallelo all'ilo.

CHIAVE DEI GENERI.

1 {
Scapo **2**
Fusto fogliato **5**
}

2 {
Fiori solitari col lembo corollino riflesso . . . . . 5 CYCLAMEN
Fiori in ombrella o solitari ma col lembo corollino non riflesso . . . **3**
}

3 {
Lembo corollino frastagliato . . . . . . 4 SOLDANELLA
Lembo corollino 5-lobato **4**
}

4 {
Lembo più breve del tubo corollino, che è cilindrico o clavato . 2 PRIMULA
Lembo più lungo del tubo corollino, che è ventricoso . . 3 ANDROSACES
}

5 {
Fiori ascellari solitari. **6**
Fiori in racemo o in pannocchia **9**
}

6 {
Corolla mancante . . . . 10 GLAUX
Corolla assai più piccola del calice **7**
Corolla più grande del calice **8**
}

7 { Calice 4-mero, orciuolato . . . . 9 CENTUNCULUS
  { Calice 5-mero, ruotato . . . . 7 ASTEROLINUM

8 { Corolla gialla . . . . 6 LYSIMACHIA p. p.
  { Corolla rossa, carnicina o turchina . . . . . . 8 ANAGALLIS

9 { Fiori irregolari, rossi . . . . 11 CORIS.
  { Fiori regolari 10

10 { Fiori gialli . . . . 6 LYSIMACHIA p. p.
   { Fiori bianchi 11

11 { Ovario supero . . . . 1 HOTTONIA
   { Ovario infero . . . . 12 SAMOLUS

1. Hottònia (ded. a P. Hotton, professore olandese). Fiori a racemo. Corolla regolare ipocrateri…morfa, a 5 lacinie smarginate; stami a filamenti brevissimi, inseriti sul tubo corollino. Cassula ovoide, 5-valve, a semi numerosi, quasi reniformi.

> Erba acquatica, a foglie sommerse, alterne, ravvicinate, pettinato-pennato-sette, a lacinie lineari. Fiori rosei, colla fauce gialla, in verticilli di 3-6, accompagnati da brattee lineari. Fusto fistoloso. ⚲. (Bassa Emilia., App. moden. al lago Pratignano. T. nel Lucchese, Pisano e Maremma a Capalbio. L. nelle Paludi Pontine). — *Apr. Mag.* — Paludi e fossati della reg. pad. e med., raram. mont. . . . . . . **2027 H. palustris** L.

2. Primula (da *primus* = primo, alludendo alla precocità dei fiori). Fiori ad ombrella o talora solitari. Calice tubuloso o subcampanulato. Corolla ipocrateriformorfa. Stami inclusi. Cassula ovoide o bislunga, deiscente alla sommità in 5 valve spesso 2-dentate, a semi numerosi, piccoli, granulati.

1 { Calice *angoloso-pentagono*. Foglie giovani *revolute*, ± *rugoso-bollose, membranacee*. 2
  { Calice *non angoloso, cilindrico*. Foglie giovani *involute, affatto piane, ± consistenti o carnose* 6

2 { Foglie a pagina super. *glabra, gradatam. attenuate* alla base, non cordate, bislungo-obovate, villosette di sotto, irregolarm. dentate. Calice a denti lanceolato-lineari, lunghi metà del tubo. Corolla ipocrateriforme, a lacinie piane, obcordate. ⚲. — *Primavera, Occhio di Civetta.*
           2028 P. acaulis Jacq.
   A. Scapo-nullo, raram. sviluppato.
     a. Corolla giallo-pallida, raram. bianca. Cassula uguale al tubo calicino. (It. media). — *Feb. Mag.* — Luoghi erbosi reg. subm. e mont., più raram. med. — α *typica*.
     b. Corolla rosea, colla fauce gialla. Denti calicini slargati in basso. (T. a Massa Carrara, presso Faenza). — β *Sibthorpii* (Hoffmgg.).
   B. Scapo sviluppato, portante un' ombrella 2-moltiflora. Cassula uguale al tubo calicino. (Qua e là col tipo, colli Modenesi, Porretta, T. ed U. al Catria). — γ *caulescens* Koch
   Foglie a pag. super. *pubescente, nelle forme tipiche bruscam. ristrette* alla base ed ivi cordate. Scapo tipicam. sviluppato, portante un' ombrella di fiori. 3

3 { Calice *dilatato-rigonfio* superiorm., a denti ovato-tri angolari. Corolla a lembo di 8-20 mm. diam. Cassula *lunga metà* del tubo calicino. Foglie ovate od ovato-oblunghe, irregolarm. denticolate. Scapo generalm. più lungo delle foglie. ⚲. — *Primavera odorosa* (Fig. 233). **2029 P. officinalis** Jacq.
   A. Foglie verde-pubescenti di sotto od anche bianco-tomentose, ma in tal caso gradatam. attenuate alla base. Corolla giallo-dorata, infundibuliforme, 8-16 mm. diam., a lacinie concave.
     a. Foglie verde-pubescenti di sotto, bruscam. ristrette alla base nel picciolo alato e quivi cordate. Scapo raram. nullo. (App. pic. al

3   monte dei Fiori). — *Mar. Giu.* — Luoghi erbosi reg. mont. o più raram. subm. — α *typica.*
    b. Foglie cenerino- o bianco-tomentose di sotto, di solito gradatam. ristrette alla base nel picciolo alato. (App. moden.). -- β *pannonica* (Kern.).
     B. Foglie niveo-tomentose di sotto, bruscam. ristrette alla base e quivi cordate. Corolla giallo-dorata, di 14-19 mm. diam. (App. medio, L.). — γ *suaveolens* (Bert.).

Calice *non o poco dilatato* superiorm. Corolla a lembo di *20-30 mm.* diam. Cassula tipicam. *più lunga* del tubo calicino **4**

4   Calice *non dilatato.* Scapo *sempre* sviluppato; pedicelli lunghi *al più 1 cm.* circa, con peli *uguali* al loro diam. Foglie ovate od ovato-oblunghe, ± pubescenti su ambedue le pagine, irregolarm. dentate. Fiori inclinato-pendenti, giallo-solfini. ♃ .   .   .   .   .   **2030 P. elatior** Jacq.
     A. Foglie bruscam. ristrette in picciolo alato. Cassula più lunga del tubo calicino. (Manca all' It. media). — *Mar. Lug.* — α *typica.*
     B. Foglie gradatam. attenuate nel picciolo. Cassula uguale al tubo o poco più lunga. (App. pavese ?, march., umbr.). — β *intricata* (Gr. et Godr.).

Calice *alquanto rigonfio*, subcampanulato. Scapo *nullo od anche sviluppato*, ma in tal caso con pedicelli lunghi *sino ad 1 ½-2 ½ cm.* e con peli *spesso più lunghi* del loro diam. Foglie gradatam. attenuate nel picciolo .   .   **5**

5   Foglie a pagina infer. *verde o verdastra, pubescente.* Corolla ipocrateriforme, un po' più piccola che nella *P. acaulis.* (Alpi Ap. ed App. lucchese ed umbro)   .   .   .   .   .   .   P. officinali ✕ acaulis Kern.
    Foglie a pag infer. ± *biancastro-felpata.* Negli altri caratteri oscillante tra i genitori. (App. tosco-emil.)   .   .   .   .   P. acauli ✕ suaveolens.

6   Fiori *gialli.* Scapo ± sviluppato (4-15 cm.), con ombrella moltiflora, o ridotta a 2 fiori soltanto nelle forme nane. Foglie carnose, obovate o quasi rotonde, ristrette in breve e largo picciolo, a margine cartilagineo, intero o leggerm. dentato. ♃ .   .   .   .   .   **2031 P. Auricula** L.
    Pianta ± farinosa, talora soltanto nell' interno del calice. Foglie glabre, con margine brevem. cigliato-glanduloso, verde e quasi senza farina oppure bianco e molto farinoso. (Alpi Ap., App. lucchese, pistoiese, moden., piceno). — *Apr. Giu.* — Rupi calcaree reg. alp. e subalp. — α *typica.*
    Pianta non farinosa, eccetto la fauce della corolla e più raram. anche il calice. Foglie brevem. glanduloso-pubescenti di sotto e densam. cigliato-glandolose nel margine, il quale è bianco e ben spiccato dal resto della foglia di un verde-scuro. (Col tipo nelle Alpi Ap. ed App. umbro-marchig. e laz.). — *Giu. Lug.* — β *Balbisii* (Lehm.).
   Fiori *rosei o porporini, raram. bianchi.* Scapo sviluppato, raram. abbreviato; ombrella di 1-25 fiori. Foglie ovate o bislungo-lanceolate, ± ristrette alla base, densam. glanduloso-pubescenti. ♃ .   .   **2032 P. villosa** Jacq.
     A. Foglie dentate nella metà super. od all'apice, con peli lunghi $^1/_6$-1 mm., obovato o raram. lanceolato-bislunghe ; glandole rosse. Scapo generalm. più lungo delle foglie, ad 1-12 fiori. Cassula generalm. un po' più lunga del calice. (Manca all' It. media). — *Giu. Lug.* — Rupi alp. e App. sett. — α *typica.*
     B. Foglie quasi intere o dentate solo all' apice, con peli lunghi $^1/_{20}$-$^1/_6$ mm., bislunghe od ovali; glandole porporine. Scapo lungo sino al doppio delle foglie, ad 1-8 fiori. Cassula poco più breve del calice. (App. tosco-emil. nell'Alpe di Mommio, Corfino etc. e m. Orsaio). — Rupi reg. alp. — β *apennina* (Wid.).

3. Andròsaces. Fiori solitari o ad ombrella. Calice subpentagono, più lungo del tubo corollino. Corolla a tubo breve ovato, ventricoso, più breve del lembo, a lacinie ottuse, intere. Cassula globulosa, cinta dal calice persistente, deiscente all'apice in 5 valve; semi poco numerosi. Il resto come in *Primula.*

1 { Pianta *annua, con radice fittonosa ed una rosetta di foglie basali* romboideo-ovate od ovato-bislunghe. Scapi, pedicelli e calici pubescenti. Calice assai più grande della corolla, notevolm. accrescente alla maturità. Corolla bianca o rossigna, non ristretta alla fauce. ①. (Pavese, Parmig.). — *Mar. Mag.* — Campi reg. subm. e mont. . . . . **2033 A. maxima** L.
Piante *perenni, con rizomi o fusti ramoso-cespugliosi* 2

2 { Calice a lobi verdi, *lanceolati.* Foglie *allungate,* lanceolate, subspatolate, *quasi glabre sulle due facce,* cigliate, riunite in rosette *spianate.* Foglioline involucrali dapprima più lunghe, *alla fine più brevi* dei pedicelli. Pianta *leggerm. pubescente.* ♃. (App. tosco-emil. alle Alpi di Mommio e di Cusna, rarissima). — *Giu. Ag.* — Pascoli reg. alp. **2034 A. obtusifolia** All.
Calice a lobi *ovali.* Foglie *assai brevi,* lanceolato-bislunghe, interissime. *villoso, setolose sul dorso e ai margini,* riunite in rosette *subglobose.* Foglioline involucr. *più lunghe* dei pedicelli. Pianta *villoso-biancastra.* ♃. (Alpi Ap. App. pistoiese al lago Scaffaiolo, umbro, piceno, laz. a m. Cotento). — *Giu Ag.* — Pascoli e rupi reg. alp. . . . . . . **2035 A. villosa** L

233. *Primula officinalis* Jacq. (¹/₄).   234. *Soldanella alpina* L. (¹/₄).   235. *Lysimachia nemorum* L. Pourr. (¹/₅).

4. **Soldanèlla** (dall'ital. *soldo,* per la forma delle foglie). Fiori in ombrella o solitari. Calice persistente 5-partito. Corolla campanulata a 5 lobi moltifidi. Stami 5, inseriti sulla fauce della corolla; antere a connettivo che si prolunga in un mucrone uncinato. Cassula oblungo-conica, deiscente all'apice in 5-6 valve bidentate; semi reniformi.

Rizoma obliquo con numerose fibre. Foglie grassette, quasi coriacee, glabre intere o leggerm. crenate. Scapo e pedicelli scabri per glandole sessili o quasi. Fiori per lo più chinati, azzurro-violacei o lilacini, raram. bianchi. ♃. (Fig. 234) . . . . **2036 S. alpina** L.
   Scapo alto 5-20 cm., a 2-4 fiori. Foglie reniformi-rotonde. (Alpi Ap., App. tosco-emil. e piceno). — *Apr. Ag.* — Pascoli umidi reg. subalp. ed alp. — α *typica.*
   Scapo alto 3-7 cm., a 1 fiore. Foglie cordato-reniformi. (App. emil. al m. Cimone ed all'Alpe di Cusna). — β *pusilla* (Baumg.).

5. **Cyclàmen** (da κυκλος = cerchio, per la forma del tubero o piuttosto per l'attorcigliamento del gambo fruttifero). Fiori solitari so-

pra peduncoli radicali che si attorcigliano dopo la fioritura per nascondere i frutti sotterra. Calice 5-partito. Corolla a tubo breve e a 5 lacinie lunghe, riflesse. Stami 5, inseriti sotto la fauce della corolla; antere sagittate. Cassula ovata o subglobosa, a 5 valve ; semi numerosi, angolosi.

1 {
Fauce della corolla formante un anello *dentato*. Tubero grande, orbicolare-depresso (3-6 cm. diam.). Foglie che si sviluppano dopo i fiori, raram. con essi. Corolla roseo-porporina, raram. bianca, con 5 macchie sanguigne alla fauce ; lacinie ovato-bislunghe. ♃. — *Ciclamino, Pan porcino.*   **2037 C. neapolitanum** Ten.
Foglie cordato-ovate, quasi sempre angolose, denticolate. Fiori inodori, raram. odorosi. (It. media, Elba, Giglio, Capraia). — *Ag. Ott.* — Luoghi boschivi ombrosi reg. med. e subm. — α *typicum.*
Foglie bislungo-lanceolate, astate o saettate. minutam. denticolate, giammai angolose. Fiori leggerm. odorosi. (Col tipo Bologna, T. a Campiglia). — *Aut.* — β *Poli* (Delle Chiaie).
Fauce della corolla formante un anello *intero* 2
}

2 {
Foglie *angolose*. Fioritura *primaverile*. Tubero *piccolo, orbicolare-depresso* (1-3 cm. diam.). Corolla rosea colla base porporina; lacinie *bislungo-lanceolate.* ♃.   **2038 C. vernale** Mill·
Foglie cordato-ovate, angolose, con denti grandi, diseguali. Fiori inodori o più raram. con odore di gelsomino. (It. media, Elba, Capraia). — *Apr. Mag.* — Luoghi boschivi reg. med. e subm. — α *typicum.*
Foglie cordato-subrotonde, leggerm. ed ottusissimam. dentate. Fioritura più precoce. (Pineta di Ravenna). — β *Bertolonii* Fiori
Foglie *non angolose*, denticolate od intere. Fioritura *autunnale*. Tubero *di grandezza varia, subgloboso*. Corolla porporina colla fauce più carica, raram. bianca; lacinie *ovato-bislunghe*. Fiori odorosi. ♃. (Bolognese a Barbiano). — *Ag. Ott.* — Boschi dalla reg. subm. alla subalp.   **2039 C. europaeum** L.
}

6. **Lysimàchia** (da *Lysimachos*, medico dell'antichità). Fiori solitari od a pannocchia. Calice persistente, 5-partito. Corolla a tubo breve e 5 lacinie patenti. Stami 5, inseriti in fondo alla corolla. Cassula subglobosa, a 5 valve; semi numerosi, angolosi e ± rugosi.

1 {
Fusto *eretto*. Foglie *grandi*, lunghe *6-10 cm., opposte o verticillate a 3-4-*. Fiori *in pannocchia od in racemo foglioso* 2
Fusto *prostrato*. Foglie *assai piccole*, lunghe *2-3 cm., sempre opposte*. Fiori *solitari, ascellari, gialli* 3
}

2 {
Fiori *in pannocchia terminale*, bratteati alla base. Lacinie calicine *con una linea rossa* marginale. Corolla *glabra, giallo-dorata*, a lacinie *bislunghe*. ♃. (It. media). — *Mag. Est.* — Prati umidi e margine dei fossi dal mare alla reg. mont. — *Lisimachia, Mazza d'oro* . . . .   **2040 L. vulgaris** L.
Fiori *in racemo foglioso*. Lacinie calicine *senza* linea rossa marginale. Corolla *glandoloso-cigliata, gialla*, colla base generalm. ferruginea, a lacinie *ovate*. ♃. (E. T. M.). — *Giu. Sett.* — Boschi reg. mont., più raram. subm.   **2041 L. punctata** L.
}

3 {
Foglie *ovate*, acute. Peduncoli capillari, lunghi *2-4 cm.. superanti* le foglie. Fiori *piccoli (1 cm. diam.)*. Lacinie calicine *lanceolato-lesiniformi*. Corolla *poco più lunga* del calice. Stami a filamenti *glabri*. ♃. (T. nei Monti Pisani e App. aretino). — *Apr. Est.* — Luoghi boschivi umidi reg. subm. e mont., raram. med. (Fig. 235) . . . .   **2042 L. nemorum** L.
Foglie *subrotonde, ottuse*. Peduncoli filiformi, lunghi *1-2 cm., non superanti* le foglie, cosparsi come il calice e la corolla di punti ferruginei, poi neri. Fiori *assai grandi* (2 cm. diam.). Lacinie calicine *ovato-cuoriformi*. Corolla *lunga il doppio* del calice. Stami a filamenti *glandolosi*. ♃. (It. media). — *Giu. Lug.* — Luoghi umidi e lungo i fossi dal mare alla reg. subm.   **2043 L. Nummularia** L.
}

. 7. **Asterolìnum** (da ἀστηρ = stella e λινον = lino, cioè lino stellato) Fiori solitari, ascellari. Calice a 5 lacinie, molto più lunghe della corolla. Corolla rotata, 5-partita. Stami 5, inseriti alla base delle lacinie corolline. Cassula globosa, ravvolta dal calice e dalla corolla persistenti, a 5 valve; semi pochi, rugosi.

> Pianta glabra, a fusto eretto, semplice o ramoso dalla base, quadrangolare, 3-15 cm. Foglie opposte, lineari-lanceolate, sessili. Calice a lacinie lineari-acuminate, patenti a stella. Corolla biancastra, a lacinie rotondate. ①. (T., Arc. tosc., M. a Pesaro, Piceno, L.). — *Mag. Giu.* — Per lo più in luoghi coltiv. reg. med. . . . . . **2044 A. Linum-stellatum** Duby

8. **Anagàllis** (da ἀνεγελειν = ridere, perchè creduta esilarante). Fiori solitari, ascellari. Calice 5-partito, a lacinie patenti. Corolla caduca, rotata od imbutiforme, a 5 lacinie e tubo subnullo. Cassula globosa deiscente circolarm. (pisside), a semi numerosi, rugosi.

> 1 {
> Foglie *sessili, opposte o verticillate, ovali o lanceolate,* con punti ferruginei di sotto. Corolla rotata, uguale o poco più lunga del calice. Peduncoli *filiformi, uguali o superanti poco le foglie.* Fiori *color minio od azzurri.* ①. — *Anagallide* . . . . **2045 A. arvensis** L.
> A. Piante bene sviluppate. Corolla un po' più lunga del calice.
>   *a.* Corolla color minio colla fauce rosso-porporina, a lacinie intere o quasi all'apice, minutam. e densam. cigliato-glandolose nel margine. Peduncoli più lunghi, raram. uguali alle foglie. (It. media. Arc. tosc.). — *Giu. Ott.* — Campi dal mare alla reg. subm., comune. — α *phoenicea* (Scop.).
>   *b.* Corolla azzurra colla fauce rosso-violacea, a lacinie denticolate all'apice, nude o con poche ciglia. Peduncoli più brevi od eguali alle foglie, raram. più lunghi. — Col tipo. — β *caerulea* (Schreb.).
> B. Piante ridotte. Corolla azzurra, uguale al calice o più breve. Peduncoli più brevi od eguali alle foglie. (Cesena, L.). — γ *micrantha* Gr. et Godr.
> Foglie *brevem. picciolate, opposte, subrotonde, senza* punti di sotto. Peduncoli *capillari, 2-3 volte più lunghi* delle foglie. Fiori *carnicini.* 2. — (T. nel Lucchese e Pisano). — *Giu. Ag.* — Luoghi erbosi umidi dal mare alla reg. subm. (Fig. 200) . . . . **2046 A. tenella** L.

9. **Centùnculus.** Fiori solitari, ascellari. Calice 4-partito, più lungo della corolla. Corolla marcescente, 4-fida, a tubo breve, globoso. Stami 4, a filamenti glabri. Cassula globulosa, deiscente circolarm. (pisside), a semi tubercolati, piccoli. — Fiori raram. pentameri.

> Fiori piccoli, bianchi o rosei, quasi sessili. Denti calicini lanceolato-lineari, acuminati. Foglie alterne, ovato-acute, intere, brevem. picciolate. Pianta glabra, a fusto semplice o ramoso, 2-8 cm. ①. (T., Elba, Capraia, L.). — *Giu. Lug.* — Campi e luoghi umidi arenosi dal mare alla reg. subm.
> **2047 C. minimus** L.

10. **Glàux** (da γλαυκος = glauco, pel colore della pianta). Fiori ascellari, regolari, ma incompleti. Calice subcampanulato, petaloideo, 5-partito. Corolla nulla. Stami 5, inseriti in fondo al calice. Cassula globosa, uniloculare, 5-valve, con pochi semi.

Fiori piccoli, quasi sessili, bianco-rosei. Lacinie calicine ovato-bislunghe, ottuse. Foglie opposte, carnosette, bislunghe, sessili. Pianta glabra, glauca, a fusto nodoso, prostrato-ascendente, 3-18 cm. ♃. (T. presso Firenze all'Impruneta). — *Giu.* — Forse natur. od avvent.   **2048 G. maritima** L.

11. **Còris.** Fiori a spiga densa terminale. Calice persistente, ventricoso, 5-dentato, cinto alla base dei denti da una corona di 11 spine erbacee, di cui le 3 super. più lunghe. Corolla irregolare, quasi bilabiata, 5-partita, a lacinie bifide, le 3 super. più lunghe. Stami 5 inseriti presso la base del tubo corollino. Cassula globosa, 5-valve, a 5 semi angolosi.

Fiori rosei o roseo-azzurrognoli in racemo. Foglie sparse, lineari, carnosette, glabre, patenti o riflesse, le super. talvolta dentato-spinose alla base. Fusto cespuglioso, spesso indurito-legnoso alla base, 1-3 dm., pubescente. ①② ♃. (T. a M. Argentaro e Ansedonia). — *Mar. Mag.* — Luoghi aridi reg. med. raram. subm. . . . .   **2049 C. monspeliensis**

12. **Sàmolus.** Fiori a racemo. Calice campanulato col tubo aderente all'ovario, 5-fido. Corolla ipocraterimorfa, col tubo breve, 5-partita, colla fauce guarnita di 5 squamuccie dentiformi. Stami 5, inseriti sul tubo corollino. Ovario infero. Cassula deiscente all'apice per 5 denti, a semi numerosi, angolosi.

Fiori piccoli, bianchi. Foglie basali a rosetta, le cauline alterne, tutte obovato-spatolate, ottuse, interissime. Pianta glabra, a fusto eretto, semplice o ramoso, 5-50 cm. ♃. (It. media, Arc. tosc. eccetto finora Giannutri). — *Giu. Ag.* — Luoghi umidi e fossi dal mare alla reg. mont.
2050 S. Valerandi L.

Fam. 85.ª **PLUMBAGINACEE.**

Piante erbacee o suffruticose. Foglie alterne, semplici, senza stipole. Fiori ermafroditi, regolari, muniti ordinariam. di 3 bratteole. Calice infero, gamosepalo, tubuloso, col margine 5-lobo o 5-dentato, spesso scarioso, raram. erbaceo. Corolla ipogina, gamopetala o di 5 petali liberi o ± coerenti alla base. Stami 5 opposti ai lobi della corolla, a filamenti filiformi ed antere introrse, deiscenti per il lungo. Ovario libero, uniloculare con 1 ovulo; stili 5, raram. 3-4, distinti o coerenti. Frutto è un otricello racchiuso nel tubo del calice, membranoso, con 5 o 10 coste longitudinali, deiscente irregolarm. od in 5 valve; seme unico, pendente, ad albume scarso, farinoso ed embrione diritto con cotiledoni piani e radichetta superiore.

CHIAVE DEI GENERI.

1 { Fiori in capolino sopra uno scapo semplice . . . . . 3 ARMÉRIA
{ Fiori in spighe o pannocchie 2

2 { Fiori in spighe sopra un fusto fogliato, ramoso. Calice con grosse glandole peduncolate lungo le coste . . . . 1 PLUMBAGO
{ Fiori in spighette formanti spighe e queste delle pannocchie sopra uno scapo ramoso. Calice senza glandole . . . . . . 2 STATICE

1. **Plumbago** (da *plumbum* = piombo, alludendo alle macchie che le foglie lasciano sulla carta). Fiori in spighe. Calice 5-dentato, a tubo glandoloso. Corolla ipocrateriforme, 5-partita. Stami liberi, ipogini. Stili saldati fino all'apice. Frutto fesso circolarm. alla base ed anche longitudinalm. in 5 valve, adese tra di loro all'apice; seme ovato-oblungo. — Fusti fogliati.

> Fiori violacei, disposti a spiga all'apice del fusto. Foglie infer. obovate, picciolate, le medie sessili, ovato-lanceolate, con 2 orecchiette abbraccianti il fusto. Pianta glabra, a fusto eretto od ascendente, angoloso, assai ramificato, 5-10 dm. 2⅃. (It. media, Giglio). — *Giu. Ott.* — Luoghi aridi, macerie ecc. reg. med., raram. subm. — *Piombaggine, Caprinella.*
> **2051 P. europaea** L.

2. **Stàtice** (da στατικος = astringente, per le proprietà medicinali). Fiori in pannocchia. Calice con tubo non glandoloso, a 5 angoli. Corolla a 5 pet. liberi o ± coerenti alla base. Stami inseriti sull'unghia dei pet. Stili liberi o saldati insieme alla base. Frutto pentagono in alto, deiscente per un opercolo apicale od irregolarm. alla base; seme ellittico-bislungo. — Scapo ramoso.

1 { Foglie *penninervie*, lunghe *5-30 cm.*, molli, lungam. picciolate, mucronate all'apice. Fiori in pannocchia corimbiforme, a rami abbreviati quasi patenti. Pianta glabra, a rizoma grosso, legnoso. 2⅃. (It. media, Elba). — *Giu. Sett.* — Luoghi umidi marit. reg. med. (Fig. 231) . **2052 S. Limonium** L.
Pannocchia molto diffusa, ramosissima, con rami allungati, patenti. Spighe lasse o dense. (Litorale Adriatico). — Var. *serotina* (Rchb.).
Foglie *1-3-nervie*, lunghe *1-7 cm.* 2

2 { Rami *tutti o per la maggior parte* floriferi 3
Rami *in gran parte sterili*, i *super. soltanto* floriferi 4

3 { Foglie *munite di margine* cartilagineo, acute, *con un mucrone* obliquo all'apice. Rami *poco o punto fragili*. Spighe dense, lunghe sino a 2 cm., in pannocchia corimbosa; brattea interna lunga circa il doppio delle esterne. Pianta di 13-35 cm. 2⅃. (L. a Civitavecchia e Corneto). — *Mag. Lug.*
2053 S. densiflora Guss.
Foglie *senza margine* cartilagineo e *senza mucrone*. Rami ± *fragili*, quasi articolati . . . . Cfr. S. MINUTA VAR.

Brattea infer. *quasi interam. scariosa*, la super. lunga il doppio e scariosa sino a metà. Spighette *addensate* in brevi spighe all'estremità dei rami. Foglie obovato o lanceolato-spatolate. Pianta granuloso-scabra. 2⅃. (Romagna, L. a Terracina). — *Giu. Sett.* — Luoghi paludosi salsi.
2054 S. bellidifolia Gou.
Brattea infer. *erbacea sul dorso*, la super. strettam. scariosa. Spighette ± *distanti tra loro* in spighe spesso allungate. Foglie senza margine cartilagineo. Pianta glabra, liscia o talora tubercolato-scabra. 2⅃.
2055 S. minuta L.

4 | I. Piante a scapi e rami lisci o quasi.
1. Rami dell'infiorescenza punto o poco intralciato-reticolati tra loro, divergenti ad angolo ± acuto.
A. Spighette piccole (brattea super. e calice lunghi 4-6 mm.), diritte o poco incurvate, 1-3-flore; rami dell'inflor. non rigidi e fragili.
α. Rami sterili ± numerosi. Brattea super. lunga il quadruplo dell'infer.: calice lungo 6 mm. circa, a lembo quasi più lungo del tubo. Pianta di 1-3 dm. a rami divaricati. (T., Arc. tosc.). — *Giu. Ag.* — Luoghi sassosi marit. — α *typica.*
β Rami sterili pochi o nulli.

4
1. Brattea super. lunga circa il quadruplo dell' infer.; calice (lungo 5 mm. circa) a lembo quasi eguale al tubo. Foglie ora piane, ora rivoltate ai margini, di grand. variabile. Spighe lasse. (Arc. tosc. all'Elba, Giannutri, Giglio e Montecristo). — β *Sommieriana* Fiori

2. Brattea super. lunga circa il triplo dell'infer.; calice (lungo 5 mm.) a lembo più breve del tubo. Foglie rivoltate ai margini. Rami sterili pochi. Spighette poco distanti tra loro. (Litor. del L.). — γ *inarimensis* (Guss.).

B. Spighette grandi (brattea super. e calice lunghi 5-7 mm.), fortem. incurvate, 2-5-flore; rami dell'inflor. rigidi e poco fragili, diretti in alto, numerosi, gli infer. sterili. Brattea super. 3-4 volte più lunga dell'infer. Spighe non molto allungate, a spighette poco distanti tra loro. Scapi di 2-3 dm., raram. più bassi (5-8 cm.) oppure più alti 3-7 dm. (Romagne, Pesaro, L.). — δ *virgata* (W.).

2. Rami dell' inflor. intralciato-reticolati tra loro, divergenti ad angolo retto. Il resto come nella var. preced. (T., Arc. tosc. Elba, Giglio, Pianosa, L. a Terracina). — ε *reticulata* (Rchb. an L.?).

II. Pianta a scapi e rami ± scabri, ad internodi raccorciati. Spighette gracili 1-2-flore, diritte o dopo incurvate. Rami dell' inflor. ad internodi assai brevi, ingrossati nel mezzo e ristretti alle estremità, fragilissimi, per lo più divaricati ed intrecciato-reticolati, più raram. appressati. (Arc. tosc. a Capraia). — ζ *articulata* (Lois).

N. B. — Nella chiave suddetta non trovasi *Statice Doriae* Somm., raccolta dal March. Doria nella Formica maggiore di Grosseto, la quale sembra avere affinità con la *S. densiflora*, tra quelle sopra citate. La *S. Doriae* è particolarm. notevole per le sue spighette densam. imbricate, formanti spighe brevi e tozze e per tutta l'inflorescenza in forma di corimbo.

3. Arméria. Fiori in spighette, formanti un denso capolino, cinto da brattee scariose. Stili saldati alla base, pelosi nel terzo infer. Scapo semplice. Il resto come in *Statice*.

1
Foglie (eccetto talora le primordiali) *lineari-graminiformi, 1-nervi od oscuram. 3-nervi*. 2
Foglie *tutte lineari-lanceolate, 3-7-nervi* (raram. le interne lineari). Fiori con pedicello uguale al tubo calicino 4

2
Foglie *uniformi*, tutte strettam. lineari larghe come lo scapo, un po' acute. Capolini 15-20 mm. diam., a brattee strettam. erbacee sul dorso. Calice a pedicello e lembo uguali al tubo. Corolla rosea o più raram. porporina. 2⊥. (Qua e là It. media). — *Primav. Est.* . . . **2056 A. elongata** Hoffm.
Foglie *difformi*, le primordiali esterne più brevi e più larghe, lanceolate, le altre strettam. lineari 3

3
Fiori *sessili*. Involucro a squame *quasi erbacee sul dorso*, acuminate, le esterne *un po' più lunghe* delle interne e subeguali al capolino. Calice a lembo *assai più breve* del tubo. Foglie primordiali spesso sinuato-dentate al margine. 2⊥. (Massi serpentinosi in T. presso Sarzana e Prato). — *Mag. Giu.* **2057 A. denticulata** Bert.
Fiori *con pedicello brevissimo*, lungo al più un terzo del tubo calicino, raram. di più. Involucro a squame *interam. scariose*, le esterne ottusam. cuspidate, *più brevi od uguali* alle interne. Calice a lembo *uguale* al tubo. Pianta di 15-35 cm. Foglie interne brevi (2-7 cm.), ricurve in fuori, piegate a doccia, le esterne poco più larghe, 3-5 nervi. 2⊥. (T. al m. Amiata. App. umbro). — *Lug. Sett.* — Reg. alp. e subalp. **2058 A. majellensis** Boiss.

4
Pianta *rivestita alla base di numerose guaine* persistenti. Foglie tutte lineari-lanceolate, larghe *2-6 mm.* anche le interne, *per lo più poco o punto ristrette* alla base. Scapi di *2-3 dm.* Corolla *rosea*. 2⊥. (Alpi Ap., App. tosco-emil.). — *Lug. Ag.* — Reg. alp. e subalp. **2059 A. seticeps** Rchb.

4 { Pianta *con poche guaine* persistenti alla base. Foglie larghe *5-6 mm.*, le interne *manifestam. ristrette* alla base. Scapi di *4-5 dm.* Corolla *rosea od anche bianca.* ♃. (T., It. centr.). — *Apr. Giu.* — Dalla reg. subm. alla subalp.
2060 A. plantaginea W.

Fam. 86.ᵃ **SOLANACEE.**

Piante erbacee od arbusti, a foglie alterne o raram. opposte, intere o pennatifide, senza stipole. Fiori regolari o poco irregolari, so· litari o in infiorescenza. Calice infero, gamosepalo, 5-fido, per lo più persistente, a volte notevolm. accrescente nel frutto. Corolla ipogina, rotata, campanulata od ipocraterimorfa 5-dentata o 5-loba. Stami 5 inseriti nel tubo corollino; antere ora conniventi fra di loro, ora colle logge divaricate alla base, deiscenti per il lungo, raram. per un poro apicale. Disco annulare ipogino. Ovario a 2 caselle od a 4 incomplete con molti ovuli; stilo 1 semplice, a stimma intero o lobato. Frutto cassula o bacca, ricca di semi, spesso compressi reniformi, con embrione semicircolare, periferico, dentro un albume carnoso.

CHIAVE DEI GENERI.

1 { Frutto secco (cassula). 2
{ Frutto polposo (bacca) 4

2 { Cassula deiscente' circolarm. mediante un coperchietto (pisside).
{ . . . . 2 HYOSCYAMUS
{ Cassula deiscente longitudinalm. 3

3 { Cassula deiscente solo alla sommità e racchiusa nell'intero calice persistente.
{ . . . . 3 NICOTIANA
{ Cassula deiscente per intero accompagnata dalla base del calice persistente e
{ accrescente . . . . 1 DATURA

4 { Calice frutt. rigonfio-vescicoso, persistente ed accrescente, racchiudente la
{ bacca. . . . . 6 PHYSALIS
{ Calice frutt. persistente, ma non accrescente in vescia . . . 5

5 { Corolla rotata. Antere conniventi e deiscenti per due pori apicali o raram.
{ per una fenditura longitudinale . . . . . . 5 SOLANUM
{ Corolla tubuloso campanulata o imbutiforme. Antere non conniventi . 6

6 { Corolla tubuloso-imbutiforme. Bacca ovata . . . . 4 LYCIUM
{ Corolla campanulato-quinquefida. Bacca rotonda 7

7 { Piante a fusto raccorciatissimo e quindi foglie e fiori radicali. Bacca uniloculare . . . . 8 MANDRAGORA
{ Piante a fusto sviluppato e quindi foglie e fiori non radicali. Bacca biloculare . . . . 7 ATROPA

1. Datùra. Fiori solitari. Calice allungato, pentagonale, separantesi al di sopra della base persistente. Corolla grande, fortem. piegata per lungo, con 5-10 denti. Cassula a 4 logge, armata o no di spine, con molti semi.

1 { Spine della cassula *subeguali* fra loro. Fiori *grandi*, lunghi *9-10 cm.* Foglie ovato-acuminate, disegualm. sinuato-dentate. ①. — *Stramonio, Noce spinosa.* (Fig. 238) . . . . . . **2061 D. Stramonium** L.

1 {
Fusto cavo, verde. Corolla bianca. Antere gialle. (Qua e là It. media, Elba, Giglio, Montecristo). — *Giu. Aut.* — Luoghi incolti dal mare alla reg. subm. — α *typica*.

Fusto pieno, porporino-violaceo, con punti bianchicci. Corolla violaceo-pallida. Antere violetto-scure. (Col tipo Ferrar., Bologn., Ravennate e presso Assisi). — β *Tatula* (L.).
}

Spine della cassula *assai diseguali*, le super. molto più grosse e più lunghe delle altre, convergenti. Fiori *piccoli*, lunghi *5-6 cm*. Foglie ovato-romboidali, disegualm. ed acutam. sinuato-dentate. ①. (Naturalizzata presso Roma e nell'Orto bot. di Perugia e dintorni). — *Ag. Ott.* — Reg. med.

                                                              2062 D. ferox L.

236. *Solanum Dulcamara* L. (¹/₅).   237. *Atropa Belladonna* L. (¹/₅).   238. *Datura Stramonium* L. (¹/₅).

2. Hyoscyamus (da ὑς = porco e κυαμος = fava). — Fiori ± racemosi. Calice fatto ad òrciolo, 5-dentato. Corolla infundibuliforme, a tubo breve un po' arcuato, a lembo fesso in 5 lobi ottusi, arrotondati. Frutto pisside biloculare, rinchiusa nel calice accrescente e coriaceo; semi molti, reniformi.

1 {
Foglie *infer. picciolate, le super. sessili, abbraccianti, ovali-oblunghe, grossam. dentate o quasi pennatifide*. Calice frutt. a denti *manifestam.* mucronati. Corolla *giallo-pallida, densam. reticolata di vene porporine* col fondo *dello stesso colore*, raram. concolore. ① ② ♃. (It. media, Gorgona). — *Apr. Lug.* — Ruderi e luoghi pingui dal mare alla reg. subm. — *Giusquiamo nero*. (Fig. 212) . . . . **2063 H. niger** L.

Foglie *tutte picciolate, non abbraccianti, ovali-orbicolari. le infer. spesso cuoriformi, ottusam. dentate o lobate*, le fiorali talora ovato-lanceolate ed intere. Calice frutt. a denti *mutici o quasi*. Corolla *gialla* col fondo *verde od anche porporino, mai venata*. ① ② ♃. (It. media. Arc. tosc., eccetto finora Montecristo). — *Mag. Aut.* — Ruderi, margine delle strade e spiagge reg. med. — *Giusquiamo bianco* . . . . **2064 H. albus** L.
}

3. Nicotiàna (ded. alla memoria di Giacomo Nicot che introdusse in Francia il tabacco). Fiori a pannocchia. Calice tuboloso-campanulato, 5-fido. Corolla molto più lunga del calice, imbutiforme od ipocrateriforme, 5-loba. Cassula deiscente solo alla sommità e rinchiusa nel calice persistente, a valve bifide; semi numerosi, piccolissimi, subreniformi, rugosi.

1 {
Pianta *legnosa*, *alta 2-3 m*. Foglie *glabre e glauche*, a picciolo lungo quanto il lembo. Corolla *gialla*, pubescente, tubulosa, contratta alla fauce, con lembo piccolo, a 5 brevi denti ovati. Cassula ovale *subeguale* al calice, pendente. 5. (L. a Roma inselv.). — *Mag. Ag.* — Colt. per ornam.
   2065 N. glauca Grah.
Piante per lo più *erbacee e meno elevate*. Foglie *peloso-glandolose*. Corolla *verdastra o rossastra*, con lembo slargato e patente. Cassula *superante* il calice **2**
}

2 {
Corolla *giallo-verdognola*, *ipocrateriforme*, *ristretta* alla fauce, lunga 2 cm. circa. Foglie *picciolate*, ovate od oblunghe, intere o quasi. ottuse. Cassula *ovato-globosa*. Pianta *vellutato-glandolosa*, 3-12 dm. ① ② 2̸. — Inselv. qua e là e colt. — *Est.* — *Tabacco* . . . . **2066 N. rustica** L.
Corolla *rosso-rosea*, *imbutiforme*, *ventricoso-rigonfia* alla fauce, lunga 5-6 cm. Foglie *semi-abbraccianti* con 2 orecchiette ± sviluppate alla base, acute od acuminate. Cassula *ovato-conica*. Pianta *pubescente-glandolosa*, alta 1-2 m. ① ② 2̸. — Coltiv. ed inselv. qua e là. — *Est.* — *Tabacco*.
   2067 N. Tabacum L.
}

4. **Lycium** (da *Lycia*, regione dell'Asia Minore ove queste piante abbondano). Fiori a fascetti o subsolitari. Calice urceolato, dapprima con 5 denti uguali, poi irregolarm. 2-5-fido dopo la fioritura. Corolla imbutiforme o tubulosa, a lembo 5-lobato. Frutto bacca, guarnita del calice, biloculare, a semi reniformi numerosi.

1 {
Lembo della corolla *più breve* del tubo. Stami sporgenti ma *più brevi* del lembo corollino. Arbusto a rami *robusti*, *divaricati*, *assai spinoso*. Foglie lanceolato-spatolate o lanceolate (25-55 per 6-11 mm.). Corolla *roseo-pallida*. 5. (It. media, Elba, Giglio). — *Mag. Aut.* — Siepi e macchie reg. med. massime presso il mare. — *Spina-Cristi*, *Agutoli*.
   2068 L. europaeum L.
Lembo della corolla *uguale* al tubo. Stami *più lunghi* del lembo corollino. Arbusto a rami *affilati*, *pendenti*, *inerme o poco spinoso*. Corolla *violaceo-porporina*. 5. . . . . **2069 L. chinense** Mill.
   1. Bacche ovato-bislunghe, acute, lunghe 3-4 volte il calice. Foglie ovato-lanceolate. (Maceratese e Roma). — *Aut.* — Colt. ed inselv. qua e là nelle siepi. — α *typicum*.
   2. Bacche ovato-cilindriche, lunghe 6-7 volte il calice.
      a. Foglie ovate od ovato-lanceolate. Bacche ottusissime. — Colt. col tipo. — β *ovatum* (Lois.)
      b. Foglie lanceolate oppure bislungo od ellittico lanceolate. Bacche acute, coll'apice incurvato. — Colt. ed inselv. nel Viterbese. — γ *lanceolatum* (Lois.).
}

5. **Solànum.** Fiori solitari od in cime corimbose. Calice 5-partito o 5-dentato, poco o punto accrescente nel frutto. Corolla rotata, a tubo breve, a lembo pieghettato, 5-partita. Frutto bacca biloculare, raram. 3-4-loculare, cinta o no dal calice, a semi numerosi, reniformi.

1 {
Piante *erbacee* **2**
Piante *fruticose o suffruticose* **5**
}

2 {
Foglie *pennatosette* **3**
Foglie *dentate*, *angolose o sinuate*, giammai profondam. divise . . **4**
}

3 {
Fiori *bianchi o violacei*. Radice *tuberosa*. Bacche *gialle* a maturità. 2̸. — *Est.* — Coltiv. ovunque dal mare alla reg. mont. — *Patata*.
   2070 S. tuberosum L.
Fiori *gialli*. Radice *non tuberosa*. Bacche *rosse*, raram. gialle o bianche. ①. — *Magg. Ott.* — Coltiv. ovunque dal mare alla reg. subm. — *Pomidoro*.
   2071 S. Lycopersicum L.
}

4 { Bacche *ovali*, della grossezza di un *uovo di gallina o più grandi*, di colore violaceo, giallo o bianco. Fiore fertile solitario, *violaceo*. ①. — *Est.* — Coltiv. negli orti pei frutti eduli. — *Melanzana, Petonciano.*
2072 S. Melongena L.
Bacche *globose*, della grossezza di un *pisello*, nere, giallo-verdognole, gialle o rosso-miniate. Fiori *bianchi o quasi violacei*. Specie polimorfa. ① ♃. (It. media, Arc. tosc.). — *Prim. Aut.* — Macerie e luoghi colt. dal mare alla reg. subm. — *Morella, Solano nero* . . . . **2073 S. nigrum** L.

5 { Pianta *con abbondanti aculei* in tutte le parti. Foglie *sinuato-pennatifide.* Bacche *grandi*, della grossezza di una noce, *gialle* a maturità. ♃. (L. a Roma, Sezze e Terracina). — *Primav. Aut.* — Luoghi arenosi ed incolti per lo più presso al mare nella reg. med. — *Pomo di Sodoma, Solano spinoso.*
2074 S. Sodomaeum L.
Pianta *affatto inerme*. Foglie *cuoriformi od ovato-bislunghe*, le super. spesso *astato-trilobe o tripartite*, con orecchiette ovate o lanceolate. Bacche *piccole*, ovate, *rosse* a maturità. ♃. (It. media). — *Apr. Aut.* — Siepi e luoghi umidi dal mare alla reg. mont. — *Dulcamara, Corollini.* (Fig. 236).
2075 S. Dulcamara L.

6. Physalis (da *physalis* = vescica, pel calice fruttifero vescicoso). Fiori solitari od agglomerati. Calice 5-fido, molto accrescente in forma di palloncino. Corolla rotato-campanulata, pieghettata, a lembo sinuato-5-lobo. Frutto bacca globosa, chiusa dentro al calice vescicoso, a molti semi reniformi.

1 { Corolla *con 5 macchie*. Antere *violette*. Pianta *pubescente-tomentosa*, a foglie viscose, *grossam. dentate*. Bacca matura *gialla o verde*. ① ♃. — Colt. negli orti e talora natur. come nell'Orto agrario di Perugia. — *Mag. Giu.*
2076 Ph. pubescens L.
Corolla *senza macchie*. Antere *gialle*. Pianta *scarsam. pelosa o quasi glabra*, a foglie *intere o grossam. dentate*. Bacca matura *gialla o rossa*, della grossezza d'una ciliegia, cinta dal calice *rosso*. ♃. — Siepi e luoghi boschivi freschi reg. pad. e subm. — *Alchechengi, Palloncini.*
2077 Ph. Alkekengi L.

7. Atropa (da *Atropos*, una delle tre Parche, alludendo alle qualità venefiche della pianta). Fiori solitari o talora geminati. Calice persistente, 5-partito, accrescente. Corolla tubuloso-campanulata, 5-fida. Frutto bacca globosa, biloculare, cinta alla base dal calice stellato-patente, a molti semi.

Fiori violaceo-scuri su peduncoli inclinato-pendenti. Foglie brevem. picciolate, ovate, acute, intere. Bacca matura nera, lucida. Pianta fetente, pubescente-vischiosa, a radice grossa, carnosa. ♃. (It. media qua e là). — *Giu. Sett.* — Boschi ombrosi reg. subm. — *Belladonna.* (Fig. 237).
2078 A. Belladonna L.

8. Mandràgora. Fiori radicali. Calice persistente, 5-partito, campanulato, un po' accrescente nel frutto. Corolla 5-lobata, conico-campanulata. Frutto bacca carnosa, uniloculare, cinta alla base dal calice stellato-patente.

1 { Fiori *primaverili*, *bianco-verdognoli*. Bacca *assai più lunga* del calice, *globosa, gialla* a maturità. ♃. (M. presso Monfalcone, U. lungo la Norcia). — *Mar. Mag.* — Reg. pad., subm. e med. — *Mandragora.*
2079 M. vernalis Bert.
Fiori *autunnali*, *violacei*. Bacca *uguale* al calice, *bislunga, giallo-rossastra*. ♃. (L. a monte Lucretile). — *Sett. Ott.* — Campi e luoghi erbosi reg. med. — *Mandragora* . . . . **2080 M. autumnalis** Bert.

Fam. 87.ᵃ **PLANTAGINEE.**

Piante erbacee, più di rado un po' suffruticose, annue o perenni.
Foglie per lo più tutte basali, opposte od alterne, senza stipole. Scapi
ascellari. Fiori piccoli, per lo più in spighe, regolari, bisessuali od
unisessuali. Calice a 4 sepali saldati alla base, persistenti. Corolla
ipogina, ipocrateriforme, scariosa, persistente, a 4 divisioni. Stami 4,
alternanti coi lobi della corolla; antere versatili, decidue. Ovario a
2-4 caselle (ad 1 casella uniovolata in *Littorella*), uni- o pluriovulate;
stilo filiforme. Frutto cassula membranosa con 1-4 caselle ad 1 o più
semi, deiscente trasversalm., (frutto osseo ed indeiscente in *Littorella*); semi peltati, con albume carnoso, embrione diritto o leggerm.
ricurvo. Nei fiori femminei, calice a 3 sepali; corolla urceolata a 3-
4 denti.

CHIAVE DEI GENERI.

1 {
Piante terrestri. Fiori ermafroditi in spighe cilindriche o globulose. Frutto
deiscente trasversalm. (pisside) . . . . 1 PLANTAGO.
Pianta acquatica. Fiori unisessuali per aborto, i maschili solitari, peduncolati, i femminei sessili. Frutto indeiscente, osseo e contenente un solo seme.
2 LITTORELLA.
}

1. Plantàgo. Fiori ermafroditi e regolari in spighe cilindriche
o subglobose. Antere 2-loculari. Frutto cassulare (pisside) deiscente
trasversalm., circondato dal calice e sormontato dalla corolla, a 2
logge, ad 1 o più semi ovato-peltati od a barchetta.

1 {
Piante *acauli*, a foglie *basali in rosetta* o più raram. caulescenti ed a foglie
alterne 2
Piante *caulescenti*, a foglie *opposte* 14
}

2 {
Semi *solcati sulla faccia interna o fatti a barchetta*. Cassula per lo più *3-lo-
culare*, a logge con un seme o più di rado due 3
Semi *non conformati c. s.* Cassula generalm. *2-loculare* 8
}

3 {
Semi *rugosi* 4
Semi *lisci* 5
}

4 {
Spiga *ovale o globulosa*. Brattee *più larghe* che lunghe, *orbicolari*, terminanti
in punta breve ed ottusa. Calice a lobi anteriori *non carenati*. Semi lineari-oblunghi e *debolm. rugosi*. 2f. (App. pavese, tosco-emil., umbro, marchig., rom.). — *Lug. Ag.* — Luoghi erbosi dalla reg. subm. all'alp.
2081 Pl. montana Lam.
Spiga *ovale-bislunga*. Brattee grandi, *tanto larghe che lunghe, ovali-orbicolari*,
bruscam. terminanti in punta breve ed ottusa. Calice a lobi anteriori *carenati*. Semi oblunghi e *fortem. rugosi*. 2f. (App. tosco-emil. al Lago Santo).
Lug. Ag. — Luoghi erbosi reg. subm. e mont.
2082 Pl. fuscescens Jord.
}

5 {
Peduncoli *cilindrici, non striati*. Calice a lobi posteriori brevem. e bruscam.
acuminati. Pianta alta 3-10 cm., a scapi diritti od ascendenti, pelosi, eguali
od un po' più lunghi delle foglie, le quali sono verdi e villose. ①. (It. media, Arc. tosc. eccetto finora Giannutri). — *Mag. Giu.* — Luoghi aridi od arenosi del littorale e della reg. med. in genere.
2083 Pl. Bellardi All.
Peduncoli *angolosi, ± striati* 6
}

6 {
Spiga *villoso-sericea*. Calice a *4 lobi*. Pianta alta 5-30 cm., talora brevem. caulescente alla base, a scapi ascendenti, glabri o muniti di peli applicati, di solito più lunghi delle foglie. 2f. (It. media, Giannutri e Giglio). — *Mag. Giu.* — Luoghi arenosi e talora sassosi, aridi dal mare alla reg. subm. spesso risalente lungo le arene fluviali.   **2084 Pl. Lagopus** L.

Spiga *glabra*. Calice a *3-lobi* 7
}

7 {
Peduncoli *leggerm.* striati, talora soltanto nella parte infer. Foglie *lanceolato-lineari*, assai acuminate, *sericeo-villoso-argentine*, sopratutto nella pag. infer. 2f. (App. centr. eccetto tosc.). — *Giu. Ag.* — Luoghi erbosi o sassosi, aridi dalla reg. subm. alla subalp.   **2085 Pl. argentea** Chaix in Vill.

Peduncoli ± *fortem.* striati. Foglie *lanceolate*, ± larghe, spesso dentate, *glabre o ± peloso lanose*, però giammai sericeo-villoso-argentine. 2f. (It. media, Arc. tosc. eccetto finora Giannutri). — *Apr. Ott.* — Luoghi erbosi, aridi dal mare alla reg. mont. e talora subalp. — *Arnoglossa, Lanciuola. Mestolaccio* . . . . , ... **2086 Pl. lanceolata** L.
}

8 {
Corolla *a tubo peloso e lobi glabri*. Semi piano-convessi 9

Corolla *inter. glabra* 12
}

9 {
Foglie *pennatifide o pennatolobate, a lobi interi o dentati, più raram. intere e quasi*. Brattee *acute od acuminate*, larghe alla base, *scariose* nel margine, generalm. più lunghe del calice. Pianta alta 3-30 cm., a scapi prostrati, ascendenti od anche eretti, rotondi e non striati. ① ② 2f. — *Erba stella, Coronopo*. (Fig. 232). . . . . . . **2087 Pl. Coronopus** L.

  A. Foglie non o debolm. carnose. Pianta annua o bienne, raram. perenne.

    1. Brattee bruscam. e lungam. acuminato-lesiniformi più lunghe del calice. Foglie a rachide stretta oppure larga e più raram. dilatata verso l' apice. (It. media, Arc. tosc. eccetto finora Giannutri). — *Mag. Ag.* — Luoghi arenosi od umidi del littorale, donde risale lungo i fiumi, laghi ecc. — α *typica*.

    2. Brattee acute, non acuminato-lesiniformi, più brevi o tutto al più eguali al calice

      a. Foglie lineari, dentate o pennatifide, ad incisioni di solito strette e profonde. Scapo breve ma robusto. — Col tipo nelle arene littoranee, esclusiva di alcune piccole isole Arc. tosc. β *commutata* (Guss.).

      b. Foglie lineari-strette, intere o munite di qualche denticino. Scapo c. s. assai raccorciato. Pianta ridotta in ogni parte. — Con la preced. — γ *pusilla* Moris

  B. Foglie carnose. Pianta perenne a radice assai grossa, legnosa. Foglie lineari-spatolate, glabre, inciso-dentate. Brattee acuminato-lesiniformi, più lunghe del calice. (M. L. ecc.). — Col tipo nei luoghi umidi e salati del littorale. — δ *macrorhiza* (Poir.).

Foglie a lembo *lanceolato ed a margine inciso di denti a mo' di sega*. Brattee ovali, *ottuse od un po' acute*, glabre, *membranacee* nel margine, nel resto verdi od un po' porporine all'apice. Pianta alta 3-20 cm., a scapi ascendenti od eretti, rotondi, lisci, eguali o più lunghi delle foglie. 2f. (M.). — *Apr. Giu.* — Luoghi arenosi reg. med. più raram. subm.   **2088 Pl. Serraria** L.

Foglie a lembo *lineare, intere o munite qua e là di brevi denticini* . . 10
}

10 {
Brattee *largam. ovali, ottuse*, non carenate sul dorso, *assai più brevi* del calice. Calice a lobi poster. carenati, a carena *munita* di una larga ala membranosa, cigliata. Pianta alta 1-3 dm. a rizoma robusto, breve, squamoso, munito di lunghe fibre radicali, fascicolate. 2f. (Ravenna, L. nella reg. pontina). — *Mag. Lug.* — Luoghi arenosi salati del littorale.   **2089 Pl. crassifolia** Forsk.

Brattee *lanceolate, acute od un po' ottuse, eguali o più lunghe* del calice. Calice a lobi poster. carenati, a carena *sprovvista* di ala membranacea o con ala assai stretta 11
}

11 {
Foglie lineari, *piane*, carnose. Pianta alta 5-40 cm., a rizoma *carnoso*, ma non legnoso, munito qua e là di fibre radicali lunghe e semplici. 2f.   **2090 Pl. maritima**

    1. Foglie munite di 3-5 nervature equidistanti. Cassula oblungo-conica, acuta.
}

a. Foglie spesse e ± carnose, scanalate, per lo più glabre ed intere. (It. media). — *Apr. Ott.* Luoghi rupestri, arenosi del littorale e lungi da esso. — α *typica.*

b. Foglie spesse e coriacee, piane, rigide, intere od anche dentate. (App.). — Luoghi rupestri, aridi od erbosi dalla reg. subm. all'alp. da cui discende. — β *serpentina* (Vill.).

2. Foglie munite di 3 nervat., di cui le later. più avvicinate al margine. Cassula ovale-ottusa. (Qua e là nell'alto App.). — Pascoli alp. e subalp. — γ *alpina* (L.).

11 {

Foglie lineari, *trigone* in tutta la lunghezza od almeno verso l'apice. Pianta a rizoma *legnoso*, molto ramificato e squamoso, *3-15 cm.* 2/. **2091 Pl. subulata** L.

1. Rizoma foglioso solo all'apice, a divisioni super. brevi e ravvicinate. Foglie abbreviate, filiformi trigone in tutta la lunghezza. Calice a lobi poster. quasi interam. bianco-scariosi, a carena verde, con ala membranacea assai stretta e cigliata. (Manca all'It. media). — *Apr. Ott.* — Luoghi rupestri reg. med. e subm. — α *typica.*

2. Rizoma foglioso in tutta la lunghezza. Foglie generalm. allungate, quasi piane o solo all'apice trigone, coriacee e rigide, glabre o munite di peli radi. Calice a lobi poster. carenati, a carena brunastra, cigliata, ma non alata. (Qua e là nella Penisola). — β *carinata* (Schrad.).

12 {

Logge della cassula a *2 semi*, ma spesso per aborto ad 1 solo; semi nella faccia esterna *un po' convessi*, in quella interna *piani*. Foglie prostrate in rosetta, ellittiche, con picciolo assai più breve del lembo. Spiga cilindrica, allungata od un po' interrotta alla base, lunga 3-10 cm. 2/. (It. media). — *Mag. Giu.* — Prati e boschi reg. subm. e mont. **2092 Pl. media** L.

Logge della cassula a *2-8 semi.* Semi *angolosi* 13

13 {

Brattee lunghe *appena la metà del calice*, nere sul dorso. Cassula con *4 semi.* Corolla a lobi *acuti.* Stami a filam. *gialli.* 2/. (Presso Cervia e Ravenna ed alla bocca di Fiume Morto nella Selva Pisana, Montecristo). — *Giu. Ag.* — Luoghi umidi e salati litoranei **2093 Pl. Cornuti** Gouan

Brattee lunghe *quanto il calice od un po' più brevi*, verdi e carenate sul dorso. Cassula con *8-16 semi.* Corolla a lobi *ottusi.* Stami a filam. *bianchi.* 2/. (It. media, Elba, Giglio, Capraia). — *Primav. Est.* — Luoghi umidi attorno alle case ecc. dal mare alla reg. alp. — *Centonervi, Petacciola, Piantaggine.* **2094 Pl. maior** L.

14 {

Calice a lobi *tutti uguali* fra loro, lanceolato-acuti. Brattee *tutte conformi*, lanceolate, quasi uguali ai fiori. Cassula ovoide, biloculare ad un seme assai grande in ciascuna loggia. Foglie lineari-lanceolate. ⊙. (It. media, Arc. tosc. eccetto finora Giannutri). — *Apr. Giu.* — Luoghi arenosi od erbosi reg. med. per lo più prossimi al mare. — *Pulicaria, Psillio.* **2095 Pl. Psyllium** L.

Calice a lobi *dissimili.* Brattee pure *dissimili.* 15

15 {

Calice a lobi anter. *largam. ovali, ottusi* mucronati, i poster. *più stretti, acuti,* carenati. Brattee infer. *lanceolato-acuminate*, le super. *lanceolato-mucronate.* Pianta *perenne, legnosa alla base.* 2/. (It. media). — *Apr. Lug.* — Luoghi aridi, sassosi e spesso arenosi special. lungo l'alveo dei torrenti, nella reg. subm. e mont. . . . . **2096 Pl. Cynops** L.

Calice a lobi anter. *spatolato-ottusi*, i poster. *lanceolato-acuti.* Brattee infer. *ovali-acuminate*, le super. *obovato-ottuse.* Pianta *annuale, erbacea.* ⊙. (It. media, Elba). — *Mag. Lug.* — Luoghi arenosi od argillosi reg. med. sopratutto lungo il littorale . . . . . **2097 Pl. ramosa** Asch.

4. MONOCLAMIDEE: Fiori con un solo involucro, o nudi, raram. con due involucri.

Fam. 88.ᵃ JUGLANDACEE.

1. **Juglans.** Alberi a foglie pennate, opposte. Fiori monoici; i maschili in amenti pendenti, laterali, i femminei in spighe terminali. Fiori maschili: perigonio a 5-6 lobi disuguali; stami numerosi,

14-17, a filamento breve con antere grosse, erette, deiscenti longitudinalm. Fiori femminei : perigonio tubuloso, 3-4-fido; ovario infero, uniloculare, con un ovulo eretto, ortotropo; stimmi 2 quasi sessili. Frutto drupa ad epicarpo carnoso-fibroso ed endocarpo osseo, con 1 seme senza albume, coperto da un guscio sottile, membranaceo, a cotiledoni sinuosi, carnoso-oleosi, bilobi in basso, radichetta supera e piumetta nascosta tra i cotiledoni.

> Foglie a 7-9 fogliline grandi ovate, dentate. Albero a legno bruno e a frutto globoso-ellissoideo, dapprima verde ed in fine nero. 5. — *Apr. Mag.* — Originario della Persia e coltiv. ovunque fino a 1000 m. di altezza. — *Noce.*
> **2098 J. regia** L.

Fam. 89.ª SALICACEE.

Alberi od arbusti a foglie semplici, alterne, a stipole caduche. Fiori dioici in amenti che per lo più precedono le foglie. Fiori maschili costituiti da una brattea squamosa, caduca o persistente, intera o a margine ± diviso; stami 1 o più, a filamenti liberi o connati ed antere basifisse, introrse. Fiori femminei con brattee pressochè conformi a quelle dei maschili; ovario libero, sessile o pedicellato, uniloculare, formato da due carpelli saldati pei margini, prolungati ordinariam. in due stili che terminano in due stimmi semplici o bipartiti. Cassula ad una sola casella, bivalve, deiscente dall'apice alla base, a molti semi, piccolissimi, con funicolo breve che si sfrangia in un'ampia chioma cotonosa; albume nullo ed embrione diritto, a cotiledoni piano-convessi e radichetta inferiore.

CHIAVE DEI GENERI

1 { Squame degli amenti intere. Perigonio sostituito da 1 o 2 glandole. Stami 3-12. 1 SALIX.
{ Squame degli amenti incise o laciniate. Perigonio sostituito da un disco in forma di scodellina. Stami 8 o più . . . . 2 POPULUS.

1. **Salix.** Fiori dioici in amenti, ciascuno all'ascella di 1 brattea squamosa intera e con 1 o 2 glandole sostituenti il perigonio. Fiori maschili con 2, raram. 3-12 stami liberi o saldati. Fiori femminei con 1 ovario uniloculare, a due stimmi, talora bifidi.

1 { Amenti svolgentisi da gemme *laterali*, ossia lungo i vecchi rami . . 2
{ Amenti svolgentisi da gemme *terminali*, ossia all'apice dei vecchi rami . 16

2 { Foglie *lanceolato-lineari* (8-10 volte più lunghe che larghe), *bianco-tomentose di sotto* e col margine ± *rovesciato* 3
{ Foglie *non aventi tali caratteri* riuniti insieme 4

3 { Stami a filamenti *saldati in basso*. Cassule *glabre, pedicellate*. Stipole *nulle*. Squame *giallo-rossicce, quasi glabre*. Stilo *mediocre*. 5. (It. media). — *Mar. Apr.* — Lungo i corsi d'acqua reg. subm. e mont. — *Salcio ripaiolo.*
2099 S. incana Schrank

3 Stami a filamenti *liberi.* Cassule *tomentose, sessili.* Stipole *lineari, caduche.* Squame *nerastre all'apice,* brevem. *villose sul dorso.* Stilo *allungato.* ♃. (It. centr., coltiv. pei vimini). — *Mar. Apr.* — *Vetrice, Vimine.*

2100 S. viminalis L.

4 Squame degli amenti *concolori,* verdastre o giallo-verdastre. Glandole netta-rifere *per lo più due.* Amenti svolgentisi insieme alle foglie e portati da peduncoli (rametti) fogliosi 5

Squame degli amenti *discolori,* brunastre o nerastre all'apice. Glandola netta-rifera *unica.* Amenti svolgentisi prima delle foglie 9

5 Rami lunghissimi, *pendenti.* Foglie lanceolato-lineari, lungam. acuminate, dentellate, affatto glabre. Stami 2. Cassule sessili, glabre; stilo subnullo. ♃. — Se ne coltiva frequentem. per ornamento sopratutto la forma femi-nea. Originario dell'Oriente. — *Apr. Mag.* — *Salcio o Salice piangente.*

2101 S. babylonica L.

Rami *mai pendenti* 6

6 Foglie adulte *grigio-cenerine in ambedue le pagine,* peloso-sericee almeno di sotto o raram. quasi glabre.
A. Stami 2. Foglie adulte densam. sericeo-argentine almeno di sotto, raram. quasi glabre. Albero o arboscello con rami flessibili, rossigni o giallo-dorati. ♃. (It. media, Elba, Gorgona, Capraia). — *Mar. Apr.* — Frequentem. coltiv. Lungo i corsi d'acqua e nei luoghi umidi dal mare alla reg. mont. — *Salcio da pertiche.* (Fig. 241). **2102 S. alba** L.
B. Stami 3. Foglie adulte con scarsa peluria argentina o quasi glabre di sotto. (Lungo l'Arno all'Incisa e forse altrove). — S. TRIANDRO ✕ ALBA.

Foglie adulte *verdi almeno di sopra,* affatto glabre in ambedue le pagine e soltanto da giovani talora pelose o raram. anche da adulte nella pag. infer. che però rimane di colore verdastro 7

7 Squame degli amenti *persistenti,* glabre all'apice. Stami 3. Foglie lanceolate od oblungo-lanceolate, raram. obovali-ellittiche od ovali. ♃. (It. media). — *Mar. Mag.* — Lungo i fiumi e nei luoghi umidi dal mare alla reg. mont. — *Salcio da ceste* . . . . . **2103 S. triandra** L.

Squame degli amenti *caduche* 8

8 Stami *per lo più 5* (raram. 4-8). Foglie *ovali ellittiche* o raram. lanceolate. Amenti grossi e densi, a squame caduche prima della maturità delle cas-sule, glabre sul dorso. Cassule con stipite lungo 2-4 volte le glandole. ♃. (M. nel monte di Cingoli, L. nel m. Mario presso Roma?). — *Mag. Giu.* — Luoghi umidi reg. alp. e subalp. delle Alpi tra 1300 e 2400 m. — *Salcio odoroso* . . . . . . **2104 S. pentandra** L.

Stami 2. Foglie *lanceolato-acuminate.* Amenti robusti, con squame vellutate. Cassule con stipite 2 volte più lungo delle glandole. Il resto come in *S. alba,* del quale forse potrebbe riguardarsi come var. ♃. (It. media). — *Feb. Apr.* — Lungo i fiumi qua e là dal mare alla reg. subm. — *Salcio fragile.*

2105 S. fragilis L.

9 Filamenti dei 2 stami *saldati tra loro interam. od in parte;* antere *rosse o fosco-violacee* prima della deiscenza, raram. gialle.
A. Foglie adulte larghe meno di 2 cm., che anneriscono col dissecca-mento. Stami interam. congiunti coi filamenti; antere prima rosse, poi gialle ed alla fine nerastre. Cassule conico-ottuse, bianco-tomen-tose, sessili. ♃. (It. media, Elba e Giglio). — *Feb. Apr.* — Lungo i corsi d'acqua dal mare alla reg. mont. — *Salcio rosso.*

2106 S. purpurea L.

B. Foglie adulte larghe 2-5 cm., che non anneriscono col disseccamento. Stami per lo più saldati solo inferiorm.; antere fosco-violacee prima della deiscenza. Cassule tomentose, pedicellate. — (T. a Vallombrosa). — *Apr.* — S. PURPUREO ✕ AURITA et var. Wimm.

Filamenti degli stami *liberi;* antere *gialle,* raram. *violaceo-brune* . . 10

10 Ovario e cassule *glabri o con pochi peli radi.* 11

Ovario *pubescente,* cassula *bianco-tomentosa o villosa* (talora quando è eccessi-vam. matura può divenire glabra per la caduta dei peli) 14

11 Rami *azzurrognoli* per densa glaucedine. Amenti svolgentisi *prima delle foglie, sessili densam. lanosi.* Cassule sessili o quasi. Frutice od albero alto sino a 4-12 m., rami glabri rosso-porporini, giallicci o bruno cerulei, con gemme

11 { grosse. ♃. (Qua e là nell'App., come nel Lucchese e nelle Marche). — *Mar. Giu.* — Lungo i torrenti e i fiumi dalla reg. mont. all'alp. sino a 2000 m. — *Salcio barbuto.* . . . . . . **2107 S. daphnoides** Vill.

    Piante *non aventi* riuniti insieme i caratteri suddetti 12

12 { Foglie adulte *affatto glabre* su ambedue le pagine, *glauche di sotto.* Stilo *allungato* 13
    Foglie, anche adulte, *cenerino-pubescenti o bianco-tomentose di sotto.* Stilo *per lo più breve* 14

Amenti svolgentisi *quasi insieme* alle foglie, portati da peduncoli lunghetti e fogliosi; squame *assai villose* per peli *increspati.* ♃. (App. tosco-emil. al Rondinaio). — *Giu. Lug.* — Reg. alp. tra i 1600-2000 m.
                                   2108 S. hastata L.

Amenti svolgentisi *prima* delle foglie, con peduncoli brevi ed a foglie piccole; squame *barbate all'apice* per peli *non increspati* ♃·
                                  2109 S. phylicifolia L.

13 {
    A. Stipole semicordate o raram. nulle. Cassule lungam. pedicellate.
        1. Foglie ovali od ellittico-lanceolate, cuneate alla base, le adulte affatto glabre. Rami glabri. (Forse manca all'It. media). — *Apr. Mag.* — Luoghi umidi e boschivi dalla reg. subm. alla mont. — α *typica.*
        2. Foglie tipicam. ellittiche od ovali, spesso rotondate alla base, pubescenti da giovani, glabre da adulte. Rami giovani spesso pubescenti. (Col tipo It. media qua è là, Elba). — β *nigricans* (Sm).
    B. Stipole spesso nulle o glanduliformi. Cassule brevem. pedicellate o sessili.
        1. Cassule brevem. pedicellate, glabre. Amenti allungati. (T. nelle Alpi Ap.). — *Mag.* — Rupi reg. mont. ed alp. — γ *crataegifolia* (Bert.).
        2. Cassule sessili o quasi, glabre o pelose .   Cfr. S. Myrsinites.

14 {
Cassule *pedicellate.* Arbusti piuttosto grandi od alberetti a fusto diritto, 1-11 m. Piante per lo più della reg. alp.
    A. Squame degli amenti discolori, cioè nere all'apice. Foglie 3 volte al massimo più lunghe che larghe (raram. più).
      a. Stilo brevissimo o stimma sessile. Foglie di solito assai pelose od almeno-grigie di sotto ed a nervi sporgenti. Stipole reniformi. Amenti sessili. ♃. . . . . . . **2110 S. aurita** L.
        1. Gemme e rami giovani glabri o quest'ultimi alquanto pubescenti.
          α. Cassule lunghe 4-6 mm. Foglie lunghe 2-4 cm., obovate od obovato-oblunghe. cuneiformi alla base, pubescenti di sopra, glauco-tomentose di sotto, rugose, ondulato-dentate al margine. Frutice basso. (App. modenese?). — *Mar. Mag.* — Reg. subm. e mont. — α *typica.*
          β. Cassule lunghe 6-8 mm. foglie lunghe 4-15 cm.
            * Foglie adulte cenerino-tomentose di sotto, glabre o quasi di sopra, ovato-subrotonde od ellittiche, ondulato-crenate od anche intere. Amenti precoci. Frutice di 2-3 od albero di 10-11 m. (It. media, Montecristo). — *Mar. Mag.* — Boschi umidi e lungo i corsi d'acqua reg. mont. e subm. — *Salica.* — β *caprea* (L.).
            * Foglie adulte cenerine e glabre o pubescenti di sotto, glabre di sopra, oblungo-obovate, piane, oscuram. dentate. Amenti spesso svolgentisi insieme alle foglie. Arbusto od arboscello. (Colla var. preced.). — Fino alla reg. subalp. — γ *grandifolia* (Ser.).
        2. Gemme e rami giovani pubescenti-tomentosi. Foglie cenerino-verdicce, pubescenti di sopra, tomentoso-irte di sotto, ellittico- o lanceolato-obovate, piane, ondulato-dentate. Arbusto od arboscello. (It. media, Giglio, Capraia colla var. β). — δ *cinerea* (L).
      b. Stilo allungato. Foglie di solito poco pelose, glauche di sotto, ma non cenerine ed a nervi meno sporgenti.
        1. Foglie adulte con peluria bianchiccia, piuttosto rada di sotto, obovato-bislunghe e con nervi reticolato-sporgenti. Cassule

14 | tomentose. (App. tosc. a Vallombrosa). — S. AURITA VAR. CI-
NEREO $\times$ PHYLICIFOLIA var. NIGRICANS (Wimm).
  2. Foglie adulte del tutto glabre di sotto o tutt'al più pubescenti sul nervo mediano soltanto. Cassule tomentose. Amenti
  svolgentisi prima delle foglie, per lo più sessili o quasi. Cfr.
  S. PHYLICIFOLIA.
  B. Squame spesso concolori, rossicce. Foglie oblungo-lanceolate. lunghe più del triplo della lungh., larghe sino a 2 cm. bianco tomentose
  di sotto. Stipole semicordate. Amenti sessili, bislungo-cilindrici. Stilo
  allungato. (App. tosc. a Vallombrosa). — S. INCANO $\times$ AURITA var. CA-
  PREA (Wimm.).

Cassule *sessili o quasi*. Piante per lo più della reg. alp. 15

15 { Stilo e stimmi *allungati*. Filamenti *sempre liberi*. Foglie lanceolate, obovato-
  lanceolate od ellittiche, verdi su ambedue le pag., piccole, denticolato-glan-
  dolose od anche affatto intere, del tutto glabre o talora sublanose. Stipole
  piccole o nulle. Amenti con peduncoli fogliosi. Stili rossi. Antere vuote
  violaceo-brune. Frutice per lo più basso, 3-4 dm. al massimo. 5. (App.
  piceno). — *Giu. Lugl.* — Pascoli e luoghi umidi reg. alp.
  2111 S. Myrsinites L.

Stilo e stimmi *per lo più assai brevi*. Stami con filamenti $\pm$ *saldati tra loro*.
Cfr. n.° 9

16 { Squame degli amenti *pallide, glabre o soltanto cigliate al margine*. Stilo *breve*.
  Cassula per lo più *glabra* 17
  Squame degli amenti *nerastre, pelose anche sul dorso*. Stilo *allungato*. Cassula
  per lo più *villosa* . . . . Cfr. S. MYRSINITES.

17 { Foglie *venoso-reticolate, rotonde o leggerm. ovali, dentato-crenulate* (8-13 mm.
  diam.). Amenti pauciflori, brevem. pedicellati, lunghi 5-10 mm., svolgentisi colle foglie. Frutice prostrato, gracile, 3-29 cm. 5. (App. piceno). —
  Giu. Ag. — Sulle rupi presso il limite delle nevi **2112 S. herbacea** L.
  Foglie *con nervature quasi parallele, obovate od oblungo-cuneate, intere al margine o denticolate verso la base* (larghe 5-10 mm.), per lo più troncate o smarginate all'apice. Amenti lunghi 5-20 mm. Frutice come sopra. 5.
  2113 S. retusa L.
  1. Foglie larghe 4-10 mm. Amenti pauciflori. (App. piceno). — *Lugl.
  Ag.* — Rupi e pascoli reg. alp. — α *typica*.
  2. Foglie larghe 2-5 mm. Amenti 3-7-fiori. Cassule più ottuse. Col tipo.
  — β *serpillifolia* (Scop.).

239. *Quercus Suber* L.
($\frac{1}{4}$).

240. *Fagus silvatica* L.
($\frac{1}{4}$).

241. *Salix alba* L.
($\frac{1}{4}$).

2. **Pòpulus.** Fiori dioici, in amenti originantisi prima delle fo
glie ed a squame incise o laciniate; perigonio sostituito da un disco

in forma di scodellina. Fiori maschili in amenti più densi che i femminili; stami 4-30, con antere porporine. Fiori femmili e cassule come in *Salix*, però a stimmi sempre bifidi. — Alberi a foglie alterne e stipole fugaci.

1 { Gemme e rami giovani *per lo più glabri e vischiosi*. Squame degli amenti *glabre*. Stami 12-30, raram. 6-12. Alberi a corteccia cenerino-scura, per lo più precocem. screpolata. 2
Gemme e rami giovani *pubescenti, non vischiosi*. Squame degli amenti *cigliate*. Stami 4-8. Alberi a corteccia cenerino-bianchiccia, tardivam. e parzialm. screpolata 3

2 { Foglie lunghe *6-8 cm.* (nei rami giovani sino a 10-15), quasi triangolari, acuminate, dentato-crenulate e glabre al margine, con lunghi piccioli compressi in alto. Rami giovani quasi *cilindrici*. ♃. — *Pioppo*.
2114 P. nigra L.
  1. Albero alto sino a 20-25 m., a rami divaricati (It. media, Elba). — *Mar. Apr.* — Comune lungo i fiumi e nei luoghi umidi dal mare alla reg. mont.; frequentem. coltivato. — α *typica*.
  2. Albero alto 30-40 m., a rami eretti. — Frequentem. colt.; sembra origin. dell'Oriente. — *Pioppo cipressino*. — β *pyramidalis* (Salisb.).
Foglie lunghe *10-20 cm.* (nei rami giovani grandissime), un po' coriacee, triangolari od ovato-triangolari, acuminate, crenulate e cigliolate al margine, verdi anche di sotto, con piccioli c. s., assai mobili al vento. Rami giovani *suberoso-angolosi*. ♃. — Spesso colt. per ornamento. — *Mar. Apr.* — *Pioppo del Canadà* . . . . . **2115 P. monilifera** Ait.

3 { Foglie adulte e dei rami adulti *glabre in ambedue le facce*, quasi orbicolari e sinuato-dentate, con lunghi piccioli compressi e quindi assai mobili. Albero alto sino a 8-20 m. ♃. (It. media, Elba, Giglio. — *Mar. Mag.* — Luoghi boschivi umidi dalla reg. subm. alla mont. — *Pioppo tremolo*. (Fig. 242).
2116 P. tremula L.
Foglie, anche dei rami adulti, *grigio- o bianco-tomentose di sotto*.
  A. Foglie decisam. bianco-tomentose di sotto, quelle dei rami terminali dell'annata e dei giovani rigetti 3-5-lobe, quelle dei rami laterali sinuato-angolose. Stimmi bifidi, ♃. (It. media). — *Feb. Mar.* — Lungo i fiumi e nei luoghi umidi dal mare alla reg. subm. — *Gattice, Alberello* . . . . **2117 P. alba** L.
  B. Foglie grigio-tomentose di sotto, quelle dei rami terminali e dei giovani rigetti dentate, ma non lobate. Stimmi spesso quadrifidi. — Con la specie. — P. ALBO × TREMULA Wimm.

Fam. 90.ᵃ **BETULACEE.**

Alberi o frutici, a foglie semplici, alterne, stipolate. Fiori monoic in amenti terminali od ascellari, riuniti a 2-3, sessili nelle ascelle delle brattee. Fiori maschili: brattee squamose, peltate, munite di bratteole alla base, triflore; perigonio semplice o a 4 divisioni; stami 2-4 a filamenti brevi ed antere a due logge, separate da un largo connettivo o dalla biforcazione del filamento. Fiori femminei: brattea squamosa esterna con altre 2-4 più piccole interne, accrescenti, persistenti o caduche; perigonio nullo; ovario supero, compresso ad 1-2 logge uniovulate; stilo nullo, stimmi 2 filiformi. Frutto secco, indeiscente (achenio), uniloculare ad 1 seme o raram. biloculare a 2 semi, compresso-angoloso o munito di un'ala membranosa. Seme con guscio membranoso; albume nullo.

CHIAVE DEI GENERI.

1 { Squame fruttifere membranose, caduche. Amenti femminei solitari, pendenti.
Stami 2 . . . . 1 BETULA.
Squame frutt. legnose, persistenti. Amenti femminei riuniti in brevi racemi,
eretti. Stami 4 . . . , ... 2 ALNUS.

1. Bètula. Fiori maschili con squame peltate, munite ciascuna di altre 2 bratteole e di 3 fiori ciascuna; perigonio 4-partito, stami 2 a filamento bifido. Fiori femminei con squame trilobe, con 3 fiori nell'ascella, le fruttifere membranacee, caduche; ovario biloculare con 2 stimmi filiformi. Acheni con 2 ali membranose.

Albero od arbusto di 3-16 m., con scorza bianca da adulto; rami giovani per lo più pendenti, glabri insieme alle foglie od anche pubescenti e spesso con dense verruche. Foglie romboideo-triangolari, lungam. acuminate, doppiam. od irregolarm. seghettate, rarissimam. laciniate. Amenti pendenti, i maschili sessili, i femminei peduncolati. 5. (App. medio). — *Apr. Mag.* — Boschi reg. mont. e subalp., più raram. subm. — *Betula, Betulla.*
2118 B. alba L.

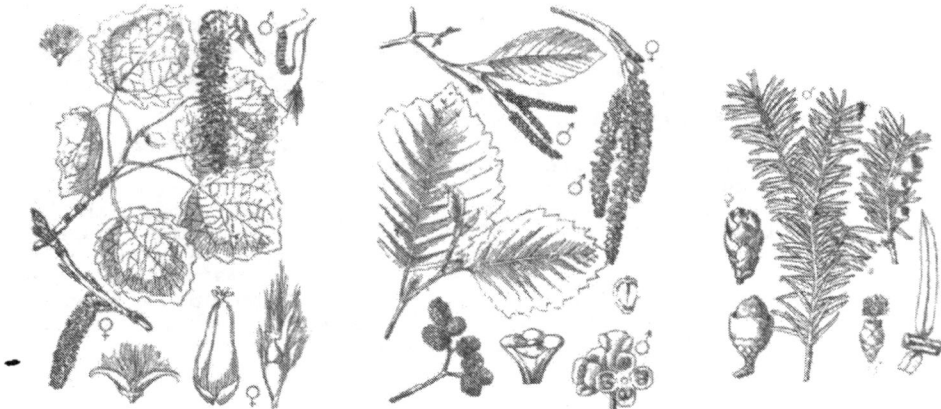

242. *Populus tremula* L.   243. *Alnus incana* W.   244. *Taxus baccata* L.
(¼).   (¼).   (¼).

2. Alnus. Fiori maschili con squame peltate, aventi ciascuna al di dentro 4 bratteole e per lo più 3 fiori a perigonio 4-partito, stami 4. Fiori femminei in piccoli racemi eretti, brevi, constano di 1 squama carnosetta (frutt. lignificata e persistente), di 4 bratteole nell'interno di essa e di 2-3 ovari senza perigonio nell'ascella di ognuna; ovari compressi, biloculari, con 2 stimmi. Acheni spesso alati.

1 { Foglie giovani *glutinose*, glabre, tranne all'ascella dei nervi, subrotonde o smussate all'apice. Amenti femm. 3-6 per racemo. Albero alto sino ad 8-10 m. od anche arbusto. 5. (It. media, Elba). — *Feb. Mar.* — Lungo i corsi d'acqua e nei luoghi paludosi dal mare alla reg. mont.
2119 A. glutinosa Gaertn.

1 { Fo'glie *giammai glutinose*, tomentose di sotto, però mai pelose specialm. al-
l'ascella dei nervi, ovali, acute e brevem. acuminate. Amenti femm. 2-5
per racemo Arbusto od albero alto sino a 15 m **5**. (App. sino al Bolognese).
— *Feb. Mar.* — Lungo i corsi d'acqua reg. mont., raram subm. (Fig. 243)
2120 A. incana W.

Fam. 91.ᵃ CORILACEE.

Alberi od arbusti, a foglie semplici, alterne; stipole per lo più
precocem. caduche. Fiori monoici, i maschili solitari o riuniti in
amenti; perigonio di 5 o più pezzi disuguali o nullo; stami 5-20.
Fiori femminei sessili, cinti da brattee persistenti o caduche e da
brattee interne ± numerose, accrescenti in un involucro fogliaceo o
squamoso-legnoso a scodella; perigonio connesso all'ovario, con circa
6 denti; ovario infero, 2-3-loculare, di rado multiloculare, ad 1-2
ovuli in ciascuna casella; stili 2-3. Frutto achenio coriaceo od osseo,
racchiuso dentro un involucro (cupula) erbaceo, coriaceo o legnoso,
ora aperto, squamiforme, campanulato o tubuloso, ora chiuso. Semi
senza albume.

CHIAVE DEI GENERI.

1 { Foglie doppiam. seghettate. Fiori maschili a perigonio nullo. Ovario 2-locula-
re. Stimmi 2 2
Foglie semplicem. seghettate, seghettato-lobate od intere. Fiori maschili a
perigonio con 4-6 lobi. Ovario 3-6-loculare. Stimmi 3-6 3

2 { Arbusto a fiori femminei solitari o a 3-4 in capolino. Frutto osseo cinto da
un involucro erbaceo, tubuloso, irregolarm. frastagliato . . 3 CORYLUS
Albero a fiori femminei in grappolo lasso. Frutto legnoso, piccolo, alla base
d'un involucro erbaceo, trilobo o dentato . . . . . 1 CARPINUS
Albero a fiori femminei in grappolo denso. Frutto coriaceo, piccolo, chiuso
entro 2 grandi brattee membranose . . . . 2 OSTRYA

3 { Involucro fruttifero squamoso-legnoso, spinoso e ricoprente meno della metà
del frutto. Amenti maschili allungati. Stimmi 3 (raram. 4-5) 4 QUERCUS
Involucro frutt. spinoso e ricoprente interam. il frutto. 4

4 { Amenti maschili globosi. Stimmi 3. Invol. frutt. scarsam. e brevem. spinoso,
a spine molli, non vulneranti . . . . 6 FAGUS
Amenti maschili allungati. Stimmi 6. Invol. frutt. lungam. e densam. spinoso, a spine rigide, vulneranti. . . . . 5 CASTANEA

Tribù I. CORILEE.

Fiori maschili senza perigonio. Ovario 2-loculare; stimmi 2. Foglie doppiam.
seghettate.

1. Càrpinus. Amenti maschili cilindrici, sessili, formati da
brattee squamose, ovali; stami 6-12. Amenti femminei con 3 squame,
accrescenti nel frutto, trilobe o dentate; ovario coronato da un breve
lembo perigoniale con 6 denticini. Achenio piccolo, legnoso, costato.

1 { Foglie a *10-12 paia* di nervi secondari. Brattee fruttifere *ovate, indivise, disegualm. dentate.* Arbusto od alberetto di 3-5 m. ♄. (It. centr.). — *Mar. Mag.* – Macchie del littorale. . . . . **2121 C. orientalis** Mill.
Foglie a *13-15 paia* di nervi secondari. Brattee frutt. *trilobe*, a lobo mediano talora finam. dentato. Albero alto sino a 10-25 m., con scorza liscia, cenerina. ♄. (It. media). — *Apr. Mag.* — Boschi e siepi reg. subm.; frequentem. coltiv. — *Carpino* (Fig. 247). . . . **2122 C. Bètulus** L.

2. **Ostrya.**

Involucro di brattee saldate pei margini, a mo' di vescica, entro la quale sia il frutto. Ovario sormontato da un cercine perigoniale cigliato. Achenio piccolo, coriaceo, liscio. Il resto come in *Carpinus.*

> Arbusto od albero di 8-20 m. con corteccia rosso-scura, quasi nericcia. Foglie ovali-lanceolate a 10-19 nervi secondari per parte. Amenti frutt. ovati e pendenti. ♄. (It. media, Elba). — *Apr. Mag.* — Boschi reg. subm. sino a 1200 m., raram. med. e mont. — *Carpinella.* (Fig. 246).
> **2123 O. carpinifolia** Scop.

3. **Còrylus**

(da χορυς = cuffia, alludendo all'involucro fogliaceo del frutto). Amenti maschili come in *Carpinus,* però provvisti di 2 bratteole collaterali, ± saldate tra loro e inferiorm. con la brattea; stami 4-8. Amenti femminei in capolini gemmiformi, con squame bratteali super. 2-flore; ogni fiore è circondato da bratteole involucrali lacere e villose, saldate in basso e fortem. accrescenti nel frutto. Acheni grossi, ossei, solitari od aggregati a 2-5.

1 { Involucro fruttifero *campanulato, slargato* superiorm. Stami e bratteole *subeguali* alla brattea. Antere *glabre.* Foglie rotondo-ovali, bruscam. acuminate. ♄. (It. media, Elba, Giglio). — *Gen. Mar.,* frutt. *Ag. Sett.* — Boschi reg. subm., più raram. med. e mont. — *Nocciòlo, Avellano.*
2124 C. Avellana L.
Involucro frutt. *tubuloso-cilindrico, ristretto* superiorm. Stami e bratteole *superanti* la brattea. Antere *barbate.* Foglie ovali od ovali-bislunghe, acuminate. ♄. (L.). — *Feb. Mar.* — Boschi reg. subm., talora anche coltiv.
2125 C. tubulosa W.

Tribù II. QUERCINEE.

Fiori maschili con perigonio a 4-6 lobi. Ovario con 3-6 logge e 3-6 stimmi. Foglie semplicem. seghettate, sinuato-lobate od intere.

4. **Quercus.**

Amenti maschili cilindrici o lineari, penduli; perigonio a 3-6-7 lacinie; stami 6-8, più raram. 10-15. Fiori femminei solitari entro un involucro di squame embriciate e variam. saldate, accrescenti e formanti la cupola; ovario aderente al perigonio, per lo più 3-loculare, con 2 ovuli per loggia; stili 3-4. Achenio (ghianda) coriaceo all'esterno, cinto in parte dalla cupola. — Alberi, raram. arbusti.

1 { Foglie *caduche* alla fine dell'autunno od alla primavera successiva e in questo caso gialle durante l'inverno 2
Foglie *persistenti* sulla pianta per 2-3 anni, sempre verdi, ± tomentose di sotto 4

2 { Squame della cupola *patenti o riflesse*, lunghe. Stili *lineari-lesiniformi* all' a-pice. Ghiande maturanti il secondo anno. Foglie membranacee, cadenti alla fine di autunno, bislunghe od obovato-bislunghe, verdi-lucide di sopra, ± pubescenti di sotto, sinuato-lobate, pennatifide, a lobi acuti, mucronati. Albero alto sino a 27 m, ♃. (It. media, Elba, Giglio). — *Apr. Mag.* — Boschi reg. subm., più raram. mont. o med. — *Cerro*.   **2126 Q. Cerris** L.

Squame della cupola *appressate*. Stili *brevi, dilatati* all'apice . . . 3

3 { Stipole *precocem.* caduche. Ghianda *ombelicata* all'apice. Squame infer. della cupola ovate, le altre pure ovate od ovato-lanceolate. ♃. — *Apr. Mag.*   **2127 Q. Robur** L.

     1. Ghiande lungam. peduncolate. Picciolo brevissimo (5-10 mm.); nervi laterali in numero maggiore dei lobi fogliari. (It. media, Gorgona, Pianosa). Boschi reg. subm., più raram. med.; coltivasi. — *Farnia*. — α *pedunculata* (Ehrh).

     2. Ghiande ordinariam. sessili o con peduncolo breve e rigido. Picciolo più lungo (2-5 cm.); nervi laterali in numero eguale ai lobi fogliari. (It. media, Giglio). — Boschi reg. subm., più raram. med. e mont. — *Rovere*. — β *sessiliflora*. Salisb.

Stipole *tardivam.* caduche. Ghianda *non ombelicata* all'apice. Squame infer. della cupola ovate, le altre lanceolate e sporgenti dal margine della cupola. ♃. — (Faentino a Pergola). — *Apr. Mag.* — Boschi fra 200 e 400 m. — *Farnetto* . . . . . . **2128 Q. conferta** Kit.

4 { Scorza *giammai sugherosa*. Squame della cupola *brevi ed appressate*. Stili brevi, dilatati all'apice. Foglie ovali o lanceolate, intere o dentato-spinose, bianco-tomentose di sotto. Ghiande ovali, maturanti in 1 anno. ♃. (It. media, Arc. tosc.). — *Apr. Mag.* — Reg. med. e qua e là anche alla subm. — *Leccio* . . . . **2129 Q. Ilex** L.

Scorza ± *sugherosa*. Squame della cupola ± *lunghe, patenti ed anche riflesse* 5

5 { Sughero *abbondante*, dello spessore di *3-5 cm*. Stili *brevi, dilatati all'apice*. Squame della cupola *patenti*. Foglie ovali, seghettato-mucronate, bianco-tomentose di sotto. Ghiande maturanti *nell'annata* o più raram. in 2 anni. ♃. It. media, Elba, Giglio, Gorgona). — *Apr. Mag.* — Boschi reg. med. sul versante tirrenico, più raram. sull'Adriatico. — *Sughera*. (Fig. 239).   **2130 Q. Suber** L.

Sughero *scarso*, dello spessore al più di *1 cm*. Stili *lineari-lesiniformi*. Squame della cupola *riflesse*. Foglie ovate od oblunghe, seghettato-lobate, biancheggianti di sotto. Ghiande a maturazione *biennale*. ♃. (It. media qua e là). — *Apr. Mag.* — Reg. med. e subm. – Q. Cerris ✕ Suber Borzì

5. **Castànea** (da χαστανα, città del Peneo in Tessaglia, ove l'albero cresce rigoglioso). Amenti maschili eretti formati da piccoli glomeruli, involucrati da brattee e bratteole; perigonio diviso in 6 lobi; stami 6-15. Fiori femminei 1-3 alla base degli amenti maschili, cinti da un involucro di brattee saldate tra loro, accrescenti nel frutto; perigonio aderente all'ovario e frastagliato in 5-8 lobi; ovario 6-loculare a 2 ovuli per loggia; stili 6. Acheni (castagne). 1-3, coriacee all'esterno, racchiuse in un involucro densam. spinoso (riccio) a 4 valve.

    Albero alto sino a 10-30 m., con chioma larga. Foglie grandi, bislungo-lanceolate, acuminate, regolarm. ed acutam. seghettate, coriacee. Fiori verdastri. Frutto bruno-lucente, a larga base biancastra. ♃. (It. media, Elba, Giglio, Gorgona, Capraia). — *Giu.* — Boschi reg. subm.; talora scende fino al mare. — *Castagno* . . . . . . **2131 C. sativa** Mill.

6. **Fàgus.** Fiori maschili disposti in capolini globosi, pendenti, lungam. peduncolati, con squame bratteali minute, caduche; perigo-

nio diviso in 5-7 lobi; stami 8-16. Fiori femminei 2 a 2 entro un involucro urceolato di brattee numerose; perigonio frastagliato in 6 lacinie; ovario trigono, 3-loculare, con 2 ovuli per loggia; stili 3. Acheni 1-2 trigoni, coriacei, racchiusi in un involucro legnoso, a 4 valve, brevem. e mollem. aculeato.

> Albero alto sino a 12-27 m., con corteccia liscia. Foglie ovate od oblunghe, ± sinuato-denticolate, cigliate da giovani, glabre e lucide da adulte, pelose soltanto di sotto sui nervi, verdi o talora rosso-vinose. 5 . (App. medio). — *Mag.* — Boschi reg. mont. — *Faggio* (Fig. 240). **2132 F. silvatica** L.

245. *Celtis australis* L. (¼).   246. *Ostrya carpinifolia* Scop. (¼).   247. *Carpinus Betulus* L. (¼).

Fam. 92.ª ORTICACEE.

Piante erbacee, a foglie semplici, stipolate o no. Fiori piccoli, erbacei, monoici, dioici o poligami. Fiori maschili ed ermafroditi a perigonio 4-partito o 4-fido; stami 4, a filamenti con pieghe trasverse e dapprima ripiegati verso l'asse del fiore, poi raddrizzantisi con elasticità. Fiori femminei a perigonio persistente, a 4 divisioni o tubuloso 4-dentato; ovario unico, 1-loculare, con 1 ovulo eretto; stimma a pennello. Frutto achenio, indeiscente, rivestito dal perigonio persistente, con 1 seme, ad embrione diritto, albume carnoso e cotiledoni piani.

CHIAVE DEI GENERI.

1 ⎰ Piante con peli orticanti, a foglie opposte, grossam. dentate. Fiori monoici o dioici, in spighe o capolini ascellari . . . . 1 URTICA
  ⎱ Piante senza peli orticanti, a foglie alterne, intere. Fiori monoici o poligami, in cime ascellari o solitari . . . . 2 PARIETARIA

1. **Urtica** (da *urere* = bruciare, pei peli orticanti). Fiori monoici o dioici in spighe o capolini ascellari. I maschili con perigonio 4-partito; stami 4. I femminei con perigonio 4-fillo, a lacinie diseguali; ovario con 1 solo ovulo e stimma sessile, a pennello. Achenio ovato, rivestito dalle lacinie interne del perigonio persistenti ed accrescenti. — Piante a peli orticanti ed a foglie dentate, opposte.

1 { Piante *annue o bienni.* . . . . , . . 2
  { Piante *perenni o suffruticose* 4

2 { Infiorescenze *1-sessuali, le femminili in forma di capolini globosi,* lungam. peduncolati. Foglie ovali-acuminate, profondam. inciso-dentate; stipole 4 ad ogni nodo, libere. ① ②. (It. media, Elba, Giglio, Capraia). — *Mag.* — Ruderi reg. med. . . . . **2133 U. pilulifera** L.
  { Infiorescenze *1-2-sessuali, tutte spiciformi.* 3

3 { Stipole *4* ad ogni nodo fogliare. Fiori dei due sessi *riuniti* nella stessa spiga. Fusto 2-5 dm. ①. (It. media, Arc. tosc. eccetto finora Montecristo). — Ruderi, lungo le strade ecc. dal mare alla reg. mont. — *Ortica.* (Fig. 249). **2134 U. urens** L.
  { Stipole *2 soltanto* ad ogni nodo fogliare. Fiori dei due sessi *separati* in spighe distinte: le inferiori femminili più brevi dei piccioli, le super. maschili, con rachide dilatato-membranosa dal mezzo all'apice. Pianta per lo più monoica, rarissimam. dioica. ①. (It. media, Arc. tosc. eccetto finora Pianosa e Montecristo). — *Quasi tutto l'anno.* — Con la preced. reg. med. o più raram. subm. specialm. nella parte occid. della Penisola.
  2135 U. membranacea Poir.

4 { Foglie *dentato-seghettate, ovato-lanceolate* od ovate, acuminate, quasi sempre a lembo *2-4 volte più lungo* che largo. Pianta *dioica,* erbacea, con rizoma strisciante, ± *abbondantem.* fornita di peli orticanti. 2⟂. (It. media, Elba). — *Prim. Aut.* — Comunissima dal mare alla reg. alp. — *Ortica, Ortica comune* . . . . **2136 U. dioica** L.
  { Foglie *inciso-dentate, ovato-cuoriformi,* brevem. acuminate, con lembo *tanto lungo* che largo. Pianta *monoica o raram.* dioica, erbacea o *suffruticosa, scarsam.* fornita di grossi peli urticanti, 2⟂ 5. (T. nella Maremma a Campiglia e Talamone, Arc. tosc. eccetto finora Giannutri e Montecristo). — *Mag. Giu.* — Muri e luoghi selvatici ombrosi reg. med.
  2137 U. atrovirens Req.

248. *Parietaria Soleirolii* Spreng. ($^1/_4$).   249. *Urtica urens* L. ($^1/_4$).   250. *Theligonum Cynocrambe* L. ($^1|_4$).

2. **Parietària.** Fiori poligami o monoici, in fascetti o solitari, ascellari. Gli ermafr. e maschili con perigonio 4-fido, a lacinie sube-

guali, accrescente nel frutto; stami 4, raddrizzantisi con elasticità al momento della fioritura; ovario ellittico, con stimma sessile a pennello (rudimentale nei fiori maschili). I femminei con perigonio tubuloso, 4-dentato, non accrescente e con stilo sporgente. Achenio compresso, rivestito dal perigonio persistente. Piante non orticanti, a foglie intere, alterne, senza stipole.

1 { Fiori *monoici per aborto, solitari* nell' ascella delle foglie. Fusti filiformi, radicanti, sdraiati, 3-15 cm. Foglie piccole, quasi rotonde, ± oblique alla base, 2-3-nervi, minutam. peloso-scabre. 2⅃. (T. a Capraia). — *Apr. Mag.* — Luoghi umidi ombrosi reg. med. (Fig. 248) **2138 P. Soleirolti** Spreng.
Fiori *poligami, in fascetti ascellari* **2**

2 { Pianta *perenne* con foglie *oblungo- od ovato-lanceolate.* Brattee involucrali subeguali, immutate nel frutto, verdi. 2⅃. — *Muraiola, Erba vetriola.*
2139 P. officinalis L.
1. Fusti eretti, semplici o quasi (3-7 dm.). Foglie oblungo- o lanceolato-acuminate, lungam. attenuate in basso. Brattee involucrali poco saldate alla base. Perigonio dei fiori ermafr. generalm. poco allungato dopo la fecondaz., campanulato, uguagliante gli stami. (It. media, Arc. tosc.) — *Primav. Aut.* — Lungo le siepi, ruderi ecc. dal mare alla reg. subm.; comune. — χ *erecta* (M. et K.).
2. Fusti prostrati o diffusi, assai ramificati (2-4 dm.). Foglie più piccole, ovato-acute, cuneate alla base. Brattee invol. più lungam. saldate e glomeruli più piccoli che nel tipo. Perigonio dei fiori ermafr. assai allungato dopo la fecondaz., più lungo degli stami. — Col tipo massime sui muri e sulle rupi. — β *judaica* (L.).
Piante *annue* con foglie piccole, *ovato-romboidali o subrotonde.* Fusti ramosi. **3**

3 { Fusto e rami *cilindrici, sparsi od eretti.* Bratte *diseguali,* le 2 esterne *più lunghe* dei fiori, *patentissime.* Fiori ermafr. con perigonio fruttifero *allungato.* ☉. (L. nella via S. Vitale?). — *Feb. Mar.* — Propria delle rupi vulcaniche delle piccole isole di Levanzo, Lampedusa ecc.
2140 P. cretica L.
Fusto e rami *prostrati, filiformi, striati.* Brattee *subeguali, lunghe quasi come* i fiori, *erette.* Fiori ermafr. con perigonio frutt. *immutato.* ☉. (It. media, Elba, Giannutri, Giglio, Pianosa). — Muri, rottami e fessure delle rupi reg. med. . . . . **2141 P. lusitanica** L.

Fam. 93.ᵃ **CINOCRAMBACEE.**

1. Theligonum. Fiori monoici, a perigonio bifido. I maschili situati nelle ascelle delle foglie super. a perigonio con le lacinie rovesciate nella fioritura; stami 7-13, a filamenti capillari ed antere lineari, mobili, deiscenti per il lungo, introrse. I femminei nelle ascelle delle foglie infer., a perigonio eretto; ovario supero, uniloculare, a stilo filiforme e stimma semplice. Frutto achenio, carnosetto da fresco, ruvido da secco, con un pedicello brevissimo, carnoso, bianco; seme unico ad albume carnoso ed embrione ricurvo. — Foglie infer. opposte, le super. alterne, con stipole membranacee.

Fusto decumbente, verde, cavo, ingrossato ai nodi e fornito di minutissimi peli disposti in una o due serie longitudinali. Fiori maschili, geminati, pedicellati, i femminei sessili. Foglie intere o dentate alla base, ovali. ☉. (It. media, Arc. tosc., eccetto finora Pianosa). — *Feb. Giu.* — Muri, macerie reg. med. — *Connina, Porcacchia dei fossi.* (Fig. 250).
2142 Th. Cynocrambe L.

Fam. 94.ᵃ CANNABACEE.

Piante erbacee, a foglie opposte, con stipole talora persistenti, saldate 2 a 2 o libere. Fiori piccoli, erbacei, dioici. I maschili a perigonio di 5 pezzi subeguali; stami 5, inseriti al fondo del perigonio e contrapposti alle sue divisioni, a filamenti brevi ed antere biloculari, deiscenti per il lungo. I femminei a perigonio accrescente, monofillo, aderente all'ovario; ovario libero, uniloculare, con 1 ovulo pendente; stimmi 2 filiformi, quasi sessili. Frutto achenio, racchiuso nel perigonio, ma non aderente, ad 1 seme, senza albume e ad embrione ricurvo od a spira.

CHIAVE DEI GENERI.

1
- Pianta perenne, volubile. Foglie palmato-lobate, con 3-5 lobi o le super. intere. Fiori maschili a stami erettili . . . . 1 HUMULUS
- Pianta annua, eretta. Foglie tutte palmato-sette, con 5-7 segmenti. Fiori maschili a stami pendenti . . . . 2 CANNABIS

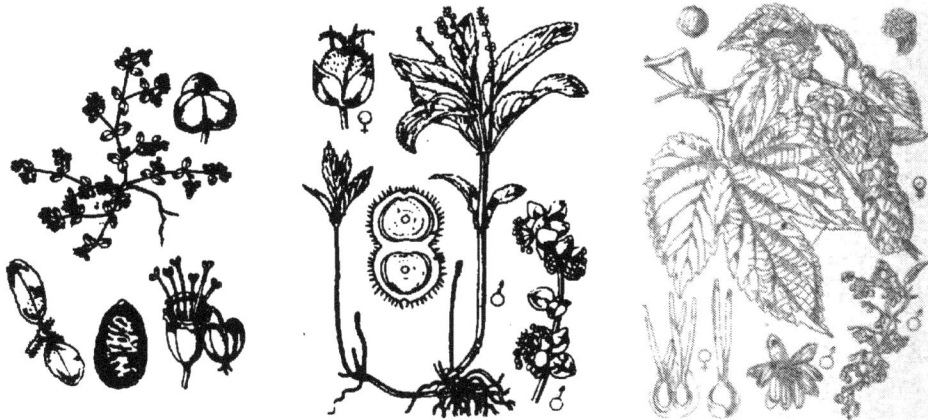

251. *Euphorbia Chamaesyce* L. (¹/₄).   252. *Mercurialis perennis* L. (¹/₄).   253. *Humulus Lupulus* L. (¹/₄).

1. Hùmulus. Fiori maschili in racemo o pannocchia; stami eretti. I femminei disposti a paia nell'ascella di brattee fogliacee, formanti un amento ovato, ciascuno con una bratteola accrescente nel frutto. Frutto fatto a pina, con brattee membranose e bratteole ghiandolose, ravvolgenti gli acheni; questi sono coperti pure dal perigonio, ricco di glandole gialle simili a quelle delle bratteole e secernenti una sostanza resinoso-aromatica; embrione a spira.

Fusto striato, volubile da sinistra a destra, con peli rigidi, ricurvi, 2-10 m. Foglie opposte, cordate alla base, palmato-lobate, a 3-5 lobi, le super. intere. Fiori maschili bianco-giallognoli. ♃. (It. media). — *Giu. Sett.* — Lungo le siepi e nei luoghi selvat. — *Luppolo.* (Fig. 253) **2142 H. Lupulus** L.

2. Cànnabis. Fiori maschili in racemi ascellari; stami pendenti. I femminei in spighe, disposti a paia nell'ascella di brattee, ciascuno con una bratteola cingente l'ovario ed aperta obliquam. all'apice. Frutto achenio, 2-valve, coperto dalle bratteole accrescenti; embrione ricurvo.

> Fusto eretto, 1-3 m. Foglie alterne od opposte, palmatosette, con 5-11 segmenti lanceolato-acuminati. Racemi maschili in pannocchia grande; glomeruli femminei quasi sessili in spiga terminale. ⊙. — Comunem. colt. per ricavarne la fibra tessile, talora inselv. — *Giu. Ag.* — *Canapa.*
> **2144 C. sativa** L.

Fam. 95.ª OLMACEE.

1. Ulmus. Alberi a succo acquoso, a foglie alterne, picciolate, a base diseguale. Fiori ermafroditi in fascetti laterali, originantisi prima delle foglie; perigonio campanulato, persistente, a lembo 4-8-fido o -dentato; stami 4-9, inseriti alla base del perigonio e contrapposti alle sue divisioni, filamenti gracili, sporgenti, antere biloculari; ovario compresso, biloculare, con 1 ovulo pendente per loggia; stimmi 2 allungati, divergenti. Frutto samara compressa, espansa in ala smarginata all'apice, uniloculare e monosperma per aborto; albume nullo, embrione diritto, cotiledoni piani.

> 1 ⎰ Samare, *grandi, obovato-ellittiche, fesse*; smarginatura apicale *protratta fin quasi* al seme, lunghe *1-2 cm.* Fiori quasi sessili, a 4-5 stami. Foglie piccole ovali-acute, di rado un po' acuminate. ♄. (It. media, Elba, Giglio; coltiv. comunem. massime nell'Emilia). — *Feb. Mar.* — Boschi reg. subm. raram. med. — *Olmo* . . . . . . **2145 U. campestris** L.
> ⎱ Samare *piccole, suborbiculari, smarginate*; smarginatura apicale *a fondo discosto* dal seme, lunghe *2-3 cm.* Fiori brevem. peduncolati, a 5-6 stami. Foglie grandi, ovali-acuminate, lunghe 12-15 cm., molto ruvide inferiorm. ♄. (App. centr., L.). — *Apr.* — Qua e là nei boschi reg. mont. e subm., spesso colt. — *Olmo riccio.* . . . . . **2146 U. montana** With.

Fam. 96.ª CELTIDEE.

1. Celtis. Alberi a succo acquoso, a foglie alterne, stipolate. Fiori ermafroditi o poligami per aborto; i fertili solitari, ascellari; perigonio campanulato, diviso in 5-6 lacinie; stami 5-6; Ovario cinto alla base da un disco barbato, uniloculare, con 1 ovulo pendente; 2 stimmi glandulosi, allungati, incurvi. Frutto drupa, carnosa, ovata, piccola, con 1 seme; embrione uncinato, cotiledoni fogliacei, albume scarso, centrale.

> Albero di 8-10 m., a foglie membranacee, mollem. pubescenti di sotto, ovato-lanceolate, lungam. acuminate, a nervature distintam. prominenti di sotto. Fiori verdastri. Frutto maturo nericcio. ♄. (It. media, Elba). — *Apr. Mag.* — Qua e là nelle siepi, rupi ecc. reg. subm. e med.; spesso coltiv. pei frutti eduli. — *Spaccasassi, Arcidiavolo.* (Fig. 245). . **2147 C. australis** L.

Fam. 97.ᵃ **MORACEE.**

Alberi a succo lattiginoso, a foglie alterne, lobate, talora polimorfe, stipolate. Fiori monoici disposti in capolini o chiusi in ricettacoli carnosi, cavi, 1-2-sessuali. I maschili a spiga o sull' orlo d' apertura del ricettacolo comune ad essi coi femminei; perigonio di 4 pezzi, o 3-5-partito; stami altrettanti, contrapposti ai pezzi o ai lobi perigoniali. I femminei a perigonio di 4 pezzi disuguali, o trilobo e tubuloso; ovario sessile o stipitato biloculare o uniloculare per aborto, ad 1 ovulo pendente; stilo breve od allungato, stimmi 2 papillosi. Frutto formato di piccole drupe o di acheni, rivestiti dal perigonio talora carnoso, raccolti in un capolino fitto o dentro il ricettacolo comune, cavo, polposo, zuccherino a maturità; seme pendente, coperto da un guscio duro e fragile, embrione ricurvo, accompagnato da albume carnoso e dai cotiledoni piani a radichetta supera.

CHIAVE DEI GENERI.

1 { Fiori in spighe o capolini unisessuali . . . . . . 1 MORUS.
{ Fiori dentro un ricettacolo concavo, piriforme, carnoso, quasi chiuso.
                                                            2 FICUS.

1. **Morus.** Fiori in spighe o capolini unisessuali. I maschili con perigonio 4-partito e 4 stami. I femminei con perigonio a 4-5 lacinie, ovate, concave; ovario biloculare, con 2 stimmi. Frutto formato da un aggregato di fruttini drupeoliformi, monospermi per aborto, circondato dal perigonio divenuto carnoso.

1 {
    Amenti femminili *uguali* al loro peduncolo. Lacinie del perigonio e stimmi *glabri*. Foglie pelose di sotto, soltanto lungo i nervi, *liscie*. Frutti *bianchi o rosei, od anche porporino-nerastri*. ♃. — *Apr. Mag.* — Largam. coltiv. per allevare il baco da seta. Originario dell'Asia. — *Gelso, Moro bianco.*
                                             2148 M. alba L.
    Amenti femminili *quasi sessili od assai più lunghi* del loro peduncolo. Lacinie del perigonio e stimmi *villosi*. Foglie pubescenti-tomentose di sotto, *ruvide*. Frutti *neri, lucidi*. ♃. — *Apr. Mag.* — Coltiv. pei frutti eduli ed anche per allevare il baco da seta; talora inselvat. Origin. dell'Armenia e Persia. — *Moro nero* . . . . **2149 M. nigra** L.
}

2. **Ficus.** Fiori dentro un ricettacolo concavo, piriforme, carnoso, quasi chiuso, 1-2-sessuali. I maschili con perigonio brevem. pedicellato, 3-5-partito; stami 1-6. I femminili con perigonio come nei masch. (raram. sessile), 3-5-fido; ovario uniloculare, raram. biloculare, con 1 stilo filiforme, laterale e 1-2 stimmi. Frutto formato dal ricettacolo carnoso e da piccoli otricelli crostacei.

    Albero od arbusto con scorza liscia, cenerina. Foglie caduche. scabre di sopra, pubescenti o vellutate di sotto, largam. ovate e cordate alla base, con 3-5-lobi, dentellati, raram. intere. ♃. — *Fico* . . **2150 F. Carica** L.

1. Frutti succosi e zuccherini, eduli, di colore variabile. Albero per lo
più grande. — Coltiv. dal mare alla reg. subm. in gran numero di
varietà. — *Est. Aut.* — *Fico domestico.* — α *sativa.*
2. Frutti asciutti e stopposi, non eduli, di color verde o violetto. Foglie generalm. più profondam. divise che nella forma colt. Frutice
od alberetto. (It. media, Arc. tosc.). — Muri e fessure delle rupi reg.
med. e subm. — *Fico selvatico, Caprifico.* — β *Caprificus* (Risso).

La *Broussonetia papyrifera* Vent. trovasi inselvatichita nelle siepi e lungo
i fiumi in varie parti d'Italia, così anche nel Faentino, presso Livorno ecc.

Fam. 98.ª **PLATANACEE.**

1. **Plàtanus** (da πλατυς = largo, per la forma delle foglie).
Alberi a foglie alterne, semplici, stipolate. Fiori monoici in capolini
unisessuali, globosi. I maschili constano di 3-6 brattee squamiformi;
stami numerosi a filamento brevissimo. I femminei a fiori mescolati
a squame clavate; ovario uniloculare con 1-2 ovuli; stilo semplice
stimmatifero. Capolini fruttiferi costituiti da un asse globoso su cui
s'impiantano molti acheni circondati da numerosi peli; seme con embrione diritto, cotiledoni piani ed albume sottile.

1 {
Foglie *palmate*, a 3-5 lobi, a tomento *prontam. caduco*, cuneate o più raram.
troncate o subcordate alla base, a lobi ± sinuato-dentati. 5. — *Apr. Mag.*
— Coltiv. ed ora subspont. — Orig. dell'Oriente. — *Platano, Platano
d' Oriente* . . . . **2151 P. orientalis** L.
Foglie *angoloso-lobate*, a tomento denso e *più a lungo persistente*, a lobi meno
profondi, quasi sempre troncate o cordate alla base. 5. — *Apr. Mag.* —
Coltiv. più frequentem. del preced., talora subspont. — Orig. dell'America
bor. — *Platano, Platano d'America* . . . **2152 P. occidentalis**
}

Fam. 99.ª **EUFORBIACEE.**

Erbe o frutici, spesso con latticcio, a foglie semplici, alterne o
raram. opposte, con o senza stipole. Fiori unisessuali o bisessuali in
infiorescenze di varia forma. Perianzio semplice o doppio, a volte
nullo. Fiori maschili a 3-10 o molti stami; ovario rudimentale o nullo.
Fiori femminei con ovario libero, supero, 3-loculare, raram. 2-locu-
lare, a logge con 1-2 ovuli ciascuna; stili 3, raram. 2, interi o bifidi.
Frutto cassula a 3 o raram. 2 logge (cocchi), con 1 o 2 semi ciascuna, deiscente con elasticità lungo la nervatura dorsale; semi pendenti a guscio per lo più crostaceo, provvisti o no di una caruncola
bianca, con albume copioso, carnoso ed embrione assile con radichetta superiore.

CHIAVE DEI GENERI.

1 {
Fiori a perianzio doppio (calice e corolla). Stami in fascio centrale.
. . . . 2 CHROZOPHORA
Fiori a perianzio semplice (calice) 2
Fiori senza calice né corolla, nudi o muniti di 2 bratteole . 5 CALLITRICHE
}

2 { Antere a logge flessuoso-vermiformi, contorte . . . . 4 ACALYPHA
{ Antere a logge globose 3

3 { Piante con latticcio bianco . . . . 1 EUPHORBIA
{ Piante senza latticcio bianco . . . . 3 MERCURIALIS

Tribù 1. EUFORBIEE.

Ovoli 1-2 in ogni casella; rafe ventrale. Cassula setticida; valve staccantisi con elasticità dall'asse del frutto.

1. **Euphòrbia**. Fiori in cime spesso ombrelliformi, a perianzio semplice, a 5, raram. 4 lobi, alternanti con altrettante glandole. Stami molti in 5 fasci, spesso accompagnati da bratteole cigliato-laciniate. Ovario 3-loculare, talora cinto alla base da un disco glandolare a 3-6 lobi; stili 3, talora bifidi. Cassula tricocca.

1 { Foglie *opposte, con* stipole. **2**
{ Foglie *alterne*, raram. opposte o quasi, *senza* stipole **7**

2 { Semi *lisci* **3**
{ Semi ± *rugoso-ondulati* **4**

3 { Fusti *grossetti, carnosi*. Foglie *carnose*, lunghe e larghe *circa 1 cm*. Cassule lunghe *3 ½-4 mm*. Glandole porporine, con appendice *intera o quasi*. ⊕. (It. media, Arc. tosc. non ovunque). — *Mag. Ott.* — Arene marit. reg. med., raram. entro terra . . . . **2153 E. Peplis** L.
{ Fusti *filiformi*. Foglie *non carnose*, lunghe *4-7 mm*. Cassule lunghe *1 ½ mm*. Glandole con appendice *2-3-lobata*. ⊕. (Inselv. negli Orti bot. di Pisa e Firenze, Umbria a Spoleto e m. Subasio). — *Lug. Ott.* — Origin. dell'Asia.
2154 E. humifusa W.

4 { Fiori *in cime corimbose terminali*. Semi *nerastri*. Fusti *eretti od ascendenti*. Foglie lunghe *sino a 2-3 cm*. Glandole con appendice bianca, ovato-rotonda. Pianta sparsam. pelosa o quasi glabra. ⊕. (E. T. alla stazione di Rifredi e all'Elba, Ascoli, U. alla staz. di Passignano, Roma). — *Lug. Ott.* — Origin. dell'Amer.; nat. nei luoghi coltiv. e nelle staz. ferrov.
2155 E. nutans Lag.
{ Fiori *solitari, ascellari*. Semi *rossastri, grigiastri o raram. nerastri*. Fusti *prostrati*. Foglie lunghe *13-14 mm. al più*. **5**

5 { Semi a solchi *irregolarm.* trasversali, manifesti ed *anastomosati tra loro*, cenerini o nericci. Rametti fioriferi ad internodi *non raccorciati* e quindi fiori *non formanti* racemi ascellari. Foglie subrotonde od obovate. Glandole con appendici bianco-giallognole, per lo più 3-lobate. Pianta glabra o spesso ± peloso-bianchiccia. ⊕. (It. media, Giglio). — *Giu. Ott.* — Comune dal mare alla reg. subm. — *Erba-pondina*. (Fig. 251). **2156 E. Chamaesyce** L.
{ Semi a solchi *regolarm.* trasversali e *paralleli o quasi*. Rametti fioriferi ad internodi *assai brevi*, per cui i fiori *formano* brevi racemi ascellari, fogliosi. **6**

6 { Cassule *totalm. coperte di peluria appressata*, a cocche *ottusam.* carenate. Semi con *3-5* solchi trasversali per faccia. Pianta a fusti, foglie di sotto ed involucri *con peluria increspata*. Semi rossastri con pruina cenerina a maturità, ovoideo-quadrangolari. ⊕. (Orti bot. di Pavia, Modena, Firenze, Pisa, ad Altopascio, tra Pietrasanta e Sarzana, Carrara, Lucca, is. Capraia, Roma, Fiumicino). — *Lug. Nov.* — Origin. dell'America bor.; nat. specialm. tra i binari nelle staz. ferrov. e negli Orti bot. . . . **2157 E. maculata** L.
{ Cassule *cigliate soltanto sulla carena* delle cocche, la quale è *acuta*. Semi a *5-7* solchi trasversali per faccia, dapprima rossastri poi grigiastri. Pianta a fusti *glabri o con una sola linea di peli*; foglie ed involucri glabri o sparsam. pelosi. Il resto come nella preced., di cui ha lo stesso portamento. ⊕. (Orti bot. di Pisa, Firenze e Roma, quivi anche all' Arena e Villa Albani). Origin. dell'Amer. e Afr. . . . . . **2158 E. prostrata** Ait.

{ Foglie *opposte o quasi*, almeno in alto del fusto, disposte a croce, bislungo-lanceolate, cuoriformi alla base, sessili. Cassule *grandi* (12 mm. circa di

7 { diam.), profondam. 3-solcate, liscie e glabre. Semi ovoidei, reticolato-rugosi, nericci con velo cenerino. Pianta glabra, glauca, 5-10 dm. ②. (It. media qua e là). — *Mag. Lug.* — Luoghi colt. e boschivi; piuttosto rara.
2159 E. Lathyris L.

Foglie *alterne*. Cassule *più piccole* **8**

8 { Brattee *libere* **9**
Brattee *saldate tra loro almeno per metà del lembo*, infilate dai raggi dell'ombrella **35**

9 { Cassule *verrucose o pelose*. Glandole *sempre intere*, rotondate . . . **10**
Cassule *affatto liscie e glabre* o raram. con minute granulazioni o pelosette, ma in piante a glandole bicornute. **17**

10 { Piante *annue* a radice fittonosa e fusto o rizoma *nullo*. **11**
Piante *erbacee perenni* a fusto o rizoma sotterraneo *sviluppato oppure frutici o suffrutici*. **13**

11 { Pianta a fusti e raggi dell'ombrella *peloso-irsuti*. Cassule *pelose o raram. glabre, verrucose* . . . . Cfr. E. PUBESCENS
Pianta a fusti e raggi dell' ombrella *glabri o quasi*. Cassule *verrucose o papillose, raram. pelose* **12**

12 { Cassule *a papille lunghe ed acuminate*. Semi *finam. tubercolati*. Perianzio *glabro*. ①. (U. presso le sorgenti del Clitunno, L. a Carroceto e ad Ostia). — *Apr. Mag.* — Luoghi erbosi reg. med. . **2160 E. cuneifolia** Guss.
Cassule *a verruche ottuse*. Semi *lisci*. Perianzio *per lo più peloso all'esterno*. ①.
2161 E. platyphylla L.
  1. Pianta di 3-8 dm., a foglie larghe 8-15 mm. Cassule del diam. di 3 mm. circa, a verruche brevi. Foglie ora glabre o quasi, ora pelosette, ora densam. villose almeno di sotto e spesso macchiate di porpora-scuro, in pianta a cassule pelose. (It. media). — *Giu. Sett.* — Luoghi umidi e colt. dal mare alla reg. mont. — α *typica*.
  2. Pianta di 2-3 dm. a foglie larghe 5-8 mm. Cassule del diam. di 2-2 ½ mm., a verruche più lunghe. Pianta più piccola e più delicata della preced. (Col tipo nel Piceno). — β *stricta* (L.).

13 { Cassule *glabre, verrucose* **14**
Cassule *pelose* (talora glabre in *E. pubescens*), con o senza verruche . . **16**

14 { Raggi primari dell' ombrella *2-fidi*. Ombrella a 5 raggi. Brattee ovato-triangolari verdi-glauche anche da giovani. Glandole verdi-giallognole, poi porporino-scure. Cassule di 4 mm. diam., con verruche rade, brevem. cilindriche. Fusto cilindrico, appena angoloso in alto. ♃. (It. media, Giglio). — *Apr. Lug.* — Boschi e luoghi selvat. reg. subm. e mont., più raram. med.
2162 E. dulcis L.
Raggi primari dell'ombrella *3-5-fidi*. **15**

15 { Ombrella a *molti raggi*. Cassule (6-7 mm. diam.) a cocche *coperte ovunque* di verruche *brevi, emisferiche o quasi*. Pianta erbacea, glauca. ♃. (It. media). — *Apr. Mag.* — Luoghi paludosi e lungo i fossi reg. med.
2163 E. palustris L.
Ombrella a *1-5-raggi*. Cassule (*3-4 mm.* diam.) a cocche *munite specialm. nella parte super.* di verruche *cilindriche e ± lunghe o più raram. emisferico-coniche ed abbreviate*. Pianta *suffrutescente*. ♃. (It. media, Elba). — *Mar. Mag.* — Luoghi sassosi aridi reg. med. e subm.
2164 E. spinosa L.

16 { Brattee *ovato- o bislungo-ellittiche, minutam. seghettate, ottusette*. Semi *lisci* o leggerm. reticolati. Pianta ± *suffusa di rosso*, mollem. pelosa, a radice fusiforme o raram. fittonosa. ♃. (App. centr.). — *Mag. Lug.* — Luoghi boschivi umidi reg. subm. e mont. . . **2165 E. coralloides** L.
Brattee *ovali o quasi orbicolari, intere o denticolate, mucronulate*. Semi *minutam. tubercolati*. Pianta *verde-cenerina, villosa* o più raram. a foglie e cassule glabre o quasi. ♃. (It. media, Elba, Capraia). — *Mag. Ott.* — Luoghi paludosi, letti dei fiumi e campi umidi reg. med.
2166 E. pubescens Vahl

17 { Piante *annue* a radice fittonosa e fusto o rizoma sotterraneo *nullo* . . **18**
Piante erbacee *perenni* a fusto sotterraneo *sviluppato* oppure *frutici, suffrutici od arbusti* **24**

18 {
Foglie *finam. seghettate* almeno verso l'apice. Glandole *intere*, rotondate . 19
Foglie *intere o raram. dentellato-scabre*. Glandole *bicornute* . . 20

19 {
Pianta *un po' pelosa*, massime sul fusto e sui raggi dell'ombrella. Cassule a cocche *rotondate* sul dorso, solcate. Semi *carunolati*. ①. (It. media, Arc. tosc.). — *Dic. Sett.* — Comune nei luoghi colt. ed erbosi dal mare alla reg. mont. — *Erba-Valenzuola.* . . . . **2167 E. helioscopia** L.
Pianta *affatto glabra*. Cassule a cocche *bialato-crestate* sul dorso. Semi *senza carunoola*. ①. (T. a Port' Ercole). — *Apr. Mag.* — Luoghi erbosi reg. med. **2168 E. pterococca** Brot.

20 {
Semi *lisci*, a caruncola trasversalm. bislunga, prolungata posteriorm. Cassule globose-depresse (4 mm. diam.), affatto liscie, profondam. 3-solcate, a cocche leggerm. carenate. Stili più lunghi dell'ovario. ① ② ♃. (It. media massime nella costa occid.). — *Feb. Sett.* -- Luoghi maritimi o prossimi al mare reg. med.. . . . . . **2169 E. terracina** L.
Semi *solcati, alveolati o tubercolati.* 21

21 {
Semi *irregolarm. e superficialm. alveolati*. Cassule a cocche *granulose sul dorso*. Glandole a corna lunghe setacee. Ombrella terminale a 5-7 raggi; brattee ovato-reniformi o cuoriformi-triangolari. ① ♃. **2170 E. segetalis** L.
 A. Pianta annua, a fusti di 2-4 dm., semplici o poco ramificati alla base. Foglie sottili, le infer. lineari, acute ed acuminate, le super. e le involucranti lanceolate colla base un po' dilatata. (Oltre Po pavese). — *Mar. Sett.* — Luoghi colt. reg. med. — α *typica.*
 B. Pianta perenne, a fusti di 2-4 dm., assai ramificati ed induriti alla base, cespugliosi. Foglie grassette, le infer. lineari lanceolate o raram. spatolate, per lo più ottuse con un mucrone, le super. e le involucranti lanceolate o bislunghe colla base dilatata. (It. media, Arc. tosc.) — *Mag. Giu.* — Arene e scogli presso al mare. — β *pinea* (L.).
Semi *tubercolati*, Cassule *liscie* 22
Semi *solcati* per lungo di traverso o con serie longitudinali e regolari o quasi di alveoli. Cassule *liscie* 23

22 {
Fusto *foglioso per tutta la sua lunghezza*. Foglie *lineari od ovato-lanceolate.* Brattee di forma *poco diversa* dalle foglie. Semi *carunolati*. ①. (It. media, Arc. tosc. non ovunque). — *Apr. Ag.* — Luoghi colt. dal mare alla reg. subm. **2171 E. exigua** L.
Fusto *generalm. nudo per lungo tratto inferiorm.* all'epoca della fioritura. Foglie *setacee o strettam. lineari*. Brattee di forma *diversissima* dalle foglie. Semi *senza caruncola.* ①. (Pineta di Ravenna). — *Giu. Sett.* — Campi reg. med.; rara. . . . . **2172 E. aleppica** L.

23 {
Semi *quasi esagonali*, con 2-4 fossette rotonde per ognuna delle 4 faccie esterne ed 1 bislunga nelle 2 interne. Cocche *bicarenato-alate* sul dorso. ①. **2173 E. Peplus** L.
 A. Glandole verdi-giallognole, a corna assai più lunghe della loro larghezza. Stili lunghi meno della metà della cassula. Semi bislunghi, con 3-4 fossette per faccia. — Fusti di 1-3 dm. (It. media, Arc. tosc.). — *Dic. Ott.* — Luoghi colt. ed erbosi dal mare alla reg. subm. — α *typica.*
 B. Glandole rossigne, a corna uguali o poco più lunghe della loro larghezza. Stili subnulli. Semi metà più piccoli, ovati, con 2-3 fossette per faccia. Fusti di 5-10 cm. Foglie più piccoli, tondeggianti. (Col tipo It. media non ovunque). — *Feb. Apr.* — β *peploides* (Gouan).
Semi *tetragoni*, con 4-6 solchi trasversali per ogni faccia. Cocche *carenate* sul dorso. Fusti di 1-3 dm , con foglie bene sviluppate ed ombrella ± ampia. Glandole giallognole o rossigne. ①. (It. media, Elba). — *Apr. Sett.* — Luoghi colt. ed anche incolti dal mare alla reg. subm. **2174 E. falcata** L.

24 {
Foglie *interissime* o di rado appena dentellato-scabre nei margini. Piante *glabre* 25
Foglie ± *profondam. seghettate* nei margini. Piante *pelose* Cfr. E. CORALLOIDES

25 {
Fruticé od arbusto alto 50 cm. a 3 m., con rami densam. fogliosi verso l'estremità, verde-glauco. Cassule liscie, globose, profondam. 3-solcate, a cocche un po' compresse ai lati. ♄. (Coste del Tirreno, Arc. tosc. a Giannutri, Capraia, Montecristo). — *Nov. Mag.* — Rupi e luoghi aridi reg. med. **2175 E. dendroides** L.
Erbe perenni 26

26 { Piante a foglie ± *coriacee o consistenti, alcune* proprie dei luoghi marit. o
prossimi al mare 27
Piante a foglie *flaccide, nessuna* propria dei luoghi marit. 33

27 { Cassule *globoso-depresse, profondam.* 3-solcate. Piante *speciali* dei luoghi marit. o prossimi al mare 28
Cassule *ovoideo-globose e leggerm.* 3-solcate oppure trigone. Piante *non* speciali dei luoghi marit. 31

28 { Glandole a corna *lunghe,* setacee. Foglie *poco* coriacee e *col nervo mediano ben manifesto* 29
Glandole a corna *brevi.* Foglie *assai* coriacee, *quasi snervate* . . . 30

29 { Semi *alveolati,* a caruncola *quasi orbicolare.* Cassule a cocche *granulose sul dorso* . . . . Cfr. E. segetalis β pinea.
Semi *lisci,* a caruncola *trasversalm. bislunga,* prolungata posteriorm. Cassule a cocche *affatto liscie* . . . . Cfr. E. terracina

30 { Semi *leggerm. alveolato-rugosi,* marmorizzati. Foglie *acuminato-mucronate, per lo più convolte* all'apice. Pianta glauca, a fusti di *1-4* dm. ♃. (T. a Livorno, Gorgona). — *Mag. Sett.* — Arene e spiaggie marit. reg. med.
2176 E. Pithyusa L.
Semi *lisci,* spesso con macchiette tonde, scure, leggerm. infossate. Foglie *acute, non convolte* all'apice. Pianta glauca, a fusti di *3-6* dm. ♃. (It. media, Elba, Giglio, Pianosa, Capraia). — *Mag. Ag.* — Arene marit. reg. med.
2177 E. Parallas L.

31 { Cassule larghe *5-7 mm.* oscuram. trigone. Bratteole alla base degli stami *mancanti.* Foglie obovate o spatolate, ottuse con un mucrone. Semi con rughe vermiformi, dense. Glandole a corna dilatate all'apice. ♃. (App. marchíg. e laz. a m. Autore). — *Mag. Ag.* — Luoghi pietrosi reg. mont. e subalp.
2178 E. Myrsinites L.
Cassule larghe *4 mm.* al più, ovato-globose, leggerm. 3-solcate. Bratteole *manifeste,* irsute o piumose. 32

32 { Foglie *uniformi,* lineari o bislunghe, attenuate alla base. Cassule glabre. Pianta glabra, glauca o verde-glauca, a fusti cespugliosi, eretti od ascendenti, 2-5 dm. ♃ . . . . . **2179 E. Seguieriana** Neck.
A. Foglie lanceolate o bislungo-lanceolate, più raram. ellittico-bislunghe o bislungo-spatolate. Glandole semilunari, brevem. bicornute. (T.) — *Mag. Lug.* — Luoghi aridi dal mare alla reg. subm. — α *nicæensis* (All.).
B. Foglie lineari o lanceolato-lineari. Glandole troncate o semilunari, con corna brevissime o nulle. (T. nel Fiorentino e Livornese). — *Mag. Ag.* — Reg. subm. e mont. — β *Gerardiana* (Jacq.).
Foglie *difformi,* le infer. e quelle dei rami sterili obovate o spatolate, le super. bislungo-ellittiche od ovato-rotonde, slargate o cuoriformi-abbraccianti alla base. Ombrella di 5-6, raram. 3-12 raggi, 1-2 volte bifidi. Fusti di 2-5 dm. ♃ (T. in Maremma, L. fra Terracina e m. Circeo). — *Apr. Giu.* — Luoghi boschivi reg. med. e subm.; rara . . **2180 E. Barrelieri** Savi

33 { Foglie super. *bislungo-ellittiche od ovato-rotonde;* le involucranti *rotonde o quasi.* Cassule *leggerm.* 3-solcate . . . . . Cfr. E. barrelieri
Foglie super. *bislunghe, lanceolate o lineari;* le involucranti *della stessa forma od anche ovate.* Cassule *profondam.* 3-solcate. Ombrella a 5-molti raggi . 34

34 { Foglie *per lo più* lanceolate o *lineari-lanceolate,* quelle dei rami sterili *più strette,* ma *non* setacee. Rami al disotto dell'ombrella in gran parte *floriferi.* Rizoma stolonifero. Fusti di 3-7 dm. ♃ . . . **2181 E. Esula** L.
A. Foglie ± ottuse all'apice, lanceolate, bislungo-lanceolate od anche lanceolato-lineari e più lunghe. Semi scuri. (E. T.). — *Apr. Mag.* — Luoghi umidi dal mare alla reg. mont. — α *typica.*
B. Foglie acute od acuminate all'apice, lanceolato-lineari. Semi cenerino-glauchi. Ombrella più breve e glandole a corna più lunghe che nel tipo. (Pineta di Ravenna). β *Triumfetti* (Bert.).
Foglie *lineari,* quelle dei rami sterili *strettissime, setacee.* Rami al disotto dell'ombrella in gran parte *sterili.* Pianta stolonifera. Fusti di 15-40 cm. od anche 4-6 dm. in pianta a foglie più larghe. ♃. (It. media). — *Apr. Lug.* — Comune nei luoghi aridi dal mare alla reg. alp. — *Erba-cipressina.*
2182 E. Cyparissias L.

Perianzio *glabro o quasi* all' esterno, con glandole e corna *più lunghe* della loro larghezza. Cassule *glabre*. Glandole *giallognole*, a corna acute. 2↕. (It. media, Elba). — *Feb. Lug.* — Luoghi selvat. e boschi dal mare alla reg. alp.

35 { **2183 E. amygdaloides** L.

Perianzio *irsuto* all'esterno, con glandole generalm. *più brevi* della loro larghezza o nulle. Cassule *villose*. Glandole *rosso-scure*, a corna brevissime. 2↕. (T., Elba, Gorgona, Montecristo, M. U. L.) . . **2184 E. Characias** L.

2. **Chrozòphora** (da χρωζειν = colorire, per la materia colorante che si ottiene dai frutti). Fiori in racemi bisessuali. Calice 5-partito. Disco 5-lobato. Fiori maschili a 5 petali poco più lunghi del calice. Stami 4-5 per lo più in 2 verticilli a filamenti saldati in basso in un fascio centrale. Fiori femm. a pet. spesso abortiti. Ovario globoso sessile, 3-loculare, a logge 1-ovulate; stili 3, profondam. bifidi. Cassula tricocca, a logge biva lvi; semi senza caruncola.

Pianta verde-azzurrognola o grigiastra, tomentosa, a peli stellati. Fusto eretto, divaricato-ramoso, 1-3 dm. Foglie alterne, ovato-romboidali, superiorm. sinuato-ondulate, trinervie. Fiori in racemi ascellari e terminali. ①. (It. media, Elba, Pianosa). — *Giu. Lug.* — Campi, spiagge e ruderi reg. med. o raram. subm. . . . . . **2185 Ch. tinctoria** A. Juss.

3. **Mercuriàlis**. Fiori dioici o raram. monoici. Calice 3-4-partito. Fiori masch. in glomeruli, formanti delle spighe ascellari interrotte. Disco nullo. Stami 8-12. Fiori femm. fascicolati o racemosi. Disco sviluppato. Ovario 2- od eccezionalm. 3-loculare; stilo diviso in 2 lunghi rami dilatati e stimmatiferi; 1-3 filamenti di staminodi. Cassula globosa, 2- od eccezionalm. tricocca, a 4 valve; semi caruncolati.

Fusto *ramoso*. Pianta *annua*, glabra. Cassule con tubercoli terminati da una setola bianca. Foglie *picciolate, ovate od ovato-ellittiche*. ①. — *Mercorella*.

2186 M. annua L.

Piante affatto dioiche. (It. media, Arc. tosc.). — Comunissima dal mare alla reg. subm. — α *typica*.

1 { Piante monoiche, le femm. con 1 o pochi fiori masch. misti qua e là coi femm. — Qua e là col tipo. specialm. reg. med. — β *ambigua* (L.).

Fusto *semplice*. Pianta *perenne*, glabra o pelosetta. Cassule peloso-ispide. Foglie *brevem. picciolate, ellittico-lanceolate*. 2↕. (It. media, Elba). — *Apr. Giu.* — Luoghi ombrosi boschivi reg. subm. e mont. — *Mercorella bastarda*. — (Fig. 252) . . . . **2187 M. perennis** L.

4. **Acalypha**. Fiori monoici, in spighe bisessuali. Disco nullo. Fiori masch. a calice 4-partito. Stami per lo più 8; antere a logge flessuoso-vermiformi, contorte. Fiori femm. a calice 3-loculare; stilo diviso in 3 branche colorate, pettinato-laciniate. Cassula a 3 logge bivalvi; semi con una piccola caruncola.

Pianta minutam. peloso-scabra, a fusti eretti, ± ramosi, 2-5 dm. Foglie ovato-romboidali, crenulate, 3-nervi, con peli rari applicati. Fiori in spighe ascellari. ①. (Natur. a Pavia e nell'orto bot. di Parma). — *Lug. Ott.* — Origin. dell'America bor. . . . . **2188 A. virginica** L.

Tribù 2. CALLITRICHEE.

Ovoli 4, ciascuno pendente in una casella distinta. — Piante acquatiche.

5. **Callitriche** (da καλλος = bellezza e θριξ = chioma). Fiori monoici, senza calice nè corolla, nudi o muniti di 2 bratteole, membranacee, falciformi. Fiori maschili con 1 stame. Fiori femm. con ovario sessile o brevem. pedicellato, formato di 2 carpelli, 4-solcato, 4-loculare; stili 2, filiformi; 1 ovulo per loggia. Frutto drupaceo o deiscente in 4 valve a maturità; seme pendente, con guscio sottilissimo.

1 { Piante *interam. sommerse*. Foglie *dilatate* alla base, *non fornite* di stomi nè di peli stellati. Carpelli saldati insieme *solo nel centro*. Frutti a lobi carenato-alati, tutti sessili o quasi. Bratteole nulle. Stili lunghi, riflessi, caduchi. 2f. (T. all'Elba). — *Mar. Apr.* . . . . . . **2189 C. bifida** L.
  Frutti infer. lungam. peduncolati. (T. presso Pisa). — Var. *truncata* (Guss.).
  Piante *galleggianti colle estremità super*. Foglie *non dilatate* alla base, *fornite* di stomi e di peli stellati. Carpelli saldati insieme *almeno per una metà della loro lunghezza*. **2**

2 { Fiori *senza bratteole*. Frutti infer. *lungam. peduncolati*, gli altri *con peduncolo gradatam. più breve*, i super. *sessili*. Foglie super. obovate, le infer. lineari-spatolate. Stili eretti. 2f. (T. in Maremma e a Capraia, L. a Maccarese). — *Mag. Giu.* . . . . . . **2190 C. peduncolata** DC.
  Fiori *con 2 bratteole* laterali. Frutti *tutti sessili o quasi* **3**

3 { Lobi del frutto *carenato-alati*. Stili di lungh. media, alla fine riflessi. Foglie tutte oblungo-obovate od anche le infer. lineari. 2f. (It. media, Elba, Giglio e Capraia). — *Prim. Aut.* — Acque stagnanti o lentam. correnti dal mare alla reg. subm. — *Erba gamberaia*. (Fig. 125. . . . . **2191 C. stagnalis** Scop.
  Lobi del frutto *ottusi* o con una stretta carena acuta **4**

4 { Bratteole *falcate ad amo*, cogli apici convergenti. Stili *patenti, poi riflessi* sui lati del frutto, lunghi, precocem. caduchi. Foglie super. obovate e le infer. lineari, od anche tutte obovate, oppure tutte lineari. 2f. (It. media, Capraia). — *Prim. Aut.* — Acque stagnanti o lentam. scorrenti dal mare alla reg. subm. . . . . **2192 C. hamulata** Kütz.
  Bratteole *semplicem. falcate*. Stili *eretti od eretto-patenti*. **5**

5 { Stili *piuttosto brevi, alla fine caduchi*. Frutti ovali, a lobi *strettam. marginati*. Foglie variabili, per lo più lineari coll'apice smarginato-bidentato e le super. ± largam. obovate od anche tutte lineari in pianta piccola alpina. 2f. (It. media, Elba). — *Prim. Aut.* — Colla preced. **2193 C. verna** Kütz.
  Stili *lunghi, persistenti*. Frutti quasi rotondi, a lobi ottusi, *affatto sprovvisti di margine*. Foglie obovate, le infer. più strette delle super. 2f. (Presso Parma, T., L. a Maccarese). — *Apr. Giu.* — Acque stagnanti o lentam. scorrenti . . . . **2194 C. obtusangula** Le Gall.

Di questa famiglia fa parte il Ricino (*Ricinus communis* L.), pianta originaria forse delle Indie orientali ed ora qua e là inselv. sopratutto nell'Italia merid., in Sicilia e Sardegna e coltivata oltrechè come pianta medicinale, anche quale ornamento nei giardini.

Fam. 100.ᵃ CERATOFILLACEE.

1. **Ceratophyllum** (da κερας = corno e φυλλον = foglia). Fiori monoici, regolari, solitari nelle ascelle delle foglie, quasi sessili, i super. maschili, gli infer. femminili. Perigonio erbaceo, diviso

in 6-12 segmenti. I masch. a 12-20 stami, ad antere sessili, biloculari, sormontate da 2-3 punte. I femm. con 1 ovario libero, uniloculare ed uniovulato; stilo stimmatifero, incurvo. Frutto acheniforme, coriaceo, sormontato dallo stilo persistente ed accrescente; seme a guscio membranoso. — Erbe sommerse, ramosissime, a foglie verticillate, divise in lacinie senza stipole.

1

Frutto non alato *con 2 spine riflesse* alla base ed un mucrone terminale *uguale* al frutto stesso *o più lungo*. Foglie a lacinie dentato-spinose. ♃. (It. media). — *Giu. Sett.* — Acque stagnanti e di lento corso dal mare alla reg. subm. — *Coda di volpe* .   .   .   . **2195 C. demersum** L.
Frutto non alato *senza spine nè tubercoli* alla base e con un mucrone terminale *assai più breve* del frutto stesso. Foglie a lacinie liscie od appena dentellate. ♃. (It. media qua e là). — *Giu. Lug.* — Fossi, luoghi paludosi ecc. col preced.   .   .   .   .   .   . **2196 C. submersum** L.

Fam. 101.ª BUSSACEE.

1. Buxus. Fiori monoici in glomeruli ascellari, formati da un fiore femmineo centrale circondato da parecchi masch. o talora a fiori tutti maschili ed accompagnati da brattee. Calice diviso per lo più in 4 lacinie. Corolla nulla. Fiori maschili con 4 stami e nel centro un nettario piramidale. Fiori femminei con ovario 3-loculare, a logge 2-ovulate e terminate da 3 grossi stili. Frutto cassula coriacea a 3 logge, internam. con 3 cocche a 2 semi ognuna; semi bislunghi, neri e lucidi, lanciati fuori con forza a maturità.

Arbusto sempre verde, alto sino a 3 m., a legno duro; rametti giovani un po'pelosi, Foglie subcoriacee, ovali, brevem. picciolate, lucide. Fiori sessili, ad antere 2-3 volte più lunghe che larghe e stili subeguali all'ovario e 2-3 volte più brevi del frutto maturo. Frutto a corna stilari divaricato-patenti. ♄. (App. medio). — *Mar. Apr.* — Luoghi aridi e rocciosi reg. subm. o più raram. mont. e subalp., non comune. — *Bosso, Bossolo.*
2197 B. sempervirens L.

Fam. 102.ª POLIGONACEE.

Piante erbacee, annue o perenni, a foglie alterne, semplici, con stipole saldate in breve guaina scariosa (*ocrea*), abbracciante il fusto. Fiori regolari, per lo più bisessuali. Perigonio di 3-6 pezzi, petaloidi od erbacei, liberi o connati, persistenti. Stami 4-8, perigini od ipogini, opposti ai sepali, con antere a 4 caselle deiscenti per fessure introrse od estrorse. Disco glandolare, annulare o nullo. Ovario libero, con 1 solo ovulo; stili 1-3 e stimmi a capocchia o a pennello. Frutto achenio, uniloculare, a 2-3 spigoli, spesso rinforzato dal perigonio; seme eretto, a guscio membranoso; albume farinoso, embrione diritto e assile o laterale, ed incurvo, cotiledoni quasi sempre minuti, radichetta superiore.

CHIAVE DEI GENERI.

1 {
Perigonio colorato, a 3-5 divisioni uguali tra loro. Stimmi a capocchia.
　　　　　　　　　　　　　　　　　　　　1 POLYGONUM.
Perigonio erbaceo, 6-partito, a divisioni disuguali, le 3 interne accresciute.
Stimmi a pennello . . . . 2 RUMEX.
}

1. **Polygonum** (da πολυς = molto e γονυ = ginocchio, pel fusto nodoso). Fiori bisessuali. Perigonio colorato, 3-5-partito, a divisioni uguali tra loro, erette, immutato a maturità o raram. trialato. Stami 6-8. Stili 1-3 ± liberi, stimmi a capocchia. Achenio racchiuso entro il perigonio od anche lungam. sporgente, lenticolare o trigono, a pericarpio coriaceo o crostaceo, lucido.

1 {
Foglie·cordato-triangolari e ± saettate alla base, *palminervi* 2
Foglie *lanceolate, ovate od oblunghe*, raram. un po' cordate alla base, *penninervi* 5
}

2 {
Fusti *prostrati o volubili*. Fiori *in fascetti o racemi ascellari*. Achenio racchiuso entro il perigonio. Stilo *1* brevissimo, a stimma *trilobo* . . . 3
Fusti *eretti, non volubili*. Fiori *in racemi terminali od ascellari*. Achenio lungam. sporgente dal perigonio. Stili *3* filiformi, stimmi *a capocchia* . . 4
}

3 {
Fusti *angoloso-striati*. Lacinie esterne del perigonio frutt. *non alate*. Acheni *opachi, un po' granulosi*. ①. (It. media, Arc. tosc. non ovunque). — *Mag. Est.* — Comune nei luoghi colt. e lungo le siepi dal mare alla reg. subm. — *Erba leprina* . . . . **2198 P. Convolvulus** L.
Fusti *cilindrici*. Lacinie esterne del perigonio frutt. *alate*. Acheni *lucidi lisci*. ①. (It. media, Capraia). — *Mag. Est.* — Campi e siepi dal mare alla reg, subm. . . . . **2199 P. dumetorum** L.
}

4 {
Fiori *bianchi o rosei* in racemi *raccorciati in corimbo*. Achenio trigono, *liscio*, ad angoli *interi*. Fusto eretto, striato, a foglie cuoriformi-saettate. ①. — *Giu. Ag.* — Colt. nei monti della It. centr. — *Grano-saraceno, Fagopiro*. 　　　　　　　　　　　　　　　　　**2200 P. Fagopyrum** L.
Fiori *verdicci* in racemi *semplici, allungati ed interrotti*. Achenio trigono, *fortem. rugoso*, ad angoli *sinuato-dentati*. Fusto e foglie c. s. ①. — *Giu. Ag.* — Colt. come il preced. . . . . . **2201 P. tataricum** L.
}

5 {
Guaine (ocree) *con un orlo fogliaceo rovesciato in fuori ad angolo retto*, caduco. Foglie *molto larghe, ovato-cordate*. Fiori rossi, in spighe pendenti pannocchiate. Pianta mollem. pelosa, a fusto grosso eretto, ramoso, 1-2 m. ①. — *Est.* — Colt. per ornam. e talora subspont. — *Corallino, Codine rosse*. 　　　　　　　　　　　　　　　　　**2202 P. orientale** L.
Guaine (ocree) *ad orlo eretto*. Foglie *lanceolate ± strette* 6
}

6 {
Fusti *semplici*, portanti *una sola spiga* terminale (raram. 2). Rizoma *ingrossato a tubero* 7
Fusti *quasi sempre ramosi*, portanti *più spighe e racemi* (raram. 1 o 2), oppure con fiori ascellari. Piante *mai tuberose* 8
}

7 {
Foglie infer. *oblungo-ovale* (larghe *15-40 mm.*), *cordate o troncate* alla base, *decorrenti* sul picciolo. Fiori *rosei* in spiga compatta, ovoide, ottusa, senza bulbilli. Achenio lucente trigono, a spigoli acuti. ♃. (App. medio) — *Giu. Ag.* — Prati e pascoli umidi reg. mont. e subalp. — *Bistorta, Serpentina*. (Fig. 255) . . . . **2203 P. Bistorta** L.
Foglie infer. *ellittico-lanceolate* (larghe *5-15 mm.*), *attenuate* alla base, *non decorrenti* sul picciolo. Fiori *bianchi* in spiga sottile, *allungata, lassa* e spesso bulbillifera alla base. Achenio ovoide, oscuram. trigono. ♃. (App. centr.). — *Giu. Ag.* — Prati e pascoli reg. mont.
　　　　　　　　　　　　　　　　　2204 P. viviparum L.
}

8 {
Fiori in spighe o racemi *afilli*. Foglie, eccett. le super., *rarissimam. più brevi di 4 cm.*; guaine *cigliate od imberbi*, ma *intere*. Cotiledoni *accombenti* 9
}

8) Fiori in fascetti ascellari od in racemi ± *fogliosi* o raram. afilli. Foglie *lunghe 4 cm. al massimo*; guaine *fimbriato-lacere*, ma *non cigliate*. Cotiledoni *incombenti.* 13

Pianta *perenne*. Fiori *bianco-giallognoli o raram.' carnicini*, in racemi formanti una *pannocchia*. Stili *3* brevissimi. Pianta glabra o pubescente, a fusti eretti (3-6 dm.), striati, flessuoso-ramosi. 2⅃. — (App. tosco-emil.). — *Giu. Ag.* — Pascoli e luoghi erbosi umidi reg. mont. e subalp.
　　　　　　　　　　　　　　　　2205 P. alpinum All.

9 { Pianta *perenne*. Fiori *rosei*, in *1-3 spighe*. Stili *2* saldati sino a metà. Rizoma strisciante. 2⅃.' (It. media). — Est. . . . **2206 P. amphibium** L.
　　A. Fusti nuotanti. Foglie galleggianti, lungam. peduncolate, rotondato-subcordate alla base, glabre e lucide; guaine imberbi. — Fossi e stagni dal mare alla reg. subalp. — *a. natans* Moench.
　　B. Fusti eretti od ascendenti. Foglie quasi sessili, oblungo-lanceolate, più strette che nel tipo e spesso peloso-scabre; guaine brevem. cigliate. — Col tipo nei luoghi umidi. — *b. terrestre* (Leers.).

Piante *annue* o raram. perenni. Fiori *rosei* o *bianco-verdicci*, in spighe per lo più numerose, spesso inclinate o pendenti, dense lasse. 10

Spighe *oblungo-cilindriche, compatte, la maggior parte erette*. Foglie *spesso chiazzate di nero* nel mezzo. Stili 2-3. Fusti eretti (3-15 dm.), ramosi. ①. — *Persicaria, Salcerella* . . . . . **2207 P. lapathifolium** L.
　　A. Guaine delle foglie e brattee delle spighe con poche e brevissime ciglia Perigonio, pedicelli e rachidi delle spighe spesso coperti di glandole dorate. Pianta di 3-10 od anche 15 dm. Foglie glabre di sotto o glandolose od anche tomentose. (It. media). — *Mag. Aut.* — Comune nei luoghi umidi e tra le macerie dal mare alla reg. subm. — α *typicum*.

10 { 　　B. Guaine delle foglie e brattee delle spighe lungam. cigliate. Perigonio, pedicelli e rachidi delle spighe non od appena glandolosi. Pianta più gracile del tipo. Foglie glabre o più raram. bianco-tomentose di sotto. — Col tipo sino alla reg. mont. — β *Persicaria* (L.).

Spighe *lineari-filiformi*, gracili, *lasse*, interrotte alla base, *spesso pendenti*. Foglie *quasi mai chiazzate di nero* 11

Foglie *lanceolato-lineari*, rotondate od appena attenuate inferiorm. (più larghe *verso la base*). Acheni *nitidissimi, piccoli* (lunghi *2 mm. o poco più*). Spighe filiformi, erette o quasi. Fiori roseo-porporini, roseo-biancastri o bianchi, a perigonio generalm. a 5 divisioni, mai glandoloso; stili 2-3, appena saldati inferiorm. Foglie a sapore erbaceo. Fusti diffusi o prostrati, spesso radicanti alla base. ① 2⅃. . . . . **2208 P. minus** Huds.
　　A. Pianta sempre annua, piuttosto gracile. 3-4 dm. Foglie lunghe 6-10 cm. e larghe 5-10 mm.; guaine con ciglia lunghe 3-5 mm. Stami 5 (raram. 8). Stili ravvicinati, (T. U. al Lago Trasimeno). — *Lug. Ott.* — Nei terreni umidi reg. subm. — α *typicum*.

11 { 　　B. Pianta spesso perenne, robusta, 4-10 dm. Foglie lunghe 10-15 cm. e larghe 10-15 mm.; guaine con ciglia lunghe 5-12 mm. o talora più brevi. Stami 6-8 (raram. 5). Stili divaricati. (T., It. centr.). — *Giu. Ott.* — Luoghi umidi reg. med. o raram. subm. — β *serrulatum* (Lag.).

Foglie *oblungo-lanceolate*, attenuate ai due estremi (più larghe *nel mezzo*). Acheni *un po' opachi, grandetti* (lunghi 2 mm. al minimo) 12

Perigonio *glandoloso*, generalm. di *3-4 divisioni*. Foglie di sapore *acre*, quasi peperino; guaine e brattee fiorali *brevem. e parcam. cigliate*. Spighe arcuato-pendenti, interrotte. Fiori verdi, a lacinie coi margini bianchi o rosei, raram. del tutto rosei. ①. (It. media, Elba). — *Est. Aut.* — Comune lungo i fossi dal mare alla reg. subm. . . . **2209 P. Hydropiper** L.

12 { Perigonio *non glandoloso, a 5 divisioni*. Foglie di sapore *erbaceo* od alla fine un po' pizzicante; guaine e brattee fiorali ± *lungam. e densam. cigliate*. Spighe gracili, assai interrotte, arcuato-pendenti o più raram. erette. Fiori dapprima bianchi, poi quasi sempre roseo-porporini. ①. (It. media). — *Est. Aut.* — Col preced.; forse ibrido . . . . . **2210 P. mite** Schrank.

13 { Fiori nell'ascella di foglie *ridotte a brattee*, formanti dei racemi terminali nudi od appena fogliosi alla base. Pianta perenne, per lo più a fusti legnosi, almeno alla base, sdraiati (4-10 dm.), fogliosi. Guaine lunghette, lacerate in lacinie capillari. 2⅃. (T. a Capraia, L.). — *Est. Aut.* — Reg. med.
　　　　　　　　　　　　　　　　　　2211 P. equisetiforme S. et S.

13 | Fiori nell'ascella di foglie *bene sviluppate*, sparsi o talora formanti un racemo foglioso 14

14 { Acheni *grandi*, lunghi *4 mm.* circa, lisci, nitidi, poco più lunghi del perigonio. Fiori grandetti, rosei o biancastri, in fascetti ascellari. Foglie ellittiche, glauche, con orli arricciati. Rizoma grosso, legnoso; fusti robusti (1-5 dm.) sdraiati, densam. fogliosi, ad internodi brevi. 2↓. (It. media, Arc. tosc. non ovunque). *Mag. Ag.* — Lungo le coste reg. med.
2212 P. maritimum L.

Acheni *piccoli*, lunghi *2 mm.* circa. 15

15 { Perigonio *piccolo*, a lacinie *per largo tratto erbacee sul dorso*. Pianta *annua ed erbacea* o talora perenne ed indurita alla base. Guaine fosche alla base, argentine superiorm., bifide e poi lacere. Fiori in fascetti di 1-5, rosei o bianchi, verdognoli di fuori. ① 2↓. — *Correggiola, Centinoda*.
2213 P. aviculare L.

    A. Fiori nell'ascella di foglie bene sviluppate, uguali o quasi alle altre in grandezza. Acheni opachi o quasi. Pianta a fusti di 1-5 dm. o meno. (It. media, Arc. tosc.). — *Est. Aut.* — Comunissimo. — α *typicum*.
    B. Fiori nell'ascella di foglie più piccole, formanti un racemo nudo o quasi all'apice e foglioso alla base. Acheni nitidi o quasi. Pianta spesso eretta a rami divaricati ed internodi allungati. — Qua e là col tipo nei luoghi ombrosi. — β *patulum* (M. B.).
    C. Fiori nell'ascella di foglie bratteiformi, formanti un racemo completam. nudo o quasi. Acheni grandetti, nitidi o quasi. Fusti e rami eretti, ad internodi allungati. — Col tipo. — γ. *Bellardi* (All.).

Perigonio *grandetto*, a lacinie *largam. petaloidee*. Pianta *perenne, suffruticosa*. Guaina c. s. Fiori in fascetti di 1-4, bianchi o rosei, spesso porporini alla base. Fusti raggiato-prostrati, 4-10 dm., presto denudati alla base, densam. fogliosi agli estremi. 2↓. (It. centr.). — *Lug. Ott.* — Reg. med.
2214 P. romanum. Jacq.

254. *Polycnemum arvense* L.   255 *Polygonum Bistorta* L.   256. *Rumex Acetosa* L. (¹/₄).   (¹/₄).   (¹/₅).

    2. Rumex (da *rumex* = lancia, per la figura delle foglie). Fiori bisessuali o raram. dioici per aborto. Perigonio erbaceo, diviso in 6 lacinie, disuguali, le 3 interne accresciute. Stami 6. Stili 3; stimmi a pennello. Achenio trigono con pericarpio crostaceo.

1 { Foglie *rotondate od attenuate* alla base, *penninervi, membranacee*. Piante a fiori ermafr. o raram. poligami **2**
Foglie *astate, astato-laciniate e saettiforme* alla base, *raram. ovate*, nel qual caso sono *subcarnose e palminervi*. Piante a fiori dioici o poligamo-monoici. **12**

2 { Valve perigoniali interne fruttifere *intere*, raram. un po' erose od ondulato-dentate verso la base soltanto **3**
Valve perigon. interne frutt. *seghettate od inciso-dentate*, almeno nella metà infer. **9**

3 { Valve perigon. interne frutt. *ovali-triangolari o cuoriformi-arrotondate, circa tanto* lunghe che larghe **4**
Valve perigon. interne frutt. *oblungo-lineari*, ottuse, *ben più* lunghe che larghe **8**

4 { Valve perigon. interne frutt. *tutte sprovviste* di callosità alla base . . **5**
Valve perigon. interne frutt. *tutte od 1 di esse almeno provvista* di una callosità alla base. **6**

5 { Foglie infer. assai grandi, *subrotondo-ovate*. Fiori in racemi formanti una densa pannocchia, quasi afilla. Fusto eretto, 3-10 dm. ♃. (App. medio). — *Lug. Ag.* — Luoghi erbosi umidi dalla reg. mont. alla subalp. *Rabarbaro alpino* . . . . **2215 R. alpinus** L.
Foglie infer. *ovali od ovato-bislunghe*, dilatate alla base, quasi triangolari. Fiori in racemi formanti un'ampia pannocchia. Fusti eretti, 1-2 m. ♃. (App. modenese a Fiumalbo, Paludi Pontine). — *Giu. Lug.* — Fossi e prati paludosi. — *Romice d'acqua* . . . . . . **2216 R. aquaticus** L.

6 { Valve perigoniali interne frutt. *ovato- o cordato-triangolari*, intere od appena denticolate. Foglie basali assai lunghe, attenuate alle due estremità. ♃. (Qua e là It. media, Capraia). — *Mag. Lug.* — Lungo i fossi dal mare alla reg. subm. . . . . . . **2217 R. Hydrolapathum** Huds.
Valve perigon. interne frutt. *suborbicolari o cuoriformi-rotonde* . . . **7**

7 { Foglie infer. *lanceolate o bislungo-lanceolate, quasi sempre ondoso-increspate ai margini*. Tutte tre le valve perigon. interne provviste di callosità basilare, in due di esse però spesso più piccola od indistinta. Fiori in racemi formanti pannocchia densa, lunga e stretta. Fusti eretti, 4-10 dm. ♃. (It. media, Arc. tosc. non ovunque). — *Mag. Lug.* — Comune nei prati umidi dal mare alla reg. subm. — *Romice crespa.* **2218 R. crispus** L.
Foglie infer. *ovato-lanceolate, piane o poco ondulate*. Una sola valva perigon. interna provvista di callosità basilare. Fiori in pannocchia ampia, ramosa. Fusti eretti, 1-2 m. ♃. (Parmig., T.). — *Lug. Ag.* — Coltiv. ed anche inselv. dal mare alla reg. subalp. — *Erba pazienza.* **2219 R. Patientia** L.

8 { Verticillastri fiorali *provvisti di una foglia bratteale*, eccetto gli ultimi super. Tutte tre le valve perigon. interne frutt. munite di una grossa callosità basilare. ♃. (It. media, Arc. tosc. non ovunque). — *Mag. Ag.* — Lungo i fossi e nei luoghi umidi dal mare alla reg. subm. **2220 R. conglomeratus** Murr.
Verticillastri fiorali *nudi*, meno pochi infer. Per lo più una sola valva perigon. interna munita di una callosità basilare. ♃. (App. tosco-emil., Elba). — *Lug. Ag.* — Boschi e luoghi selvatici umidi reg. subm. e mont.
2221 R. sanguineus L.

9 { Piante *perenni, raram. bienni*. Foglie infer. *a base rotondata o cordata* . **10**
Piante *annue o bienni*. Foglie, anche le infer., *gradatam. ristrette nel picciolo alla base* **11**

10 | Rami *eretto-ascendenti*. Verticillastri fiorali *senza foglie* bratteali, eccetto talora gli infer.
A. Foglie infer. ovato-oblunghe, ottuse o quasi acute. Valve frutt. ovato-triangolari, (circa 5 mm. lunghe), provviste di 2-4 denti triangolari o lesiniformi per lato, prolungate all'apice in una lamina ottusa ed intera, tutte tre con callosità basilare, spesso disegualm. sviluppata. ♃. (It. media, Monte Argentaro, manca all'Arc. tosc.). — *Giu. Ag.* — Prati umidi, fossati dal mare alla reg. mont. — *Romice, Romice comune* . . . . . . **2222 R. obtusifolius** L.
B. Foglie infer. più lunghe, più strette e più acute. Valve frutt. più larghe, ottusam. triangolari all'apice, con denti più numerosi e più brevi, tutte od una sola con callosità basilare. (Qua e là nell'It. centr.).
R. CRISPO ✕ OBTUSIFOLIUS.

10 { Rami *divaricato-patenti*. Verticillastri fiorali, eccetto gli ultimi super., provvisti di una foglia o brattea fiorale. Foglie infer. oblunghe, ottuse. Valve frutt. reticolato-alveolate, con 4-8 denti brevi e rigidi per lato. ② ♃.

                2223 R. pulcher L.
  A. Piante glabre in ogni parte. Foglie infer. per lo più chitarriformi.
   a. Valve frutt. ovato-oblunghe, tutte provviste di callosità, però in 2 di esse più piccola o talora indistinta. Foglie in rosetta. (It. media, Arc. tosc.). — *Mag. Lug.* — Comune lungo le vie tra le macerie ecc. dal mare alla reg. subm. — α *typicus.*
   b. Valve frutt. ovato-cuoriformi, una sola con callosità. Foglie grandi, erette. Pianta grande. (Roma nell' Orto di Panisperna). — β *Woodsii* (DNt.).
  B. Fusto inferiorm., piccioli e nervi delle foglie pubescenti-scabri. Foglie infer. per lo più non chitarriformi. — Qua e là col tipo. — γ *divaricatus* (L.).

Pianta per lo più ramoso-pannocchiuta *in alto*. Verticillastri fiorali, *ricchi, provvisti di una foglia bratteale*. Valve frutt. ovato-bislunghe, con 2-3 denti per lato, *tutte tre con una callosità.* ① ② .   **2224 R. maritimus** L.
  A. Denti delle valve frutt. setacei, più lunghi della larghezza delle valve stesse. Verticillastri super. confluenti. Pianta giallo-dorata a maturità. (Manca all' It. media). — α *typicus.*

11 { B. Denti delle valve frutt. lesiniformi, più brevi od uguali alla larghezza delle valve. Verticillastri un po' distanti tra loro. Pianta di un giallo-verdastro-sporco a maturità. (Bolognese ?). — β *paluster* (Sm.).

Pianta per lo più ramosa *dalla base*, coi fusti o rami terminanti in lunghi racemi. Verticillastri fiorali a *2-3 fiori, nudi*, eccetto pochi infer. Valve frutt. triangolari-allungate, *quasi sprovviste di callosità*, con alla base 2-4 denti per lato, spinosi e talora uncinati e più robusti. ①. (It. media, Arc. tosc. non ovunque). — *Feb. Mag.* — Luoghi erbosi reg. med.
            2225 R. bucephalophorus L.

12 { Lacinie perigon. *tutte erette* ed appressate al frutto; le interne *immutate* a maturità, d'ordinario più brevi dell' achenio, intere e senza callosità alla base. Fiori dioici, in pannocchia stretta, nuda. ♃ (It. media, Arc. tosc. non ovunque). — *Mag. Lug.* — Luoghi sterili e coltiv. dal mare alla reg. subalp. — *Acetosa minore* . . . . . **2226 R. Acetosella** L.

Lacinie perigon. *esterne riflesse;* le interne erette, *accrescenti* a maturità ed allora orbicolari o reniformi, membranaceo-diafane e venoso-reticolate . 13

Foglie *non carnose*, verdi (eccetto R. Acetosa var. δ'), quasi sempre astate o saettiformi alla base. Fiori dioici, in pannocchia allungata, stretta e lassa. Valve frutt. larghe *3-5 mm.* (raram. più), ovato- o rotondo-cuoriformi, intere all'apice, circa tanto lunghe che larghe e con una semplice squametta riflessa alla base (raram. con callosità oblunga). ♃. — *Acetosa, Erba brusca*. (Fig. 256) . . . . **2227 R. Acetosa** L.
  A. Fibre radicali sottili.
   a. Valve frutt. ovato-subrotonde, con callosità squamiforme, breve, rotonda o subquadrata, riflessa.
    1. Foglie un po' spesse, a nervat. poco manifeste, astato-saettiformi, glabre o brevem. pelose; orecchiette dirette in basso. (It. media). — *Giu. Lug.* — Prati e luoghi erbosi dalla reg. subm. alla subalp. — α *typicus.*

13 {   2. Foglie sottili, a nervat. manifeste, astato-cuoriformi, glabre; orecchiette divergenti, ottuse, larghe. (App. medio). — β *arifolius* (All.).
   b. Valve frutt. ovate, con callosità oblunga, scorrente sulla valva sino oltre la sua metà. Foglie più lunghe e con gusto acidulo e più gradevole che nel tipo. — Coltiv. negli orti. — *Erba brusca*. γ *hortensis* (Vis.).
  B. Fibre radicali un po' ingrossate. Orecchiette delle foglie quasi divergenti. Pianta più piccola del tipo con pannocchia più breve e più densa. (App. fiorentino, piceno, Lazio). — δ *alpinus* Boiss.

Foglie *carnosette*, verdi o glauche, caduche, per lo più astato-triangolari o chitarriformi; orecchiette divergenti. Fiori *poligamo-monoici*. Valve frutt. larghe *5-6 mm.*, rotondo-cuoriformi, senza callosità alla base. Pianta alta 3-6 dm. ♃. (It. media). — *Mag. Ag.* — Luoghi sassosi, muri ecc. nella reg. mont. e subalp., più raram. subm. . . . **2228 R. scutatus** L.

Fam. 103.ª **AMARANTACEE.**

Piante erbacee annue, a foglie alterne, senza stipole. Fiori ermafroditi o poligamo-monoici, agglomerati o solitari, 2-3-bratteati. Perigonio di 3-5 pezzi, scariosi od erbacei, subeguali, persistenti. Stami 3-5, ipogini, liberi o saldati alla base pei filamenti. Ovario 1-ovulato; stimmi 2-3, poco distinti. Frutto otricello membranoso, indeiscente od aprentesi circolarm. come una pisside, chiuso nel perigonio; seme solitario, lenticolare, lucido; embrione periferico, ricurvo; albume centrale, farinoso.

CHIAVE DEI GENERI.

1 { Fiori ermafroditi, solitari, ascellari, 2-bratteati. Filamenti staminali saldati. 2 POLYCNEMUM·
   { Fiori monoici o poligamo-monoici, piccolissimi, agglomerati, 3-bratteati. Filamenti staminali liberi . . . . **1 AMARANTUS**

257. *Suaeda maritima* Dum.   258. *Salsola Soda* L.   259. *Amarantus ascendens* Lois.
     (¼).   (¼).   (¼).

1. **Amaràntus** (da ἄμαραντος = che non avvizzisce). Fiori monoici o poligamo-monoici, 3-bratteati. Perigonio di 3-5 pezzi eretti, raram. tubuloso-campanulato e 5-fido nei fiori femminei. Stami 3-5 liberi, opposti alle lacinie perigoniali. Otricello ovato, con 2-3 cornetti all'apice.

1 { Otricello frutt. *deiscente circolarm.* a mo' di pisside **2**
  { Otricello frutt. *indeiscente* **7**

2 { Tepali e stami 5. Fiori in pannocchia terminale, formata di spighe cilindriche, compatte **8**
  { Tepali e stami 3. Fiori agglomerati, ascellari, ai quali spesso si aggiunge una spiga terminale, semplice **6**

Spiga terminale *lunghissima, grossa, pendente,* le laterali *poche e brevi,* a
fiori rosso-cocciniglia, raram. bianchi. Otricelli subeguali al perigonie, 2-3-
lobati all'apice. Foglie lungam. picciolate, ovate od ovato-lanceolate, ottusette, un po' scabre, verdi. ①. — Colt. nei giardini, dai quali talora sfugge; origin. della Nubia ed Abiss. — *Lug. Sett.*   **2229 A. caudatus** L.

3   Spiga terminale *simile* alle numerose laterali, molto spesso assai più lunga di
esse, *però eretta od inclinata,* raram. pendente   4

Piante e fiori *verdi* (raram. un po' rossigni). Fusto eretto, 2-10 dm. striato-
solcato, minutam. pubescente, a foglie romboidali. Otricelli 2-3-dentati al-
l'apice. ① . . . . **2230 A. retroflexus** L.
    A. Pianta di color verde-pallido. Brattee lunghe circa il doppio dei
    fiori, lanceolate, spinoso-lesiniformi.
        a. Pannocchia compatta; spiga terminale poco più lunga delle la-
        terali, spighe infer. ascellari. (It. media, Arc. tosc. non ovunque).
        — *Lug. Sett.* — Largam. inselv. negli orti, macerie ecc. dal mare
4   alla reg. subm. — α *typicus.*
        b. Pannocchia più lassa; spiga terminale molte volte più lunga delle
        laterali. (Qua e là col tipo, It. media, Elba). — β *chlorostachys* (W.).
    B. Pianta di color verde-cupo. Brattee un terzo più lunghe dei fiori,
    lanceolato-spinulose. Pannocchia colla spiga terminale molte volte più
    lunga delle laterali o più raram. uguale ad esse. (Comune col tipo, It.
    media, Elba). — γ *patulus* (Bert.).
Piante ± *rosso-porporine* almeno nelle spighe o nei fiori   . . . 5

Brattee *lungam.* aristate, *più lunghe* degli otricelli che sono *2-3-fidi* all'apice. Pannocchia con spighe grosse, ottuse, erette, la terminale allungata,
quasi sempre più lunga delle laterali. Foglie oblungo-lanceolate, lungam.
picciolate, cuneate alla base, acuminate all'apice, glabre. ①. — *Lug. Sett.*
— Colt. nei giardini, dai quali spesso sfugge; origin. dell'Amer. trop. —
5   *Code rosse, Amaranto da Fascette.*   **2231 A. hypochondriacus** L.
Brattee *brevem.* aristate, *subeguali* agli otricelli che sono *2-3-dentati* all'apice.
Pannocchia assai ramosa, a spighe numerose, gracili, un po' acute, la terminale un po' più lunga delle laterali. ①. — *Lug. Sett.* — Colt. come il
preced. e talora inselv.; origin. dell'Amer. trop.
                                  2232 A. paniculatus L.

Fusto *bianco-gialliccio oscuram.* angoloso. Brattee alla fine *spinescenti.* ①.
(It. media, Arc. tosc., qua e là inselv.). — *Lug. Ott.* — Reg. med.
                                    2233 A. albus L.
6   Fusto *verde o rossiccio, profondam.* angoloso-solcato. Brattee *non spinescenti.*
①. (It. media). — *Lug. Ott.* — Tra le macerie, negli orti ecc. dal mare alla
reg. subm.   . . . . **2234 A. graecizans** L.

Fiori *maschili* con perigonio campanulato a 3 tepali e 3 stami, i femminei
con perigonio tubuloso-campanulato, 5-fido. Foglie romboideo-ovate od obovate, ristrette in lungo picciolo alla base, smarginate all'apice, glabre, pun-
7   teggiate, glauche di sotto. Fusto sdraiato od ascendente, 2-3 dm. ①. (Inselv. nelle sabbie mar. del Piceno a Porto d'Ascoli, S. Benedetto ecc.). — *Sett.*
                            2235 A. polygonoides L.
Fiori *masch. e femm.* con perigonio campanulato a 3 tepali liberi, i masch.
a 3 stami   8

Fiori in piccoli glomeruli, *di cui molti ascellari,* distanti tra loro e dalla
spiga terminale che è semplice. Fusti *eretti od ascendenti,* 2-6 dm., ramosi,
verdi o rossigni, *glabri,* appena solcati. ①. (It. media, Elba, Capraia). —
Lug. Ott. — Tra le macerie, lungo le vie ecc. dal mare alla reg. subm. —
8   *Biedone* (Fig. 259)   **2236 A. ascendens** Lois
Fiori in glomeruli *tutti o quasi tutti* raccolti in una spiga terminale semplice
o ramosa. Fusti *sdraiati,* ascendenti solo all'apice, 1-4 dm., verdi o rossigni, *pubescenti in alto,* solcati. ①. (It. media, Arc. tosc. non ovunque). —
Lug. Sett. — Comune lungo i muri e tra le macerie dal mare alla reg. subm.
                                  2237 A. deflexus L.

    2. **Polycnèmum** (da πολυς = molto e χνγ̦μη = articolazio-
ne, pel fusto nodoso). Fiori ermafroditi, 2-bratteati. Perigonio di 5

pezzi distinti, ovato-acuminati, glabri, immutati nel frutto. Stami 3, raram 1-5, saldati alla base. Otricello chiuso nel perigonio.

> Fiori bianchi, piccoli, ascellari, solitari od appaiati. Foglie alterne, trigono-lesiniformi, un po' dilatate e scariose alla base, mucronato-pungenti all'apice. Pianta scabra, a fusto prostrato-diffuso, 5-30 cm., densam. foglioso, specialm. all'apice dei rami. ⊙. (Fig. 254) . . **2238 P. arvense** L.
> A. Brattee lunghe come il perigonio. Pianta gracile. (It. media). — *Lug. Ott.* — Campi, lungo le vie dal mare alla reg. subm. — α *typicum*.
> B. Brattee assai più lunghe del perigonio. Pianta più robusta del tipo. — Col tipo. — β *maius* (A. Br.).

Citiamo di questa famiglia oltre varie altre specie di *Amarantus*, largam. coltivate nei giardini, anche la così detta Cresta di gallo o *Celosia cristata*, che si coltiva pure nei giardini e dai quali talora sfugge.

260. *Phytolacca decandra* L. (¼).   261. *Atriplex hastatum* L. (¼).   262. *Atriplex portulacoides* L. (¼).

Fam. 104.ᵃ **FITOLACCACEE.**

1. **Phytolacca** (da φυτον = pianta e *lacca*, pel colore del frutto). Fiori ermafroditi in racemi. Perigonio erbaceo o petaloideo, 5-partito, a segmenti persistenti. Stami 10-30 (nei fiori femminei ridotti a staminodi), inseriti sopra un disco carnoso, ipogino. Ovario supero di 7-10 carpelli, quasi liberi o saldati tra loro, contenenti ciascuno un ovulo; stili in numero uguale ai carpelli. Frutto depresso-globoso, carnoso, a forma di bacca, coronata dagli stili persistenti; semi 1 per loggia, neri, lucidi, reniforni-compressi. — Erba perenne, a foglie semplici ed intere, alterne, senza stipole.

> Fiori bianchi, in racemi semplici opposti alle foglie, peduncolati, eretti. Pianta erbacea a forma d'arbusto, 1-3 m., glabra, a fusto solcato, dicotomo. Bacca porporina. ♃. (It. media, Elba, coltiv. e talora subsp.). — *Lug. Ott.* — Dal mare alla reg. subm.; origin. dell'Amer. merid. e bor. — *Erba amaranta, Amaranto.* (Fig. 260) . . . **2239 Ph. decandra** L.

Fam. 105.ᵃ **CHENOPODIACEE.**

Piante erbacee o fruticose, a foglie semplici, talora rudimentali, alterne od opposte, senza stipole. Fiori ermafroditi o poligamo-dioici, agglomerati o solitari, accompagnati da 2-3 bratteole o senza. Perigonio infero di 3-5 pezzi, liberi o connati. Stami per lo più 5, opposti ai pezzi del perigonio, perigini od ipogini, con antere a 4 caselle, deiscenti per fenditure. Ovario globoso-ovoideo, con un solo ovulo; stili 2, raram. 3-4, saldati in basso, stimmatiferi all'apice o su tutta la superficie. Frutto otricello, indeiscente, racchiuso nel perigonio spesso accresciuto e carnoso; seme unico, ad albume farinoso, di rado carnoso o nullo, ed embrione curvato, anulare o spirale.

1 (Fiori di due forme 2
  (Fiori conformi 4

2 (Fiore pistillifero con perigonio 2-4-fido . . . . . 2 SPINACIA
  (Fiore pistillifero nudo, racchiuso fra 2 brattee 3

3 (Brattee appianate erbacee. Seme a guscio crostaceo . 1 ATRIPLEX p. p
  (Brattee rigonfiate sugherose. Seme a guscio membranoso (*Obione*).
    1 ATRIPLEX p. p.

4 (Foglie rudimentali quasi nulle 5
  (Foglie strettissime, subulate o cilindriche 6
  (Foglie membranose, piane. Stami 4-5 9

5 (Semi neri, con albume. Perigonio 3-4-fido . . . 11 ARTHROCNEMUM
  (Semi rossicci, senza albume. Perigonio 3-4-dentato . . 10 SALICORNIA

6 (Stami 1-3. Fiori solitari, ascellari, a perigonio nullo o quasi. 8 CORISPERMUM
  (Stami 4-5 7

7 (Perigonio 4-dentato, fruttifero immutato e privo di ali o cornetti.
    9 CAMPHOROSMA
  (Perigonio 5-fido, frutt. accresciuto, provvisto di un'aletta o di un cornetto
    sul dorso di ogni lacinia. . . . . . . 7 KOCHIA
  (Perigonio 5-partito 8

8 (Perigonio fruttifero alato . . . . 12 SALSOLA
  (Perigonio frutt. non alato. . . . . . . 13 SUAEDA

9 (Ovario semi-infero. Perigonio fruttifero indurito . . . 3 BETA
  (Ovario affatto supero. Perigonio frutt. membranoso o carnoso . 10

10 (Perigonio fruttifero cinto orizzontalm. da un'ala circolare . 6 CYCLOLOMA
   (Perigonio frutt. senz'ala 11

11 (Perigonio orciuolato . . . . 5 ROUBIEVA
   (Perigonio non orciuolato . . . . . . 4 CHENOPODIUM

1. Atriplex. Fiori unisessuali (monoici o dioici), raram. in parte ermafroditi (poligami). I masch. od ermafr. con perigonio a 3-5 divisioni; stami 3-5. I femm. con perigonio nullo, sostituito da 2 bratteole accrescenti; stili 2. — Erbe o suffrutici a foglie alterne od opposte, spesso cenerino- o bianco-farinosi o squamulosi. Fiori in glomeruli sessili, formanti delle spighe.

1 (Piante *perenni, legnose alla base*, bianco-argentine, a fusti sdraiati inferiorm., 1-4 dm. Foglie carnosette, ovato-bislunghe, ottuse, *interissime*, opposte. Spighe in pannocchie brevi, afille. Brattee frutt. rigonfio-sugherose, quasi tridentate all'apice, coi denti laterali più lunghi. ♃ **5.** (It. media, Arc. tosc. Elba, Palmajola, Giglio, Gorgona). — *Lug. Aut.* — Luoghi salsi marit. (Fig. 262) . . . . . . **2240 A. portulacoides** L.
    Piante *annue, erbacee* o talora indurite alla base. Foglie *angoloso- o sinuato-dentate od astate*, raram. affatto intere. 2

2 {
Brattee frutt. *ovate o rotondo-ovate, intere ai margini*, sottili e reticolato-venose, non saldate tra loro, lunghe 6-18 mm. Fusto eretto (3-15 dm.), ramoso, angoloso. Foglie alterne le infer. cuoriformi-triangolari, le super. bislunghe, verdi o rossicce in ambedue le facce, oppure verdi di sopra e squamoso-argentine di sotto. ⊙. — *Lug. Sett.* — Colt. negli orti e giardini, dai quali talora sfugge, dal mare alla reg. mont. — *Bietolone rosso.*
2241 A. hortense L.
Brattee frutt. *triangolari, romboidali od astate, sovente angoloso-dentate ai margini* 3
}

3 {
Brattee frutt. congiunte *almeno fino a metà e cartilagineo-indurite*. Foglie ± *bianco-argentine*, almeno di sotto, alterne o le infer. opposte. ⊙.
2242 A. laciniatum L.
A. Spighe fogliose solo alla base od anche affatto nude. Foglie triangolari-astate, spesso carnose. (T., Elba, presso Pesaro). — *Lug. Ott.* — Luoghi salsi marit. — α *typicum.*
B. Spighe fogliose sino all' apice o quasi. Foglie non astate, nè carnose. (It. media qua e là). — Presso al mare. — β *roseum* (L.)
Brattee frutt. congiunte *alla base soltanto, erbacee*. Foglie *verdi od appena cenerino- o bianco-farinose*, però mai argentine di sotto. ⊙. — *Atriplice comune.* (Fig. 261) . . . . **2243 A. hastatum** L.
A. Foglie triangolari. Brattee assai grandi per lo più dentate al margine. (It. media, Arc. tosc.). — *Ag. Sett.* — Luoghi colt. ed anche incolti dal mare alla reg. mont. — α *typicum.*
B. Foglie lanceolate od ovali-lanceolate.
  a. Fusti inferiorm. con rami divaricati. Foglie lanceolate. Spighe per lo più erette. Brattee romboidali, astato-angolose, liscie o quasi all'esterno o talora verrucose o tubercolose. — Col tipo. — β *patulum* (L.).
  b. Fusti con rami eretti. Foglie ovali-lanceolate. Spighe lasse, pendenti. Brattee quasi romboidali, intere, liscie all'esterno. (App. molen. a Fiumalbo). — β *oblongifolium* (W. et. K.).
C. Foglie strettam. lineari, intere o denticolate, alterne. Rami flessuosi, eretti. Brattee astato-romboidali. (T. presso Livorno, Arc. tosc. Elba e Giglio, L. presso Roma). — δ *litorale* (L.).
}

2. **Spinàcia** (da *spina* = spina, pel frutto spinoso). Fiori dioici, senza brattee. I masch. con perigonio 4-5 partito. Stami 4-5. I femminei con perig. 2-4-dentato, immutato od accresciuto nel frutto. Ovario ovato con 4 stili lunghissimi, filiformi. Otricello membranaceo, racchiuso nel tubo perigoniale. Seme verticale.

Fusto eretto, ramoso, 3-8 dm. Foglie alterne, grassette, glabre, le infer. e medie picciolate. Fiori verdastri. ⊙. — *Spinacio.*   **2244 S. oleracea** L.
A. Perigonio frutt. con 2-4 cornetti spinescenti. Foglie infer. e medie saettiformi-triangolari, intere o roncinato-pennatifide, oppure inciso-angolose; le super. triangolari od oblunghe. — Colt. ed inselv. — α *typica.*
B. Perigonio frutt. inerme. Foglie saettiformi od ovato-oblunghe, intere. — Col tipo da cui è derivata con la coltura. — β *glabra* (Mill.).

3. **Bèta.** Fiori ermafr., muniti di una brattea e 2 bratteole. Perigonio 5-fido, chiuso e indurito nel frutto, 5-costato. Stami 5, perigini. Ovario semi-infero, aderente in basso al perigonio; stili 2-3 brevi. Otricello depresso, aderente al perigonio. Seme orizzontale.

1 {
Fusto *unico, eretto, 1-2 m.* Stimmi ovati. Foglie glabre e liscie, ovali od un po' cuoriformi alla base, ottuse. ⊙ ♃. — Coltiv. general. negli orti. — *Lug. Sett.* — *Bietola* . . . . **2245 B. vulgaris** L.
A. Radice fusiforme, duretta, insipida, bianca, giallastra o rosso-porporina. Foglie infer. subcordate. Fiori in glomeruli di 2-4. — Coltiv. e qua e là inselvat. — Var. *Cicla* (L.).
}

1) B. Radice grossa, fusiforme o rapacea, succosa, carnosa e zuccherina, rossa, rosea o bianca. Il resto come nella var. precedente. — Coltiv. per foraggio e per estrarne lo zucchero. — *Barbabietola*. — Var. *Rapa* (Dm).

Fusti *parecchi, sdraiati od ascendenti, 1-6 dm.* Stimmi *ovato-lanceolati.* Foglie *romboideo-* o *cuneato-ovate,* piccole. Pianta glabra o talora pelosetta. 2¢. (It. media). — *Apr. Lug.* — Luoghi salsi marit. **2246 B. maritima** L.

4. Chenopòdium

(da χην = oca e ποδιον = piedino, per la forma delle foglie). Fiori ermafroditi, senza brattee. Perigonio erbaceo, 5-partito o raram. 2-4-partito, immutato od anche accresciuto e succoso-carnoso nel frutto. Stami 5, raram. meno, ipogini o anche quasi perigini. Ovario supero, depresso-globoso, non aderente al perigonio; stili 2, raram. 3-4 filiformi. Otricello membranaceo all'esterno. Seme orizzontale o verticale.

1 { Semi *verticali,* eccettuato il terminale di ciascun glomerulo che è orizzontale 2
{ Semi *tutti orizzontali,* o soltanto alcuni verticali 3

2 { Pianta *annua,* glabra. Foglie verdastre o rossastre, nitide, *romboideo-trian- golari, sinuato-dentate od astato-trilobe,* raram. intere. Glomeruli in racemi *fogliosi.* ⊙. (T. presso Pisa). — *Lug. Sett.* — Lungo le vie dal mare alla reg. subm. **2247 Ch. rubrum** L.
{ Pianta *perenne.* Foglie verdi, farinose, *triangolari-astate, intiere,* ondose nei margini. Glomeruli in racemi *nudi,* riuniti in pannocchia spiciforme, fogliosa solo alla base. 2¢. (App. medio). — *Giu. Sett.* — Dalla reg. mont. all'alp. — *Colubrina, Tutta-buona.* **2248 Ch. Bonus Henricus** L.

3 { Piante *pubescenti-glandolose,* aromatiche. Semi orizzontali 4
{ Piante *non glandolose,* glabre o farinose, *inodore o fetide* 5

4 { Foglie *quasi sessili,* le infer. *un po' sinuato-dentate,* le super. intere. Glomeruli *formanti delle spighe ascellari,* spesso composte, *fogliose riunite in pannocchia allungata.* Semi *lucentissimi.* ⊙. (It. media qua e là). — *Lug. Ott.* Frequentem. inselv. tra le macerie ecc. reg. med. (Fig. 263). **2249 Ch. ambrosioides** L.
{ Foglie *picciolate, quasi sinuato-pennatofesse,* a lobi ottusi. Glomeruli *in cime dicotome,* portanti pure un fiore solitario nelle dicotomie, *disposte in lunghi e stretti racemi, quasi afilli.* Semi *poco lucenti.* ⊙. (It. media, Giglio). — *Lug. Ag.* — Luoghi arenosi, macerie ecc. dal mare alla reg. subm. **2250 Ch. Botrys** L.

5 { Frutti *tutti od alcuni almeno compressi lateralm.* Foglie sinuato-dentate, discolori, verdi di sopra e glauco-farinose di sotto. Glomeruli in spighe nude, a perigonio e rachidi dell'inflor. non farinose. Semi quasi lisci, lucidi, con margine acuto. ⊙. (T. ecc.). — *Lug. Sett.* — Presso i muri e nei luoghi ghiaiosi . . . . . **2251 Ch. glaucum** L.
{ Frutti *tutti depressi dall'alto in basso* 6

6 { Foglie *intere.* 7
{ Foglie, almeno le infer., *dentate, sinuate od incise* (raram. talora intere nel *Ch. album* e *Ch. urbicum*) 8

7 { Pianta *di color verde-gaio o rossiccia,* inodora. Foglie ovate od oblunghe, le super. decrescenti. Perigonio fruttifero a lacinie *patenti, che lasciano vedere* il frutto. ⊙. (It. media, Elba). — *Lug. Sett.* — Comune negli orti, lungo le vie ecc. dal mare alla reg. subm. **2252 Ch. polyspermum** L.
{ Pianta *bianco-polverosa, fetida.* Foglie ovato-romboidali. Perigonio frutt. a lacinie *appressate, che ricuoprono il frutto.* ⊙. (It. media). — *Lug. Sett.* — Lungo le vie, tra le macerie ecc. dal mare alla reg. subm. — *Brinaiola, Connina.* . . . . **2253 Ch. Vulvaria** L.
{ Pianta ± *glauca e spesso farinosa, però non fetida* . . . Cfr. Ch. ALBUM.

8 { Semi *lucenti,* lisci 9
{ Semi *opachi* 11

9 {
Margine dei semi *acuto*. Foglie romboidali, sinuato-dentate, le super lanceolato-lineari, acute. Fiori in glomeruli riuniti in racemi, formanti una pannocchia piramidale. ①. (It. media. Arc. tosc.). — *Lug. Ott.* — Comune nei luoghi colt., tra le macerie ecc. dal mare alla reg. mont. — *Farinaccio selvatico.* . . . . **2254 Ch. album** L.
Foglie lanceolate, quasi intere, appena farinose. — Col tipo. — Var. *viride* (L.).
Margine dei semi *ottuso* 10
}

10 {
Foglie ovato-romboidali. ottuse, quasi tanto lunghe che larghe, sub-trilobe, rosicchiato-dentate. Perigonio a lacinie *carenate*. ①. (It. media, Arc. tosc. non ovunque). — *Lug. Ott.* — Negli orti, lungo le vie ecc. **2255 Ch. opulifolium** Schrad.
Foglie *triangolari*. acute, a denti profondi, diseguali. Perigonio a lacinie *non carenate*. ①. (It. media non ovunque. Giannutri). — *Lug. Sett.* — Lungo i fiumi, macerie ecc. dal mare alla reg. subm. **2256 Ch. urbicum** L.
}

11 {
Margine dei semi *ottuso o subacuto*. Foglie *rotondate, troncate o cuoriformi alla base*, con *pochi* denti. Perigonio frutt. *imperfettam. chiuso*, a lacinie *carenate*. ①. (It. media non ovunque). — *Lug. Sett.* — Tra le macerie, negli orti ecc. dal mare alla reg. subm . . . **2257 Ch. hybridum** L.
Margine dei semi *acuto*. Foglie ± *cuneate e ristrette alla base*, con *molti* denti. Perigonio frutt. *quasi chiuso*, a lacinie *un po' carenate*. ①. (It. media. Arc. tosc). — *Lug. Ott.* — Col preced. dal mare alla reg. subm. comune. — *Piede anserino* . . . . **2258 Ch. murale** L.
}

5. Roubieva. Fiori ermafr., talora femm. per aborto. Perigonio urceolato, 5-lobato, il frutt. accresciuto, coriaceo, in forma di cassula rugosa, quasi pentagona. Stami 5, liberi. Ovario bislungo; stimmi 3 Otricello ovoideo, chiuso nel perigonio ed assai più breve di esso. Seme orizzontale.

> Pianta con odore aromatico, penetrante. glandoloso-pubescente, a fusto sdraiato (2-5 dm.), striato, ramosissimo. Foglie piccole. verdi-glauche. pennatifide. Fiori in glomeruli ascellari, formanti delle spighe fogliose. ♃. (Natur. presso Bologna, Pesaro e Livorno) — *Lug. Sett.* — Origin. dell'Amer. merid. **2259 R. multifida** Moq.

6. Cyclolòma. Fiori poligamo-monoici o dioici, bratteati. Perigonio c. s., il frutt. cinto orizzontalm. da un'ala circolare, rosicchiata al margine. Stami c. s. Ovario globoso, circondato da una fitta lanugine; stimmi 3. Otricello piccolo, a pericarpio membranoso non aderente al seme, che è orizzontale.

> Pianta ± pubescente, a fusto eretto od ascendente (2-3 dm.), angoloso. Foglie verdi-pallide. lanceolate od oblunghe. Fiori solitari o quasi, in spighe afille, formanti delle pannocchie fogliose in basso. ①. (Natur. in T. lungo l'Arno presso Pisa). — *Lug. Ott.* — Origin. dell'Amer. bor. **2260 C. platyphyllum** Moq.

7. Kòchia (dedic. a W. D. J. Koch, medico e botanico). Fiori ermafr. o femm. per aborto, senza brattee. Perigonio 5-fido, il frutt. accresciuto, provvisto di un'aletta o di un cornetto sul dorso di ogni lacinia. Stami c. s. Ovario ovoideo; stimmi 2 setacei, saldati in basso. Otricello depresso, chiuso nel perigonio divenuto coriaceo. Seme orizzontale.

{
Foglie piane, *lineari-lanceolate, 3-nervi* alla base. Fiori *soltanto pelosetti,* a perigonio frutt. con appendici dorsali in forma *di piccole squamette o tubercoletti*, talora mancanti. ☉. — *Ag. Sett.* — Comunem. colt. per farne scope e talora subspont. — *Belvedere, Granata* . **2261 K. scoparia** Schrad.

Foglie *filiformi-lesiniformi, 1-nervi.* Fiori *densam. villoso-lanosi,* a perigonio frutt. con appendici dorsali in forma *di ali.* ☉. — (Ravenna, Pesaro). — *Ag. Sett.* -- Luoghi sabbiosi lungo il littor. adr. **2262 K. arenaria** Roth
}

8. **Corispèrmum** (da κορις = cimice e σπερμα = seme). Fiori ermafr. solitari nell'ascella delle brattee. Perigonio nullo o sostituito da 1-3 squamette, immutate nel frutto. Stami 1-3, lungam. sporgenti. Ovario ovato-compresso; stimmi 2, filiformi, saldati alla base. Achenio piano-convesso, cinto da un'ala membranosa, a pericarpio aderente al seme, che è verticale.

Pianta ramosa, ± pubescente, a fusti diffusi od eretti, flessuosi. Foglie alterne, lineari, 1-nervi. Spighe terminali, oblungo-cilindriche. ☉.
2263 C. hyssopifolium .L.

1. Pianta glaucescente, poco pelosa. Foglie lunghe 2-4 cm. Achenio con ala intera all' apice ed al margine. Squamette perigoniali 1 o 2. — Manca all' It. media e trovasi lungo il Po e Ticino. — *Lug. Ag.* — α *typicum.*

2. Pianta giallognola. pubescente per peli appressati. Foglie lunghe 3-7 cm. un po' più larghe che nel tipo. Achenio con ala smarginata e dentellata al margine. — Col tipo lungo il Po presso Pavia. — β *Marschalii* (Stev.).

263. *Chenopodium ambrosioides.* L. (¼).

264. *Camphorosma monspeliaca* L. (¼).

265 *Salicornia herbacea* L. (¼).

9. **Camphoròsma** (da *Camphora* ed ὀσμη = odore). Fiori poligami per aborto, senza brattee. Perigonio 4-dentato, il frutt. immutato. Stami 4, sporgenti. Ovario schiacciato; stilo filiforme, con 2-3 stimmi. Otricello chiuso nel perigonio, a pericarpio membranaceo. Seme verticale.

Pianta legnosa alla base, cespugliosa, pubescente o bianco-irsuta, a fusti prostrato-risorgenti, 2-4 dm. Foglie alterne, lineari-lesiniformi, rigide, portanti nell'ascella dei fascetti di foglie su rametti raccorciati. Fiori solitari nell'ascella di brattee, formanti dei glomeruli densi, disposti in lunghe spighe. 2⊕ 5. (Bolognese e Modenese in alcuni luoghi). — *Lug. Ott.* — Presso al mare. —- *Canforata.* (Fig. 264).   .   .   .   **2264 C. monspeliaca** L.

10. **Salicòrnia.** Fiori ermafr., a tre a tre situati nell' ascella profondam. scavata delle brattee, che sono opposte, saldate tra loro e persistenti. Perigonio otricoliforme, carnoso, 3-4-dentato. Stami 1-2. Ovario piriforme; stilo diviso in 2-3 stimmi filiformi. Otricello chiuso nel perigonio, a pericarpio non aderente al seme, che è verticale. — Piante carnose, salse, a rami e foglie opposte, saldate pei margini ed aderenti agli internodi come un astuccio, terminante superiorm. in un cercine (che fa apparire i rami articolati) e due cornetti rappresentanti la lamina della foglia.

1 { Pianta *annua*, verde-glauca, a fusti eretti o sdraiati (1-3 dm.), *quasi mai radicanti*. Spighe *quadrangolari*. ⊕. (Lungo il Po presso Pavia, T., Elba). — *Lug. Ott.* — Luoghi umidi salsi lungo le spiagge. — *Salicornia.* (Fig. 265).   **2265 S. herbacea** L.

Pianta *perenne*, suffruticosa, verde o bianco-glaucescente, a fusti e rami principali *spesso radicanti* (3-6 dm.). Spighe *cilindriche*. 2⊕ 5. (It. media, Elba). — *Sett. Ott.* — Lungo le spiagge. — *Salicornia.*   **2266 S. fruticosa** L.

11. **Arthrocnèmum** (da ἄρθρον = articolo e χνήμη = tibia, pei fusti articolati). Perigonio 3-4-fido. Semi verticali, con un guscio duplice, l'esterno nero, crostaceo e tubercolato-rugoso, l'interno ben distinto, fosco ed ingrossato nella porzione radicolare; embrione incurvato, albume presente. — Il resto come in *Salicornia*.

Frutice ramosissimo (8-15 dm.), a fusti legnosi, eretti o sdraiati e radicanti. Spighe cilindriche o cilindrico-clavate. Si confonde con *Salicornia fruticosa*. 5. (Nel Litorale a Ravenna, T. L.). — *Mag. Sett.* — Luoghi salsi marit.   **2267 A. glaucum** Ung.

12. **Sàlsola.** Fiori ermafr., ascellari, spesso solitari, accompagnati da 2 brattee. Perigonio 5-partito, persistente, a lacinie accresciute a maturità e portanti trasversalm. un' ala scariosa. Stami 5, riuniti alla base da un anello glandoloso. Stilo 1, a 2 raram. 3 stimmi. Otricello depresso, a pericarpio cartaceo o anche carnoso; seme orizzontale, a guscio semplice.

1 { Pianta *verde-glauca o rosseggiante*, a foglie lineari, *mucronato-spinose*. Fiori solitari od aggruppati a 2-3 in spighe ± *dense*; perigonio frutt. cartilagineo, con ali obovato-reniformi. ⊕. (It. media lungo le spiagge, Arc. tosc. ed anche nell'alveo del Reno presso Bologna). — *Giu. Ag.* — Reg. med. — *Erba-Cali, Soda*   **2268 S. Kali** L.

Pianta glabra, *verde-glauca, carnoso-succosa*, a foglie lineari-semicilindriche, *inermi*, terminate da un mucroncino setaceo. Fiori c. s., in spighe *lasse*; perig. frutt. grande, colle lacinie accresciute, bianco-scariose, con ali ridotte ad un tubercolo o ad una carena trasversale. ⊕. (Litorale It. media, Elba, Giglio, Capraia). — *Ag. Sett.* — Reg. med. — *Riscolo, Bacicci.* (Fig. 258)   .   .   .   .   .   .   **2269 S. Soda** L.

13. **Suaeda.** Fiori ermafr., per lo più in glomeruli ascellari, con 1 brattea e 2 bratteole. Perigonio 5-fido, il frutt. immutato, a laci-

nio uguali, carenate o carnose, senza appendici dorsali. Stami 5 ; anello glandoloso nullo o quasi. Stilo breve, con 2-3 stimmi. Otricello depresso a pericarpio membranoso. Seme nitido, nero, verticale od orizzontale, a guscio duplice.

1 {
Pianta *annua*, erbacea. Semi per lo più *orizzontali, punteggiati al margine.* ①. (It. media, Elba). — *Ag. Sett.* — Luoghi salsi paludosi. (Fig. 257).
2270 S. marítima Dum.
Pianta *perenne, fruticosa*. Semi per lo più *verticali, lisci.* 5. (It. media, Arc. tosc. nell' isolotto di Troia). — *May. Ag.* — Luoghi sabbiosi marit.
2271 S. fruticosa Forsk.
}

Fam. 106.ª DAFNACEE.

Arbusti o raram. piante erbacee annue, a foglie sparse, interissime, senza stipole. Fiori ermafroditi o monoici, solitari o in fascetti terminali od ascellari. Perigonio infero, con fauce nuda o glandolosa e lembo a 4-5 lobi. Stami 2-4-8-10 in 1-2 serie, inseriti sul tubo perigoniale. Ovario sessile, uniloculare con 1 solo ovulo pendente, di rado biloculare ; stilo breve, stimma a capocchia. Frutto drupa od achenio, ravvolto o no nel perigonio persistente; seme unico, con guscio sottile o crostaceo, albume scarso o nullo ed embrione diritto a cotiledoni grossi e radichetta superiore.

CHIAVE DEI GENERI.

1 {
Perigonio caduco, con tubo cilindrico. Stilo brevissimo o nullo. Frutto drupaceo, carnoso o coriaceo . . . . 1 DAPHNE
Perigonio persistente, con tubo spesso urceolato. Stilo breve. Frutto secco.
2 THYMELAEA
}

1. Daphne. Fiori ermafr. Perigonio colorato, 4-lobo, caduco. Stami 8. Ovario 1-ovolato ; stilo brevissimo con stimma a capocchia. Frutto drupaceo.

1 {
Fiori *ascellari o laterali* 2
Fiori *terminali* 3
}

2 {
Fiori *verde-giallognoli*, 5-10 *in piccoli racemi ascellari*, bratteati. Foglie *coriacee, persistenti*. Drupe *nere.* 5. (It. media). — *Mar. Apr.* — Boschi reg. subm. e mont., raram. med. — *Laureola, Olivella.* (Fig. 266).
2272 D. Laureola L.
Fiori *rossi, raram. bianchi, laterali ai rami* e formanti un racemo sotto la gemma terminale. Foglie *membranacee, caduche* Drupe *rosse o raram. giallastre.* 5. (App. medio). — *Feb. Giu.* — Pascoli, boschi e rupi reg. mont. e subalp. — *Camelea, Mezzereo, Fior di stecco.* **2273 D. Mezèreum** L.
}

3 {
Fiori *rossi o violacei* 4
Fiori *bianchi o bianco-giallognoli* 5
}

4 {
Foglie *glabre*, lineari-cuneiformi, larghe 2-5 mm. Fiori *rossi*, pubescenti all' esterno, assai odorosi. Drupa *giallognola, alla fine nericcia.* 5. (App. centr.). — *Prim. Est.* — Rupi e luoghi aridi reg. subm. e mont. — *Cneoro.*
2274 D. Cneòrum L.
Foglie *bianco-villose di sotto*, larghe 1-2 cm. Fiori *violacei, bianco-vellutati* all' esterno. Drupa *rossa.* 5. (T. in Maremma, L.). — *Feb. Mar. ed Aut.* — Boschetti reg. med. — *Olivella* . . . . **2275 D. collina** Sm.
}

5 {
Foglie *lineari-lanceolate, cuspidato-acuminate*, coriacee, alla fine glabre. Fiori in piccole pannocchie ramose. Drupa carnosa, rossa, poi nericcia. ♄. (It. media, Arc. tosc.). — *Est. Aut.* — Boschetti reg. med. — *Erba corsa, Dittinella* . .   .   .   .   **2276 D. Gnidium** L.
Foglie *bislunghe*   6
}

6 {
Foglie *erbacee, caduche* nell'inverno, *lanceolate o bislungo-lanceolate, pelose* di sotto, *non glandulose.* Fiori *sessili*, in fascetti di *3-6*. ♄. (App. medio). — *Mag. Lug.* — Pascoli e boschi dalla reg. subm. all'alp. — *Laureola alpina.*   **2277 D. alpina** L.
Foglie *coriacee, persistenti* nell'inverno, *obovate, spesso glabre e granulosoglandulose* di sotto. Fiori *brevem. peduncolati*, in fascetti di *2-4*. ♄. (App. medio). — *Mag. Lug.* — Con la preced. .   **2278 D. oleoides** Schreb.
}

266. *Daphne Laureola* L. (¹/₄).

267. *Thymelaea hirsuta* Endl. (¹/₄).

268. *Hippophaë rhamnoides* L. (¹/₄).

2. **Thymelaea** (da θυμος = timo e ελαια = olivo, per la doppia somiglianza con le due piante). Fiori ermafr. o monoici. Perigonio erbaceo o colorato, 4-fido. Stami c. s. Ovario c. s., con stilo breve e stimma piccolo, a capocchia. Achenio a pericarpio membranoso, per lo più avvolto dal perigonio persistente.

1 {
Pianta *annua* a fiori *piccoli* e *verdicci*, sessili, ascellari, solitari o riuniti a 2-3 in lunga spiga gracile, fogliosa. Perigonio *persistente nel frutto.* Foglie *lineari-lanceolate*, lunghe. ①. (It. media, Elba). — *Est.* — Campi e luoghi incolti dal mare alla reg. subm.   .   **2279 Th. arvensis** Lam.
Pianta *suffruticosa* a fiori *gialli*, in glomeruli, lunghi come le foglie. Perigonio *alla fine caduco.* Foglie *ovate od oblunghe*, brevi (3-7 mm.). ♄. (It. media nella costa occ., Giglio, Pianosa, Capraia). — *Apr. Ott.* — *Barbosa, Spazzaforno.* (Fig. 267) .   .   .   .   **2280 Th. hirsuta** Endl.
}

Fam. 107.ª **LAURACEE.**

1. **Laurus.** Alberetto di 2-6 m., a foglie alterne, senza stipole. Fiori dioici, a perigonio 4-partito, caduco. Fiori maschili con 8-12 stami, disposti in 2-3 serie, a filamenti muniti di una glandola d'ambo i lati; antere deiscenti per mezzo di due valvole che si rialzano dal basso all'alto. I femminei con 4 stami sterili, biglandolosi.

Ovario con 1 ovulo ; stilo con stimma 3-lobo. Frutto drupaceo, con seme coperto da un guscio cartaceo ; embrione senza albume, con 2 grossi cotiledoni oleosi, nascondenti la radichetta superiore.

·Alberetto sempreverde, glabro, a foglie coriacee, bislungo-lanceolate, ondu·late nel margine. Fiori giallognoli, 4-6 in ombrellette ascellari, peduncolate, cinte da brattee. Drupa nera a maturità. ♄. — Colt. ovunque e spontaneo nelle parti più calde della Penisola. — *Mar.* — *Alloro*.
2281 L. nobilis L.

Fam. 108.ª ELEAGNACEE.

1. **Hippophaë.** Fiori dioici. I maschili sessili all'ascella di brattee caduche, a perigonio di 2 pezzi; stami 4. I femminei pedicellati, solitari, ascellari, a perigonio tubuloso, bilobo all' apice; ovario 1-ovulato, con stilo grosso, breve e stimma clavato, allungato, solcato longitudinalm. Il frutto è una falsa drupa, formata dal perigonio accresciuto e succoso, ravvolgente il pericarpio; seme con guscio duro, osseo. — Arbusti a foglie alterne, semplici, integre, senza stipole.

Pianta a rami spinescenti, coperti di peli squamosi insieme alle foglie, le quali sono lineari-lanceolate, larghe 3-5 mm., quasi sessili, verdi di sopra e grigio-argentine di sotto. Frutti maturi della grossezza d'un pisello e di colore aranciato. ♄. (It. media). — *Apr. Mag.* — Ghiaie dei torrenti e luoghi aridi dal mare alla reg. mont. ·— *Olivello spinoso*. (Fig. 268).
2282 H. rhamnoides L.

A questa famiglia spetta pure l' Eleagno (*Elaeagnus angustifolia* L.) albero a fiori ermafroditi, talora coltivato; ha frutti eduli e fiori odorosi che servono a preparare dei liquori.

Fam. 109.ª LORANTACEE.

Piante legnose, parassite sui rami di vari alberi, a foglie opposte, semplici, interissime o squamiformi, senza stipole. Fiori ermafroditi o unisessuali dioici. Perigonio di 3-6 raram. 2 pezzi, oppure perianzio doppio con corolla di 4-6 pezzi. Uno stame connato per ciascun lobo del perigonio o petalo. Ovario infero, spesso coronato da un disco anulare, con 1 solo ovulo, eretto; stilo semplice o nullo e stimma semplice. Frutto bacca con pericarpio viscido-polposo, ad 1 solo seme con albume copioso.

CHIAVE DEI GENERI.

1
  Fiori in fascetti ascellari o terminali, a perigonio 2-5-mero. Antere deiscenti per pori . . . . 2 VISCUM
  Fiori in spighe terminali con calice e corolla 6-meri. Antere deiscenti per fessure longitudinali . . . . 1 LORANTHUS

1. **Loranthus** (da λωρον = correggiolo e ἀνθος = fiore, per la forma dell'infiorescenza). Fiori (nella specie nostrale) per lo più dioici, a calice 6-dentato e corolla di 6 petali distinti. Stami 6, ad antere

deiscenti per fessure longitudinali. Ovario uniloculare. Bacca polposo-vischiosa, ad 1 seme.

> Arbusto ramosissimo. a rami opposti, articolati. Foglie bislungo-obovate, carnosette. Fiori verdastri, in spighe terminali. Bacca piriforme-globosa (6-7 mm.), gialla. ♃. (It. media). — *Mag.* — Parassita sulle quercie e sui castagni reg. subm. — *Vischio quercino.* (Fig. 148).
> **2283 L. europaeus** Jacq.

2. **Viscum.** Fiori dioici. I maschili con perigonio 4-fido; antere 4, sessili, deiscenti per molti pori. I femminei con perigonio a tubo aderente all'ovario e lembo 4-dentato, brevissimo. Ovario c. s.; stimma sessile. Bacca gelatinosa c. s.

> Arbusto c. s. (2-5 dm.). Foglie coriacee, carnose, ottuse, 3-5-nervi, larghe 15-20 mm., oblungo-lanceolate. Fiori gialli in capolini ascellari o terminali. Bacca bianca, sferica. ♃. (It. media). — *Mar. Mag.* — Parassita sui peri, meli, sorbi ecc., reg. subm. e mont., raram. med. — *Vischio.*
> **2284 V. album** L.

Fam. 110.ª **SANTALACEE.**

Piante erbacee annue o perenni oppure arbusti, a foglie alterne senza stipole, lanceolato-lineari, interissime. Fiori ermafroditi, dioici o poligami. Perigonio a 3-5 lobi. Stami 3-5 opposti ai lobi e connati con questi, filamenti brevi. Ovario infero, uniloculare, aderente al tubo del perigonio, ovuli 3-5 pendenti; stilo breve; stimmi 1-5. Frutto secco o drupaceo, coronato dai lobi del perigonio; albume carnoso, embrione cilindrico; cotiledoni lineari od oblunghi.

1 { Arbusto con fiori dioici o poligami. Perigonio 3-4-fido. Stami 3-4. Stimmi 3-4.
                                                                     1 OSYRIS
  { Erbe con fiori ermafroditi. Perigonio 4-5-fido. Stami 5. Stilo e stimma unico.
                                                                   2 THESIUM

1. **Osyris.** Fiori dioici o poligami. Perigonio 3-4-fido. I maschili con 3-4 stami. I femminei ad ovario infero, uniloculare, con 2-5 ovuli; stilo breve, con 3-4 stimmi. Drupa quasi secca, ad endocarpio crostaceo, contenente 1 solo seme.

> Arbusto sempreverde, 5-10 dm. Foglie lineari-lanceolate, coriacee, acute o mucronate. Fiori piccoli, giallastri, formanti dei lunghi racemi, i maschili numerosi, pedicellati, i femminei solitari o pochi, sessili. Frutti grossi, come piselli, rossi. ♃. (It. media nel Bolognese, T., Gorgona, Pianosa, M. ecc.). — *Apr. Giu.* — Boschetti e siepi reg. med. o più raram. subm. (Fig. 270).
> **2285 O. alba** L.

2. **Thesium.** Fiori ermafroditi. Perigonio col tubo saldato all'ovario ed a lembo 4-5-fido. Stami 5 (raram. 4), coi filamenti barbati alla base. Ovario con 3 ovuli; stilo filiforme, con stimma capitato. Drupa secca c. s. — Erbe quasi parassite, con fiori esternam. verdognoli e bianchi all' interno.

1 {
Pianta *annua*. Frutto *munito tra i nervi longitudinali di nervi secondari* obliqui e trasversali, talora però appena evidenti. ①. (T., Pianosa, Romano). — *Apr. Mag.* — Reg. med. . . . . . **2286 Th. humile** Vahl
Piante *perenni*. Frutti *coi soli nervi longitudinali* o talora pochi nervi secondari obliqui 2

2 {
Perigonio sfiorito involto *all'apice soltanto* e conservante la forma cilindrica in basso. Fusti 10-15 cm., sdraiato-ascendenti, terminati da un racemo semplice o quasi, piuttosto denso ed unilaterale. (App. fino in T., Alpi Ap.). — *Lug. Ag.* — Pascoli e luoghi sassosi dalla reg. mont. all'alp. **2287 Th. alpinum**
Perigonio sfiorito involto *fino alla base*, formante sul frutto un tubercoletto globoso 3

3 {
Radice *stolonifera*. Foglie lanceolato-lineari, larghe 2-4 mm., 3-nervi. ♃. (It. media). — *Mag. Lug.* — Reg. subm., mont. e subalp. **2288 Th. intermedium** Schrad.
Radice *non stolonifera* 4

4 {
Foglie. almeno le super., *lanceolato-lineari*, larghe 3-8 mm., acuminate, *trinervi*. Fusti eretti, alti 4-6 dm. ♃. (App. medio, Alpi Ap.). — *Mag. Giu.* — Reg. alp. . . . . **2289 Th. montanum** Ehrh.
Foglie *lineari-acute*, larghe 1-2 mm., uninervi o debolm. trinervi. . . 5

5 {
Brattee *tutte più brevi* del frutto. ♃. (App. medio). — *Mag. Giu.* — Prati e pascoli reg. subm. e mont., raram. med. ed alp. (Fig. 269). **2290 Th. divaricatum** Jan.
Brattea *infer. più lunga* del frutto, quelle laterali *uguali ad esso od un po' più brevi*. ♃. (App. medio, Alpi Ap.) . . . **2291 Th. ramosum** Hayne

269. *Thesium divaricatum* Jan. (¹/₄).

270. *Osyris alba* L. (¹/₄).

271. *Cytinus Hypocistis* L. (¹/₄).

Fam. 111.ª ARISTOLOCHIACEE.

Erbe perenni, a foglie alterne, semplici, senza stipole. Fiori ermafroditi, solitari o variam. aggruppati. Perigonio regolare, trilobo o irregolare a forma di linguetta. Stami 6 o 12, con filamenti brevi o nulli ed antere libere o connesse allo stilo, a 4 caselle introrse od estrorse. Ovario infero a 6 logge, con molti ovuli; stili 6, distinti o saldati in una colonna divisa in sei lobi stimmatiferi. Frutto cassula coriacea, coronata o no dal perigonio persistente, a sei logge; semi numerosi, albume abbondante carnoso o corneo ed embrione assai piccolo, cotiledoni brevi e radichetta situata presso l'ilo.

CHIAVE DEI GENERI.

1 {
Perigonio regolare, a lembo trifido. Stami 12, ad antere libere. Cassula coronata dal lembo persistente del perigonio. Erba strisciante   . 1 ASARUM.
Perigonio irregolare, tubuloso, 1-labiato. Stami 6, ad antere sessili. Cassula non coronata dal perigonio. Erbe erette o volubili   . . 2 ARISTOLOCHIA.
}

1. Asarum. Perigonio regolare, persistente, trifido; stami 12 a filamenti brevi. Ovario semi-infero ; stili saldati in colonna ; stimmi 6. Cassula coriacea, coronata dal lembo del perigonio.

> Fiori solitari, a perigonio villoso, verdognolo all'esterno, violaceo all'interno, nascenti tra i piccioli delle 2 foglie, brevem. peduncolati. Fusti striscianti, a foglie reniformi. 2⟩. (It. media). — *Mar. Lug.* — Boschi reg. subm. e mont. — *Baccaro, Renella.* (Fig. 272) .   . **2292 A. europaeum** L.

2. Aristolòchia. Perigonio irregolare, caduco, tubuloso, ventricoso, prolungato in linguetta laterale. Antere 6 sessili. Ovario infero; stilo breve con 6 lobi stimmatici. Cassula coriacea, ombelicata all'apice.

1 {
Fiori *fascicolati*, 2-15 nell' ascella delle foglie, gialli. Foglie di color verdegajo, cuoriformi con picciolo assai lungo. 2⟩. (It. media). — *Mag. Lug.* — Lungo le siepi, argini ecc. dal mare alla reg. subm. — *Stallogi.*

          2293 A. Clematitis L.
Fiori *solitari* nell'ascella delle foglie.   2
}

2 {
Foglie *sessili o quasi*, abbraccianti, ad escavazione basale *strettissima o chiusa*. Fiori col tubo giallo-pallido, striato di porpora e la linguetta fosco-porporina; peduncolo superante il doppio del picciolo. 2⟩. (It. media, Elba, Gorgona, Pianosa, Capraia). — *Mag. Giu.* — Luoghi erbosi e colt. dal mare alla reg. subm. — *Erba astrologa.* (Fig. 273) .   . **2294 A. rotunda** L.
Foglie *con picciolo lungo 5-40 mm.*, ad escavazione basale ± *ampia ed aperta*   3
}

3 {
Tubero *verticale, bislungo-fusiforme*. Peduncoli florali *quasi eguali* ai piccioli. Linguetta del perigonio *lunga un terzo del tubo*. Cassula *obovato-piriforme*. 2⟩. (T. all'Elba). -- *Apr. Mag.* — Luoghi erbosi reg. med.

          2295 A. longa L.
Tubero *globoso*. Peduncoli florali *assai più brevi* dei piccioli. Linguetta del perigonio *uguale circa* al tubo. Cassula *piriforme*. 2⟩. (T. Elba, Giglio e It. centr.). — *Prim. Est.* — Prati e luoghi boschivi.   **2296 A. pallida** W.
}

Fam. 112.ª CITINACEE.

1. Cytinus. Pianta carnosa, parassita sulle radici dei *Cistus*, a foglie ridotte a squame, senza stipole. Fiori monoici, a perigonio tubuloso-campanulato, con 4-8 lobi. I maschili con 8-10 antere sessili sopra una colonna centrale. I femminei ad ovario infero, uniloculare, con moltissimi ovuli ; stilo a colonnetta, con stimma globoso. Frutto bacca.

> Fusti brevi (5-8 cm.), spesso affastellati, carnosi, giallognoli, giallo-rossastri o più raram. rosei, assieme alle squame ed ai fiori. Squame carnose, ovate od ellittiche, denticolato-cigliate. Fiori 5-10 quasi sessili all'apice del fusto,

con una brattea e 2 bratteole ciascuno. $\mathcal{2}$. (It. media, Arc. tosc. non ovunque). — *Apr. Mag.* — Parassita sulle radici di varie specie di *Cistus* nella reg. med. (Fig. 271) . . . · . . . . **2297 C. Hypocistis** L.

272. *Asarum europaeum* L. ($^1/_4$).

273. *Aristolochia rotunda* L. ($^1/_4$).

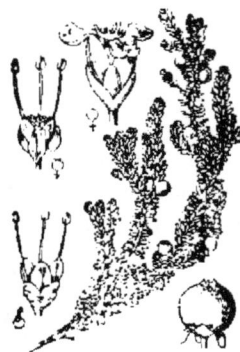

274. *Empetrum nigrum* L. ($^1/_5$).

Fam. 113.ª **PINACEE.**

Alberi od arbusti resinosi, a foglie indivise, alterne, opposte o verticillate, senza stipole. Fiori monoici o mono-dioici, i maschili amentiformi, decidui, solitari o talora in capolini, i feminei in coni o solitari. Perigonio nullo. Fiori maschili formati da più stami con antere ad una o più caselle. Fiori femminei costituiti da uno o più ovuli, inseriti sopra un corpo squamiforme (*lepidio*) ascellare ad una brattea o direttamente nell'ascella di una brattea. Semi spesso alati, a guscio sottile o grosso; albume carnoso, oleoso o farinaceo ed embrione assile, diritto, con 2 o più cotiledoni.

CHIAVE DEI GENERI

1 ⎰ Foglie lineari-aghiformi o lineari-appiattite 2
　⎱ Foglie squamiformi, embriciate sui rami. 4

2 ⎰ Foglie riunite a 2-6 cinte da una guaina basilare membranosa, persistenti
　⎟　 nell'inverno . . . . 1 Pinus
　⎨ Foglie in fascetti di 30-40 su ramoscelli raccorciati, caduche nell'inverno.
　⎟ . . . . 2 Larix
　⎱ Foglie solitarie, senza guaina, persistenti nell'inverno 3

3 ⎰ Arbusti a foglie triangolari-allungate, pungenti. Frutto carnoso a forma di
　⎟　 falsa bacca . . . . 6 Juniperus p. p.
　⎨ Alberi a foglie aghiformi, non pungenti. Frutto secco a forma di pina squa-
　⎱　 moso-legnosa. . . . . 3 Abies

4 ⎰ Frutto a forma di falsa bacca, con 1-3 semi . . . . 6 Juniperus p. p.
　⎱ Frutto secco, squamoso-legnoso. 5

5 ⎰ Semi alati, numerosi sotto squame peltate. Ramoscelli rotondi. 5 Cupressus
　⎨ Semi non alati, 1-2 entro squame mucronate sotto l'apice. Ramoscelli com-
　⎱　 pressi. . . . . 4 Thuya

Tribù 1. PINEE.

Fiori monoici. Pine per lo più grandi, legnose. Polline reniforme. Foglie lineari od aghiformi, sparse, solitarie o fascicolate.

1. **Pinus.** Foglie riunite a 2-6. Due sacchi polliniferi e 2 ovuli per ciascuna brattea dell'amento. Frutto pina legnosa, a maturazione bi-triennale, con squame ingrossate all'apice (scudo) e portanti nell'ascella 2 semi alati, a guscio legnoso od osseo. — Piante abbondantem. resinose.

1 { Semi grandi con ala *più breve* di essi, *caduca*. Pine grosse ovato-rotonde (lunghe 12-15 cm., larghe 7-11 cm.); squame con scudo a base romboidale, faccettato a guisa di piramide. Albero con chioma ad ombrello (15-22 m.). 5. (It. media, Arc. tosc.). — *Feb. Apr.* — Reg. med. specialm. in prossimità del mare; colt. pei pinocchi ed anche inselv. — *Pino da pinocchi.*
2298 P. Pinea L.
Semi con ala *2-4 volte più lunga* di essi, *persistente* 2

2 { Foglie *brevi* (3-6 cm.), di color verde-intenso. Pine *piccole*, ricurve, conico-oblunghe (2 ½-3 ½ mm.); scudo convesso piramidato, di rado un po' allungato-rostrato, opaco. 5. (App. emil.). — *Prim.* — Luoghi aridi dai 300 ai 2000 m. . . . . . . **2299 P. silvestris** L.
Foglie *lunghe* (in media 8-20 cm.), verdi. Pine *mediocri o grosse.* . . 3

3 { Foglie *molli*, sottili, lunghe *7-9 cm.* Pine *mediocri* (8-12 cm.), con squame a *scudo piano o quasi, portate da un peduncolo* curvo in giù. Alberò a chioma *diffusa (8-15 m.).* 5. (T., Gorgona, It. centr.). — *Prim.* — Presso al mare. — *Pino d'Aleppo.* (Fig. 276) **2300 P. halepensis** Mill.
Foglie *rigide*, lunghe *10-20 cm.* Pine *grosse* (13-20 cm.), con squame a scudo *rilevato a piramide acuta, sessili.* Albero a chioma *subpiramidale (20-25 m.),* 5. (T., Elba, Gorgona, Pianosa, It. centr.). — *Feb. Mag.* — Presso al mare. **2301 P. Pinaster** Soland.

2. **Larix.** Fascetti di numerose foglie, caduche, portate da ramoscelli raccorciati. Amenti all'apice dei rami abbreviati, i maschili accompagnati da scaglie membranacee. Pine a maturazione annuale, con squame assottigliate nei margini, senza scudo, persistenti.

Albero alto 25-35 m., a chioma piramidale e rapido sviluppo. Foglie brevi (2-6 cm.), riunite a 30-40 o più su rami raccorciati. Pine piccole, ovoidi, larghe 18-24 mm. 5. — *Apr. Mag.* — Qua e là colt. nell'App.; reg. mont. e subalp. — *Larice* . . . . **2302 L. europaea** DC.

3. **Abies.** Foglie solitarie, persistenti. Amenti ascellari sui rami dell'anno precedente. Pine a maturazione annuale con scaglie coriacee, piane, persistenti o caduche.

1 { Foglie *piane, con due striscie bianche di sotto, rivolte in due serie opposte.* Pine *erette*, a squame *caduche*. Albero a chioma piramidale, alto 20-25 m., con rami quasi orizzontali. 5. — *Prim.* — Qua e là nell'App.; boschi reg. mont. — *Abete bianco, Abete nostrale* . . . **2303 A. pectinata** DC.
Foglie *tetragone*, acute, *verdi, volte per ogni verso.* Pine *pendule*, a squame *persistenti.* Albero a rami orizzontali, arcuati e rametti pendenti. 5: — *Mar. Giu.* — Qua e là piantato nell'App.; boschi reg. mont. — *Abeto rosso, Abeto di Moscovia* . . . . **2304 A. excelsa** Poir.

Tribù 2. CUPRESSEE.

Fiori mono-dioici. Pine ovali o globose. quasi legnose o carnose (*galbulo*). Polline globoso. Foglie lineari-aghiformi, verticillate oppure squamiformi, 4-seriate.

4. Thuya. Foglie squamiformi. Fiori monoici, terminali. Amenti portati da corti rami e formati da brattee opposte in croce. Pine a 6-8 squame dapprima subcarnose ed alla fine legnose; semi 2 senz'ala (in tutte le altre *Thuya* sono alati).

Albero od arbusto a ramoscelli compressi e foglie squamiformi, su 4 file. Pine giovani globose, quindi ovoidee, per lo più con 4 squame fertili soltanto. ♄. — *Prim.* — Comunem. colt. dal mare alla reg. subm.
2305 T. orientalis L.

5. Cupressus. Foglie squamiformi, ricoprenti del tutto i ramoscelli. Fiori monoici. Pine globose, a 6-14 squame legnose, peltate, mucronate sul dorso, contenenti molti semi compressi, alati.

Albero a chioma conico-piramidale (20-25 m.), a rami eretti e stipati oppure orizzontali ed allontanati; ramoscelli rotondi. a foglie squamiformi in 4 file. ♄. — *Prim.* — Colt. nella reg. med. e talora subm. — *Cipresso*.
2306 C. sempervirens L.

275. *Juniperus macrocarpa* S. et S. (¹/₄).

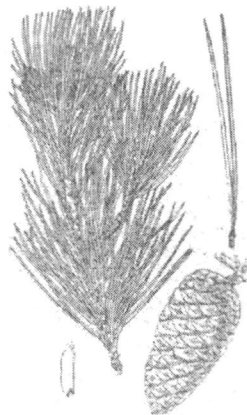

276. *Pinus halepensis* Mill. (¹/₄).

277. *Hydrocharis Morsus-ranae* L. (¹/₄).

6. Juniperus. Foglie ternato-verticillate tutte squamiformi oppure in parte e le altre aghiformi. Fiori dioici o monoici in amenti ascellari o terminali. Frutto falsa bacca (galbulo) globosa, formata da squame divenute carnose, con pochi semi (3, talora saldati in uno).

1 { Foglie *squamiformi*, su 4 file, embriciate, applicate ai rami, *con una glandola* sul dorso. Piante *per lo più monoiche* 2
Foglie *lineari-aghiformi*, verticillato-patenti, *non glandolose* sul dorso. Piante *dioiche* 3

2 {
Bacche *rosso-scure, nitide*, del diam. di *8-14 mm.*, erette. ♃. (It. media, Arc. tosc.). — *Mar. Apr.* — Presso al mare nella costa occ., reg. med., raram. subm. — *Appeggi* . . . . **2307 J. phoenicea** L.
Bacche *turchiniccio-scure, biancastro-polverose*, del diam. di *3-7 mm.*, *sospese ad un rametto ricurvo*. ♃. — *Apr. Giu.* — App., raro: talora colt. e subsp. — *Sabina* . . . . **2308 J. Sabina** L.

3 {
Bacche mature *nere o nero-azzurrognole*, del diam. di *5-8 mm.*, *numerose*. Foglie con un solco biancastro di sopra. Frutice d'altezza variabile. ♃. — *Ginepro* . . . . **2309 J. communis** L.
  A. Frutice eretto, alto da 1-2 a 6-15 m. Foglie rigide, mucronato-pungenti. (It. media, Elba). — *Feb. Apr.* — α *typicus*.
  B. Frutice nano, sdraiato. Foglie molli, quasi non pungenti. (App.). — Reg. alp. e subalp. — β *nana* (W.).
Bacche mature *rossicce o rosso-brunicce*, del diam. di *6-15 mm.* poco numerose 4

4 {
Bacche mature *rossicce, 6-12 mm.* diam., *nitide*. Foglie terminate *in punta acutissima*, bianche di sopra e con due solchi poco manifesti. ♃. (T., Elba e It. centr.). — *Feb. Apr.* — *Appeggi* . . . **2310 J. Oxycedrus** L.
Bacche mature *rosso-turchinicce, 12-15 mm.* diam., *polveroso-glaucescenti*. Foglie terminate *da un mucrone ottusetto*, quasi piane di sopra nel fresco e percorse da una riga verde, nel secco sporgente a forma di nervatura. ♃. (It. media, costa occ.). — *Dec. Feb.* — Luoghi arenosi marit. ; reg. med. (Fig. 275) . . . . **2311 J. macrocarpa** S. et S.

Fam. 114.ᵃ TASSACEE.

1. Taxus. Fiori dioici, ascellari. I maschili amentiformi, solitari, con 5-8 stami, saldati a colonna; antere con 4-6 sacchi pollinici inseriti sopra un connettivo peltato, col margine lobato. I femminei gemmiformi, costituiti da un ovulo eretto contornato da più serie di brattee opposte. Frutto in apparenza drupaceo, costituito da un seme cinto da un urceolo arilloideo carnoso, rosso a maturità.

Albero a chioma diffusa, alto 4-10 m. Foglie coordinate in 2 serie opposte, piane lineari-falcate, mucronate. ♃. (App. nella reg. mont. ed alp., talora med. come in T., Elba). — *Gen. Apr.* — Comunem. colt. — *Tasso* od *Albero della morte*. (Fig. 244) . . . . . **2312 T. baccata** L.

Fam. 115.ᵃ GNETACEE.

1. Ephedra. Fiori dioici o raram. monoici, I maschili in amenti all'ascella di brattee opposte, saldate a due a due alla base; perigonio erbaceo, fesso in 2 labbra; stami 4-8 riuniti per la base in una colonna. I femminei in amenti di 1 o 2 fiori, circondati da un involucro di squame; constano di un ovulo incluso in due invogli, l'esterno (perigonio?) carnosetto e perforato all'apice, l'interno membranaceo prolungato in un tubetto stiliforme. Frutto drupaceo, formato dalle squame interne fatte carnose, rosse e racchiudenti due semi a guscio cartilagineo ; embrione sempre con due cotiledoni. — Frutici a rami sottili, talora tortuosi e quasi volubili, articolato-nodosi, con foglie opposte, congiunte con la base in forma di guaina cingente ciascun nodo.

Arbusto di 3-4 dm., a rami opposti, striati, non fragili e tubercolato-scabri. Foglie con guaine più lunghe che larghe. Amenti maschili riuniti a 2-3 od

anche solitari; antere portate da uno stipite uguale o più lungo dell' involucro, quelle del centro brevem. stipitate. Amenti femminei 1-2 ad ogni
nodo, peduncolati. Frutto rosso con 2 semi. **5**. (It. media, costa occ., anche
presso Bologna). — *Mar. Giu.* — Reg. med. e subm.: rara.

2313 E. vulgaris Rich.

II. MONOCOTILEDONI: Embrione con 1 solo cotiledone. Fusto quasi
sempre erbaceo omogeneo, senza scorza ben distinta, con fasci fibrovascolari immersi nel tessuto cellulare. Foglie quasi sempre a nervature semplici e parallele. Fiori con involucri a 3 o 6 divisioni, sopra uno o due verticilli, spesso nulli o sostituiti da scaglie o setole.

Fam. 116.ª ORCHIDACEE.

Erbe perenni, terrestri, a radici fascicolate o tuberose (diverse
esotiche sono epifite e fornite di falsi bulbi). Foglie indivise, guainanti o talora ridotte a squame, radicali o sparse, senza stipole. Fiori
raram. solitari, più spesso in racemo o in spiga, ermafroditi, irregolari. Perigonio supero di 6 pezzi, 3 esterni subeguali, 3 interni di
cui 2 laterali simili, il terzo di solito più grande e spesso spronato
(*labello*). Stami connati con lo stilo in una colonnetta (*ginostemio*),
talora prolungata in un beccuccio (*rostello*); antera unica (2 in *Cypri-
pedium*) a 2 caselle; polline in 2-4-8 masse (*pollinii*), spesso piriformi
e pedicellate, con pedicello (*codetta*) glanduloso, talora pulverulento.
Ovario infero, per lo più lungo e contorto, con stimma in forma di
fossetta, situato alla parte superiore del ginostemio sotto l'antera;
ovuli numerosi, attaccati a 3 placente parietali. Frutto siliqua, deiscente per 6 fessure longitudinali; semi numerosissimi e minutissimi,
con guscio lasso, reticolato; albume nullo ed embrione rudimentale
carnoso.

CHIAVE DEI GENERI.

1 {	Stami 2.	1 CYPRIPEDIUM
	Stame 1.	2
2 {	Radici cilindriche o rizoma radiciforme. Antera articolata sul ginostemio .	3
	Radici cilindriche o ingrossate, ma allungate, intere. Antera continua col gi-nostemio	7
	Due grosse radici tuberose, palmate, divise. Antera continua col ginostemio. Polline in due masse. Labello spronato	11
	Due grosse radici tuberose, tondeggianti, intere. Antera continua col ginoste-mio. Polline in due masse	14
3 {	Polline in granelli	4
	Polline in masse. Ovario diritto.	5
4 {	Ovario contorto. Foglie con lamina	19 CEPHALANTHERA
	Ovario diritto. Foglie con sola guaina	18 LIMODORUM
5 {	Foglie verdi, in numero di 2 bislunghe . . .	12 LIPARIS
	Foglie con sola guaina colorita.	6
6 {	Labello rivolto in alto	17 EPIPOGIUM
	Labello rivolto in basso	13 CORALLORHIZA
7 {	Polline in masse. Ovario contorto. Labello spronato. Radici ingrossate, al-lungate	8
	Polline in granelli. Ovario diritto. Labello senza sprone . . .	9

8	Sprone più breve dell'ovario (*Bicchia*)	7 GYMNADENIA p. p.
	Sprone più lungo dell'ovario	. 9 PLATANTHERA
9	Inflorescenza a spiga contorta. Radici ingrossate . .	14 SPIRANTHES
	Inflorescenza a racemo. Rizoma	. . 10
10	Foglie parecchie, con lamina	20 EPIPACTIS
	Foglie 2 sole, opposte.	. 15 LISTERA
	Foglie ridotte alla sola guaina	. 16 NEOTTIA
11	Ovario diritto. Glandole nude	8 NIGRITELLA
	Ovario contorto	. 12
12	Tepali tutti conniventi. Glandole nude . . .	10 COELOGLOSSUM
	Tepali esterni patenti.	. 13
13	Masse polliniche con le glandole nude . . .	7 GYMNADENIA p. p.
	Masse polliniche con le glandole chiuse in una borsetta	6 ORCHIS p. p.
14	Labello spronato. Ovario contorto	. 15
	Labello non spronato	. 17
15	Masse polliniche con una glandola per ciascuna all'estremo della codetta. 6 ORCHIS p. p.
	Masse polliniche con una glandola comune che unisce le due codette. . 16
16	Sprone uguale o più lungo dell'ovario. Lobi del labello quasi uguali. (*Anacamptis*) . . . . 6 ORCHIS p. p.
	Sprone più breve dell'ovario. Lobo medio del labello lunghissimo. 5 HIMANTHOGLOSSUM
17	Ovario diritto. Masse polliniche con una glandola comune. Tepali conniventi. 3 SERAPIAS
	Ovario contorto	. 18
18	Masse polliniche con una glandola comune. Tepali conniventi . 4 ACERAS
	Masse polliniche con una glandola per ciascuna . .	. 19
19	Tepali patenti	. 2 OPHRYS
	Tepali conniventi	11 HERMINIUM

Tribù 1. CYPRIPEDIEE.

Due antere fertili le laterali, una mediana sterile, petaloidea. Labello concavo rigonfio. Scapo con 1 raram. 2 fiori terminali.

1. Cypripèdium (da χυπρις = Venere e πεδιον = scarpetta, per la forma del labello). Tepali patenti; labello grande e fatto a pantofola. Ginostemio pendente, trilobo, a lobi laterali portanti le antere, il mediano dilatato in lembo petaloideo. Polline granuloso. Ovario non contorto.

> Fiore grande, solitario, bratteato alla base, coi tepali bruno-porporini ed il labello giallo-dorato, macchiato di porporino. Rizoma strisciante, con radici fibrose. 4. (Parmigiano sul m. Pelpi). — *Mag. Giu.* — Luoghi selvatici dalla reg. mont. alla subalp. — *Pianella della Madonna.*
> **2314 C. Calceolus** L.

Tribù 2. OFRIDEE.

Antera mediana fertile, completam. saldata al ginostemio. Masse polliniche due, attenuate ognuna in una codetta, terminante in una o due glandole nude o chiuse entro borsette.

2. Ophrys. Tepali patenti, i due interni più piccoli; labello pendente, non spronato, ordinariam. pubescente o vellutato, trilobo, a

lobo mediano prevalentem. sviluppato sui laterali che spesso mancano. Ginostemio breve, talora munito di un beccuccio all' apice ; ciascuna massa pollinica è munita di una codetta, di una glandola e di
una borsetta. Ovario non contorto. — Erbe con tubercoli ovoidei e
foglie bislungo-lanceolate.

1 { Labello *con due* gibbosità coniche presso la base od anche senza *ma in tal*
    caso per lo più intero o quasi. 2
    Labello *senza* gibbosità presso la base, *sempre manifestam. trilobo* . . 7

2 { Tepali super. interni *glabri od appena pubescenti.* Labello generalm. *senza ap-*
    pendice nella marginatura apicale o poco sviluppata. ♃. — *Fior ragno.*
    (Fig. 294) . . . . **2315 O. aranifera** Huds.
      A. Gibbosità alla base del labello piccole o mancanti.
         a. Labello smarginato, senza gibbosità presso la base, o poco mar-
            cate, di colore porporino-nerastro nel centro, giallo o verdognolo
            nel margine, vellutato, con 2 linee longitudinali glabre, congiunte
            verso la base da una fascia trasversa. (It. media, Elba, Giglio). —
            Dic. Mag. — Boschi e luoghi erbosi dal mare alla reg. subm. —
            α *typica.*
         b. Labello subtrilobo, senza gibbosità, denticolato al margine, con
            breve appendice apicale, munito di una macchia lucida in forma
            di mezzaluna di sopra. (T. all'Elba). — β *lunulata* (Parl.).
      B. Gibbosità alla base del labello ben manifeste. Labello smarginato,
         densam. villoso, interam. violaceo-nerastro a metà della fioritura, con
         2 o 4 linee longitudinali, glabre, celesti, congiunte o no da una tra-
         sversa alla base. (It. media, Elba). — Presso al mare. — γ *atrata*
         (Lindl.).
    Tepali super. interni, *vellutati* sulla faccia anteriore o cigliati nel margine
      (rarissimam. glabri). Labello *con un' appendice* bene sviluppata nella smar-
      ginatura apicale 3

3 { Labello con smarginatura apicale munita di un'appendice volta *all'ingiù.* Te-
    pali super. interni *per lo più verdi,* almeno all'apice. 4
    Labello con smarginatura apicale munita di un'appendice volta *all'insù.* Te-
    pali super. interni *rosei o rosso-porporini* 5

4 { Tepali esterni del perigonio *bianco-rosei,* con carena verde. Brattee *più lun-*
    ghe dell'ovario, ♃. (It. media, Elba, Giglio, Capraia). — *Mar. Mag.* — Bo-
    schi e luoghi erbosi reg. med. e subm. — *Vesparia.*
                                2316 O. apifera Huds.
    Tepali esterni del perigonio *verde-pallidi* Brattee *più brevi* dell' ovario. ♃.
    (T., Elba, Pianosa, M. It. centr.). — *Mar. Apr.* — Luoghi erbosi reg, med.
                                2317 O. bombyliflora.

5 { Labello *senza gibbosità* presso la base, con una grande macchia nera lucida ;
    tepali super. interni poco più brevi degli esterni, lineari, non cordati alla
    base. ♃. (It. media). — *Mar. Mag.* — Luoghi erbosi e boschivi reg. med.
    e subm . . . . **2318 O. Bertolonii** Moretti
    Labello *con 2 gibbosità* presso la base o anche senza, ma in tal caso i tep.
    super. interni sono assai brevi e cordati alla base 6

6 { Ginostemio *terminato da un piccolo rostro acuto.* Labello con macchie o linee
    centrali lucide e porporino-brunastro nel resto. ♃.
                                2319 O. Arachnites Lam.
      A. Tepali super. interni brevissimi, cordati alla base. Labello intero o
         quasi, con o senza gibbosità alla base.
         a. Gibbosità del labello ben manifeste. Labello con una macchia nel
            mezzo glabra, oscuram. violacea a forma di H, cinta da linee
            giallastre che le separano da altre 3 macchie rotonde. (It. media,
            Elba). — *Apr. Giu.* — Luoghi erbosi o boschivi reg. med. e
            subm. — α *typica.*
         b. Gibbosità del labello poco o punto manifeste. (T. all'Elba?). —
            β *oxyrrhynchos* (Tod.).
      B. Tep. super. interni ± lunghi, lineari. Labello subtrilobo, con 2 gib-
         bosità alla base e con macchie glabre, irregolari nel mezzo, non mar-

6 {
ginate di giallo. (It. centr., Arc. tosc. all'Elba, Giglio e Pianosa). — Forse ibrida. — γ *exaltata* (Ten.).

Ginostemio *ottuso, senza rostro*. Labello con macchia centrale porporino o violaceo-scura e verdiccio o giallognolo nel resto.

   A. Labello con un ciuffetto di peli presso la smarginatura apicale, ad orli quasi spianati, obovato, smarginato-bilobo all'apice, con appendice glabra ed intera, cuneato ed intero verso la base, a gobbe talora poco manifeste, munito di una macchia glabra centrale, romboidale o quadrata, spesso cinta di giallo, nel resto densam. pubescente. (T., Elba, M. It. centr.). — *Apr. Mag.* — Luoghi erbosi e boschivi reg. med.
               2320 O. tenthredinifera W.

   B. Labello senza ciuffetto di peli c. s., ad orli rivolti in giù. Tepali esterni di un rosa slavato-sudicio, i 2 interni ovato-triangolari, più lunghi che nella spec. (T. tra Orbetello e Burano). — O. TENTHREDINIFERO ✕ ABANIFERA Somm.

   C. Labello con ciuffetto di peli ± marcato. Tep. esterni di un verde-slavato di rosa. Pel resto intermedia fra i genitori. (T. al M. Argentaro). — O. BOMBYLIFLORO ✕ TENTHREDINIFERA Somm.
}

7 {
Perigonio a tepali super. interni *glabri* e *circa un terzo o meno* più brevi degli esterni.   8

Perigonio a tep. super. interni *pelosi o vellutati anteriorm.*, più brevi degli esterni *di circa metà od anche più*.   .   .   9
}

8 {
Lobi del labello di color *giallo, glabri* verso il margine, quello di mezzo smarginato-bilobo o intero, senza appendice. ♃. (T., Pianosa, M. It. centr.). — *Mar. Apr.* — Luoghi erbosi reg. med.   .   **2321 O. lutea** Cav.

Lobi del labello di color *bruno-porporino o giallastri, vellutati* anche sul margine, quello di mezzo smarginato-bilobo oppure quasi intero. ♃. (It. media, Arc. tosc. Giannutri, Giglio e Pianosa). — *Mar. Apr.* — Luoghi erbosi reg. med. e subm.   .   .   .   .   **2322 O. fusca** Lk.
}

9 {
Perigonio a tepali super. interni *lineari-filiformi*, villosi di sopra, labello vellutato presso il margine, a lobi laterali *quasi lineari*, il medio *bilobo*, senza appendice. ♃. (T. e anche It. centr.). — *Mag. Giu.* — Luoghi boschivi reg. subm. e mont.   .   **2323 O. myodes** Jacq.

Perigonio a tepali super. interni *ovato-triangolari*, pubescenti di sopra, labello assai villoso verso il margine, a lobi laterali piccoli *oblungo-ottusi*, il medio *smarginato* c. s. ♃. (L.). — *Mar. Apr.* — Luoghi erbosi reg. med.
               2324 O. Speculum Lk.
}

3. **Seràpias.** Tepali esterni convergenti a cappuccio; labello non spronato, trilobo, a lobi laterali eretti, il mediano riflesso. Ginostemio munito all'apice di un rostro petaloideo; masse polliniche con una codetta ciascuna ed una glandola comune chiusa in una borsetta. Ovario non contorto. — Erbe con tuberi interi e foglie lanceolato-lineari.

1 {
Labello *lungo come* i tepali esterni, a lobo mediano ovato-acuto (lungo 8-10 e largo 3-5 mm.), portante alla base *due calli* distinti paralleli fra loro. ♃. (T. a Viareggio, Maremma, Arc. tosc. Elba, Giglio, Gorgona e Pianosa). — *Apr. Mag.* — Luoghi erbosi reg. med.   .   .   **2325 S. occultata** Gay

Labello *più lungo* dei tepali esterni.   2
}

2 {
Labello munito alla base di *un grosso callo*, a lobo mediano ovale-acuto (lungo 13-20 e largo 8-10 mm.), glabro o pubescente, porporino-scuro. ♃. (It. media, Arc. tosc. non ovunque). — *Apr. Mag.* — Luoghi erbosi reg. med. e più raram. subm.   .   .   **2326 S. Lingua** L.

Labello munito alla base di *due calli*   3
}

3 {
Lobo mediano del labello *lanceolato od ovato-lanceolato* (lungo 15-25 e largo 6-10 mm.). Labello porporino-scuro, pallido nel mezzo alla base e talora anche nel lobo mediano. ♃. (It. media). — *Mar. Mag.* — Luoghi erbosi dal mare alla reg. subm. (Fig. 278)   .   **2327 S. longipetala** Pollin.

Lobo mediano del labello *ovato-acuminato* alla base, cuoriforme (lungo 15-25
}

3 | e largo *10·25 mm.*). Labello di color porporino ± scuro od anche rosso-carnicino. ♃. (It. media, Elba e Capraia). — *Apr. Mag.* — Luoghi erbosi e boschivi reg. med. e più raram. subm. . . **2328 S. cordigera** L.

Tra le specie di *Serapias* e *Orchis* sono stati citati vari ibridi, tra i quali rammentiamo : *S. cordigera* ✕ *O. papilionacea* raccolto presso Pisa e nel Bolognese e *S. cordigera* ✕ *O. laxiflora* Noulet pure presso Pisa.

278. *Serapias longipetala* Poll. (¹/₄).

279. *Aceras anthropophora* R. Br. (¹/₄).

280. *Himantoglossum hircinum* Spr. (¹/₄).

4. Aceras (da α, senza e κέρας = corno, per il labello senza sprone). Tepali esterni convergenti a cappuccio; labello pendente, senza sprone, trifido, col lobo mediano bifido. Ginostemio breve; masse polliniche con una codetta ciascuna ed una glandola comune chiusa in una borsetta. Ovario contorto.

Spiga moltiflora, allungata, con fiori verde-giallognoli. Brattee più brevi dell'ovario. Labello con lacinie lineari. Fusto alto 2·4 dm.; tuberi ovoidei. ♃. (It. media, Elba, Giglio). — *Mag. Giu.* — Qua e là nei boschi e luoghi erbosi reg. med. o più raram. subm. e mont. — *Ballerino.* (Fig. 279).
2329 A. anthropophora R. Br.

5. Himantoglossum (da ιμας = striscia e γλοσσα = lingua, per la forma lunga e stretta del labello). Labello con breve sprone alla base, tripartito, con lacinie lineari, ondoso-crespe o contorte a spirale, la mediana lunga 3-4 cm. Il resto come in *Aceras*.

Spiga lunga cilindrica, con fiori a tepali esterni macchiati di porpora internam. Lacinie del labello lunghissime, lineari. Fusto alto 4·8 dm.; tuberi ovoidei, grossi. ♃. (It. media). — *Giu. Lug.* — Luoghi boschivi reg. med. e subm. — *Barbone.* (Fig. 280). . . . **2330 H. hircinum** Spr.

6. Orchis. Tepali esterni patenti o conniventi: labello spronato, per lo più trilobo, raram. intero e denticolato; masse polliniche con una codetta ed una glandola ciascuna, raram. (*O. pyramidalis*) con una glandola comune; glandole sempre chiuse in una borsetta. Ovario contorto (eccett. *O. globosa*). — Erbe tuberose.

1 { Tepali esterni *conniventi a cappuccio*. Tuberi interi o raram. bilobi . . 2
  { Tepali esterni *patenti o riflessi*. Tuberi interi o palmato divisi . . . 14

2 { Tepali esterni del perigonio *totalm. distinti* 3
  { Tepali esterni ± *saldati tra loro*, liberi soltanto verso l'apice . . . 6

3 { Labello *intero o trilobo*; sprone *più lungo* della metà dell'ovario. . . 4
  { Labello *profondam. trifido o tripartito*; sprone *più breve* della metà dell'o-
    vario 8

4 { Labello *intero o leggerm. trilobo*, crenulato o dentellato al margine. Brattee
    ampie 3-7-nervi, uguali o superanti l'ovario, rossicce o porporine.
        A. Sprone acuto all'apice. Labello intero, crenulato al margine. ♃. (It.
        media, Arc. tosc. non ovunque). — *Mar. Mag.* — Luoghi erbosi reg.
        med. o raram. subm. — *Cipressini*. (Fig. 293).
                        2331 O. papilionacea L.
        B. Sprone ottuso od un po' slargato all'apice. Labello smarginato-bilobo,
        leggerm. trilobo od anche intero, dentellato. (Colli Bolognesi, T., El-
        ba). — O. PAPILIONACEO ✕ MORIO Parl.
    Labello *bi-trilobo*, raram. soltanto dentellato. Brattee *strette, 1-3-nervi*, più
    brevi od uguali all'ovario, per lo più violette, talora sfumate di verde . 5

5 { Sprone *cilindrico*, un po' gonfio all'apice, quasi uguale all'ovario. Labello *di
    color violaceo quasi uniforme*, meno la base che è bianchiccia, trilobo ed a
    lobo medio *sviluppato*, raram. subintero, dentellato. Brattee *violacee*. Fiori
    porporino-violacei, raram. bianchi o rosei, in spiga spesso abbreviata, piut-
    tosto lassa. ♃. (It. media, Elba, Giglio, Capraia). — *Apr. Mag.* — Luoghi
    erbosi e boschivi dal mare sino quasi alla reg. subalp. — *Giglio caprino*.
                        2332 O. Morio L.
  { Sprone *spatolato-clavato* all'apice, subeguale all'ovario. Labello *violetto-scuro*
    nei lobi laterali e *bianchiccio o roseo* nel mezzo, a lobo medio *corto o cortis-
    simo*. Brattee *porporine*. Fiori violaceo-porporini, raram. bianchi, in spiga
    quasi cilindrica, lassa. ♃. (Presso Spoleto ed Assisi). — *Apr. Mag.* — Luo-
    ghi erbosi reg. med. e subm. . . . **2333 O. longicornu** Poir.

6 { Labello *senza macchie puntiformi* porporine. Spiga *cilindrica*, densa, lunga
    2-3 cm. Fiori assai piccoli; tepali esterni rossicci, rigati di porpora, i late-
    rali quasi saccati alla base. Sprone e ginostemio brevissimi. ♃. (T., Bolo-
    gnese, Faentino e Pesarese, It. centr.). — *Mar. Mag.* — Luoghi erbosi reg.
    med. e subm. . . . . **2334 O. intacta** Lk.
  { Labello *quasi sempre con macchie puntiformi* porporine. Spiga *per lo più ovata
    od anche cilindrica*, ma ± grande. 7

7 { Brattee *generalm. più lunghe* dell'ovario. Labello trilobo, a lobo medio *intero*.
    Fiori bruno-porporini o raram. bianchi, in spiga densa, ovale-cilindrica,
    lunga 4-10 cm. ♃. (It. media, Elba). — *Mag. Giu.* — Luoghi erbosi dal
    mare alla reg. subm. — *Cipolla o Giglio cimiciattolo*.
                        2335 O. coriophora L.
  { Brattee *più brevi o subeguali* all'ovario. Labello trilobo, a lobo medio *smar-
    ginato, bilobo o bifido* 8

8 { Labello a lobo medio *smarginato o bilobo*. Brattee *uguaglianti la metà* almeno
    dell'ovario 9
  { Labello a lobo medio *bifido*, raram. soltanto bilobo. Brattee *brevissime*, squa-
    miformi (eccett. ✕ *O. Bivonae*) 11

9 { Ovario *non od appena contorto*. Tepali esterni terminati *in un lungo acume
    quasi spatolato*, alla fine patenti . . . . . Cfr. O. GLOBOSA
  { Ovario *contorto*. Tepali esterni *acuti od acuminati*, ma non appendicolati, li-
    beri o saldati 10

10 { Tepali esterni *liberi, porporino-nerastri, ovato-ottusi*. Masse polliniche *gialle*.
    Brattee *rossiccio-violette, quasi uguali* all'ovario o più brevi. Sprone uguale
    ad $^1/_3$-$^1/_4$ dell'ovario. Fiori piccoli: labello bianco con punti porporini, a
    lobi laterali, lineari troncati, il mediano bilobo. Fusto alto 2-3 dm. ♃. (App.
    medio). — *Mag. Ag.* — Luoghi erbosi dalla reg. subm. o più raram. med.
    alla subalp. . . . . **2336 O. ustulata** L.

10 {
Tepali esterni *saldati almeno alla base, violetti o porporino-violetti,* raram. bianchi, *ovato-lanceolati.* Masse polliniche *verdastre.* Brattee *bianco-rosee, generalm. più brevi* dell'ovario. Sprone lungo $\frac{1}{2}$-$\frac{2}{3}$ dell'ovario. ♃.
2337 O. tridentata Scop.
   A. Fusto alto 1-3 dm. Fiori rossicci, raram. bianchi. Labello inclinato-pendente, a lobi laterali lineari-spatolati, troncati, il medio obcordato, bilobo, spesso con un denticino ricurvo tra i lobi. (It. media, Elba, Montecristo). — *Apr. Mag.* — Luoghi erbosi e boschivi dal mare alla reg. subalp. — α *typica.*
   B. Fusto alto 8-15 cm. Fiori bianco-rosei, più piccoli che nel tipo. Labello pendente, a lobi c. s., però il medio intero o smarginato-bilobo. (It. media, Elba, Giglio). — *Mar. Apr.* — Reg. med. — β *lactea* (Poir.).

11 {
Tepali esterni *porporino-nerastri o porporini.*
   A. Lobo medio del labello bifido, a lacinie troncato-denticolate, larghe 3 mm. circa. Tepali esterni porporino-nerastri, ovati, saldati fin presso l'apice. Spiga ovata, densa. Labello roseo-pallido con macchie porporine, papilloso; sprone lungo metà dell'ovario. ♃. (It. centr.). — *Mag.* — Boschi e luoghi erbosi reg. subm. raram. med.
2338 O. purpurea Huds.
   B. Lobo medio del labello c. s., a lacinie lunghe 1 $\frac{1}{2}$ mm. circa. Tepali esterni porporini c. s. Spiga più allungata che nella preced.; però oscillante nei caratteri tra i genitori. (Faentino, presso Roma). — O. PURPUREO ✕ MILITARIS Gr. et Godr.
Tepali esterni *bianco-rosei,* con righe di colore più carico 12

12 {
Lobo medio del labello con lobetti *obovati od oblunghi,* larghi *2-3 mm., generalm. assai più larghi e più corti* dei laterali. Sprone lungo circa metà dell'ovario. Spiga con fiori sbocciantì dal basso in alto. Fiori rosei, per lo più punteggiati di dentro, raram. bianchi. ♃. (App. medio, L.). — *Mag. Giu.* — Boschi e luoghi erbosi reg. subm. o più raram. med. **2339 O. militaris** L.
Lobo medio del labello con lobetti *lineari,* larghi *1 mm. o meno, larghi e lunghi circa come* i laterali 13

13 {
Tepali esterni *saldati alla base.* Foglie *piane o quasi,* ovali-oblunghe. Spiga ovata, un po' densa, con fiori sbocciantì dall'alto in basso. Fiori rosei o raram. bianchi. Il resto come nella spec. preced. ♃. (It. media). — *Mag. Giu.*
2340 O. tephrosanthos Vill.
Tepali esterni *affatto liberi.* Foglie *ondulate al margine,* oblunghe o lanceolate.
   A. Brattee *lunghe un terzo* dell'ovario. Sprone *lungo metà* dell'ovario. Spiga ovata, densa. Fiori rosei, talora coi tep. esterni quasi violetti oppure col labello quasi bianco, raram. affatto bianchi. ♃. (It. media). — *Apr. Mag.* — Luoghi erbosi reg. med. e raram. subm.
2341 O. longicruris Lk.
   B. Brattee *quasi uguali* all'ovario. Sprone *brevissimo.* Foglie meno ondose che nella spec. preced. (T. al M. Argentaro). — Probabilm. ibrida. — ✕ O. BIVONAE Tod.

14 {
Tuberi *interi.* Brattee *con nervi semplici* o più raram. ramificati. . . 15
Tuberi ± *profondam. divisi all'apice* (raram. uno dei due intero). Brattee grandi, erbacee, *sempre retinervie* 20

15 {
Fiori *porporini o rosei,* eccezionalm. bianchi 16
Fiori *gialli* 19

16 {
Spiga *globosa, ovata o conica,* molto densa 17
Spiga *allungata, lassa.* 18

17 {
Sprone *filiforme, uguale o più lungo* dell'ovario. Masse polliniche *attaccate ad un' unica glandola.* Fiori piccoli, *porporini;* labello *trilobo, senza punteggiature* e con due laminette sporgenti alla base. Brattee *roseo-violette, poco più brevi* dell'ovario. Foglie *lanceolato-lineari.* ♃. (It. media, Elba, Giglio, Pianosa) - *Apr. Giu.* — Luoghi erbosi, boschivi dal mare alla reg. mont. **2342 O. pyramidalis** L.
Sprone *gracile, uguale appena a metà* dell'ovario o *più breve.* Masse polliniche *libere con una glandola ciascuna.* Fiori piccoli, *rosei;* labello *tripartito, punteggiato di porpora.* Brattee 1-3-nervi, *verdognole, uguali* all'ovario. Foglie *oblunghe,* le super. gradatam. più piccole. ♃. (App. sino al Pistoiese, Bolognese ed Umbria). — *Giu. Ag.* — Pascoli dalla reg. mont. all' alp.
2343 O. globosa L.

Brattee, almeno le infer., *con 3-7 nervi ramificati.* Foglie *lineari-lanceolate,* per lo più canalicolate, *non macchiate.* Fusto *per lo più coperto dalle guaine.*
- A. Foglie lineari-lanceolate. Spiga assai lassa, per lo più allungata. Sprone grosso, un terzo o metà più breve dell'ovario, cilindrico. ♃.
  2344 O. laxiflora Lam.
  - *a.* Brattee più brevi o subeguali all'ovario. Labello spesso non punteggiato di porporino, a lobo medio più breve e più piccolo dei laterali o talora nullo. Fiori porporini, raram. bianchi. Foglie allungate o raram. abbreviate. (It. media). — *Apr. Mag.* — Prati umidi e paludosi dal mare alla reg. subm. — α *typica.*
  - *b.* Brattee più lunghe dell'ovario. Labello sempre punteggiato di porporino, a lobo medio lungo come i laterali o più, quadrato e spesso smarginato, i laterali rotondati. Fiori porporini. (Bolognese, presso Ravenna, T., It. centr.). — β *palustris* (Jacq.).
- B. Foglie c. s., abbreviate. Spiga addensata. Sprone orizzontalm. compresso; labello a 3 lobi subeguali. (L.). — O. MORIO ✕ LAXIFLORA Reut.
- C. Foglie lanceolate, ottusette. Spiga lassa, ma breve. Lobo medio del labello subeguale ai laterali. Sprone lungo quasi come l'ovario. Brattee più lunghe dell'ovario. Fiori porporini. (Presso Assisi). — O. PAPILIONACEO ✕ LAXIFLORA Asch.

Brattee *con 1-3 nervi semplici.* Foglie *oblungo-lanceolate o quasi obovate, spesso macchiate di bruno.* Fusto *nudo in alto.* Sprone cilindrico o conico-cilindrico, grossetto (1·1 ¹⁄₂ mm. diam.).
- A. Labello munito nel mezzo e verso la base di papille coniche ± lunghe. Fusto spesso con macchie porporine e foglie spesso macchiate di nero. ♃. (It. media, Elba). — *Mag. Lug.* — Luoghi erbosi e boschivi reg. subm. e mont., raram. med. **2345 O. mascula** L.
- B. Labello munito di papille coniche brevissime. Fusto e foglie senza macchie . . . . Cfr. O. PROVINCIALIS β PAUCIFLORA.

Sprone *gracile, uguale o più lungo* dell'ovario. Labello *trilobo,* a lobi *crenulati o dentati.* Foglie *spesso macchiate* di bruno, *lanceolate.* Brattee giallognole, subeguali all'ovario, con 1-3 nervi semplici. ♃.
  2346 O. provincialis Balb.
- A. Pianta alta 2-3 dm., a foglie macchiate di bruno. Spiga lassa, a 10-15 fiori, alla fine allungata. Labello profondam. trilobo. Fiori gialli. (It. media, Elba, Capraia). — *Apr. Giu.* — Luoghi boschivi ed erbosi reg. med. e subm. — α *typica.*
- B. Pianta più piccola, a foglie non macchiate. Spiga corta di 3-6 fiori più grandi che nel tipo. Labello leggerm. trilobo. Fiori gialli o raram. porporini. (T. M.). — β *pauciflora* (Ten.).

Sprone *grosso, un po' più breve* dell'ovario. Labello *brevem. trilobo,* a lobi *interi o quasi.* Foglie *mai macchiate, obovate od oblunghe,* dilatate sopra la metà. Spiga ovato-cilindrica, piuttosto densa. ♃. (It. media, non comune). — *Mag. Giu.* — Boschi e luoghi erbosi dalla reg. subm. alla subalp.
  2347 O. pallens L.

18 {

19 {

Foglie *oblungo-lanceolate.* Sprone *diritto od arcuato.* Semi con tegumento a cellule *manifestam. reticolate.* Spiga *ovata, densa* . . . **2348 O. sambucina** L.
- A. Sprone discendente. Fiori gialli, a labello spesso con punti roseoporporini, oppure porporini. (App. medio). — *Mag. Giu.* — Pascoli e boschi dalla reg. subm. all'alp. - α *typica.*
- B. Sprone orizzontale o discendente. Fiori giallo-pallidi o rosso-porporini, a labello con soli 2-4 punti rosei. Pianta più robusta del tipo in tutte le sue parti. (T. all'Elba e Giglio). — β *insularis* (Somm.).

Foglie *lanceolate o lineari-lanceolate.* Sprone *arcuato ascendente.* Semi con tegumento a cellule *ialine.* Spiga *oblunga, un po' lassa.* ♃. (It. media). — *Apr. Mag.* — Luoghi erbosi e boschivi reg. med. e subm.
  2349 O. pseudo-sambucina Ten.

21 {

22 { Fusto *fistoloso,* con 3-6 foglie, la super. *sviluppata,* per lo più *raggiungente la* spiga. Brattee retinervie, le infer. *più lunghe* dei fiori. Sprone *cilindrico-*

conico, ordinariam. più breve dell'ovario. Spiga ovato-oblunga, densa. Piante robuste. ♃ . . . . **2350 O. latifolia** L.

> 22 {
>
> A. Foglie patenti, ovali-oblunghe, allargate nel mezzo, acute, quasi sempre macchiate di bruno. (App. medio non ovunque). — *Mag. Lug.* — Prati umidi dalla reg. subm. alla mont. — α *typica*.
>
> B. Foglie erette, lungam. lanceolate, attenuate dalla base, cappucciate all'apice, quasi mai macchiate di bruno e di un verde più chiaro che nel tipo. (Col tipo, Parma, U. nel m. Subasio). — *Giu. Lug.* — β *incarnata* (L.).

Fusto *non fistoloso*, con 5-10 foglie, la super. *bratteiforme*, per lo più *discosta* dalla spiga. Brattee infer. *uguali* ai fiori. Sprone *cilindrico*. Foglie oblunghe, spessissimo macchiate di nero. ♃. (It. media, Elba, Giglio. — *Mag. Giu.* — Prati e boschi dalla reg. subm., raram. med. alla subalp

2351 O. maculata. L.

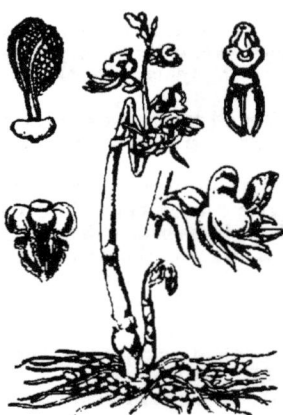

281. *Epipogium aphyllum* Sw. (¹/₄).

282. *Gymnadènia odoratissima* Rich. (¹/₄).

283. *Platanthera bifolia* Rchb. (¹/₄).

7. Gymnadènia (da γυμνος = nudo a ἀδην = glandola, per la mancanza della borsetta alla base dell'antera). — Masse polliniche con una codetta ed una glandola ciascuna, questa nuda. Il resto come in *Orchis*.

> 1 {
>
> Sprone *tre volte più breve* dell'ovario. Fiori piccoli *bianco-giallicci*, a tepali super. *conniventi a cappuccio*, in spiga cilindrica, densa, lunga *3-6 cm.*; brattee *uguali* all'ovario. Radice con fibre *carnose, grosse*. ♃. (App. medio). — *Lug.* — Pascoli reg. alp., subalp. e più raram. mont.
>
> **2352 G. albida** Rich.
>
> Sprone *uguale o più breve* dell'ovario. Fiori *rosei o porporini*, odorosissimi coi 2 tep. esterni laterali *divaricati*, in spiga quasi cilindrica, per lo più densa, lunga *3-7 cm.*; brattee *uguali o più lunghe* dell'ovario. Radice con fibre *sottili* e *2 tuberi palmati*. ♃. (Alpi Ap.). — *Giu. Lug.* — Prati e pascoli dalla reg. subm. all'alp. (Fig. 282). . **2353 G. odoratissima** Rich.
>
> Sprone *più lungo* dell'ovario, *spesso fino al doppio*. Fiori *rosei o porporini*, odorosi, coi 2 tep. esterni laterali *divaricati*, in spiga densa o lassa, cilindrica, lunga *5-20 cm*. Nel resto come sopra. ♃. (App. medio). — *Giu. Lug.* — Prati e pascoli dalla reg. subm. alla subalp., più raram. med.
>
> **2354 G. conopsea** R. Br.

8. Nigritèlla (da *niger* = nero, pel colore scuro dei fiori). Tepali patentissimi. Masse polliniche con una codetta ed una glandola ciascuna, questa nuda. Ovario non contorto e quindi labello posteriore. Il resto come in *Orchis*.

> Spiga ovato-conica, densissima, lunga 1-2 cm.; brattee lunghe come i fiori, verdi in basso, nericce verso l'apice, rosso-scure ai margini. Fiori piccoli nericci, raram. di un rosso-pallido con odore di vainiglia; labello intero, ovato-lanceolato; sprone lungo un terzo dell'ovario o meno. Foglie numerose, lineari-scanalate. Fusto alto 5-18 cm.; tuberi palmati. ♃. (App. centr.). *Lug. Ag.* — Pascoli reg. alp. — *Morettina* .   **2355 N. nigra** Rchb. f.

9. Platanthèra

9. Platanthèra (da πλατις = largo e ἀνθηρα = antera). Tepali esterni laterali patenti. Labello intero, lanceolato-ottuso, con sprone curvo lunghissimo, filiforme. Masse polliniche con una codetta ed una glandola ciascuna, questa nuda. Ovario contorto.

> 1 {
> Sprone *filiforme*, lungo *una volta e mezzo* l'ovario. Logge dell'antera *vicine e parallele*. Fiori bianchi, odorosi. Pianta *gracile*. ♃. (It. media, manca all'Arc. tosc.). — *Mag. Giu.* — Luoghi selvatici reg. subm. e mont. più raram. med. (Fig. 283). .   .   .   .   .   . **2356 P. bifolia** Rchb.
> Sprone *clavato all'apice*, lungo *2 volte circa* l'ovario. Logge dell'antera *discoste, divergenti in basso*. Fiori bianco-verdognoli, quasi senza odore. Pianta *robusta* (It. media, Elba), — *Mag. Giu.* — Col tipo.
> **2357 P. montana** Rchb. f.

284. *Spiranthes aestivalis* Rich. (¹/₄).

285. *Liparis Loeselii* Rich. (¹/₄).

286. *Corallorhiza innata* R. Br. (¹/₄).

10. Coeloglòssum

10. Coeloglòssum (da κοιλος = cavo e γλωσση = lingua, per la forma del labello). Tepali conniventi a cappuccio. Labello trilobo o tridentato, con un breve sperone fatto a borsa. Il resto come in *Platanthera*.

> Spiga lunga ± densa; brattee erbacee, uguali o più lunghe dei fiori, i quali sono giallo-verdastri. Masse polliniche munite di codetta; staminodi tubercoliformi. Foglie 3-6, le infer. ovato-oblunghe, cuneate alla base. Tuberi palmati. ♃. (App. medio, Alpi Ap.). — *Mag. Lug.* — Luoghi erbosi dalla reg. mont. o raram. subm. all'alp. .   .   . **2358 C. viride** Hartm.

11. Hermìnium

11. Hermìnium. Tepali convergenti a campana. Labello ± trilobo, senza sprone, rivolto da un lato e gozzuto alla base. Masse polliniche con un caudicolo breve ed una glandola per ciascuna, queste nude o quasi. Ovario contorto.

> Spiga gracile allungata; brattee erbacee, uguali ai fiori, i quali sono piccoli, verde-giallognoli. Labello trifido, a lacinie lineari-lanceolate; logge delle antere divergenti alla base. Due foglie basali (raram. 3-4, lanceolate, più brevi del fusto. Un tubero soltanto bene sviluppato. 2↲. (Alpi Ap.). — *Mag. Ag.* — Prati e pascoli umidi e paludosi dalla reg. mont. all'alp.
> **2359 H. Monorchis** R. Br.

Tribù 3. LIPARIDEE.

> Antera unica, terminale, libera, mobile, applicata sullo stimma. Quattro masse polliniche cerose, compatte, spesso coadese a 2 a 2, senza codette. Foglie a prefogliazione duplicata. Fiori pedicellati in spiga.

12. Liparis. Tepali patenti, subeguali tra loro in lunghezza, i due interni più stretti. Labello rivolto in alto, intero ovato, increspato al margine; sprone mancante. Ginostemio allungato. Ovario appena contorto.

> Spiga stretta, rada, con pochi fiori; brattee squamiformi. Fiori piccoli giallo-verdastri. Foglie 2 basali, bislungo-lanceolate. Fusto a 3 angoli quasi alati. Radice fibrosa. 2↲. (Paludi Pavesi, in T. nel padule di Bientina dove è scomparso). — *Mag. Giu.* — (Fig. 285). . . . **2360 L. Loeselii** Rich.

13. Corallhoriza (da χοραλλιον = corallo e ριζα = radice). Tepali conniventi, subeguali tra loro; labello rivolto da un lato, bislungo, ottuso, leggerm. trilobo, gozzuto alla base e con due linee callose e parallele sulla faccia super. Ginostemio lunghetto. Ovario contorto alla base.

> Spiga breve a 4-9 fiori; brattee piccole squamiformi. Fiori piccoli, verde-giallicci, inclinato-pendenti. Scapo gracile coperto inferiorm. da 3-4 guaine afille. Rizoma carnoso, nodoso-ramoso, coralloide. 2↲. (App. medio). — *Lug. Ag.* – Tra i muschi e detriti nei boschi di abeti e faggi reg. mont. — *Coralloriza.* (Fig. 286). . . . . . . **2361 C. innata** R. Br.

Tribù 4. NEOTTIEE.

> Antera unica, terminale, saldata col ginostemio solo alla base o libera. Due masse polliniche granulose o polverose senza codetta (eccett. *Epipogium*), con o senza glandola. Foglie a prefogliazione convoluta. Fiori sessili o pedicellati in spiga.

14. Spiranthes (da σπειρα = spira e ἀνθος = fiore). Fiori disposti a spirale. Tepali ravvicinati a doccia. Labello canalicolato, bicalloso alla base, intero all'apice denticolato e rivolto in basso. Ginostemio con rostello bifido. Masse polliniche bilobe, ad una sola glandola. Ovario appena contorto.

> Fioritura *estiva*. Fusto *foglioso*. Foglie lineari-lanceolate, nascenti *col fusto*. Radice con 2-4 fibre cilindrico-fusiformi. Spiga gracile, spirale, un po' glandoloso-pelosa; brattee più lunghe dell'ovario. Fiori bianchi, piccoli. sessili.

⚐. (It. media, Elba, Giglio, Montecristo, piuttosto rara). — *Lug. Ag.* — Prati paludosi dal mare alla reg. subm. (Fig. 284).   **2362 S. aestivalis** Rich.

1 ｛ Fioritura *autunnale*. Fusto fornito *di sole guaine bratteiformi*. Foglie nascenti *dopo il fusto* in un ciuffetto lateralm. ad esso. Radice per lo più con 2 soli (raram. 3-4) grossi tuberi napiformi. Spiga strettam. avvolta a spirale, glandoloso-pelosa; brattee subeguali all'ovario, Fiori c. s. ⚐. (It. media. Arc. tosc. Elba, Pianosa, comune). — *Sett. Dic.* — Luoghi erbosi dal mare alla reg. subm. .　.　.　.　.　.　.　. **2363 S. autumnalis** Rich.

15. Listèra (ded. a Martino Lister, botanico inglese). Tepali conniventi ad elmo. Labello pendente, lineare-allungato, piano alla base, bifido all'apice. Ginostemio breve, con rostello indiviso. Masse polliniche come sopra. Ovario non contorto.

Foglie *grandi, ovate* (6-13 per 3-7 cm.). Spiga *moltiflora*, lunga *10-15 cm.* Fiori verde-giallognoli; labello *intero* alla base. Rizoma breve, con *numerose* fibre. ⚐. (It. media, Elba). — *Giu. Ag.* — Luoghi ombrosi reg. subm. e mont., raram. med. .　.　.　. **2364 L. ovata** R. Br.

Foglie *piccole, ovato-triangolari, quasi cordate* (1-2 per 1-2-½ cm.). Spiga *con pochi fiori*, lunga *1-½ cm.* Fiori c. s.; labello *con due denti* alla base. Rizoma gracile, con *poche* fibre. ⚐. (App. tosco-emil. a Boscolungo e Fiumalbo, rara). — *Mag. Lug.* — Boschi di pini e abeti reg. mont. (Fig. 289).

2365 L. cordata R. Br.

287. *Epipactis palustris* Crantz (¼).

288. *Neottia Nidus-avis* Rich. (¼).

289. *Listera cordata* R. Br. (¼).

16. Neottia (da νεοττεια = nido d'uccello). Tepali subeguali, conniventi ad elmo. Labello patente un po' gozzuto alla base, bifido all'apice e coi due lobi divergenti ai lati. Il resto come in *Listera*.

Pianta di color bruno-pallido, a rizoma con fibre carnose aggomitolate, e fusto munito di poche guaine bratteiformi. Spiga oblunga, addensata; brattee uguali a metà dell'ovario. ⚐. (It. media). — *Giu. Ag.* — Boschi reg. mont., più raram. med. (Fig. 288) .　.　.　. **2366 N. Nidus-avis** Rich.

7. Epipògium (da επι = sopra e πωγων = barba). Tepali lanceolato-lineari, subeguali, patenti. Labello rivolto in alto, brevem. spronato alla base, trilobo, col lobo mediano assai più ampio, con-

cavo e papilloso. Ginostemio oblungo. Masse polliniche con un caudicolo ciascuna, girante sul loro dorso ed una sola glandola. Ovario non contorto.

> Rizoma ramoso, coralloide, a fusti biancastri o giallastri, un po' carnosi, rigonfi alla base, afilli, portanti poche squame e 2-7 fiori giallicci punteggiati di porporino. 2f. (App. tosc. a Boscolungo, raro). — *Lug. Ag.* — Tra i detriti vegetali nei boschi di faggi ed abeti reg. mont. (Fig. 281).
>
> **2367 E. aphyllum** Sw.

18. **Limodòrum** (da λιμωδης = affamato, pel parassitismo della pianta). Tepali lanceolati, eretto-patenti, gli interni più piccoli. Labello di due porzioni articolate, l'infer. (*ipochilio*) con sprone lungo come l'ovario; la super. (*epichilio*) ovato-oblunga, crenulata nel margine e abbracciante il ginostemio. Masse polliniche indivise, aderenti alla glandola stimmatica. Ginostemio assai lungo. Ovario non contorto.

> Pianta di color violaceo. Foglie sostituite da guaine bratteiformi. Fiori in spiga lassa, brevem. pedicellati, grandetti; brattee lanceolate spesso più lunghe dell'ovario. Rizoma breve con numerose fibre carnose. 2f. (It. media, Arc. tosc. non ovunque). — *Apr. Mag.* — Parassita sulle radici di varie piante nei luoghi boschivi reg. med. e subm. — *Fior di legna.* (Fig. 291).
>
> **2368 L. abortivum** Sw.

290. *Valliseria spiralis* L. (¹/₄).

291. *Limodorum abortivum* Sw. (¹/₄).

292. *Cephalanthera ensifolia* Rich. (¹/₄).

19. **Cephalanthèra** (da κεφαλη = testa e ανθηρα = antera). Tepali conniventi, nascondenti quasi il labello, il quale è articolato, con la porzione infer. saccato-concava e senza sprone, la super. terminante con una punta uncinata. Ginostemio allungato. Masse polliniche bifide alla base. Rostello e glandola stimmatica nulli. Ovario contorto, sessile. Fiori e cassule eretti.

1 {
Fiori *rossi*. Ovario ed asse dell' infiorescenza *pubescenti*. Tepali oblungo-lanceolati, tutti acuminati od anche gli interni un po' ottusi. ♃. (It. media). — *Giu. Lug.* — Luoghi selvatici e boschivi reg. subm. e mont., più raram. med. — *Elleborina rosea* . . . . **2369 C. rubra** Rich.
Fiori *bianchi o bianchicci*. Ovario ed asse dell'infiorescenza *glabri* . . 2
}

2 {
Foglie *lanceolate*, le medie larghe *1-1* 1/2 *cm*.; le super. lineari. Brattee tutte *più brevi* dell'ovario (raram. le infer. uguali ad esso). Tepali esterni lanceolati, *acuti*, gli interni ellittici, *ottusi*. ♃. (It. media, Elba). — *Apr. Mag.* Luoghi boschivi dal mare alla reg. mont. — *Elleborina bianca*. (Fig. 292). **2370 C. ensifolia** Rich.
Foglie *ovate od ovato-lanceolate*, larghe *2-2* 1/2 *cm*. Brattee più lunghe dei fiori, tutte *più lunghe* dell'ovario (raram. uguali ad esso). Tepali *tutti ottusi*. ♃. — *Mag. Lug.* — Luoghi boschivi reg. subm. e mont. raram. med. — *Elleborina giallognola* . . . . **2371 C. pallens** Rich.
}

20. **Epipàctis.** Tepali subeguali, patenti. Labello articolato, con la porzione infer. c. s., la super. crenulata nel margine, con due calli a forma di lamelle alla base. Ginostemio breve. Masse polliniche bifide, attaccantisi alla glandola del rostello. Ovario non contorto, ma portato da un pedicello contorto. Fiore o cassule ± pendenti.

1 {
Rizoma *stolonifero*. Labello a porzione anter. *piana, orbicolare-ottusa, bianca con strie porporine*. Foglie oblungo-lanceolate, sessili. ♃. (It. media). — *Giu. Lug.* — Prati umidi dal mare o più comunem. dalla reg. subm. alla mont. (Fig. 287) . . . . . **2372 E. palustris** Crantz
Rizoma *non stolonifero*. Labello a porzione anter. *concava, apicolata od acuminata, porporina o violetta, spesso marginata di bianco*. ♃. **2373 E. latifolia** All.
A. Foglie più lunghe degli internodi, per lo più scabre e pubescenti nei nervi. Spiga moltiflora.
    a. Lamine alla base della porzione anter. del labello liscie. Pianta robusta, verdeggiante, con foglie infer. ovate od ovato-lanceolate. Fiori a tepali esterni glabri, verdognoli, sfumati di viola. (It. media). — *Giu. Ag.* — Boschi dal mare o più comunem. dalla reg. subm. alla subalp. — α *typica*.
    b. Lamine alla base della porzione anter. del labello piegato-crenulate. Pianta rosso-brunastra, più gracile e con foglie più piccole del tipo. Fiori con tep. esterni forforacei, violaceo-scuri con sfumature verdi. (Col tipo e all'Elba). — β *rubiginosa* (Gaud.).
B. Foglie più brevi degli internodi, piccole, oblungo-lanceolate. Racemo povero, unilaterale. Nel resto come nella var. preced. (Col tipo nell'App. medio). — γ *microphylla* (Sw.).
}

Fam. 117.* IRIDACEE.

Erbe perenni, spesso fornite di rizoma o tuberose. Foglie basali o sparse senza stipole. Fiori ermafroditi, regolari o anche (*Gladiolus*) irregolari, inclusi in brattee spatacee. Perigonio petaloide, di 6 pezzi disposti in due serie. Stami 3, epigini od inseriti sui pezzi esterni del perigonio, ad antere estrorse con 4 caselle. Ovario infero a 3 caselle, ciascuna con molti ovuli, di rado ad 1 sola; stimmi 3 spesso dilatati e petaloidi. Frutto cassula membranacea o coriacea, a tre logge o anche (*Hermodactylus*) uniloculare per insufficienza dei setti, con molti semi, a guscio coriaceo o sottile, albume corneo o carnoso ed embrione breve cilindrico.

CHIAVE DEI GENERI.

1 { Lobi stilari appena slargati **2**
   Lobi stilari slargatissimi petaloidei. Perigonio coi pezzi esterni ripiegati in
   basso **4**

2 { Fiori regolari **3**
   Fiori irregolari . . . . **5** GLADIOLUS

3 { Perigonio con tubo lunghissimo . . . . 1 CROCUS
   Perigonio con tubo breve . . . . 2 ROMULEA

4 { Pezzi esterni del perigonio barbati, per numerosi peli . . . 3 IRIS p. p.
   Pezzi esterni del perigonio non barbati **5**

5 { Ovario uniloculare, per insufficienza dei setti. . . 4 HERMODACTYLUS
   Ovario triloculare **6**

6 { Perigonio con tubo breve (*Xiphion*). . . . . . . 3 IRIS p. p.
   Perigonio con tubo lunghissimo (*Gynandriris*) . . . . 3 IRIS p. p.

293. *Orchis papilionacea* L. (¹/₄).

294. *Ophrys aranifera* Huds. (¹/₄).

295. *Crocus biflorus* Mill. (¹/₄).

1. Crocus. Fiori regolari, con perigonio imbutiforme, a tubo lunghissimo. Stilo filiforme a 3 stimmi slargati all'apice in forma di trombetta, talora frangiati. — Piante a foglie lineari, percorse da una linea bianca e a margini revoluti.

1 { Pianta a fioritura *autunnale*. Spata di 2 pezzi. Perigonio a fauce violacea
   barbuta e tubo circa il doppio più lungo del lembo. Stimmi aranciati, interi od oscuram. lobati. ♃. — Coltiv. per trarne lo zafferano e quindi inselv. — *Sett. Nov.* — *Zafferano coltivato* . . . **2374 C. sativus** L.
   Pianta a fioritura *primaverile od invernale* **2**

2 { Spata di *2 pezzi*. Tuniche del bulbo *cartacee, staccantisi* circolarm. alla base.
   Perigonio a pezzi bianchi o violetto-slavati e fauce gialla, glabra. Stimmi
   interi od eroso-lobulati all'apice. ♃. (It. media, Elba). — *Gen. Apr.* — Pascoli e luoghi erbosi dal mare alla reg. subm. (Fig. 295).
   2375 C. biflòrus Mill.
   Spata di *1 pezzo*. Tuniche del bulbo *reticolato-fibrose, non staccantisi* circolarm. alla base. **3**

3 { Foglie larghe *3-8 mm*. Fauce del perigonio *cigliato-barbata* fra gli stami.
   Bulbo con tuniche a fibre *reticolate in alto*. ♃. — *Zafferano selvatico*.
   2376 C. vernus All.
   A. Fibre delle tuniche del bulbo sottili. Stimmi per lo più slargati ad

3 {
imbuto. (It. media, Elba). — *Mar. Lug.* — Luoghi erbosi e selvatici dal mare alla reg. alp. — *α typicus*.
    B. Fibre delle tuniche del bulbo grossette. Stimmi poco dilatati all'apice. (T. in Maremma presso Massa Marittima). — *Apr.* — β *etruscus* (Parl.). Foglie larghe *1-3 mm*. Fauce del perigonio *glabra*, bianca. Bulbo con tuniche a fibre *rettilinee*. Stimmi dilatati, inciso-crenati. 2*f*. (T. all' is. Capraia). — *Feb. Lug.* — Luoghi erbosi e selvat. dal mare alla reg. subalp.
                      2377 C. minimus DC.
}

2. **Romùlea.** Fiori regolari con perigonio imbutiforme, a tubo breve. Stilo lineare, con 3 stimmi bipartiti, papillosi su tutto il lato interno. Il resto come in *Crocus*. — Piante a foglie basali, lineari-compresse, scanalate, per lo più ricurve ed assai più lunghe dello scapo, il quale spesso è ramoso ed è portato da un bulbo solido.

1 {
Fauce del perigonio *pelosa*. 2
Fauce del perigonio *glabra*. 3
}

2 {
Stilo *più lungo* degli stami. Perigonio a lacinie lanceolate, ± acute, con tubo *breve* e fauce *gialla*. Fiore unico (di rado 3-4), *quasi il doppio più lungo* della spata. 2*f*. (T., Elba, Capraia, It. centr.). — *Mar.* — Luoghi erbosi reg. med. . . . . **2378 R. Bulbocodium** S. et M.
Stilo *uguale* agli stami. Perigonio a lacinie lanceolate, acute, con tubo *brevissimo* e fauce *giallognola*. Fiori 1-3 *poco più lunghi* delle spate. 2*f*. (Litorale tosco-romano, Elba) . . . . . . **2379 R. Rollii** Parl.
Stilo *più breve* degli stami. Perigonio a lacinie lanceolate, acute, con tubo brevissimo e fauce *color cedro*. Fiori 2-3, *poco più lunghi* delle spate. 2*f*. (It. media, Arc. tosc. non ovunque). — *Mar.* — Colli presso al mare.
                    2380 R. ramiflora Ten.
}

3 {
Perigonio a lacinie *bislungo-lanceolate* acute, fauce *giallo-cedro*. Stilo *subeguale* agli stami. Scapo *2-3-floro*. Fiori *un po' più lunghi* delle spate. 2*f*. (It. media, Arc. tosc. non ovunque). — *Mar. Apr.* — Luoghi erbosi specialm. marit.
                2381 R. Columnae S. et M.
Perigonio a lacinie *bislunghe, slargate in alto e quasi arrotondate all'apice*; fauce *violaceo-pallida*. Stilo *più breve* degli stami. Scapo *1-floro*, rarissimam. 2-floro. Fiori *fino al doppio più lunghi* delle spate. 2*f*. (T. all'is. Capraia). — *Apr.* — Luoghi erbosi . . . . . **2382 R. insularis** Somm.
}

3. **Iris.** Fiori regolari, con perigonio tuboloso alla base. Stilo triquetro, quasi interam. saldato al tubo perigoniale, a 3 stimmi petaliformi, arcuati, terminati in due labbra, di cui il super. assai più grande e bifido, l' infer. arrotondato. — Piante a foglie ensiformi o lineari, distiche; fiori solitari od a pannocchia.

1 {
Pianta *bulbosa*, con radici fibrose. Foglie 2, cauline, lineari, canalicolate, curvate in fuori. Fiori 2-5, fugaci, violetti, a perigonio con tubo filiforme, subeguale all' ovario. 2*f*. (T. all'Elba, L.). — *Apr. Mag.* — Colli e luoghi aridi marit. . . . . **2383 I. Sisyrinchium** L.
Piante *con rizoma strisciante* e radici fibrose. 2
}

2 {
Lacinie *esterne del perigonio barbate* sull'unghia, le interne *nude* . . . 3
Lacinie *tutte imberbi* 6
}

3 {
Fusto o scapo *più alto* delle foglie, per lo più con molti fiori . . . 4
Scapo *più breve* delle foglie, di rado uguale ad esse od anche un po' più alto, con 1 o raram. 2 fiori 5
}

4 {
Fiori *bianchi, odorosi, raram. inodori*. Brattee scariose *soltanto nei margini*. Perigonio *un po' più lungo* dell'ovario. Fusto eretto, 4-7 dm. 2*f*. (T. Elba, It. centr.). — *Apr. Mag* — Vecchi muri e luoghi rocciosi reg. med.; sfuggita in molti luoghi alla coltura. — *Giaggiolo*. **2384 I. florentina** L.
Fiori *intensam. violacei o pavonazzo-scuri, inodori o quasi*. Brattee scariose
}

4 {
nei due terzi superiori. Perigonio *più lungo* dell'ovario. Fusto alto 6-9 dm. ♃. (It. media, Arc. tosc. non ovunque). — *Apr. Mag.* — Vecchi muri, luoghi rocciosi ecc. dal mare alla reg. mont.; in molti luoghi sfuggito alla coltura. — *Giaggiolo* . . . . **2385 I. germanica** L.
Fiori *violaceo-pallidi, assai odorosi.* Brattee scariose *fino alla base.* Perigonio *subeguale* all'ovario. Fusto alto 6-12 dm. ♃. (It. media). — *Mag. Giu.* — Spesso colt. e forse in molti luoghi soltanto inselv.
. . . . **2386 I. pallida** Lam.
}

5 {
Scapo più breve delle foglie *o subeguale ad esse,* sempre *1-floro.* Perigonio a tubo *una volta* più lungo dell'ovario. Fiori gialli od anche porporino-violacei. ♃. (T. L. a Civitavecchia). — *Apr.* — Reg. med. nei colli marit. (Fig. 297).
. . . . **2387 I. Chamaeiris** Bert.
Scapo uguale o poco più lungo delle foglie, *per lo più 2-floro.* Perigonio a tubo *una volta e mezzo* più lungo dell'ovario. Fiori violaceo-porporini od anche bianchi. ♃. (T. nel Lucchese ed a m. Calvi). — *Apr.*
. . . . **2388 I. olbiensis** Hènon
}

6 {
Foglie *lineari,* larghe *5-10 mm.* Fiori misti *di giallognolo e violaceo.* Ovario e cassula esagonali. Fusto compresso-bitagliente, alto 2-3 dm., con 1-3 fiori. ♃. (It. media). — *Mag. Giu.* — Boschi reg. subm. **2389 I. graminea** L.
Foglie *ensiformi,* larghe *10-30 mm.* Fiori *gialli o giallognoli,* talora sfumati di violetto. Ovario e cassula *trigoni* 7
}

7 {
Fiori *gialli.* Pianta *inodora.* Fusto *cilindrico-subcompresso (5-10 dm.), ramoso.* Lacinie esterne del perigonio largam. ovali, con vene rossiccie alla base. le interne assai più piccole, più strette degli stimmi. ♃. (It. media, Elba). — *Apr. Giu.* — Lungo i canali ed i fossi e nelle paludi dal mare alla reg. subm. — *Giglio giallo, Coltellacci.* . . . **2390 I. Pseudo-Acorus** L.
Fiori *violaceo-sudici tendenti al giallognolo.* Pianta *fetida.* Fusto *compresso (4. 8 dm), semplice.* Lacinie esterne oblunghe, violaceo-livide nella metà super. e con unghia giallognola, le interne più piccole, giallognole e così pure gli stimmi. ♃. (It. media). — *Mag. Giu.* — Luoghi boschivi, siepi ecc. reg. med. e subm.; coltivasi. — *Giglio dei morti* . **2391 I. foetidissima** L.
}

296. *Romulea Columnae* S. et M. (¹/₄).

297. *Iris Chamaeiris* Bert. (¹/₅).

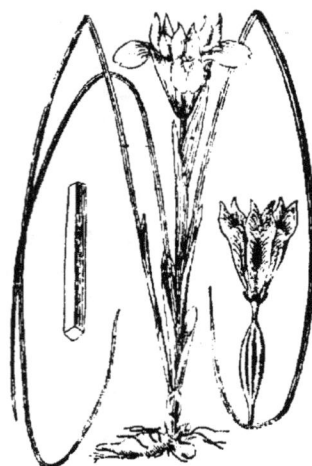

298. *Hermodacylus tuberosus* Mill. (¹/₅).

4. Hermodàctylus (da Ἑρμης = Mercurio e δαχτυλος = dito, per la forma del rizoma. Fiori regolari. Ovario e cassula uniloculari per insufficienza di setti. — Pianta con rizoma delicato e con 2-4 tuberi alla base, allungati e misti a fibre radicali. — Nel resto come *Iris.*

Fusto eretto 2-4 dm., 1-floro. Foglie tutte basali, lineari, quadrangolari, assai più lunghe del fusto. Perigonio con tubo più breve dell' ovario, a lacinie esterne imberbi, con lamina riflessa, ovato-orbicolare, violaceo-fosca, vellutata, ed unghia con una linea gialliccia: le interne piccole, verde-giallognole. ♃. (T., Elba, It. centr.; trovasi anche presso Bologna). — *Feb. Mar.* — Luoghi selv. ed anche colt. reg. med. e subm. — *Bellavedova, Bocca di lupo.* (Fig. 298). . . . . **2392 H. tuberosus** Mill.

5. **Gladiolus** (da *gladius* = spada, per la forma delle foglie). Fiori irregolari, a perigonio con tubo breve e lacinie disuguali, quasi disposte in due labbra. Stilo filiforme, diviso superiorm. in 3 stimmi spatolati. Semi alati o globoso-piriformi. — Piante a foglie lineari-ensiformi, larghe 10-20 mm.; fiori in spiga, ciascuno con una spata di due pezzi disuguali.

1 { Tuniche del bulbo formate di fibre grossette, *tutte sciolte*, reticolate e superiorm. anastomosate in rete a maglie *ovate o subrotonde*. Spiga breve, unilaterale, con 3-4, raram. 5-7 fiori, roseo-violetti o raram. bianchi. Antere più brevi del filamento. Semi largam. alati. ♃. (Alpi Ap., App. lucchese, Elba e presso Ancona). — *Mag. Giu.* — Prati, pascoli e boschi umidi. **2393 G. paluster** Gaud.

Tuniche del bulbo ± *membranose*, cioè *con fibre mai del tutto sciolte*, parallele o più spesso superiorm. anastomosate in rete a maglie *strette o strettissime ed allungate* 2

2 { Semi *largam. alati*. Cassule ± *oblungo-obovate*. Antere subeguali al loro filamento o poco più brevi. Fiori di colore *roseo-porporino generalm. assai carico*. ♃. *Spadacciola, Fil di spada* . . . **2394 G. communis** L.
A. Spiga unilaterale Lacinie infer. eguali tra loro. Bulbi con bulbilli alveolati, color rosso-cinabro. (T. al m. Argentaro, Giglio, Gorgona. L.). — *Apr. Mag.* — Reg. med.; spesso colt. ed inselv. — (*G. dubius* Guss.). — α *typicus*.
B. Spiga distico-subunilaterale, 6-10-flora. Lacinia infer. mediana del perigonio più lunga e più larga delle laterali (T. al Gabbro presso Livorno, m. Amiata, L.). — *Apr. Mag.* — β *byzantinus* (Mill.).

Semi *appendicolati in basso, ma non alati*. Cassule *globose o quasi*. Antere subeguali al loro filamento. Fiori di color *roseo-violetti chiari*. ♃. *Fil di spada, Pancacciuola*. . . . . . **2395 G. segetum** Gawl.
A. Lacinia super. mediana del perigonio discosta dalle laterali. Antere eguali circa al filamento. (It. media, Arc. tosc.). — *Apr. Mag.* — Nei campi dal mare alla reg. subm. — α *typicus*.
B. Lacinia super. mediana del perig. avvicinata alle laterali. Antere un po' più brevi del filamento. (T.). — β *inarimensis* (Guss.).

Fam. 118.ᵃ AMARILLIDACEE.

Piante erbacee, bulbose o con stipite legnoso. Foglie semplici, intere, radicali, senza stipole. Fiori ermafroditi, bratteati. Perigonio colorato di 6 lobi o segmenti, disposti in due serie. Stami 6, inseriti sul perigonio, ad antere introrse o deiscenti per pori terminali, a 4 caselle. Ovario infero a 3 caselle, con molti ovuli; stilo filiforme con 1-3 stimmi. Frutto cassula, di rado carnoso, trivalve, con 1 o più semi per casella. Semi a guscio membranaceo o crostaceo, con albume carnoso ed embrione diritto assile, cilindrico.

CHIAVE DEI GENERI.

1 { Perigonio senza corona 2
Perigonio fornito internam. di una corona 5

2 { Tepali disgiunti 3
  { Tepali congiunti 4

3 { Tepali tutti uguali . . . . 2 LEUCOJUM
  { Tepali interni molto più brevi, smarginati all'apice . . 1 GALANTHUS

4 { Bulbo con foglie lineari, erbacee . . . . . . 3 STERNBERGIA
  { Rizoma con foglie grandi, lanceolate, carnose, spinose. . . 6 AGAVE

5 { Corona breve a scodelletta. . . . . 4 NARCISSUS p. p.
  { Corona lunga quanto il perigonio o almeno la metà di esso. . . . 6

6 { Fiori gialli (*Ajax*) . . . . 4 NARCISSUS p. p.
  { Fiori bianchi . . . . 5 PANCRATIUM

Tribù 1. AMARILLEE.

Piante con scapo afillo. Fiori senza corona.

1. Galànthus (da γαλα = latte e ἄνθος = fiore, pel colore dei fiori). Fiori solitari, bianchi. Perigonio a tepali distinti, i tre interni più brevi degli esterni, smarginati all'apice, bianchi con una macchia verde in alto. Stami più brevi del perigonio, antere apicolate. Stimma semplice. Cassula carnosa, in forma di oliva.

Fiore bianco, pendente. Due foglie lineari, ottuse e subcanalicolate. Scapo nudo (10-15 cm.) uguale alle foglie. 2f. (It. media, non ovunque). — *Feb. Apr.* — Prati, pascoli e boschi reg. subm. e mont. — *Fora neve, Buca neve.* (Fig. 299) . . . . **2396 G. nivalis** L.

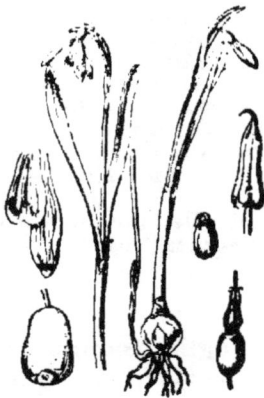

299. *Galanthus
nivalis* L.
(¹/₄).

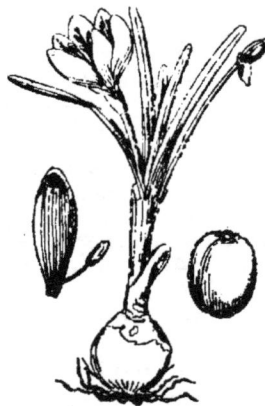

300. *Sternbergia
lutea* Gawl.
(¹/₄).

301. *Pancratium
maritimum* L.
(¹/₅).

2. Leucòjum (da λευχος = bianco, pel colore dei fiori). Fiori solitari o ad ombrella. Perigonio a tepali tutti eguali, ingrossati all'apice. Antere non apicolate. Stilo filiforme o clavato. Il resto come in *Galanthus*.

1 {
Scapo alto *3·5 dm.*, con *3-6* fiori, *poco più lungo* delle foglie, bitagliente. Foglie ottuse, canalicolate. Spata univalve. Fiori in ombrella, pendenti, con pedicelli diseguali. 2⌇. (It. media). — *Apr. Mag.* — Prati umidi e luoghi paludosi dal mare alla reg. subm. — *Campanelle, Cipolline.*
2397 L. aestivum L.
Scapo alto *1·3 dm.*, con *1, raram. 2* fiori, generalm. *assai più lungo* delle foglie. Nel resto c. s. 2⌇. (It. media). — *Mar. Apr.* — Pascoli, boschi ecc. reg. subm. e mont. — *Campanelline* .   .   .   .   **2398 L. vernum** L.
}

3. Sternbergia.

Fiore spesso unico, eretto. Perigonio a lacinie saldate in basso in tubo breve o lungo. Stami inseriti alla fauce del perigonio, i 3 interni più lunghi dei 3 esterni. Stilo filiforme, a stimma quasi semplice o trilobo. Cassula indeiscente.

1 {
Scapo *subnullo o brevissimo*, sotterraneo. Foglie larghe *2-5 mm.*, lineari-ottuse, *piane*, nascenti *dopo* i fiori, che sono gialli. Tubo del perigonio *cilindrico, lungo come le lacinie o quasi.* (Piceno). — *Sett. Ott.* — Luoghi aridi reg. mont. e subalp. .   .   .   .   **2399 S. colchiciflòra** W. et K.
Scapo ± *sviluppato* (6-20 cm.), unico o più. Foglie larghe *5-10 mm.*, lineari-ottuse, *leggerm. scanalate*, nascenti *coi* fiori, che sono gialli. Tubo del perigonio *imbutiforme, brevissimo.* 2⌇. (T., It. centr.). — *Sett. Nov.* — Luoghi aridi e boschivi reg. med. e subm. (Fig. 300) .   .   **2400 S. lutea** Gawl.
}

Tribù 2. NARCISSEE.

Piante con scapo c. s. Fiori con corona.

4. Narcissus.

Fiori regolari, spesso parecchi ad ombrella, cinti da una spata semplice. Perigonio tubuloso, a lacinie subeguali, patenti, munito alla fauce di una corona breve o raram. assai lunga. Stami inseriti sul tubo o sulla fauce del perigonio. Stilo filiforme, con stimma trilobo. Cassula membranosa.

1 {
Corona *breve a scodelletta* 3
Corona *lunga quanto il perigonio o almeno la metà di esso.* .   .   . 12
}

2 {
Lacinie del perigonio e corona *bianchi*. Stilo uguale agli stami super. . 3
Lacinie del perigonio e corona *gialli.* 4
Lacinie del perigonio *bianche* e corona *gialla.* 7
}

3 {
Corona *4 volte* circa più breve delle lacinie, *lobato-dentata.* Tubo perigoniale per lo più verdognolo soltanto alla base. Fiori *assai odorosi.* Scapo e foglie *glauche.* 2⌇. (T.). — *Gen. Mag.* — Qua e là per lo più nei colt. reg. med. e subm. .   .   .   . **2401 N. papyraceus** Gawl.
Corona *5·6 volte* più breve delle lacinie, *quasi intera.* Tubo perigon. totalm. verdognolo. Fiori *meno odorosi e meno candidi* del preced. Scapo e foglie *verdi-glauche.* 2⌇. (U. a m. Vettore). — *Nov. Feb.*
2402 N. unicolor Ten.
}

4 {
Foglie *strettissime* (*2-5 mm.* larghe), *semicilindrico-giunchiformi*, più lunghe dello scapo, che è 1-5-floro ed alto 15-30 cm. Fiori odorosissimi. Corona 3-4 volte più breve delle lacinie, *leggerm. crenulata.* 2⌇. (T. nel Lucchese e colline presso Pescia). — *Mar. Apr.* — Colt. nei giard. e qua e là inselv.
2403 N. Jonquilla L.
Foglie *lineari-nastriformi* (*3-30 mm.* larghe), *piane* 5
}

5 {
Stilo *più lungo* degli stami super. Lacinie perigoniali *oblungo-lanceolate.* Foglie e scapo *verdognoli*, questo 7-12-floro. Forma certam. ibrida. 2⌇. (T. presso Lucca, Firenze e Siena, Elba, Piceno presso Ascoli). — *Feb. Mar.*
2404 N. italicus Gawl.
Stilo molto *più breve* degli stami. Lacinie perigon. *largam. ellittiche o subovate.* Foglie *verdi-glauche.* Scapo subcilindrico-angoloso 9-12-floro. 2⌇. (T. nel
}

5 | Lucchese e Monti Pisani a Toccafondo, M. presso Ancona). — *Feb. Mar.* — Forma certo sfuggita alla coltura . . . . . **2405 N. aureus** Lois.
Stilo *uguale* agli stami super. **6**

6 | Lacinie perigoniali *ovato-bislunghe, acute.* Foglie nastriformi (larghe in media *10-15 mm.*), glauche. Scapo ± compresso-biangoloso, *2-6-floro.* 2⅃. (T., Elba). — *Gen. Apr.* — Luoghi colt. ed incolti reg. med.
  2406 N. Bertolonii Parl.
Lacinie perigon. *quasi rotondo-ellittiche, ottuse.* Foglie *non decisam. nastri-formi, ma piuttosto subgiunchiformi* (larghe *3-5 mm.*). Scapo ± compresso-biangoloso, *2-* o raram. *1-floro.* 2⅃. (T. dintorni di Lucca). — *Gen. Mag.* — Quasi certam. sfuggito alla coltura. — Probabilm. ibrido tra *N. Jonquilla* e *poëticus* . . . . **2407 N. tenuior** Curt.

7 | Margine della corona *rosso-scarlatto.* Fiori assai odorosi. Scapo *compresso-biangoloso, 1-floro* o raram. *2-floro.* 2⅃. — *Fior-maggi, Narciso, Giracapo.*
  2408 N. poëticus L.
  A. Lacinie perigoniali ovato- od obovato-oblunghe, ricoprentisi ai margini, totalm. bianche o raram. striate di giallo oppure colorate di giallo nel mezzo. Scapo quasi sempre 1-floro. (T., Elba, L.). — *Apr. Giu.* — Prati, boschi e campi dalla reg. subm. alla subalp. — α *typicus.*
  B. Lacinie perigon. ellittico-oblunghe, assai strette, e quindi non rico-prentisi ai margini, totalm. bianche. Scapo 1-floro. (T. presso le Cascine vecchie a Pisa). — β *radiiflorus* (Salisb.).
Margine della corona *scolorato, scarioso.* Fiori c. s. Scapo *pluriangoloso, 2-floro* o raram. *1-3-floro.* (T. e presso Urbino, Pesaro, Perugia e Roma). — *Apr. Mag.* — Campi, vigne e lungo i corsi d'acqua dal mare alla reg. subm.). — (*N. biflorus* Curtis) . . . . . . N. POËTICO × TAZZETTA Hénon
Margine della corona *concolore* ad essa **8**

8 | Fioritura *primaverile od invernale* (iniziantesi talora sino da Nov.) . . **9**
Fioritura *autunnale* **12**

9 | Corona ad apertura ± *ristretta.* **10**
Corona ad apertura *larga ed espansa* **11**

10 | Foglie *erette od eretto-patenti,* spesso contorte, scanalate o quasi piane, glabre e striate insieme allo scapo il quale per lo più è *moltifloro.* Corona lunga ¹/₂ ¹/₃ delle lacinie, *intera o crenato-lobata.* 2⅃. (It. media, Arc. tosc.). — *Dic. Apr.* — Luoghi colt. ed incolti dal mare alla reg. subm. — (*N. canaliculatus* Guss., *N. neglectus* Ten., *N. grandicrenatus* e *Bicchianus* Parl.). — *Narciso, Tazzetta.* (Fig. 311) . . . . . **2409 N. Tazzetta** Lois.
Foglie *patenti sin dalla base,* quasi carenate, striate o liscie come lo scapo che è *1-4-floro* o raram. *5-8-floro.* Corona lunga c. s., *intera.* 2⅃. (T., It. centr.). — *Mar. Apr.* — (*N. etruscus, Ricasolianus* e *vergellensis* Parl.).
  2410 N. patulus Lois.

11 | Foglie e scapo *glaucescenti,* questo *2-6-floro.* Fiori grandi (*4-5 cm.* di diam.). Margine della corona ± lobato od eroso-crenato od anche intero. 2⅃. (T., Elba). — *Feb. Apr.* — (*N. Tenorei* Parl. e *N. elatus* Guss.).
  2411 N. orientalis L.
Foglie e scapo *verdognoli,* questo *7-12-floro.* Fiori grandetti (circa *4 cm.* di diam.) . . . . , Cfr. N. ITALICUS.

12 | Foglie originantisi *dopo i fiori,* filiformi-scanalate, giunchiformi. Scapo *1-2-floro.* 2⅃. (Maremma tosc. e romana, Arc. tosc. all'Elba, Giannutri, Pianosa e Capraia). — *Sett. Nov.* — Colli e luoghi sterili presso al mare; reg. med.
  2412 N. serotinus L.
Foglie originantisi *coi fiori,* lineari-scanalate (larghe sino a *4 mm.*). Scapo spesso *2-5-floro.* 2⅃. — Qua e là col preced. — (*N. Cupanianus* Guss.).
  2413 N. elegans Spach

13 | Corona (*20-30 mm.* lunga) *uguale* alle lacinie perigoniali, a margine lobato-increspato. Fiori gialli, talora stradoppi, inodori o con odore spiacevole. Foglie largam. lineari, scanalate, glaucescenti. Scapo 1-floro, compresso-biangoloso, subeguale alle foglie. 2⅃. (In vari luoghi del Bolognese, T., Elba). — *Apr. Mag.* — Colt. e qua e là inselv. dal mare alla reg. subm. — *Tromboni* . . . . **2414 N. Pseudo-Narcissus** L.
Corona (*10-12 mm.* lunga) *la metà più breve* delle lacinie perigon., a margine ondulato-lobato o lobato-increspato **14**

Scapo *1-3-floro*. Foglie *semicilindriche*, verde-glaucescenti. Fiori unicolori, gialli, odorosi; lacinie perigoniali ovali-oblunghe, ottuse (lunghe *15-20 mm.*), le esterne mucronulate. Pianta sempre sterile. (T. presso Lucca, colli intorno a Pescia e presso Firenze ad Arcetri). — *Mar. Apr.* — Reg. med. — (*N. odorus* L., *Queltia odora* Herb.).

N. Pseudo-Narciso ✕ Jonquilla Herb. et Trev.

14 { Scapo *1-floro*. Foglie *piane*, glaucescenti. Fiori gialli, a corona di colore più carico, un po' odorosi, talora doppi; lacinie perigoniali ovato-oblunghe, mucronulate (lunghe *3 cm. circa*) Pianta c. s. (Parma, Bologna, T. presso Sarzana, Lucchese, Firenze, Volterra, Siena, Piceno presso Ascoli, L. nei colli del Tuscolo). — *Mar. Apr.* — Luoghi colt. e siepi dal mare alla reg. subm. — (*N. incomparabilis* Mill., *Queltia incomp.* Haw.)

N. Pseudo-Narciso ✕ poëticus Bout. et Bern.

5. **Pancràtium** (da παν = affatto e κρατος = forza, per le pretese virtù medicinali). Fiori ad ombrella, eretti, con spata 1-2-filla. Perigonio imbutiforme, a lacinie eretto-patenti. Stami inseriti sulla fauce del perigonio, a filamenti riuniti alla base da una lamina petaloidea (falsa corona). Stilo filiforme, con stimma semplice. Cassula subgloboso-trigona.

1 { Tubo perigoniale *più lungo* del lembo. Filamenti staminali *saldati per buona parte* alla corona. Foglie *lineari*, larghe *10-15 mm.*, *contorte* a spirale. Fiori *3-10*, odorosissimi. 4 (Coste mar. It. media, Elba, Giglio, Pianosa). — *Lug. Sett.* — Reg. med. - - *Narciso marino* (Fig. 301). **2415 P. marìtimum** L.

Tubo perigon. *più breve* del lembo. Filamenti staminali *per la massima parte liberi* e connessi alla corona solo in basso. Foglie *lineari-spatolate*, larghe *3-5 cm.*, *non contorte* a spirale. Fiori *6-14*, odorosi. 4 (Spiaggia di Cervia e Civitavecchia, Capraia. — *Est.* . . . **2416 P. illyricum** L.

Tribù 3. AGAVEE.

Piante con scapo foglioso.

6. **Agàve** (da αγαυος = magnifico, pel suo aspetto). Fiori in pannocchia, formata di corimbi bratteati. Perigonio quasi imbutiforme, a lacinie subeguali, con tubo in gran parte aderente all'ovario. Stami inseriti alla base delle lacinie perigon. ed assai più lunghi di esse. Stilo filiforme con stimma capitato-bilobo. Cassula allungata a 3 spigoli.

Rizoma grosso, ramoso. Foglie largam. lanceolato-lineari, scanalate di sopra e convesse di sotto, rigide e carnose, mucronato-pungenti all'apice e spinose al margine. Scapo alto 6-8 m. Fiori assai grandi, giallicci, con odore spiacevole. 4 (It. media sulla costa occ., Arc. tosc. non ovunque). — *Lug. Ag.* — Colt. e natur. nelle rupi e siepi presso al mare. — *Agave, Pitta*. **2417 A. americana** L.

Fam. 119.ᵃ **COLCHICACEE.**

Erbe perenni, con rizoma o bulbo-tubero. Fusto ora assai sviluppato, ora ridotto ad un brevissimo scapo; alla cui base nascono le foglie accartocciate e guainanti, senza stipole. Fiori regolari ermafroditi o raram. poligami. Perigonio di 6 pezzi distinti o riuniti insieme alla base in un tubo lunghissimo. Stami 6 contrapposti ai pezzi perigoniali, con antere estrorse od introrse. Ovario supero, chiuso in fondo al tubo o affatto sporgente, costituito di 3 carpelli saldati ± tra loro, a 3 logge con molti ovuli per ciascuna; stili 3 distinti o connessi alla base. Frutto cassula, membranacea, a carpelli deiscenti per la linea ventrale; semi con guscio sottile aderente o floscio, talora espanso ad ala: albume carnoso ed embrione minuto, eccentrico od assile, con radichetta rivolta all'ilo o discosta da esso.

CHIAVE DEI GENERI.

1 { Piante bulbose, a foglie e fiori nascenti dal bulbo. . . 2 COLCHICUM
{ Piante rizomatose, a fusti fogliati e fiori racemosi . . . 1 VERATRUM

1. Veràtrum. Fiori in pannocchia racemosa, poligami. Perigonio a divisioni sessili, persistenti. Antere deiscenti trasversalmente. Stili 3 divergenti. Semi con ala membranosa.

1 { Fiori *rosso-bruni,* a tepali *interi, uguali* al pedicello: brattee *colorate*. Foglie *glabre su ambedue le pagine*. 2f. (App. medio). — *Est.* — Reg. mont. — *Veratro nero* . . . . **2418 V. nigrum** L.
{ Fiori *bianchicci di sopra e verdi di sotto od anche interam. verdognoli,* a tepali *denticolati, più lunghi* del pedicello; brattee *erbacee*. Foglie *pubescenti di sotto.* 2f. (Alpi Ap.. App. medio). — *Est.* — Prati umidi e paludosi reg. mont. e subalp. — *Veratro bianco.* . . . . **2419 V. album** L.

2. Còlchicum (da χολχιχον, nome grecó di una specie del genere). Fiori 1-3 sopra uno scapo brevissimo, chiuso entro le guaine del bulbo. Perigonio imbutiforme, a divisioni lungam. unguicolate, ad unghie saldate in tubo lungo e gracile. Antere versatili, introrse. Stili 3 lunghi, distinti fin dalla base. Semi con guscio carnoso-spugnoso.

1 { Fiori *grandi* (lembo lungo *4-8 cm.*). Foglie 3-4, raram. 5-6, *largam. lanceolate* (lunghe 20-35 e larghe 2-6 cm.). Fiori 1-7, lilacino-porporini, raram. bianchi. Antere gialle. 2f. — *Colchico, Zafferano bastardo.* **2420 C. autumnale** L.
   A. Foglie originantisi dopo i fiori. Stili curvato-uncinati all'apice. (It. media qua e là). — *Sett. Ott.* — Comune dal mare o più comunem. dalla reg. subm. alla mont. — α *typicum.*
   B. Foglie originantisi coi fiori. Fiori e foglie primaverili. — Col tipo. β *vernale* (Hoffm.).
{ Fiori *piccoli* (lembo lungo *2-4 cm.*). Foglie 2-9, *lineari o strettam. lanceolato-lineari* (lunghe 4-20 cm. e larghe nel mezzo 3-25 mm.). Antere gialle . 2

2 { Foglie 2 o raram. 3, erette. Pianta delle reg. *mont., subalp. ed alp.* Fiore *unico o raram.* 2, lilacini. 2f. (Fig. 317) . . **2421 C. alpinum** DC.
   A. Fiori a lembo lungo 3-3 $^1/_2$ cm. Foglie larghe 6-14 mm. Stili per lo più diritti all'apice. (App. emil. e tosc. fino al Casentino). — *Ag. Sett.* Prati e pascoli dalla reg. mont. alla subalp. — α *typicum.*
   B. Fiori più piccoli e più pallidi. Foglie più strette. Stili ± curvati superiorm. (App. centr.). — Reg. mont. ed alp.). — β *parvulum* (Ten.).
{ Foglie 3-9, *patenti-ricurve*. Pianta della reg. *med. e subm.* Fiori 1-4 lilacini, non variegati a scacchi. 2f. (It. centr.). — *Sett. Ott.* — Luoghi selvatici ed aridi reg. med., raram. subm. . . **2422 C. neapolitanum** Ten.

Fam. 120.ª GIGLIACEE.

Piante erbacee, fornite di bulbo o di rizoma. Fusto raram. fruticoso od arborescente. Foglie alterne, raram. verticillate, piane o talora cilindriche o subcilindriche. Fiori ermafr. regolari od un po' irregolari. Perigonio infero, a 6 segmenti in 2 serie, liberi o ± saldati. Stami 6 ipogini o inseriti sul perigonio; antere a 2 logge, introrse od estrorse. Ovario a 3 caselle, con più ovuli; stilo 1, di rado mancante, stimma semplice o trilobo. Frutto cassula a 3 logge, di rado ad 1 o 2; semi uno o più per casella, ad albume corneo ovvero ± carnoso ed embrione piccolo colla radichetta presso l'ilo.

CHIAVE DEI GENERI.

Tribù 1. LILIEE.

Fiori non articolati sul pedicello. Piante bulbose.

1. **Erythrònium** (da ἐρυθρος = rosso, pel colore della pianta). Fiore solitario, terminale. Perigonio persistente, a pezzi conniventi in tubo alla base, arrovesciati in fuori o riflessi nei due terzi super., gli interni con 2-4 sacchetti calliformi nettariferi presso la base interna. Antere inserite per un foro basilare. Stilo filiforme con stimma trifido; ovuli e semi con un'appendice ad uncino.

Fiore roseo o violetto, peduncolato, pendente. Foglie 2, subradicali, ovato-oblunghe, macchiate di porporino. Bulbo piccolo, subcilindrico, acuminato superiorm. ♃. (It. media). — *Mar. Apr.* — Boschi reg. subm. — *Dente di cane.* (Fig. 316) . . . . **2423 E. Dens-canis** L.

2. **Tùlipa.** Fiore per lo più solitario, eretto, terminale. Perigonio a pezzi distinti, caduchi, senza callosità alla base. Antere basifisse c. s. Ovario allungato; stimma sessile o quasi. Cassula oblunga, quasi coriacea; semi numerosi, schiacciati, con cercine sporgente. — Piante con bulbo tunicato e fusto semplice portante poche foglie lineari o lanceolate.

1 { Filamenti staminali *con ciuffetti di peli* a pennello alla base 2
{ Filamenti staminali *affatto glabri* 3

2 { Fiori *gialli*, a tepali *ovato-lanceolati*, gli interni più larghi, *tutti senza macchia basilare*. Foglie lineari-lanceolate, le infer. larghe 1 ½-2 cm. ♃. — *Tulipano giallo selvatico, Bolognino* . . . . . **2424 T. silvestris** L.
A. Fiori inclinato-pendenti nel boccio, a pezzi verdognoli di fuori. Cassula oblunga. (It. media). — *Feb. Apr.* — Luoghi colt. e selv. dal mare alla reg. mont. — α *typica.*
B. Fiori per lo più suberetti nel boccio, a pezzi sfumati di rosso o talora porporino-scuro all'esterno. Cassula ovoideo-globosa. Pianta più gracile del tipo. (Alpi Ap., App. tosco-emil. e centr.). — *Mag.* — Prati e pascoli reg. subalp. — β *australis* (Lk.).
Fiori *roseo-pallidi*, a tepali obovato-spatolati, ottusi, gli interni più larghi, *tutti con una macchia gialla ben manifesta alla base.* Foglie c. s. ♃. (Nat. in T. presso Firenze, nel Lucchese a Mutigliano ed a Massa Pisana). — *Mar.* — Campi e vigne: colt. . . . . . . **2425 T. saxatilis** Sieb.

3 { Fiori *bianchi* coi tepali listati di rosso all'esterno. Foglie *lineari-lanceolate,* le infer. larghe 1 ½-2 cm. Tepali ellittico-lanceolati, gli esterni acuti, gli interni più stretti, ottusetti, tutti con macchia basilare violetta. ♃. (Nat. in T. M. ed anche nel L. a Roma alla villa Panfili). — *Mar. Apr.* — Colt. e qua e là nat. nei campi e vigne. — *Lancette, Tromboncini.* (Fig. 302). **2426 T. Clusiana** DC. in Red.
Fiori *non come sopra.* Foglie ± larghe (3-8 cm.), *specialm. le infer.* . . 4

4 { Tuniche del bulbo *densam. lanose* all'interno.
A. Ovario ristretto all'apice; stimma piccolo, grosso come la base dell'ovario. Tepali esterni più larghi degli interni. Fioritura precoce. Fusto glabro (3-4 dm.). Tep. rossi, con macchia basilare nera, orlata di giallo. ♃. — *Tulipano* . . **2427 T. Oculus-Solis** St. Am.
a. Tepali subeguali, tutti acuti, a macchia basilare stretta, oblunga. Foglie subeguali al fusto, le infer. larghe 4-6 cm., tutte cigliate al margine. Fiore inodoro, lungo 5-9 cm. (It. media). — *Mar. Apr.* — Colt. e qua e là nat. — α *typica.*
b. Tep. esterni acuti ed assai più grandi degli interni, che sono ottusetti; macchia basilare larga, ovato-rombica.

4 {
1. Bulbi gregarii. Foglie verdi-glauche, subeguali al fusto, le infer. larghe 3-4 cm., tutte pelosette al margine. Fiore con odore un po' sgradevole, lungo 3-6 cm. (Col tipo in T.). — *Apr.* — β *maleolens* (Reb.).
2. Bulbo solitario. Foglie glauche, alla fine quasi sempre più brevi del fusto, le infer. larghe 5-8 cm., tutte cigliate al margine Fiore inodoro, lungo 5-9 cm. (Col tipo It. media). — γ *praecox* (Ten.).

B. Ovario appena contratto all'apice; stimma superante la grossezza dell'ovario. Tepali esterni più stretti degli interni. Fioritura tardiva. Fiori vinoso-porporino; macchia basilare dei tep. violetto-scura, orlata di giallo. (Presso Firenze alle Tavarnuzze). — Probabilm. ibrida. — ✕ T. MARTELLIANA Lev.

{ Tuniche del bulbo *glabre* all'interno *o con poca peluria appressata* . . 5

5 {
Fusto ± *pubescente-scabro*, almeno sotto la lente.
  A. Tepali disuguali, gli esterni più lunghi e ± acuti. Fusto eretto (3-5 dm.), con 3-4 foglie subeguali ad esso. Fiore inodoro ; macchia dei tep. variabile. (Sorta dalla coltura). ♃. — *Tulipano*.
                            2428 T. strangulata Reb.
    a. Foglie affatto glabre. Perigonio rosso-porporino od anche (f. *neglecta*) giallo o giallastro, concolore od anche (f. *variopicta*) variegato. (Colt. ed anche nat. presso Firenze, Bologna e Cesena). — α *typica*.
    b. Foglie un po' pubescenti-scabre nella pag. super. sotto la lente. Tuniche del bulbo con poca peluria appressata internam. Fiore roseo. (Presso Firenze a Pratolino) Varietà sfuggita alla coltura. — *Apr.* — β *Sommieri* (Lev.).
  B. Tepali quasi uguali tra loro, ± rotondati, ottusi o troncati all'apice, talora brevem. apicolati.   Cfr. T. GESNERIANA γ SEROTINA.
Fusto *affatto glabro* (eccett. var. γ), eretto. Foglie 3-4, glauche, più brevi del fusto. Fiori inodori o debolm. odorosi; macchia basilare dei tep. gialla, violaceo-nerastra od anche scolorata o concolore coi tep. Antere gialle o violaceo-nerastre. ♃. — *Tulipano* . . **2429 T. Gesneriana** L. p. p.
  A. Fusto e foglie glabri.
    a. Tepali poco disuguali, ± rotondato-ottusi, troncati o brevem. apicolati all'apice. Perigonio lungo 5-9 cm. di color rosso-vermiglio, aperto od anche (f. *connivens*) chiuso sotto il sole ed a tep. più larghi e smarginati. (Colt. ed anche nat. nei campi presso Bologna, Firenze, Lucca). — *Apr. Mag.* — ʳ *spathulata* (Bert.).
    b. Tep. ± disuguali tra loro, tutti od almeno gli esterni ± acuti. Perigonio lungo 5-8 cm., ora rosso intenso, ora (f. *Fransoniana*) roseo, ora (f. *etrusca*) rosso-coccineo intenso ed ora (f. *lurida*) vinoso-roseo e lungo 4 ½-6 ½ cm. soltanto. (Colt come la var. preced. e nat. presso Firenze e la prima f. anche presso Bologna). — *Apr. Mag.* — β *Didieri* (Jord.).
  B. Fusto e foglie scabro-pelosi. Perigonio lungo 4 ½-5 ½ cm. rosso-coccineo; tep. poco disuguali fra loro, gli interni ottusi, mucronati, gli esterni ellittico-acuti. (Presso Firenze alle Rose). — *Mag.* — γ *serotina* (Reb.).

3. Fritillaria. Fiori 1-3 terminali o più raram. racemosi, pendenti. Perigonio campanulato, a pezzi caduchi, muniti di una fossetta nettarifera alla base, sporgente con una gobba esternam. Antere basifisse c. s. Ovario a tre spigoli ; stilo filiforme, con stimma trilobo. Cassula obovata o subglobosa; semi c. s. — Piante con bulbo tunicato o squamoso e fusto foglioso.

1 {
Fiori *racemosi*, lunghi *12-20 mm*, *lilacino-porporini, senza variegazioni a scacchi*. Stilo *indiviso*. Bulbo *grande, squamoso*. ♃. Inselv. presso Bologna, nel Romano ad Isola Farnese ed a Carpineto). — *Mar. Apr.* — Colt. nei giardini . . . . **2430 F. persica** L.
Fiori *subsolitari*, lunghi *20-30 mm.*, *vinoso-porporini*, ± variegati a scacchi. Stilo *trifido*. Bulbo *piccolo, tunicato*. ♃. (App. centr.). — *Apr. Mag.* — Reg. mont., di rado scende nel litorale, come a Montefalcone.   **2431 F. tenella** M. B.

4. **Lilium.** Fiori solitari o pochi racemosi terminali, eretti o pendenti. Perigonio a pezzi caduchi, rivolti all' infuori, con fossetta nettarifera alla base. Antere dorsifisse, versatili. Ovario sessile, con stilo allungato e stimma trilobo. Cassula e semi c. s. — Piante con bulbo squamoso e fusto assai foglioso.

1 { Fiori *pendenti*, odorosi, coi tepali *arricciati in fuori*, roseo vinosi, punteggiati all'interno, lanuginosi sul dorso. Foglie infer. subverticillate a 4-8, le super. sparse. Bulbo mediocre. ♃. (App. medio·. — *Lug. Ag* — Prati e boschi dalla reg. mont. o più raram. subm. alla subalp. — *Giglio Martagone*. **2432 L. Martagon** L.

Fiori *eretti*, campanulati, coi tepali *soltanto curvati in fuori superiorm.* . . 2

2 { Fiori *bianchi*, *odorosi*, coi tepali *levigati* all' interno. Bulbo grande. ♃. (It. media, Elba, Giglio). — *Mag. Giu.* — Colt. nei giardini, donde talora sfugge. — *Giglio bianco o di S. Antonio* . . . . **2433 L. candidum** L.

Fiori *giallo-ranciati*, inodori, coi tep. *scabri* all' interno. Ascelle delle foglie bulbillifere. Cassula a spigoli ottusi. Bulbo piccolo. ♃. (It. media, Elba). — *Giu. Lug.* — Boschi reg. subm. e mont. — *Giglio rosso*. **2434 L. bulbiferum** L.

Ascelle delle foglie senza bulbilli. Cassula a spigoli affilati. (Col tipo). — Var. *croceum* (Chaix).

302. *Tulipa Clusiana* DC.   303. *Gagea arvensis* Dum.   304. *Ornithogalum nutans* L.
(¼).   (¼).   (¼).

5. **Gàgea** (dedic. a Gage, botanico inglese). Fiori 1 a molti, spesso quasi in ombrella o racemosi. Perigonio a pezzi marcescenti e persistenti, gialli, per lo più listati di verde, senza fossetta nettarifera. Antere basifisse, perforate alla base dal filamento. Ovario oblungo od obovato, stilo diritto fistoloso, stimma subtrilobo. Cassula membranacea, contornata dai residui del perigonio; semi quasi globosi. Scapo munito di foglie fiorali spatacee.

1 { Fusto *munito di 2-5 foglie alterne e ± distanti; 2 foglie basilari* filiformi, flessuose, piane, glabre e 2 bulbi circondati da un involucro comune. Scapo a 1-2 fiori; perigonio a divisioni oblungo spatolate, un quarto più lunghe degli stami, verdognolo-striate, villosette alla base, glabre superiorm. Pianta nana, 3-9 cm. ♃. (T. all'Elba sul monte Capanne a circa 1000 m.). - *Mar.* **2435 G. bohemica** Schult.

Fusto *nudo o munito di 1 foglia* a forma di spata, portante sotto l' ombrella *2-3 foglie involucrali opposte o assai ravvicinate.* 2

2 { Peduncoli *glabri*, come il perigonio. *Un solo bulbo* circondato da un involucro comune, accompagnato o no da bulbi nudi. Fiori gialli . . . 3
Peduncoli *pelosi*. *Due bulbi* circondati da un involucro comune . . . 4

{ Scapo alto *5-15 cm.*, *1-5-floro*. Foglia basilare larga *2·5 mm.*, *lineare, gradatam. attenuata* all'apice; *2-3 bulbi orizzontali*, di cui 1-2 senza involucro
nè foglia. Perigonio a divisioni *strette, lanceolate*. Semi *ovali*. ♃ (App. umbro). — *Mag.* — Campi e luoghi erbosi reg. subm. e mont.
2436 G. pratensis Dum.
Scapo alto *10-30 cm.*, *2-10-floro*. Foglia basilare larga *5-15 mm.*, *lineare-lanceolata, slargata e bruscam. contratta* all'apice ; *bulbo unico, eretto*, involucrato, emettente la foglia all'apice. Perigonio a divisioni *bislunghe*. Semi
angolosi. ♃. (Presso Parma al monte Caio, App. tosc. presso la Falterona). —
Apr. Mag. — Boschetti e luoghi selvatici reg. subm. e mont.
2437 G. lutea Gawl.

4 { Foglie basilari *1-2, semicilindrico-giunchiformi* (1-3 mm. di larghezza), *fistolose, poco o punto ricurve*. Scapo *1-5-floro*. Peduncoli *eretti, grossi quasi
quanto* lo scapo. Perigonio *glabro*, a divisioni ellittico-lanceolate, ottuse. ♃.
(App. bolognese, piceno e romano). — *Giu. Lug.* — Pascoli reg. alp. e subalp. . . . **2438 G. Liottardi** Schult.
Foglie basilari 2, *lineari*, (2·5 mm. di largh.), canalicolate di sopra, *mai fistolose, ricurve*. Scapo *3-moltifloro*. Peduncoli *eretti o patenti, assai più sottili*
dello scapo. Perigonio *pubescente all' esterno*, a divisioni lanceolato-acute,
raram. ottuse 5

5 { Bulbo *con sole fibre discendenti o con poche fibre ascendenti, lasse e sottili*.
Scapo con *4-8 fiori*, a peduncoli *patenti, spesso flessuosi*. Perigonio lungo
16-20 mm. a divisioni strettam. lanceolate. ♃. (T. e It. centr.). — Campi
dal mare alla reg. subm. (Fig. 303). . . **2439 G. arvensis** Dum.
Bulbo *avvolto strettam. da grosse fibre radicali ascendenti*. Scapo con *1-4 fiori*,
a peduncoli *eretti, non flessuosi*. Perigonio lungo *10-15 mm.*, a divisioni
oblunghe o lineari-lanceolate. ♃ . . . **2440 G. Granatelli** Parl.
Divisioni del perigonio ottuse. (T. al Giglio sui monti Terneti e Pagana).
— *Mar.* — Pascoli dei monti fra 390 e 490 m. — Var. *obtusiflora*
Somm.

6. **Ornithògalum** (da ὄρνις = uccello e γαλα = latte). Fiori
in corimbo od in racemo. Perigonio marcescente, a pezzi liberi od
appena saldati alla base, bianchi, per lo più listati di verde all'e-
sterno oppure zolfine. Filamenti nastriformi, antere dorsifisse. Ovario
con stilo filiforme e stimma ± trigono. Cassula membranacea. —
Piante con bulbo tunicato e foglie tutte basilari; racemi con brattee
scariose.

1 { Perigonio a pezzi totalm. *bianchi, senza lista* verde sul dorso. Fiori grandi
(15 mm. circa), odorosi, in racemo corimboso; peduncoli eretto-patenti, più
lunghi della brattea. Foglie lineari, larghe 20-25 mm., più lunghe dello scapo. Bulbo grande, prolifero. ♃. (T., Elba, Giglio). — *Apr. Mag.* — Luoghi
erbosi presso il mare . . . . . **2441 O. arabicum** L.
Perigonio a pezzi *bianchi o zolfini, con una lista* verde sul dorso . . 2·

2 { Fiori in racemo *subcorimboso*, lungo 15 cm. al più. Scapo adulto alto *2-30
cm.*, compreso il racemo 3
Fiori in racemo *bislungo cilindrico*, lungo 1-2 dm. Scapo adulto alto *2-10 dm.*,
compreso il racemo 5

3 { Bulbo *totalm. sprovvisto* di bulbilli. Cassula *alata superiorm.* Foglie lineari,
larghe 2-6 mm., più lunghe dello scapo, con riga bianca poco manifesta. ♃.
(It. media). — *Mar. Apr.* — Prati e luoghi erbosi reg. med.
2442 O. excapum Ten.
Bulbo *provvisto* di bulbilli, almeno sotto le tùniche esterne. Cassula *non
alata* 4

Bulbo *non prolifero o raram.* con pochi *bulbilli* sotto le tuniche. Peduncoli frutt. infer. *arcuato-ascendenti;* corimbo a contorno *ovoideo o triangolare* colla base in alto. ♃ . . . . **2443 O. comosum** L.
  A. Foglie subeguali allo scapo o più brevi. Peduncoli subeguali alla brattea od anche più lunghi.
    a. Foglie senza riga bianca o con una riga indistinta o più raram. ben marcata, larghe 5-8 mm. o più, per lo più cigliate nel margine. Scapo a 12-30 fiori, raram. pochi. Bulbo non prolifero o talora con pochi bulbilli sotto le tuniche esterne. (It. media, Elba). — *Mag. Giu.* — Luoghi erbosi reg. subm. e mont., raram. med. *α typicum.*
    b. Foglie con una riga bianca, larghe 2-5 mm., per lo più cigliate. Scapo a 5-15 fiori. (E. nel Modenese, T.). — β *Kochii* (Parl.).
    c. Foglie senza riga bianca o con una riga appena manifesta, larghe 1-3 mm., glabre. Scapo a 2-10 fiori. (It. media sulla costa occid. e M.) — *Apr. Mag.* — Reg. med. e subm. γ *tenuifolium* (Guss).
  B. Foglie più lunghe dello scapo, con una riga bianca, larghe 2-5 mm., cigliate. Peduncoli assai più lunghi della brattea. (T., Elba, L.). — *Apr. Mag.* — δ *collinum* (Guss.).
Bulbo *con bulbilli assai numerosi* all'esterno delle tuniche o sotto di esse. Peduncoli frutt. infer. *patenti o subriflessi,* per cui il racemo prende alla fine un contorno *quadrangolare.* Foglie con una riga bianca nel mezzo, larghe 5-8 mm., glabre, più lunghe dello scapo che è alto 1-30 dm. compreso il racemo e porta 6-20 fiori. ♃ . — *Latte di gallina.* **2444 O. umbellatum** L.
  A. Bulbo con bulbilli all'esterno delle tuniche. Peduncoli frutt. patenti. (It. media, Elba, Capraia). — *Apr. Mag.* — Campi e luoghi colt. dal mare alla reg. mont. — *α typicum.*
  B. Bulbo con bulbilli solo sotto le tuniche esterne. Peduncoli frutt. divaricato-riflessi. (Faentino, L.). — Col tipo reg. med. e subm. — β *divergens* (Bor.).

5 { Foglie *subeguali* allo scapo o *più lunghe.* Fiori *in racemo unilaterale, grandi* (oltre 20 mm.), verdastri, marginati di bianco, alla fine pendenti; pedicelli più brevi delle brattee. Filamenti staminali *con 3 lobi* all'apice, di cui il mediano anterifero. Cassula a *6 solchi.* ♃. (Presso Spoleto, Recanati. Viterbo, Roma). — *Mar. Apr.* — Colt. e qua e là inselv. dal mare alla reg. subm. (Fig. 304) . . . . **2445 O. nutans** L.
  Foglie *assai più brevi* dello scapo. Fiori in racemo, *rivolti per ogni verso, piccoli* (10-12 mm.). Filamenti staminali *indivisi.* Cassula a *3 solchi.* . . 6

6 { Fiori *bianchi,* a stilo *più lungo* degli stami. Scapo alto *3-4 dm.* Foglie *persistenti* sino alla fine della fioritura. ♃ (It. media, Elba, Giglio). — *Apr. Mag.* — Prati, campi ecc. dal mare alla reg. mont. **2446 O. narbonense** L.
  Fiori *zolfini o bianco-verdicci,* a stilo *subeguale* agli stami. Scapo alto *4-10 dm.* Foglie *quasi sempre scomparse* alla fine della fioritura. ♃. (It. media, Elba, Giglio, Gorgona e Montecristo). — *Mag. Lug.* — Prati e pascoli reg. mont., più raram. subm. e subalp. . . **2447 O. sulphureum** L.

7. Urginea. Fiori in racemo, bianco-rosei. Perigonio a pezzi liberi, patenti. Filamenti filiformi, cilindrici o raram. schiacciati alla base; antere dorsifisse. Ovario libero con stilo filiforme e stimma ottuso quasi trilobo. Cassula membranacea; semi molti per loggia, schiacciati, alati nel margine. — Piante c. s.

Bulbo grosso (10-15 cm. diam.). Scapo alto 6-15 dm., con 50 a molti fiori. Foglie originantisi dopo i fiori, largam. lanceolate, 3-5 dm. lunghe e 5-10 cm. larghe. Brattee lanceolato-lineari, gibbose alla base, 2-3 volte più brevi dei pedicelli. Perigonio a pezzi ovato-bislunghi, bianchi, con carena verde. ♃. (It. media, Arc. tosc. non ovunque). — *Ag. Ott.* — Arene e rupi marit. reg. med. . . . . **2448 U. maritima** Bak.

8. Scilla. Fiori racemosi, celesti, rosei o porporini, raram. bianchi. Perigonio a pezzi liberi od appena saldati in tubo alla base. Semi 1-2 o pochi per loggia, subglobosi. Nel resto come in *Urginea.*

1 {
Perigonio a pezzi *patenti a stella* durante la fioritura. Stami *liberi, appena aderenti alla base dei tepali* 2
Perigonio *tuboloso-campanulato, a divisioni patenti o riflesse*. Stami *esterni o tutti saldati ai tepali nella loro metà inferiore* 4
}

2 {
Pianta a fioritura *autunnale*, a bulbo grosso, ovale, biancastro. Foglie originantisi *solo dopo la fioritura*, subcilindriche, scanalate, larghe 1-2 mm., più brevi dello scapo, che misura 5-20 cm. Pedicelli lunghi come i fiori od anche il doppio, senza brattee. Fiori piccoli, roseo-violacei. (It. media, Elba, Pianosa, Capraia, Montecristo). — *Ag. Ott.* - - Pascoli, luoghi aridi ecc. reg. med. e subm. . . . . **2449 S. autumnalis** L.
Piante a fioritura *primaverile*. Foglie completam. sviluppate *nell'epoca della fioritura* 3
}

3 {
Pianta alta *3-6 dm.*, a *8-12 foglie*, cigliato-scabre nel margine, più brevi dello scapo. Racemo *assai lungo*, a *50-100* fiori, violaceo-azzurrognoli, lunghi 4-6 mm. Pedicelli 3-4 volte più lunghi dei fiori, patenti, *a brattee squamiformi alla base*. Semi *senza arillo* alla base. 2f. (T. presso Firenze alle Rose, L. a Roma). — *Apr. Mag.* — Colt. ed inselv. **2450 S. hyacinthoides** L.
Pianta alta *1-2 dm.*, per lo più a *2*, raram. *3-4 foglie*, liscie, subeguali o più brevi dello scapo. Racemo *breve*, a *3-12* fiori, di color celeste vivo, eccezionalm. rossigni o bianchi, lunghi 1 cm. circa. Pedicelli più lunghi dei fiori, almeno gli infer., *senza brattee alla base*. Semi *con arillo tubercoloso* alla base. 2f. (It. media, Elba). — *Mar. Mag.* — Luoghi boschivi reg. subm. e mont. . . . . **2451 S. bifolia** L.
}

4 {
Racemo *eretto*, a fiori patenti-eretti, gli infer. soltanto pendenti, inodori o con odore di sambuco. Stami *celestognoli, uguali*, tutti saldati inferiorm. coi tepali. Foglie larghe spesso *15-20 mm.* 2f. (Lucchese, presso Firenze, Elba, Ascoli, Urbino, Roma a Villa Borghese). — *Mar. Apr.* — Colt. e spesso inselv. presso l'abitato; reg. med. . . . . . . **2452 S. campanulata** Alt.
Racemo *ricurvo in alto*, a fiori pendenti, unilaterali, per lo più odorosi, a tepali ricurvi superiorm. Stami *giallicci, diseguali*, gli esterni saldati coi tepali fino oltre la metà. Foglie larghe *6-15 mm.* 2f. (T. presso Firenze e Lucca). *Mar. Apr.* — Colt. e inselv. reg. med. (Fig. 305). **2453 S. nutans** Sm.
}

9. Hyacinthus. Fiori racemosi, celesti o bianchicci. Perigonio regolare, imbutiforme-campanulato, con tubo talora ristretto sopra l'ovario; lobi subeguali al tubo o più brevi, eretti o ricurvi in fuori. Stami inseriti sul tubo o sulla fauce del perigonio. Il resto come in *Scilla*.

1 {
Perigonio a lobi *subeguali* al tubo, *curvati in fuori*; tubo *assai ventricoso* alla base; stami inseriti *verso la metà* di esso, rinchiusi. Fiori color celeste-carico o quasi violetto e negli esempl. colt. anche bianchi o rosei, lunghi 2-3 cm.; brattee brevissime, squamiformi. 2f. (It. media qua e là). — *Mar. Apr.* — Frequentem. colt. ed anche inselv.; reg. med. e subm. - - *Giacinto, Granbretagna* . . . . **2454 H. orientalis** L.
Perigonio a lobi *2-3 volte più brevi* del tubo, *suberetti*; tubo *appena ventricoso* alla base; stami inseriti *sulla fauce* del perigonio 2
}

2 {
Foglie *scabro-cigliate od anche glaberrime* ai margini, più lunghe dello scapo, *lineari-lanceolate*, larghe *15-25 mm.* Scapo alto 3-4 dm. Fiori violacei, di rado totalm. bianchi, lunghi 8-15 mm., a lobi obovato-arrotondati, 4 volte più brevi del tubo; pedicelli più brevi o subeguali ai fiori. 2f.
  2455 H. trifoliatus Ten.
  A. Foglie scabro-cigliate ai margini. (Manca all' It. media). — *Mag.* Reg. med. — *α typica*.
  B. Foglie glaberrime ai margini. (L. presso Magliana Romana). — *Mar. Apr.* — Pascoli e prati argillosi. — β *pendulinus* (Chiov.).
Foglie *glabre e liscie* ai margini, *lineari*, larghe *5-15 mm.* 3
}

3 {
Pezzi del perigonio saldati sino *a due terzi* della loro lunghezza; lacinie *subacute, un po' conniventi*. Foglie *erette* più lunghe dello scapo. Fiori dapprima violetto-pallidi, poi grigio-rossicci, lunghi 5-8 mm. circa; pedicelli più brevi
}

3 { dei fiori; brattee squamiformi. ♃. (Presso Bologna, Faentino, presso Firenze, Pisa ecc., Spoleto ecc.). — *Apr. Mag.* — Reg. med. e subm. — (*Bellevalia Webbiana Parl.*). . MUSCARI COMOSO ╳ H. ROMANUS Caruel
Pezzi del perigonio saldati *sino a metà o poco più;* lacinie *ottuse, patenti.* Foglie flaccide, ± *cascanti al suolo* 4

4 {
Racemo *conico* all' epoca della fioritura. Lacinie perigoniali *lineari-oblunghe,* lunghe circa metà del tubo. Cassula trigona, *subrotonda, smarginata.* Fiori bianco-sudici, sfumati di celeste alla base. ♃. (E. T. Elba, M. L.). — *Mar. Apr.* — Prati umidi e luoghi colt. dal mare alla reg. subm. (Fig. 306).
                                                    2456 H. romanus L.
Racemo *cilindrico* durante la fioritura. Lacinie perigoniali *ovate,* lunghe circa un terzo del tubo. Cassula trigona, *obcordata,* assai *smarginata.* Fiori dapprima' celesti, dopo violacei alla base. ♃. (M. presso Ancona). — *Mar. Apr.* — Pascoli e luoghi colt. reg. subm. e med. . **2457 H. dubius** Guss.

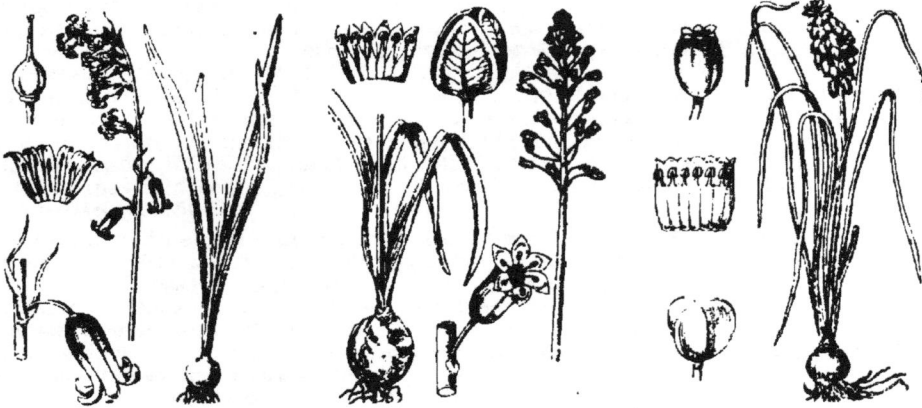

305. *Scilla nutans* Sm.   476. *Hyacinthus romanus* L.   307. *Muscari racemosus* Mill.
      (1/4).   (1/4).   (1/4).

10. **Muscàri**. Fiori in racemo, celesti, violacei o raram. gialli, i super. talora sterili; brattee squamiformi. Perigonio regolare globoso, ovoide o cilindraceo, ristretto alla fauce ed urceolato, a lobi brevissimi, dentiformi. Stami inseriti sul tubo in 2 serie, attaccati alla base del dorso delle antere. Stilo diritto, con stimma trilobo. Cassula membranacea, trigono-trialata; semi 1-2 per loggia, globosi. — Piante c. s.

1 {
Fiori fertili *giallo-verdastri,* odorosissimi; perigonio *tubuloso-urceolato* (lungo *8-10 mm.*), a denti *ovati alla fine patenti a stella,* gialli. Stami inseriti nella metà super. del tubo. Ovario ovato. Foglie carnoso-erbacee, lineari-canalicolate (larghe 12-20 mm.), subeguali allo scapo o più lunghe. ♃. (Inselv. presso Pisa). — *Mar. Apr.* — Colt. e talora inselv.; reg. med. — *Giacinto muschiato, Muschini.* . . . . . **2458 M. moschatum** W.
Fiori fertili *violacei, violaceo-verdastri,* raram. gialli o bianchi; perigonio *globoso o tubuloso-urceolato* (lungo 2-10 mm.), a denti *triangolari, quasi sempre riflessi.* 2

2 {
Racemo lungo *6-30 cm.,* munito superiorm. di un ciuffo corimboso di fiori sterili lungam. pedicellati. Perigonio lungo *6-10 mm.,* subeguale ai pedicelli, che sono orizzontali. Filamenti staminali *biseriati.* Ovario *ovato.* ♃. (It. media, Arc. tosc.). — *Apr. Giu.* — Luoghi colt. dal mare alla reg. mont. . . . . . . **2459 M. comosum** Mill.
Racemo lungo *3-6 cm.* Perigonio lungo *2-7 mm.* Filamenti staminali *uniseriati od oscuram. biseriati.* Ovario *trigono* 3

3 {
Fioritura *autunnale*. Foglie lineari-filiformi (larghe 1-2 mm.), flaccide, più brevi dello scapo. Racemo breve a 6-12 o raram. sino a 20 fiori, celeste-pallidi, coi denti concolori, leggerm. odorosi. ♃. (L.). — *Sett. Ott.* — Colli e luoghi aridi reg. med. . . . **2460 M. parviflòrum** Desf.
Fioritura *primaverile* 4

4 {
Perigonio color *violaceo-scuro*, *assai angoloso* verso la fauce, con denti *concolori*, raram. bianco coll'estremità verde. Foglie lineari, larghe 2-5 o talora sino a 10 mm., scanalate, flaccide, più lunghe dello scapo. Fiori sterili sub-nulli. ♃. (Presso Firenze e Spoleto, L.). — *Mar. Apr.* — Pascoli e colli erbosi reg. med. . . . . . . **2461 M. commutatum** Guss.
Perigonio di color *celeste* ± *carico*, *appena solcato* verso la fauce, con denti *bianchi*, raram. del tutto bianco 5

5 {
Fiori *globulosi od ovato-globosi*, lunghi 2-4 mm., *leggerm. odorosi*, *di color celeste-carico o raram. bianchi*, non pruinosi all'esterno. Foglie 2-3, *più brevi o subeguali* allo scapo, *generalm. spatolato* larghe 4-10 mm., bruscam. contratte all'apice, flaccide, manifestam. striate di sotto. Bulbo *non prolifero*. ♃. (It. media). — *Feb. Mar.* — Boschetti e luoghi erbosi e colt. reg. subm. e mont. — *Pentolini, Muschini*. . . . . **2462 M. botryoides** Mill.
Fiori *ovoidi od ovato-bislunghi*, lunghi 4-6 mm., *odorosi*, *intensam. azzurro-violacei*, pruinosi all'esterno. Foglie *numerose*, *più lunghe o raram. subeguali* allo scapo, *lineari-giunchiformi*. Bulbo *prolifero* 6

6 {
Foglie *strettam. scanalate*, larghe 2-3 mm. Perigonio *ovoide*, lungo *3-4 mm.*, a fauce *poco* aperta. Cassula *cordato-smarginata* all'apice. ♃. (It. media, Elba, Giglio, Pianosa). — *Mar. Mag.* —Comune nei luoghi erbosi e colt. reg. subm. più raram. méd. e mont. (Fig. 307) . . **2463 M. racemosum** Mill.
Foglie *largam. scanalate*, larghe *3-5 mm.* Perigonio *ovato-oblungo*, lungo *4-6 mm.*, a fauce *assai* aperta. Cassula *non smarginata* all'apice. ♃. (It. centr. nell'U. ecc.). — *Mar. Apr.* — Qua e là col preced. . . . . **2464 M. neglectum** Guss.

11. Allium. Fiori in ombrella o capolino involucrato da una o da due spate membranacee. Perigonio a pezzi liberi od appena saldati alla base, patenti o campanulato-conniventi. Stami inseriti alla base dei tepali, a filamenti ± slargati e spesso saldati tra loro alla base, semplici o terminati da 3 punte; antere dorsifisse, introrse. Ovario 3-loculare o talora 1-loculare per imperfetto sviluppo dei setti; stilo filiforme, diritto. Cassula membranacea, trigona, a logge con 1-2, raram. 3-6 semi rotondati od angolosi. — Piante a foglie tutte basilari, con guaine talora ravvolgenti per lungo tratto lo scapo e con odore speciale, detto alliaceo. Infiorescenza spesso bulbillifera.

1 {
Pedicelli *vistosam. ingrossati* all'apice. Pezzi del perigonio *difformi* (gli esterni più stretti), *aderenti* alla base coll'ovario, *cartilaginei* nel frutto. Ombrella diffusa, con circa 20 fiori porporino-verdastri. Foglie lineari-lanceolate, carenate, larghe 1-5 cm. e lunghe 3-6 dm. ♃. (T. nel m. Labbro). — *Mag. Giu.* — Boschi ombrosi reg. mont. . . . . **2465 A. siculum** Ucria
Pedicelli *appena ingrossati* all'apice. Pezzi del perigonio *uguali tra loro*, uni-nervi, *non aderenti* all'ovario, persistenti, *ma non cartilaginei* nel frutto. 2

2 {
Stami *semplici*, gli interni talora dilatati alla base, con un breve dente su ciascun lato 3
Stami *interni tricuspidati*, cuspide mediana anterifera di solito subeguale o più breve delle laterali. Bulbi senza rizoma. Tepali campanulato-conniventi 19

3 {
Bulbi *inseriti sopra un rizoma strisciante*, obliquo o perpendicolare . . . 4
Bulbi *semplici o proliferi; rizoma nullo* 5

Rizoma *discendente, spesso poco manifesto.* Bulbo a tuniche esterne *spesso sfibrate all'apice.* Scapo *cilindrico.* Spata a valve *uguali o più brevi* dei pedicelli. Foglie lineari, *piano-scanalate* (larghe 1 ¹/₂-5 mm.). ♃.

             2466 A. suaveolens Jacq.

 A. Scapo alto 25-50 cm. Fiori carnicini, colla carena dei tepali di colore più carico. Stami poco sporgenti. (Presso Ravenna). — *Ag. Ott.* — Luoghi paludosi. — *α typicum.*

 B. Scapo alto 15-35 cm. Fiori roseo-pallidi, bianchicci o giallognoli. Stami lunghi il doppio del perigonio. (Qua e là nell'App.). — β *ochroleucum* (W. et K.).

4 Rizoma *orizzontale od obliquo,* strisciante e *ben manifesto.* Bulbo a tuniche esterne *interissime.* Scapo *angoloso.* Spata a valve *più brevi* dei pedicelli Foglie strettam. lineari, *piane di sopra* (larghe 1-5 mm.). ♃.

             2467 A. angulosum L.

 A. Pianta alta 2-5 dm. Foglie carenate e nervose di sotto. Stami subeguali al perigonio. (Manca all'It. media). — *Giu. Lug.* — Prati umidi fino alla reg. mont. dall' It. bor. all' Emil. — *α acutangulum* (Schrad.).

 B. Pianta generalm. più piccola. Foglie non carenate, convesse e debolm. nervose di sotto. Stami ± sporgenti. (Alpi Ap., App. lucch., pistoiese e piceno). — *Lug. Ag.* — Pascoli e rupi reg. alp. e subalp. — β *montanum* (F. W. Schm.).

5 Foglie *piane, lineari od ovato-bislunghe,* larghe *4-40 mm.,* raram. meno. Fiori con tepali patenti, lunghi 6-12 mm. Fusto coperto dalle guaine alla base soltanto. Spata a valve più brevi dei pedicelli 6

 Foglie *fistolose o semicilindriche,* raram. piane, larghe *2-3 mm.* Fiori con tep. campanulato-conniventi, lunghi 3-7 mm. o più raram. patenti e lunghi più di 1 cm. in quelli a foglie fistolose 13

6 Foglie *lineari,* larghe *1 cm. al massimo.* Scapo *cilindrico.* Semi 2 per ogni loggia 7

 Foglie *lineari, lanceolate od ovato-oblunghe,* larghe *1-5 cm.* od anche meno, ma in tal caso lo scapo è manifestam. *trigono.* Semi 2 per ogni loggia, raram. (*A. nigrum*) 3-10 9

7 Scapo *brevissimo (1-4 cm.),* sotterraneo e coperto dalle guaine. Fiori pochi, bianchi, a tepali lineari-bislunghi, ottusi, lunghi 7-8 mm. Foglie 3 4, larghe 3-8 mm., piane o leggerm. scanalate. cigliate o villose, assai più lunghe dell'ombrella. Bulbo piccolo, ovato. ♃. (T., Arc. tosc. non ovunque, It. centr.). — *Dic. Feb.* — Colli erbosi reg. med. . . **2468 A. Chamaemoly** L.

 Scapo *sempre assai lungo* (1-5 dm.). 8

8 Foglie *glabre,* per lo più finam. dentellate al margine. Fiori rosei e talora bianchicci, a stami ¹/₃ più brevi del perigonio e stilo poco più lungo di essi. Tepali ellittico-bislunghi, lunghi *9-13 mm.,* talora dentellati all'apice. ♃. (It. media, Arc. tosc.). — *Apr. Mag.* — Campi e luoghi erbosi reg. med. e raram. subm. . . . . **2469 A. roseum** L.

 Foglie *cigliate* nel margine, almeno alla base, e pelose anche sulle facce, massime nell'infer. Fiori *bianchi,* a stami c. s. e stilo rinchiuso. Tep. bislungo-lanceolati, lunghi *6-9 mm.,* ottusetti. ♃. (T., Arc. tosc., It. centr.). — *Mar. Mag.* — Luoghi erbosi e pietrosi reg. med. . . . **2470 A. subhirsutum** L.

9 Foglie *lineari o lineari-lanceolate,* larghe *3-20 mm.* Scapo *trigono* . . . 10

 Foglie *ovato-bislunghe,* picciolate e scapo *biangoloso* oppure *largam. lanceolato-lineari* e scapo *cilindrico,* larghe *12-50 mm.* 12

10 Scapo *trigono,* a *2 angoli* acuti ed *il terzo ottuso,* eretto (2-4 dm.). Foglie larghe *7-20 mm., appena* carenate. Spata *univalve.* Fiori bianco-lattei, a tepali ellittico-ovati, ottusi, lunghi 10-14 mm. ♃. (Sulle mura di Faenza, T., It. centr.). — *Mag. Giu.* — Luoghi colt.. muri ecc. reg. med.

            2471 A. neapolitanum Cyr.

 Scapo *trigono,* a *3 angoli* assai acuti, *spesso decombente* (1-4 dm.). Foglie larghe 3-10 mm., *acutam.* carenate. Spata *bivalve,* caduca. Fiori bianchi, a tep. bislungo-lanceolati 11

11 Pianta di *15-40 cm*, con bulbi *aggregati.* Ombrella di *6-16 fiori inclinati prima della fioritura, poi eretti.* Perigonio *cilindraceo,* a tep. acuti. Foglie *subeguali* allo scapo. ♃. (It. media, Arc. tosc. non ovunque). — *Dic. Apr.* — Boschi, luoghi umidi ecc. reg. med. . . . **2472 A. triquetrum** L.

 Pianta di *10-20 cm.,* con bulbi *solitari.* Ombrella di *2-8 fiori pendenti.* Peri-

11 | gonio *frutt. globuloso-ellissoideo*, a tep. ± acuti. Foglie *superanti* lo scapo. ♃. (Col preced. ma più comune). — *Mag. Giu.* — Reg. med. e suòm.
                                    2473 A. pendulinum Ten.

12 | Scapo *semicilindrico*, biangoloso (*1-4 dm.*). Foglie 2. raram. 1, *ovato-lanceolate, ristrette* in lungo picciolo alla base. Fiori *bianchi*. a pedicelli *una volta e mezzo* più lunghi dei fiori. Bulbo *sottile*, bislungo, con tuniche intere. ♃. (It. media qua e là, raro). — *Mag. Giu.* — Luoghi ombrosi selvatici reg. mont. e subm. — *Aglio orsino*. (Fig. 308) .   **2474 A. ursinum** L.
    Scapo *cilindrico (3-8 dm.)*, robusto. Foglie *2-4, largam. lanceolate*, non *ristrette* in picciolo. Fiori *bianchi o roseo-pallidi*. talora con sfumature verdi, a pedicelli *2-3 volte* più lunghi dei fiori. Bulbo *grosso*, ovato-subgloboso, semplice o talora prolifero. ♃. (It. media, Elba). — *Apr. Giu.* — Campi vigneti ecc. dal mare alla reg. subm. .   **2475 A. nigrum** L.

13 | Foglie *cilindriche, o schiacciate, cave internam. ossia fistolose*. Perigonio *patente o subcampanulato* 14
    Foglie *cilindriche, semicilindriche o piano-scanalate. mai fistolose*. Perigonio *campanulato-connivente* 17

14 | Scapo *regolarm. cilindrico*. Foglie *sottili, cilindriche o cilindrico-compresse.* 15
    Scapo *rigonfio nel mezzo o sotto la metà*. Foglie *grosse, ventricose* . . 16

15 | Ombrella *spesso bulbillifera*, a fiori *bianchi o celesti*, coi pedicelli *appena più lunghi* del perigonio. Stami *un po' sporgenti, i 3 interni coi filamenti dentati* alla base. ♃. — Coltivato negli Orti, ma raram. fiorisce. — *Scalogno*.   **2476 A. Ascalonicum** L.
    Ombrella *non bulbillifera*, a fiori *rosei, roseo-violacei o roseo-porporini*, raram. bianchi, coi pedicelli *più brevi o subeguali* al perigonio. Stami *affatto inclusi, tutti sprovvisti* di denti alla base dei filamenti. ♃. (Alpi Ap., App. pistoiese al Corno alle Scale). — *Lug. Ag.* — Rupi e prati umidi reg. alp : talora colt.   **2477 A. Schoenoprasum** L.

16 | Scapo rigonfio *nel mezzo*. Fiori *bianchi o giallo-verdognoli*, con pedicelli lunghi *1 cm. circa, subeguali* al perigonio. Stami *tutti sprovvisti* di denti alla base dei filamenti. ♃. — *Giu. Lug.* — Orig. della Siberia; coltivato. — *Cipolla d'inverno* . . . . **2478 A. fistulosum** L.
    Scapo rigonfio *sotto la metà*. Fiori *biancastri o porporini*, con pedicelli lunghi *15-30 mm., 4-5 volte più lunghi* del perigonio. Stami *alternativam. dentati* alla base dei filamenti (raram. tutti dentati o tutti senza denti). ♃. — *Giu. Lug.* — Orig. della Persia ecc.; colt. in molte varietà. — *Cipolla*.
                                    2479 A. Cepa L.

17 | Bulbi *bislungo-conici*, colle tuniche esterne *alla fine reticolato-fibrose*. Fusti coperti dalle guaine sino a metà od oltre. Ombrella a raggi disuguali. Spata univalve. quasi uguale all'ombrella. Foglie semicilindriche, filiformi, più brevi dello scapo. Fiori 4-15 per ombrella, roseo-pallidi. ♃. (L.). — *Lug. Sett.* — Reg. med., mont. e subalp.; raro . . **2480 A. Cupani** Raf.
    Bulbi *ovati*, colle tuniche esterne *membranacee, intere*. Fusti coperti c. s. . 18

18 | Filamenti *fino al doppio più lunghi* del perigonio. Spata persistente, con una valva lunghissima. Ombrella a pochi o molti fiori; pedicelli disuguali, dapprima pendenti, poi eretti nel frutto. Foglie lineari, scanalate o piane nella faccia super. Scapo striato (3-6 dm.). Bulbo semplice o prolifero. ♃.
                                   2481 A. carinatum L.
    A. Ombrella bulbillifera.
        a. Fiori rosei, roseo-porporini o lilacini. (It. centr.). — *Giu. Sett.* — Campi, rupi ecc. reg. mont. e subm. — α *typicum*.
        b. Fiori porporino-violaceo-scuri. — Col tipo. — β *violaceum* (W.).
    B. Ombrella non bulbillifera (cassulifera).
        a. Fiori gialli, talora con carena verde. (It. media). — γ *flavum* (L.).
        b. Fiori rosei o violacei. (T., Elba, It. centr.). — δ *pulchellum* (G. Don.).
    Filamenti *subeguali o più brevi* del perigonio. Spata subeguale all'ombrella o più spesso assai più lunga. Nel resto c. s. ♃.   **2482 A. oleraceum** L.
    A. Ombrella bulbillifera. Scapo di 4-8 dm. Foglie scanalate od anche piane nella faccia super. Spata con una valva lunghissima. Tepali bislunghi, ottusi, rosei, biancastri o verdognoli. (It. media, Elba). — *Giu. Sett.* — Campi e luoghi erbosi dal mare alla reg. subalp. — α *typicum*.

18 | B. Ombrella non bulbillifera (cassulifera).
    a. Perigonio conico-campanulato, a tepali bislunghi, ottusissimi, smarginati o mucronulati. Scapo di 2-9 dm. Spata quasi sempre assai più lunga dell'ombrella.
        1. Ombrella diffusa, a pedicelli assai diseguali. Spata subeguale all'ombrella od anche sino a 3 volte più lunga. Foglie semicilindriche, scanalate od anche quasi piane inferiorm. Fiori bianchi, bianco-verdastri, rosei o rossastri. (Col tipo). — β *paniculatum* (L.).
        2. Ombrella contratta, subglobosa, con pedicelli raccorciati, poco diseguali. Spata per lo più breve. Fiori quasi sempre bianchi. (Colla var. preced.). — γ *pallens* (L.).
    b. Perigonio cilindrico-campanulato, a tep. lineari-bislunghi, acuti. Scapo di 15-25 cm. Spata subeguale all'ombrella. Fiori bianco-rosei. (It. centr.). — *Giu. Lug.* — Reg. subm. e med. — δ *tenuiflorum* (Ten.).

19 { Ombrella *bulbillifera*, cioè con fiori misti a bulbilli e spesso composta esclusivam. di bulbilli 20
Ombrella *non bulbillifera* (cassulifera) 22

20 { Foglie *piane* (larghe 5-10 mm.). 21
Foglie *cilindriche*, fistolose, leggerm. solcate . . . Cfr. A. VINEALE

21 { Spata *univalve, lungam. rostrata, molto più lunga* dell'ombrella. Fiori biancastri; tepali lanceolato-acuminati, *lisci.* Filamenti interni a 3 punte *quasi uguali.* Foglie lineari, larghe 1 cm. circa, *lisce.* Bulbilli *sessili*, arcuati. ♃, — Orig. dell'Asia centr.; comunem. colt. — *Giu. Lug.* — Aglio.
                           2483 A. sativum L.
Spata *a 2 valve ovali, bruscam. terminate in punta più breve* dell'ombrella. Fiori *porporini o carnicini*; tep. acuti, gli esterni *scabri sulla carena.* Filamenti interni a 3 punte, *le 2 laterali il doppio più lunghe.* Foglie lineari, strette o larghe, *scabre ai margini.* Bulbilli *pedicellati*, ovoidi. ♃. — Orig. dell'Eur. media ed or.; colt. e forse talora subspont. — *Est.* — *Aglio romano, Rocambola* . . . . . **2484 A. Scorodoprasum** L.

22 { Foglie *piane carenate* (larghe 2-25 mm.) 23
Foglie *semicilindriche o cilindrico-scanalate, spesso fistolose* . . . 24

23 { Stami *lungam. sporgenti.* Foglie lineari-carenate, larghe *5-25 mm.*, spesso scabre ai margini. Spata univalve, rostrata, caduca, subeguale all'ombrella. Tepali ovato-bislunghi, ottusi, ± scabri sul dorso. ♃.
                          2485 A. Ampeloprasum L.
    A. Bulbo prolifero, con bulbilli giallognoli, di sapore piuttosto acre. Ombrella subglobosa, a fiori rosei, porporini o bianchicci. (It. media, Arc. tosc.). — *Apr. Mag.* — Luoghi aridi o colt. reg. med. più raram. subm. — *Porrandello.* — α *typicum.*
    B. Bulbo semplice o con pochi bulbilli di sapore meno acre che nel tipo. Ombrella quasi sferica, a fiori bianchi. Derivato dal tipo; colt. e talora inselv. — *Porro.* — β *Porrum.* (L.).
Stami *inclusi.* Foglie c. s., larghe *2-10 mm.*, scabro-dentellate ai margini e sulla carena. Spata c. s., per lo più brevem. mucronata. Tepali c. s., porporini. Bulbo con bulbilli numerosi, neri. ♃. (Parmigiano, It. media, Capraia e presso Assisi). — *Lug. Ag.* — Reg. med. e subm.
                          2486 A. rotundum L.

24 { Cuspide anterifera dei filamenti interni *più lunga ed uguale* alle laterali. Ombrella globosa od ovale; pedicelli esterni subeguali ai fiori, i centrali più lunghi di essi. Fiori, almeno i centrali, porporini o raram. tutti roseo-pallidi o bianchi. Foglie imperfettam. fistolose. Bulbo spesso bulbillifero. ♃. (It. media, Arc. tosc. quasi ovunque). — *Lug. Ag.* — Pascoli, rupi e luoghi colt. dal mare alla reg. alp. **2487 A. sphaerocephalum** L.
Cuspide anterifera dei filam. interni *più breve* delle laterali. . . . 25

25 { Bulbo *semplice.* Foglie, *imperfettam. fistolose.* Ombrella dapprima globosa, quindi quasi formata di due ombrelle, l'infer. od esterna di fiori sterili pendenti, la centrale di fiori fertili coi pedicelli allungati. Spata ora ovata e *più breve.* dell'ombrella, ora lungam. rostrata e *più lunga* di essa. Fiori rosei. ♃. (L. a Corneto ed a Roma lungo la via Aurelia). — *Apr. Mag.* — Reg. med. e subm.. . . . . **2488 A. descendens** L.

25   Bulbo *spesso bulbillifero*. Foglie *interam. fistolose*. Ombrella irregolare, lassa; pedicelli lunghi 4-5 volte il perigonio. Spata rostrata, *subeguale* all'ombrella. Fiori roseo-pallidi, raram. verdognoli, biancastri o porporini. ♃. (It. media, Elba, Giglio, Capraia, Montecristo). — *Mag. Giu.* — Vigne, campi ecc. dal mare alla reg. subm. — *Aglio pippolino*   .   .   **2489 A. vineale L.**

308. *Allium
ursinum* L.
($^1/_4$).

309. *Asphodelus
fistulosus* L.
($^1/_5$).

310. *Paradisia
Liliastrum* Bert.
($^1/_5$).

Tribù 2. ANTERICEE.

Fiori articolati sui pedicelli. Piante non bulbose.

12. Asphòdelus. Fiori racemosi, colla nervatura mediana dei tepali verde o rossastra. Perigonio regolare a pezzi liberi sino dalla base, patenti. Stami di cui 3 più brevi; filamenti dilatati e pelosi alla base, racchiudenti l'ovario. Cassula subglobosa; semi triquetri, 2 od 1 per loggia. — Erbe con foglie tutte basilari.

Pianta *gracile (3-5 dm.)*, annua, bienne o perenne, a radici *fibrose, sottili o poco ispessite*. Foglie semicilindriche, fistolose, strettam. lineari, (larghe *3 5 mm.*, lunghe *15-30 cm.*), scabre soltanto ai margini. Brattee piccole, biancastre. Fiori bianchi o carnicini, a pezzi lunghi *12-16 mm.* Cassula *piccola* (4-6 mm. lunga), con 2-3 rughe per ogni valva. ② ♃. (T., Elba, Pianosa, It. centr.). — *Mar. Mag.* — Colli aridi e muri reg. med. (Fig. 309).
          2490 A. fistulosus L.

Pianta *robusta (5-10 dm.)*, perenne a radici *tuberoso-fascicolate, fusiformi o napiformi*. Foglie triquetre, ensiformi, verdi o glauche (larghe *1-4 cm.* e lunghe *3-7 dm.*). Fiori a pezzi lunghi *18-22 mm.* Cassula *più grande*. ♃. *Asfodello, Porraccio.*   .   .   .   .   **2491 A. ramosus L.**

1 {   A. Racemi semplici o poco ramosi; brattee fulvo-pallide. Cassula depresso-globosa ed ombelicata, lunga 16-22 mm., con 7-8 rughe per valva. (Gorgona, secondo Fiori). — *Apr. Mag.* — Luoghi erbosi e colt. reg. med. e subm. — *α cerasifer* Gay

      B. Racemi c. s.; brattee giovani fosche. Cassula subglobosa od ellissoidea, lunga 12-14 mm., con 7-8 rughe per valva. (Alpi Ap., App. medio). — *Apr. Giu.* — Pascoli e prati reg. mont., raram. subm. — β *albus* (Mill.).

1 | C. Racemi in pannocchia, ampiam. ramosa; brattee giovani fulvo-palli-
de. Cassula ovoideo-globosa, lunga 6-12 mm., con 2-7 rughe per valva. (It. media, Arc. tosc. quasi ovunque). — *Gen. Mag.* — Colli erbosi e colt. reg. med. — β *microcarpus* (Viv.).

13. Asphodeline. Fiori in racemo, gialli colla carena dei tep.
verde. Perigonio subregolare a pezzi brevem. saldati alla base, patenti. — Erbe con radice formata di fibre fascicolate, cilindriche.
Fusto ± foglioso, semplice. Il resto come in *Asphodelus*.

Pianta a radici tuberoso-affastellate e fusto foglioso sino all'apice, (6-8 dm.).
Foglie lineari-lesiniformi, triquetre, cave. Racemo semplice, denso; brattee
ovato-cuspidate, più lunghe dei pedicelli. Cassula grande (12-14 mm. lunga),
subglobosa. 2⟍. (T. in Maremma presso Grosseto, M. L. ecc.). — *Apr. Mag.*
— Colli aridi e rupi reg. med.; colt. talora per uso culinare.
2492 A. lutea Rchb.

14. Paradisia. Fiori in racemo, bianchi. Perigonio imbutiforme, a pezzi liberi, ristretti alla base. Stami diseguali, a filam. glabri, incurvati. Stimma clavato-trilobo. Cassula coriacea, a molti semi
angolosi.

Pianta a rizoma brevissimo, con fibre radicali fascicolate, leggerm. tuberose.
Foglie 6-8 tutte basilari, strettam. lineari (3-5 mm. larghe). Racemo unilaterale di 6-10 fiori grandi; brattee lanceolate più lunghe dei pedicelli. 2⟍.
— (Alpi Ap., App. medio, raro). — *Giu.* — Prati e pascoli reg. alp. e subalp. (Fìg. 310). . . . . . . **2493 P. Liliastrum** Bert.

15. Simèthis. Fiori in pannocchia, bianchi sfumati di violetto
all'esterno. Perigonio regolare, a pezzi 5-nervi, patenti, alla fine caduchi. Stami uguali, a filam. barbuti in basso. Stimma intero, acuto.
Cassula subglobosa con 1-2 semi per loggia.

Pianta a rizoma breve con fibre radicali fusiformi. Foglie lineari (4-8 mm.
larghe), ottusette. Scapo (2-5 dm.) subeguale alle foglie con poche squame,
ma del resto afillo. Fiori 20-30. 2⟍. (T. in Maremma). — *Apr. Mag.* — Colli
e luoghi arenosi presso al mare . . **2494 S. planifolia** Gr. et Godr.

16. Anthèricum. Fiori racemosi, bianchi. Perigonio a pezzi
rotato-patenti, 3-nervi, persistenti nel frutto. Stami diseguali, a filam. filiformi, glabri. Stimma un po' a capocchia. Cassula ovata, con
pochi semi angolosi per loggia.

1 | Fiori *in racemo semplice*, a tepali lunghi *14-20 mm.* Stilo *incurvato.* Brattee
membranacee; 2-3 *volte* più brevi dei pedicelli. Cassula *ovata.* 2⟍. (It. media). — *Mag. Giu.* — Luoghi selv. reg. subm. e mont., raram. med.
2495 A. Liliago L.
Fiori *in racemi riuniti in pannocchia ramosa*, a tep. lunghi *10-15 mm.* Stilo
quasi diritto. Brattee *erbacee,* 5-6 *volte* più brevi dei pedicelli. Cassula *globosa.* 2⟍. (Alpi Ap., presso Bologna a S. Luca). — *Lug. Ag.* — Boschi e
rupi reg. subm. e mont. . . . . . **2496 A. ramosum** L.

17. Hemerocàllis. Fiori pochi in pannocchia irregolare, gialli.
Perigonio imbutiforme, tubuloso nel terzo infer., a pezzi eretto-pa-

tenti, moltinervi. Stilo filiforme, arcuato; stimma piccolo a capocchia. Cassula subglobosa, con pochi semi globoso-angolosi, neri.

1 { Fiori *odorosi, gialli,* a lacinie *subeguali tra loro,* con nervi *semplici.* Foglie lineari-carenate, larghe *12-20 mm.,* più brevi dello scapo, che è nudo ed alto 6-8 dm. ♃. Frequentem. colt. ed inselv. qua e là. — *Giu.* — Reg. subm. — *Giglio dorato* . . . . **2497 H. flava** L.
Fiori *inodori, rosso-aranciati,* a lacinie *interne più larghe,* ondulate al margine e con nervi *ramificati.* Foglie larghe *2-3 cm.* Scapo bratteato. ♃. (Bolognese e It. centr.). — *Giu.* — Colt. e inselv. nelle stesse reg. — *Giglio turco, Emerocallide* . . . . **2498 H. fulva** L.

311. *Narcissus Tazzetta* Lois. (¹/₅).

312. *Tamnus. communis* L. (¹/₅).

313. *Ruscus Hypophyllum* L. var. *Hypoglossum* (L.). (¹/₄).

Fam. 121.ª ASPARAGACEE.

Piante erbacee o suffrutescenti, mai bulbose, a fusto semplice o ramoso. Foglie ampie, intiere o piccole e squamose, nel qual caso i rami slargati od aghiformi (*cladodi*) ne fanno le veci. Fiori regolari, ermafroditi o raram. dioici od unisessuali; perigonio di 4-6 od 8 pezzi connessi ± tra loro o liberi, disposti in 2 verticilli. Stami per lo più 6 od anche 3-4 od 8, inseriti alla base del perigonio, coi filamenti distinti o talora saldati; antere deiscenti all'interno o lateralm. Ovario supero, libero o talora aderente, per lo più a 3 caselle e 2 ovuli per ciascuna di esse, di rado molti. Frutto bacca, 3-loculare, qualche volta uniloculare per aborto; semi globosi od angolosi, con guscio sottile, embrione minuto, diritto ed albume abbondante carnoso o cartilagineo.

CHIAVE DEI GENERI.

1 { Foglie piccole e squamose. **2**
Foglie ampie, erbacee. **3**

2	Rami fogliacei slargati, portanti i fiori e i frutti	7 RUSCUS
	Rami fogliacei filiformi	6 ASPARAGUS
3	Fiore unico terminale. Perigonio erbaceo, a 8 pezzi, patenti .	1 PARIS
	Fiori ascellari a foglie. Perig. a 6 denti eretti . . .	5 POLYGONATUM
	Fiori estrascellari. Perig. a 6 divisioni profonde . . .	4 STREPTOPUS
	Fiori in racemo terminale	4
4	Perigonio orciuolato, con 6 denti. Antere basifisse . .	2 CONVALLARIA
	Perig. a 4 divisioni profonde, patenti. Antere dorsifisse .	3 MAIANTHEMUM

1. **Paris.** Fiori ermafroditi. Perigonio persistente, ad 8 pezzi, patenti o riflessi, gli iuterni strettissimi, gialli, gli esterni più grandi, verdi. Stami 8 subipogini; antere basifisse, col connettivo lunghissimo lesiniforme, al di sopra di esse. Ovario a 4-5 caselle, con 4-6 ovuli per ciascuna; stili 4-5 divergenti, a papille stimmatiche sulla loro faccia interna. Bacca rotonda, violetto-nerastra.

Rizoma strisciante, a fusto unico, eretto, portante superiorm. 4 foglie verticillate, raram. 5-6, obovate od ellittiche. Fiore unico, terminale, peduncolato. ♃. (It. media). — *Giu. Lug.* — Boschi ombrosi reg. subm. e mont. — *Erba crociola, Uva di volpe.* (Fig. 315). . **2499 P. quadrifolia** L.

2. **Convallària.** Fiori ermafroditi. Perigonio caduco, subgloboso-campanulato, con 6 denti curvati in fuori. Stami inseriti alla base del perigonio; antere basifisse. Ovario a 3 logge 2-ovulate. Bacca globosa, rossa.

Rizoma obliquo, stolonifero. Foglie 2 basilari, ovato-bislunghe, picciolate, racchiuse con lo scapo in guaine membranose. Scapo un po' più breve delle foglie. Fiori bianchi, pendenti, odorosissimi, riuniti in racemo unilaterale ♃. (Alpi Ap., App. medio). — *Mag. Giu.* — Luoghi ombrosi reg. mont. e subalp., raram. subm.; coltivasi. — *Mughetto* . . **2500 C. maialis** L.

3. **Maiànthemum.** Fiori ermafroditi. Perigonio a 4 divisioni profonde, patenti. Stami 4, ipogini; antere dorsifisse. Ovario con 2-3 logge, 1-2-ovulate. Bacca sferoidale, rosso-scarlatto.

Rizoma strisciante, articolato. Fusto eretto (1-2 dm.), cinto da 1 o 2 squame alla base e portante in alto 2 foglie alterne, cordato-allungate. Fiori bianchi, odorosi, in racemo terminale. ♃. (App. tosco-emil. nell'alta valle delle Pozze). — *Giu. Lug.* — Luoghi boschivi reg. subm. e mont.
2501 M. bifolium Desf.

4. **Strèptopus** (da στρεπτος = piegato e πους = piede). Fiori ermafroditi. Perigonio campanulato, caduco, a 6 divisioni profonde. Stami ipogini; antere basifisse. Ovario a 3 logge moltiovulate. Bacca subglobosa, rossa.

Rizoma obliquo, nodoso. Fusto eretto, cavo, semplice o ramoso (3-6 dm.). Foglie sessili, ovato acuminate, cuoriformi ed abbracciantì. Fiori verde-bianchicci, solitari, opposti alle foglie. ♃. (App. medio, raro). — *Giu. Lug.* — Boschi ombrosi umidi reg. mont. . . **2502 S. amplexifolius** DC.

5. **Polygònatum** (da πολυς = molto e γονυ = nodo, con molti nodi). Fiori ermafroditi. Perigonio tubuloso-cilindrico, persistente, a

6 denti eretti. Stami inclusi, inseriti a metà del tubo; antere quasi basifisse. Ovario a 3 logge, 2-ovulate. Bacca globosa, alla fine celeste-nerastra.

1 { Foglie *verticillate*, 4-8 ad ogni nodo, *lanceolato-lineari* (larghe 7-17 *mm.*), sessili. Peduncoli ascellari, con 2-3 fiori *piccoli* (6-8 mm. lunghi per 1-2 larghi). Bacche violacee. ♃. (App. medio). — *Mag. Giu.* — Boschi reg. mont. e subalp. . . . . **2503 P. verticillatum** All.
Foglie *alterne*, *ovato-bislunghe* (larghe 2-6 *cm.*), sessili o quasi. Fiori *più grandi* 2

2 { Fusto *cilindrico*. Peduncoli portanti *2-3 o 5 fiori*. Tubo del perigonio *2-4 mm.* diam. Stami a filamenti *pelosi*. ♃. (App. medio). — *Apr. Giu.* — Boschi e luoghi selv. reg. subm. e mont.   **2504 P. multiflorum** All.
Fusto *angoloso*. Peduncoli portanti *1-2 fiori*. Tubo del perigonio *4-6 mm.* diam. Stami a filamenti *glabri*. ♃. (It. media). — *Apr. Mag.* — Luoghi selv. e boschivi reg. subm. e mont. — *Sigillo di Salomone, Ginocchietto*. (Fig. 314) . . . . **2505 P. officinale** All.

6. Aspàragus. Fiori dioici, poligami od ermafroditi, ascellari. Perigonio caduco, campanulato, di 6 pezzi, distinti od appena saldati alla base, conniventi o patenti all'apice. Stami liberi, ipogini o quasi; antere dorsifisse. Ovario a 3 logge, con 2-3, raram. più ovuli ciascuna. Bacca globosa, con 1-4 semi, rossa o nerastra. — Erbe perenni o suffrutici ramosissimi, con foglie ridotte a squame o spine e rami sterili (cladodi) funzionanti da foglie.

1 { Pianta *suffruticosa*, con rami *rigidi*. Cladodi rigidi, *pungenti*, fascicolati a 4-12. Bacca *quasi nera* a maturità (4-5 mm. diam.), con *1-3 semi*. ♃. (It. media, Arc. tosc. non ovunque). — *Ag. Sett.* — Luoghi selv. aridi. — *Asparago dei boschi. Palazzo di capre* . . . . . **2506 A. acutifolius** L.
Piante *erbacee*, con rami *lunghi ed assai gracili*. Cladodi *non pungenti*. Bacca *rossa* a maturità, con *4-6 semi* 2

2 { Cladodi *setacei*, tenuissimi, in fascetti di *10-25*. Pedicelli fiorali articolati *all'apice*. Bacca grande (11-14 mm. diam.). Rizoma strisciante, con turioni di sapore dolce. Foglie squamiformi *non speronate* alla base. ♃. (It. media). — *Mag. Giu.* — Luoghi selv. e boschi reg. subm. e mont. — *Asparago selvatico.* . . . . **2507 A. tenuifolius** Lam.
Cladodi *setaceo-lesiniformi*, ± consistenti, in fascetti di *3-9*. Pedicelli fiorali articolati *poco sopra della metà*. Bacca piuttosto grande (6-12 mm. diam.). Rizoma breve, con fibre grossette. Foglie squamiformi *brevem. speronate* alla base. ♃. — *Asparago* . . . . **2508 A. officinalis** L.
     A. Turioni di sapore dolce. Cladodi assai fini, lisci, assieme ai rametti giovani od appena scabri. (It. media, Gorgona. Montecristo). — Presso al mare e lungo i fiumi sino alla reg. subm.; in molti luoghi sfuggito alla colt. — α *typicus*.
     B. Turioni di sapore amaro. Cladodi spesso più brevi e più grossi del tipo, scabro-denticolati assieme ai rametti giovani. (Lungo l'Adriatico e presso Civitavecchia). ᴛ β *maritimus* (Mill.).

7. Ruscus. Fiori dioici, situati sui cladodi. Perigonio persistente, di 6 pezzi verdastri, liberi, i 3 interni più piccoli. Stami 3, a filamenti saldati in tubo, portanti 3 antere a logge divergenti; nei fiori femm. c'è il tubo staminale, però senza le antere; entro al tubo sta l'ovario a 3 logge, biovulate. Bacca globosa rossa, con 1-2 semi globosi. — Suffrutici eretti, con foglie squamiformi e cladodi fogliacei, simulanti le foglie.

1 {
Cladodi *piuttosto piccoli*, (lunghi 2-4 cm., larghi 8-15 mm. o meno od anche
più), *pungenti*, portanti *1-2 fiori* sulla faccia *superiore*, nell' ascella d' una
brattea lanceolata. Fusto *abbondantem. ramificato* (3-8 dm.). ♃. (It. media,
Elba, Gorgona, Capraia). — *Ott. e Feb.-Apr.* — Luoghi aridi, siepi ecc.
reg. med. e subm. — *Pungitopo* . . . . **2509 R. aculeatus** L.
Cladodi *assai grandi* (lunghi 5-10 cm.), *non pungenti*, portanti *2-6 fiori* sulla
faccia *inferiore*. Fusto *per lo più semplice*. ♃. — *Linguette, Bislingua*.
2510 R. Hypophyllum L.
A. Brattea fiorale piccola, quasi scariosa. Cladodi larghi 3-5 cm. (T. nel
Senese, Elba). — *Dic. Apr.* — Luoghi selv. reg. subm. — α *typicum*.
B. Brattea fiorale grande, fogliacea, lunga 1-3 cm. Cladodi generalm.
più piccoli del tipo, larghi 2-3 cm. o talora anche più stretti e brattea fiorale più piccola. (It. media). — *Feb. Mar.* — Qua e là reg. med.,
subm. e mont. — β *Hypoglossum* (L.). (Fig. 313).
}

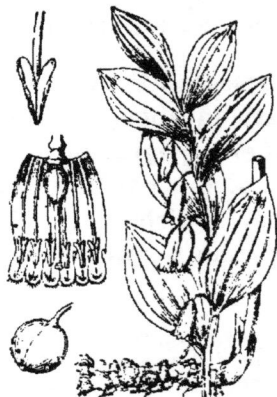

314. *Polygonatum officinale* All. (¹/₄).

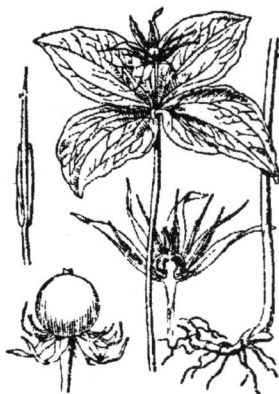

315. *Paris quadrifolia* L. (¹/₄).

316. *Erythronium Dens canis* L. (¹/₄).

Fam. 122.ᵃ SMILACACEE.

1. **Smilax** (da σμιλαξ, nome greco della pianta). Arbusti aculeati, rampicanti, viticciosi, con foglie a 3-5 nervi, venato-reticolate,
spesso aculeate al margine e sui nervi. Fiori dioici. Perigonio caduco, di 6 pezzi, patenti, i 3 esterni più grandi dei 3 interni. Fiori
masch. con 6 stami. Fiori femm. con ovario bislungo, a 3 logge 1-2-
ovulate; stimmi 3 sessili. Bacca globosa, ± carnosa, con 1-3 semi, ricoperti da guscio sottile aderentissimo all'albume; embrione minuto
collocato nell'estremità dell'albume opposta all' ilo.

Fiori bianchi in spighe ascellari e terminali. Foglie coriacee, astate o cordate
alla base, aculeate al margine e sui nervi, talora macchiate di bianco o di
nero; viticci inseriti sopra la base del picciolo. Bacca rossa a maturità od
anche nera. Fusto a rami angolosi, flessuosi, aculeati. ♃. (It. media, Arc.
tosc.). — *Sett. Ott.* — Macchie e boschi reg. med. o più raram. subm. —
Smilace, Straccia-brache, Salsapariglia nostrale. . **2511 S. aspera** L.
Pianta spesso più robusta e meno aculeata. Foglie più grandi e più rotondate. Bacca rossa. — Col tipo. — Var. *mauritanica* (Desf.).

Fam. 123.ᵃ **TAMNACEE.**

1. Tamnus. Pianta volubile, a radice grossa, carnosa e a foglie semplici, alterne, senza stipole. Fiori dioici. Perigonio diviso in 6 lacinie campanulato-patenti. Fiori masch. con 6 stami, inseriti sul tubo perigoniale; antere dorsifisse. Fiori femm. con ovario infero, ovato, a 3 logge 2-ovulate e 6 stami abortiti; stilo trifido, con stimmi bilobi. Bacca globosa, rossa a maturità, con 3-6 semi globosi, a guscio facile a sbucciarsi; embrione minuto presso l'ilo e albume abbondante carnoso-cartilagineo.

> Erba volubile di 1-3 m., a foglie profondam. cordato-ovate, acuminate, talora cordato-subtrilobe. Fiori verdognoli in racemi ascellari; i masch. più lunghi delle foglie, i femm. più brevi. ⚥ (It. media, Arc. tosc.). -- *Apr. Mag.* — Siepi, macchie ecc. dal mare alla reg. mont. — *Vite nera, Tamaro, Cerasiola* (Fig. 312). . . . . . . **2512 T. communis** L.

Fam. 124.ᵃ **GIUNCACEE.**

Piante erbacee annue o perenni, a foglie indivise, con guaine chiuse od aperte, radicali o sparse, senza stipole. Fiori ermafroditi, regolari, verdastri o bruni, bratteolati, riuniti in cime ascellari o terminali. Perigonio scarioso, persistente, infero, di 6 pezzi liberi, in due serie. Stami 6, di rado 3 per aborto, inseriti alla base dei pezzi perigoniali ed opposti ad essi; antere basifisse, introrse. Ovario libero di 3 carpelli connati, stilo breve, con 3 stimmi filiformi, papillosi. Frutto cassula, trivalve, con 3 o più semi; semi a guscio membranoso, albume denso ed embrione piccolo presso l'ilo.

CHIAVE DEI GENERI.

1 {
Foglie glabre, cilindriche o lineari-canalicolate o ridotte a guaine, che sono aperte. Cassula 3- , raram. 1-loculare, a più semi . . . 1 Juncus
Foglie ordinariam. pelose, lineari, piane; guaine chiuse. Cassula 1-loculare, a 3 semi . . . . 2 Luzula
}

1. Juncus. Perigonio a pezzi uguali o disuguali, saldati alla base. Cassula 3-loculare od 1-loculare per mancato sviluppo dei setti, a più semi.

1 {
Piante *perenni*, con rizoma *strisciante o cespuglioso* 2
Piante *annue*, a radice *fibrosa*. Semi non appendicolati. . . . 17
}

2 {
Fusti *senza nodi*, muniti di guaine basilari afille o di foglie radicali cilindriche, *pungenti, simili ai fusti.* Infiorescenza *pseudolaterale* . . 3
Fusti *nodoso-fogliosi* almeno alla base; foglie con lamine *sempre diverse* dai fusti. Infiorescenza *terminale.* 9
}

3 {
Fusti *con guaine afille.* Fiori *con bratteole alla base di ciascuno.* Semi *non appendicolati* 4
Fusti *con foglie basilari* pungenti, simili ad essi. Fiori *agglomerati assieme con brattee comuni.* Semi *appendicolati.* 8
}

4 {
Infiorescenza *ricca di fiori.* Piante *largam. disperse dal mare alla reg. subalp.* 5
Infiorescenza *povera, di 3-9 fiori.* Piante *proprie della reg. subalp. ed alp.* 7
}

Fusti con midollo *interrotto da lacune*. Cassula *acuta, mucronata*. ⚭. — *Giunco*. (Fig. 319) . . . . **2513 J. glaucus** Ehrh.
  A. Fusti glauchi. Cassula subeguale al perigonio.
    a. Cassula bislungo ellittica. Infiorescenza nerastra. Stami 6, più raram. 3. (It. media). — *Giu. Lug.* — Luoghi umidi dal mare alla reg. subalp. — α *typicus*.
    b. Cassula subrotonda, più piccola che nel tipo. Infior. rossiccia pallida, più ampia e più bassa e fusti più robusti che nel tipo. Stami 6. (Faentino, T.). — β *paniculatus* (Hpe).
  B. Fusti verdi. Cassula lunga quasi il doppio del perigonio. Stami 3. (T., It. centr.). — γ *depauperatus* (Ten.).
Fusti con midollo *continuo od indistintam. lacunoso*. Cassula *ottuso-smarginata, mucronulata* 6

Fusti *verdi o glaucescenti, distintam. striati anche nel vivo*, ± *rigidi e tenaci*. Midollo *continuo o indistintam. lacunoso*. Guaine brune o castagne. Fiori per lo più sterili, in infiorescenza grande, decomposta. (It. centr.).
                J. CONGLOMERATUS β EFFUSO ✕ GLAUCUS Schnizl.
Fusti *sempre verdi, lisci nel vivo, minutam. striati nel secco, flosci e poco resistenti*. Guaine opache, *ferrugineo-pallide*. Midollo *continuo*. Fiori verderossigni assieme alle cassule; brattea simulante il prolungamento del fusto. Stami per lo più 3. ⚭. — *Giunco*. . . . **2514 J. conglomeratus** L.
  A. Infiorescenza contratta in forma di glomerulo denso. (It. media). — *Giu. Lug.* — Fossi e luoghi umidi dal mare alla reg. subalp. — α *typicus*.
  B. Infiorescenza grande, decomposta. — Col tipo. — β *effusus* (L.).

Fusti *nel vivo affatto lisci, nel secco raggrinzato-striati*. Perigonio a tepali interni *ottusi e un po' più brevi degli esterni*. Cassula *ovato-ottusa, mucronata, brunastra, un po' più lunga* del perigonio. ⚭. (App. piceno). — *Est.* — Luoghi umidi reg. alp. e subalp.; raro . . . . **2515 J. arcticus** W.
Fusti *striati anche nel vivo*. Perigonio a tep. *tutti lanceolato-acuti ed uguali tra loro*. Cassula *quasi globosa*, ottusa, *mucronulata, rossastra*, eguale al perigonio. ⚭. (Alpi di Mommio alla Foce della Burella e nell'App. modenese). *Est.* — Luoghi paludosi reg. subalp. e talora alp. **2516 J. filiformis** L.

Cassule *grandi, lunghe il doppio* del perigonio, *incompletam.* triloculari. Antere *rosse o rosseggianti*. Fusti pieni, densam. cespugliosi (6 10 dm.), robusti, pungenti. Infiorescenza ricca, conglobata, con brattea infer. pungente. ⚭. — *Giunco spinoso* . . . . **2517 J. acutus** L.
  A. Tepali e cassule ferruginee.
    a. Cassula ovato-conica, acuminata, grande (3 mm. diam. circa). (It. media, Arc. tosc.). — *Mag. Giu.* — Luoghi arenosi maritimi, talora anche nell'interno. — α *typicus*.
    b. Cassula ovale-globosa, quasi metà più piccola del tipo (2 mm. diam.). (T. a Tombolo nel Pisano). — Forse ibrido tra *J. acutus* ed *J. maritimus* . . . . . . ✕ J. TOMMASINII Parl.
  B. Tepali verdi nel dorso. Cassule giallo-pallide. (T. a monte Cerboli). — Forse ibrido . . . . ✕ J. VARIEGATUS Caruel
Cassule *mediocri, subeguali* al perigonio, *completam.* triloculari. Antere *gialle*. Fusti pieni c. s., però meno pungenti. Infior. ricca, scolorata, con rami allungati. ⚭. . . . . **2518 J. maritimus** Lam.
  A. Infior. subeguale alla brattea involucrante infer.; pedicelli portanti 2-7 fiori. Tepali acuti. (It. media, Elba, Capraia). — *Giu. Lug.* — Presso al mare. — α *typicus*.
  B. Infior. allungata, superante la brattea involucr. infer.; pedicelli super. allungati, portanti 1-2 fiori. Tep. acuminati. — Qua e là col tipo. — β *rigidus* (Desf.).

Foglie, almeno le super., *cilindriche o cilindrico-compresse, con setti trasversali di midollo*, che nel secco le fanno sembrare *nodoso-articolate*. Semi non appendicolati 10
Foglie *scanalate o piano-solcate* nella faccia super., raram. *cilindriche o filiformi, mai settate* 13

Foglie *tutte settate, nodoso-articolate* nel secco. 11
Foglie *basilari filiformi o capillari, senza setti, le super. settate* . . . 12

Pezzi del perigonio *giallo-verdastri*. Guaine *basilari* afille. Cassula *triloculare*. ♃. (It. media). — *Giu. Ag.* — Luoghi paludosi dal mare alla reg. mont. **2519 J. obtusiflorus** Ehrh.

Pezzi del perigonio *per lo più bruni o rossastri*. Guaine *ordinariam. tutte prolungate in foglie*. Cassula *uniloculare*. ♃. . **2520 J. articulatus** L.

A. Pezzi del perigonio tutti o solo gli esterni acuminato-aristati all'apice. Cassule acute od acuminato-cuspidate.
   a. Capolini o fascetti di 2-10 fiori (4-7 mm. diam.). Fusti e foglie sempre lisci.
      1. Pezzi del perigonio subeguali tra loro, gli interni per lo più ottusetti o più raram. tutti egualm. acuti. Cassule acutam. trigono-mucronate. Fusti di 1-6 dm. Rizoma cespuglioso, spesso stolonifero. (It. media, Arc. tosc. non ovunque). — *Giu. Ag.* — Dal mare alla reg. mont. — α *lamprocarpus* (Ehrh.).
      2. Pezzi del perig. ± diseguali, gli interni più lunghi, spesso ricurvi all'apice, tutti acuminati od aristati. Cassule acuminato-cuspidate. Fusti di 2-9 dm. Rizoma lungam. strisciante. — Col tipo. — β *acutiflorus* (Ehrh.).
   b. Capolini di 10-20 fiori (8-10 mm. diam.). Fusti spesso brevem. scabro-pelosi sotto la lente.
      * Fusti senza stoloni, per lo più profondam. striato-solcati assieme alle foglie. Tepali subeguali tra loro, acuminato-aristati. (T.). — γ *striatus* (Schousb.).
      * Fusti con stoloni estrascellari alla base, lungam. strisscianti sul terreno, appena striati e così pure le foglie. (T. nel Lucchese). — δ *Fontanesii* (J. Gay).

B. Pezzi del perigonio subeguali tra loro, ottusi, gli esterni spesso mucronati sotto l'apice. Cassule spesso ottusette.
   a. Fusti e foglie cilindrico-compressi. Inflorescenza divaricata, con capolini nerastri di 3-8 fiori. Rizoma strisciante. (It. centr.). — Luoghi paludosi reg. alp. e subalp., da cui scende talora lungo i fiumi. — ᷒ *alpinus* (Vill.).
   b. Fusto e foglie compresso-bitaglienti. Inflor. spesso contratta. Capolini e rizoma c. s. (T. a Viareggio, L. a Porto d'Anzio). — Reg. med. — ᷒ *anceps* (De la Harpe).

11 {

12 {
Foglie *tutte filiformi*, le super. non od appena settate, talora subscanalate. Inflorescenza povera, con capolini di *2-12 fiori*; stami *3*, raram. 6. Cassula *ottusa, mucronata, eguale o più lunga* del perigonio. ♃. (Qua e là nell'It. media, assai raro). — *Est.* — Luoghi umidi e paludosi dal mare alla reg. mont. **2521 J. supinus** Moench

Foglie *infer. filiformi*, le *super. grosse, cilindrico-nodose*. Inflor. con capolini di *2-6 fiori*; stami *6*. Cassula *acuta, lungam. acuminato-rostrata, sorpassante assai* il perigonio. ♃. (T. nel padule di Bientina, L.). — Reg. med. **2522 J. heterophyllus** Duf.

13 {
Fiori *in capolino od in corimbo terminale di 1-9 fiori*. Semi *appendicolati*. Piante di luoghi *alp. o subalp*. 14
Fiori *in antela terminale, ricca*. Semi *non appendicolati*. Piante dei luoghi *bassi* 16

14 {
Guaine *prolungate in due orecchiette lacero-cigliate*, opposte alla lamina. Fiori *1-4 solitari od in piccolo corimbo*. Perigonio a tepali nerastri, lanceolato-acuminati, subeguali alla cassula. ♃ . . . . **2523 J. trifidus** L.
   a. Guaine basilari tutte con lamine brevissime. Fiori 1-4 in piccolo corimbo. (App. medio). — *Est.* — Pascoli e rupi reg. alp. e subalp. — α *typicus*.
   b. Guaina basilare super. prolungata in una foglia uguagliante almeno la metà del fusto. Fiore per lo più unico. — Qua e là col tipo. — β *Hostii* (Tausch).

Guaine *senza orecchiette o con orecchiette brevissime ed intere*. Fiori *in uno o più capolini terminali* 15

15 {
Guaine basilari *fogliose*. Fusti *tutti fertili*. Capolino unico di *2-4 fiori*, con tornato da brattee brunastre lunghe come i fiori. ♃. (App. piceno). — *Est.* — Pascoli umidi reg. alp. e subalp. . . . **2524 J. triglumis** L.
Guaine basilari *afille*, con breve appendice setacea. Fusti *alcuni fertili ed al-*

15 | *tri sterili*. Capolino unico di *4-8 fiori* neri o castagni, lucenti. 2⏀. (App.
emil. al Monte Cusna). — *Est.* — Pascoli alp. **2525 J. Jacquinii** L.

16 | Fusti *compressi specialm. verso la base*. Cassula *subglobosa, lunga circa il
doppio* del perigonio. Antere *poco più lunghe* dei loro filamenti. Stilo *lungo
la metà* dell'ovario. 2⏀. (It. media, Elba, Montecristo). — *Giu. Lug.* — Luoghi umidi dal mare alla reg. mont. **2526 J. compressus** Jacq.
Fusti *subcilindrici*, più gracili. Cassula *bislunga, subeguale o un poco più
lunga* del perigonio. Antere *il triplo più lunghe* dei loro filamenti. Stilo
lungo come l'ovario. 2⏀. (Spiagge It. media). — *Giu. Lug.*
2527 J. Gerardi Lois.

17 | Foglie *tutte radicali*, brevi. Fusti *nudi*, terminati da un unico capolino (ra-
ram. 2-3) di 2-9 fiori verdicci ed ovati. Perigonio a pezzi *diseguali gli esterni*
acuminato-cuspidati e *divergenti all'apice*. Cassula ovato-globosa, assai più
breve del perigonio, 3-loculare. ⊙. (It. media, Arc. tosc. non ovunque). —
Mag. Giu. — Luoghi arenosi dal mare alla reg. subm.
2528 J. capitatus Weig.
Foglie *cauline 1-3*. Fusti *fogliati*, portanti 1 o più capolini o con più fiori in
pannocchia. Perigonio a pezzi *subeguali o disuguali tutti eretti o conniventi* 18

18 | Fiori *riuniti in capolino* solitario o 3-5 capolini peduncolati, di 4-15 fiori. Pe-
rigonio a pezzi subeguali, conniventi. Cassula bislungo-lineare, più breve
del perigonio, subuniloculare. ⊙. (T., Elba, Capraia). — *Apr. Mag.* — Reg.
med. . . . . **2529 J. pygmaeus** Thuill.
Fiori *solitari e distanti, o ravvicinati in fascetti* patenti, formanti insieme una
cima corimbosa 19

19 | Foglie a guaine *senza orecchiette*. Fiori *solitari o in fascetti, d'un verde-pal-
lido*. Infiorescenza a rami *eretti*. Perigonio a pezzi *diseguali*, lunghi *4-6 mm.*,
gli esterni più lunghi, sorpassanti la cassula *bislunga*. ⊙.
2530 J. bufonius L.
A. Infiorescenza lassa, a fiori solitari ± distanti. Cassula più breve del
perigonio. (It. media, Arc. tosc.). — *Mag. Ag.* — Comune nei luoghi
umidi dal mare alla reg. alp. — *α typicus*.
B. Inflor. contratta, a fiori ravvicinati e riuniti a 2-5 in fascetti. Cassula talora subeguale al perigonio. (Costa occid. It. media). — β *hybri-
dus* (Brot.).
Foglie a guaine *con orecchiette*. Fiori solitari e distanti, *brunastri*. Infiorescenza a rami *divaricato-patenti*. Perigonio a pezzi *subeguali*, lunghi *2-3
mm., ovato-lanceolati*, uguaglianti ordinariam. la cassula *subglobosa*. ⊙. (It.
media). — *Mag. Lug.* — Col preced. dal mare alla reg. subm., non ovunque comune . . . . **2531 J. Tenageia** Linn. f.

317. *Colchicum
alpinum* DC.
(¹/₄).

318. *Luzula
pilosa* W.
(¹/₄).

319. *Juncus
glaucus* Ehrh.
(¹/₄).

2. **Lùzula.** Stami 6. Cassula uniloculare a 3 semi. Foglie piane. quasi sempre cigliate nei margini e con guaine chiuse. Il resto come in *Juncus.*

1 { Fiori *solitari* all'apice dei rametti dell'infiorescenza (antela). Semi *con una grossa appendice* all'apice **2**
Fiori *riuniti a 2 o più* sui rametti dell'infiorescenza (antela). Semi *senza appendice o con appendice piccolissima*, oppure con un' appendice ± *grossa alla base* **4**

2 { Rizoma *allungato, stolonifero.* Fiori *color giallo-paglierino.* Foglie brevi, le basilari subeguali alle cauline sparsam. pelose ai margini. Infiorescenza lassa, a rametti patenti dopo la fioritura. ♃. (App. modenese e pistoiese). — *Est.* — Boschi reg. mont. e subalp. **2532 L. flavescens** Gaud.
Rizoma *breve, non stolonifero.* Fiori *bruni.* Foglie basilari assai lunghe, le cauline più brevi, tutte con lunghi peli ai margini e presso l' orificio delle guaine **3**

3 { Foglie *lanceolato-lineari*, larghe *5-10 mm.* Peduncoli fruttiferi per lo più riflessi dopo la fioritura. Cassula *ottusa*, *superante un poco* il perigonio. Semi con appendice *lunga falcata.* ♃. (Bolognese, T. M.). — *Apr.* Giu. — Boschi reg. subm. e mont. (Fig. 318). **2533 L. pilosa** W.
Foglie *lineari*, larghe *2-4 mm.* Peduncoli frutt. per lo più eretti dopo la fioritura. Cassula *acuta, un po' più breve* del perigonio. Semi con appendice *breve, quasi diritta.* ♃. (It. media, Arc. tosc. non ovunque). — *Apr. Giu.* — Luoghi selvat. e boschivi dei monti. — *Erba lucciola.*
2534 L. Forsteri DC.

4 { Fiori *in piccole spighe capituliformi* formanti una spiga composta od un corimbo poco ramificato e talora condensato. Semi *con un' appendice* alla base **5**
Fiori *in antela corimbosa* ripetutam. ramificata. Semi *senza appendice* alla base . . . . , ... **6**

5 { Spighette formanti *una spiga composta*, lobata. Rizoma *cespuglioso.* Fusti di *1-3 dm.* Foglie lineari-strette, *spesso pelose solo alla base.* ♃. (Qua e là App. medio). — *Est.* — Pascoli e rupi reg. alp. . **2535 L. spicata** DC.
Spighette formanti *un'antela corimbiforme*, talora contratta in capolino lobato. Rizoma cespuglioso, talora brevem. stolonifero. Fusti gracili, eretti, *1-4 dm.* Foglie lineari piane, *cigliate ai margini almeno da giovani.* ♃.
2536 L. campestris DC.
A. Infiorescenza corimbosa con spighette centrali subsessili e le esterne disegualm. peduncolate, ± inclinate oppure erette, ferruginee o verdognolo-scolorate. (It. media, Elba). — *Apr. Lug.* — Pascoli, boschi ecc. dal mare alla reg. alp. — *α typica.*
B. Infiorescenza condensata, talora quasi a capolino, con spighette tutte sessili o brevem. peduncolate.
a. Fiori ferruginei, lunghi 3-5 mm. Cassule scolorate più brevi del perigonio. (App. medio). — *β congesta* (Lej.).
b. Fiori neri, lunghi 2 mm. circa. Cassule nerastre, subeguali al perigonio. — (Colla var. preced.). — *γ sudetica* (DC.).

6 { Foglie, specialm. le giovani, *cigliate lungo tutto il margine.* Fiori bianchi, bianco-rossastri o brunastri **7**
Foglie *affatto glabre* o con poche ciglia presso l'orificio delle guaine. Fiori bruni o castagni, oppure gialli **8**

7 { Foglie cauline assai *più brevi*, degli internodi, le fiorali *più brevi* dell'antela. Fusti eretti (4-6 dm.). Fiori in antela decomposta, coi tepali *acuminati*, brunastri o scolorati. ♃. (It. media). — *Mag. Giu.* — Pascoli reg. alp.
2537 L. silvatica Gaud.
Foglie cauline assai *più lunghe* degli internodi, le fiorali *spesso uguaglianti o superanti* l'antela. Fusti eretti (4-8 dm.). Fiori coi tep. *acuti.* ♃.
2538 L. nivea DC.
A. Antela densa, con fascetti formati da 5-20 fiori.
a. Fusti di 3-5 dm., cinti in basso dalle guaine delle foglie morte reticolato-fesse. Foglie fiorali più lunghe dell' antela. Fiori singoli pedicellati, a tepali disuguali, bianco-nivei o più raram. rosei. An-

7 {
tere uguali ai filamenti. Cassula uguagliante i tep. esterni. (App.
medio sino in T. a Vallombrosa e nel monte Amiata). — *Giu. Lug.*
— α *typica*.
    b. Fusti 15-30 cm., cinti da guaine di foglie morte intere. Foglie flo-
rali generalm. più brevi dell'antela. Fiori singoli sessili, a tep.
subeguali tra loro ed alla cassula, pellucido-argentini. (App. medio ?). — β *lactea* (E. Mey.).
B. Antela allargata, con fascetti formati da 2-6 fiori.
    a. Tepali subeguali tra loro, lunghi 3-4 mm., bianco-nivei o rossicci.
Antere lunghe circa il doppio dei filamenti. Foglie fiorali subeguali all'antela. (App. medio e Monte Pisano). — γ *pedemontana*
(Boiss. et Reut.).
    b. Tep. disuguali fra loro, lunghi 2-3 mm., bianchi o rossicci. An-
tere quasi sessili. Foglie fiorali c. s. (App. emil. e piceno). — δ
albida (DC.)

8 {
Fiori *piccoli, bruni o castagni*, in piccoli fascetti *di 1-5*. Antela *assai rami-
ficata*. Foglie lanceolato-lineari ± *cigliate presso l'orificio delle guaine*. Brattee fiorali *barbate*. Tepali *acuminati*. Cassula *ottusa*. ♃. (App. medio). —
Est. — Pascoli e rupi reg. alp.
                            2539 L. spadicea DC.
Fiori *mediocri, gialli*, in fascetti capituliformi *assai ricchi*. Antela *subsemplice*. Foglie c. s. *perfettam. glabre*. Brattee fiorali *non barbate*. Tep. *ottusi*.
Cassula *mucronata*. ♃. (App. sino al Modenese e Lucchese). — *Est.* — Pascoli reg. alp. , ... **2540 L. lutea** DC.

Fam. 125.ᵃ IDROCARIDACEE.

Erbe perenni, acquatiche. Foglie indivise, radicali, verticillate o
raram. opposte, senza stipole. Fiori per lo più dioici, inclusi da prima in una o più brattee spatacee. Fiori masch. Perigonio di 6 segmenti in 2 serie, l'esterna caliciforme, l'interna petaloidea. Stami 3
o più, liberi o ± saldati in basso, ad antere globose o ± allungate.
Ovario rudimentale. Fiori femm. Perianzio supero, di 6 segmenti.
Staminodi vari, talora anteriferi. Ovario infero, con 1 o 3-6 caselle,
a molti ovuli. Frutto membranaceo- o coriaceo-carnoso, indeiscente,
a più semi senza albume.

CHIAVE DEI GENERI.

1 {
Foglie galleggianti, orbicolari-cuoriformi, lungam. picciolate 3 HYDROCHARIS.
Foglie sommerse, sessili 2
2 {
Foglie lineari-nastriformi, cigliato-denticolate all'apice . . 1 VALLISNERIA
Foglie lanceolate, dentato-spinose ai margini . . . . 2 STRATIOTES

1. Vallisnèria (ded. al celebre naturalista Antonio Vallisneri).
Fiori dioici. I masch.; perigonio di 3 pezzi esterni, rosei e 3 interni
piccolissimi; stami 3, di cui uno spesso sterile. I femm., solitari su
lungo peduncolo a spira, terminato da una spata tubulosa, entro la
quale stanno i fiori; perigonio pure di 3 pezzi esterni e 3 interni
piccolissimi; ovario uniloculare; stimmi 3. Frutto cilindraceo, liscio,
membranaceo.

    Pianta sommersa, con rizoma strisciante. Foglie radicali, lineari-nastriformi,
cigliato-denticolate. Fiori masch. staccantisi dallo spadice per portarsi a
galla ed emettere il polline; fiori femm. galleggianti sino al momento della

fecondaz., dopo per l'attorcigliamento del peduncolo si ritirano in fondo alle acque a maturare il frutto. ♃ (T., It. centr.). — *Apr. Mag.* ed *Ag. Ott.* — Acque lente o stagnanti. (Fig. 290).   .   **2541 V. spiralis** L.

2. Stratìòtes. Fiori dioici, tutti con perigonio di 6 pezzi, 3 esterni calicini e 3 interni petaloidei. I masch. con stami numerosi, molti sterili, altri (11-15) fertili. I femm. con ovario 6-loculare; stimmi 6, biforcuti. Frutto piriforme, carnoso-subcoriaceo, a 6 angoli spinosetti.

Pianta sommersa con rizoma breve, grosso e stolonifero. Foglie radicali, ensiformi, dentato-spinose. Fiori bianchi portantisi alla superficie delle acque durante la fioritura. ♃ (Presso Ferrara). — *Lug.* — Laghi e paduli. — *Scargia, Stiletti.*   .   .   .   . **2542 S. aloides** L.

3. Hydròcharis (da $\overset{\cdot}{\upsilon}\delta\omega\rho$ = acqua e $\chi\alpha\rho'\varsigma$ = grazia, cioè ornamento delle acque). Fiori dioici come in *Stratioles.* I masch. con 6 stami. I femm. con ovario 6-loculare ; stimmi 6, bilobi. Frutto ovoideo, carnoso-subcoriaceo, liscio.

Pianta galleggiante, con fusto rizomatoso, stolonifero. Foglie orbicolari-reniformi, picciolate. Fiori a pezzi interni bianchi con base gialla. ♃ (It. media). — *Est.* — Fossi e paludi. — *Morso di rana.* (Fig. 277).
2543 H. Morsus-ranae L.

Di questa famiglia citiamo anche la *Helodea canadensis* Michx. o *Peste d'acqua,* originaria dell'America boreale ed ora nat. in vari luoghi della Penisola.

Fam. 126.ª ALISMACEE.

Erbe perenni o raram. annue, acquatiche, a foglie semplici, intere od aristate, a base guainante, radicali, senza stipole. Fiori ermafroditi, raram. monoici, regolari. Perigonio a 6 divisioni, le tre esterne persistenti, più piccole, ordinariam. erbacee. Stami 6-12 o più, ipogini, antere a 2 logge. Ovario di 6-12 carpelli o più, liberi o saldati, con 1 o più ovuli; stili terminali, a stimma semplice. Frutto achenio o follicolo; semi 1 o più per carpello, senza albume, con embrione a radichetta ingrossata accanto all' ilo.

CHIAVE DEI GENERI.

1 { Fiori monoici o raram. dioici. Foglie sagittate   .   .   . 1 SAGITTARIA
  { Fiori ermafroditi. Foglie cordate od attenuate alla base oppure lineari . 2

2 { Ovari da 9 a molti, liberi. Frutto achenio   .   .   .   . 2 ALISMA
  { Ovari 6-8, saldati alla base. Frutto follicolo indeiscente.   . 3 DAMASONIUM

1. Sagittària (da *sagitta* = freccia, alludendo alla forma delle foglie). Fiori monoici. I masch. superiori; stami numerosi, ad antere basifisse. I femm. con numerosi ovari inseriti sopra un ricettacolo globoso e carnoso; carpelli compressi lateralm., liberi, con 1 solo seme.

Rizoma tuberoso, con stoloni portanti dei tubercoli all'apice. Foglie tutte radicali, con lunghi piccioli triquetri; le primordiali sommerse, lineari o spatolate Scapo eretto, 2-10 dm. Fiori grandi in racemo interrotto, i femm. con pedicelli più brevi dei masch.; pezzi esterni del perigonio riflessi; verdicci, gli interni bianchi, con una macchia porporina alla base. 2⨏. (It. media). — *Est.* — Paludi e fossi dal mare alla reg. mont. — *Erba saetta, Occhio d'asino* . . . . **2544 S. sagittaefolia** L.

2. **Alisma.** Fiori ermafroditi. Stami 6-12, raram. di più, ad antere dorsifisse. Carpelli numerosi, striati, liberi, ad 1 solo seme. Frutto achenio.

1 { Ovari *9-12*. Acheni *5-8, raram. sino a 10, rigonfio-obovati*, debolm. compressi, *con grosso endocarpio quasi legnoso*, a 3-5 coste sul dorso, disposti irregolarm. in cerchio. Foglie lungam. picciolate, ovato-cuoriformi, a 7-11 nervi convergenti. Fiori piccoli, bianchi o rosei. 2⨏. (It. media nell'App. Bolognese e presso Altopascio nel padule di Bientina). — *Est.* — Paludi reg. subm. . . . . . **2545 A. parnassifolium** Bassi in L.

Ovari *indefiniti*. Acheni *numerosi, schiacciati ai lati, membranosi* . . 2

2 { Foglie *ovato-bislunghe, cordate o rotondate alla base*. Stilo *ventrale, caduco*. Acheni disposti *in cerchio, rotondati all'apice, con una costola sul dorso*. Fiori bianchi o rosei. 2⨏. (It. media, Elba, Giglio, Capraia). — *Est.* — Comune nei fossi e luoghi umidi dal mare alla reg. subm. — *Mestola, Mestolaccia* . . . . . . **2546 A. Plantago** L.

Foglie *lineari-lanceolate, scorrenti nel picciolo*. Stilo *apicale, persistente*. Acheni disposti *in capolino globoso, mucronati all'apice, con 3 costole dorsali e 2 ventrali*. 2⨏. (It. media, Capraia). — *Apr. Giu.* — Luoghi paludosi e fossi dal mare alla reg. subm. . . . . . **2547 A. ranunculoides** L.

3. **Damasònium** (da $\delta\alpha\mu\alpha\zeta\omega$ = domare, per la pretesa virtù antivenefica). Fiori ermafroditi. Stami 6, ad antere introrse, dorsifisse. Carpelli uniloculari, a 2 semi, prolungati in spina e divergenti a stella.

Foglie tutte radicali, lungam. picciolate, ovali o bislunghe, rotondate od un po' cordate alla base, a 3-5 nervi. Fiori bianchi o rosei, piccoli, in uno o più verticilli od ombrelle sovrapposte. ⊕ 2⨏. (It. media). — *Apr. Mag.* — Stagni e paludi presso al mare. (Fig. 320). **2548 D. stellatum** Thuill.

Fam. 127.ᵃ BUTOMACEE.

1. **Bùtomus** (da $\beta o u \varsigma$ = bove e $\tau \varepsilon \mu \nu \varepsilon \iota \nu$ = tagliare; perchè le foglie fanno sanguinare la lingua dei bovi, quando le mangiano). Fiori ermafroditi, regolari. Perigonio a 6 divisioni, 3 esterne calicine, persistenti nel frutto, 3 interne più grandi, pure persistenti. Stami 9, biseriati, ad antere basifisse. Ovari 6, saldati alla base e terminati da un breve stilo, a stimma laterale. Frutto formato da 6 follicoli, a più semi, deiscenti per la sutura ventrale; semi piccolissimi, ad embrione diritto.

Fiori rosei, in ombrella terminale, a 25-30 raggi diseguali. Foglie graminiformi, a base abbracciante, nel resto lineari, carenate in basso, piane in alto. Rizoma grosso, strisciante. 2⨏. (T. L.). — *Apr. Mag.* — Paduli ed acque lente reg. med. — *Giunco fiorito, Biodo.* **2549 B. umbellatus** L.

Fam. 128.ª **GIUNCAGINACEE.**

1. **Triglòchin** (da τρεῖς = tre e χλοχίς = angolo aguzzo; alludendo alla forma del frutto). Erbe perenni acquatiche, a foglie lineari, radicali, senza stipole. Fiori **ermafroditi** in racemo. Perigonio verdiccio, a 6 divisioni caduche. Stami 6 brevi, ad antere dorsifisse. Ovari 6, tutti fertili **o 3** alternativam. sterili in forma di costole, uniloculari; **stimmi** 3-6 barbati. Frutto cassuliforme, formato da 3-6 cocche **con** 1 seme ciascuna; semi ad embrione senza albume.

1 Frutto *ovato, appena il doppio* più lungo che largo, con *6 logge* fertili. Fusti robusti (2-6 dm.), quasi bulbosi alla base. ♃. (T. presso Pisa). — *Apr. Mag.* — Luoghi paludosi marini . . . . **2550 T. marítima** L.
Frutto *bislungo, 6-7 volte* più lungo che largo, con *3 logge* fertili . . 2

2 Frutto *subclavato, assottigliato alla base* (7 per 1 mm.) con pedicelli raddrizzati contro l'asse. Fusto gracile (2-4 dm.), non bulboso alla base. ♃. (App. medio). — *Mag. Ag.* — Luoghi paludosi reg. mont. e subalp. (Fig. 321).
2551 T. palustris L.
Frutto *conico, subulato, più grosso alla base* che all'apice 3

3 Fioritura *primaverile.* Pedicelli *subeguali* ai frutti *che sono patenti.* Fusto gracile (1-3 dm.). Foglie scanalate solo nella faccia interna. ♃. (It. media). — *Apr. Mag.* — Luoghi paludosi presso al mare; reg. med.
2552 T. Barrelieri Lois.
Fioritura *autunnale.* Pedicelli *più brevi* dei frutti *che sono appressati* alla rachide. Pianta più delicata della preced. Foglie solcate in ambedue le facce. ♃. (T. a Capraia). — *Aut.* — Luoghi erbosi marit.
2553 T. laxiflòra Guss.

320. *Damasonium stellatum* Thuill. (¹/₄).

321. *Triglochin palustris* L. (¹/₄).

322. *Potamogeton crispus* L. (¹/₄).

Fam. 129.ª **FENICACEE.**

Piante a stipite legnoso, ricoperto dalle basi delle vecchie foglie o con cicatrici. Foglie grandi, pennatosette o palmatopartite, senza stipole. Fiori dioici o poligamo-dioici, disposti in spadice, ravvolti da una spata semplice o multipla. Perigonio diviso in 6 lacinie disposte in 2 verticilli, persistente. Stami per lo più 6, di rado 3 o più, ad antere dorsifisse. Ovario di 3 carpelli di rado 2 o più, con 1 solo ovulo ciascuno, rarissimam. 2. Stili quanti i carpelli, con stimmi semplici, papillosi. Frutto drupa. Seme con albume abbondante, corneo, cartilagineo od oleoso ed embrione conico o cilindrico.

CHIAVE DEI GENERI.

1 {
Foglie pennatosette. Spata unica, basilare molto lunga e quasi legnosa.
1 PHŒNIX
Foglie palmatopartite a ventaglio. Spate 2-4 in ogni infiorescenza, lunghe 10-20 cm. . . . . 2 CHAMAEROPS
}

1. Phoenix. Fiori dioici, sessili sui rami dello spadice, che sono lunghi 30-40 cm., flessuoso-pendenti, circondati da una grande spata, quasi legnosa. Seme bislungo, solcato. — Foglie pennatosette.

> Stipite eretto (10-20 m.), con ciuffo terminale di foglie grandi, glaucescenti, pennatosette, con segmenti lanceolato-lineari, acuminati. 5. — Colt. per ornamento nelle parti più calde della Pen., origin. dell'Arabia e della reg. del Sahara. — *Est.* — *Palma da dàtteri* . **2554 Ph. dactylifera** L.

2. Chamaerops. Fiori poligamo-dioici, cioè masch. ed ermafr. sulla stessa pianta o su piante diverse. Spadici ramosi a pannocchia, con 2-4 spate, di cui l'interna chiusa. Seme ellissoideo, con albume corrugato.

> Stipite coperto dalle cicatrici e dalle guaine sfibrate delle foglie, che sono palmatopartite a ventaglio. Fiori giallo-verdognoli. Drupe mature giallo-rossiccie. 5. — *Palma nana* o *di S. Pier Martire.* **2555 Ch. humilis** L.
> A. Stipiti contorti, substriscianti, alti da 3 dm. a 4 m. Drupe piccole e globose, come un cece, oppure ellissoidee e grosse come una giuggiola, talora miste sullo stesso ramo. (T. al Monte Argentaro, Elba, Giglio, Capraia, L. a Monte Circello). — *Mag. Giu.* — Rupi e luoghi aridi presso al mare. — α *typica.*
> B. Stipiti diritti ed eretti, alti sino a 10 m.: pianta più rigogliosa. — (Coltivasi). — β *arborescens* Pers.

Fam. 130.ª ARACEE.

Erbe perenni con rizoma strisciante o tuberiforme, a foglie intere o pedato-partite, senza stipole. Fiori in spadice unisessuali od ermafroditi, ricoperti da una spata monofilla. Perigonio nullo oppure presente ed ipogino, a 6 divisioni. Stami 1-6, ad antere generalm. con 2 logge. Ovario ad 1 o più caselle; stilo breve o nullo, a stimma semplice. Frutto bacca o cassula bacciforme, indeiscente ad 1-3 logge e ad 1 o più semi. Semi con guscio grosso, albume carnoso o farinoso, di rado nullo, ed embrione variabile.

CHIAVE DEI GENERI

1 {
Foglie fatte a spada, sessili. Spata erbacea. Fiori ermafroditi; perigonio di 6 squame . . . . 1 ACORUS.
Foglie sempre ristrette in picciolo e per lo più cordate alla base. Spata colorata, diversa dalle foglie. Fiori monoici; perigonio nullo 2
}

2 { Foglie pedato-partite . . . . 3 DRACUNCULUS
   { Foglie intere **3**

3 { Spata a barchetta; spadice congiunto pei margini alla spata.   6 AMBROSINIA
   { Spata tubulosa od accartocciata; spadice libero **4**

4 {
   Fiori nascenti prima delle foglie, portati da uno scapo brevissimo. Spata tubulosa alla base; spadice curvo, sottile. . . . . . 4 BIARUM
   Fiori nascenti insieme alle foglie; scapo assai lungo. Spata e spadice c. s.   5 ARISARUM
   Fiori nascenti dopo le foglie (eccett. *A. pictum* L.); scapo assai lungo. Spata aperta ed accartocciata alla base; spadice diritto, ± grosso e clavato.   2 ARUM

1. Acorus. Spata fogliacea in continuazione apparente dello scapo. Spadice laterale, coperto dovunque di fiori ermafr. Perigonio di 6 squame. Stami 6 a filamenti liberi. Ovario obovato, a sei spigoli ottusi, con 2-3 logge a molti ovuli. Cassula bacciforme, rossa.

> Fusto triangolare, compresso. 5-10 dm. Foglie fatte a spada, subeguali al fusto. Spata lunga 5-6 volte lo spadice. 2⟆. (Lunigiana in val di Magra). — *Mag. Giu.* — Natur. nei paduli e lungo i fiumi. — *Calamo aromatico.*
> **2556 A. Calamus** L.

2. Arum. Spata grande, convolto-tubulosa in basso. Spadice clavato, diritto, portante in basso i fiori femminei cogli ovari, poi generalm. una corona di pistillidi, più in alto i fiori maschili con 3-4 antere, quindi una corona di staminodi e infine un'appendice terminale nuda, clavata o cilindroide, assai lunga. Bacche rosse, ovali-globose, con 1-6 semi. — Foglie intere. Infiorescenze quasi sempre nascenti dopo le foglie.

> 1 {
> Fioritura *autunnale*. Foglie *bislungo-ovate, sviluppantisi*, eccetto una, *dopo la fioritura*. Spadice *senza* pistillidi, *più lungo della metà* della spata, con estremità rossiccio-scura. Spata verdognola di fuori e rossiccia di dentro, con macchie scolorate. 2⟆. (T. a Montecristo). — *Ott.* — Reg. med.
> **2557 A. pictum** L. fil.
> Fioritura *primaverile*. Foglie ± *sagittato-astate*, precoci. Spadice *con* pistillidi, lungo *un terzo o la metà* della spata **2**

> 2 {
> Spadice con appendice terminale *clavata, violacea*. Foglie *macchiate di nero o concolori, senza vene bianche*. 2⟆. (App. medio). — *Apr. Mag.* — Boschi e luoghi ombrosi reg. mont. e subm. — *Gigaro, Gichero.*
> **2558 A. maculatum** L.
> Spadice con appendice terminale *clavato-cilindrica, gialla o giallastra*. Foglie *concolori o più spesso venate o macchiate di biancastro*, raram. di nero. 2⟆. (It. media, Arc. tosc. non ovunque). — *Apr. Mag.* — Lungo le siepi, i campi ecc. dal mare alla reg. subm. — *Gigaro, Gichero.*
> **2559 A. italicum** Mill.

3. Dracùnculus. Spata molto grande, lunga 25-40 cm. Spadice con appendice terminale molto lunga, violetto-scura e coi fiori femm. e masch. contigui o discosti. Foglie pedato-partite. Infiorescenza con odore cadaverico. Nel resto come in *Arum*.

> Rizoma tuberiforme. Foglie spesso macchiate di bianco, a 5-11 lacinie lanceolate, decrescenti. Spata verde-pallida di fuori, glabra internam. e quivi color porpora, ondulato-crespa al margine. 2⟆. (It. media qua e là). — *Mag.* — Luoghi ombrosi e campi dalla reg. med. alla subm. — *Serpentaria, Erba serpona* . . . . **2560 D. vulgaris** Schott

4. Biarum. Spata tubulosa. Spadice con appendice curvo e sottile, vermiforme. Bacche bianche con un solo seme. Infiorescenze nascenti prima delle foglie e portate da un breve scapo sotterraneo, coperto da guaine afille. Il resto come *Arum*.

Rizoma tuberiforme. Foglie spatolato- o lineari-lanceolate. Spata scolorata alla base, nel resto porporino-scura, per lo più acuminato-riflessa all'apice. Spadice lesiniforme, quasi sempre più lungo della spata. 2*f*. (It. centr.). — *Ott. Nov. e Feb.* — Luoghi sterili e selvat. reg. med.

2561 B. tenuifolium Schott

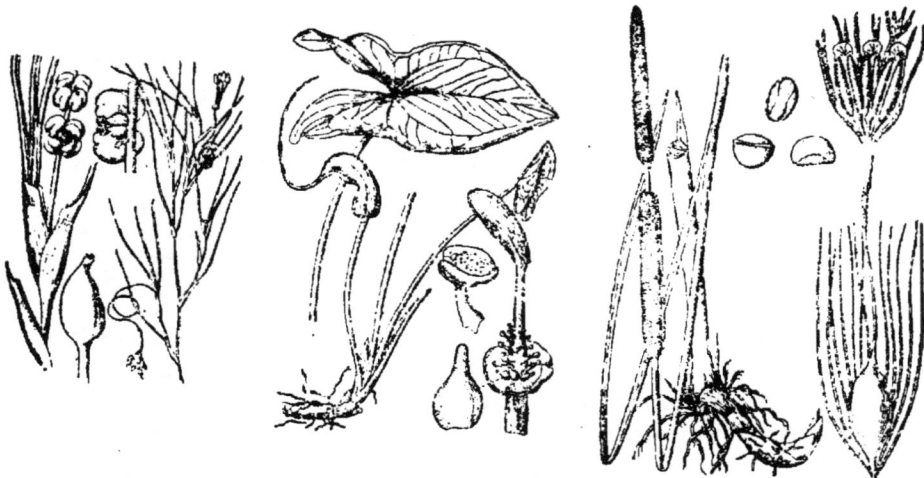

323. *Ruppia spiralis* Dum. (¹/₄).

324. *Arisarum proboscideum* Savi (¹/₄).

325. *Typha angustifolia* L. (¹/₅).

5. Arisarum. Spata tubulosa, con lembo fatto a cappuccio. Spadice con appendice curvo e sottile. Bacche verdi con circa 6 semi. Il resto come *Arum*.

1 {
Spata con lembo terminante *in un breve mucrone all'apice*. Spadice *brevem. sporgente*, con appendice *subcilindrica od un po' clavata, porporino nerastra*. Foglie cuoriformi-astate con piccioli *macchiettati di porpora*. 2*f*. (It. media, Arc. tosc.). — *Prim. ed Aut.* — Luoghi ombrosi, lungo le strade ecc. reg. med., raram. subm. — *Arisaro, Gilico*. **2562 A. vulgare** Targ. Tozz.
Spata con lembo terminante *in un'appendice lesiniforme lunga 7-15 cm*. Spadice *rinchiuso*, con appendice *clavata*, alveolata e screpolata, *bianca*. Foglie c. s. con piccioli *senza macchie*. 2*f*. (T. M. L.). — *Apr. Mag.* — Luoghi umidi ombrosi reg. subm. — *Arisaro codato*. (Fig. 324).
2563 A. proboscideum Savi
}

6. Ambrosinia (ded. a Bartolommeo Ambrosini, botanico ital. del 17.⁰ secolo). Spata fatta a barchetta, terminata in rostro all'apice e divisa in 2 camere sovrapposte. Spadice piano, saldato pei margini alla spata e terminante in appendice lesiniforme rosso-scura. Fiore femm. unico, sulla faccia anter. dello spadice, con ovario 1-loculare a molti ovuli; fiori masch. 8-10, formati ciascuno di 2 antere connate. Bacca coriacea, verdognola, a più semi.

Rizoma breve, tuberiforme. Foglie tutte radicali ellittiche o lanceolato-lineari di un sol colore o macchiate. Scapo assai breve, sotterraneo. Spata verde-pallida alla base e rosso scura all'apice. ♃. (L. presso Terracina). — *Dic. Mar.* — Colli erbosi reg. med. . . . . . . **2564 A. Bassii** L.

Fam. 131.ª **LEMNACEE.**

Piante erbacee, galleggianti, a fusto afillo e ridotto ad una lamina fogliacea con radici filiformi talora mancanti. Fiori monoici senza perigonio. Fiori masch. ridotti ad 1-2 stami, antere con 2 logge. Fiori femm. solitari, composti di 1 ovario libero, sessile, 1-loculare, ad 1-6 ovuli. Frutto achenio a forma di fiaschetto, ad 1 o più semi; semi con albume scarso, amilaceo o nullo ed embrione assile diritto, tozzo, cilindrico.

CHIAVE DEI GENERI.

1 { Fronde con una o più radici capillari. Fiori nascenti al margine delle lamine.
       1 LEMNA
     { Fronda senza radici. Fiori nascenti sulla superficie delle lamine   2 WOLFIA

1. Lèmna. Fronde con una o più radici capillari al di sotto, moltiplicantisi per gemme laterali. Fiori nascenti da una fenditura longitudinale, posta ai margini della lamina, racchiusi entro una piccola spata bivalve. I masch. 2, con 1 stame ciascuno. I femm. solitari, contigui ai due maschili. Frutto con 1-7 semi.

1 { Fronde adulte larghe *più di 2 mm.*, piane su ambedue le pagine *munite di sopra di nervature sottili.* 2
     { Fronde larghe *circa 2 mm.*, ovali o suborbicolari, opache, verdi e *senza nervature di sopra*, producenti una sola fibra radicale di sotto . . . 3

2 { Fronde *bruno-rossastre di sotto*, un poco ispessite, opache, *suborbicolari*, non *ristrette alla base*, producenti un *fascetto di fibre radicali*. Antere con logette deiscenti *longitudinalm.* ♃. (It. media). — *Mag. Giu.* — Acque lente e stagnanti reg. med. — *Lente di padule* . . **2565 L. polyrrhiza** L.
     { Fronde *d'un verde-chiaro*, membranose, trasparenti, lanceolato-acute, attenuate o picciolate alla base e riunite a 3 in croce, producenti al di sotto *1 sola fibra radicale*. Antere a loggette deiscenti *trasversalm.* ♃. (It. media). — *Mag. Giu.* — Fossi e stagni reg. med. . . . . **2566 L. trisulca** L.

3 { Fronde *lenticolari*, un poco ispessite, piane su ambedue le pagine (3-4 mm. diam.), non spugnose di sotto. Frutto *indeiscente, con 1 seme.* ♃. (It. media, Arc. tosc.). — *Mag. Giu.* — Fossi e stagni dal mare alla reg. subm.; comune, ma raram. fiorisce. — *Lenticchia d'acqua o di padule.*
       2567 L. minor L.
     { Fronde *emisferiche*, un poco convesse di sopra, *fortem. rigonfio-spugnose di sotto* (4-6 mm. diam.). Frutto *deiscente trasversalm.*, con 2-6 semi. ♃. — Colla preced., ma meno diffusa. — *Mag. Giu.* . . **2568 L. gibba** L.

Fam. 132.ª **NAIADACEE.**

1. Naias. Piante acquatiche sommerse, a fusti ramoso-dicotomi. Foglie opposte o ternate, lineari, sinuato-dentate. Fiori monoici o dioici, aggregati o solitari. Perigonio nullo, sostituito da una spata membranosa. Stame 1, con antera grossa ad 1-4 logge. Ovario-supero, libero; stili 2-3 filiformi, stimmatiferi intérnam. Frutto secco, indeiscente, ad 1 seme, terminato dagli stili persistenti.

1 { Pianta *dioica*, a fiori *solitari*. Antera *4-ocellata*. Stili *per lo più 3*, sopra un frutto lungo *4-5 mm*. Foglie *lineari-lanceolate*, larghe *2-4 mm.*, a guaine *intere*. ①. (It. media qua e là). — *Est.* — Acque stagnanti dal mare alla reg. subm. **2569 N. maior** All.
Pianta *monoica*, a fiori *aggregati*. Antera *1-ocellata*. Stili *2*, sopra un frutto lungo *3 mm*. Foglie *lineari*, larghe *1 mm.* al più, a guaine *denticolato-cigliate*. ①. (It. media). — *Est.* — Acque stagnanti dal mare alla reg. subm. **2570 N. minor** All.

Fam. 133.ᵃ **POTAMOGETONACEE.**

Piante acquatiche, erbacee, perenni. Foglie indivise, intere o ondulato-dentate, alterne od opposte, spesso munite di stipole. Fiori piccoli, 1-2-sessuali, verdi. Perigonio di 3-4 pezzi, o in forma di piccola coppa, o nullo e sostituito da spate o brattee. Stami 1 o più, liberi, ipogini, con antera ad 1-4 logge. Ovario libero, stilo 1 brevissimo o filiforme, a stimma semplice o bifido. Frutto composto di 1 o più otricoli, acheni o drupe. Seme solitario, a guscio membranoso, senza albume e ad embrione con radichetta molto larga, diritta o curva.

CHIAVE DEI GENERI.

1 { Piante di acqua dolce o di acqua salmastra, ma non di mare aperto . . 2
Piante marine, con foglie largam. lineari, cuoiose. 4

2 { Fiori unisessuali. Stami 1 e pistilli 4 . . . . . 3 ZANNICHELLIA
Fiori ermafroditi. Stami 4. 3

3 { Antere contrapposte ad un'appendice slargata del filamento. 1 POTAMOGETON
Antere senza appendice esterna. . . . . 2 RUPPIA

4 { Foglie finam. dentellate verso l'estremità . . . . 6 CYMODOCEA
Foglie interissime 5

5 { Rizoma grosso, rivestito da un denso capillizio fibroso, formato dai residui delle foglie. Fiori a cima peduncolata . . . . . 4 POSIDONIA
Rizoma sottile, giallastro, nudo. Fiori inseriti sopra uno spadice chiuso in una guaina fogliacea . . . . 5 ZOSTERA

1. Potamogèton (da ποταμος = fiume e γειτον = vicino; piante dei fiumi). Fiori ermafr. in spighe lineari o capituliformi. Perigonio nullo. Stami 4, quasi sessili, antere a 2 logge, contrapposte ad un'appendice slargata del filamento (perigonio di alcuni). Ovari 4, liberi, 1-ovulati; stimma sessile o quasi. Frutto achenio subdrupaceo, formato di 4 carpelli liberi (o meno per aborto) ad 1 seme.

1 { Foglie *tutte opposte*, sessili, semiabbraccianti, acute od acuminate all'apice, 5-7-nervi, membranacee, pellucide, tutte sommerse: stipole per lo più brevissime. Peduncoli fruttiferi generalm. più brevi delle foglie, riflessi. Spighe piccole a 4-6 fiori. ♃ . . . . . **2571 P. densus** L.
A. Foglie cordato-ovate od ovato-lanceolate, ricurve e ravvicinate tra loro: stipole brevissime o raram. lunghette. (It. media). — *Mag. Lug.* — Luoghi paludosi e canali dal mare alla reg. subm. — α *typicus*.
B. Foglie lanceolate od anche quasi lineari, per lo più diritte ed allontanate tra loro. — Qua e là col tipo. — β *serratus* (L.).
Foglie *tutte alterne*, eccettuato le florali e quelle presso le biforcazioni . 2

2 {
Foglie *setacee od esattam. lineari* (graminiformi), larghe 0,5 a 4 mm. . 3
Foglie ± *larghe* (almeno le super.), *ovate o strettam. lanceolate*, però mai esattam. lineari 6

3 {
Stipole saldate con la parte infer. della foglia *in una lunga guaina* abbracciante il fusto. Foglie *tutte alterne*. Carpelli grossetti (3-4 mm.), giallicci, quasi semiorbicolari, compressi, nel secco carenati sul dorso, con rostro in continuazione del lato interno. Fusti quasi filiformi. 2⨍. (It. media). — *Est.* Acque lente e stagnanti dal mare alla reg. subalp.
2572 P. pectinatus L.
Stipole saldate per il loro margine interno in forma di spata ascellare. Foglie *senza guaina, le fiorali opposte* 4

4 {
Fusto e rami *compresso-alati*, quasi fogliacei. Foglie larghe *3-4 mm.*, graminiformi, a molti nervi, di cui 3-5 più grossi. Spighe a 4-6 fiori, *subeguali* ai peduncoli. Carpelli compressi, col margine interno diritto, munito di una gobba al disopra della base. 2⨍. (T. nel Padule di Bientina, L. a Vallerano). — *Est.* — Stagni e paludi dal mare alla reg. subm.
2573 P. acutifolius Lk.
Fusto e rami *cilindrici od appena compressi*. Foglie larghe *0,5 2 mm.* Spighe a 4-8 fiori, spesso interrotte, 2-3 *volte più brevi* dei peduncoli. . 5

5 {
Foglie *2-4-nervi*, strettam. lineari. Peduncoli fruttiferi *diritti*. Carpelli *assai numerosi* (4-12), piccoli, obliquam. ellittici e lisci o raram. verruculosi col margine interno *senza dente* alla base; rostro *occupante la sommità* del carpello. 2⨍. (It. media). — *Est.* — Stagni e corsi d'acqua dal mare alla reg. alp. . . . . . **2574 P. pusillus** L.
Foglie *1-nervi*. Peduncoli frutt. *ricurvi*. Carpelli *poco numerosi* (2-4), *grossetti* (3 per 2 mm. circa), *semiorbicolari*, lisci o spesso crenato-tubercolati esternam., col margine interno *munito di un dente* alla base; rostro *in continuaz. del lato interno* del carpello. 2⨍. (It. media). — *Est.* — Stagni e corsi d'acqua col preced. . . . . **2575 P. trichoides** Ch. et Schl.

6 {
Foglie tutte *sessili*, con base larga abbracciante il fusto. Stipole ascellari brevi 7
Foglie tutte od almeno le super. *ristrette alla base o picciolate*. Stipole ascellari *spatiformi, bene sviluppate* 8

7 {
Foglie *bislungo-lanceolate, semi-abbraccianti, fortem. ondulato-crespe*, più raram. lineari-allungate e quasi piane, *dentellate* ai margini, *3-nervi*. Fusti *cilindrico compressi*. Carpelli terminati in rostro acuto, *lungo quasi quanto essi*. 2⨍. (It. media, Capraia). — *Mag. Est.* —Luoghi paludosi, canali ecc. dal mare alla reg. mont. — *Lattuga ranina.* (Fig. 322) **2576 P. crispus** L.
Foglie *subrotonde o bislunghe, cordato-abbraccianti, piane o poco ondulate, scabrosette* ai margini, *a 5-7 nervi* principali. Fusti *cilindrici*. Carpelli a rostro *brevissimo*. 2⨍. (T., It. centr.). — *Est.* — Laghi, canali ecc. dal mare alla reg. subm. **2577 P. perfoliatus** L.

8 {
Foglie *tutte sommerse. membranacee e pellucide, sessili o brevem. attenuato-picciolate*, ovali o lanceolate, ondulato-scabrosette ai margini. Peduncoli clavati superiorm., più grossi del fusto. Carpelli a carena ottusa. Fusto semplice o poco ramoso. 2⨍. (It. media). — *Mag. Est.* — Paludi, fossi ecc. dal mare alla reg. subm. . . . . . . **2578 P. lucens** L.
Foglie *super. galleggianti, coriacee ed opache* o raram. membranacee e pellucide e tutte sommerse, *però sempre tutte od almeno le super. lungam. picciolate* 9

9 {
Foglie sommerse *sessili o brevem. attenuato-picciolate*. Fusti assai ramosi. Peduncoli un po' clavati superiorm., più grossi del fusto. 2⨍. (Risaie del Pavese). — *Est.* — Qua e là nelle paludi e risaie reg. pad. o subm.
2579 P. gramineus L.
Foglie *tutte lungam. picciolate*. Fusti *semplici o quasi* 10

10 {
Foglie *tutte sommerse* o le super. galleggianti, però membranacee e pellucide, subcordato-ovate od anche lanceolate alle due estremità, le sommerse infer. bislungo-lanceolate od ellittiche. Peduncoli *non clavati, sottili*. Carpelli a margini un poco acuti. 2⨍. (Presso Modena, T.). — Acque stagnanti dal mare alla reg. subm. . . . . **2580 P. coloratus** Horn.
Foglie *super. galleggianti, coriacee, opache* 11

11 {
Spighe *brevi (1-2 cm.), compatte.* Peduncoli *cilindrici, sottili.* Stipole ottuse. Carpelli secchi *rossastri, piccoli* (2 per 1,5 mm.). ♃. Laghi e ruscelli del- l'App. medio e talora anche in basso come in T. a Bientina). — *Mag. Giu.* **2581 P. polygonifolius** Pourr.
Spighe *lunghe (3-6 cm.), ± lasse.* Peduncoli *clavati superiorm., più grossi del fusto.* Stipole *acuminate.* Carpelli secchi, *verdi grossetti* 12
}

12 {
Carpelli *mediocri (3,5 per 2.5 mm.).* Foglie sommerse *persistenti* all' epoca della fioritura, le galleggianti *bislungo-lanceolate,* lungam. ristrette alla base. ♃. (Forse manca all' It. media) . . . **2582 P. fluitans** Roth
Carpelli *grossi (4-5 per 3 mm.).* Foglie sommerse *marcescenti,* ridotte al solo *picciolo* al tempo della fioritura, le galleggianti *leggerm. cordate alla base,* ovali, bislunghe od anche ellittiche. ♃. (Qua e là it. media). — *Apr. Est.* — Luoghi paludosi e canali dal mare alla reg. subalp. — *Lingue d'acqua.* **2583 P. natans** L.
}

2. **Ruppia** (ded. ad E. B. Ruppius, botanico tedesco). Fiori er- mafr. in spadice. Perigonio nullo. Stami 2, ad antere formate di due metà (logge) precocem. disgiunte in modo da simulare 4 antere uni- loculari. Ovari 4 (raram. sino a 10) dapprima sessili, quindi pedi- cellati nel frutto che è una piccola drupa.

1 {
Peduncoli *vistosam.* allungati dopo la fioritura *(10 cm. o più), ripetutam. av- volti a spirale* in basso. Fiori con *8* ovari. Antere con logge *bislunghe.* Guaine delle foglie *super. per lo più allargate (1,5-4 mm.).* ♃. (It. media, Elba). — *Mag. Lug.* — Paludi salmastre lungo le spiagge. (Fig. 323). **2584 R. spiralis** Dum.
Peduncoli *poco* allungati dopo la fioritura *(2-6 cm.),* per lo più *diritti o quasi.* Fiori con *4* ovari. Antere con logge *subglobose.* Guaine delle foglie *tutte strette (0,5-1 mm.).* ♃. (It. media, Elba). — *Giu. Lug.* — Acque stagnanti presso al mare . . . . **2585 R. rostellata** Koch
}

3. **Zannichèllia** (ded. a G. G. Zannichelli, botanico veneziano del 18° secolo). Fiori monoici nell' ascella di una stipola membrana- cea. Fiore masch. solitario o situato vicino ad uno femm.; perigonio nullo; stame 1 con antera a 2-4 logge. Fiore femm. con perigonio a tazzetta; ovari 4 (raram. 2-9), liberi, ristretti in uno stilo ± lungo allargato in uno stimma peltato. Frutto acheniforme, di 2-6 carpelli liberi, subsessili o pedicellati, ad 1 seme, indeiscenti.

1 {
Fusti *ora striscianti e radicanti ed ora più robusti e galleggianti.* Foglie *verdi- scure.* Frutti *sessili o quasi, lisci o denticolati* sul lato dorsale. Stilo *assai lungo o più raram. 4 volte più breve* del frutto circa. ♃. (It. media, Elba). — *Mag. Lug.* — Comune nelle acque lente dolci od anche salmastre sino alla reg. subm. . . . . **2586 Z. palustris** L.
Fusti *galleggianti od anche striscianti.* Foglie *verdi-gaie.* Frutti *lungam. sti- pitati,* denticolati sul lato dorsale o talora anche sul ventrale. Stilo *lungo come il frutto.* ♃. (Con la preced.). — *Mag. Lug.* **2587 Z. pedicellata** Fries
}

4. **Posidònia** (da Ποσειδῶν = Nettuno, dio del mare). Fiori po- ligami, in spighe composte di spighette a 3-7 fiori, gli infer. ermafr., il terminale masch. Perigonio nullo. Stami 3 con antere sessili, por- tate da un connettivo largo, squamiforme. Ovario unico con stimma quasi sessile, stellato-papilloso. Frutto subdrupaceo, in forma d'oliva.

Rizoma *grosso, ramoso,* coperto unitam. alla parte infer. dei rami, dai residui fibrosi delle foglie; residui che staccandosi formano sotto il movimento delle onde delle pallottole speciali (egagropili). Foglie nastriformi, guainanti, riunite a 5-10 all'apice dei rami. Spighette a 3 fiori, i due basali ermafr. Connettivo lungam. aristato. ♃. (Nei bassi fondi pietrosi e arenosi fino a 30 m. di profondità lungo le coste dell'It. media e Arc. tosc.). — *Fior. in Ott. e frutt. in Mar. Apr.* . . . . **2588 P. Caulini** Koen.

5. **Zostèra** (da ζωστηρ = cingolo, nastro, per la forma delle foglie). Fiori ermafr. in spadice, senza perigonio. Stami 1, ad antera 2- o raram. 1-3-loculare; polline filiforme a bastoncini. Ovario 1, prolungato in basso a mo' di sperone e sormontato da 1 stilo diviso in due stimmi filiformi. Frutto formato da un otricello membranoso, con 1 seme.

1 {
Foglie con guaina (eccett. le florali) *chiusa, senza orecchiette* e lembo *superante 50 cm., talora lungo sino a 1 m.*, con *1-3 nervi principali* e molti secondari distanti dal margine. Spata *della largh.* delle foglie, lunga *sino ad 8 cm.* Otricello e seme *striato-scanalato longitudinalm.* ♃. (Qua e là lungo le coste dell'Adr. nell' It. media e a Livorno). — *Apr. Ag.* — Bassi fondi arenosi sino a 10 m. di profondità. — *Alega.*   **2589 Z. marina** L.
Foglie con guaina *sempre fessa superiorm.*, con *2 orecchiette* e lembo *lungo 10-30 cm.* con *1 nervo principale* e 5-6 secondari di cui 2 marginali. Spata rigonfia, *più larga* delle foglie, lunga *15 mm. circa.* Otricello e seme *liscio.* ♃. Colla preced. sino a 2 m. di profondità. — *Giu. Ag.*   **2590 Z. nana** Roth
}

6. **Cymodocèa.** Fiori dioici, ascellari, solitari, nudi. I masch. con 2 antere grandi, 4-ocellate. I femm. con 2 ovari subsessili, attenuati in uno stilo diviso in 2 lunghi stimmi nastriformi. Frutto acheniforme, osseo, indeiscente, compresso, semiovale.

Rizoma cilindrico, porporino, fissato al suolo da forti radici avventizie nascenti ai nodi. Foglie con guaine cilindriche, aperte. distintam. orecchiute, a lembo lineare, denticolato ai margini in alto. Antere gialle, punteggiate di rosso. Frutti lunghi 8 mm. circa. ♃. (It. media, Elba, Pianosa e Capraia). — *Mag. Giu.* — Nei bassi fondi fangosi lungo le coste.
2591 C. nodosa Asch.

Fam. 134.ª TIFACEE.

Piante acquatiche, erbacee perenni e rizomatose. Foglie indivise, con guaina aperta, alterne, senza stipole. Fiori monoici in spighe cilindriche od in capolini, i masch. in alto e i femm. in basso. Perigonio nullo o formato di squame o di pochi peli. Fiori masch. numerosi, ad 1-5 stami liberi o saldati alla base, antere a 2-4 logge deiscenti longitudinalm. Fiori femm. ad ovario libero, con 1 stilo persistente, terminato da uno stimma linguiforme o spatolato, unilaterale. Frutto achenio o drupa, con 1 seme ad albume carnoso o farinoso, ed embrione diritto cilindrico.

CHIAVE DEI GENERI.

1 {
Fiori in spighe ± allungate . . . . 1 TYPHA
Fiori in capolini globosi . . . . 2 SPARGANIUM
}

1. **Typha**. Spighe unisessuali, cilindriche o globulose, inserite sullo stesso asse, la super. maschile. Stami numerosi, saldati a 2-4 pei filamenti, la maggior parte abortiti. I femm. con ovario uniloculare, sostenuto da un pedicello accrescente e portante le setole perigoniali. Frutto achenio bislungo.

1 | Pianta *gracile*, di 30-80 cm. Foglie dei fusti fioriferi *non raggiungenti* l'inflorescenza. Spighe femm. *ellittiche*, lunghe *2-5 cm*. Achenio *non solcato*, a pericarpio *aderente* al seme e *quindi indeiscente*. Fiori bratteolati, i femm. con peli capitali all' apice, i masch. nudi. Stimma lineare, più lungo delle setole perigoniali. ♃. (It. media). — *Mag. Giu.* — Lungo le rive dei fiumi e dei torrenti dal mare alla reg. subm. . . **2592 T. minima** Funk
Piante *robuste*, uguaglianti o sorpassanti 1 m. Foglie dei fusti fioriferi *uguaglianti o superanti* l'inflorescenza. Spighe femm. *cilindriche*, lunghe *8-20 cm*. Achenio *solcato longitudinalm.*, a pericarpio *non aderente* al seme ed *alla fine deiscente* 2

2 | Fiori femminei *bratteolati*. Stimma *lineare*, superante i peli perigoniali. Polline a granelli *liberi*. Spighe *discoste fra loro per 2-6 cm.* o più raram. quasi contigue, la femm. alla fine *rosso-bruna*. ♃. (It. media, Elba, Giglio, Capraia e Montecristo). — *Giu. Ag.* — Luoghi paludosi dal mare alla reg. subm. — *Stiancia*. (Fig. 325). . . . **2593 T. angustifolia** L.
Fiori femm. *non bratteolati*. Stimma *ovato-spatolato*, superante i peli perigoniali. Polline a granelli *in tetradi*. Spighe *contigue* o più raram. un po' discoste fra loro, la femm. alla fine *bruno nerastra*. ♃. (It. media, Elba, Giglio e Montecristo). — *Giu. Ag.* — Comune nelle paludi e nei fossi dal mare alla reg. subm. . . . . . . **2594 T. latifolia** L.

326. *Cyperus flavescens* L. (1/4).

327. *Rhynchospora fusca* R. et S. (1/4).

328. *Heleocharis palustris* R. Br. (1/4).

2. **Spargànium.** Fiori in capolini globosi, i masch. super., misti a scaglie intere o bifide. Stami 3 o più, liberi, a filamenti brevi. I femm. con ovario 1-2-loculare, sormontato da 1 o 2 stimmi quasi sessili. Frutto drupa, ad epicarpio spugnoso.

1 | Inflorescenza *a pannocchia*, con rami secondari portanti *più capolini*. Foglie lineari, coriacee, carenate nella parte infer. sulla faccia esterna ed a facce laterali leggerm. concave. Fusti eretti (6-8 dm.). ♃ — *Biodo, Coltellaccio.* **2595 S. ramosus** Huds.
A. Foglie che si fanno nerastre o verdi olivacee col disseccamento.

1
  Squame perigon. femm. ± lanceolate, non od appena spatolate all'a-
  pice. Frutti maturi obpiramidati, manifestam. angolosi. (It. media,
  Elba). — *Giu. Ag.* — Luoghi paludosi e fossi dal mare alla reg.
  subm. — α *typicum.*
  B. Foglie che rimangono d'un verde ± pallido col disseccamento. Squame perigon. femm. lineari, con apice largam. spatolate. Frutti maturi ovali, conico-acuminati, oscuram. angolosi. (T., più comune del
  tipo). — β *neglectum* (Beeby).
  Inflor. *semplice* o con rami secondari brevi e portanti *1 solo capolino* . 2

2
  Foglie *crenate* alla base sulla faccia esterna, *erette ed a facce laterali piane,*
  Fusti *eretti,* semplici (2-5 dm.). Frutti ovali fusiformi, lungam. rostrati e
  stipitati. 4. (It. media). — *Giu. Lug.* — Qua e là nei fossi e paludi dal
  mare alla reg. mont.   .   .   .   .   . **2596 S. simplex** Huds.
  Fusti e foglie allungate, nuotanti. (T. nel padule di Bientina e presso
  Pisa nei fossi). — Var. *fluitans* A. Br.
  Foglie *convesse* alla base sulla faccia esterna, *piane in alto, sempre nuotanti,*
  flaccide. Fusti esili, nuotanti. 4 .   .   .   . **2597 S. natans** L.
  A. Capolini masch. 2 o più. Frutti ovoidi-bislunghi, stipitati, con ro-
  stro uguale ad essi. Pianta di 5-20 dm. (Manca all' It. media). — *Est.*
  — Laghi e paludi reg. alp. e subalp. delle Alpi. — α *affine* (Schnizl.).
  B. Capolini masch. 1 o raram. 2. Frutti ovoidi, sessili o quasi, con rostro breve. Pianta di 1-8 dm. (App. tosco-emil presso Boscolungo, al
  lago Baccio ecc.). — Reg. alp. — β *minimum* (Fr).

Fam. 135.ᵃ CIPERACEE.

Piante erbacee annue o perenni, per lo più acquatiche o di luoghi umidi a fusti solidi, spesso trigoni. Foglie indivise, con guaina
chiusa, sovente con linguetta *(ligula),* alterne, senza stipole. Fiori
ermafroditi od unisessuali nelle ascelle di piccole brattee *(glume* o
squame), disposti in spighette cilindriche, angolose o compresse. Glume concave, spesso rigide, distiche od inserite intorno alla rachide,
persistenti o caduche, le infer. di ogni spighetta spesso vuote. Perigonio nullo o costituito di 3-6 o più squame o setole ipogine. Stami
1-6 ipogini, con antere basifisse, a 4 caselle, spesso mucronate all' a-
pice. Ovario libero (in *Carex* racchiuso in un otricolo coriaceo), trigono o compresso, con 1 ovulo; stilo 1 a 2-3 stimmi papillosi. Frutto
achenio, coriaceo, indeiscente; seme a guscio membranoso, albume
farinoso ed embrione minuto lenticolare basale o laterale.

CHIAVE DEI GENERI.

1
  Fiori unisessuali, i femm. accompagnati da una gluma in forma di otricolo.
        .   .   .   . 9 CAREX.
  Fiori ermafroditi.   2

2
  Glume embriciate in due serie, cioè distiche 3
  Glume embriciate in molte serie, cioè mai distiche.   .   . 4

3
  Glume pressochè uguali fra loro. Stimmi glabri   .   . 1 CYPERUS
  Glume disuguali, le infer. più piccole sterili. Stimmi pubescenti. 6 SCHOENUS

4
  Spighette a 5-7 glume, con un fiore all'ascella   .   .   . 5
  Spighette a molte glume, con un fiore all'ascella .   .   . 6

5
  Foglie dentato-spinulose nel margine. Ovari od acheni senza setole perigoniali
  alla base.   .   .   .   . 7 CLADIUM
  Foglie non dentato-spinulose nel margine. Ovari od acheni cinti da setole perigon. alla base. .   .   .   .   .   . 8 RHYNCHOSPORA

6 { Stilo articolato ed ingrossato a bulbo alla base d'inserzione sull'ovario . 7
{ Stilo continuo coll'ovario, non articolato nè ingrossato a bulbo alla base . 8

7 { Fusti portanti all'apice una sola spighetta. Foglie ridotte alle sole guaine.
{   4 HELEOCHARIS
{ Fusti portanti più spighette. Foglie con guaina e lembo . 5 FIMBRISTYLIS

8 { Spighette in spiga (*Blysmus*) . . . . . . 3 SCIRPUS p. p.
{ Spighette in antela od in capolini 9

9 { Setole perigoniali abbondanti, sporgenti fuori delle glume fruttifere in forma
{   di chioma lanuta . . . . 2 ERIOPHORUM
{ Setole perigoniali nulle o assai limitate (circa 6), mai sporgenti c. s.
{   3 SCIRPUS p. p.

Tribù 1. CIPEREE.

Fiori ermafr. Spighette compresse, moltiflore. Glume embriciato-distiche, tutte florifere, raram. 1-2 infer. vuote. Perigonio nullo o ridotto a squamette.

1. Cyperus (da Κυπρις = Venere, per le proprietà afrodisiache attribuite al *C. esculentus*). Spighette in antele ombrelliformi od in capolini. Glume spesso carenate, le infer. qualche volta sterili. Stami 2-3, di rado 1 solo. Stilo filiforme con 2-3 stimmi glabri. Achenio compresso o trigono.

1 { Stimmi *2*. Achenio ± *compresso* 2
{ Stimmi *3*. Achenio *trigono* 4

2 { Spighette *poco numerose (2-6), laterali al fusto*, lineari-lanceolate, lunghe 8-15
{   mm.; glume rosso-scure. Acheni ellittico-acuti. Fusti di 15-30 cm., giunchi-
{   formi. 2⏀. (T. in Chianti). — *Prim. Aut.* — Luoghi umidi per lo più presso
{   al mare . . . . **2598 C. distachyus** All.
{ Spighette *numerose, in capolino od antela terminale* 3

3 { Spighette *alterne*, allontanate, *rossastre*; infiorescenza larga, decomposta, a
{   rami patentissimi. Fusti *solitari*, grossi, triangolari (4-10 dm.). ⏀ 2⏀. (It.
{   media). — *Est.* — Fossi e paduli dal mare alla reg. subm.
{   **2599 C. serotinus** Rottb.
{ Spighette *riunite in fascetti*, parte peduncolati e parte sessili, *giallastro verdo-
{   gnole*. Fusti *fascicolati* (4-25), talora portanti 1 o poche spighette. ⏀. (It.
{   media, Elba). — *Est.* — Luoghi umidi dal mare alla reg. subm. (Fig. 326).
{   **2600 C. flavescens** L.

4 { Infiorescenza formata di *un capolino solo, globoso, sessile*; glume infer. più
{   grandi ed abbraccianti le successive. Pianta perenne. 2⏀. (It. media, Elba).
{   — *Mag. Sett.* — Arene marit.   **2601 C. aegyptiacus** Glox.
{ Infior. ± larga, formata di *più spighe o capolini*, almeno *in parte pedunco-
{   lati*, raram. ridotta ad un solo fascetto di spighette, ma in pianta annua. 5

5 { Spighette *in spighe lasse, corimbose od a ventaglio* 6
{ Spighette *addensate in glomeruli o capolini* 9

6 { Radice *con ingrossamenti tuberiformi* 7
{ Radice *senza ingrossamenti* 8

7 { Spighette *color giallo-sporco, raggiungenti al massimo 1 cm. di lunghezza*.
{   Glume *moltinervi, lassam.* embriciate. Fusti trigoni (3-5 dm.), spesso *sube-
{   guali* alle foglie. 2⏀. (T., Elba, Giglio, L.). — *Lug. Ott.* — Presso al mare;
{   si coltiva pei tuberi una forma che rimane sterile ed è il vero *C. esculen-
{   tus*. — *Babbagiggi, Dolcichini* . . . **2602 C. aureus** Ten.
{ Spighette *rossastre, ordinariam. più lunghe di 1 cm*. Glume *3-nervi, strettam.*
{   embriciate. Fusti gracili, trigoni (2-5 dm.), spesso *più lunghi* delle foglie.
{   2⏀. (It. media, Elba, Capraia). — *Lug. Nov.* — Reg. med.
{   **2603 C. rotundus** L.

8 | Fusti *robusti*, alti *8-12 dm.* Ombrella a raggi *in parte portanti delle ombrelle secondarie* che hanno raggi molto più lunghi della spiga posta in mezzo ad essi. 2f. (It. media, Elba, Giglio). — *Est.* — Luoghi umidi dal mare alla reg. mont. . . . . **2604 C. longus** L.
Fusti *più gracili*, alti *3-6 dm.* Ombrella a raggi *subsemplici* o se portano ombrellette secondarie, queste hanno raggi giammai più lunghi della spiga centrale. 2f. (It. media, Arc. tosc. non ovunque). — *Mag. Giu.* — Reg. med. **2605 C. badius** Desf.

9 | Spighette lunghe *3-5 mm.* Glume *subeguali* agli acheni. Squamule perigoniali *subnulle* **10**
Spighette lunghe *7-15 mm.* Glume *lunghe il doppio* degli acheni. Squamule perigoniali *bislunghe* **11**

10 | Fusti *cespuglioso-aggregati*, di *1-3 dm.* Spighette in *glomeruli*. Glume *compresso-acute*, colla carena verde e fosche nel resto, oppure totalm. pallido-verdognole. ①. (It. media, Elba, Giglio, Capraia). — *Est.* — Comune nei luoghi umidi dal mare alla reg. subm. . . . . . **2606 C. fuscus** L.
Fusti *solitari*, di *2-6 dm.* Spighette in *capolini densi*, *globosi*. Glume *navicolato-suborbicolari*, mutiche, rossicce sul dorso e pallide nel margine. ①. (T. al lago di Massaciuccoli). — *Sett. Ott.* — Risaie e paludi reg. pad. e med.; forse importato dall'Oriente col riso . . . **2607 C. difformis** L.

11 | Glume *lineari*, con nervi laterali appena manifesti, verdi nella carena e *rossicce nel resto.* ① 2f. (T.). — *Est. Aut.* — Risaie e luoghi umidi dal mare alla reg. subm. . . . . **2608 C. glomeratus** L.
Glume *ovato-bislunghe*, con 3 nervi per lato, verdi nella carena, *porporino-violacee ai lati e pallide nel margine.* ①. (Lungo il Po a Pavia e Guastalla). — *Est.* — Nelle paludi e lungo i fiumi reg. pad. e med.; forse importato col riso c. s. . . . . **2609 C. glaber** L.

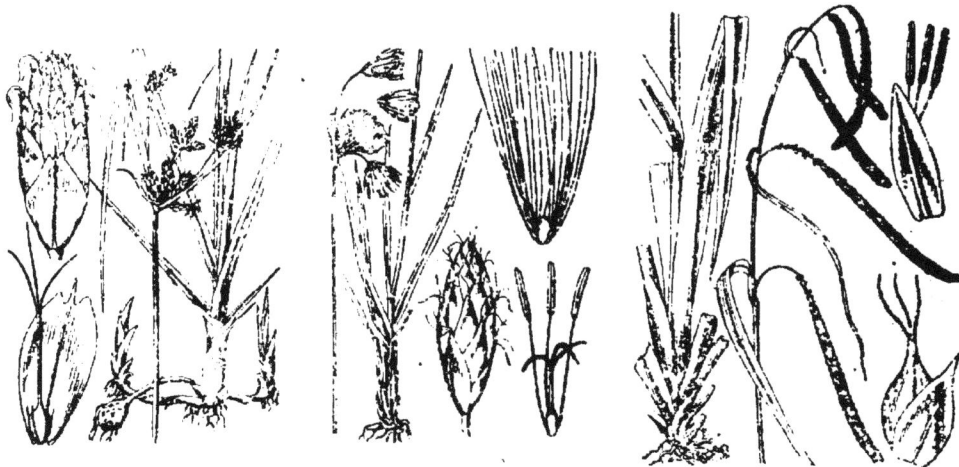

329. *Scirpus maritimus* L. (¹/₄).
330. *Eriophorum polystachyum* L. (¹/₄).
331. *Carex pendula* Hnds. (¹/₈).

Tribù 2. SCIRPEE.

Fiori ermafr. Spighette non compresse ai lati, pluriflore. Glume embriciate in tutti i sensi, tutte florifere, eccetto 1-2 infer. vuote. Perigonio nullo o rappresentato da setole.

2. **Eriophorum** (da ἔριον = lana e φέρειν = portare, per la lanugine delle spighette). Spighette in antela. Glume persistenti, al-

cune infer. vuote. Setole perigoniali abbondanti, ± lungam. sporgenti a guisa di lanugine bianca dopo la fioritura. Stami 3. Stilo filiforme, con 3 stimmi pubescenti. Achenio trigono.

1 {
  Spighette *3 a 12 in antela ombrelliforme terminale, pendenti*, su peduncoli semplici di lunghezza differente. Fusti eretti, 2-4 dm. ♃. — *Pennacchi.* (Fig. 330) . . . . . . **2610 E. polystachyum** L.
  A. Peduncoli lisci e glabri. Foglie lineari, ± scanalate, trigone all'apice. Fusti trigoni. Rizoma strisciante. (App. medio e al lago Sibolla e a Bientina in T.). — *Mag. Lug.* — Reg. alp. e mont., raram. med. — *α typicum.*
  B. Peduncoli assai scabri. Foglie lineari, piane o quasi. Fusti quasi trigoni. Rizoma breve, obliquo. (Col preced.). — Dalla reg. med. alla mont. — β *latifolium* (Hoppe).
  Spighetta *solitaria terminale, sempre eretta* 2
}

2 {
  Setole *4-6* per ogni achenio, *flessuose.* Fusto *triangolare, scabro, 1-2 dm.* Spighette piccole (lunghe *4-7 mm.*) bislunghe. Foglie radicali *nulle.* ♃. (App. tosco-emil. al Cimone di Fanano? e nelle Alpi di Soraggio in Garfagnana). — *Prim. Est.* — Luoghi paludosi reg. alp. e subalp.   **2611 E. alpinum** L.
  Setole *numerose* per ogni achenio, *diritte.* Fusto *cilindrico, liscio, 1-4 dm.* Spighette *grandi* (lunghe *circa 15 mm.*), *quasi globose.* Foglie radicali *scarse.* ♃. (App. emil. pistoiese e lucchese). — *Prim. Est.* — Luoghi paludosi c. s. — *Pennacchio rotondo.*
  2612 E. Scheuchzeri Hoppe
}

3. **Scirpus.** Spighette solitarie in capolini od in antele. Glume senza mucrone, 1-2 infer. spesso vuote. Setole perigoniali nulle o circa 6, scabre a ritroso. Stami 3 coi filamenti persistenti. Stilo non ingrossato alla base, con 2-3, raram. 4 stimmi. Achenio piano-convesso o triquetro, mucronato all'apice.

1 {
  Spighette *in antela, spiga o capolino terminale*, cinte da una o parecchie brattee fogliacee. Foglie *numerose, lineari-piane.* 2
  Spighette *solitarie terminali oppure in antele o glomeruli laterali* al fusto che si continua in forma di brattea. Foglie *ridotte alle guaine oppure triquetro-canalicolate o setacee* 5
}

2 {
  Spiga terminale, cinta da *1 2* brattee. Foglie lineari, carenate. Fusti compresso-cilindrici, angolosi in alto (1-2 dm.). Rizoma strisciante, stolonifero. ♃. (App. medio). — *Giu. Ag.* — Prati umidi e paludosi dalla reg. mont. all'alp., donde talora scende più in basso con i torrenti e i fiumi.
  2613 S. Caricis Retz
  Antela o capolino terminale, cinti da *2 a molte* brattee fogliacee involucranti. 3
}

3 {
  Glume *bifide* all'apice, con un mucrone interposto. Antela formata di 1 o più glomeruli peduncolati od anche subsessili a mo' di capolino. Rizoma strisciante e qua e là tubercoloso. ♃. (It. media, Arc. tosc.). — *Mag. Lug.* — Luoghi paludosi ed umidi dal mare alla reg. subm. — *Mosca.* (Fig. 329).
  2614 S. maritimus L.
  Glume *intere*, mucronate all'apice 4
}

4 {
  Spighette *biancastre* in 5-10 glomeruli sessili, riuniti in *un capolino compatto subgloboso.* Setole perigoniali *nulle.* Radice fibrosa. ①. (T. nel Carrarese, val di Nievole ecc.). — *Est. Aut.* — Luoghi paludosi ed umidi dal mare alla reg. subm. . . . . . . **2615 S. Michelianus** L.
  Spighette *verdi-nerastre*, sessili o peduncolate, riunite in *antela ramosissima.* Setole perigoniali *lunghe come l'achenio.* Rizoma strisciante. ♃. (It. media). — *Mag. Lug.* — Prati umidi e paludosi dalla reg. subm. alla subalp.
  2616 S. silvaticus L.
}

Antela *formata di capolini sferici compatti di spighette*, con 1 brattea involucrale lineare, assai lunga. Setole perigoniali nulle. Fusti cespugliosi, cilindrici. Rizoma strisciante. ♃. — *Giunco* . **2617 S. Holoschoenus** L.
  1. Piante robuste (5-12 dm.), con antela ± ampia e ricca di capolini per lo più assai grossi.
    a. Antela mediocre, subsemplice, più breve dell'involucro. (It. media, Arc. tosc.). — *Giu. Sett.* — Abbondante nei luoghi umidi e paludosi dal mare alla reg. mont. — α *typicus.*
    b. Antela grande, decomposta, più lunga dell'involucro. (T. nel Senese ecc.). — Reg. med. — β *globifer* (L. fil.).
  2. Piante gracili (3-5 dm.), con antela contratta, povera di capolini.
    a. Antela con capolini di cui uno almeno grosso come una nocciola. — Col tipo in luoghi marit. — γ *romanus* (L.).
    b. Antela con capolini tutti grossi come un pisello, uno sessile e qualche altro brevem. peduncolato. — Colla var. preced. — δ *australis* (Murr.).

5

Antela *semplice od 1 o più glomeruli mai sferici*, oppure *spighette solitarie* terminali **6**

6 { Fusti *robusti*, alti da *4 dm. sino ad 1-3 m.* Setole perigoniali 4-6 . . **7**
Fusti *gracili*, setacei o quasi, alti da *3 a 30 cm.*, con 1-3 spighette (raram. 8-10). Setole perigoniali *presenti o mancanti* **11**

7 { Fusti *cilindrici*, muniti alla base di 2-3 guaine, di cui la superiore prolungata in breve lamina. Spighette ovali-bislunghe, in antela laterale composta, a rami disuguali. Glume liscie o scabre, smarginato-mucronate all'apice, cigliate al margine. ♃. (It. media, Elba, Gorgona, Montecristo). — *Apr. Giu.* — Abbondante nei luoghi paludosi, fossi e acque stagnanti dal mare alla reg. mont. — *Giunco di padule, Nocco.* . **2618 S. lacuster** L.
Fusti *trigoni* **8**

8 { Infiorescenza *ridotta ad unico fascetto di spighette*. **9**
Inflor. *ad antela ramificata* con rami diseguali portanti un' unica spighetta oppure un fascetto di spighette **10**

9 { Guaine *2-3 con foglie carenato-trigone.* Glume *smarginate e mucronate* all'apice. Fascetto di *1-6* spighette. Fusti di *2-3 dm.*, a facce scanalate. Rizoma strisciante. ♃. (Littorale toscano fino a Pisa). — *Ag. Sett.* — Luoghi paludosi specialm. marittimi . . . . . **2619 S. pungens** Vahl
Guaine *tutte senza foglie.* Glume *intere* all'apice. Fascetto di *10-20* spighette a mo' di capolino. Fusti fascicolati, di *4-9 dm.*, a facce scanalate. Radice fibrosa. ① ♃. (T. presso Lucca, Pisa, padule di Bientina e presso Firenze a Poggio a Caiano ecc.). — *Lug. Ag.* — Risaie e paludi dal mare alla reg. subm. . . . . **2620 S. mucronatus** L.

10 { Antela con rami *lunghi*, portanti dei fascetti di spighette *in parte sessili ed in parte peduncolate.* Setole perigoniali *dilatato-fimbriate all' apice.* Antere appendicolate, con appendice ottusa, *cigliata.* ♃. (T.). — *Mag. Giu.* — Luoghi umidi presso al mare. . . . . . **2621 S. litoralis** Schrad.
Antela con rami *brevi*, portanti dei fascetti di spighette *tutte sessili.* Setole perigoniali *non dilatate, aculeate a ritroso.* Antere appendicolate, con appendice ottusa, *denticolata.* ♃. (It. media, Elba). — *Giu. Lug.* — Paludi e risaie dal mare alla reg. subm. — *Lancia.* . **2622 S. triquetrus** L.

11 { Spighette *3-10* (raram. solitarie), *laterali* al fusto che si prolunga oltre in una brattea fogliacea lunga come le spighette o molto di più. Setole perigoniali *nulle* **12**
Spighetta *solitaria, terminale* al fusto od a rami ascellari, cinta alla base da una gluma scariosa uguale alle altre. Setole perigoniali *presenti o mancanti* **13**

12 { Fusti *robusti*, fistolosi, prolungati per *2-10 cm.* oltre il fascetto che è costituito da *2-10* spighette. Guaina super. terminata in breve lamina. Spighette *mediocri*, ovato-bislunghe. Achenio obovato-trigono, trasversalm. rugoso. ①. (T. al monte Amiata e L.). — *Mag. Sett.* — Luoghi paludosi e lungo i fiumi dal mare alla reg. subm. . . . . . **2623 S. supinus** L.
Fusti *capillari*, prolungati soltanto per *3-5 o più raram. 10-20 mm.* oltre il fascetto che è costituito da *1-3* spighette. Guaine prolungate in foglie setacee. Spighette *piccole*, ovate, spesso nerastre o talora scolorate. ① ②. **2624 S. setaceus** L.

12 {
A. Acheni striati longitudinalm. e talora rigati trasversalm. Fusti alti
3-15 cm. (It. media in T. qua e là). — *Giu. Sett.* — Luoghi umidi e
paludi dal mare alla reg. subm. — α *typicus.*
B. Acheni con tubercoli per lo più in serie longitudinali o quasi lisci.
Fusti alti 3-30 cm. (It. media, Arc. tosc. non ovunque). — *Prim. Aut.*
— Reg. med. — β *Savii* (Seb. et Maur.).
}

13 {
Pianta con guaine *tutte provviste di una foglia* e con rami ascellari portanti
ognuno una spighetta. Fusti prostrati o nuotanti (1-3 dm.), scanalati da un
lato e convessi dall'altro. Spighette a 3-5 fiori, piccole ovate. Glume ottuse,
verdastre, l'infer. uguale alle altre. Achenio obovato-lenticolare, bianchiccio.
Setole perigoniali *nulle.* 2ƒ. (T. a Bientina e a Castiglion della Pescaia). —
Giu. Lug. — Paludi e laghi reg. pad. e med. . **2625 S. fluitans** L.
Piante con guaine *tutte afille* e con una sola spighetta terminale ai fusti. Setole perigoniali presenti 14
}

14 {
Fusti di *3-5 cm.*, con setti trasversali nell'interno. Spighette assai piccole a
3-4 fiori, con glume *verdi-giallastre*, più pallide nel margine. Setole perigoniali 3-6, *più lunghe* dell'achenio. ① 2ƒ. (Presso Spezia). — *Mag. Lug.* —
Luoghi paludosi reg. med. . . . **2626 S. parvulus** R. et S.
Fusti di *5-20 cm.*, *senza* setti trasversali, striati, cespuglioso-stoloniferi. Spighette a *3-7 fiori*, con glume *brune*, pallide al margine. Setole perigoniali
3-6, *più brevi o subeguali* all'achenio. 2ƒ. (App. medio qua e là). — *Giu Lug.*
Prati torbosi reg. alp., subalp. e mont., da cui scende talora coi fiumi .
2627 S. pauciflorus Lightf.
}

4. **Heleocharis** (da ἕλος = padule e χαρις = grazia). Spighette
solitarie, terminali. Glume tutte fertili, meno 1-2 infer. Setole perigoniali 4-6, scabre a ritroso. Stami 3. Stilo con ingrossamento alla
base, a mo' di bulbo, che persiste indurandosi sull'achenio.

1 {
Stimmi *3.* Achenio *trigono.* 2
Stimmi *2.* Achenio *compresso* 3
}

2 {
Fusti *capillari, solcato-quadrangolari,* rigidetti ed alti 3-10 cm. oppure flac-
cidi e lunghi 10-30 cm. Spighette ovate o bislunghe, *3-5 mm.* Acheni *giallo-
pallidi, longitudinalm. molticostati.* ① 2ƒ. (It. media, L. al Circello·). — *Giu.
Sett.* — Paludi e luoghi arenosi dal mare alla reg. subm. **2628 H. acicularis** R. Br.
Fusti *non capillari, cilindrici,* 20-30 cm. Spighette ovato-bislunghe, *7-10 mm.*
Acheni *bruni, lisci.* 2ƒ. (Parmig., T. L.). — *Giu. Ag.* — Reg. med. e pad.
2629 H. multicaulis Sm.
}

3 {
Pianta di *5-15 cm.* Spighette lunghe *5 mm. circa.* Acheni *neri,* lucidi. Glume ottusette, bruno-ferruginee, l'infer. abbracciante solo piccola parte della
spighetta. 2ƒ. (Presso Spezia). — *Giu. Ag.* — Luoghi paludosi reg. med.
2630 H. caduca Schult.
Piante di *15-60 cm.* Spighette lunghe *7-20 mm.* Acheni *per lo più bruno-
giallastri* 4
}

4 {
Glume *per lo più 2* sterili, di cui l'infer. abbraccia *solo la metà della base*
delle spighette, che sono bislunghe (*10-20 mm.*), acute od anche ottuse.
Fusti tutti eretti, assai robusti ed alti *20-60 cm.*, però fuori dell'acqua più
gracili ed alti solo 15-20 cm. 2ƒ. (It. media, Arc. tosc. non ovunque). — *Mag.
Giu.* — Comune nei fossi e luoghi paludosi dal mare alla reg. subalp.
(Fig. 328) . . . . **2631 H. palustris** R. Br.
Glume *per lo più 1 sola,* sterile, assai larga e abbracciante *tutta la base* delle
spighette, che sono bislungo-acute (*7-10 mm.*). Fusti gracili, alti *15-20 cm.*
2ƒ. (It. centr. qua e là). — *Giu. Lug.* — Dove la preced.
2632 H. uniglumis Schult.
}

5. **Fimbristylis.** Spighette a più fiori, ammassate in capolini
od in ombrelle involucrate. Una o due glume, le infer. sterili, col
nervo mediano prolungato in un lungo mucrone. Setole perigoniali

nulle. Stami 1-3. Stilo per lo più cigliato-fimbriato, ingrossato a bulbo alla base. Il resto come in *Heleocharis*.

1
> Stilo *trifido*. Achenio *triangolare*. Ombrella semplice, a raggi diseguali e con involucro di due brattee subeguali ad essa. Glume villoso-cigliate, acuminato-mucronate, ferrugineo-pallide. Fusti villoso-pubescenti. ①. (T. nella Selva Pisana a Palazzetto e presso Lucca alla Badia di Pozzeveri). — *Giu. Lug.* — Luoghi umidi   .   .   .   . **2633 F. Cioniana** Savi
> Stilo *bifido*. Achenio *compresso* 2

2
> Base del bulbo dello stilo *densam. pelosa*, a peli reflesso-pendenti. Achenio con minute punteggiature in serie longitudinali. Ombrella semplice o composta con circa 5 brattee, di cui 1 o 2 più lunghe di essa. Glume mucronato-subaristate. Fusti glabri. ①. (T. presso Firenze. Lucca e Pisa). — *Lug. Sett.* — Luoghi umidi reg. med.   .   .   . **2634 F. squarrosa** Vahl
> Base del bulbo dello stilo *glabra*. Achenio *longitudinulm. rigato e trasversalm. rugoso* 3

3
> Ombrella per lo più *semplice* od anche composta, con circa *3 brattee*, di cui *1* più lunga di essa. Spighette *3-5, ovato-rigonfie*. Glume *fosco-brune, ovato-ottuse e con breve mucrone*. ①. (T. e It. centr.). – *Lug. Ag.* — Luoghi umidi e paludosi reg. med.   .   .   . **2635 F. annua** R. et S.
> Ombrella per lo più *composta e decomposta*, con circa *5 brattee*, di cui *2-3* più lunghe di essa. Spighette *numerose, lanceolato-strette o quasi lineari*. Glume *fosco-pallide, acute e lungam. mucronate*. ①. (It. media). — *Ag. Sett.* — Luoghi umidi reg. med.   .   .   .   . **2636 F. dichotoma** Vahl

Tribù 3. RINCOSPOREE.

Fiori ermafr., raram. unisessuali per aborto. Spighette con 1-3 fiori fertili super. soltanto. Glume embriciate in tutti i sensi (eccett. *Schoenus*), 2 a molte infer. vuote. Perigonio formato da setole, raram. nullo.

6. Schoenus (da σχοινος = legaccio, perchè usate per far corde). Spighette compresse, in capolino terminale, involucrate alla base. Glume super. fertili, 3-4 infer. sterili, più piccole delle altre. Setole perigoniali nulle. Stami 2-3. Stilo filiforme, cavo alla base, con 2-3 stimmi. Achenio subdrupaceo,. triquetro, con 3 costole rilevate.

> Fusti giunchiformi, cilindrici, 2-4 dm., coperti alla base di guaine nere, lucide. Spighette bruno-nerastre, 5-10 per ogni capolino. Brattea infer. dell'involucro più lunga delle spighette. Acheni piccoli, ovato-ellittici, trigoni, circondati da 1-5 setole capillari, denticolate, circa della metà più brevi degli acheni. ♃. (It. media, Elba). — *Mag. Giu.* — Luoghi umidi e torbosi dal mare alla reg. alp. — *Giunco nero*.   .   . **2637 S. nigricans** L.

7. Clàdium (da χλαδιον = rametto, pel caule ramoso). Spighette con 2-3 fiori al più, di cui 1 solo fertile, disposte in antela, involucrata da brattee erbacee. Glume carenate, le 3 infer. sterili e più piccole. Setole perigoniali nulle. Stami 2-3. Stilo cavo alla base, con 2-3 stimmi. Achenio drupaceo, nero, lucente.

> Rizoma duro, strisciante. Fusti cilindrici, rigidi, (1-2 m.), scanalati negli internodi super., fogliosi. Foglie lineari-larghette, rigide, spinosette-seghettate nella carena e nei margini. Spighette ferruginee, agglomerate in capolini. ♃. (It. media). — *Prim. Est.* — Luoghi paludosi, laghi e fossi dal mare alla reg. mont. — *Panicastrella di padule*.
> **2638 C. Mariscus** R. Br.

8. **Rhynchòspora** (da ρυνχος = rostro e σπορα = seme, pel frutto rostrato). Spighette con 2-3 fiori, raccolte in fascetti terminali od ascellari, guarnite di brattee fogliacee. Glume 3-4 infer. sterili più piccole. Setole perigoniali 3-10, scabre a ritroso. Stami 2-3. Stilo dapprima dilatato-ingrossato alla base, con 2 stimmi glabri. Achenio lenticolare, biancastro o ferrugineo.

1 { Spighette *biancastre*, di circa *2 fiori, appena* sorpassate da una delle brattee dell'involucro. Setole perigoniali 6 (raram. 8-10), coi denti *super. reflessi.* Stimmi *più brevi* dello stilo. Acheni a facce *piane*. Radice *fibrosa*. 2⟲. (T. a Bientina ed Altopascio). — *Giu. Lug.* — Luoghi umidi e paludosi dalla reg. subm. alla mont., più raram. nella reg. med. . . **2639 R. alba** Vahl
Spighette *brune*, di circa *4 fiori, lungam.* sorpassate da una delle brattee dell'involucro. Setole perigoniali 6 (raram. 3), coi denti *tutti rivolti in alto.* Stimmi *più lunghi* dello stilo. Acheni a facce *convesse*. Rizoma *strisciante*. 2⟲. (T. a Bientina ed Altopascio e a San Pellegrino presso Lucca). — *Giu. Lug.* — Colla preced. ma più scarsa. (Fig. 327). **2640 R. fusca** R. et S.

Tribù 4. CARICEE.

Fiori unisessuali monoici o raram. dioici. Spighette non compresse ai lati, moltiflore. Glume primarie embriciate in tutti i sensi, tutte fiorifere. Perigonio nullo. Fiori masch. senza gluma secondaria; fiori femm. nell'ascella di una gluma secondaria, per lo più in forma di otricello.

9. **Carex** (da *carere* = mancare, per la mancanza dei semi nelle spighe super.). Spighette a fiori monoici (rarissimam. dioici), solitarie, in spiga, capolino o pannocchia; le super. per lo più maschili, le infer. femminee, oppure ciascuna con fiori maschili in alto, femm. in basso. Stami 3. Ovario racchiuso entro una gluma secondaria, a margini rivolti in avanti e quivi saldati, persistente nel frutto. Stilo filiforme, a 2-3 stimmi sporgenti dall'apertura apicale dell'otricello. Achenio compresso o trigono.

1 { Spighetta *solitaria* terminale, unisessuale, dioica; la masch. lineare, la femm. bislunga. Otricelli frutt. bislungo-lanceolati. Foglie setacee, scabre nel margine. Rizoma cespuglioso. 2⟲. (App. tosco-emil. e piceno). — *Mag. Giu.* — Prati e pascoli umidi dalla reg. subm. alla subalp.
2641 C. Davalliana Sm,
Spighette (spighe) *due o più*, talora agglomerate 2

2 { Spighette *2 a molte*, verdi, *in capolino globoso*, unico, terminale, cinto da 2-3 lunghe brattee fogliacee. Glume femm. acuminato-aristate. Stilo a *2 stimmi*. Otricelli lungam. rostrati. ①. (Parmig. a Borgo S. Donnino). — *Est.* — Forse importata; rara. . . . . . . **2642 C. cyperoides** L.
Spighette *in spiga* (talora globosa) o *pannocchia*, accompagnate da una sola brattea ciascuna. Stilo a 2 o 3 stimmi 3

3 { Spighette *tutte bisessuali* (*androgine*), raram. unisessuali, sempre però formanti una sola spiga composta ± continua. 4
Spighette (o spighe) *tutte unisessuali*, talora la terminale bisessuale, mai però in spiga composta subcontinua 17

4 { Spighette con fiori maschili *all'apice* e fiori femm. *alla base*, oppure (*C. arenaria*) in parte unisessuali. Stimmi 2, eccezionalm. (*C. distachya*) 3 . 5
Spighette con fiori maschili *alla base* e fiori femm. *all'apice*, sempre bisessuali. Stimmi 2 10

5 { Rizoma *lungam. strisciante* 6
Rizoma *breve cespuglioso* 7

Spighette *tutte bisessuali* nella stessa spiga. Brattee delle spighette infer. lungam. aristate e spesso prolungate in appendice fogliacea assai lunga. Glume *brune*. Antere *oscuram*. mucronate all'apice. Otricelli frutt. largam. ovati, piano-convessi, debolm. nervati e con breve rostro, bidentato. 2⊦.

2643 C. divisa Huds.

A. Foglie lineari-strette, piane, convolte solo all'apice, diritte. Piante con fusti di 2 5 dm. (It. media, Arc. tosc.). — *Prim.* — Luoghi umidi e paludosi dal mare alla reg. subm., raram. alp. — α *typica*.

B. Foglie canalicolato-convolte, curvate. Pianta generalm. più piccola del tipo. (Qua e là col tipo, Elba). — β *chaetophylla* (Steud.).

6 Spighette *parte masch. e parte femm.* nella stessa spiga, talora miste ad alcune bisessuali. Brattee ± lungam. aristate. Glume *marginate di bruno*. Antere *distintam.* mucronate all'apice. 2⊦. **2644 C. arenaria** L.

A. Otricelli frutt. uguali alle glume, con carena alata dalla metà in su. Spiga colle spighette infer. femm., le intermedie bisessuali e le super. masch. (It. media lungo l'Adriat.). — *Mag. Giu.* — Luoghi arenosi. α *typica*.

B. Otricelli frutt. più lunghi delle glume, con carena alata dalla base fino all'apice. Spiga colle spighette quasi tutte unisessuali, le intermedie masch. (Presso Pavia, Bologna). — *Apr. Mag.* — Luoghi umidi. — β *disticha* (Huds.).

Otricelli frutt. *biconvessi*. Spighe o pannocchie *brunastre o rosso-grigiastre anche da giovani*. Brattee brevi. Glume brune sul dorso, bianco-scariose al margine. 2⊦. **2645 C. paniculata** L.

A. Spiga composta, formante pannocchia. Rizoma breve, cespuglioso.

a. Otricelli frutt. lucenti snervati o con nervi deboli alla base. Fusti robusti (5-8 dm.), a facce piane. Foglie lineari-larghe, subeguali ai fusti, piane. Pannocchia larga. (App. centr. e presso Terracina). — *Giu.* — Paludi e laghi reg. mont. raram. med. — α *typica*.

b. Otricelli frutt. opachi, con molte nervature sporgenti sulle due facce. Fusti robusti (3-8 dm.), a facce convesse. Foglie lineari-strette, c. s. Pannocchia stretta (Presso Pavia). — β *paradoxa* (W.).

7 B. Spiga semplice, per lo più interrotta. Rizoma obliquam. strisciante. Fusti deboli (3-5 dm.), a facce convesse. Foglie assai strette. Otricelli frutt. come nel tipo. (Presso Pavia). — Reg. mont. ed alp., raram. pad. — γ *teretiuscula* (Good.).

Otricelli frutt. *piano-convessi*, subtriangolari oppure trigoni. Spighe (almeno da giovani) *verdastre o rosso-ferruginee* 8

Brattee *infer.* prolungate in appendice o lamina *fogliacea lunga 6-15 cm.* Glume grandi, ovato-lanceolate, le femm. acuminate. Otricelli oblungo-triquetri, con rostro subintero all'apice. Stimmi 3. 2⊦. (T., Arc. tosc., It. centr.). — *Prim. Est.* — Luoghi selvatici reg. med.

8 **2646 C. distachya** Desf.

Brattee prolungate in appendice *setacea nulla od assai breve, raram. nelle infer. lunga 3 cm. o poco più ed eccezionalm. fogliacea* 9

Spiga *composta*, densa, *spesso interrotta*. Fusti *grossi* (3-6 dm.), a facce concave, molto ruvidi superiorm. Foglie larghe 5-9 mm. Otricelli alla fine più lunghi delle glume e divergenti a stella, con lungo rostro bidentato all'apice e *denticolato-spinuloso* ai margini e con 6-7 nervature sul dorso. 2⊦. (It. media, Elba, Giglio, Montecristo). — *Apr. Mag.* — Comune nei margini dei fossi, fiumi e luoghi paludosi . . . . **2647 C. vulpina** L.

Spiga più gracile, *subsemplice ed interrotta*. Fusti *deboli* (2-6 dm.), a facce piane e meno ruvidi che nel preced. Foglie larghe 2-4 mm. Otricelli c. s., 9 però con rostro *soltanto denticolato-scabro* ai margini e con *nervature indistinte*. 2⊦ . . . . . . **2648 C. muricata** L.

A. Fusti *eretti*. Spighe bislunghe, non o brevem. interrotte alla base. Otricelli frutt. divaricati. (It. media, Arc. tosc.). — Luoghi boschivi ed umidi dal mare alla reg. mont. — α *typica*.

B. Fusti *deboli, cascanti*. Spighe allungate, lungam. interrotte alla base. Otricelli frutt. eretto-patenti più piccoli e meno scabri ai lati del rostro che nel tipo. (Col tipo). — Dal mare alla reg. subm. — β *divulsa* (Good.).

10 { Rizoma *lungam. strisciante e stolonifero* 11
{ Rizoma *breve, cespuglioso* 13

11 { Spighette *in parte unisessuali ed in parte bisessuali*. Antere *mucronate* all'apice . . . . Cfr. C. **ARENARIA**
{ Spighette *tutte bisessuali*. Antere *ottuse* all'apice 12

12 { Pianta di *2-5 dm.*, a foglie *piane*. Glume *bianco-giallognole*. Otricelli frutt. *substriati, più lunghi* delle glume, *cinti da un' ala membranosa, cigliolato-scabra*. ♃. (T. nel Senese). — *Apr. Mag.* — Luoghi boschivi ed umidi reg. subm. . . . . **2649 C. brizoides** L.
{ Pianta di *5-30 cm.*, a foglie *canalicolate*. Glume *brune o ferruginee*, con *margine bianco-scarioso*. Otricelli frutt. *multinervi, subeguali* alle glume, *marginato-denticolati soltanto in alto*. ♃. (It. media). — Colla preced.
2650 C. praecox Schreb.

13 { Spighette *tutte solitarie, sessili e distanti*, le 2-4 infer. assai distanti dalle altre. Brattee *infer. fogliacee, lunghissime*. Otricelli frutt. eretti, con 5-7 nervi dorsali e breve rostro dentellato-scabro ai lati. ♃. (It. media, Elba, Giglio). — *Mag. Lug.* — Luoghi umidi ed ombrosi dalla reg. med. alla mont.
2651 C. remota L.
{ Spighette *tutte ± vicine* tra loro, Brattee *tutte brevi, squamiformi o setacee*. 14

14 { Otricelli frutt. *piano-convessi, largam. alati* sino all'apice del rostro, ad *ala dentellata*. Glume lanceolato-acute colla carena verdognola. Fusti rigidetti, subtrigoni (2-6 dm.). ♃. (App. medio). — *Prim. Est.* — Prati umidi e paludosi dalla reg. subm. alla subalp. . . . . **2652 C. leporina** L.
{ Otricelli frutt. *± turgidi, mai alati*. 15

15 { Spighette *bislungo-cilindriche, quasi tutte più lunghe che larghe*. Otricelli fruttiferi *lanceolati, fortem. striati sulle due facce*, eretto-patenti e lunghi il doppio delle glume, con rostro dentellato ai margini. Fusti trigoni, scabri (3-5 dm.), a foglie lineari-piane. ♃. (App. emil. al lago Cerretano ed It. centr.). — *Apr. Lug.* — Reg. pad., subm. e mont. **2653 C. elongata** L.
{ Spighette *ovali o globulose, circa tanto larghe che lunghe*. Otricelli frutt. *ovati od ovato-lanceolati, debolm. striati sul dorso soltanto*. 16

16 { Otricelli fruttiferi *eretti, poco più lunghi* delle glume, con rostro brevissimo, *quasi intero*. Foglie *lineari-piane*, lungam. acuminate. Fusti trigoni, scabri in alto (2-5 dm.). ♃. (App. medio, non comune). — *Mag. Lug.* — Prati e boschi umidi reg. mont. e subalp. . . . . **2654 C. canescens** L.
{ Otricelli frutt. *divergenti a stella, lunghi circa il doppio* delle glume, con rostro *bidentato* Foglie *lineari-strette, scanalate*, subeguali ai fusti. Fusti gracili, subtrigoni, scabrosetti in alto (1-3 dm., raram. meno). ♃. (It. media). — *Prim. Est.* — Luoghi umidi dalla reg. subm. alla subalp.
2655 C. echinata Murr.

17 { Otricelli fruttiferi *con rostro ± lungo, piano-convesso, bifido o bidentato* . 18
{ Otricelli frutt. *senza rostro* o con rostro breve e cilindrico, obliquam. troncato, *intero o bidentato* 38

18 { Rostro degli otricelli *scarioso-bidentato*. Brattee *assai corte, non superanti l'unica spighetta* masch. Piante gracili, dei luoghi *alpini o subalp.*, a spighette *ferruginee o nerastre* 19
{ Rostro degli otricelli *per lo più manifestam. bifido*. Brattee *sempre assai lunghe, spesso superanti le spighette* masch. (1 o più). Piante *eccezionalm. alpine*, a spighette *verdognole o brunastre* 23

19 { Stimmi *2*. Spighette *ravvicinatissime*. Brattea infer. prolungata in appendice setacea. Otricelli pubescenti, cigliato-scabri nel margine. Foglie setaceo-convolte, scanalate. Fusti gracili, subtrigoni (3-30 cm.). ♃. (Alpi Ap.). — *Lug. Ag.* — Rupi reg. alp. e subalp. . . **2656 C. mucronata** All.
{ Stimmi *3*. Spighette *± distanti*. 20

20 { Otricelli fruttiferi *pubescenti*. Glume *larghe ovato-rotondate*, con *largo margine bianco-argentino*. Rizoma cespuglioso-stolonifero, a fusti eretti, cilindrici (3-6 dm.). ♃. (Alpi Ap., App. medio). — *Mag. Giu.* — Luoghi sassosi dalla reg. subm. all'alp. . . . . **2657 C. macrolepis** DC.
{ Otricelli frutt. *glabri o scabro-ispidi*. Glume *lanceolato-mucronate*, con *stretto margine bianco-scarioso o senza* 21

21 { Foglie lineari-filiformi, larghe *1 mm. o meno, conduplicate*.
Cfr. C. FERRUGINEA var. δ
Foglie lineari, larghe *3-4 mm., sempre piane*. 22

22 {
Spighette femm. *2-5, le super. ravvicinate, tutte assai dense* ed alla fine pendenti. Glume bruno-nerastre, con margine bianco-scarioso nullo o strettissimo. Otricelli fruttiferi bruni coi margini verdi, fusiformi-trigoni, attenuati in rostro bidentato cigliato-denticolato ai margini, lunghi quasi il doppio delle glume. Rizoma stolonifero, a fusti trigoni (2-4 dm.) 2f. (Alpi Ap., App. medio). — *Est*. — Pascoli reg. alp. e subalp. . **2658 C. frigida** All.
Spighette femm. *1-3, equidistanti, assai lasse* od anche addensate ma allora erette. Glume bruno ferruginee. Otricelli frutt. bruni c. s., lanceolato-trigoni, cigliati o scabro-ispidi ai margini o raram. glabri. 2f.
2659 C. ferruginea Scop.
A. Foglie lineari-piane, larghe 2-3 mm.
  a. Spighette femm. lassiflore, tutte ± lungam. peduncolate, le frutt. inclinato-pendenti. Rizoma spesso stolonifero. Fusti lisci o scabri in alto. Glume bianco-scariose al margine. Rostro degli otricelli smarginato-bilobo. (Alpi Ap., App. tosco-emil. alle Tre Potenze, App. centr. e presso Viterbo?). — *Est*. — Pascoli reg. alp. e subalp. — α *typica*.
  b. Spighette femm. densiflore, le infer. soltanto lungam. peduncolate, le frutt. erette. Rizoma cespuglioso. Fusti c. s. Rostro degli otricelli troncato-bilobo.
    1. Foglie lineari-lanceolate, patenti, rigide, assai brevi. Glume con margine bianco-scarioso strettissimo o nullo. (App. moden. al Cimone di Fanano). — β *firma* (Host.).
    2. Foglie lineari-strette, erette, mediocrem. consistenti, lunghette. Glume con margine bianco-scarioso assai largo. (App. medio, col tipo . — γ *sempervirens* (Vill.).
B. Foglie lineari-conduplicate, larghe 1 mm. circa. Rizoma spesso stolonifero. Il resto come nella var. preced. — (U. presso Norcia?). — δ *levis* (Kit. in W.).
}

23 { Otricelli fruttiferi *glabri*, affatto lisci ai margini del rostro. . . 24
Otricelli frutt. *villosi* oppure soltanto cigliato-denticolati ai margini del rostro 36

24 { Glume femm. *verdognole*, scolorate ai margini. Spighetta masch. *sempre unica*. 25
Glume femm. *brune o ferruginee* ai margini. Spighetta masch. *una o più*. 28

25 { Spighette femm. *ravvicinate* all'apice del fusto e *lungam.* superate dalle brattee che sono lunghissime. Otricelli fruttiferi *patentissimi*.
Cfr. C. PSEUDO-CYPERUS
Spighette femm. *distanti tra loro, non o ài poco* superate dalle brattee. Otricelli frutt. *eretti, appressati* 26

26 {
Rizoma *stolonifero*. Brattea infer. con appendice fogliacea lunga 1-3 cm., *subeguale* alla propria spighetta. Otricelli frutt. obovati, ventricoso-trigoni, con rostro lineare, acutam. bifido, scabro nei margini. Foglie lineari-piane. Fusti eretto-ascendenti (2-3 dm.), trigoni. 2f. (T., L. presso Roma). — *Prim*. — Luoghi selvatici boschivi o erbosi dal mare alla reg. subm.
2660 C. Michelii Host
Rizoma *cespuglioso*. Brattea infer. lungam. fogliacea, *quasi sempre superante* la propria spighetta. 27
}

27 {
Spighette femm. *ovate, a 3-6 fiori*. Otricelli frutt. grandi, *ventricoso-trigoni, moltinervi*, con rostro lineare, *obliquam. smarginato*. Spighette femm. 2-3, erette, lungam. peduncolate. Fusti gracili (3-6 dm.), oscuram. trigoni. 2f. (T. presso Lucca, in Maremma alle sorgenti del Chiarone. Pesaro e L.). — *Prim*. — Luoghi ombrosi selv. reg. subm. e med. **2661 C. ventricosa** Curt.
Spighette femm. *lineari, moltiflore*. Otricelli frutt. *ellittico-trigoni, senza nervi*, con rostro lineare, *bifido*. Spighette femm. 3-5, *pendenti*, lungam. peduncolate. 2f. (It. media, Elba, Giglio, Gorgona). — *Prim*. — Luoghi selvat. e boschivi dalla pianura alla reg. alp. . . **2662 C. silvatica** Huds.
}

28 {
Rostro degli otricelli maturi *bidentato o bifido*. Brattea infer. guainante. Spighette femm. *ordinariam. erette*; spighetta masch. *quasi sempre unica*. Piante di *2-8 dm*. 29
}

28 | Rostro degli otricelli maturi *bicuspidato*. Brattea infer. non o brevem. guainante. Spighette femm. *inclinate o pendenti*; spighette masch. *spessissimo più di una*. Piante di *3-10 dm.* 33

29 | Brattee *superanti* in lunghezza il fusto, *alla fine patentissime o riflesse* . 30
| Brattee *non superanti* in lungh. il fusto, *sempre erette*. 31

30 | Foglie e brattee *convolto-canalicolate*, quasi giunchiformi. Otricelli frutt. *eretto-patenti*, *ovati*, punteggiati, nervosi, a rostro breve, bidentato. liscio ai margini. Foglie lineari-subsetacee, rigide. Fusti *subtrigoni* (2-4 dm). 2⨍. (It. media, Arc. tosc. non ovunque). — *Mag. Giu.* — Luoghi paludosi special. marit. reg. med. e pad . . . . . . **2663 C. extensa** Good.
| Foglie e brattee *lineari-piane*, flaccide. Otricelli frutt. *patenti, divaricati, ovato-ellittici*, a rostro bidentato, liscio ai margini. Foglie scabre o scabrosette nel margine. Fusti *cilindrici* (3-6 dm.). 2⨍. . **2664 C. flava** L.
| A. Otricelli frutt. giallo-dorati, gradatam. ristretti in lungo rostro curvato in basso. (T., App. centr.). — *Prim. Est.* — Luoghi paludosi reg. pad. e subm. o raram. med. — *α typica*.
| B. Otricelli frutt. giallo-verdastri, bruscam. ristretti in rostro non molto lungo e diritto, più piccolo che nel tipo. (Col tipo nell' It. centr.). — β *Oederi* (Ebrh.).

31 | Otricelli frutt. *ovato-rigonfi*, lucidi, *quasi snervati, punteggiati*; rostro *brevem. bidentato*, *liscio* ai margini, piuttosto corto. Spighette femm. 3-4, erette, discoste, ovali-bislunghe, le infer. con peduncolo sporgente. Rizoma cespuglioso, a fusti trigoni (2-4 dm.). 2⨍. (It. media, Elba, Giglio). — *Apr. Mag.* — Luoghi umidi dal mare alla reg. mont. . . **2665 C. punctata** Gaud.
| Otricelli frutt. *ovati, fortem. nervosi, non punteggiati*; rostro *bifido, dentellato ai margini*. 32

32 | Spighette femm. *ovali oblunghe*. Otricelli *rossicci, con nervature sporgenti*, di cui *2 estramarginali più marcate, obovoidali*, a rostro diviso in 2 denti rigidi, bruni, dentellati sul margine interno. Fusti quasi lisci (2-5 dm.). 2⨍. (It. media, Elba). — *Apr. Giu.* — Comune nei luoghi paludosi e umidi dal mare alla reg. mont. . . . . **2666 C. distans** L.
| Spighette femm. *oblungo-cilindriche*, bruno-nerastre. Otricelli lucidi, *bruni, muniti solamente di 2 nervature estramarginali e dorsali, poco sporgenti*, verdi, *ovali-ellittiche*. Pianta di 3-6 dm. 2⨍. (T. a S. Giuliano presso Pisa). **2667 C. binervis** Sm.

33 | Spighette femm. 4-6, *avvicinate, pendenti* ; la masch. *unica*. Brattee *lunghissime, l'infer. brevem. guainante*. Foglie lineari larghe, più larghe del fusto. Rizoma cespuglioso, a fusti acutam. trigoni, scabri ·5-10 dm.). 2⨍. (It. media). — *Mag. Lug.* — Luoghi paludosi e lungo i fossi dal mare alla reg. subm. **2668 C. Pseudo cyperus** L.
| Spighette femm. *discoste, erette od inclinate*; le masch. *quasi sempre parecchie*. Brattee *lunghe, non od appena guainanti* 34

34 | Spighette masch. *grosse*. bruno-fosche. Otricelli frutt. *ovato-bislunghi, non rigonfi*, con rostro *breve e grosso*. Foglie largam. lineari-lanceolate, assai larghe. Fusti trigoni, grossi (5-12 dm.). 2⨍. **2669 C. riparia** Curt.
| A. Glume masch. tutte acuminate. Otricelli frutt biconvessi, meno nervosi e con rostro più lunga che nella var. β. (It. media). — *Mag. Giu.* — Fossi e paludi dal mare alla reg. subm. — ·· *typica*.
| B. Glume masch. infer. ottuse. Otricelli frutt. subtrigono-compressi. (Col. tipo). — β *acutiformis* (Ebrh.).
| Spighette masch. *gracili, giallastre o pallide*. Otricelli frutt. *rigonfi o vescicolosi*, con rostro *sottile, lunghetto* 35

35 | Fusto ad angoli *smussati*, un po' scabro solo nel tratto dell'infiorescenza. Otricelli frutt. *subgloboso-vescicolosi, lucidi, alla fine giallo-rossicci e divergenti*, moltinervi. Brattee più lunghe del fusto. Spighette femm. 2-3, cilindriche, le super. brevem. peduncolate. Foglie lineari-scanalate. Rizoma strisciante, con fusti eretti (3-6 dm.). 2⨍. (It. media). — *Mag. Lug.* — Laghi e luoghi paludosi reg. subm. e mont., più raram. med. **2670 C. rostrata** With.
| Fusto ad angoli *acuti e scabri*. Otricelli frutt. *ovato conici, rigonfi, opachi, verdi-giallastri, eretto-patenti*. Nel resto c. s. 2⨍. — · olla preced ma più comune. — *Mag. Lug.* . . . . **2671 C. vesicaria** L.

36 { Glume, almeno le femm., *brune o ferruginee* ai margini, intere. Spighette
femm. allontanate. Otricelli denticolati ai lati del rostro.   Cfr. C. DISTANS.
Glume *tutte scolorate* ai margini   .   .   .   .   .   .   ,   . 37

37 { Brattea infer. *molto più lunga* della propria spighetta. Spighette masch. 1-3,
le femm. 2-3 discoste, ovate e bislunghe, erette, brevem. peduncolate. Glume femm. acuminato-aristate. Foglie e guaine pelose od anche glabre. Rizoma strisciante, a fusti trigoni, lisci (2-4 dm.). ♃. (It. media). — *Mag.
Lug.* — Luoghi umidi dal mare alla reg. mont.   . **2672 C. hirta** L.
Brattea infer. *subeguale* alla propria spighetta   .   .   . Cfr. C. MICHELII

38 { Stilo a *2* stimmi.   39
Stilo a *3* stimmi .   .   .   .   .   .   :   .   .   . 41

39 { Foglie con guaine *reticolato-fesse*, glaucescenti. Fusti acutam. triquetri, *scanalati sopra 2 facce*. Rizoma cespuglioso. Otricelli compressi, nervosi,
d'un verde-biancastro. Spighette 1-2 masch. terminali e 2-3 femm. erette.
♃. (It. media). — *Prim.* — Luoghi paludosi ed umidi dal mare alla reg.
subm.   .   .   .   . **2673 C. stricta** Good.
Foglie con guaine *mai reticolato-fesse*. Fusti acutam. triquetri, *a facce piane*. 40

40 { Brattea infer. fogliacea *più breve* del fusto. Spiga masch. *per lo più unica*.
Glume femm. *ottuse* a carena verde, *più brevi* degli otricelli, che sono
piano-convessi e scoloriti. Pianta piuttosto gracile (2-5 dm.), a fusti cogli angoli e foglie coi margini ± scabri. ♃. (App. tosco-emil. e laziale). — *Prim.
Est.* — Luoghi umidi dalla reg. mont. all'alp.   **2674 C. vulgaris** Fries
Brattea infer. fogliacea *superante l'apice* del fusto. Spighe masch. *1-3*. Glume
femm. *acute*, d'un bruno-nero, a nervatura verde, *ordinariam. più lunghe*
degli otricelli, che sono *biconvessi*. Pianta rigogliosa (3-8 dm.), a fusti cogli
angoli scabri in alto. ♃. (It. centr.). — *Apr. Mag.* — Paludi, rive dei
fossi ecc.   .   .   .   . **2675 C. acuta** L.

41 { Spighette portate nell'ascella di brattee scariose, *tutte sprovviste di appendice
fogliacea* o tutt'al più con un mucrone lungo 1-5 mm.   .   .   . 42
Spighette portate nell'ascella di brattee, *di cui almeno l'infer. prolungata in
appendice* fogliacea manifesta. **44**

42 { Foglie *lineari-strettissime, alla fine setaceo-convolte*. Fusto molto più breve
delle foglie (5-10 cm.). Rizoma cespuglioso. Spighette femm. con pedicelli
completam. nascosti entro la guaina delle brattee afille Glume fosche al
centro e bianco-scariose nel margine. ♃. (T., It. centr.). — *Mar. Giu.* —
Luoghi selvat. erbosi reg. subm., più raram. med.
                        2676 C. humilis Leyss.
Foglie *lineari-piane*   43

43 { Spighette *quasi digitate*, la maschile *uguagliata od anche superata* in altezza
dalle femminili. Glume obovato-ottuse od ovato-lanceolate. Fusti ± cespugliosi. Foglie flaccide un po' scabre nel margine. ♃.   **2677 C. digitata** L.
      A. Spighette femm. alquanto discoste, erette. Glume ferruginee, con
      margine bianco-scarioso. Otricelli frutt. appena più lunghi delle glu-
      me. (It. media). — *Apr. Mag.* — Luoghi selvat. e boschivi dal mare
      alla reg. subm. — α *typica*.
      B. Spighette femm. ravvicinate, divergenti alla fine a forma di piè
      d'uccello. Glume ferruginee. Otricelli frutt. circa il doppio più lun-
      ghi delle glume. (Qua e là col tipo). — β *ornithopoda* (W.).
Spighette *non digitate*, avvicinate tra loro, la masch. *sempre più alta* delle
femm.   .   .   .   . Cfr. n.° **47**

44 { Una o due spighette femm. *infer. lungam. peduncolate, situate alla base del
fusto* nell'ascella delle foglie. Glume femm. lanceolato-bislunghe, acute.
Otricelli frutt. bislungo-obovati, trigoni, striato-moltinervi, appena pubescenti. Rizoma cespuglioso, con fusti subtrigoni (1-2 dm.). ♃. (It. media,
Arc. tosc.). — *Mar. Apr.* — Boschi e luoghi selvat. reg. med. e subm., più
raram. pad. e mont.   .   .   .   .   .   . **2678 C. Halleriana** Asso
Spighette femm. situate *tutte presso l'apice dei fusti* (rarissimam. qualcuna basilare per caso).   45

45 { Otricelli fruttiferi *pubescenti, pelosi o tomentosi* **46**
Otricelli frutt. *glabri o talora scabri*. **54**

46 { *Una sola* spighetta masch. terminale. Spighette femm. sessili o brevem. pedicellate ed erette **47**
Due o più spighette masch. terminali, raram. una sola, ma in questo caso le spighette femm. sono ± lungam. pedicellate e pendule **53**

47 { Glume *totalm. nero-violacee*. Guaine delle foglie *rossicce*. Spighette femm. 1-2 ovate, sessili, appressate alle maschili. Otricelli frutt. obovato-bislunghi, trigoni, attenuato-stipitati alla base. Rizoma cespuglioso, ricoperto da vecchie guaine sfibrate. Fusti deboli, subtrigoni (1-2 dm.). ♃. (App. emil.). — *Mag. Giu.* — Boschi e pascoli reg. subm. e mont. . . . **2679 C. montana** L.
Glume *fosco-brune o giallastre*, scolorite al margine o sulla carena. Guaine delle foglie *brunastro-sporche*. **48**

48 { Glume *rotondato-ottuse*, *con largo e distinto* margine scarioso-argentino, rosicchiato-cigliate al margine. Spighette femm. 1-3, ovate, brevem. peduncolate. Rizoma cespuglioso, stolonifero . . . . . . **Cfr. n.° 20.**
Glume, specialm. le femm., *lanceolato-acute, senza o con strettissimo* margine scarioso-argentino **49**

49 { Spighetta masch. *obovata o subclavata, molto densa*. **50**
Spighetta masch. *lineare o cilindrica, un po' lassa*. **51**

50 { Rizoma *strisciante, stolonifero*. Fusti *con pochissime guaine* sfibrate alla base (1-3 dm.). Otricelli frutt. con rostro *assai breve, appena smarginato*. ♃. (It. media, Elba). — *Mar. Apr.* — Luoghi erbosi dal mare alla reg. mont.. **2680 C. verna** Vill.
Rizoma *breve, densam. cespuglioso*. Fusti ricoperti alla base da ± *abbondante capillizio di guaine sfibrate*. Otricelli frutt. con rostro *lunghetto, bidentato*. ♃. (Piceno). — *Apr. Mag.* — Boschi e luoghi selvat. reg. subm. e mont. **2681 C. longifolia** Host

51 { Rizoma *cespuglioso*. Spighette femm. *3-4, globose*, sessili, *tutte vicine tra loro* ed alla masch. Fusti gracili (1-5 dm.), alla fine incurvato decombenti. Foglie lineari-piane, più brevi dei fusti. ♃. (It. media). — *Apr. Mag.* — Luoghi selvat. dalla reg. subm. o raram. pad. alla subalp. **2682 C. pilulifera** L.
Rizoma *strisciante*. Spighette femm. *1-3, ovato-bislunghe, le infer. allontanate* **52**

52 { Pianta di *2-4 dm*. Spighette situate *verso l'apice* del fusto, le femm. subsessili. Brattea infer. fogliacea, brevem. guainante. Glume *verdi sulla carena e brune al margine*, più brevi od anche *subeguali* agli otricelli che sono *densam. tomentosi ovunque*. ♃. (T. presso Firenze ed a Castrocaro). — *Apr. Mag.* — Prati e luoghi ombrosi umidi dal mare alla reg. mont. **2683 C. tomentosa** L.
Pianta di *3-6 dm*. Spighette assai distanti tra loro *nella metà super.* del fusto, le infer. lungam. peduncolate. Brattee *più lunghe e più lungam.* guainanti che nel preced. Glume *biancastre assai più brevi* degli otricelli, che sono *pelosi solo in alto* e quivi anzi con una linea glabra anteriorm. ♃. (T. nel Monte Pisano e al Giglio). — *Mag.* — Lungo i ruscelli reg. subm. **2684 C. Grioletii** Roem.

53 { Glume *lanceolato mucronate, intere* al margine. Spighette masch. *1-3*. Brattee infer. fogliacee, brevem. guainanti. Otricelli frutt. *ovato-compressi*, senza nervature, con rostro brevissimo *appena smarginato*. ♃. **2685 C. glauca** Murr.
A. Otricelli frutt. scabri o pubescenti. Spighette femm. cilindriche, assottigliate alla base od anche cilindrico-clavate, semplici o raram. ramose, ± peduncolate e pendenti o talora anche brevem. peduncolate ed erette. (It. media, Arc. tosc.). — *Mar. Mag.* - Luoghi erbosi umidi dal mare alla reg. alp. — *α typica*.
B. Otricelli frutt. lisci e glabri. Spighette femm. erette, spesso più grosse che nel tipo. (It. media). — Reg. med. — β *serrulata* (Biv.).
Glume femm. *lineari-lanceolate*. spesso subaristate, *cigliato-denticolate* ai margini. Spighette masch. *3-6*. Brattee c. s. molto lunghe. Otricelli frutt. obovati *piano-convessi*, cigliato-ispidi, con rostro *breve*, troncato, *quasi bidentato*. ♃. (It. media ?). — *Apr. Mag.* — Luoghi paludosi reg. med. **2686 C. hispida** Schk.

54 { Foglie *pelose o pubescenti*, almeno nelle guaine infer. sotto la lente . . **55**
Foglie e guaine *perfettam. glabre*, anche sotto la lente **56**

55 {
Foglie tutte uguali, larghe *2-5 mm.*, coi peli sparsi o brevem. pubescenti, non cigliate ai margini. Spighette femm. *bislunghe, piuttosto ravvicinate, con fiori stipati.* Otricelli frutt. *ovoideo-bislunghi, quasi snervati, senza rostro.* Rizoma *cespuglioso.* Fusti *trigoni* (2-4 dm.) *più lunghi delle foglie.* 2⅌. (T. L. ecc.). — *Mag. Lug.* — Luoghi umidi reg. subm. e mont., raram. pad. e med. . . . . **2687 C. pallescens** L.

Foglie dei fascetti sterili larghe *5-8 mm.*, cigliate ai margini, quelle dei fusti fertili subsquamiformi. Spighette femm. *lineari, discoste, con pochi e radi fiori.* Otricelli frutt. *ovato-globulosi, moltinervi. con rostro* scarioso, bidentato. Rizoma *stolonifero.* Fusti *subtrigoni* (2-4 dm,), *alla fine superati dalle foglie.* 2⅌. (Bolognese, It. centr.). — *Apr. Mag.* — Boschi cedui reg. subm. **2688 C. pilosa** Scop.

56 {
Una sola spighetta masch. terminale; eccett. talora *C. pendula,* ma in tal caso gli otricelli frutt. sono verdi. 57

Due o più spighette masch. terminali. Otricelli frutt. giallo-verdognoli o brunastri. . . . . Cfr. n.º 53

57 {
Spighette femm. *con 5 a 12 fiori,* radi e lassam. embriciati in 2-3 serie. Rizoma cespuglioso. Fusti trigoni, ad angoli acuti (2-5 dm.). Foglie lineari-carenate, larghe 5-10 mm. Otricelli grandetti, ellittico-trigoni, nervosi, con rostro breve. 2⅌. (T. presso Firenze, Monte Argentaro, Elba, L.). — *Mag. Giu.* — Boschi reg. med. e subm. . . . . . **2689 C. olbiensis** Jord.

Spighette femm. *moltiflore,* oppure con fiori stipati ed assai densam. embriciati in parecchie serie 58

58 {
Otricelli fruttiferi *verdi o rosso-brunastri.* Piante di *2 a 12 dm.,* a foglie *assai larghe* (spesso 1 cm. o più) 59

Otricelli frutt. *biancastri, giallo-verdognoli o nerastri.* Piante di *1-3 dm.,* a foglie *strette* (5 mm. al più) 61

59 {
Rizoma *stolonifero.* Fusti *assai gracili,* di 2-4 dm., ottusam. trigoni. Foglie *flaccide, appena* carenate. Spighette femm. 2-3, filiformi, *lasse,* alla fine pendenti, verdastre. Otricelli frutt. verdi, fusiformi-trigoni, nervosi, attenuati in breve rostro bianco-scarioso. 2⅌. (T. e L. presso Roma). — *Apr. Mag.* — Luoghi umidi selvat., reg. subm., raram. ined. . . . . . . **2690 C. strigosa** Huds.

Rizoma *cespuglioso.* Fusti *robusti,* di 5-12 dm., *acutam.* trigoni. Foglie lunghe. *rigidette, fortem.* carenate. Spighette femm. *3-6 dense,* cilindriche . 60

60 {
Spighette femm. *pendenti,* le super. talora masch. all'apice. Brattee infer. fogliacee, lungam. guainanti, spesso superanti il fusto. Otricelli frutt. ellittico-trigoni, verdi con breve rostro tubuloso, scarioso-smarginato. 2⅌. (It. media, Arc. tosc. Elba, Giglio, Montecristo). — *Mag. Lug.* — Lungo i fossi, fiumi e siepi dal mare alla reg. mont. (Fig. 331). **2691 C. pendula** Huds.

Spighette femm. *erette,* le infer. peduncolate. Brattee c. s. Otricelli frutt. piccoli, verdi o rosso-brunastri, caduchi, ellittico-bislunghi, trigoni, con rostro c. s. 2⅌. (T. all'Elba e Capraia, L. presso Roma). — *Mag. Lug.* — Lungo i ruscelli, reg. med. e subm. . . . . **2692 C. microcarpa** Bert.

61 {
Spighette femm. *inclinate o pendenti.* Brattea infer. *brevem.* guainante. Otricelli frutt. ovato-compressi, scabri . . . . Cfr. C. GLAUCA.

Spighette femm. *erette.* Brattea infer. *lungam.* guainante (per 7-11 mm.) . 62

62 {
Brattea *infer. soltanto* fogliacea e lungam. guainante, le altre scariose, subsquamiformi e con breve punta erbacea. Otricelli frutt. lucidi, globoso-ovati, striati, con rostro bilobo. 2⅌. (T. nel Pisano). — *Apr. Mag.* — Luoghi sterili reg. pad. e subm. raram. med. . . . . **2693 C. nitida** Host

Brattee *tutte* fogliacee, lungam. guainanti. Otricelli frutt. ovati, grandi, *quasi lisci,* con rostro breve, troncato obliquam. 2⅌. (T. presso i laghi di Bientina e di Castiglion della Pescaia). — *Apr. Mag.* — Luoghi paludosi dal mare alla reg. mont. . . . . **2694 C. panicea** L.

Fam. 136.ª POACEE.

Piante erbacee, annue o perenni. Fusto cilindrico o compresso, articolato, spesso vuoto negli internodi *(culmo).* Foglie indivise, alterne e distiche, senza stipole con guaina quasi sempre fessa longitudi-

nalm. e guarnita in alto da una membrana trasversale o da una serie di peli (*linguetta o ligula*). Spighette in spighe terminali od in
pannocchie, per lo più guarnite alla base di due brattee vuote (*glume*). Fiori 1-2-sessuali, forniti esternam. di 2 bratteole (*glumette*),
una anteriore uninerve ed esterna, l'altra posteriore ed interna, coi
margini inflessi, binerve o bicarenata. Perigonio formato da 2 squamette (di rado nulle o 3 o più), poste di contro alla glumetta interna. Stami 3 (di rado 1, 2, 6 o più), con filamenti capillari ed antere
a 4 caselle, versatili, pendenti. Ovario uniloculare, supero, sormontato da 2 stili, o più di rado da 1 solo, o da 3 ; stimmi papillosi o
piumosi, ben di rado glabri, di varia forma. Frutto cariosside, talora
aderente alle glumette; seme per lo più connesso al pericarpio, con
guscio membranoso, albume duro farinoso ed embrione piccolo, situato
in una fossetta laterale alla base dell'albume.

CHIAVE DEI GENERI.

18	Glumette ambedue con resta	14 ANTHOXANTHUM
	Glumette una soltanto con resta	19 ALOPECURUS
19	Glumette grandi, subeguali, divise in lobi spinescenti .	46 ECHINARIA p. p.
	Glumette piccole, intere o dentellate	20
20	Glumette di cui una sola doppiam. carenata . . .	18 PHLEUM
	Glumette entrambe con una carena	21
21	Glume uguali	13 PHALARIS
	Glume diseguali	17 CRYPSIS
22	Reste presenti	23
	Reste mancanti	31
23	Resta dorsale alla glumetta	24
	Resta terminale ad una delle due glumette (che è intera o divisa fino alla resta).	26
24	Glumette con un ciuffo di peli alla base . . .	25 CALAMAGROSTIS
	Glumette nude alla base	25
25	Glumette intere	24 AGROSTIS p. p.
	Glumette dentellate	22 GASTRIDIUM
26	Glume pelose	27
	Glume glabre	29
27	Glume strettissime, barbute	20 LAGURUS
	Glume larghette	28
28	Glume restate	21 POLYPOGON
	Glume birestate	50 KOELERIA p. p.
29	Glume assai più piccole delle glumette . . .	12 ORYZA p. p.
	Glume grandi, subeguali	30
30	Resta brevissima.	27 ARUNDO
	Resta lunga (*Stipa e Lasiagrostis*)	15 STIPA
31	Glume mancanti od assai più piccole delle glumette .	12 ORYZA p. p.
	Glume due, grandi	32
32	Glumette molto diseguali in lunghezza . . .	24 AGROSTIS p. p.
	Glumette subeguali	33
33	Glumette con un ciuffo di peli alla base (*Ammophila*) .	26 PSAMMA
	Glumette nude alla base	34
34	Spighetta con altro fiore sterile in forma di clava. .	57 MELICA p. p.
	Spighetta senza altro fiore sterile	23 SPOROBOLUS
35	Spighette con fiori scompagni	36
	Spighette con fiori bisessuali, peduncolate . . .	38
	Spighette con fiori bisessuali tutte sessili o quasi sessili sopra una rachide scavata	67
36	Spighette con fiori super. staminiferi, l'infer. bisessuale	30 HOLCUS
	Spighette con fiori super. bisessuali, gli infer. staminiferi	37
37	Fiori super. muniti di lunghi peli	28 PHRAGMITES
	Fiori super. nudi.	38 ARRHENATERUM
38	Stimmi eretti, sporgenti dall'apice o quasi delle glumette .	39
	Stimmi patenti	41
39	Stimmi più brevi delle glumette, lungam. villose sul dorso	27 ARUNDO p. p.
	Stimmi più lunghi delle glumette	40
40	Glumette dentellate	47 SESLERIA
	Glumette divise in lobi pungenti	46 ECHINARIA p. p.
41	Stimmi sporgenti lateralm. presso alla base delle glumette, che sono mutiche o con una resta apicale diritta	42
	Stimmi sporgenti lateralm. presso alla base delle glumette .	61
42	Glumette subeguali alle glume e perciò rinchiuse o poco sporgenti .	43
	Glumette molto più lunghe delle glume nel loro insieme e perciò lungam. sporgenti	50
43	Glumetta infer. con 3 dentini	44
	Glumetta infer. intera, ottusa od acutetta . . .	47
	Glumetta infer. aguzzata o restata	48

70 {	Glume con resta dorsale attorta	39 GAUDINIA
	Glume mutiche o con resta terminale	. 71
71 {	Glume lesiniformi	. 78 SECALE
	Glume bislunghe o lanceolate	75 AGROPYRUM
	Glume larghe, ovate	. . 72
72 {	Glume concave	77 AEGYLOPS
	Glume carenate	76 TRITICUM
73 {	Glumetta super. cigliata	70 BRACHYPODIUM
	Glumetta super. non cigliata	65 NARDURUS
74 {	Fiori molti	66 CATAPODIUM
	Fiori 2 a pochi	. 75
75 {	Spiga solitaria. Glume carenate	. 43 BECKMANNIA
	Spighe in racemo. Glume lesiniformi	. 44 DINEBRA
	Spighe in ombrella. Glume mutiche.	45 ELEUSINE
76 {	Spighette alcune super. staminifere in pannocchia, altre infer. pistillifere, moltissime in lunga spiga con spate	. 1 ZEA
	Spighette inserite 2-3 insieme, 1 sessile col fiore bisessuale e 1 o 2 peduncolate col fiore staminifero o senza fiore	. 77
	Spighette alcune fertili, altre sterili.	. 80
77 {	Spighette in pannocchia	. 78
	Spighette in spighe	. 79
78 {	Spighette 2 insieme	. 4 SORGHUM
	Spighette 3 insieme	3 CHRYSOPOGON
79 {	Più spighe	. 2 ANDROPOGON
	Spiga unica, a reste diritte	79 HORDEUM
80 {	Spighette fertili con 1 fiore	53 LAMARKIA
	Spighette fertili con più fiori	52 CYNOSURUS

Tribù 1. MAIDEE.

Piante monoiche con spighette masch. super. in pannocchia terminale e femm. infer. in spiga avvolta da 1 o più brattee spatiformi.

1. **Zèa.** Fiori monoici. I masch. disposti in spighette 2-flore riunite in pannocchia terminale. I femm. in spighe ascellari, addensate sopra un asse carnoso e avvolte da numerose brattee fogliacee; ciascuna spighetta consta di 2 fiori, l'infer. neutro, di 2 glume, di 4 glumette carnose, cioè due per ogni fiore. Stili filiformi, lunghissimi (15-20 cm.), brevem. bifidi all'apice.

Culmo robusto, eretto, 1·2 m.; radice fibrosa. Foglie piane, larghe, lanceolate, acuminate, ruvide ai margini; linguetta breve, cigliata. Spighe femm. sessili, grandi, raggiungenti 10-30 cm. alla maturità. Cariosside gialla, bianca o più raram. olivastra. ① — Origin. dell'Amer. merid., largam. coltiv. — *Ag. Sett.* — Dal mare alle reg. subm. — *Granoturco, Frumentone.*
2695 Z. Mays L.
A. Pianta più robusta e tardiva. — *α typica.*
B. Pianta più debole e precoce. — *Quarantino.* — β *praecox.*

Tribù 2. ANDROPOGONEE.

Spighette geminate o ternate, scompagne; una ermafr. (raram. femm.), le altre masch. (raram. neutre), oppure compagne, tutte ermafr. sessili o peduncolate, cinte da peli, 1-flore. Glume talora coriacee, racchiudenti interam. i fiori; glumette 2, l'infer. membranacea, spesso aristata; la super. talora assai piccola o nulla.

2. **Andropògon** (da $\overset{\text{ὰ}}{\alpha}\nu\eta\rho$ = uomo e $\pi\omega\gamma\omega\nu$ = barba, per le lunghe reste dei fiori). Spighe lineari digitate o racemose, a rachide articolato-barbata. Spighette geminate, compresse, l'infer. sessile la super. pedicellata. Spighette masch. (raram. neutre) peduncolate, con glumetta infer. mutica. Glume in ambedue membranacee o suberbacee, mutiche od aristate. Spighette ermafr. sessili con glumetta infer. quasi convertita in resta articolata e glumetta super. piccolissima. Ovario glabro; stili 2 terminali; stimmi piumosi. Cariosside libera, bislunga, $\pm$ compressa.

1 { Spighe geminate all'apice *di peduncoli ascellari* lunghi e flessibili, in pannocchia fogliata 2
  { Spighe geminate o fascicolate all'apice *dei culmi* 3

2 { Peduncoli *irsuti* all'apice. Resta lunga *il quadruplo* del fiore ermafrodito. Foglie lineari, *strette*, le involucranti *pelose*. Pianta *robusta* con peluria abbondante e patente. $\mathfrak{L}$. (It. media, Elba, Capraia). — *Est.* — Luoghi aridi reg. med., specialm. sulla costa occid. . . . . . **2696 A. hirtus** L.
  { Peduncoli *pubescenti* all'apice. Resta lunga *5-6 volte* il fiore ermafr. Foglie lineari, *strettissime*, le involucranti *glabre*. Pianta *più gracile*, con peluria scarsa ed appressata. $\mathfrak{L}$. (It. media, Elba, Giglio, Pianosa, Capraia). — *Est.* — Con la preced. . . . . **2697 A. pubescens** Vis.

3 { Spighette *2, geminate*. Spighetta sessile ermafr. lunga circa *12 mm*. Gluma super. *aristata*. Foglie lineari-acuminate, setacee, scarsam. pelose. $\mathfrak{L}$. (T. L.). — *Est.* — Reg. med. . . . . **2698 A. distachyus** L.
  { Spighette *3-10, fascicolato-digitate*. Spighetta sessile ermafr. lunga circa *4 mm*. Gluma super. *non aristata*. Foglie lineari, glauche. canalicolate, scabre nei margini. $\mathfrak{L}$. (It. media). — *Giu. Ag.* — Luoghi aridi arenosi dal mare alla reg. subm. — *Sanguinella* . . . . **2699 A. Ischaemon** L.

3. **Chrysopògon** (da $\chi\rho\upsilon\sigma\upsilon\varsigma$ = aureo e $\pi\omega\gamma\omega\nu$ = barba, pel colore dei peli e delle reste). Pannocchia ramosissima. Spighette ternate, a 3 a 3 all'apice dei rami, la mediana sessile ed ermafr., le due laterali masch. e peduncolate. Spighetta masch. con 2 glume glabre, subcoriacee, l'infer. aristata all'apice, la super. mutica; glumette mutiche. Spighetta ermafr. con peli dorati alla base; glume come nella spigh. masch., però l'infer. pettinato-cigliata al margine, la super. aristata; glumetta infer. con resta attorcigliata, la super. sviluppata. Cariosside bislunga.

Pianta cespugliosa, a culmi eretti, gracili, per lo più solitari (4-10 dm.). Foglie lineari-carenate, cigliate. Pannocchia con rami capillari, verticillati, semplici o bifidi. Spighette dapprima giallognole, più tardi porporine. $\mathfrak{L}$. (It. media). — *Est.* — Luoghi aridi dal mare alla reg. subm.
2700 Ch. Gryllus Trin.

4. **Sòrghum.** Pannocchia. Spighette geminate lungo i rami o ternate all'apice di essi, pelose alla base e sul dorso, una ermafr. sessile, le altre masch. o neutre pedicellate. Spighetta masch. con 2 glume membranacee; glumette 2 mutiche. Spighetta ermafr. 1-flora, con glume alla fine coriacee; glumetta infer. mutica o bifido-arristata, con resta articolata e contorta, la super. piccolissima. Stami 3. Ovario glabro; stili 2 non saldati; stimmi piumosi. Cariosside libera, ovale-suborbicolare od ovale, un po' compressa.

1 {
Pianta *perenne*. *Rizoma strisciante, stolonifero*. 2⨍. (It. media, Elba, Pianosa, Capraia, Montecristo). — *Est. Aut.* — Luoghi coltiv. dal mare alla reg. subm. — *Cannarecchia, Dente cavallino* . **2701 S. halepense** Pers.
Piante *annue*. *Radice fibrosa* 2

2 {
Pannocchia *densa*. Spighetta fertile *obovata*. Cariosside *ovale suborbicolare*. ①. *Est.* — Coltiv. per fare scope, e probabilm. derivato dalla spec. preced. — *Saggina* . . . . . **2702 S. vulgare** Pers.
Pannocchia *lassa*, corimbiforme, con ramificaz. curvate. Spighetta fertile *ellittica*. Cariosside *obovata*. ①. — Coltiv. come il preced. e altrove per estrarne lo zucchero. -- *Saggina da scope*. **2703 S. saccharatum** Pers.

5. **Saccharum** (da σαχχαρ = zucchero, in arabo *soukar*, a causa del prodotto d'una delle specie del genere). Pannocchia a rametti articolati. Spighette geminate, una sessile e l'altra pedicellata, articolate e circondate da lunghi peli sericei, a 2 fiori, l'infer. neutro ridotto ad una glumetta, il super. ermafr. Glume 2 subeguali, membranacee. Glumetta infer. bidentata, mutica od aristata; la super. mutica. Stami 3. Ovario glabro; stili 2 allungati, liberi fino alla base; stimmi piumosi. Cariosside libera, bislunga, glabra.

Spighette in racemi eretti, riuniti in pannocchia ramosissima, piramidale, alla fine contratta: glume villose sul dorso. Rizoma strisciante. Fusti di 10-15 dm., eretti, robusti. Foglie lunghe, lineari, scanalate, con grossa nervatura biancastra e margine seghettato-scabro. 2⨍. (Paludi di Comacchio, Ravenna, T. a Viareggio e Pisa, L. a Ostia, paludi Pontine ecc.). — *Aut.* — Lungo i fiumi, paludi e campi inondati presso al mare. — *Cannella di Ravenna, Canna sorda* . . . . **2704 S. Ravennae** Murr.

6. **Imperàta** (dedic. al naturalista italiano Ferrante Imperato). Pannocchia spiciforme, cilindrica. Spighette geminate una sessile, l'altra pedicellata, a 2 fiori, non aristate, circondate da peli lunghissimi basilari e dorsali. Glume membranacee, mutiche. Glumetta infer. del fiore ermafr. mutica; la super. piccolissima. Stami 1-3. Ovario glabro; stili saldati nella metà infer.; stimmi piumosi. Cariosside libera, bislunga.

Rizoma strisciante. Culmi eretti (3-6 dm.). Foglie lineari, piane, poi convolte. Pannocchia bianco-sericea, a rachide glabra, con brevi rami appressati. 2⨍. (T., Elba, Pianosa, L. e sull'Adriatico ad Ascoli e a S. Benedetto). — *Mag. Ag.* — Luoghi sabbiosi marit. reg. med. — *Codino bianco* . . . **2705 I. cylindrica** P. B.

Tribù 3. PANICEE.

Spighette tutte ermafr., solitarie o geminate o biseriate in spiga con rachide non articolata, compresse sul dorso ed articolate sotto le glume, ad 1 fiore ermafr. super. ed uno infer. neutro o masch. Glume 2 membranacee, per lo più disuguali l'infer. talora piccolissima od anche mancante. Fiore ermafr. con 2 glumette coriacee nel frutto: fiore neutro o masch. con 1-2 glumette, l' infer. talora (*Panicum sp.*) aristata.

7. **Setària** (da *seta* = setola, per le setole che cingono le spighette). Pannocchia spiciforme. Spighette fascicolate o subverticil-

late, circondate da setole tutte semplici, persistenti, ad 1 fiore ermafr. super. ed 1 masch. o neutro infer. Glume 2 diseguali, l'infer. più piccola. Glumette 2 nel fiore ermafr. Stami 3. Ovario glabro; stili 2 terminali, allungati; stimmi piumosi. Cariosside libera, ovale o suborbicolare, convessa sopra una faccia e piana o meno convessa sull'altra.

1 {
Rachide *irsuta o tomentosa*. Glumetta esterna del fiore ermafrodito *liscia*. Setole 2 o poche ad ogni fiore, rossastre o scolorate, con denti volti in alto. Culmi eretti (5-10 dm.). Foglie lineari-acuminate. larghe 1-2 cm., scabre. ①. — *Panico* . . . . **2706 S. italica** P. B.
Pannocchia di 2-3 dm., lobata, per lo più pendula, a rachide tomentosa. Setole lunghe 2-3 volte le spighette. — Colt. e talora inselv. — *Est.* — α *typica*.
Pannocchia di 5-10 cm., non lobata o soltanto alla base, a rachide irsuta. Setole subeguali alle spighette o tutt'al più lunghe il doppio di esse. (Inselv. presso Faenza). — Colt. come il tipo. — β *germanica* (P. B.).
Rachide *pubescente*. Glumetta esterna del fiore ermafr. *rugosa trasversalm.* Setole parecchie ad ogni fiore, molto più lunghe delle spighette, bionde o gialle. con denti c. s. Culmi eretti (1-5 dm.). Foglie c. s., larghe 4-10 mm. ①. (It. media. Elba, Giglio, Capraia). — *Est. Aut.* — Comune nei prati e luoghi colt. dal mare alla reg. subm. — *Panicastrella, Pesarone.*
2707 S. glauca P. B.
Rachide *cigliato-scabra*. Glumetta esterna del fiore ermafr. *liscia o quasi* . 2
}

2 {
Pannocchia lunga *4-10 cm., sovente interrotta*, quasi formata da verticilli alla base. Setole 2 ad ogni fiore, verdi. ①. — *Panicastrella, Fieno stellino.* (Fig. 335). . . . . **2708 S. verticillata** P. B.
A. Setole con aculei volti in basso, percui le pannocchie resultano ruvide passandovi sopra le dita dal basso in alto. (It. media, Arc. tosc.). *Est. Aut.* — Luoghi colt. e macerie dal mare alla reg. subm. — *typica.*
B. Setole con aculei volti in alto, percui le pannocchie resultano liscie c. s. — Qua e là col tipo. — β *ambigua* Guss.
Pannocchia lunga *2-5 cm., non interrotta* alla base. Setole *parecchie* ad ogni fiore, verdi o rossastre. ①. (It. media. Arc. tosc.). — *Est. Aut.* — Luoghi colt. dal mare alla reg. subm. — *Panicastrella* . **2709 S. viridis** P. B.
}

8. **Oplismenus** (da ὁπλίζειν = armare, per le setole delle glumette). Spiga interrotta. Spighette con 1 fiore neutro infer. ed 1 super. ermafrodito. Glume 2 subeguali, più brevi dei fiori, aristate all'apice. Fiore ermafr. con 2 glumette subcoriacee, mutiche; fiore neutro colla glumetta infer. mucronata, la super. assai più piccola o nulla. Stami 3. Ovario glabro; stili 2; stimmi lungam. piumosi. Cariosside libera, bislunga.

Pianta irsuta per peli patenti, a culmi deboli, decombenti. 2-5 dm. Foglie ovali-lanceolate, larghe 12-15 mm., ondulate nel margine. Spiga terminale, breve, con rachide vischiosa e con odore di sugna rancida. ♃. (Pavese). — *Lug. Sett.* — Luoghi ombrosi e selv. reg. pad. e subm.
2710 O. undulatifolius P. B.

9. **Pànicum.** Pannocchia o racemo formato di spighe. Spighette solitarie, pedicellate, con 1 fiore neutro o masch. infer. ed 1 super. ermafr. Glume 2, assai diseguali, mutiche o raram. la super. mucronato-aristata, l'infer. più piccola. Fiore ermafr. con 2 glumette subcoriacee, mutiche; fiore neutro colla glumetta infer. mutica o

raram. aristata, la super. più piccola o nulla. Stami 3. Ovario glabro; stili 2; stimmi piumosi. Cariosside libera; ellittica, compressa,
convessa sulle due facce.

1 { Spighette disposte *in pannocchia lassa e disordinata*. Reste sempre mancanti   2
{ Spighette disposte *in spighe unilaterali e queste formanti una pannocchia od*
{ *un racemo*.   4

2 {
Spighette *grossette*. *4-5 mm*. Gluma infer. *un terzo* più breve della super.
Pannocchia pendente, a spighette racemose, lungo i rami dell'infiorescenza.
Fusto di 3-12 dm., eretto, ramoso alla base. Radice fibrosa. Foglie piane,
larghe 10-15 mm., lungam. acuminate, ruvide sul margine, pelose sulla
guaina. ①. — Colt. e qua e là inselv. — *Est* — *Miglio, Miglio nostrale*.
2711 P. milliaceum L.
Spighette *piccole*, 2-2 ½ *mm*. Gluma infer. *3-4 volte* più breve della super.
Foglie ruvide sul margine   3

3 {
Radice *fibrosa*. Pannocchia a rami *patenti* e spighette *quasi tutte terminali* ai
rami dell'infior. Foglie piane, larghe *circa 1 cm*, oltremodo pelose sulle
guaine. ①. — Colt. e qua e là inselv. — *Lug. Ag*.
2712 P. capillare L.
Radice *strisciante*, *stolonifera*. Pannocchia a rami *eretti* e spighette a 2 a 2
lungo i rami dell'infior. Foglie piane o piegato-scanalate, larghe *4-5 mm.*,
leggerm. pelose alla base e sulle guaine. ♃. (T., Elba, L.). — *Est*. — Luoghi umidi specialm. mar. reg. med.   .   .   .   . **2713 P. repens** L.

4 {
Culmi *con un anello di peli* ai nodi. Linguetta *sostituita da un fascetto di
peli*. Spighe *gracili*, larghe *circa 2 mm*. Glume e glumette *mutiche*. Pianta
verde-glauca, a fusto di *1-4 dm.*, ascendente. ①. (M.). - *Ag. Ott*. — Luoghi colt. reg. med.   .   .   .   . **2714 P. cruciforme** S. et S.
Culmi *glabri* ai nodi. Linguetta *nulla*. Spighe *grandi*, larghe *4-8 mm*. Gluma super. e glumetta infer. del fiore neutro *mucronate o aristate*. Pianta a
fusto di *4-8 dm.*), eretto o prostrato alla base; foglie verdi. ①. (It media,
Arc. tosc.). — *Est. Aut*. — Luoghi umidi e lungo i fossi dal mare alla reg.
subm. — *Panicastrella*   .   .   .   .   .   . **2715 P. Crus-Galli** L.
Pianta più gracile, a foglie per lo più zonate di rosso. (Presso Viterbo).
— Var. *colonum* (L.).

332. *Chrysopogon*
Gryllus Trin.
(¹/₅).

333. *Andropogon*
pubescens Vis.
(¹/₄).

334. *Tragus*
racemosus
(¹/₅).

10. **Digitària** (da *digitus* = dito, per la forma dell'infiorescenza). Spighe digitate o brevem. corimbose. Spighette disposte **unila-**

teralm. in 2 serie, geminate, l'una brevem. e l'altra assai lungam. pedicellata oppure tutte subsessili. Glume 2 mutiche, assai diseguali, l'infer. piccolissima o talora subnulla. Fiore neutro con una sola glumetta mutica. Il resto come in *Panicum*.

> Gluma super. *più lunga* del fiore fertile, *acuminata*, l' infer. *nulla*. Spighe 4-5 lineari. Foglie e guaine *infer. vellutate*. ①. (T. presso Massa Carrara, nel Lucchese e Pisano). — *Aut.* — Luoghi umidi reg. med.
> **2716 D. debilis** W.
>
> Gluma super. *uguale* al fiore fertile, *acuta*, l'infer. *minima*. Spighe 2-4 lineari, a rachide stretta. Foglie e guaine *glabre*, raram. pubescenti. ①. (It. media e specialm. Pavese e M. presso Macerata). — *Est. Aut.* — Luoghi incolti e sabbiosi dal mare alla reg. subm. . **2717 D. filiformis** Koel.
>
> Gluma super. *subeguale alla metà* del fiore fertile, l'infer. *minima*. Spighe 3-8 a rachide larga, verdi o violacee. Foglie e guaine *irsute*. ①. (It. media, Arc. tosc.). — *Est. Aut.* — Luoghi colt., lungo le strade e i fossi dal mare alla reg. subm. — *Sanguinaria, Sanguinella*.
> **2718 D. sanguinalis** Scop.

Tribù 4. ZOISIEE.

11. **Tragus** (da τράγος = ariete, per le setole della glumetta del fiore neutro). Pannocchia spiciforme. Spighette subsessili, fascicolate a 2-4 su dei rami brevi, compresse sul dorso, ad 1 fiore ermafr. accompagnato da una glumetta infer. neutra, coriacea, con 5-7 coste aculeato-uncinate, abbracciante il fiore ermafr. e simulante la gluma infer. mancante; gluma super. piccolissima. Glumette membranacee, l'esterna acuta.

> Culmi di 1-3 dm., diffusi, spesso radicanti ai nodi infer.; radice fibrosa. Foglie piane, acute, cigliate al margine; guaine super. leggerm. rigonfie; linguetta sostituita da peli brevi. Pannocchia porporina, più raram. verde o violacea, eretta, lunga 2-6 cm. ①. (It. media qua e là). — *Est.* — Luoghi arenosi lungo i torrenti ecc. dal mare alla reg. subm. — *Lappola*. (Fig. 334).
> **2719 T. racemosus** Hall.

Tribù 5. ORIZEE.

Spighette solitarie, sparse tutte ermafr., uniflore, compresse ai lati ed articolate sotto le glume. Rachide dell'infior. non articolata.

12. **Oryza.** Pannocchia a rami eretti. Spighette ad 1 fiore ermafrodito. Glume nulle od assai piccole, molto più brevi delle glumette. Glumette cartacee, carenate, munite di peli radi, l'infer. assai più larga, mutica od aristata, 3-5-nerve, nel frutto aderenti alla cariosside. Stami 3-6, sporgenti alla base. Ovario glabro; stili 2; stimmi piumosi soltanto lateralm. Cariosside libera, bislunga, bianca.

> Glume *piccole*, lesiniformi; glumetta infer. a *5 nervi, lungam. aristata*, la super. a *3 nervi*. Pannocchia *racemosa stretta*. Stami 6. Foglie scabre, piane. Culmi eretti, 6-7 dm. ①. — Colt. nella reg. pad. e med. — *Ag. Sett.* — *Riso*.
> **2720 O. sativa** L.
>
> Glume *nulle*; glumetta infer. a *3 nervi, mutica*, la super. ad *1 nervo*. Pannocchia *piramidale, aperta*. Stami 3. Foglie c. s. Rizoma stolonifero; culmi eretti, 6-8 dm. ♃. (T.). — *Ag. Sett.* — Fossi e paludi reg. pad. e subm., raram. med. . . . . . . **2721 O. clandestina** A. Br.

Tribù 6. FALARIDEE.

Spighette solitarie, sparse, tutte ermafr., compresse lateralm., articolate al di sopra delle glume; ad 1 fiore ermafr. super. e 2 infer. masch., neutri o rudimentali. Glume 2, subeguali e ricoprenti per intero i fiori. Stimmi sporgenti all'apice del fiore.

13. Phalàris (da φαλος, ρος = splendente, per lo splendore delle spighe). Pannocchia spiciforme, compatta. Spighette mutiche, brevem. pedicellate, ad 1 fiore ermafr.. con due squamette di fiori neutri alla base. Glume 2, a navicella, con carena robusta od espansa ad ala, più lunghe dei fiori, subeguali e biancastre. Glumetta a navicella. Stami 3. Ovario glabro; stili 2 e stimmi piumosi. Cariosside libera, bislunga.

1 { Pannocchia *ramoso-aperta*. Glume a carena *non alata*. Fiori neutri 2, piccolissimi, lineari, villosi alla base delle glumette fertili. Foglie lineari-acuminate, verdi o nelle piante colt. anche listate di bianco. Culmi robusti, 8-15 dm. 2⨍. (It. media). — *Giu. Lug.* — Luoghi umidi dal mare alla reg. subm.
2722 Ph. arundinacea L.
Pannocchia *spiciforme densa*. Glume a carena *alata* **2**

2 { Radice *tuberoso-nodosa* **3**
Radice *fibrosa* **4**

3 { Ali delle glume *eroso-dentate, larghe, spesso colorate*. Glumette dei fiori ermafroditi *glabre*; fiore neutro *mancante o setaceo*. 2⨍. (It. media, Elba, Giannutri). — *Apr. Mag.* — Luoghi umidi del litorale, reg. med. e subm.
2723 Ph. caerulescens Desf.
Ali delle glume *intere, strette e carena verde*. Glumette dei fiori ermafr. *villose*; fiore neutro *piccolissimo, squamiforme*. 2⨍. (It. media massime nella costa occid., Elba, Giglio) . . . . . **2724 Ph. tuberosa** L.

4 { Pianta *perenne*. Glume obovate, munite di un'ala intera, slargata e obliquam. troncata all'apice. Glumette villose. Due squamette piccolissime di fiori neutri, circa dieci volte più brevi del fiore fertile. Foglie lineari strette, (2-3 mm. larghe); guaina della foglia super. leggerm. rigonfia. Culmi glabri, eretti, 4-8 dm. 2⨍. (M. presso Ancona, L.). — *Apr. Mag.* – Luoghi umidi reg. med. . . . . . . **2725 Ph. truncata** Guss.
Piante *annue* **5**

5 { Glumette dei fiori ermafroditi *glabre*. Glume *acuminato-aristate*, con la carena espansa in ala triangolare. Spighetta dei rami infer. della pannocchia abortite e deformate. Foglie lineari (4-5 mm. larghe); guaina della foglia super. assai rigonfia e cingente la base della pannocchia. ⊕. (It. media, Arc. tosc. non ovunque). — *Apr. Mag.* — Nei coltiv. reg. med. e subm.
2726 Ph. paradoxa L.
Glumette dei fiori ermafr. *villose*. Glume *acute, ma non aristate*. Spighette della pannocchia tutte fertili, uguali tra loro **6**

6 { *Un solo fiore neutro*, lineare, piccolissimo, alla base delle glumette fertili. Glume ad ala *eroso-dentata*. Foglie lineari, (4 mm. larghe); guaina super. rigonfia, provvista di lamina. ⊕. (It. media, Arc. tosc.). — *Mag. Giu.* — Luoghi erbosi reg. med. **2727 Ph. minor** Retz.
Due fiori neutri, in forma di squamette triangolari o lanceolate, alla base delle glumette fertili. Glume ad ala *intera* **7**

7 { Pannocchia *ovato-bislunga*. Squamette dei fiori neutri *lanceolate, carenate, uguali alla metà* delle glumette fertili. Foglie lineari o lineari-lanceolate (5-7 mm larghe); guaina delle foglie super. *molto rigonfia*. Culmi eretti, 4-10 dm. ⊕. (Arc. tosc. Elba, Pianosa). — *Apr. Mag.* — Origin. delle isole Canarie, qua e là inselv. — *Scagliola, Canaria.*
2728 Ph. canariensis L.
Pannocchia ovata. Squamette dei fiori neutri *triangolari*, piccolissime, *circa 6 volte più brevi* delle glumette fertili. Foglie c. s.; guaina super. ordina-

7 | riam. *meno rigonfia.* Culmi c. s., *3-5 dm.* ①. (It. media, Elba, Capraia). —
Mag. Giu. — Nei coltiv., reg. med., raram. subm. (Fig. 336).
2729 Ph. brachystachys Lk.

14. **Anthoxànthum** (da ἄνθος = fiore e ξανθος = giallo, pel colore dei fiori). Pannocchia spiciforme o racemosa. Spighette brevem. pedicellate ad 1 fiore super. ermafrodito, con 2 glumette neutre laterali, villose, fulve, disegualm. aristate. Gluma infer. più piccola della super. Glumette piccole a cucchiaio. Stami. 2. Ovario glabro; stili 2 e stimmi lunghi piumosi. Cariosside bislungo-apicolata, rossa, libera.

1 | Resta maggiore *poco* superante la gluma super. Culmi di *3-4 dm.*, raram. meno. Pianta *perenne* con foglie pelosette, glabra nel resto. ♃. (It. media, Arc. tosc.). — *Mar. Lug.* — Prati e pascoli dal mare alla reg. alp., comune. — *Paleo, Paleino odoroso.* . . . . . **2730 A. odoratum** L.
Resta maggiore *lungam.* superante la gluma super. Culmi di *1-2 dm.* Pianta *annua* . . . . **2731 A. aristatum** Boiss.
Pianta perenne. (M. nel Maceratese a Caldarola). · · Var. *Sommierianum* (Ricci).

335. *Setaria
verticillata* P. B.
(¹/₄).

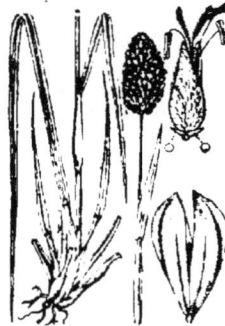

336. *Phalaris
brachystachys* Lk.
(¹/₄).

337. *Phleum
Michelii* All.
(¹/₄).

Tribù 7. STIPEE.

Spighette solitarie, sparse, tutte ermafr., compresse sul dorso o cilindriformi, articolate sopra le glume, ad 1 fiore ermafr. solo. Glume 2 subeguali ai fiori o più lunghe. Glumette 2, l' infer. coriacea, cingente strettam. la cariosside, quasi sempre terminata in resta. Stimmi rinchiusi o sporgenti a metà.

15. **Stipa** (da στυπη = stoppa, per le reste di alcune specie). Pannocchia lassa o densa. Spighette ad 1 fiore ermafr. stipitato o sessile. Glume più lunghe delle glumette, lanceolato-lesiniformi all'apice. Glumette 2, l'infer. cilindroide racchiudente la super. e terminante in una resta, talora grossa e lunghissima. Stami 3; antere spesso

barbate. Ovario stipitato, glabro. Stili 2, brevissimi; stimmi piumosi. Cariosside libera, bislungo-cilindrica.

1 { Glumetta esterna *con lunghi peli bianco-argentei* sul dorso. Resta alla base
non articolata. Fiori brevem. stipitati, in pannocchia dapprima argentea,
poi giallastra, ramosissima, a rami patenti poi eretti, leggerm. incurvata e
pendente all' apice. Antere brevem. barbate all' apice. Foglie lineari-scanalate: linguetta brevissima. Culmi eretti, cespugliosi, 5-6 dm. 2⟅. (It. media).
— *Est.* — Boschi e rupi reg. subm. e mont.
⟶ **2732 S. Calamagrostis** Whlnb.
Glumetta esterna *glabra o pubescente.* Resta alla base *articolata.* . . 2

2 { Resta *diritta, non contorta* alla base, *lunga al massimo 3 volte la glumetta.*
Fiore *quasi sessile*; antere *glabre.* Foglie strette, convolte, liscie; linguetta
mancante. Culmi eretti, gracili, 6-10 dm. 2⟅. (It. media). — *Giu. Lug.* —
Luoghi aridi reg. med. più raram. subm. . . **2733 S. Aristella** L.
Resta *piegata a gomito, contorta* alla base, *per lo più lunghissima.* Fiore *sti-
pitato;* antere *spesso barbate all'apice* 3

3 { Resta *abbondantem. piumosa* nella parte superiore, lunga 20-30 cm. Pannocchia *pauciflora.* Foglie rigide, convolte con linguetta ovata. Culmi eretti,
rigidi, 3-8 dm. 2⟅. (It. media). — *Prim. Est.* — Rupi calcaree e luoghi arenosi; reg. med. e subm. — *Stipa delle Fate.*   **2734 S. pennata** L.
Resta *glabra, pubescente o brevem. pelosa, ma non piumosa.* . . . 4

4 { Linguetta *brevissima.* Pannocchia *contratta.* Glume bianco-scariose. Foglie
convolto-filiformi. Culmi spesso ginocchiati alla base, poi eretti, 2-4 dm.
Pianta *annua.* ⊙. (It. media, specialm. sul versante occid. e Arc. tosc.). —
Mar. Mag. — Luoghi sterili reg. med.   **2735 S. tortilis** Desf.
Linguetta *lunga.* Pannocchia allungata *lassa o povera.* Piante *perenni* . 5

5 { Reste flessuoso-*curvate* ed intrecciate tra loro, *affatto glabre,* ma ruvide in
tutta la loro lunghezza, lunghe 10-15 cm. Foglie convolto-setacee, pubescenti internam., con linguetta sporgente, lanceolata. Culmi eretti, rigidi,
5-10 dm. 2⟅. — (L. fra Tivoli e Monte Gennaio). — *Est.* — Colli e monti
aridi reg. mont. e subm.   **2736 S. capillata** L.
Reste flessuoso-*diritte, pelose sotto al gomito,* ruvide in alto, lunghe 8-10 cm.
Foglie giunchiformi, convolto-setacee, scabre internam., con linguetta allungata, acuta. Culmi c. s. 2⟅. (T. al Monte Argentaro). — *Mag. Giu.* — Luoghi aridi reg. med. . . . . **2737 S. juncea** L.

16. **Milium.** Pannocchia. Spighette ad 1 fiore ermafr. soltanto.
Glume subeguali, ricoprenti il fiore, mutiche. Glumetta infer. concava, 3-nerve, mutica o con resta quasi terminale, articolata alla
base, caduca; la super. 2-nerve. Stami 3, antere glabre all'apice. O-
vario glabro, stili 2, stimmi piumosi. Cariosside libera, ovale, glabra.

1 { Glumetta infer. *mutica* 2
Glumetta infer. *con resta terminale o quasi,* diritta 3

2 { Glume *liscie.* Pannocchia *grande.* 15-25 cm., piramidale, a rami semi-verti-
cillati, patenti o riflessi, *lisci.* Foglie d'un *verde-scuro,* lineari-larghette, scabre nel margine. Pianta *perenne,* a culmi eretti, 6-15 dm. 2⟅. (App. medio) — *Mag. Ag* — Qua e là boschi reg. subm. e mont.
2738 M. effusum L.
Glume *tubercolato-scabre.* Pannocchia *piccola,* 2-6 cm., a rami brevi eretto-
patenti, *scabri.* Foglie d'un *verde-pallido,* brevi, lineari, scabre. Pianta *annua,* a culmi eretti, gracili, 2-5 dm. ⊙. (It. media). — *Mag. Giu.* — Boschi umidi reg. mont. e subm. . . . . **2739 M. vernale** M. B.

3 { Pannocchia *moltiflora, ramosissima.* Spighette *piccole,* lunghe *3-4 mm.* Glume *un po' diseguali.* Resta sporgente dalle glume e lunga circa il doppio
di queste. Antere pelose all' apice. Foglie lineari, alla fine convolte, a linguetta breve, troncata. 2⟅. (It. media, Arc. tosc.).
2740 M. multiflorum Cav.
Pannocchia *pauciflora, poco ramosa.* Spighette *grandi,* lunghe *4-8 mm.* Glume *uguali.* 4

4 {
Linguetta *lunga, lanceolata.* Resta *non sporgente* dalle glume, lunga *3 mm.* Antere *con qualche breve pelo all' apice.* Foglie lineari-*strette.* 2f. (It. media). - *Prim* — Rupi calcaree presso al mare.
2741 M. caerulescens Desf.
Linguetta *brevissima, troncata.* Resta *sporgente* dalle glume, lunga *10-12 mm.* Antere *glabre.* Foglie lineari *larghe.* 2f. (M. a monte Nero, L. lungo il Tevere). — *Mag.* — Reg. med. e subm. . . **2742 M. paradoxum** L.
}

Tribù 8. AGROSTIDEE

Spighette solitarie, sparse, tutte ermafr., compresse ai lati, articolate sopra le glume (eccetto *Crypsis aculeata, Alopecurus. Polypogon*) ad 1 fiore ermafr. solo, accompagnato o no da un rudimento d'un secondo fiore. Glume 2, subeguali tra loro ed ai fiori o più lunghe di essi Glumette 2, membranacee, racchiudenti lassam. la cariosside. Stimmi sporgenti all'apice od alla base.

17. Crypsis. Pannocchia spiciforme o capolino. Spighette ad 1 solo fiore ermafr. senza fiori rudimentali. Glume un poco più brevi dei fiori, carenate, uninervi, mutiche; la super. più lunga e più larga. Glumette membranose, ottuse, mutiche, un po' diseguali; l'infer. più lunga uninerve, la super. 1-2-nerve. Stami 2 o 3. Ovario glabro. Stili 2 allungati, stimmi sporgenti all'apice, piumosi. Cariosside libera, glabra, ovoide o bislunga.

1 {
Pannocchia *breve,* emisferica, in forma di capolino, involucrata dalle guaine dilatate delle due foglie super. Stami 2. Spighette articolate sotto le glume. Foglie brevi, patenti, glauche Culmi espansi in circolo (5-25 cm.). ①. (It. media, Elba). — Luoghi umidi, non molto comune; reg. pad. e med.
2743 C. aculeata Ait.
Pannocchia *più allungata,* ovoide o cilindrica. Stami *3* . . . 2
}

2 {
Pannocchia *ovale o bislunga, ordinariam. nuda* o anche involucrata alla base dalla guaina della foglia super., violetto-nerastra. Foglie brevi, patenti, *verdi* o un poco glauche: guaina *poco o punto dilatata.* Culmi cespugliosi, ascendenti od espansi in circolo, 5-30 cm. ①. (It media). — *Lug. Ott.* — Lungo i fiumi e luoghi umidi reg. pad. e med.
2744 C. alopecuroides Schrad.
Pannocchia *cilindrica,* involucrata alla base dalla guaina della foglia super., verde-biancastra o violacea. Foglie brevi, patenti, ruvide, *glauche*; guaina super. *assai dilatata.* Culmi c. s. ①. (It. media). — *Lug. Sett.* — Luoghi umidi dal mare alla reg. subm. . . . **2745 C. schoenoides** Lam.
}

18. Phlèum. Pannocchia spiciforme. Spighette ad 1 fiore ermafr. con o senza rudimento di fiore sterile. Glume 2 eguali, superanti il fiore, compresse, carenate, mucronate o aristate. Glumette 2 membranose, molto più brevi delle glume, l'infer. troncato-denticolata, a 3-5 o 7 nervi, non aristata, la super. 1-2-carenata, binerve. Stami 3, raram. 2. Ovario glabro; stili 2, liberi; stimmi sporgenti piumosi. Cariosside libera, obovale o bislunga.

1 {
Glume *cigliate.* Spighette *con o senza* rudimento di fiore sterile . . . 2
Glume *soltanto ruvide od ispide.* Spighette con rudimento di fiore sterile. 5
}

2 {
Glume *lanceolato-acuminate.* Spighette *con rudimento* di fiore sterile . . 3
Glume *troncate trasversalm., bruscam. aristate.* Spighette *senza rudimento* di fiore sterile 4
}

3 {
Glume lungam. cigliate sulla carena *nella metà super. soltanto* e cigliate sui margini. Glumette brevi, *lunghe appena un terzo* le glume, fortem. peloso-
}

cigliate. Culmi eretti, *5-20 cm. Radice fibrosa.* ⊙. (It. media, Arc. tosc. all'Elba e Gorgona). — *Mag. Giu.* — Luoghi arenosi marit.

2746 Ph. arenarium L.

3 { Glume lungam. cigliate sulla carena e cigliate più brevem. sui margini. Glumette *superanti in lunghezza la metà* delle glume. Culmi eretti. 2-5 dm. *Rizoma brevem. stolonifero.* ♃. (Fig. 337) .   **2747 Ph. Michelii** All.

  A. Glume gradatam. assottigliato-aristate in alto, cigliate lungo tutta la carena. (Alpi Ap. e App. medio). — *Est.* — Luoghi aspri reg. subm. e mont., noa ovunque. — α *typicum.*

  B. Glume oscuram. troncate in alto, cigliate dalla metà in sù. (T. nel Lucchese). — β *ambiguum* (Ten).

4 {

Pannocchia a forma di spiga *cilindrica*, verde. Resta mucroniforme, *molto più breve* delle glume. Culmi eretti o ginocchiati, 2-5 dm., spesso ingrossati a bulbo alla base, con rizoma breve, cespuglioso. ♃. It. media eccetto Arc. tosc). — *Mag. Giu.* — Luoghi erbosi dal mare alla reg. mont., comune. — *Codolina, Coda di topo* .   .   .   **2748 Ph. pratense** L.

Pannocchia a forma di spiga *ovato cilindrica.* Resta *uguale* alle glume. Culmi ascendenti, 1-4 dm., con rizoma ± strisciante. ♃.

2749 Ph. alpinum L.

  A. Guaina della foglia super. più breve del lembo. Resta delle glume cigliata. (Alpi Ap., App. medio). — *Est.* — Prati e pascoli reg. mont. ed alp. — α *typicum.*

  B. Guaina della foglia super. più lunga del lembo. Resta delle glume glabra. (Qua e là col tipo). — β *commutatum* (Gaud.)

Pannocchia a forma di spiga *ovato-bislunga*, o quasi a capolino. Resta *più lunga* delle glume. Culmi eretti o ginocchiato-ascendenti, 1-3 dm. ⊙. (Chieti sulla spiaggia di Francavilla). -- *Mar. Mag.* — Luoghi erbosi reg. med. e subm. .   .   .   .   .   **2750 Ph. echinatum** Host

5 {

Spighette *ellittiche*, con le glume ricurvate a mezza luna. Glumetta infer. *5-nerve*. Pannocchia in forma di spiga gracile, cilindrica. Culmi eretti od ascendenti, 1-3 dm. Radice fibrosa. ⊙ (It. media, Elba, Giannutri). — *Mag. Giu.* — Colli reg. med. raram. subm. .   . **2751 Ph. tenue** Schrad.

Spighette *non ellittiche*. Glumetta infer. *3-nerve* **6**

6 {

Pannocchia attenuata *alle due estremità*. Glume *bislungo-lanceolate*, obliquam. troncato-acuminate, brevem. cigliate o soltanto scabre sulla carena. Pianta *perenne*, a culmi eretti, 2-4 dm. e rizoma breve, cespuglioso. ♃. (T. ecc.). — *Mag. Lug.* — Luoghi erbosi e sterili reg. med. e subm.

2752 Ph. Boehmeri Wib.

Pannocchia attenuata *all'apice*. Glume *obovato-cuneiformi*, bruscam. e brevem. mucronate. scabro-tubercolate su tutta la superficie, non cigliate. Pianta *annua*, a culmi eretti od ascendenti, 1-5 dm. e radice fibrosa ⊙. (It. media qua e là . — *Mag. Giu* — Campi e luoghi incolti dal mare alla reg. subm,

2753 Ph. asperum Vill.

19. **Alopecùrus** (da ἀλωπηξ = volpe e οὐρα = coda, per la forma dell'infiorescenza). Pannocchia spiciforme. Spighette ad 1 fiore ermafr. soltanto, senza rudimento di fiore sterile. Glume subeguali, compresso-carenate, mutiche od aristate, libere o saldate ± alla base pei margini. Glumetta unica, carenata, aristata sul dorso, ovvero due, l'infer. aristata, la super. 1-nerve. Stami 3. Ovario glabro; stili 2 terminali, di solito saldati in uno solo almeno inferiorm.; stimmi piumosi, sporgenti all'apice. Cariosside libera, ovale, compressa lateralm.

1 {

Pannocchia *breve, ovato-subrotonda* Guaine delle foglie super. *assai rigonfio-vescicose* **2**

Pannocchia *lunga, cilindrica*. Guaine delle foglie super. *poco o punto rigonfie* **3**

2 {

Glume villoso-cigliate, *libere fino alla base, lanceolato-aristate*. Glumette *due*, l'infer. con resta ordinariam. *più breve* di essa. Culmi eretto-ascendenti,

1-3 dm. *Rizoma obliquo, ingrossato*, spesso ramoso. 2*f.* (App. centr.). — *Est.*
— Prati reg. subalp. ed alp. . . . . **2754 A. Gerardi** Vill.

2 {
Glume glabre o cigliate, *saldate* tra loro fino a metà, *ventricose e terminate in punta verde*. Glumetta *unica.* con resta *lunga il doppio* di essa. Culmi eretti, 1-2 dm. *Radice fibrosa*. ①. (It. media, Elba. Capraia). — *Apr. Mag.* — Prati dal mare alla reg. subm. — *Borsette* **2755 A. utriculatus** Pers.

3 {
Culmi *bulbosi* alla base, *oppure sdraiato-radicanti*. Glume saldate tra loro *solo alla base o libere* **4**
Culmi *nè bulbosi nè sdraiato-radicanti* alla base. Glume saldate *dalla base fino presso la metà od oltre* **5**

4 {
Culmi *bulbosi* alla base, eretti od ascendenti, 2-4 dm. Glume *acute, libere*, pubescenti *o glabre*. Glumetta unica con resta lunga il doppio di essa. Foglie lineari, larghe *1 1/2-2 mm.* 2*f.* (It. media, Elba). — *Mar. Lug.* — Fossi e pascoli umidi dal mare alla reg. subm. . . **2756 A. bulbosus** L.
Culmi *sdraiato-radicanti*, 2-4 dm. Glume *ottuse, saldate alla base villose*. Glumetta unica con resta rinchiusa ed antere giallastre oppure con resta un poco sporgente ed antere rosso-fulve. Foglie lineari, larghe *3-3 1/2 mm.* 2*f.* (It media). — *Apr. Est.* — Fossi e paludi reg. pad. subm. e mont (Fig. 338).
2757 A. geniculatus L.

5 {
Pannocchia *attenuata alle due estremità, glabra o quasi*. Glume *brevem. cigliate sulla carena* e saldate almeno nella loro metà inferiore. Glumetta *unica*, con resta lunga il doppio di essa od anche non sporgente dalle glume. *Radice fibrosa*. ① ②. (It. media). — *Apr. Mag.* — Campi e luoghi umidi dal mare alla reg. subm. — *Codolina, Erba topina*. **2758 A. agrestis** L.
Pannocchia *cilindrica, ottusa, villoso-setosa*. Glume *fortem. villoso-cigliate* su tutte le nervature. Glumetta *unica o raram. due*, con resta lunga il doppio di essa, raram. brevissima. *Rizoma obliquo*. 2*f.* (It. media qua e là). — *Apr. Mag.* — Prati umidi reg. pad., subm. e mont. **2759 A. pratensis** L.

338. *Alopecurus geniculatus* L. (1/5).

339. *Agrostis alba* L. (1/4).

340. *Calamagrostis Epigeios*. (1/5).

20. **Lagùrus** (da λαγος = lepre e οὐρα = coda). Pannocchia spiciforme, breve. Spighette ad 1 fiore ermafr. e un rudimento di fiore sterile. Glume subeguali, lungam. subulato-acuminate e cigliate. Glumetta infer. bifido-aristata all'apice e con un'altra resta sul dorso, ginocchiata, la super. biloba e bicarenata. Ovario glabro ; stimmi

sporgenti alla base, piumosi. Cariosside libera, bislunga, un po' compressa.

Pianta mollem. pubescente, a culmi quasi solitari, 1-3 dm., eretto-ascendenti e radice fibrosa. Pannocchia ovoide o subglobosa, densa, villoso-biancastra. Foglie lineari-larghette. ①. (It. media presso al mare. Arc. tosc. ed anche nell'interno). — *Prim.* — Campi e arene reg. med. — *Piumino.*
2760 L. ovatus L.

21. **Polypògon** (da πολυς = molto e πωγων = barba, per le molte reste della spiga). Pannocchia spiciforme, densa. Spighette ad un fiore ermafr. soltanto, senza rudimento di fiore sterile. Glume subeguali, aristate. Glumetta infer. troncato-denticolata, aristata sotto l'apice o mutica, stami 3. Ovario glabro, stimmi sporgenti alla base, piumosi. Cariosside libera, bislunga, leggerm. solcata sul lato interno.

1 — Resta *uguale* alle glume. Pedicelli formáti di *un solo* articolo. Pianta *perenne* a culmi ginocchiato-ascendenti e rizoma strisciante. ♃. (Arc. tosc. a Giannutri). — *Prim.* — Probabilm. ibrido . . . . **2761 P. litoralis** Sm.
Resta *3 volte più lunga* delle glume. Pedicelli formati di *2 articoli*. Piante *annue* 2

2 — Glume *intere o brevem. bilobe* all'apice, con resta inserita *un po' sotto di esso.* Glumetta infer. *aristata.* ①. (It. media, Elba, Giglio). - *Est.* — Luoghi umidi e arenosi specialm. marit., reg. pad. e med.
2762 P. monspeliensis Desf.
Glume *bifide*, con resta inserita *tra i lobi.* Glumetta infer. *senza resta.* ①. (It. media, Arc. tosc.). — *Prim. Est.* — Dove il preced. ma più scarso, reg. med. . . . . **2763 P. maritimum** W.

22. **Gastridium** (da γαστηρ = ventre, per la forma delle glume). Pannocchia spiciforme. Spighette ad 1 fiore ermafrodito. Glume diseguali, molto più lunghe del fiore, acute, rigonfio-globulose alla base, scabre massime sulla carena. Glumette subeguali, l'infer. ordinariam. fornita d'una resta dorsale ginocchiata ed allora irsuta, oppure senza resta ed allora glabra o quasi. Stami 3. Ovario glabro; stili brevissimi; stimmi subsessili, piumosi, sporgenti alla base. Cariosside ovale, strettam. cinta dalle glumette.

1 — Pannocchia *lassa* durante la fioritura. Glume *lanceolato-acuminate*, scabre *soltanto sulla carena.* Glumetta infer. *quasi sempre con resta.* Pianta a culmi eretti o ginocchiato-ascendenti, 1-4 dm. ①. (It. media, Arc. tosc.). — *Mag. Lug.* — Campi e luoghi sterili sabbiosi reg. med. e subm.
2764 G. lendigerum Gaud.
Pannocchia *contratta* anche durante la fioritura. Glume *falciformi-acute*, scabre *sulla maggior parte della loro superficie.* Glumetta infer. *per lo più senza resta.* Pianta a culmi c. s., più bassi, 1-2 dm. ① (T. all'Elba, L. presso Civitavecchia). — *Apr. Mag.* — Col preced. reg. med.
2765 G. scabrum Presl

23. **Sporòbolus** (da σπορα = seme e βολειν = spargere, per la caducità dei semi). Pannocchia diffusa o spiciforme. Spighette ad 1 fiore ermafr. Glume disuguali, l'infer. più piccola, la super. più breve del fiore o subeguale. Glumette quasi uguali, mutiche. Stami

2-3. Ovario glabro; stimmi c. s. Cariosside ellittica, a pericarpio ialino staccabile.

> Pianta a culmi compressi, 1-2 dm. e rizoma strisciante. Foglie brevi, distiche, convolte e rigide; linguetta sostituita da un ciuffo di peli. Pannocchia breve, ovale, contratta prima e dopo la fioritura, di colore verdastro o violaceo. ♃. (It. media massime nella costa occ., Elba, Pianosa). — *Est. Aut.* — Campi ed arene marit. reg. med. . . . **2766 S. pungens** Kth.

24. Agròstis. Pannocchia ramosa. Spighette ad 1 fiore ermafrodito con o senza rudimento di fiore sterile. Glume carenate, acute, mutiche, più lunghe del fiore. Glumetta infer. 3-nerve, mutica o con resta dorsale o basilare; la super. bicarenata, ordinariam. molto più piccola, qualche volta nulla. Stami 3, a volte meno. Ovario glabro; stili brevissimi, stimmi quasi sessili, piumosi. Cariosside libera, bislunga, leggerm. solcata sulla faccia interna.

1 { Fiore fertile *con un rudimento* super. in forma di peduncoletto. Glumetta infer. con resta *quasi apicale* lunga *4-8 volte* la spighetta. Piante *annue* . 2
{ Fiore fertile solo, *senza rudimento* c. s. Glumetta infer. *mutica o con resta dorsale o basilare* lunga *2 volte* la spighetta o meno. Piante *perenni* . 3

2 { Culmi eretti *robusti*, a *3-5 nodi*, *3-10 dm*. Pannocchia *ampia*, diffusa a rami tricotomi. Antere *lineari-bislunghe*. ♃. (T.). — *Mag. Giu.* — Prati e campi dal mare alla reg. subm. — *Pennacchini* **2767 A. Spica-Venti** L.
{ Culmi eretti *gracili*, a *2 nodi*, *2-4 dm*. Pannocchia allungata, *stretta*, a rami *quasi semplici*. Antere *subrotondo-ovate*. ♃. (T. E. presso Bologna). — *Giu. Lug.* — Colla preced. . . . . . **2768 A. interrupta** L.

3 { Fiori con *2 glumette*, ordinariam. *mutici* 4
{ Fiori con *1 sola glumetta*, quasi sempre *aristati* 7

4 {•Glume *ottuse*, *pubescenti ovunque*. Glumette subeguali tra loro. Pannocchia ovato-bislunga, *densa*, lobata, con rami brevi, tutti *densam.* coperti di *spighette sin dalla base*. Pianta a culmi ascendenti o radicanti alla base e rizoma spesso stolonifero. Foglie piane. ♃. (It. media, Arc. tosc.). — *Est. Aut.* — Luoghi umidi, lungo i fossi ecc. **2769 A. verticillata** Vill.
{ Glume *acute, scabre sulla carena*. Glumette ± *disuguali*. Pannocchia ± *lassa*, con rami almeno in parte *lungam. nudi inferiorm.* 5

5 { Linguetta *breve, troncata*. Culmi ± stoloniferi. Foglie tutte piane. Pannocchia a rami patenti dopo la fioritura, tutti nudi alla base. ♃. (It. media. Gorgona). – *Lug. Ag.* — Dal mare alla reg. alp. **2770 A. vulgaris** With.
{ Linguetta *oblunga*, di 2-3 mm. 6

6 { Foglie cauline super. *piane*, molli, verdi. Glumetta super. *metà* dell'infer. Pannocchia con alcuni rami brevi *provvisti di spighette sino alla base*. Culmi *cespugliosi od anche lungam. stoloniferi*. ♃. (It. media, Arc. tosc. quasi ovunque). — *Est.* — Dal mare alla reg. alp. comune. (Fig. 339). **2771 A. alba** L.
{ Foglie glauche, convolte all'apice, rigide. Culmi lungam. striscianti. — (Col tipo nelle arene marit.). — Var. *maritima* (Lam. .
{ Foglie cauline super. *setaceo-convolte*, molli, verdi. Glumetta super. *3 volte più breve* dell'infer. Pannocchia slargata con rami *tutti nudi alla base*. Culmi *raram. stoloniferi*. ♃. (T. a Monte Senario). — Colli asciutti. **2772 A. olivetorum** Gr. et Godr.

7 { Foglie *cauline piane*, le basali setaceo-convolte. Culmi eretti od ascendenti, *con brevi stoloni*, risorgenti all'apice, spesso g|nocchiati, *2-6 dm*. Pannocchia bislunga, *contratta* dopo la fioritura, a rami nudi alla base, *scabri*. Glumetta infer. troncata, dentata all'apice, munita d'una resta ginocchiata, inserita *un po' al di sotto della metà*, raram. mutica. ♃. (App. medio qua e là). — *Est.* — Prati e pascoli umidi dalla reg. subm. all'alp. — *Capellini* **2773 A. canina** L.

7 | Foglie *tutte setaceo-convolte*. Culmi eretti, *senza stoloni*, 5-20 cm. Pannocchia *poco o punto contratta* dopo la fioritura, a rami nudi alla base, *lisci e glabri*. Glumetta infer. denticolata all'apice, munita d'una resta ginocchiata inserita sul dorso *verso il terzo infer*. ♃. (App. medio, Alpi Ap.). — *Lug. Ag.* — Pascoli e rupi reg. alp. . . . . . . **2774 A. rupestris** All.

25. **Calamagròstis.** Pannocchia ramosa, allungata. Spighette ad 1 fiore ermafr. cinto alla base da peli, con o senza rudimento di fiore sterile. Glume carenate, acute, mutiche, più lunghe del fiore. Glumetta infer. 3-nerve, bifida o denticolata, aristata sul dorso od all'apice, raram. mutica, la super. assai più piccola, bicarenata, 2-nerve. Stami 3. Ovario glabro; stili brevi; stimmi quasi sessili. Cariosside libera, oblunga, depressa e leggerm. canalicolata sulla faccia interna.

1 | *Rudimento* di fiore sterile *pedicelliforme e peloso*, di contro alla glumetta super. Resta *quasi basilare, ginocchiata e contorta*. Foglie lineari-lanceolate. Culmi eretti, 6-10 dm. Rizoma strisciante. ♃.
           2775 C. arundinacea Roth
A. Glumetta 4 volte più lunga dei peli. Resta sporgente dalle glume. (Alpi Ap., App. medio). — *Est.* — Luoghi selvat. reg. subm. — α *typica*.
B. Glumetta 2 volte più lunga dei peli o talora meno. Resta sporgente dalle glume. (Qua e là col tipo, così nell'App. lucchese). — β *montana* (Host).
C. Glumetta subeguale ai peli. Resta rinchiusa od appena sporgente dalle glume. (Col tipo). — γ *varia* (P. B.).
Nessun rudimento di fiore sterile. Resta *apicale o dorsale diritta* . . . 2

2 | Resta *dorsale*, poco visibile in mezzo ai peli, talora nulla 3
Resta *apicale*, posta tra le lacinie terminali della glumetta infer., talora molto breve 4

3 | Peli *scarsi*, lunghi *circa la metà* della glumetta infer., che è troncata e *denticolata* all'apice, *mutica o brevem. aristata*. Pannocchia *lassa*, con rami capillari, eretto-patenti, scabri, nudi alla base. Pianta a culmi gracili, 4-6 dm., e rizoma strisciante. ♃. (App. parmig. ?). — *Est.* — Prati reg. alp.
           2776 C. tenella Host
Peli *abbondanti*, lunghi *più* della glumetta infer., che è *bifida* all'apice, *aristata*. Pannocchia *densa*, con rami eretti, diseguali, scabri, nudi alla base. Pianta a culmi eretti, robusti, 8-12 dm., e rizoma strisciante. ♃. (It. media). - *Est.* — Luoghi umidi e presso i fiumi dal mare alla reg. mont.
           2777 C. Epigeios Roth

4 | Resta *lunga* circa come la glumetta infer. Linguetta *allungata*. Pannocchia lassa, a rami scabri, *nudi alla base*. Pianta a culmi eretti, robusti, 5-10 dm. e rizoma strisciante. ♃. (Spiaggia di Ravenna). — *Est.* — Lungo i fiumi, presso i laghi ed il mare reg. pad. e subm. . **2778 C. litorea** DC.
Resta *brevissima*, appena sporgente dalla smarginatura apicale della glumetta. Linguetta *breve*. Pannocchia lassa, a rami scabri, diseguali, *i più corti guarniti di spighette fino alla base*. Pianta a culmi e rizoma c. s. ♃. (Lungo il Ticino presso Pavia). — *Est.* — Luoghi umidi e lungo i fiumi, reg. pad. e subm. . . . . **2779 C. lanceolata** Roth

26. **Psàmma.** Pannocchia spiciforme, cilindracea. Glumetta infer. 5-nerve, bidentata e brevem. mucronata nella smarginatura, cinta alla base da un anello di peli sericei lunghi un terzo di essa. Nel resto come in *Calamagrostis*.

Pannocchia biancastra, eretta, compatta, attenuata alle due estremità. Foglie convolto-giunchiformi; linguetta assai lunga, bifida. Pianta a culmi cespu-

gliosi, eretti, 6-8 dm. e rizoma strisciante. ♃ (It. media. Elba, Pianosa). —
Mag. Giu. — Comune nelle arene marit. — *Sparto pungente. (Ammophila*
arundinacea Host) . . . . . . **2780 P. arenaria** R. et S.

Tribù 9. ARUNDINEE.

Spighette solitarie, sparse, tutte ermafr., compresse ai lati, articolate sopra
le glume, a 2-6 fiori ermafr., raram. 1 con un rudimento di fiore sterile.
Glumetta con villi sul dorso od alla base, spesso a 2-3 dentini all'apice.
Stimmi sporgenti circa a metà.

27. **Arùndo.** Pannocchia assai grande e ramosa. Spighette a 2-
6 fiori ermafr. od anche 1-2 soltanto, il super. abortivo. Glume subeguali fra loro e ai fiori, acute, 3-nervi. Glumetta infer. 5-nerve, brevem. aristata, bifida od intera all'apice, guarnita di lunghi peli
bianchi; la super. più piccola, bicarenata, troncata, molto brevem.
cigliata. Stami 3. Ovario glabro; stili 2, liberi; stimmi piumosi.

1 { Foglie *lungam.* auricolate, *ampie, lineari-lanceolate.* Glumetta infer. *bifida*
all'apice, brevem. aristata tra i lobi. Pannocchia *ampia, violacea;* spighette
spesso 3-flore. Culmo *grosso,* vuoto, eretto, *2-4 m.* ♃. (It. media, Arc. tosc.).
— *Est. Aut.* — Coltiv. e spesso spontanea lungo i fiumi. — *Canna, Canna*
montana . . . . **2781 A. Donax** L.
Foglie *brevem.* auricolate, *strette, lineari.* Glumetta infer. *intera.* all' apice,
acuminato-aristata. Pannocchia *stretta, bislunga, giallastra;* spighette *con 1-*
2 fiori al più. Culmi c. s. *più gracili, 15 dm.* ♃. (Lungo il Reno presso
Bologna, Faentino, M. L. presso Roma). — *Est. Aut.* — Reg. med. e subm.
— *Canna del Reno* . . . . **2782 A. Pliniana** Turra

28. **Phragmites** (da φραγμος = siepe, per l'uso cui può ser-
vire la pianta). Pannocchia grande, assai ramosa. Spighette a 3-8
fiori un po' distanti, di cui l'infer. maschile e gli altri ermafr., a rachide della spighetta guarnita di lunghi peli bianchi, eccetto al di
sotto del fiore maschile. Glume disuguali, acutissime, più brevi dei
fiori. Glumetta infer. acuminato-lesiniforme, la super. piccola, bicarenata. Stami 3. Ovario glabro; stili 2 liberi; stimmi piumosi. Cariosside libera, bislunga, glabra.

Rizoma lungam. strisciante. Culmi eretti, 1-3 m. Foglie d'un verde-glauco,
piane, lineari-lanceolate, lungam. acuminate, glabre, scabre ai margini;
linguetta formata di peli. Pannocchia ampia, eretta od inclinata, violaceo-
brunastra od anche giallastra. Spighette a 3-6 fiori. ♃. (It. media, Elba,
Giglio, Capraia, Montecristo). — *Est. Aut.* — Luoghi umidi e paludosi dal
mare alla reg. subm., comune . . . . . . **2783 Ph. communis** Trin.

29. **Ampelodèsma** (da αμπελος = vite e δεσμα = legame,
per l'uso cui serve la pianta). Pannocchia. Spighette a 2-5 fiori ermafr. Glume subeguali, molto più brevi dei fiori, mucronato-aristate,
carenate. Glumetta infer. coperta di peli fin verso la metà, bidentata
all'apice, brevem. aristata, 5-nerve; la super. bicarenata, lunga circa
come l'infer. Stami 3. Ovario peloso all'apice; stimmi subsessili, lunghi, piumosi. Cariosside libera, subcilindrica, solcata sulla faccia interna, pelosa all'apice.

Culmi largam. cespugliosi, 10-15 dm. eretti, pieni tenaci. Foglie lineari, lunghissime, alla fine convolte, scabre. Pannocchia unilaterale, curvata all'apice, rada, con rami patenti. Spighette variegate. ♃ (It. media, massime nella costa occid.). — *Prim. Est.* — Luoghi aridi reg. med. — *Saracchi.*

2784 A. tenax Lk.

Tribù 10. AVENEE.

Spighette solitarie, sparse (distiche in *Gaudinia*), tutte ermafr., compresse ai lati, articolate sopra le glume (eccetto *Holcus*), 2-moltiflore; fiore terminale spesso sterile. Glume grandi, racchiudenti l'intera spighetta o quasi. Glumetta infer. aristata sul dorso, raram. mutica. Stimmi sporgenti alla base.

30. Holcus. Pannocchia. Spighette a 2 fiori, l'infer. ermafr. mutico, il super. maschile, aristato e peduncolato. Glume naviculari-carenate, l'infer. più piccola, 1-nerve. Glumetta infer. nel fiore ermafr. mutica, 5-nerve, nel fiore maschile con resta dorsale contorta; la super. bicarenata, smarginato-dentata all'apice. Stami 3. Ovario glabro; stili 2, terminali, brevissimi; stimmi piumosi, sporgenti presso la base. Cariosside libera, racchiusa nelle glumette, bislunga, compressa lateralmente.

1 {

Radice fibrosa. Resta del fiore maschile *uncinata all'apice* nel secco, *più breve* delle glume. Pannocchia a rami patenti durante la fioritura, poi eretti. Glume *cigliate sulla carena* e *pubescenti nel resto* ♃ (It. media. Arc. tosc.). — *Giu. Ag.* — Prati e luoghi erbosi dal mare alla reg. mont. — *Bambagiona.* (Fig. 344) . . . . . . **2785 H. lanatus** L.

Rizoma strisciante. Resta del fiore maschile *piegata a gomito* nel secco, *più lunga* delle glume. Pannocchia più stretta del preced., sempre contratta. Glume *glabre o quasi.* l'infer. cigliato-scabra sulla carena. ♃ (It. media, Elba, Capraia). — *Est.* — Luoghi montuosi reg. subm. e mont., raram. med. e subalp. . . . . **2786 H. mollis** L.

31. Airopsis. Pannocchia assai piccola. Spighette subglobose, a 2 fiori ermafr. sessili. Glume 2 volte più lunghe dei fiori, subeguali, emisferiche, 3-5-nervi. Glumetta infer. subtriloba all'apice, cigliato-irsuta ai margini, mutica; la super. subeguale all'infer., troncato-rotondata all'apice. Stami 3. Ovario glabro, stili 2 brevissimi, stimmi piumosi. Cariosside racchiusa nelle glumette, ma non aderente, suborbicolare.

Radice fibrosa. Culmi filiformi, eretti od ascendenti, 6-18 cm. Foglie piccole, setacee, convolte. Pannocchietta terminale, densa, stretta, verde-pallida. ① (T. presso Signa a Poggio Santo Romolo). — *Apr. Mag.* — Reg. med. e subm.

2787 A. tenella Coss.

32. Aira. Pannocchia. Spighette a 2 fiori ermafr., ambedue sessili od il super. brevem. pedicellato. Glume uguali o quasi, coprenti interam. i fiori o più brevi. Glumetta infer. nuda sul dorso, bifida o troncato-triloba all'apice, con resta dorsale ginocchiata e contorta almeno in uno dei fiori ovvero mutica in ambedue; glumetta super. bicarenata, bidentata all'apice. Stami 3. Ovario glabro; stili brevissimi; stimmi piumosi. Cariosside aderente alle glumette massime a quella super., bislunga, longitudinalm. solcata.

1 {

Fiori *ambedue sessili*. Glumetta infer. *bifida o mucronata* all'apice. Reste *presenti o mancanti*. Spighette ± *bianco-argentine* 2

Fiore *super. pedicellato*. Glumetta infer. *troncato-triloba* all'apice. Reste *mancanti*. Spighette *verdi-porporine o fulve* 5

2 {

Spighette *distanti*, portate da peduncoletti *molte volte più lunghi* di esse . 3

Spighette *ravvicinate*, portate da peduncoletti *più brevi od uguali* ad esse, o *tutt' al più lunghi il doppio* di esse 4

3 {

Reste una o due lunghe *quasi il doppio* delle glume, le quali sono un po' rosicchiate all'apice, spesso con un breve acume. Glumetta infer. *pelosa* alla base sotto la lente.

    A. Spighette molto piccole, lunghe 1 ½-2 mm. Glumetta infer. bifida all' apice. ⨀. (It. media, Arc. tosc.). — *Mag. Giu.* — Campi e pascoli asciutti dal mare alla reg. subm. — *Nebbia*. (Fig. 342).

          2788 A. capillaris Host

    B. Spighette grandette, lunghe 2 ½-3 mm.   Cfr. A. CARYOPHYLLACEA

Nessuna resta od una sola appena sporgente dalle glume. Glumetta infer. *affatto glabra* alla base. Spighette ovali, turgide, lunghe 1 ½-2 mm. Glume ottuse, intere. ⨀   **2789 A. Tenorei** Guss.

    A. Glumetta infer. convolto-mucronata all' apice. Resta nulla. (Presso Napoli e isole). — *Prim.* — α *typica*.

    B. Glumetta infer. brevem. bifida all' apice. Resta appena sporgente dalle glume. (Arc. tosc Elba, Giglio, Gorgona e Capraia). — β *intermedia* (Guss.).

4 {

Spighette per la maggior parte *più lunghe* de' loro peduncoletti. Glume *ottuse, un po' rosicchiate* all'apice. Glumetta infer. *brevem. bifida, glabra o con peli molto brevi* alla base. Pannocchia *a rami appressati*. ⨀ (T. L.). — *Apr. Mag.* — Reg. med. . . . . **2790 A. Cupaniana** Guss.

Spighette per la maggior parte *più brevi* de' loro peduncoletti. Glume *acute, finam. dentellate* all'apice. Glumetta infer. *lungam. bicuspidata*, pelosa alla base. Pannocchia ± *contratta od anche alla fine divaricata*. ⨀. (It. media, Arc. tosc. Elba, Giglio, Capraia). — *Apr. Giu.* — Luoghi aprici dal mare alla reg. subm. . . . . . . **2791 A. caryophyllacea** L.

5 {

Glume ampie, *coprenti interam.* i fiori. Pannocchia ramosissima, aperta, a rami capillari, patenti. Spighette *verdi-porporine*. Fiori *affatto glabri* alla base. Culmi gracili, ginocchiati alla base, 1-3 dm. Foglie brevi, lineari, piane. ⨀. (Nel Napol. al lago di Patria e grandi isole). — *Giu. Lug.* — Reg. med. e subm. . . . . **2792 A. insularis** Boiss.

Glume, *non coprenti* i fiori. Pannocchiette a rami capillari, tricotomi, divaricati. Spighette piccole, nitide, *di color fulvo*. Fiori *con qualche pelo* alla base. Culmi gracili, fascicolati, 8-15 cm. Foglie lineari, brevi, strette. ⨀. (T. e Arc. tosc. al Giglio e Capraia, L. presso Roma). — *Prim.* — Luoghi aridi reg. med. (Fig. 341). . . . . . . **2793 A. minuta** Loefl.

341. *Aira
minuta* Loefl.
(¹/₅).

342. *Aira
capillaris* Host
(¹/₄).

343. *Trisetum
flavescens* P. B.
(¹/₅).

33. **Corynèphorus** (da χορυνη = clava e φεριιν = portare, per le reste clavate). Pannocchia. Spighette a 2 fiori ermafr., l'infer. sessile e il super. pedicellato. Glume uguali o poco diseguali, coprenti interam. i fiori, l'infer. 1-nerve e la super. 3-nerve. Asse della spighetta munito sotto i fiori d'un fascetto di peli ± lunghi. Glumetta infer. intera all'apice e acuta, con resta basilare articolata nella metà e cinta a questo punto di una coroncina di peli, clavata all'apice; glumetta super. un po' più breve, bicarenata, bidentata. Stami 3. Ovario glabro; stili brevissimi; stimmi piumosi. Cariosside bislunga, leggerm. solcata lungo la faccia interna.

1
{ Pianta *perenne*. Foglie basali *numerose in fascetti compatti*. Fiori con peli basali *uguali ad* $1/8$ della glumetta infer. o poco più. Pannocchia *stretta*, con rami portanti spighette *sino in basso*. ⚇ (Presso Pavia lungo il Po e il Ticino). — *Est.* — Reg. pad. e subm. **2794 C. canescens** P .B.
{ Pianta *annua*. Foglie basali *poco numerose non fascicolate*. Fiori con peli basali *uguali a* $2/3$ della glumetta. Pannocchia *allargata*, con rami allungati portanti spighette *solo verso l' apice*. ① (It. media, Elba, Giglio). — *Mag. Giu.* — Luoghi arenosi marit. **2795 C. articulatus** P. B.

34. **Deschàmpsia** (dedic. al botanico francese Deschamps). Pannocchia. Spighette a 2-3 fiori ermafr., l'infer. sessile, l'altro o gli altri pedicellati, spesso con un rudimento di fiore sterile. Glume subeguali, carenate, 1-3-nervi, lunghe come i fiori o più brevi. Glumetta infer. troncata e irregolarm. 3-5-dentata all'apice, con resta basilare diritta o ginocchiata; la super. bicarenata, bifida. Stami 3. Ovario glabro; stili brevissimi, quasi terminali; stimmi piumosi. Cariosside libera, oblunga, convessa sulla faccia esterna, piana sull'interna e quivi non solcata.

1
{ Resta della glumetta infer. *lungam. sporgente* dalle glume, *ginocchiata nel mezzo e contorta inferiorm.* Pannocchia lunga od anche ± contratta. Foglie setacee, le basali lunghe e flessuose, le cauline abbreviate; ligula bislunga, arrotondata. Culmi cespugliosi eretti, 3-6 dm. ⚇ (App. medio, Elba). — *Giu. Ag.* — Pascoli e rupi reg. mont. ed alp., più raram. subm. **2796 D. flexuosa** Trin.
{ Resta della glumetta infer. *non sporgente* dalle glume, *diritta* 2

2
{ Foglie *piane*. Resta nascente per lo più *nella metà infer.* della glumetta. Culmi eretti, 2-10 dm. Linguetta lunga lanceolata. ⚇ (T. al piano e App. medio). — *Est.* — Luoghi umidi e prati reg. mont. ed alp., più raram. subm. . . . . **2797 D. caespitosa** P. B.
{ Foglie *setacee, convolte*. Resta nascente per lo più *al di sopra della metà* della glumetta. Culmi e linguetta c. s. ⚇ (T. nel Monte Pisano, a Rapolano nel Senese e nel Monte Amiata). — *Giu.* — Reg. med. e subm. **2798 D. media** R. et S

35. **Trisètum** (da *tres setae*, alludendo alle tre reste delle glumette). Pannocchia, talora spiciforme. Spighette a 2-6 fiori, accompagnati spesso da un rudimento di fiore sterile, l'infer. subsessile, gli altri stipitati, barbati alla base o nudi. Glume eguali o più spesso diseguali, l'infer. 1-nerve o raram. 3-nerve e più piccola della super. che è sempre 3-nerve, per lo più non coprenti interam. i fiori. Glu-

metta infer. bifida o bidentata, con resta dorsale ginocchiata o flessuosa; la super. bifida, bicarenata. Stami 3. Ovario generalm. glabro;
stili brevissimi, stimmi piumosi. Cariosside libera, bislunga, compressa lateralm., non solcata.

1 { Piante *annue* 2
  { Piante *perenni* . . . . ＼ 5

2 { Pannocchia *spiciforme, ovata o cilindrica, densa un po' aperta* solo nella fio-
  { ritura. 3
  { Pannocchia *allungata, ramosissima, patente*, massime nella fioritura . . 4

3 { Spighette *verdi-giallastre, 2-3-flore*. Foglie *talora pelose nella faccia super.
    della lamina, nel resto glabre*, piane. Pannocchia ovale, breve, a rami bre-
    vem. nudi in basso. Resta *più lunga* delle glumette. ①. (T. presso Pisa.
    M. L.). — *Apr. Giu* — Campi e luoghi sterili reg. med.
                                              2799 T. aureum Ten.
  { Spighette *verdi-pallide, 4-6 flore*. Foglie *pelose anche nelle guaine*, piane. Pan-
    nocchia bislunga o cilindracea, spesso lobata, con rami coperti di spighette
    sin dalla base. Resta *lunga come* le glumette. ①. (It. media, Arc. tosc.). -
    Mag. Giu. — Campi ecc. reg. med. . . . **2800 T. neglectum** R. et S.

4 { Linguetta *breve, troncata*. Resta *inserita quasi all'apice* della glumetta, lunga
    quasi il doppio di essa. Gluma infer. *metà* della super.; fiori *nudi* alla ba-
    se. Foglie lineari, piane. pelose come le guaine. Culmi eretti, 4-7 dm. ①.
    — (It. media). — *Mag. Giu*. — Campi e colli reg. med. e subm.
                                              2801 T. parviflorum Pers.
  { Linguetta *lunga, acuminata*. Resta *inserita sul mezzo* della glumetta, lunga
    quanto essa. Gluma infer. *subeguale* alla super.; fiori *brevem. pelosi* alla ba-
    se. Foglie lineari, strette, piane, pelose solo nella pagina super. ①. (Presso
    Pavia, Liguria a Savona). — *Est*. — Campi reg. pad. e med.
                                              2802 T. myrianthum Parl.

5 { Resta *uguale* alla sua glumetta. Peli *brevissimi* alla base dei fiori. Glumetta
    infer. *brevem.* bifido-bisetosa. Spighette biondo-argentine. Foglie *lineari,
    piane*. Culmi lisci, *glabri*. 4-8 dm. ♃. (It. media). — *Mag. Lug*. — Prati
    e pascoli dal mare alla reg. alp. — *Gramigna bionda*. (Fig. 343).
                                              2803 T. flavescens P. B.
  { Resta *lunga il doppio* della sua glumetta. Peli alla base dei fiori *lunghi un
    terzo di essi*. Glumetta infer. *lungam.* bifido-bisetosa. Foglie *lineari-filifor-
    mi, totalm. convolte*. Culmi gracili, *vellutati, 1-4 dm*. ♃. (App. marchig. ed
    abruzz.). — *Lug. Ag*. — Rupi reg. alp. . **2804 T. villosum** Schult.

36. **Ventenàta** (dedic. al botanico francese S. P. Ventenat).

Pannocchia. Spighette a 2-3 fiori ermafr. l'infer. subsessile e nudo,
gli altri stipitati e cinti di peli alla base e con un rudimento di fiore
sterile. Glume diseguali, a 7-9 nervi. Glumette diseguali, l'infer.
grande, erbacea, rotondata sul dorso, nel fiore infer. intera, acuminato-mucronata all'apice senza resta dorsale, negli altri fiori bifida
e bisetosa, con resta dorsale ginocchiata e flessuosa; la super. circa
metà più breve, intera e cigliata superiorm. Stami, ovario ecc. come
in *Trisetum*.

> Culmi spesso cespugliosi, eretti, 2-4 dm. Foglie lineari, strette, acuminate,
> verdi-glauche. Pannocchia diritta, piramidale, con rami semiverticillati.
> Spighette lanceolate, verdi-pallide o argentine. ①. (Pavese, T. M. U. ecc.).
> — *Mag. Giu*. — Luoghi aridi reg. subm. e mont. **2805 V. dubia** Coss.

37. **Avèna.** Pannocchia spesso grande, ramosa, raram. spicifor-

me. Spighette a 2-8 fiori ermafr. e ordinariam. un fiore super. rudimentale, per lo più quasi sempre lungam. pedicellati e barbati alla base. Glume subeguali tra loro e ai fiori o più lunghe, 1-moltinervie. Glumetta infer. arrotondata sul dorso, bifida o bicuspidata, con resta dorsale contorta e ginocchiata; la super. bicarenata, cigliata o raram. glabra. Stami 3. Ovario villoso; stimmi terminali subsessili, piumosi. Cariosside percorsa da un solco sulla faccia interna, villosa almeno all'apice.

1 { Spighette *pendenti*, a glume *moltinervie*. Piante *annue*. . . . 2
  { Spighette *erette*, a glume *1-3-nervie*. Piante *perenni* 3

2 {
Fiori *tutti od 1-2 infer. articolati e caduchi* a maturità; sempre barbati alla base, almeno gli infer. Culmi eretti, 5-12 dm. Foglie lineari-lanceolate. ①. — *Avena*, *Avena selvatica* . . . . . **2806 A. fatua** L.
   A. Glumetta infer. bidentata o brevem. bifida all'apice. Foglie per lo più glabre.
     a. Fiori tutti articolati e tutti aristati, eccetto il super. rudimentale. Pannocchia piramidale, ramosa in tutti i sensi, raram. unilaterale. (It. media, Giglio, Gorgona, Capraia). — *Mag. Giu.* — Luoghi erbosi e tra le messi dal mare alla reg. subm. — α *typica.*
     b. Fiori 1-2 infer. articolati e caduchi, barbati ed aristati ed 1-2 super. non articolati, mutici e glabri. Pannocchia per lo più unilaterale. (Costa occid. It. media e Arc. tosc.). — *Mag. Giu.* — Reg. med. e subm. — β *sterilis* (L.).
   B. Glumetta infer. divisa all'apice in 2 lacinie aristiformi, lunghe 4-8 mm. Foglie e guaine spesso pubescenti. Pannocchia sempre unilaterale. (It. media, Arc. tosc.). — *Apr. Mag.* — Prati, campi ecc. reg. med. e subm. più raram. pad. — γ *hirsuta* (Moench).
Fiori *non articolati e quindi non staccantisi* a maturità, che per rottura della rachilla, spesso glabri alla base. Culmi e foglie c. s. ①. — Probabilm. origin. dell'Europa centr. e derivata dalla specie preced.; colt. e talora subsp. — *Giu.* — *Avena* . . . . . **2807 A. sativa** L.
   A. Glumetta infer. intera o bidentata all'apice.
     a. Glumetta infer. intera e glabra all'apice. Spighette allungate. Pannocchia piramidale, ramosa in tutti i sensi. (Colla specie). — α *typica.*
     b. Glumetta infer. terminata in 2 mucroni e pubescente all'apice. Spighette abbreviate, lunghe 8-13 mm. Pannocchia unilaterale. (Coltivasi). — β *brevis* (Roth).
   B. Glumetta infer. terminata in 2 lacinie aristiformi. Pannocchia subunilaterale. (Col tipo). — γ *strigosa* (Schreb.).
}

3 {
Gluma *super. 3-nerve*, l'*infer. 1-nerve*. Pannocchia stretta, eretta, a spighette screziate di violetto, con fiore super. portato da un asse lungam. barbato. Glumetta super. glabra. ♃ . . . . . **2808 A. pubescens** L.
   A. Spighette 3-4-flore. Gluma infer. 1-nerve, la super. 3 nerve; resta inserita verso il mezzo del dorso della glumetta. Guaine e lamine delle foglie ora pelose ed ora glabre. (App. centr.). — *Giu. Lug.* — Prati e pascoli dalla reg. mont. all'alp. — α *typica.*
   B. Spighette 2-3-flore. Glume ambedue 3-nervie; resta inserita al di sotto della metà del dorso della glumetta. (Alpi Ap., App. pistoiese e lucch. ecc.). — β *sesquitertia* (L.).
Glume *ambedue 3-nervie* 4
}

4 {
Glumetta super. *glabra.* Spighette a *2-4 fiori, più brevi o subeguali* alla gluma super. . . . . Cfr. A. PUBESCENS β
Glumetta super. *cigliata sulle carene.* Spighette a *4-9 fiori, quasi sempre assai più lunghi* della gluma super. 5
}

5 {
Glumetta infer. *bidentata o bifida* all'apice. Pannocchia breve (5-7 cm. lunga), quasi ovata o bislunga, a spighette 4-5-flore, screziate di verde, violetto e giallo. Asse delle spigh. vellutato e munito sotto ciascun fiore di peli brevi superanti un poco la base della glumetta infer. Foglie strettam. lineari, piane, glabre, liscie di sopra. Culmi gracili, eretto-ascendenti, 1-4 dm. ♃. (Alpi Ap. e App.). — *Lug. Ag.* — Pascoli e rupi reg. alp.
                     2809 A. versicolor Vill.
}

5 { Glumetta infer. *quasi troncata e 3-4-dentato-lacera* all'apice. Pannocchia per lo più stretta, allungata (6-20 cm. lunga), racemosa. Foglie glabre, spesso assai scabre di sopra. Culmi cespugliosi, eretti, 4-8 dm. ♃.

                                           2810 A. pratensis L.

A. Asse delle spigh. barbato da un lato: peli alla base dei fiori lunghi 2-3 volte il callo. Spighette 3-4-flore, ± screziate di verde e violetto. Foglie lineari-strette, piane o convolte. (App. medio). — *Est.* — Pascoli alp. — α *typica*.

B. Asse delle spigh. glabro o quasi; peli alla base dei fiori scarsi e subeguali al callo. Spigh. 6-10-flore, mediocri. (T.) — *Mag. Giu.* — Reg. subm. e med. — β *bromoides* (Gouan.).

38. Arrhenathèrum (da ἄρρην = maschio e ἀθήρ = reste, per le reste del fiore maschio). Pannocchia. Spighette ad 1 fiore masch. infer., aristato, sessile, 1 ermafr. super. quasi mutico e assai brevem. pedicellato e un fiore rudimentale, inseriti sopra an callo barbato. Glume più brevi dei fiori, l'infer. più piccola. Glumetta infer. bidentata, con resta quasi basilare, contorta e ginocchiata nel fiore masch., con breve resta quasi apicale nel fiore ermafr.; glumetta super. bicarenata, bifida. Stami 3. Ovario vellutato, rudimentale nel fiore masch.; stimmi 2 sessili, piumosi. Cariosside libera, bislunga, pubescente, pelosa alla sommità e senza solco sulla faccia interna.

    Culmi eretti, 6-9 dm., talora rigonfiati nei nodi infer. Foglie lineari-piane. Pannocchia allungata, con spighette verdi-biancastre. Glume scariose; resta lunga 2 volte la gluma super. ♃. (It. media). — *Mag. Lug.* — Prati e luoghi erbosi reg. pad., subm. e mont.   **2811 A. elatius** Mert. et K.

39. Gaudinia. (dedic. al botanico G. Fr. Gaudin). Spiga articolata, fragile. Spighette distiche, sessili, a 4-7 fiori ermafr, o il super. rudimentale. Glume più brevi dei fiori, diseguali, l'infer. 3-nerve ed acuta, assai più piccola della super., 9-nerve ed ottusa. Glumetta infer. bidentata, con resta contorta e ginocchiata; la super. bicarenata, bifida. Ovario vellutato all'apice; stimmi 2 sessili, piumosi. Cariosside libera, convessa sopra una faccia, largam. canalicolata sull'altra, ristretta all'apice in uno stipite sormontato da una piccola cupola vellutata.

    Culmi cespugliosi, eretto-ascendenti, 2-8 dm. Foglie lineari-piane, villose insieme alle guaine; linguetta breve, obliquam. troncata. Spiga verde-giallastra o violacea, con spighette glabre o pubescenti e reste più lunghe dei fiori. ☉. (It. media sulla costa occid. e presso Bologna ecc.). — *Apr. Mag.* Luoghi erbosi dal mare alla reg. subm. . . **2812 G. fragilis** P. B.

40. Danthònia (dedic. al botanico francese Danthoine). Pannocchia semplice o racemosa. Spighette a 3-5 fiori ermafr. il super. rudimentale sterile. Glume subeguali tra loro e molto più lunghe oppure quasi uguali ai fiori. Glumetta infer. bifida, con resta inserita tra le lacinie terminali, contorta e ginocchiata oppure raram. brevissima, dentiforme; la super. ottusa, bicarenata. Stami 3. Ovario glabro; stili 2 brevi; stimmi piumosi. Cariosside bislungo-ellittica,

libera, glabra, convessa sulla faccia esterna, depresso-concava sulla faccia interna.

1 {
Fiori *con resta*. Glume *più lunghe* dei fiori. Foglie strettam lineari, glabre; linguetta cigliata. Culmi cespugliosi, gracili, eretti, 2-4 dm. 24. (It. media). — *Mag. Giu.* — Prati e luoghi erbosi reg. subm. e mont.
2813 D. provincialis DC.

Fiori *senza resta*. Glume *subeguali* ai fiori. Foglie lineari, piane, con lunghi peli sparsi; linguetta sostituita da peli. Culmi cespugliosi, eretti od ascendenti, 2-4 dm. 24. (Qua e là It. media, Elba). — *Mag. Giu.* — Pascoli reg. subm. o raram. med.   .   .   .   .   **2814 D. decumbens** DC.
}

Tribù 11. CLORIDEE.

Spighette tutte ermafr., disposte in 2 o più serie volte da un lato, in spighe a rachide non articolata nè scavata, compresse ai lati ed articolate sopra le glume (eccett. *Beckmannia* e *Spartina*), 1-pluriflore. Glume 2, sviluppate. Glumetta infer. mutica o mucronata. Stimmi sporgenti all'apice.

41. Spartina. Pannocchia composta di varie spighe quasi digitate o racemose, a rachide compressa e scanalata. Spighette quasi sessili ad 1 fiore ermafr. senza rudimento di fiore sterile. Glume diseguali, carenate, mutiche, l'infer. più piccola, lineare; la super. subeguale o superante il fiore. Glumette subeguali, l'infer. unicarenata; la super. bicarenata. Stami 3. Ovario glabro; stili 2, terminali, allungati, saldati fin sopra la metà; stimmi piumosi. Cariosside libera, compressa lateralm. glabra.

Culmi fertili eretti 5-15 dm., gli altri sdraiati o striscianti. Foglie assai lunghe, canalicolate, convolto-giunchiformi, dapprima porporino-vinose, poi verdi. Spighe 3-5 in racemo lasso, erette, brevem. peduncolate ; spighette unilaterali, su due serie, densam. embriciate ; gluma infer. circa metà più breve della super. 24. (L. all' isola Sacra presso Fiumicino). — *Ag. Nov.* — Reg. med.   .   .   .   .   .   .   **2815 S. versicolor** Fabre

42. Cynodon (da χυων = cane e οδους = dente). Pannocchia composta di varie spighe lunghe, semplici, digitate. Spighette ad 1 fiore ermafr. con un rudimento di fiore sterile. Glume subeguali, l'infer. un po' più piccola, più brevi dei fiori, carenate. Glumetta infer. 3-nerve, ampia, compresso-carenata ; la super. assai più stretta, bicarenata. Stami 3, Ovario glabro ; stili 2, terminali, liberi ; stimmi piumosi uscenti al di sopra della metà del fiore. Cariosside libera, bislunga, compressa lateralmente.

Rizoma ramoso, lungam. strisciante. Culmi ascendenti, ramosi alla base, 2-4 dm. Foglie lineari, piane, cigliate, di color verde-glauco. Spighe verdastre o violacee, 3-7 terminali, patenti. Spighette biseriate, unilaterali. 24. (It. media, Arc. tosc.). — *Est.* — Comunissima nei campi. strade, ecc. dal mare alla reg. subm. — *Gramigna, Capriola*   .   . **2816 C. Dactylon** Pers.

43. Beckmànnia (dedic. al botanico Beckmann). Spighe sessili racemose. Spighette a 2 fiori ermafr. sessili, di cui il super. colla glumetta infer. mucronata e brevem. sporgente dalle glume. Glume uguali, a navicella, troncato-ottuse, subeguali ai fiori, rugose. Glumetta infer. a navicella, arrotondata sul dorso, coi margini inflessi; la super. binerve, abbracciata dalla infer. Stami 3. Ovario glabro; stili 2, brevi; stimmi allungati, piumosi. Cariosside piccola, internam. piana, libera, glabra.

> Rizoma strisciante. Culmi eretti, ingrossato-bulbosi alla base, 3-12 dm. Foglie lineari-larghette; linguetta allungata. Spighe numerose, appressate alla rachide. Spighette biseriate, unilaterali, compresso-turgide, quasi rotonde. 2↓. (Qua e là It. media, p. es. a Massa ducale, Pisa, Ostia ecc.). — *Mag. Giu.* — Luoghi umidi reg. med. — *Scagliola aquatica.*
> **2817 B. crucaeformis** Host

44. Dinèbra. Spighe sessili, solitarie, disposte in racemo molto lungo. Spighette a 2-5 fiori ermafr., di cui il super. rudimentale. Glume subeguali, coriacee, carenate, più lunghe dei fiori. Glumetta infer. ovato-acuta, carenata: la super. bicarenata, bifida. Stami 3. Ovario glabro; stili 2; stimmi a pennello. Cariosside bislunga, libera, glabra.

> Culmi prostrati o eretti. ramosi alla base, 2-3 dm. Foglie lanceolato-lineari, lungam. acuminate, scabre, linguetta breve. Spighe numerose, patenti, indi riflesse. Spighette biseriate, unilaterali. ①. (Costa orient. presso Ascoli a S. Benedetto, Pescara ecc.). — *Est.* — Probabilm. importata dall'Oriente; reg. med. . . . . **2818 D. arabica** P. B.

45. Eleusine. Pannocchia formata di 2-7 spighe digitate. Spighette a 2 o più fiori ermafr. Glume carenate, mutiche, più brevi dei fiori. Glumetta infer. a navicella, carenata, 3-nerve; la super. bicarenata. Stami 3. Ovario glabro; stili 2; stimmi piumosi. Cariosside libera, rugosa, a pericarpio membranaceo, tenue, circondante lassam. il seme.

> Culmi cespugliosi, compressi, eretti od ascendenti, 1-6 dm. Foglie lineari-piane per lo più pelose sulla fauce delle guaine; linguetta breve, cigliolata. Spighe 2-7 terminali, raram. 1 sola; spighette unilaterali, biseriate. Semi bislunghi con strie parallele ben manifeste. ①. — Inselv. qua e là. — *Lug. Sett.* — Origin. dei paesi intertropic. del vecchio mondo. — *Eleusine.*
> **2819 E. indica** Gaertn

Tribù 12. FESTUCEE.

> Spighette solitarie, sparse o raram. biseriate, a 2 o molti fiori ermafr., compresse ai lati ed articolate sopra le glume. Glume più brevi dei fiori, raram ugnali ad essi. Glumetta infer. mutica od aristato-mucronata all'apice. Stimmi variam. sporgenti.

46. Echinària (da ἐχῖνος = riccio, per la forma dell'infiorescenza). Pannocchia spiciforme, globulosa, in forma di capolino. Spighette subsessili con 1-5 fiori, il super. talora sterile. Glume un po' diseguali, più brevi dei fiori, l'infer. a 2-3 nervi terminati da reste, talora una sola; la super. uninerve e uniaristata. Glumetta infer. terminante in 5 a 7 reste diseguali, divergenti; la super. bicarenata,

2-nerve e terminata da 2-5 reste. Stami 3. Ovario villoso all'apice; stili terminali brevissimi; stimmi allungati, filiformi, glabri. Cariosside libera, obovata, non compressa, villosa all'apice.

> Culmi subsolitari, eretti, rigidi, 5-15 cm., nudi per lungo tratto superiorm. Foglie lineari, piane, brevi, pubescenti; linguetta breve, troncata. Spighette addensate in capolino globoso. ①. (It. media). — *Apr. Mag.* — Luoghi aridi ed erbosi reg. med. e subm. .   .   .   .   **2820 E. echinata** Desf.

47. **Sesièria** (dedic. a Leonardo Sesler, medico e botanico). Pannocchia spiciforme o capolino. Spighette a 2-6 fiori ermafr. di cui il super. spesso abortivo o rudimentale; spighetta infer. spesso provvista di una brattea, dentata o lobulata. Glume subeguali, un po' più brevi dei fiori, uninervie. Glumetta infer. carenata, 3-7-nervia, 3-5-dentato o mucronato-aristata all'apice, oppure mutica; la super. bicarenata, biloba. Stami 3. Ovario villoso all'apice, raram. glabro; stili 2 terminali, brevissimi e spesso saldati alla base; stimmi allungati, piumosi, sporgenti. Cariosside libera, obovata, ordinariam. villosa all'apice.

1 { Foglie *lineari-strette, convolte*; guaine radicali *alla fine scomposte in fili intrecciati a maglia*. Resta mediana della glumetta infer. quasi uguale alla sua metà. Spiga allungata, povera, talora subracemosa. Culmi cespugliosi, stoloniferi, 1-3 dm. ♃. (It. media . — *Apr. Mag.* — Pascoli e rupi dalla reg. subm. all'alp. .   .   .   .   .   **2821 S. tenuifolia** Schrad.
Foglie *lineari-piane o canalicolate*; guaine radicali *intere*   2

2 { Culmi *cespugliosi (2-4 dm.)*. Foglie *ottuse e con breve mucrone all'apice*, ± scabre al margine. Resta mediana della glumetta infer. *più breve della sua metà od anche quasi nulla*; glume *più brevi* dei fiori, ovato-lanceolate. Spiga lunga *1-3 cm., ovale od oblunga, azzurrognola*. ♃. (App. medio). — *Apr. Giu.* — Luoghi sassosi e pascoli dalla reg. subm. all'alp.
.   .   .   .   **2822 S. caerulea** Ard.
Culmi *stoloniferi (3-6 dm.)*. Foglie *attenuato-acuminate*. Resta mediana della glumetta infer. *quasi uguale alla sua metà o più breve*; glume *subeguali* ai fiori, lanceolato-acuminate. Spiga lunga *3-5 od anche 5-15 cm., cilindrica, biancastra*. ♃. (It. media, versante occid.). — *Mag. Lug. Aut.* — Reg. subm. e mont. .   .   .   .   **2823 S. argentea** Savi

48. **Diplàchne.** Pannocchia breve, pauciflora. Spighette a 3-5 fiori ermafr. Glume diseguali, molto più brevi dei fiori. Glumetta infer. carenata, bidentata all'apice e con un mucrone aristiforme nel mezzo; la super. bicarenata, bifida. Stami 3. Ovario glabro; stili 2 brevi; stimmi piumosi. Cariosside libera, fusiforme, legger. solcata, glabra.

> Culmi eretti, rigidi, 3-6 dm., fogliati fino all'apice. Foglie brevi, lineari-piane o convolte, scabre come le guaine, con qualche lungo pelo inferiorm. è all'apice delle guaine Pannocchia violacea, a rami divaricato-patenti: spighette su pedicelli puberuli. ♃. (It. media). — *Ag. Sett.* — Luoghi aridi dei colli e lungo i fiumi dal mare alla reg. subm.
> **2824 D. serotina** Lk.

49. **Molinia** (dedic. al botanico spagnolo Molina). Pannocchia ramosa, allungata, stretta dopo la fioritura. Spighette a 2-5 fiori er-

mafr., il super. spesso rudimentale. Glume diseguali, più brevi dei
fiori. Glumetta infer. 3-5-nerve, semicilindrica, lanceolata, acuminata,
mutica o brevem. mucronata; la super. bicarenata, smarginata all'a-
pice. Stami 3. Ovario glabro; stili 2 assai lunghi; stimmi piumosi.
Cariosside libera, bislungo-cilindrica, non solcata.

> Culmi cespugliosi, eretti, 3-15 dm., lungam. nudi in alto. Foglie piane, linea-
> ri, ruvide; linguetta formata di peli brevi. Pannocchia violacea o verda-
> stra, lunga, eretta. 4. (Liguria, E. T.). — *Lug. Sett.* — Luoghi umidi
> boschivi e lungo i torrenti dal mare alla reg. subm.
> **2825 M. caerulea** Moench

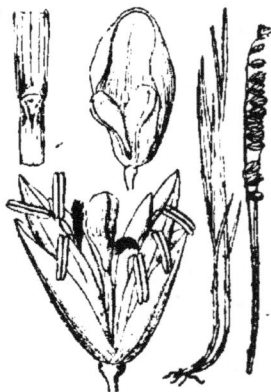

344. *Holcus*
lanatus L.
($^1/_4$).

345. *Melica*
nutans L.
($^1/_4$).

346. *Koeleria*
cristata Pers.
($^1/_5$).

50. Koelèria (dedic. al prof. Giorgio Koeler). Pannocchia ramosa spiciforme od ovata. Spighette ad 1-5 fiori ermafr. e ordinariam.
un rudimento super. di fiore sterile. Glume disuguali, carenate, mucronate, subeguali ai fiori, l'infer. 1-nerve, la super. 3-nerve. Glumetta infer. intera e mutica o bidentata all'apice e provvista nella
smarginatura d'una resta diritta, non attorcigliata, più breve di essa;
la super. bicarenata, bidentata o bifida. Stami 3. Ovario glabro; stili
2, brevissimi; stimmi piumosi. Cariosside libera, bislunga, glabra,
non solcata.

> 1 { Piante *perenni*. Glumetta *mutica* 2
> { Piante *annue o bienni*. Glumetta infer. *con resta o mucrone* staccantesi dal-
> { l'apice intero o bidentato 5
>
> 2 { Guaine marcescenti, *lacerate* in fibre reticolate, involgenti la base della pian-
> { ta. Spighette *cigliate*, più raram. glabre od anche cigliato-pubescenti. Glu
> { metta infer. *acuminato-mucronata*. Glume subeguali traloro e ai fiori. Fo-
> { glie convolto-setacee, glabre, le super. piane. Culmi eretti od ascendenti
> { 1-3 dm., ± pubescenti-villosi in alto. 4. (Pavese e Parmig). — *Giu. Lug.*
> { — Luoghi erbosi dalla reg. subm. all'alp. . . . **2826 K. setacea** Pers·
> { Guaine marcescenti, *non lacerate* in fibre reticolate. Spighette *glabre o pube-·*
> { *scenti*. Glumetta infer. *mutica o brevem. mucronata* 3

3 { Glume *ambedue subeguali* ai fiori, *ottuse* come le glumette. Pianta glauca, subglabra. 2ꝉ. (T. nel Pisano e Senese). — *Giu.* — Luoghi aridi reg. subm.
                                         2827 K. glauca DC.
    Gluma *maggiore più breve o subeguale* ai fiori; glumetta infer. *acuta, mucronata od acuminata* **4**

4 { Culmi *subnodosi* alla base. Gluma maggiore *subeguale* ai fiori. Spighette *grandi*, glabre od anche cigliato-pubescenti. 2ꝉ. (T. M. L.). · *Giu. Lug.* Reg. med. e subm. . . . . **2828 K. splendens** Presl
    Culmi *non ingrossati* dalle guaine alla base. Gluma maggiore *più breve* dei fiori. Spighette *piccole*, glabre o pubescenti. 2ꝉ. (App. medio). — *Giu. Lug.* — Luoghi erbosi e sassosi reg. subm., più raram. pad. e med. (Fig. 346).
                                           2829 K. cristata Pers.

5 { Spighette ad *1-2 fiori*. Glume *uguali* ai fiori, *cigliato-ispide* sulla carena, nel resto pubescenti. Glumetta infer. glabra, liscia, con resta appena sporgente. Foglie e guaine mollem. pubescenti. Culmi eretto-ascendenti, 1-4 dm. ① ②. (It. media . — *Mag. Giu.* — Sabbie e campi arenosi marit. reg. med.
                                     2830 K. pubescens P. B.
    Spighette a *4-5 fiori*. Glume *più brevi* dei fiori, *glabre o pubescenti, ma non cigliate* sulla carena **6**

6 { Pannocchia *breve, ovata, densa*. Spighette subsessili. Glume *glabre*; glumetta infer. *ispida* per peli rigidi, patenti, con resta rigida, uguale ad essa. Foglie villose. Culmi eretto-ascendenti, 6-20 cm. ①. (It. media). — *Mag. Giu.* — Luoghi mar. reg. med. . . . . . **2831 K. hispida** DC.
    Pannocchia *allungata, cilindrica, ± lobato-ramificata*. Glume *glabre o villose*; glumetta infer. ± *villosa e tubercolosa* almeno nel fiore infer.; resta *breve*, talora brevissima. ①. (It. media, Arc. tosc.). - *Apr. Giu.* — Luoghi incolti ed arenosi dal mare alla reg. subm. . . . . **2832 K. phleoides** Pers.

51. **Avellinia**. Pannocchia subspiciforme. Spighette a 3-4 fiori, il super. rudimentale. Glume assai diseguali, scabre sulla carena, l'inferior. uguale circa ad un quarto della super., strettissima, 1-nerve; la super. uguale o più lunga dei fiori, lanceolata, acuminata o mucronata, 3-nerve. Glumette diseguali, l'infer. stretta, convolta ai margini, bidentata all'apice, con resta nella smarginatura più breve di essa. Stami 3. Ovario glabro; stimmi terminali, sessili, piumosi. Cariosside stretta, compressa, non canalicolata, glabra.

Radice fibrosa. Culmi gracili, eretti o ginocchiati, 1-3 dm. Foglie e guaine minutam. pubescenti, d'un verde pallido; linguetta brevissima. Pannocchia alla fine contratta, spiciforme. Spighette glabre. ①. (T., Elba, Pianosa, M. L.). — *Apr. Mag.* — Luoghi marit. reg. med. (Fig. 355).
                                           2833 A. Michelii Parl.

52. **Cynosùrus** (1) (da χυων = cane e οὑρα = coda, per la forma della pannocchia). Pannocchia unilaterale, spiciforme. Spighette fertili con 1-5 fiori ermafr., miste ad altre sterili formate da brattee glumacee lineari distiche. Glume acute, subeguali tra loro ed ai fiori. Glumetta infer. 3-5-nerve, mucronata od aristata. Stami 3. Ovario glabro; stili 2 brevi; stimmi piumosi. Cariosside strettam.

(1) Troviamo qui opportuno di notare che, riammettendo, come opina il signor Sommier, il genere *Chrysurus*, dovrebbero ad esso riferirsi tanto il *Cynosurus echinatus*, quanto il *C. elegans*, qui ricordati, come pure vi si dovrebbe includere una nuova specie raccolta all'isola del Giglio e descritta col nome di *Chrysurus paradoxus* Somm., la quale principalmente si distingue per la mancanza delle spighette sterili.

avvolta dalle glumette ed aderente alla glumetta super., bislunga, glabra.

1 {
Pannocchia *spiciforme-cilindrica*. Glumetta infer. *brevem.* aristata. Spighette sterili con glumette *munite* sulla carena *di un'ala* scabra. Foglie lineari-piane; linguetta troncata. Culmi eretti, 2-5 dm. ♃. (It. media, Elba, Capraia). — *Mag. Lug.* — Prati dal mare alla reg. mont., comune.
2834 C. cristatus L.
Pannocchia *ovale o bislunga*, Glumetta infer. *lungam.* aristata. Spighette sterili con glumette *senz'ala* sulla carena. 2
}

2 {
Resta *1-2 volte* più lunga del fiore. Brattee delle spighette sterili *lucido-argentine, pressochè tutte egualm. larghe*. Foglie lineari-piane; linguetta bislunga. Culmi eretti, 2-10 dm. ①. (It. media, Arc. tosc.). — *Apr. Mag.* — Campi e luoghi erbosi dal mare alla reg. subm. — *Covetta, Ventolana.*
2835 C. echinatus L.
Resta *4-5 volte* più lunga del fiore. Brattee delle spighette sterili *verdognolo-opache, le super. più larghe delle infer.* Foglie c. s. Culmi più gracili che nel preced., 1-3 dm. ①. (It. media qua e là). — *Mag. Giu.* — Reg. med.
2836 C. elegans Desf.
}

53. Lamàrkia (dedic. a G. B. Monet de Lamark, matematico e naturalista). Pannocchia spiciforme, unilaterale, formata di spighette fertili miste ad altre sterili assai differenti. Spighette fertili a 2 fiori, uno ermafr. infer. ed uno rudimentale super., ambedue aristati; spighette sterili formate da due glume e 6-9 glumette ottuse, mutiche. Glume delle spighe fertili appuntate a lesina e glumette infer. bidentate e lungam. aristate tra i denti apicali. Stami 3. Ovario glabro; stili 2, brevi; stimmi piumosi. Cariosside difficilm. staccabile dalle glume, bislunga, glabra.

Radice fibrosa. Culmi eretti od ascendenti, 1-3 dm. Foglie lineari-larghe, con guaine ampie e linguetta lunga, lacerata all'apice. Pannocchia dapprima verde poi giallo-dorata, bislunga, a rametti ispido-vellutati. ①. (It. media costa occid., Elba, Capraia). — *Mar. Mag.* — Colli, muri, tetti ecc. reg. med. e subm. . . . . **2837 L. aurea** Moench

54. Sphènopus (da σφην = cuneo e πους = piede, per la forma dei peduncoli). Pannocchia gracile, più volte tricoto a. Spighette a 3-5 fiori ermafr. Glume molto più brevi dei fiori, squamiformi, diseguali. Glumetta infer. ovale-bislunga, ottusa, carenata, mutica, denticolata all'apice; la super. bicarenata, biloba. Stami 3. Ovario glabro; stili 2 brevissimi; stimmi piumosi. Cariosside libera, piccola, lineare-bislunga, leggerm. convessa sul dorso e concava sulla faccia interna.

Radice fibrosa. Culmi esili, ginocchiato-ascendenti, raram. eretti. 1-3 dm. Foglie lineari, strette, canalicolato-convolte; linguetta lunga, lanceolata. Pannocchia d'un verde-giallastro o violacea, a rami capillari. Spighette piccolissime, 2-3 mm. lunghe, portate da peduncoletti ingrossati all'apice. ①. (T. presso Pisa e in Maremma allo stagno di Talamone). — *Apr. Mag.* — Luoghi paludosi reg. med. · . . . **2838 Sph. divaricatus** Rchb.

55. Catabròsa (da καταβρωμα = alimento, per le qualità alimentari della pianta). Pannocchia. Spighette ordinariam. a 2 fiori ermafr., di cui il super. pedicellato. Glume più brevi dei fiori, diseguali, l'infer. ovale, la super. slargata all'apice, lobulata o crenulata. Glumetta infer. troncata, eroso-denticolata al margine, trigono-carenata sul dorso, con tre nervi sporgenti; la super. bicarenata, smarginata. Stami 3. Ovario bislungo, glabro; stimmi terminali, subsessili, piumosi, sporgenti alla base. Cariosside libera, brevem. stipitata, obovata, appena compressa, non solcata, glabra.

> Culmi radicanti, ascendenti, 2-5 dm. Foglie piane, molli, lineari, ottuse o subottuse; linguetta ovale. Pannocchia piramidale, a rami semi-verticillati. Gluma super. assai più breve dei fiori, larga, obovata, dentellata all'apice. Glumetta infer. glabra sui nervi. 2⟋. (Pavese, T., It. centr.). — *Apr. Lug.* — Luoghi umidi specialm. marit. e fossi dal mare alla reg. mont.
>
> **2839 C. aquatica** P. B.

56. **Eragròstis** (da ερος = amore e αγρωστις = gramigna, pel grazioso aspetto delle spighette). Pannocchia. Spighette a 4-10 fiori, con rachilla non articolata e persistente dopo la caduta delle glumette. Glume carenate, 1-3-nervie, più brevi del fiore vicino. Glumetta infer. concavo-ventricosa, carenata, mutica, ottusa, 3-nerve; la super. bicarenata, ottusa o smarginata. Stami 3. Ovario glabro; stili 2, assai lunghi; stimmi piumosi. Cariosside libera subglobosa o bislunga, non solcata, glabra.

> 1 { Rami della pannocchia *subverticillati* a *4-5*. Spighette larghe 1 mm. *al più,* molto *più brevi* dei pedicelli, a 5-11 fiori, verdi-porporini. Glumetta infer. acuta. Pannocchia a rami capillari, flessuosi. Foglie lineari-acuminate. Culmi gracili, eretto-ascendenti, 1-5 dm. ① (It media). — *Est. Aut.* — Luoghi incolti ecc. dal mare alla reg. subm., comune. **2840 E. pilosa** P. B.
> 　Rami della pannocchia *solitari o geminati.* Spighette larghe 1 mm. *al minimo,* più *lunghe* dei loro pedicelli **2**
>
> 2 { Foglie *denticolate* sui margini, *senza tubercoli glandoliformi.* Rami ascellari *non fogliosi,* portanti una pannocchia nuda. Glume *lanceolate.* Cariosside *bislunga.* Guaine per lo più glabre. Spighette lineari. ① (L.). — *Giu. Sett.* **2841 E. Barrelieri** Daveau
> 　Foglie *con tubercoli glandoliformi.* Rami ascellari *fogliosi.* Glume *ovate.* Cariosside *subsferica* **3**
>
> 3 { Guaine *glabre o quasi.* Spighette larghe circa *3 mm.,* *addensate verso l'estremità* dei rami della pannocchia. ①. (It. media, Elba, Giglio, Capraia). — *Est. Aut.* —-Lungo le vie, macerie ecc. dal mare alla reg. subm. **2842 E. megastachya** Lk.
> 　Guaine *pelose.* Spighette larghe circa *2 mm.,* ugualm. distribuite lungo i rami della pannocchia, più lungam, pedicellate che nella specie preced. ①. (It. media qua e là). — *Lug. Ag.* — Luoghi sterili presso il mare e anche distante da esso . . . . **2843 E. poaeoides** P. B.

57. **Mèlica.** Racemo o pannocchia talora spiciformi. Spighette turgide a 3-5 fiori, di cui 1-2 infer. ermafr., barbati o nudi, ed 1-2 super. sterili rudimentali. Glume subeguali tra loro, ricoprenti quasi interam. i fiori, 3-7 nervi, mutiche. Glumetta infer. concava, cartilaginea, intera, mutica, 7-nerve; la super. ellittica, bicarenata, bidentata, raram. intera. Stami 3. Ovario glabro; stili 2 terminali, brevi o assai lunghi; stimmi piumosi, sporgenti lateralmente. Cariosside libera, bislunga, glabra.

1 { Glumetta infer. dei fiori fertili *lungam. cigliata* ai margini. . . . 2
{ Glumetta infer. *non cigliata* 6

2 { Glumetta infer. *bislunga*, tubercolato-scabra e cigliata *nella metà infer*. Pannocchia lassa, ordinariam. ramosa alla base, unilaterale. Foglie alla fine convolto-giunchiformi; guaine glabre. Culmi eretti o ascendenti, 2-5 dm. ⚥. (Liguria, T. L.). — *Apr. Mag.* — Luoghi sassosi reg. subm.
2844 M. Bauhinii All.
{ Glumetta infer. *lanceolata*, tubercolato-scabra e cigliata *dalla base alla sommità* 3

3 { Pannocchia *densa*, cilindrica, non lobata, continua, lunga al *massimo 6-10 cm*. Foglie dapprima piane, poi piegate, lineari, acuminate, talora le infer. irte sulla lamina e sulle guaine. ⚥. (Qua e là It. media).
2845 M. transsilvanica Schur
{ Pannocchia *lassa*, spesso unilaterale ed *interrotta*, lunga *sino a 2-dm*. . 4

4 { Foglie *strettam. convolte, quasi setacee*. Peli delle glumette *bianco-nivei*. Pianta gracile con pannocchia povera, quasi unilaterale. ⚥. (It. cent.). — *Giu.* — Luoghi sassosi delle parti elevate dei monti.
2846 M. nebrodensis Parl.
{ Foglie per lo più *non completam. convolte, piane alla base*. Peli delle glumette *alla fine bianco-giallognoli* 5

5 { Pannocchia *unilaterale o quasi, non lobata, continua*. Foglie con lamina finam. pubescente di sopra e ruvida di sotto; guaine glabre. ⚥. (It. media, Arc. tosc.). — *Mag. Lug.* — Colli aridi e rupi reg. med. e subm., raram. pad. . . . . **2847 M. ciliata** L.
{ Pannocchia *cilindrico-lobulata od unilaterale, ± interrotta alla base e densa all'apice*, talora però anche assai gracile, Foglie c. s. ⚥. Con la preced. e forse più comune . . . . **2848 M. Magnolii** Gr. et Godr.

6 { Spighette ad *1 fiore* fertile. Linguetta breve, troncata, con un'appendice lineare-lesiniforme opposta alla foglia. Foglie d'un verde-gaio, talora listate di bianco. Pannocchia a rami allungati, con spighette erette. ⚥. (It. media, Elba). — *Mag. Giu.* — Boschi reg. subm. e mont.
2849 M. uniflora Retz.
{ Spighette a *2 fiori* fertili 7

7 { Foglie *convolte almeno all'apice*. Pannocchia unilaterale, con spighette turgide variegate, pendenti. Culmi cespuglioso-fascicolati, eretti od ascendenti, filiformi. ⚥. . . . . **2850 M. minuta** L.
    A. Pianta di 1-4 dm. Foglie totalm. convolto-setacee; linguetta allungata, lacera all'apice. Pannocchia subsemplice oppure ramosa in basso. (It. media, Arc. tosc. non ovunque). — *Apr. Mag.* — Rupi e muri reg. med. — α *typica*.
    B. Pianta di 4-8 dm. Foglie convolto-setacee solo all'apice; linguetta breve, troncata, con due punte laterali. Pannocchia ramosa inferiorm., unilaterale. — Qua e là col tipo. — β *latifolia* Coss.
{ Foglie *interam. piane*. Pannocchia racemosa, unilaterale, con spighette un po' più grandi, pendenti. Culmi gracili, sparsi, eretti, 3-6 dm. ⚥. (It. media, Elba). — *Mag. Giu.* — Boschi reg. subm. e mont. (Fig 345).
2851 M. nutans L.

58. **Briza** (da βρίζειν = barcollare, per la mobilità delle spighette). Pannocchia ramosa o semplice. Spighette pendule, turgide, a 3-molti fiori ermafr. embriciato-distici. Glume subeguali o più brevi dei fiori infer., membranose, concavo-ventricose, mutiche, 3-5-nervi. Glumetta infer. conforme alle glume; la super. più piccola bicarenata, troncata, intera o leggerm. smarginata all'apice. Ovario glabro; stili terminali, brevi; stimmi piumosi, sporgenti lateralm. Cariosside aderente alla glumetta super., obovata o suborbicolare, convessa all'esterno e all'interno concava, glabra.

1 { Pannocchia, a rami *semplici, unilaterale*. Spighette *assai grandi, 8 per 12 mm.*, ovali o bislunghe, a 5-15 fiori, glabre o più raram. pubescenti, a glume spesso macchiate di porporino. Foglie piane, lineari-acuminate, scabre: linguetta allungata, lanceolata. Culmi eretti, 2-5 dm. ①. (It. media, Arc. tosc.). — *Apr. Mag.* — Reg. med. e più raram. subm. — *Sonaglini*. (Fig. 349).

                                                              2852 B. maxima L.

       Pannocchia a rami *bi-tricotomi, eretta*. Spighette *mediocri, 4 per 5 mm.* . . 2

2 { Linguetta *breve, troncata*. Spighette *quasi cuoriformi-ovate*, a *5-9 fiori*, screziate di verde e porporino. Foglie c. s. Culmi c. s., *3-6 dm.* ⚥. (It. media). — *Mag. Lug.* — Prati dal mare alla reg. alp., comune. — *Tamburini*.

                                                            2853 B. media L.

       Linguetta *allungata, acuta*. Spighette *triangolari-cuoriformi*, a *5-7 fiori*, verdastre, a volte leggerm. violaceo-rossastre. Foglie c. s. Culmi c. s., *1-5 dm.* ①. (It. media, Arc. tosc. non ovunque). — *Apr. Mag.* — Prati e campi principalm. verso le coste, reg. med. e subm. — *Brillantina*.

                                                            2854 B. minor L.

347. *Poa alpina* L.
(¼).

348. *Glyceria fluitans* R. Br.
(⅕).

349. *Briza maxima* L.
(¼).

59. **Aelùropus** (da αἴλουρος = gatto e πους = piede, per la forma dell'infiorescenza). Pannocchia spiciforme, unilaterale. Spighette sessili, a 3-5 fiori ermafr. Glume disuguali, più brevi dei fiori, concavo-carenate, mucronate. Glumette subeguali, l'infer. ovale, brevem. aristata, carenata, plurinerve; la super. assai larga e divisa in alto in 3 lobi rotondati e denticolati, scabra sulla carena. Ovario, glabro; stili 2 lunghi; stimmi brevi, sporgenti all'apice del fiore. Cariosside libera, obovata, convessa sulla faccia esterna e piana sull'interna, glabra.

    Pianta glabra a culmi lungam. prostrati e qualche volta radicanti ai nodi, 3-5 dm. Foglie glauche, ravvicinate, distiche, convolto-subulate all'apice; guaine nascenti a due o tre in ciascun nodo; linguetta sostituita da peli. Pannocchia verdastra o rossastra, unilaterale, spesso interrotta alla base, a spighette con 5-10 fiori. ⚥. Qua e là presso Ravenna, T. nel Pisano, Livorno. Monte Argentaro, L. ad Ostia ecc.). — *Giu. Sett.* — Reg. med. lungo le spiagge . . . . **2855 Ae. litoralis** Parl.

60. **Dàctylis** (da δαχτυλος = dito, alludendo alla forma della pannocchia). Pannocchia unilaterale, ramosa, densa. Spighette in fascetti all'estremo dei rami, con 3-5 fiori ermafr. Glume disuguali, più brevi dei fiori, lanceolate, acuminato-mucronate, scabre o cigliate sulla carena. Glumette subegnali, l'infer. carenata, aristata, intera o smarginata all'apice, 5-nerve; la super. bicarenata, bifida, a lobi acuti. Stami 3. Ovario glabro; stili 2 brevi; stimmi piumosi, sporgenti lateralm. dal fiore. Cariosside libera, bislunga, glabra.

> Culmi eretti od un poco arcuati alla base, 3-10 dm., robusti, nudi in alto. Foglie verdi, larghette, piane o canalicolate, glabre, a guaine un po' compresse; linguetta ± lunga, laciniata. Pannocchia verdastra o violacea, eretta unilaterale, manifestam. lobata, formata da fascetti di spighette portati da rami lunghetti. 2⊊. (It. media, Arc. tosc.). — *Apr. Giu.* — Prati e luoghi erbosi dal mare alla reg. mont. — *Mazzolina.* **5856 D. glomerata** L.

61. **Pòa.** Pannocchia ramosa. Spighette a 2-8 fiori ermafr. e ordinariam. un fiore super. sterile, uniti spesso insieme fra loro da lunghi peli lanosi. Glume più brevi dei fiori, l'infer. un po' più piccola, 1-3-nerve. Glumette eguali o quasi, l'infer., carenata, mutica, compressa ai lati, a 5 nervi poco manifesti o sporgenti; la super. bicarenata, smarginata, biloba all'apice. Stami 3. Ovario glabro; stili brevissimi; stimmi piumosi sporgenti lateralm. Cariosside libera, glabra, trigona, con la faccia interna un po' depressa e provvista d'una macchia ilare puntiforme.

1 { Pannocchia a rami infer. *solitari o geminati*. Nodo più alto del fusto generalm. situato nella metà *infer.* della sua lunghezza 2
  { Pannocchia a rami infer. e medi *riuniti a 3-5*. Nodo più alto del fusto generalm. situato nella metà *super.* della sua lunghezza 6

2 { Culmi *cespugliosi.* 3
  { Culmi *con rizoma lungam. strisciante* . . . Cfr. P. compressa

3 { Fusto *ingrossato* alla base dalle guaine fogliari *o talora bulboso.* Pannocchia ovata, ± *densa.* 4
  { Fusto *non ingrossato* da guaine nè *bulboso* alla base. Pannocchia allungata o triangolare, ± *lassa.* 5

4 { Fusto *ingrossato alla base dalle guaine fogliari* che lo circondano. Foglie generalm. lineari-larghette, con linguetta allungata *solo nelle foglie superiori.* Spighette ovali o lanceolate, ordinariam. screziate di verde e violetto, raram. giallastre, a fiori non o poco lanosi alla base. Glumetta infer. a nervi laterali appena visibili. Fiori talora vivipari ossia trasformati in gemme caduche. Culmi eretti, 1-4 dm. (Fig. 347) . . . **2857 P. alpina** L.

A. Foglie lineari-larghette, (2-3 mm. larghe) bruscam. ristrette all'apice. Spighette a 4-6 fiori. Pianta robusta. (App. medio). — *Giu. Lug.* -- Pascoli alp. — α *typica.*

B. Foglie assai strette e piuttosto corte, per lo più gradatam. ristrette all'apice. Piante più gracili.

a Foglie rigide, glauche. Pannocchia più piccola e più contratta che nel tipo. Spighette a 4-10 fiori. (Qua e là App. medio). — β *badensis* (Henke).

b. Foglie lineari-strette, lunghe 3-4 cm. Pannocchia aperta. Spighette a 7-9 fiori. (App. emil. sul Monte Cimone). — γ *pumila* (Host).

Fusto *bulboso.* Foglie sempre assai strette; linguetta allungata *in tutte le foglie.* Spighette ovali, bianchiccie o variegate, coi fiori vivipari. Culmi eretti, 1-4 dm. 2⊊. . . . . **2858 P. bulbosa** L.

4 | A. Foglie strettam. lineari-piane. Spighette a 4-6 fiori, riuniti da un lungo ed abbondante tomento lanoso. (It. media, Arc tosc. . — *Apr. Giu.* — α *typica.*
B. Foglie setaceo-convolte. Spighette a 6-10 fiori villosi alla base o quasi nudi. (Faentino nel Monte Mauro). — β *concinna* (Gaud.).

5 | Rami della pannocchia *assai ruvidi.* . . . . Cfr. P. NEMORALIS
Rami della pannocchia *intieram. lisci o quasi,* patenti ed alla fine riflessi. Spighette ovali, screziate di bianco e verde e talora di violetto, a 2-5 fiori con lana subnulla. Glumetta infer. con nervi sporgenti alla base. Foglie lineari-piane, flaccide. Culmi eretti od ascendenti (1-2 dm.) od anche sdraiati e radicanti in pianta bienne. ① ②. (It. media, Arc. tosc.). — *Gen. Dic.* — Comune nei luoghi incolti dal mare alla reg. alp.   . **2859 P. annua** L.

6 | Glumetta infer. coi nervi laterali *appena manifesti* anche nel secco . . 7
Glumetta infer. con 1-2 nervi per lato *ben manifesti e sporgenti* nel secco . 9

7 | Culmi *compressi,* come le guaine, con *rizoma lungam. strisciante e stolonifero.* Pannocchia bislunga, compatta od anche diffusa, a rami infer. per lo più riuniti a *2-3.* Spighette ovato-lanceolate, per lo più verdi, a 5-9 fiori, senza lana. Foglie lineari-larghette, piane; linguetta brevissima, troncata. ♃. (It. media). — *Est.* — Comune nei luoghi aridi ed incolti.
2860 P. compressa L.
Culmi *cilindrici o subcilindrici, cespugliosi, di rado con rizoma brevem. strisciante.* Pannocchia a rami infer. per lo più riuniti a *4-5* . . . 8

8 | Glumetta infer. *acuta od acuminata.* Rachilla *munita* alla base di ciascun fiore *di un fascetto di peli;* lana *nulla.* Pannocchia *contratta, densa,* a spighette *ovali.* con 3-5 fiori, *quasi sempre variegate di violaceo.* Foglie basali convolto-setacee, le cauline convolto-canalicolate; linguetta bislunga. Culmi cespugliosi, *2-4 dm.* ♃. (App. medio qua e là). — *Giu. Lug.* — Pascoli reg. alp. e subalp. — (*Festuca pilosa* Hall. fil.) . . **2861 P. violacea** Bell.
Glumetta infer. *ottusetta.* Rachilla *nuda;* lana *per lo più ben manifesta.* Pannocchia *allungata, lassa,* a spighette *ovali-lanceolate,* con 2-5 fiori, *verdastre o rossastre.* Foglie lineari-strette, per lo più piane. Culmi cespugliosi o brevem. stoloniferi, gracili, *2-8 dm.* ♃ .   . **2862 P. nemoralis** L.
A. Culmi ± gracili. Pannocchia flessuosa, inclinata, con spighette a 2 o raram. 2-5 fiori. Linguette infer. subnulle, la super. brevissima. Pianta verde od anche verde-glauca. (It. media). — *Giu. Ag.* — Boschi ombrosi dalla reg. subm. all' alp. — α *typica.*
B. Culmi rigidi. Pannocchia eretta od inclinata soltanto all' apice, addensata, con spighette a 3-5 fiori. Linguetta troncata. (Col tipo). — β *firmula* (Gaud.).

9 | Radice *fibrosa.* Linguetta *bislunga,* almeno nelle foglie super. Culmi spesso dapprima *arcuati e radicanti alla base, poi eretti, cilindrici, 4-10 dm.* Pannocchia grande, piramidale, a spighette verdi o variegate, con 3-4 fiori, provvisti di *lanugine scarsa o nulla.* ♃. (It. media, Arc. tosc. non ovunque). — *Mag. Lug.* — Comune nei luoghi erbosi dal mare alla reg. mont. — *Sciammica, Spannocchina*   **2863 P. trivialis** L.
Rizoma *strisciante.* Linguetta *breve o brevissima,* troncata, raram. un po' allungata nelle foglie super. Culmi *eretti,* qualche volta arcuati alla base, *ordinariam. cilindrici, 3-5 dm.* Pannocchia eretta, patente, a spighette verdi o variegate, con fiori provvisti di *lana abbondante.* ♃.
2864 P. pratensis L.
A. Stoloni e rizoma senza ingrossamenti a forma di nodi. Glumetta infer. pelosa sul dorso e sui margini. Culmi cilindrici. (It. media, Elba, Gorgona). — *Apr. Giu.* — Comune nei prati e luoghi erbosi dal mare alla reg. alp. — α *typica.*
B. Stoloni e rizoma brevi, ingrossato-nodosi. Glumetta infer. subglabra sulla carena e sui margini. Culmi subcompressi. (Faentino e presso Firenze). — β *attica* (Boiss. et H.).

62. **Glycèria** (da γλυχερος = per le qualità alimentari). Pannocchia ramosa. Spighette dapprima cilindriche poi compresse lateralm., a 4 o più fiori ermafr., e spesso un fiore super. rudimentale. Glume diseguali, ottuse, mutiche, più brevi dei fiori. Glumetta. infe-

concavo-semicilindrica, non carenata, ordinariam. ottusa, mutica ±
scariosa all'apice, a 5-7 nervi non sporgenti; la super. bicarenata, bifida in alto. Stami 2-3, Ovario glabro; stili 2, terminali assai lunghi,
stimmi piumosi, sporgenti dai lati del fiore. Cariosside libera, glabra,
ovale od oblunga, a faccia interna longitudinalm. solcata o no, sormontata dagli stili persistenti, divaricati, o dalla loro base soltanto
in forma di piccola corona setosa.

1 {
Glumetta infer. a *7 nervi*. Stili *allungati, persistenti*, divaricati. Cariosside *longitudinalm. solcata* sulla faccia interna. Piante di *4-20 dm.* a foglie *larghe, sempre piane* 2
Glumetta infer. a *5 nervi*. Stili *brevi, caduchi*. Cariosside *non solcata*. Piante *alte 8 dm. al più*, con foglie *strette e per lo più subconvolte* . . . 5
}

2 {
Culmi *eretti, grossi (1-2 m.)*. Spighette *compresse* anche prima della fioritura, *screziate di violetto*. Pannocchia grande, ramosissima, a spighette ovali-oblunghe, con 5-9 fiori, raram. vivipare. Foglie larghe 1 cm. e più, lineari-lanceolate, consistenti, acuminate, a guaine cilindriche. ♃. (It. media). — *Giu. Lug.* — Paludi e fossi dal mare alla reg. subm.
2865 G. aquatica Wahlb.
Culmi *sdraiati e radicanti alla base (4-10 dm.)*. Spighette *cilindriche* prima della fioritura, *verdi-pallide* 3
}

3 {
Glumetta infer. a nervi *poco prominenti*, rotondato-crenulata all'apice. Pannocchia a rami infer. a 2 o 3, con spighette sessili o quasi. Antere lunghe circa 1 ½ mm. Foglie larghe 5-7 mm., a linguetta lunga, talora fino a 1 cm., lacera in alto. ♃. (T. nel Pisano, Elba). — *Prim. Aut.* — Stagni e paduli . . . . **2866 G. spicata** Guss.
Glumetta infer. a nervi *prominenti* 4
}

4 {
Pannocchia a rami infer. *a 1 o 3*. Glumetta infer. *subacuta*. Antere *lunghe 1 ½ mm*. Foglie larghe 5-6 mm., lineari, acute, le infer. spesso natanti e più lunghe: linguetta variabile per lunghezza, ottusa od acuta, spesso lacera. ♃. (It. media, Giglio). — *Mag. Giu.* — Luoghi paludosi e fossi dal mare alla reg. mont. (Fig. 348). . . . . . **2867 G. fluitans** R. Br.
Pannocchia a rami infer. riuniti *a 3-5*. Glumetta infer. *arrotondata*, e crenulata all'apice. Antere *metà più brevi, lunghe appena ³/₄ di mm*. Foglie larghe 6-7 mm.; linguetta corta. ♃. (It. media, Elba, Capraia). — *Mag. Giu.* Luoghi paludosi e fossi c. s. . . . . **2868 G. plicata** Fries
}

5 {
Foglie *piane*, piegate in due nel secco. Pannocchia a rami patenti o riflessi dopo la fioritura, tutti lungam. nudi alla base, gli infer. riuniti ordinariam. a 5. Fiori lunghi *2-3 mm*. Radice fibrosa, senza stoloni; culmi eretti o ascendenti, 2-6 dm., a pareti sottili e cavità centrale larga. ♃. (Coste It. media qua e là). — *Apr. Mag.* — Luoghi umidi specialm. salsi reg. med. sulle coste, raram. nell'interno . . . . **2869 G. distans** Wahlb.
Foglie ± *convolte o subconvolto-giunchiformi*. Fiori lunghi *3-4 mm*. . . . 6
}

6 {
Gluma infer. *non raggiungente* la metà della glumetta prossima. Pannocchia a rami eretti ed appressati all'asse dopo la fioritura, più raram. patenti o riflessi, gli infer. *ordinariam. geminati*. Culmi sterili prostrato-radicanti, stoloniformi; i fertili ascendenti od eretti, a pareti sottili.
2870 G. maritima M. et K.
Gluma infer. *oltrepassante* la metà della glumetta prossima. Pannocchia a rami generalm. eretti ed appressati dopo la fioritura, gli infer. *riuniti a 3-5*. Radice fibrosa: culmi eretti, fascicolati, rigidi, a pareti grosse e cavità centrale piccola. ♃. (T. a Livorno, Monte Argentaro, L. M. ad Ancona). — *Mag. Giu.* — Reg. med. . . . . **2871 G. festucaeformis** Heynh.
}

63. Festuca. Pannocchia. Spighette ovali o lanceolate, compresse lateralm., a 2-molti fiori ermafr. Glume diseguali, l'infer. più piccola 1-nerve, la super. 3 nerve. Glumetta infer. semicilindrica, arrotondata sul dorso, acuta, raram. subottusa, 5-nerve, mutica od aristata; la super. bicarenata, bidentata o bifida all'apice. Stami 3. Ovario glabro o peloso all'apice; stimmi terminali, sessili o quasi, piumosi, sporgenti lateralm. verso la base del fiore. Cariosside aderente alla glumetta super., con macchia ilare allungata, raram. subpuntiforme, glabra.

1 { Foglie basali *dapprima piane* 2
   { Foglie basali *convolto-setacee* 7

2 { Glumetta infer. con *resta lunga circa il doppio di essa.* Foglie glabre, larghe 8-15 mm., ruvide sui margini ed un poco sulle facce. Pannocchia grande, pendente, molto lassa. Spighette a 5-9 fiori o 3 soltanto in pianta più gracile. Culmi eretti, robusti, 1-2 m. con innovazioni (1) estraguainali, non striscianti. 2/. (It. media). — *Mag. Giu.* — Boschi ombrosi umidi reg. mont. e subm. . . . . **2872 F. gigantea** Vill.
   { Glumetta infer. *non aristata od assai brevem. aristata.* 3

3 { Fusto *bulboso-ingrossato* alla base. Fiori *gialli.* Pannocchia dapprima un po' aperta, poi contratta, a rami lisci, con spighette a 3-5 fiori. Foglie rigide, dapprima piane poi ± convolte, pungenti, liscie; guaine marcescenti intere od appena sfibrate; linguetta breve, biorecchiuta. 2/. (App. medio). — *Giu. Lug.* — Pascoli e prati reg. alp. e mont. . . **2873 F. spadicea** L.
   { Fusto *non bulboso-ingrossato.* Fiori *verdastri* 4

4 { Linguetta *bislunga senza orecchiette.* Pannocchia ramosissima, eretta, coi rami flessuosi, ruvidi, gli infer. geminati o a 3-4, nudi nella metà inferiore. Glumetta infer. scabra, a 3-5 nervi, lanceolato-lesiniforme, acuta. Culmi eretti 8-12 dm. — Radice fibrosa. 2/. (App. emil. e tosc., non comune). -- *Giu. Lug.* — Luoghi selvatici reg. mont. . . . . **2874 F. silvatica** Vill.
   { Linguetta *brevissima, con 2 orecchiette* laterali 5

5 { *Radice fibrosa.* Ramo più breve dei due infer. della pannocchia portante *una sola* spighetta, gli altri più lunghi 3-6 spighette. Foglie verdi, larghe 3-5 mm., lungam. acuminate, quasi convolte nel secco, ruvide ai margini nella parte super. Glumetta infer. dentellata all'apice, mutica o con resta breve. Culmi eretti di 4-9 dm. 2/ (It. media). — *Apr. Giu.* -- Prati e luoghi erbosi dal mare alla reg. mont. – *Paleo dei prati* . . **2875 F. pratensis** Huds.
   { *Rizoma strisciante.* Rami infer. *a diverse* spighette 6

6 { Pannocchia *lineare, strettissima,* interrotta alla base. Spighette *ellittiche,* lunghe *6-9 mm.* Glumetta infer. largam. lanceolata, bruscam. acuminata e denticolata. Foglie *glaucescenti,* qualche volta verdi, per lo più brevi, rigidette, convolte nel secco. Culmi eretti, lisci, gracili, 5-10 dm. 2/. (Qua e là It. media). -- *Apr. Giu.* — Reg. med. . . . . **2876 F. Fenas** Lag.
   { Pannocchia *ovale-bislunga, aperta,* grande. Spighette *ovali-lanceolate,* lunghe *10-15 mm.* Glumetta infer. lanceolata, mutica, mucronata o più spesso brevem. aristata. Foglie *verdi,* piane, rigidette, ruvide ai margini e sulla faccia super. Culmi eretti, assai robusti, 1-2 m. 2/. (It. media, Elba, Giglio, Capraia e Montecristo). — Prati umidi ecc. lungo i corsi d'acqua dal mare alla reg. mont. . . . **2877 F. arundinacea** Schreb.

7 { Rizoma *lungam. strisciante,* terminato da un fascio di foglie. Gluma super. acuminato-mucronata. Ovario glabro all'apice. Foglie basali setaceo angolose, le cauline piane nel fresco, o talora tutte piegate-filiformi o tutte piane. Culmi di 4-8 dm., eretti, assai robusti. 2/. (It. media). — *Mag. Lug.* — Prati e pascoli dalla reg. pad. e subm. all'alp. . . . **2878 F. rubra** L.
   { Radice *fibrosa* 8

(1) Col nome di *innovazioni* s'intendono i rametti o getti sterili alla base del fusto florifero, e si distinguono in *intraguainali* se essendo verticali sono chiuse per buon tratto entro le guaine in modo che il cespuglio risulta assai compatto ed *estraguainali* invece allorquando perforando la base delle guaine o pel disfacimento di queste le innovazioni si rendono libere e il cespuglio riesce piuttosto lasso.

8 {
Foglie *cauline piane*, larghe 2-3 mm.; quelle delle innovazioni lunghe, molli, convolto-setacee, carenate, angolose e ruvide, a guaine intiere. Culmi di 6-12 dm. Pannocchia a rami infer. geminati con 2-8 spighette strette, bislunghe a 4-5 fiori aristati. Ovario peloso alla sommità. 2⚲. (It. media, Elba). — *Mag. Giu.* — Boschi reg. subm. e mont. **2879 F. heterophylla** Lam.
Foglie tutte *convolte* 9

9 {
Guaine delle innovazioni *intiere fino verso l' apice*. 10
Guaine delle innovazioni *fendute fino verso la base* 11

10 {
Innovazioni *estraguainali*. Fusto *angoloso in alto*. Foglie verdi, subconformi, capillari, angolose, molli, liscie o quasi. Pannocchia screziata di violetto, eretta, *breve*, (3-6 cm.), a rami flessuosi, gli infer. geminati, *più lunghi* delle spighette, che sono 1-3. Glumetta infer. a 5 nervi *poco distinti*. Ovario *con qualche breve pelo alla sommità*. 2⚲. — *Lug. Ag.* — Pascoli alp. e subalp. delle Alpi . . . . **2880 F. violacea** Gaud.
    Foglie disformi. Glumetta infer. a 5 nervi prominenti. (App. medio, Alpi Ap.). — Var. *Puccinellii* (Parl.).
Innovazioni *intraguainali*. Fusto *striato*. Foglie capillari, angolose, liscie. Pannocchia verdastra o violacea, *brevissima* (15-30 mm.), a rami solitari, ordinariam. semplici e *più brevi* delle spighette, che sono a volte 2. Glumette infer. a 5 nervi *prominenti*. Ovario *glabro*. 2⚲. (App. medio, Alpi Ap.). — *Lug. Ag.* — Pascoli e rupi alp. . . . **2881 F. Halleri** All.

11 {
Foglie *cilindriche, setacee*. Pannocchia verdastra o leggerm. violacea, subunilaterale, a rami solitari, eretti, capillari, gli infer. con 3-8 spighette erette. a 3-5 fiori aristati nella forma tipica. 2⚲. (It. media). — *Mag. Lug.* — Luoghi erbosi reg. subm. e mont. — *Setaiola*. (Fig. 350). **2882 F. ovina** L.
Foglie ± *compresse o solcate* 12

12 {
Fusto *angoloso*. Foglie glaucescenti, larghe circa *5 mm.*, capillari, compresse lateralm., *solcate* su ciascuna faccia nel secco. 2⚲. (Forse qua e là nell'It. media) . . . . **2883 F. valesiaca** Schl.
Fusto *striato*. Foglie verdi o glaucescenti, larghe circa *7-10 mm.*, subgiunchiformi, compresse lateralm., *non solcate*, ordinariam. liscie. 2⚲. (It. media, Elba). — *Mag. Lug.* — Reg. subm. e mont. **2884 F. duriuscula** L.

64. Vulpia (da *vulpes* = volpe, per la forma della pannocchia). Pannocchia ramosa, sovente contratta, raram. spiciforme. Spighette portate da pedicelli ingrossati o rigonfi superiorm., compresse e molto slargate durante la fioritura. Glume molto disuguali, l'infer. piccolissima, a volte quasi nulla, 1-nerve. Glumetta infer. fusiforme-subulata, carenata, intera o bidentata all'apice, attenuato-aristata. Stami 1-3. Ovario glabro o guarnito alla sommità di piccoli peli spinosi; stimmi subsessili, terminali, piumosi, chiusi fra le glumette. Cariosside lineare, aderente alla glumetta superiore.

1 {
Glumetta infer. *densam. barbata o villoso-cigliata* ai margini e talora anche sul dorso 2
Glumetta *infer. nuda o con pochi peli* al margine e sul dorso . . . 3

2 {
Gluma maggiore *assai più breve* dei fiori. Pannocchia contratta, spiciforme, *spesso incurvata*, unilaterale. Spighette a circa *6 fiori*. Reste *subeguali* alle loro glumette od anche *2-3 volte più lunghe*. ①. (It. media, Arc. tosc.). — *Mar. Mag.* — Luoghi erbosi aridi e sassosi dal mare alla reg. subm. **2885 V. ciliata** Lk.
Gluma maggiore *subeguale* ai fiori. Pannocchia spiciforme, subsemplice, *eretta*, unilaterale. Spighette grosse, a *7-8 fiori*. Reste *un po' più brevi* delle loro glumette. ①. (T. all'Elba, L.). — *Mag. Giu.* — Arene marit. **2886 V. Alopecurus** Lk.

3 {
Gluma infer. *brevissima o quasi nulla* 4
Gluma infer. *1 a 3 volte più breve* della superiore. 5

4 {
Pannocchia *quasi spiciforme*, unilaterale, verde-giallastra, semplice o raram. con 1-3 rametti infer. portanti 2-5 spighette a 4-6 fiori. Gluma maggiore *subeguale* ai fiori, e insensibilm. attenuata in una resta lunga circa quanto essa. ①. (It. media, Elba, Giglio, Pianosa). — *Apr. Mag.* — Campi ed arene presso al mare, più raram. lontano da esso, reg. med.

            2887 V. uniglumis Rchb.

Pannocchia *ramosa, bislunga,* unilaterale, di color verde-gaio, giallastra o ros-saatra; spighette grandi, a circa 4 fiori. Gluma maggiore *per lo più supe-rante* i fiori senza la resta, acuminata, aristata, 3-nerve. ①. (Liguria, T., Arc. tosc. non ovunque, M., It. centr.). — *Mag. Giu.* — Reg. med.

            2888 V. ligustica Lk.

5 {
Pedicelli *lunghi quanto* le spighette. Gluma infer. lunga *metà* della super. Glumetta infer. a resta *lunga quanto* essa, *munita di qualche pelo rado* ai margini. Stami *3*. Ovario *guarnito di spine alla sommità*. ①. (Liguria, T. L.). — *Apr. Giu.* — Luoghi erbosi, tetti e muri reg. med.

            2889 V. geniculata Lk.

Pedicelli *più brevi* delle spighette. Gluma infer. lunga *un terzo* della super. Glumetta infer. a resta *più lunga* di essa, *non cigliata*. Stami *1, a volte 2-3*. Ovario *glabro*. Culmi coperti interam. o quasi dalle guaine, che spesso cingono la pannocchia. ①. (It. media, Arc. tosc. non ovunque). — *Mar. Mag.* — Luoghi erbosi sterili dal mare alla reg. subm.

            2890 V. myurus Gmel.

      Culmi nudi superiorm. Gluma infer. lunga metà della super. (Più rara del tipo). — Var. *sciuroides* (Gmel.).

350. *Festuca ovina* L. (¼).

351. *Sclerochloa maritima* Sweet. ¼).

352. *Brachypodium silvaticum.* P. B. (⅛).

     65. Nardùrus. Spiga semplice, molto raram. ramosa alla base, distica od unilaterale. Spighette applicate contro la rachide scavata, slargate in alto dopo la fioritura, a 5-8 fiori, subsessili, portate da brevissimi pedicelli ugualm. ingrossati. Glume subeguali od assai diseguali. Glumetta infer. non carenata, mutica od aristata. Stami 3. Ovario glabro; stimmi terminali, sessili, piumosi. Cariosside bislunga, glabra, scanalata sulla faccia interna.

1 {
Spighette *unilaterali*. Glume *diseguali*, acuminate, l'infer. più piccola, lunga metà circa della super., 1-nerve, la super. 3-nerve. Fiori 5-6 per ogni spi-

ghetta, brevem. mucronati o talora in parte o tutti aristati. Spiga semplice. Culmi eretti od ascendenti, gracili, 8-15 cm. Foglie setaceo-convolte. ①. (E. presso Parma ecc.). *Mag. Giu.* — Luoghi sterili reg. med. e subm.
2891 N. unilateralis Fries

1 {

Spighette *distiche.* Glume *subeguali,* ambedue 3-nervi, ottuse. Fiori 5-8, ottusetti, mutici od aristati. Spiga semplice o talora ramificata. Culmi c. s. Foglie c. s. ①. It. media, massime nella costa occid., ma anche nel Modenese). — *Apr. Mag.* — Luoghi erbosi . . . . **2892 N. Lachenalii** Godr.

66. Catapòdium (da $\chi\alpha\tau\alpha$ = all'ingiù e $\pi\circ\delta\iota\circ\nu$ = piedino,

pel movimento dei peduncoli). Spiga unilaterale o distica, a rachide scavata. Spighette subsessili, più strette all'apice. Glume subeguali, la super. ottusa. Glumetta infer. concava, ottusa, sempre mutica; la super. ellittica, bidentata, bicarenata. Stami 3. Ovario glabro; stimmi sessili, piumosi. Cariosside bislunga, leggerm. scanalata.

Culmi prostrati od ascendenti, 5-15 cm., assai grossi, spesso ramosi. Radice fibrosa. Foglie verdi, raram. violacee, lineari-subconvolte. Spiga unilaterale, semplice o con qualche rametto alla base. Spighette larghe 2 mm. al più, a 5-11 fiori, applicate obliquam. alla rachide, che è grossa e profondam. scavata. ①. (It. media, Arc. tosc.). — *Apr. Mag.* — Spiagge marit.
2893 C. loliaceum Lk.

67. Sclerôchloa (da $\sigma\chi\lambda\varepsilon\rho\circ\varsigma$ = duro e $\chi\lambda\circ\alpha$ = erba, per la

durezza dei culmi). Pannocchia racemoso-unilaterale. Spighette compresse ai lati, coriacee, a 4-11 fiori. Glume diseguali tra loro, ottuse. Glumetta infer. bislunga, carenata, mutica o mucronata; la super. ellittica, bidentata, bicarenata. Stami 3. Ovario ovato-fusiforme, glabro; stili 2, brevissimi; stimmi piumosi. Cariosside libera, bislungo-trigona.

1 {

Pannocchia *molto compatta,* formata da spighette a *3.5 fiori.* Glume *assai diseguali,* ottuse o smarginate. Glumetta infer. troncata, con 5 nervi prominenti, scariosa al margine. Culmi cespugliosi, ascendenti, 5-20 cm., ricoperti dalle guaine fin quasi alla sommità. ①. (It. media). — *Mag. Giu.* — Lungo le vie e luoghi incolti dal mare alla reg. subm.
2894 S. dura P. B.
Pannocchia ± *lassa,* formata da spighette a *5-12 fiori.* Glume *subeguali* . 2

2 {

Rami della pannocchia *lisci.* Spighette *compresse,* larghe, a 5-9 fiori, con rachilla fragile. Pannocchia ovale, a rami triangolari, articolati, spesso divaricati con una spighetta in ogni biforcazione principale. Glumetta infer. con 2 nervi marginali per lato. ①. (It. media, massime sulla costa occid., Elba, Pianosa). - *Mag.* — Sabbie marit. (Fig. 351).
2895 S. maritima Sweet
Rami della pannocchia *dentellato-scabri* sugli angoli. Spighette *lineari-bislunghe, subcilindriche* 3

3 {

Pannocchia a rami *articolati, divaricati,* portanti 2-4 spighette, *con una spighetta* ad ogni biforcazione principale. Culmi *inginocchiati alla base,* 1-3 dm. Spighette a 6-12 fiori lassi, con rachilla tenace. ①. (L. a Terracina). — *Apr. Mag* — Sabbie marit. . . . . . **2896 S. divaricata** Lk.
Pannocchia a rami *non articolati, eretto-patenti,* portanti, gli infer., 4-6 spighette, *senza spighette* nelle biforcazioni principali. Culmi *eretti od ascendenti* 4

4 {

Culmi *scabri in alto.* Rami della pannocchia *nudi nella metà infer.* Fiori ravvicinati. Glumetta infer. *acuta o mucronulata all'apice,* con la carena *acuta e scabrosetta, tagliente* e con 2 *grossi* nervi laterali. ①. (It. media, Elba, massime sulla costa occid., ma anche nelle M. a S. Benedetto). — *Apr. Mag.*

— Sabbie e luoghi erbosi lungo le spiagge.   **2897 S. hemlpoa** Guss.
Culmi *lisci*. Rami della pannocchia *brevem. nudi*. Fiori *un po' discosti*. Glumetta infer. *ottusetta*, con la carena *smussata* e coi nervi laterali *appena
visibili*. ⊙. (It. media, Arc. tosc.). — *Est.* — Luoghi sterili e sabbie dal
mare alla reg. subm. . . . . . . **2898 S. rigida** P. B.

68. **Bròmus**. Pannocchia semplice o più spesso ramosa inferiorm. Spighette ± slargate in alto, a molti fiori di cui i super. per
lo più sterili. Glume diseguali, carenate, l'infer. più piccola 1-nerve,
la super. 3-nerve. Glumetta infer. concava o carenata, con resta
inserita, un po' sotto l'apice, raram. mucronata o mutica; la super.
ellittica, ottusa, cigliata o pubescente sulle carene. Stami 3. Ovario
villoso all'apice; stimmi 2 sessili o subsessili, nascenti sulla faccia
dorsale dell'ovario sotto l'apice. Cariosside bislunga, aderente alle
glumette, appendicolata e villosa all'apice.

1 Piante *annue*. Spighette *assai* slargate alla sommità dopo la floritura. Reste
   più lunghe delle loro glumette *o raram. subeguali* ad esse 2
   Piante *perenni*. Spighette *appena* slargate alla sommità dopo la floritura. Reste *più brevi* delle loro glumette *o raram. nulle* 7

2 Rachide e rami della pannocchia *pubescenti-irsuti* 3
   Rachide e rami della pannocchia *dentellato-scabri o brevem. pubescenti*. . 5

3 Pannocchia *pendente*, subunilaterale, a rami *gracili, flessuosi*, gli infer. per lo
   più *con 2-6 spighette*, a 5-9 fiori. Glume e glumette largam. scariose ai margini; reste lunghe circa come le loro glumette. Foglie e guaine pubescenti;
   linguetta troncata, laciniata. Culmi eretti od ascendenti, 1-4 dm. ⊙. (It.
   media, non ovunque comune). — *Apr. Giu.* — Muri, tetti ecc. dal mare
   alla reg. alp. . . . . **2899 B. tectorum** L.
   Pannocchia *eretta*, a rami *rigidi, eretti o divaricati*, con *2 spighette* al più, a
   4-8 fiori 4

4 Pianta di *1-3 dm.*, con foglie *brevi, strette*. Pannocchia eretta, *raccorciata*,
   compatta, a rami *assai brevi*. Spighette *mediocri*; reste *poco più lunghe*
   delle loro glumette, *spesso curvate in fuori* a maturità. ⊙. (It. media, Pianosa). — *Apr. Giu.* — Luoghi arenosi e sterili e muri reg. med.
                                                  2900 B. rubens L.
   Pianta di *2-10 dm.*, con foglie *più lunghe e più larghe* del preced. Pannocchia eretta, *bislunga*, a rami *lunghetti* ed appressati oppure un po' *pendente*
   e con rami assai lunghi e divaricati. Spighette *grandi*; reste *lunghe il doppio* delle loro glumette, *per lo più sempre diritte*. ⊙. (It. media, Arc. tosc.
   non ovunque). — *Apr. Giu.* — Luoghi arenosi marit.
                                                  2901 B. maximus Desf.

5 Spighette sostenute da pedicelli *brevissimi*. Reste divaricato-contorte a maturità. Pannocchia eretta, obovato-cuneiforme, compatta, con spighette ad 8-
   10 fiori. Foglie brevi, strette, lineari, minutam. pubescenti come le guaine.
   Culmi eretti, 5-15 cm., glabri. ⊙. (Arc. tosc. a Pianosa). — *Apr. Mag.* —
   Luoghi erbosi aridi reg. med.   **2902 B. fasciculatus** Presl
   Spighette sostenute da pedicelli *lunghi o lunghetti*. Reste *diritte od appena
   divaricate* a maturità 6

6 Pianta di *3-6 dm.* Pannocchia *lassa*, a rami *divaricato-patenti*, almeno in
   parte uguali alle spighette o più lunghi. Glumetta infer. a nervi *assai* prominenti. Reste più lunghe delle loro glumette, per lo più sempre diritte.
   Culmi glabri od anche pubescenti alla sommità. Foglie e guaine ± pelose,
   più raram. glabre. ⊙. (It. media). — *Apr. Giu.* — Comune luoghi erbosi, muri,
   vie ecc. dal mare alla reg. subm. — *Forasacco.* **2903 B. sterilis** L.
   Pianta di *1-4 dm.* Pannocchia *compatta*, a rami *per lo più appressati*, tutti
   più brevi delle spighette. Glumetta infer. a nervi *poco prominenti*. Reste
   subeguali alle loro glumette, spesso curvate in fuori a maturità. Culmi glabri o raram. con leggiera pubescenza alla sommità. Foglie e guaine ± pubescenti. ⊙. (It. media, Arc. tosc.). — *Apr. Giu.* — Dove il precedente.
                                                  2904 B. madritensis L.

Pannocchia *eretta*. Foglie *disformi*, assai strette, le infer. piegato-carenate, generalm. più strette delle cauline che sono piane. Rami della pannocchia semiverticillati, eretti, poco più lunghi delle spighette, non portanti che 1 sola spighetta od a volte fino a 5-6. Culmi eretti, 8-12 dm., coperti alla base dalle guaine marcescenti, densam. cespugliosi. 2⨍. (It. media, Elba, Gorgona). — *Mag. Lug.* — Prati, pascoli ecc. dal mare alla reg. alp.
2905 B. erectus Huds.

7 { Pannocchia flaccida, *pendente*. Foglie *conformi*, largam. lineari, larghe 8-12 mm., tutte piane. 2⨍. (Fig. 354). . . . **2906 B. asper** Murr.

A. Pannocchia con rami riuniti a 3-6, diseguali e con poche spighette. (It. media). — *Mag. Giu.* — Luoghi selvatici reg. subm. più raram. pad. — α *typicus*.

B. Pannocchia con rami infer. per lo più geminati, portanti molte spighette. Pianta più grande ed a foglie più larghe che nel tipo. (T. nell'App. pistoiese presso Boscolungo). — β *serotinus* Benek.

69. **Serrafàlcus** (dedic. al Duca di Serrafalco, archeòlogo siciliano). Pannocchia semplice o ramosa. Spighette a molti fiori, dapprima cilindriche, poi compresse, ristrette in alto, a fiori embriciati ricoprentisi pei loro margini. Glume poco diseguali concavo-carenate, l'infer. più piccola 3-5-nerve, la super. 7-9-nerve. Glumetta infer. semi-cilindrica, arrotondata sul dorso, aristata un po' sotto l'apice, laciniata o brevem-biloba; la super. ottusa e ordinariam. intera all'apice, cigliata sulle carene. Stami 3. Ovario villoso in alto; stimmi sessili, inseriti un po' sotto l'apice dell'ovario, piumosi. Cariosside aderente alle glumette, appendicolata e villosa all'apice.

1 { Reste *diritte* o soltanto divaricate a maturità, *raram. mancanti* . . . 2
{ Reste *contorte* e divaricato-patenti massime a maturità, *sempre presenti* . 4

2 { Guaine delle foglie *glabre o raram. con qualche pelo sparso*. Fiori coi margini accartocciati dopo la fecondazione *e quindi discosti gli uni dagli altri*. Glumetta infer. subeguale alla super., strettam. scariosa ai margini con 7 nervi poco prominenti. Foglie lineari-piane. Culmi eretti, 3-10 dm., glabri in alto. ①. (It. media). — *Mag. Giu.* — Tra le messi dal mare alla reg. subm.
2907 S. secalinus Bab.
{ Guaine delle foglie *pubescenti*, almeno le infer. Fiori *ricoprentisi tra loro* anche a maturità, almeno alla base 3

3 { Pannocchia *grande, per lo più composta*, a rami gracili e divaricati, *assai più lunghi* delle spighette, che sono *lineari-lanceolate e per lo più variegate di violaceo o di bruno*. Foglie c. s. Culmi eretti od ascendenti, 3-10 dm., glabri in alto. ①. — *Ventolana*. . . . . . **2908 S. arvensis** Parl.

A. Fiori ricoprentisi coi margini; glumetta infer. subeguale alla super.; reste diritte. Spighette glabre o raram. pubescenti. (It. media). — *Mag. Ag.* — Campi e luoghi erbosi dal mare alla reg. mont. — α *typicus*.

B. Fiori discosti tra loro; glumetta infer. più lunga della super.; reste divaricate a maturità. Spighette glabre od anche pubescenti. (Col tipo e a Pianosa). — Reg. subm. — β *patulus* (Parl.).

{ Pannocchia *alla fine contratta*, a rami subsemplici, *per la maggior parte più brevi* od uguali alle spighette, che sono *turgide, ovato-lanceolate*, verdastre o raram. rossicce. Culmi e foglie c. s. ① ②. — *Spigolina*.
2909 S. mollis Parl.

A. Culmi per lo più pubescenti in alto. Rami della pannocchia pelosi. Glumetta infer. con nervi manifesti. Pannocchia per lo più eretta, patente, alla fine contratta. Spighette lunghe 20-30 mm. mollem. pubescenti o spesso anche glabre: reste diritte o più raram. divaricate a maturità. (It. media, Arc tosc.). — *Apr. Giu.* — Luoghi erbosi, prati ecc. dal mare alla reg. mont. — α *typicus*.

B. Culmi glabri in alto. Rami della pannocchia ruvidi, ma non pelosi. Glumetta infer. con nervi poco manifesti.

3 | *a.* Pannocchia eretta, patente, alla fine contratta, con rami generalm. più brevi delle spighette, le quali sono lunghe 15-20 mm., glabre, con reste diritte. (Col tipo). — β *racemosus* (Parl.).
b. Pannocchia ± curvato-pendente, patente e lassa, con rami infer. lunghi circa quanto le spighette, le quali sono lunghe 20-30 mm. c. s. (Col tipo). — γ *commutatus* (Bab.).

4 | Culmi *pubescenti* in alto. Reste *alla fine alquanto* divaricato-contorte.
Cfr. S. MOLLIS VAR.
Culmi *glabri* in alto o soltanto pelosi nei rami della pannocchia. Reste *precocem. e manifestam.* ricurvo-patenti e contorte. **5**

5 | Pannocchia *racemoso-pendente o divaricata* almeno dopo la fioritura .   . **6**
Pannocchia *sempre eretta e contratta*, anche dopo la fioritura   .   .   . **7**

6 | Pannocchia a rami per lo più *semplici, racemoso-pendenti*. Spighette *grandi* (25-40 mm. comprese le reste), a fiori *ricoprentisi* tra loro anche a maturità. Reste divaricate contorte nel secco. Glumetta infer. assai più lunga della super.: reste più lunghe delle loro glumette. Foglie lineari-piane; linguetta ovale, laciniata. Culmi eretti, 2-4 dm. ②. (It. media). — *Mag. Giu.* — Campi e luoghi sterili reg. subm. raram. med. e pad. (Fig. 353).
2910 S. squarrosus Bab.
Pannocchia a rami per lo più *divisi,* ± *divaricati.* Spighette *piccole* (lunghe 15-20 mm., comprese le reste) a fiori *discosti* tra loro a maturità. Reste divaricato-pendenti   .   .   .   .   .   . Cfr. S. ARVENSIS VAR. β

7 | Spighette *sessili o quasi*, in pannocchia *densa* ovato-ottusa a 6-8 fiori. Glumetta infer. assai più lunga della super.: reste contorte a spirale, subeguali alle loro glumette. Foglie e guaine mollem. pubescenti. Culmi eretti, ginocchiati alla base, 2-4 dm. ①. (L.). — *Apr. Mag.* — Luoghi arenosi colt.
2911 S. scoparius Parl.
Spighette ± *lungam. peduncolate*, in pannocchia *ramificata o racemosa* . **8**

8 | Spighette *mediocri*, ellittico-oblunghe, a *6-10 fiori*. Glumetta infer. *poco più* lunga della super.; reste *subeguali* alle loro glumette, *ricurvo-patenti* a maturità. Foglie lineari-piane. Culmi eretti, 2-5 dm , glabri, pubescenti ai nodi. ①. (It. media, Giglio). — *Apr. Mag.* — Luoghi incolti reg. med. e subm.
2912 S. intermedius Parl.
Spighette *per lo più grandi*, lanceolate, a *10-16 fiori*. Glumetta infer. *assai* più lunga della super.; reste *un po' più lunghe* delle loro glumette, *subcontorte* a maturità. Foglie c. s. Culmi di 2-8 dm., ginocchiati alla base poi eretti. ①. (It. media). — *Apr. Mag.* — Col preced.
2913 S. macrostachys Parl.

70. Brachypodium (da βραχυς = breve e ποδιον = peduncolo).

Spiga semplice, raram. ramosa, composta di spighette distiche, subsessili, moltiflore. Glume diseguali. Glumetta infer. concava, acuminata a 7-9 nervi; la super. intera, bicarenata, cigliato-pettinata sulle carene. Stami 3, raram. 2. Ovario villoso all'apice; Stimmi 2 terminali. Cariosside aderente alla glumetta super., lineare-oblunga e munita all'apice d'un'appendice villosa.

1 | Pianta *annua* di 5-30 cm. Spighette *sempre compresse* ai lati. Foglie piane ai margini, brevi, molli, cigliate. Culmi semplici o poco ramosi. Radice fibrosa. ①. (It. media, Arc. tosc.). — *Apr. Mag.* — Luoghi sterili ed incolti dal mare alla reg. subm.   .   .   .   .   . **2914 B. distachyum** P. B.
Piante *vivaci* di 2-10 dm. Spighette *cilindriche* prima della fioritura .   . **2**

2 | Culmi *assai ramosi* alla base. Foglie *distiche*, convolto-subulate, assai brevi. Spiga breve, con 1-4 spighette, villose o più raram. glabre. Glumetta infer. munita d' una resta molto più breve di essa. ♃. (It. media, massime sulla costa occid., Arc. tosc.). — *Apr. Mag.* — Reg. med. e pad.
2915 B. ramosum R. et S.
Culmi *semplici o poco ramosi* Foglie *non distiche*. **3**

3 | Radice *fibrosa*. Culmi *gracili, semplici* alla base 5-10 dm. Reste *uguali* o nei fiori super. *più lunghe* delle glumette. Spighette per lo più pubescenti, in spiga flessuosa, spesso curvata. Foglie flaccide, verdi-cupe, lineari-lanceo-

3 | late, larghe 6-10 mm., ± villose come le guaine. ⚥. (It. media, Elba, Gi-
glio, Gorgona). — *Mag. Giu.* — Comune nelle siepi e luoghi selvatici.
(Fig. 352) . . . . **2916 B. silvaticum** P. B.
Rizoma *strisciante.* Culmi *rigidi ramosi* alla base. Reste *più brevi* delle glumette o *quasi nulle.* 4

4 | Foglie *piane, verdi-chiare, rigidette,* a nervi *diseguali,* gli uni *sporgenti* e di-
stanti, gli altri più numerosi e *molto meno* sporgenti. Reste 2-3 volte più
brevi della glumetta infer. ⚥. (It. media, Arc. tosc. non ovunque). — *Mag.
Ag.* — Comune dal mare alla reg. mont. . **2917 B. pinnatum** P. B.
Foglie *convolto-canalicolate, glauche, rigide, quasi pungenti,* a nervi *uguali ed
egualm. sporgenti.* Reste 4-5 *volte* più brevi della glumetta infer. ⚥. (Qua
e là col preced.) . . . . **2918 B. phoenicoides** R. et S.

353. *Serrafalcus*
squarrosus Bab.
(¹/₅).

354. *Bromus*
asper Murr.
(¹/₅).

355. *Avellinia*
Michelii Parl.
(¹/₄).

Tribù 13. ORDEE.

Spighette affatto sessili, in spighe per lo più distiche e con rachide scavata,
a 1 o molti fiori ermafr., articolate sopra le glume. Glume 1 o 2, lunghe
come i fiori o più brevi. Glumetta infer. mutica od aristata. Stimmi sporgenti alla base.

71. Nardus. Spiga eretta, unilaterale. Spighette solitarie su
ciascun dente della rachide ad 1 fiore ermafr. Glume quasi nulle,
ridotte a 2 denticini basilari. Glumette diseguali; l'infer. quasi pri-
smatico-triangolare, 3-nerve, acuminata o brevem. aristata; la super.
bicarenata, coll'apice triangolare. Stami 3. Stilo unico, allungato,
indiviso, lungo circa come l'ovario. Cariosside libera, lineare·trigona
attenuata in punta lesiniforme.

Culmi densam. cespugliosi, eretti, rigidi, lungam. nudi in alto, 1-2 dm. Foglie glaucescenti, convolto-setacee, scabre, pungenti. Spiga eretta, con spighette violacee. ⚥. (Alpi Ap., App. medio). — *Mag. Est.* — Pascoli reg.
alp. più raram. mont. — *Cervino.* (Fig. 358) . **2919 N. strictus** L.

72. **Psilùrus** (da $\psi\iota\lambda o\varsigma$ = calvo e $o\upsilon\rho\alpha$ = coda). Spiga distica, filiforme. Spighette solitarie nelle escavazioni della rachide, contenenti 1 o 2 fiori, l'infer. sessile ermafr., il super. spesso sterile. Gluma unica (eccetto nella spighetta terminale ove sono 2 glume brevi, diseguali), piccola, 5-6 volte più breve del fiore infer. Glumetta infer. coriacea, violacea o verdastra, aristata, 1-nerve; la super. membranosa, troncata, bicarenata. Stame unico. Ovario glabro; stimmi 2 terminali, subsessili, piumosi. Cariosside libera, lineare, convessa sulla faccia esterna e canalicolata su quella interna.

> Culmi eretti, filiformi, fascicolati. 2-3 dm. Foglie brevi convolto-setacee, glabre: guaina super ravvolgente la parte infer. della spiga. Spiga lunga, lineare-sottilissima. Spighette lineari, lesiniformi, nascoste negli incavi della rachide. ①. (It. media massime sul versante del Mediterr., Arc. tosc. all'Elba e Giglio). — *Apr. Giu.* — Colli aridi e sterili, qua e là, reg.-med. e subm.
> **2920 Ps. aristatus** Duv.-Jouve

73. **Leptùrus** (da $\lambda\epsilon\pi\tau o\varsigma$ = sottile e $o\upsilon\rho\alpha$ = coda, per la forma della spiga). Spiga distica, filiforme. Spighette solitarie nelle escavazioni della rachide, contenenti 1 solo fiore ermafr. e qualche volta il rudimento di un secondo fiore sterile. Glume 1 o 2. Glumette subeguali; l'infer. concava, ovata, ottusa, mutica; la super. bicarenata, bidentata. Stami 3. Ovario glabro; stimmi 2, subsessili, piumosi. Cariosside libera, subcilindrica, glabra o brevissimam. ispida in alto.

> 1 { Spighette tutte, eccetto la terminale, *con una sola gluma*, esterna Spighe lineari-cilindriche, erette, diritte. Foglie lineari-strette, piane. Culmi eretti od ascendenti, 1-3 dm. ①. (Coste It. media, Elba, Pianosa). — *Apr. Giu.* — Lungo le strade, sui muri ecc. massime presso al mare: reg. med. e subm.
>   **2921 L. cylindricus** Trin.
>   Spighette tutte *con due glume*, esterne 2

> 2 { Spiga *eretta, gracile*. Glume *subeguali* ai fiori. Antere *grandi, lineari*. ①. (Costa occid. It. media, Elba). — *Mag Lug.* — Luoghi erbosi ed umidi massime marit.
>   **2922 L. filiformis** Trin.
>   Spiga *arcuata, robusta*. Glume *più lunghe* dei fiori. Antere *piccole, ovato-oblunghe*. ①. (Coste It. media, Giglio, Gorgona, Pianosa, Capraia). - *Apr. Mag* — Luoghi erbosi marit. reg. med. e pad.
>   **2923 L. incurvatus** Trin.

74. **Lòlium.** Spiga distica, semplice o raram. ramosa. Spighette solitarie, sessili nelle escavazioni della rachide, opposte alla rachide ossia applicate col dorso contro di essa, contenenti 3-molti fiori, di cui il super. spesso sterile o rudimentale. Glume 2 nella spighetta terminale e subeguali, 1 sola nelle altre spighette, più breve dei fiori, concava, 5-nerve. Glumetta inf. 5-nerve, mutica od aristata di sotto all'apice; la super. bicarenata, bidentata. Stami 3. Ovario glabro o minutam. pubescente in alto; stimmi 2, sessili, piumosi. Cariosside aderente alla glumetta super., bislunga, munita all'apice d'un'appendice glabra o assai brevem. irsuta.

Fiori maturi *ellittici*.. Glumetta infer. *quasi cartilaginea*. Culmi *per lo più as-sai scabri* in alto, tutti fertili, cioè senza fascetti di foglie sterili basilari. Foglie lineari-piane. Spighette mature ± allontanate dalla rachide. ①. — *Loglio, Gioglio*. **2924 L. temulentum** L.

{1}
  A. Glume più lunghe del complesso dei fiori. Spiga allungata, grossa. Spighette a 5-8 fiori, turgidi a maturità.
    a. Fiori muniti di una resta forte, più lunga della sua glumetta. Culmi e guaine scabri. (It. media, Arc. tosc. non ovunque). — *Apr. Giu.* — Tra le biade dal mare alla reg. mont., comune. — α *ty- picum*.
    b. Fiori mutici o con resta debole e flessuosa, più breve della sua glumetta. Culmi e guaine lisci od anche scabri. (Qua e là col ti- po). — β *speciosum* (M. B.).
  B. Glume subeguali o poco più brevi del complesso dei fiori. Culmi gra- cili, 3-5 dm., poco ruvidi o quasi lisci. Spiga più gracile e più breve che nel tipo. Spighette meno turgide a 5-6 fiori mutici o brevem. ari- stati, raram. con circa 10 fiori lungam. aristati. (Col tipo ma per lo più nei campi di lino). — γ *remotum* (Schr.).
Fiori *lanceolati*. Glumetta infer. *erbaceo-scariosa*. Culmi *lisci o quasi* in alto 2

{2}
Glume *più lunghe, uguali o poco più brevi* del complesso dei fiori. Spighette *per lo più fortem. appressate* alla rachide, formanti quindi una spiga *subci- lindrica*. Culmi tutti fertili c. s., eretti od ascendenti, rigidi. ①.
                        2925 L. rigidum Gaud.
  A. Glume uguali o poco più brevi del complesso dei fiori. Spiga gracile, assai più breve della metà dell'altezza della pianta. Culmi gracili, 2- 5 dm. (Qua e là It. media, Arc. tosc.). — *Mag. Giu.* — Dal mare alla reg. subm. — α *typicum*.
  B. Glume più lunghe del complesso dei fiori. Spiga grossa, profondam. incavata contro le spighette, lunga metà circa della pianta. Culmi robusti, 2-3 dm. (M. presso Falconara, Ancona). — Sabbie marit. — β *lepturoides* (Boiss.).
Glume *più brevi* del complesso dei fiori. Spighette ± *allontanate* dalla rachi- de, formanti quindi una spiga *distica* ± *appiattita* 3

{3}
Spighette *tutte od in gran parte con due glume*; la super. però spesso assai piccola. Spiga semplice o ramosa simile a quella di un *Lolium*. Spighette spesso brevem. pedicellate, almeno le infer., che hanno pure la rachide poco scavata contro di esse. ♃. (Parmigiano). — FESTUCA ELATIOR ✕ LOLIUM PERENNE.
Spighetta *terminale con due glume, tutte le altre soltanto con una esterna* . 4

{4}
Piante *perenni o raram. annue*, portanti *oltre i culmi fertili dei fascetti di foglie sterili*. Spighette a 3-20 fiori 5
Piante *annue o bienni*, con culmi *tutti fertili* cioè non accompagnati da fa- scetti di foglie sterili. Spighette a 10-20 fiori. Foglie piane . . . 6

{5}
Foglie novelle *piegate longitudinalm. lungo il nervo mediano*. Fiori generalm. mutici. Piante perenni. Spiga distica, allungata, con spighette ± applicate contro la rachide. — Spiga semplice o raram. ramificata, rigida e con spi- ghette a 7-11 fiori od anche gracile e con spighette a 3-4 fiori: fiori mutici o raram. brevem. aristati. ♃. (It. media, Arc. tosc.). — *Mag. Giu.* — Prati, campi dal mare alla reg. mont.; comunissimo. (Fig. 357).
                        2926 L. perenne L.
Spiga piatta, breve, con spighette allontanate dalla rachide, moltiflore. (Qua e là col tipo). — Var. *compositum* (Thuill.).
Foglie novelle *convolute*. Fiori, almeno i super., aristati, raram. tutti mutici. Pianta perenne od anche annua. — Spiga semplice od anche ramosa. Spi- ghette a 5-10 fiori, un po' allontanate dalla rachide nella fioritura. ♃. (Col pred. ma più scarso e per lo più coltiv.). — *Mag. Giu.*
                        2927 L. italicum A. Br.

{6}
Spiga *lassa, distica, allungata*, semplice o più raram. ramificata alla base. Glume *acute, intere* all'apice. Spighette *lineari-lanceolate, acute*, con fiori, almeno i super., *aristati, talora tutti mutici*. ①. (Qua e là It. media, Arc. tosc.). — *Mag. Giu.* — Luoghi erbosi, prati ma più scarso del L. perenne.
                        2928 L. multiflorum Gaud.
Spiga *densa, piatta, raccorciata*. Gluma *ottusa, troncata, sublacera* all'apice.

6 | Spigbette *ovato-lanceolate, ottuse,* con fiori *mutici o raram. aristati.* ①.
(Faentino, L presso Roma). — *Apr. Mag.* — Luoghi erbosi e lungo le strade.
2929 L. siculum Parl.

75. **Agropyrum** (da ἀγρος = campo e πυρον = frumento).
Spiga semplice distica. Spighette solitarie, sessili negli incavi della
rachide e applicate contro di essa con una delle loro facce laterali,
contenenti 5-10 fiori, gli infer. ermafr., i due super. per lo più masch. Glume 2, subeguali, un po' coriacee, oblunghe o lanceolate, acuminate, ottuse od acute. Glumetta infer. mutica od acuminato-aristata; la super. bicarenata, cigliata sulle carene. Stami 3. Ovario
villosissimo in alto; stimmi 2 sessili, piumosi. Cariosside canalicolata
e munita in alto d'un'appendice fragile, rotondata e villosissima.

1 | Glumetta infer. ± *lungam. aristata.* Radice fibrosa. Foglie scabre *in ambe-
due le pagine* o raram. soltanto di sopra al margine, piane, verdi. Spighette a 3-7 fiori, lunghe, senza le reste, 12-14 mm. Glume a 3-5 nervi, più
brevi dei fiori. Culmi eretti, gracili, 5-10 dm. ♃. (Qua e là It. media). —
Mag. Lug. — Luoghi selvat. reg. subm. e mont.
2930 A. caninum P. B.
Glumetta infer. *mutica od anche brevem. aristata,* in tal caso in piante con
rizoma lungam. strisciante. Foglie scabre *solo nella pagina super.* . 2

2 | Spiga con rachide ad internodi lunghi *3-7 mm.,* eccetto talora gli infer. 3
| Spiga con rachide ad internodi tutti lunghi *9-30 mm.* 5

3 | Foglie *flaccide,* con nervi *sottili, generalm. allontanati.* Spiga gracile. Glu-
metta infer. *acuta od acuminata,* più raram. ottusa od aristata, come le
glume. Pianta verde o verdeggiante a foglie piane od appena convolte. ♃.
(It. media Arc. tosc. non ovunque). — *Mag. Ag.* — Comune dal mare alla
reg. mont. — *Caprinella, Dente canino* . . **2931 A. repens** P. B.
Spighe più gracili e più lasse; rachide pelosa. Glume acuminato-mucronate, con radi peli all'apice. (Presso Faenza). — Var. *Caldesii* (Goir.).
Foglie *piuttosto consistenti,* a nervi *grossi, contigui.* Spiga *grossa,* quadrangolare. Glumetta infer. per lo più *ottusa o troncata,* talora brevem. aristata.
Piante di luoghi salsi marit. 4

4 | Foglie *piane, convolte solo all' apice.* Pianta *robusta, glauca od anche verde.*
Spighette glabre o raram. pelose in alto. ♃. (Litorale del Lazio e presso
Pavia) . . . . **2932 A. litorale** Dum.
Foglie *convolto-pungenti.* Pianta *spesso più gracile* della preced., *glauca.* ♃.
(It. media, Elba, Giglio, Pianosa). — *Giu. Lug.* — Presso il mare, comune.
2933 A. pungens R. et S.

5 | Pianta *con rizoma lungam. strisciante.* Culmi eretti, *3-8 dm.* Foglie alla fine
convolte pungenti, glauche; guaine *glabre o talora pubescenti-vellutate.* Spiga allungata, con rachide alla fine assai fragile, liscia ai margini. Spighette
grosse, a 4-8 fiori. Glume a *9-12 nervi;* glumetta infer. ottusa, talora mucronata. ♃. (It. media, Arc. tosc. non ovunque). — *Giu. Lug.* — Comune
arene marit. . . . . **2934 A. junceum** P. B.
Pianta *con radice fibrosa, largam. cespugliosa.* Culmi eretti, *5-12 dm.* Foglie
piane od alla fine convolto-pungenti; guaine *liscie, glabre.* Spiga allungata,
con rachide un po' fragile nel secco. Spighette a 5-10 fiori. Glume a *7-9
nervi;* glumetta infer. ottusa o troncata, mutica. ♃.
2935 A. elongatum P. B.
A. Foglie glauche. Spiga con rachide liscia ai margini, tenace, ad internodi lunghi 9-20 mm. (Manca all'It. media). — *Giu. Lug.* — Reg.
med. e pad. — α *typicum.*
B. Foglie verdi. Spiga più gracile, con rachide aculeato-scabra ai margini, alla fine rompentesi, ad internodi lunghi 9-10 mm. (T. a Livorno). — Reg. med. — β *scirpeum* (Presl).

76. Triticum. Spiga distica, semplice o rarissimam. ramosa. Spighette solitarie, a 2-5 fiori, di cui gli infer. ermafr., i super. per lo più masch. o sterili. Glume 2, coriacee, ventricose, larghe, ovali o bislunghe, 1-2 carenate almeno nella metà super., obbliquam. troncate, dentate od aristate all'apice. Glumetta infer. ovata o lanceolata, equilaterale, mucronata od aristata; la super., bidentata, bicarenata, cigliata sulle carene. Stami 3. Ovario villoso in alto; stimmi 2 sessili, terminali, piumosi, sporgenti lateralm. alla base del fiore. Cariosside libera raram. aderente, ovale o bislunga, brevem. villosa in alto.

1
Glume con *2 carene dorsali, senza nervi secondari, munite sulle carene di ciglia bianche raccolte a ciuffetti*. Spiga bislunga, densa compressa lateralm., a rachide barbata. Foglie piane, molli, pubescenti. Culmi eretti, 2-5 dm. ①. (It. media, Giannutri, Pianosa). — *Apr. Giu.* — Luoghi erbosi ed aridi reg. med. . . . . **2936 T. villosum** M. B.
Glume con *1 sola carena* dorsale, *3-moltinervie, glabre o pelose, però con peli mai a ciuffetti* 2

2
Asse della spiga *tenace, non fragile*. Cariosside *libera* 3
Asse della spiga *fragile*. Cariosside *vestita*, cioè aderente alle glumette . 6

3
Glume *di 2 cm., uguali o più lunghe* dei fiori. Spiga eretta, lunga e grossa, compressa. Spighette mutiche od aristate, 3 volte più lunghe che larghe. Glumette assai diseguali, la super. del fiore infer. lunga metà della glumetta infer. Culmo pieno nella parte super. ①. — Ottenuto con la coltura; qua e là coltiv. — *Grano di Russia o di Polonia.*
. . . . **2937 T. polonicum** L.
Glume *non sorpassanti 1 cm., più brevi* dei fiori 4

4
Glume *evidentem. carenate solo nella metà super.*, inferiorm. rotondate o debolm. carenate. Cariosside *farinosa*. Culmo *cavo* anche nell'internodo super. ① . . . . **2938 T. sativum** Lmk.
   A. Spiga lunga, un po' lassa e debolm. compressa sul dorso.
     1. Spighette con reste assai lunghe. — Coltiv. ovunque dal mare alla reg. subm. — *Mag. Lug.* — *Grano o Frumento d'Estate, Civitella, Marzuolo.* — α *typicum.*
     2. Spighette con reste brevi o nulle. — Deriv. dal preced. con la coltura. — *Calbigia, Frumento calvo.* — β *hibernum* (L.).
   B. Spiga breve, densa, quadrangolare. — Ottenuto con la coltura. — γ *compactum* (Host).
Glume *acutam. carenate in tutta la loro lunghezza.* Cariosside *spesso cornea.* Culmo *pieno* almeno all'apice dell'internodo super. 5

5
Cariosside *breve*, grossa, 2 *volte più lunga che larga, non compressa, largam. troncata superiorm.* Glume *assai brevi.* Spiga semplice o talora ramosa. ①. — Ottenuto con la coltura. — *Grano grosso* . **2939 T. turgidum** L.
Cariosside *bislunga, 3 volte* più lunga che larga, più stretta ed *un po' compressa, appuntita alle estremità.* Glume *allungate.* ①. — Come il preced. — *Grano duro* . . . . **2940 T. durum** Desf.

6
Spiga *quadrangolare.* Spighette *distanti.* Glume troncate superiorm., con mucrone mediano breve ed ottuso, ottusam. carenate. ①. — Probabilm. derivato dal *T. sativum*; coltiv. — *Spelta, Granfarro.* **2941 T. Spelta** L.
Spiga *compressa.* Spighette *embriciate* 7

7
Spighette contenenti ciascuna *1 cariosside soltanto, compressa lateralm.* ①. — Origin. di Grecia, Asia Minore e Mesopotamia; coltiv. qua e là. — *Mag. Giu.* . . . . **2942 T. monococcum** L.
Spighette contenenti ciascuna 2, raram. 3 *cariossidi triangolari.* ①. Coltiv. — *Mag. Giu.* . . . . **2943 T. dicoccum** Schrank

77. Aegilops (da $\alpha\iota\xi$ = capra ed $\dot\omega\psi$ = occhio). Differisce dal gen. *Triticum*, a cui molti la riuniscono, per le glume non carenate o con carena appena visibile, moltinervi, ispide od aculeolate sui nervi, terminate superiorm. con 1 o più denti diseguali od 1-4 reste, talora divergenti.

1 {
Spiga *ovata od ovato-bislunga*, con 3-5 spighette (le super. per lo più sterili) *ovato-rigonfie*. Glumetta infer. terminata da *2-3 reste assai più lunghe di essa*. Foglie piane, lineari, ruvide ai margini. Culmi ascendenti, inginocchiati, 1-3 dm. ☉. — *Cerere, Gramigna stellata*. (Fig. 356).

2944 Ae. ovata L.

A. Spighe brevi, con 3-5 spighette fertili. Glume con 3-4 o raram. 5 reste patenti ad angolo retto, subeguali alle reste delle glumette. (It. media, Arc. tosc. non ovunque). — *Apr. Mag.* — Luoghi sterili dal mare alla reg. subm. — α *typica*.

B. Spighe allungate, con 4-5 spighette fertili e 2-3 rudimentali basali. Glume con 2-3 reste quasi erette, liscie nel margine alla base. (Qua e là It. media, Elba, Giglio, Capraia). — β *triaristata* (W.).

Spiga *lineare-allungata*, con 3-7 spighette (le super. sterili), *ovato-bislunghe non rigonfie*. Glumetta infer. terminata da *3 denti più brevi di essa*). Foglie c. s. Culmi c. s., 2-5 dm. ☉. (Qua e là It. media, Elba, Capraia). — *Mag. Giu.* — Reg. med. più raram. pad. e subm.

2945 Ae. triuncialis L.

Spiga *cilindrica* con 3-7 spighette *ventricose alla base*. Glumetta inter. lungam. aristata specialm. nelle spigh. super. Spiga con apparenza nodosa. ☉. (T. a Volterra). — *Mag. Giu.* — Luoghi erbosi reg. med.

2946 Ae. ventricosa Tausch.
}

356. *Aegilops ovata* L. (¹/₄).

357. *Lolium perenne* L. (¹/₄).

358. *Nardus strictus* L. (¹/₄).

78. **Sécale**. Spiga distica, formata di spighette solitarie sui denti della rachide, che è cigliata ai margini. Spighette sessili, a 2 fiori ermafr. aristati, con un fiore rudimentale super. Glume glabre, lanceolato-aristate, carenate, 1-nervi. Glumette subeguali, l'infer. cigliata sulla carena, acuminato-aristata, 3 nervie, inequilaterale; la super. bicarenata, smarginata all'apice. Stami 3. Ovario villoso nella parte super.; stimmi 2, terminali, sessili, piumosi. Cariosside libera, bislunga, solcata longitudinalm.

Culmi eretti, 1-2 dm., a radice fibrosa. Foglie lineari-piane, flaccide, spesso tomentosette. Spiga lineare-allungata, densa, un po' compressa, dapprima eretta, poi pendente, a rachide tenace. Reste quasi sempre più lunghe delle loro glumette. ①. — Coltiv. dal mare alla reg. mont. — *Mag. Lug.* — *Segala* . . . . **2947 S. cereale** L.

79. Hòrdeum (da *horridus* = irsuto, per le reste della spiga). Spiga distica, formata di spighette a 3 a 3 o raram. geminate su ciascun dente della rachide, con 1 fiore ed un rudimento super.; spighetta mediana ermafr. sessile, le laterali masch. o neutre pedicellate, raram. tutte e tre ermafr. Glume 2 anteriori per ogni spighetta, lesiniformi-aristate; glumette subeguali, l' infer. lanceolato-acuminata, aristata o mutica nelle spighette laterali, arrotondata sul dorso; la super. bidentata. bicarenata. Stami 3. Ovario villoso in alto; stimmi 2, sessili, inseriti quasi all'apice, piumosi. Cariosside aderente alle glumette, raram. libera, ovale, bislunga o subcilindrica, solcata internam., terminata in alto da un'appendice villosa.

1 — Spighette laterali masch. o neutre, *senza resta, oppure tutte ermafr. ed aristate*. Pianta annua a culmo eretto, 8-10 dm. e foglie lineari-lanceolate, con guaine fornite all'apice di 2 orecchiette. ①. . **2948 H. vulgare** L.
 A. Spighette tutte fertili, sessili ed aristate. Cariossidi a 6 file.
  a. Spiga allungata, tetragona, per essere 2 delle 6 file di spighette poco sporgenti e le altre 4 prominenti. Cariosside vestita od anche libera. — Coltivato. — *Mag. Giu.* — *Orzo.* — *α typicum.*
  b. Spiga breve, grossa, a 6 file di spighette, tutte ugualmente distanti e prominenti. — Derivato dal tipo con la coltura. — β *hexasticum* (L.).
 B. Spighette mediane soltanto fertili, le laterali masch. o neutre, pedicellate e senza resta. Cariossidi su 2 file, vestite o libere. Spiga lineare oppure piramidale. — Coltiv. — *Scandella, Orzola.* — γ *distichum* (L.).
 Spighette laterali masch. o neutre, *aristate o raram. mutiche* ma in pianta perenne; *mai tutte ermafr.* 2

2 — Spighette *laterali* sterili, con glumetta infer. *mutica.* Spiga allungata compressa. Glume tutte setaceo-aristate. Foglie piane, molli, glabre. Culmi eretti, inginocchiati e nodosi alla base, 6-10 dm. ♃. (T. presso Firenze e nella Maremma, M. e altrove nell'It. centr.). — *Mag. Giu.* — Luoghi erbosi reg. med . . . , ... **2949 bulbosum** L.
 Spighette *tutte*, anche le laterali, con glumetta infer. *aristata* . . . 3

3 — Pianta *perenne*. Glume *tutte setacee*, scabre. Spiga subcompressa. Spighette laterali con glumetta infer. più brevem. aristata che nella mediana. Foglie c. s. Culmi eretti od ascendenti, gracili, 2-4 dm., talora bulboso-nodosi alla base. ♃. (It. media qua e là, Montecristo). — *Mag. Giu.* — Prati umidi dal mare alla reg. subm. . . . . . . **2950 H. secalinum** Schreb.
 Piante *annue*. Glume *quasi sempre parte setacee e parte lanceolate* . . 4

4 — Glume *tutte nude* ai margini, scabre. Spiga c. s. Spighetta mediana con glume setacee; spighette laterali colla gluma esterna setacea e l'interna semilanceolata; glumetta infer. glabra o talora pubescente. Foglie c. s. Culmi ginocchiato-ascendenti, 1-3 dm., fogliosi fin presso l'apice. ①. (It. media, Elba, Gorgona, Montecristo). — *Apr. Mag.* — Luoghi erbosi marit., scarso nell'interno, reg. pad. e med. . . . **2951 H. maritimum** With.
 Glume *in parte cigliate* ai margini. Spiga c. s., ma più grossa e più lunga e reste più robuste. Spighetta mediana con glume lineari-lanceolate, cigliate; le laterali con gluma esterna nuda, l'interna cigliata da un lato o da tutti e due in pianta con spiga più grande. Foglie c. s. Culmi eretto-ascendenti, 2-4 dm. ①. (It. media, Arc. tosc.). — *Mag. Giu.* — Comune lungo le strade, prati ecc. dal mare alla reg. mont. — *Orzo selvatico, Grano canino.*
 2952 H. murinum L.

80. **Elymus.** Spiga distica. Spighette geminate o ternate, su ciascun dente della rachide, sessili, tutte eguali, ad 1 o più fiori ermafr., ed uno super. rudimentale. Glume e glumette mutiche od aristate. Il resto come in *Hordeum*.

Culmi eretti, 5-10 dm. Foglie piane glabre; guaine pelose. Spiga cilindrica, eretta, con rachide scabra ai margini. Spighette ternate. Glume lineari-le-siniformi; glumetta infer. ruvida, a resta lunga il doppio del fiore. 2⸔. (It. media). — *Mag. Giu.* — Boschi reg. mont.   . **2953 E. europaeus** L.

PIANTE CRITTOGAME [1]

I. PTERIDOFITE: Fusti con fasci fibrovascolari. Foglie ordinariam. sviluppate, non verticillate, assai grandi. Riproduzione per spore contenute entro borsette speciali (*sporangi*). Dal germogliamento delle spore proviene il protallo, che porta gli organi sessuali, i masch. (*anteridi*) e i femm. (archegoni), dal concorso dei quali si riproduce la pianta perfetta.

CLASSE I. — FILICINEE.

Fam. 137.ᵃ **POLIPODIACEE.**

Piante erbacee, di rado fruticose od arboree. Rizoma breve od allungato, oppure fusto eretto od ascendente, con radici fibrose. Foglie (*fronde*) alterne o nascenti in ciuffo all'apice del rizoma o del fusto, semplici, pennatifide o 2-3-4-pennato-partite o sette, a bocciamento quasi sempre circinnale. Sporangi piccoli, raccolti in gruppi (*sori*) sulla pagina infer. o sul margine delle foglie e spesso ricoperti da un involucro epidermico (*indusio*) oppure nudi; gli sporangi sono pedicellati o sessili, muniti o no di anello elastico e spesso sono misti a peli claviformi (*parafisi*). Spore quasi reniformi o globoso-tetraedriche, che germogliando sviluppano un protallo portante anteridi contenenti fitozoi e archegoni contenenti l'oosfera.

CHIAVE DEI GENERI.

1 { Sporangi deiscenti *regolarm. in due valve, senza anello* elastico, o con breve anello incompleto e disposti *a pannocchia od a spiga* 2
  { Sporangi quasi sempre deiscenti *trasversalm. con fenditura irregolare, provvisti di anello* elastico, e disposti *sulla pagina infer. o sul margine delle frondi.* 4

2 { Fronde divise, circinnate nel bocciamento. Sporangi in pannocchia, disposti tutt'attorno alle rachidi . . . . 18 OSMUNDA
  { Fronde intere o divise, non circinnate nel bocciamento. Sporangi in spiga. 3

3 { Fronde intere. Sporangi disposti in spiga semplice, sessili e quasi incorporati colle rachidi . . . . 17 OPHIOGLOSSUM
  { Fronde divise. Sporangi disposti in spiga composta, distinti dalle rachidi e quasi peduncolati . . . . 16 BOTRYCHIUM

4 { Sori non coperti dal margine rovesciato delle fronde 5
  { Sori coperti dal margine rovesciato delle fronde 15

---

[1] Di queste piante trattiamo solo delle Pteridofite, e tralasciamo di dire delle Briofite (Muschi ed Epatiche) e delle Tallofite (Licheni, Funghi e Alghe).

5 { Pagina infer. della fronda rivestita da peluria squamosa e densa, nascondente quasi i sori 6
Pagina infer. della fronda glabra o con pochi peli o squame . . . 7

6 { Fronde pennatopartite . . . . 1 CETERACH
Fronde bipennatosette . . . . 2 NOTHOCHLAENA

7 { Sori *coperti* da indusio membranaceo (talora precocem. caduco) . . . 8
Sori *non coperti* da indusio membranaceo, affatto nudi. . . . 14

8 { Sori in forma di ricettacolo claviforme, inseriti sul prolungamento delle nervature al di fuori del margine della fronda . . 15 HYMENOPHYLLUM
Sori inseriti sulla pagina infer. della fronda 9

9 { Sori subrotondi 10
Sori oblunghi, ellittici o lineari (almeno da giovani) 12

10 { Indusio circolare-peltato, aderente alle fronde per un punto centrale. 5 ASPIDIUM
Indusio in forma di squama, aderente alle fronde pel suo margine . . 11

11 { Indusio reniforme-arrotondato, aderente pel centro e per una piega che va dal centro alla periferia, aprentesi circolarm. . . . 6 NEPHRODIUM
Indusio cordato-acuto, aderente per un lato alla nervatura della fronda, aprentesi a cerniera. . . . . 7 CYSTOPTERIS

12 { Fronde intere. Indusio bivalve. . . . . . 9 SCOLOPENDRIUM
Fronde divise. Indusio univalve 13

13 { Sori disposti lungo le vene laterali e obliqui alla costa mediana. 8 ASPLENIUM
Sori disposti in serie continua da un lato e dall' altro della costa mediana e paralleli a questa . . . . 10 BLECHNUM

14 { Sori subrotondi. Picciuoli verdi . . . . . 3 POLYPODIUM
Sori bislungo-lineari. Picciuoli rosso-bruni e lucidi . . 4 GYMNOGRAMME

15 { Fronde fertili assai differenti dalle sterili, 3-pennatosette . 11 ALLOSORUS
Fronde fertili uguali o quasi alle sterili. 16

16 { Sori continui lungo tutto il margine della fronda, confluenti tra loro. 13 PTERIS
Sori interrotti lungo il margine della fronda e quindi distinti l' uno dall' altro 17

17 { Fronde nude in ogni loro parte; picciuoli assai lunghi, gracili, neri e lucenti. Sori inseriti sull'indusio stesso. . . . . 14 ADIANTUM
Fronde ± squamose nei picciuoli e nelle rachidi; picciuoli appena più lunghi del lembo. Sori inseriti sull'apice delle nervature . 12 CHEILANTHES

Tribù 1. POLIPODIEE.

Sporangi situati sulla pagina infer. od al margine delle frondi, per lo più pedicellati, ± completam. circondati da un anello elastico, aprentisi trasversalm. (eccetto *Hymenophyllum*) e riuniti in sori subglobosi con o senza indusio. — Fronde a bocciamento circinnale.

1. Cèterach (nome arabo della pianta). Sori oblunghi o lineari inseriti lungo le vene laterali di ciascun lobo della fronda, senza indusio, misti a squame scariose abbondantissime o a peli sulla pag. infer. della fronda pennatopartita.

Rizoma cespuglioso. Fronde lunghe 5-15 cm., glabre e verdi di sopra, densam. squamose di sotto, pennatopartite, a lobi alterni ovato-ottusi, interi. 2_. (It. media, Arc. tosc. non ovunque). — *Prim. Est.* — Comunissimo sui vecchi muri e sulle rupi dal mare alla reg. subm. — *Erba ruggine, Cetracca.*
2954 C. officinarum W.

2. Notochlaena (da νοθος = falso e χλαινα = manto, per le squame formanti un falso indusio). Sori bislungo-lineari, formanti una linea marginale continua od interrotta, nascosti affatto tra le squame od i peli delle fronde ed in parte coperti dal margine arrovesciato delle stesse; indusio nullo.

> Rizoma strisciante, densam. squamoso lanuginoso. Fronde lunghe 1-3 dm., densam. squamose nella pag. infer., glabre e verdi in quella super., bipennatosette, a lembo più breve del picciuolo. ♃ (It. media, Elba). — *Est.* — Rupi e luoghi sassosi specialm. serpentinosi dal mare alla reg. subm.
> **2955 N. Marantae** R. Br.

3. **Polypòdium** (da πολυς = molto e πoδιον = piedino). Sori subrotondi, sparsi o disposti regolarm. sulle nervature o sugli angoli; indusio nullo o rudimentale. Fronde 2-3 pennatofesse col margine disteso.

> 1 {
> Fronde *pennatopartite*, a circoscrizione *ovale-lanceolata*, picciuoli *articolati* alla base del rizoma. Sori in 2 serie parallele al nervo mediano di ciascun lobo. ♃ **2956 P. vulgare** L.
>   A. Lobi interi od appena dentellati, acuti od ottusi. (It. media, Arc. tosc.). — *Prim. Aut.* — Comune nei boschi, sui vecchi alberi, sui muri dal mare alla reg. mont. — α *typicum.*
>   B. Lobi grossam. seghettati, acuti. — Qua e là col tipo. — β *serratum* W.
> Fronde *bi-tripennate*, a circoscrizione *triangolare*; picciuoli *non articolati* col rizoma 2

> 2 {
> Fronde *bipennate*, alte 2-4 dm., con picciuolo più lungo del lembo, a circoscrizione *triangolare-ovata*, lungam. acuminate, pubescenti sulle due facce, *squamose* lungo la rachide e i nervi; segmenti *bislungo-lanceolati*, *tutti sessili*, *pennatopartiti*, a lobi bislungo-ottusi, interi o crenulati. Sori posti all'estremità dei nervi presso al margine dei lobi. Rizoma gracile, strisciante. ♃ (App. medio sino alla T. e nel Monte Argentaro?). — *Est.* — Luoghi umidi boschivi reg. mont. . . . . **2957 P. Phegopteris** L.
> Fronde *ternato-tripennate*, alte 1-4 dm., con picciuolo c. s., a circoscrizione *triangolare*, *nude* lungo la rachide e i nervi; segmenti *ovati*, *1-2 paia infer. picciolati*, *pennatosetti* con lobetti bislunghi, ottusi, interi o dentellati. Sori e rizoma c. s. ♃ . . . . **2958 P. Dryopteris** L.
>   A. Fronde glabre non glandolose. (App. medio). — *Est.* — Boschi reg. mont. e subalp. — α *typicum.*
>   B. Fronde glandoloso-pubescenti. Rizoma più grosso. — Col tipo nei monti a roccia calcarea. — β *Robertianum* (Hoff.).

4. **Gymnogràmme** (da γυμνος = nudo e γραμμη = linea, pei sori lineari nudi). Sori lineari, disposti lungo le nervature secondarie dei lobi, alla fine coprenti tutta la faccia infer. dei medesimi, senza indusio. Fronde uniformi a margine disteso.

> Fronde tenere, 5-15 cm., glabre, con picciuoli rosso-bruni, lucidi, a circoscrizione ovato-lanceolata, pennatosette, segmenti cuneiformi con 2-3 lobi ottusi. Pianta gracile, cespugliosa, a radice fibrosa. ① ②. (It. media, Arc. tosc. non ovunque). — *Mar. Giu.* — Luoghi erbosi ed ombrosi reg. med., raram. subm. . . . . **2959 G. leptophylla** Desv.

5. **Aspìdium** (da ἀσπιδιον = piccolo scudo, per la forma dell'indusio). Sori subrotondi, sparsi o regolarm. disposti in serie; indusio membranaceo, orbicolare, stipitato, libero tutto all'ingiro, fisso solo nel centro per mezzo di un pedicello.

Fronde *pennatosette*, subcoriacee, 2-8 dm., con segmenti interi, falcati, cigliato-spinosi nel margine. Sori allineati ai lati del nervo mediano e spesso anche ai lati del nervo dell'orecchietta. Rizoma grosso, cespuglioso, squamoso. ♃. (App. medio). — *Est.* — Luoghi rocciosi dalla reg. mont. all'alp.
2960 A. Lonchitis Sw.

Fronde *bipennatosette*, ± rigide, 3-8 dm., coi lobi dei segmenti dentato-aristati. Sori e rizoma c. s. ♃. — *Felce maschia minore.*
2961 A. aculeatum Sw.

A. Fronde poco attenuate in basso, coi lobi dei segmenti quasi tutti prolungati in un'orecchietta laterale. (It. media, Elba, Giglio, Capraia, Montecristo. — *Est.* — Boschi e luoghi selvat. dalla reg. med. alla mont. — α *typicum.*

B. Fronde assai attenuate in basso, coi lobi infer. dei segmenti prolungati in un' orecchietta laterale. — Col tipo. — β *lobatum* (Sw.).

6. Nephrodium (da νεφρος = rene e ειδος = forma, per gli indusi reniformi). Sori c. s.; indusio membranaceo, subcircolare, fisso per il centro o per una piega del margine che lo rende subreniforme.

1 ｛ Fronde a rachide *nuda o squamosa solo in basso*, lobi dei segmenti *interi* (raram. crenulati od incisi). Indusio *lobato-dentato* 2
Fronde a rachide *provvista di scaglie brunastre*; lobi o lobetti dei segmenti *dentati od inciso-pennatifidi.* Indusio *intero.* 3

2 ｛ Rizoma *grosso, cespuglioso.* Fronde *glandolose di sotto* (odorose), a picciuoli *squamosi, brevi, lanceolato-bislunghe*, 4-8 dm., *sensibilm. attenuate* alla base, pennatosette; segmenti lineari-lanceolati, pennatopartiti, con lobi *ottusi*, a margine *piano o quasi.* Sori disposti lungo l' orlo dei lobi, spesso confluenti; indusio con margine munito di glandole pedicellate, caducissimo. ♃. (T.). — *Est.* — Luoghi umidi reg. subm. e mont.
2962 N. Oreopteris Kth.
Rizoma *gracile, strisciante.* Fronde *non glandolose*, a picciuoli *nudi, assai lunghi, bislungo-lanceolate*, 2-6 dm., *poco attenuate* alla base, pennatosette; segmenti c. s., con lobi *acuti*, a margine *piegato in basso.* Sori c. s., alla fine confluenti; indusio c. s., caduco. ♃. (It. media qua e là. — *Est.* -- Luoghi acquitrinosi dalla reg. med. alla mont.
2963 N. Thelipteris Stremp.

3 ｛ Fronde *bipennate*, alte 3-10 dm., a picciuolo squamoso come la rachide e i nervi; segmenti coi lobi *tutti slargati e ± confluenti* tra loro alla base, lanceolato-lineari, acuminati, pennatopartiti. Sori pochi, biseriati nella parte infer. dei lobi. Rizoma grosso, cespuglioso, densam. squamoso. ♃. (It. media, Elba, Giglio, Capraia). — *Est.* — Luoghi selvat. per lo più mont. — *Felce maschia* . . . . **2964 N. Filix-mas** Rich.
Fronde *tripennate*, almeno alla base dei segmenti infer.; segmenti coi lobi *infer.* (segmenti di 2° ordine) *ristretti e non confluenti* tra loro alla base 4

4 ｛ Fronde *rigidette*, a circoscrizione *bislungo-lanceolata*, con lobi e lobetti *dentato-mucronulati*, un po' ristrette in basso, ± glandolose massime di sotto, nel fresco odorose, a picciuolo e rachide assai squamosi. Sori biseriati in ciascun lobo; indusio per lo più glandoloso ♃. **2965 N. rigidum** Desv.
A. Fronde alte 3-5 dm., assai glandolose; lobi infer. dei segmenti pennatolobati (fronde bipennatosette), quasi sessili. (It. media). — *Est.* — Luoghi selv. reg. subm. e mont. — α *typicum.*
B. Fronde alte sino a 13 dm., poco o punto glandolose; lobi infer. dei segmenti pennatosetti alla base (fronde tripennatosette), picciolettati. (T. nelle Alpi Ap). — β *pallidum* (Bor. et Ch.).
Fronde *flaccide*, a circoscrizione ± *triangolare*, con lobi e lobetti *dentato-spinescenti*, alte 3-8 dm., coi segmenti infer. uguali o poco più brevi dei mediani, raram. glandolose di sotto e sull'indusio. Nel resto c. s. ♃.
2966 N. spinulosum Stremp.
A. Fronde ovato-bislunghe, bipennatosette; lobi pennatopartiti, coi soli lobetti infer. distinti, gli altri confluenti tra loro in una larga rachi-

4 | de. (It. média). — *Est.* — Luoghi selv. reg. mont. più raram. med.
e subm. — α *typicum*.
B. Fronde più larghe, triangolari-ovate, verdi-cupe, tripennatosette;
lobi pennatosetti, coi lobetti, coi lobetti liberi (eccett. i super.); rachide stretta. — Col tipo. — β *dilatatum* (Desv.).

7. Cystòpteris (da κυστη = vescica e πτερον = penna, per
la forma dell'indusio). Sori bislungo-arrotondati, distribuiti in serie
o sparsi; indusio membranaceo, reniforme o lanceolato, denticolato
o sublaciniato al margine, aderente con la nervatura della fronda
per un punto basilare, aprentesi di alto in basso, caduco. Fronde
delicate bi-tripennatosette.

1 | Rizoma *gracile, strisciante*. Fronde a circoscrizione *triangolare, 1-3 dm.*, a
picciuolo *più lungo* del lembo. con poche squame alla base, nude nel resto,
ternato-tripennatosette. 24 (T. nell'App. pistoiese). — *Est.* — Luoghi ombrosi e fessure delle rupi reg. mont . . . . . **2967 C. montana** Bernh.
Rizoma *grossetto, obliquo e breve*. Fronde a circoscrizione *bislungo-lanceolata,
1-4 dm.*, a picciuolo *generalm. più breve* del lembo, con squame c. s., *bi-
tripennatosette*. 24 . . . . **2968 C. fragilis** Bernh.
    A. Lobi dei segmenti pennato-lobati o -fidi, con lobetti ovati od obovati,
    interi o dentati: denti per la maggior parte non smarginati. (It. me-
    dia). — *Prim. Est.* — Comune nei luoghi freschi dalla reg. subm.
    all'alp. — α *typica*.
    B. Lobi a divisioni più profonde, con lobetti bislunghi o lineari, la
    maggior parte troncati o smarginati, talora denticolati. (Qua e là nel-
    l'App. medio). — β *alpina* (Desv.).

8. Asplènium (da α = senza e σπλην = milza, per la suppo-
sta virtù di atrofizzare la milza). Sori lineari od ovali, sparsi o solitari sui nervi secondari, molto di rado biseriati regolarm.; indusio
membranaceo, saldato alla fronda con il margine esterno, libero con
l'orlo interno. Fronda uni-bi-tripennatofessa.

1 | Rizomi e picciuoli con squame *larghe, rosso-ferruginee*. Fronde grandi, 3-10
dm.. ellittico-bislunghe, bi-tripennate; segmenti lanceolato-acuminati e pennatosetti, con lobi lanceolati dentato-pennatifidi; indusio frangiato al margine. 24. (It. media, Elba, Giglio, Montecristo). — *Est.* — Luoghi ombrosi e
freschi dalla reg. subm. all'alp. — *Felce femmina*.
                               2969 A. Filix-foemina Bernh.
Rizomi e talora i picciuoli con squame *strette, quasi piliformi, bruno-nerastre* 2

2 | Fronde *divise all'apice in 2-3, raram. 5 segmenti* lineari, acuti, interi od in-
ciso-dentati, lunghe 5-15 cm., glabre, coriacee, quasi filiformi, con picciuoli
bruni solo alla base: segmenti strettam. cuneato-picciolettati alla base, disegualm. 2-3-inciso-dentati all'apice; indusio *intero*. 24. (It. media, Elba). —
Est. — Fessure delle rupi dalla reg. subm. all'alp.
                            2970 A. septentrionale Hoff.
Fronde *semplicem. pennate*. Indusio *intero* 3
Fronde *bi-quadripennate* almeno alla base dei segmenti infer. Indusio *intero
o frangiato* 7

3 | Segmenti *lungam. attenuato-picciolettati* alla base, ottusam. inciso-dentati al-
l'apice, gli infer. *più grandi dei successivi*, bi-trilobati o -partiti. Fronde con
picciuoli lunghi, bruni alla base, 5-20 cm., opache. subcoriacee, lanceolate.
24. (App. emil.. Alpi Ap. alla Maestà di Vinca). — *Est. Aut.* — Rupi e muri
reg. mont. e subalp. . . . . . **2971 A. germanicum** Weiss.
Segmenti ± *larghi alla base*, brevem. cuneati o quasi troncati, gli infer. *più
piccoli dei mediani* 4

4 { Segmenti *trapezoidali*, i mediani lunghi 2-5 cm.. ± *scorrenti sulla rachide in una stretta ala verde*. Fronde 1-4 dm. con picciuolo e rachide robusta, nero-lucente, coriacee, glabre. ♃. (Liguria occ., T. a Capraia, L. al Circello). — *Giu. Ott.* — Luoghi sassosi reg. med. .　　**2972 A. marinum** L. Segmenti *romboideo-ovati o subrotondi*, i mediani lunghi *12 mm. al più, non scorrenti in un'ala c. s* 5

5 { Rachide *verde*, picciuoli *bruno-rossicci alla base soltanto*. Fronde 8-25 cm. a rachide non alata, membranacee, glabre, lanceolato-lineari; segmenti distintam. picciolettati, romboideo-ovati, cuneati alla base, crenati alla sommità. ♃. (Alpi Ap., App. medio). — *Prim. Est.* — Rupi reg. mont. ed alp., raram. subm. . . . . **2973 A. viride** Huds. Rachide e picciuoli *bruno-lucenti* 6

6 { Fronde *glabre*, 1-3 dm.; rachide *con ala strettissima*, crenulata; segmenti sessili o quasi, obovato-subrotondi, cuneati o troncati alla base, cremulati od anche profondam. crenati o pennatifidi, talora astati od orecchiuti alla base. ♃. (It. media, Arc. tosc.). — *Prim. Est.* — Comune sulle rupi e sui vecchi muri dal mare alla reg. mont. .　　**2974 A. Trichomanes** L. Fronde *peloso-glandolose*, 8-16 cm.; rachide *senz' ala*: segmenti quasi picciolettati, oblunghi od ovati, troncati o cuneati alla base, crenati, inciso-crenati o pennatifidi. ♃. (Liguria e nell'isola Tino presso Spezia). — *Est.* — Reg. med., raro . . . . **2975 A. Petrarchae** DC.

7 { Fronde a circoscrizione *bislungo-lanceolata*; segmenti infer. *più brevi* dei mediani . . . . 8 Fronde a circoscrizione ± *triangolare*; segmenti infer. *più lunghi* dei mediani 9

8 { Lobi dei segmenti *spinuloso-dentati*. Fronde 1-2 dm., con picciuoli brevi, neri alla base, glabre, bipennatosette; segmenti ovati o bislunghi, con 2-6 paia di lobi romboideo-obovati, cuneati alla base, angoloso-dentati. Indusio intero. Rizoma obliquo, cespuglioso. ♃. (T. orient.). — *Est.* — Rupi umide reg. subm. . . . . **2976 A. fontanum** Bernh. Lobi dei segmenti *acutam. dentati o con denti brevissimi*. Fronde c. s., ma più rigide, 1-3 dm.; segmenti bislunghi o lanceolati, con 2-10 paia di lobi obovati, cuneati alla base, ± dentati. Indusio e rizoma c. s. ♃.　　**2977 A. lanceolatum** Huds. A. Lobi obovati, interi o più raram. pennatopartiti, acutam. dentati. (It. media). — *Prim. Aut.* — Rupi ombrose. — *typicum*. B. Lobi obovato-rotondati, più larghi, interi con denti piccoli ed ottusi. (T. al Monte Pisano ecc., Arc. tosc.). — β *obovatum* (Viv.).

9 { Picciuolo *verde*, eccetto un breve tratto alla base, *sempre opaco*. Indusio *cigliato-frangiato* al margine, glabro; spore grossam. verrucose. Fronde subcoriacee picciolate, 5-15 cm., glabre o glandolose, opache, glauche, triangolari-ovate, 2-3 pennatosette; segmenti di 1° e 2° ordine picciolettati, a lobi obovato-bislunghi, interi, crenulati o dentati. ♃. (It media). — *Est. Aut.* — Comune sui vecchi muri e sulle rupi dal mare alla reg. mont.　　**2978 A. Ruta-muraria** L. Picciuolo *bruno-rossiccio, lucido* massime alla base. Indusio *interissimo o crenato* al margine 10

10 { Fronde coi *segmenti infer. bi-tripartiti*, gli altri *semplici o lobati*. 　　　　　　　　　　　　　　　　　　　Cfr. A. GERMANICUM Fronde *regolarm. bi-tripennatosette* 11

11 { Lobi dei segmenti *ovati o bislunghi, acutam. dentati*. Sori *più stretti* del lobo. Fronde lungam. picciolate, 1-5 dm., glabre, per lo più lucide o coriacee, triangolari-lanceolate, ± acuminate, 2-4-pennatosette. ♃. 　　　　　　　　　　　　　　　　**2979 A. Adiantum-nigrum** L. A. Segmenti diritti, acuti o brevem. acuminati: lobi ultimi ovati o bislunghi, con denti brevi, acuti. Fronde 2-3-pennatosette. a. Fronde lanceolate per lo più lucide e coriacee, svernanti; lobi acuti, dentati. (It. media, Arc. tosc.). — *Prim. Aut.* — Boschi, muri e rupi dal mare alla reg. mont. — α *typicum*. b. Fronde brevi, triangolari, a divisioni più profonde e divaricate, opache per lo più erbacee, non svernanti: lobi ottusi, inciso-dentati. (App. medio . Rupi serpentinose. — β *Serpentini* (Tausch). B. Segmenti arcuato-conniventi, lungam. acuminati; lobi ultimi più

11 | stretti, con denti lunghetti, mucronati. Fronde 3-4-pennatosette, assai lucide e coriacee. (Col tipo). — γ *acutum* (Bory).

Lobi dei segmenti *cuneato-bislunghi, divisi all'apice in 2-3 laciniette lineari.* Sori *più larghi* del lobo, sporgenti oltre i suoi margini. Fronde lungam. picciolate, 1-3 dm., glabre, opache, membranacee, bislungo-lanceolate, 3-4-pennatosette. ♃. (App. centr.). — *Est.* — Fessure rupi reg. alp.

2980 A. fissum Kit.

9. Scolopèndrium (da *scolopendra* = millepiedi, per la forma dei sori). Sori lineari, paralleli fra loro, obliqui per rapporto alla nervatura mediana, situati fra due nervature secondarie, forniti di indusio membranaceo, aprentesi verso la costa mediana in modo da sembrare bivalve. Fronde lanceolate o astate intere.

1 | Fronde con la lamina lunga *10-35 cm., lanceolato linguiformi*, cordate alla base, con orecchiette rotonde *non divaricate.* Sori lunghi *3-25 mm.* Rizoma breve, squamoso all'apice. ♃. (It. media, Elba, Gorgona, Pianosa). — *Est.* — Comune nelle fessure delle rupi, vecchi muri ecc. dal mare alla reg. subm. — *Lingua cervina o da pozzi* . . **2981 S. vulgare** Sm.

Fronde con la lamina lunga *4-16 cm., da giovani ovate, quindi bislungo-lanceolate*, profondam. cordate, con orecchiette *divaricate* e spesso astato-2-4-lobate. Sori lunghi *3-12 mm.* Rizoma c. s. ♃. (Monte Mauro nel Faentino). — *Est.* — Rupi e muri ombrosi reg. med. . **2982 S. Hemionitis** Sw.

10. Blèchnum (da βλαχνον = inerte, pianta senza virtù). Sori lineari biseriati, sulla faccia infer. della fronda contratta, paralleli alla nervatura mediana; indusio membranoso, nascente presso il margine del lobo, libero dalla parte della nervatura. Fronde fertili differenti dalle sterili.

Rizoma obliquo, cespuglioso, squamoso. Fronde 3-5 dm., con picciuoli squamosi in basso, allungato-lanceolate; le sterili patenti, pennatifide; le fertili erette, pennate, coi margini rivoltati. ♃. (It. media, Elba). — Luoghi umidi ombrosi reg. subm. e mont. . . . . . **2983 B. Spicant** With.

11. Allosòrus (da ἀλλος = vario e σωρος = soro, per la varia disposizione dei sori). Sori dapprima rotondi, poi confluenti, occupanti le estremità dei nervi, senza vero indusio, da principio coperti dal margine rivoltato dei lobi, successivam. nudi per lo spianamento di questo margine che si fende in lacinie. Fronde fertili diverse dalle sterili.

Rizoma obliquo, cespuglioso, squamoso all'apice. Fronde 1-3 dm., con picciuoli nudi, più lunghi del lembo, ovato-lanceolate, 3-4-pennatosette; le fertili con segmenti lineari, interi, le sterili con segmenti inciso-dentati. ♃. (Qua e là App. medio, es. App. moden. al passo dello Spedaletto e pistoiese sopra Boscolungo). — *Est.* — Luoghi sassosi mont. ed alp.

2984 A. crispus Bernh.

12. Cheilànthes (da χειλος = margine e ἀνθος = fiore, per la fruttificazione marginale). Sori piccoli, subglobosi, distinti od alla fine quasi confluenti, adagiati sull'apice ingrossato dei nervi, costeggianti l'orlo della divisione dei lobi, ricoperti in parte dal margine della fronda, ripiegato in modo da lasciare allo scoperto il centro del lembo. Fronde uniformi bi-tripennatifide.

1 {
Fronde *glabre* di sotto, inferiorm. *bipennate*, superiorm. pennate, a segmenti *bislunghi, lobati.* ♃. (Liguria, T. nel Monte Pisano, Arc. tosc. Elba, Capraia, Montecristo). — *Prim.* — Rupi reg. med. e subm.
2985 Ch. fragrans W. et B.
Fronde *densam. villose* di sotto, inferiorm. *tripennate* oppure totalm. bipennate a segmenti *piccoli, subrotondi, interi.* ♃. (E. nel monte Mauro presso Imola). — *Est.* — Fessure rupi reg. subm. **2986 Ch. Szovitsii** F. et M.
}

13. **Ptéris** (da πτερον = penna, per la forma delle fronde). Sori lineari, continui, distinti, lungo i margini della fronda. I margini laterali delle pinne o dei lobi arrovesciati, espansi in membrana, fanno le veci di indusio. Fronda bi-tripennatofessa.

1 {
Fronde *pennatosette.* 2-5 dm., glabre, a segmenti infer. geminati o ternati o spesso bi-tripartiti, finam. dentato-mucronati nelle fronde sterili. ♃. (Lunigiana, Alpi Ap.). — *Est.* — Luoghi ombrosi qua e là reg. med. e subm.
2987 P. cretica L.
Fronde *bi-tripennatosette*, grandi, *3-20 dm.*, a segmenti ovali o triangolari lanceolati e lobetti interi e ravvicinati. ♃ (It. media, Arc. tosc.). — *Est.* — Comune nei boschi reg. subm. e mont., più raram. pad. e med. — *Felce aquilina, Felce da ricotte.* . . . . . **2988 P. aquilina** L.
}

14. **Adiàntum** (da α = non e διαιναιν = bagnare, perchè le fronde non si bagnano). Sori rotondi od oblunghi, collocati sui margini, ma non sul lembo della fronda, bensì sulla superficie interna degli indusi stessi. Questi dapprima membranacei diventano poi scariosi e quasi coriacei e aderiscono a guisa di squame all'orlo della fronda, aprendosi col margine libero verso il disco o il picciolo della fronda stessa. Fronde uniformi.

Rizoma brevem. strisciante, cespuglioso, squamoso. Fronde molli (1-5 dm.) con picciuoli glabri, esili, bruno-lucenti, a circoscrizione largam. bislunga, 2-3 pennatosette, coi lobi cuneiformi a ventaglio. ♃. (It. media, Arc. tosc.). — *Est.* — Rupi umide, caverne, pozzi dal mare alla reg. subm.
2989 A. Capillus Veneris L.

15. **Hymenophyllum** (da ὑμην = membrana e φυλλον = foglia, alludendo alla delicatezza delle fronde). Sori posti all'apice di una nervatura prolungata oltre il lembo della fronda; indusio bivalve, confluente nella fronda, foggiato a guisa di ricettacolo clavato; sporangi sessili con anello elastico trasversale completo, aprentisi longitudinalm.

Rizoma filiforme, strisciante. Fronde molli, 3-7 cm., pellucide, picciolate, ovate od ovato-lanceolate, pennatosette, con segmenti cuneiformi, a ventaglio, profondam. divisi in lacinie lineari seghettate. ♃. (T. nelle Alpi Ap. e nel Monte Pisano). — *Mag. Giu.* — Tra i muschi nei luoghi umidi.
2990 H. tunbridgense Sm.

Tribù 2. OFIOGLOSSACEE.

Sporangi sessili in spiga o pannocchia, senza anello elastico, aprentisi regolarm. per traverso in due valve; indusio nullo. — Piante con rizoma per lo più emettente ogni anno una sola fronda divisa in due parti, una fertile ridotta alla sola rachide ed una sterile fogliacea, a bocciamento eretto, non circinnale.

16. **Botrychium** (da βοτρυς = grappolo, per la forma della fruttificazione). Sporangi liberi, non riuniti in sori, disposti in pannocchia sulle rachidi pennate della fronda fertile, in due serie ambedue da uno stesso lato; ciascuno sporangio si apre per una fenditura trasversa in due valve incomplete. Fronda sterile pennato-fessa.

Pianta carnosa, 5-30 cm. Fronda sterile sessile, inserita a metà circa dell'altezza della pianta, bislunga, pennatopartita: segmenti cuneati, interi o dentati od anche crenati od inciso-lobati. Pannocchia 2-3-pennatosetta. ⚥. (Qua e là App. medio, Alpi Ap.). — *Lug. Ag.* — Pascoli reg. mont. ed alp.
2991 B. Lunària Sw.

17. **Ophioglòssum** (da όφις = serpente e γλωσσα = lingua, per la forma delle fronde). Sporangi disposti in spiga semplice lineare, sopra due file rivolte da uno stesso lato, adesi fra di loro e con l'asse della spiga, che è semplice o raram. bifida ed unilaterale. Fronda sterile intera.

1
{
Pianta alta *4-30 cm.* Fronda sterile *ovata o bislunga*, raram. lanceolata, *bruscam. ristretta* alla base, *sessile o quasi.* Spore *tubercolate.* ⚥. (It. media qua e là). — *Prim.* — Prati umidi reg. med. e subm.
2992 O. vulgatum L.

Pianta alta *2-10 cm.* Fronda sterile *lanceolata o lineare-lanceolata, lungam. cuneato-attenuata* alla base, *picciolata.* Spore *liscie.* ⚥. (It. media, Elba, Pianosa, Capraia, Montecristo). — *Prim.* — Luoghi erbosi per lo più marit.
2993 O. lusitanicum L.
}

Tribù 3. OSMUNDACEE.

Vedi i caratteri del genere *Osmunda.*

18. **Osmùnda** (da *os* = bocca e *mundare* = purificare, alludendo a supposte virtù). Sporangi in pannocchia grande, composta terminale, subglobosi, pedicellati, membranoso-reticolati, gibbosi, con un breve anello dorsale incompleto, aprentesi all'apice trasversalm. in due valve; indusio nullo. — Fronde a bocciamento circinnale.

Rizoma assai grosso, cespuglioso. Fronde glabre, subcoriacee, grandi, 6-18 dm., a picciolo scanalato, bipennatosette, con segmenti lanceolati, minutamente dentati. ⚥. (It. media, Elba, Giglio, Montecristo). — *Mag. Giu.* — Luoghi umidi e lungo i corsi d'acqua dal mare alla reg. subm. — *Felce-florida.*
2994 O. regalis L.

Fam. 138.ᵃ **MARSILIACEE.**

Piante aquatiche a rizoma strisciante o galleggiante. Foglie variam. conformate, per lo più a bocciamento circinnale. Spore di due forme: le une più grandi dette macrospore, le altre più piccole o microspore, contenute entro borsette chiamate rispett. macro- e microsporangi; questi sono spesso aggruppati in forma di sori e stanno racchiusi entro cassule o sporocarpi formati da una foglia trasformata. Riproduzione come nelle Felci, solamente si hanno due pro-

talli, uno maschile prodotto dalle microspore e uno femminile prodotto dalle macrospore.

CHIAVE DEI GENERI.

1 { Piante galleggianti. Macro- e microsporangi entro sporocarpi distinti . 2
    Piante con rizoma strisciante e radici infisse nel terreno. Macro- e microspo-
    rangi entro lo stesso sporocarpo 3

2 { Foglie squamiformi, embriciate. . . . . 1 Azolla
    Foglie ± larghe, ellittiche, non embriciate . . . . . . 2 Salvinia

3 { Foglie semplici, filiformi . . . . 4 Pilularia
    Foglie quadrifogliate . . . . 3 Marsilia

1. Azòlla. Sporangi di due forme nelle ascelle delle foglie.
Sporocarpi più grandi contenenti numerosi microsporangi pedicellati
e riuniti a forma di soro; dentro ai microsporangi le numerose spore
vengono agglomerate in tante pallottole tondeggianti dette massule,
rivestite di uncinetti peduncolati; sporocarpi più piccoli con un solo
macrosporangio contenente una sola macrospora circondata da un
episporio gelatinoso e coronata da un ciuffo di peli e da tre vescichette pel galleggiamento.

Piantine con radichette solitarie e piumose, carnosette, galleggianti, circolari-
angolose, scarsam. ramoso-bipennate. Foglioline embriciate, bilobe, numerose, verdi o rosseggianti. ①. — Naturalizzata nei fossi e stagni presso
Chioggia e Ferrara ed in Tosc. in vari luoghi: raram. frutt. — *Est.*
2995 A. caroliniana W.

2. Salvinia (dedic. ad A. M. Salvini fiorentino). Sporocarpi
globosi, nascenti tra le fibre radicali, agglomerati sotto le foglie.
Macro- e microsporangi in sporocarpi distinti, ma uniformi, riuniti
entro di essi a forma di soro; macrosporangi con una sola macrospora; microsporangi con numerose microspore agglutinate tra loro.

Piantine con radichette piumose è fusto semplice o poco ramoso. Foglie distiche, opposte, brevem. picciolate, ovato-ellittiche, munite di peli foschi
appressati nella pag. infer. e di peli stellati nella super. ①. (It. media).
— *Lug. Ag.* — Negli stagni e nei fossi reg. pad. e med. — *Erba pesce.*
2996 S. natans All.

3. Marsilia (dedic. ad A. F. Marsili, naturalista bolognese).
Sporocarpi globosi od ovali, sessili o peduncolati, coriacei, biloculari, aprentisi a maturità in due valve; logge separate da setti trasversi incompleti in tante loggette contenenti gli sporangi attaccati
ad una cresta parietale; i macrosporangi all'apice della cresta con
una sola macrospora; i microsporangi con molte microspore minutissime ai lati della cresta stessa.

Rizoma lungam. strisciante, filiforme. Foglie con lungo picciolo, terminato in
lembo a 4 segmenti obovato-cuneati, interi, glabri. Sporocarpi in gruppi di
2-3, raram. solitari, con pubescenza appressata, alla fine denudati e glabri.
♃. (T.) — *Est.* — Luoghi paludosi reg. pad. e med. — *Quadrifoglio.*
2997 M. quadrifolia L.

4. Pilulària (da *pilula* = pillola, per la forma del frutto). Sporocarpi globosi, solitari alla base delle foglie, 2-4-loculari, bi-quadrivalvi; logge con una cresta parietale longitudinale alla quale s'inseriscono lateralm. i macrosporangi con una sola macrospora e superiorm. i microsporangi con numerose (circa 64) microspore.

> Rizoma strisciante, filiforme. Foglie filiformi, lunghe circa 1 dm. Sporocarpi sessili o quasi, del diametro di circa 3 mm., 4-loculari, densam. pelosi, alla fine denudati. Macrospore 15-25 per loggia, ovoidee, un po' strozzate nel mezzo. ♃ (L. a Maccarese e Civitavecchia). — *Est.* — Luoghi paludosi reg. pad. raram. med. — *Pepe di padule* . . **2998 P. globulìfera** L.

CLASSE II. — EQUISETINEE.

Fam. 139.ª **EQUISETACEE.**

1. Equisètum (da *equus* = cavallo e *seta* = setola). Piante con rizoma sotterraneo articolato, e con fusti semplici o verticillato-ramosi, articolati, vuoti, forniti di lacune disposte intorno ad una cavità centrale, tramezzati ai nodi. Foglie trasformate in guaine dentate nel margine. Riproduzione come le Felci, senonchè i protalli sono unisessuali, alcuni femminei ed altri maschili. Spore di una sola forma, numerose, munite di 4 appendici elastiche (elateri) spatolate, avvolte a spira attorno alla spera coll'umidità, raddrizzantisi a scatto nel secco; le spore sono racchiuse in sporangi, che in numero di 4-9 stanno sotto a squame peltate e stipitate, formanti dei racemi spiciformi all'apice del fusto.

1 { Fusti fertili *differenti* dagli sterili 2
  { Fusti fertili *conformi* agli sterili 3

2 { Guaine dei fusti fertili terminate da *4-12 denti lanceolati*. Fusti sterili od estivi (2-12 dm.) *più gracili ma più alti* dei fertili (1-3 dm.), *verdi, scabrosetti o solcati*; guaine pallide, a denti più brevi che nei fertili; rami coll'internodo infer. *più lungo* della guaina del fusto da cui partono, a 4 o raram. 3 angoli scabri. Spiga ovata, peduncolata. Rizoma solido, tuberifero. ♃. (It. media, Elba, Giglio). — *Prim.* — Luoghi umidi dal mare alla reg. subalp. — *Coda di cavallo, Brusca* **2999 E. arvense** L.
  { Guaine dei fusti fertili terminate da *20-30 denti setaceo-lesiniformi*. Fusti sterili (3-18 dm.) *egualm. grossi* dei fertili (2-4 dm.), *bianchi, lisci, non solcati*; guaine come nei fertili; rami coll'internodo infer. *più breve* della guaina del fusto da cui partono, a 4-5 angoli molto scabri. Spiga grossa, peduncolata. ♃. (It. media, Elba, Giglio, Capraia). — *Prim.* — Sabbie fresche e luoghi paludosi dal mare alla reg. mont. **3000 E. maximum** Lam.

3 { Fusti fertili *persistenti* durante l'inverno. Spiga *acuminato-mucronata* all'apice 4
  { Fusti fertili *non persistenti* durante l'inverno. Spiga *ottusa* all'apice . . 6

4 { Guaine a costole *quasi piane*, con denti *brevissimi*, rotondati in seguito a precoce caduta dell'appendice membranosa che li sormonta. Fusti semplici, raram. con qualche ramo alla base, a 24-34 costole biangolose, scabri per tubercoli o raram. per fascie o rughe silicee. ♃. (T. a Montecarlo e Boscolungo, L.). — *Mag. Est.* — Lungo i fiumi e nei luoghi umidi dal mare alla reg. mont. . . . . **3001 E. hiemale** L.
  { Guaine a costole *sporgenti* ed a denti *lesiniformi* generalm. persistenti . 5

5 {
Fusti *per lo più ramosi* ed a costole *converse* (1-12 dm.), del diam. di *1-8 mm.*, con *4-25* costole. ± scabri per rughe silicee: denti e costole delle guaine non solcate sul dorso. Spiga ovata, densa, sessile, unica, portata dal fusto principale od anche parecchie terminali ai rami. 24. (It. media, Elba, Giglio, Montecristo). — *Mag. Giu.* — Lungo i fiumi, le siepi ecc. dal mare alla reg. mont.   **3002 E. ramosissimum** Desf.

Fusti *semplici* ed a costole *biangolose* (1-3 dm.), cespugliosi, del diam. di *1-2 mm*, con 6-12 costole scabre per due linee di tubercoli silicei; denti e costole delle guaine con un solco dorsale manifesto. Spiga c. s. 24. (App. emil. e L. presso Roma?). — *Est.* — Sabbie lungo i torrenti e luoghi umidi dalla reg. mont. all'alp.   **3003 E. variegatum** Schl.

6 {
Spiga *cilindrica, peduncolata.* Fusti a 6-12 costole e con *un anello* sclerenchimatico comune (1-10 dm.), profondam. solcati, leggerm. scabri per rughe silicee: rami semplici, vuoti, a 4-7 costole, coll'internodo infer. più breve della guaina da cui partono; guaine *lasse*, 6-12-dentate; denti bruni, *bianco-scariosi* al margine. Rizoma *solido, nero-lucente, tuberifero.* 24. (It. media). — *Mag. Lug.* — Paludi e luoghi umidi dal mare alla reg. mont.   **3004 E. palustre** L.

Spiga *ovata, quasi sessile.* Fusti a 10-30 costole e *senza anello* sclerenchimatico comune. 5-10 dm., *leggerm. scabri* c. s. generalm. poco ramosi od anche con densi verticilli di rami semplici, vuoti, a 5-6 costole e coll'internodo infer. c. s.; guaine *appressate al fusto*, a 10-20 *denti, appena scariosi* ai margini. Rizoma *ampiam. vuoto, fosco o giallognolo, raram. tuberifero.* 24. (It. media). — *Est.* — Presso i laghi ed i fiumi, reg. pad. e med.   **3005 E. limosum** L.

CLASSE III. — LICOPODINEE.

Fam. 140.ᵃ LICOPODIACEE.

Piante terrestri con fusti per lo più sdraiati, fittam. coperti di foglie quadriseriate o disposte a spìra. Sporangi di una o due forme, contenenti 4 oppure numerose spore. Spore pure di una o due forme, racchiuse in sporangi situati all'ascella di foglie o di brattee.

CHIAVE DEI GENERI.

1 {
Spore e sporocarpi di una sola forma, bivalvi, con numerose spore.   1 LYCOPODIUM

Spore e sporocarpi di due forme, gli uni bivalvi c. s., gli altri 3-4-valvi, con 3-4 grosse spore soltanto e situati alla base delle spighe . 2 SELAGINELLA

Tribù 1. LICOPODIEE.

Sporocarpi (sporangi) uniformi, aprentisi trasversalm. in due valve, contenenti numerose spore eguali, le quali germogliando generano un protallo monoico con anteridi ed archegoni.

1. Lycopòdium. Sporocarpi reniformi o globosi, solitari, ascellari, uniloculari. Spore giallognole, riunite a 4, reticolate e munite da un lato di 3 strie convergenti in un punto apicale. — Foglie persistenti disposte a spira.

1 {
Sporangi all'ascella di foglie o brattee *simili* alle foglie, sparsi lungo il fusto e quindi *non formanti una spiga.* Foglie dense in 8 serie, lineari-lanceolate, rigide, intere od appena denticolate. Fusto ascendente, 1-2 dm. con rami eretti, ripetutam. dicotomi, stipati in fascetti. 24. (App. sino al centr.). — *Est.* — Boschi e pascoli dalla reg. mont. all'alp.   **3006 L. Selago** L.

Sporangi all'ascella di brattee *diverse* dalle foglie e *formanti una spiga* . 2

2 { Foglie *sparse. eretto-patenti o riflesse* **3**
{ Foglie *quadriseriate, strettam. applicate ai rami* **4**

3 {
Foglie *terminate da un lungo pelo bianco.* Spighe *lungam, peduncolate, per lo più appaiate.* Fusti lungam. striscianti, 6-10 dm., assai ramificati, densam. fogliosi. 2⟂. (App. sino al Piceno). — *Est.* — Boschi e pascoli umidi reg. mont. più raram. subm. ed alp. — *Licopodio, Erba-strega. Stregonia.* **3007 L. clavatum** L.

Foglie *senza pelo terminale.* Spighe *sessili, terminali solitarie.* Fusti c. s. 5-6 dm., con rami ascendenti. parcam. ramoso-dicotomi e ramicelli lunghi, semplici, lassam. fogliosi. 2⟂. (App. tosc. a Boscolungo). — *Est.* — Boschi e pascoli dalla reg. subm. all'alp. . . . **3008 L. annotinum** L.

4 {
Rami fertili *allungati* superiorm. in forma di lunghi peduncoli portanti le spighe e muniti di foglie rade *non embriciate.* Spighe *1-6* sopra ogni peduncolo; brattee largam. ovato-acuminate, con margine pallido, corroso-dentato. Foglie squamiformi. Fusti lungam. striscianti sotto terra, 6-8 dm., con rami eretti, più volte dicotomi. 2⟂. . **3009 L. complanatum** L.
  A. Rami verdi, formanti un largo imbuto o ventaglio, gli sterili compresso-bitaglienti. Foglie diseguali, le laterali carenate, triangolari-lanceolate, decorrenti, le intermedie piane, più strette. (It. media). — *Est.* — Luoghi boschivi della reg. subm. alla subalp. — *α typicum.*
  B. Rami glauchi, stipati in densi fascetti, gli sterili subtetragoni. Foglie dei due lati subconformi. — Col tipo. — β *chamaecyparissus* (A. Br.).

Rami fertili *brevi,* uguali agli sterili, tutti con foglie *densam. embriciate.* Spighe brevi *solitarie od appaiate* all' apice dei rami sessili. Brattee c. s. Foglie c. s. Fusti striscianti e radicanti, talora lunghi fino a 1 m., con rami eretti, densam. dicotomo-ramosi e rametti disposti a fascetti. 2⟂. (App. tosc. emil.). — *Est.* — Pascoli dalla reg. mont. all'alp. **3010 L. alpinum** L.
}

Tribù 2. SELAGINELLEE.

Sporocarpi di due forme; macrosporangi 3-4-valvi con 3-4 grosse macrospore; microsporangi 2-valvi, con numerose microspore. Protallo dioico; il femm. originantesi dalle macrospore. porta gli archegoni, il masch., che si origina dalle microspore, è rudimentale, cioè ridotto a piccole cellule (anteridi), ognuna delle quali produce un corpuscolo fecondante (fitozoo).

2. Selaginèlla. Sporocarpi globosi, solitari, ascellari; i macrosporangi in scarso numero alla base delle spighe, i microsporangi più numerosi e verso l'apice delle stesse. Spore con 3 strie c. s. Piante simili ai muschi con foglie sparse o 4 seriate.

1 {
Spighe *peduncolate.* ossia portate da rami scapiformi, lassam. fogliosi e con foglie eguali tra loro. Foglie laterali *ottusette e denticolate.* Macrospore gialle, minutam. e densam. tubercolate; microspore rossicce, quasi liscie. Pianta verde od alla fine rossastra. 2⟂. (T. a S. Giuliano, L. alla Macchia della Faiola). — *Giu. Lug.* — Luoghi erbosi, rupi e muri reg. subm. e mont. **3011 S. helvetica** Spring.

Spighe *sessili,* ossia portate da rami inalterati. Foglie laterali *cuspidate, manifestam. seghettate.* Macrospore e microspore c. s. però più manifestam. tubercolate. Pianta verde-glauca, poi rossigna o color mattone. 2⟂. (It. media, Arc. tosc.). — *Prim.* — Boschi e rupi reg. med., raram. subm. **3012 S. denticulata** Spring.
}

Fam. 141.ᵃ ISOETACEE.

Vedi i caratteri dell'unico genere *Isoëtes.*

1. Isoëtes. Piante con fusto bulbiforme da cui parte un ciuffo di foglie lineari o setacee. Protallo dioico come nelle Selaginelle.

Spore di due sorte, situate in sporocarpi distinti ma uniformi, posti in una fossetta alla base delle foglie, ± coperti dall'epidermide della loro faccia interna che forma l'indusio o velo. Le macrospore di color bianco e di forma tetraedrico-sferoidale hanno tre spigoli convergenti in un punto apicale ed una cresta circolare, si trovano per lo più nelle foglie interne della pianta; le microspore di color giallognolo, di forma oblunga, con una sola stria, per lo più nelle foglie più esterne. Al di sopra dello sporocarpio vi è una piccola fenditura trasversale detta foveola; il margine infer. di essa è costituito da una sporgenza membranosa per lo più piccola chiamata labbro, il margine super. da una sporgenza generalm. più lunga detta ligula e munito di un bulbo immerso nella lamina che è il glossopodio.

1 — Piante *anfibie*. Bulbo *senza squame* indurite all'esterno. Sporocarpi quasi interam. coperti dal velo. Macrospore con pochi ma grossi tubercoli, più numerosi sopra una faccia. Foglie moderatam. consistenti, lunghe 20-30 od anche soltanto 5-10 cm.; ligula lanceolata. 2⚲. (Maremma tosc., L.). — *Prim.* — Luoghi temporaneam. inondati reg. med. **3013 I. velata** A. Br.

Piante *terrestri*. Bulbo *con squame* nere, cartilagineo-indurito, ± numerose. 2

2 — Macrospore *manifestam. alveolate*. Bulbo 3-lobato, attorniato alla sua base da squame indurite, nere e lucide, brevi, troncate o brevem. 3-dentate. Foglie 10-40, ricurve, lineari, lunghe 4-13 cm. Microspore alate, finam. granulose. 2⚲. (Liguria al capo Panaggi, T. presso Pisa, Elba, Giglio, Capraia, Montecristo, L. presso Roma). — *Prim. Est.* — Pascoli umidi reg. med. **3014 I. Durlaei** Bory

Macrospore *finam. granulose*. Bulbo e foglie c. s. Microspore fosche, spinulose. 2⚲. **3015 I. Hystrix** Dur.

A. Squame attornianti il bulbo numerose e prolungate in corna lunghe 5-12 mm. (T. presso Pisa, Elba, Capraia, L. a Roma). — *Est.* — Prati umidi. — α *typica*.

B. Squame attornianti il bulbo poche e colle corna brevi o quasi nulle. (L. a Nettuno). — β *subinermis* Dur.

ELENCO

dei principali termini tecnici usati nella GUIDA BOTANICA

A

Abortito — organo arrestato nel suo sviluppo.

Acaule — che sembra sprovvisto di fusto.

Achenio — frutto secco, monospermo, indeiscente.

Acuminato — terminato in punta sottile.

Afillo — che sembra sprovvisto di foglie.

Agglomerato — si dice degli organi riuniti in ammasso.

Alveolato — guarnito di piccole fossette angolose dette alveoli.

Amplessicaule — che abbraccia il fusto, si dice più spesso delle foglie.

Ancipite — compresso su due facce opposte e tagliente sui margini.

Antela — inflorescenza in cui la rachide non essendo molto lunga, i pedicelli la sorpassano, e tanto più quanto più si partono di basso.

Antodio — sinonimo di capolino.

Apiculato — terminato in breve punta.

Araneoso — coperto di peli fini, allungati e intrecciati come una tela di ragno.

Aresta — appendice più o meno allungata in forma di punta filiforme.

Arillo — espansione del funicolo avvolgente più o meno il seme.

Aristato — provvisto di aresta.

Articolo — porzione di organo formata di pezzi separabili spontaneamente.

Articolato — organo formato di articoli.

Ascellare — situato all'ascella d'una foglia o d'una brattea.

Ascendente — si dice degli organi prostrati alla base, poi eretti.

Astato — in forma di lancia, munito alla base di due lobi acuti e divergenti.

Attenuato — che diminuisce insensibilm. di larghezza o di spessore, sia alla base sia all'apice.

Auricolato — munito alla base di due lobi od orecchiette.

B

Bacca — frutto a pericarpio completam. carnoso, a diversi semi.

Bacciforme — frutto in forma di bacca.

Basilare — nascente alla base d'un organo.

Becco — prolungamento in punta di certi frutti.

Brattea — foglia modificata che accompagna il fiore o l'inflorescenza.

Bratteiforme — che ha la forma d'una brattea.

Bratteola — piccola brattea accompagnante i pedicelli o i fiori.

Bratteolato — munito di bratteole o di brattee.

Bulbifero — che porta dei bulbilli.

Bulbillo — piccolo bulbo che accompagna i fiori o le foglie di certe piante.

C

Caduco — organo che si distacca e cade per tempo.

Calatide — sinonimo di capolino.

Calicetto — piccolo calice accessorio.

Calicifloro — pianta i cui stami sono inseriti sul calice.

Calicino — del calice, che appartiene al calice.

Campanulato — in forma di campana.

Canalicolato — percorso da un piccolo solco in forma di canale.

Capillare — fine e delicato come un capello.

Capolino, Antodio e Calatide — inflorescenza a fiori sessili o subsessili e compatti sopra un ricettacolo comune, simulante un fiore solo.

Carena — linea sporgente sul dorso di certi organi, simulante per la sua forma la carena d'una barca.

Carenato — provvisto di carena.

Cariosside — frutto secco indeiscente, a seme unico saldato col pericarpio.

Carpello — frutto rudimentale o parte d'un frutto multiplo.

Carpoforo — piccolo stipite, che sostiene l'ovario in certi fiori.

Caruncola, Strofiolo — ispessimento carnoso e poco esteso di certi semi.

Cassula — frutto secco deiscente per due o più fenditure longitudinali.

Cilindraceo — simile alla forma cilindrica.

Cima — gruppo di fiori su peduncoli ramosi che partono dal medesimo punto e arrivano a una stessa altezza.

Claviforme — a forma di clava.

Colorato — che ha un colore diverso dal verde, in opposizione a erbaceo.

Composte — foglie più o meno divise in foglie secondarie o fogliolie.

Concolore — dello stesso colore, in opposizione a discolore.

Connate — foglie opposte e saldate per la base.

Conniventi — organi che si avvicinano per la sommità senza saldarsi.

Cordato, Cordiforme — in forma di cuore, la smarginatura in basso.

Coriaceo — tenace, flessibile e più o meno spesso come il cuoio.

Corolliflora — pianta i cui stami sono inseriti sulla corolla.

Coronula — piccola corona d'appendici libere o saldate in certe corolle.

Crenulato — marginato di crenature, ossia di denti ottusi od arrotondati.

Cuneiforme — in forma di cono o di triangolo a rovescio.

Cuspidato — insensibilm. attenuato in punta acuta e allungata.

D

Decombente — che non può sostenersi e si lascia cadere in basso e al di fuori.

Decorrente — foglie il cui lembo si prolunga inferiorm. in ala fogliacea sul fusto e sui rami.

Dentato — provvisto di denti ossia di piccole insenature triangolari eguali o no.

Dentellato — provvisto di denti fini o superficiali, detti dentini o dentellature.

Depresso — compresso verticalmente.

Diadelfi — stami saldati pei filamenti in due fasci uguali o disuguali.

Diclini — fiori a cui mancano gli stami o il pistillo, cioè a dire dioici o monoici.

Dicotomo — fusto, rami, pannocchia una o più volte biforcati.

Didimo — formato di due parti globulose, saldate fra loro ed egualmente sporgenti.

Didinami — stami 4, di cui 2 più lunghi.

Digitato — foglie o brattee le cui foglioline, partendo da un medesimo punto, sono disposte alla sommità del picciuolo come le dita della mano slargate.

Dimorfo — di due forme.

Dioica — pianta i cui fiori staminiferi e i fiori pistilliferi sono disposti su due individui differenti.

Discoide — organo avente una forma rotonda e appiattita.

Discolore — offrente due superfici colorate differentemente.

Dispermo — frutto che ha due semi.

Distico — organi disposti in due serie opposte sopra un asse comune.

Divaricato — che si allontana facendo un angolo retto o anche ottuso.

Dorsifisso — fissato od attaccato pel dorso.

Drupa — frutto carnoso, succulento, indeiscente, contenente un nocciolo con un solo seme.

Drupaceo — frutto avente la consistenza quasi d'una drupa.

E

Echinulato — irto di piccole punte rigide e fini.

Embriciato — a parti ricoprentisi a metà come le tegole d'un tetto.

Emerso — situato in parte fuori dell'acqua.

Endocarpo — strato di consistenza assai variabile, formante la parete interna del pericarpo.

Ensiforme — in forma di spada.

Epigeo — situato alla superficie del suolo.

Epigino — inserito al di sopra dell'ovario.

Erbaceo — verde o della consistenza molle dell'erba, in opposizione a colorato o legnoso.

Ermafrodito — fiore provvisto di stami e di pistilli.

Estrascellare — che sembra situato al di sopra o al di fuori dell'ascella della foglia.

Estrorse — antere che si aprono verso l'esterno del fiore.

Eteracanto — fusto o rami irti di aculei differenti.

Eterofillo — avente foglie di differenti forme.

F

Falciforme — in forma di falce.

Fascicolato — riunito in fascetti.

Fastigiato — rami ravvicinati e diritti.

Fimbriato — a margine diviso come una frangia.

Fioccoso — che porta dei fiocchi di peli.

Fistoloso — cilindrico e cavo al di dentro, come un flauto.

Flabelliforme — in forma di ventaglio.

Flessuoso — piegato o inclinato più volte a zig-zag.

Fogliaceo — che ha l'apparenza d'una foglia.

Follicolo — frutto in forma di capsula aprentesi per una sola sutura longitudinale, dove sono attaccati i semi.

Fronda — foglia delle Felci portante le

fruttificazioni sulla faccia inferiore o sul margine.

Funicolo — cordone-ombelicale dell'ovulo.

Fusiforme — in forma di fuso.

G

Geminato — organi disposti 2 a 2.

Gibbosità — gobba che accompagna certi organi.

Gibboso — munito di una o più gobbe.

Ginocchiato — piegato bruscamente, facendo un angolo in forma di ginocchio.

Ginoforo — sinonimo di carpoforo.

Ginostemio — colonnetta che porta gli organi sessuali nelle Orchidee.

Glabrescente — quasi glabro.

Glabro — sprovvisto di peli.

Glandola — organo ordinariamente vescicoso secernente dei liquidi di natura varia.

Glandoloso — munito di glandole.

Glaucescente — d'aspetto glauco o che tende a divenire glauco.

Glomerulo — gruppo di fiori subsessili riuniti in capolini compatti.

Gluma — brattea che circonda la base delle spighette nelle graminacee.

Glumaceo — della natura scariosa delle glume.

Glumetta — brattea che forma l'inviluppo esterno di ciascun fiore della spighetta.

Graminiforme — lineare, stretto, a nervi paralleli, simile ad una foglia di Graminacea.

Granuloso — che porta dei tubercoli in forma di piccoli granelli.

Grappolo — inflorescenza formata da un asse primario allungato, su cui si trovano degli assi secondari o rami.

Guaina — parte basilare del picciolo slargato e abbracciante il fusto.

I

Imparipennato — foglia composta, terminata da una fogliolina impari.

Inciso — che offre delle incisioni profonde e diseguali.

Incluso — racchiuso in modo che non sorpassa i margini dell'organo avvolgente, per opposizione a sporgente.

Indeiscente — frutto che non si apre naturalmente a maturità.

Inerme — sprovvisto di spine o di aculei, in opposizione a spinoso.

Infero — ovario situato al di sotto del calice e delle altre parti del fiore.

Infundiboliforme — che ha la forma d'imbuto.

Inguainante — formante una guaina,

cioè un astuccio o lungo anello attorno ad un altro organo.

Internodo — vedi meritallo.

Introrso — antera che si apre verso il centro del fiore.

Involucretto — piccolo involucro di brattee alla base d'un'ombrelletta.

Involucro — riunione di brattee, inserite alla base d'un'ombrella o di un'altra inflorescenza.

Ipocrateriforme — in forma di sottocoppa, a tubo stretto e lungo e terminato da un lembo bruscamente slargato.

Ipogeo — che si sviluppa sotto terra.

Ipogino — inserito al di sotto dell'ovario.

L

Laciniato — diviso in lacinie strette e disuguali.

Lanceolato — si dice delle foglie allungate, strette, terminate a ferro di lancia.

Ligula — piccola membrana situata alla sommità della guaina delle Graminacee.

Lirata — foglia obovata divisa inferiorm. fino alla nervatura in lobi laterali più piccoli del terminale.

Loculicida — modo di deiscenza delle cassule, le cui logge si aprono longitudinalmente nel mezzo della loro porzione dorsale.

Loggia — cavità interna d'un frutto o d'una antera.

M

Macrospora — spora delle crittogame eterosporee destinata a formare il protallo femmineo, ossia a produrre degli archegoni.

Macrosporangio — concettacolo contenente le macrospore.

Marcescente — che persiste e si dissecca in posto.

Marginale — attinente al margine.

Meritallo — intervallo che si estende fra l'inserzione di due verticilli fogliari o di due foglie alterne.

Microspora — spora delle crittogame eterosporee destinata a formare il protallo maschile, ossia a produrre degli anteridi.

Microsporangio — concettacolo contenente le microspore.

Moniliforme — che presenta degli articoli rigonfiati e dei restringimenti in forma di corona.

Monoica — pianta i cui fiori staminiferi e pistilliferi sono distinti, ma portati sul medesimo individuo.

Mucronato — bruscam. terminato in

punta breve e rigida, detta mucrone.

Mucronulato — terminato in punta o mucrone poco sporgente.

Muricato — munito di punte brevi e robuste.

Mutico — sprovvisto di resta o di punta distinta in opposizione a mucronato od aristato.

N

Naturalizzato — vegetale che s'è propagato da se stesso in una regione e vi vive come le piante indigene.

Nettario — organo glandoloso di certi fiori secernente un liquido zuccherino detto nettare.

Nettarifero — munito di uno o più nettari.

Nervatura — disposizione dei nervi in una foglia: nervatura pennata, palmata ecc.

O

Ob — prefisso che indica che l'oggetto al quale si paragona un organo è considerato in una posizione a rovescio.

Obconico — in forma di cono rovesciato.

Obcordato — in forma di cuore rovesciato.

Obovale — in forma ovale con la maggiore larghezza in alto.

Ombelicato — munito d'una depressione in forma di ombelico.

Orecchiette — appendici fogliacee di certi piccioli.

P

Paglietta — piccola laminetta scariosa che si trova sul ricettacolo di molte composte.

Palato — rigonfiamento che chiude più o meno la fauce di certe corolle irregolari.

Palmata — foglia a lobi divergenti, come le dita della mano aperta.

Palmatifida — foglia palmata a divisioni che giungono circa alla metà del lembo.

Palmatisetta — foglia palmata, profondamente divisa in segmenti appena saldati alla base e completamente distinti.

Palmatolobata — foglia palmata a divisioni assai profonde. che però non giungono fino alla metà del lembo.

Palmatopartita — foglia palmata, divisa in lobi sorpassanti la metà del lembo.

Panduriforme — foglia oblunga con un restringimento nella parte mediana, in modo che somiglia a un violino.

Paripennata — foglia composto-pennata, avente un numero pari di foglie.

Partim o pro parte — parzialmente: riferito al nome di una pianta indica che un autore ha confuso più specie sotto uno stesso nome.

Pedatilobata — foglia a lobi paralleli, il mediano libero, i laterali più o meno riuniti alla base.

Pedicello — sostegno di ciascun fiore, quando il peduncolo è ramificato.

Peduncolo — sostegno di uno o più fiori.

Peltato — di forma orbicolare e fissato per il centro.

Pennatifida, pennatilobata, pennatipartita, pennatisetta — foglia con segmenti, lobi e divisioni disposti come le barbe di una penna.

Perfoliata — foglia abbracciante completam. il fusto, in modo che questo sembra traversare il suo lembo.

Perigino — inserito intorno all'ovario sui margini del ricettacolo.

Petaloide — che ha l'aspetto d'un petalo.

Pisside — cassula che si apre trasversalmente per la caduta di un opercolo.

Poligamo — a fiori maschili, femminili ed ermafroditi riuniti sullo stesso individuo o nel medesimo capolino.

Polispermo — frutto a semi numerosi.

Prolifero — organo che ne produce un altro simile a sè stesso.

Puberulo — debolm. e brevem. pubescente.

Pubescente — guarnito di peli fini, molli, brevi e poco compatti.

R

Racemiforme — infiorescenza a forma di racemo.

Rachide — asse della spiga delle graminacee; picciolo delle fronde delle Felci.

Riflesso — ricurvo all'infuori e in basso.

Reniforme — in forma di rene o di fagiolo.

Retuso — troncato con una leggera depressione.

Revoluto — arricciato all'infuori e in basso.

Roncinata — foglia pennatifida a lobi acuti e ricurvi verso la base.

Rostrato — in forma di becco.

S

Sagittato — in forma di ferro di lancia.

Scapo — fusto sprovvisto di foglie.

Scarioso — membranoso, molle e trasparente, giammai verde.

Sessile — sprovvisto di sostegno, di picciolo o di peduncolo.

Setaceo — stretto, fine e rigido come una setola.

Setiforme — che ha la forma di una setola.

Setola — pelo lungo e rigido.

Siliqua — specie di cassula almeno 3 volte più lunga che larga, formata di 2 valve separate da un setto che porta i semi.

Siliquetta — piccola siliqua la cui larghezza è uguale circa alla lunghezza.

Sinuato — a margini flessuosi, con angoli poco profondi e arrotondati.

Soro — gruppo di sporangi che costituiscono la fruttificazione delle Felci.

Spadice — infiorescenza delle Aracee, asse semplice con fiori maschili e femminei sessili.

Spata — grande brattea membranosa o fogliacea avvolgente qualche infiorescenza.

Spatolato — in forma di spatola, piano, slargato all'apice, attenuato in basso.

Spinescente — che ha la forma d'una spina o che termina in spina.

Spinuloso — coperto di piccole spine.

Spora — corpo riproduttore delle crittogame.

Sporangio — concettacolo contenente le spore.

Stilopodio — disco che corona i frutti delle ombrellifere e che porta gli stili.

Stipitato — portato da un piccolo sostegno o stipite.

Stipole — appendici fogliacee o membranose che si trovano alla base d'un gran numero di foglie.

Strofiolo — sinonimo di caruncola.

Subulato — che termina insensibilm. in punta sottilissima, come una lesina.

T

Talamiflora — pianta i cui stami, indipendenti dal calice, sono inseriti sul ricettacolo.

Ternato — disposto per tre.

Tetradinamo — Stami in numero di 6, di cui 4 più lunghi.

Tetragono — a 4 angoli.

Toruloso — che presenta una serie di rigonfiamenti separati da restringimenti.

Tricotomo — diviso in 3 parti di cui ciascuna si suddivide a sua volta in tre e così di seguito.

Tripennatisetto — Tre volte pennatisetto.

Triquetro — a tre angoli sporgenti.

Triternatisetto — Tre volte diviso in 3 segmenti.

Turbinato — in forma di trottola o di pera a rovescio.

U

Uncinato — terminato da una piccola punta ricurva ad uncino.

Unghia — parte infer. e più o meno ristretta del petalo.

Unguicolato — provvisto di unghia.

Urceolato — in forma di sonaglio.

V

Valva — parte esterna d'una loggia d'un frutto deiscente.

Vellutato — coperto di peli lunghi, molli e ravvicinati.

Venato — munito di vene o di piccole nervature ramificate e manifeste.

Vernazione — disposizione delle foglie nelle gemme.

Verrucoso — irto di asperità o di tubercoli simili a delle piccole verruche.

Viticcio — filamenti volubili di certe piante che si avvolgono a spira attorno ai corpi vicini.

Viviparo — fiore che si trasforma in gemma fogliacea.

Volubile — fusto che si avvolge a spira, attorno ai corpi vicini.

N. B. — Nella descrizione delle varie piante o nei caratteri dei generi e delle famiglie si troverà la spiegazione di altri termini, che per questa ragione sono stati omessi in questo elenco.

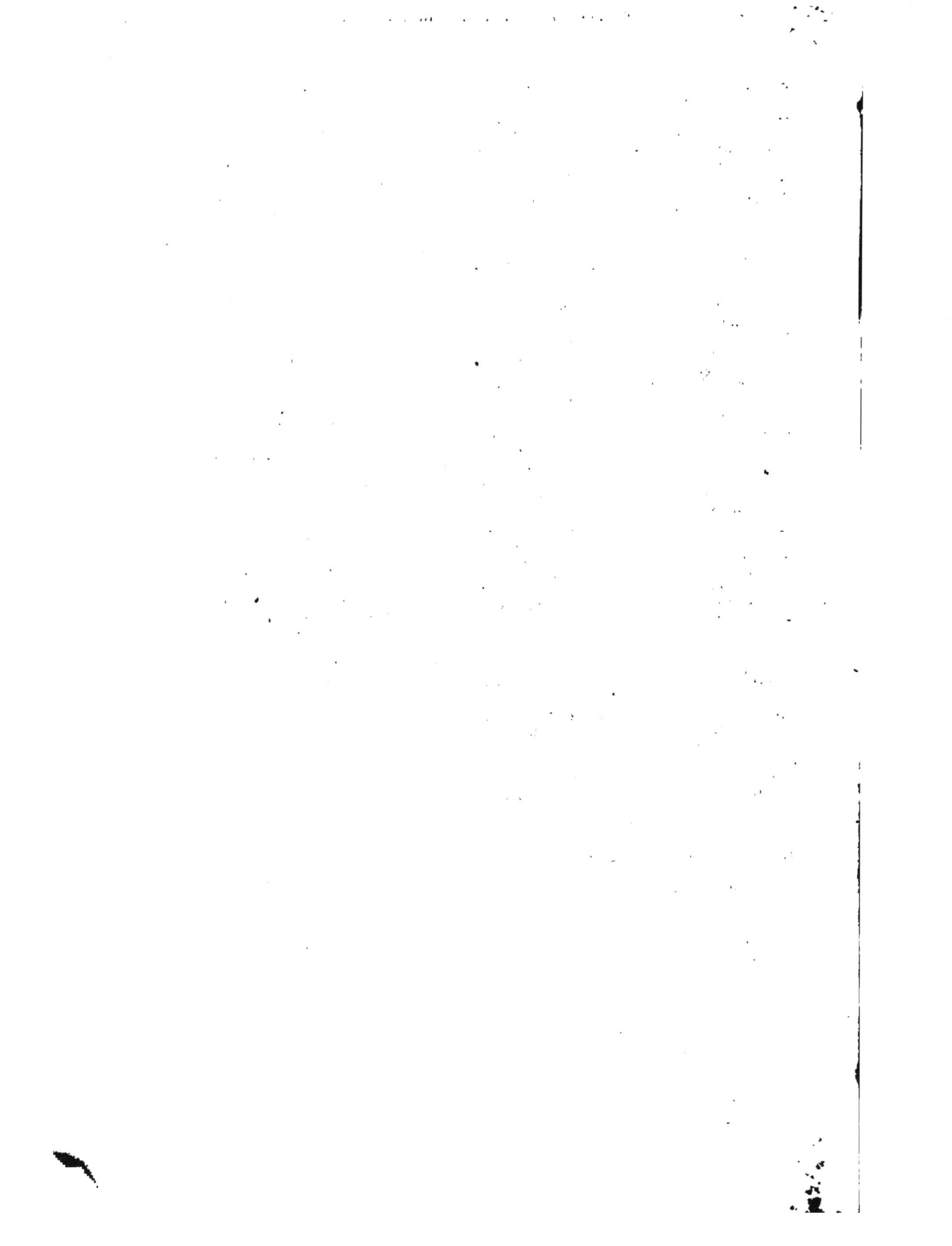

INDICE alfabetico delle Famiglie e dei generi

INDICE alfabetico dei nomi delle piante figurate

N. B. — I numeri posti dopo i nomi delle specie indicano le pagine.

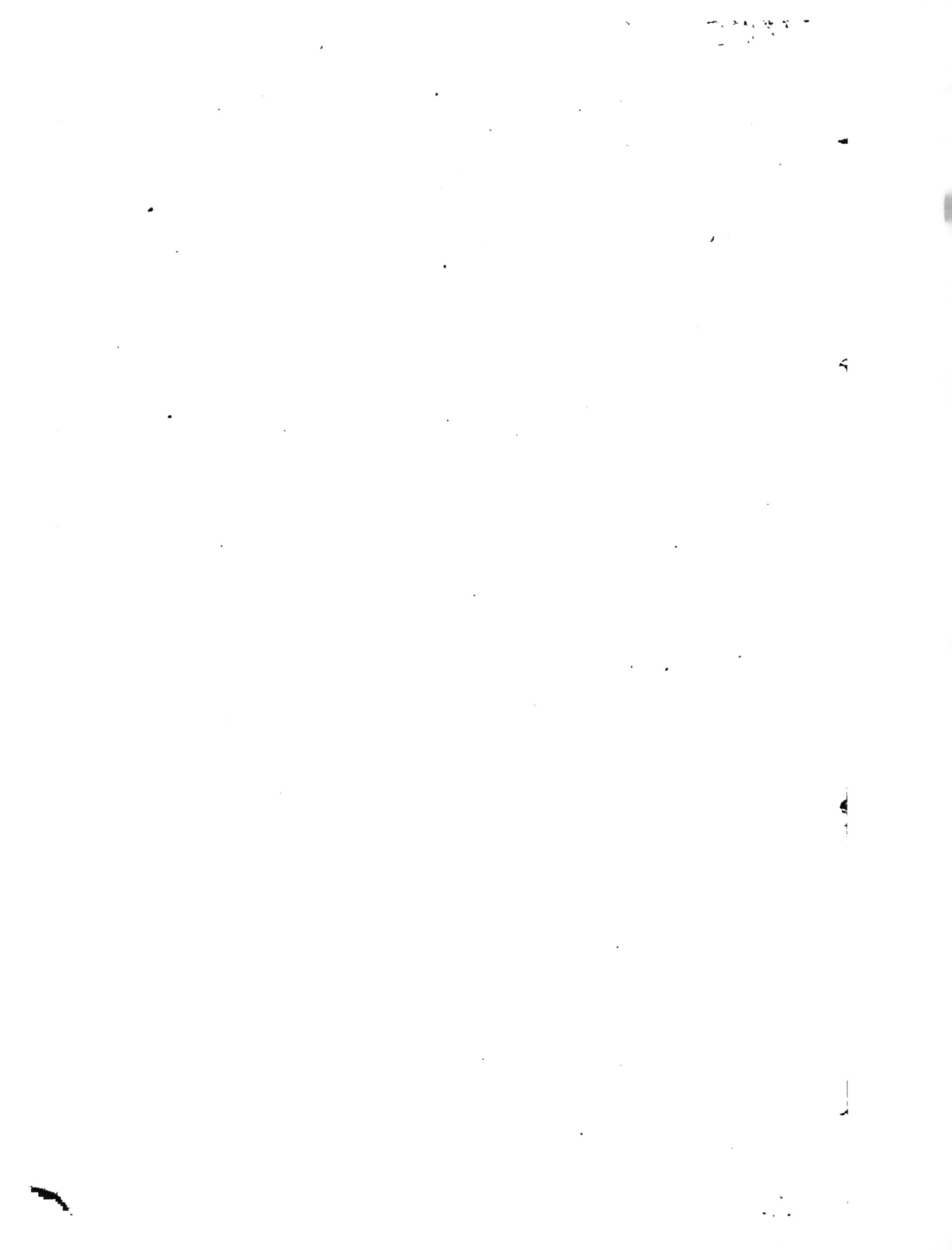

Aggiunte e correzioni

Pag. XII Linea 5 invece di « Cariofillacee » si legga : Cariofillacee p. p.

» XIV. Linea 13 invece di « Enoteracee p. p. » si legga : 41 Enoteracee p. p.

» 47. Ultima linea, invece di : *E. presso Pavia*, si legga : *Presso Pavia*.

» 54. Linea 1, invece di : *stami 6*, si legga : *stami ordinariam. 6*.

» 71. A *Montia fontana* aggiungere : (Fig. 133).

» 86. Linea, 15, invece di : *ovario con 4-5 logge*, si legga : *ovario con 2-3-5 logge*.

» 88. A *Empetrum nigrum* aggiungere : (Fig. 274).

» 100. Per svista tipografica sono stati ripetuti in parte i numeri d'ordine delle fig. precedenti.

» 125. A. *Lathyrus Aphaca* aggiungere : (Fig. 112).

» 161. Linea 34, invece di : *S. aescia*, si legga : *S. caesia*.

» 164. Penultima linea, invece di : *15 Bifora*, si legga : *45 Bifora*.

» 194. Per svista tipografica le figure di questa pag. sono state scambiate con le altre della pag. 208, mentre stanno bene i numeri e i nomi posti sotto.

» 196. A *Phyteuma Michelii* aggiungere : (Fig. 193).

» 197. A *Campanula rotundifolia* aggiungere : (Fig. 194).

» 271. A *Scorzonera purpurea* aggiungere : (Fig. 188 di S. rosea).

» 303. Linea 35, dopo : *stilo semplice*, si aggiunga : *ginobasico*.

» 358. Linea 48, invece di : *calicinie*, si legga : *calicine*.

» 369. Prima di Monoclamidee aggiungere quanto segue :

Littorella. Fiori monoici e regolari, 1-2 all'ascella delle foglie. I masch. a calice 4-partito, corolla a tubo cilindrico e lembo 4-fido, stami 4 ed ovario rudimentale. I femm. a calice 3-4-partito, corolla tubulosa, 3-4-dentata e ovario uniloculare con 1 solo ovulo. Frutto otricello avvolto nella corolla, a pericarpio duro, legnoso, indeiscente.

> Pianta acquatica (5-10 cm.), a rizoma gracile, lungam. radicante. Foglie tutte basali, carnosette, lineari, erette od arcuate in fuori, slargate e scanalate alla base. Fiori masch. portati da lunghi peduncoli basali, nudi o muniti verso la base di 1 o 2 bratteole; i femm. sessili, circondati da 2-3 scaglie bianco-cariose. 2f. (App. modenese sul Cimone). — *Mag. Lug.* — Luoghi arenosi, umidi delle rive dei laghi. . **3097** bis **L. lacustris** L.

Pag. 385. Linea 31, invece di : *3-10*, si legga : *1-10*.

» 390. Ultima linea, invece di : *A. virginiea*, si legga : *A. virginica*.

» 424. Dopo la linea 41 si aggiunga :

> C. Pianta umile. Spiga corta, densa. Lobi del labello interi. Brattee più brevi dell'ovario. (Giglio a S. Rocco). — *Apr.* — γ *Capraria* Somm.

» 429. Alla fig. 290 invece di : *Valliseria* si legga : *Vallisneria*.

» 433. Sotto la fig. 298 invece di : *Hermodacylus* si legga : *Hermodactylus*.

» 436. Linea 29 invece di : *12* si legga : *13*.

» 463. Linea 40 invece di : *Vallisneria* si legga : *Vallisneria*.

» 470. Prima di Naiadacee aggiungere quanto segue :

2. **Wolfia**. Differisce dal genere *Lemna* per la mancanza di fibrille radicali, pei fiori nascenti in una fossetta dorsale della fronda e sprovvisti di spata, infine pel fiore masch. unico, con antera a 2 logge uniloculari, aprentisi trasversalm. all'apice in 2 valve.

> Fronde quasi globose (circa 1 mm. diam.), spugnoso-rigonfie di sotto. Ovario con 1 solo ovulo. Bulbilli globulari che in autunno scendono al fondo delle acque per tornare a galla in primavera. ♃. (E. nel Modenese, T. L.). — Non ancora trovata in esemplari fertili in Italia.
>
>   **2568** bis **W. arrhiza** Wimm.

Pag. 495. Linea 5, il periodo che dice : *Glume in ambedue* ecc. deve essere anteposto all'altro della linea 3, che dice : *Spighette geminate*.

»   »   Ad *Andropogon pubescens* aggiungere : (Fig. 333).

»   »   A *Chrysopogon Gryllus* aggiungere : (Fig. 332).

»   500. Linea 36, invece di : *spighetta* si legga : *spighette*.

»   508. A *Calamagrostis Epigeios* aggiungere : (Fig. 340).

»   541. Linea 35 invece di : *2949 bulbosum* si legga : *2949 H. bulbosum*.

INDICE DELLE MATERIE

Lightning Source UK Ltd.
Milton Keynes UK
UKHW030642150321
380371UK00010B/951